2017 Yearbook

All-China Federation of Returned Overseas Chinese

中国侨联年鉴编纂委员会　编

中國華僑出版社

图书在版编目（CIP）数据

2017中国侨联年鉴 / 中国侨联年鉴编纂委员会编.
--北京：中国华侨出版社, 2017.11
ISBN 978-7-5113-7211-6

Ⅰ.①2… Ⅱ.①中… Ⅲ.①华侨组织—中国—2017—年鉴 Ⅳ.①D634.1-54

中国版本图书馆CIP数据核字（2017）第271033号

● **2017中国侨联年鉴**

编　　著 /《中国侨联年鉴》编纂委员会
出 版 人 / 刘凤珍
责任编辑 / 高文喆
装帧设计 / 中文天地
经　　销 / 新华书店
开　　本 / 889mm × 1194mm　1/16　印张：45　字数：1200千字
印　　刷 / 晟德（天津）印刷有限公司
版　　次 / 2017年11月第1版　2017年11月第1次印刷
书　　号 / ISBN 978-7-5113-7211-6
定　　价 / 450.00元

中国华侨出版社　北京市朝阳区静安里26号通成达大厦三层　邮编：100028
法律顾问：陈鹰律师事务所
编 辑 部：（010）64443056　64443979
发 行 部：（010）64443051　传真：（010）64439708
网　　址：www.oveaschin.com
E-mail：oveaschin@sina.com

《2017中国侨联年鉴》编纂委员会

《2017中国侨联年鉴》编辑人员

主　　编：张春旺　张秀明

副 主 编：胡修雷

编　　辑：（以姓氏笔画排序）

宁　一　乔印伟　巫秋玉　李　旭　李章鹏　李斌斌　张焕萍
罗　杨　娄正立　贾　源　贾俊英　高媛媛　密素敏　路　阳

特邀编辑：（以姓氏笔画排序）

丁　强　王　鹏　王丽婷　王斯倩　邓冬子　刘　勇（兵）
刘　勇（桂）　刘　晋　刘先林　刘艳领　刘琳琳　刘衡清
齐永荣　次旦朗杰　运　伟　李　鸣　李开华　李文慧　李晓霞
李润洲　杨　卉　吴　琼　吴贵云　张志龙　陈苏琤　林　涛
罗士周　罗孔富　周臻扬　郑海光　赵　昕　赵若晨　查　军
祝顺强　姚　丽　贾　源　夏　峥　钱建忠　徐俊秀　高　慧
高文喆　康利军　谢　江　蔺　轩　樊兆阳　薛团团　魏　锐

编 辑 说 明

一、2017卷力求全面、系统、客观、公正地记载自2016年1月1日至12月31日期间全国各级侨联工作取得的成就、经验和发展的新趋势、新动向，为各级侨联沟通信息、交流经验开辟渠道，为社会各界了解侨联工作开辟窗口。

二、2017卷采用编纂年鉴通用的分类编辑法，主体内容分为类目、分目、条目三个层次。类目为大单元，其下设置若干个分目。分目下设条目，条目为年鉴的基本单位和主要内容载体。

三、根据中国侨联的工作性质和机构特点，本卷年鉴共设类目8个。各类目刊载的内容为：

1.“特载”，收录党和国家领导人公开发表的关于侨联工作和侨务工作的重要讲话和指示。

2.“中国侨联领导讲话”，收录会领导的有关讲话。

3.“大事记”，收录重要文件、领导重要活动等内容。

4.“综合”，围绕服务经济发展、依法维护侨益、拓展海外联谊、参政议政、弘扬中华文化、参与社会建设等职能，收录中国侨联机关各部门的工作情况。

5.“中国侨联直属企事业及社会团体工作”，收录中国侨联直属企事业单位及中国侨联所属各社会团体的主要工作。

6.“省级侨联工作”，收录各省级侨联和部分地市（含以下）侨联工作情况。

7.“侨情概览”，分地区概述2016年世界华侨华人总体状况，收录2016年海内外侨界发生的有影响力的大事、要事等。

8.“附录”，收录中国侨联第九届委员会最新名单及省、地市（含以下）侨联通讯录等内容。

四、本卷年鉴由各省级地方侨联，新疆生产建设兵团侨联，中央直属机关侨联，中央国家机关侨联，中央企业侨联，中国侨联机关各部门、直属企事业单位和社会团体提供稿件，稿件均经编委（各单位负责人）审阅。

五、《中国侨联年鉴》由中国侨联办公厅、中国华侨华人历史研究所主办，《中国侨联年鉴》编辑部编辑，中国华侨出版社出版。

9 月 26 日，中共中央政治局常委、全国政协主席俞正声等党和国家领导人出席中国侨联成立 60 周年纪念大会

4 月 9 日，林军主席出席丙申年黄帝故里拜祖大典并担任主司仪

6 月 28 日，林军主席出席中国侨联第 21 期干部培训班结业式

8 月 17 日，林军主席（左）为国际货币基金组织副总裁张涛先生（右）颁发金融委员会主任委员聘书

8 月 26 日，林军主席（左五）赴香港出席香港嘉应商会 100 周年庆典并走访看望部分香港侨界社团

9 月 10 日，林军主席出席 2016 加拿大—中国投资贸易交流会

9 月 23 日，林军主席（前排左二）在南京出席《戮力同心　振兴中华—孙中山与华侨图片展》开幕式

10 月 11 日，林军主席在“创业中华—2016 侨界精英创新创业峰会”开幕式上致辞

7 月 13 日，中国侨联党组副书记、副主席董中原出席离退休干部纪念中国共产党成立 95 周年书画展开幕式并致辞

1 月 27 日—28 日，中国侨联党组副书记、副主席董中原（左二）在内蒙古开展“送温暖”活动

4 月 6 日，李卓彬副主席（中）出席郑潮炯先生遗物捐赠仪式并向捐赠者颁发荣誉证书

10 月 9 日，李卓彬副主席（左二）出席 2016 中国 · 商丘国际华商节

1 月 4 日，乔卫副主席（前排右五）接待香港华侨华人总会青年委员会访问团

4 月 28 日，乔卫副主席（左五）出席 2016 年度中国慈善榜发布活动并为获奖者颁奖

9 月 27 日，乔卫副主席作中国侨联成立 60 周年纪念活动专场报告后与海外侨胞合影

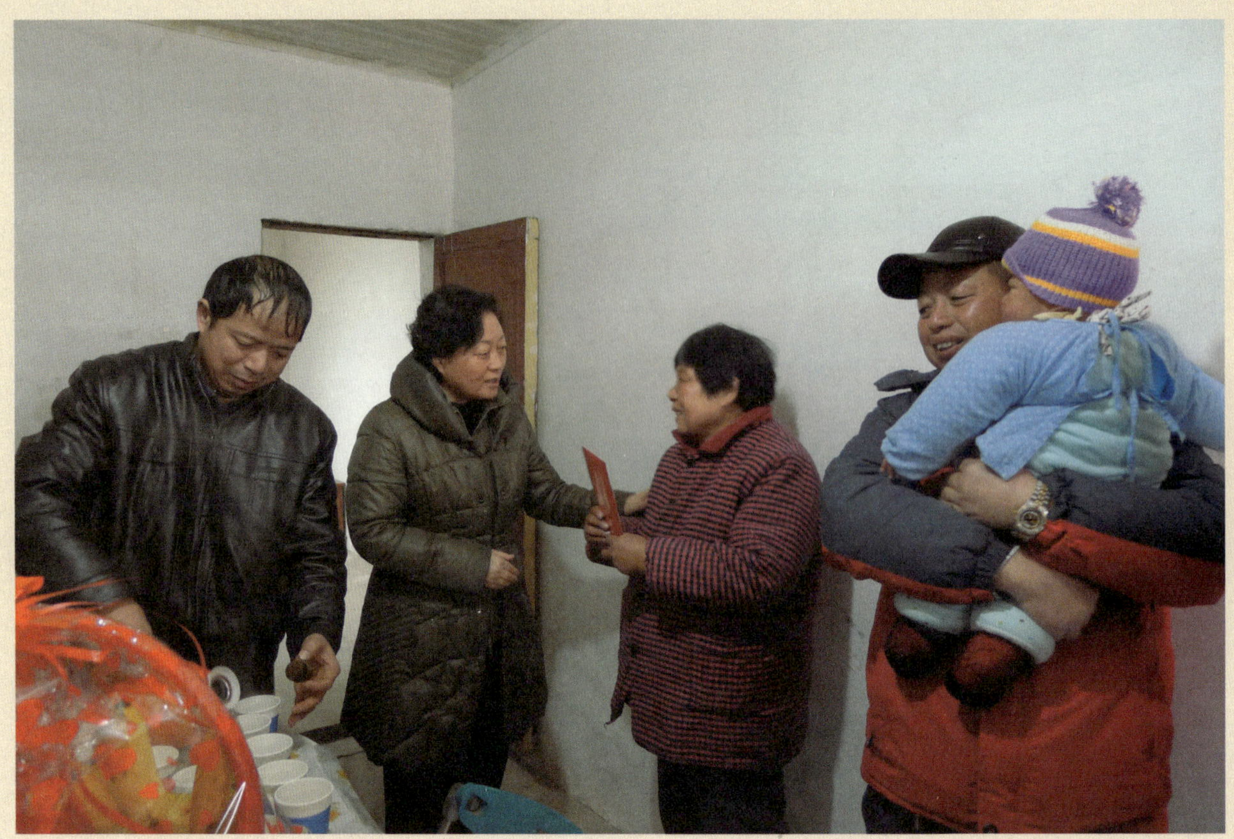

2 月 4 日，康晓萍副主席（左二）在安徽慰问困难归侨侨眷

9 月 26 日，康晓萍副主席出席“讲好中国故事 传播好中国声音”论坛

目录

CONTENTS

特　载

中国侨联领导讲话

大事记

综　合

中国侨联直属企事业及社会团体工作

省级侨联工作

侨情概览

附录

特载

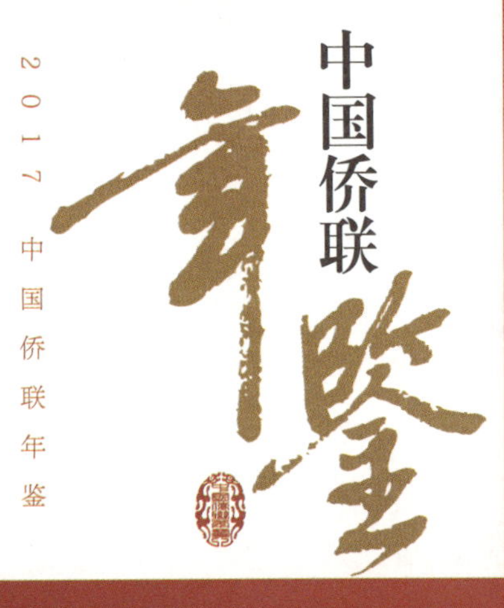
2017 中国侨联年鉴
中国侨联
年鉴

在中国侨联成立 60 周年纪念大会上的讲话

（2016 年 9 月 26 日）

俞正声

同志们，朋友们：

今天，我们在这里召开大会，隆重纪念中国侨联成立 60 周年。首先，我代表党中央、国务院，向大会的召开表示热烈的祝贺！向参加会议的各位来宾，并通过你们向广大归侨侨眷和海外侨胞，向为侨联事业作出积极贡献的老一代侨联干部和各级侨联工作者表示崇高的敬意和亲切的问候！

广大归侨侨眷和海外侨胞是促进我国现代化建设、实现中华民族伟大复兴的重要力量。目前，有 3000 多万归侨侨眷生活在祖国各地，有 6000 多万海外侨胞分布在世界各国。长期以来，广大归侨侨眷和海外侨胞秉承爱国爱乡的优良传统，始终关心祖国的前途命运，热情支持中国革命、建设、改革事业，积极推动两岸关系和平发展，为祖国发展、统一和民族复兴作出了重要贡献。特别是在祖国遇到大事难事时，广大归侨侨眷和海外侨胞倾心相助，表现出中华儿女血浓于水的同胞深情。祖国人民将永远铭记广大归侨侨眷和海外侨胞的功绩！

党中央、国务院历来高度重视发挥广大归侨侨眷和海外侨胞的独特作用，高度重视做好归侨侨眷和海外侨胞工作。发端于延安、成立于 1956 年的中国侨联，是党和政府团结联系归侨侨眷和海外侨胞的人民团体，是开展党的侨务工作的重要力量。60 年来特别是近些年来，在党中央坚强领导下，中国侨联始终高举爱国主义、社会主义旗帜，坚持围绕中心、服务大局，坚持以人为本、为侨服务，充分发挥以“侨”为“桥”优势，紧密团结归侨侨眷，广泛联系海外侨胞，着力实施“亲情中华”“创业中华”“侨爱心工程”等品牌工作，在服务经济发展、依法维护侨益、积极参政议政、传播中华文化、加强与港澳台侨界交往和拓展海外联谊等方面做了大量卓有成效的工作，为促进党和国家事业发展作出了积极贡献。实践充分证明，中国侨联是党和政府联系广大归侨侨眷和海外侨胞的重要桥梁和纽带，是广大归侨侨眷和海外侨胞可信赖的温暖之家、团结之家、奋斗之家。

党的十八大以来，以习近平同志为总书记的党中央对做好新形势下的归侨侨眷和海外侨胞工作作出重要部署。党中央先后出台了《关于加强和改进新形势下侨联工作的意见》和《中国侨联改革方案》，为中国侨联深化改革、推进工作指明了方向。希望中国侨联全面贯彻落实党的十八大和十八届三中、四中、五中全会精神，深入学习贯彻习近平总书记系列重要讲话精神，充分发挥凝聚侨心、汇集侨智、发挥侨力、维护侨益的独特作用，积极落实各项改革举措，深入扎实做好归侨侨眷和海外侨胞工作，为实现“两个一百年”奋斗目标汇聚起强大力量。

第一，高举两面旗帜，不断夯实团结奋斗的共同思想基础。爱国主义是动员和鼓舞包括广大归侨侨眷和海外侨胞在内的全体中华儿女团结奋斗的共同精神支柱。社会主义是中国人民的历史选择，是中国走向现代化的必由之路。我们要高举爱国主义、社会主义旗帜，广泛动员海内外中华儿女为实现中华民族伟大复兴的中国梦而奋斗。要积极引导广大归侨侨眷深刻认识中国特色社会主义是近代以来中国社会发展的必然选择，深刻把握中国特色社会主义是当代中国发展进步的根本方向，深刻理解中国共产党是中国特色社会主义的坚强领导核心，增强中国特色社会主义道路自信、理论自信、制度自信、文化自信。要积极引导广大海外侨胞弘扬爱国主义传统，心怀故土、情系桑梓，增强中华民族认同感、自豪感、自信心，有力出力，有智出智，团结一心共圆中国梦。

第二，坚持围绕大局，积极为推动祖国改革开放和世界和平发展作出贡献。广大归侨侨眷和海外侨胞人才荟萃、联系广泛，具有融通中外的独特优势，是连接国内国际两个大局，巩固和发展中国与世界各国人民友谊的桥梁和纽带。要鼓励、支持归侨侨眷和海外侨胞充分运用自身优势和资源，积极参与祖国现代化建设，投身“一带一路”建设，为住在国同中国经贸交流合作牵线搭桥，更好地服务党和国家事业发展。要鼓励、支持归侨侨眷和海外侨胞积极为推动两岸关系和平发展多做工作，深入开展各种形式的反“独”促统活动，广泛宣传我们关于台湾问题的方针和立场。要鼓励、支持海外侨胞积极融入住在国主流社会，为住在国经济社会发展作贡献，开展多种形式的公共外交，向住在国民众传导中国和平发展理念，介绍中国的基本国情、发展道路、建设成就和内外政策，促进和加深住在国人民对中国的认知和理解，推动中外文明交流互鉴，为营造于我有利的国际环境贡献力量。

第三，拓展工作领域，扎实推进侨联工作创新发展。当前侨联工作的一个重要变化和创新，就是要适应海内外侨情的新特点，在做好国内工作的同时，把海外工作做宽做广；在做好老侨工作的同时，把新侨工作做实做细。要着力拓展海外工作，综合考量侨胞所处环境，发挥民间性的优势，创造性地开展工作，服务侨胞更好地生存发展，培育有着广泛群众基础的长期对我友好力量。要着力拓展新侨工作，认真研究新侨的发展趋势和发展需求，更加重视新侨人才工作，积极创造良好环境，吸引新侨回国或来华创新创业，关注和了解新侨回国创新创业遇到的问题，推动有关政策、法规和服务措施的创新完善，帮助他们实现创业报国梦想。

第四，更好服务侨胞，切实履行侨联组织职能作用。做好服务侨胞工作，是党和政府赋予侨联组织的光荣使命，也是广大侨胞对侨联组织的期望所在。要充分发挥自身优势，深入实施“创业中华”主题活动，为侨资侨企创新创业搭建舞台、提供支持。要丰富拓展“亲情中华”主题活动，实施“筑梦丝路”专项行动，继续开展各种形式的文化交流活动，组织寻根祭祖，推动海外华文教育，帮助华侨华人、华裔新生代增进对中华文化的了解和认同。要深化“侨爱心工程”，发展壮大法律顾问委员会，做深做细法律援助和侨界信访工作，协助建立健全党和政府主导的维护侨胞合法权益机制，切实维护侨胞的正当权益。

第五，深化侨联改革，确保各项改革举措落到实处。党中央批准的《中国侨联改革方案》对侨联改革提出了明确要求，要认真抓好落实。要以增强政治性、先进性、群众性为目标，进一步提高全国归侨侨眷代表大会中基层代表的比重，优化中国侨联委员和常委结构，调整优化侨联领导机关和事业单位设置，进一步整合力量，提高工作效率。要坚持重心下移，突出“强基层、强支撑、强服务”，建立直接联系服务侨界群众制度、建立基层联系点制度，适应侨界群众分布变化情况，切实扩大侨联的组织覆盖。要发挥各级侨联所属社团的独特作用，注重通过互联网平台，更好地服务广大归侨侨眷和海外侨胞。

各级党委和政府要充分认识新形势下做好侨务工作的重要意义，认真落实党的侨务政策，依法维护归侨侨眷和海外侨胞合法权益。要切实加强对侨联工作的领导，支持侨联组织依照法律和章程创造性地开展工作，加强侨联组织建设，重视关心侨联干部，帮助侨联解决工作中遇到的困难和问题，为侨联工作创造有利条件。

60 年甲子轮回，今天的中国侨联又站在新的历史起点上。让我们紧密团结在以习近平同志为总书记的党中央周围，高举中国特色社会主义伟大旗帜，坚持以邓小平理论、“三个代表”重要思想、科学发展观为指导，深入学习贯彻习近平总书记系列重要讲话精神，团结一心、开拓进取，不断推进侨联工作改革创新，为实现中华民族伟大复兴的中国梦而努力奋斗！

积极推进侨联组织与工作改革创新 为全面建成小康社会发挥侨胞独特作用

——在中国侨联九届三次全委会议上的讲话

（2016年1月19日）

李源潮

中国侨联召开九届三次全委会，主题是深入学习贯彻习近平总书记重要讲话精神，推进侨联工作改革创新。刚才，传达了刘云山同志主持中央书记处会议讨论中国侨联工作的重要指示，各级侨联要认真学习贯彻。

2015年，在党中央坚强领导下，中国侨联和各级侨联组织坚持为大局服务、为侨服务，积极推进“两个拓展”，团结动员广大侨胞为推动党和国家事业发展作出了独特贡献。**一是**认真学习贯彻中央4号文件和中央党的群团工作会议精神特别是习近平总书记重要讲话精神。编印《百题思考》，30个省区市出台了加强和改进侨联工作的意见。**二是**组织侨界群众开展纪念中国抗战暨世界反法西斯战争胜利70周年活动。到奥地利、菲律宾等12个国家举办“血写的历史”图片展，拍摄《南侨机工英雄传》电视剧，海内外反响良好。**三是**主动服务国家重大战略。参与主办东盟博览会海上丝绸之路华商论坛，到沿线国家宣传“一带一路”；建立新侨创业基地，实施海创空间项目，深化“创业中华”，动员侨界投身“大众创业、万众创新”。**四是**落实“两个拓展”做了大量有效工作。“侨联通”移动客户端注册用户10万，与120多个国家500多个侨团建立了网上联系。**五是**扎实开展“三严三实”专题教育，侨联机关和干部作风明显改进。中央书记处听取中国侨联党组工作汇报，对2015年侨联工作给予了充分肯定。

最近，习近平总书记在中央政治局常委会上强调，加强和改进新形势下党的群团工作，目标思路、部署要求都已明确，关键是抓好落实。中央书记处对做好2016年侨联工作提出明确要求：要全面贯彻党的十八大和十八届三中、四中、五中全会精神，贯彻习近平总书记系列重要讲话精神，贯彻党中央关于加强和改进群团工作的决策部署，深化“两个拓展”，凝聚侨心侨力，坚持改革创新，团结动员广大归侨侨眷和海外侨胞为实现“十三五”奋斗目标贡献力量。下面，我就落实总书记和中央书记处的要求讲几点意见。

第一，高举爱国主义和中国特色社会主义旗帜，团结凝聚广大侨胞为全面建成小康社会作出独特贡献。中央书记处指出，坚持和发展中国特色社会主义、实现中华民族伟大复兴的中国梦，是当今中国的时代主题，也是侨联工作的根本出发点和落脚点。全面建成小康社会，实现第一个百年目标，是今后5年为中国梦奋斗的中心任务。希望各级侨联组织坚决贯彻中央要求，坚持用爱国主义和中国特色社会主义旗帜凝聚侨界群众，为全面建成小康社会作出独特贡献。一是深入学习习近平总书记系列重要讲话精神，引导侨界群众加深对党中央治国理政新理念新思想新战略的理解认同，坚定实现中国梦的信心。二是紧紧围绕“十三五”目标任务发挥侨胞独特优势，为经济新常态增添新动力。这两年，中国引进外资和对外投资都超过1200亿美元。去年我国对外投资超过引进外资，成为净资本输出国。引进来，侨胞是先头部队；走出去，更需要侨胞的人脉优势。希望大家认真学习研究新常态时期的五大发展理念，引导侨胞把握我国经济转型升级和构建开放型经济新体制的重要机遇，为节能环保、高新技术、现代服务等新领域开放发展作贡献。三是推动侨界大力弘扬爱国主义精神，积极传播中华优秀传统文化，增强同心同向同行的文化自信和文化认同。以开展纪念孙中山先生诞辰150周年和辛亥革命105周年活动为契机，凝聚海内外侨胞弘扬爱国主义精神，共同维护中华民族大团结，促进祖国和平统一。

第二，引导广大侨胞传播好中国声音，为促进中国与各国人民的友谊，为推进“一带一路”建设发挥积极作用。习近平总书记去年访问美国时，特别希望广大侨胞积极主动宣介中华文化、讲好中国故事。中央书记处也要求侨联引导侨胞讲好中国故事、传播好中国声音，发挥好促进人文交流、拓展民间外交的作用。现在，中国越来越走近世界舞台的中心，国际上对中国梦、“一带一路”战略有不同的看法，唱衰中国和害怕中国的声音此起彼伏。广大侨胞是中外友好的天然使者。要顺应侨胞传承中华优秀文化、关心国内变化的寻根问祖情结，多组织一些学习考察活动，引导大家用历史故事、现实事例讲述我国和平发展合作共赢的方针，增进各国人民对中国人民的理解和友谊。现在侨胞中人数最多的是分布在“一带一路”沿线国家。“一带一路”战略实施以来，不少早期项目已经启动实施。要密切关注和研究“一带一路”建设进展情况，引导当地侨胞抓住机遇积极参与、发挥作用、合作共赢。

第三，深入推进“两个拓展”，把广大侨胞真正联系起来。“两个拓展”是党中央关于新形势下侨联工作的明确方针。中央书记处再次强调，要积极适应海内外侨情的新变化，持续深化拓展海外联络、拓展服务新侨等工作，建立与海外侨胞和新生代侨胞常态化的沟通协作机制。侨联是党和政府联系侨胞的桥梁和纽带，联系服务侨胞是侨联工作的生命线。5000多万海外侨胞分布在世界每一个角落，其中活跃着众多的侨团组织。侨联应该有计划逐步与他们建立起具体、切实的联系。中国侨联开办“侨联通”是个很好的尝试，启动半年直接联系了500多个侨团10万以上侨胞。密切与侨胞的联系，是侨联开展各项工作的基础，做好这项工作有长久效益。今天各省的侨联主席都在这里，还有部分海外委员，大家可以研究一下，立足目前全系统组织资源，充分考虑互联网等新手段的运用，提出一个计划，若干年内把多数海外侨团和较多的侨胞直接联系起来，把党中央“两个拓展”的方针落到实处。联系的方法可以多种多样，巩固发展同乡会、宗亲会、华商会、专业协会、校友会等组织联系，开展寻根问祖、文化交流、国情考察、创业论坛、夏令营等活动联系，提供政策咨询、法律援助、填表办证等服务联系，加强微信群、QQ群、移动客户端等信息联系。尤其是要充分利用互联网作为联系手段，加快建设网上“侨胞之家”。侨联真正把侨“联”好了，对侨胞、对国家、对民族都是历史性的贡献。

第四，积极参与扶贫攻坚，为实现侨界贫困群众全部脱贫作贡献。全国还有7000万农村贫困人口是我国全面建成小康社会最大的短板，国家已经部署了今后5年实现这7000万贫困人口脱贫的攻坚战。据侨联初步统计现在全国还有几十万生活比较困难的归侨侨眷，其中相当一部分属于农村贫困人口，实现这部分归侨侨眷的脱贫，是一块多年难啃的硬骨头。要下决心在今后5年的国家扶贫攻坚战中彻底解决这个“老大难”。中央书记处非常关心重视侨界贫困群众脱贫问题，要求侨联组织积极协助有关部门和地方政府推进农村贫困归侨精准脱贫。各级侨联组织要抓住国家扶贫攻坚的机遇，当好党和政府的助手，为最困难的侨胞服务，增强扶贫攻坚的责任担当。一是摸清底数、建立联系，掌握每个困难归侨侨眷的具体情况，在当地脱贫大政策中提出分类帮扶脱贫措施。二是利用侨界资源，广开联系门路，促进就业创业，推动一批困难归侨侨眷靠劳动实现脱贫。三是扶助生产生活，动员侨界爱心帮助一批困难归侨侨眷解决特殊困难。四是对那些因生病、残障等原因无法脱贫的群体给予特别关注，专人了解促进当地政府落实国家的兜底政策。根据困难归侨侨眷的不同情况向当地政府提出帮扶脱贫的政策建议，并积极配合有关部门落实各项扶贫政策，这是贫困地区侨联组织的首要责任。希望大家坚定信心、集中力量打好这场硬仗，努力保证到 2020 年实现全部侨界贫困群众精准脱贫。

第五，积极推进侨联组织与工作的改革创新。2016 年是群团工作改革年，推进群团工作改革创新已列入今年中央政治局常委会工作要点。习近平总书记要求，各群团组织要抓紧制定改革方案，推动群团改革有序有力展开，切实抓出变化、抓出成效。中央书记处要求有序有力推进侨联改革。希望中国侨联和各级侨联组织深刻领会、坚决贯彻中央要求，认真谋划推进侨联组织与工作的改革创新。侨联组织与工作的改革创新要以保持和增强政治性先进性群众性为目标，以解决“四化”现象特别是机关化、行政化问题为导向，积极适应海内外侨情的新变化，坚持用爱国主义和中国特色社会主义团结侨界群众，为实现中华民族伟大复兴的中国梦贡献出力；坚持围绕中心、服务大局，更好发挥党和政府联系侨胞的桥梁纽带作用，最大限度地把广大归侨侨眷和海外侨胞联系起来；更有效为归侨侨眷和海外侨胞服务，充分发挥凝聚侨心、汇聚侨智、发挥侨力、维护侨益的独特作用。关于中国侨联的改革方案，要经中央审批，按中央要求有序展开。

在改革和创新侨联组织和工作的进程中，要按照全面从严治党要求加强侨联各级领导班子和党员干部自身建设，巩固“三严三实”专题教育成果，扎实开展“学系列讲话、学党章党规、做合格党员”学习教育，坚定理想信念，增强看齐意识，在思想上政治上行动上同以习近平同志为总书记的党中央保持高度一致。加强与广大侨胞的直接联系，加强对新情况新问题的研究，努力提高做新形势下侨联工作的本领。

全面建成小康社会进入攻坚阶段，中华民族的伟大复兴展现出更加光明的前景。让我们紧密团结在以习近平同志为总书记的党中央周围，团结凝聚广大归侨侨眷和海外侨胞积极投身祖国现代化建设，为实现“十三五”良好开局、实现第一个百年目标作出独特贡献。

认真学习贯彻中央决策部署 扎实推进侨联工作改革创新

——在中国侨联九届六次常委会议上的讲话

（2016年7月25日）

李源潮

各位常委、同志们：

中国侨联召开九届六次常委会，贯彻落实习近平总书记指示精神和中央政治局常委会决策部署，推进侨联工作改革创新，更好团结凝聚侨胞为实现中国梦建功立业，这个会议十分重要。刚才，林军同志作了工作报告，要很好落实。下面，我就学习贯彻习近平总书记关于群团改革特别是侨联改革的重要指示精神讲几点意见。

第一，深入学习领会习近平总书记重要指示精神，充分认识侨联深化改革的重大意义。习近平总书记对党的群团工作高度重视，把群团改革摆在全面深化改革的重要位置，主持中央深改领导小组会议、中央政治局常委会议审议群团改革试点方案和青妇科侨等党领导的人民团体的改革方案，作出了一系列重要指示。中国侨联常委会和各级侨联干部要认真学习领会，深刻认识侨联深化改革的重大意义。**一是**充分认识深化改革是侨联不忘初心和宗旨，坚持党领导的爱国人民团体的性质和方向，保持和增强政治性、先进性、群众性的根本要求。**二是**充分认识深化改革是适应协调推进“四个全面”战略布局需要，更好团结带领广大侨胞为实现中国梦建功立业的时代要求。**三是**充分认识深化改革是更加突出侨联的统战性，更好发挥桥梁纽带作用，深入推进“两个拓展”，把广大侨胞联系好、团结好的迫切要求。**四是**充分认识深化改革是解决当前侨联组织和工作中存在的突出问题，防止和克服机关化、行政化倾向，保持和加强与侨界群众紧密联系的现实要求。我们要切实增强政治意识、大局意识、核心意识、看齐意识，自觉贯彻落实习近平总书记重要指示精神，扎实推进侨联组织和工作的改革与创新。

第二，围绕“四大任务”“两个拓展”，增加活力，扩大影响，更好地为实现中国梦建功立业。习近平总书记“七一”重要讲话深刻总结了我们党成立95年来作出的伟大历史贡献。这个伟大历史贡献凝结着侨胞的付出和牺牲，也包含着侨胞的功劳和自豪。全面建成小康社会是今后5年党和国家工作的大局。侨联深化改革要牢牢把握这个大局要求，围绕联系、引导、服务、动员侨界群众四大任务和“拓展海外工作、拓展新侨工作”，积极推进改革创新，更好地团结带领广大侨胞为实现中国梦建功立业。**一是**深入宣传解读以习近平同志为总书记的党中央治国理政新理念新思想新战略，当前重点要做好总书记“七一”重要讲话的宣传解读，引导广大侨胞坚定中国特色社会主义和祖国发展的信心。**二是**深入开展“创业中华·建功十三五”活动，为落实“创新、协调、绿色、开放、共享”发展发挥独特作用。新侨是创新创业的生力军。上海市侨联打造“园区＋联盟＋基地＋驿站”四大平台，服务引导新侨创新创业，是一种很好的创新创业模式。众多侨胞是我国开放发展的特有资源。要创新和加强与海外侨胞的联系，围绕“一带一路”和“走出去”战略，在对接商业网络、法律服务、专业人才等方面发挥更大作用。同时，还应扎实开展“惠侨助侨”行动，落实精准扶贫任务，让侨界困难群众共享改革发展成果。**三是**根据中央统一部署，深入做好少数民族侨胞和港澳台侨胞工作，增强各族侨胞对祖国、对中华民族大家庭的认同，为维护民族团结、促进祖国统一作贡献。**四是**围绕国家外交工作大局，发挥侨界独特优势，为增进中国人民与世界各国人民的友谊作贡献。浙江省侨联开通“吃遍全球”APP，联系依托3.5万家海外中餐馆，开展品中华美食、读中华好书、游中华山水、交中华好友等活动，传播中国和平发展理念，讲述中国人民的奋斗和幸福，这个活动很有创意。总之，深化改革要和服务大局、服务侨胞紧密结合，从为中国梦建功立业出发，用为中国梦建功立业来检验。

第三，中国侨联深化改革总体方案要扎实落地，真正抓出侨界群众满意的成效。习近平总书记指出，群团改革要真刀真枪地进行，要真动真改，真正落地，真正抓出成效。刘云山同志主持中央书记处会议讨论中国侨联深化改革方案时强调，中国侨联要自觉主动深化自身改革，推动全系统改革取得实质性进展。希望中国侨联按照中央要求，抓住重点，攻坚克难，抓好改革措施的落实落地，更好发挥凝聚侨心、汇集侨智、发挥侨力、维护侨益的作用，让基层和群众有实实在在的获得感。**一是**抓好中国侨联委员和常委结构优化改革，有计划地物色和吸收基层组织、科研院所、大专院校、各类园区、侨资侨企、新经济组织、新社会组织中的新侨和青年代表人物。**二是**抓好侨联干部队伍结构与来源的改革，积极争取中央有关部门支持，制定完善配套改革措施，打通从基层和其他领域培养选拔优秀侨联干部的通道，使侨联干部队伍接地气、有活力。**三是**建立和落实机关干部直接联系群众制度。不仅要做好侨界知名人士的联系服务工作，更好与普通归侨侨眷和海外侨胞加强直接联系、搞好服务。以“两学一做”为契机，把这项制度落实下去，让侨界群众感到改革带来的变化。**四是**着力做好新侨和新归侨的工作。新侨和新归侨显著增加是近年来海内外侨情变化的一个新特点。对新侨，要重点做好出国留学、经商人员以及海外中资企业员工的联系服务和政治引领工作。对新归侨，要重点做好年轻一代留学归国人员的创业帮扶服务工作。**五是**大力建设“网上侨联”。习近平总书记多次强调，群团组织要大力开展网上工作，亮出旗帜、发出声音，让群众能在网上找到组织，能在网上参加组织活动。中央通过的青妇科侨改革方案，都把网上群团建设作为重要内容，这是群团组织拓展职能、提升能力的历史性机遇和关键性举措。对侨联来说，大力做好网上工作具有特殊意义。几千万海外华侨华人分布在世界各地，依托互联网可以突破空间与距离的限制，把广大海外侨胞和侨团侨社真正联系起来，所以建设“网上侨联”是拓展海外联络的非常有效、非常可行的手段之一。侨联要做好顶层设计，拿出细化方案，加快实施，打造一个让广大侨胞通达、有用、喜爱、满意的“网上侨联”。

改革不可避免要触及各方既有的一些权利，要深入细致做好思想动员，充分征求各方面意见，广泛凝聚改革共识。中国侨联要落实本机关改革的组织领导责任，机关内部要做好任务分解、责任到人。地方侨联改革在地方党委领导下进行，中国侨联加强指导，积极推动，既要有规范性，又要有创造性。

今年是中国侨联成立60周年。党中央充分肯定中国侨联凝聚广大侨胞为推进祖国建设和改革事业发挥的不可替代作用，殷切期望侨联在新时期功能更强、作用更大。希望各级侨联和广大侨联干部牢记习近平总书记的嘱托，认真贯彻中央关于群团改革的决策部署，解放思想，改革创新，更好地把广大侨胞团结凝聚在党的周围，为全面建成小康社会、实现中华民族伟大复兴的中国梦建功立业！

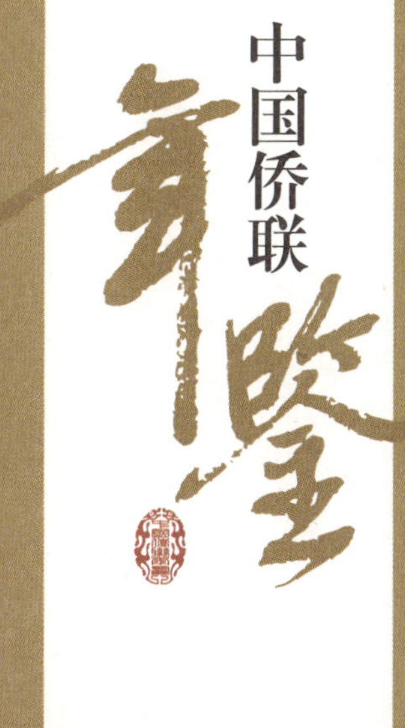

中国侨联领导讲话

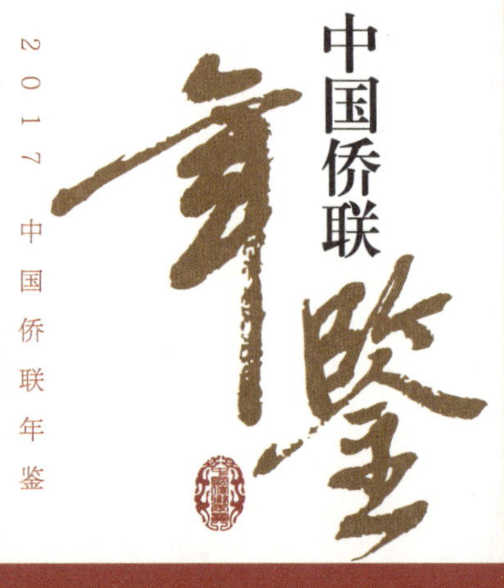
中国侨联
年鉴
2017 中国侨联年鉴

在中国侨联九届三次全委会议上的工作报告

（2016年1月19日）

林 军

各位委员，各位顾问，同志们：

现在，我代表中国侨联九届常委会作工作报告，请予审议。

一、2015年主要工作

2015年是全面深化改革的关键之年，是全面推进依法治国的开局之年，也是全面完成“十二五”规划的收官之年。在以习近平同志为总书记的党中央坚强领导下，我们紧紧围绕中心、服务大局，充分发挥侨联组织的独特作用，动员团结广大归侨侨眷和海外侨胞，为全面建成小康社会、实现中华民族伟大复兴积极贡献力量。

（一）深入学习贯彻习近平总书记系列重要讲话精神

我们把深入学习贯彻习近平总书记系列重要讲话精神作为首要政治任务来抓，特别是习近平总书记在省部级主要领导干部专题研讨班上的重要讲话，在中央外事工作、中央统战工作、中央党的群团工作等会议上的重要讲话，以及关于“三严三实”专题教育等一系列重要讲话，切实加强思想政治建设，坚持把思想和行动统一到中央精神上来，围绕增强侨联工作和侨联组织政治性、先进性、群众性的根本要求，领会精神、贯彻落实。做到坚持党对侨联工作的领导不动摇，坚持围绕中心服务大局不走偏，紧紧围绕“五位一体”总体布局和“四个全面”战略布局，围绕外交工作大局和祖国统一大业，积极发挥自身独特作用。坚持倾力建好侨胞之家不懈怠，坚持以人为本、为侨服务的宗旨，全心为侨服务。

党的十八届五中全会后，迅速部署全国侨联系统组织传达学习，把深入学习、深刻领会党的十八届五中全会精神作为当前和今后一项重要任务，广泛宣传、动员、组织侨界群众以新的发展理念引领新的发展，为全面建成小康社会再立新功，并把学习贯彻党的十八届五中全会精神与侨联工作紧密结合、努力落到实处。

（二）认真贯彻落实中央党的群团工作决策部署

中央为加强党的群团工作出台专门文件，专题召开党的群团工作会议，充分体现了以习近平同志为总书记的党中央对群团工作的高度重视和殷切期望，开启了党的群团工作发展的新阶段、新篇章。我们认真抓好中央党的群团工作意见和会议精神的学习贯彻落实。

一是及时进行传达学习贯彻。先后在九届二次全委会、四次常委会、省级侨联主要负责人会议和归侨人大代表、侨联界政协委员座谈会上传达学习中央关于加强党的群团工作的决策部署，深刻领会习近平总书记有关重要讲话和刘云山、李源潮同志讲话精神，结合贯彻落实中办《关于加强和改进新形势下侨联工作的意见》对侨联工作作出部署。研究制定《中国侨联关于贯彻落实〈中共中央关于加强和改进党的群团工作的意见〉实施方案》，分10类49项全面贯彻落实中央意见。编写侨联学习中央意见《百题思考》读本印发各地。推动各地侨联向党委建议，结合各自情况出台实施意见，全国30个省区市党委已出台加强和改进侨联工作的实施意见。

二是联系实际查找自身问题。围绕习近平总书记在讲话中指出的群团组织存在的“机关化、行政化、贵族化、娱乐化”现象，结合“三严三实”专题教育，通过召开侨联工作务虚会、党组中心组学习会以及基层调研，认真查找问题，在清醒认识侨联工作短板和自觉纠正侨联组织存在脱离群众现象方面取得共识。

三是开展调研谋划改革方案。中国侨联领导分别带队前往浙江、广东、福建、北京、上海、江苏、安徽、河南、四川、辽宁、山东等地开展调研，了解各地侨联组织的工作状况和存在的困难，研究侨联工作改革创新的思路。前10个月派往各地的调研组累计调研230天。中国侨联组织机关副处级以上干部多次集中学习，围绕深化侨联改革进行专题研讨，找问题、讲思路、出主意、谋改革。中国侨联和一些地方侨联还与高校等第三方机构合作，调研新侨回国创新创业遇到的问题及工作对策。在各方面调查研究基础上，现已形成中国侨联改革总体方案（讨论稿）。各地侨联也积极深入开展调研，了解侨界群众对侨联工作的期望和建议，研究适合各地情况的改革举措。

四是积极创新延伸工作手臂。按照中央提出“最大限度把人民群众团结在党的周围”的要求，根据侨界群众多层次多样化诉求，不断丰富创新工作平台和方式。侨联所属社团更加活跃，联系覆盖面进一步扩大，凝聚力不断提升。中国侨联法律顾问委员会逐步完善工作机制，委员结构不断完善；中国华侨历史学会加大国际学术交流，增强研究力量；中国侨商联合会积极开展经贸活动，侨商参与度增强，被民政部评为“全国先进社会组织”；中国侨联特聘专家委员会，扩充专家委员队伍，增强了为经济社会发展服务的能力；中国华侨国际文化交流促进会圆满完成换届，海外理事比例大幅提高；中国侨联青年委员会组织多场有影响的活动，对侨界青年引领作用明显增强。北京市侨联以建设“枢纽型”社会组织为抓手，加强侨联所属社会组织的服务管理。福建省侨联成立海外杰出女性联谊会，发动近60个国家160多位海外闽籍各行各业杰出女性代表加入。上海市侨联根据新侨海归人士聚集的特点，创立园区新侨创新创业服务联盟。

（三）组织动员侨界群众隆重纪念中国人民抗日战争暨世界反法西斯战争胜利70周年

2015年是中国人民抗日战争暨世界反法西斯战争胜利70周年，作为中央纪念活动领导小组成员单位和纪念活动外事领导小组成员单位，我们围绕中央的部署，发挥民间性、涉外性优势，在国内侨界和海外侨社精心组织系列活动，引导海外侨胞铭记历史、缅怀先烈、珍爱和平、开创未来。

一是举办“血写的历史”图片展。在我驻外使领馆和各地华侨华人社团的支持下，先后在奥地利、菲律宾、巴西、德国、马来西亚、澳大利亚、波兰、加拿大、美国、缅甸、韩国、俄罗斯等12个国家举办了“血写的历史——日本军国主义在亚太地区罪行图片展”。同时提供素材资料和相关设备，支持泰国、阿根廷、荷兰、西班牙、瑞典、塞尔维亚、南非、纳米比亚等10多个国家的华侨华人社团在当地举办图片展。办展过程充分体现“四个注重”：注重面向当地人士，通过发挥侨胞的人脉影响，着力邀请当地政要、议员、退役军人、社区社团负责人等参加。注重教育青年学生，让更多的青年人认识到日本军国主义侵略亚太地区造成的惨痛历史，共同维护来之不易的和平。注重媒体宣传推介，召开新闻发布会、刊登广告，邀请当地主流媒体和华文媒体、中国驻当地新闻机构进行报道，通过微信、微博实时发布图片展信息。注重扩大后续影响，通过征文、文艺演出、赠送画册、网络互动等方式，持续扩大系列活动的影响。

二是邀请海外侨胞参加纪念活动。配合有关部门，圆满完成纪念抗战胜利70周年阅兵观礼的海外侨胞的邀请、接待工作及侨界抗战老兵纪念章的发放工作。组织中国侨联青年委员赴贵州黔西南州开展纪念南侨机工活动，共同缅怀南侨机工支援抗战的赤子情怀和无私奉献的伟大精神。邀请台湾华侨协会总会访问团赴黑龙江、辽宁等地，参访多处侵华日军罪证地。邀请台湾中华侨联总会组团赴云南腾冲，缅怀中国远征军先烈。邀请以青年学生为主的菲律宾中国和平统一促进会纪念抗战教育基地访问团赴北京、江苏等地参访，加深他们对中菲两国共同受害经历的直观认识。

三是开展多种形式的宣传活动。组织出版《华侨抗战影像实录》，入选中宣部、国家新闻出版广电总局该项主题出版重点出版物。与国务院新闻办合作，编辑出版《日本军国主义在亚太地区的罪行实录》，免费赠给我驻外使领馆及有关侨团。与云南省委宣传部合作，拍摄并播出46集抗战题材电视剧《南侨机工英雄传》。与港澳多家侨界社团合作，在香港、澳门举行“历史不会忘记”纪念中国人民抗日战争暨世界反法西斯战争胜利70周年大型晚会，并积极引导、支持香港、澳门侨界社团举办相关纪念活动。中国华侨历史博物馆接受侨界人士捐赠的日本侵华罪证史料465件（套）。浙江省侨联举办“铭记与关怀——华侨与抗战胜利70周年电视专题晚会”，为抗战老兵捐款200多万元。北京、天津、上海、辽宁、吉林、黑龙江、安徽、福建、江西、湖北、广西、海南、云南、宁夏等省区市侨联分别组织了侨界群众喜闻乐见、生动有效的宣传教育活动。

（四）积极主动配合国家实施“一带一路”战略

“一带一路”沿线国家侨胞众多，他们对推进“一带一路”建设具有独特优势和积极热情。我们顺应海外侨胞的需求，主动谋划，配合国家“一带一路”战略的实施。

一是积极宣传增进共识。召开“一带一路”25个相关省区市侨联工作沟通会，探讨侨联组织参与“一带一路”建设的方式和途径。召开全国侨联联络工作会议，将“一带一路”战略相关政策措施列为重要学习内容，增强侨联干部主动作为意识。与香港、澳门侨界社团合作，邀请相关部委领导和专家，在香港、澳门举办“一带一路”专题讲座。以“聚焦东亚海洋合作”为主题，在山东青岛举办2015海内外侨界专家服务“一带一路”战略研讨会。在印尼召开的第13届世界华商大会期间，举办以共建“一带一路”为主题的世界华商领袖峰会，吸引数百位有影响的华商参与交流，为积极发挥华商作用提供了新思路、新借鉴。天津市侨联举办以“一带一路”与中国梦为主题的“侨界大讲堂”和专题学习会。

二是主动参与经贸洽谈活动。参与主办第12届东盟博览会海上丝绸之路华商经济论坛、青海绿色发展投资贸易洽谈会、第21届中国兰州投资贸易洽谈会、中国西部进口展暨国际投资大会、第13届东盟华商会等活动。与一些省区市合作，举办第9届中国中部投资贸易博览会、中国（湖南）非公有制经济发展论坛、中国国际酒业博览会、中外知名企业四川行活动、2015世界侨商贵阳会议、第2届中国（漯河）华商食品项目投资峰会等。支持配合地方政府举办纪念郑和下西洋610周年暨海内外侨商携手共建21世纪海上丝绸之路活动、第19届中国东西部合作与投资贸易洽谈会暨丝绸之路国际博览会、“丝绸路·南粤梦”等经贸活动。

三是走出去寻求合作与发展。配合推进“一带一路”建设安排全年出访，中国侨联领导先后率团访问“一带一路”沿线12个国家，向当地侨胞介绍中国政府“一带一路”倡议，引导侨胞积极参与“一带一路”建设。中国侨商联合会积极组织侨商走出去，找准与海外工商界在“一带一路”建设中的结合点，推进海内外企业合作发展。先后在伊斯坦布尔和法兰克福成功举办中国—土耳其投资交流会、中国—德国企业投资交流会，组织侨商赴俄罗斯、印尼、澳大利亚、新西兰等考察交流，组团出席第十三届世界华商大会。目前，中国侨联协调推动侨商投资的“世界商谷·中国（燕郊）物流城”欧洲采购中心在比利时安特卫普落地，侨商投资40亿美元与哈尔滨电气、印尼相关部门合作的4台100万千瓦燃煤电厂项目已经签约。

（五）发挥侨联优势服务大众创业、万众创新

广大侨胞素有创新创业的传统，拥有资金充裕、智力资源密集和创业经验成熟等优势，是大众创业、万众创新的主力军。我们瞄准这些优势，积极为广大侨胞特别是回国创新创业的新侨服务。

一是突出侨联组织的引导作用。组织22个省级侨联，联系100多家侨资企业参加第18届中国北京国际科技产业博览会，突出精品概念、彰显侨界特色、汇集创新产品、引领万众创新。在辽宁大连、江苏南通和镇江、浙江杭州等地组织举办“创业中华”系列活动，围绕数字物流、环保、旅游、跨境电子商务等领域洽商合作途径，促进海外华侨华人新生代将传统产业与新兴经济融合，助力地方经济更好更快转型升级。北京、河北、河南等省区市侨联通过举办“海外侨商高层次人才回国服务团”“圆梦中华·知名侨商中原行”等活动，发挥侨联组织独特优势，引导广大侨商参与当地经济建设，实现共赢发展。

二是深入挖掘侨界青年潜力。注重发挥青年委员会的引领作用，针对35岁以下侨界青年的特点和需求组织活动。紧扣当地政府推动“块数据”和智慧城市建设主题，与贵州省委统战部、贵州省侨联共同主办中国海外青年贵州创新创业发展大会，号召广大海外青年团结携手创新创业，成就自我事业、实现自身价值。与上海市侨联、解放日报社、复旦大学合作，主办“侨界青年创新创业·共谋发展”系列活动，为28个国家和地区的近300名侨界青年委员举办2期研修班，分享创业成功侨胞实践历程。在深圳召开主题为“创新改变世界·创业成就梦想”的中国侨联青年委员会讲坛，提出创新创业是当代侨界青年的核心价值追求。

三是密切结合各地改革实践。各级侨联结合各地改革发展实际，扎实做好服务工作。积极主动地融入国家战略，组织召开“长江经济带”品牌相关省市侨联工作沟通会，共同策划长江经济带的品牌活动，形成《长江经济带侨联协作（上海）宣言》。京津冀三地侨联建立联席会议制度，合作开展项目推进和人才引进工作，服务京津冀协同发展战略。上海市侨联、福建省侨联把握自贸试验区建设机遇，签约启动上海临港新侨新兴产业园，主办自贸试验区金融创新论坛，推动海内外新侨人士产业与资本联动。广东省侨联开展“创业中华·深耕广东”系列活动，组织侨商到粤东北、粤西北地区考察并促成一批项目落地，指导江门等地侨联实施“海创空间”项目，吸引海归精英和创新人才汇集。福建省侨联创设“侨智沙龙”常态化服务平台，开展侨界人才、企业、资本对接合作，推动多个人才资本项目签约联姻。安徽省侨联举办国际人才与安徽高新技术产业发展项目对接会，效果良好。

（六）推动侨联干部和侨界群众自觉尊法学法守法用法

我们认真学习贯彻党的十八届四中全会精神，贯彻全面依法治国方略，积极有序参政议政，维护侨益。

一是加强普法宣传，树立法治观念。以“法治中国·你我同行”为主题，分别在广西南宁、福建福州、新疆乌鲁木齐、黑龙江哈尔滨、云南昆明等地，举办侨界群众法治学习宣传活动，开设法律课程。开通“中国侨联普法办”微信公众号。制作并向基层侨联发放普法用品，编印《侨联维权手册》《全国侨联系统维权工作经验材料汇编》等普法资料，支持湖南省侨联与湖南卫视联合举办全省侨联系统涉侨法律知识电视大赛。各地侨联普遍专题部署侨法学习和宣传工作，做到与业务工作同部署、同检查、同落实。

二是加强队伍建设，依法维护侨益。召开全国侨联系统维权工作会议暨维权工作培训班，认真分析新形势下侨联维权工作面临的挑战和问题，表彰侨联系统维权工作先进单位和个人，提出新时期侨联维权工作的目标和任务。继续扩大法顾委委员队伍，增聘法顾委委员、成立法顾委专业委员会，完善法顾委章程和工作规则，先后赴江苏、重庆、甘肃、宁夏进行维护侨益专题调研。邀请法顾委海外委员回国，开展以“全面践行依法治国战略，依法维护海外侨胞权益”为主题的考察访问，共同研究改进维护海外侨胞合法权益问题。探索设立侨联系统公职律师，提高侨联干部的依法办事能力和水平。安徽省侨联联合省司法厅设立法律援助中心侨联工作站，海南省侨联推动省高院等单位联合出台建立涉侨司法事宜协调解决机制的若干意见，黑龙江省侨联启动《侨联组织与公检法涉侨案件通报制度》，不断创新为归侨侨眷维权服务的形式。

三是加强调查研究，积极参政议政。我们围绕侨界群众关心的“一带一路”建设、新侨创新创业、侨乡文化保护、中国“绿卡”制度、侨联组织深化改革等热点难点问题，深入基层、侨企、创业园区，深入归侨侨眷和海外侨胞中广泛调研，听取意见和建议，通过《侨情专报》上报中央，其中关于解决海外新疆籍侨胞出入境有关问题、海外侨胞回国证件使用问题、新侨海归人才回国创业面临困难、举办抗日战争胜利日纪念活动、武陵山集中连片地区实施精准扶贫、中美两国高层访问等建议和对有关周边国家局势的分析等多期专报得到中央领导同志重视和批示，推动了事关侨胞切身利益问题的解决。组织全国政协侨联界委员以“发挥侨界资源和优势，为长江经济带战略实施建言献策”为主题，赴重庆市和湖北省进行考察，形成调研报告报送全国政协。依托中国侨联法顾委力量，先后对食品安全法、广告法、国家安全法、种子法、刑法修正案（九）、大气污染防治法、环境保护法等 40 余部法律草案提出了修改意见和建议。江苏、安徽、福建、广东、四川、贵州等省侨联积极参与省内关于华侨相关权益保护的立法调研工作，山东省侨联积极宣传贯彻《山东省归侨侨眷权益保护条例》，北京、上海、黑龙江、云南等省市侨联的提案被评为优秀提案，浙江、福建、云南、湖南等省侨联的侨情信息得到省领导关注和重视。

（七）以丰富的工作内涵深化“两个拓展”工作方针

我们继续深入贯彻落实“两个拓展”工作方针，不断丰富侨联工作内涵。

一是丰富与海外侨社的密切联系。中国侨联建立海外顾问、委员、青年委员代表列席全委会议制度，听取他们对侨联工作的意见建议，九届二次全委会议首次邀请海外代表列席，本次会议也邀请来自 11 个国家的 22 位海外代表列席。在维也纳召开中国侨联欧洲顾问、委员、青年委员年会。2015 年共接待海外侨胞来访 2000 多人次。研发并推广使用“侨联通”移动客户端，进一步密切与海外侨胞及其社团的联系，目前注册用户已达 10 万余人，126 个国家的 500 多家华侨华人社团陆续加入该系统。广东省侨联发挥世界广东同乡大会、世界广府人恳亲大会、国际潮团联谊年会、世界客属恳亲大会的平台作用，与 110 多个国家和地区的 1200 多个华侨华人社团建立了紧密联系，与 30 多个国家和港澳台地区的 200 多个重要侨团缔结成为友好社团。四川省侨联、成都市侨联共同承办世界越柬寮华人团体联合会第 7 届文化商务交流暨会员代表大会。山东省侨联与阿联酋侨联共同举办“侨聚齐鲁・红色之旅”活动，邀请了 11 个国家和地区的侨领参与。

二是深入开展侨界人才和新侨工作。继续发挥中国侨联特聘专家委员会的作用，作为凝聚侨界高层次人才的重要载体，发挥了建言献策、服务经济社会发展的特殊作用。中国侨联与浙江省侨联共同推动实施“海燕集结行动计划”，做好海外名校留学生工作。中央国家机关侨联开展人才引进课题研究提出政策建议，举办新侨沙龙活动。各级侨联通过成立特聘专家委员会、新侨人才联谊会、留学归国人员协会等组织，积极为侨界人才、新侨人士提供服务。四川省侨联聘请 110 位侨界高层次人才为特聘专家。福建省侨联成立新侨人才联谊会，吸纳 27 个国家和地区 241 位理事。北京市侨联配合“海聚工程”为新侨人才和归国留学人员的学习、联谊、创新创业搭建平台。重庆市侨联参与举办“重庆国际人才创新创业洽谈会”，吸引优秀海归人才，服务地方发展。

三是不断深化两岸四地侨界的交流交往。中国侨联和相关地方侨联加强与台湾岛内侨界社团及海外传统侨团的交流，涉及经贸、展览、摄影、书画、文艺、美食、民俗等多个领域，形成良好互动机制。中国侨联与台湾中华侨联总会、华侨协会总会等举办第 7 届海峡论坛・2015 两岸侨联和平发展论坛，与会海外侨胞共话深化两岸交流和发展大计。精心组织“亲情中华・欢聚台湾”活动，先后在台北、花莲、屏东、嘉义进行 4 场大型文艺演出。福建省侨联以“闽都文化”为主题，举办第 4 届“两岸侨界交流周”入岛活动，厦门市侨联入岛举办两岸侨界交流活动，泉州市侨联到台南举办第 5 届花灯展。各级侨联坚持以港澳委员为骨干，以主题活动为支撑，不断加强与港澳侨界的互动，凝聚爱国爱港爱澳力量，为维护香港、澳门长期繁荣稳定发挥积极作用。

四是扩大“亲情中华”主题活动品牌效应。进一步丰富“亲情中华”品牌活动内容，从单一文艺演出扩展到中医药、中华美食等领域，从面向海外扩展到港澳台地区、内地侨乡和华侨农场，在全国侨联系统形成上下联动、对外统一的文化交流品牌。2015 年，组派海外团组 33 个，赴 41 个国家和地区举办 110 场慰问巡演和多场中医义诊、中华美食展示活动；组团赴浙江、广西、江苏、安徽等地举行“亲情中华・走进侨乡”春节慰问演出 9 场。主办第 16 届世界华人学生作文大赛，吸引24个国家和地区的760余万学生参赛。在2014年试点基础上，与国家汉办合作全面启动“亲情中华·汉语桥”夏令营活动，联合14个省区市侨联，组成班级27个，接纳海外华裔青少年近千名。

五是侨情研究、文博、出版事业亮点纷呈。中国华侨历史学会、中国华侨华人历史研究所加强自身建设，强化对外交流、凝聚人才作用。突出基础性研究与对策性研究并重、侨史研究与现实侨情研究并重，发布中国侨联2015—2017课题研究项目，严格加强课题管理。重视在侨务工作咨询和对策研究方面的工作，“国际移民课题研究”成果得到中央领导同志高度肯定。编写《中国华侨农场史》，填补学术空白；修订扩充《华侨史概要》，全面概述华侨华人历史脉络。中国华侨历史博物馆自2014年10月落成以来，成功举办多场具有“侨”特色的重要活动，并于2015年10月正式对外开放接待观众，已接待海外侨胞为主的社会各界观众200余批次8000余人，宣传侨界窗口和爱国主义教育基地的作用日益凸显。举办系列活动，隆重纪念华工建设美国太平洋铁路150周年。中国华侨出版社荣获2014中国图书世界馆藏影响力出版100强，《华侨华人研究》《中外关系史论文集》《华侨艺术丛书》编辑出版，《世界华侨华人通史》即将问世。《海内与海外》杂志社突出宣传知名侨界人士，讲好侨界精彩故事。

六是加强公益慈善帮扶，为侨排忧解难。坚持开展“送温暖、献爱心”慰问活动，设立扶侨帮困专项基金。与全总农林水利工会联合赴华侨农场开展帮扶，2次赴广西北海侨港镇开展调研，就侨房改造、渔村建设形成专题调研报告。先后拨款近300万元，对新疆、西藏、云南等省区开展的精准扶贫项目予以资金支持。持续开展“健康光明行”活动，扩大实施“侨爱心工程”。加强40余支专项基金的设立、管理工作。举办2期全国侨联公益事业发展培训研讨班，指导、推动各地设立中国华侨公益基金会分会。积极支持澳大利亚慈善机构在新疆、辽宁、江西、宁夏、重庆、安徽、河南、贵州等省区开展“天籁列车”慈善活动。新疆维吾尔自治区侨联积极参与协助做好阿克苏地区民生项目建设，总投资近1000万元。福建省侨联筹措1000多万元开展“百侨百企科教扶贫助学”“百侨帮百村——共建美丽乡村”活动。海南省侨联开展“送科技、送文化、送法律、送医药”的助侨惠侨“四下乡”服务月活动。宁夏、甘肃、内蒙古、青海、陕西等中西部省区侨联和新疆生产建设兵团侨联将侨界爱心善款妥善用于贫困地区教育医疗等领域。广东惠州市侨联积极筹措爱心善款，开展“侨青圆梦行动”，实现全市困难归侨侨眷子女上大学资助全覆盖。2015年，全国各级侨联推动侨界社会捐赠超过5亿元人民币，实施公益项目和活动近1000个。中国华侨公益基金会被中国公益慈善年会第三方评估为全国公募基金会第8名。

（八）开展“三严三实”专题教育加强自身建设

“三严三实”专题教育是党的群众路线教育活动的延展深化，是党中央加强思想政治建设和作风建设的重要举措，各级侨联按照中央要求，认真贯彻落实，加强自身建设。

一是切实抓好专题教育工作。中国侨联多次召开党组中心组学习研讨会，会领导、各部门各单位主要负责同志亲自讲授专题党课，举办支部书记、党务干部培训班，召开高质量民主生活会巩固群众路线教育活动成果，强化机关作风建设，在思想上行动上认真践行“三严三实”。各级侨联通过“三严三实”专题教育，进一步增强了侨联工作的群众观念，强化了侨联干部的服务意识、责任意识、担当意识。《中国共产党廉洁自律准则》和《中国共产党纪律处分条例》颁布后，各级侨联认真学习贯彻，广大侨联党员干部主动把自己摆进去，切实把纪律和规矩挺在前面。

二是努力加强自身建设。进一步加强侨联系统干部和海外侨领培训，中国侨联全年共培训侨联干部618人，海外侨领137人，各地侨联也开展了多种形式的干部培训教育。加大对新疆维吾尔自治区侨联干部培训支持力度，先后举办3期培训班，将全疆侨联系统专职干部轮训一遍。认真指导做好浙江、湖北、辽宁、上海、新疆生产建设兵团、青海6个省级侨联换届工作，对省级侨联领导体制和全国县级以上侨联领导干部专兼职情况开展调研。省级侨联组织建设有新的进展，北京、浙江、安徽、河北等省市侨联分别制定实施省侨联兼职副主席、常委、委员的履职守则或委员会工作办法，明确工作制度要求；湖南、四川省侨联配合省委就中央关于党的群团工作决策部署落实情况开展督查；辽宁省侨联、北京市侨联为团结联系委员、发挥委员作用，分别在全委会下设工作委员会，定期开展活动，研究落实相关工作；中央国家机关侨联成立中央金融单位机关侨联委员会。基层组织建设有了新发展，如广东省侨联在清远市开展“党建带侨建，侨建为党建”基层组织建设试点，揭阳市乡镇侨联实现全覆盖，浙江金华市侨联探索设立轮值兼职副主席制度，福建省基层侨联组织建设基本实现“三覆盖”，安徽省马鞍山、蚌埠、铜陵3市实现所辖17个县区侨联全覆盖，山西省新增设县级侨联组织63个，新疆维吾尔自治区一半以上的地州市侨联成立了维权机构等。

三是不断创新工作方式。“网上侨联”建设初见成效。中国侨联电子政务内网已获国家立项，即将接入国家电子政务内网系统。召开“智慧侨联”网络管理员培训班。移动客户端“侨联通”已覆盖市级以上侨联组织1100余家，参与工作人员达5000多人，内设公众账号42个，发布信息5000多条。各级侨联组织互联网思维进一步加强，“互联网＋侨联”的工作实践不断丰富。借助“侨联之友”微信群开展丰富多彩的线上线下活动，中国华侨公益基金会利用移动新媒体设立众筹项目实时发布捐助信息，四川省侨联建立以侨务数据库为核心的信息平台并与成都华文学习在线等系统互联互通，不少侨联开设微信公众号提供涉侨政策、居家养老、新侨创业等资讯。基层侨联组织创新工作方式，取得了良好的效果。如广东省侨联在全省积极创建“侨界人文社区”，初见成效；湖北省荆州市侨联借助于社会综合治理管理体系，建立起侨情网格化、信息化管理系统，效果明显。

一年来，侨联工作虽然取得一些成绩，但在深化“两个拓展”工作方针，推动侨联自身改革发展，支持中西部地区侨联工作，协调理顺地方侨联领导体制等方面仍存在一些不可忽视的问题，特别是努力克服机关化、行政化、贵族化、娱乐化倾向，按照政治性、先进性、群众性要求加强自身改革方面，还有许多工作要做，需要进一步统一思想、找准症结、深化改革。

二、2016年重点工作

2016年是决胜全面建成小康社会的开局之年，也是中国侨联成立60周年。2016年侨联工作总体要求是：全面贯彻党的十八大和十八届三中、四中、五中全会精神，贯彻习近平总书记系列重要讲话精神，贯彻中央党的群团工作会议精神，按照中央书记处对侨联工作的要求，深化“两个拓展”，凝聚侨心侨力，坚持改革创新，团结动员广大归侨侨眷和海外侨胞为实现“十三五”奋斗目标、决胜全面建成小康社会开好局起好步贡献力量。

（一）认真学习贯彻党的十八届五中全会精神，为“十三五”规划的实施发挥独特作用

一是坚持用中国特色社会主义旗帜凝聚侨界群众。深入学习贯彻习近平总书记系列重要讲话精神，深刻领会党中央治国理政的新理念、新思想、新战略，引导侨界群众积极投身实现中国梦的伟大实践。认真领会十八届五中全会精神，全面系统抓好侨联系统的学习、宣讲活动，把加强基层侨联组织队伍建设与开展群众性宣讲活动结合起来，把集中学习和自学结合起来，把内部学习研讨和专家辅导报告结合起来，把新常态新要求和侨联工作实际结合起来。广泛组织面向基层、面向侨界群众的灵活多样、互动性强、贴近实际的政策宣讲活动，积极回应侨界群众关注关切，教育引导侨界群众充分认识“十三五”奋斗目标与每个人切身利益的关系，增强侨界群众对全面建成小康社会的信心。按照中央部署配合有关部门开展纪念中国共产党成立95周年纪念活动，增强侨界群众的道路自信、理论自信、制度自信。召开全国侨联系统经济科技工作会议，分析当前经济形势，围绕“十三五”规划的目标和任务，研究和部署侨联经济科技工作。采取举办各种研讨班、培训班、学习班的形式，充分运用侨刊乡讯等独特渠道和微博、微信、“侨联通”等新媒体，全力营造决胜全面建成小康社会开局之年的良好舆论环境。

二是紧紧围绕新的发展理念充分发挥侨界优势。按照五中全会提出的新的发展理念统筹全

年工作。坚持创新发展，举办新侨创新创业成果交流会展示会，适时组建新侨创新创业联盟。继续深化“创业中华”行动，加强创新创业基地建设，助推创新成果转化，引导侨资侨智向高新技术产业、先进装备制造业、现代服务业聚集。坚持协调发展，服务区域发展总体战略，加强同地方政府的合作，引导侨资侨智进一步向中西部地区和老少边贫地区发展。坚持绿色发展，引导侨资企业向科技创新、生态环保、资源节约、海洋经济等领域发展，转变发展方式和生产经营方式，采用先进技术和装备，淘汰落后产能，提高企业核心竞争力，促进绿色经济、循环经济、低碳经济发展。坚持开放发展，着眼适应经济全球化，依托世界华商大会等国际经贸活动，加强与海外华人社团、港澳台工商界、国内企业的联系交流，发挥海外侨胞熟悉国际市场、了解住在国法律的优势，帮助国内企业规避各种壁垒和风险，提高国际化经营能力，更加积极主动地服务开放战略，为促进国内企业“走出去”发挥独特作用。抓住举办20国集团领导人杭州峰会的机遇，推进相关工作。坚持共享发展，整合侨界优势资源，开展“送项目、送科技、送温暖”下乡、“百侨帮百村”、“侨爱心365行动”等助侨惠农工程，引导侨资侨智积极参与推进城镇化进程、发展现代农业、构建新型农业经营体系，促进华侨农场、贫困侨乡走上共同繁荣道路。

三是着力配合国家“一带一路”战略实施打好“侨”牌。继续参与“一带一路”中国品牌世界行活动，加深与“一带一路”沿线国家华侨华人经贸、科技和校友会等侨团的合作，架好民间交往的桥梁，增进与沿线国家的经济往来和科技交流。注重配合“一带一路”建设，推动“筑梦丝路”活动走进沿线国家，向沿线国家侨胞宣传、阐释“一带一路”的重大意义、总体构想和基本内涵，释疑解惑。充分发挥海外侨胞熟悉住在国政治、经济、法律、风俗习惯等优势，在“一带一路”沿线国家做好前期项目论证、市场分析、社会公关、风险评估等工作，努力化解政治性风险、文化性差异、人才管理等技术性障碍，既为住在国的经济社会发展服务，也为中国企业“走出去”发展营造良好社会氛围，进一步深化利益融合，实现共赢发展，为国家实施“一带一路”战略作出积极贡献。充分发挥中国侨联法顾委海外律师委员的优势，为侨胞参与“一带一路”建设提供法律咨询与服务。

四是为改善侨界民生和推动实施精准脱贫添砖加瓦。全面贯彻落实中央扶贫开发工作会议精神，重点关注城乡贫困归侨侨眷尤其是农村贫困归侨侨眷的脱贫问题，协助地方和动员侨界推进农村贫困归侨实现精准脱贫，支持和关注革命老区开发建设，采取一切可行的措施，做好“侨帮侨”工作，汇聚侨界力量打好脱贫攻坚战。协助地方政府深入开展农村贫困归侨侨眷普查、精准识贫，建立困难侨台账，全面掌握全国范围内贫困归侨侨眷人口数量、居住条件、生产生活、家庭收入、致贫原因和帮扶需求。加强与全总、国务院扶贫办、扶贫协会等部门的沟通协作，推动地方政府将农村贫困归侨群众纳入扶贫范围，对南侨机工及遗属、归难侨、华侨农场困难家庭、城市散居困难归侨侨眷、侨界留守儿童、空巢老人等群体建立有针对性的帮扶机制。加强对中国华侨公益基金会扶贫专项基金的募集和使用管理，建立和完善受捐资金、物资与技术援助的使用管理制度，着力改善侨界困难群众生产生活条件，帮助侨界群众实现脱贫和可持续发展。

（二）持续推进“两个拓展”工作方针，不断扩大联系归侨侨眷和海外侨胞的覆盖面

一是大力拓展海外工作和新侨工作。继续着眼海外侨胞长期生存发展，注重引导他们积极融入和回馈当地社会，传承传播中华文化，增进与住在国的民间友好，做连接中国梦与世界梦的践行者。引导海外侨胞积极推进和谐侨社建设，与侨联建立常态化沟通协作机制，共同构建以中华民族为向心的文化认同、愿景趋同、行动协同的全球侨团网络。着眼新一代华侨华人的特点和需求，注重联系和服务新侨高层次专业人才，为他们发展事业、报效祖（籍）国铺路搭桥。关心和教育华裔青少年，让他们对祖（籍）国“魂”牵“梦”绕“根”常在。团结新经济组织、新社会组织中的新侨人才，设计符合新侨特点的活动，建立沟通联系机制。发现和培养一批侨社新秀，结交“新面孔”、吸收“新生代”、扩大“朋友圈”，以活力激扬生机、以生机提振号召力。大力推进服务侨界青年的工作，帮助引导侨界青年创新创业。

二是大力加强基层侨联的吸引力和凝聚力。目前全国2万多个侨联组织中，与新侨、高层次侨界人才联系密切的大专院校、科研院所、新经济组织侨联仅占2.4%，这种不平衡性集中反映了“群团组织覆盖不到、覆盖不全的问题日益凸显”。进一步拓展新侨工作，很重要的方面就是要把国内的新侨群体吸引到侨联组织中来，把推进基层侨联建设放到重要位置，加强基层侨联工作的顶层规划，把基层侨联组织作为拓展海外工作、拓展新侨工作的重要基础和战略支点，通过增强侨联基层组织的吸引力、凝聚力，使“两个拓展”的基础更加牢固。努力贴近侨界群众需要，通过侨界群众喜闻乐见的形式，吸引更多的侨界群众参与进来，发挥主体作用，增强群众性，使基层侨联组织真正成为侨界群众离不开、愿意来、敞心扉、能受益的侨胞之家。

三是搭建平台大力延伸工作手臂。切实发挥特聘专家委员会、法顾委、侨商会、青委会、留联会、华侨基金会、归侨联谊会、华侨历史学会、华侨国际文化交流促进会等组织的独特作用，继续巩固已有的工作基础，发挥各自特点和优势。探索建立大局需要、侨联主导、侨界群众踊跃参与的多种社会组织，进一步凝聚不同阶层、不同类型的侨界群众，把广大归侨侨眷更紧密地团结在党和政府周围。借助新媒体和网络平台，实施上网工程，加强与有关党政部门、人民团体、社会组织、主流媒体网站的合作，建立健全侨联组织各具特色的网站、网页、公众号，针对广大归侨侨眷和海外侨胞的需要丰富相关内容，发布侨联信息、收集反映侨界民意、回应侨界诉求，加强与海内外侨胞的信息共享与交流。适时在海外侨胞中组织一批故事员队伍，借助媒体、网络和各种平台，讲好十八大以来我们党治国理政的新理念、新思想、新概念，讲好中国故事，传播好中国声音。

（三）开展纪念孙中山先生诞辰150周年纪念活动，促进海外统战和侨务对台工作

2016年是中国民主革命的伟大先驱孙中山先生诞辰150周年。我们将积极配合中央部署，广泛开展形式多样、富有“侨”特色的活动。

一是弘扬先贤爱国精神，团结凝聚侨心。通过召开纪念大会、座谈会、图片展览、文艺演出等形式，广泛宣传和弘扬孙中山等侨界先贤爱国思想、革命意志和进取精神，缅怀孙中山先生为民族独立、社会进步、人民幸福所建立的历史功勋，巩固和发展海内外中华儿女的大团结，巩固和发展最广泛的爱国统一战线，维护两岸关系和平发展，共同推进祖国和平统一大业。通过对广大归侨侨眷和海外侨胞与祖（籍）国同命运、共荣辱、心连心的历程回顾，引导侨界群众认识中国共产党才是中山先生革命精神的继承者和发扬者，只有社会主义能够救中国、发展中国，从而为实现“两个一百年”奋斗目标和中华民族伟大复兴的中国梦作出新的贡献。

二是巩固和发展最广泛的爱国统一战线。继续深入学习贯彻中央统战工作会议精神和《中国共产党统一战线工作条例（试行）》，进一步强化大局意识，充分认识争取人心是港澳台和海外统战工作的出发点和落脚点，把团结侨胞、凝聚侨心贯穿工作始终、渗透各个方面，全方位巩固爱国力量，争取中间力量，分化敌对力量。针对侨情新变化新趋势新特点，加大海外调研力度，研究侨联海外联谊工作中的普遍性、趋势性、前瞻性问题。结合海外侨社重大活动，召开区域性海外委员年会，鼓励海外侨团内部和侨团之间建立化解分歧、相互支持的协商协调机制，推动和谐侨社建设。鼓励海外侨胞与住在国政界、工商界、学术界、新闻界等各界人士建立联系、密切往来，引导和团结更多海外侨胞及国际友人支持中国实现和平发展，不断积聚对我友好正能量。做好少数民族归侨侨眷和海外侨胞的联系和鼓舞工作，支持少数民族地区侨联完善服务侨胞问效机制，增进少数民族侨胞对祖国的认同感和归属感。

三是做好侨联对台工作，加强两岸侨界交往。认真贯彻落实习近平总书记在两岸领导人会谈中提出的4点意见，继续深化侨联对台工作，推动两岸侨界民间交流的进一步发展。继续办好海峡论坛·两岸侨联和平发展论坛，与台湾岛内侨界社团共同举办“两岸侨界共话中秋”主题晚会，进一步增强两岸侨界的感情，在谋求中华民族伟大复兴中增进共识。发挥地缘、血缘优势，与岛内同乡宗亲组织加深联系、深化交往、共办活动，积极构筑两岸关系和平发展的桥梁。继续举办“两岸企业家紫金峰会”和海外侨界才俊研习班，与台湾侨界、工商界青年联谊交流，增进了解，寻求合作，增进台湾青少年对国家和民族的认同感和自豪感。继续组织“亲情中华·欢聚台湾”活动，实现巡演场次和岛内影响的再提升。发挥侨联海外顾问委员青年委员在当地“反独促统”活动中的骨干作用，在“九二共识”的政治基础上共同维护侨益，促进海外两岸侨界的团结融合。

四是继续做好港澳侨界工作。进一步增进与港澳侨界社团和重点人士的联系，推动港澳侨界社团扩大联系面和社会影响力，增加青年一代在侨社中的比重，促进侨界团结，形成整体合力。配合中央支持港澳经济发展的政策措施，组织好港澳顾问、委员、青年委员赴内地的考察活动，努力推动港澳与内地的经贸往来与合作。充分发挥港澳青年委员的作用，加大力度培养港澳侨界青年骨干，鼓励支持港澳委员组织港澳青少年到内地参观、考察、旅游、实习，不断增进港澳青少年对中国历史、文化的了解，增进港澳青少年对国家和民族的向心力。

（四）大力推进自身改革，强化作风建设和队伍建设

中央党的群团工作会议发出了群团工作改革的动员令。我们要认真学习、借鉴全国总工会和上海、重庆群团改革的经验和做法，找准侨联自身问题，以增强政治性、先进性、群众性为目标，积极谋划推进侨联工作改革创新。

一是总结侨联60年历史经验，为改革提供借鉴。以纪念中国侨联成立60周年为契机，通过回顾中国侨联60年风雨历程，认真总结历史经验，进一步激发广大侨联工作者的使命感和责任感。通过举办纪念活动，深刻认识新形势下保持和增强侨联工作和侨联组织的政治性、先进性、群众性的必要性，突出实现中国梦的侨联工作时代主题，总结团结引导侨界群众听党话跟党走的工作经验，增强新形势下侨联改革的政治定力。纪念活动将按照中央要求，隆重简朴，厉行节俭。

二是坚持侨联改革的正确方向。准确把握“六个坚持”基本要求和“三个统一”基本特征，以增强侨联工作和侨联组织的政治性、先进性、群众性为前提，坚定不移地走中国特色社会主义群团发展道路。坚持党的领导，把党的要求同广大侨界群众的诉求统一起来，自觉维护党的领导，自觉和党中央保持高度一致。坚持“两个服务”，始终站在党和人民的立场，发挥桥梁和纽带作用，为党和国家的中心工作和大局服务、为归侨侨眷和海外侨胞服务。坚持问题导向，有针对性地推动不同地区、不同层级解决不同工作领域存在的突出问题，解放思想、实事求是，与时俱进、改革创新，使改革更具可行性、更具前瞻性、更具有效性。坚持整体推进，在同级党委领导下积极稳妥制定符合实际的改革方案，学习和借鉴群团改革试点单位和地区的成功经验，尊重基层和群众的首创精神，妥善处理好各种利益关系，做好思想政治工作。

三是明确侨联改革的主要目标。按照增强群团组织政治性、先进性、群众性的总要求，突出侨联组织的群众性、民间性、涉外性、统战性特点，重点抓好关乎全局性的 4 方面工作：

更广泛更紧密团结联系侨界群众，深化组织体系改革。在密切联系归侨侨眷基础上，加大与海外侨胞和国内涉侨群体的联系，最大限度把归侨侨眷和海外侨胞团结在党的周围，运用互联网等新兴媒介，加快建设网上侨胞之家，将中华民族伟大复兴的最大公约数贯穿侨联工作始终。

充分发挥党和政府联系归侨侨眷和海外侨胞的桥梁纽带作用，深化工作方式方法的改革。深入群众、了解群众，及时将侨界群众的意愿和诉求更加准确全面地反馈给党和政府；关心群众、帮助群众，通过解疑释惑，使党和政府的各项方针政策让侨界群众所掌握。真正使侨界群众成为侨联一切活动的主体，从而为侨界群众提供更多供需对路的精准服务，在事业协助、文化教育、权益维护、困难帮扶方面形成以侨界群众为中心的长效服务机制。

建立健全符合中央要求、侨界群众满意的群团运行机制，深化侨联自身改革。针对新常态下侨联工作的问题，补短板、立新规、调结构，使侨联机构设置和编制配备适应新形势和新任务的需要，推动枢纽型组织建设。

全力打造知大局懂本行干实事的队伍，深化侨联干部制度改革。增强各级侨联党组承担全面从严治党，加强党风廉政建设的政治责任。牢固树立“三严三实”的作风，加强侨联干部培养，通过建立侨联干部基层联系点和双向挂职制度，大力推进侨联干部履职能力建设，造就一支让党放心、让侨界群众满意的干部队伍。关于侨联改革问题我们将在中央领导下制定具体方案后施行。

各位委员，各位顾问，同志们！

全面建成小康社会的攻坚号角已经吹响，侨联组织要切实肩负起时代赋予的新使命、新任务。让我们紧密团结在以习近平同志为总书记的党中央周围，坚持用中国特色社会主义旗帜凝聚侨界群众，联系和团结广大归侨侨眷和海外侨胞，凝神聚力，开拓创新，为全面建成小康社会作出侨界独特贡献，汇聚起实现“两个一百年”奋斗目标和中华民族伟大复兴中国梦的磅礴力量！

在全国侨商社会组织负责人高级研修班开班式上的讲话

（2016年3月25日）

林　军

各位学员，同志们：

大家上午好！

很高兴出席全国侨商组织负责人高级研修班的开班仪式。首先，我代表中国侨联，对研修班的举办表示热烈祝贺，对民政部予以侨联工作的重视和支持表示衷心的感谢！

一直以来，党中央高度重视全国侨商组织的发展，习近平、李源潮等党和国家领导人分别出席过中国侨商联合会的换届大会，对广大侨商在国家改革开放事业中所作的贡献给予了积极评价。中国侨联始终将侨商会视为侨联工作的重要组成部分，要求侨商会广泛联系、团结、服务侨商朋友，支持侨商会依章程独立自主地开展丰富多彩的活动。

在民政部门的指导下，全国侨联系统各级侨商组织得到了迅猛发展，至今已达146家，会员总数超过20000人。各级侨商组织在广大侨资企业家的支持下，积极促进国家区域经济发展、拓展海外交流和对外开放、参与社会管理和公益事业、维护侨商合法权益、推动侨商事业发展等方面做了大量卓有成效的工作，并在基层组织建设、深化内部治理、创新工作方式、拓展服务内容等方面取得了明显实效。江苏、广东、上海、福建、重庆、北京等侨商组织在服务侨商方面积累了一定的经验，彰显了自己的特色。值得一提的是，中国侨商联合会发挥了龙头作用，去年被民政部授予“全国先进社会组织”称号，得到广大侨商朋友的赞誉，中国侨联党组对此充分肯定。

今年是“十三五”规划的开局之年，也是决胜全面建成小康社会的开局之年。为了更好地发挥侨商的作用，推进各级侨商组织健康、规范、可持续发展，中国侨联决定举办首次全国侨商组织负责人高级研修班，得到了各级侨联和侨商组织的积极响应，150多位侨资企业家和120多位省级、副省级侨商组织负责人参加培训。这次研修班为大家安排了一批海内外知名学者、教授专题授课，希望大家能解渴，学有所获。

下面，我讲几点意见供大家参考：

一、充分认识当前形势对侨商工作的新要求

大事清，才能方向明。侨商对国际国内形势的变化有更加直接、更加深刻的感知，关键是要解决好“怎么看”“怎么干”的问题，从而认清形势，增强信心，把握机遇，实现发展。

从国际看，世界经济深度调整、复苏乏力，国际贸易增长低迷，金融和大宗商品市场波动不定，地缘政治博弈加剧，外部环境的不确定因素增加，对我国发展的影响不可低估。当前国际经济形势呈现以下几个特征：一是世界经济贸易仍将低速增长。随着各国刺激政策的退出和作用衰减，世界经济贸易自2012年以来一直处于4%以下的低增长，复苏动力明显不足。各国都在推进结构性改革，为经济增长积蓄动能，世界经济短期内仍难以摆脱低速增长状态，我国靠外贸拉动不可持续，加快深化结构性改革，培育新的增长动力，成为当前紧迫的任务。二是主要经济体走势进一步分化。自去年以来，美国经济复苏加快，但基础不牢固，美联储对加息持审慎态度，

对世界经济带来复杂影响有待观察；欧洲、日本经济复苏艰难，许多新兴经济体面临经济增速下滑、货币贬值、资本外流等多重压力，这对我国经济发展的挑战和机遇并存。三是国际金融市场调整波动可能加大。由于全球经济走势分化、周期不同步，主要经济体的货币政策也出现分化甚至背离，股市等金融市场波动加剧，国际金融市场调整对世界经济复苏将带来什么影响值得关注，这也对我国金融安全保障提出了新的更高要求。四是石油等大宗商品价格仍可能低位运行。国际大宗商品市场供大于求、价格大幅回落，将加剧资源出口国的经济困难，既有利于我国降低进口成本、增加能源资源进口，但也会加剧上游行业和企业经营困难。五是全球产业重组和产业链布局调整步伐加快。随着新技术发展，移动互联网、物联网、智能制造等新兴产业加速发展，云计算、大数据等信息技术普及应用，将不断催生新业态、新模式和新产业，传统产业将全面转型升级，依托信息化、智能化、小型化、分散化、个性化的新型生产组织方式将逐渐成为主流，国际分工也面临变革，我国也正处于从中低端向中高端跃进阶段。六是地缘政治等非经济因素影响上升。从目前情况看，中东局势、极端势力的恐怖袭击、朝核问题、欧洲难民问题等，都存在不确定因素，世界形势走向不能不让人警惕。国际形势的风吹草动，对广大侨商不可避免地会产生这样或那样的影响。

从国内看，去年我国经济社会发展稳中有进、稳中有好，国内生产总值达到 67.7 万亿元，增长 6.9%，在世界主要经济体中位居前列（2015 年世界总体的经济增长为 2.4%）；就业形势总体稳定，城镇新增就业超预期达 1312 万人，成为经济一大亮点；服务业在国内生产总值中的比重上升到 50.5%，高技术产业和装备制造业增速快于一般工业，结构调整取得积极进展；大众创业、万众创新蓬勃发展，全年新登记注册企业增长 21.6%，平均每天新增 1.2 万户，发展新动能加快成长；全国居民人均可支配收入实际增长 7.4%，快于经济增速，人民生活进一步改善。这些成绩是在我国经济总量超过 10 万亿美元的高基数上取得的，令人振奋、来之不易。但同时，我国经济发展遇到的困难很大、隐患不少、风险凸显，经济增速换挡、结构调整阵痛、动能转换困难相互交织，有效需求乏力和有效供给不足并存，经济下行压力较大。钢铁、煤炭等过剩行业去产能压力和难度都不小，房地产市场地区分化较大，企业生产经营困难、利润下降、亏损增加，一些行业和企业出现裁员和隐性失业情况，财政收支矛盾突出，银行不良贷款增多、非法集资多发，潜在金融风险仍在积聚，经济发展的挑战不容低估。侨商对市场有天然的“嗅觉”，许多侨商朋友说经济有“寒气袭来”的感觉。尽管如此，“十三五”及今后一个时期，我国仍处于发展的重要战略机遇期，经济发展长期向好的基本面没有变，经济韧性好、潜力足、回旋空间大的基本特质没有变，经济持续增长的良好支撑基础和条件没有变，经济结构调整优化的前进态势没有变。我国仍将是国际投资的最佳目的地之一。我们要正确认识新常态、主动适应新常态、积极引导新常态，解放思想、转变观念，以自己敏锐的洞察力和聪明才智，充分发挥自己所长，破解企业发展难题、推进企业健康稳定可持续发展，这个信心不容动摇！

作为侨商会会长和侨商组织工作者，要不断加强学习、提高认识，进一步认清国际和国内的“时”和“势”的新变化，才能更好地为侨商朋友提供有针对性的高效服务。

二、牢牢把握侨商组织发展的正确方向

一要深刻理解新的发展理念，团结广大侨商为“十三五”建设贡献力量。发展理念是发展行动的先导。习近平总书记在党的十八届五中全会上系统论述了创新、协调、绿色、开放、共享“五大发展理念”，牢固树立并切实贯彻这“五大发展理念”，是关系我国发展全局的一场深刻变革，攸关“十三五”乃至更长时期我国发展思路、发展方式和发展着力点，是全面建成小康社会的行动指南。创新是引领发展的第一动力，决定发展速度、效能、可持续性，是我们应对环境变化、增强发展动力、把握发展主动权，更好引领新常态的根本之策，抓住了创新，就抓住了牵动经济社会发展全局的“牛鼻子”。侨商组织要不遗余力地推动侨资企业走创新发展之路，为侨商资本对接侨界科技成果牵线搭桥，支持侨商企业加大创新投入，努力通过技术改造实现转型升

级。下好“十三五”时期发展的全国一盘棋，协调发展是制胜要诀，只有像“弹钢琴”那样统筹兼顾好各方面发展，才能演奏好全面建成小康社会交响曲，坚持统筹兼顾、综合平衡，正确处理发展中的重大关系，补齐短板、缩小差距，努力推动形成各区域各领域欣欣向荣的景象。协调发展是宏观的，作为微观的侨商企业贯彻协调发展理念就是积极响应、支持政府推动协调发展而采取的各项具体举措。绿色发展就是要解决好人与自然和谐共生的问题，我国经济发展取得历史性成就，同时也积累了大量生态环境问题，成为明显的短板，成为人民群众反映强烈的突出问题。侨商企业要自觉树立保护环境的意识，坚决摒弃损害甚至破坏生态环境的生产模式，决不能以牺牲环境谋取一时的私利，努力作保护环境的模范企业。开放发展理念，核心是解决发展内外联动问题，目标是提高对外开放质量、发展更高层次的开放型经济，包含主动开放、双向开放、公平开放、全面开放、共赢开放等重要思想，广大侨商是开放的参与者、推动者、受益者，凭借广泛的海外人脉关系和对国内熟悉的独特优势，必将对全方位升级我国开放型经济发挥积极的作用。共享理念实质就是坚持人民为中心的发展思想，体现的是逐步实现共同富裕的要求，其内涵为全民共享、全面共享、共建共享、渐进共享。侨商企业践行共享理念，最起码不能拖欠员工工资，要带领所属员工脱贫致富，努力实现共同富裕，要增强社会责任，热心公益事业，为精准扶贫、打赢脱贫攻坚战尽心尽责。

全国“两会”刚刚结束，国民经济和社会发展第十三个五年规划纲要也正式发布了，阐明了国家战略意图，明确了经济社会发展宏伟目标、主要任务和重大举措，是市场主体的行为导向，是政府履行职责的重要依据，是全国各族人民的共同愿景。“十三五”规划纲要内涵丰富、意义深远，对各行各业的发展都提出了明确的要求，各级侨商组织要通过举办讲座、研讨、座谈等喜闻乐见的形式，帮助侨商在“十三五”规划中发现商机、抓住时机、把握先机，团结广大侨商为“十三五”时期经济建设、社会进步献计出力。

二要深刻理解供给侧结构性改革，为侨商企业转型升级提供服务。供给侧结构性改革，重点是解放和发展社会生产力，用改革的办法推进结构调整，减少无效和低端供给，扩大有效和中高端供给，增强供给结构对需求变化的适应性和灵活性，提高全要素生产率。这不只是税收和税率问题，而是要通过一系列政策举措，特别是推动科技创新、发展实体经济、保障和改善人民生活的政策措施，来解决我国经济供给侧存在的问题。供给侧结构性改革不是否定需求，而是既强调供给又关注需求，既突出发展社会生产力又注重完善生产关系，既发挥市场在资源配置中的决定性作用又更好发挥政府作用，既着眼当前又立足长远。当前和今后一个时期，我国经济发展面临的问题，供给和需求两侧都有，但矛盾主要在供给侧。一些行业和产业产能严重过剩，同时大量关键装备、核心技术、高端产品还依赖进口，如我国粗钢产量严重过剩，但是像一些特殊行业急需的特种钢材目前尚不能国产化；一些有大量购买力支撑的消费需求在国内得不到有效供给，境外购物从名表、名包等奢侈品向马桶盖、奶粉等日用品延伸。不是没有需求或需求不足，而是供给产品质量、服务跟不上，有效供给能力不足带来大量“需求外溢”，消费能力严重外流。解决这些结构性问题，必须推进供给侧改革。要从生产端入手，重点是促进过剩产能有效化解，促进产业优化重组，降低企业成本，发展战略性新兴产业和现代服务业，增加公共产品和服务供给，提高供给结构对需求变化的适应性和灵活性，就是习近平总书记所说的“去产能、去库存、去杠杆、降成本、补短板”。各级侨商组织要深刻领会供给侧结构性改革的重要性和紧迫性，为侨商企业化解过剩产能、转型升级、创新发展提供有效服务和帮助。侨商会中不乏转型成功的例子，比如严陆根先生从房地产行业转型到文化产业，韩国龙先生从房地产转型到名表生产，等等。对于有自主知识产权的高新技术侨商企业，要在投融资、产品研发、争取优惠政策等方面提供支持，助推侨商企业发展壮大；对于传统行业的侨商企业，要积极为其在开拓市场、技术改造、深加工、精加工等方面提供必要帮助，积极营造精益求精的专业氛围，大力弘扬新时期的工匠精神；对于过剩产能的侨商企业，要主动关心其处境和困难，与他们一起动脑筋、想办法，鼓励他们跨行业转型、向上下游产品延伸、借助侨商网络到境外发展，结合国家近期出台的化解过剩产能实现脱困发展的具体举措，有针对性地帮助他们寻求解困突围之策。要积极搭建平台，为侨商企业信息共享、资源融合、优势互补、合作共赢疏通渠道，努力为他们转型升级、创新发展创造更多机会。

三要深刻理解“一带一路”建设，为侨商企业走出去发展提供服务。2013年9月和10月，中国国家主席习近平在出访中亚和东南亚国家期间，先后提出共建“丝绸之路经济带”和“21世纪海上丝绸之路”的重大倡议，得到国际社会高度关注。“一带一路”秉持和平合作、开放包容、互学互鉴、互利共赢的理念，打造政治互信、经济融合、文化包容的利益共同体、命运共同体和责任共同体，是促进共同发展、实现共同繁荣的合作共赢之路，是增进理解信任、加强全方位交流的和平友谊之路。“一带一路”是中国与丝路沿途国家分享优质产能，共商项目投资、共建基础设施、共享合作成果，以道路联通、贸易畅通、货币流通、政策沟通、人心相通为主要内容，肩负着探寻经济增长之道、实现全球化再平衡、开创地区新型合作的使命。“一带一路”建设的宏伟蓝图为广大华侨华人提供了难得的历史机遇，他们既了解中国，也熟悉所在国的政治、经济、法律和社会状况；既熟练掌握中国及所在国的语言，又了解两国文化背景和民众心理差异，在提供市场信息、法律服务、传播文化、深化了解、增进互信等方面具有不可替代的作用，完全可以在“一带一路”建设中大显身手，是“一带一路”建设不可或缺的推动力量。中国侨商联合会近年来围绕“一带一路”开展了不少富有成效的活动，组织侨商到土耳其、德国、澳大利亚、加拿大、印尼等“一带一路”沿线国家经贸洽谈、交流合作，一些项目如胜记仓集团与印尼侨商合作等已经落地，为侨商参与“一带一路”建设探索积累实践经验。近期中国侨联正在与清华大学洽谈共同组建“一带一路”研究院，为“一带一路”建设中更好发挥侨商作用提供理论支持和政策研究。各级侨商组织要将号召广大侨商参与“一带一路”建设视为己任，进一步加大“走出去”、“请进来”力度，支持广大侨商抓住因“一带一路”建设给沿线国家带来的新的市场需求，扬其所长，彰显作为，多做有利于推进“一带一路”建设、有益于沿线各国经济社会发展的实事。

三、打造“亲”和“清”的新型政商关系，努力推动侨商企业健康发展

最近，意识形态领域出现一些否定我国基本经济制度，否定改革开放30年的奇谈怪论，大家要有所警惕。以公有制为主体，多种所有制经济共同发展是我国社会主义初级阶段的基本经济制度。习近平总书记在全国“两会”期间参加民建、工商联界政协委员联组讨论时指出，非公有制经济在我国经济社会发展中的地位和作用没有变，我们毫不动摇鼓励、支持、引导非公有制经济的方针政策没有变，我们致力于为非公有制经济发展营造良好环境和提供更多机会的方针政策没有变。任何想把公有制经济否定掉或者想把非公有制经济否定掉的观点，都是不符合最广大人民根本利益的，都是不符合我国改革发展要求的，因此都是错误的。目前，由于一些原因，对非公有制经济的市场准入限制仍然较多；政策执行中“玻璃门”“弹簧门”“旋转门”现象不同程度地存在；一些政府部门服务民营企业办事效率不高；民营企业特别是中小企业、小微企业面对市场的冰山、融资的高山、转型的火山这“三座大山”，普遍感到压力较大。政府已经意识到这些问题并下定决心解决，从实际出发，细化、量化政策措施，制定相关配套举措，推进各项政策落地、落细、落实，让民营企业真正从政策中增加获得感。广大侨商要提振信心、激发企业家精神，发挥企业家才能，推动企业不断取得更新更好发展。需要强调的是，侨商企业要健康发展前提是侨商自身要健康成长，广大侨商要不断加强自我学习、自我教育、自我提升，珍视和维护好自身的社会形象；要深入开展以“守法诚信、坚定信心”为重点的理想信念教育实践活动，始终热爱祖国、热爱人民、热爱中国共产党，积极践行社会主义核心价值观，做爱国敬业、守法经营、创业创新、回报社会的典范，在推动实现中华民族伟大复兴中国梦的实践中谱写人生事业的华彩篇章。侨联干部和侨商组织工作者要为广大侨商提供高质量的服务，同时要守住底线、把

好分寸。要按照习近平总书记的要求努力构建“亲”和“清”的新型政商关系，对于侨联干部和侨商组织工作者而言，“亲”就是要坦荡真诚与侨商企业接触交往，特别是侨商企业遇到困难和问题情况下更要积极作为、靠前服务，对侨商朋友多关注、多谈心、多引导，帮助解决实际困难，真心实意支持侨商发展；“清”就是同侨商企业家的关系要清白、纯洁，不能以权谋私，不能搞权钱交易。对侨商企业家而言，“亲”就是积极主动同侨商组织及有关部门多沟通，讲真话，说实情，建诤言，支持侨商组织和侨联事业的发展；“清”就是要洁身自好、走正道，做到遵纪守法办企业、光明正大搞经营。

四、积极支持侨商组织健康发展

侨联所属侨商组织是侨联组织联系服务广大侨商的重要平台，是侨联工作不可或缺的重要组成部分。各级侨联要关心侨商组织发展，创造条件支持侨商组织依照章程独立自主开展工作，为侨商组织丰富载体、延伸手臂、活跃氛围倾注心血。当前，各级侨商组织还存在着组织发展不平衡、发挥作用不明显等问题，中国侨商联合会要加强研究、分类指导，对尚未成立侨商组织省区市侨联要加强指导、加大扶持力度；对已经成立的侨商组织要扩大覆盖面，督促其进一步完善机制，增强活力和凝聚力。要加强侨商组织人才队伍建设，提高从业人员职业化、专业化水平。要按照中共中央办公厅《关于加强社会组织党的建设工作的意见（试行）》的有关精神，做好侨商社会组织的党建工作，加强行业自律机制和会员文化建设，不断提升服务保障水平，努力开创全国各级侨商组织有序、健康、可持续发展的新局面，为国家“十三五”规划的顺利实施，为全面建成小康社会作出新的更大的贡献！

最后，预祝本次研修班取得圆满成功。祝各位学员在北京期间学习顺利、生活愉快！

在2016全国侨联经济科技工作会议上的讲话

（2016年3月29日）

林　军

在全国两会刚刚闭幕，“十三五”规划开局起步之时，我们召开这次全国侨联经济科技工作会议，为今年乃至未来几年的工作调音定调、排兵布阵，体现了“党有号召、群团有行动”这一群团组织的优良传统。这次会议的主要任务是：深入学习贯彻党的十八届五中全会精神和习近平总书记系列重要讲话精神，深刻领会中央经济工作会议对当前经济形势的基本判断和推动供给侧结构性改革的决策部署，围绕《“十三五”规划纲要》和五大发展理念的贯彻落实，进一步统一思想、深化认识，交流经验、谋划工作，对当前和今后一个时期全国侨联经济科技工作进行安排和部署。下面，我就当前和今后一个时期侨联经济科技工作谈几点意见。

一、十八大以来全国侨联经济科技工作的基本情况

十八大以来，在党中央的坚强领导下，在各地党委政府和有关部门的关心支持下，各级侨联立足本职工作，充分发挥自身优势，在实践中不断探索创新，经济科技工作取得了显著成绩。

一是服务国家重大发展战略取得新成效。十八大以来，中国侨联自觉围绕党和国家工作大局积极进取、彰显作为，努力服务地方经济发展，在稳增长、调结构上贡献财智。先后围绕“一带一路”、长江经济带、京津冀协同发展三大战略组织召开相关省区市侨联工作沟通会，探讨侨联组织参与“一带一路”建设的方式和途径，形成《长江经济带侨联协作（上海）宣言》，建立京津冀三地侨联主席联席会议制度。在俄罗斯、波兰、荷兰开展“互联互通·共建共赢—2015侨资侨智丝路行”活动，在土耳其、德国举办中外投资交流会，邀请国家机关部委领导和专家在香港、澳门举办“一带一路”专题讲座，海外侨胞、港澳同胞对“一带一路”战略认识加深、参与热情更高。中国侨商联合会先后在香港、台湾、印尼等地举办侨商高端论坛，与地方政府合作举办西洽会、东盟博览会、中博会、西博会、兰洽会、津洽会、世界晋商大会等活动，为活跃区域经济发挥重要作用。为抓住自贸区建设机遇，上海市侨联签约启动上海临港新侨新兴产业园，福建省侨联主办自贸试验区金融创新论坛，推动海内外新侨人士产业与资本联动。江苏省侨联举办纪念郑和下西洋610周年暨海内外侨商携手共建21世纪海上丝绸之路活动；青岛市侨联举办2015海内外侨界专家服务“一带一路”战略研讨会。总之，在各省区市侨联的共同参与、推动下，各种形成品牌的活动风生水起。

二是凝聚侨界人才工作取得新成绩。十八大以来，中国侨联重视发挥特聘专家委员会的智囊作用，不断扩充专家委员队伍，目前特聘专家已达197位，陆续组成5个专业委员会。同时带动13个省级侨联、9个副省级地市级侨联建立专家委员会或新侨专业人士联谊会。特聘专家充分发挥自身专业优势，在经济、社会、科技、民生、国家安全、人才引进方面积极建言献策。持续举办新侨创新创业成果交流活动，先后表彰创新人

才661人、创新成果282项、创新团队129个，进一步激发了侨界人才创新创业的热情。与有关高校合作，开展新侨回国创新创业专题调研，形成十多万字的调研报告，受到有关部门的高度重视。福建省侨联创设侨智沙龙常态化服务平台，成立新侨人才联谊会，推动多个人才资本项目对接合作；安徽省侨联举办国际人才与高新技术产业发展项目对接会，有效促进侨资侨智融合；浙江省侨联组建“海归创业导师团”，创建浙江海外高层次人才创新产业园，促使浙江成为新侨创新创业乐土。

三是“创业中华”品牌和基地建设取得新进展。十八大以来，中国侨联整合优势资源，努力打造“创业中华”品牌，先后在浙江、山西、辽宁、北京、湖南、江苏等地举办“创业中华”系列活动，围绕数字物流、跨境电子商务、生物医药等领域深化合作，助力地方经济转型升级。继无锡市、杭州市、三一重工之后，中国侨联又命名贝达药业、安发生物、汕头华侨经济文化试验区等3家“新侨创新创业基地”，引导基地发挥引领和示范作用。北京市侨联连续举办15届“创业中华·海外高层次人才为国服务团活动”，促成一批海外人才、项目落户。广东省侨联开展“创业中华·深耕广东”活动，有力支持了粤东北、粤西北地区的发展。江苏省侨联先后命名29家“侨界人才创新创业基地”，促进了侨联组织与新侨聚集的园区、高校、企业的交流与合作。

四是侨联经济科技工作的覆盖面和影响力进一步扩大。中国侨联已连续两年组织多地新侨创业企业参加中国北京国际科技产业博览会，展示新侨创新成果，推动侨联经济科技工作融入社会、融入市场，科技成果转化为生产力。组织侨界专家、企业家参加APEC中小企业工商论坛，推动侨界企业融入创新发展主渠道。在中国侨商联合会的带动下，各地已成立146个侨商组织，会员2万多名；前不久，中国侨商联合会荣获“全国先进社会组织”称号。各地侨联组织依托特聘专家委员会、侨商会等组织，纷纷筹备成立海外留学人员协会、海归创业人士联谊会等组织，为留学回国人员提供交流与合作的平台。中国侨联整合海内外侨界资源，与湖北、天津、陕西、新疆、黑龙江等10多个省区市侨联长年合作开展“健康光明联合行动”，为超过1万名白内障患者带去光明和希望。与浙江、福建、广西等省区市侨联联合开展“百个侨团助百村、千名侨胞扶千户”、送科技送项目等活动，服务社会主义新农村建设。上海市侨联打造“园区+联盟+基地+驿站”新侨工作四大平台，逐步形成一个全方位、立体式的服务链；浙江省侨联推动实施“海燕集结行动计划”，做好海外名校留学生工作；湖南省侨联整合各平台资源，搭建“产业园”和“创业园”等载体；广东省侨联汇集“五侨”力量，围绕21世纪海上丝绸之路建设开展专题调研，推进相关经贸合作；黑龙江省侨联通过在科研院所、新侨企业等单位中建立侨联组织，积极聚合人才，搭建侨界专家队伍，等等。

仅从近些年来全国侨联经济科技工作以上四个方面的盘点，可以看出我们的工作正逐步拓宽，办法更接地气，效果愈加明显。这些成绩的取得与全系统同志们的努力分不开，与各级党委、政府的鼎力支持分不开，特别是全国侨联经科战线的同志长于将中央的要求化为具体的行动，不乏智慧、不辞辛劳，值得充分肯定。这些成绩的取得告诉我们，做好新时期侨联经科工作，必须坚持围绕中心、服务大局，积极主动融入经济社会发展主战场；必须坚持为侨服务和为国家发展服务相统一，做党和政府的得力助手，做侨界发展的得力帮手；必须坚持有所为、有所不为，牢牢把握自身优势，处处体现侨界特色；必须坚持与时俱进、改革创新，努力适应形势的发展变化、侨情的发展变化。

在充分肯定成绩的同时，也要清醒地看到，我们的工作与党和政府的要求、广大侨界群众的期盼仍有不小的距离。主要是：在准确把握中央意图、贯彻落实中央重大决策部署上，还需进一步深化和提高；在工作的方法手段上，仍需大力倡导敢为人先的精神，进一步加大创新力度；在资源统筹使用方面，仍需在整合力量、注重实效、做大做强上发力；在工作的覆盖面上，仍需扩大视野、延伸手臂、不拘一格，进一步调动各方面的积极性。这些问题，谈起来轻松，做起来每个题目都是大文章，需要我们在实践中不断探索、群策群力加以解决。

二、深刻领会中央精神、正确看待当前形势，把经济发展的短板作为我们攻坚克难的首要目标

最近一段时间，世界经济走势成为舆论关注的热点，有关经济问题的议论增多。特别是一些主要发达经济体增速低于预期，一些发展中国家和新兴市场国家甚至出现了“负增长”。国际货币基金组织下调了今年全球经济增长预测值，其中2月份就将全球经济增长预期从原来比较乐观的3.6%下调至3.4%。未来几个月，随着世界经济不确定因素的增加，对世界经济增长的预期还会不会调整？有待观察。这种情况使得人们对全球经济前景的担忧日益加重，对缓慢复苏的世界经济可能出现的曲折表现出很高的警惕。

面对这种形势，作为世界第一出口大国、第二进口大国、第三对外投资大国和世界经济发展的引擎，中国的发展不可能不受世界经济波动的影响。自去年以来，我国也面临着国民经济增速下降、工业品价格下降、实体企业盈利下降、财政收入下降、经济风险发生概率上升等突出问题。今年1月份我国出口继续下跌，货物出口总额下降6.1%，一些困难行业和地区就业压力比较大。因此有人忧心忡忡、有人望而却步、有人信心不足，预测2016年我国经济或将继续探底，稳增长、调结构的任务很重。

那么如何看待当前的经济形势？我看还是要把思想统一到中央的判断上来，还是要实事求是，保持“每临大事有静气”的心态。成绩归成绩、问题归问题，不能因为有成绩就看不到问题，也不能因为有问题就看不到前景。毕竟现在的中国已经不是过去的中国。在世界经济普遍不振的情况下，我国“十二五”的成绩单令世界刮目相看，去年我们仍保持了6.9%的增速，在世界的排名仍属前列，这是基本面，是我们之所以不理会“中国经济崩溃论”的物质基础，也是我们敢于面对挑战的底气。李克强总理曾郑重宣告“中国经济不会硬着陆”，这是有根据的。当然，对发展中的中国出现的暂时的困难，不是所有的人都能持有与我们同样的态度。最近“中国发展高层论坛2016年会”在北京召开，针对国外评级机构穆迪下调中国主权债务评级，财政部长楼继伟回应说，国外评级机构对中国主权信用作了一些负面的调整，无非是对中国地方债有些担心，对能不能顺利去产能有疑虑，对能不能顺利进行结构性改革持观望态度，而这些问题在十二届全国人大四次会议上的总理报告中已经回答了。他转而诙谐地说“我不特别关心那个评级，希腊出那么大问题的时候，他的评级当时高于中国”。一语道破西方主流意识实行双重标准、习惯性夸大中国“问题”的思维定势。所以，我们大可不必随国外缺乏客观公正、甚至恶意抹黑中国的舆论跳舞，从而影响自己的信心。无独有偶，我们注意到世界银行最新发布的《全球经济展望》报告也将中国的预期增长率从2015年的6.9%下调至6.7%。即使这样，丝毫不会影响我们实现今年国民经济宏观调控力求达到的6.5—7%的增长目标。理由很简单，“中国经济是减速不是失速”，我赞成这个看法。总之，应对困难和挑战，信心是最重要的，正确评估中国经济的基本面和清醒看待眼前出现的困难是最重要的，我们应该、也完全有理由保持应有的定力。

关于今年经济工作的重心，中央经济工作会议讲得很清楚了，归纳起来：一是要按照“五位一体”总体布局和“四个全面”战略布局，牢固树立和贯彻落实创新、协调、绿色、开放、共享的发展理念，适应经济发展新常态；二是要坚持改革开放，坚持稳中求进工作总基调，坚持稳增长、调结构、惠民生、防风险，实行宏观政策要稳、产业政策要准、微观政策要活、改革政策要实、社会政策要托底；三是要保持国民经济运行在合理区间，着力加强结构性改革，在适度扩大总需求的同时，去产能、去库存、去杠杆、降成本、补短板，提高供给体系质量和效率，提高投资有效性；四是要加快培育新的发展动能，改造提升传统比较优势，增强持续增长动力，推动我国社会生产力水平整体改善。

为实现“十三五”时期经济社会发展的良好开局，中央确定今年的经济增长预期目标为6.5—7%，低限为6.5%，高限为7%；居民消费价格波幅控制在3%以内；城镇新增就业1000万人以上，城镇登记失业率控制在4.5%以内；国际收支保持基本平衡；城乡居民收入增长与经济增长基本同步。并据此制定了积极稳妥去产能、去库存、去杠杆、降成本、补短板五大推进

供给侧结构性改革的重点任务。

中央经济工作会议强调，落实好中央确定的工作任务，实现好今年的发展目标，确保“十三五”开好局、起好步，必须按照中央的要求，把握好以下几个重大原则：

第一，坚持解放和发展社会生产力。就是要带领全国各族人民持续解放和发展社会生产力，不断改善人民生活。这是中国特色社会主义政治经济学的核心。我们就是要从社会主义初级阶段这个最大国情出发，坚持以经济建设为中心不动摇，不断满足人民日益增长的物质文化需要。任何束缚和阻碍社会生产力发展的言行，都是违背社会主义本质要求的，都应坚决反对，排除各种干扰。

第二，坚持社会主义市场经济改革方向。使市场在资源配置中起决定性作用，这是深化经济体制改革的主线。改革的重点是解决市场体系不完善、政府干预过多和监管不到位问题。更好地发挥政府作用，不是要更多发挥政府作用，而是要在保证市场发挥决定性作用的前提下，管好那些市场管不了或管不好的事情。

第三，坚持调动各方面积极性。解放和发展生产力，必须充分调动人的积极性。当前，要注重调动企业家、创新人才、各级干部的积极性、主动性、创造性。企业家在推动经济发展中发挥着重要作用，要为企业家营造宽松环境，用透明的法治环境稳定预期。对创新人才，要调动其积极性，建立完善激励机制。对各级干部，要坚持激励和约束并举，既坚持党纪国法的“高压线”，也要重视正面激励，完善容错纠错机制，旗帜鲜明地给那些呕心沥血做事、不谋私利的干部撑腰鼓劲。

第四，防止陷入“中等收入陷阱”。中央经济工作会议指出，民粹主义是造成“中等收入陷阱”的根源。其突出特点，一是政治上搞盲目民主化，意见纷杂，无法集中力量办事；二是过度福利化，用过度承诺讨好民众，结果导致效率低下、增长停滞、通货膨胀，收入分配最终反而恶化。因此中央提出，要坚持从实际出发，收入提高必须建立在劳动生产率提高的基础上，福利水平提高必须建立在经济和财力可持续增长的基础上。

党的十八大以来，以习近平同志为总书记的党中央，对我国经济社会发展的总体形势、对做好经济工作应当坚持的重大原则、对当前和今后一个时期的重点工作和发展目标，都有十分明确的指示。围绕大局做好新时期中国侨联的经济科技工作，就是要不折不扣地认真贯彻中央关于经济工作的重要指示精神，自觉把服务国民经济发展、服务经济结构调整作为主战场，自觉把妨碍国民经济发展全局的短板作为我们攻坚克难的目标，“攻坚”攻在关键处，“克难”克在节点上。

三、建功“十三五”，积极投身全面建成小康社会的伟大实践

刚刚通过的“十三五”规划，是以习近平同志为总书记的新一届中央领导集体在全面建成小康社会决胜阶段为实现中华民族伟大复兴中国梦所制定的具有决定性意义的五年规划。规划以创新、协调、绿色、开放、共享五大发展理念为引领，明确了“十三五”时期我国经济社会发展的宏伟目标、主要任务和重大举措，集中反映了全党和全国各族人民的智慧和共同愿望，不仅为侨联围绕中心、服务大局指明了方向，也为新形势下做好侨联经济科技工作提供了指南。

当前和今后一个时期，侨联经济科技工作必须围绕“十三五”规划所明确的五大发展理念，创新工作载体和工作方法，从注重“引资”向“引资引技引智并举”转变，从“引进来”为主向“引进来和走出去并重”转变，从注重“抓精英、树典型”向更加注重“聚草根、强基层”转变，不断深化“创业中华”品牌工程，积极投身全面建成小康社会的伟大实践。

（一）以服务创新创业和引智引才为重点，积极投身创新发展

创新是引领发展的第一动力。各级侨联要把服务创新发展作为首要任务，引导侨商侨资侨智积极投身创新发展、建功立业。

一是引导侨资侨企积极参与供给侧结构性改革。推进供给侧结构性改革，是以习近平同志为总书记的党中央在正确判断经济形势后开出的治理药方。各级侨联要主动适应经济发展新常态，在推动供给侧结构性改革中发挥侨界优势。一方面，要做好“去”的文章，积极引导侨资侨企，协助政府有关部门化解过剩产能，

让“僵尸企业”入土为安；同时守住入口，不再引进“投资没回报、产品没市场、环境没改善”的项目，减少无效和低端供给。另一方面，要做好“补”的文章，针对国内需求出现的变化，引导海外侨资侨企发挥熟悉国外品牌、工艺、流程、标准的优势，向高新技术产业、先进装备制造业、现代服务业聚集，投资生产进口替代效应强的关键设备和高端产品，生产与百姓生活息息相关、质量信誉有保障的生活必需品，扩大有效和中高端供给，减少需求外溢，将更多的消费潜能留在国内。

二是引导侨资侨智积极参与创新驱动发展战略。全国侨联经科战线要紧盯科学技术领域的新进展、新动向，把握国家创新战略和政策举措，及时向侨界人士推介党政部门制定的有利于创新创业的政策信息，当好信息使者。要关注地方政府加强创客空间、优客工场等创新创业新平台建设的动态，把加强新侨创新创业基地建设与之有机融合，为侨商侨资创新创业搭建更为广阔的舞台。要关注物联网、大数据等新业态发展，分享其成果。通过举办新侨创新创业成果交流会、组建新侨创新创业联盟等，进一步加强侨资与侨智的互动，搭建侨界科学家、企业家、创业者的交流平台，打通科技成果向现实生产力转化的通道，让创新成果转变成实实在在的生产力。要发挥侨界海外联系广泛的优势，努力为国内技术、标准、品牌走出去，拓展国际研发合作项目，吸引国际知名科研机构来华联合组建国际科技中心等提供帮助，为我国吸纳全球创新资源、融入全球创新网络献计献力。

三是加大为海外高端人才回国创新创业服务的力度。坚持人才为先，切实发挥特聘专家委员会、侨商会、青年委员会、留学归国人员联谊会等组织的作用，为创新发展提供智力支撑。要通过多种渠道充分了解并积极反映引进人才对有关政策的意见建议，推动做好“外籍高层次人才在华创办科技型企业”、“符合条件的国外高层次科技人才取消来华工作许可的年龄限制”等政策“最后一公里”的落地问题。创新载体，进一步拓宽引进海外高层次侨界人才的渠道和路径，重点帮助引进一批创新能力强、掌握关键核心技术的海外高端人才。要更加重视挖掘侨界青年潜力，针对35岁以下侨界青年的特点和需求组织相关活动，在化解制约地方经济发展的“短板”上发力，促进传统产业与新经济融合。

（二）以服务地方招商引资工作为重点，积极投身协调发展

协调是持续健康发展的内在要求。多年来，推动侨界力量与地方合作是中国侨联服务国民经济协调发展的重要抓手。

一是继续办好系列国家级经贸合作平台。多年来，中国侨联与陕西、云南、青海、甘肃等地方政府合作举办的一系列品牌活动，为活跃区域经济发挥了重要作用。我们要继续按照国家区域发展总体战略的要求，聚焦京津冀协同发展、长江经济带建设等，瞄准地方经济社会发展的重大需求，继续加强同地方政府的合作，办好系列国家级经贸洽谈会和招商引资活动。

二是着力搭建新的经济技术合作平台。要进一步加强与地方政府的互动交流，紧扣地方政府经济社会发展的重大需求，充分发挥侨界资源优势，通过高峰论坛、招商会、网上互动等多种形式，组织海内外侨商赴各地考察投资，提供更加有效的供需对接，帮助地方引进海外资金、先进技术和管理经验，引导侨资侨智进一步向中西部地区和老少边穷地区发展。要当好地方政府同海外侨社联系的媒介，为地方政府到海外开展招商引资活动提供支持和帮助。

三是进一步支持地方侨商会建设发展。地方侨商会是侨界投身区域协调发展的重要力量。中国侨联高度重视地方侨商会的能力建设。前两天，我们刚刚举办了有260人规模的全国侨商会会长、秘书长高级研修班，这在侨联历史上还是第一次。这是中国侨联致力于加强各级侨商会能力建设，以实际行动支持区域经济发展的一项重要举措。今后要使其制度化，通过多种培训，提高侨商会负责人对国家政治、经济、外交等大政方针的理解，以期支持地方侨商会的发展，使其在服务地方经济社会协调发展方面发挥更大的作用。

（三）以服务绿色技术和项目发展为重点，积极投身绿色发展

绿色环保是永续发展的必要条件和人民对美好生活追求的重要体现。全国各级侨联要在全国绿色发展、建设生态文明的大潮中，积极进取、走在前列。

一是要在侨界广泛倡导绿色发展理念。要按照习近平总书记关于“既要绿水青山，也要金山银山。绿水青山就是金山银山”的指示，不断在侨界群众中强化绿色发展意识。要发挥侨界遍布全球、联络广泛的得天独厚条件，积极向世界宣示我国注重绿色发展、建设生态文明的意志和决心，宣传中华民族崇尚自然、天人合一的传统，以绿色环保的实践为全球绿色发展和生态安全作出贡献。

二是要积极支持、树立侨界绿色发展典型。绿色发展理念提出以来，在侨界涌现了一批先进典型。最近，美国华侨林东先生的团队自主研发世界首台3.4兆瓦大型海洋潮流能发电机组“侨联号”，已在舟山安装下海。这是目前世界上最先进、规模最大的海洋潮流能发电机组，将于今年6月开始发电，如一切顺利，预计年发电量可达600万度。据测算，仅舟山海域潮流能的可装机容量就达7000兆瓦，如全部利用，相当于1/3三峡大坝的装机量。对这样的先进典型，全国各级侨联要积极挖掘、鼎力支持，广泛宣传他们的先进经验，努力为其发展营造天时地利人和的环境。

三是要引导侨界力量向绿色发展转型。发挥侨胞在信息、人脉等方面的媒介作用，引导他们更多更快地将发达国家成熟的环保技术和经验“引进来”，加速培育环境效益好、经济效益强的绿色发展项目。引导侨资企业向科技创新、生态环保、资源节约、海洋经济领域延伸，推动其转变发展方式和生产经营方式，采用先进技术和装备，淘汰落后产能，促进绿色经济、循环经济、低碳经济发展。

（四）以服务“一带一路”建设为重点，积极投身开放发展

开放是国家繁荣发展的必由之路。推进“一带一路”建设，是党中央根据全球经济形势深刻变化、统筹国内国际两个大局作出的重大战略决策。各级侨联要深刻把握“一带一路”建设的时代背景、基本内涵和战略走向，为“一带一路”建设的有序推进发挥积极作用。

一是支持海外侨胞开展“一带一路”的宣传。“一带一路”战略提出后，国际社会总体反响良好。但也有一些杂音，对于各种怀疑论、抹黑论，要敢于正本清源，引导海外侨胞给予有力回击，多做解疑释惑、权衡利弊的工作，增进沿线国家社会和民众对“一带一路”价值理念的认同，增进与沿线国家的经贸往来和人文科技交流，为我扩大“朋友圈”、开创全方位对外开放新格局营造良好氛围。

二是引导侨胞积极参与“一带一路”建设。沿线国家的侨胞是“一带一路”建设的直接参与者和受益者。要引导他们关注重大项目进展情况，在建设陆上经济走廊和海上合作支点中寻找机遇、发挥作用、培育市场、合作共赢。引导有实力的侨商积极寻求自身发展壮大与“一带一路”建设的契合点，在基础设施互联互通、国际物流大通道建设、深化产业合作、优化货物贸易结构等方面做出新成绩。

三是发挥侨界优势服务中国企业“走出去”。充分发挥海外侨胞熟悉住在国政治、经济、法律和风俗习惯的优势，协助中国企业做好前期项目论证、市场分析、社会公关、风险评估等工作，努力化解政治性风险、文化性差异、人才管理等技术性障碍，既为住在国经济社会发展服务、也为中国企业“走出去”提供更好的支持和帮助。

（五）以抓好精准扶贫工作为重点，积极投身共享发展

共享是中国特色社会主义的本质要求。党的十八届五中全会明确了打赢脱贫攻坚战的重要任务，这是贯彻共享理念的重要体现。侨联经科战线要认真贯彻中央的有关要求，按照中国侨联九届三次全委会的工作部署，把积极投入扶贫攻坚工作、汇聚侨界力量打好脱贫攻坚战，作为落实共享理念的重中之重。

一是要精准识贫。精准识贫是精准扶贫的前提。要协助地方政府深入开展农村贫困归侨侨眷普查、精准识贫，建立贫困归侨侨眷台账，全面掌握全国范围内贫困归侨侨眷人口数量、居住条件、生产生活、家庭收入、致贫原因和帮扶需求。

二是要开发扶贫。在协助地方政府搞好“政策兜底”的同时，抓好“增强造血机能”扶贫开发。对南侨机工及遗属、归难侨、华侨农场困难家庭、城市散居困难归侨侨眷、侨界留守儿童、空巢老人等群体建立有针对性的帮扶机制，支持他们立足当地资源，逐步形成自我积累和发展能力，实现就地脱贫。更加关注脱贫后可能返贫的归侨侨眷群体，巩固脱贫成果，帮助侨界群众脱贫和可持续发展。

三是加强与有关部门的沟通协作。打赢扶贫攻坚战，需要加强与包括党政部门、人民团体等在内的各方面力量广泛合作。全国各级侨联要加强与各有关方面的沟通协调，积极争取支持，坚持精准帮扶与分类扶持并举、政策兜底与支持发展共用，确保脱贫攻坚工程顺利完成。

同志们，全面建成小康社会的号角已经吹响。做好当前和今后一个时期的侨联经科工作，责任重大，任务艰巨。有道是“惟其艰难，才更显勇毅；惟其笃行，才弥足珍贵”。让我们更加紧密地团结在以习近平同志为总书记的党中央周围，凝心聚力，奋发有为，为建功“十三五”、夺取全面建成小康社会决胜阶段伟大胜利作出侨界新的更大的贡献！

认清形势　明确任务
加强文化宣传工作针对性

——在2016年全国侨联文化宣传工作会议上的讲话

（2016年4月21日）

林　军

同志们：

这次文化宣传工作会议，是中国侨联组织召开的一次重要会议。主要任务是深入贯彻党的十八大和十八届三中、四中、五中全会精神，深入学习习近平总书记系列重要讲话，总结去年工作，分析复杂形势，安排部署今年文化宣传工作任务。

过去一年，文化宣传工作认真落实党中央的工作部署，按照中国侨联的工作安排，积极作为，真抓实干，各方面工作取得了重要进展，特别是在开展纪念抗日战争胜利70周年系列活动，打造“亲情中华”系列品牌，促进华文教育发展，强化文化宣传阵地建设和管理等方面得到了加强。工作上有创新、有亮点、有提高，呈现了良好发展的势头。

2016年是我国全面建成小康社会决胜阶段的开局之年，也是中国侨联成立60周年和群团工作改革之年，做好侨联文化宣传工作十分重要。总的要求是：**高举中国特色社会主义伟大旗帜，深入贯彻党的十八大和十八届三中、四中、五中全会精神，深入学习习近平总书记系列重要讲话，服从和服务于国家“大外宣”和文化“走出去”战略，按照“强三性”“去四化”的要求和中国侨联九届三次全会部署，巩固和创新“亲情中华”系列品牌，加强文化宣传阵地建设和管理，努力使侨联文化宣传工作有层次上水平，取得更大成绩。**接下来，康晓萍副主席还要对2015年的工作进行总结，对2016年的工作进行具体部署。下面，我就如何做好侨联文化宣传工作讲3点意见。

一、坚持从党和国家工作全局出发把握文化宣传工作

大势清，才能方向明。做好侨联文化宣传工作，首先要放到大的形势背景下来思考和谋划。党的十八大以来，以习近平同志为总书记的党中央带领全党全国人民开创了治国理政的新境界，开创了中国特色社会主义事业新局面。这为做好文化宣传工作提供了坚实的基础和最可靠的保证。观大局、察大势，我们一定要看到这一点。只有坚持胸怀大局、把握大势、着眼大事，才能因势而谋、应势而动、顺势而为，更好地为中心任务助力，为全局工作添彩；只有坚持在大局下思考、在大局下行动，才能凝聚侨心、汇集侨智、发挥侨力，为完成党和国家中心任务献计出力。

（一）深刻认识党中央治国理政新理念新思想新战略

以习近平同志为总书记的党中央团结带领全党全国各族人民为实现中华民族伟大复兴的中国梦，锐意进取、励精图治，形成了一系列治国理政新理念新思想新战略。

新理念，集中概括起来就是“为民”“担当”“发展”。其中，为民是核心价值，担当是政治责任，发展是第一要务。为民理念集中体现为

"为人民服务"。担当理念集中体现为为大局服务，围绕党和国家的中心工作鼓与呼。发展理念集中体现为"创新、协调、绿色、开放、共享"。新思想，是以坚持和发展中国特色社会主义为主题、以总布局各领域创新理论为支撑，包含经济发展新常态、走中国特色社会主义政治发展道路、提高国家文化软实力、促进社会公平正义、走向生态文明新时代、加强国防和军队建设、人类命运共同体等领域的新思想。新战略，是以实现中华民族伟大复兴中国梦为战略目标，以全面建成小康社会、全面深化改革、全面依法治国、全面从严治党，即"四个全面"为战略布局，以国家安全和强军为战略保障。

党中央治国理政新理念新思想新战略对新时期侨联文化宣传工作提出了新的更高的要求，我们必须深刻领悟、系统把握。侨联文化宣传工作要坚持走中国特色社会主义文化发展道路，深入开展社会主义核心价值体系学习教育，广泛开展理想信念教育，大力弘扬民族精神和时代精神。要"形于中"而"发于外"，切实把我们自身的侨联文化建设搞好，为建设社会主义文化强国的目标多作贡献。要加强提炼和阐释中国特色社会主义价值观念，拓展对外传播平台和载体，把当代中国价值观念贯穿于国际交流和传播的方方面面。要通过侨界的平台努力展示中华文化独特魅力，使中华民族最基本的文化基因与当代文化相适应、与现代社会相协调。要借助分布广泛的海外侨胞，努力提高国际话语权，着力推进国际传播能力建设，创新对外宣传方式，精心构建对外话语体系，发挥好新兴媒体作用，增强对外话语的创造力、感召力、公信力。

（二）深刻认识意识形态领域斗争的复杂性尖锐性

当前，我国意识形态领域总体形势向上向好，但面临的情况也十分复杂。特别是在马克思主义一元化指导思想遇到多样化社会思潮的挑战，社会主义核心价值观遇到市场经济这个社会存在的挑战，传统的宣传管理方式遇到迅猛发展的新媒体的挑战，我国在走向世界强国过程中遇到西方敌对势力遏制和渗透的挑战。在这"四大挑战"面前，文化宣传工作的任务将越来越重。

从今年的情况来看，今年是我们党成立95周年、红军长征胜利80周年，是孙中山先生诞辰150周年、辛亥革命105周年。侨联文化宣传工作一定要认清"时"和"势"的新变化，增强忧患意识、保持思想定力，强化责任担当，在引导侨界群众"怎么看""怎么干"上下功夫，更加扎实有效地做好宣传引导工作和思想政治工作。

（三）深刻认识做好新闻舆论工作刻不容缓

党的新闻舆论工作是党的一项重要工作，是治国理政、定国安邦的大事。正如习近平总书记所强调："做好党的新闻舆论工作，事关旗帜和道路，事关贯彻落实党的理论和路线方针政策，事关顺利推进党和国家各项事业，事关全党全国各族人民凝聚力和向心力，事关党和国家前途命运。"这"五个事关"，深刻阐明了做好党的新闻舆论工作的重要性和紧迫性。

重视新闻舆论工作，是我们党的优良传统，也是革命建设改革事业不断取得胜利的一个重要法宝。在烽火连天的革命岁月，在热火朝天的建设年代，在波澜壮阔的改革时期，党的新闻舆论工作都形成了"唤起工农千百万，同心干"的强大力量。现在，舆论环境、媒体格局、传播方式发生了深刻变化，受国际国内复杂因素影响，意识形态争锋日益激烈，新闻媒体成为各种势力激烈争夺的重要阵地。特别是各种敌对势力都在同我们争夺新闻舆论阵地，同我们争夺人心，争夺群众，文化宣传工作的力量绝不能小觑，尤其要做好侨界群众的舆论导向工作。好的舆论可以成为发展的"推进器"、民意的"晴雨表"、社会的"黏合剂"、道德的"风向标"，不好的舆论可以成为民众的"迷魂汤"、社会的"分离器"、杀人的"软刀子"、动乱的"催化剂"。如果不能运用侨界新闻舆论阵地，有的放矢地做好侨界群众的引导工作，就很容易给侨联工作带来被动，惹出麻烦。对此，我们必须看得很清楚，必须增强工作主动性、掌握主动权、打好主动仗，防患于未然。

（四）深刻认识我国国际话语权亟待增强

话语权是软实力的延伸。传播力决定影响力，话语权决定主动权。习近平总书记在全国党校工作会议上指出，"落后就要挨打，贫穷就要挨饿，失语就要挨骂"。现在，"挨骂"问题还没有得到根本解决，中国话语在国际上的影响还是偏小偏弱，西方依然把持着话语霸权，国际舆论“西强我弱”的格局还没有根本改变。中国在世界上的形象很大程度上仍是“他塑”而非“自塑”，我们在国际上有时还处于有理说不出、说了传不开的境地，存在着中国真实面貌和西方主观印象的“反差”、软实力和硬实力的“落差”。话语的背后是思想、是“道”。讲故事，是国际传播的最佳方式。但不要为了讲故事而讲故事，要把“道”贯通于故事之中，通过引人入胜的方式启人入“道”，通过循循善诱的方式让人悟“道”。因此，侨联文化宣传工作要重视加强对外话语体系建设和国际传播能力建设，用中国理论阐释中国实践，用中国实践升华中国理论，更加鲜明地向海外侨胞并通过他们向外国民众展现中国思想，更加响亮地提出中国主张。

（五）深刻认识对外文化交流大有可为

文明因互鉴而多彩，文化因交流而丰富。文化交流是沟通心灵的桥梁，在国际交往中具有不可替代的重要作用。随着我国综合国力和国际地位不断提升，当代中国同世界的关系正在发生历史性变化，中国的发展将更加紧密地与国际社会联系在一起。因此，侨联文化宣传工作如何围绕国家“大外交”“大外宣”，加快文化“走出去”战略实施，开展各种层面的对外文化交流与合作，值得我们去探索和思考。如何在遵从文化交流规律的基础上，丰富充实对外文化交流的内容和形式，创新拓宽文化“走出去”的方法和渠道，值得我们去认真研究。如何在不同文化平等对话的前提下，让世界更加深入、全面地感知中国，进一步增强中华文化在国际传播中的亲和力、吸引力、认知力和影响力，更好地发挥广大归侨侨眷和海外侨胞的独特作用，需要我们去认真落实。

二、坚持改革创新，提高侨联文化宣传工作能力和水平

侨联文化宣传工作要以大力弘扬主旋律、提振精气神、凝聚正能量为重点。要加强对“十三五”时期侨联文化宣传工作的顶层设计，坚持创新发展，把创新贯穿到侨联文化宣传工作各方面，以创新激发动力、增强活力、释放潜力。要聚焦短板发力，找差距、补短板，在扩大侨联文化宣传工作覆盖面、丰富工作载体、创新工作手段、加强文化宣传队伍建设等方面多着力、多用力。

（一）加强工作针对性

要拓展侨联文化宣传工作服务对象。目前，各级侨联的文化宣传工作主要面对广大归侨侨眷和海外侨胞这两个主要层面。随着形势的发展和中央书记处对侨联工作的要求，侨联的文化宣传工作在立足这两方面工作的同时，要充分运用华侨华人这个群体和他们在海外的阵地、载体、基地等，为国家大外宣服务。因此，侨联文化宣传工作要聚焦三个方面：一是对国内归侨侨眷，主要起激励作用；二是对海外的华侨华人，主要起凝聚作用；三是对外国民众，主要是传播中华文化的作用。要突出主题，把握主线，围绕我国改革发展的重大任务和国际社会的重大关切，有的放矢地讲好中国故事，真正使侨联成为大外宣工作的参与者、推动者和实践者。要针对文化传播日益呈现人人传播、多向传播、海量传播的特征，面对侨胞需求日趋多样、参与意识强烈、思想观念多元等情况，创新文化宣传工作的理念、内容、体裁、形式、方法、手段、体制、机制。要关心和引导华裔青少年，让他们对祖（籍）国“魂”牵“梦”绕“根”常在。要团结新经济组织、新社会组织中的新侨人才，设计符合新侨特点的文化交流活动。侨联文化宣传工作不能空洞说教、生硬灌输，也不能墨守成规、无针对性，要坚持问题导向，讲求实效。

（二）聚焦重大议题，抓好宣传大方向

侨联文化宣传工作要坚持用中国特色社会主义旗帜凝聚侨界群众，聚焦中国梦、中国道路、中国理论、中国制度、中国精神、中国力量等重大议题，抓好宣传大方向。当前，要深入做好习近平总书记系列重要讲话精神宣传，精心组织党中央治国理政新理念新思想新战略重大主题宣传，组织好“五位一体”总体布局、“四个全面”战略布局、五大发展理念、经济发展新常态、供给侧结构性改革、社会主义核心价值观的宣传阐释，坚持不懈、润物无声，唱响时代主旋律，激发广大归侨侨眷和海外侨胞为实现中华民族伟大复兴的中国梦而团结奋斗的强大力量。正面宣传要用心用情做，让侨胞爱听爱看，不能搞假大空

式的宣传，不能停留在不断重复喊空洞政治口号的套话上，不能用一个模式服务不同类型的受众，那样的宣传只会适得其反。

（三）坚持正面引导，掌握舆论主动权

习近平总书记在党的新闻舆论工作座谈会重要讲话中，概括提出了党的新闻舆论工作的职责和使命，即“高举旗帜、引领导向，围绕中心、服务大局，团结人民、鼓舞士气，成风化人、凝心聚力，澄清谬误、明辨是非，联接中外、沟通世界”。必须坚持以正确舆论引导广大归侨侨眷和海外侨胞，全面营造有利于坚持中国共产党领导和我国社会主义制度、有利于推动改革发展、有利于增进全国各族人民团结、有利于维护社会和谐稳定的舆论环境。要适应分众化、差异化传播趋势，突出侨的特色，精准定位受众，加快构建舆论引导新格局。要善于设置议题，形成全方位、多层次、多声部的主流舆论矩阵，让该热的热起来，该冷的冷下去，该说的说到位，引导好侨界舆论走向。要着力提高舆论引导能力和水平，用侨胞耳熟能详的语言、喜闻乐见的表现形式、普遍认可的道理、有目共睹的事实，教育引导侨胞，做到原则性和群众性的统一，动机和效果的统一。

（四）讲好中国故事，增强国际话语权

总书记多次强调，讲好中国故事、传播好中国声音、阐释好中国特色。讲故事是文化传播的最佳方式。讲好中国故事，就是要讲好中国特色社会主义的故事、中国梦的故事、中国人的故事、中国优秀文化的故事、中国和平发展的故事。讲故事就是讲事实、讲形象、讲情感、讲道理，讲事实才能说服人，讲形象才能打动人，讲情感才能感染人，讲道理才能影响人。要研究利用海外中餐馆、华侨华人超市、中国文化中心等这些接触外国人最方便、敏感度又低的场所，发动广大侨胞这个群体，讲好中国故事，传播好中国声音。要组织各种精彩、精炼的故事载体，把中国道路、中国理论、中国制度、中国精神、中国力量寓于其中，使人想听爱听，听有所思，听有所得。讲好中国故事，还要创新对外话语表达方式，研究国外不同受众的习惯和特点，采用融通中外的概念、范畴、表述，把我们想讲的和国外受众想听的结合起来，把“陈情”和“说理”结合起来，把“自己讲”和“别人讲”结合起来，使中国故事更为国际社会和海外受众所接受，让中国声音赢得国际社会理解和认同。

（五）拓展文化宣传，扩大交流覆盖面

中国故事的魅力植根于独特的中华文化，中华文化的独特性，是中国故事走向世界的名片。我们要用好优秀中华文化，解释好中国文明，让国际受众态度软化、观点变化、立场转化，实现以文化人。要以“亲情中华”品牌为抓手，不断丰富其内容，扩大品牌的外延与空间，使大品牌下子项目越来越多，越来越符合侨界群众所期所盼。要将中国华侨文化交流基地按性质、按区域分类，把“点”串成线、连成片、打造成面，形成整体合力，发挥其影响力，为广大侨胞寻根问祖、文化考察、观光旅游提供更多的文化资源。要创新办好书画展摄影展和侨刊乡讯，赋予书画展和摄影展等活动以主题，使书画展和摄影展的内容与文化宣传工作相贴切相融合。要联合和利用移动终端和互联网平台，把侨刊乡讯这份“家书”办得更好。要以创建海外小型图书室为试点，扩大中华文化传播覆盖面，在海外选择一些公共空间（如图书馆、火车站、机场等）或选择有一定规模的海外中餐馆创建海外图书室，让外国民众通过这小小的空间，感知中华文化。充分利用“互联网+”技术优势，打造线上线下互动平台，适时建立图书馆网站、APP，开通微信、微博等公共账号，积极探索线下阅读推广活动，全方位地开展侨联文化宣传工作。

（六）加强华文教育，提升文化软实力

中文已成为重要的国际通用语言，现在不仅是华侨华人子弟需要学中文，越来越多的外国民众也开始对中文感兴趣。要继续深化与国家汉办的合作，积极探索政府扶持、侨联投入、社会赞助并重的筹资机制，用足用活相关政策支持，推动“亲情中华·汉语桥”夏令营扩大规模、提高水平。在办营过程中，要注重优化工作流程，坚持重心下移，尊重基层首创精神，推动更多好经验、好做法在全国范围内推广，提高整体办营能力和工作水平。在办营内容上探索规定动作与自选动作（“1+X”模式）相结合的方式，逐步筛选出一批有特色的示范学校或单位。要继续办好“世界华侨华人学生作文大赛”，组派华文教育讲习团出国讲学，邀请海外华文学校教师回国研修，吸引更多海外侨胞青少年学习中文、认知祖（籍）国。要争取社会力量支持，力所能及地为海外华文学校、华人社区、图书馆捐赠青少年简体中文读物，支持海外华文教育发展，增强中华文化对海外侨界青少年的影响力和感召力。

三、坚持加强侨联文化宣传工作队伍建设

（一）坚持党对侨联文化宣传工作的领导

坚持党对侨联工作的领导不动摇，是保持和增强侨联工作政治性的核心要义，也是做好侨联文化宣传工作的根本保证。要强化政治意识、大局意识、核心意识、看齐意识，宣传好党的主张，传播好党的声音，以实际行动维护好党中央的权威。各级侨联要把文化宣传工作作为重中之重，抓紧抓好，把党中央的要求和广大侨界群众所需所盼很好地贯彻到侨联文化宣传工作的各个方面。要严守党的政治纪律和政治规矩，决不允许散布违背党中央精神的错误观点，决不允许出现所谓的“舆论飞地”。要经得住各种风浪考验，在大是大非问题面前不缺位、不失声，立场坚定、旗帜鲜明。要承担起党赋予的政治任务，深入做好侨界群众宣传思想工作，把党的决策部署转变为侨界群众的自觉行动，使广大归侨侨眷和海外侨胞为实现中华民族伟大复兴的中国梦而奋斗的热情竞相迸发。

（二）加强侨联组织及所属社团文化宣传队伍建设

习近平总书记说，运用舆论工具宣传真理、动员群众、传播经验、指导工作，应成为领导干部的一项基本功。各级侨联组织要把加强文化宣传队伍建设作为工作的基础，坚持重心下移，把力量配备、服务资源向基层倾斜，做到人往基层走、钱往基层花、劲往基层使，增强基层侨联文化宣传工作实力和影响力。按照中央提出的“最大限度把人民群众团结在党的周围”的要求，根据侨界群众多层次多样化诉求，不断丰富创新工作平台和方式。切实发挥中国华侨华人历史研究所、中国华侨出版社、《海内与海外》杂志社、中国华侨历史博物馆的独特作用，夯实工作基础，发挥各自特点，使其优势得到充分发挥。要增强同媒体打交道的能力，尊重媒体，尊重新闻传播规律，充分运用好媒体这一平台，宣讲政策主张、引导侨界舆论、动员侨界群众、推动实际工作。

（三）在海外侨团中培养一批文化宣传骨干

进一步加大培训海外侨团文化宣传骨干，通过多种形式的培训、观摩等，广泛发掘海内外优质文化资源，引导海外侨领侨胞更好地成为中华文化传承者、中国故事代言者及中外友好推动者。努力实现侨联文化宣传工作由活动支撑向以平台机制和侨团内生动力为支撑的转变。讲好中国故事关键在人，海外侨胞就是讲好中国故事的重要力量。他们既熟悉中国和住在国的情况，又有国内外人脉资源和丰富的国际交流经验，他们是讲述中国故事、传播中国声音，向世界解读中国最为理想的“民间大使”。适时在海外侨胞中组织一批故事员队伍，借助媒体、网络和各种平台，构建海外文化宣传阵地。

做好新形势下侨联文化宣传工作使命光荣、责任重大。我们要紧密团结在以习近平同志为总书记的党中央周围，锐意进取、扎实工作，不断开创文化宣传工作新局面，为决胜全面建成小康社会作出应有贡献。

在中国侨联九届六次常委会议上的讲话

（2016年7月25日）

林　军

各位常委、同志们：

我受中国侨联九届六次主席会议委托，向常委会报告九届三次全委会议以来的主要工作，部署下半年的工作任务。

一、上半年的主要工作

今年以来，中国侨联和各级侨联深入学习贯彻习近平总书记系列重要讲话精神，认真贯彻落实党中央一系列决策部署，开展学习教育，着力改革创新，积极服务大局，注重联系服务侨界群众，各项工作取得了新的进展。

（一）扎实开展“两学一做”学习教育，着力增强侨联系统的政治意识、大局意识、核心意识、看齐意识

中央决定，2016年在全体党员中开展“两学一做”学习教育。按照中央的统一部署，侨联系统各级党组织高度重视，将“两学一做”学习教育作为重要政治任务，履行主体责任，坚持机关带头与系统推动相结合，精心组织实施，取得明显成效。**一是**创新方式，夯实基础。“两学一做”的首要环节是“学”。中国侨联坚持党组带头，发挥党组作用，先学一步，率先垂范，上半年共组织5次中心组学习，举行多次专题学习会议和辅导讲座，认真学习党章党规和习近平总书记系列重要讲话精神，及时传达学习中央有关会议和文件精神，提高班子理论素养、全局意识和战略思维能力。坚持领导带头，中国侨联党组成员分别以普通党员身份参加所在支部活动，带头讲党课，交流学习心得，教育广大党员干部提高政治素质和政策理论水平。坚持多措并举，重点抓好全体党员自学和支部集中学习，同时邀请中纪委、中央党校专家学者进行3期面向全体党员的专题辅导报告，组织党员干部参观国家安全教育展览和“两学一做”学习教育专题展览，举办“旗帜·道路·家园”——庆祝中国共产党成立95周年、中国工农红军长征胜利80周年、中国侨联成立60周年书画摄影展，参加中直工委组织开展的“党在我心中”诗歌征文比赛，参与中直党建研究会课题，帮助广大党员提高党性修养，补足理想信念的精神之钙、夯实团结奋斗的目标之基。**二是**学以致用，以学促行。把学习成果落到实处，关键要看“如何做”。中国侨联通过教育引导、榜样示范、以学促行，引导广大党员争做讲政治有信念、讲规矩有纪律、讲道德有品行、讲奉献有作为的党员，争做在党言党、在党忧党、在党为党的党员，争做严格要求自己、严守政治纪律、严遵政治规矩的党员，以学习教育的成效促进侨联工作的发展，努力做到学习教育在平常、学习教育常坚持。在中国侨联带动下，全国侨联系统广大党员和基层党组织积极投身“两学一做”学习教育，形成了比学赶超的浓厚氛围，涌现出一批先进典型。**三是**加强督导，建章立制。中国侨联党组认真履职尽责，直属机关党委制作进度表，编发简报，及时跟进了解有关情况，注意总结推广好经验、好做法。召开中国侨联2016年党风廉政建设工作会议，直属机关党委六届三次会议专门听取了13个基层党组织关于“两学一做”学习教育工作开展情况的汇报，总结工作进展，分析存在问题，对进一步做好“两学一做”学习教育提出了要求。严格落实中直工委和中组部“两学一做”学习教育协调小组有关工作要求，完成月报情况汇总，注重发现宣传典型。有力的督查机制，为开展好“两学一

做”学习教育提供了有力保证。

（二）深入学习党的十八届五中全会和“十三五”规划精神，努力把侨界群众的思想和行动统一到中央精神上来

党的十八届五中全会是我们党在全面建成小康社会决胜阶段召开的一次重要会议。贯彻党的十八届五中全会精神所制定的“十三五”规划，为我们围绕中心、服务大局指明了方向。**一是**抓好深入学习，夯实思想基础。抓好机关学习。中国侨联及时召开机关大会传达全国“两会”精神，推动侨联全体干部准确把握精神实质，紧紧围绕中央决策部署凝心聚力、奋勇前行，为决胜全面小康、实现“两个一百年”奋斗目标贡献力量。抓好系统学习。组织举办中国侨联第21期干部培训班，并与各省级侨联合作，共培训全国侨联系统干部650余人次，引导和帮助各级侨联干部学习和深入把握“十三五”规划精神。**二是**抓好广泛宣传，强化思想引领。结合“侨与中国梦”主题活动，组织各级侨联按照对象化、分众化、互动化的要求，在归侨侨眷和海外侨胞中广泛开展“十三五”规划内容宣讲，回应侨界群众对热点问题的关注和关切，引导侨界群众充分认识“十三五”奋斗目标与个人切身利益的关系、“十三五”规划布局与个人事业发展的关系，把广大侨界群众爱国爱乡、创新创业的热情凝聚到实现“十三五”规划的各项举措上来。**三是**深入研究谋划，明确贯彻思路。中国侨联在全国“两会”闭幕后不久，召开党组会和主席办公会，结合侨联特点和优势，研究贯彻全国“两会”精神、建功“十三五”的思路和举措，制订工作计划，着眼于更好地凝聚侨心、汇聚侨力，对侨联有关工作内容争取纳入“十三五”相关规划和围绕“十三五”开展品牌活动策划情况进行了梳理。召开全国侨联经济科技工作会议、全国侨联文化宣传工作会议和全国侨联联络工作会议，明确了侨联围绕五大发展理念，深化“创业中华”的目标任务，研究和探讨了在新的形势下调动侨界积极因素，建功“十三五”的办法和路径。

（三）贯彻中央要求，认真思考和谋划中国侨联改革工作

党的十八大以来，以习近平同志为总书记的党中央对侨联工作高度重视、亲切关怀，把侨联工作放到全面深化改革、推动整个群团改革的大局中来把握，把研究深化中国侨联改革摆上重要议事日程。总书记对侨联地位作用、性质特点和如何做好新形势下的工作多次作出重要指示，提出明确要求，为做好新时期侨界群众工作提供了强大思想武器和行动指南。一年多来，在党中央的坚强领导和中央书记处的指导下，中国侨联把贯彻中央党的群团工作会议精神和中央加强和改进党的群团工作的意见，研究谋划改革作为重大任务来抓，主要开展了四方面工作。**一是**加强学习宣传。深刻领会中央党的群团工作会议精神实质，把握群团改革核心要义，凝聚侨联深化改革共识。**二是**深入调查研究。坚持问计于侨，班子成员和兼职副主席带队深入侨乡了解侨联组织的工作状况和现实困难，广泛听取归侨侨眷、海外侨胞、驻外使领馆和基层侨联工作者的意见建议；认真查摆问题，找准中国侨联机关和侨联工作存在的突出问题。**三是**起草改革方案。在中国侨联党组主导下，组织专门力量，吸收借鉴全总、上海、重庆试点做法，参考共青团、妇联、科协改革方案，经过反复论证和修改完善，起草形成了深化改革总体方案送审稿。**四是**报批改革方案。中国侨联深化改革总体方案先后经中央书记处办公会议、中央全面深化改革领导小组会议、中央政治局常委会议研究审议，贯彻了中央要求，体现了侨联工作的最新认识和实践成果，是指导推动新时期侨联工作的纲领性文件。近期，党中央将印发这个方案。我们要全面落实中央印发的侨联深化改革总体方案，切实履行好党赋予的光荣使命。

（四）强化联谊交友，充分发挥侨联组织联系侨界群众的桥梁纽带作用

为党和国家事业发展最广泛地团结引领广大归侨侨眷和海外侨胞，是侨联工作的主线和价值所在。我们认真贯彻党中央提出的“两个并重”“两个拓展”的要求，以中国侨联海外委员和中国侨联青年委员为平台，以加强侨界青年社团建设和侨界青年领军人物培养为重点，进一步强化海外联谊工作。**一是**继续强化海外联谊载体和平台建设，切实履行职能作用。积极参与2016年二十国集团（G20）民间社会会议有关工作，与福建省联合举办“第八届海峡论坛·2016两岸侨联和平发展论坛”“2016海峡两岸暨港澳侨界圆桌峰会”和“一带一路·合作创新未来”专题宣讲等主题活动，与北京大学举办2016海外侨领中国国情研修班，继续做好海内外侨团、侨领接待联谊和派员参加侨团成立庆典、领导人就职典礼等重要活动，进一步巩固和拓展了海外联谊平台。**二是**注重培养侨界青年力量，为海外联谊事业根植强劲动力。邀请新增聘中国侨联海外委员、青年委员列席九届三次全委会，进一步密切与海外荣职人员的联系。召开2016中国侨联非洲顾问、委员、青年委员年会，与上海、四川等省市合作举办“2016中国侨联青年委员会上海讲坛”“2016侨界青年西部论剑活动”，组织中国侨联青年委员赴甘孜藏区参访和藏胞归国代表人士、香港华侨华人总会青年委员、香港东区青年活动委员会和青藤计划成员到内地参访，进一步增进了广大侨界青年人士与祖国内地的联系和感情。**三是**各级侨联积极搭建平台，开展了丰富多彩的系列活动。比如，浙江省侨联开展“万家海外中餐馆·同讲中国好故事”和助力G20杭州峰会启动仪式暨五大社团新春联谊活动，福建省侨联开展“侨胞之家建设年”活动，中央企业侨联成立青年委员会，形成了各具特色、精彩纷呈的工作局面。

（五）创新工作平台，切实发挥侨联组织的资源整合配置作用

侨联联系广泛、人才荟萃，在服务国家经济社会发展中具有独特优势。更有针对性地做好引资、引智、引技工作，是侨联组织服务大局的努力方向。我们深刻领会“十三五”规划和中央经济工作会议精神，全面拓展“创业中华”品牌活动，在推动供给侧结构性改革上贡献力量。**一是**坚持以大型经贸活动为引领，打造服务国家发展战略的新平台。参与主办了第二十三届中国天津投资贸易洽谈会暨PECC国际贸易投资博览会、2016丝绸之路国际博览会暨第二十届中国东西部合作与投资贸易洽谈会、第十四届中国云南东盟华商会、第十届中国（河南）国际投资贸易洽谈会、第十七届中国青海绿色发展投资贸易洽谈会、第二十二届中国兰州投资贸易洽谈会暨丝绸之路合作发展高端论坛等大型活动。**二是**以各类主题论坛为载体，打造服务地方经济发展的新平台。在全国侨联经科会期间举办“创新引领未来，创业成就梦想”主题互动论坛，联合北京市、天津市和河北省侨联召开京津冀协同发展工作会，在江苏举办“创业中华·建设江苏”2016侨资侨智对接交流系列活动，与福建省侨联联合举办“2016中国华侨文化创意产业发展峰会”，在大连市举办“发挥侨界优势、服务国家战略、助推金普发展”主题战略发展论坛。**三是**以新侨创新创业为重点，打造服务大众创业万众创新的新平台。筹备第六届新侨创新创业成果交流会，筹建“中国侨联新侨创新创业联盟”，制定中国侨联新侨创新创业基地管理办法，上海市侨联建立临港新侨新兴产业园，浙江省侨联举办第二届“海燕集结行动计划”活动，中央国家机关侨联以“创新引领交通发展新征程——由智能交通前沿看未来交通”为主题开展新侨沙龙活动等，充分发挥了示范引领作用。**四是**高度重视发挥特聘专家委员会的智囊团作用，打造侨联工作高端智库。组织特聘专家委员会委员参与举办了第五届海西国际新能源产业博览会，筹备成立金融专业委员会。北京市侨联举办京交会世界客商“一带一路”北京论坛，黑龙江省侨联成立特聘专家委员会，山西省侨联组织开展对涉侨企业基本经营情况进行调研。这些活动，凸显了侨联特色，展现了积极作为。

（六）深化品牌工作，有效发挥侨联组织传播中华优秀文化的作用

传播中华优秀文化，注重用好文化纽带，注重打造工作品牌，充分体现侨联组织涉外性、民间性、群众性等特点，是侨联工作的重要工作领域和工作方式。我们进一步深化拓展“亲情中华”主题活动，创新工作载体和推进方式，进一步发挥其在讲好中国故事、传播中国声音、激发民族情感、促进中外友好等方面的独特作用。**一是**组派交流团组。上半年，共组派“亲情中华”团组12个，其中联动地方组派11个团组共举办慰问巡演50余场，在浙江、安徽、广西和吉林等地举办“亲情中华·走进侨乡”春节慰问演出8场。**二是**举办夏令营。与国家汉办联合主办“亲情中华·汉语桥”夏令营，办营规模和办营水平实现重大跨越，北京、辽宁、上海、江苏、浙江、安徽、福建、山东、湖北、湖南、广西、四川、贵州、云南、陕西等15个省（区、市）侨联共组织45个班，营员达1629人，涉及近30个国家和地区。**三是**开展文化比赛。第十七届华人学生作文大赛圆满收官，来自21个国家和地区的七百万华人学生参加比赛；加强中国华侨国际文化交流基地的建设和管理，开展文化交流基地故事征集，强化与国内主流媒体的联系合作。**四是**开展地方项目。主办或支持福建、河南、湖北、甘肃、陕西等地举办了首届嘉庚论坛、丙申年黄帝故里拜祖大典、丙申年世界华人炎帝故里寻根节和“海外侨胞荆楚行”活动、公祭中华人文始祖伏羲大典和陕西文化考察活动等系列活动，山东淄博、江苏淮安和无锡等侨联承办了“亲情中华——第二届世界华侨华人摄影展”巡展，在国内外产生广泛影响。江苏、上海等围绕纪念中国侨联成立六十周年，策划和开展一系列文化活动，彰显侨界风采、弘扬爱国奉献精神；广东省侨联在全省全面铺开“侨界人文社区”创建工作等。通过持续举办内涵丰富、精彩纷呈的文化活动，在活跃侨界群众文化生活、促进国际文化交流方面迈出了新步伐。

（七）坚持以人为本，积极发挥维护侨界群众合法权益的作用

以人为本、为侨服务，是侨联工作的宗旨。在侨情发生重大变化的背景下，做好服务侨界群众和维护侨界群众合法权益的工作，尤显重要和紧迫。**一是**夯实助力侨界群众全面脱贫的工作基础。成立了“惠侨济困专项基金”，稳步推进全国贫困归侨侨眷统计，为精准扶贫奠定基础。开展“送温暖、献爱心”慰问活动，对遭受严重自然灾害和困难归侨侨眷较多的省区市、贫困归侨侨眷较多的华侨农场职工，累计发放慰问金340万元。湖南省侨联大力实施“千侨帮千户”精准扶贫工程，新疆侨联和新疆兵团侨联扎实推进“访民情、惠民生、聚民心”工作，内蒙古侨联组织开展关爱侨界空巢老人、留守儿童等公益活动，取得了良好效果。**二是**创新侨联精准扶贫的工作方式。召开了“中国侨联定点扶贫工作座谈会”，有针对性地抓好对江西上饶县的定点扶贫。联合有关部门，深入研究推动广西北海侨港镇困难归侨侨眷脱贫问题的办法和途径。组织中国农科院专家赴重庆市万州区、酉阳县，开展猕猴桃树疫情诊断帮扶，探索了侨联经济科技扶贫新途径。三是依法维护侨界群众权益。依据国家有关法律法规和国务院《信访条例》，认真处理来信来访，上半年共处理群众信访事项86件次，召开案例探讨会10次，办理其他涉侨案件19件。以“依法治国大背景下侨联如何以法治思维和法治方式做好依法维护侨益工作”为主题，开展法顾委国内委员专题调研和海外委员回国访问考察活动。建立健全侨联系统公职律师相关制度。安徽省侨联联合省高院重新修订印发了《关于进一步开展涉侨纠纷诉调对接工作的意见》，海南省侨联积极推动重点侨乡与当地法院设立联合协调工作机制，在维护侨益方面取得了新突破。

总结上半年的工作和近年来的工作实践，我们有三方面的深刻体会：

最根本的是，我们要始终坚持以习近平总书记系列重要讲话精神统领和指导侨联工作。党的十八大以来，习近平总书记发表了一系列重要讲话，提出许多富有创见的新思想新观点新论断新要求，集中体现了新一届中央领导集体治国理政新理念新思想新战略，是坚持和发展中国特色社会主义的最新理论成果，是我们在新的历史起点上实现新的奋斗目标必须认真学习贯彻的科学指南和基本遵循。

最鲜明的是，我们要紧紧围绕“建功‘十三五’”这一总体目标开展侨联工作。贯彻党的十八届五中全会精神制定的“十三五”规划，是以习近平同志为总书记的新一届中央领导集体，在全面建成小康社会决胜阶段为实现中华民族伟大复兴中国梦所制定的具有决定性意义的五年规划。我们要认真贯彻五大发展理念，团结引领广大归侨侨眷和海外侨胞为统筹推进“五位一体”总体布局、协调推进“四个全面”战略布局，实现“两个一百年”奋斗目标、实现中华民族伟大复兴的中国梦而奋斗。

最基本的是，我们要牢牢把握侨联的根本性质和独特优势开展侨联工作。侨联是党领导的人民团体，是党和政府联系广大归侨侨眷和海外侨胞的桥梁和纽带，是团结服务归侨侨眷和海外侨胞的群众组织。做好侨联工作，必须紧紧把握群众性、民间性、涉外性、统战性的特点，充分发挥侨联公共外交优势，着力推进侨联改革创新，进一步激发侨界蕴含的丰富资源和巨大潜力，切实完成好党交给的神圣使命。

二、当前和今后一个时期的主要工作任务

经党中央批准，《中国侨联深化改革总体方案》即将印发。以此为标志，侨联改革发展站在了一个新的历史起点上。各级侨联要认真学习贯彻习近平总书记系列重要讲话特别是在庆祝建党 95 周年大会上重要讲话精神，学习贯彻李源潮同志在中国侨联九届六次常委会议上的讲话精神，认真扎实开展“两学一做”学习教育，深入贯彻落实《中国侨联深化改革总体方案》，以纪念中国侨联成立 60 周年为契机，着力推进“发挥独特优势 努力建功‘十三五’”的各项工作，努力开创侨联工作新局面。

（一）认真学习贯彻习近平总书记“七一”重要讲话，把“两学一做”学习教育持续引向深入

习近平总书记在庆祝中国共产党成立 95 周年大会上发表的重要讲话，全面总结了中国共产党团结带领中国人民不懈奋斗的光辉历程、伟大贡献和历史启示，深刻阐述了不忘初心、继续前进必须牢牢把握的“八方面要求”。讲话闪耀着马克思主义真理的光辉，是指引我们党奋力推进中国特色社会主义伟大事业和全面推进党的建设新的伟大工程的纲领性文献。中国侨联和各级侨联党组织要结合“两学一做”学习教育，把学习宣传贯彻习近平总书记“七一”重要讲话作为当前和今后一个时期的一项重要政治任务，与学习总书记系列重要讲话相结合，与学习党中央一系列决策部署相结合，掀起学习宣传贯彻的热潮，坚持深学深悟深思，坚持真学真懂真信真用，把讲话精神转化为推动各项工作的强大动力。

一是党组成员带头学。各级侨联党组中心组要把学习习近平总书记“七一”重要讲话精神作为重点内容，学深悟透讲话精神，不断锤炼党性作风，在学习贯彻上率先垂范、以身作则、走在前列、作出表率，形成一级抓一级学、一级带一级学的良好局面。

二是组织全体党员学。要把学习贯彻“七一”重要讲话，贯穿于“两学一做”学习教育全过程，纳入干部教育培训计划，加强组织领导，作出统筹安排，采取有效措施，通过举办座谈会、研讨会、培训班等多种形式，推动广大党员深入学、认真学、反复学、系统学，自觉做到用讲话精神武装头脑、指导实践。

三是结合工作实际学。要引导广大党员干部用总书记的重要讲话指导工作，联系实际学，带着问题学，针对问题改，及时推广交流学习贯彻讲话精神、解决实际问题的具体措施和工作成效。组织召开好民主生活会和组织生活会，认真开展民主评议党员，确保“两学一做”学习教育扎实深入、取得实效，为推进侨联系统党的建设和各项事业发展作出新的更大贡献。

（二）贯彻落实《中国侨联深化改革总体方案》，把侨联组织的政治性先进性群众性充分体现出来

推进中国侨联改革是党中央部署的重大任务，必须不折不扣抓好落实。同时，侨联改革也是破解难题、强化功能的重大机遇，必须牢牢把握这一机遇，做到以改革增活力、以改革促发展。

一是着力改革体制机制。以增强政治性、先进性、群众性为目标，进一步提高全国归侨侨眷代表大会中基层代表的比重，优化中国侨联委员和常委结构。调整优化侨联领导机关和事业单位设置，着力改革侨联领导机构、机关设置和运行机制，进一步整合力量、避免职能交叉，聚焦工作主业，优化工作职能，提高工作效率。推动健全由地方党委领导直接分管的侨联工作领导体制。

二是着力改革组织人事制度。坚持重心下移，人员编制“减上补下”，突出“强基层、强支撑、强服务”。不拘一格选拔侨联干部，加大培养培训力度，建设以专职为骨干，挂职、兼职为重要力量，结构合理、充满生机活力的侨联干部队伍。把建立直接联系服务侨界群众制度、建立基层联系点制度，作为转变侨联干部作风、解决机关化行政化问题的重要措施。

三是着力改革工作方式方法。坚持面向基层，突出重点侨乡，推动把侨联组织建设纳入各级党委党建工作规划，适应侨界群众分布变化情况，切实扩大侨联的组织覆盖。发挥各级侨联所属侨商联合会等社团的独特作用，指导、推动其依法依规开展活动，延长工作手臂，更好服务所

联系的侨界群众。注重通过互联网思维和技术联系、引导、服务侨社和侨胞，加强推广“侨联通”，加快建设“网上侨联”，不断扩大中国侨联普法办微信公众号影响力，大力建设网上“侨胞之家”，开创“互联网 + 侨联”的新局面。

抓好深化改革，是侨联系统的一件大事，政策性、政治性很强。按照党中央要求，地方侨联改革要在当地党委群团改革总体部署下推进。各地可以提前研究谋划，积极对接。在党中央的领导下，中国侨联党组成立深化改革领导小组，总体统筹改革方案研究制定、协调推动和督导落实，确保改革始终坚持正确方向，推动改革一步一个脚印，取得实实在在的成效。近期，中国侨联机关将召开改革动员大会，对改革工作进行全面部署。

（三）以“建功十三五”为主题，把服务国家经济社会发展的工作做深做实做出成效

侨联组织服务大局，不能包打天下，核心是要找准定位和切入点，关键是要在必须干、干得成、干得好的领域和方向上聚焦发力。

一是积极助力创新发展。继续深化实施“创业中华”品牌工程，为广大侨胞特别是回国创新创业的新侨发展事业提供服务。更加重视挖掘侨界青年潜力，针对侨界青年的特点和需求，组织主题论坛、“海客空间”等，促进传统产业与新经济融合。办好第六届新侨创新创业成果交流会，开展以“创新人才”“创新成果”“创新团队”“创新企业”为内容的中国侨界贡献奖表彰活动，建立新侨创新创业联盟，命名一批新侨创新创业示范基地，在南京举办新侨创新创业展览，举办侨界青年创新创业澳门峰会和中国侨联青年委员会广州讲坛，助推创新成果转化。动员引导侨资侨智积极参与供给侧结构性改革，向高新技术产业、先进装备制造业、现代服务业聚集。发挥特聘专家委员会、侨商会、青年委员会、留学归国人员联谊会等组织的作用，召开中国侨联特聘专家委员会年会，为创新发展提供智力支撑。

二是积极助力协调发展。按照国家区域发展总体战略，聚焦京津冀协同发展，深化京津冀三地侨联合作机制，建立京津冀侨联经科部长会议例会制，组织三地联合承办“海外高层次人才为国服务活动”，开展京津冀侨商三地行。瞄准地方经济社会发展的重大需求，继续加强同地方政府合作，办好海外华商吉林行、海外华商黑龙江行、2016 中国商丘国际华商节暨第八届中国侨商论坛、第三届世界侨商贵阳会议、第三届中国南京国际美术节、第十六届中国西部进口展暨国际投资大会等系列国家级经贸洽谈会和招商引资活动，着力搭建新的经济技术合作平台。组织海内外侨商赴各地考察投资，帮助地方引进海外资金、先进技术和管理经验，引导侨资侨智进一步向中西部地区和老少边穷地区发展。

三是积极助力绿色发展。按照习近平总书记关于“既要绿水青山，也要金山银山。宁要绿水青山，不要金山银山，而且绿水青山就是金山银山”的重要指示，在侨界群众中大力倡导绿色发展意识。发挥侨界遍布全球、联络广泛的得天独厚条件，积极向世界宣示我国注重绿色发展、建设生态文明的意志和决心，宣传中华民族崇尚自然、天人合一的传统，以绿色环保的实践为全球绿色发展和生态安全作出贡献。注重培育绿色发展项目，支持树立绿色发展典型，引导侨胞将发达国家成熟的环保技术和经验更多更快地“引进来”，引导侨资企业向科技创新、生态环保、资源节约、海洋经济等领域延伸，推动其转变发展方式和生产经营方式，促进绿色经济、循环经济、低碳经济发展。

四是积极助力开放发展。以纪念孙中山先生诞辰 150 周年系列活动为契机，通过举办图片展等活动，进一步拓展工作平台，深化海外联谊，增进交流互信。推动海外华侨华人扩大对住在国的影响，宣传中国和平发展的理念。配合国家“一带一路”战略，扩大“亲情中华”品牌的外延和空间，实施“筑梦丝路”专项行动，组织好赴俄罗斯、美国、加拿大、芬兰、瑞典、拉脱维亚、丹麦等国的慰问演出，组派中医药专家团赴大洋洲巡诊，继续联合办好“世界华人学生作文大赛”，推动“亲情中华·汉语桥”夏令营扩规模、上水平，架好民间交往的桥梁。创新外宣渠道，广泛联系海外侨界媒体，组织海外华文媒体记者国内采风行，挖掘好、宣传好“中国故事”。组织侨商企业家代表团赴美国、加拿大、墨西哥访问交流活动，办好 2016 中加投资交流会和中美、中墨经贸活动。组织实施法顾委海外委员的重新聘任和颁证工作，扩大聘任范围，开展经常性的回国研修和访问交流，为侨胞参与“一带一路”和对外开放提供咨询及服务。积极推动与有关机构合作成立“一带一路”发展战略研究院，建设高端智库。

五是积极助力共享发展。深入贯彻中央扶贫开发工作会议和东西部扶贫协作座谈会精神，以“侨爱心工程”为主打品牌，筹组成立中国侨联公益慈善委员会，加强和完善侨联公益事业体制机制。完成全国贫困归侨侨眷统计数据的收集、汇总及分析工作，建立精准识贫、精准扶贫的贫困归侨侨眷台账。加强对中国华侨公益基金会扶贫专项基金的募集和管理，积极支持设立新的专项基金，完善受捐资金、物资与技术援助的使用管理制度。扩大“树人班”“珍珠班”“侨爱心光明行”等扶贫项目的规模，助力侨界群众脱贫并实现可持续发展。加强与有关部门的沟通协作，建立对北海侨港镇困难归侨、南侨机工及遗属等群体有针对性的帮扶机制。注重运用大数据、云计算、电子商务等先进技术手段开展精准扶贫，深入调研福建省侨联“互联网＋百村”侨力扶贫行动开展情况，研究推进在中国侨联定点扶贫的上饶县开展电商扶贫。启动中国侨联“七五”普法，完成4个班次的法治学习活动，持续增强基层侨界群众法治意识。推进侨联系统公职律师试点，完成侨联全国信访信息网络的建设及试运行，更好地维护侨界群众合法权益。

（四）办好纪念中国侨联成立60周年系列活动，把凝聚侨心汇聚侨力的工作做出影响做出声势

今年是中国侨联成立60周年。为深入回顾总结60年来中国侨联走过的光辉历程和成功经验，进一步明确时代担当，更好地发挥侨联在党和国家事业中的积极作用，更广泛地团结引领广大归侨侨眷和海外侨胞，经党中央批准，中国侨联决定开展隆重务实节俭的纪念活动。主要包括19项：召开纪念大会，举办国庆招待会，发表理论文章，编纂出版《中国侨联60年》画册、《中国侨联60年纵览》和《一至九次全国归侨侨眷代表大会会刊》，发行熊猫加字金银纪念币，摄制播出“21世纪海上丝路”大型公益纪录片《闽南望族》和纪念中国侨联成立60周年大型纪录片《赤子五洲》（暂定名），举办纪念孙中山先生诞辰150周年图片展、第三届世界华侨华人美术书法展、“创业中华”系列活动、“讲好中国故事，传播好中国声音”论坛以及海外文促会理事回国参访、“海外侨胞故乡行”、海外律师团回国参访研修班等活动，向从事侨联工作20年以上的工作者颁发荣誉证书，召开中国侨联公益慈善委员会成立大会，实现中国侨联官网新版发布、公众号开通及《侨联工作》杂志改版发行。中国侨联机关各部门、各单位要精心筹备，扎实推进；有关省级侨联要密切配合，积极作为，形成强大声势。

各级侨联要参照中国侨联的活动安排，紧密结合自身实际，坚持高度重视、面向基层、务实节俭、加强宣传的原则，重点开展好以下四方面工作。

一是回顾展望。通过召开纪念会、理论研讨会，出版书籍、编辑画册，制作专题片，撰写理论文章等多种方式，系统总结侨联成立60年来特别是改革开放30多年来，各级侨联组织高举爱国主义和中国特色社会主义旗帜，广泛团结、热忱服务广大归侨侨眷和海外侨胞，在凝聚侨心侨力、推动科学发展、促进社会和谐中取得的辉煌成就和宝贵经验；进一步明确在实现中华民族伟大复兴中国梦的伟大征程中，在“建功‘十三五’全面奔小康”的具体实践中，侨联组织所承担的责任与使命，切实提高侨联工作围绕中心、服务大局的能力和水平。

二是典型选树。通过表彰和宣传侨联工作典型，树立鲜明导向，充分展示侨联工作者以心凝侨、以情聚侨的良好工作和精神风貌。面向广大归侨侨眷和海外侨胞，广泛开展“好侨领”“好侨胞”“好归侨”“好侨眷”等推选活动，发现选树一批爱国、爱乡、爱侨的好典型，宣传、分享他们的创业故事和价值追求。坚持为侨服务导向，表彰选树一批在维护侨界权益、助力侨界发展等方面作出突出贡献的单位和个人。

三是文化交流。充分展示侨联成立60周年的重要历史节点，通过主题论坛、研讨会等多种方式，积极开展交流宣传活动，讲好中国故事、传播好中国声音、弘扬好中国精神。深入开展

"亲情中华"等主题活动，通过文艺演出、书画比赛展览、民俗文化交流、祖地文化交流、寻根之旅等富有思想内涵、形式丰富多彩、群众喜闻乐见的文化活动，顺应广大侨胞的文化需求，营造浓厚庆祝氛围，展示中华文化独特魅力，增强中华文化的亲和力、影响力。

四是服务关爱。把开展纪念活动与切实为侨界群众办好事、做实事、解难事结合起来，进一步强化各级侨联在社会管理和服务中的职责。深入开展走访慰问活动，全面了解关心归侨侨眷工作生活状况，协助地方党委政府做好精准扶贫工作。通过纪念活动引起全社会高度关注，推动保障和改善归侨侨眷民生政策的出台和落实。特别注重为特困归侨侨眷排忧解难，开展关心帮助侨界留守儿童、空巢老人的专项服务关爱行动。

各位常委、同志们！有着光荣传统的中国侨联紧跟党走过了60年的光辉征程，在党和国家事业发展的历史上留下了不懈奋斗的足迹。决胜全面小康、实现中华民族伟大复兴中国梦的宏伟事业，期待侨联组织承担新使命、展现新作为。让我们更加紧密地团结在以习近平同志为总书记的党中央周围，以奋发有为的精神状态、求真务实的工作作风、改革创新的责任担当，开拓进取，扎实工作，努力推动侨联工作实现新发展，为做好"十三五"开局之年各项工作而努力奋斗！

在中国侨联“七五”普法启动仪式上的讲话

（2016年7月27日）

林　军

尊敬的法顾委邹瑜名誉主任、张耕主任、同志们：

感谢大家在百忙之中参加中国侨联“七五”普法启动仪式。刚才，张耕、李卓彬同志作了重要讲话，我完全赞成。

多年来，在党中央、国务院的坚强领导下，在司法部、中直工委的有力支持下，中国侨联一直把普法宣传作为工作的重要组成部分，认真制定规划，积极开展行动。法治宣传教育已成为侨联工作的一张名片，“法治中国 你我同行”也成为我们的一个重要的品牌活动。在此，我代表中国侨联对司法部、中直工委长期以来的关心帮助表示衷心的感谢！向坚持组织开展法治宣传教育活动的各省市侨联干部、法顾委委员和侨界群众表示诚挚问候！

今年4月28日，第十二届全国人大常委会第20次会议通过了《关于开展第七个五年法治宣传教育的决议》，为新形势下法治宣传教育工作指明了方向、提出了明确要求。“七五”普法是党的十八届四中全会全面推进依法治国战略推出后的首个五年普法规划，是贯彻落实党的十八大和十八届三中、四中、五中全会精神，实施“十三五”规划、全面建成小康社会的重要保障。各级侨联组织一定要充分认识加强法治宣传教育工作的重大意义，将这项工作持续、深入地推进下去。

下面，我就侨联系统开展“七五”普法工作讲几点意见。

一、把握大局、审时度势，深刻认识开展“七五”普法工作的重要性

今年是“七五”普法开局之年，也是实施“十三五”规划的开局之年。全面建成小康社会的目标任务，对法治宣传教育工作提出了新的更高要求，各级侨联组织要站在党和国家事业发展全局的高度，充分认识做好法治宣传教育工作的重大意义。

（一）深入开展法治宣传教育，是实现“十三五”经济社会发展目标的必然要求。“十三五”时期是全面建成小康社会的决定性阶段。完成“十三五”规划制定的各项目标任务，离不开法治的保驾护航，离不开广大归侨侨眷和海外侨胞的大力支持。要继续深入推动法治宣传教育，使尊崇和信仰法治的精神深植于侨界群众心中；要更好地发挥法治的引领和规范作用，使法律成为侨界群众抓住机遇、直面挑战、破解难题的重要保障，为全面建成小康社会、实现第一个百年奋斗目标打下坚实的法治基础、营造良好的发展环境。

（二）深入开展法治宣传教育活动，是推进国家治理体系和治理能力现代化的必然要求。党的十八届三中全会明确提出了推进国家治理体系和治理能力现代化的全面深化改革总目标。“法令行则国治、法令弛则国乱”。推进国家治理体系和治理能力现代化，必须把法治作为党领导人民治国理政的基本方式，充分发挥其在国家治理中的积极作用。中国侨联是党领导下的全国性人民团体，要通过持续深入的法治宣传教育，不断增强侨联组织及其工作人员的法治意识和法律素质，自觉成为法治建设的实施者和捍卫者；不断提高侨界群众的法治精神和

法治意识，使其成为建设法治国家、法治政府、法治社会的重要力量。

（三）深入开展法治宣传教育活动，是贯彻实施全面依法治国基本方略的必然要求。党的十八届四中全会提出了全面依法治国的战略任务。这是一项极为宏大与艰巨的系统性工程。党的十八大以来，虽然科学立法、严格执法、公正司法、全民守法得到全面推进，侨界群众的法治意识普遍增强，但法律权威和法治信仰尚未普遍树立，尊法学法守法用法的社会氛围还有待进一步形成。这些问题都需要通过不断深入地推进法治宣传教育去解决、去弥补。

二、围绕中心、突出重点，积极推进“七五”普法工作

党中央、国务院转发的“七五”普法规划，明确了当前和今后一个时期法治宣传教育的基本定位、重大任务和主要措施。我们在此基础上制定了《中国侨联关于在归侨侨眷中开展法治宣传教育的第七个五年规划》，希望大家结合实际，抓好落实。

（一）深入学习宣传贯彻习近平总书记系列重要讲话精神，特别是关于全面依法治国的重要论述，把“七五”普法与加强和改进新形势下侨联工作紧密结合起来。习近平总书记系列重要讲话，是中国特色社会主义理论体系最新成果，是马克思主义中国化最新成果，是党和国家各项事业不断取得新成就、开创新局面的重要指针。其中关于全面依法治国的重要论述，深刻回答了新形势下建设社会主义法治国家的重大理论和现实问题，为全面依法治国提供了科学理论指导和行动指南。要把学习宣传贯彻习近平总书记系列重要讲话精神特别是关于全面依法治国的重要论述，作为侨联组织参与法治国家、法治政府、法治社会建设的基本遵循，作为法治宣传教育的重要内容，进一步弘扬法治精神，彰显法治权威，增强法治宣传教育工作实效，进一步加强和改进新形势下的侨联工作。

（二）深入学习宣传中国特色社会主义法律体系，大力弘扬社会主义核心价值观，把“七五”普法与更好地团结引领广大侨界群众紧密结合起来。中国特色社会主义法律体系是中国特色社会主义永葆本色的法制根基，是中国特色社会主义创新实践的法制体现，是中国特色社会主义兴旺发达的保障。社会主义核心价值观是社会主义核心价值体系的高度凝练和集中表达，是实现“两个一百年”奋斗目标和中华民族伟大复兴中国梦的价值共识和价值追求。在法治宣传教育活动中，一定要把深入学习宣传中国特色社会主义法律体系作为基本任务，使侨界群众牢固树立起宪法法律至上、法律面前人人平等、权由法定、权依法使的基本法治理念，引导他们自觉守法、遇事找法、解决问题靠法。同时，要把大力弘扬社会主义核心价值观融入到侨界法治宣传教育中，坚持把法治教育与道德教育，法治实践与道德建设紧密结合起来，在侨界群众中形成厉行法治、守法光荣、违法可耻的社会氛围。

（三）深入宣传普及和贯彻落实维护广大归侨侨眷的法律法规，把“七五”普法与侨联组织“建家交友”、为侨服务工作紧密结合起来。《归侨侨眷权益保护法》及其《实施办法》是维护广大侨胞合法权益的重要法律法规。要把法治宣传教育作为侨联组织密切联系侨界群众、积极服务侨界群众的重要思想武器，把维护好侨界群众的合法权益、解决他们的困难需求作为我们开展法治宣传教育的出发点和落脚点，通过宣传普及和贯彻落实国家爱侨护侨的一系列法律法规，进一步营造全社会爱侨护侨的良好氛围。要在“法治中国 你我同行”的旗帜下，深入开展“法律六进”活动，切实维护侨界合法权益，积极主动地为侨胞创新创业、生产生活提供法律服务，让侨胞真切感受到侨联组织的关心爱护，使侨联组织真正成为“侨胞之家”，使侨联干部真正成为“侨胞之友”。

（四）深入学习宣传党内法规，完善领导干部学法用法制度，把“七五”普法与“两学一做”学习教育活动紧密结合起来。要抓住领导干部这个“关键少数”，将法治宣传教育纳入侨联干部教育培训考核总体规划，把尊法学法守法用法情况作为考核领导班子和领导干部的重要内容，教育引导领导干部忠实践行法律、坚定捍卫法律，提高运用法治思维方式解决问题的能力。在党内法规宣传与国家法律宣传的衔接协调过程中，要始终坚持把纪律和规矩挺在前面，积极发挥侨联广大党员领导干部的先锋

模范作用，不但要带头遵守国家法律，更要以“做合格党员”的标准严格要求自己。要大力宣传以党章为核心的党内法规体系，教育引导广大侨联党员干部结合“两学一做”学习教育活动，自觉增强党员意识、宗旨意识、法治意识，严守党的政治纪律和政治规矩，为侨联事业的发展提供坚强有力的政治保证。

三、加强领导、科学统筹，确保“七五”普法各项目标任务落到实处

法治宣传教育是一项重要的、长期的、基础性的工作，要以真抓实干的工作作风，切实将“七五”普法规划提出的各项任务落到实处。要进一步细化工作项目、深化工作内容、健全工作机制，确保侨联“七五”普法工作取得实效。

（一）加强组织建设，推进法治宣传教育工作常态化。加强领导、完善制度、落实责任，是法治宣传教育工作持续高效推进的前提。各级侨联要切实加强组织领导，建立完善目标责任制、评估考核制、奖惩激励制和经费保障制等法治宣传教育工作机制，为健全普法工作机构、培养人员队伍、实现目标任务、提高工作成效夯实基础，形成普法工作有布置、有落实、有督促、有考核、有总结的良好局面，实现侨联系统法治宣传教育工作常态化。

（二）加强队伍建设，推进法治宣传教育工作专业化。建设一支高素质、高水平的工作队伍，是法治宣传教育工作持续高效推进的基础。机关干部是侨联普法工作的主力，要继续加强法治教育和培训力度，不断增强公职人员特别是领导干部的法律意识、法律素养，带动侨界社会法治氛围的进一步形成。法律顾问是侨联普法工作的骨干，要将他们深厚的法学专业知识和鲜活的法治实践经验充分激发出来，使之成为开展专题法治宣讲活动的重要力量。公职律师是侨联普法工作的排头兵，要充分发挥他们为侨联组织决策提供法律分析服务的能力，切实防范业务风险和廉政风险。法律志愿者是侨联普法工作的生力军，要积极鼓励他们以身边人说身边事、以身边事教育身边人，努力在广大侨界群众中引起共鸣。

（三）加强平台建设，推进普法宣传教育工作的创新。不断创新工作平台，是法治宣传教育工作持续有效推进的关键。法治宣传教育工作要取得实效，不能仅靠举办几次大型活动、开几场普法讲座，更重要的是大胆探索新形式、不断丰富新内涵，搭建新平台，以润物无声、成风化人的方式，使普法活动更接地气、更富生机和活力。要大力推动社区“侨法宣传角”建设，将其打造成侨联零距离服务侨界群众、开展法治宣传教育的窗口。要在巩固传统普法载体的基础上，借力“互联网 +”等技术手段，突破时空局限，实现与侨界群众的双向互动和资源的开放共享。

同志们，从“一五”普法至今，侨联组织开展普法宣传教育已走过了 30 多个年头。法治宣传教育在侨联组织参与社会管理、维护社会稳定、建设社会主义法治国家中发挥着越来越大的作用。让我们更加紧密地团结在以习近平同志为总书记的党中央周围，贯彻落实中央“七五”普法工作要求，团结动员广大归侨侨眷和海外侨胞，乘势而上、积极作为，不断开创法治宣传教育工作的新局面，为全面建设社会主义法治国家、实现“两个一百年”奋斗目标和中华民族伟大复兴的中国梦作出侨界新的更大贡献！

在中国华侨历史学会第七次会员代表大会上的工作报告

（2016年8月2日）

林　军

各位代表、各位嘉宾，同志们：

现在，我受学会第六届理事会的委托，向大会报告工作，请予审议。

一、工作回顾

第六次会员代表大会以来，在中国侨联的领导下，学会始终坚持正确的研究方向，精心谋划研究项目，努力搭建学术平台，积极开展学术交流，大力促进成果转化，不断培养研究队伍，充分发挥专家学者作用，在广泛团结华侨华人研究工作者，推动华侨华人研究，引领学科发展等方面做了大量工作，取得了一定成绩。

（一）坚持正确研究方向，深入学习党的路线方针政策

党的十八大以来，习近平总书记提出了一系列治国理政的新理念、新思想、新战略，总书记对侨务工作和华侨华人的地位与作用非常重视，在多篇讲话中都有相关论述，这是新形势下侨务工作的指南，是习近平总书记系列重要讲话的重要组成部分。学会积极组织相关专家学者开展习近平总书记侨务工作论述研究，在2014、2015年召开了两届习近平总书记侨务论述专题研讨会，编辑印制了《习近平同志侨务工作论述摘编》。为配合全国侨联系统学习贯彻中央关于侨联工作的总体部署，学会秘书处组织编写了《〈关于加强和改进新形势下侨联工作的意见〉学习问答》和《侨联学习〈中共中央关于加强和改进党的群团工作的意见〉百题思考》，为全国侨联系统认真学习贯彻习近平总书记系列重要讲话精神，全面、系统、深刻领会中央部署提供了重要参考，发挥了积极作用。

（二）精心谋划研究项目，扎实推进中国侨联课题工作

根据“基础性研究与对策性研究并重、侨史研究与现实侨情研究并重”的原则，学会专家学者积极支持和参与中国侨联课题的选题、立项、评审及研究工作，努力把中国侨联课题打造成具有显著社会效益和学术价值的精品。

2011年4月，学会首次向全国发布2011—2013年度中国侨联课题，并制定和实施了《中华全国归国华侨联合会课题管理办法（试行）》《中国侨联课题经费管理办法》《中华全国归国华侨联合会课题评审暂行办法》等一系列规定，使课题工作稳步有序地推进。2013年5月，中国侨联课题进行了第二次发布与立项，招标范围扩大，选题内容增加，立项数量和参与机构数量逐渐增长，研究成果转化渠道不断扩展。先后两期中国侨联课题共立项109项，形成阶段性成果近200篇，课题结题合格率达到90.3%。两期课题的优秀结题成果分别汇编为《中国侨联课题研究成果文集》，部分成果通过《中国侨联课题成果专报》《中国侨联侨情专报》等渠道上报中央领导和国家有关部门。

2015年10月，“2015—2017年度中国侨联课题”发布。此次课题申报共收到来自全国71个单位的221份课题申请书，在课题类别上按重点课题、一般课题、青年课题和委托课题四种立项，总数为87个。以研究华侨华人实力较强的高校为重要申报来源，侨联系统申报课题数

有较大幅度的提高。青年学者申报数保持较高比率，占总数的35.5%。申报课题的研究内容更加关注国家重大战略，如“一带一路”建设、“四个全面”战略布局、新形势下加强和改进侨联工作等。在学界的共同努力下，中国侨联课题的学术性和影响力不断增强。

（三）坚持学术规范，不断提高《华侨华人历史研究》水平

《华侨华人历史研究》杂志是华侨华人研究领域唯一入选全国中文核心期刊和中文社会科学引文索引来源期刊的双核心期刊，在华侨华人研究和历史学界享有较高声誉。多年来，杂志始终坚持学术水准为先，坚持匿名审稿制度，严把用稿质量关，赢得学界的认可和高度评价。2013年，杂志编辑部首次牵头召开华侨华人研究相关期刊合作与交流研讨会，与《南洋问题研究》《东南亚研究》《八桂侨刊》等专业学术期刊交流办刊经验，就如何提高刊物的学术水平和学术质量，进一步整合资源、共享信息、建立合作机制进行了深入探讨。2014年，杂志入选中国社会科学院中国人文社会科学期刊评价体系历史学拓展期刊；同年，召开《华侨华人历史研究》杂志青年作者研讨会，邀请丘立本、李明欢等知名专家与青年学者一起分享研究心得，为他们传授治学经验，帮助他们拓展研究视野。同时，启动社科期刊学术不端文献检测系统，及时打击假冒网站，维护刊物声誉和作者权益。从2015年开始，《华侨华人历史研究》增加载文容量，将内文扩版一个印张，由原来的80页扩至96页。同时，杂志不断改进封面设计，使之更加精美简约，更具学术刊物的风格，并增加封面标题提要。2016年，杂志成立编委会，邀请学界著名专家学者担任编委会委员和顾问，进一步提高办刊质量，提升在学界的影响力。

（四）积极开展学术交流，扩大与国内外学界的互动

学会继续发挥学术交流平台作用，组织或参加各种学术交流活动。**一是**创办“中国侨联华侨华人研究系列讲座”。5年来，“中国侨联华侨华人研究系列讲座”获得了学界的热烈反响，逐渐成为学会的知名品牌。学会平均每年举办4场学术讲座，邀请侨联领导、外交部领导、海内外知名学者和侨界人士，针对国际关系与华侨华人、海外侨情变化、侨乡文化遗产、华人参政与融入、新移民发展、留学生状况、海外华商经营、海外侨团发展等华侨华人领域热点问题举办交流讲座，服务广大侨联工作者和专家学者。**二是**加强与国内研究机构及学者合作。为加强学术交流、推动学科发展、凝聚研究力量、促进成果转化，学会秘书处与五邑大学联合举办2届“国际移民与侨乡研究”国际学术研讨会、联合开展国家社科基金特别委托项目“侨批文书整理与研究”、共同举办“习近平侨务论述”研讨会、联合成立“中国侨乡文化研究中心”，与暨南大学联合举办“华侨华人与世界反法西斯战争”国际学术研讨会、与华中师范大学联合举办“国际移民与海外华人研究中心”成立10周年暨第十届“海外人才与中国发展”国际学术会议，与清华大学联合举办4届“国际华商·清华论坛”、共同启动海外华侨华人口述史项目研究，与北京大学联合举办“华侨华人北大系列讲座”，与福建省侨联、厦门市海外联谊会共同主办“陈嘉庚研究国际学术研讨会”，与《广东华侨史》编委会共同举办“广东华侨与中外关系”国际学术研讨会，与黑龙江省侨联、黑河市侨联联合举办“比较视野下的俄罗斯华侨华人”学术研讨会等。通过与高校、研究机构和侨联系统开展交流与合作，学会与学界专家学者和侨务工作者建立了广泛的联系。**三是**积极参与国际学术交流，拓展国际视野。5年来，学会副会长、理事以学会名义广泛开展海外学术交流、访问、调研活动，取得重要成果。学会秘书处多次派员参加国际学术会议，如赴马来西亚、加拿大、韩国参加世界海外华人研究学会年会和海外华人研究与文献收藏机构国际会议，赴马来西亚参加马来西亚华人研究国际双年会，赴澳门参加“拉丁美洲华人华侨：当代的流动与新身份认同”国际学术研讨会，赴加拿大参加“郑和下西洋及自古以来中国与印度洋世界的关系”国际学术研讨会等，拓宽了视野、扩大了联系面。此外，学会秘书处热情接待海外来访学者，开展交流座谈，5年总计接待来访学者约60人次。

（五）大力促进成果转化，反映侨界工作及侨史侨情动态

5年来，学会根据侨情变化和侨联工作需要，发挥创新思维，拓展工作领域，在填补文献和侨史研究空白方面发挥积极作用。**一是**精心做好《中国侨联年鉴》编写出版工作。学会秘书处经过认真筹备，创办了《中国侨联年鉴》，在不断积累经验的基础上，进一步组织协调中国侨联机关各部门、各单位和省级侨联参与《中国侨联年鉴》的撰写工作，如实记录侨联事业的新发展、新经验。5年来，共编撰5部《年鉴》，成为中国侨联记录工作历程、交流工作经验、扩大社会影响的重要平台。**二是**用心打造“侨史工程”及学会文库系列书籍。在众多专家学者的大力支持和参与下，2012年“侨史工程”正式立项并启动。为推进侨史工程建设，学会出版了《贵州侨史》《浙江侨史》《南侨机工英名录》《美国华侨华人通史》《缅甸华侨华人史》等书籍。修订1994年出版的《华侨史概要》一书，在充分考虑20多年来华侨华人这一群体自身变化的基础上，全面吸收学界最新研究成果，对原书进行大量扩充，由25万字增至修订本的55万字，全面概述了华侨华人的历史发展脉络。学会组织力量编写《中国华侨农场史》丛书。在广泛征求专家学者意见的基础上，编写组先后赴广东、福建、云南、海南等地调研，在调研过程中翻拍了大量相关史料、图片，并进行了归侨侨眷口述史采访，收集整理了珍贵的资料。编写组积极查阅资料、撰写书稿，全面呈现华侨农场的发展历程，总结历史经验，按时、保质完成了编写工作。在《中国华侨农场史》的编撰过程中，国务院侨办给予了大力支持，相关省区市侨联和侨办提供了很多帮助，各华侨农场全力参与，形成了编撰工作的合力。目前，《中国华侨农场史》撰稿任务已初步完成，进入审稿阶段。自2005年启动以来，学会《文库》已相继出版35集，近年来，还相继出版了《报效祖国献青春——吉林归侨口述录》《华侨之光——张榕轩、张耀轩、张步青学术研讨会论文集》《旅俄华侨纪念馆史料汇编》《荆山楚水系侨心——湖北归侨口述录》《徽风皖韵聚侨心——安徽归侨口述录》《世界视野：走出国门的中国新移民》《追逐梦想：新移民的全球流动》《刘泽荣事迹选编》《中国侨乡研究》《陈嘉庚研究国际学术研讨会论文集》《拼搏与奉献——印度尼西亚归侨林慧卿的乒乓球人生》《铁军侨魂》《乡情绵绵不尽——华侨华人研究文集》等书籍。**三是**构建信息化学术平台。为及时、快捷地掌握侨情变化信息，学会依托原有的资料室，成立了“侨情信息中心”，将原来的《华侨华人资料》与《外刊快讯》合并，2015年8月改版为《侨情快讯》，每月两期，主要刊发华侨华人最新信息，充分利用新媒体，以电子化出版为主，为侨务工作者和专家学者提供及时、便捷的信息服务。依托侨情信息中心这一平台，学会秘书处开通了微信公众号、“华侨华人历史研究”QQ群和微信群，利用网络新媒体，展示学会工作成果、促进侨情信息交流、开展学术研究讨论。

（六）站在国家发展全局，主动提高服务意识

5年来，学会立足自身优势，从战略高度和全局视野，在侨务工作咨询服务和对策研究方面不断有所突破，发挥作用。**一是**着眼国家整体战略，开展“国际移民课题研究”。学会秘书处根据有关部门要求承担了“国际移民课题研究”，站在国家发展全局、全面“走出去”战略的高度，对我国应如何立足国情，顺应国际移民发展趋势，做好侨务工作提出了建设性的意见和建议。组织翻译国际移民组织发布的2011年世界移民报告《关于移民的有效沟通》和2013年世界移民报告《移民福祉与发展》，及时了解和把握国际移民动态，为丰富和加深学界对国际移民问题的认识和研究提供参考。**二是**精心做好《中国侨联侨情专报》素材提供工作。学会秘书处广泛收集专家学者建议、摘编《华侨华人历史研究》来稿、整理中国侨联课题成果，为《中国侨联侨情专报》提供素材，目前，已有70余篇被采纳，部分专报得到中央领导高度重视并作出重要批示。**三是**及时完成中国侨联交办的任务。今年是中国侨联成立60周年，学会秘书处发挥科研人才集中的优势，按照中国侨联的部署，及时、快速、高质量地完成了《中国侨联60年》画册《中国侨联60年纵览》《一至九次全国归侨侨眷代表大会会刊》编辑工作，为中国侨联系列庆祝活动顺利筹备作出了贡献。

（七）秉持学术开放理念，充分发挥学会的平台作用

为更好发挥学会在加强对外交流、凝聚研究人才方面的重要作用，学会秉持开放包容的学术理念，加强学会建设，提升学会形象。**一是**按照章程规定召开学会理事会议。在各位理事、顾问和学者支持下，学会每年定期召开理事会议，并同时举办学术研讨会，探讨海内外侨情变化、研究国家战略布局与华侨华人关系，进一步发挥学会专家学者的智库作用。**二是**保持并扩大与专家学者的联系。2011 年，在学会成立 30 周年之际，学会秘书处广泛联系专家学者，回顾学会发展历程，总结工作经验，共议发展方向，编辑出版了纪念画册和纪念文集。学会保持与老一辈专家学者的交流与沟通。每次开展学术活动，学会均邀请资深的老专家学者莅临指导，听取他们的意见。在生活上关心照顾老同志，学会秘书处每年都会看望学会顾问，给老一辈专家学者送去慰问。今年 5 月，得知学会资深老专家、北大国际关系学院教授、原北大华侨华人研究中心主任、《华侨华人百科全书》主编，也是我们华侨历史学会副会长周南京同志病重的消息，我专程到医院看望，转达了中国侨联党组、学会全体同仁对周老的关怀之情，肯定了他对学会发展作出的贡献。遗憾的是，周老终因病情恶化不治，于 5 月 17 日离开了我们。周老辞世后，董中原同志还专程代表中国侨联和华侨历史学会到他家吊唁。今天，当我们回顾学会取得的成绩时，不应当忘记他。对老同志如此，对新同志也是如此。近年来，学会重视会员发展工作，吸纳了很多青年学者成为新会员，壮大了华侨华人研究队伍。**三是**实现信息互通共享。学会秘书处编发《侨史研究动态专报》，向学会会长、副会长、顾问、理事、会员寄送学会研究成果，分享华侨华人相关研究机构的活动讯息和侨情动态，增强了学会理事、会员对学会工作的了解，加强了侨联系统的信息互通、资源共享和活动互联，进一步发挥了信息平台作用。

二、地方侨史学会开展的主要工作

目前，广东、福建、上海、广西、云南、海南、辽宁、吉林、四川等省区市均设有省级华侨历史学会或华侨华人学会，17 个地级市成立了相关的研究机构。各地侨史学会坚持百家争鸣的学术理念，组织建设取得了长足的发展和进步，在推动华侨华人研究、促进理论成果转化等方面作出了积极贡献。

（一）围绕固本强基，加强学会组织建设

近年来，各地学会通过召开会员代表大会、理事会、常务理事会、研讨会、座谈会等，加强学会会员凝聚力，为地方学会的进一步发展奠定了组织基础。江门市华侨历史学会召开第六次会员代表大会，将工作范围由“开展华侨历史和文化研究”拓展为“开展华侨历史与文化研究、华侨华人问题调查研究”；黑河市成立旅俄华侨历史研究会，进一步发掘旅俄华侨历史文化内涵，拓展华侨历史研究领域；泉州市华侨历史学会成立南安分会，成为福建省首个县级华侨历史研究机构，拓展了基层学会的发展空间，在协助征集文物、抢救侨史资料等方面起到重要推动作用。广东省华侨历史学会、福建省华侨历史学会、上海市华侨历史学会不断扩大会员队伍，团结凝聚专家学者，加强学会组织建设。厦门、中山、三明等地的华侨历史学会也依托本地侨务资源和侨务特色开展活动，在加强组织建设方面取得了显著成效。

（二）围绕党和国家工作大局，传承弘扬华侨精神

2015 年是中国抗日战争和世界反法西斯战争胜利 70 周年，围绕这一重大主题，各地侨史学会采取多种形式开展纪念活动，纪念和彰显华侨对抗日战争的巨大贡献，弘扬华侨精神。福建省华侨历史学会积极参与举办“福建华侨与抗日战争”图片展、“陈嘉庚与南侨机工”图片展，展示福建华侨的历史功勋以及陈嘉庚先生和南侨机工为争取抗战胜利作出的重大贡献；泉州市华侨历史学会主办“闽南侨批——重现华侨抗日历史”学术讲座暨“抗战侨批珍品”实物展，并配合央视四套、深圳卫视、泉州电视台等媒体将抗战中的华侨人物和故事进行采访介绍，缅怀先辈英雄事迹，弘扬华侨的爱国丹心；中山市华侨历史学会举办“中山华侨与抗日战争”图片展，再现了中山华侨参与抗日战争的史实。

（三）围绕凝聚侨心侨力，搭建学术交流平台

各地侨史学会是服务华侨华人、专家学者

和侨务工作者的重要平台，始终以汇聚各方学术力量为己任，坚持“百花齐放，百家争鸣”的方针，通过开展多种形式的学术活动，切磋学术、沟通信息、开阔眼界，最大限度地发挥学会学术交流平台的作用。上海市华侨历史学会举办“五缘文化与中华民族复兴”研讨会，与会专家和侨界人士就“五缘”展开深入研讨与交流；江门市侨联、江门市华侨历史学会组织有关专家学者赴阳江、台山两地开展“海上丝绸之路”调研考察及学术交流，并加强与五邑大学广东侨乡文化研究中心的交流合作，联合主办“弘扬华侨精神建设幸福侨乡”座谈会；汕头市侨联、汕头市华侨历史学会联合举办“汕头市潮汕华侨历史文化研讨会”，围绕侨史研究的方法、潮汕侨史研究应关注的问题以及潮汕侨史的特色等问题进行探讨。

（四）围绕涉侨理论研究，促进学术成果转化

地方侨史学会坚持把握世情、国情、侨情的变化，围绕现实问题，出版调研和研究成果，为服务地方建言献策，促进了学术成果的转化。泉州市设立首个华侨华人研究基金，作为泉州华侨历史学会开展华侨华人研究的经费，为学术成果的转化提供了资金保障；上海市华侨历史学会与上海五缘文化研究所联合出版发行《五缘文化与现代文明》系列丛书，该丛书汇集了国内有关专家学者 20 多年来以亲缘、地缘、神缘、业缘和物缘为内涵的五缘文化与现代文明关系的重要研究成果；福建省华侨历史学会参与《福建华侨史》编修工作，与《厦门航空》杂志社合作策划撰写“家园结——福建华侨农场专题”，启动《福建侨联史》编撰工作。

各位代表，中国华侨历史学会十分关注华侨华人研究事业的创新发展。近年来，国内华侨华人研究机构不断增多，学者队伍不断壮大，研究成果十分丰富。2012 年底启动的《广东华侨史》编修工程进展顺利，首批成果已于 2014 年 8 月发布，主要执笔者张应龙、张国雄、袁丁和黄晓坚等均为中国华侨历史学会的骨干力量。2014 年 7 月，福建省委、省政府组织力量启动《福建华侨史》编修工程，全面梳理闽籍华侨华人在海外生存发展的历程，反映他们对住在国和祖（籍）国的重要贡献，拟编修一个主卷、五个副卷，总字数约 300—350 万字，预计 2017 年 11 月完稿并出版。全书主编和副主编大多为学会副会长或理事。侨史学界另一部通史性著作《世界华侨华人通史》编修工程也在顺利进行，其中，包括《华侨华人史通论》《华侨华人移民史》《华侨华人政治史》《华侨华人人物志》等分卷。虽然学会没有直接参与这些成果和项目，但各位副会长、顾问和理事作为重要的组织者、承担者和参与者，起到了学术带头人和骨干的作用。

国际移民趋势和现实侨情是当前华侨华人研究领域的热点，各高校和科研机构积极开展研究。暨南大学华侨华人研究院组织力量编写《海外侨情观察》、牵头编写《世界华侨华人研究文库》，暨南大学图书馆华侨华人文献中心编辑出版《侨情纵览》，涉侨信息丰富全面，具有重要参考价值；华侨大学华侨华人研究院编辑出版《华侨华人研究报告》，为学界提供华侨华人研究最新动态；中国与全球化研究中心等机构以蓝皮书形式发布《中国国际移民报告》《中国留学发展报告》《海外华侨华人专业人士报告》等，在社会上产生较大影响。

借此机会，我向各位代表和专家学者所取得的丰硕成果表示热烈祝贺！对有关方面给予学会工作的大力支持表示衷心感谢！

三、今后五年的工作设想

当前，我国正处在决胜全面建成小康社会的关键阶段。全面推进“五位一体”总体布局、协调推进“四个全面”战略布局、实现“两个一百年”奋斗目标、实现中华民族伟大复兴中国梦，需要海内外中华儿女共同团结奋斗。正因为此，适应党和国家事业发展需要，加强侨史侨情研究，为侨务工作顶层设计提供决策参考，是华侨华人研究工作者的共同责任。

（一）坚持正确政治方向，进一步推进习近平总书记侨务工作论述研究

学会要进一步牢固树立责任意识和大局意识，充分发挥在学界的影响力，确保华侨华人研究始终沿着正确的方向前进。要把华侨华人研究与实现“两个一百年”目标任务和“中国梦”紧密结合起来，用高水平的研究成果为党和国家的侨务工作提供智力支持。要深化学习习近平总书记侨务工作论述。随着党和国家事业的不断发展，世情、国情、侨情的变化，学会应及时收集、学习习近平总书记相关涉侨讲话，进一步充实和完善《习近平同志侨务工作论述摘编》内容，为各级侨联贯彻讲话精神、专家学者开展研究提供服务。要加强合作开展习近平侨务思想研究。学会要继续整合相关研究力量，加强组织协调，推动此项研究工作不断深化和扩展，将习近平总书记侨务工作论述研究做深、做细、做好、做实。

（二）发挥人才优势，进一步加强侨史侨情研究

学会应立足国情、立足当代，以侨史研究为基础、以重大现实问题为导向，推动侨务理论创新和工作创新，深入研究广大归侨侨眷和海外侨胞切实关心的问题。**一是**继续编好《中国侨联年鉴》。要在原有基础上每年有所创新和改进，要光大以往成功经验，继续丰富内容、完善呈现形式、成为中国侨联知名品牌。**二是**完成《中国华侨农场史》编纂出版工作。《中国华侨农场史》主卷的撰写进展顺利，学会正在紧锣密鼓地进行全国各华侨农场场史的编校工作，基本完成相关史料的初步整理。今年，将与中国社会科学出版社合作申请国家出版基金项目，力争打造成为侨史工程的一大亮点。**三是**继续提高侨史工程书籍出版质量。加强与专家学者、科研机构的联系，资助出版一批学术价值高、研究成果新、史料整理全的著作。**四是**继续保持《华侨华人历史研究》杂志的学术权威性。继续完善杂志编审工作，保证用稿质量，坚守学术道德，为华侨华人研究成果搭建一个健康、公正、权威的展示和交流平台。

（三）提升学术水平和研究质量，进一步完善课题管理

要发挥中国侨联课题的引领作用，积极推动专家学者不断深化华侨华人研究；要发挥学会高素质人才集中的优势，开展多方合作课题研究；借助学会与海内外专家学者紧密联系的优势，开展海内外侨情新发展新变化的相关研究。未来5年，学会要继续提升课题管理水平和课题研究质量。**一是**严把中国侨联课题的质量关。学会秘书处要继续严格推进中国侨联课题研究工作，通过中期考核和结题评审，保持中国侨联课题的权威性和高水平，为学界提供更多高水平研究成果，为党和国家制定有关政策提供有价值的意见参考。**二是**积极合作开展课题研究。学会拟与暨南大学联合申报国家社科基金重大委托项目：“西部沿边民族地区及一带一路沿线国家侨情侨务研究”，集中研究力量，对西部沿边少数民族地区进行调研考察，掌握“一带一路”沿线国家侨情，服务国家“一带一路”建设。

（四）创新学术交流与成果转化方式，提高理论研究对实际工作的助推作用

加强学术交流与合作是学会发挥学界引导作用、展示学会研究成果的重要方式。近年来，学会与有关研究机构通过联合召开学术研讨会、举办系列讲座、支持研究人员出访交流等方式，已基本形成学术交流合作的良好局面。**一是**创新学术交流方式。未来5年，学会要继续探索新的学术交流模式，将“走出去”与“请进来”相结合；建立多个研究中心，将“共同任务”与“分中心任务”相结合，努力巩固新成果、推出新项目、完善新格局。**二是**拓展科研合作范围。学会要加强多渠道联系，联合开展课题研究、培养研究力量。未来5年，学会要探索多种形式与国家部委、科研院所、高校、社会组织等广泛开展课题合作，拓展研究视野，解决现实问题。**三是**创新成果展现形式。未来5年，学会要不断丰富成果输出形式，除编辑出版书籍、杂志外，通过微信平台、QQ群等新媒介发布研究成果，利用多种形式和先进技术手段，更好地宣传研究成果和学会工作。**四是**创新“系列讲座”举办模式。“中国侨联华侨华人研究系列讲座”是学会学术交流的重要品牌，未来5年，学会要以“专题系列讲座”为平台，邀请知名专家学者“走进来”，形成“一个主题、多名专家”的讲座模式；与各高校、科研院所合作，积极推介学会成员在相关机构的培训或讲座中展示研究成果，扩大学会影响力。**五是**联合承办国际学术会议。未来5年，学会要继续为会员尤其是青年会员的发展提供机会和平台；为学会会员参加国内外学术会议、开展学术交流创造条件；与相关国际学术机构联合承办有影响的国际学术会议，为进一步开拓学会成员的学术视野、提高学术水平创造良好条件。**六是**联合成立研究中心。借鉴“中国侨乡文化研究中心”的开放合作模式，未来5年，学会要推进与各高校及科研院所联合成立研究中心，建立多个开放型、枢纽型、平台型的合作载体，开展多领域研究与交流，拓展学术研究领域，服务国家侨务政策。

各位代表、同志们，今年适逢中国华侨历史学会成立35周年。35年来，学会所取得的成绩是全体会员和学界同仁共同努力的结果。未来5年，学会要紧密地团结在以习近平同志为总书记的党中央周围，紧紧围绕国家“十三五”规划、“一带一路”建设等重要战略部署，继续保持昂扬斗志，充分发挥自身优势，以中国侨联为依托，汇聚各方智力资源，努力实现学会工作的新突破、新发展、新提升，为华侨华人研究事业作出新的更大贡献！

在海外侨胞纪念孙中山先生诞辰150周年大会暨主题论坛上的讲话

（2016年9月23日）

林　军

各位来宾，女士们、先生们：

大家下午好！

今天，我们相聚在古都南京，共同纪念孙中山先生诞辰150周年。首先，我代表中国侨联，向出席此次活动的各位领导和海内外嘉宾表示热烈的欢迎！向为纪念活动顺利举办作出贡献的江苏省政协、南京市有关单位表示衷心的感谢！

今年是中国近代伟大的民主革命先行者孙中山先生诞辰150周年。中国侨联与江苏省政协共同举办“海外侨胞纪念孙中山先生诞辰150周年大会暨主题论坛”，目的就是深切缅怀孙中山先生为我国民族独立、社会进步、人民幸福所建立的历史功勋，学习、继承、发扬“中山精神”，为实现中国梦更好地凝聚侨界智慧和力量。参加此次活动的300多位海外侨胞代表着不同的阶层、不同的群体，都是怀着敬仰之情，都是为了传承和弘扬中山精神汇聚到这里，来纪念孙中山先生的。南京是孙中山先生建立共和、创建民国之地，也是中山先生的陵寝所在地，在这里举办纪念活动具有特殊的意义。

孙中山先生是20世纪中国的三大伟人之一，他为中国民主革命事业所建立的历史功勋，永远为世人所铭记和景仰。青年时代，孙中山先生目睹中国人民饱受压迫的悲惨境地，产生了强烈的爱国激情，萌发了救国救民的崇高理想，形成了改变中国和中国人民命运的坚定信念。从1894年开始，孙中山先生全身心地投入反对帝国主义和封建统治的革命事业，奔走于海内外，联合各方力量，建立革命团体，从事宣传鼓动，发动武装起义。在他的领导下，1911年爆发了震惊中外的辛亥革命，推翻了封建王朝的统治，结束了在中国延续几千年的君主专制制度，谱写了古老中国发展进步的历史新篇章。孙中山先生的一些思想和主张，直到今天对我们仍有启示意义。如中山先生曾提出在维护国家主权的前提下实行对外开放，认为开放是“兴国之要图”、“救亡之急务”；“开放门户，无论强弱，能行此政策，必能收效”。中山先生不仅注重物质文明，而且倡导精神文明，认为“发展文明，非仅关于财富一方面，并负谋人民之幸福与安全”。中山先生还指出，“民生主义，要防备将来社会贫富不均的大毛病”。这些思想，对于我们坚持改革开放，促进物质文明、政治文明、精神文明协调发展，加快构建和谐社会，都具有重要的参考价值。

孙中山先生是海外华侨华人共同景仰与推崇的伟人，他振兴中华的理想、不屈不挠的品质、坚毅卓绝的精神和天下为公的伟大人格，至今仍受到广大侨胞的崇敬和追思。中山先生一生的革命活动与华侨有着不可分割的关系，他“致力于国民革命凡四十年”，约有一半时间奔走于海外，所到之处受到了爱国华侨的热诚欢迎和鼎力支持。中山先生在评价中国民主革命中华侨的地位和作用时，赞誉“华侨乃革命之母”。世界各地的华侨是中山先生的坚定支持者，为他所领导的革命活动作出了重要贡献。孙中山在美国檀香山创立兴中会，第一批入会的20多人全部是华侨；孙中山和黄兴、宋教仁等人在日本东京成立同盟会，入会的也均为华侨；孙中山发动的十多次武装起义，很多华侨参加起义并成为骨干力量，黄花岗72烈士中有68人是从海外回来的华侨；孙中山为革命募捐经费的80%来自华侨华人资助。此外，华侨广泛宣传孙中山的革命思想，在海外创办华文报刊，大造革命舆论；印发革命图书，翻印《革命军》等进步册子，传播革命思想。

中国共产党人是孙中山先生开创的革命事业最坚定的支持者、最亲密的合作者，也是最忠实的继承者，在社会主义革命、建设和改革开放的历史进程中，不断实现和发展着孙中山先生的伟大抱负。抚今追昔，我们可以告慰中山先生的是，他的理想不仅得到了继承和发展，他的夙愿已经或正在成为现实。如今的中国比历史上任何时期都更接近中华民族伟大复兴的目标，比历史上任何时期都更有信心、更有能力实现这个目标。广大侨胞是我国改革开放和现代化建设的宝贵资源和独特优势，是实现中华民族伟大复兴中国梦的重要力量。实现中国梦，需要海内外中华儿女同心同德、齐心协力、共同奋斗，需要广大侨胞发挥独特优势、独特作用。希望广大侨胞大力弘扬中山精神，继承热爱中华、振兴中华的爱国爱乡传统，充分释放建设祖国、回馈桑梓的巨大能量。

一是希望广大侨胞弘扬中山先生爱国主义精神，为祖国全面建成小康社会作出独特贡献。孙中山先生一生热爱祖国，始终致力于振兴中华。中山先生"振兴中华"的宏愿与"中国梦"实现国家富强、民族复兴、人民幸福的本质内涵高度吻合，也与中国共产党提出的"两个一百年"奋斗目标相一致。全面建成小康社会，是今后5年党和国家的中心任务。今年是"十三五"的开局之年，中国侨联将以"建功十三五"为主题，积极服务创新、协调、绿色、开放、共享发展。希望广大侨胞围绕全面建成小康社会的目标，充分发挥自身资金、技术、智力等方面的优势，积极参与国家建设，积极支持国民经济转型升级，服务创新驱动发展，为经济发展新常态增添新动力；利用人脉优势，帮助国内企业"走出去"，开展国际经营和产能合作；吸收引进国外先进技术、经验、做法，为破解改革发展难题建言献策；发扬扶贫济困精神，推动公益慈善事业，促进就业创业，组织动员侨界爱心人士为2020年实现全部侨界贫困群众精准脱贫贡献力量。

二是希望广大侨胞继承中山先生关于国家统一的意志，为实现祖国完全统一作出独特贡献。孙中山先生毕生致力于国家统一。他说过："中国是一个统一的国家，这一点已牢牢地印在我国的历史意识之中，正是这种意识才使我们能作为一个国家而被保存下来。"他还强调："统一是中国全体国民的希望。能够统一，全国人民便享福；不能统一，便要受害。"今天，我们重温孙中山先生的教诲，更能体察他始终不渝地维护国家统一的重大意义。实现祖国完全统一，是中华民族的根本利益所在，也是全体中华儿女的共同愿望和神圣职责。希望广大侨胞发挥融洽同胞感情、增进民族共识的独特作用，加强联系交往，巩固和发展海内外中华儿女大团结，反对民族分裂，在维护国家统一、民族利益的基础上携起手来。两岸同属一个中国，两岸同胞是一家人。当前，台海局势趋于复杂严峻，两岸同胞高度关注两岸关系发展前景。希望大家一如既往地关心和支持祖国和平统一大业，共同反对"台独"分裂势力及其活动，为两岸和平发展营造有利环境，促进祖国和平统一。

三是希望广大侨胞学习中山先生博爱包容的精神，为更好融入回馈当地社会，促进中国人民与各国人民友谊作出独特贡献。孙中山先生的文化观有超越前人的独到之处，他熔中国传统文化、西方近代文化、海外华侨文化于一炉，竭力主张保存传统文化的精华、去其糟粕，强调继承中华传统文明也要学习外国的长处，体现了中华文明的包容性。广大侨胞是增进中外友好、传播中华文化的民间使者。希望大家与当地人民和睦相处、共同发展，树立海外侨胞的良好形象，积极融入和回馈当地社会，依靠勤劳智慧在各自舞台上成就一番事业，为住在国经济社会发展作出贡献，不断加深住在国与中国的友好合作。中国梦与世界各国人民的梦想相通，中华文化与各国文化相融，希望广大侨胞在与住在国人民创造丰富多彩的多元文化的同时，展示中华民族守信重义、爱好和平的传统，讲好中国故事，传播好中国声音，增进各国人民对中国和平发展的理解、信任和支持，为中国梦的实现营造双赢的外部环境。

同志们，朋友们！党中央高度重视侨联工

作。十八大以来，习近平总书记对进一步做好新形势下的侨联工作多次作出重要指示，为侨联深化改革、创新发展指明了前进方向，提供了根本遵循。今年是深化中国侨联改革之年，也是中国侨联成立60周年，侨联发展站在了一个新的历史起点上。中国侨联将按照中央有关要求，积极推进侨联组织和侨联工作的改革创新，不断增加联系面、扩大朋友圈，努力贴近、真诚服务广大侨胞，实现以改革增活力、以改革促发展，把侨联组织建设成为深受广大侨胞信赖的侨胞之家。

孙中山先生曾经这样表述他对中华民族的期盼："一旦我们革新中国的伟大目标得以完成，不但在我们的美丽的国家将会出现新纪元的曙光，整个人类也将得以共享更为光明的前景。"95年来，中国共产党人团结带领全国各族人民前赴后继、顽强奋斗，彻底改变了中国积贫积弱的面貌，完成了孙中山先生未能完成的历史任务。回眸中华民族百年沧桑，我们更加深切地感受到，中国特色社会主义道路是实现中国梦的必由之路。今天我们深切缅怀中山先生，就是要更加紧密团结在中国共产党周围，沿着中国特色社会主义正确道路，勇于担当、继续前进，共同为实现中华民族的伟大复兴而努力奋斗！

在中国侨联成立60周年纪念大会上的致辞

（2016年9月26日）

林　军

尊敬的各位领导，同志们，朋友们：

今天，中央领导同志与广大归侨侨眷和海外侨胞代表欢聚一堂，隆重纪念中华全国归国华侨联合会成立60周年。我代表中国侨联，向以习近平同志为总书记的党中央致以崇高的敬意！向长期以来关心支持侨联工作的全国人大、全国政协和各级党委、政府以及社会各界致以诚挚的谢意！向广大归侨侨眷和海外侨胞、各级侨联干部和侨联工作者致以节日的祝贺！

1956年10月，经党中央批准，中国侨联成立。从那时起，我们党始终把侨联组织作为党和政府联系归侨侨眷和海外侨胞的桥梁纽带，作为开展党的侨务工作的重要力量。60年来，以毛泽东、邓小平、江泽民同志为核心的党的三代领导集体和以胡锦涛同志为总书记的党中央对侨联的历史使命、根本任务、工作职能等作出了一系列重要指示，为侨联事业发展指明了正确方向。党的十八大以来，以习近平同志为总书记的党中央对侨联工作高度重视、亲切关怀，从党和国家事业发展全局的战略高度，对侨联改革发展提出一系列新理念新思想新战略，开启了侨联工作和建设的新的时代篇章。

抚今追昔，从延安时期“延安华侨救国联合会”，到1948年秋更名为“中国解放区归国华侨联合会”，从新中国成立后一大批专家学者、青年学生和爱国志士满怀赤子之心毅然回到祖国、投身社会主义建设，到中国侨联成立后推动侨胞兴办公益事业、创办生产企业，从改革开放后招商引资、招贤引智、落实侨务政策、维护侨胞权益，团结引领归侨侨眷和海外侨胞参与深化改革、促进发展、保持稳定，到新时期新阶段全面履行群众工作、参政议政、维护侨益、海外联谊职能，为全面建设小康社会，促进祖国和平统一大业，增进我国人民同世界人民的友好交往，实现中华民族伟大复兴作贡献，中国侨联走过的奋斗历程，是紧跟党的步伐，履行神圣使命，凝聚侨胞力量，创造时代业绩的历史。

在党的领导下，在侨联组织的引领下，广大归侨侨眷和海外侨胞热情支持中国革命、建设、改革事业，始终与祖国和人民同呼吸、共命运、心连心，不计回报、无私奉献，发挥了独特优势，作出了突出贡献，涌现出一批批彪炳史册的侨界先贤和众多优秀侨界代表人士，谱写了一篇篇情系故土、回报桑梓的动人华章。

近年来，特别是党的十八大以来，中国侨联在党的领导下，充分发挥积极性、主动性、创造性，推动工作思路、工作方式和自身建设创新，开展了侨与中国梦、亲情中华、创业中华、侨爱心工程、侨联通等一批时代特色鲜明、侨胞积极参与的工作和活动，不断开创侨联事业发展的新局面。特别是面对世情国情侨情变化带来的挑战，各级侨联组织紧紧围绕党的中心工作，注重结合群众性、民间性、统战性、涉外性特点，努力找准工作切入点着力点；坚持国内海外工作并重、老侨新侨工作并重，拓展海外和新侨工作，最大限度地凝聚侨心、汇聚侨力，探索运用互联网手段改进各项工作和建设，探索推行社会化、品牌化工作方式，重视发挥各种社团、侨领的作用，努力提高侨联工作的吸引力凝聚力。

60年的实践使我们深刻体会到，只有在中国共产党的领导下，广大侨胞的热情、智慧和力量才能得到充分激发，成为中华民族共同的宝贵财富；只有始终坚持党对侨联的领导，侨联组织才能确保正确的前进方向，在党和国家事业发展的全局中体现独特价值、发挥重要作用。60年的实践给予我们继续前行许多有益的经验和启示：

——**必须始终坚持党的领导、把准方向。**以马克思主义、毛泽东思想、邓小平理论、“三个代表”重要思想、科学发展观为指导，走中国特色社会主义群团发展道路，增强政治性先进性群众性，依法依章程开展工作。

——**必须始终坚持围绕中心、服务大局。**聚焦重点，体现特点，发挥优势，更好地团结凝聚广大归侨侨眷和海外侨胞为决胜全面建成小康社会、实现两个一百年奋斗目标和中华民族伟大复兴的中国梦贡献力量。

——**必须始终坚持以人为本、为侨服务。**注重把握实现中华民族伟大复兴中国梦的时代脉搏，突出服务和维权工作的针对性实效性，时刻做到身怀爱侨之心、恪守为侨之责、多办利侨之事。

——**必须始终坚持与时俱进、开拓创新。**把改革创新作为侨联发展的动力，抓基层、打基础，抓重点、建机制，抓队伍、强作风，努力使侨联的工作永葆生机活力，把侨联建设成为归侨侨眷和海外侨胞之家。

同志们，朋友们！

侨联工作是党和国家事业的重要组成部分，为实现中华民族伟大复兴的中国梦而奋斗，是侨联工作的时代主题。实现“十三五”发展目标、全面建成小康社会、实现“两个一百年”奋斗目标，尤其需要发挥几千万归侨侨眷和几千万海外侨胞的独特优势和积极力量。新的形势、新的任务为侨联事业发展提供了难得的历史机遇，同时也对侨联工作提出了新的更高要求。这次会上，中共中央政治局常委、全国政协主席俞正声同志将代表党中央发表重要讲话，中国侨联和各级侨联组织要认真学习领会、深入贯彻落实，勇敢地肩负起党赋予侨联的光荣使命，立足新起点、创造新业绩，为协调推进“五位一体”总体布局和“四个全面”战略布局不断汇聚归侨侨眷和海外侨胞的磅礴力量。

第一，不断夯实归侨侨眷和海外侨胞团结奋斗的共同思想基础。思想引领是侨联的重大任务。各级侨联组织要以学习贯彻习近平总书记系列重要讲话精神、中国梦和中国特色社会主义宣传教育、培育和践行社会主义核心价值观为主要内容，突出党的十八大以来党中央治国理政的新理念新思想新战略，高举爱国主义、社会主义两面旗帜，引导广大归侨侨眷不断增强坚定跟党走中国特色社会主义道路的信念和自觉，增强道路自信、理论自信、制度自信、文化自信；引导广大海外侨胞增强中华民族认同感、自豪感、自信心，以实际行动共圆中国梦。

第二，广泛团结归侨侨眷和海外侨胞服务党和国家事业发展。广大归侨侨眷和海外侨胞是推进我国现代化建设、实现祖国完全统一和中华民族伟大复兴的重要力量和宝贵资源。无论是经济建设，还是政治建设、文化建设、社会建设、生态文明建设，祖国现代化建设的各个领域都为广大归侨侨眷和海外侨胞建功立业、施展才华提供了广阔舞台。各级侨联组织要围绕供给侧结构性改革，深入推进“创业中华”各项工作，突出牵线搭桥作用，把引资、引智、引技的工作做深做实。要围绕“一带一路”建设，传递中国和平发展理念，用好全球华商网络，为我国企业“走出去”献计出力。要围绕打赢脱贫攻坚战，深化侨爱心工程，用好血缘、地缘、业缘纽带，动员侨胞奉献爱心、扶贫济困。要围绕国家外交大局，涵养对我友好力量，推动海外侨胞更好融入和回馈住在国社会，为促进中外人民相互沟通和理解，为实现中国梦营造良好国际环境。

第三，努力建设归侨侨眷和海外侨胞可信赖的温暖之家。联谊是侨联工作的重要方式，服务是凝聚归侨侨眷和海外侨胞的有效途径。各级侨联组织要充分发挥人民团体的优势，以增进亲情、乡情、友情为纽带，多渠道、多层次、多形式开展海外联谊工作。要重视拓展同传统侨团的联系，加强同海外侨胞年青一代和新华侨、留学人员及其社团的联系，深交老朋友、广交新朋友，不断扩大团结面、联系面。要加强与港澳台侨界社团的联系，为保持香港澳门长期繁荣稳定，为实现祖国和平统一大业深耕民意基础。要把为侨服务作为侨联工作的出发点和落脚点，深入侨胞、深入基层、深入实际，听取侨界呼声，反映侨界群众愿望，服务侨界群众紧迫需求，维护归侨侨眷和海外侨胞合法权益。

第四，充分发挥传播和弘扬中华民族优秀文化的独特作用。各级侨联组织要发挥联系广泛的特点，积极配合有关部门，讲好中国故事，阐释发展中的真实的中国、开放的中国、为世界文明作贡献的中国。要发挥侨联人才荟萃的特点，深入推进“亲情中华”主题活动，不断提高组派文化、艺术、体育、学术等交流团组的质量和水平，扩大中华文化的传播面和影响力。要发挥侨联智力密集的特点，创新开展有特色、高水平的海外华文教育活动，让中华文化在世界舞台上大放异彩。

第五，加强改革创新，切实增强侨联组织的影响力凝聚力。侨联改革是党中央部署的重大任务，是推进侨联事业发展的重大机遇。各级侨联组织要认真贯彻党中央关于推进侨联改革发展的决策部署，在增强侨联组织和工作的政治性、先进性、群众性上下功夫，努力使侨联深深植根于归侨侨眷和海外侨胞之中，切实履行好职责使命。要把握侨联工作规律，以增强代表性、广泛性为重点改革侨联领导机构，以优化职能、提高效率为重点改革侨联领导机关，以强能力、转作风为重点改革侨联干部的队伍建设，以适应时代变化、突出群众主体为重点改革运行机制，以服务大局、服务侨界群众为重点打造工作品牌，以扩大覆盖、创新方式为重点加强基层组织建设，努力把各级侨联建设得更加坚强有力、更加充满活力。要以中国侨联改革为契机，示范带动各级侨联改革，形成目标一致、相互支持、有序有力推进改革的生动局面。

同志们，朋友们！

1950年，毛泽东主席为陈嘉庚先生题词：“华侨旗帜，民族光辉”，曾鼓舞和感召了一批又一批归侨侨眷和海外侨胞。广大侨胞以血浓于水的血脉亲情，以无私奉献的实际行动，书写了团结拼搏、爱国爱乡的感人诗篇。习近平总书记深刻指出，中国改革开放事业取得伟大成就，广大海外侨胞功不可没；一切有志于振兴中华的海外儿女要把握机遇、顺应潮流，发挥所长，积极关心和参与中国改革开放和现代化建设，在团结奋斗中实现自身事业更大发展。

让我们紧密团结在以习近平同志为总书记的党中央周围，高举中国特色社会主义伟大旗帜，以邓小平理论、“三个代表”重要思想、科学发展观为指导，深入学习贯彻习近平总书记系列重要讲话精神，团结一心，共同奋斗，为全面建成小康社会、加快推进社会主义现代化、实现中华民族伟大复兴的中国梦作出新的更大贡献！

在中国侨联改革动员大会上的讲话

（2016年10月14日）

林　军

同志们：

这次会议的主要任务是，深入学习习近平总书记系列重要讲话精神，认真学习中央政治局常委会会议、中央全面深化改革领导小组会议、中央书记处办公会议精神，按照党中央关于加强和改进群团工作决策部署，落实《中国侨联改革方案》，凝聚侨联系统力量，有序有力推进侨联改革，努力开创侨联工作新局面。

下面，我代表中国侨联党组，讲三个方面的意见。

一、提高认识、增强自觉，深刻理解侨联改革的重大意义

党的十八以来，以习近平同志为总书记的党中央对侨联工作高度重视、亲切关怀，对做好新形势下的归侨侨眷和海外侨胞工作作出重要部署。在中国侨联谋划自身改革的过程中，习近平总书记多次主持召开会议研究，作出重要指示，提出明确要求，为侨联改革提供了根本指导方针、坚强政治保证和强大精神动力。这次侨联改革，是党中央从全局和战略的高度作出的重大部署，是党推进侨联改革发展的重要里程碑，凝聚着党对侨联的殷切期望。我们要深刻认识侨联改革的重大意义，强化责任感、使命感和紧迫感，增进拥护改革、支持改革、参与改革的思想自觉。

（一）推进侨联改革，是全面深化改革特别是群团改革的重要组成部分。党的十八大以来，以习近平同志为总书记的党中央从坚持和发展中国特色社会主义战略全局出发，提出并形成了协调推进全面建成小康社会、全面深化改革、全面依法治国、全面从严治党的战略布局。十八届三中全会发出了全面深化改革的动员令。全面深化改革一个显著的特点，就是全面，各个领域都要改革。中央全面深化改革领导小组成立1000多天以来，召开了27次会议，审议文件162份，涉及经济社会发展方方面面，其中，群团改革是一个重要议题。2015年，党中央下发了关于加强和改进党的群团工作的意见，首次召开了中央党的群团工作会议，习近平总书记在会上发表了重要讲话，提出了群团改革的重大任务，明确了中央改革办协调指导的推进机制。中央政治局常委会工作要点明确了推进群团工作改革创新的任务。一年多来，中央深改组先后研究审议了全国总工会、上海、重庆群团改革试点方案，中国科协、共青团中央、全国妇联、中国侨联改革方案，为群团改革指方向、定方针、提任务，开启了党的群团工作发展的新阶段。可以说，群团改革是全面深化改革的有机组成部分。

从目标来看，全面深化改革核心是要完善和发展中国特色社会主义制度、推进国家治理体系和治理能力现代化。群团工作是我们党的一大创举，也是我们党的一大优势。作为党和政府联系各领域群众的桥梁和纽带，群团组织是参与社会治理的一支积极力量，在凝聚人心、整合力量、团结群众跟党走、为党和人民事业发展作贡献方面具有独特优势。推进群团组织改革，更好地发挥群团组织作用，对于构建党委领导、政府主导、社会协同的多元治理格局，具有十分重要的意义。侨联是党领导的人民团体，是党和政府联系广大归侨侨眷和海外侨胞的桥梁和纽带，是团结服务归侨侨眷的群众组织。2014年，党中央出台《关于加强和改进新形势下侨联工作的意

见》。侨联改革，是整个党的群团改革的重要组成部分，与党和国家其他各领域正在深入推进的改革一样，是完善和发展中国特色社会主义制度、推进国家治理体系和治理能力现代化的重要内容，是时代的潮流、发展的需要。

（二）推进侨联改革，是促进党和国家侨务事业发展的重要举措。侨胞众多是我国的独特国情和优势，侨务工作是党和国家事业的重要组成部分。在革命、建设、改革各个历史时期，侨务工作在团结凝聚广大归侨侨眷和海外侨胞、促进我国现代化建设、实现中华民族伟大复兴方面作出了重要贡献，其中，凝聚着侨联组织的长期努力和不懈奋斗。当前，党情、国情、世情正在发生深刻变化，侨务工作的方针政策、工作对象、力量格局、方式方法也在发生变化。协调推进“四个全面”战略布局和统筹推进“五位一体”总体布局，实现“两个一百年”奋斗目标和中华民族伟大复兴的中国梦，赋予了侨务工作新的时代使命，提出了新的更高要求。

中国侨联成立60周年来，我们党始终把侨联组织作为开展党的侨务工作的重要力量。以毛泽东、邓小平、江泽民同志为核心的党的三代领导集体和以胡锦涛同志为总书记的党中央对侨联的历史使命、根本任务、工作职能等作出了一系列重要指示。党的十八大以来，以习近平同志为总书记的党中央对侨联改革发展提出一系列新理念新思想新战略。中共中央政治局常委、全国政协主席俞正声同志出席中国侨联成立60周年纪念大会并发表了重要讲话。回顾侨联走过的奋斗历程，牢记党赋予的使命、不断适应时代环境、不断改革创新，始终是侨联事业发展的主线和动力。面对新的形势和任务，立足新的起点，侨联要通过深化改革，切实落实好党和国家侨务工作的方针政策和整体规划，进一步找准定位和发挥作用的切入点，进一步聚焦主业、打造品牌，进一步创新体制机制、工作载体和方式方法，把侨联的群众性、民间性、涉外性、统战性特点充分体现出来，把侨联凝聚侨心、汇集侨智、发挥侨力、维护侨益的作用充分发挥出来，与各涉侨部门、外交部和驻外使领馆加强协作配合，形成侨务工作科学发展合力。

（三）推进侨联改革，是破解侨联发展难题、焕发侨联工作活力、强化侨联组织功能的重要机遇。问题导向，是党的十八大以来党中央治国理政的突出特点。这次党领导的群团改革，就是要着力解决群团组织和工作“机关化、行政化、贵族化、娱乐化”特别是脱离群众问题，推动群团组织和工作创新，增强政治性、先进性、群众性，更好地完成党交给的使命任务。60年来，在党的领导下，侨联组织致力于服务经济发展、依法维护侨益、拓展海外联谊、积极参政议政、弘扬中华文化、参与社会建设，为民族复兴、国家富强、人民幸福作出了贡献，发挥了作用。但同时也要看到，与党的要求相比，与时代发展和侨情变化相比，侨联工作还有许多不符合、不适应的地方。比如，侨联组织存在机关化倾向，侨联基层组织覆盖面不足，新侨和海外工作不够，省级侨联领导机制不健全，一些侨联工作的定位不清晰，有的地方和基层侨联工作资源缺乏，部分侨联干部群众意识和群众工作能力不强，等等。这些问题，直接关系侨联组织的吸引力凝聚力战斗力，直接影响侨联组织的活力和功能发挥。

分析这些问题的产生，主要在于没有跟上党中央改革创新的步伐，没有跟上国内国际形势发展和侨胞变化，没有很好地按照群众工作的特点和规律开展工作。有侨联组织自身的原因，比如路径依赖、能力作风不匹配、努力程度不到位、方式方法滞后等，也有一些不能完全通过侨联自身克服和解决的困难，比如，基层薄弱的问题、体制机制的问题、工作资源的问题、发展环境的问题等。解决这些问题，既需要侨联组织上下求索、真抓实干，更需要党和政府重视支持、创造条件。这次党领导的侨联改革，就是破解这些问题的重要机遇。一是党政重视的机遇。在全党研究推动、中央改革办统一协调下，各级党委统筹推进包括侨联在内的群团改革的进程，侨联工作的氛围、环境会更好。二是改革发展的机遇。按照中央统一部署，群团组织改革的动力更足，方向、目标更加清晰，推进机制更加有力，侨联改革更加有的放矢。三是政策保障的机遇。在这次改革中，党中央直接安排有关部委就侨联工作进行论证、拟定政策、建立机制、提供保障，为侨联改革创造了良好条件。四是队伍建设的机遇。

建设专职、挂职、兼职相结合的侨联干部队伍，使侨联机关形成了一池活水；多措并举加强地方和基层侨联干部队伍建设，使侨联发展有了厚实的根基。机遇难得，时不再来。抢抓机遇、破解难题、厚植优势，侨联就能与时俱进、永葆活力，切实担负起党的群众工作使命。

总之，各级侨联组织和广大侨联干部一定要增强政治意识、大局意识、核心意识、看齐意识，把思想和行动统一到中央加强和改进群团工作决策部署特别是推进侨联改革的重要部署上来，把推进侨联改革作为与以习近平同志为总书记的党中央保持高度一致的具体行动，把落实改革任务作为对我们思想认识、素质能力、工作水平、作风意志的一次全面而重大的考验，不忘初心，真抓实干，不断把侨联事业推向前进，从而在党的群团工作“众星拱月”的总体格局中更好履行职责、充分发挥作用。

二、突出重点、抓住关键，准确把握中国侨联改革的主要任务

《中国侨联改革方案》是在党中央坚强领导下、在党中央书记处的指导下起草完成的，广泛凝聚了会内外方方面面的智慧。2015 年年初以来，中国侨联党组把贯彻《中共中央关于加强和改进党的群团工作的意见》和中央党的群团工作会议精神、谋划和推进侨联改革作为重大任务来抓，班子成员和兼职副主席带队深入侨乡和国外开展集中调研和专项论证，总结梳理基层经验，广泛听取党政领导、专家学者、侨联干部、归侨侨眷和外海侨胞、驻外使领馆的意见建议，组织专门力量，起草了方案初稿。九届三次全委会后，我们对方案进行了进一步论证和修改，并征求了中国侨联常委、各省级侨联的意见，形成了方案送审稿。同时，我们认真学习借鉴了全国总工会、上海市、重庆市群团改革试点的经验和中国科协、共青团中央、全国妇联改革方案的做法。今年以来，在先后经过中央书记处办公会议、中央全面深化改革领导小组会议、中央政治局常委会会议审议，按照中央的意见修改完善后，形成了方案定稿，以中共中央办公厅名义印发。

方案起草，我们主要把握和遵循了三个方面的原则：一是贯彻中央要求。深刻把握中国特色社会主义群团发展道路“六个坚持”的基本要求和“三个统一”的基本特征，贯彻落实中央关于加强和改进党的群团工作决策部署，逐项落实习近平总书记在中央党的群团工作会议上的重要讲话提出的重大改革措施，充分贯彻习近平总书记对侨联工作提出的一系列重要指示精神，认真对照中国侨联章程，确保改革沿着正确的方向进行。二是强化问题导向。紧紧围绕凝聚侨心、汇集侨智、发挥侨力、维护侨益，抓住机关化、脱离侨界群众等突出问题，深入剖析症结根源，对症下药地设计改革措施。三是突出改革主线。以体制机制改革为突破口，着力改革中国侨联领导机构、领导机关、干部制度、方式方法、运行机制，打造侨联工作品牌，力争通过改革破解制约侨联事业发展的思维定势、重点难题问题，推动侨联面貌实现明显转变，让广大归侨侨眷和海外侨胞有获得感。

在方案起草过程中，中央改革办多次审阅方案，提出重要指导意见和具体修改建议。中央有关部委对中国侨联提出的改革措施进行了认真研究论证，给予了指导和支持。可以说，《中国侨联改革方案》的形成过程，是一个统一思想、凝聚共识的过程，是一个发扬民主、群策群力的过程，集中体现了我们对习近平总书记系列重要讲话和中央有关精神的学习成果，集中代表了我们对侨联工作和侨联改革的最新认识水平和实践思考。

目前,《中国侨联改革方案》已经正式印发。改革方案是推进侨联改革的基本遵循。这里，我就中国侨联改革的主要内容作一些说明和强调。

（一）改革侨联领导机构，增强侨联组织代表性和广泛性。侨联组织有着鲜明的统战性特点，也有着明确的群众性属性。归侨侨眷代表大会、中国侨联委员、常委中基层代表比例偏低，是这次改革要解决的突出问题之一。为此，我们提出了四个方面的改革措施：一是进一步增强全国归侨侨眷代表大会代表中基层代表的比重。二是注重吸收基层组织、科研院所、大专院校、各类园区、侨资侨企、新经济组织、新社会组织中的新侨和青年代表人物，减少党政干部人员比例。三是优化中国侨联委员和常委结构。四是调整优化兼职副主席结构，增加

基层和创新创业一线的新侨代表。同时，领导机构的代表性和广泛性，人员构成是一个方面，作用发挥是更重要的方面。要重视完善领导机构的制度安排，围绕扩大代表大会代表参与的渠道、完善委员议事建言机制、更好地发挥常委会作用等问题，拿出具体措施，是中国侨联真正面向全系统、指导全系统、服务全系统的必修课。地方侨联各级领导机关的改革要在同级党委领导下，结合各自实际稳步推进。

（二）改革侨联领导机关和事业单位，优化工作职能、提高工作效率。侨联领导机关的改革，核心是要适应时代和侨情变化，突出工作的主攻方向，理顺体制机制，而不是刻意追求人员编制和机构的数量增减。总的讲，中国侨联应适当“瘦身”，地方和基层侨联应“扩围”。一是坚持重心下移，为地方侨联“减上补下”做出示范。二是优化机关部门职能，重点工作方向要进一步突出，科学配置资源，让事、权、责之间的关系更加顺畅。三是调整事业单位设置，进一步整合力量、避免职能交叉。这里需要强调的是，事业单位改革的方向是进一步聚焦服务侨联工作主业，构建“机关部门＋事业单位”工作共同体，使事业单位真正成为中国侨联手臂延伸、事业依托。这项工作政治性、政策性强，中国侨联有关部门和事业单位要深入研究论证，制定实施方案，稳妥有序推进。

（三）改革侨联组织人事制度，为党培养更多“知侨、懂侨、爱侨”工作人才。干部人事制度改革历来是改革中大家关注的焦点。做好干部人事制度改革，要紧紧围绕更好地为党做新形势下群众工作、更广泛地把归侨侨眷和海外侨胞凝聚到党的周围这一根本目的。为此，在这次改革中，我们提出，要从党对群团干部的总体要求出发，突出侨的特色，打造一支理想信念坚定、热心为侨服务、善于团结引领的侨联干部队伍。一是调整中国侨联机关干部来源，实行专职、挂职、兼职相结合。坚持五湖四海、德才兼备，打破年龄、学历、身份、职级限制，不拘一格选拔侨联干部。注重从地方和侨乡基层侨联、高校、科研院所、社会组织、侨界知名人士中选拔侨联干部。专职干部应注重专业化建设，适当增加流动性；挂职、兼职干部不对应行政级别。在大力培养选拔有侨身份的干部的同时，积极培养选拔非侨身份的侨联工作者。改革方案中还提出，参与协商和推荐人大归侨代表、提名侨联界政协委员人选工作，这是注重发挥侨联涉侨干部作用的重要措施，各级侨联要做好对接、抓好落实。二是加强侨联干部作风建设，增强宗旨意识和为侨服务能力。为了切实解决侨联干部学习意识、改革意识、群众观念、工作能力不强等问题，改革方案提出，深入开展“学党章党规、学系列讲话，做合格党员”学习教育，加强侨联工作网络培训，着力提高侨联干部践行“三严三实”的能力；建立直接联系服务侨界群众制度，中国侨联和各省区市侨联要把侨联干部直接联系一定数量的归侨侨眷和海外侨胞作为一项重要制度，与归侨侨眷和海外侨胞交朋友，及时倾听意见、反映诉求，帮助解决实际困难；建立基层联系点制度；形成上级侨联干部下基层常态化。需要注意的是，这几方面措施不是简单的项目和活动，而是要常态化开展的工作，这就要求相关责任部门制定好任务安排、工作考核、经费保障等配套措施，确保机关干部作风真正得到锻炼、有明显的转变。三是健全地方侨联工作领导体制，完善由地方党委领导的侨联工作领导体制。侨联领导班子换届或班子成员调整时，地方各级党委要按照中央有关要求和《中国侨联章程》配齐配强侨联领导班子。这是党中央着眼全面从严治党做出的重要制度安排，对于加强省级侨联班子建设具有重大意义，是这一轮侨联改革的重大突破。中国侨联有关部门要加强工作跟踪，强化指导和督促，确保这项重要政策落实到位。

（四）突出侨胞主体地位，更好联系、服务、引导归侨侨眷和海外侨胞。增强侨联政治性、先进性、群众性，解决脱离侨界群众问题，提高侨联吸引力凝聚力战斗力，关键是要尊重侨胞主体地位，让普通侨界群众对侨联工作有更多参与机会、更多话语权，通过扎实有效的联系、服务、引导工作增加侨胞的获得感，让侨联深深植根于广大归侨侨眷和海外侨胞之中。为此，方案提出了几个方面的措施：一是扩大侨界参与。组织活动请侨界群众一起设计，部署任务请侨界群众一起参与，表彰先进请侨界群众一起评议，让侨界群众当主角，切实把侨联建成侨胞之家；同时，要大力宣传海外侨胞和归侨侨眷在各个历史时期的重要贡献，大力宣传当代侨界先进人物和典型事迹，团结引领侨界向上向善正能量。二是做好侨胞服务。关注海外人才回国发展遇到的问题，协助有关部门落实、制定相关政策；关注国内侨资企业“走出去”，建立健全与海外和港澳台侨商的联系网络；关注海外侨胞在异国他乡生活、工作、学习面临的困难和问题，延伸侨联海外工作手臂；配合我国驻外使领馆做好海外领事保护，发挥侨联法顾委海外律师委员作用。服务工作不能贪大求全，关键是要有针对性和实效性，既要有面上大的活动，更要有点上的细致服务，让服务成为侨联工作的靓丽名片。三是维护侨界群众合法权益。比如，推动地方制定华侨权益保护条例，推动归侨侨眷权益保护法及其实施办法修订工作；探索新形势下侨联维权方式；探索侨联法律顾问委员会为侨界社团、侨资企业服务机制；推动各级侨联建立公职律师队伍及侨界人民调解员、人民陪审员、人民监督员队伍等社会化维权队伍，等等。

（五）加强侨联基层组织建设，增强侨联组织活力。基础不牢，地动山摇。与其他群团组织不同，侨联基层组织建设有着自身的特点和规律。目前，侨联基层组织建设不平衡、覆盖面不够、组织形式创新不足、活力不强等问题亟待解决。加强侨联组织建设，重点是要抓住基层侨联、侨属社团、海外联谊等关键环节。方案提出：一是在扩大侨联基层组织覆盖方面，要突出重点侨乡，加强薄弱地区，针对侨界群众分布变化，指导和支持各地在乡镇（街道）、村（社区）、非公有制经济组织、社会组织和各类新兴群体以及高等院校、科研院所、科技园区、创业园区、楼宇等探索建立各种形式的基层侨联组织。特别是要推动把侨联基层组织建设纳入各级党委党建工作规划，与其他群团的基层组织建设同步考虑、同步部署、同步推进。二是在加强侨联所属社团组织建设方面，要注重发挥各级侨联所属侨商联合会、青年委员会、特聘专家委员会、法律顾问委员会、留学生亲属联谊会、归侨联谊会、华侨基金会、华侨历史学会、华侨国际文化交流促进会等社团的独特作用，更好地团结不同阶层、不同领域侨界群众和侨界自组织。三是在建立健全海外联谊机制方面，要注重发挥中国侨联海外顾问、海外委员在海外侨胞中凝聚引领作用，鼓励和支持地方侨联、基层侨联密切与海外侨胞的联系，把亲情、乡情、友情和血缘、地缘、业缘纽带转化为凝聚海外侨胞、推动侨联发展的强大力量。

（六）改进创新侨联服务大局的载体和活动，提高侨联组织的影响力战斗力。围绕中心、服务大局，是侨联工作的主线。推进侨联改革，既要让归侨侨眷和海外侨胞有获得感，也要提高侨联服务党和国家中心工作的贡献度，更好体现侨联组织的作用和价值。长期以来，侨联开展了不少有特色、有影响的工作和活动。适应形势和任务的变化，我们要对侨联服务大局的工作进行改进和创新。对此，改革方案作了明确，主要有五个方面：一是强化侨界群众思想政治引领。这是侨联肩负的重要政治任务。对于归侨侨眷，要突出党的理论和路线方针政策，特别是党的十八以来党中央治国理政的新理念新思想新战略；对于广大海外侨胞，要以爱国主义为核心，壮大爱国爱乡的力量。二是服务国家外交工作大局。这是体现侨联涉外性、发挥侨联民间性的重要领域，也是侨联应当且可以发挥独特作用的重要方面，必须大力予以加强。引导和支持海外侨胞融入当地主流社会，积聚对我友好正能量。三是服务国内经济发展。核心是体现侨联的特点，通过品牌进行引领，更好地服务“十三五”、建功“十三五”。要聚焦新侨创新创业扶助，以“创业中华”为统揽，通过鼓励社会资本成立新侨创业基金、开展侨联特聘专家、创业导师助力新侨创业行动，引导侨界群众树立创新、协调、绿色、开放、共享发展理念，适应经济发展新常态，为加快转变经济发展方式、推进供给侧结构性改革、推进经济社会持续健康发展作贡献；同时，配合做好中外经贸合作等工作，积极服务“一带一路”建设。四是拓展中华优秀文化传播。这是侨联工作的传统优势。下一步，要深化“亲情中华”品牌，打造“筑梦丝路”等重点项目；切实服务海外华文教育，在助力海外华文学校的同时，扩大“亲情中华·汉语桥”夏令营规模。五是开展精准扶贫和困难帮扶。这是侨联助力打赢脱贫攻坚战、服务决胜全面小康社会的必然要求。重点是，实施惠侨助侨行动，深化“侨爱心工程”，加强与工会、共青团、妇联等群团组织的联系合作。

（七）改进创新侨联工作方式方法，让侨联工作更具时代感、更有实效。党和国家事业发展、经济社会变革和侨情变化，给侨联工作的方式方法带来深刻影响。侨联工作既有统战工作、外事工作的要求，也有群众工作的要求。做好新形势下的侨联工作，既要正本清源、把握规律，也要与时俱进、改革创新。改革方案从不同的角度、在不同的章节，提出了侨联工作方式方法改进创新的思路和措施。概括起来，有以下几个方面：一是用好互联网。互联网深刻改变人们的生产、生活和工作方式，深刻改变社会的组织方式、动员方式，虚拟和现实之间的界限正在模糊。用好互联网做好侨联工作，有利于更便捷地联系服务引导归侨侨眷和海外侨胞，有利于提高侨联系统工作效率，有利于扩大侨联组织和工作的社会影响。过去，我们在这方面的工作还比较薄弱。基于此，我们鲜明提出加快建设“网上侨联”，注重运用互联网思维和技术开展联系、引导、服务侨社和侨胞工作，开创“互联网＋侨联”的新局面。其中，以中国侨联官方网站为龙头，打造侨联系统工作网；以侨联通 APP 为模式，打造侨联组织服务网；以“侨胞之家”微信群为平台，打造侨联“一群、一号、一端”。需要要强调的是，“网上侨联”建设，立足侨联实际，紧盯侨胞需求，坚持务实、管用、方便的原则，争取财政支持，引入专业力量，采用社会化运行方式，积极稳妥予以推进。二是推行项目管理。与政府侨务工作部门不同，侨联工作不能包打天下，也不能贪大求全，更不能泛泛号召。要善于把工作任务和要求体现为工作项目，把目标管理和过程管理相结合，完善工作链条，注重工作细节，建立科学评价体系；同时，突出工作重点，聚焦为国分忧、为民效力、为侨服务，整合工作项目，统筹工作力量，着力打造侨联工作品牌。三是突出社会化运作。侨联工作中资源不足与社会、广大侨胞中蕴藏的丰富资源，是一对“矛盾”。因此，整合各方资源、推进侨联工作，亟需强化社会化的理念和方式。要通过改革，增强侨联组织和侨联干部的全局观念、开放意识、合作精神，着力解决各自为政、各自为战的问题，善于开发和运用各种社会资源，善于与海内外有关方面和机构构建广泛的战略合作关系。

三、明确责任、强化担当，努力推动侨联改革任务落到实处

一要认真学习中国侨联改革方案，吃透改革精神。贯彻落实《中国侨联改革方案》，主体责任在中国侨联机关。中国侨联党组和各部门、各事业单位要切实组织好对改革方案的学习，不能停留在一般性的传达精神上，要学原文、反复学，学深、学透。对于机关各部门，要把学习改革方案纳入每一个党支部“两学一做”学习教育的内容，覆盖到每一名干部；对于各事业单位，领导班子要组织集体学习，确保每一名班子成员都要坚定改革方向、熟悉改革措施。要通过学习，在中国侨联全体干部职工中进一步统一思想、提高认识，深化对改革重要性、紧迫性的认识，激发改革动力，形成改革自觉，增进推进改革的本领。

二要加强对改革工作的组织领导，确保改革正确方向。在党中央领导下，中国侨联成立深化改革领导小组，负责改革方案制定、统筹协调、组织推动和督促落实。由我担任组长，小组成员即各位专职副主席，对分管部门和直属单位的改革工作负总责。改革办设在中国侨联办公厅，负责统筹研究推进中国侨联改革方案的落实和各部门、各直属单位改革工作。各部门、各事业单位牵头负责同志要切实履行改革“第一责任人”职责，全力抓好本部门、本单位改革任务落实。同时，要建立改革重大事项请示报告制度和重要改革措施跟踪督办制度，确保改革有序有力向前推进。

三要做改革的促进派和实干家，严守政治纪律和政治规矩。侨联改革是党中央部署推动的重大任务，必须不折不扣落实好。侨联系统改革，中国侨联是火车头、领导者；中国侨联改革，大家既是亲身参与者，也是侨联系统的示范者。我们每一名干部职工都要从全局出发，把自己摆进来，用自己的言行，衷心拥护改革、积极支持改革、踊跃投身改革，把改革的任务担在肩上、干出实效。同时也要看到，侨联是

涉侨工作部门，上上下下、国内国外都比较关注。越是改革的时候，越是要绷紧讲政治这根弦，严守政治纪律和政治规矩。这里我要特别强调，要严格执行中央关于侨联改革决策部署，决不允许说三道四；要严格执行中国侨联党组推进改革的任务安排，决不允许迟疑、观望、甚至原地不动；要严格执行宣传工作纪律，由改革办统筹对外发布中国侨联改革信息，决不允许侨联所属媒体，包括新媒体以及侨联干部职工，抢先或擅自发布改革信息。

四要注重统筹兼顾，提高工作的系统性、协调性。一是要处理好中国侨联改革和侨联系统改革的关系。中国侨联改革主要针对本级，同时对其他层级侨联改革提出了一些方向性要求。按照党中央要求，省级侨联改革由当地党委统筹推进本地区群团改革大盘子里统一安排。大家要着眼系统、胸怀全局，在抓好本部门、本单位改革任务的同时，充分考虑本部门工作对全局、对下级组织的指导意义、带动作用，区分清楚哪些是对系统的要求，哪些是对机关的要求，哪些是对基层的要求，释放正确的改革信号。二是要处理好机关部门和事业单位改革与机关整体改革的关系。中国侨联是一盘棋，整体改革由局部改革构成，但局部改革要服从服务于整体改革。各部门、各事业单位要按照党组统一指挥，不等不靠，不等待观望，主动作为，创造性落实；同时，要充分考虑本部门、本单位改革与中国侨联整体改革的主动嵌入、有机衔接，加强请示汇报，及时沟通协调，实现改革集成。三是要处理好深化改革与日常工作的关系。今年是“十三五”开局之年，也是中国侨联成立60周年、中国侨联的改革之年，各项工作任务十分繁重。改革是头等大事，但不能以改革为理由把手头的工作放下来，把肩负的责任卸下来，机关各部门、各事业单位无论改革任务是重是轻，都要切实履职尽责，坚持深化改革和日常工作“两条腿”走路，把各方面工作安排好，强化担当，克服困难，付出更多的努力，实现改革与工作“两不误”“两促进”。

五要抓好思想政治工作和舆论引导工作，凝聚改革合力。这次改革涉及一些部门、事业单位的调整和工作布局、重点的变化，人员的进退留转，必然会改变过去已经习惯的、熟悉的思维方式和工作方式，必然会触及一部分同志的切身利益。各部门、各事业单位领导班子要切实负起责任，深入细致地做好本单位、本部门每一名干部职工的思想政治工作，引导大家深化改革认识、坚定改革信心、齐心推动改革，努力做到个人利益服从集体利益、局部利益服从全局利益。改革办等相关部门要制定好中国侨联改革宣传方案，抓好解读阐释、舆论引导、舆情关注等工作，讲究章法地回应社会和侨胞关切，为侨联改革营造良好舆论氛围。

同志们！抚今追昔，展望未来，我们不禁油然而生一种深深的历史感、责任感和使命感。60年来，在党的领导下，中国侨联主动适应新形势新任务，积极探索，大胆实践，广泛团结引领归侨侨眷和海外侨胞，在党和国家事业发展的宏伟进程中，留下了奋斗的足迹。站在新的历史起点上，以习近平同志为总书记的党中央从全局和战略出发，对侨联推进改革、履行使命进行了深入研究，作出了全面部署。这是我们党对侨联的充分信任和殷切希望，让各级侨联组织和广大侨联干部倍受鼓舞、深受激励。

习近平总书记指出，唯改革者进，唯创新者强，唯改革创新者胜。中国侨联全体同志一定要不负神圣使命，不负党和人民的嘱托，不负归侨侨眷和海外侨胞的期待，不忘初心，改革创新，苦干实干，努力开创侨联事业发展新局面。

让我们紧密团结在以习近平同志为总书记的党中央周围，高举中国特色社会主义伟大旗帜，以邓小平理论、“三个代表”重要思想、科学发展观为指导，深入学习贯彻习近平总书记系列重要讲话精神，弘扬优良传统，锐意改革创新，建设更加坚强有力、更加充满活力的侨联组织，团结引领广大归侨侨眷和海外华侨为全面建成小康社会、实现中华民族伟大复兴的中国梦作出新的更大贡献！

深“学”实“做”做合格党员

——在“两学一做”专题教育党课上的讲稿

（2016年10月18日）

林　军

同志们：

按照党中央的统一部署，今年在全国开展的“两学一做”学习教育工作，是党的十八大以来，继群众路线教育实践活动、“三严三实”专题教育后所进行的又一项加强党的建设的重大举措。目的就是要推动全面从严治党向基层延伸、向全体党员拓展，实现全面从严治党的全覆盖、全方位。当前，我会上下正按照党中央和中直工委的统一部署，深入有序地开展“两学一做”学习教育。

“两学一做”的基础在“学”，就是要把党的思想建设放在首位，以尊崇党章、遵守党规为基本要求，以习近平总书记系列重要讲话精神武装全党为根本任务，教育引导党员自觉按照党员标准规范言行，进一步坚定理想信念，提高党性觉悟。

大家知道，在党的十八大以来治国理政新的实践中，习近平总书记发表了一系列重要讲话，提出了许多富有创见的新思想新观点新论断新要求，深刻回答了新形势下党和国家发展的一系列重大理论和现实问题，是新一届中央领导集体执政理念、工作思路和信念意志的集中反映，是坚持和发展中国特色社会主义的最新理论成果，为我们在新的历史起点上实现新的奋斗目标提供了科学指南和基本遵循。其中，在庆祝中国共产党成立95周年大会上发表的重要讲话，是习近平总书记系列讲话中的重要篇章。讲话站在时代发展和战略全局的高度，全面总结了党的发展奋斗历程和作出的伟大历史贡献，科学概括了历史发展轨迹给予我们的深刻启示，紧紧围绕“不忘初心、继续前进”的鲜明主题，深刻回答了我们党“为什么出发、到哪里去、如何走”等一系列重大思想理论问题。是全面推进中国特色社会主义伟大事业和党的建设新的伟大工程的马克思主义纲领性文件，对全党在新的历史起点上统筹推进“五位一体”总体布局、协调推进“四个全面”战略布局，做好党和国家各项工作，具有重大的指导意义。

下面，我就学习总书记系列重要讲话精神，特别是总书记在庆祝中国共产党成立95周年纪念大会上的讲话，结合近一段时期以来中国侨联的工作，谈一点认识和体会，与同志们进行交流。

一、增强历史纵深感，更加深刻地理解党的光辉发展历程和中国共产党为中华民族作出的伟大历史贡献

习近平总书记指出：“在95年波澜壮阔的历史进程中，中国共产党紧紧依靠人民，跨过一道又一道沟坎，取得一个又一个胜利，为中华民族作出了伟大历史贡献。”这一重要论断，不仅指出了中国共产党如何以自己的一言一行书写着历史，从而确立了自己在全部中国现代史中的地位，而且指出了中国共产党如何以自己所取得的伟大成就，证明着自己在中国现代史中所发挥的作用，具有非常厚重的历史纵深感。

中国共产党在20世纪的成立，被称为“开天辟地的大事变”。回望95年波澜壮阔的历史进程，我们党用28年时间完成新民主主义革命，

缔造新中国，彻底改变了1840年以来中华民族的悲惨命运，实现了中国从几千年封建专制政治向人民民主的伟大飞跃；建国后，我们党带领全国人民先后完成社会主义革命，确立社会主义基本制度，完成了中华民族有史以来最为广泛而深刻的社会变革，实现了中华民族由不断衰落到根本扭转命运、持续走向繁荣富强的伟大飞跃；进行改革开放新的伟大革命，开辟中国特色社会主义道路，用几十年时间走过了西方发达国家几百年的路，实现了中国人民从站起来到富起来、强起来的伟大飞跃。中国共产党作出的“三大历史贡献”、实现的“三次伟大飞跃”，让中华文明在现代化进程中焕发出新的蓬勃生机，让科学社会主义在21世纪焕发出新的蓬勃生机，使中华民族焕发出新的蓬勃生机。

历史是人类最好的老师。世界的今天是从世界的昨天发展而来。具有连续性才能称之为历史，历史不能割裂，也不允许割裂。人类的历史严格地说就是一部在前人实践的基础上不断推进的历史。马克思和恩格斯指出：“历史不外是各个世代的依次交替。”而世代依次交替的过程实际上就是在前人的肩膀上前行的过程，就是前人智慧在后人传承中交接的过程，就是后人在前人智慧的指导、启迪下承师继业的过程。历史会忠实地记录下我们走过的足迹，是前人的“百科全书”，是前人各种知识、经验和智慧的总汇。历史舞台上出现的“前言往行”“嘉言懿行”常常能为后人提供“见贤思齐”的坐标。

习近平总书记在九十五周年的讲话中以洞察历史的敏锐眼光，系统总结了中国共产党成立95年来所获得的深刻启示：历史和人民选择中国共产党领导中华民族伟大复兴的事业是正确的，必须长期坚持、永不动摇；中国共产党领导中国人民开辟的中国特色社会主义道路是正确的，必须长期坚持、永不动摇；中国共产党和中国人民扎根中国大地、吸纳人类文明优秀成果、独立自主实现国家发展的战略是正确的，必须长期坚持、永不动摇。这是从中国共产党95年苦难辉煌历程得出的历史结论。“明镜所以照形，古事所以知今。”我们回顾历史，正是为了从历史中汲取智慧和力量；我们总结经验，正是为了沿着历史揭示的正确方向继续前行。

发端于延安、成立于1956年的中国侨联，之所以历经九届领导集体的努力，影响力不断扩大，作用越来越显得重要，其最宝贵的经验和启示就是：必须始终坚持党的领导、把准方向。必须始终坚持围绕中心、服务大局。必须始终坚持以人为本、为侨服务。必须始终坚持与时俱进、开拓创新。不如此不能成为党和政府联系广大归侨侨眷和海外侨胞的桥梁和纽带，不如此不能成为开展党的侨务工作的重要力量，不如此不能成为海外侨胞可信赖的温暖之家、团结之家、奋斗之家。

二、站稳政治立场，更加深刻地领会党“人民至上”的执政理念和执政方针

人民是国家的主人和执政的基础。总书记“七一”重要讲话全面体现了人民至上的价值观、人民是真正英雄的唯物史观和“立党为公执政为民”的执政观，对全党深入贯彻群众路线提出了新的要求。习近平总书记强调：“人民立场是中国共产党的根本政治立场，是马克思主义政党区别于其他政党的显著标志。”

我理解，领会好人民立场这一重要论述，**首先，要从概念上认识什么是政治立场、什么是中国共产党的政治立场。**所谓政治立场，是指观察和处理政治问题的基本出发点和根本态度，集中反映着其所代表的阶级利益。世界各国都有政党，不同的政党有不同的政治立场。马克思主义政治立场，首先是阶级立场。马克思主义政党的政治立场，就是人民的立场，一切理论和奋斗都致力于实现以劳动人民为主体的最广大人民的根本利益。中国共产党是马克思主义政党，自成立之日起，就把人民放在心中最高位置，坚持一切为了人民，一切依靠人民，全心全意为人民服务，始终站在人民的立场。新中国叫人民共和国，任何一级政府都叫人民政府，军队叫人民军队、人民子弟兵，公检法分别叫作人民公安、人民检察院、人民法院，很多党政机关都有“全心全意为人民服务”牌匾、标语等，都是我们党坚持人民立场的一种外在的、具体的反映。

其次，要从历史的维度认识坚持人民立场的极端重要性。列宁说：“只靠共产党的双手来建立共产主义社会，这是幼稚的、十分幼稚的想法。共产党只是沧海一粟，不过是人民大海中的

一粟而已。”毛主席说，人民，只有人民，才是历史的创造者。我们党自成立之日起，就深深植根于人民，始终相信人民的力量，团结人民一起奋斗，从“星星之火，可以燎原”的古田和井冈山，建立人民根据地，到“更喜岷山千里雪，三军过后尽开颜”的长征路；从“加强纪律性，革命无不胜”的延安，实行人民大生产，到“天若有情天亦老，人间正道是沧桑”的西柏坡；从小米加步枪、让日本鬼子陷入人民战争的汪洋大海，到用小推车推出来、打一场人民的战争，正是由于有人民的支持，有人民的参与，我们党战胜了武装到牙齿的日本鬼子，我们打倒了国民党蒋介石，历经艰辛，建成了我们的新中国。新中国建立后，在发展条件极其艰难的情况下，几乎完全是靠自力更生，靠发动群众，我们建立起了独立的、比较完整的工业体系和国民经济体系，其中具有标志性的成果就是两弹一星。改革开放以来，我们党注重调动人民积极性，激发人民创造活力，创造了世界历史上新的奇迹，从1978年到2008年左右连续30年人均GDP年增长近10%，从当时的人均几十美元，到现在平均七千多美元，很多好的地方已经超过了一万美元。现在，我们党又树立了新的目标，全面建成小康社会、实现“两个一百年”的目标、实现中华民族伟大复兴的中国梦。回顾95年征程，我们党为什么能持续从一个胜利走向另一个胜利？习近平总书记在讲话中给出了深刻回答：党与人民风雨同舟、生死与共，始终保持血肉联系，是党战胜一切困难和风险的根本保证。

再次，要从理论的视角认识坚持人民立场的科学内涵和基本要求。我理解，坚持人民立场，核心是要领会好其中蕴含的思想、观点、方法。我们体会，总书记讲话中有6条需要我们深刻理解：一是人民至上，“把人民放到心中的最高位置”，二是为民用权，“坚持全心全意为人民服务的根本宗旨”，三是人民评价，“把人民拥护不拥护、赞成不赞成、高兴不高兴、答应不答应作为衡量一切工作的根本标准”，四是为民谋利，“坚持以人民为中心的发展思想”，五是权由民赋，“尊重人民主体地位，保证人民当家做主”，六是依靠人民，“把各方面人才更好地使用起来”。

坚持人民立场，与坚持群众立场、群众观点是一致的，所以坚持人民立场，还要坚持我们党的三大法宝之一——群众工作，发动群众、教育群众、赢得群众；坚持我们党的根本工作路线——群众路线，从群众中来，到群众中去。把握好了这些要求，解决了相信谁、为了谁、依靠谁的问题，我们就能站稳人民立场，更好地开创事业、推动发展。

中国侨联是党领导下的人民团体，是党和政府服务联系侨界群众的桥梁纽带，站稳人民立场有着特殊重要的意义。当前，中国侨联正按照党中央要求推进自身改革。改革说一千道一万，其根本点在于强化侨联组织的政治性、先进性、群众性，离开了群众性就不能称其为群团，“求木之长者，必固其根本；欲流之远者，必浚其泉源。”广大侨界群众是侨联的重要社会基础和力量泉源。没有了侨界群众的支持，没有了侨界群众的参与，侨联的工作就是无本之木、无源之水。只有把坚持人民立场的要求贯彻落实到侨联建设和工作的各方面、全过程，更好地实现好、维护好、发展好广大侨界群众的根本利益，侨联才能深深植根于侨界，才有吸引力和凝聚力，才能更好地履行党赋予的职责和使命。

三、面向未来，更加自觉地承担起继续前进的历史使命

面向未来，面对挑战，习近平总书记提出了坚持不忘初心、继续前进的八方面要求，这也是明确了未来的八项重点工作，涉及指导思想、理想信念、方向道路、治国治党、内政外交等诸多领域，内涵丰富，寓意深远，贯穿的正是建党时中国共产党人葆有的那种奋斗精神，展现的正是我们党对人民始终不渝怀有的那颗赤子之心。永葆这种奋斗精神，矢志不懈奋斗，党的事业就会无往不胜；永怀这颗赤子之心，增进人民福祉，我们党就会永远立于不败之地。

结合当前的工作，应当看到，顺利完成“十三五”全面建成小康社会的发展任务、完成“两个一百年”的奋斗目标，实现中华民族伟大复兴的中国梦，我们面临着艰巨的发展任务和空前复杂的国内外形势。当务之急，就是要按照“十三五”规划的总体部署，做好各项工作。我们在今年全国“两会”闭幕后不久，就召开党组会，结合侨联特点和优势，研究贯彻

全国“两会”精神、建功“十三五”的思路和举措，制订了工作计划，着眼于更好地凝聚侨心、汇聚侨力，对侨联有关工作内容争取纳入“十三五”相关规划和围绕“十三五”开展品牌活动策划情况进行了梳理。召开了全国侨联经济科技工作会议、全国侨联文化宣传工作会议和全国侨联联络工作会议，明确了侨联围绕五大发展理念，深化“创业中华”的目标任务，研究和探讨了在新的形势下调动侨界积极因素，建功“十三五”的办法和路径。

“一分部署、九分落实”。可以说，中国侨联围绕中心、服务大局的目标和方向已经清晰，任务也已明确，关键是抓好落实。我们一定要按照总书记“不忘初心、继续前进”的要求，保持求真务实的工作作风，把各项工作做好。

这里讲的务实，不是千篇一律地干几件事，按部就班地搞几个活动，没有新意、形式大于实际、花了钱效果不明显的事。我们讲务实，一是要看全会各部门在研究谋划各项重点工作时，符不符合党中央治国理政新思想、新格局、新战略；二是要看工作规划有无实效性、科学性、可操作性，有无创意；三是要看实施效果有无亮点，有无大的成效，是否得到侨界群众的欢迎；四是要看是否具有可持续性、有无经验可循，有无推广意义、启示意义，起到推动全会工作的作用。只有这样做，才能把有限的资源、有限的资金、有限的人手用在刀刃上，为侨胞服好务，为党和国家事业发挥新的更大作用。

四、增强四个意识，立纠立改当前存在的突出问题

领导我们事业的核心力量是中国共产党。党的状况如何决定着事业的成败。习近平总书记深刻指出：“如果管党不力、治党不严，人民群众反映强烈的党内突出问题得不到解决，那我们党迟早会失去执政资格，不可避免被历史淘汰”。这是党中央认真分析研究党的自身建设状况，作出的冷静清醒的判断和振聋发聩的警告。新形势下，我们党执政面临着“四大考验”、“四种危险”，切实加强党的建设就是要同党内存在的一切弱化先进性、损害纯洁性的问题作斗争，祛病疗伤、激浊扬清，不断增强共产党自我净化、自我完善、自我革新、自我提高能力。深入学习贯彻习近平总书记“七一”重要讲话精神，必须着眼解决群众反映强烈的突出问题，牢固树立“治国必先治党，治党务必从严”的理念，进一步增强政治意识、大局意识、核心意识、看齐意识，切实做到真管真严、敢管敢严、长管长严。

增强“四个意识”就要弄懂什么是“四个意识”？

十八大以来，以习近平同志为总书记的党中央，从坚持和发展中国特色社会主义全局出发，提出一系列治国理政新理念、新思想、新战略，按照“五位一体”总体布局，协调推进“四个全面”战略布局，通过树立贯彻新的发展理念，带领党和人民开创社会主义现代化建设新局面，努力实现中华民族伟大复兴的“中国梦”。这是当前最大的“政治”。党中央确定的目标、方向和任务是基于对我国社会主义发展阶段的科学判断、对我国综合国力不断提升的实际状况作出的，正是由于对国内外形势的准确把握，中央认为，我们比历史上任何时候都更有能力和信心实现这些目标和任务；也越是在这个时候，越需要全党全国人民拧成一股绳，紧紧围绕党中央提出的目标任务，团结一致，齐心协力，一切为着实现这些目标任务，一切服从于这些目标任务，排除一切干扰，聚精会神，埋头苦干，把我们今天的事情办好，把我们的预定目标完成好。这就是“大局”。为此，我们必须把思想和行动统一到党中央的决策部署上来，统一到习近平总书记系列重要讲话精神上来，坚持用党的理论创新成果武装全党、教育党员、指导实践。去年12月28日—29日，中央政治局召开“三严三实”专题民主生活会，会议认为“我们这样的大国、大党，中央领导集体不能没有核心”，“党的领导核心，就全党来讲，是中央政治局及其常委会；就中央政治局来讲，现在就是习近平总书记”。这就是“核心”。因此，紧密团结在以习近平同志为总书记的党中央周围，就是要“思想上充分依赖党的领导核心、政治上坚决维护党的领导核心，组织上自觉服从党的领导核心，感情上深刻认同党的领导核心，在维护党中央权威和习近平总书记这一领导核心上保持清醒头脑，做到坚定不移”。矢志不渝地为实现“两个一百年”奋斗目标、实现中华民族伟大复兴的“中国梦”而团

结奋斗。中央要求做的坚决去做，中央明令禁止的，不越雷池，这就是“看齐”。

中央提出增强“四个意识”并非无的放矢。习近平总书记指出，当前，在遵守和维护政治纪律方面，绝大多数党组织和党员做的是好的，但是也有少数党员干部政治纪律意识不强，在原则问题和大是大非问题面前立场摇摆。有的地方和部门对维护党的政治纪律重视程度不够，个别的甚至对中央方针政策和重大决策部署阳奉阴违；有的党员对涉及党的理论和路线方针政策等重大问题公开发表反对意见；有的党员干部想说什么就说什么，想干什么就干什么；有的党员甚至专门挑那些党已明确规定的政治原则来说事，口无遮拦，毫无顾忌，以显示自己所谓的“能耐”，受到敌对势力的追捧。这些问题在党内和社会上造成了恶劣影响，给党的事业造成了严重损失。党内决不允许有不受党纪国法约束甚至凌驾于党章和党组织之上的“特殊党员”。

最近，中直纪工委对中直机关十八大以来一些顶风违反中央“八项规定”精神，违规发放津贴补贴和福利问题进行了通报，共17件。其中，全国妇联4件，中国科协3件，国家新闻出版广电总局3件，全国总工会2件，中国文联2件，共青团中央1件，新华社1件，国家档案局1件。中央书记处管理单位就通报了4家，我会没有被通报。但不能说我们没有问题，按照“四个意识”的要求来看，我们侨联党员队伍中，也存在一些不容忽视的问题和现象，如果不击一猛掌、大喝一声，很快也会被通报！果不其然，昨天接中纪委驻统战部纪检组电话通知，“谷宜成因涉嫌严重违纪正在接受组织调查”，可见，对我会存在的种种问题，必须认真对待，必须下大力气予以纠正。

一是个别干部甚至是领导干部对中央下发的文件、中央的重大部署、党的重要理论、习近平同志的重要讲话等，思想上不重视，总觉得与自己没什么关系，领会文件囫囵吞枣、阅读文件一目十行，举手投足像个“政策盲人”，以致在谋划事项、开展工作时往往抓不住要害、把握不住意图，执行“变味”、南辕北辙、事倍功半。**二是**一些干部政治意识、大局意识不强，对政治规矩、政治纪律认识模糊，不顾相关政策和现实，处理问题只考虑局部利益，不是向中央政策看齐，而是不自觉地向中纪委明令禁止的行为效仿。**三是**个别同志伸手要待遇时比照高标准，在工作上则不按中直机关、正部级单位应有的素质来要求，往往以不是政府机关为由，低标准、宽尺度，志不在创新、谋不在作为，时常出现工作应付，有布置无检查，有安排不到位，导致工作质量差，工作效率和效益都比较低。**四是**个别同志法纪意识淡薄，不遵守工作和劳动纪律，迟到早退，有的甚至到九、十点才上班，有事事先也不请假，常常上班时间不知去向，采取“先斩后奏”。更有甚者连“当一天和尚撞一天钟”都要打“折扣”，“撞钟”都不及时。**五是**个别同志在上报个人重大事项时抱有侥幸心理，不重视、不按时、不如实，存在漏报、瞒报现象，多次催促不以为意，甚至欺骗组织，认为是人事部门多事，丝毫没意识到这是一种违纪行为，是对党忠诚度缺失的表现。**六是**个别干部对个人政治进步“要求”过度，平时不能按好干部标准严格要求自己，不努力提高自己政治素养和实际工作能力，不求进取，不能以身作则带好队伍，满足于工作平平、业绩庸庸，一到群众评议，名落孙山，不能如愿提任，就怪组织、怪党组不关心、不重视，甚至以此为由称“病”在家，“撂挑子”，即使上了班也精神不振，心思没有放在工作上。**七是**个别干部提任后，职务变了，政治觉悟和水平却没有得到相应的改变和提高，工作中架子大、口气粗，不讲民主，唯亲是举，唯我独尊，群众意识淡薄，导致干群关系紧张。**八是**个别部门重业务轻党建，认为政治学习、支部活动、党建工作是“多余”的、是累赘、是负担，做做“样子”就行了，认为党建工作抓多了会影响部门业务工作。平时不按时、按规开展党支部活动，即使开展活动也了无新意、走走过场，少见严肃认真的党内政治生活，令党员感到党组织凝聚力差，组织生活流于形式。**九是**个别党员组织意识淡薄，不按时交纳党费，党务工作人员催促时，还找各种理由拖延，甚至责怪工作人员事儿多，不理解人。连党费都不愿交的人，谁相信他会“随时准备为党和人民牺牲一切”（誓词）？！这些现象和问题的出现，都是与一个合格党员对党绝对忠诚、时刻向党中央看齐的要求不相符的，应当引起全会各级领导干部、各级党组织的高度重视，对照以上现象和问题进行检查改正，决不允许中国侨联出现不遵守党章和党纪法规的“特殊党员”。

党章规定，中国共产党是中国工人阶级先锋队，同时是中国人民和中华民族的先锋队，是中国特色社会主义事业的领导核心，代表中国先进生产力的发展要求，代表中国先进文化的前进方向，代表中国最广大人民的根本利益。党的最高理想和最终目标是实现共产主义。要实现这个目标，还有很长的路要走，还需要几代人、十几代人甚至几十代人的共同努力才能实现。十八大以来，以习近平同志为总书记的党中央，提出的治国理政的新思想、新战略，无一不是为了早日实现我们党的宗旨、任务、目标，是我们党和国家当前乃至一段时期推进经济社会全面健康发展、应对复杂多变的国内外形势，做好各方面工作包括中国侨联工作的“指航针”。所以我们每一个党员，特别是党员领导干部，必须时刻胸怀大局、围绕中央这个核心的要求，从政治高度看待和处理前进中的各种问题，自觉向党中央看齐，坚决执行中央各项方针政策，坚定不移地跟党走，坚决完成党中央交给中国侨联的各项工作任务。

五、善作善成，着力抓好下一阶段的“两学一做”

“两学一做”学习教育的着眼点、落脚点就是要以学促做，知行合一，让每一个党员干部都成为合格党员。我们各级党组织都要高度重视，采取有效措施，抓好学习教育工作，把“两学一做”学习教育工作抓实、抓好、抓出成效，要用“六个看”来检验学习教育成果。

一是要看本单位党员领导干部在处理大事上是否具有政治意识、大局意识、核心意识、看齐意识。就是要主动自觉地向党中央看齐，向党的理论和路线方针政策看齐，坚决贯彻落实党中央权威，维护党的领导核心，在思想上、政治上、行动上同以习近平同志为总书记的党中央保持高度一致，做政治上的明白人。

二是要看本单位领导班子是否团结，是否有很强的领导力、凝聚力、战斗力。就是对中心工作和中国侨联党组工作部署，坚决执行，不推诿扯皮、不讲条件，坚持民主集中制原则，班子和谐团结，凝心聚力一盘棋，一张蓝图绘到底，使各级领导班子成为推动侨联事业改革创新的“火车头”，引领侨联各项事业扎实稳步发展，取得显著成效。

三是看本单位全体党员是否做到“四讲四有”。就是党员要讲政治，有信念，做到对党忠诚，在党言党、在党忧党、在党为党、在党爱党；讲规矩，有纪律，做到严守党的政治纪律和政治规矩，增强组织观念，服从组织决定，知敬畏、明底线、守规矩；讲道德，有品行，做到明大德，守公德，严私德，传承党的优良作风，弘扬中华传统美德，践行社会主义核心价值观，坚守共产党人的精神高地；讲奉献，有作为，做到践行党的宗旨，保持为民、为侨服务的本色，敢于担当，勇于负责，在推进侨联改革发展中当标兵、做模范。

四是看本单位党员干部在工作作风上实不实。就是党员干部在制订工作计划时做到充分调研，既不能好高骛远，也不要坐井观天，要符合中央政策，结合实际情况，贴近群众需求；在落实工作时，不搞政绩工程，不做表面文章，实事求是，踏踏实实，善于总结，不断进取，取得侨界群众满意的成效。

五是看本单位党员干部精神面貌是否积极上进、团结友好、互助互爱。就是全体党员干部都要以实际行动践行社会主义核心价值观，内化于心，外化于行，切实当好党和政府与侨界群众的桥梁纽带；在实际工作中既要相互补台不拆台，明确分工又相互配合，心往一处想，劲往一处使，推进整体工作；又要相互比干劲、比先进，形成争先创优、积极向上的良好工作氛围。

六是看本单位党员干部在工作中是否遵纪守法，经得起考验。就是党员干部在与侨胞交往中，不但要坚决落实习近平总书记关于群团工作的重要指示要求，还要严格遵守政治纪律和组织纪律，遵守中央“八项规定”和《中国侨联与侨胞交往的规定》，经得住诱惑，耐得住清贫，保持坚定的政治定力，做一个有道德、有理想、干干净净的明白人。

以上是我学习习近平总书记系列重要讲话特别是“七一”重要讲话精神的一点体会，供大家参考。

在中央第四巡视组专项巡视中国侨联党组工作动员会议上的表态讲话

（2016年11月10日）

林　军

刚才，姜信治同志和马瑞民同志分别作了重要讲话，传达了习近平总书记关于巡视工作的重要指示，通报了这次专项巡视的主要任务，并就做好专项巡视工作提出了具体要求。希望全体同志认真学习领会两位领导同志的重要讲话精神，更加自觉地接受中央巡视组以党章党规党纪为尺子、对侨联党组开展全面“体检”，更加自觉地按照六中全会通过的《准则》和《条例》审视我们的工作，不断增强“四个意识”，坚定政治方向、提高政治站位、防止政治偏差，把中央交付我们的任务完成好。中国侨联党组坚决拥护中央关于开展政治巡视工作的决定，决心以认真严肃的态度和从严从实的要求对待这次检查，积极支持、主动配合中央巡视组在中国侨联机关开展工作。对巡视中发现的问题不回避、不“护短”，严明党的纪律，狠抓整改落实，并以此为契机，为在中国侨联营造风清气正的党内政治生活，推进党内监督和党风廉政建设、反腐败工作不断深入倾尽全力。下面，我代表中国侨联党组做一个表态。

一、深刻学习领会习近平总书记关于巡视工作的重要指示，自觉接受中央巡视组的检查

开展巡视工作是党中央贯彻“党要管党、从严治党”方针，落实《中国共产党巡视工作条例》，强化党内监督、严明党的纪律、改进党的作风，促进标本兼治，深入推进党风廉政建设和反腐败斗争的重大举措。习近平总书记指出“严肃党内政治生活是全面从严治党的基础。党要管党，首先要从党内政治生活管起；从严治党，首先要从党内政治生活严起”。党的十八大以来，以习近平同志为核心的党中央对加强党内监督进行了战略性的制度安排，将巡视工作摆在更加重要的位置。党的十八届六中全会通过的《关于新形势下党内政治生活的若干准则》和《中国共产党党内监督条例》，又对巡视工作提出明确要求。认真学习并严格执行这些要求，对于净化党内政治生态，增强党的执政能力，保持党的先进性和纯洁性，全面提高“党要管党、从严治党”、以制度治党的水平，具有十分重要的意义。

这次中央决定对中国侨联党组开展专项巡视，是党中央加强对群团工作领导的重要一环，体现了党中央对侨联工作的高度重视。这次巡视虽然是第十一轮，但却是六中全会之后的第一次。中国侨联党组各同志和各级党员领导干部要深刻学习领会习近平总书记关于巡视工作的重要指示和王岐山同志的重要讲话精神，深刻认识这次专项巡视对于进一步增强“四个意识”、落实“党要管党、从严治党”和不忘初心、继续前进、不断推进党的建设的各项工作的极端重要性。作为中国侨联“关键少数”的党组同志，各级领导干部乃至全体同志都有责任、有义务全力支持和配合中央巡视组开展工作。要不折不扣地按照党中央巡视工作的决策部署，紧紧把握中央专项巡视对中国侨联党组全面履职开展“综合会诊”的机会，聚焦党的领导弱化、党的建设缺失、全面从严治党不力、党的观念淡漠、组织涣散、纪律松弛、管党治党“宽松软”的现象，切实解决侨联党组管党治党工作存在的突出矛盾和问题，从

而使发端于延安、成立于新中国的侨联组织，面对具有许多新的历史特点的伟大斗争，能够始终保持光荣传统不丢、红色基因不变，成为党开展侨务工作的得力助手。

二、坚持以问题为导向，正视“党要管党、从严治党”的薄弱环节，努力营造中国侨联党内政治生活务实清明、生动活泼的政治局面

这次中央第四巡视组到侨联机关开展专项巡视工作，对于中国侨联党组加强和规范党内政治生活，加强和改进党内监督，深入推进党风廉政建设和反腐败工作，既是挑战，也是机遇。说“挑战”是因为“即便是丑媳妇也要见公婆”，随着“党要管党、从严治党”的不断深化，中国侨联党组落实中央要求、推进标本兼治、全面从严治党的任务也越来越重。因此，工作中的问题是客观存在，鼓起直面问题的勇气，正是为了换来解决问题的办法。说“机遇”，就是要借六中全会两个文件出台的“东风”和中央巡视组来我会检查工作之机，通过纠正错误、解决问题，推动中国侨联党组管党治党走向“严实硬”。为此，中国侨联各级领导干部，尤其是党组各同志要率先带好头：

一要更加严格地加强和规范党内政治生活。全体同志特别是党组同志要以党的六中全会审议通过的《关于新形势下党内政治生活的若干准则》为准绳，以严肃认真的态度看待中央专项巡视对我会党内政治生活的全面检验。通过中央专项巡视，努力发现和解决群众反映强烈的突出矛盾和问题，自觉严守党的政治纪律、坚决维护以习近平同志为核心的党中央的权威，密切联系群众。党组同志和各级领导干部要发挥“关键少数”的示范作用，自觉执行组织纪律、贯彻民主集中制，自觉坚持正确的选人用人导向、反对选人用人上的不正之风，努力形成风清气正的党内良好政治生态，为中国侨联改革发展提供坚强的组织保证。

二要不断提高党风廉政建设的能力和水平。中国侨联党组和侨联各级党组织要正视专项巡视中暴露出的问题，正确分析本部门、本单位的反腐败形势，保持清醒头脑，强化问题导向，找准顽瘴痼疾，以猛药去疴的举措纠正存在的问题，各级领导干部尤其要管好自己、带好队伍，落实好党风廉政建设责任制，带头执行廉洁自律各项规定。

三要不断加强和改进作风建设。优良作风的形成非一日之功，改变作风尤其要注意已经初步解决的问题故态复发、反弹回潮，因此作风建设永远在路上，改进作风任重道远。我们要通过中央巡视组自上而下的督察，发现会党组作风建设方面存在的短板，结合中央批准的中国侨联改革方案各项要求的贯彻落实，推进侨联作风建设，不断在新的起点上实现新的进步，持之以恒地贯彻落实中央八项规定精神、坚持不懈地加强和改进作风建设。

四要不断加强和完善各项规章制度。党的十八届六中全会提出了“制度治党”的要求，我们要深刻认识“制度更具稳定性和长期性，能够管根本、管长远”这一道理，针对专项巡视工作中暴露出的问题，扎实做好建章立制工作。通过建立健全体现中央要求、紧密联系侨联实际、务实管用的规章制度，固本培元，构建管长远、可持续的长效机制，巩固、深化和扩大专项巡视的成果，实现“党要管党、从严治党”工作的常态化。

巡视工作是加强和规范党内政治生活、促进党内监督、开展党风廉政建设和反腐败斗争的重要形式和方法，做好专项巡视是中央巡视组和中国侨联党组共同的政治责任。中国侨联党组同志包括全体党员干部要切实增强政治意识、大局意识、核心意识、看齐意识，真正把思想统一到中央的要求上来。要按习近平总书记关于教育党员干部“按本色做人、按角色办事。全党同志要习惯于在同志间相互提醒和督促中修正错误、共同进步”的指示，切实增强接受监督、支持巡视工作的自觉性和主动性。党组同志尤其要做自觉接受监督、习惯于被监督的模范。全会上下都要把配合中央巡视工作与正在进行的深入学习贯彻党的十八届六中全会精神和推进中国侨联改革发展结合起来，继续推进“两学一做”教育活动，努力完成中央交办的各项任务。

三、按照中央巡视组的要求切实做好各项工作

这次专项巡视工作的主要任务和基本要求，刚才姜信治同志和马瑞民同志都已经讲得很清楚了。党组各同志和各部门、各单位主要负责同志

要认真领会、准确把握中央关于巡视工作的最新精神和对中国侨联党组开展专项巡视的任务要求，聚焦中心任务，严肃认真地对待巡视组的质询。就此再强调几点要求：

一是认真学习领会中央巡视组领导同志的重要讲话精神。将中央对巡视工作的新精神、新要求转化为积极支持、全力配合中央巡视工作的实际行动，有关部门和单位要按要求认真做好与巡视内容有关的汇报准备工作。巡视期间，局以上干部原则上不得离京。如确因工作需要，须报会党组批准。

二是实事求是、客观公正地向巡视组提供情况、反映问题。凡属巡视工作涉及到的单位和个人，都要本着对事业负责、对组织负责、对同志负责的态度，按照巡视组的要求毫无保留地提供材料、说明情况，原原本本地反映问题，实实在在地汇报工作，不夸大、不隐瞒，不粉饰、不回避。

三是认真对待并严肃处理巡视工作中发现的问题和线索。对巡视中发现的违纪违法问题，不论涉及到什么人，都要依纪依法严肃查处，决不姑息，切实把全面从严治党的各项要求落到实处。对各项工作中存在的不足，要建立整改任务台账，明确整改任务书、时间表、路线图，做到件件有着落，事事经得起检查。通过不断强化“党要管党、从严治党”的各项措施，筑牢信仰之基、补足精神之钙、把握思想之舵，努力营造又有集中又有民主、又有纪律又有自由、又有统一意志又有个人心情舒畅的机关政治局面。

四是坚持巡视和改革工作两不误、两促进。要抓住专项巡视的契机，继续抓紧党中央关于中国侨联改革发展重大决策部署的贯彻落实，重点研究解决侨联改革的重点难点问题，统筹兼顾当前工作和长远任务，正确处理六中全会精神贯彻、“两学一做”教育、今年各项任务完成与巡视工作的关系，为明年年底、后年初侨联顺利实现换届工作做好各方面的准备。

五是全力以赴做好各项服务保障工作。这次专项巡视工作时间紧、任务重、范围广，因此全力做好中央巡视组的各项服务保障工作至关重要。中国侨联办公厅和组织人事部（机关党委）等有关部门，要根据中央巡视组的工作计划和安排，周密细致地做好服务工作，为中央巡视组开展工作创造良好的条件，确保中央巡视组在中国侨联的各项工作顺利进行。

不忘初心　继续前进
开启侨联事业发展新篇章

（2016 年 12 月 27 日）

林　军

今年是中国侨联成立 60 周年。2016 年 9 月 26 日，中国侨联成立 60 周年纪念大会在北京人民大会堂隆重举行，中共中央政治局常委、全国政协主席俞正声出席大会，代表党中央、国务院发表重要讲话。发端于延安、成立于 1956 年的中国侨联，在党的坚强领导下，走过了 60 年的光荣历程，站在面向未来新的伟大起点之上。

一

有着众多的归侨侨眷和遍布世界各地的几千万海外侨胞，这既是我国的一大国情，也是我国的一大优势。在争取中华民族独立和解放的波澜壮阔的历史进程中，广大归侨侨眷和海外侨胞以拳拳赤子之心，以爱国报国之志，前仆后继、流血牺牲，作出了不可磨灭的贡献。新中国成立之初，许多海外侨胞纷纷放弃国外优越的生活，冲破重重阻力，回到祖国的怀抱，投身社会主义建设。改革开放以来，广大归侨侨眷立足本职、扎实工作，充分发挥自身优势，为推进改革开放和现代化建设事业作出了突出贡献。特别是在祖国遇到大事难事时，广大归侨侨眷和海外侨胞倾心相助，表现出中华儿女血浓于水的同胞深情。实践充分证明，广大归侨侨眷和海外侨胞是促进我国现代化建设、实现中华民族伟大复兴的重要力量。

党中央、国务院历来高度重视发挥广大归侨侨眷和海外侨胞的独特作用，高度重视做好归侨侨眷和海外侨胞工作。始终把侨联组织作为党和政府联系归侨侨眷和海外侨胞的桥梁纽带，作为开展党的侨务工作的重要力量。抚今追昔，从延安时期“延安华侨救国联合会”，到 1948 年秋更名为“中国解放区归国华侨联合会”，再到 1956 年 10 月党中央批准成立中国侨联；从新中国成立后推动一大批专家学者、青年学生和爱国志士满怀赤子之心毅然回到祖国、投身社会主义建设，到中国侨联成立后推动侨胞兴办公益事业、创办生产企业；从改革开放后招商引资、招贤引智、落实侨务政策、维护侨胞权益，团结引领归侨侨眷和海外侨胞参与深化改革、促进发展、保持稳定，到新时期新阶段全面履行群众工作、参政议政、维护侨益、海外联谊职能，为全面建设小康社会，促进祖国和平统一大业，增进我国人民同世界人民的友好交往，实现中华民族伟大复兴作贡献，中国侨联走过的奋斗历程，是紧跟党的步伐，履行神圣使命，凝聚侨胞力量，创造时代业绩的历史。

近年来，特别是党的十八大以来，以习近平同志为核心的党中央对侨联工作高度重视、亲切关怀，从党和国家事业发展全局的战略高度，对侨联改革发展提出一系列新理念新思想新战略，开启了侨联工作和建设的新篇章。中国侨联在党的领导下，充分发挥积极性、主动性、创造性，推动工作思路、工作方式和自身建设创新，开展了侨与中国梦、亲情中华、创业中华、侨爱心工程、侨联通等一批时代特色鲜明、侨胞积极参与的工作和活动，不断开创侨联事业发展的新局面。

60 年的实践给予我们继续前行许多有益的经验和启示：

——必须始终坚持党的领导、把准方向。以马克思主义、毛泽东思想、邓小平理论、“三个代表”重要思想、科学发展观为指导，认真学习贯彻习近平总书记系列重要讲话精神，走中国特色社会主义群团发展道路，增强政治性先进性群众性，依法依章程开展工作。

——必须始终坚持围绕中心、服务大局。聚焦重点，体现特点，发挥优势，更好地团结凝聚广大归侨侨眷和海外侨胞为决胜全面建成小康社会、实现两个一百年奋斗目标和中华民族伟大复兴的中国梦贡献力量。

——必须始终坚持以人为本、为侨服务。注重把握实现中华民族伟大复兴中国梦的时代脉搏，突出服务和维权工作的针对性实效性，时刻做到身怀爱侨之心、恪守为侨之责、多办利侨之事。

——必须始终坚持与时俱进、开拓创新。把改革创新作为侨联发展的动力，抓基层、打基础，抓重点、建机制，抓队伍、强作风，努力使侨联的工作永葆生机活力，把侨联建设成为归侨侨眷和海外侨胞之家。

二

党的十八大以来，习近平总书记发表了一系列重要讲话，提出许多富有创见的新思想新观点新论断新要求，集中体现了新一届中央领导集体治国理政新理念新思想新战略，是坚持和发展中国特色社会主义的最新理论成果，是我们在新的历史起点上实现新的奋斗目标必须认真学习贯彻的科学指南和基本遵循。以习近平同志为核心的党中央高度重视侨务和侨联工作，对做好新形势下的归侨侨眷和海外侨胞工作作出一系列重要指示。党中央先后出台了《关于加强和改进新形势下侨联工作的意见》和《中国侨联改革方案》，为中国侨联深化改革、推进工作指明了方向。

广大归侨侨眷和海外侨胞是推进我国现代化建设、实现祖国完全统一和中华民族伟大复兴的重要力量和宝贵资源。侨联工作是党和国家事业的重要组成部分。为实现中华民族伟大复兴的中国梦而奋斗，是侨联工作的时代主题。当前，我国的发展正处在新的历史起点上，社会生产力、科技实力、综合国力进一步增强，人民生活日益改善，社会和谐稳定，国际地位和影响不断提高，全国人民正向实现“十三五”发展目标、全面建成小康社会、实现“两个一百年”奋斗目标努力奋进。无论是经济建设，还是政治建设、文化建设、社会建设、生态文明建设，祖国现代化建设的各个领域都为广大归侨侨眷和海外侨胞建功立业、施展才华提供了广阔舞台。这既为做好归侨侨眷和海外侨胞工作提供了难得的机遇，也尤其需要发挥几千万归侨侨眷和几千万海外侨胞的独特优势和积极力量。

新形势、新任务为侨联事业发展提供了难得的机遇，同时也对侨联工作提出了新的更高要求。面对中央提出的新指示、新要求，面对世情国情侨情变化带来的新挑战，各级侨联组织要全面贯彻落实党的十八大和十八届三中、四中、五中、六中全会精神，深入学习贯彻习近平总书记系列重要讲话精神，紧紧围绕党的中心工作，注重结合群众性、民间性、统战性、涉外性的特点，坚持国内海外工作并重、老侨新侨工作并重，努力拓展海外和新侨工作，探索推行社会化、品牌化工作方式，探索运用互联网手段改进各项工作和建设，充分发挥凝聚侨心、汇集侨智、发挥侨力、维护侨益的独特作用，为协调推进“五位一体”总体布局和“四个全面”战略布局，为实现“两个一百年”奋斗目标，不断汇聚归侨侨眷和海外侨胞的磅礴力量。

三

面向新的伟大时代，中国侨联要立足新起点，挖掘新优势，创造新业绩，更好地完成党赋予的光荣使命。

高举两面旗帜，不断夯实团结奋斗的共同思想基础。各级侨联组织要高举爱国主义、社会主义旗帜，以学习贯彻习近平总书记系列重要讲话精神、中国梦和中国特色社会主义宣传教育、培育和践行社会主义核心价值观为主要内容，突出党的十八大以来党中央治国理政的新理念新思想新战略，引导广大归侨侨眷深刻认识中国特色社会主义是近代以来中国社会发展的必然选择，深刻把握中国特色社会主义是当代中国发展进步的根本方向，深刻理解中国共产党是中国特色社会主义的坚强领导核心，不断增强坚定跟党走中国特色社会主义道路的信念和自觉，增强中国特色社会主义道路自信、理论自信、制度自信、文化自信。要积极引导广大海外侨胞弘扬爱国主义传统，心怀故土、情系桑梓，增强中华民族认同感、自豪感、自信心，广泛动员海内外中华儿女为实现中华民族伟大复兴的中国梦而奋斗。

坚持围绕大局，积极为祖国改革开放和世界和平发展作出贡献。围绕供给侧结构性改革，深入推进“创业中华”各项工作，把引资、引智、引技的工作做深做实，鼓励、支持归侨侨眷和海外侨胞充分运用自身优势和资源，积极参与祖国现代化建设。围绕“一带一路”建设，用好全球华商网络，为住在国同中国经贸交流合作牵线搭桥，为我国企业“走出去”献计出力。发挥联系广泛的特点，积极配合有关部门，讲好中国故事。深入推进“亲情中华”主题活动，不断提高组派交流团组的质量和水平。要创新开展有特色、高水平的海外华文教育活动，让中华文化在世界舞台上大放异彩。要鼓励、支持归侨侨眷和海外侨胞积极为推动两岸关系和平发展多做工作，深入开展各种形式的反“独”促统活动。要围绕国家外交大局，涵养对我友好力量，鼓励、支持海外侨胞积极融入住在国主流社会，为住在国经济社会发展作贡献，促进和加深住在国人民对中国的认知和理解，为营造于我有利的国际环境贡献力量。

拓展工作领域，扎实推进侨联工作创新发展。各级侨联组织要充分发挥人民团体的优势，以增进亲情、乡情、友情为纽带，多渠道、多层次、多形式开展海外联谊工作。要适应海内外侨情的新特点，在做好国内工作的同时，重视拓展同传统侨团的联系，服务侨胞更好地生存发展，培育有着广泛群众基础的长期对我友好力量，把海外工作做宽做广。要在做好老侨工作的同时，着力拓展新侨工作，加强同海外侨胞年青一代和新华侨、留学人员及其社团的联系，认真研究新侨的发展趋势和发展需求，积极创造良好环境，吸引新侨回国或来华创新创业。关注和了解新侨回国创新创业遇到的问题，推动有关政策、法规和服务措施的创新完善，帮助他们实现创业报国梦想，深交老朋友、广交新朋友，不断扩大团结面、联系面。要加强与港澳台侨界社团的联系，为保持香港澳门长期繁荣稳定，为实现祖国和平统一大业深耕民意基础。

更好服务侨胞，努力建设归侨侨眷和海外侨胞可信赖的温暖之家。要把为侨服务作为侨联工作的出发点和落脚点，深入侨胞、深入基层、深入实际，听取侨界呼声，反映侨界群众愿望，服务侨界群众紧迫需求，维护归侨侨眷和海外侨胞合法权益。要充分发挥自身优势，深入实施“创业中华”主题活动，为侨资侨企创新创业搭建舞台、提供支持。要丰富拓展“亲情中华”主题活动，实施“筑梦丝路”专项行动，继续开展各种形式的文化交流活动，组织寻根祭祖，推动海外华文教育，帮助华侨华人、华裔新生代增进对中华文化的了解和认同。要深化“侨爱心工程”，发展壮大法律顾问委员会，做深做细法律援助和侨界信访工作，协助建立健全党和政府主导的维护侨胞合法权益机制，切实维护侨胞的正当权益。要围绕打赢脱贫攻坚战，深化“侨爱心工程”，用好血缘、地缘、业缘纽带，动员侨胞奉献爱心、扶贫济困。

深化侨联改革，切实增强侨联组织的影响力凝聚力。按照党中央批准的《中国侨联改革方案》的要求，以增强政治性、先进性、群众性为目标，以增强代表性、广泛性为重点，进一步提高全国归侨侨眷代表大会中基层代表的比重，优化中国侨联委员和常委结构，努力使侨联深深植根于归侨侨眷和海外侨胞之中。以优化职能、提高效率为重点改革侨联领导机关，调整优化侨联领导机关和事业单位设置，进一步整合力量，以强能力、转作风为重点改革侨联干部的队伍建设，提高工作效率。坚持重心下移，突出“强基层、强支撑、强服务”，建立直接联系服务侨界群众制度、建立基层联系点制度，努力把各级侨联建设得更加坚强有力、更加充满活力。适应侨界群众分布变化情况，以扩大覆盖、创新方式为重点加强基层组织建设，切实扩大侨联的组织覆盖。要发挥各级侨联所属社团的独特作用，注重通过互联网平台，更好地服务广大归侨侨眷和海外侨胞。要以中国侨联改革为契机，示范带动各级侨联改革，形成目标一致、相互支持、有序有力推进改革的生动局面。

有着光荣传统的中国侨联紧跟党的步伐，走过了60年的光辉征程，在党和国家事业发展的历史上留下了奋斗的足迹。决胜全面小康、实现中华民族伟大复兴中国梦的宏伟事业，期待侨联组织承担新使命、展现新作为。我们要更加紧密地团结在以习近平同志为核心的党中央周围，以奋发有为的精神状态、求真务实的工作作风、改革创新的责任担当，开拓进取，扎实工作，不断开创侨联工作新局面，为全面建成小康社会、实现中华民族伟大复兴的中国梦作出新的更大贡献。

（本文是中国侨联党组书记、主席林军同志2016年12月27日在《人民日报》上发表的署名文章。）

在中国侨联第21期干部培训班开班式上的讲话

（2016年6月20日）

董中原

各位学员，同志们：

中国侨联第21期干部培训班今天开班了。在深入开展“两学一做”学习教育之际，大家来参加学习培训，机会难得，很有意义。受林军同志委托，我代表中国侨联党组对参加学习的全体学员表示亲切的问候和诚挚的欢迎！

党的十八大以来，习近平总书记多次指出，重视和加强干部教育培训，是推动党和人民事业发展的一条成功经验。近年来，中国侨联高度重视干部培训工作，坚持服务党和国家工作大局，服务侨联事业发展全局，服务侨联干部成长成才需求，扎实推进侨联系统干部培训工作。总体来看，侨联系统干部培训工作已形成重点突出、内容丰富、形式多样、成效显著的良好局面。参加本次培训的学员来自各省区市侨联、重点侨乡地市级侨联领导班子成员和中国侨联机关、直属企事业单位处级以上干部，学员层次高、素质好，是各级侨联的业务骨干。学习培训期间将邀请中央党校教授、知名专家学者以及中国侨联领导授课，为大家讲授政治理论、经济形势、外交战略、侨务政策和侨联业务等课程。相信在大家的共同努力下，本次培训班一定能够取得良好成效。借此机会，我就侨联干部如何在新形势下加强学习，切实提高自身素质和能力，不断提升新时期侨联工作的科学化水平讲几点意见，与大家共同交流。

一、深入学习领会中央精神，牢牢把握正确政治方向

增强政治意识、大局意识、核心意识、看齐意识，要求侨联干部认真学习领会、坚决贯彻落实中央精神，始终站在党和国家大局思考问题、解决问题，自觉向以习近平同志为总书记的党中央看齐，确保侨联工作方向正确、定位准确、目标明确。贯彻落实好中央精神，首先要学深悟透、融会贯通，学习领会越深刻，执行就会越到位。

一要深刻领会习近平总书记系列重要讲话精神。党的十八大以来，习近平总书记站在时代发展的高度，立足国际国内发展全局，发表了一系列重要讲话，提出了一系列治国理政新思想、新观点、新论断，深刻回答了事关党和国家事业发展的重大理论和实践问题，进一步深化了我们党对共产党执政规律、社会主义建设规律和人类社会发展规律的认识，是我们在新的历史起点上实现“两个一百年”奋斗目标的宏伟纲领和行动指南。不闻大道则志不宏，不听至言则心不固。各级侨联干部要原原本本、逐字逐句精心研读，把工作摆进来，带着信念学、带着感情学、带着使命学、带着问题学，掌握讲话精神内涵，以真学真懂，促真信真用，从讲话中寻求攻坚克难的新思路、新方法、新举措，增强担当的勇气和能力，切实把习近平总书记系列重要讲话精神转化为推动侨联工作的强大动力。

二要深刻领会党中央提出的重大战略部署。党的十八大以来，以习近平同志为总书记的党中央适应国内外形势发展变化，适应党和国家事业发展的新要求，作出了一系列重大战略部署。党的十八届五中全会提出了“十三五”时期我国发

展的指导思想，全面建成小康社会的目标要求，以及实现这一奋斗目标必须遵循的基本原则、必须树立的发展理念。各级侨联干部要准确把握战略机遇期内涵的深刻变化，牢固树立并切实贯彻创新、协调、绿色、开放、共享的发展理念，用辩证思维谋划、以发展理念引领、靠战略举措推进，更加有效地应对各种挑战，集中力量把各项工作开展好，把侨界利益维护好，把侨联事业发展好，在协调推进“四个全面”战略布局和全面贯彻落实供给侧结构性改革的实践中充分发挥侨联组织的独特作用。

三要深刻领会中央党的群团工作会议精神。通过群团组织开展群众工作、推进党的事业，是我们党一项伟大的创造性实践。中央党的群团工作会议深刻阐述了做好新形势下党的群团工作的重大意义、方向目标和基本要求。各级侨联干部要深刻领会政治性是群团组织的灵魂、是第一位要求，坚定不移走中国特色社会主义群团发展道路，主动承担起引导侨界群众听党话、跟党走的政治任务。深刻领会先进性是群团组织属性的题中应有之义，牢牢把握侨联工作的时代主题，引导侨界群众为经济社会稳定发展汇集才智、凝聚力量。深刻领会群众性是群团组织的根本特点，坚持一切为了侨界群众，满腔热情服务侨界群众，始终以侨界群众为中心，更多关注、关心、关怀侨界群众。要深入思考侨联工作中存在的问题和不足，积极参与侨联改革，为侨联改革创新献智出力。

四要把培训与“两学一做”学习教育相结合。目前，“两学一做”学习教育正在稳步推进。希望各级侨联认真贯彻中央要求和本地区党委部署，精心组织、扎实做好各项工作，确保学习教育取得实效。在学习教育中要始终把用习近平总书记系列重要讲话精神武装头脑作为根本任务，认真学习党章和“两个条例”，做到六个“联系实际”，即：联系党的历史和今天党所处的历史方位、承担的历史使命的实际；联系党的理论发展和今天坚定理想信念的实际；联系党的基本路线和今天做好各项工作的实际；联系党的性质宗旨和今天更好地为人民服务的实际；联系党员义务权利和今天发挥好党员先锋模范作用的实际；联系党的纪律规矩和今天解决好党内存在的突出问题的实际。加深三个“深入思考”，即：深入思考党章对党组织和党员、干部的要求是哪些、怎样身体力行；对照党章，深入思考自己哪些没做到、应该如何提高；深入思考全面从严治党还有哪些环节需要加强、哪些制度需要完善。要把党章党规融会贯通，做到学而懂、学而信、学而用、学而行。要坚持以学促做，突出经常性教育特点，引导侨联广大党员干部切实按照党员标准严格要求自己，真正实现思想政治建设常态化制度化，以“两学一做”学习教育的新成效为深化侨联事业改革发展凝心聚力。

二、扩展丰富学习培训内容，不断提高综合素质能力

习近平总书记指出，“领导干部学习不学习不仅仅是自己的事情，本领大小也不仅仅是自己的事情，而是关乎党和国家事业发展的大事情。”侨联工作是党和国家事业的重要组成部分，侨联工作水平如何、能否在党和国家大局中发挥应有作用，侨联干部队伍的整体素质至关重要。因此，各级侨联干部不仅要有坚定的理想信念，更要进一步扩展学习视野，不断提高综合素质，努力增强做好新形势下侨联工作的真本领。

一要认真学习党史国史知识。习近平总书记多次强调，各级领导干部要认真学习党史、国史，知史爱党，知史爱国。当前，互联网、新媒体发展迅速，信息传播渠道、方式快捷，人们的思想观念多元、利益诉求多样，意识形态领域面临复杂局面。侨联工作面对广大归侨侨眷和海外侨胞，涉及大量意识形态问题，这就需要侨联干部认真学习中国历史，全面把握中国人民、中华民族坚持不懈的创业史和发展史，学习和吸取中华民族传承下来的宝贵思想财富，从中获得精神鼓舞，增强政治定力，完善优良品格，培养浩然正气。要加强对中国近现代史特别是中国共产党历史的学习，了解中国共产党在革命、建设、改革各个历史时期知难而进、百折不挠的奋斗历程，坚定理想信念，践行全心全意为人民服务的根本宗旨，为侨联事业发展作出自己应有的贡献。

二要广泛涉猎时代专业知识。当今世界，科学技术日新月异，知识经济方兴未艾，知识总量呈几何级数增长，如果侨联干部不努力提

高知识素养，不自觉学习科学文化知识，不主动加快知识更新、优化知识结构，就难以增强本领，也不可能做好新形势下的侨联工作。在学习问题上，要虚怀若谷，博采众长，广泛涉猎，兼收并蓄，在学习党的理论路线方针政策的同时，要广泛学习经济、法律、科技、文化、管理、外交和信息网络等方面的知识，学习现代市场经济、现代国际关系、现代管理等方面知识，学习做好侨联工作所必需的各种新知识、新技能、新理论、新规则，切实提高战略思维、创新思维、辩证思维能力。

三要深入了解群众工作知识。做好群众工作是我们党的优良传统。我们党历来十分重视群众工作，始终注意组织、宣传、教育、发动群众，相信和依靠群众，这是我们党区别于其他政党的显著标志。在长期的群众工作实践中，我们党形成并不断发展群众工作理论，这是做好侨联工作的重要遵循。要认真学习毛泽东、邓小平、江泽民、胡锦涛、习近平同志关于群众工作的重要论述，切实掌握群众工作的本质、目的、方法和要求，深刻认识群众工作规律，坚持一切为了群众、一切依靠群众、从群众中来、到群众中去的工作路线，紧密结合侨联工作实际，把握侨界群众工作特点，学习其他群团工作经验，把党对群众工作的要求进一步贯彻落实到侨联工作中去。

四要全面掌握侨联业务知识。全面掌握侨史、侨情、侨务工作知识以及海外侨胞住在国历史知识，是做好侨联工作的知识基础。要认真学习华侨华人历史和当前海外侨胞生存发展、群体构成、现实需要等知识，进一步增进与侨界群众的感情。要认真学习侨务工作知识，把握侨务工作方针、原则和政策要求。要重点学习习近平总书记侨务工作重要论述，切实把握侨联工作的正确方向。海外侨胞分布在世界各地，生存发展与世界各国紧密相连。积极拓展新侨工作、拓展海外工作，需要我们在学习我国历史的同时，学习一些世界历史知识，使侨联工作能够用宽阔的视野观察世界全局和时代发展趋势，努力掌握更多的国际问题基本知识和战略科学知识，把侨联的各项工作包括“两个拓展”工作做得更好。

三、努力掌握科学学习方法，切实提高思想理论水平

善于学习，要求侨联干部必须掌握科学方法，强化平时学习，在学习上下功夫。只有这样，才能更好地领会中央有关指示精神和习近平总书记系列重要讲话的内涵实质，掌握蕴含其中的马克思主义立场、观点、方法，不断增强工作的科学性、预见性、主动性和创造性。

一要端正学习态度，全面提高综合素质。习近平总书记指出：“我们一定要强化活到老、学到老的思想，主动来一场‘学习的革命’，切实把外在的要求转化为内在的自觉，让学习成为自己的一种兴趣、一种习惯、一种精神需要、一种生活方式。”现在有些干部认为工作忙，事务多，没时间学习；有的干部认为自己工作经验丰富，凭经验、凭感觉办事就可以了，没必要学习；有的干部对学习采取应付态度，缺乏紧迫感。各级侨联干部要在学习上形成高度自觉，牢固树立终身学习意识，把学习作为一种政治责任、一种精神追求和一种人生态度，培育浓厚的学习兴趣，真正做到以学益智，以学修身，以学增才，不断丰富自己的知识宝库。

二要坚持优良学风，营造浓厚学习氛围。学风体现侨联组织和干部的精神面貌、工作状态。习近平总书记指出：“我们的干部要上进，我们的党要上进，我们的国家要上进，我们的民族要上进，就必须大兴学习之风，坚持学习、学习、再学习，实践、实践、再实践。”适应侨联工作新形势新变化新要求，唯一的途径就是加强学习、善于学习。各级侨联组织要坚持理论联系实际，深入推进学习型、创新型机关建设，营造浓厚的学习氛围，推动各级侨联组织和干部广泛参与、共同学习，使学习成为各级侨联组织的鲜明特征。要进一步完善制度，制订学习计划，强化考核测评，使学习由软任务变成硬约束。各级侨联领导干部要做自觉学习的表率，先学一步、学深一些，多学一点，形成上带下、层层抓的良好局面。

三要坚持问题导向，找准症结对症下药。当前，侨联组织仍存在着基层基础薄弱、有效覆盖面不足、吸引力凝聚力不够等问题，特别是在新侨群体中的影响力亟待增强。对此，在学习过程

中要坚持问题导向，带着问题学，善于发现问题、提出问题、思考问题，切实解决侨联工作中的难点问题、侨界群众反映强烈的突出问题、侨联组织建设面临的重点问题。厘清哪些是普遍性问题，哪些是特殊性问题；哪些是思想认识问题，哪些是工作方法问题；哪些是工作机制、制度上需要完善创新的问题，哪些是工作执行落实不够到位的问题，找准症结，对症下药、有的放矢，不断改进和完善侨联工作。

四要结合调查研究，密切联系侨界群众。坚持实事求是，在深入实践中学习，是我们党的优秀品质。深入实践，最直接最有效的途径和方法就是深入开展调查研究。各级侨联干部要关注侨情变化，深入基层一线、乡村社区、产业园区、科研院所的普通侨界群众中，了解他们的所思所想所盼所愿，听取他们对侨联工作开展和改革创新的意见建议，在尽可能多地掌握侨情资料的基础上，研究侨联工作的新变化、新特点、新挑战、新任务，研究如何在党和国家事业发展中更好地发挥侨联组织作用，切实把服务大局和服务侨界群众的工作有机统一起来，把侨界群众独特作用更好地发挥出来。

四、充分运用学习调研成果，指导推动侨联工作实践

学习的目的全在于应用，在于指导工作实践。习近平总书记多次强调“空谈误国、实干兴邦”，说的就是反对学习和工作“空对空”“两张皮”。这就要求我们在学习中坚持一切从实际出发，防止形式主义，切忌“作秀”，要始终把习近平总书记系列重要讲话精神和掌握的科学知识贯穿于侨联各项工作之中，转化为谋划工作的新思路、促进发展的好举措、干好工作的真本领。

一要主动服务党和国家工作大局。今年是决胜全面建成小康社会的开局之年，“十三五”规划开局起步之年。团结动员广大归侨侨眷和海外侨胞助力“十三五”、实现“第一个百年”奋斗目标，是近期各级侨联组织服务大局的重要任务。要采取灵活多样、紧贴实际的宣传活动，引导侨界群众充分认识党中央治国理政的新理念、新思想、新战略、新目标，切实做到引领导向，鼓舞士气，聚力凝心。要围绕国家“一带一路”等重大战略实施积极作为，通过海外丰富人脉资源、庞大侨商网络，在“一带一路”沿线国家做好市场分析、社会公关、风险评估等工作，为中国企业走向世界牵线搭桥。

二要切实维护侨界群众利益关切。联系和服务侨界群众是侨联工作的生命线，要始终盯牢群众所急、党政所需、侨联所能的领域，解决好广大普通侨界群众最关心、最直接、最现实的利益问题，最困难、最操心、最忧虑的实际问题，多做暖人心、稳人心、得人心的好事实事，把党和政府的关怀和温暖送给广大侨界群众。要更加重视新侨人才工作，听取他们对侨联工作的意见建议，为他们回国创新创业提供政策信息支持，畅通沟通交流渠道，搭建服务合作平台，帮助他们实现创业报国梦想。对涉及侨界群众切身利益的实际问题，特别是关系侨界群众利益保障的，要加强与有关部门的沟通与协商，推动问题有效解决。

三要确保侨联改革目标任务圆满完成。今年是群团工作改革年，中国侨联改革方案也将于近期出台。希望各级侨联深入学习领会中央精神，结合各自工作实际，积极谋划改革、推进改革。要始终以保持和增强政治性先进性群众性为目标，积极适应海内外侨情变化，聚焦侨联体制机制改革，研究如何创新机构设置、探索新的组织架构，厚植侨联发展基础，增强侨联发展活力。要持之以恒、坚持不懈改进工作作风，让侨界群众真正感受到侨联组织在身边、服务在身边、推动解决问题在身边，使各级侨联干部成为归侨侨眷和海外侨胞之友。

四要不断推进侨联工作创新发展。互联网时代的快速发展，对侨联工作方式方法提出了新的要求。各级侨联干部要主动适应侨联事业发展需要，更好地运用新媒体和网络平台，发布侨界信息、收集侨界民意、回应侨界诉求，加强与海内外侨胞的信息共享与交流，打造线上线下相互促进、有机融合的侨联工作新格局。要加强网上侨联建设，与建设全方位、立体化、多层次的侨联组织体系结合起来，更好地把最广大侨界群众特别是新侨、高层次侨界人才吸引过来，团结凝聚在党的周围。要深入研究侨联组织有序参与民主协商机制、侨界群众权益保护机制、侨界群众利益表达机制，更好地利用协商民主等载体形式，

在参与立法、民主监督、制定规划、完善政策等方面发挥侨联组织应有的作用。

各位学员、同志们，举办侨联系统干部培训班是中国侨联深入学习贯彻习近平总书记系列重要讲话精神、深化“两学一做”学习教育的实际行动，是加强学习型组织建设、提高干部队伍整体素质，推进侨联组织与工作改革创新的重要举措，也是相互交流、共同探讨新形势下侨联工作的具体方法。希望大家端正学习态度，强化学员意识，严格遵守纪律规定和培训班的各项要求，在培训期间静下心来认真学习、潜心思考，坚持学以致用、用以促学、学用相长，在深入领会上下功夫，在贯彻落实上出实招，不断推进侨联工作取得新的更大成绩。

在中国侨联九届六次常委会议上的总结讲话

（2016年7月26日）

董中原

各位常委，同志们：

这次中国侨联九届六次常委会议，是在深入学习贯彻习近平总书记“七一”重要讲话精神和中央关于侨联深化改革重大决策部署的形势下召开的。李源潮同志作了重要讲话，提出了明确要求。林军同志总结了上半年工作，部署了下半年任务。会议期间，大家围绕贯彻落实中央精神和推动侨联深化改革、创新发展的主题，充分讨论，深入交流，圆满完成了各项议程，达到了统一思想、提高认识的目的。

一是明确了党中央对侨联改革的总体思路和决策部署。大家表示，从2014年中央印发《关于加强和改进新形势下侨联工作的意见》，到2015年中央出台《关于加强和改进党的群团工作的意见》、召开中央党的群团工作会议，再到今年以来中央书记处办公会议、中央全面深化改革领导小组会议、中央政治局常委会议先后审议并原则通过《中国侨联深化改革总体方案（送审稿）》，充分体现了以习近平同志为总书记的党中央对侨联工作的高度重视和亲切关怀。特别是习近平总书记对进一步做好新形势下的侨联工作多次作出重要指示，提出明确要求，为侨联深化改革、创新发展指明了前进方向，提供了根本遵循。大家谈到，必须认真学习贯彻习近平总书记提出的要求，着眼于党和国家事业全局，着眼于经济社会发展深刻变革和国际形势深刻变化，以增强政治性、先进性、群众性为目标，深刻理解党中央始终秉持问题导向和对涉侨工作的战略研判，进一步增强对侨联改革重要性、紧迫性的认识。大家谈到，李源潮同志要求各级侨联干部认真学习、深入贯彻习近平总书记重要讲话精神，进一步增强政治意识、大局意识、核心意识、看齐意识，并对扎实推进侨联改革创新，围绕“四大任务”“两个拓展”增强活力，扩大影响，更好地为实现中国梦建功立业提出了明确要求，帮助我们理清了工作思路、明确了工作重点，进一步增强了做好侨联工作的信心和勇气。

二是明确了新形势下侨联工作面临的主要任务和挑战。大家表示，《中国侨联深化改革总体方案》的实施，需要各级侨联的支持、配合与整体联动。《方案》下发后，各级侨联要按照中央的统一部署，及时向同级党委汇报，在同级党委的领导下，积极推进自身改革。无论是涉及中国侨联机关、侨联系统的改革，还是各地侨联改革方案的制定，都需要认真学习领会中央关于群团改革、侨联改革的总体思路和部署要求。只有把中央关于侨联改革精神学习好、理解深、消化透，才能使推进侨联改革的实施方案和具体措施不走样、不跑偏，确保中国侨联改革任务圆满完成，确保各地侨联改革有序推进。近年来，各级侨联组织围绕中心、服务大局，在凝聚侨心、汇集侨智、发挥侨力、维护侨益等方面取得了明显成效，为推进今后的工作打下了坚实基础。同时，随着世情、国情、侨情的发展变化，侨联的工作对象、工作环境、外部条件、组织形式等都面临许多新情况、新问题。比如，如何在党和国家涉侨工作格局中找准定位和切入点，如何更好地拓展海外工作和新侨工作，如何进一步发挥侨联在民间外交方面的独特优势，如何以重点侨乡的成功经验和有效做法带动侨联系统的整体发展，如何更好地依靠侨界群众创新工作思路和方式方法，是当前侨联工作面临的主要任务和挑战。

三是明确了今后侨联组织深化改革的着力点和突破口。大家表示，林军主席的讲话很好地把握了中央要求和侨联工作实际，直面基层侨联存在的突出问题，体现出深刻的大局观念、明确的问题导向和强烈的基层意识，思路清晰、务实可行。大家表示，侨联深化改革涉及方方面面，需要用心谋划、精心组织。在具体实施过程中，无论遇到多大的困难和问题，都需要各级侨联组织和侨联干部在准确把握中央决策部署的基础上，充分发挥主观能动性，敢于担当，勇于作为，以“逢山开路、遇水搭桥”的勇气，什么问题突出，就解决什么问题，什么领域亟待加强，就向什么领域进军，切实把侨联改革的各项措施贯彻好、落实好、完善好。

大家在讨论中还提出了许多很好的意见和建议，比如，建议中国侨联抓住深化改革的难得机遇，推动涉侨工作的顶层设计，特别是明确职能，细化、量化有关工作，固化有关机制；建议中国侨联加强对地方侨联改革的指导，加强与地方党委政府的沟通协调，争取通过这次改革解决一些实际问题；建议着眼社会信息化的发展大趋势，更加注重加强“网上侨联”建设，做出发展规划、建好技术平台、加强协调沟通、切实抓出成效；建议进一步加强侨联干部的培养，特别是应注重干部培养的实效性和可操作性，优化干部培训的方式方法；建议中国侨联切实加强对地方侨联的组织建设的指导、规范和推动力度；建议中国侨联更加注重自身品牌活动的顶层设计、总体布局，更好地联动和推动地方侨联工作；建议将“亲情中华”主题活动结合各地独特的风土人情和特色产品，讲好中国故事，传播好中国声音，树立好中国形象；建议关注涉侨工作领域出现的新情况、新问题，特别是妥善解决工作对象扩大化、部门之间职能交叉等问题，在群团工作深化改革的过程中争取主动；中国侨联成立60周年是一个重大机遇和节点，建议推动地方侨联加强互动，优势互补，形成更大声势，展现侨联组织更大作为；目前对“侨”的定义不够明晰，特别是对新侨的身份认定不够明晰、不够规范，建议中国侨联协调有关部门在调查研究的基础上，进一步加强这方面的规范，作出更加清晰的定义；中国侨联深化改革总体方案下发后，建议集中培训各省级侨联负责人，答疑解惑，并加强具体指导和典型引领。对于大家提出的意见建议，中国侨联将认真研究，进一步改进有关工作，细化实化改革举措。目前，《中国侨联深化改革总体方案》正在由中央办公厅按照中央政治局常委会议的讨论意见和决定精神修改审定，希望大家在该《方案》印发后，认真学习领会、深入贯彻落实中央党的群团工作会议精神和中央关于侨联改革的总体思路和决策部署，在推进侨联改革和各项事业发展的过程中，统筹处理好十个关系。

第一，统筹处理好深化改革与做好日常工作的关系。

推进深化改革，将是今后一个时期侨联工作的重中之重。但重点不等于全部，在繁重的改革任务中，要正确处理好深化改革与日常工作的关系。要坚持问题导向，用改革思维来研究问题、解决问题。要坚持“两条腿”走路，通过认真做好日常工作进一步加快深化改革的步伐。今年各级侨联要开展“创业中华·建功十三五”、纪念孙中山先生诞辰150周年、纪念中国侨联成立60周年等活动，时间紧、任务重、工作头绪多，需要统筹谋划、全力实施。对于年初确定的工作安排，要一以贯之落实好，确保各项任务不断线、不偏废。对于下半年的重点工作，要精心组织，着力推进，做到以改革促进各项工作，以各项工作更加优异的成绩展现改革成效。要提高谋事的预见性、步骤的统筹性和工作的科学性，在工作头绪多、人手不足的时候，要突出重点、聚焦发力，提高各项工作的关联性和整体性，做到改革与其他各项工作两不误、两促进。

第二，统筹处理好率先推进与上下协同一体的关系。

深化改革，中国侨联机关将率先推进。要按照有序有力的要求，制定好时间表和路线图，强化工作责任制，确保改革的指导思想、目标任务、部署要求、具体措施一步一个脚印地向前推进，落到实处。要按照中央要求，通过有效方式上下联动，进一步加强对省级侨联改革的指导，推动省级侨联改革在同级党委的统一部署下稳妥有序进行，形成上下一条心、工作一盘棋的良好格局。中国侨联深化改革总体方案对其他层级、其他领域改革也会提出一些方向性要求和政策空间。各地在研究谋划本级侨联改革时，要胸怀全局、着眼整体，坚持条块结合、示范带动，抓住上下贯通的关键领域和重点环节，进一步强化顶层设计和政策环境优化，更好地指导和促进基层侨联组织、重点侨乡和新侨工作的创新发展。

第三，统筹处理好服务大局与服务侨界群众的关系。

服务党和国家工作大局、服务各自所联系的群众是党的群团组织的基本职能。习近平总书记形象地将其比喻为“公转”和“自转”的关系，要求党的群团工作要“顶天立地”。联系服务侨界群众是为党和国家事业发展凝心聚力的基础，脱离了侨界群众，服务大局就将成为一句空话。服务大局，必然要求服务侨界群众、团结侨界群众。当前，从供给侧结构性改革到“大众创业、万众创新”，从自贸试验区建设到“一带一路”倡议对接落地，从脱贫攻坚、决胜全面小康到实现中华民族伟大复兴的中国梦，都需要广大归侨侨眷和海外侨胞贡献智慧和力量。现在，侨界群众的思想观念、利益诉求、行为方式和社团组织形式等都发生了深刻变革，这就要求各级侨联组织和侨联干部更加自觉地把服务大局与服务侨界群众密切结合起来，更好地履行各项职能。无论是谋划改革举措，还是实施创新发展，都要围绕服务大局和服务侨界群众开展工作。要不断提升服务能力和水平，把侨联组织的独特优势和积极作用充分发挥出来。

第四，统筹处理好整体实施与解决突出问题的关系。

中国侨联深化改革总体方案将对一些全局性、整体性、方向性问题作出回应，提出改革措施。各地的侨情和工作条件不一样，要注意找准制约本地区侨联工作发展的主要矛盾和突出问题，不回避、不退缩，坚持补齐短板，有针对性地研究提出解决问题的办法和对策。当前，侨联事业面临着一系列新情况、新问题，能不能把问题找准看透、对症下药、有的放矢，是对每一位侨联干部的重要考验。本次常委会议召开之前，各省级侨联提交了工作总结，提出了很多很好的意见建议。今后，建议各省级侨联在给中国侨联报告工作时，把推进改革面临的突出问题和解决问题的对策建议作为重要内容，不要担心把问题讲多了、讲重了会影响我们对大家工作的评价，相反，能够把问题找准讲透，制定出有针对性的对策措施，更能充分体现出各级侨联组织和侨联干部的思想水平、工作能力和创新精神。相对于工会、共青团、妇联等群团组织，侨联的基层基础薄弱问题更加突出，要切实提高对基层侨联组织建设重要性、紧迫性的认识，在侨联改革中坚定信心、下定决心、下大气力推进侨联基层组织建设取得新的发展和新的突破。

第五，统筹处理好全局观念与破除部门利益的关系。

侨联深化改革是一项系统工程。只有强化整体意识和纪律观念，才能心往一处想，劲往一处使，拧成一股绳，避免出现各行其是的情况。中国侨联机关各部门各单位要树立大局意识，严守政治纪律和政治规矩，服从分工要求，围绕侨联深化改革的总体目标，不折不扣落实好党中央提出的各项任务要求。改革不可避免地会涉及一些人事变动和机构调整，涉及一些干部的定编、定岗、定职务问题，也会涉及一些干部要到地方或基层挂职等安排。要深入细致做好思想政治工作，引导侨联系统广大干部职工拥护改革、支持改革、参与改革，做改革的促进派和实干家。各省级侨联要认真落实中国侨联深化改革工作部署和地方党委提出的要求，结合各自工作实际，把侨联组织改革发展的任务落实好，形成上下配合、目标一致、齐心协力、整体推进的良好局面。要发扬“钉钉子”精神，加强督促检查，落实相关责任，以侨联改革的新成效，赢得广大侨界群众的信任和支持。

第六，统筹处理好力求稳妥有序与勇于突破的关系。

习近平总书记指出：“中国改革已进入深水区，可以说，容易的、皆大欢喜的改革已经完成了，好吃的肉都吃掉了，剩下的都是难啃的硬骨头。”侨联在改革发展过程中遇到的困难、问题和挑战也不小，能否抓住这一轮群团改革的机遇，推动各级侨联组织应对新挑战、实现新突破，直接考验着每一位侨联领导和侨联干部的精神状态、工作能力和思想作风。因此，在整体谋划上要加强研究论证，力求稳妥。在具体贯彻落实上，要有担当精神，切实担负起历史赋予我们的责任。要加强调查研究，把新形势下的侨联工作研究透、把握好，把深化改革建立在扎扎实实的调查研究基础之上。在推进侨联深化改革的过程中，难免经历挫折和困难，这就需要我们鼓足干劲和闯劲，不惧风险、锲而不舍，开拓进取、敢打硬仗。要切实增强主业意识和主动精神，善于创造条件，坚决克服“等靠要”思想。如果总强调“缺人、缺钱、缺编制、缺条件”等客观因素，困难不会自然消失，也很难在涉侨工作中展现自我价值、发挥独特作用。中国侨联将围绕中央批准的改革总体方案制定专门性的改革举措，推动有关部门出台配套政策，各地侨联也应结合各自实际，创造性地加以贯彻落实，特别要注意把侨联工作主动融入当地党委政府全面深化改革的决策部署之中，主动汇报、积极协调，为侨联改革发展创造更加有利的条件。

第七，统筹处理好组织体系创新与工作创新的关系。

组织体系创新与工作创新是侨联改革发展的两大引擎。组织体系创新管根本、利长远，工作创新增活力、强实力，两者不可偏废。随着国内外形势的发展变化，侨联组织的服务对象、工作方式、运行机制也应随之改变，推进侨联组织体系创新刻不容缓。要通过增强“侨代会”代表、侨联委员、常委和侨联领导班子的代表性和广泛性，着力建设专职、兼职、挂职相结合的干部队伍。要创新侨联组织的设置方式，注重发挥各类侨界社团在联系侨界群众方面的积极作用。要建立健全侨联干部直接联系服务侨界群众长效机制等措施，让侨联组织深深植根于侨界群众之中，更好地团结引领归侨侨眷和海外侨胞。近年来，侨联工作在社会化、项目化、品牌化等方面做了积极探索，打造出多个影响大、效果好、覆盖面广的知名品牌。下一步，要切实把握好侨联作为党领导下的侨界群团组织的定位，不断创新工作思路、工作载体和工作方式，更好地完善侨界群众参与机制、宣传表彰机制、信息传播机制、工作部署机制、海外联谊机制等，让侨联工作充满活力，更接地气，更加富有实际成效。

第八，统筹处理好建设网上侨联与组织建设的关系。

建设网上侨联，不是在现有侨联系统之外再搞一个侨联组织体系。网上侨联工作是侨联适应侨情变化要求，运用信息化手段，更好地联系、引导、服务、动员广大归侨侨眷和海外侨胞的重大举措。线上与线下的良性互动，是扩大侨联组织和工作覆盖面、提高侨联组织吸引力、凝聚力和影响力的必然要求。要不断创新网上工作方式和内容，充分发挥互联网、新媒体等传播快捷、信息及时、形式新颖、发布灵活等优势，根据广大归侨侨眷和海外侨胞的意愿和需求，紧密结合各地历史和人文资源，优化网站、微博、微信公众号、手机客户端等载体的形式和内容，及时回应侨界群众的关切，为侨界群众提供更加有效的服务。要善于把传统的工作手段、工作项目、工作内容运用到互联网中，坚持网上工作与网下工作优势互补、相互促进，增强网上侨联工作的灵活性和吸引力。同时，要进一步加强各级侨联组织建设，学习借鉴广东省清远市、浙江省温州市“党建带侨建，侨建为党建”的成功经验和有效做法，充分整合社会资源，用心尽力推进基层侨联工作，进一步扩大覆盖面，提高凝聚力和影响力，切实做到有资源、有阵地、有内容、有成绩。

第九，统筹处理好自身积极作为与争取支持的关系。

推进侨联全面深化改革，把各项改革措施落到实处，关键要靠各级侨联组织和侨联干部扎扎实实的努力，同时，争取各方支持也很重要。要坚持“强身健体”，搞好“内循环”不断增强改革意识，以改革的思维谋划服务经济发展、依法维护侨益、拓展海外联谊、积极参政议政、弘扬中华文化、参与社会建设各项职能的履行。要扩展工作视野，搞好“外循环”，积极争取同级党委、政府和有关部门的重视支持，善于开发运用各种社会资源，与海内外有关方面和机构建立广泛的合作关系。在谋划工作时站位要高，从党和国家事业发展的全局思考问题；在做具体工作时姿态要低，从侨联自身的性质和特点出发，只要有利于服务侨界群众的工作和活动，不管是主角还是配角，都要全力以赴地做好。要善于借船出海，借力使力，加强与工会、共青团、妇联、科协等人民团体的联系，及时了解他们的改革举措、成功经验和有效做法，在群团改革的整体布局中展现侨联的独特优势，与各群团改革协调一致、整体推进。

第十，统筹处理好全面深化改革与转变作风的关系。

作风就是形象，转变侨联组织和侨联干部的工作作风，是侨联全面深化改革的重点之一，也是确保改革不断推进的重要保障。群团组织存在的突出问题是脱离群众，无论是贯彻落实中央部署的改革任务，还是切实履行侨联的各项职能，都要坚持以人为本，为侨服务的宗旨。这个根本态度端正了，工作思路、工作方法就有了；这个根本态度不端正，再多的思路和方法都可能成为新的形式主义。现在，“两学一做”学习教育正在深入进行。强化群众观点、推进侨联改革，必须与“两学一做”学习教育相结合，把工作重心放到普通侨界群众身上。建立健全直接联系服务侨界群众长效机制是转变侨联干部作风、解决突出问题的重要举措。要总结相关经验，建立健全侨联干部与普通归侨侨眷、海外侨胞开展长期性、经常性联系的渠道和方式，形成较为完备的制度体系。要进一步推动侨联干部自觉走出机关、深入基层，与侨界群众打成一片，真心实意与侨界群众交朋友，努力建设归侨侨眷和海外侨胞之家。

各位常委，同志们，“四个全面”战略布局和“五位一体”总体布局开启了党和国家事业发展的新征程，党中央的明确要求和侨界群众的殷切期望是推进侨联改革的强大动力。让我们紧密团结在以习近平同志为总书记的党中央周围，高举中国特色社会主义伟大旗帜，以邓小平理论、“三个代表”重要思想、科学发展观为指导，深入学习贯彻习近平总书记系列重要讲话精神，弘扬优良传统，锐意改革创新，团结引领广大归侨侨眷和海外侨胞为全面建成小康社会、实现中华民族伟大复兴的中国梦作出新的更大贡献！

在中国华侨历史学会第七次会员代表大会闭幕式的讲话

（2016年8月3日）

董中原

各位代表、各位来宾：

中国华侨历史学会第七次会员代表大会顺利完成各项议程，今天就要闭幕了。中国侨联对本次会议高度重视，中国侨联主席、党组书记、中国华侨历史学会会长林军同志在大会上作了工作报告，全面回顾总结了中国华侨历史学会第六次会员代表大会以来的工作，提出了学会今后的工作设想。5年来，中国华侨历史学会及地方侨史学会紧密团结联系华侨华人研究学界的专家学者，围绕党和国家工作大局，在华侨华人历史、侨务理论及侨情研究方面做了大量卓有成效的工作，受到了各界人士的充分肯定和广泛赞誉。本次大会开幕时，中国史学会会长、《求是》杂志社社长李捷，中国档案学会理事长段东升，中国社会科学院近代史研究所所长、中国史学会副会长、秘书长王建朗等到会祝贺并致词，世界海外华人研究学会会长陈志明向大会发来贺信，充分体现了学会的影响力和海内外学界对我会的支持和关注。

参加本次会议的有长期从事华侨华人研究、德高望重的学界老专家，有默默耕耘、成果丰硕的学术带头人，也有年富力强的中年学者和崭露头角的青年骨干，还有全国侨联系统及有关部门从事侨务侨史研究的同志。召开这次大会的目的，就是共同研讨华侨华人研究的新发展、新成果，迎接新机遇、新挑战，凝聚共识、谋划未来。本次会议审议通过了中国华侨历史学会第六届理事会的工作报告，选举产生了中国华侨历史学会第七届理事会，聘请了中国华侨历史学会第七届顾问、荣誉理事、海外荣誉理事。会议期间，举办了“国际视野下的华侨华人”学术研讨会，庄国土、李胜生、周敏、刘国福、宋全成、李明欢等海外和国内的知名专家学者作了主题发言；在小组研讨中，不少同仁发表了各自的学术论述和观点，充分反映和体现了当前学界对于全球化时代华侨华人与中国国际移民研究的学术思考和最新成果。经过与会代表的共同努力，本次大会主题鲜明，重点突出，内容丰富，成果丰硕，取得了圆满成功。

中国华侨历史学会自1981年成立至今，已经走过了35年的光辉历程。学会紧跟时代步伐，努力开拓创新，始终致力于促进华侨华人研究团体和专家学者的学术交流与合作，已经成为当今国际移民和华侨华人研究学界具有重要影响和较高声誉的学术团体。借此机会，我代表中国侨联和新一届理事会，向多年来关心学会工作的历届中国侨联领导、侨界老前辈和海内外各界朋友，向中国华侨历史学会会员、华侨华人研究学界专家学者和侨务工作者表示崇高的敬意和衷心的感谢！

下面，我受林军同志的委托，就中国华侨历史学会的工作和华侨华人研究事业的创新发展，简要讲几点意见。

一、把握时代性，在国际形势变化中推进华侨华人研究

随着全球化迅猛发展，世界各国人口流动不断加速，大规模的国际移民现象日益呈现出鲜明的时代特征。作为国际移民的重要组成部分，中

国新移民在世界经济发展、文化交流交融、族群关系及国与国之间的关系、区域发展及地区安全等方面不断产生重要影响，需要我们把握时代特点推进国际移民与华侨华人研究。**一是**立足全球视野，准确认识国际移民新动向。联合国经济和社会事务部发布的《2015国际移民报告》显示，全球范围的国际移民人口持续快速增长，从2000年的1.73亿，增长到2010年的2.22亿，2015年创下2.44亿的历史新高。可以说，全球范围内的人口迁移已成为一种“新常态”。改革开放以来，随着我国经济社会快速发展，综合国力增强和人民生活水平不断提高，对外交流交往增多以及出入境政策的调整实施，中国国际移民数量也在不断增多。在移民输出国排行榜上，中国从1990年的第7位跃升至2013年的第4位，移民人数从410万增加至930万。在中国全面走向世界、全球经济一体化的背景下，需要我们在世界发展大势中加强国际移民研究，把握国际移民发展规律，把华侨华人研究放到国际移民大潮中来考察，研究二者共同特征，分析探讨不同特点，提出有关政策建议。**二是**明晰发展趋势，深入研究海外侨情新变化。华侨华人的历史，既是一部在异国他乡自强不息、努力拼搏、开拓创新的奋斗史，也是在住在国落地生根、与其他族群兼容并蓄、互学互鉴的交流史。总体来看，华侨华人逐步融入当地主流社会，政治社会地位不断提升，生存发展环境日益改善，在全球大多数国家安居乐业。同时，也存在值得关注的现象和问题。比如，一些国家政局不稳或经济形势恶化，使华侨华人在住在国生存发展陷入困境。只有及时发现苗头性、警示性、倾向性问题，才能为华侨华人提供更具针对性、实效性、预见性的服务。应深入研究华侨华人对有关国家的人口、经济、政治和文化等产生的重要影响，深刻分析全球化时代华侨华人社会的新变化、新趋势、新诉求，包括总体数量、国家和地区分布、群体和阶层构成、思想观念、价值取向、行为方式等，深入探讨有效保护海外侨胞正当权益的体制机制，调整相关政策和工作着力点，促进他们与当地社会的融入融合。**三是**配合国家战略，主动研究国际移民新问题。当前，为应对全球化带来的国际移民新趋向、新形势、新机遇、新挑战，不少国家开始逐步调整自身移民政策。各国的移民政策在很大程度上决定了国际移民的趋势、流向和特征。习近平总书记在中国共产党建党95周年大会上指出，中国将积极参与全球治理体系建设，努力为完善全球治理贡献中国智慧。6月30日，国际移民组织在日内瓦举行特别理事会，以协商一致方式通过了中国加入特别理事会的申请，中国正式成为该组织的第165个成员国。这就需要华侨华人专家学者积极参与国际移民问题研究，为中国参与国际移民事务提供参考，推动国际移民治理的协商、对话与合作。应充分借助国际移民组织这一平台，聚焦国际社会共同关注的移民问题，推出并牵头组织相关研究项目，积极加强国际交流与合作，与国际社会共同应对移民问题所带来的挑战与机遇。

二、立足专业性，充分体现华侨华人研究工作的中国特色

当前，我国华侨华人研究队伍不断壮大，研究水平和创新能力不断提高，华侨华人研究取得了较为丰硕的成果。面对世情、国情、侨情的新变化、新趋势和新问题，华侨华人研究在取得成绩的同时，仍然面临一些亟待研究解决的问题，需要广大华侨华人研究者奋发努力，加强协作，团结拼搏，进一步开创华侨华人研究新局面。**一是**旗帜鲜明地坚持正确研究方向。华侨华人研究涉及经济、政治、文化、社会等各方面及国际关系、民族、人口等多学科领域，是由不同学科人员共同参与的综合性研究领域。从事华侨华人研究，必须旗帜鲜明地坚持马克思主义的指导地位，坚持为人民服务、为侨界群众服务、为社会主义服务的方向和百花齐放、百家争鸣方针，运用马克思主义的立场、观点、方法研究解决相关重大理论和实践问题。国内华侨华人研究者应自觉学习习近平总书记系列重要讲话精神，自觉把中国特色社会主义理论体系贯穿学术研究的全过程，转化为清醒的理论自觉、坚定的政治信念和科学的思维方法。**二是**推动华侨华人研究长远发展。在一代又一代华侨华人研究工作者的努力下，华侨华人研究形成了自身的学科特色和学术规范。华侨华人研究应体现继承性，弘扬老一辈华侨华人研究者不畏艰难、锲而不舍的执着精神，一丝不

苟、科学严谨的治学理念，淡泊名利、奖掖后进的大家风范，实事求是、刚健清正的学术风骨，推动华侨华人研究中各种知识、观念、理论与方法相互融合发展，继承自身的研究传统与优势，丰富涉侨研究资源和知识基础。**三是**打造华侨华人研究的“中国学派”。一个国家的发展水平，既取决于自然科学发展水平，也取决于哲学社会科学发展水平。2016年5月17日，习近平总书记在哲学社会科学工作座谈会上发表了重要讲话，全面深刻地阐述了新的历史时期我国哲学社会科学发展的使命与方向。习近平总书记在讲话中着重强调了哲学社会科学研究的中国特色问题。当前，华侨华人研究已成为世界各国学者共同关注的重要领域，多学科、多角度的跨国研究比比皆是。应立足于世情、国情和侨情的新变化，关注华侨华人和国际移民发展的潮流和趋势，将学术研究的国际性与本土性有机结合起来。中国的华侨华人研究者具有得天独厚的基础和优势，应牢记使命，不懈耕耘，借鉴国际移民及相关研究的思想理论和研究方法，准确把握华侨华人研究的最新发展方向，为我国哲学社会科学事业繁荣发展贡献力量。

三、提高前瞻性，为经济社会发展和国家战略提供智力支持

坚持侨史研究与现实侨情研究并重、基础研究与对策研究并重，是华侨华人研究事业发展的需要。为更好适应世情、国情、侨情的发展变化、党和国家事业发展的要求，华侨华人研究应提高前瞻性，将其放在全球化时代和中国发展的时代进程中去考量和定位，提高预见能力，加强对策研究，为经济社会发展和国家战略实施提供智力支持。**一是**找准服务国家战略的切入点。当前，我国经济发展进入新常态，国际发展环境深刻变化，改革进入攻坚期和深水区，各种深层次矛盾和问题不断呈现，各类风险和挑战不断增多，世界范围内各种思想文化交流交融交锋，全面从严治党进入重要阶段，党面临的风险和考验集中显现，这些新形势都与广大归侨侨眷和海外侨胞密切相关，这就决定了华侨华人研究应该大有作为。华侨华人研究工作者应深刻认识新形势，扩展研究领域，紧扣国家重大发展战略，加强中外文化交流、传承中华文化、开展公共外交、“一带一路”建设、讲好中国故事等方面的研究，探讨发挥华侨华人作用的合理路径与渠道，倡导共赢共享的理念，在纷繁复杂的局面中找准服务国家战略的切入点，提出相关对策建议。**二是**始终坚持为侨服务的正确方向。改革开放以来，归侨侨眷的工作、生活、思想观念、利益诉求在我国社会利益格局变动、群体结构变化的影响下，出现很多新情况、新形态、新问题；城市社区、传统侨乡及华侨农场还有一定数量的困难归侨侨眷，解决他们的脱贫问题还需多方努力；随着我国国力的不断增强和国内发展环境的进一步优化，更多海外侨胞特别是高层次人才回国（来华）创新创业，具体的政策需要做好对接、落实等，这些也是华侨华人研究面临的新课题、新内容。华侨华人研究工作者应始终坚持为侨服务的正确方向，深入归侨侨眷之中开展课题调查、田野调查、对策调查等，以扎实细致、翔实丰富的典型事例、整体数据反映归侨侨眷的整体现状，预见可能出现的变化和问题；找准困难归侨侨眷帮扶需要改进的措施，推动侨界精准扶贫工作；加强新侨群体研究，为国家有关部门进一步做好新侨工作总体规划、制定法律法规和相关决策提供理论和决策依据。**三是**加强中国特色新型智库建设。广大归侨侨眷、海外侨胞和华侨华人研究者中蕴藏着丰富的智力资源和创造热情，这是智库建设的不竭动力和思想源泉。多年来，众多华侨华人研究专家学者的研究成果和对策建议得到中央领导、各级党委、人大、政府、政协和有关部门的高度重视，有的已经形成法律法规和政策措施。但华侨华人研究也面临学术研究和智库研究相脱节等问题，不少课题研究前瞻性、创新性不足，而有前瞻性、创新性的学术研究成果与现实相结合还需进一步加强沟通与协调。中国华侨历史学会应借助国家加强中国特色新型智库建设，建立健全决策咨询制度的契机，紧密联系、组织华侨华人研究专家学者，坚持问题导向，结合党和国家关注的重大紧迫课题和侨界群众最关心、最直接、最现实的利益问题，选准课题方向，明晰研究定位，集中更多的研究人员投身智库建设，努力建设开放、高端、专业的侨界智库。中国华侨历史学会秘书处应及时了解、整理、提炼专家学者的研究成果，形成相关

智库建议并促进成果转化。

四、体现服务性，创新侨史学会的工作方式和运行机制

中国华侨历史学会及各地侨史学会具备良好的工作基础。众多高校和科研院所都设有华侨华人研究机构，不少地方侨联也成立了华侨历史学会。2014 年初中共中央办公厅出台的《关于加强和改进新形势下侨联工作的意见》指出："侨联工作已经成为党和国家事业的重要组成部分""支持高校、科研院所开展侨务理论研究"。各级侨联组织在支持高校、科研机构开展相关研究方面，负有重要职责。前不久，中共中央书记处办公会议、中央全面深化改革领导小组会议、中共中央政治局常委会全体会议先后审议并原则通过了《中国侨联改革方案》，对侨联改革作出了全面部署，其中一项重要措施就是改组"中国华侨华人历史研究所"为"中国华侨华人研究所"，进一步加强华侨华人研究工作。《中国侨联改革方案》明确中国华侨华人研究所的主要职能是："负责中国侨联对策应用研究、侨情侨史研究、国际移民研究、中国侨联课题管理、《中国侨联年鉴》和学术期刊编辑工作，负责涉侨学术交流与合作、中国华侨历史学会工作，充分发挥侨联'智库'作用。"多年来，作为学会的主管单位，中国侨联始终重视学会工作，将继续加大政策支持和保障力度，努力为中国华侨历史学会发展创造有利条件，帮助解决中国华侨历史学会发展中遇到的实际困难和问题。中国华侨历史学会秘书处应认真听取各位会员、理事、顾问的意见和建议，进一步创新学会工作机制和运作模式，努力将中国华侨历史学会建成开放型、枢纽型、平台型的组织，持续推动华侨华人研究事业创新发展，加快形成功能互补、共谋发展、良性互动、协同创新的华侨华人研究新格局。**一是**进一步加强开放型建设。广泛团结联系国内华侨华人研究团体和专家学者，努力推动海内外专家学者沟通交流，不断加强与国外相关研究机构和学者的联系联络，加强与世界海外华人研究学会、世界海外华人研究与文献收藏机构联合会等国际重要学术团体的联系，在巩固原有队伍的基础上，注重吸收国际移民及相关研究的学者加入学会大家庭，鼓励中外不同学科和领域的专家学者围绕华侨华人研究的相关主题开展交流、对话与合作。**二是**进一步加强枢纽型建设。切实增强学会的影响力和凝聚力，把华侨华人研究专家学者、科研机构和学术团体团结联系起来，无论是高校和科研机构的专家学者，涉侨部门的专职干部，还是基层和民间热心侨史研究的人士，都是中国华侨历史学会联系服务的对象。努力加强中国华侨华人研究所工作，依托学会与海内外相关科研机构和学术团体开展合作研究，更广泛地凝聚研究力量。应努力推动学会工作的创新，注重利用互联网、新媒体等平台探索"互联网＋学会"工作，进一步联系、团结、引导、服务华侨华人研究专家学者和学会会员，切实增强服务能力和水平，努力打造学界专家学者之家。**三是**进一步加强平台型建设。努力创新活动机制，优化学术环境，搭建不同平台，开展跨学科多领域的研讨交流。以互联网思维深化学会工作方式创新，提高华侨华人研究专家学者沟通、交流的实效。积极打造学术交流平台、信息共享平台、人才成长平台、成果转化平台等，促进涉侨人才互动、学科融合发展、侨务资源共享，以此为基础充分发挥华侨华人研究的人才和智力优势。

各级侨联领导机关要紧密结合侨联深化改革，高度重视华侨华人研究工作，适应华侨华人研究的现实需求，汇集华侨华人研究专家学者的智慧，着力创新自身体制机制、组织设置和工作方式，更好地为中国华侨历史学会会员和侨史研究者提供服务和支持。应努力发挥中国华侨历史学会理事作用，扩大会员参与度，提升创新和服务能力，完善办事机构管理制度，加强规范化建设，为中国华侨历史学会依法依章程开展工作和创新发展提供制度保障。

各位代表、各位来宾，中国华侨历史学会第七次会员代表大会即将闭幕，新一届理事会工作即将开始。我们坚信，在实现"两个一百年"奋斗目标、实现中华民族伟大复兴的中国梦的历史征程中，华侨华人研究大有可为、大有作为，中国华侨历史学会及华侨华人研究事业一定会迎来更加辉煌灿烂的明天！

在第六届新侨创新创业成果交流暨联盟成立大会上的讲话

（2016年9月1日）

董中原

尊敬的全国政协副主席李海峰同志，

尊敬的十一届全国人大常委会副委员长陈至立同志，

同志们，朋友们：

今天，我们在这里隆重表彰获得第六届中国侨界贡献奖的创新人才、创新成果、创新团队和创新企业，正式成立中国侨联新侨创新创业联盟。受林军主席的委托，我代表中国侨联向给予本次活动大力支持的中央组织部、人力资源和社会保障部、中国科协、中国科学院、国家知识产权局等部门和单位表示衷心的感谢！向受到表彰的各位新侨代表和中国侨联新侨创新创业联盟的各位理事表示热烈的祝贺！向拼搏在创新创业第一线的广大侨界人士致以崇高的敬意！

党的十八大以来，以习近平同志为总书记的党中央高度重视科技创新，作出一系列重大部署。前不久，习近平总书记在“科技三会”上发表重要讲话，为在新的历史起点上建设创新型国家、建设世界科技强国，实现我国科技事业跨越式发展指明了正确方向、提供了根本遵循。创新驱动发展战略全面实施，科技进步对经济增长的贡献率不断提高，新的增长动力正加快形成；全社会创新创业热情极大迸发，新经济、新业态、新模式不断涌现。国家出台的一系列政策和创新创业的良好氛围吸引了大批海外赤子学成归国，投身创新创业的热潮。有关统计数据显示，从1978年到2015年底，我国各类出国留学人员总数达404.21万人，留学回国人员总数达221.86万人，“千人计划”分11批引进5208名海外高层次人才，“万人计划”分两批引进1630名领军人才。海外高层次人才回国后，充分发挥自身优势，在推动我国科技创新、战略性新兴产业发展等方面作出了积极贡献。刚刚受到中国侨界贡献奖表彰的169名创新人才中，博士以上学位的占88.76%，其中65人是国家“千人计划”的入选者；受到表彰的81项创新成果和80个创新团队，涵盖了生物医药、新材料、新能源等20多个学科领域，多项研究获得国家科技进步奖；受到表彰的86家创新企业，共获专利1300余项，许多项目拥有自主知识产权，多个产品和技术填补了国内空白，海内外侨界人才已经成为我国人才资源的重要组成部分，是我国经济转型升级的重要推动力量。

近年来，中国侨联为贯彻国家人才战略、推进创新型国家建设做了有关工作。**一是**打造“创业中华”品牌，联合浙江、北京、江苏、山西、湖南等地侨联举办引才引智活动，一大批海外高层次人才和高科技项目成功落地。**二是**连续举办五届创新成果交流会，累计表彰661名创新人才、282项创新成果和129个创新团队，对于激励侨界人才立足本职、成就事业发挥了积极影响。**三是**推进“新侨回国创新创业基地”建设，先后命名无锡市、杭州市、汕头华侨经济文化合作试验区、三一重工、贝达药业、安发生物等新侨创新创业基地，并积极推动基地的发展和规范管理。**四是**加强特聘专家委员会队伍建设，在已有5个专业委员会的基础上，筹备成立了金融专业委员会和海洋专业委员会，带动13个省级侨联、9个副省级侨联建立了特聘专家委员会或新侨专业人士联谊会。**五是**组建“新侨创新创业联盟”，凝聚了一大批有代表性的侨界创新创业力量，拓展了侨联经济科技工作的渠道和空间，为新侨创新创业人才相互交流、共享资源、合作共赢搭建了全新平台。

创新是中华民族最鲜明的民族禀赋，是实现伟大复兴的强力引擎。广大侨界人才应当抢抓创新模式变革、创新版图重构、创新优势重塑带来的新机遇，在建设世界科技强国的新征程中展现风采、建功立业。

第一，希望侨界创新人才增强紧迫感，努力创造新的业绩。从综合实力看，我国已经成为具有重要影响力的科技大国，但与建设世界科技强国的目标相比，科技创新的基础还比较薄弱，科技创新的支撑和引领作用亟待加强。侨界创新人才要有时不我待的紧迫意识，围绕国家重大战略需求确定主攻方向，向先进高端材料研发、生命科学和生物技术突破等具有战略意义的领域进军；要坚定创新自信，勇于挑战最前沿的科学课题和技术难题，特别是事关全局和长远、事关民生福祉的关键核心技术，努力打破西方国家的垄断和限制，全面提升自主创新能力，力争实现跨越发展；要树立全球视野，发挥侨界人才与海外联系紧密、对世界科技发展趋势感觉灵敏的优势，主动融入全球创新网络，优化配置创新资源，争取在更高水平上开展国际科技创新合作。

第二，希望侨界创业企业增强使命感，积极践行新发展理念。科技创新只有同用户需要、市场需求相结合，才能真正实现与经济社会发展的深度融合。侨界创业企业要深刻领会“创新、协调、绿色、开放、共享”的新发展理念，为我国发展的动力转换、方式转变、结构调整贡献力量。要将创新作为发展的基点，加大科研投入力度，加快科技成果转移转化，推动产业和产品向价值链中高端跃升。要拓展发展新空间、探索发展新模式，以实际行动支持区域、城乡、经济和社会协调发展。要坚持绿色发展、和谐发展、可持续发展，在生态保护与修复、清洁能源开发与利用等领域深耕细作、开花结果。要关注商品、资本、信息的全球流动，在更高水平上开展国际经济和产业合作。要借助互联网、大数据等现代技术手段提供高质量服务、促进高质量就业、成就高质量生活，让更多人民群众共享发展的成果。

第三，希望各级侨联组织增强责任感，积极营造良好氛围。今年是中国侨联成立60周年，也是中国侨联深化改革的关键之年。各级侨联要以举办纪念活动为契机，拓展、深化与侨界创新创业人才的密切联系；要深刻领会中央要求，深入细致做好侨界人才工作；要适应新经济、新业态、新模式不断涌现的趋势，团结、联系、服务新经济组织、新社会组织中的侨界人才，扩大侨联组织的覆盖面；要进一步加大调查研究的力度，深入了解侨界人才回国创新创业过程中遇到的困难和问题，及时反映他们的诉求，千方百计帮助他们攻坚克难。要善于发现人才、举荐人才、成就人才，不断扩大侨联组织兼职队伍中创新创业人才的比例。要将“创业中华”品牌活动、中国侨联新侨创新创业基地、中国侨联创新创业联盟等平台有机整合，推动形成“活动吸引人才、基地留住人才、组织凝聚人才”的良好局面。

同志们，朋友们：

推动创新发展、建设创新型国家、建设世界科技强国的伟大事业为广大侨界人才施展抱负提供了广阔舞台，让我们紧密团结在以习近平同志为总书记的党中央周围，脚踏实地、拼搏进取，为实现“两个一百年”奋斗目标和中华民族伟大复兴中国梦作出新的更大贡献！

在中国侨联九届三次全委会议上的总结讲话

（2016年1月20日）

李卓彬

各位委员、各位顾问，同志们：

本次全委会议圆满完成各项议程，今天就要闭幕了。这次会议传达了中央书记处办公会议的指示精神，李源潮同志代表党中央到会作了重要讲话，林军主席作了工作报告。会议通过了有关人事事项，通过了《关于动员广大归侨侨眷和海外侨胞为完成国民经济和社会发展第十三个五年规划目标任务贡献力量的决议》，通报表彰了全国侨联信息工作先进单位。全体委员进行了深入交流和热烈讨论，统一了思想，提高了认识，明确了今年的工作思路。

大家在讨论中一致认为：中央书记处对侨联去年工作给予充分肯定，对当前和今后一个时期的侨联工作提出了新的更高要求，这为侨联工作创新发展进一步指明了方向，充分体现了党中央对侨联工作的重视、关心和支持，大家倍感振奋，深受鼓舞。李源潮同志在讲话中要求各级侨联认真贯彻落实党的十八届五中全会精神，坚定不移走中国特色社会主义群团发展道路，在新的一年重点抓好5个方面的工作，这是党中央对侨联组织的重托和期望。林军主席全面总结了2015年侨联工作，从4个方面对今年工作作了部署，符合中央要求，切合侨联实际。大家普遍认为，过去一年来，中国侨联紧紧围绕党和国家工作大局，开拓创新，政治敏锐性强、资源整合得好，形成了严实结合、上下联动的生动局面，不仅体现了侨联组织的政治性、先进性和群众性，而且突出了工作的主动性、积极性和创造性；2016年的工作要争取做到着眼全球、统筹全国、宏观推进，发挥引领作用，注重求真务实，狠抓落实；积极有序推进侨联改革，加大侨联体制机制创新力度，努力做到组织全覆盖、上下一盘棋、工作科学化。

在讨论中，各位委员提出了不少好的意见和建议。比如：要有序展开侨联改革，科学做好顶层设计、厘清职能；要深入做好改革的前期调研，多倾听基层声音；要加强对地方侨联改革的分类指导、因地制宜，切忌“一刀切”；抓住群团深化改革的机遇，积极推动侨联组织工作创新；用互联网思维谋划侨联工作，推进网上丝绸之路建设，提升“侨联通”的实际运用功能；围绕精准脱贫，结合实际，摸清底数，明确思路，以点带面，实现造血功能；加强对实体侨资企业的扶持，帮助传统侨企走出困境，实现转型升级；要围绕“联”字下大功夫、做大文章，织好“联系网”，让每名侨联干部把广泛联系侨胞的工作落到实处；要扩大对新侨的联系面，积极引导港澳、海外侨界青年，开展更加贴近他们工作、生活需求的交流活动；建设“侨胞之家”应探索设立全国范围内的统一标准等等。中国侨联将对这些意见建议认真研究，进一步细化落实到各项工作中。

为进一步落实这次全委会议精神，确保今年各项任务圆满完成，我再强调4点意见。

一、切实推动“十三五”规划实施，用新的发展理念引领侨联工作创新发展

今年全国“两会”后，将正式形成国家“十三五”规划纲要。“十三五”时期，我国经济发展的显著特征就是进入新常态。这是我国经济向形态更高级、分工更优化、结构更合理的阶段演进的必经过程。实现这样广泛而深刻的变化对我们是一个新的巨大挑战。各级侨联要组织好学习动员，切实转变观念，为推动规划实施发挥侨力，作出贡献。**一是找准侨联工作切入点和着力点。**要把推动“十三五”规划实施与贯彻落实中央对群团和侨联工作两个《意见》相结合，与谋划开展侨联各项工作相结合，准确把握“十三五”发展的重大战略任务，深刻认识适应新常态、把握新常态、引领新常态将贯穿发展全局和全过程的大逻辑，深刻认识侨联事业发展的新变化新机遇新挑战，坚持变中求新、新中求进、进中突破，按照新的发展理念，发挥好侨界独特优势。根据侨联全委会工作部署，助推建立新侨创新创业联盟；增设特聘专家委员会金融专业分委会，吸纳金融领域优秀人才，发挥在国际金融交流合作等方面的智库作用。有计划开展侨界经济论坛、国际交流等活动，推动更多海外侨胞参与国家“一带一路”建设。**二是着力服务大众创业万众创新。**中央高度重视以大众创业万众创新为抓手，激发全社会创造活力，培育发展新动能，将互联网融合创新发展作为开展大众创业万众创新的有效平台。各级侨联要注重在侨界树立运用“互联网+”思维，充分发挥侨界资金、技术、商业网络等方面的独特优势，引导侨界群众积极参与推动传统产业与新兴产业的融合发展，参与推动互联网与创新创业的融合发展；要创新联系、服务的平台和机制，为侨胞参与大众创业万众创新提供有效服务，不断提升服务水平，激发侨界人才特别是新侨群体的创新创业活力。**三是着力服务开放发展。**各级侨联要准确把握经济新常态下“引进来、走出去”的内在要求，“引进来”要适应经济发展方式的转变，因地制宜，提高引资引智质量，引导侨资侨智向高新技术产业、先进装备制造业、现代服务业等产业集聚；“走出去”要适应我国从贸易大国迈向贸易强国、投资大国的新局面，穿针引线，发挥侨胞人际网络、商业网络和熟悉住在国政策法规、风俗习惯等优势，服务我国企业扩大对外投资，深度融入全球产业链、价值链、物流链。

二、以中央扶贫开发工作会议精神为指导，精准帮扶贫困归侨侨眷脱贫致富

习近平总书记在中央扶贫开发工作会议上深刻阐述了脱贫攻坚的重大意义，指出“要坚持精准扶贫、精准脱贫，重在提高脱贫攻坚成效”，“要重点解决好‘扶持谁’、‘谁来扶’、‘怎么扶’的问题”。侨联组织要认真贯彻落实中央扶贫开发工作会议精神，把关心侨界民生、帮扶农村贫困归侨侨眷脱贫作为今后一个时期的中心任务抓紧抓好。**一是要增强责任感、使命感和紧迫感，做好摸底调查工作。**当前我国的脱贫工作已进入攻坚阶段，实现7000多万农村贫困人口到2020年摆脱贫困的既定目标，时间紧迫、任务繁重。这7000多万农村贫困人口中包括部分归侨侨眷，帮助他们实现脱贫，是侨联组织义不容辞的责任和义务。各级侨联要进一步增强帮扶贫困归侨侨眷的责任感、使命感和紧迫感，充分调动侨界各方力量，帮助贫困归侨侨眷脱贫致富。首先要与政府有关部门密切沟通，深入开展调研，做好农村贫困归侨侨眷摸底工作，切实掌握本地区农村贫困归侨侨眷的准确人数、居住条件、就业状况、收入来源及致贫原因，以精准识贫为基础，为精准扶贫、精准脱贫提供准确有力的数据支撑。**二是要激发潜力，调动侨界群众的积极性主动性创造性。**各级侨联组织要在侨界大力弘扬自力更生、艰苦奋斗、勤劳致富精神，坚定脱贫信心，充分调动贫困归侨侨眷的积极性主动性创造性，增强其自我发展能力。要创新、细化扶贫的思路方法，因地制宜，因户因人施策，精准设计脱贫项目，多管齐下，增强帮扶贫困归侨侨眷方式的灵活性。要积极发挥参政议政职能，推动完善有关政策法规，协助有关部门和地方政府积极推进农村贫困归侨精准脱贫。**三是要整合资源，积极发扬互帮互助优良传统。**守望相助、扶贫济困是中华民族的传统美德，也是侨界的优良传统。各级侨联要发挥组织优势，广泛凝聚侨界群众的智慧和爱心，通过发扬“侨帮侨”的光荣传统，探索多渠道、多元化的精准扶贫新路子。着力打造扶贫公益品牌，做大做强“侨爱心工程”，注重拓宽渠道引导侨资侨智侨力重心下移，在全社会营造“侨帮侨”“侨助侨”“侨护侨”的浓厚氛围。中国侨联已就贯彻落实中央扶贫开发工作会议精神向各省区市侨联下发了通知，希望各级侨联按照要求及时

上报贫困归侨侨眷统计情况，并结合地区实际加强统筹谋划，确保责任到人，要及时总结经验，善于发现贫困归侨侨眷扶贫开发工作中的先进典型，通过典型引路，推动扶贫开发工作更务实更广泛地深入开展。

三、以增强政治性、先进性、群众性为目标，积极稳妥推进侨联自身改革创新

党中央关于群团组织改革的试点工作正在稳步开展，改革成为今年侨联工作的重中之重。各级侨联要强化问题导向，增强改革意识，着力解决突出问题，把切实保持和增强侨联工作的政治性和侨联组织的先进性、群众性作为改革的根本目标。**一要坚持问题导向，整体推进改革。**坚决避免和克服“机关化、行政化、贵族化、娱乐化”现象，认真查找“四化”表现形式，深刻剖析“四化”现象的实质。针对侨联工作存在的突出问题，深入基层、深入群众，坚持解放思想、实事求是，坚持与时俱进、改革创新，使改革措施更具针对性、前瞻性和实效性。要深化组织体系、工作方式、运行机制、服务内容、活动方式改革，不回避问题和矛盾，确保改革取得实质性的进展。要深刻把握对侨联改革规律认识，坚持整体推进，统筹协调，把握大局，重点突破，把改革向纵深推进。牢牢扭住全面深化改革各项目标，有序有力改革服务侨界群众的体制机制，抓出新成效，努力使各项改革措施落地生根。**二要坚持重心下移，打牢组织基础。**针对侨联组织基础薄弱的突出问题，要把推进侨联组织建设作为侨联改革的重点，坚持党建带群建的要求，主动把侨联组织建设纳入党建工作大格局，着眼最广泛地把广大归侨侨眷吸引、组织到侨联中来，通过基层侨联进一步强化拓展海外工作、拓展新侨工作，建立与海外侨胞和华裔新生代的常态化沟通协作机制，引导推进和谐侨社建设，扩大与广大海外侨胞的联系，推动实现海外侨胞大团结大联合，不断巩固和扩大爱国统一战线。创新基层侨联组织设置、成员构成、联系侨胞的方式，尊重基层侨界群众的主体地位和首创精神，不断促进基层侨联组织建设大发展、工作水平大提高，把基层侨联组织建设得更加充满活力、更具凝聚力和向心力。**三要深入侨界群众，深化为侨服务。**要深入归侨侨眷和海外侨胞之中，与他们零距离接触，增进真挚感情，建立直接联系侨界群众的制度，扎实开展服务型基层组织创建活动，努力做到了解实情、解决问题；要推动枢纽型组织建设，切实发挥各级侨联所属特聘专家委员会、侨史学会、青年委员会、侨商会、法律顾问委员会、留学生联谊会、归侨联谊会等各类社团组织作用，影响和引导新经济组织、新社会组织发挥正能量，延伸群众工作手臂；要及时反映社情民意，准确把握侨界群众的特点和需求，诚心诚意为侨界群众排忧解难。

四、以纪念孙中山先生诞辰 150 周年和中国侨联成立 60 周年为契机，不断增强侨联组织的凝聚力和号召力

今年是孙中山先生诞辰 150 周年，也是中国侨联成立 60 周年，中国侨联将紧密围绕工作大局，结合全年工作部署，精心组织、统筹开展相关纪念活动。各地侨联应以此为契机，结合实际，上下联动，开展形式多样的纪念活动。**一是总结经验、继往开来。**要全面总结、广泛宣传党的侨务政策，党领导下的侨联组织成长的光辉历程、显著成就和成功经验，增强广大侨联工作者的自豪感、自信心和凝聚力，不断扩大侨联组织的影响力；要充分展示归侨侨眷、海外侨胞的赤子情怀和历史功绩，大力弘扬爱国主义精神，激励广大归侨侨眷、海外侨胞在新的历史条件下弘扬中华民族优良传统，深化对中国特色社会主义道路、理论和制度的理解与认同，增强民族文化自信，充分发挥自身优势，为共圆中华民族伟大复兴的中国梦贡献力量。**二是进一步加强侨联干部的思想、能力、作风建设。**广大侨联干部要坚定理想信念，强化思想理论武装，要联系实际、学以致用，善于分析工作进程中面临的阶段性特征、规律性问题和关键性环节，开拓性地解决新问题、战胜新挑战、完成新任务；提高做群众工作的能力，了解侨界群众的所思所想、所盼所求，深入研究和把握新形势下群众工作的规律，不断完善联系侨界群众、服务侨界群众的长效机制，以真心服务、真情投入赢得理解、配合与支持；大力弘扬求真务实之风，加强调查研究，改进

工作方式方法，努力做到符合实际、务求实效；深入推进党风廉政建设，认真学习、贯彻执行《中国共产党廉洁自律准则》和《中国共产党纪律处分条例》，严肃党纪党规，切实做到坚持标准、严守底线。

各位委员、各位顾问，同志们，实现“十三五”规划目标任务，为侨联组织发挥作用提供了广阔舞台。让我们紧密团结在以习近平同志为总书记的党中央周围，团结凝聚广大归侨侨眷和海外侨胞积极投身祖国现代化建设，为实现“十三五”良好开局、实现第一个百年目标作出独特贡献！

在全国侨商社会组织工作会议上的讲话

（2016年7月24日）

李卓彬

尊敬的林军主席、顾朝曦副部长，各位领导、同志们：

大家上午好！

今天，我们在这里隆重召开全国侨商社会组织工作会议，这是中国侨联召开的一次重要会议，也是全国侨商社会组织首次工作会议。此次会议得到了民政部的高度重视和大力支持。中国侨联党组书记、主席林军同志，民政部副部长顾朝曦同志在百忙之中出席大会并作讲话，中国侨联副主席董中原、康晓萍、许荣茂出席了今天的会议，让我们以热烈的掌声向他们表示诚挚的欢迎和衷心的感谢！

本次会议的主要任务是：深入贯彻党的十八大和十八届三中、四中、五中全会精神和习近平总书记系列重要讲话精神，准确把握国家深化社会组织改革的指导思想、基本原则和总体目标，系统总结全国侨联所属各级侨商社会组织工作经验，分析研究新形势下侨商社会组织面临的新情况新任务，不断加强侨联对各级侨商社会组织的领导；通过总结成功经验，表彰先进组织，进一步激发侨商社会组织活力，调动各方积极性，推动侨商社会组织健康发展，深入贯彻落实“两个拓展”工作方针，围绕中心，服务大局，在全面推进“五位一体”总体布局和协调推进“四个全面”战略布局进程中，努力开创全国侨商社会组织工作新局面。

刚才，顾朝曦副部长介绍了我国社会组织发展情况、管理体制和基本特点，深刻阐述了深化社会组织改革对侨联系统社会组织发展带来的新机遇，对于指导全国侨联所属社会组织在新形势下深化改革、开拓创新开展工作，更好地发挥作用等方面具有重要的指导意义。

下面，我结合工作，主要讲两方面内容：一是总结近年来全国侨商社会组织所做的主要工作；二是就如何做好侨商社会组织工作提几点要求。

一、充分认识侨商社会组织的积极贡献

近年来，全国侨商社会组织在国家民政部门的有力支持下，在全国各级侨联的正确指导下，坚持围绕中心、服务大局，充分发挥人才荟萃、智力密集、资金雄厚、联系广泛的独特优势，为国家经济建设和社会发展做了大量工作，主要发挥了以下独特作用：

一是在促进国家战略规划实施、区域经济发展、供给侧结构性改革、经济发展方式转变和企业创新转型等方面作出了积极贡献。2008年以来，中国侨商联合会与30多个省区市共同主办、协办或参与组织了天津、陕西、青海、甘肃投资贸易洽谈会，四川、广西、云南博览会，世界侨商贵阳会议、海口会议，世界侨商宁夏行、江西行，海外侨商江苏行、内蒙行、山东行和闽商大会、客商大会、徽商大会、晋商大会、潮商大会、楚商大会以及7届中国侨商论坛，2届海峡两岸侨商发展峰会等240余场大型经贸活动，共组织15000多名侨商会员参加活动，投资总额超过2万亿元人民币，为促进中国经济发展作出了积极的贡献，同时也为广大侨胞来华创业提供了事业发展的新机遇。

二是在推进我国对外开放、企业“走出去”、“一带一路”建设、公共外交和海外经贸交流方面取得了积极进展。为推动“一带一路”倡议对接落地，各级侨商社会组织积极搭建对外交流平

台，构建组织服务网络，引导会员充分发挥海外联系广泛的优势，到海外并购优质资产和项目，为国内企业“走出去”发展牵线搭桥，为各级政府引进海外资金、技术、人才搭建平台。几年来，中国侨商联合会共组织1000余位侨资企业家出访美国、英国、德国、俄罗斯、澳大利亚、挪威等20多个国家和港澳台地区，与当地政府、商务部门、工商社团及华侨华人商会组织进行了广泛友好的商务交流。连续组团出席4届世界华商大会，与全球数百家知名华侨华人社团建立了合作关系。通过对外交流活动，越来越多的会员企业拓展了海外投资项目，增加了在海外投资额，既促进国家对外贸易增长，助推“一带一路”建设，也促进了中国与相关国家或地区的友好关系。

三是在热心公益慈善事业、扶贫济困和参与社会管理方面取得了新的成绩。近年来，全国各级侨商组织累计捐款超过60亿元人民币。其中，中国侨商联合会组织会员为四川北川中学重建、甘肃舟曲泥石流灾后重建，以及建设四川雅安芦山佛图山隧道、江西上饶儿童福利院等项目捐款1.5亿元。中国侨商联合会直接为甘肃会宁革命老区、中国华侨历史博物馆等项目捐赠1300余万元。7月20日上午，我还出席了许荣茂会长旗下的世茂集团无偿捐资8000万元，用于故宫博物院研究性保护项目的签约仪式。在参与社会管理上，全国各级侨商社会组织积极引导会员，鼓励会员在各级人大、政协和侨联组织中任职，为国家发展建言献策，定期在会员中为全国政协侨联界委员收集提案议案素材。目前，中国侨商联合会有全国人大代表、全国政协委员近30位，其中会长许荣茂为全国政协经济委员会副主任；常务副会长王永乐、林树哲、余国春为全国政协常委。荣誉会长陈有庆、会长许荣茂、常务副会长刘艺良担任中国侨联副主席。同时，还有大批会员担任了中国侨联常委、委员、海外委员和青年委员会委员，各省、市、县级人大代表和政协委员，各省区市侨联兼职副主席。同时，侨商会常务副会长陈丽、李强、易如波、王琳达，副会长段律文作为海外侨胞代表列席了全国政协会议。

四是侨商社会组织基层建设不断加强，各级侨商组织建设工作蓬勃开展。自2000年起，北京、重庆、广东、浙江、海南、哈尔滨、沈阳、温州、唐山、宜昌、襄阳等省、市侨联率先成立了侨商社会组织。近年来，陕西、新疆、青海、甘肃、宁夏、内蒙古、贵州、云南等西部省区侨联也相继成立了侨商社会组织。截至目前，包括中国侨商联合会在内的各级侨商组织已经由2008年的26家发展到至今的151家，涵盖29个省区市、8个副省级城市、87个地级市、26个县级单位，企业会员总数超过2.2万名。中国侨商联合会已经成为中国规模大、影响广泛的侨商社会组织。2014年，中国侨商联合会成为联合国全球契约组织成员。去年底，中国侨商联合会被民政部授予“全国先进社会组织”称号。在参与评估的地方侨商社会组织中，北京华商会、浙江侨商会、哈尔滨侨商会、南宁侨商会、辽阳侨商会、抚顺市侨商会在各地社会组织评估中获得了5A等级；贵州侨商会、连云港侨商会获得4A等级。

侨联所属各级侨商社会组织经过10余年的发展，已经成为各级侨联组织的重要组成部分，成为各级侨联联系服务广大海内外侨资企业家的重要工作平台，成为各级侨联服务国家经济建设和对外开放事业的重要力量。这些成绩的取得来之不易，总的有以下3点体会：

一是这些成绩的取得，离不开党中央、国务院和政府部门对社会组织工作的高度重视。侨商是中国现代化建设和经济社会发展的重要力量，在中国革命、建设、改革开放各个历史时期，都作出了不可替代的积极贡献。2008年9月27日，时任中央政治局常委、国家副主席习近平同志出席中国侨商联合会第三次会员代表大会时指出：“随着改革开放的深入发展，侨商群体在增加，侨商力量在加强，侨资和侨属企业层次也在提高，已经成为我国社会主义现代化建设事业的重要力量。希望广大侨商顺应当前深化改革、科学发展新形势，积极投身促进祖国经济社会又好又快发展事业，共创发展大局、共享发展成果”。2013年1月8日，中央政治局委员、国家副主席李源潮同志出席中国侨商联合会第四次会员代表大会时指出：“侨商会是中国侨联组建并且指导的侨商组织。自2008年换届以来，侨商会紧紧围绕党和国家的中心任务，秉持服务会员、贡献社会的宗旨，充分发挥自身优势和作用，最大限度地凝聚侨商力量，做了大量卓有成效的工作。侨商会的工作得到了地方欢迎、侨商好评，中央充分肯定侨商会所作的贡献！”各级侨商社会组织在成立、注册、发展的过程中，得到了国家民政部门和各级政府的大力指导、支持。特别是民政部通过深化评优、评估、年检、培训、研讨等一系列管理措施，把包括侨商社会组织在内的各类社会组织引导到规范化、专业化、国际化的轨道上，为社会组织可持续发展奠定了基础。

二是这些成绩的取得，离不开各级侨联的正确指导和大力支持。中国侨联作为党和政府联系广大归侨侨眷和海外侨胞的桥梁和纽带，作为中央书记处直接领导的人民团体，高度重视所属社会组织的发展，积极支持所属社会团体发挥独特优势。中国侨联和各级侨联根据形势发展的需要，不断创新侨联工作方式和内涵，更广泛地联系和团结广大归侨侨眷和海外侨胞、留学归国创业人员、华侨华人企业家，发挥他们的智力和资源优势，参与改革开放和现代化建设，为全面推进我国经济建设、政治建设、文化建设、社会建设、生态文明建设发挥了积极作用。中国侨联与地方各级侨联在各级侨商社会组织成立、发展、改革的各个阶段都担当了领导角色，在政治方向、业务发展、社会管理、平台建设等各个方面发挥着核心指导作用，对侨商社会组织的制度建设、财务管理、党建工作等与民政部门进行了双重管理，确保侨联所属各级侨商社会组织的政治属性、群众属性和涉外属性与中央要求和中国侨联中心工作保持一致。

三是这些成绩的取得，离不开各级侨商社会组织的开拓创新。近年来，侨联所属各级侨商社会组织办会的理念、方式不断创新，取得了不错的业务实绩。同时在加强内部治理、基层组织建设和党的建设、开展丰富活动、服务当地经济社会发展、扩大海外交流、搭建政府与企业互通平台等方面特点鲜明，作用突出。如，北京华商会通过加强自身建设，实行“会长轮值制”，使商会领导层活力和积极性得到充分发挥；通过开拓创新服务方式，成立智慧城市等9个专业委员会，使服务会员更具针对性，更有实效性。福建侨商会利用大侨乡优势，通过组织开展“请进来、走出去”活动，成功打造了“海内外侨商福建行”等品牌活动，2015年以来，成功引进6个总投资近5亿美元的项目落户福建。配合省政府设立“华侨产业投资基金”，联合银行推出了侨商便捷化金融服务产品——闽商精英卡，有力地促进了当地经济社会发展和会员企业转型。江苏省侨商总会紧紧围绕江苏经济和社会发展大局，充分发挥侨商会的独特优势，与中国侨联、侨商会及地方政府连续5年联合开展了大型“创业中华·建设江苏——侨资侨智对接交流会”等主题活动；与昆山市政府成功举办了以“转型升级与创新发展”为主题的第五届中国侨商论坛；组团参加中博会等20多场经贸活动，共有来自50多个国家和地区的近600名海内外侨商企业家、侨界专业人士与江苏各地政府及开发区、产业园区就100余项科技创业创新项目进行了深入洽谈，现场项目签约总额达200多亿元。湖南省侨商联合会始终以坚持侨商会发展的正确方向为向导，坚持以党建带动商会发展。今年6月，在前期调研和充分摸底后，挂牌成立了全国第一家省级侨商会党组织——湖南省侨商会党支部，坚定不移地把党的领导与自身组织依法自治统一起来，把党的工作融入到组织运行和发展的方方面面。可以说，各地侨商社会组织都在积极努力开展工作，不断开创新的工作局面。

总的看，侨联所属侨商社会组织发展至今，组织建设不断加强、组织网络不断完善、组织作用不断显现，在促进经济发展、繁荣社会事业、创新社会治理、扩大对外开放等方面发挥了积极的作用。但同时我们也要清醒地看到，侨商社会组织还存在着组织发展不平衡、管理体制不够健全、自身建设不够到位、作用发挥不够全面等问题。与中央对群团改革工作的任务、与民政部对社会组织建设的目标、与中国侨联的工作要求还存有一定差距，需要在今后的工作中加强改进提高。

二、对做好侨商社会组织工作的几点要求

全国各级侨商社会组织的发展，拓展了侨联为侨服务的空间，丰富了侨联工作的内涵，巩固了侨联群众性、民间性、涉外性、统战性基础，扩大了侨联在海内外的影响，是侨联事业的重要组成部分。工作实践证明，凡是侨商组织工作开

展得力的地区，侨联工作也更加活跃，也更能得到地方政府的重视和支持。各级侨联要充分认识侨商社会组织在促进经济发展、拓展海外交流、参与社会治理、推进精准扶贫等方面的重要作用，要按照习近平总书记在党的群团工作会议上的重要讲话精神，针对侨商社会组织存在的问题，全面加强侨联对侨商社会组织的领导，切实发挥好侨商社会组织自主管理、创新发展的作用。

在新形势下，我们要重点做好以下 4 个方面的工作：

一要注重发挥侨商组织在全面建成小康社会中的重要作用。各级侨联要积极引导侨商组织广泛凝聚海内外侨商力量，紧密围绕党和国家发展大局，紧密围绕中央“四个全面”战略布局和“五位一体”总体布局要求，服务国家“三大战略”和供给侧结构性改革任务，围绕“十三五”规划，落实“创新、协调、绿色、开放、共享”五大发展理念，充分发挥广大海内外侨商在资金、技术、智力方面的独特优势，找准自身定位，积极发挥侨商社会组织在经济社会发展及“双创”活动开展、政府职能分担、社会服务贡献、和谐社会建设和对外民间交往等方面的重要作用。今年 3 月，中国侨联向各地侨联印发了《关于开展侨资企业基本经营情况调研的通知》，目前已经收到 28 个省区市侨联反馈的调研问卷及调研报告。通过本次调研，基本摸清了目前侨商在经营中存在的融资难、用工难、生产技术落后、人才短缺等困难和问题。中国侨联正在对各地侨联调研成果汇总的基础上进行详细研究，针对侨商经营中出现的问题和困难，提出具体解决对策，同时将形成调研报告，上报民政部等有关部门，为政策出台提供决策参考。各级侨联要注意引导侨商社会组织紧密围绕各地区经济发展中心任务，承担重任、主动作为，积极开展各项经贸活动，凸显侨联工作的独特作用。要发挥侨联、侨商组织联系广泛的优势，加强与国内侨商组织和海外华侨华人工商组织的密切联系，为促进本地区经贸交流和对外开放作出新贡献，在推进“一带一路”建设中有新作为。

二要准确把握国家对社会组织改革的总体要求。去年以来，中央陆续召开了党的群团工作会议、统战工作会议等一系列重要会议，习近平总书记发表了重要讲话。2016 年是群团工作改革的关键之年。随着中央全面深化改革的逐步深入，中国侨联将面临前所未有的发展机遇和挑战，同时也使得各级侨商组织的地位和作用愈加凸显、服务的领域更加宽广、肩负的责任更加重大。各级侨联及所属侨商社会组织要深刻领会中央改革精神，准确把握改革方向，始终坚持政治性、先进性、群众性的改革总要求，积极认真地完成侨联深化改革各项工作。侨商社会组织在参与侨联改革工作的同时，必须准确地把握国家对社会组织改革发展的总体要求。国家对社会组织发展的基本要求是：形成政社分开、权责明确、依法自治的现代社会组织体制。通过积极培育和发展社会组织，提升社会组织能力，激发社会组织活力，促进社会组织发挥作用。对此，各级侨联要注重发挥侨商社会组织的独特优势，努力探索侨商社会组织发展规律，加强指导，支持其依章程独立自主开展活动。各级侨联在接受政府职能转移时，要注意将适合侨商组织承接的职能交由侨商组织去做。要发挥侨联组织的优势，为侨商社会组织健康可持续发展营造环境，创造条件。这里我想再强调的是，各级侨联所属侨商社会组织是侨联密切联系广大侨资企业家的重要载体，是侨联组织体现政治性、先进性、群众性，解决脱离群众问题的具体体现。侨商组织从本质上讲与行政机关所属的行业协会商会之间存在着根本的区别。因此，侨商社会组织工作只能加强，不能削弱，各级侨联组织要旗帜鲜明地全面加强对侨商社会组织的领导，促进其健康、有序、可持续发展。

三要积极推动侨商基层组织建设工作。目前，侨联所属侨商社会组织建设工作总体情况是好的。江苏、湖南、辽宁、河南 4 省侨商基层组织建设工作走在了全国前列。今年上半年，山东临沂，陕西安康，河南商丘、漯河，湖南长沙、张家界等地级市侨联相继成立了侨商会。但侨商组织建设不平衡问题也很突出，比如一些该建未建的省份还没有成立侨商组织，一些省区市侨商组织建设只停留在省一级，还没有向地级市拓展。产生这种问题的原因有客观的因素，更多的是主观的问题，是认识不到位的问题。侨商社会组织与侨联组织的服务特性是一致的，侨商社会组织的活力主要体现在基层，只有工作重心下移，才能密切联系侨商，真正体现群众性的特点。这也是侨联深化改革的基本要求。因此，各级侨联要全面加强侨商社会组织基层建设工作。对于有条件的省市都要积极成立侨商组织，不断扩大侨联工作的联系面和覆盖面，充分体现民间性和群众性，使之真正成为各级侨联密切联系侨资企业的桥梁和纽带。

四要高度重视加强侨商社会组织党建工作。去年9月，中共中央办公厅印发了《关于加强社会组织党的建设工作的意见（试行）》。意见指出，社会组织是我国社会主义现代化建设的重要力量，是党的工作和群众工作的重要阵地，是党的基层组织建设的重要领域。目前，全国各级侨商社会组织党建工作刚刚起步，湖南省侨联、北京市侨联已率先在省级侨商组织中成立了党组织。各级侨联党组要充分认识加强社会组织党的建设工作的重要意义，将其纳入侨联党建工作总体布局，按照全面从严治党的要求，从严从实抓好各项任务落实。要建立健全侨商社会组织党建工作机构，理顺管理体系，完善工作机制，落实党建责任。要加大党组织建设力度，推进侨商社会组织党的组织和党的工作有效覆盖，创新党的组织工作内容和活动方式，切实发挥好侨商社会组织党组织的政治核心作用。要选优配强党组织书记，加强党务工作者队伍建设，强化党建工作的基础保障，不断提高侨商社会组织党建工作的整体水平。

同志们，“十三五”规划蓝图已经展现，全面建成小康社会的目标任务已经明确，全面推进侨联事业成为党和国家事业的主要组成，需要同志们齐心协力、同心同德、奋发有为。让我们更加紧密地团结在以习近平同志为总书记的党中央周围，为实现“两个一百年”奋斗目标和中华民族伟大复兴中国梦而努力奋斗！

最后，祝本次会议取得圆满成功。

在中国侨联“七五”普法启动仪式上的讲话

（2016年7月27日）

李卓彬

尊敬的林军主席、邹瑜名誉主任、张耕主任，同志们：

今天上午，我们在这里隆重举办中国侨联“七五”普法启动仪式，深入贯彻党的十八大，十八届三中、四中、五中全会精神和习近平总书记系列重要讲话精神，切实落实“七五”普法规划和全国人大常委会关于深入开展法治宣传教育的决议，为全面开启侨联系统“七五”普法工作揭开序幕，意义重大。首先，我向出席今天仪式的各位领导和同志们表示诚挚的欢迎！向长期以来重视、关心、支持侨联系统普法工作的司法部、中直工委等部门的领导表示衷心的感谢！向为圆满完成“六五”普法任务付出辛勤汗水的全体侨联干部和法顾委委员们致以崇高的敬意！

今天启动仪式的主要任务是：紧紧围绕“四个全面”战略布局和“十三五”时期经济社会发展的目标任务，按照“两个拓展”的工作思路，回顾总结“六五”普法工作，展望部署“七五”普法工作，充分调动广大侨联干部和法顾委委员们开展普法工作的积极性、主动性和自觉性，为实现“两个一百年”奋斗目标和中华民族伟大复兴的中国梦营造良好的法治环境。

下面，我总结一下“六五”普法主要工作，并就“七五”普法工作提几点建议。

一、全国侨联系统“六五”普法工作成效显著

2011年—2015年，中国侨联在会党组的坚强领导下，按照“六五”普法规划要求，紧紧围绕党和国家中心工作，带领地方各级侨联，认真制定侨联系统普法规划，及时成立领导小组，积极组织动员，启动普法工作，全力落实保障措施，上下一心、通力协作、开拓创新，扎实做到“四个结合”，形成了独具特色的侨联模式，打造了“法治中国·你我同行”这一普法工作品牌，主要有以下四个特点。

一是坚持普法工作与围绕中心相结合，服务大局取得显著成效。中国侨联“六五”普法规划的首要原则是“坚持围绕中心、服务大局”。在此指导下，全国侨联系统积极配合“国家宪法日”“3·15消费者权益日”等专项活动和“宪法颁布30周年”等大型纪念活动开展法治宣传。2014年11月，十八届四中全会闭幕不久，为积极响应中央号召，中国侨联联合全国普法办主办了“法治中国·你我同行”——“侨商杯”全国侨联系统法律知识竞赛，成为四中全会之后，中央和国家机关中第一个举办全系统普法活动的单位，引起广泛社会反响。2015年，为服务“一带一路”战略实施，中国侨联举办了5期“法治中国·你我同行”——“一带一路”侨界群众法治学习活动，使广大基层侨联干部和侨界群众对如何发挥侨界优势，助力国家战略实施有了更深刻的领悟。

二是坚持普法工作与为侨服务相结合，侨界和谐稳定局面得到明显加强。各级侨联按照“国内海外工作并重、老侨新侨工作并重”的工作思路，认真落实“积极拓展海外工作、积极拓展新侨工作”的要求，将普法工作融入海外联谊、公益慈善、扶贫助困、引资引智等为侨服务工作：

江西、福建、海南等地侨联定期组织侨企司法环境调研，引导广大侨商重视风险防范、避免合作纠纷；浙江、广东、陕西等地侨联举办侨商会会员培训或海外侨领培训班，加强侨界新生代对我国法律的学习了解；山东、重庆、江苏等地侨联依托法顾委在“侨胞之家”、“侨法宣传角”等开办法律讲座，开展送法进社区、入侨户活动；宁夏、青海、甘肃等地侨联在组织侨商捐资助学、下乡扶贫过程中发放普法资料，进一步打牢崇尚法治、心向稳定的群众基础。2015年2月28日，中国侨联普法办开通微信公众号，随后又在我们全力打造的华侨华人沟通平台“侨联通”上开通公众号，成为中央国家机关中较早利用自媒体开展法治宣传的普法办公室之一，迄今共推送了近200期文章，为海内外侨界了解我国法治动态提供了更为便捷的渠道。

三是坚持普法工作与维护侨益相结合，侨胞和侨联干部法治意识得到有效提升。侨联系统的普法工作基本上由承担信访维权的部门同时负责开展，在接待来信来访、提供法律服务、办理涉侨案件的日常工作中做到了学用结合、普治并举。截至目前，绝大部分省级侨联都与司法部门建立了涉侨案件沟通协调机制、侨界人民陪审员制度和调解员制度等，定期与相关部门组织执法检查或联合调研，组织法顾委召开法律咨询会或案例研讨会，通过以案释法的方式进行法治宣传，破除部分侨胞当事人抱有的“信访不信法”、“人情大于法”等错误认识，引导他们依法表达利益诉求，使越来越多的侨胞和侨联干部强化了自觉守法、遇事找法、解决问题靠法的意识。

四是坚持全面普法和重点普法相结合，宪法和涉侨法律的影响力得到显著扩大。“六五”普法期间，全国各级侨联紧紧抓住宣传宪法这一首要任务，注重营造崇尚宪法、遵守宪法、维护宪法权威的社会氛围，牢牢把握《归侨侨眷权益保护法》这一普法重点，努力扩大侨法在社会上的认知面和影响力，增强大众的知侨、爱侨、护侨意识。在普法对象上，各地侨联也突出重点，一方面主动向党委政府汇报工作，积极开展“法律进机关”活动，提高领导干部对侨法精神的理解力和执行力，另一方面通过与科研院所侨联紧密协作、建立普法教育基地，引导侨界青少年学法用法、自我保护。

侨联系统普法工作获得了全国普法办的肯定，在“六五”普法中期检查督导中，中国侨联权益保障部获得了先进单位光荣称号，中国侨联权益保障部蔺轩获得先进个人光荣称号。在“六五”普法总结评选中，中国侨联权益保障部被中宣部、司法部评为先进单位，中国侨联组织人事部尹媛媛被评为先进工作者，中国侨联权益保障部蔺轩、河南省侨联权益保障部李丹丹被评为先进个人。

在总结成绩的同时，我们也要正视自己的不足：各级侨联普法工作普遍存在人手短缺问题；部分地方侨联对干部的普法培训有待加强；不同地区普法工作开展得不平衡等等，需要认真加以改进。

二、深入开展好“七五”普法工作

今年是“七五”普法的开局年，也是“十三五”规划的启动年。一会儿，林军主席、张耕主任都将提出要求，请大家认真学习领会，抓好贯彻落实。深入开展“七五”法治宣传教育，进一步增强广大归侨侨眷和侨联干部的法治观念，进一步增强全社会厉行法治的积极性、主动性和自觉性，对于推进“十三五”时期经济社会发展、服务“四个全面”战略布局和“一带一路”建设，具有十分重要的意义。为完成好未来五年普法任务，全国各级侨联要切实做到以下四个方面：

一要统一思想，确保侨联普法工作的正确方向。中国侨联党组历来高度重视普法工作。中国侨联研究制定了《关于在归侨侨眷中开展法治宣传教育的第七个五年规划》，并成立了“七五”普法工作领导小组，党组书记、主席林军同志亲自挂帅。全国侨联系统要认真学习国家普法规划、中国侨联普法规划以及相关文件，深刻认识做好普法工作的重大意义，切实领会这次会议精神，将思想和行动统一到中央的决策部署和中国侨联的目标任务上来。各省、区、市侨联要迅速行动起来，成立领导小组，根据本地实际制定普法规划，确保“七五”普法各项工作平稳有序开展。

二要围绕中心，提高侨联普法工作的时代性和前瞻性。“一带一路”战略和“十三五”规划的提出，为广大侨胞自身发展提供了新的机遇，也对侨联各项工作提出了新的要求。我们要积极响应习近平总书记的伟大战略构想，用改革思路思考普法工作，用创新方法开展普法工作，加强新媒体新技术的运用，创新法治宣传教育机制，切实增强普法工作实效，形成普法工作侨界群众参与、普法成果侨界群众共享的生动局面，团结和带领侨胞参与到国家“一带一路”建设和“十三五”规划实施中去。各级侨联要继续矢志不渝地宣传宪法和《归侨侨眷权益保护法》，增强社会对保护法的认知，提高广大归侨侨眷和海外侨胞依法维护自身合法权益的自觉性，促进社会形成知侨、爱侨、护侨的良好氛围。

三要把握关键，增强侨联干部自身建设的法治化水平。各级侨联要高度重视加强对侨联全体干部的法治教育和业务培训，多为基层侨联干部提供法治学习机会，提高基层侨联干部的法律素养，做到“研究问题先学法，决策问题遵循法，解决问题依据法，言论行动符合法”。法顾委是侨联普法工作及普法讲师团的主力军，各级侨联要重视法顾委队伍建设，择优吸纳有能力、有热情、有干劲的法学专家。要高度重视侨联系统公职律师队伍建设，为他们发挥在普法工作中的积极作用提供条件、创造机会。下午，2016 年“法治中国 · 你我同行”——侨界群众法治学习活动正式开始，北京班结束后还将在内蒙古、贵州、辽宁举办 3 期，希望大家珍惜机会，认真学习。明年，侨联系统将继续组织法律知识竞赛活动，以检验普法效果，希望各级侨联积极组织大家踊跃参赛。

四要打造亮点，创新侨联法治宣传的载体和形式。在开展法治宣传教育活动过程中，各级侨联既要利用好广播电视、报刊杂志、横幅海报等传统平台，也要利用好互联网、微信微博等新媒体平台，做到线上线下两手抓，形成立体化的法治宣传教育网络。尤其是网络普法，由于其传播形式的多样性、传播速度的及时性和覆盖群体的广泛性，已经成为当前极为重要的法治宣传教育渠道。要打破惯性思维，敢于推陈出新，深入推进“互联网 + 法治宣传”行动，不断提高法治宣传教育的创新性和实效性，不断扩大侨联普法工作的辐射面和影响力。要充分利用出访交流、接待外团来访的机会和侨联通、侨刊乡讯等外宣平台，帮助广大海外侨胞了解我国依法治国方略和法治工作成就，树立我国依法治国的良好形象。

同志们，百尺高台，起于垒土。在“七五”普法的新征程中，让我们继续按照“四个全面”战略布局，积极进取、开拓创新，进一步发挥侨联组织在法治社会建设中的积极作用，为实现“两个一百年”奋斗目标和中华民族伟大复兴的中国梦营造良好的法治环境！

大力加强新形势下侨界青年社团建设

——在中国侨联青委会讲坛上的讲话要点

（2016年5月25日）

乔　卫

一、对中国侨联青年委员会第三次委员大会以来工作的回顾和对工作的总体评价

2014年12月中国侨联青年委员会第三次委员大会以来，我们紧密结合侨界青年实际和侨联工作实际，注重发挥党和政府联系服务侨界青年的桥梁纽带作用，努力倡导青年的团结，力量的凝聚，着力加强青委会建设，积极倡导创新创业是侨界青年新的价值追求，努力服务青年成长成才。

一方面，我们以实现中华民族伟大复兴的中国梦为主题，根据侨界青年的特点举办了一系列青年讲坛活动，比如，“中国侨联青年委员会讲坛——块数据与城市发展”和“中国海外青年贵州创新创业发展大会”、“侨界青年创新创业·共谋发展”系列活动、“相聚浦江·创新共融——海内外新侨聚焦上海科创中心建设”研讨会、“侨界青年创新创业·共谋发展”高级研修班、侨界青年创新创业大会、2016侨界青年西部论剑活动等，这些活动把握了侨界特点，广泛团结凝聚了侨界青年。

我们注重利用现代化信息交流平台，鼓励委员利用微信、微博等开展线上线下交流，使学习交流常态化。通过交流分享、寻访实践、榜样引领（比如深圳）等形式，引导广大侨界青年把创新创业作为当代侨界青年的价值追求。

我们加强与香港澳门侨界青年社团的联系，通过合作举办交流等活动，采用接待参访等形式，探索服务香港、澳门侨界青年成长成才的道路，注重培养港澳侨界青年领袖。

我们推动举办两岸侨界青年活动，通过在两岸侨界和平发展论坛、海峡两岸暨港澳侨界圆桌峰会等活动中设置青年议题，推出与侨界青年共同关心的话题，不断加强与台湾侨界社团的联系沟通，增强海峡两岸对侨界青年工作的重视和认同。

另一方面，北京、上海、广东、贵州、深圳等许多地方侨联结合本地特点，利用自身优势，围绕“两个拓展”的要求，跳出传统的侨界青年范围，通过不同方式努力将侨界青年工作与海外留学归国人员工作相结合，成立了一系列侨界青年组织。这些侨界青年组织虽然形式、特点不尽相同，但由于都紧贴了侨界青年的需求，适应了他们的心理需要，使侨界青年愿意来、留得住。年龄层次接近、关系背景接近、需要解决的问题也接近，使得大家有许多共同语言，有许多共同的憧憬，可能正是这样的原因，使得侨界青年组织不断蓬勃发展。

总的看，侨联青委会工作特点鲜明、成效显著，中国侨联青年委员会不仅已成为侨联系统中非常积极活跃的一支队伍，在各界青年团体中也是一支比较积极活跃的力量，应该说，这支力量已具有较强的社会影响力。中国侨联青委会之所以能够在较短时间实现阶梯式、跨越式的发展，最主要也是最核心的关键，就是适应了侨界青年成长的特点，适应了侨界青年的思维方式，能够帮助侨界青年解决思想上、生活上的疑惑和问题。通过青委会的大讲堂、大学校、小诊所与侨界青年建立了友情、建立

信任，达到了努力团结服务广大侨界青年、积极凝聚侨界奋进力量的效果。

当然，我们在下一阶段的工作中，还需要继续以改革创新精神，不断更新观念、创新工作方法，以适应侨界青年所需所想为切入点，进一步突出“让侨界青年作主角”的理念，积极服务侨界青年现实所需，服务侨界青年的成长发展，实现工作新跨越。

二、把握侨界青年特点，创新工作方法，下大力气推进侨界青年社团建设

青委会委员既代表着光荣与责任，也代表着使命与担当。在座的各位不仅仅是当代侨界青年中的优秀代表，同时也是侨界青年组织中的带头人，是经过层层推荐、优中选优、协商酝酿进入中国侨联青委会和各级侨联青委会队伍的。我今天上午看到，上海侨联青委会的委员认真对待青委会的活动，能够看出大家对侨联青委会满怀希望。在很大程度上，中国侨联青年委员代表的不仅是个人，而是所在的团体，甚至是某一领域或行业的青年人。从某个角度讲，推进侨界青年社团建设既是大家的职责所在，也是对大家的信念、智慧、能力、作风的全面考验。今天，我想在这里着重谈一下侨联青年组织建设的问题。

当前，整个中国社会包括中国青年的状况比过去发生了而且还在发生着极其深刻变化，我们党和国家的各个部门为了适应这种变化，更有效地推进中国特色社会主义现代化，正在进行着十分深刻、非常全面、极其复杂的社会变革和自身改革。党的群团工作会议对群团工作有了明确要求。保持和增强政治性、先进性，是加强和改进群团工作的根本要求，也是推进群团组织和工作改革创新的根本要求。侨联青委会作为侨联组织的重要组成部分和联系侨界青年的最重要的组织，必然要进一步增强政治意识、大局意识、核心意识、看齐意识，我们不能把社团办成个吃喝玩乐的社团，不能成为高富帅、白富美的俱乐部，更不能办成“四化”倾向的团体。在不断扩大联系面，注重发展成员数量的同时，也要进一步重质量，提高新老委员的先进动力、先进要求和先进表现，要增强成员们作为组织一员的先进意识和光荣感。

我始终坚持一个判断，那就是，制度是保障工作持续开展的原动力。与所有青年的成长路径一样，侨界青年追求发展成功需要有健康的组织引导，对于具有海外背景的侨界青年更是如此。我们要通过搭建平台、倡导理念、营造氛围、典型宣传、扎实拓展，通过加强调查研究，更广泛地集思广益，进一步探索建立更加符合侨界青年特点的工作机制。青年委员会的宗旨要继续坚持以侨界青年为中心，让大家在自己的活动中有参与感、获得感、成就感，“屁股要坐在侨界青年那一边”。我给中国侨联青委会定的要求，就是并不要完全想着为中国侨联青委服务，而是要想着为所有侨界青年服务，特别是要注重围绕融入组织、拓展交往、工作覆盖、凝聚力量等方面设计出更有针对性的措施和方向，用机制来保障工作目标的实现。这些方面，香港澳门的青年组织可能体会比较多。

中国侨联青委会也将进一步强化联系指导，优化组织结构和委员队伍结构，积极探索在新的时代背景和要求下，如何面向大量产生的新领域、新阶层开展工作，努力团结一切可以团结的侨界青年力量，调动侨界青年中一切可以调动的积极因素，更加广泛、更加紧密地把侨界青年汇聚起来。

三、不辜负历史使命，以勇于担当的精神推动侨界青年团体领军人物的培养工作

在这里，我还要突出强调一下侨界青年团体领军人物的锻炼与培养问题。请注意，我在这里没有用侨界青年领袖、骨干、负责人或是干部队伍建设这样的词汇。一个领军人物的眼界、理念、政治觉悟、水平、对世界的把握和对团体成员的把握，很大程度上决定了这个组织工作的怎么样。

在座的很多委员都是侨界青年的领军人物。大家实现自身事业不断发展的同时，还努力担当起所在团体事业发展的重任。在这里我想强调的是，大家在当好所联系领域侨界青年的“代言人”的同时，还要注意培养新的领军人物。各行各业、各个领域都有很多拔尖的侨界青年人才，要善于把他们团结起来、吸纳进来、推荐出来，要乐于给他们交任务、压担子、教本领，为侨联青委会事业的发展持续输送新鲜血液。与此同时，光有优秀的社团领军人物还不够，还

要有好的社团骨干，除了那种“夫妻店”、“一人会”外，真正的侨界青年领军人物不能是“光杆司令”，老唱独角戏不行。在这里，还要处理好领军人物与骨干的辩证关系，——大家要有这个胸襟和气度，要有做事业的魄力和观念，不要怕年龄小的超过自己。当你把位子让给更年轻一代时，中国侨联青委会会给你留下位置。

我认为，如果把握住现在的工作定位和方向，坚持不懈做下去的话，侨联的青年工作会有很大发展。下一阶段，中国侨联青委会也会进一步为大家的发展提供支持，我们会采用适当的方式强化培训，认真思考和积极谋划侨界青年和青委会组织在社会组织体系中有别于其他社团组织的独特定位和作用，不断加强对侨界青年社团组织的联系、服务和引导。当前，有一些地方在同一地域内存在好几个侨界青年社团，请各地侨联多给予他们一些支持，努力把他们团结起来。

各位委员，青年是社会上最富朝气、最具生气的群体，青年阶段也是人生中最具创新意识，最少保守思想的阶段。侨联青委会聚集着侨界最有希望、最具创造性的群体，肩负着培养、发现、输送侨界新生力量、侨界青年领军人物甚至是侨界社团领军人物的重要任务。在经济全球化、世界多极化、社会信息化的大背景下，让我们共同努力，不断推动侨联青委会事业蓬勃发展，在实现“两个一百年”奋斗目标的生动实践中创造辉煌的青春篇章，为实现中华民族伟大复兴的中国梦书写无愧于伟大祖国、无愧于伟大民族、无愧于伟大时代的绚丽篇章。

侨界青年追求成功必须坚守诚信理念

——在中国侨联青年委员会（广州）讲坛上的主旨演讲

（2016年7月27日）

乔　卫

各位委员、各位来宾：

大家上午好！

十分高兴出席中国侨联青年委员会（广州）讲坛并作主旨演讲。我首先代表中国侨联和中国侨联青年委员会并代表林军主席向从61个国家和地区远道而来的中国侨联海外青年委员和热情好客的广东省侨界青年联合会的各位委员们表示衷心的感谢和亲切的问候！

下面进入我演讲的主题：侨界青年追求成功必须坚守诚信理念。

一、诚信是立身之基，是中华民族的道德要求

诚信是人在成长过程中积累的最重要的个人资产之一。从青年人成长发展的路径上看，诚信也是侨界青年在追求成功路径上有可能失败的关键节点之一。一旦失信，失去的是支起人生的基本条件，进而生存、发展都将受到严重影响。诚信也是世界顶级杰出人物、华商的立命之本，他们通过诚信待人而赢得别人的信任，从而赢得尊重、生意伙伴、财富和成功。

1. 中国文化倡导诚信历史久远

早在商代青铜器的铭文中，就出现了“诚”、“信”二字。在繁体汉字中，“诚”字由言语的“言”字和“成”字构成，“信”字由身体的“身”字和“言”字构成，都是会意字，表明了以行成言、以言立身之意。

我查了东汉语言学家许慎编纂的《说文解字》，有个有趣的现象，《说文解字》是以“信”字解释“诚”——“诚，信也，从言，成声”，同时以“诚”字解释“信”——“信，诚也，从人从言，会意”，两个字释意互通。

《礼记·中庸》中记载，“诚之者，人之道也”，“诚”是个体德行与精神内在的实有，主要包括：诚是人的真诚无妄的德行，是人的身心内外的合一，是诚敬严肃的精神或心理状态三个含义。

“信”字，原本讲人在神面前祷告和盟誓的诚实不欺的言语。古人认为，神灵具有人所不可企及的智慧和能力，因此人在神面前必须老老实实的，否则会有灾祸降临。“信”字在《论语》中出现了38次，孔子将诚信作为安身立命之本。

古代，商鞅要在秦国实施变法，为了表明官府言出必行之诚信，商鞅便命人在南城门立了一根木头，承诺如果有人将此木搬到北城门，就赏赐十金。搬一根木头，有如此重赏，人们不信，无人去搬。于是商鞅又下令，将赏金加至五十金。此时有人将信将疑把木头搬到北城门，商鞅马上派人兑现赏金，以示不欺。这件事轰动秦国，百姓纷纷叹服。认为官府守信，相信商鞅说话算数，便拥护改革，使商鞅的新法得以顺利实施。

在《现代汉语词典》（2002版）中，是用诚实有信用来解释诚信的。诚信二字的偏旁都有“言”字，说明了言语诚信的重要性，但需要注意的是，除了言语诚信，心意和行动的诚信同样重要。

2. 诚信是中华民族的道德要求

千百年来，诚信始终是中华民族最基本的

道德要求，是中国家庭对子女所传授的最基本的善的理念。“诚信”始终为中国传统思想所强调，并在社会生活中发挥了重要的作用。

诚信是个人立身之本。在中国传统文化中，儒、释、道等思想体系都认为诚信是为人处世的根本，诚信决定并体现了人的道德水平。儒家将“诚”视为天道，并将“诚”所言的“信”与“仁”、“义”、“礼”、“智”并列，作为人必须遵守的根本道德纲目。《爱莲说》的作者周敦颐认为，“诚”是五常之本，百行之源，他认为仁义礼智信里面最核心的是诚。道家崇尚自然，反对虚伪妄作，佛教等思想体系也将诚信作为道德修养的必修课。

诚信是企业的生存之本。诚信是中国传统商德的核心，中国自古以来的从商之道就受传统道德的深刻影响，形成了“市不豫贾”、“贾而好儒”的商德文化，其实质就是讲诚信、重道义，将营利和社会效益结合起来。司马迁在《史记・货殖列传》中总结富商巨贾的成功经验之一，就是“诚一”，做到“内不欺于己，外不诈于人”的诚信。潮商、客商、闽商、晋商、徽商、浙商等大商帮的成功之道固然离不开历史机遇和经营者的自身勤奋，而遵守道德、强调诚信经营也是商业成功不可缺少的条件。

3. 中国文化倡导的诚信与西方文化中的信用有所不同

中西传统文化和商业经营都非常重视诚信。中国人对诚信的内涵理解与西方人基本一致，都包含诚实无欺、讲究信用、信守诺言等方面。但是西方诚信的原始动力和表现、履行的形式，与中国传统的诚信有着差异。

中国文化所倡导的诚信，以诚为体，以信为用，根源于“天人合一”、“万物一体”和“人之初性本善”等方面的宇宙观和人生观。当指向他人时，诚信对约定双方是否平等是有伦理价值判断的。诚信倡导的是，双方的公平和对一方的自我约束。中国文化所倡导的诚信并不强调白纸黑字、签字画押。在中国的传统文化里，讲诚信是高尚的人格力量，诚信价值观在个体成长和发展的过程中可以使人在大是大非面前做出正确的判断和抉择。

《论语》中“言必信，行必果”、“民无信不立”、“信以诚载，君子乎”强调的都是诚信是立人之本，是一切道德的基础和根本，突出的是诚信品德对身心和谐、社会和谐的基本价值。《周易》将“天佑”、“人助”与人的诚信联系起来，《中庸》将“诚”作为天之道，而实现诚就是人之道，天地万物的本性无不是“诚”，人能够做到“诚”就是尽本性，达到“至诚”就能与天地并立。

中国传统诚信精神的本质特征是一种“人伦诚信”，也就是说，在中国传统文化中，诚信是立人、立业、立国之本，其含义是诚实守信，追根溯源，属于一种由人格信任、亲缘信任和熟人信任所构成的道德范畴，强调的是行为人的操守和自律。

诚信是中国人自我修养和追求的一种精神境界，是区分君子和小人的人格标准。违反诚信的人，会遭受社会舆论的谴责和良心的诘问，但是很少会受到外在的惩罚和损失，这也是中国传统文化中“人之初性本善”理念的具体体现。

这与近代西方文化中的信用有所不同。西方文化中的信用观念起源于希伯来文化中以色列人与上帝的契约和古希腊城邦的民主体制，是基于契约精神和宗教信仰的关系。契约文化强调的是，双方共同认可。至于共同认可的双方，是否存在地位、实力、处境、目的等众多方面的差异，也就是说契约双方是否平等，并不是契约关心的内容。契约不仅存在于亲缘熟友之间，更是陌生人间的行为准则。尤其是近现代，契约从经济领域延伸到法律乃至政治领域，形成了契约文明和契约社会。

契约建立后，大家遵守的是在白纸黑字上设定的秩序，但秩序是否与道德标准、是否与意愿相一致需要具体问题具体分析。契约关系基础上的信用所指向的不是天道或天理，所要实现的也不是道德理想。信用的基础和功能不是道德精神，而是特定的法律精神。

西方诚信精神的基本核心是“契约诚信”。在西方，契约不仅存在于亲缘熟友之间，更是陌生人之间的行为准则，契约规定了双方的权利和义务以及未能履行义务时的惩罚措施，这是诚信建立的法制化强制手段。

契约精神催生出诚信文化。尤其在近现代，

契约从经济领域延伸到法律乃至政治领域，出现了经济生活乃至政治生活的契约化，形成西方契约文明和契约社会。可以这样说，现代意义上的西方诚信观念是与西方信用制度联系在一起的。诚信不仅是个人的道德，更是市场经济的运行规则。

相比较而言，在西方，诚信体现的更多是契约关系下的信用，展现的是契约伦理，契约诚信观与中国传统文化的诚信观所要求的自主自觉意识有所不同；而中国讲的是以诚达信，以信致诚，强调“诚心正意”对于“做人”、“做事”、“做学问”的重要意义。

其实，西方人并不一定比中国人守信，只是不守信用的代价超出了他们的承受能力，在西方社会法律的强制下，缺乏诚信简直寸步难行，生不如死。这就迫使西方人不得不像珍惜自己的眼睛一样珍惜诚信。我们完全可以去芜存菁，去伪存真，主动汲取西方契约诚信文化的优点，大力弘扬优秀的中华诚信文化，实现中西方诚信精神的互鉴整合。从诚信只是一种道德修养和选择，发展到诚信成为一种具有法律约束下的，习惯成自然的道德品行。建立以法律制度为保障的现代中国诚信体系，树立国民对诚信的信仰，解决我国深化改革开放，全面走向世界过程中出现的诚信缺失现象。

二、诚信是当今中国经济社会发展中需要继承和大力弘扬的中华优秀传统美德

1. 人无信不立，社会无信不和

对个人来讲，种种失信行为不仅仅破坏了健全人格的自我塑造，扰乱了人们是非判断的标准，也严重破坏了正常人际关系和谐，损害了人与人之间应有的真诚、信任、合作关系，致使人际信任度下降，人情淡薄，严重影响人与人交往和社会生活的正常秩序。

对于企业来讲，违约、造假、欺诈等企业诚信缺失增加了交易成本，损害了消费者利益，抑制了消费需求，制约了自身发展，污染了投资环境，增加了经营风险，恶化了社会风气。

三氯氢氨奶粉、地沟油、苏丹红、注水肉等食品安全问题，合同违约、商业欺诈的现象，工程招标弄虚作假、偷工减料以及年龄、学历、论文造假，这些既影响消费者的身体健康，阻碍行业的发展，乃至对国家发展产生消极效应，成为了百姓关注和愤怒的社会热点问题。在少数地方存在政府及其部门政策不落实、承诺不兑现、不作为甚至乱作为等一些失信现象，严重损害了营商环境，也损害了政府形象，影响了党同人民群众的血肉联系。

2. 现代中国社会诚信严重缺失的问题终将改变

现代中国诚信缺失问题的形成原因是多方面的，其中的一个主要因素是，时代和社会发展了，诚信原则植根的原有社会土壤发生了变化。

计划经济条件下不是不存在诚信缺失问题，但在许多领域特别是经济领域表现并不突出。那一时期，人们交往联系不广，社会基本上是一种“熟人社会”，不诚信行为出现的几率减少。而在市场经济条件下，人们的交往和联系日益频繁，道德标准和诚信要求更加多元复杂，社会交往也从“熟人社会”、“乡土社会”扩大到更广泛的范围。社会联系多于单位内部联系，陌生人之间的联系多于熟人之间的联系。在这种“陌生人社会”中，诚信缺失问题出现的几率就会明显增大。

中国经过改革开放 30 多年的发展，社会进步有目共睹，但快速发展也累积下一些社会问题。但我们回顾历史不难发现，中国的发展就是一个发现问题、寻找方法、解决问题的过程，大方向和总体趋势是向上向前的。西方国家同样也是在发展的每个阶段上都会出现各种问题并边解决边实现发展。只看到解决了问题的西方国家发达现状，而忽略掉它们也有出现问题的历史是片面的。西方的信任制度并不能避免投机和欺诈、形成经济泡沫，引发经济危机的发生，英国巴林银行倒闭，美国发生次贷危机就是例证。

诚信等社会问题的出现，也给我们提供了一些让社会变得更好的突破口。这些与中国优秀传统文化相背离的社会问题终将被制约，中国社会将继续向前迈进一步，侨界青年要顺应这个大势，走在时代的前列。

3. 国家高度重视信用体系建设，不诚信的成本将越来越大

诚信是社会主义价值观体系和社会主义核心价值观的重要组成部分。党的十八大和十八届三中、四中、五中全会均对社会信用体系建设提出

了明确要求，2014 年 6 月国家出台了《社会信用体系建设规划纲要（2014—2020）》，标志着社会信用体系建设的顶层设计基本完成，进入全面建设新阶段；2015 年以来，国务院进一步提出，要建立以信用为核心的新型市场监管机制。

近期，国务院发布了《关于建立完善守信联合激励和失信联合惩戒制度，加快推进社会诚信建设的指导意见》，信用将成为市场配置资源的重要标准之一。据有关材料介绍，国家发改委、人民银行会同税务总局、工商总局、证监会、最高人民法院、安监总局，先后与 40 多个部门联合签署了针对重大税收违法案件当事人、失信企业、违法失信上市公司、失信被执行人、安全生产领域严重失信生产经营单位的联合惩戒合作备忘录。

全国各地以培育和践行社会主义核心价值观为根本，大力加强诚信建设，多措并举提升公民诚信意识，营造守信光荣、失信可耻的良好社会环境，推动社会文明实现新的发展。

在这里，我想特别讲一下，党中央、国务院对政府诚信建设的高度重视。党的十八大以来，中国共产党以自我革命的政治勇气，不断增强党的自我净化、自我完善、自我革新、自我提高能力，从中央政治局常委会、中央政治局、中央委员抓起，从高级干部抓起，持之以恒加强作风建设。坚持“老虎”、“苍蝇”一起打，使不敢腐的威慑作用得到发挥，不能腐、不想腐的效应初步显现，反腐败斗争压倒性态势正在形成。这些举措赢得了党心民心，也引领着社会文明的发展。

数千年来，诚信已经成为中华民族的道德基因，一代代传承下来，渗透在博大深厚的民族精神中。实现中华民族伟大复兴的中国梦，本身就蕴含着物质丰富和精神提升。培育和践行诚实守信精神，既是对中华民族传统美德的继承和弘扬，也是实现中国梦的必然要求。我们每个人也都是诚信建设的主角。有人说，诚信不是一道选择题而是一道必答题，诚信的建立是一个将心比心、以心换心的过程，每一个人都要参与其中。

三、侨界青年应成为诚信理念的继承者、践行者和传播者

1. 侨界青年追求成功必须坚守诚信理念

成功的道路途径很多却又难以模仿，但失败的关键节点就那么几个，躲开了就会顺利。必须指出，诚信就是青年追求成功路径上的可能失败的关键节点之一，在当今社会，更是如此。

习近平主席强调，青年的价值取向决定了未来整个社会的价值取向，而青年又处在价值观形成和确立的时期，抓好这一时期的价值观养成十分重要。这就像穿衣服扣扣子一样，如果第一粒扣子扣错了，剩余的扣子都会扣错。人生的扣子从一开始就要扣好。习主席朴素生动的比喻，蕴涵着丰富的人生哲理。

青年时代是人生的黄金期，是打基础、起好步的关键时期。诚信作为社会主义核心价值观的重要组成部分，把它比作一颗应该扣好的“扣子”怎么强调都不过分。这粒“扣子”怎么扣，青年时代的步子怎么走，朝哪里迈，不但决定了人生的方向，也决定一个人能否走好一生的路。现代社会，诚信是个人必须具备的道德素质和品格，一个人如果没有诚信的品德和素质，不仅难以形成内在统一的完备自我，而且很难发挥自己的潜能取得成功。缺乏诚信，很难建立起良好的人际关系，如果人人都不诚信，那么一切工作都无法有效开展，社会也容易陷入无序混乱之中。一旦失信，失去的是支起人生的基本条件，进而生存、发展都将受到严重影响。

侨界青年充满活力、怀揣梦想、富有进取精神，继承了华侨华人特有的敢闯敢拼的热血，是侨界未来的希望。大家更熟悉中国和住在国国情，有勇于为先的气魄，有自强不息的执着，在连接中国梦与世界梦方面的融通优势更加明显，既是中国发展需要“请进来”的对象和纽带，又是中国发展需要“走出去”的使者和桥梁。

在如今快速变化和发展的时代里，大家面对着来自自身及外界的各种压力很多，但是不能以抛弃诚信作为成功的代价，这样可能能够获利一时，但从长远来看得不偿失。诚信是立身之基，是当代青年最重要的资产之一。以诚信为做人立世之本才应是侨界青年该有的价值追求。

2. 诚信也是世界顶级华商和侨界知名人士的立命之本

佛朗西斯·福山在其著作《信任：社会美德与创造经济繁荣》一书中指出：诚信是造成经济成就差距的根源，“一个民族的福利及其竞争力

取决于文化特性，即这个国家固有的信任程度；高度信任的存在可以如同经济关系的添加因素，提高经济效率，减少经济学家称作交易成本的损耗。”

我从事侨务工作20多年，特别是在2002年全程策划和参与港澳台侨同胞捐资共建2008年北京奥运场馆国家游泳中心——“水立方”以来，接触了很多位世界最顶级的华商和侨界知名人士，在与他们的接触中，我深深被他们坚守诚信理念的行为所感动。像已经去世的霍英东老先生、林绍良老先生，他们的崇高品质至今深深地感动着我。诚信是他们的立命之本，他们通过诚信待人而赢得别人的信任，从而赢得尊重、生意伙伴、财富和成功。

无论是古今中外的名人，每个人都有自己的一个目标，每一个人都随着这样一个目标，最终能实现，都是与诚实分不开的。诚信不是为了别人，而是为了自己，付出了信任才会收获信任。只要我们把握了诚信这个原则，那么成功的大门就会向你敞开。

3. 侨界青年要做诚信的践行者和传播者

“诚者，天之道也；思诚者，人之道也”出自《孟子》，讲的是诚信是自然的规律，讲诚信是做人的规矩。诚信的人，总是会“吃亏”，但是最终不会吃亏。说他“吃亏”，是因为他无法占有许多小便宜；说他不吃亏，是因为他获得了大家的信任，这种信任，是一个人通向成功的捷径。

诚信为人，才能取信于人；诚信做事，才能赢得信赖和尊重。交往不耍心眼，处事不耍手段，做人不戴面具，将心比心、真诚坦荡，才能温暖人心、留住人心，赢得相互信任和尊重。在市场经济中，也只有坚持诚信，才会产生双赢的结果，背信违约，必然导致两败俱伤的局面。

作为侨界的精英，你们的成长故事、励志经历，青年人愿意听、爱模仿，有很强的示范作用，能够帮助更多的侨界青年把自己的理想和国家的发展结合起来，解决好理想、现实问题和奋斗路径问题。希望大家带动更多的侨界青年把诚信的观念融入到工作生活、社会交往的方方面面，从身边点滴做起，把诚信置于道德体系的重要位置，坚持信义一致的原则，坚持榜样引领的作用，帮助更多的侨界青年明辨是非、善恶美丑、追求美好、传播美德，做诚信理念的继承者和发扬者，一步一个脚印地笃实前行，创造无愧于时代的人生。

在全国侨联系统"侨爱心光明行"暨医疗助困公益项目培训研讨班上的讲话

（2016年10月25日）

乔　卫

为认真学习贯彻中央关于侨联改革的文件精神，进一步推进全国侨联公益事业发展，我们举办此次专题培训研讨班。培训班安排了"侨爱心光明行"经验交流，华侨基金会医疗助困公益项目介绍和实地考察，交流研讨等，内容是比较丰富的。从各地报名情况来看，非常积极，非常踊跃，充分说明大家对侨联公益事业发展的重视。下面，我谈几点想法。

一、华人华侨是公益慈善的重要力量，未来大有作为。

1. 华人华侨对祖籍国有重大贡献。在近现代以来，华侨华人引领着中国公益慈善领域的发展。上至国计，下至民生，无论是奥运场馆"水立方"的捐建，还是新北川中学的灾后重建，无不体现出华人华侨对中国公益慈善事业的大力支持。它们成为了拥有时代意义的、极具影响力的公益标志，也是对所有公益人的号召和鼓励。

2. 华人华侨近年来很好地融入住在国，对住在国的贡献巨大。他们在住在国成家、立业、扎根、繁衍，从客人逐渐转变为主人，并为当地公益事业添上浓墨重彩的一笔。以菲律宾华人为例：他们捐建农村校舍，让贫穷的孩子们有读书的地方；他们组织华医义诊，为当地老百姓看病买药；他们还组织了二、三千人的华人救火队，菲律宾总统甚至亲自给他们颁发奖状。前几天菲律宾总统杜特尔特来中国访问时接受媒体采访，坦率地承认："有些国家只知道批评我们（菲律宾），明知道我们没钱，也不愿意帮我们一把。中国人则不同。这就是中国人的真诚……只有中国人才会帮助我们。"充分肯定了华人华侨对住在国的贡献。

3. 随着时代发展以及对公益慈善的重视和认同度不断提高，在侨界涌现出一大批慈善家。当今社会对事业成功的评判标准发生了一个导向性的转变："独善其身"是不够的，关键要看能不能"兼善天下"。只顾着自己赚钱的，往往会被笑作"土豪"；赚了钱去做公益的，才是真正的"大佬"。著名哲学家约翰·杜威教授提出：人类天性中最深切的欲望，是做重要人物的欲望。当富豪榜上的排名不再是头条谈资，社会关注转而对公益人士更青眼有加的时候，加之侨界群众对于公益又有迫切的需要，对于我们来说，是占了天时地利人和，是极好的时机，是大有可为的。

二、侨联公益事业做了不少工作，未来有更重要的任务，它已成为侨联工作重要的组成部分。

侨联公益事业成果是有目共睹的：我们在灾后重建了北川中学，我们的"侨爱心工程"足迹遍布中国的大江南北，我们的侨联春晚牵动全球华人华侨的心灵……然而对于在座的各位来说，这些还不够。打个比方：如果把公益事业的开拓比作考场，那么这些只是我们完成的一部分试题。考试还没结束，还不能就这么交了考卷。中央下发的中国侨联改革方案中，对侨联公益下一步工作已经做出了明确要求。指出了"侨爱心工程"要作为主打品牌，提出了医疗扶贫和精准扶贫，提出了大数据、云计算、"互联网+"、科技扶贫等等，任重而道远。任重，不怕，说明侨联对公益事业的重视和信心，它将成为同联谊、经科、文化等同样重要的组成部分；道远，也不怕，说明侨联公益前程万里，有无限的、光明的发展前景！

侨联公益要紧紧围绕侨联工作，去思考、去规划、去设计、去实施；要积极整合侨界和社会资源，使侨联公益成为侨联事业发展和创新发展的助推器；要把关注侨界困难群体、侨界民生、侨界发展作为出发点和落脚点，进一步深化“侨爱心工程”；要努力配合服务国家“一带一路”战略和外交大局，助力民间友好和中外人文交流。

三、医疗助困将成为“侨爱心工程”主要的内容

今年8月，习近平总书记在“全国卫生与健康大会”上提出：把人民健康放在优先发展战略地位。并强调，健康是促进人的全面发展的必然要求，是经济社会发展的基础条件，是民族昌盛和国家富强的重要标志，也是广大人民群众的共同追求。李克强总理也在发言中指出：要着力补短板，把卫生与健康资源更多引向农村和贫困地区，加大对贫困地区大病保险、医疗救助支持力度。这是党和政府对医疗救助工作的明确表态和肯定支持，也是对“精准扶贫”工作的进一步部署。那我们侨联公益要怎么做？一是要把“精准”坚决贯彻下去。不含混模糊，不一概而论。我们做不了全部的事情，但是我们做一件事就要把这一件事做实、做细、做成品牌。“光明行”现在做成了品牌，今后还要有更多的品牌项目拿出来。二是要加大医疗助困的力度。“侨爱心工程”作为品牌项目，更要带头做到这一点。中国侨联“光明行”自2005年到2014年一共完成了5000多例，在2015年一年里就完成了2000多例，而2016年预计完成6000例。这个增长是非常值得肯定的，下一步我们还会采取具体措施加快增长。华侨基金会还有不少其他的医疗救助项目，比如和睦家专项基金，目前累计救治患童已达6000人次。小水滴专项基金以及笑玮专项基金后面会做专题报告，我在此不再赘述。侨界脱贫，主要是医疗问题。而我们实施医疗救助，医治一人，救助一家，达成非常良好的社会效应。

四、对侨联公益工作的两点要求

1. 完善内部管理，加强制度和队伍建设。随着《慈善法》《慈善组织公开募捐管理办法》《公开募捐平台服务管理办法》等一大批新的法律政策出台，侨联公益慈善组织要进一步健全和完善各项工作制度和程序，全面贯彻落实各方面的规章制度。文件一定要认认真真地学习、吃透，坚决不能不求甚解，草率行事。什么事情能做，什么事情不能做，能做的事情要怎么做，这些问题一定要胸有成竹。要形成清晰、完整、规范的管理链条，建立层次清晰、责任明确、上下贯通的目标管理和绩效评估制度，推动各项工作的专业化、科学化和规范化。

2. 做公益一定要思考。这是一种难能可贵的品质。工作中我们缺少的往往不是力气，而是头脑。我们要做的，不是简单、表面的思考，而是细致、深入的思考。不是想当然，不是自以为是，而是切切实实站在捐赠者和受助者的角度思考。譬如资助学校，校舍教室建得光鲜亮丽就一定是好的吗？是？这是一所盲人学校！所以思考一定要实事求是，注重实效，否则只能降低公益资源的使用效益。因此，既要敏于行，又要勤于思。如果只是一味模仿、人云亦云，则必然不能推陈出新、因地制宜、持续发展。

中国侨联党组对侨联公益工作高度重视，年内还将有几项大的举措和活动。一是举办以“远方的惦念”为主题的华侨华人春节晚会，二是筹组成立中国侨联公益慈善委员会，三是向侨联系统下发关于深化“侨爱心·光明行”活动的通知，四是与爱尔眼科一起，走进缅甸，为当地群众实施白内障公益手术。

最后，感谢同志们在百忙中参加侨联公益事业发展的专题研讨培训班，感谢重庆市侨联对研讨班举办给予的协助，也借此机会，特别感谢爱尔眼科集团、黑龙江焦氏眼科等长期以来对“侨爱心·光明行”活动的大力支持。祝同志们工作顺利，身体健康！

在2016年全国侨联文化宣传工作会议上的讲话

（2016年4月21日）

康晓萍

同志们：

这次全国侨联文化宣传工作会议，是全国侨联系统学习贯彻党的十八大、十八届三中、四中、五中全会精神和习近平总书记系列重要讲话精神的一次重要会议。会议的主要任务是：深入贯彻中央群团工作会议精神，认真落实中国侨联九届三次全委会的要求和部署，大力推动侨联文化宣传工作改革创新，积极探索在新形势下开展侨联文化宣传工作的方法与途径，总结经验，交流心得，创新思路，部署任务。

中国侨联党组高度重视侨联文化宣传工作。“九代会”以来，林军主席就做好意识形态工作、提升文化交流层次、推动华文教育开展、配合国家外宣战略、提高品牌活动质量、大力实施改革创新、切实改进工作作风等方面，多次提出明确要求、作出重要批示。林军主席的重要讲话，为新形势下开展侨联文化宣传工作指明了方向。下面，我结合过去一年的工作，就做好当前和今后一个时期侨联文化宣传工作，谈几点意见。

一、过去一年的主要工作

一年来，全国侨联文化宣传工作始终坚持“两个并重”和“两个拓展”，紧紧围绕党和国家工作大局，积极谋划大文化、大外宣工作格局，在纪念抗战胜利70周年、推进“亲情中华”主题活动、促进海外华文教育发展、深化港澳台文化交流、拓宽新闻宣传阵地、开展华文媒体合作、做好侨刊乡讯出版发行工作等方面取得了重要成绩。呈现出系统联动、稳步推进、创新加快的良好态势。具体来讲有以下几个方面。

（一）纪念抗日战争暨世界反法西斯战争胜利70周年系列活动影响广泛

为纪念中国人民抗日战争暨世界反法西斯战争胜利70周年，全国侨联系统开展了一系列纪念活动。中国侨联组派艺术团分别在澳门和香港举行了“亲情中华——历史不会忘记”纪念中国人民抗日战争暨世界反法西斯战争胜利70周年大型文艺晚会，来自全球各地参加世界晋江恳亲大会的1500名侨胞和澳门各界人士共4000余人观看了演出，演出实况由中央电视台进行了录制播出。在香港，全国政协副主席董建华、香港中联办负责同志以及香港侨界、社会各界共3000余人观看了演出。辽宁省侨联以“铭记历史珍爱和平”为主题，举办抗日战争全景图片纪实展和慰问抗日老战士等活动。广西壮族自治区侨联举行“世界桂籍侨胞祭奠昆仑关战役抗日英烈”仪式，组织南侨机工后代召开座谈会，畅谈南侨机工支持抗战的光辉业迹。福建省侨联举办了“福建华侨与抗日战争图片展”。浙江省侨联举办了“铭记·关怀——华侨与抗战”电视主题晚会等系列活动。江苏省侨联举办了“铭记历史珍爱和平——2015海外侨领寻根之旅”活动。吉林省侨联与纽约东北同乡会等17个侨界社团举办了“以史为鉴·珍爱和平”纽约侨界抗战70周年活动。山东省侨联联合枣庄市侨联共同举办了“侨聚枣庄·红色之旅”抗战图片展。各类纪念活动在侨界群众中引起广泛反响，进一步弘扬了以爱国主义为核心的伟大民族精神，增强了中华民族的凝聚力和向心力。

（二）"亲情中华"主题活动稳步推进，品牌影响不断提升

一年来，全国侨联系统共组派27支"亲情中华"艺术团赴海外巡演。其中，中国侨联组派了6支艺术团，分赴15个国家和地区的28个城市，举行了28场正式演出和30多场联欢活动；福建、四川、贵州、湖南、广西、黑龙江、安徽、上海、重庆、广州、南京、无锡、丹东、保山、阿克苏、阿勒泰、塔城、昌吉等省区市侨联组派了21支艺术团，在25个国家举办了75场正式演出和80余场联欢活动。截至2015年底，全国侨联系统共组织了165个"亲情中华"艺术团，赴世界69个国家和地区的200多个城市进行了770余场演出。2016年春节期间，中国侨联还组派了4支艺术团分赴广西、浙江、安徽、吉林四省，举办了8场"亲情中华·走进侨乡"慰问演出活动，受到广大群众的热烈欢迎。目前，"亲情中华"已成为最具影响力的中外文化交流品牌之一，赢得了广大归侨侨眷、海外侨胞及我驻外使领馆的高度赞誉，得到党和国家领导人的充分肯定，其影响力正在逐步放大，品牌价值正在稳步提升。

（三）海外华文教育工作取得新进展，夏令营活动成果丰硕

2015年，由中国侨联和国家汉办联合主办的"亲情中华·汉语桥"夏令营，共有来自20余个国家和地区的946名华裔青少年参加活动。北京、上海、江苏、浙江、安徽、山东、湖南、广东、广西、海南、贵州、云南等12个省级侨联，23个市区县级侨联以及15家高校中学参与承办，班级总数27个。与2014年相比，承办单位同比增加300%，协办单位同比增加316%，营员总数同比增加730%。中央电视台、人民网、新华网、新浪网、搜狐网、中新网、中国侨网等新闻媒体对夏令营活动进行了报道。"亲情中华·汉语桥"夏令营已成为全国侨联系统推进海外华文教育的重要平台和手段。此外，第十六届世界华人学生作文大赛以"朋友""知行"为主题，收到来自24个国家和地区的760万华人学生的投稿，他们用中文生动描绘祖（籍）国的秀美河山，介绍中国的风俗习惯等，充分展现出华裔青少年对祖（籍）国的记忆与眷恋。这次大赛共有15名同学获得特等奖，8800名同学分获一、二、三等奖，8600名教师获得辅导奖，300个单位获得组织奖。我们还组织了来自中国、美国、加拿大、荷兰、奥地利、阿联酋等国家和地区的100多名获奖师生代表欢聚北京，参加颁奖典礼和夏令营。

（四）面向港澳台的文化交流活动亮点多，侨联独特优势逐步彰显

应台湾方面邀请，2015年10月，中国侨联与中国宋庆龄基金会、安徽省侨联、安徽省芜湖市人民政府共同组派艺术团，先后在台北、花莲、屏东和嘉义举办了4场"亲情中华·欢聚台湾"大型文艺晚会和多场联欢活动，这是中国侨联"亲情中华"艺术团第三次走进台湾，其中台北演出实况由中央电视台面向全球播出，艺术团的到访在促进两岸交流合作、增进共识等方面发挥了重要作用。重庆市侨联组派"亲情中华·印象重庆"渝台餐饮文化交流团赴台湾访问，深入交流饮食文化，积极推介重庆火锅、渝派川菜，进一步加深了台湾民众对两岸"同根、同源、同文化"的认同。福建省侨联推荐的"中国闽台缘博物馆"被我会确认为中国华侨国际文化交流基地，对于深化与台湾的交流具有重要意义。广州市侨联于春节期间在香港举办"2015港穗侨界新春联欢晚会"，并于7月再次在香港举办了由30多家侨界社团的130多位侨友参加的"港穗侨界庆回归"座谈会，听取香港立法会议员介绍香港政治发展和民生问题。湖北省侨联与澳鄂大专人士协会等单位组织在武汉高校学习的澳门籍学生，开展"亲情中华社会实践（义教）"活动，促进了两地的文化交流，取得了良好的社会效益。

（五）宣传阵地向新媒体和海外华文媒体拓展，侨刊乡讯出版发行工作扎实推进

中国华侨出版社大力实施"互联网+图书"计划，通过建立微信公众号，为海内外读者提供图书信息和学术交流服务，同时还建立了"侨艺网"，为读者提供作家访谈、在线阅读及收听服务。2015年中国华侨出版社荣获"中国图书世界馆藏影响力出版100强"殊荣。《海内与海外》杂志开辟"勿忘抗战"专栏，邀请东京审判大法官梅汝璈的后人、抗战烈士杨靖宇的后人等撰写回忆文章，回顾战争历史，缅怀革命先烈，产生了积极的社会影响。山西省侨联利用新媒体打造“一网一号一群一平台”的“互联网+”宣传体系，利用海外华文媒体信息投送平台，向分布在俄罗斯、德国、美国等30多家华文媒体发送宣传稿件，成为世界了解山西的窗口。内蒙古自治区侨联与“世界华文媒体联盟”内蒙古编辑部建立合作关系，将新闻触角延伸至42个国家和地区，为世界了解内蒙古搭建平台。广东省侨联打造的“一网一刊一平台”效果明显，尤其是微信公众号的开通，在短短几个月内访问量就达到4万多人次。安徽省侨联积极利用微博、微信公众号等平台及时向侨界群众发布信息，建立了常委委员、海外联谊、专委会微信群，保证信息推送的时效性。河南省侨联持续提高《中原侨声》的办刊质量，与有关单位联合出版、拍摄、编印了相关文字和影像资料。广西壮族自治区侨联通过《八桂侨刊》及与广西电视台共同制作的《走南闯北广西人》栏目，讲述海外桂籍侨领、专家学者等人士的故事。杭州市侨联积极推进《侨聚》杂志的内容创新，与挪威、法国等地的华文媒体建立合作关系，并协助波兰导演拍摄《外国人眼中的杭州》宣传纪录片，积极向世界讲述杭州故事。江苏省南通市侨联、徐州市侨联分别在印尼、美国等地开设“南通乡情”“魅力徐州”专版，有力宣传了江苏地域特色文化。

（六）文化艺术类群众活动持续开展，侨胞参与热情屡创新高

2015年由中国侨联主办，中国华侨摄影学会、中国华侨国际文化交流促进会、中国华侨公益基金会、中国侨联青年委员会等单位承办的“第二届世界华侨华人摄影展”在京成功举办，摄影展共收到来自世界五大洲26个国家和地区的华侨华人摄影作品14000余幅（组）。各地侨联结合自身实际和侨界群众需求，组织开展了形式多样的文化活动。上海市侨联主办了“侨之友——亲情中华·百侨百愿中国梦”摄影与微视频大赛，将侨界的精彩故事以新媒体形式生动展现。江苏省侨联与徐州市委市政府联合举办“加拿大华侨华人书画作品徐州展”，并开展以“亲情中华”为主题的“侨界大讲堂”“侨界道德讲堂”等。福建省侨联和泉州市侨联共同举办了“亲情中华·福建第二届侨界文化艺术节”。广东省侨联与广州市侨联共同举办了以“亲情中华·共筑中国梦”为主题的第六届（广州）华人文化艺术节。汕头市侨联支持旅法侨胞周勤龄女士和国际著名小提琴家奥利维·查利先生在北京举办“妙音·心声”慈善音乐会。北京市侨联举办了“首都新侨乡”文化节、华侨华人艺术家中秋音乐会。天津市侨联邀请专家学者举办了8期“侨界大讲堂”，内容涉及形势报告会、养生保健课堂和文化艺术讲座等，展现了侨联组织的活力与风采。哈尔滨市侨联举办了第二届“侨之声”海外家乡学子音乐会、海外家乡学人音乐会、“月是故乡明”中秋音乐会、“九洲之夜”哈尔滨侨界新春交响音乐会。太原市侨联创办“侨之家”公益讲堂，共举办17场英语技能、民族音乐、太行精神、书法课堂等专题活动。杭州市侨联举办“乡愁、乡貌、乡情”文化摄影活动等，吸引了广大归侨侨眷和海外侨胞的积极参与，丰富了侨界群众的文化生活，促进了国际文化交流。

这些活动的成功举办，离不开侨联文化宣传战线全体同志的辛勤努力和真抓实干，在这里，我代表中国侨联，向同志们表示衷心的感谢！在肯定成绩的同时，还要看到工作中的不足。比如，如何传播好中国声音、讲好中国故事有待于进一步加强；如何延伸文化宣传工作的手臂，扩大文化交流工作的面有待于进一步研究；如何加强对文化宣传的重视和引导，提高文宣队伍的素质，还需要进一步努力。

二、2016年文化宣传工作的主要任务

中央群团工作会议对新时期群团工作提出了更高要求，侨联文化宣传工作要在大力拓宽联系范围，努力保持与最广大侨界群众的血肉联系的同时，坚决防止“机关化、行政化、贵族化、娱乐化”倾向；要加大改革创新力度，全面提升工作水平，着力挖掘重点项目内在潜力，尽快弥补领域空白和缺位。

（一）侨联文化宣传工作要坚持政治性、立足群众性、增强针对性

侨联文化宣传工作责任重大，工作做得好，侨联的影响力就强，工作不给力，就会降低侨联的威望。因此，侨联的文化宣传工作既要坚持宏

观的政治性，又要立足中观的群众性，还要增强微观的针对性。

1. 坚持政治性，以正确的舆论导向引领侨界群众

习近平总书记在中央群团工作会议上指出，“政治性是群团组织的灵魂，是第一位的”。侨联文化宣传工作作为侨联工作的重要组成部分，必须把政治性放在首位，在宣传口径上必须与党中央保持高度一致，以正确的舆论导向引领侨界群众。要围绕“坚持中国道路、弘扬中国精神、凝聚中国力量”，充分发挥“思想引领、舆论推动、精神激励和文化支撑”的作用，引导侨界群众为实现“两个一百年”奋斗目标和中华民族伟大复兴的中国梦而奋斗。要深入开展中国特色社会主义和中国梦的宣传教育，引导侨界群众增强道路自信、理论自信、制度自信。要深入开展社会主义核心价值观宣传教育，引导侨界群众弘扬主旋律、提振精气神、传播正能量，为增强民族凝聚力向心力、建好共有精神家园发挥独特作用。

2. 立足群众性，使侨联的文化宣传触及基层侨界群众

习近平总书记在中央群团工作会议上指出，“群众性是群团组织的根本特点。群团组织开展工作和活动要以群众为中心，让群众当主角，而不能让群众当配角、当观众”。侨联文化宣传工作必须将群众性贯穿到工作的始终，让群众成为文化宣传的参与者和传播者，使工作的触角触及基层侨界群众。目前，很多侨胞特别是青少年很少登录主流新闻网站，他们大多通过新媒体获取各类信息，必须将文化宣传的内容“送达”到他们眼前，才会取得应有效果。要充分利用新媒体的“粉丝推送”方式来传播内容，通过浏览和播放次数来了解宣传效果，通过查看留言和评论及时获得受众的反馈信息。侨联文化宣传工作者要尽快学习和掌握微博、微信公众号等宣传手段，以向“粉丝”推送内容的形式，完成信息传递的“最后一公里”，真正做到“触及式”服务。

3. 增强针对性，将内容创作放在更加突出位置

习近平总书记在党的新闻舆论工作座谈会上指出，“正面宣传要用心用情做，让群众爱听爱看，不能搞假大空式的宣传，不能停留在不断重复喊空洞政治口号的套话上，不能用一个模式服务不同类型的受众，那样的宣传只会适得其反”。我们有些同志喜欢将机关上网稿发给侨胞看，但并不受欢迎，什么原因？因为机关上网稿是客观反映工作情况的模式化稿件，针对人群往往是机关工作人员。这类稿件如果不加修改，不做调整，直接发给侨胞，很难受到欢迎，这就是习近平总书记所说的“不能用一个模式服务不同类型的受众”。对于发给侨界群众的稿件，我们必须使用“群众稿”，将领导讲话的核心要意用群众的语言表达出来，让群众看得懂，同时还要力求生动活泼、有趣有料、亮点看点层出不穷，让群众喜欢看、乐意听。

侨联文化宣传部门要根据年度任务，策划和制作原创性的图文、音频、视频等内容。在内容的创作上，要尽可能地让侨胞参与进来，让他们当主角，将有温度、有趣味、有品位、有带入感的原创内容呈现给侨界群众。还应与海外华文媒体建立内容分享机制，将我们的原创内容传送到海外，也可将海外的精彩内容接收回来，既丰富了我们的宣传内容，也密切了与华文媒体的联系。

（二）努力讲好中国故事，传播好中国声音

习近平总书记多次强调，要精心做好对外宣传工作，创新对外宣传方式，着力打造融通中外的新概念新范畴新表述，讲好中国故事，传播好中国声音，增强在国际上的话语权。讲述中国故事，传播中国声音，是当前我国对外宣传工作的重要任务，侨联组织必须充分运用好“海外侨胞众多、分布十分广泛”这一独特优势，切实把中国故事讲起来，把中国声音传出去。

1. 创建宣传品牌，整合有效资源推出公共产品

故事要想讲给别人听，需要有一个载体，或是文字图片，或是音频视频，或是各类活动，这就需要创建一个宣传品牌来统领。品牌名称要有鲜明的“侨”的特征，要集思广益，共同研究。建立品牌的目的只有一个，那就是通过品牌化的包装，将精彩的中国故事以公共产品的形式，源源不断地传递给广大侨胞和外国民众，使他们能够听到侨联传递的中国声音。

将宣传品牌与公共产品捆绑在一起，能够有

效地将中国故事“物化”和“实化”，使“讲故事”变成一种服务，使“听故事”或“看故事”变成享受服务，在服务过程中，要避免“华而不实”和“蜻蜓点水”。公共产品的形式可以是图文、音频、视频等内容，也可以是演讲、论坛等活动，要有持续性，持之以恒地向前推进。一个宣传品牌，只有把公共产品做好，才能有好的品牌价值和影响力，才会有成百万、上千万的“粉丝”跟随，才能把中国声音传得更广、更远。

2. 搭建宣传阵地，全面布局各类新媒体和线下媒体

习近平总书记在党的新闻舆论工作座谈会上指出，“阵地是意识形态工作的基本依托。人在哪里，新闻舆论阵地就应该在哪里。对新媒体，我们不能停留在管控上，必须参与进去、深入进去、运用起来”。微信是新媒体中的典型代表，“发微信、看朋友圈”已经成为海内外侨胞每天必做的“功课”，侨联文化宣传工作者要将使用微信联系侨胞作为我们的基本工作手段，要将微信群作为传播“中国故事”的渠道之一，要将微信公众号打造成征集故事、发布故事、收集反馈的重要平台。除了微信之外，还要利用微博、自媒体电台，将中国故事推送出去，使其在侨界群众中转发起来。此外，我们还要积极利用海外的中餐馆、宾馆、酒吧、咖啡馆、商铺、中文学校、中医保健所等场所开展对外宣传，如果每天辐射人群达到千万人次，那么全年辐射人群将达到几十亿人次，这将成为我们开展外宣工作的主要阵地。

3. 建设宣传队伍，实现上下内外多语多媒联动

习近平总书记在党的新闻舆论工作座谈会上指出，“媒体竞争关键是人才竞争，媒体优势核心是人才优势”。侨联文化宣传工作做得好不好，关键在人，在队伍。在新媒体的利用上，多培养一些有特长的干部，让他们出思路、做策划，使其形成多元化的传播媒介。此外，要发挥热心侨联事业的归侨侨眷、海外华文媒体从业者、侨胞志愿者以及出国留学人员等的作用，明确目标、制定规划、找准平台、做好经费保障，努力营造良好的创新氛围和环境。

讲好中国故事是一项系统工程，不能各自为战，闭门造车，要做到系统上下联动、海内海外互动、多语多媒齐动。中国侨联文化交流部要结合侨联工作任务和侨胞需求，分阶段、分批次向全系统文化宣传队伍下达任务，由各省市侨联结合自身实际，制作“中国故事”原创内容向海内外传播。宣传队伍的海外成员要积极利用新媒体以双语或多语种形式转发和传播“中国故事”，让更多的外国民众看到“中国故事”，听到“中国声音”。要整合侨联文化宣传战线资源和力量，联合海外华文媒体、侨胞志愿者、留学生群体等，力争用3—5年时间，逐步建立起一个全球化、立体式、多语种“中国故事”传播体系。

（三）推动“亲情中华”主题活动创新升级

“亲情中华”品牌经过8年的发展，已经达到一个新的阶段。我们既要全面继承已有经验和做法，又要积极推动“亲情中华”主题活动创新升级。

1. 大力提升演出节目质量，不断充实演员队伍

据初步统计，8年来跟随“亲情中华”艺术团赴海外巡演的演员数量已超过3000人次，但演员的专业素质和节目的质量却参差不齐。一些侨胞反映，个别地方侨联组派的艺术团存在演员水准和节目质量相对不高的问题，希望中国侨联严格把关。对此，中国侨联将建立演员库和节目库，研究和试点“调演”模式，与各省市侨联及相关院团单位，共同研究制定“调演时间表”，派专家组集中审核节目，力争遴选出符合海外巡演要求的优秀演员和精彩节目，并将其纳入常备演员队伍和常备节目库。同时，也可考虑将国内优秀的话剧、舞剧、音乐剧等节目推向海外，提供多样化产品，丰富“亲情中华”的演出类型。

2. 加强与多种节目类型的合作，扩大影响力

2016年春节期间，中国侨联与山西卫视联合录制《“亲情中华·歌从黄河来”欧洲慰侨演出纪实》，该纪实片作为《歌从黄河来》的特别节目，一经播出就受到国内众多粉丝的热捧，多家视频网站纷纷转载，网站收视率屡创新高。鉴于上述成功经验，我们也可考虑与正在热播的其他选秀节目合作，还可以参照“欧洲慰侨演出纪实”的模式，打造一档《“亲情中华”海外巡演纪实》大型真人秀节目，充分吸收当前较火的真人秀节目的优点，让广大的海外侨胞参与进来，走进镜头，进入节目，零距离接触明星大腕，近距离感受“亲情中华”的浓浓情意。

3. 充分利用新媒体为海外巡演营造浓烈舆论氛围

“亲情中华”海外演出不仅要有精彩的节目，还要让广大海外侨胞在演出前的宣传推广、演出中的真诚互动和演出后的情感交流中，深深感受这个品牌的魅力。2015 年“亲情中华”赴欧亚 5 国巡演出发前，文化交流部的工作人员就以微信群为媒介，以节目和演员介绍为内容，以幽默问答竞猜为形式，邀请带团领导和主要演员进群互动，这种预热形式深受海外侨胞欢迎。有的演员还没出国就收获了大批粉丝，等到现场演出时，气氛热烈，叫好声、鼓掌声、欢呼声响彻剧场。希望今后在艺术团筹备期间，除了制作可供传发的海报和节目单之外，还要制作演出预告视频宣传片和微信节目单，利用新媒体将上述内容转发出去，让海外侨胞先期了解，中期参与，后期回味。

4. 适当调整，延长“亲情中华”的外延与纵深

“亲情中华”海外巡演足迹已遍及五大洲近 70 个国家和地区，但一些发展中国家、非热点城市，却少有团组到访。对此，我们要适当作出调整，将演出团组多向欠发达国家倾斜，向非热点城市倾斜。此外，在观众的构成方面，我们要注重提高华裔青少年比例和住在国民众比例，对演出需求大的城市，可以加演。之所以提升华裔青少年的观看比例，是因为“亲情中华”演出是他们了解中华文化的一个难得的窗口，也是他们获得民族自豪感和文化认同感的一次重要机会。希望组织“亲情中华”海外巡演时，留出一个节目让当地华裔青少年来表演，参与的孩子越多越好。也可以为住在国民众留出一个节目，让他们与华侨华人共同表演，通过节目上的默契配合来加深住在国民众对华裔群体的认同感和亲近感。这样不仅有利于住在国民众了解中华文化、喜爱中华文化，也有利于加深华侨华人与住在国民众的友谊，更有利于华侨华人在当地的生存与发展。

5. 创新形式，不断增强主题活动的群众参与度

“亲情中华”主题活动目前内容十分丰富，除了海外巡演之外，还包括“亲情中华·走进侨乡”、中医药海外行、夏令营、美术书法展、摄影展、图片展、音乐会、联欢会、庙会、美食节等。各地侨联要结合自身实际和侨界群众需求，进一步创新活动形式，将群众“组织起来、活跃起来”，不断提高群众的参与度。为进一步深化“亲情中华”文化交流的内涵，中国侨联正在筹划“亲情中华·侨联讲堂”系列活动，在这方面有些省市已经走在了前列。“亲情中华·侨联讲堂”可以从不同角度和内容入手，用侨胞听得懂、喜欢听的语言，将侨界的故事、中国的故事等精彩内容奉献给侨界群众。文化交流部前期可组织一批主讲人赴地方开展“亲情中华·侨联讲堂”活动，然后根据大家反馈的意见进行优化和调整，力争使该项活动从国内走向海外。

（四）继续做好“亲情中华·汉语桥”夏令营活动

华文教育在维系海外华侨华人与祖（籍）国的感情联系方面发挥了巨大的作用，是海外华人社会的“留根工程”，也是中华文化在海外的“希望工程”。今年，中国侨联将继续深化与国家汉办的战略合作，积极探索政府扶持、侨联投入、社会赞助并重的筹资机制，推动“亲情中华·汉语桥”夏令营在招生数量、办营质量、信息收集、营员满意度上取得更大的成绩。

2016 年“亲情中华·汉语桥”夏令营招生数量，将在去年的基础上有适度增加；在营费标准上，将从去年的每人每天 200 元，增加到 250 元；在学习内容上，将作出适当调整，增加《朱子家训》等经典著作内容。希望各地侨联按照中国侨联的统一部署，结合自身实际，保质保量、如期按时完成今年“亲情中华·汉语桥”夏令营工作。由于学员人数增加，筹备工作将更加繁重。在办营过程中，要注重优化工作流程，完善工作手册，进一步细化规则、填补空白、堵塞漏洞。要完善食品卫生、安全应急、组织保障、心理疏导及重大事件报告等机制，强化安全责任意识，确保生命财产安全。要建好网上报名系统、调查问卷反馈系统，完善微信沟通平台，为今后开展工作提供数据支撑。要尊重基层首创精神，坚持重心下移，强化基层侨联和承办学校的主体责任，在办营内容上探索规定动作与自选动作（“1+X”模式）相结合的方式，逐步筛选出一批有特色的示范学校和单位，创造更多好经验、好做法在全国范围内推广。

（五）努力办好中国华侨国际文化交流基地

开展中国华侨国际文化交流基地建设工作，是加强和改进新形势下侨联文化宣传工作的重要举措，是实施“两个并重”“两个拓展”的重要抓手，是弘扬中华文化、促进对外交流的重要载体。目前，中国侨联已经在19个省市确认了85家交流基地，这些基地，每个都有好故事。目前，各地申报交流基地的积极性很高，一致认为交流基地是整合社会资源、推进优势互补、合力开展海内外文化交流活动的重要平台。希望在交流基地的应用上下功夫，扩大活动次数和活动规模，使之成为广大侨胞寻根问祖、旅游观光的必经之地。

目前交流基地也面临一些困难和问题。例如，宣传力度不够，影响面不广，使用频次不高等，要认真研究，切实加以解决。最近文化交流部将编辑出版《中国华侨国际文化交流基地故事》，旨在扩大宣传面，增强影响力。各地侨联组织也要充分发挥基地的平台作用，借活动推广文化，借文化凝聚力量。在经费方面，既要努力争取财政支持，也要协助基地调动社会资源，以合作方式多方面筹措资金。

（六）认真做好纪念中国侨联成立60周年相关工作

今年是中国侨联成立60周年，将开展一系列庆祝和纪念活动。如召开庆祝大会，举行国庆暨中国侨联成立60周年招待会，编纂出版《中国侨联60年》画册，视情况在中央电视台和地方卫视播出“中国侨联成立60周年”专题纪录片，发行纪念币等。还将举办纪念孙中山先生诞辰150周年活动、第三届世界华侨华人美术书法展、“传播中国声音·讲好中国故事”论坛等活动。侨联文化宣传部门要充分运用中国侨联成立60周年这一侨界普遍关注的重要历史节点，积极开展文化交流活动，生动阐释中国侨联成立60年来，团结服务广大归侨侨眷和海外侨胞，在凝聚侨心侨力、服务国家中心工作、促进经济社会发展等方面取得的辉煌成就。要通过多种形式对中国侨联成立60周年进行广泛宣传，营造浓厚的庆祝氛围，进一步提升侨联组织的影响力和凝聚力。

同志们，今年是群团改革年，侨联的文化宣传工作如何在新一轮改革中走在前列、更有作为，是我们每一个文化宣传工作者都要认真思考的问题。我们要从实现中华民族伟大复兴中国梦的战略高度，提高对中华文化地位和作用的认识，延续我们的历史文脉，通过讲述好中国故事、传播好中国声音、塑造好中国形象，来营造好实现中华民族伟大复兴中国梦的良好国际氛围。

挖掘侨联优势　凝聚侨胞力量 讲好中国故事

——在人民日报（海外版）“讲好中国故事 做好桥梁纽带”研讨会上的发言

（2016年6月15日）

康晓萍

“世界那么大，问题那么多，国际社会期待听到中国声音、看到中国方案，中国不能缺席”，这是习近平总书记2016年新年贺词中的一句话，强调了讲好中国故事、传播好中国声音的重要性。在党的新闻舆论工作座谈会上，习近平总书记又再次强调：“要加强国际传播能力建设，增强国际话语权，集中讲好中国故事。”今天，人民日报（海外版）举办“讲好中国故事　做好桥梁纽带”研讨会，应时应势，切合实际。

侨联是由归侨侨眷组成的人民团体，是党和政府联系归侨、侨眷和海外侨胞的桥梁和纽带。对于中国侨联来说，要认真学习习近平总书记系列重要讲话精神，充分发挥海外侨胞在讲好中国故事、传播好中国声音方面的作用，用世界能够听懂的故事述说中华价值观，诠释中国取得深刻变革的原因所在，坚定走中国特色的社会主义道路。

一、锐意创新，着力拓宽宣传渠道，将中国故事诠释好、展现好

在当今这样一个国际话语权竞争激烈的时代，我们不仅要有讲中国故事的意识，更要有讲好中国故事的本领。近年来，中国侨联紧紧围绕党和国家工作大局，从构建大文化、大外宣工作格局入手，在打造“亲情中华”品牌、促进海外华文教育、开展涉侨文化宣传等方面，搭建了几大平台，如“亲情中华”文化交流、“亲情中华·汉语桥”夏令营、中国华侨国际文化交流基地、中国国际文化交流促进会等，以文化为纽带，以传播为手段，以增进友谊和共识为内容，用海外侨胞乐于接受的方式、善于理解的语言，为传承中华文化，讲好中国故事，做了诸多有益的尝试。

一是“亲情中华”主题活动影响广泛。自2008年以来，中国侨联开展“亲情中华”主题活动，坚持以情交心、以文会友，突出民间交往、文化交流、感情交融，为海外侨胞及外国民众送去精神大餐的同时，更使他们体会到中华文化的独特魅力。截至2015年底，全国侨联系统共组派165个艺术团，在69个国家和地区进行了770场文艺演出。“亲情中华”已成为最具影响力和美誉度的中外文化交流品牌之一，得到党和国家领导人的充分肯定，赢得海内外侨胞、我驻外使领馆的高度赞誉，受到海内外媒体、当地政要的广泛好评，也备受外国民众的关注。

二是全力支持海外华文教育。近年来，为帮助海外华裔新生代更加全面客观地认识当代中国，懂得并理解中国独特的文化传统、历史命运、基本国情，激发他们学习和传承中华文化的兴趣和热情，中国侨联开展了一系列活动，如：与国家汉办合力开展“亲情中华·汉语桥”夏令营；牵头主办世界华人学生作文大赛；组派华文教育讲习团送教上门、培训师资等。这些活动的

开展，不仅使他们记住了自己的“根”之所在，更增加了对中国、对家乡的一份眷恋。

二、凝心聚力，引导海外侨胞成为“民间大使”，更直接地向世界解读中国故事

对外传播的核心是争取人心，是通过交流促进文化认同、价值认同。不少外国友人来到中国，才发现与从西方媒体上悉知的中国形象差异很大。今天的中国要深度融入世界，就需要让世界深入了解中国，就需要找准国外受众的需求，把我国最具特色的政治制度、价值理念、文化艺术、历史民俗等方面内容展示出去、传播出去，让国外不同文化背景、教育程度的受众都能寻找到他们感兴趣的东西。海外侨胞既熟悉中国和住在国的情况，又有丰富的国内外人脉资源和国际交流经验，是讲好中国故事、传播好中国声音最热情、最积极、最直接的群体，是向世界解读中国最为理想的“民间大使”。因而，进一步引导海外侨胞针对外国民众的诉求，用民间方式传播中国声音，更直白地讲述中国故事，更明确地传递中国声音，更友好地输出中国形象，是中国侨联今后工作的重要目标。

首先要明确“谁来听”和“谁来讲”的问题。要使海外侨胞不仅成为中国故事的忠实倾听者、重要评判者，而且成为中国故事的积极参与者、精心编撰者、热心讲述者，进而影响当地政府、媒体、智库、民众，增进对中国和中国人民的友好感情。所以，应当把海外侨胞作为传播中华文化的首选者。要特别注重发挥新一代华侨华人知识层次高、从业领域广、发展意识强的特点，为他们深度创作提供素材，培养一批关注中国发展、坚持正面评价、善于表达交流的侨胞“领头羊”，不断壮大讲好中国故事的生力军。

二是要解决好“听得进”“听得懂”的问题。我们的海外侨胞熟悉中外文化、了解住在国社情民意，可以通过他们聚焦中国与住在国的话语共同点和利益交汇点，贴近国外受众的思维习惯和语言习惯，多让事实说话，多用故事表达，做“润物无声”的“看不见的宣传”，把我们想说的与当地社会关注的有机结合起来，吸引当地关注、影响舆论走向。此外，还要通过海外侨胞，延揽一批对中国文化有浓厚兴趣和较深研究的国际友人、中国问题专家、汉学家、媒体人等，强化中国角度、国际表达，促进中国故事跨文化传播能力的提升。

三是要解决好“传得出”“传得开”的问题。国内宣传部门、主流媒体要加强与涉侨涉外部门、海外华文媒体的联系，支持和鼓励海外侨胞为走出去的国内媒体实现落地、生根、发芽牵线搭桥，推动中国故事能成为“N 种版本”在海外广为流传。同时还要运用现代技术，运用短信、微信、微博、博客、播客、网站、论坛等新兴媒体和技术手段，主动融入信息化条件下海外侨胞的社交圈、舆论圈，为助推中国故事的有效送达和广泛覆盖拓展渠道。

三、挖掘优势，关注海外侨胞的各种载体，为讲好中国故事搭建传播平台

当前，“中国奇迹”、“中国震撼”催生了国际上“读懂”中国经济、“解码”中国道路的现象。世界关注中国，这是好事，但中国故事不能任由他人来演绎、曲解，中国人理应成为讲好自己故事的“推手”“写手”“高手”。目前海外华侨华人有 6000 多万。近些年来，海外侨胞及他们所拥有的载体，已铺设了多样、分层、受众广的传播渠道。这些载体，在公共交流、信息输出及文化传承方面具有不可替代的优势，以此可以铺设起通向世界的传输中国声音的桥梁纽带。

第一，应该重视华侨华人经营的餐馆、超市、咖啡厅等场所的辐射作用。这类场所数量多、分布广，是接触外国人最方便、敏感度又低的地方。通过合理运作、巧妙宣传，让外国民众在享受华侨华人提供的餐饮、商业、零售业服务的同时，润物细无声地对其宣讲中国故事。如能对传播内容进行适当的“私人定制”，潜移默化地宣传中国的理念、中国的价值观，就会将一个真实的中国展现在普通民众面前，对驳斥西方的恶意宣传，回击西方媒体的选择性报道大有益处。

第二，适当选择华文媒体植入中国故事内容。目前，海外华文媒体有 1000 多家，他们利用跨媒体的传播手段，形成了报纸、广播、电视、网络的全方位、立体化传播体系。当前，由于世界经济处于低迷状态，这些靠筹款兴办的媒体中，有不少的报纸刊物减少了发行量，如果我们适当选择一些双语报纸和刊物，给予他们一些

支持，再有效地植入一些中国故事的内容，这是讲中国故事的一个很好的平台。

第三，大力支持由海外侨社、侨胞兴办的中文学校。世界各地有近2万所中文学校，是侨社和侨胞为了使他们在海外出生的新生代学习中华文化而设立的。这些被海外侨胞誉为“留根”工程的中文学校，招生对象没有年龄限制，也不局限于侨胞子女，不少外国民众的子女通过中文学校学习中华文化。如果能给予中文学校适当的支持，帮助其解决教学模式不一、教材短缺、课外阅读资料匮乏、师资队伍严重不足等问题，中文学校也会成为讲好中国故事的优质平台。

第四，积极甄选和组织一批中华传统文化精品走向海外。中华传统文化如中医、中华武术、中国舞蹈、伦理孝道等，不仅深受海外侨胞欢迎，而且也越来越受到外国民众的喜爱。我们最近访问巴西，一个普通的武术老师就有上千个学徒。如果把一些具有中国传统文化技能的“大师”组织起来，走出国门，传经送宝，也将是一支讲好中国故事的骨干队伍。

第五，努力打造一批“中国书架”。随着中国经济的迅猛发展和中国国际地位的不断上升，外国民众想了解中国、感知中国的意愿越来越强烈，但中国的读物在国外太少。有侨胞向我们反映，外国民众对中国名著知之甚少。不是中国没有名人名著，而是翻译成其他语种的读物太少，传播也不广泛。如果我们在华侨华人聚集区、超市和外国的图书馆等地方，打造一批“中国书架”，这也是讲好中国故事的一个很好的平台。

实现中华民族伟大复兴是海内外中华儿女的共同梦想，而海外侨胞就是连接中国梦与世界梦的天然使者和桥梁，中国的发展离不开数千万海外侨胞的支持和参与。中国侨联将进一步加强与人民日报（海外版）等媒体的合作，积极探索，主动作为，挖掘优势，讲好中国故事，让近者悦、远者来，为中华民族自己和世界，构建经得起时间和历史考验的人格精神图谱。

携手共进　同讲中国好故事

——在中国侨联“讲好中国故事　传播好中国声音”论坛上的发言

（2016年9月27日）

康晓萍

尊敬的各位侨胞，各位朋友，女士们、先生们：

有朋自远方来，不亦乐乎！

在纪念中国侨联成立六十周年之际，我们大家欢聚一堂，参加今天的“讲好中国故事、传播好中国声音”论坛，共同探讨如何讲述中国故事、传播中国声音，让国际社会了解一个真实的中国。我们的侨胞在海外人脉资源广、社会联系多，对侨居国涉华舆论感知深，对于“讲好中国故事、传播好中国声音”具有独特的优势，寄希望你们能成为我治国理政方略的“讲解员”、弘扬传播中华优秀文化的“宣传员”、中国人民和外国民众友好交往的“协调员”。这既是你们的优势，也是我们的期望。

受林军主席的委托，我就讲好中国故事、传播好中国声音谈谈我们的一些思考，与大家交流。

一、为什么要讲好中国故事

习近平总书记提出，要讲好中国故事，传播好中国声音。讲好中国故事，关系国家形象，关系我国国际舆论话语权，关系国家文化软实力提升。

1. 讲好中国故事是坚持文化自信、提升中华文化形象的软实力

“欲信人者，必先自信”。在纪念中国共产党成立95周年大会上，习近平总书记提出要坚定道路自信、理论自信、制度自信、文化自信。中华民族有着5000多年的文明史，悠久深厚的中华传统文化不仅是我们的精神财富，更应该是我们文化自信的根基。

美国汉学家孟德卫曾经说过：“至少到18世纪末，欧洲接受来自中国的影响是因为他们视中国文化为更优越的文化，且乐意向中国借鉴。”中华文化是一种“和”的文化，讲究和谐、合作，律己、包容，讲究“己所不欲，勿施于人”，讲究“慎终追远，民德归厚”，讲究孝道感恩、推己及人。我们的侨胞遍布世界各地，能与当地民众友好和睦相处，就是中华文化精髓的集中体现。

中华民族的文明史中充满了精彩动人的故事，上下五千年、纵横八万里，物质层面的“四大发明”、丝绸之路、浩瀚文物，精神层面的家国情怀、君子人格、盛唐气象等，都给世人留下了难以磨灭的记忆和印象，是我们取之不尽、用之不竭的文化源泉，也是凝聚中华儿女的精神纽带，是令我们引以为豪的文化软实力。

2. 讲好中国故事是增强国际话语权、营造良好国际舆论环境的源动力

当今全球化时代，只有我们的话语体系更具道义感染力和思想穿透力，才能打动人心，才会拥有国际话语权，才能在国际竞争中赢得优势。这既是综合实力的集中表现，也是国家强大的主要表征。当今中国已经是世界第二大经济体，但文化软实力与经济水平相比还很不相称。今天的中国要深度融入世界，就需要让世界深入了解中国，就要找准国外受众的需求，把我国最具特色的政治制度、价值理念、文化艺术、风俗民情等传播出去，让世界认识一个全面、真实、立体的中国，展示我文明大国、东方大国、负责任大国、社会主义大国形象。

80 多年前，鲁迅先生曾在香港发表了题为“无声的中国”的演讲，他呼吁“将中国变成一个有声的中国”。经过几代人的努力，今天中国已经变成了一个“有声的中国”。但目前这种声音还不够响亮，与中国的大国地位还不相匹配。长期以来，世界范围内的国际话语权分配不平衡，西方大国主导话语体系、掌握着世界议题走向。据资料反映，西方媒体掌握全球 90% 的新闻信息资源，70% 的海外受众是通过西方媒体了解中国，我国在世界上的形象很大程度上仍是“他塑”，西方主流媒体对中国肆意进行围追堵截，我们还处于有理说不出、说了传不开的状况，存在着中国真实面貌和西方主观印象的“反差”、软实力和硬实力的“落差”。“落后就要挨打，失语就要挨骂”。要想不“挨骂”，我们就必须改变西方把持话语霸权的局面，用恰当的话语和形式表达中国观点、中国立场，发出响亮的中国声音，营造于我有利的国际舆论环境。

3. 讲好中国故事是开展对外文化交流、实施中华文化“走出去”战略的稳定力

当今世界，地球就像一个村庄，各个国家的发展紧密相连，交流互动日益频繁。文明因互鉴而多彩，文化因交流而丰富。如果说文化交流是沟通心灵的桥梁，在对外交往中具有不可替代的重要作用，而讲好中国故事则就是对外文化交流的稳固基石，是开展实施文化“走出去”的最好方式。

中国故事的独特性是中华文化走向世界的名片。中国故事丰富多彩，既有博大精深的优秀文化，也有万古流芳的传奇人物；既有波澜壮阔的历史画卷，也有开拓创新的改革开放历程。通过讲好中国故事开展对外文化交流，把“道”贯穿于故事之中，以引人入胜的方式启人入“道”，以循循善诱的方式让人悟“道”，让中国老百姓和外国老百姓的趣味相辉映，让中国人和外国人的情感相共鸣，有助于让外国民众在看待中国的问题上，态度软化、观点变化、立场转化。

4. 讲好中国故事，也是为了讲好世界故事，体现中国对世界的担当力

我们讲中国故事，首先要讲中国改革开放的故事。改革开放是世界潮流，中国的改革开放，是人类最大的创新。中国故事折射的时代趋势，中国故事对世界的启迪，就是要让世界认识到中国的发展给他们带来的是机遇，是推动世界持久和平、共同繁荣的机会，也体现了费孝通先生之“各美其美，美人之美，美美与共，天下大同”的境界，并充分展现我国和平发展、民主进步、文明友善的国家形象。

当然，讲好中国故事，传播好中国声音，也是中国走向世界、融入世界大家庭的必然要求。好的故事比抽象的概念、直接的宣传更能吸引人、感染人、打动人，它有情节、有情感，与受众很贴心、很走心。中国故事的题材丰富多彩，从改革开放的成就，到华夏子孙为世界所作的贡献，再到“一带一路”倡议、构建命运共同体的理念等，都是我们讲中国故事的好素材。希望我们的侨胞在住在国的舆论场中设置中国故事的议题，并使之成为住在国舆论感兴趣的热点焦点，向外国朋友讲述一个真实的中国，一个飞速发展的中国，一个为世界和平作出贡献的中国。

二、如何讲好中国故事，传播好中国声音

今天的中国，该怎样向世界说中国的“好”？

酒香也怕巷子深。我们不仅要有讲中国故事的意识，更要有讲好中国故事的本领，需要解决好讲什么、怎么讲和怎样讲好的问题。在这样一个国际话语权竞争激烈的时代，信息技术高度发达，谁的传播手段先进、传播能力强大，文化理念和价值观念就能得到传播，就能掌握国际话语权。

1. 讲什么？

习近平总书记在全国宣传思想工作会议上提出了四个“讲清楚”：一是讲清楚每个国家和民族的历史传统、文化积淀、基本国情不同。二是讲清楚中华文化积淀着中华民族最深沉的精神追求。三是讲清楚中华优秀传统文化是中华民族的突出优势。四是讲清楚中国特色社会主义植根于中华文化沃土、反映中国人民意愿、适应中国

和时代发展进步要求。以这四个“讲清楚”为原则，我们往历史纵深处掘进，深入勘探中华文明形成的本源与发展、延续的真正力量，从中国整个历史社会去发掘历史上的好故事，去追寻中华民族生生不息的精神支柱。讲中国特色社会主义的故事、中国梦的故事、中国和平发展的故事，阐释中国道路、体现中国价值、展示中国形象。比如，中国不干涉别国内政政策，源于中国文化尊重差异性、主张多样性，无论是道家的“道法自然”、儒家的“己所不欲勿施于人”，还是佛家“不作孽”等思想，都得以体现。讲清楚中国外交政策的文化内涵，主动性、话语权就有了，使中国的国际形象更合乎中国的实际，让中国的话语匹配于中国的实力。

同时，我们还要系统梳理文化资源，让收藏在博物馆里的文物、陈列在广阔大地上的遗产、书写在古籍里的文字活起来，让民族的文化遗产为今天之所用。

2. 怎么讲?

如何讲，其实就是讲故事的方法和技巧，这是讲好中国故事、传播好中国声音的关键。

中文是世界上唯一非字母文字，常常使世界看不懂中国但又充满好奇。我们面对的西方，是从制度到观念的西化世界，要讲好中国故事、弘扬中国精神，最好的手段就是文化的手段，最有力的媒介就是文化的媒介。要运用好中华文化的特有魅力，以最形象最生动的传播形式，向外国民众呈现悠久灿烂的中华文化、诠释我们的文明进步、和平发展，诠释“中国梦”、“一带一路”的丰富内涵，我认为应该做到以下几点:

首先，要深入研究国外不同受众的文化传统、价值取向、接受心理，有针对性地设置话题、引导舆论。在这个全媒体、自媒体时代，人们可以通过多样的技术手段去接近特定的故事，他们有自己的视角，有自己的思考，我们面对的是国外不同的受众，不同国家、不同社会、不同阶层，知识和兴趣也不相同。我们的海外侨胞一方面要创造机会与住在国精英进行思想对话，更要学会跟身边的人进行情感交流，要为他们提供对中国感兴趣的信息。我们既要讲遥远的中国发生的故事，也要讲一代代华侨华人为住在国所作的贡献。我们讲“社会主义”，可以和世界上其他的社会主义国家、部分亚非拉国家谈，跟欧洲就要多谈“社会主义民主”，和美国要谈“社会主义市场经济转型”。只有他们感兴趣了，才能谈下去，说进去，才能开展进一步的交流。如果不能激起普遍的价值、情感和思想共鸣，就无法改变他人的认知，形成对中国道路、中国制度和中国文化的认同。

其次，要针对不同对象，创新对外话语表达形式。话语是文化的载体，表达的工具、沟通的桥梁。中国故事能否讲得好，中国声音能否传得开，关键要看我们的话语外国人是否听得懂、能否愿意听，会不会引发共鸣。因此，无论有多么好的思想和观点，无论投入多少资源，如果找不到对方可以理解的话语方式，就无法进行有效的表达和沟通；如果找不到共同的利益需求基础，就不可能掌握话语的主动权。所以我们要认真研究国外不同受众的习惯和特点，采用融通中外的概念、范畴、表述，把我们想讲的和国外受众想听的结合起来，把“陈情”和“说理”结合起来，把“自己讲”和“别人讲”结合起来，以国外民众易于接受的思维方式和表达方式来讲中国故事。

第三，要深入挖掘中国故事的主题内容和感人细节。我们要充分考虑海外受众在文化背景、风俗习惯、生活方式、宗教信仰等方面的不同，寻找中外利益交汇点、话语共同点、情感共鸣点。既要注重把宏大叙事和鲜活表达有机结合起来，发掘大题材与普通人的关联，讲真实的故事，增强故事的说服力和感染力，使我们的故事为周围人所接受。也要多一些具体细节、典型事例，用事实说话，提升故事的吸引力感召力，让中国故事在住在国的民众中入脑、入心，进而让中国声音赢得国际社会理解和认同。

3. 怎么才能讲得好?

如何把中国故事讲好，这是一门艺术，考验着我们的智慧和修养。我们要认真研究琢磨，不能各自为战，闭门造车，要构建一个上下联动、内外互动、多语种多媒体齐动的系统工程。

首先我们要组织和创建中国故事载体和传播渠道。讲故事需要有一个载体，或文字图片，或音频视频，或是各类活动，要有一个宣传品牌来统领。通过品牌化的包装，将精彩的中国故事以公共产品的形式，源源不断地传递给海外侨胞和外国民众。将宣传品牌与公共产品捆绑在一起，能够有效地将中国故事“物化”和“实化”，使“讲故事”变成一种服务，“听故事”或“看故事”变成享受服务。公共产品的形式可以是图书、音频、视频等内容，也可以是演讲、论坛等形式。我们只有把公共产品做好，才能有好的品牌价值和影响力，才会有成百万、上千万的“粉丝”跟随，才能把中国声音传得更广、更远。我们要研究运用海外中餐馆、华侨华人超市、中国文化中心等这些接触住在国民众最直接的场所，讲好中国故事，传播好中国声音。我们要将微信群作为传播“中国故事”的渠道之一，将微信公众号打造成征集故事、发布故事、收集反馈的重要平台，并利用微博、自媒体电台，将中国故事推送出去。要组织各种精彩、精炼的故事载体，把故事内容寓于其中，使人想听爱听，听有所思，听有所得。

其次要打造和培养中国故事员队伍，使之会讲能讲，言之有道言之有理言之有物。我们要整合侨联文化宣传战线资源，联合海外华文媒体、侨胞志愿者、留学生群体等，组织一批故事员队伍，借助媒体、网络和各种平台，逐步建立起一个全球化、立体式、多语种“中国故事”传播体系。我们要广泛发掘海内外优质文化资源，积极利用新媒体以双语或多语种形式转发和传播“中国故事”，让更多的外国民众看到“中国故事”，听到“中国声音”。

各位来宾，各位朋友们，广大海外侨胞不仅是实现中华民族伟大复兴的重要力量，也是推进住在国经济社会发展的重要力量，更是加强中国与世界各国人民友好交往的重要力量。是讲好中国故事、传播好中国声音最热情、最积极、最直接的群体，是向世界解读中国的“民间大使”，让我们大家携手共进，同讲中国好故事。

接下来，还会有很多同仁将从不同角度来发表自己的看法和见解，这里我就不多讲了，谢谢大家。

中国侨联年鉴

大　事　记

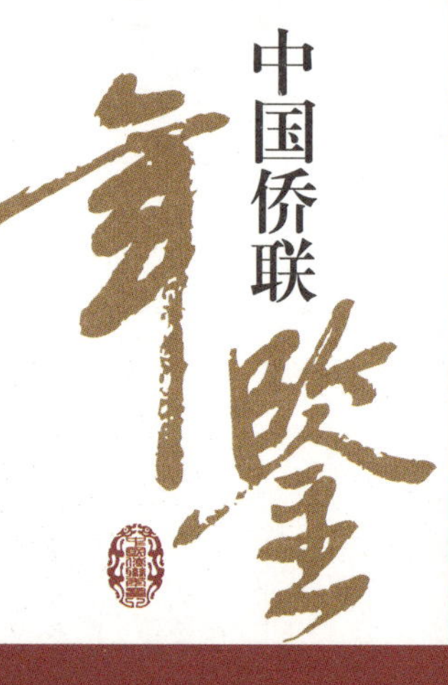
2017 中国侨联年鉴
中国侨联
年鉴

关于动员广大归侨侨眷和海外侨胞为实现国民经济和社会发展第十三个五年规划目标任务贡献力量的决议

（2016年1月20日中国侨联九届三次全委会议通过）

党的十八届五中全会明确提出了“十三五”时期我国发展的指导思想、目标要求、基本原则、发展理念、重大举措，为海内外中华儿女描绘了未来5年经济社会发展的美好蓝图。在全面建成小康社会决胜阶段，团结带领广大归侨侨眷和海外侨胞，发挥“侨”的独特作用，作出新的更大贡献，是侨联组织的职责所在。为此，中国侨联九届三次全委会议作出如下决议：

一、广泛宣传动员侨界群众，为全面建成小康社会共同奋斗

各级侨联组织要认真学习、深刻领会五中全会精神，广泛组织面向基层、面向侨界群众灵活多样的宣讲活动，真正使侨界群众充分认识到“十二五”时期国际环境错综复杂、国内改革发展稳定任务艰巨繁重，倍加珍惜来之不易的重大成就，增强民族自豪感。要深入阐释五中全会提出的奋斗目标、发展理念、战略举措与每位归侨侨眷和海外侨胞的切身利益密切相关，增强侨界群众对全面建成小康社会的信心，激发他们的主人翁意识，充分发挥他们的积极性和创造性，最大限度把侨界的智慧和力量凝聚到完成“十三五”规划的目标任务上来，为全面建成小康社会再立新功。

二、发挥侨联优势，践行五大发展理念，不断开创新局面

坚持创新发展，注重做好海外人才、新侨人才服务工作，深化“创业中华”行动，组建新侨创新创业联盟；切实发挥特聘专家委员会、侨商会、青委会、留联会等组织的作用，为创新发展提供智力支撑。坚持协调发展，围绕区域发展总体布局，聚焦京津冀协同发展、长江经济带建设，着力搭建经济合作平台，合理引导侨资侨智向中西部地区和老少边穷地区倾斜，引导侨商积极参与供给侧结构性改革。坚持绿色发展，引导侨资、技术、人才更多向战略性新兴产业、先进装备制造业和现代服务业等领域集聚，鼓励侨资企业工艺技术装备更新改造，倡导侨界群众绿色消费。坚持开放发展，加深与“一带一路”沿线国家经贸、科技交流，推动“筑梦丝路”行动，用好侨界国际工商领域平台，推进海外华人社团、港澳台工商界、国内企业间的联系交流，形成双向开放新局面。坚持共享发展，加强和完善侨联公益事业体制机制建设，全面提升自身管理服务水平，加大筹款力度，打造优秀侨联公益品牌，积极开展“爱满五洲”行动，鼓励海外侨胞及中资企业回馈当地社会。

三、汇聚各界力量，发挥桥梁纽带作用，助力脱贫攻坚

各级侨联组织要与政府有关部门密切沟通，深入调研，开展农村和城镇贫困归侨侨眷情况摸底、建档立卡工作，做到精准识贫。要在侨界大力弘扬自力更生、艰苦奋斗，选树勤劳致富典型，激发贫困归侨侨眷脱贫致富的主动性，发扬“侨帮侨”传统，引导侨资侨智侨力重心下移，倡导有条件有能力的侨胞自愿包村包户，做到所有农村贫困归侨侨眷都能获得结对帮扶。要用好扶侨帮困专项基金，推动惠侨助侨行动，对南侨机工及其遗属、归难侨、华侨农场困难家庭、城市散居困难归侨侨眷提供有针对性的帮扶。要做大做强“侨爱心工程”，继续办好“送温暖、献爱心”“健康光明行”活动，帮助侨界群众实现脱贫致富和可持续发展。要积极协助地方政府切实履行帮扶贫困归侨侨眷的职责，推动针对贫困归侨侨眷的特殊扶助政策出台并协助落实，做扶贫资金使用和扶贫工作成效的积极协助人。

四、深化“两个拓展”，为完成“十三五”任务贡献力量

大力拓展海外工作，加强海外侨情研判，建好侨情信息资料库，提高侨情研判针对性、前瞻性、科学性；建立与海外重点侨团联系机制，精心打造侨胞、侨商、侨团在国内和海外相聚交流的平台；创新深化“亲情中华”品牌活动，加大派团力度，扩大覆盖面和受益面，丰富品牌活动内容，加深与当地民众、主流政要等人士交流合作；推进“网上侨联”工作，提高“侨联通”移动客户端下载使用和活跃用户数量，在互联网上发出侨联声音；加强两岸四地侨界的交流，推进祖国和平发展大业，凝聚爱国爱港爱澳力量，维护香港、澳门长期繁荣稳定。大力拓展新侨工作。开展符合新侨特点的活动，团结新侨组织、新经济组织中的新侨人才，把新侨骨干吸收进侨联组织，积极为侨界人才、新侨人士提供服务；加强海外华文教育，拓展对外宣传工作，讲好中国故事，传播中国声音，传承中华文化，抓好华裔青少年教育交流，加深并丰富他们对祖（籍）国、中华文化的感情和认知，让中华文化在海外华侨华人社会中生生不息、代代相传。

五、积极推进自身改革，不断增强侨联政治性先进性群众性

要坚持党的领导，坚持为大局服务和为侨服务，坚持问题导向，坚持整体推进，积极稳妥制定符合侨联实际的改革方案，坚定不移地走中国特色社会主义群团发展道路。突出侨联组织的群众性、民间性、涉外性、统战性特点，更广泛更紧密团结联系侨界群众，进一步深化组织体系改革；发挥党和政府联系归侨侨眷和海外侨胞的桥梁纽带作用，进一步深化工作方式方法改革；建立符合中央要求、侨界群众满意的群团运行机制，进一步深化侨联自身改革；打造知大局懂本行干实事的队伍，进一步深化侨联干部制度改革。

实现“十三五”规划目标，需要海内外中华儿女共同奋斗，也为侨联组织创新发展提供了难得的机遇。站在新的历史起点上，让我们进一步团结引导广大归侨侨眷和海外侨胞，以更加昂扬的精神、更加扎实的工作，为全面建成小康社会贡献侨联组织的一份力量！

·领导重要活动·

2016年1月

1. 1月4日，董中原副主席列席十二届全国人大常委会第53次党组会议。

2. 1月4日，乔卫副主席会见香港华侨华人总会青委会访问团。

3. 1月5日，李卓彬副主席在京出席全国政协部分界别委员代表座谈会。

4. 1月5日，康晓萍副主席在京出席全国宣传部长会议。

5. 1月7日，乔卫副主席在京出席全国政协提案委全体会议。

6. 1月8日，董中原副主席列席十二届全国人大常委会第54次党组会议。

7. 1月8日，乔卫副主席在京出席全国统战部长会议。

8. 1月8日，乔卫副主席赴广州出席广东省侨界海外留学归国人员协会第一届理事会就职典礼。

9. 1月11日，林军主席，董中原、李卓彬、乔卫、康晓萍副主席向中央书记处汇报工作。

10. 1月12日，林军主席列席十八届中央纪委六次全委会议。

11. 1月15日，董中原副主席在京出席全国组织部长会议。

12. 1月17日下午，林军主席，董中原、李卓彬、乔卫、康晓萍副主席在京出席中国侨联九届五次主席会议。

13. 1月18日上午，林军主席在京出席省部级主要领导干部学习贯彻十八届五中全会精神专题研讨班开班式。

14. 1月18日，林军主席，董中原、李卓彬、乔卫、康晓萍、李昭玲、邵旭军、万立骏、吴晶、王荣宝、许荣茂、刘艺良、朱奕龙、王亚君、胡胜才、沈敏副主席在京出席中国侨联九届五次常委会议。

15. 1月19日—20日，中国侨联九届三次全委会议在京召开，中共中央政治局委员、国家副主席李源潮出席大会并代表党中央发表重要讲话，林军主席，董中原、李卓彬、乔卫、康晓萍、李昭玲、邵旭军、万立骏、吴晶、王荣宝、许荣茂、刘艺良、朱奕龙、王亚君、胡胜才、沈敏副主席出席会议。

16. 1月21日，林军主席在京参加省部级主要领导干部学习贯彻十八届五中全会精神专题研讨班。

17. 1月21日，乔卫副主席会见香港特区政府驻京办主任傅小慧一行。

18. 1月22日上午，林军主席，董中原、李卓彬、乔卫、康晓萍副主席出席中国侨联2016年党风廉政建设工作会议。

19. 1月22日下午，董中原副主席列席十二届全国人大常委会第55次党组会议。

20. 1月25日，李卓彬副主席出席政协常委专题座谈会。

21. 1月25日，康晓萍副主席到海内与海外杂志社、中国华侨出版社看望干部职工。

22. 1月26日，林军主席主持召开中国侨联机关“一报告两评议”大会，董中原、李卓彬、乔卫、康晓萍副主席出席会议。

23. 1月26日下午，李卓彬副主席在京走访慰问法顾委常务副主任孙琬钟等老同志。

24. 1月27日—28日上午，董中原副主席赴内蒙古自治区走访慰问。

25. 1月27日—29日，乔卫、王亚君副主席在福建省慰问困难归侨侨眷并开展调研。

26. 1月27日，李卓彬副主席出席中央企业侨联青年委员会、中央企业留学人员联谊会成立大会。

27. 1月28日，林军主席、李卓彬副主席在京看望中国侨联法顾委名誉主任、司法部原部长邹瑜和法顾委主任、最高人民检察院原常委副检察长张耕等老同志。

28. 1月28日，李卓彬副主席看望慰问中国侨联特聘专家、北京朝阳糖尿病医院院长王执礼同志。

2016年2月

1. 春节前夕，林军主席，董中原、李卓彬、乔卫、康晓萍副主席分别在京看望中国侨联顾问庄炎林、林兆枢、肖岗、王永乐、黄军军、何添发、林明江、李祖沛、徐发淦、陈兰通、朱添华、郭麟恭、唐闻生、林淑娘、王宏和部分中国侨联离退休老同志，向他们表达了新春的祝福。

2. 2月1日上午，董中原副主席到侨研所走访慰问干部职工，提出五个“进一步”。

3. 2月1日下午，林军主席、董中原副主席前往中国侨联机关各部门、各事业单位看望慰问干部职工。

4. 2月1日—2日，李卓彬副主席赴江西走访慰问。

5. 2月2日下午，董中原副主席在京出席十二届全国人大常委会资格审查委员会会议。

6. 2月2日上午，乔卫副主席在京出席中央对台工作会议。

7. 2月2日—6日，康晓萍副主席赴安徽走访慰问。

8. 2月3日下午，董中原副主席在京列席十二届全国人大常委会第59次党组会议。

9. 2月3日—6日，李卓彬副主席赴广东走访慰问。

10. 2月15日，林军主席在京会见了荷兰中国商会永远名誉会长胡志光先生、名誉会长杨鸿先生等一行。

11. 2月15日—19日，康晓萍副主席赴安徽出席“亲情中华·走进侨乡”活动。

12. 2月16日—18日，乔卫副主席赴广西出席“亲情中华·走进侨乡”活动，前往华侨农场、侨资企业慰问调研。

13. 2月17日，李卓彬副主席在机关会见了到访的国务院侨办副主任郭军一行，围绕华侨权益保护法事宜进行了座谈。

14. 2月19日，林军主席在京出席中央统一战线工作领导小组专题会议。

15. 2月22日，林军主席主持召开中国侨联党组会议，董中原、李卓彬、乔卫、康晓萍副主席出席会议。

16. 2月23日上午，林军主席、董中原副主席向李源潮同志汇报中国侨联改革方案有关情况。

17. 2月23日下午，董中原副主席在京出席十二届全国人大常委会资格审查委员会会议。

18. 2月24日上午，林军主席，董中原、李卓彬、乔卫、康晓萍副主席出席机关党组中心组学习。

19. 2月24日上午，董中原副主席出席全国人大华侨委主任委员会议。

20. 2月24日下午—26日，董中原副主席出席十二届全国人大常委会第十九次会议。

21. 2月26日下午，林军主席、乔卫副主席出席中央书记处听取5家群团组织汇报改革情况会议。

22. 2月26日上午，李卓彬副主席出席侨商会评估活动。

23. 2月28日上午，李卓彬副主席在京出席政协十二届四次常委会议。

24.2月28日—29日，乔卫副主席赴云南昆明出席云南省第十次归侨侨眷代表大会。

25. 2月29日上午，董中原副主席出席中国侨联2016年招录机关工作人员面试。

26. 2月29日，李卓彬副主席出席全国政协十二届14次常委会议。

27. 2月29日，乔卫副主席在华侨大厦会见了以沈君伟先生为团长的马中丝绸之路企业家协会考察团和以颜天禄先生为团长的2016（马六甲）世界闽南文化节筹委会访问团。

28. 2月29日下午—3月5日，康晓萍副主席参加省部级干部“两部党内法规”专题研讨班。

2016年3月

1. 3月1日上午，乔卫副主席在中国华侨历史博物馆出席九龙木雕回归捐赠仪式。

2. 3月1日下午，乔卫副主席在京出席全国政协提案委全体会议。

3. 3月2日—14日，李卓彬、乔卫副主席在京出席全国政协十二届四次会议。

4. 3月4日晚，全国人大华侨委、中国侨联在北京华侨大厦召开归侨侨眷代表座谈会，全国人大华侨委主任白志健，副主任令狐安、黄华华、陈国令、杨邦杰；林军主席，董中原、李卓彬、乔卫、康晓萍、李昭玲、刘艺良副主席出席。

5. 3月4日—16日，董中原副主席在京出席十二届全国人大四次会议。

6. 3月5日晚，中国侨联在北京华侨大厦召开全国政协侨界委员座谈会，李卓彬、乔卫、吴晶、王荣宝、许荣茂、朱奕龙、王亚君副主席出席。

7. 3月7日晚，中国侨联在北京华侨大厦召开列席全国政协会议海外侨胞代表座谈会，林军主席，李卓彬、乔卫、李昭玲、许荣茂、刘艺良、朱奕龙、王亚君副主席出席。

8. 3月8日上午，林军主席出席列席全国政协十二届四次会议海外侨胞代表小组讨论会。

9. 3月9日下午，林军主席列席十二届全国人大四次会议第二次全体会议。

10. 3月11日下午，林军主席出席全国政协侨联界委员小组会议，李卓彬、王荣宝、朱奕龙、王亚君副主席陪同出席。

11. 3月12日上午，乔卫副主席出席民革中央孙中山先生逝世91周年纪念活动。

12. 3月13日上午，林军主席列席十二届全国人大四次会议第三次全体会议。

13. 3月15日，林军主席会见河南省政协主席叶冬松一行。

14. 3月15日，李卓彬副主席出席致公党中央主席会议。

15. 3月16日，林军主席列席十二届全国人大四次会议闭幕式。

16. 3月16日，李卓彬副主席出席致公党中常会、全会。

17. 3月16日，康晓萍副主席出席中国美术馆主办的“赤子之心——司徒乔、司徒杰艺术展”开幕式。

18. 3月16日，康晓萍副主席会见澳大利亚华夏文化传媒集团董事长项翔先生。

19. 3月17日上午，林军主席，董中原、李卓彬、乔卫、康晓萍副主席出席中国侨联传达贯彻“两会”精神大会。

20. 3月17日，李卓彬副主席出席丝路规划研究中心成立大会。

21. 3月17日下午，林军主席，董中原、乔卫、康晓萍副主席出席中国侨联九届三十六次党组会议，李卓彬副主席列席会议。

22. 3月17日下午—18日，李卓彬副主席赴天津出席京津冀侨联主席联席会议，胡胜才副主席陪同出席会议。

23. 3月18日上午，乔卫副主席会见来自冰岛、英国、美国的海外华裔青年。

24. 3月21日上午，乔卫副主席出席全国政协提案委全体会议。

25. 3月22日下午，林军主席、董中原副主席在中南海向李源潮同志汇报工作。

26. 3月23日下午，林军主席，董中原、李卓彬、乔卫、康晓萍副主席在中南海参加李源潮同志主持的学习贯彻全国两会精神，围绕“十三五”规划团结引领群众建功立业座谈会。

27. 3月24日上午，林军主席在京会见海外华侨华人书法家访京团一行。

28. 3月24日下午，林军主席，董中原、李卓彬、乔卫、康晓萍副主席出席中国侨联九届23次主席办公会议。

29. 3月25日上午，李卓彬副主席出席全国侨商社会组织负责人高级研修班开班式并讲话。

30. 3月25日上午，乔卫副主席为北京印尼归侨联谊会传达政协会议精神。

31. 3月25日，乔卫副主席出席全国政协重点提案选题协商会。

32. 3月26日，乔卫副主席出席全国政协十二届四次会议提案交办会。

33. 3月27日上午，乔卫副主席为全国侨商社会组织负责人高级研修班授课。

34. 3月28日，董中原副主席出席国务院第四次廉政工作会议。

35. 3月28日上午，林军主席、李卓彬副主席出席全国侨商社会组织负责人高级研修班结业式。

36. 3月29日，林军主席、李卓彬副主席出席全国侨联经济科技工作会议。

37. 3月29日上午，董中原副主席出席陈丕显同志诞辰100周年纪念大会。

38. 3月30日下午，董中原副主席列席十二届全国人大常委会第64次党组会议。

2016年4月

1. 4月2日晚，乔卫副主席出席世界自闭症日点亮蓝灯活动。

2. 4月4日，李卓彬副主席在陕西西安出席丙申年清明公祭轩辕典礼活动。

3. 4月5日下午—6日上午，乔卫副主席赴广东广州为中国侨联培训中心干部培训班授课。

4. 4月6日上午，林军主席在京出席中央“两学一做”学习教育工作座谈会。

5. 4月6日上午，董中原副主席在京出席全国人大代表资格审查委员会会议。

6. 4月6日，李卓彬副主席出席郑潮炯遗物捐赠仪式。

7. 4月7日，林军主席、李卓彬副主席出席法顾委主任会议。

8. 4月7日下午，董中原副主席在京列席十二届全国人大常委会党组会议。

9. 4月7日—9日，康晓萍、王亚君副主席在福建厦门出席首届嘉庚论坛，并在此期间到厦门、泉州进行文化宣传工作调研。

10. 4月8日上午，林军主席，董中原、李卓彬副主席出席中国侨联“两学一做”学习教育工作动员会。

11. 4月8日下午—9日上午，林军主席赴河南郑州出席丙申年黄帝故里拜祖大典并担任主司仪。

12. 4月8日下午，乔卫副主席会见中国和统会邀请的美国各统促会代表团。

13. 4月9日下午林军主席在洛阳考察调研并为河南省首家新侨创新创业基地揭牌。

14. 4月10日，林军主席在河南洛阳出席第十届中国（河南）国际投资贸易洽谈会。

15. 4月11日上午，乔卫副主席为全国统战部长培训班授课。

16. 4月11日下午—13日，乔卫副主席赴四川成都出席“2016侨界青年西部论剑”活动。

17. 4月12日，李卓彬副主席在京会见台湾国际洪门中华总会访问团。

18. 4月12日，康晓萍副主席在北京华侨大厦会见世界粤菜厨皇协会访京团一行。

19. 4月13日，林军主席、董中原副主席在中南海出席李源潮同志召集的侨联改革工作会议。

20. 4月15日上午，董中原副主席在京列席十二届全国人大常委会第67次委员长会议。

21. 4月15日上午，乔卫副主席在北京华侨大厦会见以李东涛先生为团长的缅北华商会代表团。

22. 4月18日上午，林军主席参加梁思礼同志送别仪式。

23. 4月19日，乔卫副主席为全国统战部长培训班授课。

24. 4月19日，林军主席、乔卫副主席会见世界青年总裁组织北京峰会侨胞代表。

25. 4月20日，林军主席，董中原、李卓彬、乔卫、康晓萍副主席出席中国侨联党组中心组学习。

26. 4月21日，林军主席、康晓萍副主席在京出席2016年全国侨联文化宣传工作会议。

27. 4月25日—28日，董中原副主席在京出席十二届全国人大常委会第二十次会议。

28. 4月26日，乔卫副主席会见爱尔眼科董事长一行。

29. 4月26日，董中原副主席在京出席全国人大华侨委会议。

30. 4月26日—28日，康晓萍副主席赴江苏调研。

31. 4月27日下午，董中原副主席在京列席十二届全国人大常委会第68次委员长会议。

32. 4月28日，乔卫副主席出席2016年中国慈善榜发布典礼。

33. 4月28日上午，康晓萍副主席在江苏淮安出席第二届世界华侨华人摄影展。

34. 4月29日，乔卫副主席为全国统战部长培训班授课。

2016年5月

1. 5月3日下午，董中原副主席在京出席全国人大外事工作会议。

2. 5月4日上午，林军主席、董中原副主席听取上海市侨联汇报上海市群团改革试点情况。

3. 5月4日—11日，邵旭军、吴晶副主席出席2016山西等四省（区）及中央国家机关侨联干部培训班有关活动。

4. 5月5日下午，林军主席，董中原、李卓彬、乔卫、康晓萍副主席出席九届二十四次主席办公会议。

5. 5月6日—15日，康晓萍副主席率团访问巴西、苏里南、委内瑞拉。

6. 5月10日上午，林军主席，董中原、李卓彬、乔卫副主席在机关出席九届三十九次党组会议。

7. 5月10日下午，林军主席、董中原副主席在机关会见中央纪委驻统战部纪检组和中央统战部联合调研组一行，董中原副主席主持座谈会。

8. 5月13日—14日上午，林军主席赴陕西西安出席丝绸之路国际博览会。

9. 5月13日—14日上午，乔卫副主席赴香港出席香港侨友社第16届理监事会就职典礼暨香港侨爱基金敬老联合晚宴。

10. 5月16日上午，董中原、李卓彬、乔卫副主席出席中国侨联“两学一做”学习教育辅导报告会。

11. 5月18日上午，董中原副主席前往北京大学家属院吊唁华侨华人史和中国与东南亚关系史著名专家周南京先生。

12. 5月18日，乔卫副主席会见中澳法学交流基金会（香港）考察团。

13. 5月20日上午，乔卫副主席出席中国华侨公益基金会潮商学基金签约仪式。

14. 5月24日上午，林军主席听取浙江省侨联工作汇报。

15. 5月24日，乔卫副主席为中直机关侨联培训班授课。

16. 5月25日上午，董中原副主席列席全国人大常委会党组会议。

17. 5月26日，林军主席、乔卫副主席在上海出席全国侨联联络工作会议。

18. 5月27日，董中原副主席为组织人事部、侨研所党支部讲党课。

19. 5月27日，康晓萍副主席赴河南安阳出席第八届安阳航空运动文化旅游节开幕式。

20. 5月27日—28日，李卓彬副主席赴江西上饶考察调研并出席上饶县儿童福利院竣工仪式。

21. 5月30日—31日，林军主席、李卓彬副主席出席全国科技创新大会。

22. 5月31日，林军主席出席中国科学技术协会第九次全国代表大会第三次全体会议。

23. 5月31日—6月1日，康晓萍副主席赴湖北遂州出席世界华人炎黄故里寻根节开幕式。

2016年6月

1. 6月1日上午，林军主席、董中原副主席出席中国侨联老干部“两学一做”培训班开班仪式。

2. 6月2日上午，董中原副主席出席全国人大常委会代表资格审查委员会会议。

3. 6月2日下午，林军主席、董中原副主席在京出席第八届世界华侨华人社团联谊大会。

4. 6月3日上午，董中原副主席主持召开中国侨联直属机关党委六届三次会议。

5. 6月4日下午，中国侨联党组向中央书记处汇报侨联深化改革方案，林军主席，董中原、李卓彬、乔卫、康晓萍副主席参加汇报。

6. 6月4日，林军主席、王亚君副主席出席“21世纪海上丝绸之路”十集大型历史人文公益纪录片《闽南望族》看片会。

7. 6月5日—6日，乔卫副主席赴香港出席香港福建同乡会成立77周年庆典暨新一届理监事会就职典礼。

8. 6月7日，林军主席在华侨大厦会见美国北加州中国和平统一促进会访问团一行。

9. 6月7日下午，李卓彬副主席出席全国政协港澳台侨委调研工作座谈会。

10. 6月8日上午，林军主席会见海外藏胞归国代表人士参访团。

11. 6月10日—12日，董中原副主席参加全国人大代表赴河南省专题调研活动并与河南省侨联系统干部座谈。

12. 6月10日—11日，李卓彬副主席赴云南昆明出席第十四届东盟华商会。

13. 6月10日—12日，乔卫、王亚君副主席在福建厦门出席第八届海峡论坛。

14. 6月11日下午，乔卫、刘艺良、王亚君副主席出席第八届海峡论坛——2016海峡两岸暨港澳侨界圆桌会议。

15. 6月13日下午，林军主席、乔卫副主席参加“中国美术国际交流公益基金”设立暨捐赠仪式。

16. 6月13日，董中原副主席列席全国人大常委会委员长会议。

17. 6月13日—14日上午，康晓萍副主席赴福建福州出席中国华侨出版社福建分社成立仪式。

18. 6月14日—22日，乔卫副主席率团访问塞内加尔、尼日利亚、阿联酋三国。

19. 6月15日，康晓萍副主席出席人民日报海外版“讲好中国故事，做好桥梁纽带”研讨会。

20. 6月17日—18日上午，李卓彬副主席赴福建福州出席第五届世界闽商大会。

21. 6月19日上午，乔卫副主席出席2016中国侨联非洲顾问、委员、青年委员年会。

22. 6月20日上午，董中原副主席出席中国侨联第21期干部培训班开班式并讲话。

23. 6月20日下午，林军主席、董中原副主席在机关会见中直纪工委调研组一行。

24. 6月20日，李卓彬副主席赴青海西宁出席2016中国·青海绿色发展投资贸易洽谈会。

25. 6月21日上午，林军主席，董中原、李卓彬副主席出席“两学一做”辅导报告会。

26. 6月21日—22日，康晓萍副主席赴甘肃天水出席2016（丙申）年公祭中华人文始祖伏羲大典。

27. 6月22日—24日，李卓彬副主席出席全国政协十二届常委会第十六次会议。

28. 6月23日下午，林军主席，董中原、李卓彬、乔卫、康晓萍副主席在机关出席九届四十次党组会议。

29. 6月24日，林军主席到北京市调研侨界创新创业情况。

30. 6月27日—7月2日，董中原副主席出席十二届全国人大常委会第二十一次会议。

31. 6月27日下午，林军主席、董中原副主席列席中央全面深化改革领导小组第25次会议，林军主席汇报《中国侨联深化改革总体方案（送审稿）》有关情况。

32. 6月27日，乔卫副主席为中国侨联第21期干部培训班授课。

33. 6月27日下午—28日，康晓萍副主席赴辽宁大连出席首届大连侨商海外联盟峰会。

34. 6月28日上午，林军主席出席中国侨联第21期干部培训班结业式。

35. 6月28日上午，乔卫副主席会见外交部领事司领导。

36. 6月28日下午，董中原副主席出席全国人大华侨委第十五次会议。

37. 6月28日—29日，林军主席赴浙江杭州出席“吃遍全球”手机APP上线仪式。

38. 6月29日晚，林军主席，李卓彬、乔卫副主席出席庆祝建党95周年音乐会。

2016年7月

1. 7月1日下午，林军主席，董中原、李卓彬、乔卫、康晓萍副主席出席中国侨联九届25次主席办公会议。

2. 7月2日，乔卫副主席会见香港东区青年活动委员会和青藤计划成员访京团。

3. 7月3日—9日，乔卫副主席参加全国政协侨联界委员赴西藏考察活动。

4. 7月4日—5日，李卓彬副主席赴山东青岛出席二十国集团民间社会会议。

5. 7月5日下午，林军主席，董中原、康晓萍副主席参加党组中心组学习。

6. 7月7日上午，董中原副主席出席2016海外侨领中国国情研修班开班式并讲话。

7. 7月7日下午—8日，林军主席赴甘肃兰州出席第22届兰洽会。

8. 7月7日—8日，李卓彬副主席出席香港潮属社团总会第八届会董就职典礼。

9. 7月8日上午，董中原副主席在京出席全国人大举办的李保国同志先进事迹报告会。

10. 7月8日下午，董中原、康晓萍副主席参加在京中管干部保密教育轮训。

11. 7月9日，乔卫副主席出席中国侨联海外委员西藏参访团与西藏自治区侨联座谈会。

12. 7月11日上午，乔卫副主席为海外侨领中国国情研修班授课。

13. 7月11日下午，董中原、乔卫、王亚君副主席出席海外侨领中国国情研修班结业式。

14. 7月11日—13日，康晓萍副主席赴湖南长沙出席2016年“亲情中华·汉语桥”夏令营启动仪式，并在长沙、湘潭调研。

15. 7月13日下午，董中原、乔卫副主席出席中国侨联“两学一做”学习教育辅导报告会。

16. 7月13日上午，董中原副主席出席离退休干部书画展开幕式并讲话。

17. 7月14日上午，林军主席、董中原副主席列席中央政治局常委会议，林军主席汇报《侨联深化改革总体方案（送审稿）》有关情况。

18. 7月15日下午，林军主席，董中原、乔卫、康晓萍副主席出席中国侨联九届四十一次党组会议。

19. 7月18日上午，林军主席，董中原、乔卫副主席参加中央纪委驻中央统战部纪检组廉政谈话。

20. 7月18日晚，乔卫、沈敏副主席在上海出席中国（上海）国际青少年校园足球邀请赛闭幕式。

21. 7月20日上午，李卓彬、许荣茂副主席出席世茂集团捐资故宫博物院养心殿研究性保护项目签约仪式。

22. 7月20日晚，林军主席、许荣茂副主席出席京港青年庆祝香港回归祖国20周年联欢活动。

23. 7月20日下午，李卓彬副主席听取上饶扶贫工作情况汇报。

24. 7月24日上午，林军主席，董中原、李卓彬、康晓萍、许荣茂副主席在京出席全国侨商社会组织工作会议。

25. 7月24日下午，林军主席，董中原、李卓彬、康晓萍、李昭玲、邵旭军、张玉卓、吴晶、许荣茂、刘艺良、朱奕龙、王亚君、胡胜才、沈敏副主席，陈迈秘书长在京出席中国侨联九届六次主席会议。

26. 7月24日—25日，乔卫副主席赴澳门出席侨界青年创新创业澳门峰会。

27. 7月25日，中国侨联九届六次常委会议在北京亚洲大酒店召开，中央政治局委员、国家副主席李源潮出席并作重要讲话，林军主席，董中原、李卓彬、康晓萍、李昭玲、邵旭军、吴晶、许荣茂、朱奕龙、王亚君、胡胜才、沈敏副主席，陈迈秘书长出席会议。

28. 7月26日—28日，乔卫副主席赴广东出席中国侨联青委会活动。

29. 7月27日上午，林军主席、李卓彬副主席出席中国侨联“七五”普法启动仪式。

30. 7月27日下午，林军主席在机关向副部级以上干部传达中央文件精神，董中原、康晓萍副主席听取传达。

31. 7月27日下午—29日，李卓彬副主席赴吉林出席海外华商吉林行活动。

32. 7月28日上午，林军主席、康晓萍副主席出席“两学一做”学习教育报告会。

33. 7月28日上午，董中原副主席在京出席十二届全国人大常委会资格审查委员会会议。

34. 7月29日下午，林军主席、乔卫副主席会见世界福州十邑同乡总会访京团。

35. 7月29日上午，董中原副主席在京列席十二届全国人大常委会第70次党组会议。

2016年8月

1. 8月2日—3日，林军主席、董中原副主席在京出席中国华侨历史学会第七次会员代表大会暨“国际视野下的华侨华人”学术研讨会。

2. 8月4日，李卓彬副主席调研北京新侨创新创业企业。

3. 8月5日，林军主席，董中原、乔卫、康晓萍副主席出席九届四十二次中国侨联党组会议，李卓彬副主席列席会议。

4. 8月5日，林军主席，董中原、李卓彬、乔卫、康晓萍副主席出席九届二十六次中国侨联主席办公会议。

5. 8月7日，乔卫副主席出席全国政协有关会议，研究纪念孙中山先生诞辰150周年活动有关宣传事宜。

6. 8月8日，李卓彬副主席在中央统战部学习文件。

7. 8月9日，林军主席出席福建省侨联九届七次全委（扩大）会议。

8. 8月10日，林军主席在厦门鼓浪屿调研侨情并走访高新技术企业。

9. 8月13日，林军主席在深圳出席第二届华人华侨产业交易会开幕式并致辞。

10. 8月15日上午，董中原副主席出席中国侨联党务干部培训班开班式并讲话。

11. 8月15日，林军主席，董中原、李卓彬、乔卫、康晓萍副主席出席九届二十七次中国侨联主席办公会议。

12. 8月15日下午，林军主席，董中原、乔卫、康晓萍副主席出席九届四十三次中国侨联党组会议，李卓彬副主席列席会议。

13. 8月16日，董中原副主席出席全国人大华侨委会议。

14. 8月16日—17日，乔卫副主席率专家组赴贵州开展“蓝丝带爱心义诊”活动。

15. 8月17日上午，林军主席、李卓彬副主席在京出席中国侨联特聘专家委员会金融专业委员会成立会议。

16. 8月17日下午，林军主席会见澳门侨界代表人士访问团。

17. 8月18日，李卓彬副主席陪同国务院总理李克强会见缅甸国务资政昂山素季。

18. 8月19日上午，林军主席出席全国卫生与健康大会。

19. 8月19日上午，董中原副主席出席全国人大预算工委会议。

20. 8月19日上午，乔卫副主席会见台湾中国青年救国团主任、中国青年大陆研究文教基金会董事、张老师基金会董事长张德聪先生。

21. 8月19日下午，李卓彬、乔卫副主席参加在京中管干部保密教育轮训。

22. 8月22日上午，康晓萍副主席在山东青岛出席“讲好中国故事·传播齐鲁声音”——海外华文媒体暨侨领研讨会开幕式并致辞。

23. 8月22日下午，乔卫副主席会见美国华人华侨联谊会访问团。

24. 8月23日上午，李卓彬副主席在黑龙江哈尔滨出席“东北振兴·海外华商龙江行”活动。

25. 8月23日上午，乔卫副主席出席协调管理社会组织参与国际非政府组织活动部际联席会议机制成立会议。

26. 8月23日下午，乔卫副主席会见马来西亚董教总访问团。

27. 8月24日，林军主席，董中原、李卓彬、乔卫、康晓萍副主席出席九届二十八次中国侨联主席办公会议。

28. 8月25日上午，董中原副主席出席中直机关“两学一做”学习教育工作座谈会。

29. 8月25日晚，李卓彬副主席出席中国——东盟建立对话关系25周年纪念招待会。

30. 8月25日—27日，乔卫副主席在天津出席第九届国际潮青联谊年会。

31. 8月26日—28日，林军主席赴香港出席香港嘉应商会100周年庆典并走访侨团。

32. 8月29日—9月3日，董中原副主席在京出席十二届全国人大常委会第二十二次会议。

33. 8月29日—31日，李卓彬副主席在京出席全国政协十二届常委会第十七次会议。

2016年9月

1. 9月1日，林军主席，董中原、李卓彬、乔卫、康晓萍、胡胜才副主席在京出席中国侨联第六届新侨创新创业成果交流暨中国侨联新侨创新创业联盟成立大会。

2. 9月1日，乔卫副主席在华侨大厦会见菲律宾华商经贸联合访问团。

3. 9月2日，林军主席在京参加中管干部保密教育轮训。

4. 9月2日，董中原副主席出席中国侨联接收安置军转干部面试。

5. 9月4日，李卓彬副主席在京出席“创业中华·牵手京津冀——第十六届海外侨界高层次人才为国服务”活动。

6. 9月5日，董中原副主席出席全国人大常委会代表资格审查委员会会议。

7. 9月5日，乔卫副主席在清华大学出席世界公益慈善论坛。

8. 9月6日，乔卫副主席在京会见印尼雅加达留台校友联谊会代表团。

9. 9月7日，林军主席在美国纽约布鲁克林市政厅大楼出席“戮力同心，振兴中华——孙中山与华侨”图片展开幕式并致辞。

10. 9月7日，董中原副主席列席全国人大常委会党组会议。

11. 9月7日，乔卫副主席在辽宁大连出席“法治中国·你我同行”侨界群众法治学习活动开班仪式，并以《海外侨务工作的背景、现状和思考》为题授课。

12. 9月9日，林军主席、朱奕龙副主席在加拿大多伦多出席2016加拿大——中国投资贸易交流会并发表演讲。

13. 9月9日，董中原副主席列席全国人大常委会委员长会议。

14. 9月9日，康晓萍副主席出席2016全球联合办公北京峰会并在开幕式上致辞。

15. 9月12日，乔卫副主席在广西玉林出席2016年海外华侨华人玉林恳亲大会。

16. 9月13日，董中原副主席出席全国人大第23次常委会。

17. 9月13日—15日，林军主席在韩国走访侨团，了解侨情，慰问侨胞。

18. 9月19日，李卓彬副主席在山东青岛出席“中国侨联特聘专家委员会海洋专业委员会成立大会暨海洋战略研讨会”。

19. 9月19日，乔卫副主席出席中国侨联新闻发布会，介绍中国侨联成立60周年系列纪念活动的筹备情况和活动内容。

20. 9月21日，李卓彬副主席出席第四届中国（绵阳）科技城国际科技博览会。

21. 9月22日—23日，李卓彬副主席率中国侨商联合会代表团出席“海外侨胞故乡行——走进辽宁”活动。

22. 9月23日，林军主席在江苏南京出席纪念孙中山诞辰150周年图片展、海外侨胞纪念孙中山先生诞辰150周年纪念大会暨主题论坛。

23. 9月24日，乔卫副主席在黑龙江哈尔滨出席“海外侨胞故乡行——走进黑龙江”活动座谈会。

24. 9月26日上午，林军主席，乔卫、康晓萍、朱奕龙、王亚君副主席在中国华侨历史博物馆出席第三届世界华侨华人美术书法展开幕式。

25. 9月26日，中国侨联成立60周年纪念大会在北京人民大会堂隆重召开。中共中央政治局常委、全国政协主席俞正声出席大会并发表重要讲话，刘奇葆、李源潮、沈跃跃、杨洁篪、李海峰出席大会。中央有关部门和有关人民团体、民主党派负责同志，海内外侨界嘉宾和归侨侨眷、侨联工作者代表约2000人参加了大会。

26. 9月27日，林军主席、乔卫副主席分别在北京国际饭店和中国大饭店向出席中国侨联成立60周年纪念活动的海外侨胞作专场报告会。

27. 9月27日，康晓萍副主席出席中国侨联举办的“讲好中国故事、传播好中国声音”论坛。

28. 9月27日，中国侨联在北京人民大会堂举办庆祝中华人民共和国成立67周年暨中国侨联成立60周年招待会，中国侨联党组书记、主席林军出席招待会并代表中国侨联致辞。中国侨联副主席董中原、李卓彬、乔卫、康晓萍、李昭玲、邵旭军、张玉卓、王荣宝、刘艺良、朱奕龙、王亚君、胡胜才、沈敏等出席。

29. 9月28日，董中原副主席出席全国人大华侨委国庆招待会。

30. 9月28日—29日，乔卫副主席出席中国和统会常务理事会。

31. 9月28日，林军主席出席2016国庆招待会（统宴）。

32. 9月29日，林军主席出席学习《胡锦涛文选》报告会。

33. 9月30日，林军主席出席2016国庆招待会（国宴）。

34. 9月30日，林军主席，董中原、乔卫副主席参加党组中心组学习。

35. 9月30日，林军主席、董中原副主席在中南海参加李源潮同志召集的青妇科侨负责同志学习《胡锦涛文选》座谈会。

36. 9月30日，董中原副主席出席北京市侨联国庆联谊会。

2016年10月

1. 10月9日，李卓彬副主席出席2016中国・商丘国际华商节。

2. 10月10日，林军主席出席全国国有企业党的建设工作会议。

3. 10月10日，董中原副主席出席全国人大资格审查委员会会议。

4. 10月11日，林军主席，吴晶、邵旭军副主席在杭州出席第七届“创业中华——2016侨界精英创新创业峰会”。

5. 10月11日—13日，林军主席赴浙江省杭州市、舟山市等地调研考察浙江科技型侨资企业的创新发展之路。

6. 10月12日，乔卫副主席在京为无锡、扬州市侨联系统干部培训班授课。

7. 10月13日，乔卫副主席出席2016侨界创新发展论坛。

8. 10月14日，林军主席，董中原、李卓彬、乔卫、康晓萍、王荣宝、胡胜才、沈敏副主席在京出席中国侨联改革动员大会暨省区市侨联改革座谈会。

9. 10月16日，乔卫副主席出席中国人民大学公共管理学院行政管理专业建立30周年开幕式和国际学术研讨会。

10. 10月17日，董中原副主席出席全国人大专门委员会党建工作会议。

11. 10月18日上午，林军主席在中国侨联“两学一做”学习教育专题党课报告会上为全体党员讲党课，乔卫、康晓萍副主席出席会议。

12. 10月18日上午，董中原副主席列席全国人大委员长会议。

13. 10月19日中午，林军主席、乔卫副主席会见菲律宾商贸访华团华商代表。

14. 10月19日下午，林军主席、董中原副主席传达中央文件精神，李卓彬、乔卫、康晓萍副主席参加会议。

15. 10月19日晚，林军主席出席观看纪念红军长征胜利80周年文艺晚会。

16. 10月19日，李卓彬副主席在湖南长沙出席侨界特聘专家湖南行活动。

17. 10月19日，乔卫副主席出席“智库论坛”优秀征文表彰及演讲活动。

18. 10月20日，林军主席，董中原、李卓彬、乔卫、康晓萍副主席出席九届三十次主席办公会议、九届四十五次党组会议。

19. 10月21日上午，林军主席、李卓彬副主席出席纪念红军长征胜利80周年大会。

20. 10月21日上午，董中原副主席出席全国人大华侨委分党组会议。

21. 10月21日—22日，乔卫副主席在云南昆明出席“一带一路”与企业转型升级研讨会。

22. 10月21日，康晓萍副主席出席新西兰华侨华人历史影像展开幕式。

23. 10月24日—27日，林军主席在京出席中共十八届六中全会。

24. 10月24日—25日，乔卫副主席赴重庆出席全国侨联系统“侨爱心光明行”培训研讨班开班式。

25. 10月24日—25日，康晓萍副主席赴四川成都出席“创业天府·海归蓉漂首届‘双创’国际峰会”。

26. 10月25日下午，董中原副主席主持召开中国侨联直属机关党委会议。

27. 10月26日—27日，李卓彬副主席赴江苏南京出席中国侨联新侨创新创业成果展。

28. 10月27日，董中原副主席出席中国侨联机关“健步走”活动。

29. 10月28日，林军主席，董中原、李卓彬、乔卫、康晓萍副主席出席中国侨联传达贯彻党的十八届六中全会精神大会，林军主席传达六中全会精神。

30. 10月31日—11月7日，董中原副主席出席十二届全国人大常委会第二十四次会议。

31. 10月31日—11月1日，李卓彬副主席出席全国政协十二届常委会第十八次会议。

2016年11月

1. 11月2日，李卓彬、许荣茂副主席在成都出席四川省侨商联合会成立大会。

2. 11月3日，李卓彬、许荣茂副主席在成都出席第十六届中国西部国际博览会暨第八届中国西部国际合作论坛开幕式。

3. 11月3日，李卓彬、许荣茂副主席在成都出席中国侨商联合会四届七次理事会议及“一带一路·四川机遇·侨商使命——2016知名侨商西博行主题峰会”。

4. 11月5日，乔卫副主席在杭州出席浙江省侨联青年总会2016年年会暨创业创新青年大讲堂并作主旨演讲。

5. 11月7日，林军主席出席中国记协九届一次理事会开幕式暨中国新闻奖、长江韬奋奖颁奖会。

6. 11月7日—8日，李卓彬副主席出席中国致公党组织工作会议。

7. 11月9日，董中原、李卓彬、乔卫副主席在中国华侨历史博物馆出席“戮力同心 振兴中华——孙中山与华侨图片展”开幕式。

8. 11月9日，康晓萍副主席在京出席香港华侨华人总商会捐赠《香港基本法》书法拓片仪式。

9. 11月10日上午，中央第四巡视组专项巡视中国侨联党组工作动员会召开。会前，中央巡视工作领导小组成员姜信治主持召开与中国侨联党组书记林军的见面沟通会，传达习近平总书记关于巡视工作的重要讲话精神。会上，中央第四巡视组组长马瑞民就专项巡视工作讲话，姜信治就配合做好巡视工作提出要求。林军主持会议并作表态讲话。中国侨联党组副书记董中原，党组成员乔卫、康晓萍，副主席李卓彬出席会议。

10. 11月10日，林军同志主持召开中国侨联九届党组四十六次会议，董中原、乔卫、康晓萍同志出席，李卓彬同志列席。

11. 11月10日下午，乔卫副主席主持2017年“远方的惦念——华侨华人春节联欢晚会”新闻发布会。

12. 11月11日，林军主席，董中原、李卓彬副主席在人民大会堂出席纪念孙中山先生诞辰150周年大会。

13. 11月12日，中国侨联党组向中央第四巡视组作专题汇报，党组书记林军，党组副书记董中原，党组成员乔卫、康晓萍，副主席李卓彬参加汇报。

14. 11月14日，董中原副主席出席“2016年港澳及海外侨领国情研修班”开班式并讲话。

15. 11月15日，董中原副主席列席全国人大常委会党组会议。

16. 11月15日—17日，林军主席率团访问香港，走访香港侨团，出席香港各界纪念孙中山先生诞辰150周年大会，并在会上举办的《孙中山与华侨》图片展启动仪式上作讲话。

17. 11月15日—19日，康晓萍副主席赴广东出席广州市第三届侨文化活动日和暨南大学建校110周年纪念活动并在广州、番禺、深圳开展文化宣传工作调研。

18. 11月16日，乔卫副主席在北京市海淀区侨联七届二次全委（扩大）会议上作辅导报告。

19. 11月19日，李卓彬副主席在京出席由华中科技大学和中国侨商联合会共同主办的第六届张培刚发展经济学优秀成果奖颁奖典礼暨2016中国经济发展论坛。

20. 11月21日，董中原副主席出席中国侨联第四期青年干部培训班开班式。

21. 11月21日，乔卫副主席在长沙出席首届华中地区海创论坛并讲话。

22. 11月22日，董中原副主席出席由全国政协港澳台侨委员会承办的第34次中央“五侨”领导联席会议。

23. 11月22日，李卓彬副主席出席中国侨联法顾委依法维护侨益研讨会。

24. 11月22日，乔卫副主席为中国侨联第四期青年干部培训班授课。

25. 11月23日，林军主席，董中原、李卓彬、康晓萍、朱奕龙副主席在中国华侨历史博物馆出席中国侨联与清华大学联合成立清华大学“一带一路”战略研究院签约仪式。

26. 11月23日，乔卫副主席在中国侨联机关出席中办调研室“网上侨联”建设情况调研座谈会并讲话。

27. 11月24日，林军主席，李卓彬副主席出席中国侨联法律顾问委员会主任会议。

28. 11月24日，林军主席主持召开九届三十一次主席办公会，董中原、李卓彬、乔卫、康晓萍副主席出席。

29. 11月24日，林军同志主持召开九届四十七次中国侨联党组会议，董中原、乔卫、康晓萍同志出席，李卓彬同志列席。

30. 11月28日，林军主席、董中原、李卓彬、康晓萍副主席出席“两学一做”学习教育专题报告会。

31. 11月29日，林军主席出席中国侨联第四期青年干部培训班结业式。

32. 11月30日，林军主席出席中国文联十代会、中国作协九代会开幕式。

2016年12月

1. 12月1日，林军主席会见香港新马泰归侨华人联合会访问团。

2. 12月2日上午，董中原副主席出席全国人大常委会代表资格审查会议。

3. 12月2日，李卓彬、万立骏副主席在成都出席以“汇聚智力资源，合力创新发展”为主题的中国侨联特聘专家委员会2016年年会。

4. 12月2日—9日，乔卫副主席率团访问柬埔寨金边、缅甸仰光和曼德勒，拜会我驻当地使领馆，走访华社，慰问侨胞，聆听侨声。

5. 12月5日，董中原副主席出席纪念万里同志诞辰100周年纪念大会。

6. 12月5日，李卓彬副主席出席“法治中国·你我同行”——“12·4”国家宪法日走进望京留创园活动。

7. 12月6日，董中原副主席列席全国人大常委会党组会议。

8. 12月6日，李卓彬副主席会见马来西亚——中国总商会代表团。

9. 12月7日，林军主席出席全国高校思想政治工作会议。

10. 12月7日，李卓彬副主席出席第九届国际跨国公司领袖圆桌会议——“一带一路”合作发展论坛开幕式，发表了题为《为“一带一路”建设贡献侨界力量》的演讲。

11. 12月8日，中国侨联在京举办党的十八届六中全会精神辅导报告会。会前，林军主席会见了讲解人中央党校中共党史教研部的宋福范教授，并就贯彻落实全面从严治党要求，推进“两学一做”学习教育等问题进行了深入交流。董中原、康晓萍副主席出席报告会。

12. 12月8日，李卓彬副主席出席中国侨联法律顾问委员会2016年年会暨专业委员会成立大会。

13. 12月9日，董中原副主席主持召开中国侨联直属机关党委六届五次会议。

14. 12月9日，李卓彬副主席出席致公党中央机关党组织生活会。

15. 12月12日，林军主席在京出席纪念西安事变80周年座谈会。

16. 12月12日，李卓彬副主席在广州出席广东省侨联十届二次全委会议并讲话。

17. 12月13日，林军同志主持召开九届三十二次主席办公会议和九届党组四十八次会议，董中原、乔卫、康晓萍同志出席。

18. 12月14日—16日，林军主席出席中央经济工作会议。

19. 12月14日—17日，李卓彬副主席出席致公党十四届十八次主席会、中常会和六中全会。

20. 12月15日，林军同志主持召开九届党组四十九次会议，董中原、乔卫、康晓萍同志出席。

21. 12月18日，乔卫、王亚君副主席在厦门出席福建省侨界青年联合会换届大会。

22. 12月19日—25日，董中原副主席出席十二届全国人大常委会第二十五次会议。

23. 12月19日，乔卫副主席出席中直机关出席党的十九大代表选举工作部署会议。

24. 12月20日，董中原副主席出席全国人大华侨委员会会议。

25. 12月20日，李卓彬副主席出席全国政协港澳台侨委员会全体会议。

26. 12月22日，乔卫副主席出席全国老干部工作先进集体和先进工作者表彰大会。

27. 12月26日，董中原副主席会见河南省侨联党组书记赵太安、副主席王鹏杰一行，听取河南省侨联换届筹备情况汇报。

28. 12月27日，董中原副主席出席中直机关学习贯彻党的十八届六中全会精神交流会。

29. 12月27日，乔卫副主席出席中国公益慈善年会。

30. 12月28日，康晓萍副主席出席中华体育总会九届四次常委会。

31. 12月29日，林军同志主持召开九届党组五十次会议，董中原、乔卫、康晓萍同志出席，李卓彬同志列席。

32. 12月30日，李卓彬副主席出席全国政协新年茶话会。

中国侨联年鉴

综　合

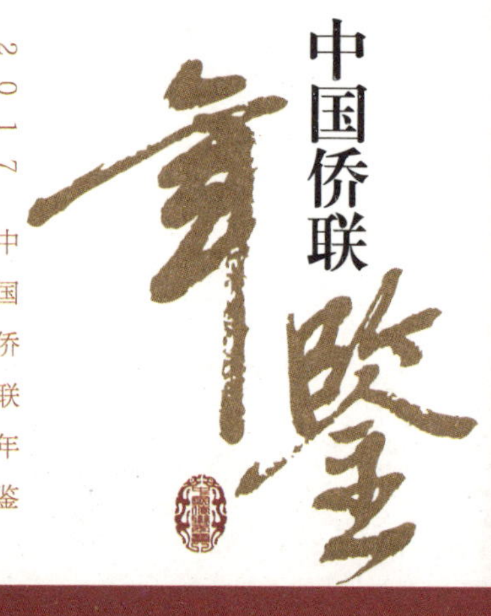
中国侨联
年鉴
2017 中国侨联年鉴

办公厅

【领导成员名单】

主　　任：陈　迈（2016年3月任职，中国侨联秘书长兼办公厅主任）

　　　　　陈　权（2016年3月不再担任）

副 主 任：刘　奇（正局长级，2016年1月不再担任）

巡 视 员：李　洋

副巡视员：李舰舶

【综述】2016年，办公厅在中国侨联党组领导下，在机关各部门和各地侨联的支持配合下，深入学习贯彻习近平总书记系列重要讲话精神，坚决贯彻落实中国侨联党组决策部署，注重理论武装、推进自身建设，聚焦中心工作、突出重点任务，加强组织协调、强化服务保障，较好地完成各项任务，各项工作呈现出向上向好的发展势头。

【办好“会”，服务大局能力有新增强】按照中央和中国侨联党组从严从实改进会风的要求，办公厅完成了中国侨联九届三次全委会、九届六次常委会、九届四次全委会等重要会议筹办，及18次党组会议、13次主席办公会议、8次传达中央重要精神会议、29次机关例会等会议的组织保障任务。特别是按照党组要求，抓住中国侨联成立60周年契机，围绕“深化改革新征程：中国侨联的光荣与使命”主题，本着隆重务实节俭原则，超前策划中国侨联成立60周年系列纪念活动，专门印发通知，明确18项具体活动的任务要求，并承担或具体承办7项重要任务：周密组织中国侨联成立60周年纪念大会和国庆招待会；组织完成中国侨联官网新版发布、微信公众号开通、《中国侨联工作》杂志改版，协调推进熊猫加字金银纪念币发行，参与《中国侨联60年画册》《中国侨联60年纵览》和《一至九次全国归侨侨眷代表大会会刊》等3本图书编纂，为纪念活动营造良好氛围；组织《赤子五洲》摄制团队如期开展前期文字调研、国内分区采访和出访海外拍摄；统筹第三届世界华侨华人美术书法展、“创业中华”系列活动、“讲好中国故事，传播好中国声音”论坛以及海外文促会理事回国参访、“海外侨胞故乡行”、海外律师团回国参访研修班等18项活动的项目衔接和经费保障。

【办好“文”，文稿质量水平有新突破】2016年，办公厅共起草中央政治局常委、全国政协主席俞正声在中国侨联成立60周年纪念大会上的重要讲话、林军主席和李玉赋同志的致辞以及侨胞代表吴孟超和施一公的发言，中央领导和会领导在中国侨联九届三次全委会、九届六次常委会、九届四次全委会等重要会议上的讲话，会领导在青妇科侨建功“十三五”及群团改革工作座谈会、2016年中央“五侨”领导联席等会议上的发言、中央第四巡视组专项巡视中国侨联党组工作动员会的讲话、林军主席在《人民日报》发表署名文章等重要文稿20余篇、10万余字；拟制《中国侨联党组贯彻落实中央关于统一战线一系列重大决策部署情况的自查报告》、《中国侨联党组关于贯彻落实〈中国共产党党组工作条例（试行）〉自查情况的报告》、上报中央巡视组的《中国侨联党组工作汇报》、《中国侨联关于2016年贯彻执行中央八项规定情况的报告》等重要文件；编印《中国侨联侨情专报》525期，报送建议2215条，共116万字，多期得到中央领导同志批示；严密做好文件保管与运转，会外收文1900余份，会内发文稿、内签报1040余份；保质保量完成机要交换任务，荣获2016年度中央国家机关优秀交换员；为会内各部门排版普发性公文清样33件，印制公文3000余份；编印《近日情况》12期、收录批示抄清720余条，27万字；认真做好人大归侨代表和侨联界政协委员提案议案工作，组织召开“两会”侨界代表委员座谈会3场，整理制发提案议案素材33篇，拟制提交提案议案答复意见8件；落实档案管理有关规定，高质量完成2015年度归档工作，是近年来归档文件种类和数量最全最多的一年。深入学习习近平总书记关于群团改革的重要论述和关于侨联改革的重要指示，深刻领会中央党的群团工作会议精神和中央关于统战工作、侨务工作、外交工作的新要求新部署，配合会党组和会领导开展集中调研和专项论证，总结梳理基层经验，广泛了解党政领导、专家学者、侨联干部、归侨侨眷和海外侨胞、驻外使领馆的意见建议，系统收集全国总工会、上海市、重庆市群团改革试点经验和中国科协、共青团中央、全国妇联改革方案，数十易其稿起草形成了《中国侨联改革方案》（送审稿）。中国侨联改革方案印发后，周密保障中国侨联改革动员大会暨省区市侨联改革座谈会的召开，起草关于中国侨联改革宣传报道方案并协调推动相关工作，拟制中国侨联改革任务分解表，逐一明确61个改革项目的主管领导、牵头部门、参与部门和目标时间，形成了任务书、时间表和路线图，为推动改革任务落实落地创造良好条件。经过一年努力，办公厅的文稿服务工作质量和水平都上了一个新台阶。

【办好“网”，网上侨联建设有新中枢】办公厅统筹“侨联通”、官方网站、“中国侨联”微信公众号建设，研究提出“网上侨联”建设总体构想，配合中办调研室六组召开“网上侨联”建设座谈会，“网上侨联”建设总体思路得到中央有关部门的肯定和支持。推动建立全系统全要素兼职信息员队伍并分类构建微信群，完成机关办公自动化系统初期建设，实现国家电子政务网外网联入立项，协助业务部门做好网上信访工作，并做好内网建设前期准备，着力做好机关信息保障，为建设“网上侨联”、创新工作方式、助推侨联改革提供必要支撑。以庆祝中国侨联成立60周年为契机，把中国侨联官方网站作为第一平台，在实地调研中国青年网，征求各省级侨联意见，梳理汇总全国总工会、共青团中央、全国妇联官网的栏目布局、设计风格、内容更新情况的基础上，集中力量、资源，以升级改版为抓手，以与《人民日报》“中央厨房”合作模式为基本方式，适应门户网站发展趋势，制定《中国侨联门户网站内容运营管理规范》，编制《“网上侨联”二期工程项目建议书》，顺利实现在中国侨联成立60周年纪念大会前（9月26日凌晨）升级改版上线，着力建设“网上侨联”中枢网和全球侨界的组织网、工作网、联系网，实现一套内容多段发布、从单纯的工作网站向综合服务平台转型，达到了视觉效果庄重、内容版面简洁明确、实时更新全天候发布信息、开设多语种多功能版本的预期效果。

【用好“钱”，资金使用效益有新提升】按照中央八项规定精神厉行节约的要求，办公厅着眼严格落实财务管理制度，印发《中国侨联财务管理规定文件汇编》，并制定有关财务规定。注重加强预算、决算、结算程序化管理。拟制机关各部门预算执行进度和预算支出报销情况表，积极测算并调整项目资金用途，盘活存量资金，提高资金使用效率，协调推进预算执行，2016年完成1000多项预算、决算及报销凭证审核、报销工作。编制2016年预算公开文件、2017年“一上、二上”预算等上报财政部、国管局、国资委等中央部门的各种报表达几十批次，在本年度财政部组织的有关考核评比中，中国侨联预算绩效管理工作荣获二等奖，财务决算工作荣获三等奖，国有企业经济效益月度快报工作受到通报表扬。特别是举办中国侨联成立60周年系列庆祝活动需经中央批准，且不是中国侨联的常项工作，故相关经费未列入2016年度财政预算。为办好这一活动，办公厅认真学习中央加强财政预算管理的精神，积极争取中央和财政部支持，成功获得专项经费拨付许可，为举行纪念活动提供了坚实经费保障。“网上侨联”建设是关系中国侨联长远发展的一项基础性工程，需要强有力的财政经费予以保障。办公厅坚持着眼长远、总体统筹，在科学研究的基础上，编制了《“网上侨联”二期工程项目建议书》，通过内部审核后，报财政部审批立项。

【管好“物”，规范资产管理有新进展】根据财政部财资〔2016〕1号、财资〔2016〕2号文件要求，从2016年3月开始到8月底结束，办公厅按时完成了2016年中国侨联国有资产清查工作，基本摸清了国有资产“家底”，明晰了资产分类，掌握了资产的具体使用情况，有利于进一步加强国有资产的精细化管理和有效管控。在资产清查的基础上，为规范中国侨联固定资产管理，根据《行政事业单位固定资产管理办法》和《中央行政事业单位固定资产管理办法》，制定了《中国侨联固定资产管理办法》，建立健全了机关办公设备、办公用品等采购、入库、报销、领用、清退、报废等工作规程。根据财政部关于印发《事业单位及事业单位所办企业国有资产产权登记管理办法》要求，协助各事业单位及时完成国有资产产权登记工作。按照中央有关要求，较好地完成了在职和离退休省部级干部住房服务保障和清理工作。根据中央有关规定并从侨联实际出发，对机关办公用房实施整改，部分办公用房进行了隔断处理，合理调整办公用房并设立导视系统。组织机关及各直属单位对人防工作进行自查，配合中国华侨历史博物馆完成中央国家机关人防办对博物馆人防工程进行竣工验收，组织机关干部职工参观国家安全展览，增强安全意识，消除安全隐患。

【服好“务”，各方满意程度有新提高】2016年，办公厅紧紧围绕中国侨联中心工作、认真服务大局，服务能力有了明显提升、各方满意度有了新的提高。一是服务全会中心工作成效明显。牵头协调组织《中国侨联改革方案》的起草和贯彻落实、服务和配合中央第四巡视组在中国侨联机关进行专项巡视、庆祝中国侨联成立60周年系列庆祝活动和“网上侨联”建设四件大事，均是影响中国侨联长远发展的基础性工程，取得了良好成效。二是服务基层基础工作创新手段。以体现政治性、先进性、群众性特点完成《中国侨联工作》改版，坚持眼睛向下，为基层提供指导，每月按期赠阅至县级侨联，同时开通中国侨联微信公众号，为基层侨联交流工作经验、了解世情、国情、侨情和解惑释疑开辟快捷渠道，有效发挥对基层工作的指导作用；支持基层工作，中国侨联办公厅派人出席“唐山感恩·海外寻亲”——海外侨胞赴唐访亲纪念唐山抗震40周年活动；在“网上侨联”建设工作中，坚持为基层提供支持，力求统筹兼顾各级侨联组织系统谋划、一体建设，为基层减轻资金压力提高系统实效。三是服务中国侨联领导和机关同志细致入微。严格按照中央八项规定精神和有关制度规定，做好会领导和机关人员在住房、用车、就医、社保缴费、公积金缴纳、费用报销等方面的服务保障工作，建立部门兼职秘书制度并多次举办专题培训，从为机关人员制发8种公文标准格式模板、及时更新统一格式的机关及省级侨联电话号码表等看似微小的事情入手，营造良好舒畅的生活和工作环境。

【召开中国侨联九届三次全委会】1月19日—20日，中国侨联九届三次全委会在北京召开。中共中央政治局委员、国家副主席李源潮出席会议并代表党中央发表讲话。中国侨联主席林军主持会议并传达了中央书记处关于侨联工作的重要指示精神；董中原副主席作了全委会有关人

1月19日，中国侨联九届三次全委会在北京召开

事工作的说明；李卓彬副主席宣读了有关决议审议稿；中国侨联副主席乔卫、康晓萍、李昭玲、邵旭军、万立骏、吴晶、王荣宝、许荣茂、刘艺良、朱奕龙、王亚君、胡胜才、沈敏，秘书长王宏及中国侨联委员、顾问，部分海外委员、青年委员、特邀代表出席会议。李源潮同志充分肯定过去一年侨联工作取得的成绩。他指出，侨联要深入学习贯彻习近平总书记重要讲话精神，积极推进侨联组织与工作改革创新，团结凝聚广大侨胞为全面建成小康社会作出独特贡献。各级侨联组织要坚决贯彻中央要求，高举爱国主义和中国特色社会主义旗帜，团结带领广大侨胞为实现中国梦而奋斗。林军代表中国侨联作工作报告，总结了2015年主要工作，部署了2016年重点工作。林军表示，2016年是决胜全面建成小康社会的开局之年，也是中国侨联成立60周年。2016年侨联工作总体要求是：全面贯彻党的十八大和十八届三中、四中、五中全会精神，贯彻习近平总书记系列重要讲话精神，贯彻中央党的群团工作会议精神，按照中央书记处对侨联工作的要求，深化"两个拓展"，凝聚侨心侨力，坚持改革创新，团结动员广大归侨侨眷和海外侨胞为实现"十三五"奋斗目标、决胜全面建成小康社会开好局起好步贡献力量。1月20日下午，中国侨联九届三次全委会议在北京闭幕。林军就各级侨联近期重点工作发表了讲话，董中原按有关程序主持了人事选举工作，李卓彬作大会总结，乔卫主持会议，康晓萍通报表彰了全国侨联信息工作先进单位。会议审议通过了《中国侨联工作报告（审议稿）》的决议、关于《动员广大归侨侨眷和海外侨胞为完成国民经济和社会发展第十三个五年规划目标任务贡献力量》的决议、《中国侨联九届三次全委会议委员、常委、秘书长卸免、增补选举及个别委员罢免办法》《中国侨联九届三次全委会议卸免秘书长、常委、委员建议名单》《中国侨联九届三次全委会议罢免委员建议名单》《关于聘请王宏同志担任中国侨联第九届委员会顾问的决定》。会议向新聘任中国侨联海外委员、青委会副会长、副秘书长颁发了聘书。经过选举，会议增补于集华等为中国侨联委员；增补于集华、王朝霞、史晴、吴玉明、陈香林、荣洋、高俊峰、程学源、谭作刚为中国侨联常委；增补陈迈为中国侨联秘书长。

【召开第十二届全国人大归侨侨眷代表座谈会】3月4日下午，全国人大华侨委员会、中国侨联在北京召开第十二届全国人大归侨侨眷代表座谈会。全国人大华侨委员会主任委员白志健，副主任委员令狐安、黄华华、陈国令、杨邦杰；中国侨联党组书记、主席林军，副主席董中原、李卓彬、乔卫、康晓萍、李昭玲、刘艺良，秘书长陈迈及全国人大华侨委办事机构负责人和中国侨联机关各部门负责人出席座谈会。白志健主任委员通报了全国人大华侨委员会2015年主要工作和2016年工作安排。林军主席通报了中国侨联2015年主要工作和2016年工作安排。全国人大华侨委员会副主任委员，中国侨联党组副书记、副主席董中原主持座谈会。郑奎城、成甦、伍锦棠、杨天夫、寸茂鸿、钟志英、麦庆泉等归侨代表作了发言。

3月4日，全国人大华侨委员会、中国侨联召开归侨侨眷代表座谈会

【召开第十二届全国政协侨界委员座谈会】3月5日下午，中国侨联在北京召开第十二届全国政协侨界委员座谈会。委员来自中国侨联、民革、致公党、台联、港澳和特邀人士。中国侨联

综合

副主席李卓彬、乔卫、吴晶、王荣宝、许荣茂、朱奕龙、王亚君，秘书长陈迈和中国侨联机关各部门负责同志共60余人出席座谈会。受中国侨联党组书记、主席林军委托，李卓彬副主席通报了中国侨联2015年主要工作和2016年工作安排。座谈会由中国侨联副主席乔卫主持，吴晶、庄绍绥和林晓昌3位委员分别结合各自工作实际发言。

【召开机关大会传达“两会”精神】3月17日上午，中国侨联召开机关大会传达全国“两会”精神。中国侨联党组书记、主席林军主持会议并讲话。全国人大常委、全国人大华侨委副主任委员、中国侨联党组副书记、副主席董中原，全国政协常委、中国侨联副主席李卓彬分别传达了十二届全国人大四次会议和十二届全国政协四次会议的主要精神。中国侨联副主席乔卫、康晓萍，中国侨联顾问林兆枢、李祖沛、陈兰通、朱添华、郭麟恭、唐闻生、林淑娘，秘书长陈迈以及机关各部门、事业单位干部职工共140多人出席会议。林军说，今年全国“两会”全面总结了过去一年的工作，谋划今年经济社会发展，聚焦“五位一体”总体布局和“四个全面”战略布局，为“十三五”开局起步统一了认识、凝聚了人心、汇集了力量，意义十分重要。会议期间，习近平总书记与代表委员共商国是，发表了重要讲话，坚定了全国人民对中国特色社会主义的信念、对经济发展的信心。林军强调，要抓好几项重点工作：一是深刻领会党中央治国理政的新理念、新思想、新战略，为“十三五”规划的实施发挥侨联组织独特作用，包括继续助推国家“双创”工作，助力国家“一

3月17日，中国侨联传达贯彻全国“两会”精神

3月17日，中国侨联传达贯彻全国“两会”精神

带一路”建设，全力协助地方政府开展侨界精准识贫、精准脱贫工作等。二是持续推进“两个拓展”工作方针，在“联”字上下功夫，不断扩大联系归侨侨眷和海外侨胞的覆盖面，建立常态化沟通联系机制。三是巩固和发展最广泛的爱国统一战线，促进港澳台工作，推动两岸侨界民间交流，扩大港澳侨界社团联系面、增强影响力。四是大力推进自身改革，以增强政治性、先进性、群众性为目标，积极谋划推进侨联工作改革创新，强化作风建设和队伍建设。五是积极配合中央部署，广泛开展形式多样、富有“侨”特色的活动。董中原传达了习近平总书记参加各代表团审议时发表的重要讲话，并围绕会议的重点、亮点、热点传达了全国人大十二届四次会议精神。李卓彬传达了习近平总书记在出席全国政协联组会讨论时的重要讲话和对政协工作的重要指示精神、全国政协十二届四次会议概况及全国政协主席俞正声的工作报告精神。

综合

【召开中国侨联九届六次常委会】7月25日上午，中国侨联九届六次常委会议在北京召开，中共中央政治局委员、国家副主席李源潮出席会议并作重要讲话。中国侨联主席林军主持会议并讲话，中国侨联副主席董中原、李卓彬、康晓萍、李昭玲、邵旭军、张玉卓、吴晶、许荣茂、刘艺良、朱奕龙、王亚君、胡胜才、沈敏，秘书长陈迈及中国侨联常委、各省级侨联党组书记、中国侨联机关和直属单位负责同志共140余人出席会议。李源潮在讲话时指出，各级侨联要深入学习贯彻习近平总书记重要指示精神，大力推进侨联工作改革创新，更好地团结凝聚侨胞为实现中国梦建功立业。要围绕联系、引导、服务、动员侨界群众“四大任务”和“两个拓展”，深入开展“创业中华·建功十三五”活动，更好地为实现中国梦建功立业。林军同志总结了上半年工作并部署下半年任务。他说，今年以来，各级侨联深入学习贯彻习近平总书记系列重要讲话精神，认真贯彻落实党中央一系列决策部署，开展学习教育，着力改革创新，积极服务大局，注重联系服务侨界群众，各项工作取得了新的进展。一是扎实开展“两学一做”学习教育，着力增强侨联系统的政治意识、大局意识、核心意识、看齐意识；二是深入学习党的十八届五中全会和“十三五”规划精神，努力把侨界群众的思想和行动统一到中央精神上来；三是贯彻中央要求，认真思考和谋划中国侨联改革工作；四是强化联谊交友，充分发挥侨联组织联系侨界群众的桥梁纽带作用；五是创新工作平台，切实发挥侨联组织的资源整合配置作用；六是深化品牌工作，有效发挥侨联组织传播中华优秀文化的作用；七是坚持以人为本，积极发挥维护侨界群众合法权益的作用。林军强调，侨联改革发展站在了一个新的历史起点上，各级侨联要始终坚持以习近平总书记系列重要讲话精神统领和指导侨联工作，紧紧围绕“建功十三五”这一总体目标、牢牢把握侨联的根本性质和独特优势开展侨联工作。当前和今后一个时期，一是认真学习贯彻习近平总书记“七一”重要讲话，把“两学一做”学习教育持续引向深入；二是贯彻落实《中国侨联深化改革总体方案》，把侨联组织的政治性先进性群众性充分体现出来；三是以“建功十三五”为主题，把服务国家经济社会发展的工作做深做实做出成效；四是办好纪念中国侨联成立60周年系列活动，把凝聚侨心汇聚侨力的工作做出影响做出声势，努力开创侨联工作新局面。7月25日下午，中国侨联九届六次常委会议在北京闭幕。林军主席就中国侨联深化改革问题作了重要讲话。受九届六次主席会议委托，董中原作会议总结，李卓彬主持会议。林军指出，从2014年中央印发《关于加强和改进新形势下侨联工作的意见》，到2015年中央出台《关于加强和改进党的群团工作的意见》、召开中央党的群团工作会议，再到今年以来中央书记处办公会议、中央全面深化改革领导小组会议、中央政治局常委会议先后审议并原则通过《中国侨联深化改革总体方案（送审稿）》，充分体现了以习近平同志为总书记的党中央对侨联工作的高度重视和亲切关怀。特别是习近平总书记对进一步做好新形势下的侨联工作多次作出重要指示，提出明确要求，为侨联深化改革、创新发展指明了前进方向，提供了根本遵循。各级侨联干部要深刻理解党中央的决策部署，以习近平总书记重要讲话为依据，进一步增强政治意识、大局意识、核心意识、看齐意识。林军强调，侨联深化改革涉及方方面面，需要用心谋划、精心组织。在具体实施过程中，无

7月25日，中国侨联九届六次常委会议在北京召开

论遇到多大的困难，都需要各级侨联组织和侨联干部在准确把握中央决策部署的基础上，充分发挥主观能动性。改革不是一日之功，每一位侨联领导都要想一想自己的干部队伍准备如何，干部的思想状态准备如何，改革的具体措施准备如何，工作的平台载体准备如何，要勇于面对困难和问题，早想早主动，多想多主动。推进深化改革，将是今后一个时期侨联工作的重中之重，但重点不等于全部，不能不作为，更不能乱作为，要坚持问题导向，用改革思维来研究问题、解决问题，切实做到以改革促进各项工作，以各项工作更加优异的成绩展现改革成效。董中原在会议总结时希望大家认真学习领会、深入贯彻落实中央党的群团工作会议精神和中央关于侨联改革的总体思路和决策部署，在推进侨联改革和各项事业发展的过程中，统筹处理好十个关系：一是统筹处理好深化改革与做好日常工作的关系。二是统筹处理好率先推进与上下协同一体的关系。三是统筹处理好服务大局与服务侨界群众的关系。四是统筹处理好整体实施与解决突出问题的关系。五是统筹处理好全局观念与破除部门利益的关系。六是统筹处理好力求稳妥有序与勇于突破的关系。七是统筹处理好组织体系创新与工作创新的关系。八是统筹处理好建设网上侨联与组织建设的关系。九是统筹处理好自身积极作为与争取支持的关系。十是统筹处理好全面深化改革与转变作风的关系。

【召开中国侨联成立60周年纪念大会】9月26日下午，中国侨联成立60周年纪念大会在北京人民大会堂举行。中共中央政治局常委、全国政协主席俞正声出席大会并发表重要讲话。中共中央政治局委员、中央书记处书记、中央宣传部部长刘奇葆，中共中央政治局委员、国家副主席李源潮，全国人大常委会副委员长沈跃跃，国务委员杨洁篪，全国政协副主席李海峰，中央和国家机关有关部门负责同志，有关人民团体、民主党派负责同志，海外侨胞代表，中国侨联港澳地区顾问、委员、名誉委员，中国侨联顾问、机关和所属社团代表，各省区市侨联负责人和归侨侨眷先进人物代表共2000多人出席大会。俞正声代表党中央、国务院，向大会的召开表示热烈祝贺，向与会代表和广大归侨侨眷、海外侨胞，向老一代侨联干部和各级侨联工作者表示崇高敬意和亲切问候。他说，党中央、国务院历来高度重视发挥广大归侨侨眷和海外侨胞的独特作用，高度重视做好归侨侨眷和海外侨胞工作。他对中国侨联和各级侨联组织提出五点希望。一要不断夯实归侨侨眷和海外侨胞团结奋斗的共同思想基础。二要广泛团结归侨侨眷和海外侨胞服务党和国家事业发展。三要努力建设归侨侨眷和海外侨胞可信赖的温暖之家。四要充分发挥传播和弘扬中华民族优秀文化的独特作用。五要加强改革创新，切实增强侨联组织的影响力和凝聚力。94岁的第二军医大学东方肝胆外科医院院长吴孟超

9 月 26 日，中共中央政治局常委、全国政协主席俞正声等党和国家领导同志出席中国侨联成立 60 周年纪念大会

综合

9 月 26 日，俞正声等党和国家领导同志会见海外侨胞代表以及中国侨联港澳地区顾问、委员、名誉委员等

代表老归侨发言。49 岁的清华大学副校长施一公代表新归侨发言。中华全国总工会党组书记、副主席、书记处第一书记李玉赋代表人民团体致辞。大会由中国侨联党组副书记、副主席董中原主持。纪念大会前，俞正声、刘奇葆、李源潮、沈跃跃、杨洁篪、李海峰等党和国家领导同志会见了海外侨胞代表及中国侨联港澳地区顾问、委员、名誉委员等。

【举办庆祝中华人民共和国成立 67 周年暨中国侨联成立 60 周年招待会】 9 月 27 日晚，中国侨联在北京人民大会堂举办庆祝中华人民共和国成立 67 周年暨中国侨联成立 60 周年招待会，中国侨联党组书记、主席林军出席招待会并代表中国侨联致辞。中国侨联副主席董中原、李卓彬、乔卫、康晓萍、李昭玲、邵旭军、张玉卓、王荣宝、刘艺良、朱奕龙、王亚君、胡胜才、沈敏，中国侨联顾问庄炎林、林兆枢、王永乐、黄军军、何添发、李祖沛、陈兰通、朱添华、郭麟恭、唐闻生、林淑娘，秘书长陈迈，在京参加中国侨联成立 60 周年纪念活动的全球 100 多个国家和地区的海外侨胞代表及中国侨联港澳地区顾问、委员、

9 月 27 日，中国侨联 2016 年国庆招待会会场

9 月 27 日，林军主席等中国侨联领导出席中国侨联 2016 年国庆招待会

名誉委员等 2000 多人出席招待会。招待会由中国侨联副主席乔卫主持。

【召开改革动员大会暨省、自治区、直辖市侨联改革座谈会】10 月 14 日，中国侨联在北京召开改革动员大会。中国侨联主席林军、副主席董中原、李卓彬、乔卫、康晓萍、王荣宝、胡胜才、沈敏，秘书长陈迈，各省区市侨联、新疆生产建设兵团侨联党组书记、主席，部分主持工作的副主席，中国侨联机关全体干部、直属事业单位处级以上干部，中国侨联直属企业管理总机构中层以上干部，中国华侨出版社领导班子成员等约 200 人出席大会。林军主席在动员讲话时指出，这次会议的主要任务是，深入学习贯彻习近平总书记系列重要讲话精神，认真学习 7 月 14 日中央政治局常委会会议、6 月 27 日中央全面深化改革领导小组会议、6 月 3 日中央书记处办公会议精神，按照党中央关于加强和改进党的群团工作决策部署，落实《中国侨联改革方案》，凝聚侨联系统力量，有序有力推进侨联改革，努力开创侨联工作新局面。林军主席提出 3 点要求。第一，提高认识、增强自觉，深刻理解侨联改革重大意义。第二，突出重点、抓住关键，准确把握中国侨联改革主要任务。一是改革侨联领导机构，增强侨联组织的代表性和广泛性。二是改革侨联领导机关和事业单位，优化工作职能、提高工作效率。三是改革侨联组织人事制度，为党培养更多“知侨、懂侨、爱侨”工作人才。四是突出侨胞主体地位，更好地联系、服务、引领归侨侨眷和海外侨胞。五是加强侨联基层组织建设，增强侨联组织活力。六是改进创新侨联服务大局的载体和活动，提高侨联组织的影响力战斗力。七是改进创新侨联工作方式方法，让侨联工作更具时代感、更有实效。第三，明确责任、强化担当，努力推动侨联改革任务落到实处。一要认真学习中国侨联改革方案，吃透改革精神。二要加强对改革工作的组织领导，确保改革正确方向。三要做改革的促进派和实干家，严

10 月 14 日，中国侨联召开改革动员大会

守政治纪律和政治规矩。四要注重统筹兼顾，提高工作的系统性、协调性。五要抓好思想政治工作和舆论引导工作，凝聚改革合力。董中原副主席在主持会议时传达了中央政治局常委会会议、中央全面深化改革领导小组会议、中央书记处办公会议关于中国侨联改革的有关决策部署。动员大会后，林军主席主持召开省区市侨联改革座谈会。上海市侨联党组书记、主席沈敏，重庆市侨联党组成员、副主席、秘书长刘松勇分别介绍了上海、重庆侨联改革试点进展情况；部分省区侨联主要负责人吴向明、岑国荣、谭作刚、王荣宝、刘以勤、吕虹、陈式海、王永刚、樊向勤、朱建山、王朝霞、程勉贵先后作了发言。

10 月 14 日，中国侨联召开改革动员大会，林军主席作动员讲话

【召开传达贯彻十八届六中全会精神大会】 10 月 28 日下午，中国侨联在北京召开传达贯彻党的十八届六中全会精神大会。十八届中央委员、中国侨联党组书记、主席林军向中国侨联省部级干部和机关、企事业单位全体党员分别传达了《关于新形势下党内政治生活的若干准则》《中国共产党党内监督条例》《关于召开党的第十九次全国代表大会的决议》主要精神和习近平总书记受中央政治局委托所作的工作报告。中国侨联副主席董中原、李卓彬、乔卫、康晓萍，中国侨联顾问王永乐、黄军军、李祖沛、陈兰通、朱添华、郭麟恭、林淑娘，秘书长陈迈及机关、企事业单位和离退休党员干部共 100 多人出席会议。林军说，党的十八届六中全会听取和讨论了习近平同志受中央政治局委托作的工作报告，充分肯定了党的十八届五中全会以来中央政治局的工作，高度评价全面从严治党取得的成就，审议通过了《关于新形势下党内政治生活的若干准则》和《中国共产党党内监督条例》，审议通过了《关于召开党的第十九次全国代表大会的决议》。全会就新形势下加强党的建设作出新的重大部署，充分体现了中央坚定不移推进全面从严治党的坚强决心和历史担当，对统筹推进“五位一体”总体布局和协调推进“四个全面”战略布局，实现中华民族伟大复兴具有十分深远的影响。林军要求进一步增强“四个意识”特别是核心意识、看齐意识，更加紧密团结在以习近平同志为核心的党中央周围，把党中央的各项决策部署落到实处。

【召开中央第四巡视组专项巡视中国侨联党组工作动员会】 根据中央关于巡视工作统一部署，11 月 10 日上午，中央第四巡视组专项巡视

10 月 28 日，中国侨联召开传达贯彻党的十八届六中全会精神大会

中华全国归国华侨联合会党组工作动员会召开。会前，中央巡视工作领导小组成员姜信治主持召开与中国侨联党组书记林军的见面沟通会，会议传达了习近平总书记关于巡视工作的重要讲话精神。会上，中央第四巡视组组长马瑞民就即将开展的专项巡视工作作了讲话，姜信治就配合做好巡视工作提出要求。林军主持会议并作表态讲话。中央第四巡视组副组长张本平、赵树林、葛小春及巡视组全体成员，中央纪委驻中央统战部纪检组负责同志，中国侨联党组副书记董中原，党组成员乔卫、康晓萍，副主席李卓彬出席会议，中国侨联离退休副部级以上老同志、中国侨联机关各部门各单位副处级以上干部、机关离退休干部党支部委员列席会议。马瑞民指出，党的十八届六中全会专题研究全面从严治党问题，充分体现了党中央坚定不移推进全面从严治党的坚强决心和历史担当，标志着党的建设新实践的开启。中国侨联党组和各级党员领导干部，要切实增强政治意识、大局意识、核心意识、看齐意识，以巡视为契机，进一步严肃党内政治生活，落实全面从严治党要求，强化政治担当，坚决把自己摆进去，切实承担主体责任，防止把层层传导压力变成层层推卸责任，坚决把六中全会关于全面从严治党各项部署落到实处。马瑞民强调，巡视是全面从严治党的重要手段，是加强党内监督的战略部署，是促进标本兼治的战略举措，必须保持不忘初心的战略定力。中央巡视组将深入学习贯彻党的十八大及十八届三中、四中、五中、六中全会精神，和习近平总书记系列重要讲话精神，以“四个意识”、“五位一体”总体布局、“四个全面”战略布局和新发展理念为标杆，以党章党规党纪为尺子，对照看齐找差距，透过现象看本质。坚定政治方向、坚持问题导向、坚守价值取向，聚焦坚持党的领导、全面从严治党，紧扣“六项纪律”，着力查找党的领导弱化、党的建设缺失、全面从严治党不力，党的观念淡漠、组织涣散、纪律松弛，管党治党宽松软等问题，重点加强对党的领导机关和领导干部特别是主要领导干部的监督。深入了解党的组织和党的领导干部尊崇党章、党的领导、党的建设和党的路线方针政策落实情况，履行全面从严治党责任、执行党的纪律、落实中央八项规定精神、党风廉洁建设和反腐败工作以及选人用人情况，落实意识形态工作责任制情况，重点看党组领导作用是强还是弱、加强党的建设是实还是虚、全面从严治党是严还是宽，体现中央巡视站位。姜信治指出，党的十八大以来，以习近平同志为核心的党中央高度重视巡视工作，对加强和改进巡视工作作出一系列重大决策部署，进一步明确政治巡视定位，不断推动巡视工作向纵深发展，巡视的震慑、遏制、治本作用充分显现，发挥了从严治党利剑作用。政治巡视是政治体检，要提高政治站位，体现政治标准，查找政治偏差。要坚持以下看上，突出“关键少数”，盯住党组不放。督促被巡视党组织坚决维护党中央的权威，坚持党中央的集中统一领导，自觉向党中央看齐，向党的理论和路线方针政策看齐，向党中央决策部署看齐，做到党中央提倡的坚决响应、党中央决定的坚决执行、党中央禁止的坚决不做。中国侨联党组要充分认识加强和规范党内政治生活的重大意义，夯实全面从严治党的重要基础，严格党内政治生活，加强党员干部日常管理，抓早抓小，管好班子、带好队伍，推动管党治党从宽松软走向严实硬；纪检机构要认真履行监督执纪问责职责，把维护政治纪律和政治规矩放在首位，实践好监督执纪“四种形态”，为全面从严治党提供重要保证。中国侨联党组和各级党员领导干部要切实增强自觉接受监督的意识，坚决支持配合中央巡视组工作，并加强对巡视组的监督，共同完成好这次巡视任务。对妨碍、干扰巡视工作的行为，将依纪依规严肃处理、追究责任。林军表示，中央决定对中国侨联党组开展专项巡视，是党中央加强对群团工作领导的重要一环，体现了党中央对侨联工作的高度重视。中国侨联党组坚决拥护中央关于开展政治巡视工作的决定，决心以严肃认真的态度和从严从实的要求对待这次巡视，积极支持、主动配合中央巡视组在中国侨联机关开展工作。对巡视中发现的问题不回避、不“护短”，严明党的纪律，狠抓整改落实，并以此为契机，为在中国侨联营造风清气正的党内政治生活，推进党内监督和党风廉洁建设、反腐败工作不断深入倾尽全力。林军强调，中国侨联党组各同志和各部门各单位党员领导干部要深刻学习领会习近平总书记关于巡视工作的重要讲话精神，深刻认识这次专项巡视对于进一步增强“四个意识”、落实“党要管党、从严治党”和不忘初心、继续前进、不断推进党的建设的各项工作的重要性。不折不扣地按照党中央巡视工作的决策部署，紧紧把握中央专项巡视对中国侨联党组全面履职开展“综合会诊”的机会，聚焦管党治党“宽松软”现象，通过纠正错误、解决问题，推动中国侨联党组管党治党走向“严实硬”，从而使中国侨联面对具有许多新的历史特点的伟大斗争，能够始终保持光荣传统不丢、红色基因不变，成为党开展侨务工作的得力助手。中央巡视组在中国侨联工作近 2 个月（2016 年 11 月 10 日—2017 年 1 月 5 日），巡视期间分别设专门值班电话和专门邮政信箱。中国侨联办公厅根据中央巡视组的工作计划和安排，周密细致落实好有关工作，为中央巡视组开展工作创造良好条件，确保中央巡视组在中国侨联各项工作顺利开展。根据巡视工作条例规定，中央巡视组主要受理反映中国侨联党组领导班子及其成员、下一级党组织领导班子主要负责人和重要岗位领导干部问题的来信来电来访，重点是关于违反政治纪律、组织纪律、廉洁纪律、群众纪律、工作纪律和生活纪律等方面的举报和反映。其他不属于巡视受理范围的信访问题，将按规定由中国侨联和有关部门认真处理。

【开展“两学一做”学习教育】2016 年以来，在中国侨联党组的坚强领导下，在直属机关党委的统一部署下，办公厅党支部深入开展“两学一做”学习教育。一是以增强“四个意识”为目标，迅速学习贯彻十八届六中全会精神。在中国侨联召开传达贯彻党的十八届六中全会精神大会后，10 月 31 日，办公厅党支部率先组织开展专题学习研讨会，党组书记、主席林军以普通党员身份参加会议并作了发言。二是研究制定中国侨联办公厅《“两学一做”学习教育具体实施方案》，明确总体要求、学习教育重点、主要措施和组织领导等。2016 年办公厅党支部共开展集体学习 11 次。其中开展了 2 次党课学习，党组书记、主席林军为中国侨联全体党员讲党课，党支部书记陈迈带头讲党课，指导推动支部党员围绕大局加强对本职工作的思考研究；组织了“讲政治、有信念”、“两学一做”学习教育专题、学习习总书记“七一”重要讲话、“讲规矩、有纪律”和学习贯彻十八届六中全会精神等专题研讨。三是夯实支部党建基础。经直属机关党委批准，办公厅党支部于 6 月 21 日上午召开了全体党员大会，选举产生了新一届支部委员会。新一届支委积极完善支部工作机制，规范党支部文件流转，规范《党支部工作手册》填写，规范支部党费缴纳，严格履行发展党员程序，严格执行“三会一课”、民主生活会、党员民主评议等党的基本制度；切实落实直属机关党委要求，做好党员组织关系集中排查工作、党费收缴工作等基层党建七项重点任务。

11 月 10 日，召开中央第四巡视组专项巡视中华全国归国华侨联合会党组工作动员会

海外联谊部

【领导成员名单】

部　　长：孔　涛（3月18日不再担任）

　　　　　陈　权（3月18日任职）

副 部 长：李　涛　桑宝山

【综述】 2016年是中国侨联历史上具有特殊重要意义的一年。海外联谊部围绕全会中心工作，按照“两个并重”、“两个拓展”的要求，主动适应新形势、新任务，坚持以人为本、为侨服务的宗旨，坚持为大局服务和为侨服务统一，不断强化对海外侨胞的思想引领，各项工作扎实推进。一是围绕中心服务大局，积极拓展海外联谊工作。以2016“海外侨胞故乡行”活动为切入点，调整海外联谊工作导向，强调服务国家总体外交，加强同海外基层侨胞的联系；积极参与中央统战部、中联部、外交部及公共外交协会有关工作机制及2016二十国集团（G20）民间社会会议等方面工作，以“一带一路”和周边国家为工作重点，通过座谈宣讲、会面交流、参访研修，加强对侨胞的思想引领，大力引导海外侨胞融入和回馈当地社会；召开全国侨联联络工作会议，明确了新形势下侨联联络工作的着力点；配合中央举办纪念孙中山先生诞辰150周年活动，在美国、菲律宾、俄罗斯、马来西亚、新加坡举办《“戮力同心·振兴中华”孙中山与华侨图片展》，激励海外侨胞为实现中华民族伟大复兴中国梦发挥独特作用；以中国侨联青委会讲坛为抓手，切实加强侨界青年的团结凝聚，倾力打造“中国侨联青委会讲坛”品牌，举办了侨界青年创新创业澳门峰会，邀请香港侨总青年委员会、香港东区青年活动委员会、香港青藤计划成员来京访问，与有关地方侨联合办“中国侨联青委会上海讲坛”“2016侨界青年西部论剑”“中国侨联青年委员广东行”等活动。二是以涉藏侨务工作为年度工作重点，扎实做好少数民族地区侨务工作，有侧重地邀请境外少数民族侨胞回国参加纪念国庆、“海外侨胞故乡行”和参访研修活动；邀请海外藏胞归国代表人士访问团赴北京、山西、四川等地参访；组织中国侨联海外委员、青年委员分赴西藏和四川甘孜藏区参访，开展支持西藏自治区侨联和藏区学校的公益活动。三是深入贯彻落实中央港澳、涉台工作部署，努力做好港澳台涉侨工作。支持港澳重点侨界社团举办纪念孙中山先生诞辰150周年有关活动，在港澳举办相关专题讲座，邀请香港侨界青年代表来京

1月19日，李源潮同志与列席九届三次全委会海外委员、青年委员一一握手

参访，积极参与港澳侨界重要活动，鼓励港澳侨界为维护香港、澳门的长期繁荣稳定作贡献；举办 2016 两岸侨联和平发展论坛和海峡两岸暨港澳侨界圆桌峰会；邀请台湾中华侨联总会和台湾华侨协会总会代表团分别到四川、内蒙古参访。四是进一步规范中国侨联外事工作，扎实做好日常来访出访接待工作，加强制度建设，强化内部管理。进一步完善中国侨联外事出访制度，科学制订年度计划，严格履行报批手续，依章依制加强管理，明确出访团组的廉政主体责任，坚决杜绝出访中的不正之风，努力保障全会因公出访工作。2016 年，中国侨联副部级以上干部因公临时出国 3 批次、16 人次，计划单列团组 1 批次、5 人次，因公赴港澳团组 7 批次、20 人次，司局级及以下干部因公临时出国 23 批次、56 人次，计划单列团组 3 批次、7 人次，因公赴港澳台团组 8 批次、16 人次。会领导分别率团访问美国、加拿大、韩国、塞内加尔、尼日利亚、阿联酋、巴西、苏里南、委内瑞拉、缅甸、老挝等国家以及港澳地区，看望慰问侨胞、开展侨情调研，深交老朋友、广交新朋友，进一步密切了与海外侨胞和港澳地区侨界的联系；较好地完成了海外侨团来访接待工作，全年接待来访团组 80 批次、近 3000 人次，让更多海外侨胞感受到祖国的关怀与支持。

【接待香港华侨华人总会青年委员会访问团】 1 月 4 日，中国侨联副主席、中国侨联青年委员会会长乔卫会见以中国侨联青年委员会副秘书长陈昆为团长的香港华侨华人总会青年委员会访问团一行，这是中国侨联第一次邀请香港侨界青年学生组团访问北京。此次访问以创新创业发展为主题，在京期间参观了中关村国家自主创新示范区、微软中国研发集团亚洲研究院、联想集团、小米科技、爱奇艺等单位和机构，与北京大学新媒体学院学生座谈交流。中国侨联海外联谊部部长孔涛等参加会见。

【乔卫副主席出席广东省侨界海外留学归国人员协会第一届理事会就职典礼】 1 月 8 日，广东省侨界海外留学归国人员协会第一届理事会就职典礼在广州举行。中国侨联副主席、中国侨联青年委员会会长乔卫，中国侨联副主席、广东省侨联主席王荣宝出席就职典礼并致辞。来自海内外侨界及广东省侨界海外留学归国青年代表共逾 600 人见证典礼。中国侨联经济科技部部长赵红英、海外联谊部副部长桑宝山等出席就职典礼。

【赴辽宁开展慰问活动】 1 月 12 日，中国侨联海外联谊部部长孔涛、外事处处长任彦俊等一行组成慰问组深入到辽宁省沈阳市、铁岭市慰问困难归侨侨眷，为他们送去侨胞之家的关怀与温暖。慰问活动得到省市侨联的积极配合。

【增聘中国侨联海外委员、青年委员列席中国侨联九届三次全委会】 1 月 19 日—20 日，来自 11 个国家的 22 名新增聘的中国侨联海外委

1 月 4 日，乔卫副主席（前排右五）接待香港华侨华人总会青年委员会访问团

员、青年委员列席中国侨联九届三次全委会。全委会开幕式上，中共中央政治局委员、国家副主席李源潮与列席海外委员、青年委员一一握手，海外委员、青年委员认真聆听了李源潮同志的重要讲话和林军主席的工作报告，受到极大鼓舞。全委会闭幕后，中国侨联主席林军、副主席乔卫、康晓萍等会见了列席海外委员、青年委员。

【孔涛部长出席香港百仁基金第七届董事局就职典礼】1月22日，香港百仁基金第七届董事局就职典礼在香港君悦酒店举行。中国侨联海外联谊部部长孔涛出席就职典礼。

【林军主席会见荷兰侨领胡志光一行】2月15日，中国侨联主席林军在中国侨联机关会见了荷兰中国商会永远名誉会长胡志光先生、名誉会长杨鸿先生等一行。中国侨联海外联谊部部长孔涛等陪同会见。

【孔涛部长出席福建省侨联九届六次全委会】2月24日，福建省侨联九届六次全委（扩大）会议在福州召开。福建省委常委、统战部部长雷春美，中国侨联副主席、福建省侨联主席王亚君，中国侨联海外联谊部部长孔涛及省侨联名誉主席、专兼职副主席、秘书长、基层侨联负责人、海外侨领等250多人出席全委会议。

【孔涛部长出席菲律宾中国和平统一促进会成立十四周年纪念大会暨第七届职员就职典礼】2月28日，菲律宾中国和平统一促进会成立十四周年纪念大会暨第七届职员就职典礼在马尼拉举行。菲律宾各侨团及华侨华人代表数百人齐聚一堂，共襄盛举，中国侨联海外联谊部部长孔涛出席庆典并致辞。

2月28日，孔涛部长出席菲律宾中国和平统一促进会成立十四周年纪念大会暨第七届职员就职典礼

【孔涛部长会见国资委群工局有关领导】3月9日，中国侨联海外联谊部部长孔涛在中国侨联机关会见来访的国资委群工局副局长张相红一行，就中央企业侨联青年委员会工作进行座谈。中国侨联海外联谊部副部长、中国侨联青年委员会副会长桑宝山等出席座谈会。

【乔卫副主席会见海外华裔青年】3月18日上午，中国侨联副主席、中国侨联青年委员会会长乔卫在中国侨联机关会见来自冰岛、英国、美国的海外华裔青年。中国侨联海外联谊部副部长、中国侨联青年委员会副会长李涛等参加会见。

【桑宝山副部长出席柬埔寨浙江总商会第二届理事会就职典礼】3月18日，中国侨联海外联谊部副部长桑宝山出席在金边市举办的柬埔寨浙江总商会成立四周年暨第二届理事会就职典礼。柬埔寨王国政府副总理任财利、中国驻柬埔寨大使馆参赞檀勍生，柬埔寨王国金边市副市长坤仕伦，浙江省外侨办、宁波市侨联代表团，柬华理事总会、中国商会、港澳侨商总会以及东南亚各国浙江商会等侨团代表共600余人应邀出席。

3月18日，桑宝山副部长（中）出席柬埔寨浙江总商会第二届理事会就职典礼

【林军主席会见海外华侨华人书法家访京团】 3月24日上午，林军主席在中国华侨历史博物馆会见印尼侨领钟家燕等海外华侨华人书法家访京团一行。中国侨联副秘书长兼海外联谊部部长陈权，文化交流部部长刘奇等陪同会见。

【陈权部长会见荷兰华人总会访问团】 4月7日，中国侨联副秘书长兼海外联谊部部长陈权在北京华侨大厦会见了以邵建武为团长的荷兰华人总会访问团一行。海外联谊部副部长桑宝山陪同会见。

【李涛副部长出席菲华联谊会成立42周年庆典暨2016—2018理事会就职典礼】 4月10日，中国侨联海外联谊部副部长李涛率团出席菲华联谊会成立42周年暨2016—2018理事会就职典礼并致辞。中国驻菲律宾大使馆参赞兼总领事邱舰，菲华商联总会、菲华各界联合会等菲律宾主要侨团负责人等到会祝贺。

4月10日，李涛副部长出席菲华联谊会成立42周年庆典暨2016—2018理事会就职典礼

【陈迈秘书长会见荷兰中国和平统一促进会访问团】 4月11日，中国侨联秘书长、办公厅主任陈迈在华侨大厦会见以黄其杆先生为团长的荷兰中国和平统一促进会访问团一行。

4月11日，陈迈秘书长会见荷兰中国和平统一促进会访问团

【乔卫副主席会见美国各统促会联合访问团】 4月8日，中国侨联副主席乔卫在北京华侨大厦会见了以美洲中国和平统一促进会联合总会会长曹国强为团长的美国各统促会联合访问团一行32人。中国侨联海外联谊部副部长桑宝山主持会议，中国统促会海外部部长冯记林等陪同会见。

【李卓彬副主席会见台湾国际洪门中华总会访问团】 4月12日，中国侨联副主席李卓彬在北京会见以台湾国际洪门中华总会主席刘沛勋为团长的台湾国际洪门中华总会访问团一行。

4月12日，李卓彬副主席在北京会见台湾国际洪门中华总会访问团

【康晓萍副主席会见世界粤菜厨皇协会访京团】 4月12日，中国侨联副主席康晓萍在北京华侨大厦会见了以张成雄先生为团长的世界粤菜厨皇协会访京团一行。会见活动由中国侨联文化交流部部长刘奇主持，香港中联办协调部副部长郭亨斌等参加会见活动。

【举办2016侨界青年西部论剑活动】 4月12日，中国侨联青委会和四川省侨联在四川成都共同主办“2016侨界青年西部论剑”活动，中国侨联副主席乔卫出席活动并在大会致辞。此次活动共有来自44个国家的177名海外侨界青年参加。乔卫在致辞中就侨界青年参与创新创业提出希望：一是准确把握发展趋势，主动融入创新创业的大潮流。二是抓住改革发展机遇，做创业中国创新四川的实践者。三是推动中外民间交往，做中国与世界和平友好的使者。中国侨联副秘书长兼海外联谊部部长陈权，四川省侨联主席刘以勤，中国侨联海外联谊部副部长桑宝山等出席大会。活动期间，乔卫还会见了四川省委常委、省总工会主席、省政协副主席李登菊。

4 月 12 日，乔卫副主席在 2016 侨界青年西部论剑活动上致辞

【中国侨联青年委员会组织部分青年委员赴甘孜藏区参访】4 月 13 日—14 日，中国侨联青年委员会组织来自 27 个国家和地区的 60 多名青年委员赴甘孜藏区参观访问。参访团先后参观了寺庙、牧民新村、学校等场所，在稻城县香格里拉重点寄宿制学校，并自发地向学校捐款 63900 元人民币和 1000 美金。

【乔卫副主席会见缅北华商会代表团】4 月 15 日，中国侨联副主席乔卫在北京华侨大厦会见了以李东涛先生为团长的缅北华商会代表团。中国侨联海外联谊部副部长李涛、桑宝山等陪同会见。

【林军主席、乔卫副主席会见世界青年总裁组织北京峰会侨胞代表】4 月 19 日晚，中国侨联主席林军、副主席乔卫在北京会见出席世界青年总裁组织（YPO）北京峰会侨胞代表。该峰会由中国侨联港澳委员、世界青年总裁协会亚太地区主席洪明基等承办。

【中国侨联与外交部驻外使节召开座谈会】4 月 22 日，中国侨联与外交部驻外使节座谈会在北京华侨大厦举行，乔卫副主席，中国驻英国、立陶宛、以色列、哥斯达黎加、特多、新加坡、塞尔维亚、利比亚、突尼斯、毛里求斯、巴基斯坦、埃塞俄比亚、赤道几内亚、蒙古、马尔代夫、马里、秘鲁、卡拉奇、斯特拉斯堡、巴塞罗那、巴拿马、毛里求斯、美国、扎门乌德、马达加斯加、非盟、塞浦路斯、坦桑尼亚、阿联酋、多米尼克、孟加拉等国家和地区的 31 位驻外使节及外交部相关部门的负责同志参加座谈会。中国侨联海外联谊部副部长李涛、桑宝山陪同。

【陈权部长赴澳门参加第二十一届澳门缅华泼水节系列活动并拜访澳门主要侨团】4 月 22 日—24 日，由澳门缅华互助会主办，澳门特区政府旅游局和民政总署协办的第二十一届澳门缅华泼水节嘉年华系列活动在澳门举行，中国侨联副秘书长兼海外联谊部部长陈权作为主礼嘉宾出席。4 月 23 日上午，陈权一行拜访了澳门归侨总会，受到中国侨联副主席、澳门归侨总会会长刘艺良和归侨总会各位负责人的热情接待，澳门

4 月 23 日上午，陈权部长（前排左五）一行拜访澳门归侨总会

4 月 24 日下午，第二十一届澳门缅华泼水节嘉年华开幕式在澳门黑沙滩举行

归侨总会常务副会长劳灼荣、陈健英，副会长陈晓平、梁美满、苏庆辉，澳门侨界青年协会副理事长姚嘉聪、苏丽娟等参加拜会活动。4 月 23 日下午，中国侨联副秘书长兼海外联谊部部长陈权一行到访澳门中山同乡联谊会，并参加澳门中山侨界青年联谊会举办的见面活动。4 月 24 日下午，第二十一届澳门缅华泼水节嘉年华开幕式在澳门黑沙海滩举行，中国侨联副主席、澳门归侨总会会长刘艺良，中国侨联副秘书长兼海外联谊部部长陈权，澳门中联办协调部长级助理高其兴，外交部驻澳门公署领事部主任耿丽萍，澳门特区政府旅游局局长文绮华，澳门特区政府民政总署管理委员会委员马锦强，澳门缅华互助会名誉会长黎振强，以及多位东南亚国家驻澳总领事，内地多家省市侨办、侨联代表，缅华社团代表等近 300 人应邀出席。

【陈权部长会见台湾中华侨联总会访问团】4 月 26 日，中国侨联副秘书长兼海外联谊部部长陈权在北京华侨大厦会见了以台湾中华侨联总会秘书长黄五东为团长的台湾中华侨联总会海外优秀青年台胞中华文化研习营访问团一行。会见活动由中国侨联海外联谊部副部长桑宝山主持。

【乔卫副主席赴香港出席香港侨友社第 16 届理监事会就职典礼暨香港侨爱基金敬老联欢晚宴】5 月 13 日晚，香港侨友社第 16 届理监事会就职典礼暨香港侨爱基金敬老联欢晚宴在香港九龙湾国际展贸中心隆重举行。中国侨联副主席乔卫代表中国侨联出席并致辞，致公党中央副主席闫小培、国务院侨办港澳台司副司长朱柳、香港侨界社团联会会长余国春分别发表致辞。香港中联办协调部副部长郭亨斌、香港新民党主席叶刘淑仪和香港各界代表，部分省市侨联负责人和部分在港的中国侨联顾问、委员出席活动。在香港期间，香港中联办副主任杨建平会见乔卫副主席一行。中国侨联副秘书长兼海外联谊部部长陈权陪同出席上述活动。

4 月 26 日，陈权部长等会见台湾中华侨联总会访问团

【康晓萍副主席率团访问巴西、苏里南、委内瑞拉】5 月 6 日—16 日，应中国驻圣保罗总领馆、驻苏里南大使馆和驻委内瑞拉大使馆邀请，中国侨联副主席康晓萍率中国侨联访问团一行 5 人到巴西、苏里南和委内瑞拉进行访问。5 月 6 日，访问团抵达圣保罗，与我驻圣保罗总领馆总领事陈曦就当地局势、侨情现状及侨胞需求等进

5 月 7 日，康晓萍副主席出席巴西中华妇女联合会成立十周年庆典活动

行了沟通交流。次日，访问团出席了巴西中华妇女联合会成立十周年庆典，康晓萍代表中国侨联向巴西中华妇女联合会全体会员表示祝贺，向旅巴广大侨胞朋友致以问候和祝愿。5 月 9 日，访问团抵达苏里南首都帕拉马里博，会见了我驻苏里南使馆临时代办蒋小燕，与侨团负责人进行座谈交流，听取了侨胞的意见建议，走访了福建商会、苏华总会、广义堂、中华会馆、华侨商会以及中文学校、《中侨日报》、《洵南日报》、苏里南中文电视台和白莲花体育中心等机构。康晓萍通过中文电视台发表讲话。5 月 12 日，访问团抵达委内瑞拉首都加拉加斯，我驻委内瑞拉大使赵本堂会见康晓萍一行。会见后，访问团与委全国华侨华人联合总会、中华工商联合总会、中南美洲和平统一促进会、委中商会等旅委主要侨领进行了座谈，就旅委侨胞生存发展状况、华文教育、文化交流等问题进行了沟通与交流，听取意见建议。中国侨联文化交流部部长刘奇、中国华侨出版社副社长刘凤珍等陪同出访。

【乔卫副主席会见中澳法学交流基金会（香港）考察团】5 月 18 日，中国侨联副主席乔卫在北京华侨大厦会见以马恩国大律师为团长的中澳法学交流基金会（香港）考察团一行。会见活动由中国侨联海外联谊部副部长桑宝山主持。

【乔卫副主席会见中华海外联谊会第二十期海外青年侨胞代表人士研修班代表团】5 月 24 日，中国侨联副主席乔卫在北京华侨大厦会见了中华海外联谊会第二十期海外青年侨胞代表人士研修班代表团，巴拿马华人联谊会会长、巴拿马中华总会侨务副主任曾远飞等来自 23 个国家的 42 名海外青年侨胞代表人士参加了会见。中国侨联副秘书长兼海外联谊部部长陈权主持会见。

【举办 2016 中国侨联青年委员会上海讲坛】5 月 25 日—26 日，以“新形势下侨界青年社团建设”为主题的“2016 中国侨联青年委员会上海讲坛”成功举行。来自意大利、法国、比利时、印度尼西亚、柬埔寨等 17 个国家和地区的中国侨联青年委员和各省级侨联相关代表共 200 多人参加活动。中国侨联副主席、中国侨联青年委员会会长乔卫出席大会，并发表“大力加强新形势下侨界青年社团建设”主旨演讲。上海市委常委、统战部部长沙海林，中国侨联副主席、上海市侨联主席沈敏，中国侨联副秘书长兼海外联谊部部长陈权，中国侨联海外联谊部副部长李涛、桑宝山出席了上述活动。

5 月 25 日—26 日，举办 2016 中国侨联青年委员会上海讲坛

【召开 2016 全国侨联联络工作会议】5 月 26 日，全国侨联联络工作会议在上海召开。中国侨联主席、党组书记林军发表重要讲话，中国侨联副主席乔卫主持会议并作总结讲话，中国侨联副主席、上海市侨联主席沈敏出席会议。中国侨联副秘书长兼海外联谊部部长陈权对 2016 年下半年侨联海外联谊工作作出部署。中国侨联海外联谊部副部长李涛、桑宝山，各省级侨联分管联络工作的领导、联络部门负

5 月 26 日，召开 2016 全国侨联联络工作会议

责人共 70 余人出席会议。

【陈权部长率团出访墨西哥、秘鲁、巴拿马】 6 月 2 日—12 日，中国侨联副秘书长兼海外联谊部部长陈权率代表团赴墨西哥、秘鲁、巴拿马三国访问，出席“中南美洲中国和平统一促进会 2016 年年会暨两岸关系墨西哥论坛”“新形势下两岸关系全球论坛暨巴拿马中国和平统一促进会成立十五周年纪念大会”等活动，拜会秘鲁中华通惠总局等主要侨团，召开侨领座谈会，走访慰问侨胞，送去中国侨联对当地侨胞的问候和关怀。

6 月 2 日—12 日，陈权部长率团出访墨西哥、秘鲁、巴拿马

【乔卫副主席会见海外藏胞归国代表人士赴京参访团】 6 月 4 日，中国侨联副主席乔卫在华侨大厦亲切会见了海外藏胞归国代表人士赴京参访团一行。参访团团长谢文·根多和西藏自治区统战部副部长洪涛分别致辞，中国侨联海外联谊部副部长李涛主持会见。

【乔卫副主席出席香港福建同乡会成立 77 周年庆典暨第二十四届理监事会就职典礼】 6 月 5 日，中国侨联副主席乔卫赴香港出席香港福建同乡会成立 77 周年庆典暨新一届理监事会就职典礼，香港特区行政长官梁振英，中央人民政府驻香港特区联络办公室主任张晓明，福建省委常委、统战部部长雷春美，香港特区立法会主席曾钰成等出席活动。

【林军主席会见美国北加州中国和平统一促进会访问团】 6 月 7 日，中国侨联主席林军在北京华侨大厦会见北加州中国和平统一促进会会长李振宇等美国北加州中国和平统一促进会访问团一行。中国侨联海外联谊部副部长桑宝山、中央台办港澳涉台事务局副局长范映杰陪同参加了会见。

【林军主席会见海外藏胞归国代表人士参访团】 6 月 8 日，中国侨联主席林军在中国华侨历史博物馆会见以中国侨联海外委员谢文·根多活佛为团长的海外藏胞归国代表人士参访团。参访团在中国华侨历史博物馆馆长黄纪凯陪同下参观

6 月 8 日，林军主席会见海外藏胞归国代表人士参访团

6 月 8 日，海外藏胞归国代表人士参访团参观华侨博物馆

了博物馆展览。西藏自治区统战部副部长洪涛、中国侨联海外联谊部副部长李涛等参加活动。

【召开第八届海峡论坛·2016海峡两岸暨港澳侨界圆桌峰会】6月11日下午，第八届海峡论坛·2016海峡两岸暨港澳侨界圆桌峰会在厦门召开。中国侨联副主席乔卫，福建省委常委、统战部部长雷春美，国务院台办港澳涉台事务局局长顿世新，台湾中华侨联总会理事长郑致毅，台湾华侨协会总会理事长黄海龙，中国侨联副主席、澳门归侨总会会长刘艺良，香港侨界社团联会会长余国春，中国和平统一促进会香港总会执行会长、两岸青年文化交流基金会理事长姚志胜，福建省侨联党组书记、副主席陈式海出席峰会并致辞，中国侨联副主席、福建省侨联主席王亚君主持峰会。福建省厦门市人大常委会副主任陈昭扬、菲律宾中华总商会会长曾福应、世界越柬寮华人团体联合会秘书长巫锦辉、美国维州华商联合会会长邵组国、香港华侨华人总会永远名誉会长梁淦基、香港侨友社监事长王钦贤等出席活动。本次活动由中国侨联、台湾中华侨联总会、台湾华侨协会总会、福建省侨联主办，来自港澳台及美国、菲律宾等国家和地区的侨领以及台湾民间基层代表、福建省侨联青年委员会代表、厦门市各区侨联代表，及中国侨联、福建省侨联、厦门市侨联干部共计100余人参加活动。

6月11日，第八届海峡论坛·2016海峡两岸暨港澳侨界圆桌峰会在厦门召开

【召开第八届海峡论坛·2016两岸侨联和平发展论坛】6月12日下午，第八届海峡论坛·2016两岸侨联和平发展论坛在厦门召开。论坛由中国侨联、台湾中华侨联总会、台湾华侨协会总会、福建省侨联主办，来自港澳台及美国、菲律宾等国家和地区的侨领以及台湾民间基

6月12日，乔卫副主席在第八届海峡论坛·2016两岸侨联和平发展论坛作主旨发言

层侨界人士、福建省地市侨联干部240余人参加活动。中国侨联副主席乔卫，福建省政协副主席陈义兴，国务院台办港澳涉台事务局局长顿世新，中国侨联副主席、福建省侨联主席王亚君，台湾中华侨联总会理事长郑致毅，台湾华侨协会总会理事长黄海龙等出席活动。乔卫副主席在会上作主旨发言。陈义兴、顿世新、黄海龙、郑致毅分别致辞，论坛由王亚君主持。

【乔卫副主席会见台湾中华侨联总会、台湾华侨协会总会客人】6月11日，中国侨联副主席乔卫在厦门会见了前来参加第八届海峡论坛·2016两岸侨联和平发展论坛的台湾中华侨联总会和台湾华侨协会总会的主要嘉宾。国务院台办港澳涉台事务局局长顿世新，中国侨联副主席、福建省侨联主席王亚君，福建省侨联党组书记、副主席陈式海，中国侨联海外联谊部副部长李涛、桑宝山，福建省侨联副主席、厦门市侨联主席王德贤等参加会见。

【乔卫副主席会见港澳侨团负责人】6月11日，乔卫副主席在厦门会见了中国侨联副主席、澳门归侨总会会长刘艺良，香港侨界社团联会会长余国春，香港华侨华人总会永远名誉会长梁淦基等前来参加第八届海峡论坛·2016两岸侨联和平发展论坛的港澳客人。中国侨联副主席、福建省侨联主席王亚君，福建省侨联党组书记、副主席陈式海，中国侨联海外联谊部副部长李涛、桑宝山陪同会见。

【乔卫副主席会见世界越柬寮华人团体联合会代表团】6月12日，中国侨联副主席乔卫在厦门会见了前来参加第八届海峡论坛·2016两岸侨联和平发展论坛的世界越柬寮华人团体联合会代表团一行34人。会见由中国侨联海外联谊部副部长桑宝山主持，福建省侨联党组书记、副主席陈式海，厦门市侨联主席王德贤等陪同会见。

6月14日—23日，中国侨联副主席乔卫率团访问塞内加尔达喀尔、尼日利亚拉各斯和阿联酋迪拜

【邀请台湾华侨协会总会、世界越柬寮华人团体联合会赴内蒙古参访】应中国侨联邀请，6月13日—17日，台湾华侨协会总会访问团、世界越柬寮华人团体联合会访问团在参加第八届海峡论坛·2016两岸侨联和平发展论坛后，赴内蒙古呼和浩特、鄂尔多斯等地参访。中国侨联海外联谊部副部长李涛陪同参访。

【邀请台湾中华侨联总会赴四川参访】应中国侨联邀请，6月13日—18日，台湾中华侨联总会访问团在参加第八届海峡论坛·2016两岸侨联和平发展论坛后，赴四川参访。在川期间，台湾中华侨联总会代表团参访了乐山市、成都大熊猫繁育研究基地、都江堰水利工程、建川博物馆等地。四川省政协副主席、省工商联主席陈放会见了该团。

【乔卫副主席率团访问塞内加尔、尼日利亚和阿联酋】6月14日—23日，中国侨联副主席乔卫率团访问塞内加尔、尼日利亚和阿联酋，在联络侨胞感情、促进侨务发展、开展民间外交等方面取得良好效果。在10天时间里，代表团在拉各斯召开了中国侨联非洲海外顾问、海外委员、青年委员年会；在达喀尔、拉各斯、迪拜分别召开了当地侨领座谈会，并以会面餐叙、出席活动和电话问候等形式广泛联系海外侨胞，通过看望慰问、集体座谈和小范围会见等方式加强交往，传递祖（籍）国和侨联的声音；先后与驻塞内加尔大使张讯，驻拉各斯总领馆代总领事李勇，驻尼日利亚大使馆领事参赞党英，驻迪拜总领馆总领事李凌冰、副总领事马旭亮等使领馆同志充分交流，了解三国国情、侨情，关注领事侨务工作一线同志面临的具体问题，征询我驻外机构、海外侨胞对侨联工作的意见建议。中国侨联办公厅巡视员、服务中心主任李洋、中国侨联公益事业管理服务中心主任何继宁，中国侨联海外联谊部副部长桑宝山等随同访问。

【召开2016中国侨联非洲顾问、委员、青年委员年会】6月19日上午，2016中国侨联非洲

6月19日上午，2016中国侨联非洲顾问、委员、青年委员年会在尼日利亚拉各斯召开

7月11日，2016海外侨领中国国情研修班结业式在北京大学举行

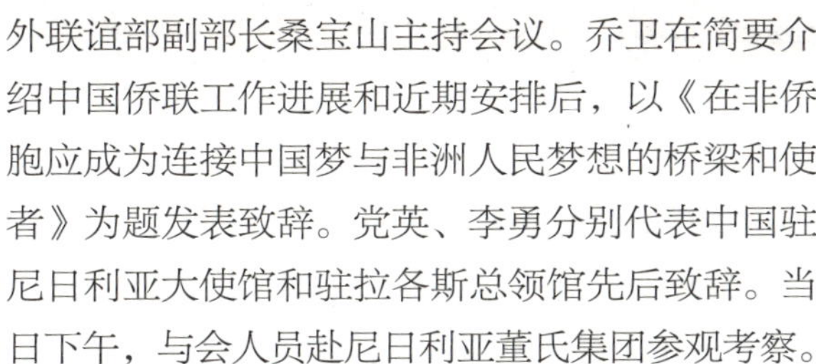

顾问、委员、青年委员年会在尼日利亚拉各斯召开，来自非洲10个国家的中国侨联海外顾问、海外委员、青年委员共计30余人参加会议。中国侨联副主席乔卫，中国驻拉各斯总领馆代总领事李勇，中国驻尼日利亚大使馆领事参赞党英，中国侨联办公厅巡视员、服务中心主任李洋，中国侨联公益事业管理服务中心主任何继宁出席会议，中国侨联海外联谊部副部长桑宝山主持会议。乔卫在简要介绍中国侨联工作进展和近期安排后，以《在非侨胞应成为连接中国梦与非洲人民梦想的桥梁和使者》为题发表致辞。党英、李勇分别代表中国驻尼日利亚大使馆和驻拉各斯总领馆先后致辞。当日下午，与会人员赴尼日利亚董氏集团参观考察。

【邀请香港东区青年活动委员会和青藤计划成员访京团来京参访】应中国侨联邀请，7月1日—5日，以香港太平绅士、香港特区政府东区民政事务专员邓如欣为团长的香港东区青年活动委员会和青藤计划成员访京团赴北京参访。7月2日中午，中国侨联副主席、中国侨联青年委员会会长乔卫在北京华侨大厦会见了香港东区青年活动委员会和青藤计划成员访京团一行。会见活动由中国侨联副秘书长兼海外联谊部部长陈权主持，海外联谊部副部长李涛等陪同会见。

【组织部分中国侨联海外委员赴西藏参访】7月5日—14日，中国侨联组织来自10个国家和地区的17名中国侨联海外委员赴西藏林芝、拉萨、日喀则等地进行参观访问。西藏自治区党委常务副书记吴英杰、区人大常委会副主任尼玛次仁、自治区副主席汪海洲和区政协副主席次旺多布杰在拉萨会见了参访团。中国侨联副主席乔卫参加会见活动，中国侨联副秘书长兼海外联谊部部长陈权全程陪同。

【举办2016海外侨领中国国情研修班】7月7日—16日，海外联谊部和干部培训中心合作举办2016海外侨领中国国情研修班。7月7日上午，中国侨联副主席、党组副书记董中原出席2016海外侨领中国国情研修班开班式并讲话。7月11日，结业式在北京大学举行。中国侨联党组副书记、副主席董中原，中国侨联副主席乔卫，中国侨联副主席、福建省侨联主席王亚君出席结业式并为全体学员颁发结业证书。7月12日—16日，王亚君率领研修班学员赴江西井冈山等地参访。中国侨联直属机关党委常务副书记、纪委书记、组织人事部部长兼干部培训中心主任李杰，中国侨联海外联谊部副部长桑宝山参加活动。

【李卓彬副主席出席2016年二十国集团民间社会会议】7月5日，由中国民间组织国际交流促进会和中国联合国协会牵头举办，以“消除贫困、绿色发展、创新驱动与民间贡献”为主题的2016年二十国集团民间社会会议在山东省青岛市开幕。中共中央总书记、国家主席习近平向会议发来贺信。国务委员杨洁篪，埃及前总理埃萨姆·谢拉夫，韩国国会前副议长李秉锡，中联部部长宋涛出席会议并致辞。中国民间组织国际交流促进会会长孙家正，山东省委书记姜异康，中联部副部长刘洪才，外交部副部长李保东，中国侨联副主席李卓彬等领导出席开幕式。此次会议有来自50多个国家和地区的170多个民间组织210多名中外代表与会。

【乔卫副主席出席中国侨联海外委员赴西藏参访团与西藏自治区侨联座谈会】7月9日，中国侨联海外委员赴西藏参访团与西藏自治区侨联在西藏自治区党委统战部爱国人士之家举行座谈会。中国侨联副主席乔卫、中国侨联副秘书长兼海外联谊部部长陈权、西藏自治区党委统战部副部长洪涛以及西藏自治区侨联有关同志出席。现场举行了中国侨联海外委员参访团向西藏自治区侨联公益捐赠仪式。乔卫代表参访团向自治区侨联捐赠价值141500元的便携式笔记本电脑21台。

7月7日，李卓彬副主席出席香港潮属社团总会第八届会董就职典礼

【李卓彬副主席出席香港潮属社团总会第八届会董就职典礼】 7月7日，香港潮属社团总会第八届会董就职典礼在香港会议展览中心举行，香港特别行政区长官梁振英、中央政府驻港联络办主任张晓明、中国侨联副主席李卓彬等领导出席，该会首席荣誉会长李嘉诚主礼。来自海内外各界嘉宾、各潮属社团成员等近2000人出席典礼活动。

【举办侨界青年创新创业澳门峰会】 7月25日，由中国侨联、澳门归侨总会主办，中国侨联青年委员会、澳门侨界青年协会承办的“侨界青年创新创业澳门峰会”在澳门举行。中国侨联副主席、中国侨联青年委员会会长乔卫，中国侨联副主席、澳门归侨总会会长刘艺良，澳门中联办副主任陈斯喜，外交部驻澳特派员公署副特派员蔡思平，澳门特别行政区经济财政司司长梁维特、经济局长戴建业、贸促局主席张祖荣、旅游局副局长程卫东等出席开幕式。来自48个国家和地区的近140位中国侨联青年委员和120余位澳门侨界青年参加峰会活动。乔卫在峰会上发表了题为“侨界青年的创新创业应融入中国梦连接世界梦的过程中”的主旨演讲。来自内地和澳门的知名专家开展了主旨演讲、互动互论系列活动，中国侨联海外联谊部副部长桑宝山等出席活动。

【举行中国侨联青年委员会（广州）讲坛】 7月27日上午，以“汇聚侨青梦想·参与广东发展”为主题的中国侨联青年委员会讲坛（广州）举行，中国侨联副主席、中国侨联青年委员会会长乔卫和广东自贸办副主任陈广俊分别作主旨演讲。讲坛由中国侨联副秘书长兼海外联谊部部长、中国侨联青年委员会常务副会长兼秘书长陈权主持。来自60多个国家和地区的中国侨联青年委员会委员和广东省侨界青年联合会委员共400多人参加了讲坛。

【举办“2016中国侨联青年委员广东行”活动】 7月26日—28日，由中国侨联、广东省侨联主办，中国侨联青年委员会、广东侨界青

7月26日—28日，中国侨联青年委员会举办“2016中国侨联青年委员广东行”活动

年联合会承办的“2016 中国侨联青年委员广东行”活动成功举行。中国侨联副主席、中国侨联青年委员会会长乔卫，广东省委常委、统战部部长林雄，中国侨联副主席、广东省侨联主席王荣宝，中国侨联副秘书长、海外联谊部部长、中国侨联青年委员会常务副会长兼秘书长陈权，广东省侨联副主席程学源，广东省侨联副主席、广东侨界青年联合会主任戴文威，以及来自 60 多个国家和地区的中国侨联青年委员和广东侨界青年联合会委员共 400 多人参加了活动。期间，与会青年委员到珠海横琴自贸区、惠州等地参观。

【林军主席、乔卫副主席会见世界福州十邑同乡总会代表团】7 月 29 日，中国侨联主席林军、副主席乔卫在北京华侨大厦会见了以张锦雄为总会长的世界福州十邑同乡总会代表团。会见由乔卫副主席主持，中国侨联顾问林兆枢、中国侨联副秘书长兼海外联谊部部长陈权、海外联谊部副部长李涛等参加会见。

【林军主席会见澳门侨界代表人士访问团】8 月 17 日，中国侨联主席林军在北京华侨大厦会见了以中国侨联副主席、澳门归侨总会会长刘艺良为团长的澳门侨界代表人士访问团一行，双方进行了亲切友好座谈。座谈会由中国侨联副秘书长兼海外联谊部部长陈权主持，中国侨联海外联谊部副部长李涛、桑宝山等参加座谈。

【陈权部长会见美国华人华侨联谊会访问团】8 月 23 日，中国侨联副秘书长兼海外联谊部部长陈权在华侨大厦会见了以马树荣为团长的美国华人华侨联谊会访问团。海外联谊部副部长桑宝山等陪同会见。

【李卓彬副主席出席中国—东盟建立对话关系 25 周年纪念招待会】8 月 25 日晚，由中国外交部、中国人民对外友好协会、东盟北京委员会主办的“纪念中国—东盟建立对话关系 25 周年”招待会在钓鱼台国宾馆举行，国务委员杨洁篪，全国政协常委、中国侨联副主席李卓彬等出席活动。

【林军主席赴香港出席香港嘉应商会 100 周年庆典并走访看望部分香港侨界社团】8 月 26 日晚，香港嘉应商会 100 周年会庆暨香港梅州总商会命名、第 61 届会董会就职典礼在香港会议展览中心举行。香港特别行政区行政长官梁振英，香港中联办主任张晓明，中国侨联主席林军，全国政协港澳台侨委员会主任杨崇汇，驻港部队副政委蔡永中，广东省副省长何忠友，中国侨联副主席王荣宝、许荣茂和香港各界人士近 1000 人出席典礼。在港期间，林军主席分别还到香港侨界社团联会、香港福建社团联会、香港侨友社、香港华侨华人总会和中国银行香港分行走访。

8 月 26 日，林军主席（左五）赴香港出席香港嘉应商会 100 周年庆典并走访看望部分香港侨界社团

8 月 17 日，林军主席会见澳门侨界代表人士访问团

【乔卫副主席会见印尼雅加达留台校友联谊会代表团】9 月 6 日，中国侨联副主席乔卫在华

侨大厦会见以陈惟文为团长的印尼雅加达留台校友联谊会代表团，驻印尼使馆领事参赞刘玉飞陪同会见。海外联谊部副部长李涛主持会见。

【林军主席率团出访美国、加拿大、韩国】9月6日—15日，中国侨联主席林军率团赴美国、加拿大、韩国访问。9月7日，林军在美国纽约布鲁克林市政厅大楼出席由中国侨联和中国驻纽约总领事馆共同主办，美东华人社团联会总会、中国华侨历史博物馆、纽约安良工商总会、纽约社团联席会、美亚经贸文化促进会承办，近200家侨团协办的“戮力同心，振兴中华—孙中山与华侨”图片展。中国驻美国纽约总领事章启月、美国纽约布鲁克林区区长亚当斯以及美国华侨华人社团负责人和侨胞代表约300多人出席图片展开幕式。9月9日，林军在多伦多出席由加拿大安大略省商会和中国侨商联合会共同主办的2016加拿大—中国投资贸易交流会并致辞，中国侨联副主席、中国侨商联合会代表团团长朱奕龙，中国驻多伦多总领事馆总领事薛冰，加拿大安大略省国际贸易部部长陈国治，加拿大安大略省商会会长艾伦·欧岱特先后致辞。来自加中两国及有关国家的工商界领袖、华商企业家、中资企业代表近200人出席会议。9月13日—15日，林军主席在韩国走访侨团，了解侨情，慰问侨胞。13日上午，林军主席一行在中国驻韩国大使馆领事部总领事邓琼、副总领事朱纪忠等陪同下，看望90岁高龄的

9月7日，林军主席（左四）在美国纽约布鲁克林市政厅大楼出席“戮力同心·振兴中华—孙中山与华侨”图片展

9月7日，林军主席在美国纽约布鲁克林市政厅大楼出席“戮力同心·振兴中华—孙中山与华侨”图片展

9月9日，林军主席在多伦多出席由加拿大安大略省商会和中国侨商联合会共同主办的2016加拿大—中国投资贸易交流会并致辞

在韩侨民协会总会会长、韩华中国和平统一促进联合总会总会长韩晟昊先生，并与中国在韩侨民协会总会等侨团的侨胞代表座谈。座谈结束后，林军一行来到首尔汝矣岛的新东阳饭店，看望在那里联欢的百余名侨胞，与大家共度中秋佳节。13日下午，林军一行在邓琼、朱纪忠等陪同下，又来到了汉城华侨协会看望汉城华侨协会的侨领和侨胞代表，参观了汉城华侨协会的社区服务中心。随后，林军主席一行赴韩国汉城华侨学校，看望华侨学校的教师和学生。在济州期间，林军主席一行专程看望济州的老侨领王福安一家。中国侨联副秘书长兼经济科技部部长赵红英，副秘书长兼海外联谊部部长陈权，组织人事部部长、直属机关党委常务副书记李杰等陪同参加上述活动。

【陈权部长会见新加坡怡和轩俱乐部访华团】9月19日，中国侨联副秘书长兼海外联谊部部长陈权在华侨大厦会见了以潘国驹为团长的新加坡怡和轩俱乐部访华团一行，中国侨联海外联谊部副部长李涛等陪同会见。

【举办2016“海外侨胞故乡行”活动】9月21日—10月12日，中国侨联举办2016“海外侨胞故乡行”活动。本次活动在天津、河北、内蒙古、辽宁、吉林、黑龙江、上海、江苏、浙江、安徽、福建、山东、河南、湖北、湖南、广东、广西、海南、重庆、四川、贵州、云南、陕西、青海、宁夏、新疆、兵团等27个省市同时进行，共邀请108个国家和地区的2000多名侨胞回国参加。内容包括领导会见、参访座谈、专题调研、专家讲座、文化交流、科技对接、项目推介、乡亲恳谈等形式，涉及经济、科技、文化、教育和社会事业等方方面面，实现了南北呼应、全国联动的局面。此次活动不但参与侨胞众多、规模空前，而且一改以往侨务部门关注侨界精英、“老面孔”较多的状况，坚持精英与草根兼顾、服务家乡与融入住在国并举，下大力气关注并特别邀请部分平凡普通但坚持展示中华民族正能量的海外侨界“草根”阶层代表，进一步扩大了侨联组织的覆盖面、拓展了联系领域、丰富了侨务资源、建立了合作机制、促进了地方发展，形成了全国6级侨联组织密切合作、携手奋进的生动局面，有效提升了侨联系统海外联谊工作的整体能力和水平，形成了推动侨联改革发展的强大正能量。

9月21日—10月12日，中国侨联举办2016“海外侨胞故乡行”活动

【共同主办“戮力同心·振兴中华—孙中山与华侨”图片展】9月23日，中国侨联和江苏省政协共同主办的“戮力同心·振兴中华—孙中山与华侨”图片展在南京开幕。中国侨联主席林军，江苏省委常委、宣传部部长王燕文，江苏省政协副主席范燕青，中国华侨历史博物馆馆长黄纪凯，江苏省政协港澳台侨（外事）委员会主任刘方，江苏省侨联主席史宇，及部分中国侨联海外顾问、海外委员、青年委员等近300名海内外侨胞代表参加了开幕式。中国华侨历史博物馆馆长黄纪凯介绍展览有关情况，开幕式由中国侨联海外联谊部副部长李涛主持。下午，海外侨胞纪念孙中山先生诞辰150周年大会暨主题论坛举行。中国侨联主席林军、江苏省政协主席张连珍出席并发表讲话，来自世界各地的近300位海外知名侨领出席纪念大会，大会由江苏省政协副主席范燕青主持。

【乔卫副主席出席“海外侨胞故乡行·走进黑龙江”】9月

24日上午，中国侨联副主席乔卫在哈尔滨出席“海外侨胞故乡行·走进黑龙江”活动座谈会，并作主题发言，阐述了中国侨联举办“海外侨胞故乡行”活动的有关情况。黑龙江省委常委、统战部部长孙尧介绍了省情，座谈会由黑龙江省侨联主席迟国强主持。

【举办中国侨联成立60周年系列纪念活动专场报告会】9月27日上午，中国侨联成立60周年系列纪念活动专场报告会在中国大饭店、北京国际饭店举行。中国侨联主席林军、副主席乔卫分别作主题演讲，解放军军事科学院战争理论和战略研究部彭光谦少将、温冰研究员作“中国和平发展与军事现代化”讲座。中国侨联副主席许荣茂、刘艺良、胡胜才、沈敏出席。应邀参加中国侨联成立60周年纪念活动的中国侨联海外顾问、委员、青年委员等嘉宾近1300人参加报告会。

【林军主席、乔卫副主席会见菲华商联总会访问团】10月19日，中国侨联主席林军、副主席乔卫在北京会见了以菲华商联总会理事长张昭和为团长的菲华商联总会访问团一行。中国侨联办公厅巡视员、机关服务中心主任李洋，海外联谊部副部长李涛、桑宝山等陪同会见。

【陈权部长会见意大利罗马华侨华人妇女联谊会代表团】11月7日，中国侨联副秘书长兼海外联谊部部长陈权在北京华侨大厦会见以周秀英会长为团长的意大利罗马华侨华人妇女联谊会代表团一行。

【林军主席出席香港各界纪念孙中山先生诞辰150周年大会】11月16日下午，香港各界举办纪念孙中山先生诞辰150周年大会。全国政协副主席董建华，香港特别行政区行政长官梁振英，香港中联办主任张晓明，中国侨联主席林军，海峡两岸关系协会会长陈德铭，致公党中央常务副主席蒋作君，台湾新党主席郁慕明，孙中山的曾侄孙孙必达，香港侨界社团联会会长余国春、中国和平统一促进会香港总会会长卢文端、

11月16日，林军主席（前排左一）出席香港各界纪念孙中山先生诞辰150周年大会

10月19日，中国侨联主席林军、副主席乔卫会见菲华商联总会访问团

综合

12 月 5 日，乔卫副主席（前排左六）访问缅甸广东工商总会

香港孙中山文教福利基金会会长陈守仁等 1200 余人出席大会。会上举行了“戮力同心，振兴中华—孙中山与华侨”图片展启动仪式。

【林军主席会见香港新马泰归侨华人联合会访问团】12 月 1 日，中国侨联主席林军在北京华侨大厦会见以骆汉生为团长的香港新马泰归侨华人联合会访问团。中国侨联经济科技部副部长、中国侨商联合会副会长兼秘书长安晨参加会见，中国侨联海外联谊部副部长李涛主持活动。

【乔卫副主席率团访问柬埔寨、缅甸】12 月 2 日—9 日，中国侨联副主席乔卫率团访问柬埔寨金边、缅甸仰光和曼德勒。访问团先后与我驻柬埔寨大使熊波、驻缅甸大使洪亮、驻曼德勒总领事王宗颖等使领馆同志交流，了解侨情，就侨联海外工作征询当地驻外机构意见和建议。访问团在金边、仰光、曼德勒分别召开中国侨联海外顾问、海外委员、青年委员和主要侨领座谈会，走访柬华理事总会、柬埔寨福建总商会、缅甸广东工商总会、缅甸中华总商会、缅甸仰光云南会馆、曼德勒福建同乡会、曼德勒福庆学校、曼德勒云南会馆、缅北中华商会等当地主要侨团，并分别与之座谈。访问团专程考察了中国慈善机构及华侨华人在缅甸开展的公益慈善项目。访问期间，乔卫分别在柬埔寨福建总商会就职典礼和缅华各界欢迎会上发表主旨演讲，阐述“海外侨胞应做好连接中国梦与住在国人民美好梦想的桥梁和使者”的观点。在仰光，乔卫宣布，中国侨联将继续支持中国华侨公益基金会开展以白内障复明手术为主要内容的“缅甸光明行”活动；中国侨联将支持中国华侨公益基金会捐赠价值 100 万元的医疗设备，并派专人进行免费培训。中国侨联副秘书长兼海外联谊部部长陈权、福建省侨联党组书记陈式海、中国侨联公益事业管理服务中心主任何继宁、云南省侨联副主席高峰等随同访问。

经济科技部

【领导成员名单】

部　　长：赵红英（女）

副 部 长：安　晨

【综述】2016 年是国家“十三五”规划开局起步之年，也是推进侨联组织和工作改革创新的重要一年。经济科技部在中国侨联党组领导下，在李卓彬副主席具体指导下，围绕“四个全面”战略布局和“五大发展理念”的贯彻落实，积极拓展海外工作、拓展新侨工作，按照中国侨联统一部署，深化认识、扎实工作，在深入开展“两学一做”学习教育的同时，努力做好侨联经济科技工作，在服务侨界人才、助推新侨创新创业等方面都有新亮点。

【召开第二次京津冀侨联主席联席会议】3 月 17 日—19 日，由经济科技部组织牵头，京津冀侨联负责人在天津滨海新区召开第二次京津冀侨联主席联席会议。中国侨联副主席李卓彬，中国侨联副主席、天津市侨联党组书记、主席胡胜才，中国侨联副秘书长、经济科技部部长赵红英，中国侨商会副会长兼秘书长安晨，天津市侨联副主席陈钟林，北京市侨联副主席苏泳，河北省侨联副主席季加宇出席会议。三省市侨联领导就大会确定的议题进行了热烈讨论，在进一步发挥京津冀侨联作用方面形成共识。

【召开全国侨联经济科技工作会议】3 月 29 日—30 日，2016 年全国侨联经济科技工作会议在北京举行，中国侨联党组书记、主席林军出席会议并发表重要讲话。中国侨联副主席李卓彬，中国侨联秘书长、办公厅主任陈迈，副秘书长、经济科技部部长赵红英及中国侨联各部门负责人、部分侨界专家学者和全国各省级、副省级城市侨联领导干部出席会议。这是中国侨联学习贯彻党的十八届五中全会精神，围绕“十三五”规划纲要和“五大发展理念”的贯彻落实而召开的一次重要会议。林军主席发表讲话，他在总结十八大以来全国侨联经济科技工作的基础上，分析当前我国经济形势，强调深刻领会中央精神，进一步统一思想、交流经验、谋划工作，明确新形势下做好侨联经济科技工作方向，对当前和今后一个时期全国侨联经济科技工作进行安排和部署。李卓彬副主席作总结讲话时对侨联经济科技工作提出了具体要求。

【支持举办“创业中华·建设江苏”2016 侨资侨智对接交流活动】4 月 11 日—15 日，由中国侨联支持，中国侨商联合会、江苏省侨联主办的“创业中华·建设江苏—2016 侨资侨智对接

3 月 30 日，2016 全国侨联经济科技工作会议上领导和部分专家合影，右五为中国侨联副主席李卓彬，左四为中国侨联副主席胡胜才

交流会”在江苏省召开。来自美国、德国、俄罗斯、玻利维亚、智利、阿联酋、越南等20多个国家和有关省市的120多位侨商企业家、侨联特聘专家及侨界专业人士参加活动。

【参与协办第五届海西国际新能源产业博览会】4月12日—14日，第五届海西国际新能源产业博览会暨高峰论坛在厦门举行，经济科技部组织了中国侨联特聘专家委员会材料与工程专委会及资源与信息专委会的近20位特聘专家赴厦门出席活动。中国政法大学研究生院院长李曙光教授作论坛主旨发言。专家们分别参与了新能源人才战略、新能源汽车产业发展等系列活动和论坛，为地方政府、企业、科研机构和年轻学子提供有价值的指导建议。期间，专家们实地考察，与当地10多位企业家座谈，对绿色环保、污水处理、冷链供应、新能源汽车等多个行业发展提出建议。

4月12日，第五届海西国际新能源产业博览会暨高峰论坛在厦门开幕

【开展科技扶贫工作】5月31日—6月1日，在中央国家机关侨联和中国农科院的支持下，由经科部部长赵红英带队，中国农科院郑州果树研究所副所长、著名猕猴桃专家方金豹，研究员周增强，以及博士齐秀娟组成的专家组赴重庆市万州区、酉阳县，开展针对猕猴桃树疫情的诊断帮扶活动。专家组与当地农技人员、果农、村民一起座谈、交流，分析产生疫情的原因，向果农面授病虫害预防及治疗办法；并围绕水果产业发展现状、果树管理、技术要求等方面进行深入探讨，提出优选和改良品种、建立果树示范基地等措施，可以有效降低果农和种植风险，推动了当地扶贫攻坚工作的开展。

5月31日—6月1日，经济科技部部长赵红英（右三）带队组织果树专家赴重庆开展科技扶贫

【举办首届大连侨商海外联盟峰会】6月28日，中国侨联与大连金普新区共同举办首届大连侨商海外联盟峰会，中国侨联特聘专家、知名侨商、海外侨领及来自美国、澳大利亚、韩国、加拿大等27个国家的外商代表共计300余人与会。峰会期间，经济科技部组织了“发挥侨界优势、服务国家战略、助推金普发展”主题论坛，5位中国侨联特聘专家围绕海外

6月28日，首届大连侨商海外联盟峰会开幕，左五为中国侨联副秘书长、经济科技部部长赵红英

8 月 17 日，中国侨联特聘专家金融专业委员会在北京成立，林军主席（前排左五）出席成立大会

侨商如何寻找和把握发展机遇、大连如何推进实施“一带一路”发展等作主旨发言，为大连经济发展献计献策。

【成立中国侨联特聘专家金融专业委员会】 8 月 17 日，在中央国家机关侨联和中国人民银行机关党委的大力支持下，经过半年筹备，“金融专业委员会”正式成立。林军主席，李卓彬、万立骏、邵旭军副主席出席成立大会。该委员会聚集 20 名海内外侨界高层次金融人才。国际货币基金组织副总裁、中国人民银行原副行长张涛担任主任委员，中国人民银行货币政策司司长李波担任副主任，中国人民银行首席经济学家马骏担任副主任委员兼秘书长。委员会成立后积极开展课题研究和相关活动。

【举办第六届新侨创新创业成果交流暨中国侨联新侨创新创业联盟成立大会】 9 月 1 日，第六届新侨创新创业成果交流暨中国侨联新侨创新创业联盟成立大会在北京举行。全国政协副主席李海峰，十一届全国人大常委会副委员长、中国老科学技术工作者协会会长陈至立，中国侨联主席林军、副主席董中原、李卓彬、乔卫、康晓萍，人力资源和社会保障部副部长汤涛，中国

9 月 1 日，第六届新侨创新创业成果交流暨中国侨联新侨创新创业联盟成立大会在北京举行

工程院副院长陈左宁，中国科协党组成员兼学会学术部部长宋军，国家知识产权局副局长贺化，以及中组部人才局、中科院监督与审计局等单位领导、中国侨界贡献奖获奖代表、中国侨联新侨创新创业联盟理事、各省区市侨联干部等共450余人出席大会。169名人才获得“中国侨界创新人才奖”，80项成果获得“中国侨界创新成果奖”，81个团队获得“中国侨界创新团队奖”，86家企业获得“中国侨界创新企业奖”。受到中国侨界贡献奖表彰的169名创新人才中，博士以上学位的占88.76%，其中65人是国家“千人计划”的入选者；受到表彰的81项创新成果和80个创新团队，涵盖了生物医药、新材料、新能源等20多个学科领域，多项研究获得国家科技进步奖；受到表彰的86家创新企业，共获专利1300余项，许多项目拥有自主知识产权，多个产品和技术填补了国内空白。表彰活动激发了各地侨联开展创新创业工作的热情，引领带动作用得到充分彰显。

成果交流会期间，举行“创新发展，科技支撑”主题论坛

【举办中国侨联新侨创新创业论坛】9月1日，在京西宾馆举行以“创新发展，科技支撑”为主题的论坛，中国侨联副主席李卓彬、康晓萍、胡胜才等领导出席。中国科学院大学副校长、中国侨联特聘专家周琪院士，零点有数科技董事长、中国侨联新侨创新创业联盟副理事长袁岳，洪泰基金创始人、中国侨联新侨创新创业联盟副理事长盛希泰等三位重量级嘉宾作了主旨演讲。中国侨联副秘书长、经济科技部部长赵红英主持论坛。周琪院士深入浅出地介绍了干细胞研究的源起、最新进展和发展方向，描绘了生命科学在推动人类健康水平提升、生命质量改善等方面的光明前景。他结合自身的留学、工作、科研经历，讲述了一名海外赤子科技报国的心路历程。袁岳董事长以“双创全球互动机制的价值”为题，盛希泰先生以“最伟大的消费升级时代”为题作了精彩演讲。这场高水平的论坛活动得到与会者的强烈反响和好评。

【成立中国侨联创新创业联盟】为响应国家“双创”的号召，激发新侨创新创业的热情，9月在北京成立中国侨联新侨创新创业联盟。成员以

中国侨联新侨创新创业联盟成立后，理事长会议在北京召开

新侨创新创业企业、新侨聚集的众创空间、新侨主导的创投基金为主体，主要职能是服务国家战略、提供创新创业支持、宣传创新创业企业、促进国际交流合作。李卓彬副主席担任联盟理事长，优客工场创业投资有限公司董事长毛大庆、杭州林东新能源科技股份有限公司董事长林东担任联盟执行理事长，中国科技大学校长万立骏等担任联盟顾问。联盟副理事长单位共 36 家，联盟理事单位 132 家。联盟的成立为新侨创新创业搭建了新的平台，成为侨联服务国家社会经济发展的载体和抓手。

【举办“创业中华·牵手京津冀—第十六届海外侨界高层次人才为国服务”活动】 9 月 4 日—10 日，中国侨联和京津冀三地侨联共同主办“创业中华·牵手京津冀—第十六届海外侨界高层次人才为国服务”活动，来自美国、德国、英国、法国、加拿大、日本、南非、西班牙、澳大利亚等 16 个国家的 32 位海外侨界高层次人才携带了 29 个高科技项目参加活动。这是京津冀三地侨联首次联手承办“三地行”活动，李卓彬副主席出席北京开幕式并讲话。

【成立中国侨联特聘专家海洋专业委员会】 为落实党中央、国务院关于加强中国特色新型智库建设的战略部署，推动海洋强国战略，9 月 19 日，中国侨联依托青岛国家海洋科学研究中心和青岛侨联，在青成立中国侨联特聘专家委员会海洋专业委员会。青岛国家海洋科学研究中心主任李乃胜为主任委员，管华诗、黄锷、麦康森三位院士为名誉主任。成立大会上，与会的 100 多名海洋专家分别围绕“海洋科技‘走出去’——与东南亚海洋科技交流合作”和“‘耕海种洋’——科学开发与利用海洋资源”两个专题开展研讨，近 10 位海洋领域侨界专家作了专题报告。专家们从海洋战略政策、海洋科技、海洋经济等多个角度阐述了当今海洋事业发展的新理论、新技术、新观点，为实施国家海洋强国战略、“一带一路”倡议提出宝贵的意见建议。

【参加“2016 侨智精英科博行”活动】 9 月 20 日—21 日，第四届中国（绵阳）科技城国际科技博览会期间，四川省侨联等单位主办“2016 侨智精英科博行”系列活动，中国侨联特聘专家委员会支持。活动期间举办“侨智精英科

9 月 20 日，中国侨联副主席李卓彬参加“2016 侨智精英科博行”活动并致辞

博行高峰对话”，上海吉喆基金合伙人、武汉华之鹰大学生投资管理公司董事长万颖，成都先导药物开发有限公司董事长李进，成都软智科技有限公司董事长王献昌三位中国侨联特聘专家同中国工程物理研究院科学家代表陈俊祥，侠客岛联合办公室创始人王宏波，共同追忆“两弹一星元勋”故事，畅谈“两弹一星精神”。

【组织海内外特聘专家参加中国侨联成立 60 周年纪念活动】 2016 年正值中国侨联成立 60 周年，经科部组织邀请海内外中国侨联特聘专家出席 60 周年纪念大会及国庆招待会，推荐特聘专家委员会在京领导班子成员出席纪念大会。邀请王中林院士、张建伟院士、乐晓春院士等五位海外特聘专家，李曙光、王辉耀、周琪、高福、顾行发等特聘专家委员会领导班子成员出席相关活动。

【主办第七届“创业中华—2016 侨界精英创新创业峰会”】 10 月 11 日，中国侨联特聘专家委员会金融专委会及来自世界各地的侨团

10 月 11 日，林军主席在“创业中华—2016 侨界精英创新创业峰会”开幕式上致辞

负责人、创投基金高管、创业人士、企业家代表等300余人共聚杭州，出席第七届“创业中华—2016侨界精英创新创业峰会”。会上，中国侨联特聘专家委员会金融专业委员会被“EFC新侨金融中心”聘请为指导单位。同时举行了“侨联全球、服务G20”活动表彰仪式，发布了《“海归社区”白皮书》。在随后举办的“2016创新创业投资高峰论坛”上，Rocketspace创始人兼CEO邓肯·罗根、以色列科技VC基金公司Vertex Capital创始人之一尤沃夫·凯达及中国侨联特聘专家委员会金融专业委员会副主任、中国人民银行研究局首席经济学家马骏等作了主旨发言。

【举办“创业中华·兴业湖南·梦启星城”海内外侨界特聘专家湖南行活动】10月18日，“创业中华·兴业湖南·梦启星城”中国侨联特聘专家湖南（长沙）行活动启动。李卓彬副主席及北京中医药大学药学院院长、法国国家药学科学院外籍院士林瑞超，北京市朝阳糖尿病医院院长、英国皇家医学会院士王执礼等近20名侨界专家参与活动。活动期间，侨界专家们发表了主题演讲，考察了高科技工业园区，为湖南的经济发展献计献策。活动的举办对吸引更多侨界高层次人才、团队到湖南创新创业，促进高科技项目转化落地，推动湖南经济社会发展起到积极作用。

10月18日，侨联特聘专家参加“创业中华”海内外侨界特聘专家湖南行活动，考察长沙高科技工业园区

【支持举办“创业天府·海归蓉漂首届‘双创’国际峰会”】10月25日，由成都市政府主办，市侨联承办的“创业天府·海归蓉漂首届‘双创’国际峰会”成功举行。中国侨联新侨创新创业联盟作为协办单位，组织联盟成员参加了峰会，康晓萍副主席出席活动并讲话。四川省侨联特聘专家、海内外新侨创新创业人士、侨界社团和商会负责人及在蓉创投机构、高校、企业家代表等300多人共聚蓉城，分享成都发展机遇，共谋创新创业合作大计。

【举办“中国侨联新侨创新创业成果展”】10月26日—28日，中国侨联新侨创新创业成果展在江苏南京举行。此次成果展是纪念中国侨联成立60周年的系列活动之一，展览以图片形式集中展示了获得第六届“中国侨界贡献奖”的创新人才、创新成果、创新团队、创新企业；以实物、样品及图片形式展示了一批转化能力强、市场前景好、涉及战略性新兴产业的全国各地优秀新侨企业创新成果和项目。为期3天的展览，共吸引了来自全国各地的276家新侨企业参加。展览期间，

10月26日，中国侨联副主席李卓彬（右一）赴南京出席中国侨联新侨创新创业成果展开幕式

机构。

【举办中国侨联新侨创新创业联盟北京研讨会】11月28日，由中国侨联主办、北京市侨联承办的中国侨联新侨创新创业联盟北京研讨会在北京召开。这是联盟成立后依托北京市侨联组织的第一次会议。北京市侨联及相关部委的领导同志，各区侨联负责同志，中国侨联新侨创新创业联盟19家在京理事单位的负责人参加了会议。联盟成员就企业发展情况、创新创业需求及联盟发展意见和建议等畅所欲言。这对于发挥北京地区联盟理事单位作用，搭建交流合作平台具有重要意义。研讨会期间，参观了理事单位北京诺亦腾科技有限公司、北京恒美瑞文化发展有限公司，分享了他们的创业历程和经验。

10月26日，中国侨联副主席李卓彬（右二）参观展览，中国侨联副秘书长、经济科技部部长赵红英（右一）陪同

举办了“新侨创新创业成果发布会”，共有9家新侨企业现场发布了一批市场前景好、转化能力强的创新创业成果。与会嘉宾还参观考察了南京江宁经济开发区未来网络小镇·悠谷和南京雨花软件谷等。

【联合发起成立“清华大学‘一带一路’战略研究院”】为深入贯彻国家“一带一路”倡议，中国侨联与清华大学联合发起创办清华大学“一带一路”战略研究院。经过一年反复协商，11月23日，双方签订了战略合作协议。“一带一路”战略研究院将依托中国侨联资源优势和清华大学综合学科优势，为政府决策提供智力支持、为企业发展给予咨询服务、为人才培养探索创新模式，打造一所高起点、高层次、具有较大社会影响力的研究

【召开2016年中国侨联特聘专家年会】12月2日—3日，“2016中国侨联特聘专家委员会年会”在四川成都举行，共有7个专业委员会、近百名专家与会。中国侨联副主席、特聘专家委员会主任万立骏院士作了工作报告，七个专委会的代表作了主旨发言。会上新增聘特聘专家18名，并为建言献策成绩突出的22名专家颁发建言献策奖。与会专家围绕如何发挥专委会作用进行了研讨，期间还考察了成都、泸州两地，为地

11月23日，中国侨联与清华大学在北京签约，联合发起创办“一带一路”战略研究院

12 月 2 日—3 日，2016 年中国侨联特聘专家年会在四川成都举行

方经济发展献计献力，有的专家通过考察初步商定了合作意向。

【开展建言献策活动】中国侨联特聘专家委员会各专委会发挥自身智力优势，围绕国家“十三五”规划的落实，积极建言献策。在经济发展、科技进步、国家安全、社会民生、文化产业、医疗卫生、环境保护、知识产权等诸多领域主动献计出力。2016 年委员们先后提交了 110 篇高水平的建议书。经济科技部从中精选出一部分，汇编为《中国侨联特聘专家建言集（第八辑）》，共 11 万多字。由于专家建言献策数量多、水平高、热心参与和支持侨联工作，有 22 位专家分别获得中国侨联建言献策特等奖、一等奖和优秀奖。

【配合地方政府参与大型经贸活动】2016 年，中国侨联先后参与主办了第二十三届中国天津投资贸易洽谈会暨 PECC 国际贸易投资博览会、2016 丝绸之路国际博览会暨第二十届中国东西部合作与投资贸易洽谈会、第十四届中国云南东盟华商会、第十七届中国·青海绿色发展投资贸易洽谈会、第二十二届中国兰州投资贸易洽谈会暨丝绸之路合作发展高端论坛、第十六届中国西部国际博览会等大型活动。其间，侨商会邀请并组织海内外侨商参与大会的洽谈及经贸合作等相关活动。

【发挥中国侨联新侨创新创业基地的示范引领作用】为发挥好中国侨联新侨创新创业基地作用，印发了《中国侨联关于进一步加强和规范“中国侨联新侨创新创业基地”建设的通知》，进一步规范申报范围、认定标准和程序，制定中国侨联新侨创新创业基地管理办法，支持和扶持各地侨联基地申报工作和开展创新创业工作。

【深入基层和侨乡开展调研】2016 年，经济科技部重视调研工作，赴福建省宁德、福州等地，调研中国侨联新侨创新创业基地，参加福建省侨联新侨专业人士联谊会的“侨智沙龙”活动。在北京考察朝阳区侨联“侨海创业社区”—优客工场阳光 100 社区，参观中关村创业大街第一家车库咖啡—国家级创新科技孵化器和创客工厂—创客全球孵化器。赴深圳市考察深圳市侨商智库研究院和深圳留学生创业园，并出席深圳市优创空间开园仪式。赴浙江省舟山、杭州等地调研并参加“世界首台 3.4 兆瓦 LHD 林东模块化大型海洋潮流能首套机组发电仪式”等。

【促进各地侨联进行工作经验交流】编制印发《汇聚侨力 助推经济发展—2016 全国侨联经济科技工作会议交流材料汇编》。在全国侨联经科工作会上，有 12 位省市侨联负责人交流经科工作的经验。期间举办了“创新引领未来，创业成就梦想”主题互动论坛。邀请 7 位中国侨联特聘专家围绕五大发展理念和“十三五”规划纲要，就宏观经济、科技创新、新侨创业、人才工作等问题发表观点，并与各地侨联领导干部展开互动。

【开展“两学一做”学习教育见成效】按照直属机关党委要求，经济科技部认真组织，及时制订活动计划和开展研讨专题。共开展 14 次专题学习，7 次专题研讨，4 次专题党课，4 次专题党日活动。在人手少、任务重的情况下，发挥党支部战斗堡垒作用和党员先锋模范作用，在活动中注重与实际工作相结合，与干部思想实际相结合，干部作风和工作效率明显提高，出色完成年度各项任务。2016 年被中直工委评为“中直机关先进党支部”。

文化交流部

【领导成员名单】

部　　长：刘　奇

副 部 长：邢砚庄（女）

副巡视员：郭敏燕（2016 年 3 月退休）

【综述】 2016 年，中国侨联文化宣传工作坚持“两个并重”，积极推进“两个拓展”，紧紧围绕党和国家中心工作，着眼构建“大文化、大外宣”工作格局，注重突出主题、统筹兼顾、整体推进、求实创新，不断提升“亲情中华”主题活动的影响力，切实推动开展海外华文教育，不断加强侨务外宣工作，继续推动地方侨联“走出去”，各项工作取得重要进展，呈现出系统联动、稳中有进、平稳发展的良好态势。

【组派“亲情中华”艺术团开展海外巡演】 2016 年，全国侨联系统共组派 20 支“亲情中华”艺术团赴海外巡演。其中，中国侨联组派 4 支“亲情中华”艺术团，分赴 11 个国家的 18 个城市，举行 18 场正式演出和 20 多场联欢活动；联合或支持北京、湖南、四川、重庆、安徽、江苏南通、江西吉安、贵州铜仁、广东广州、浙江温州、新疆克拉玛依市、新疆伊犁州塔城地区、新疆博尔塔拉蒙古自治州、新疆伊犁州等省区市侨联，组派 16 支“亲情中华”艺术团，在亚洲、非洲、欧洲、美洲共 22 个国家举办正式演出 72 场、各类联欢和文化交流活动近 70 场。截至 2016 年底，全国侨联系统共组织 181 个“亲情中华”艺术团，赴世界 70 个国家和地区 200 多个城市进行了 800 多场演出。其中，中国侨联组派 61 个“亲情中华”艺术团赴五大洲 54 个国家和地区的 140 多个城市巡演 300 余场，并开展数百场联欢交流活动。2 月 9 日—25 日，以中国侨联文化交流部副巡视员郭敏燕为团长，由山西卫视《歌从黄河来》节目获奖选手及中国杂技团、解放军艺术学院、青海省海北州歌舞团的演员组成的“亲情中华”艺术团一行 26 人在意大利都灵、米兰、威尼斯、圣伊皮迪奥港、泰拉莫、罗马和匈牙利布达佩斯举行了 7 场演出和多场联欢活动。7 月 28 日—8 月 9 日，以中国

7 月 30 日，“亲情中华”越剧团在法国演出照片

7 月 30 日，“亲情中华”越剧团在法国演出谢幕合影

8 月 3 日，越剧大戏《寇流兰与杜丽娘》在法兰克福上演

侨联文化交流部部长刘奇为团长，由浙江小百花越剧团担纲组成的“亲情中华”艺术团一行 54 人，赴法国巴黎、德国法兰克福、奥地利维也纳举行了 3 场慰问侨胞演出和多场联欢交流活动。10 月 9 日—21 日，以中国侨联文化交流部部长刘奇任团长，由全总文工团、空政文工团、中央民族乐团和中央民族大学等单位演员组成的“亲情中华”艺术团一行 25 人，分别在俄罗斯莫斯科、拉脱维亚里加、丹麦哥本哈根、瑞典斯德哥尔摩举办了 4 场慰问演出和多场文化交流活动。各场演出均有大批政要出席，整体水平较高。11 月 17 日—25 日，以中国侨联文化交流部副部长邢砚庄为团长，由无锡歌舞剧院优秀舞蹈演员和加拿大编导、舞蹈演员组成的中国侨联“亲情中华”艺术团一行 45 人赴加拿大渥太华、多伦多、美国华盛顿、纽约举行了 4 场慰问演出。中国侨联主席林军为巡演题写贺词：“预祝‘亲情中华’舞剧《丹顶鹤》北美巡演圆满成功”。中国驻加拿大使馆临时代办王文天、加拿大总理贾斯汀.特鲁多和联邦参议员胡子修、华盛顿市长鲍泽等为演出发来贺信。1 月 19 日—2 月 2 日，江苏省南通市侨联和中国侨联联合组派“亲情中华”艺术团赴南非约翰内斯堡、博茨瓦纳哈博罗内和坦桑尼亚达累斯萨拉姆、姆特瓦拉举行了 4 场慰问演出和多场联谊活动。艺术团一行 18 人，由南通市侨联主席吴亚军担任团长。2 月 5 日—17 日，北京市侨联和中国侨联联合组派艺术团，赴美国新泽西、纽约、芝加哥和牙买加金斯顿举办了 4 场“亲情中华 • 北京情思”慰问演出，共有近 5000 名侨胞、中国留学生、中资机构人员及当地国际友人观看。艺术团一行 16 人，由北京市侨联文化交流部部长曹江河担任团长。4 月 22 日—25 日，江西省吉安市侨联和中国侨联联合组派“亲情中华”艺术团赴澳门举办了 3 场“亲情中华”庐陵文化之旅演出，充分体现了江西的庐陵文化、茶文化、陶瓷文化及客家文化。艺术团一行 32 人，由江西省吉安市副市长王大胜担任团长。5 月 13 日—17 日，贵州省铜仁市侨联和中国侨联联合组派“亲情中华”艺术团赴美国洛杉矶蒙特利公园市举办了 2 场极富民族文化特色的演出，并参加了蒙特利公园市百年庆典。艺术团一行 12 人，由铜仁市侨联党组成员田建权担任团长。5 月 19 日—26 日，湖南省侨联和中

10 月 11 日，“亲情中华”艺术团在莫斯科演出结束后谢幕合影

国侨联联合组派“亲情中华”艺术团赴韩国济州、加拿大温哥华、多伦多举办了3场“亲情中华·魅力湖南·动力株洲”慰问演出，充分展现了湖湘文化特色。艺术团一行25人，由湖南省侨联党组书记、副主席朱建山担任团长。5月20日—6月1日，四川省侨联和中国侨联联合组派“亲情中华”艺术团赴德国法兰克福、法国巴黎和西班牙马德里、巴伦西亚举办了5场慰问演出，观众总计5000余人。艺术团一行29人，由省侨联副秘书长余文彬担任团长。6月2日—11日，新疆克拉玛依市侨联和中国侨联联合组派“亲情中华”艺术团赴哈萨克斯坦阿克套、阿克纠宾和俄罗斯圣彼得堡举办了3场慰问演出，受到海外华侨华人和当地民众的一致赞誉。艺术团一行26人，由克拉玛依市油田党委常委、新疆油田公司副总经理包尔汉·卡哈尔担任团长。8月26日—9月2日，湖南省侨联和中国侨联联合组派“亲情中华”艺术团赴德国法兰克福、汉诺威和英国伦敦举办了3场“亲情中华·魅力湖南”慰问演出，数千名侨胞和国际友人观看了演出。艺术团一行17人，由湖南省侨联副主席孙民生担任团长。9月10日—23日，重庆市侨联和中国侨联联合组派“亲情中华”艺术团赴美国圣地亚哥、墨西哥蒂华纳举办了3场慰问演出，为当地侨胞送上了丰盛的文化大餐。艺术团一行14人，由重庆市侨联副主席彭应吉担任团长。9月11日—20日，广州市侨联和中国侨联联合组派“亲情中华”艺术团赴英国伦敦、法国巴黎和荷兰鹿特丹举办3场文化演出，得到当地侨胞的一致好评。艺术团一行15人，由广州市侨联副主席卢启明担任团长。9月15日—25日，四川省侨联和中国侨联联合组派“亲情中华”艺术团赴美国休斯敦、达拉斯、洛杉矶举行了3场富有巴蜀特色的大型歌舞演出，共有7000多名海外侨胞、当地政要和国际友人观看了演出。艺术团一行28人，由四川省侨联秘书长邱广华担任团长。9月23日—10月4日，新疆伊犁州塔城地区侨联和中国侨联联合组派“亲情中华”艺术团赴俄罗斯卡尔梅克共和国埃利斯塔、蒙古乌兰巴托举办了3场慰问演出，进行了3次座谈交流活动。艺术团一行22人，由伊犁州塔城地区行政公署副专员阿里担任团长。10月8日—15日，新疆博尔塔拉蒙古自治州侨联和中国侨联联合组派“亲情中华”艺术团赴俄罗斯卡尔梅克共和国埃斯利塔、察干阿木举办2场“亲情中华·魅力博州”文艺演出，并与当地华侨华人代表进行座谈交流。艺术团一行17人，由自治

10月17日，“亲情中华”艺术团在哥本哈根演出结束时谢幕合影

10月20日，“亲情中华”艺术团在斯德哥尔摩演出结束后谢幕合影

11 月 18 日，“亲情中华”艺术团在渥太华演出结束后向承办单位颁发锦旗

11 月 19 日，“亲情中华”艺术团在多伦多演出结束后谢幕合影

州人大副主任、侨联主席阿哈提·欧拉孜艾力担任团长。11 月 7 日—16 日，安徽省侨联和中国侨联联合组派“亲情中华”艺术团赴澳大利亚悉尼、墨尔本、新西兰奥克兰和斐济苏瓦举办了 4 场“亲情中华·美好安徽”慰问演出，共有约 3000 名华侨华人和国际友人观看了演出。艺术团一行 14 人，由省侨联党组成员、副主席兼秘书长杨冰担任团长。11 月 29 日—12 月 6 日，浙江省温州市侨联和中国侨联联合组派“亲情中华”艺术团赴意大利罗马、佛罗伦萨、米兰和法国巴黎举办 4 场慰问演出，2000 余名华侨华人观看了演出。艺术团由温州市侨联副主席林春雷任团长。12 月 12 日—22 日，新疆伊犁州侨联和中国侨联联合组派“亲情中华”艺术团赴哈萨克斯坦阿斯塔纳和俄罗斯莫斯科、圣彼得堡举办 4 场慰问演出。艺术团一行 21 人，由伊犁州人大常委会主任祖农·艾克拜尔担任团长。

【开展“亲情中华·走进侨乡”活动】2016 年，中国侨联组派 5 支“亲情中华”艺术团，赴广西、安徽、浙江、吉林四省，开展“亲情中华·走进侨乡”活动，共在 9 个城市演出 9 场。2 月 17 日—18 日，中国侨联“亲情中华”艺术团走进侨乡来到广西壮族自治区，这是中国侨联开展走侨乡活动以来，第三次走进广西侨乡。2 月 17 日晚，由中国侨联和广西壮族自治区侨联、柳州市委市政府共同主办，柳州市侨联、柳州市文化广播新闻局承办的“亲情中华·欢聚柳州”慰问演出在柳州市文化艺术中心上演。2 月 18 日晚，由中国侨联和广西壮族自治区侨联、桂林市委市政府共同主办，桂林市侨联、桂林市海外华侨交流协会、桂林侨资企业联合会承办的“亲情中华·欢聚桂林”慰问演出在桂林市漓江剧院举行。中国侨联副主席乔卫、秘书长陈迈，广西壮族自治区侨联主席韦干，柳州市、桂林市领导出席活动并观看演出。2 月 17 日—18 日，由中国侨联和安徽省侨联共同主办的“亲情中华·走进安徽”慰问演出在宿州歌剧院和蚌埠大剧院上演。中央民族乐团、中国戏曲学院、空政文工团、中国铁路文工团、中央民族歌舞团、煤矿文工团、安徽省黄梅剧院、宿州演艺集团、安徽省花鼓灯歌舞剧院及星光大道的艺术家们的精彩表演获得当地观众欢迎和好评。演出过程中，远在美国、巴西、印度尼西亚、加拿大、澳大利亚、新加坡等国家的皖籍侨胞通过视频向家乡人民拜年并祝演出成功。中国侨联副主席康晓萍、安徽省侨联副主席杨冰、当地党委政府主要领导及2000多名观众观看了演出。2月18日—19日，“亲情中华”艺术团走进浙江余姚和文成两大侨乡，中国侨联文化交流部副部长邢砚庄担任团长，艺术团演员来自北京歌舞剧院、中国歌剧舞剧院、中央民族歌舞团、全总文工团、空政文工团、火箭军文工团、中国杂技团、浙江小百花越剧团等。此次“亲情中华”走进浙江活动由中国侨联和浙江省侨联共同主办，中共余姚市委市政府，温州市侨联、文成县委县政府分别参与承办。2月22日—23日，由中国侨联顾问唐闻生、中国侨联文化交流部部长刘奇率领的“亲情中华”艺术团走进吉林延边和珲春两大侨乡。艺术团演员来自中国广播艺术团、中国空政文工团、中国武警文工团、中国铁路文工团、全总文工团、北京歌舞剧院、延边歌舞团、珲春市艺术团等。此次“亲情中华”走进吉林活动由中国侨联和吉林省侨联共同主办，延边州人民政府、珲春市人民政府分别参与主办，延边州侨联、珲春市侨联分别参与承办。9月12日，以中国侨联文化交流部副部长邢砚庄为团长的“亲情中华”艺术团，在广西玉林市容县举办文艺晚会。出席“2016年海外华侨华人玉林恳亲大会”的来自35个国家和地区的海外嘉宾及容县乡亲近1000人观看了演出。

【组派“亲情中华”特色团组开展中外文化交流活动】10月7日—16日，以中国侨联文化交流部副部长邢砚庄为团长，北京中医药大学东直门医院、安徽中医药大学第一附属医院的知名中医药专家组成的“亲情中华”中医药专家访问团一行7人，赴澳大利亚墨尔本、悉尼、斐济苏瓦、新西兰奥克兰进行慰问交流，举办了8场中医药文化与健康养生讲座、问诊咨询。此次活动对弘扬中医文化，开展与海外中医专家的互动交流、推动中外友好往来具有积极作用。7月19日—26日，贵州省侨联代表团一行4人赴美国洛杉矶、加拿大温哥华举办“亲情中华·多彩贵州”北美书画展和多场笔会交流活动。贵州省文联党组书记、常务副主席杨梦龙担任团长，贵州省侨联副主席陈新伦任副团长。8月22日—24日，由中国华侨国际文化交流促进会、北京市侨联、海淀区侨联共同主办，北美枫香社精心打造的“亲情中华·筑梦丝路”话剧《海外剩女》在海淀剧院上演。演出活动历时3天，共演出6场。中国侨联副主席李昭玲与首都归侨侨眷和社会各界人士观看了演出。

【召开全国侨联文化宣传工作会议】4月21日，全国侨联文化宣传工作会议在北京召开。中国侨联主席林军发表题为《认清形势 明确任务 加强文化宣传工作针对性》的讲话，中国侨联副主席康晓萍总结过去一年的工作，并对当前和今后一个时期的侨联文化宣传工作进行了部署。上海市长宁区侨联、江苏省江阴市天华艺术学校、浙江省杭州市侨联、安徽省蚌埠市侨联、福建省

2月19日，“亲情中华　欢聚文成”演出谢幕合影

武夷学院、中国华侨华人历史研究所、中国华侨出版社等7个单位的同志作了大会交流发言。来自各省区市、中直机关、中央国家机关、中央企业和新疆生产建设兵团、副省级城市侨联领导和侨联文化宣传工作负责同志，部分地市侨联领导，中国侨联各部门各单位负责同志，以及首都部分新闻媒体代表100余人出席会议。

【举办第十七届世界华人学生作文大赛颁奖典礼】 7月16日上午，由中国侨联、全国台联、人民日报海外版、中国国际广播电台和《快乐作文》杂志联合主办的第十七届世界华人学生作文大赛颁奖典礼在北京举行，中国侨联副主席康晓萍出席仪式并讲话。此次大赛以“中华传统文化”和“美”为主题，共征集到来自21个国家和地区的700万华人学生的作品。经过专业评审，本届大赛最终评选出8815篇获奖作品，其中特等奖15名，一等奖800名，二等奖3000名，三等奖5000名，另有400个单位获得组织奖。在颁奖典礼上，特等奖获得者陈雨萌、代舒蔓、张博洋朗读了自己的作品，美国明尼苏达州明华中文学校吴芳、天津教育报总编宋行军代表组织奖获得单位发言，荷兰丹华文化教育中心李梅代表获奖教师发言。中国侨联、全国台联、人民日报海外版、中国国际广播电台、《快乐作文》杂志等单位的领导向获奖者颁发了证书。人民日报海外版科教部主任刘菲宣布第十八届世界华人学生作文大赛启动。颁奖典礼由中国国际广播电台华语广播网总监陈宏昌主持，中国侨联文化交流部部长刘奇、副部长邢砚庄等出席颁奖典礼。

7月16日，中国侨联领导与第十七届世界华人学生作文大赛获奖师生合影

【举办“亲情中华”夏令营和“亲情中华·汉语桥”夏令营】 2016年是中国侨联与各地侨联联合开展夏令营工作的第三年，在认真总结2014年、2015年办营经验的基础上，精心筹划、认真组织，依托省、市、县三级侨联，全面实施夏令营的各项工作。2016年6月—10月间，共有来自美国、加拿大、法国、意大利、葡萄牙、斐济、新

“亲情中华”夏令营的学员们参观河姆渡博物馆

西兰、希腊、西班牙、日本、德国、奥地利、泰国、韩国、新加坡、澳大利亚、英国、巴西、老挝、缅甸、马来西亚、阿根廷、瑞典、丹麦、柬埔寨、墨西哥、刚果（金）、荷兰、印尼等 29 个国家和香港、澳门、台湾等地的 1599 名华裔青少年参加 15 个省（市）侨联组织的 45 个班次的夏令营活动。参与承（协）办单位超过 90 家，其中，15 家省级侨联为主要承办方，39 家市、区、县级侨联和 29 家高校、中学参与承办，另有协办单位 10 余家。较 2015 年，营员总数增加 653 人，同比增长 69%；班次增加 17 个，同比增长 61%；主要承办单位省级侨联增加 3 家，同比增长 25%；承（协）办单位增加 40 家，同比增长 80%。从营员及海外领队教师填写的调查问卷反馈情况看，对于夏令营的满意率达到 100%。承（协）办单位、营员家长、海外侨团、海外华文学校等各方都对夏令营工作给予充分肯定和高度赞扬，并对夏令营寄予更多期盼。

【举办海外华文媒体侨乡采风活动】8 月 29 日—9 月 4 日，文化交流部组织了“亲情中华海外华文媒体侨乡采风活动”，来自 20 余个国家和地区的海外华文媒体及国内主流媒体的 40 余名记者，分别由刘奇部长和邢砚庄副部长率团，赴贵州、云南和广东、海南四省进行走访考察。在贵州期间，记者团先后考察了贵阳城乡规划展览馆、贵阳大数据应用展示中心、贵阳呼叫中心与服务外包产业示范基地、五彩黔艺博物馆、遵义会议遗址、娄山关纪念馆、茅台镇茅台酒厂。在云南期间，记者团先后考察了晋宁县古滇名城、大理古城、大理喜洲镇白族聚集区等地。在广东期间，记者团先后考察了广东省数字研究院、广州华侨新村、广州国际金融中心、佛山青年创新创业园区、佛山行政中心和顺德高新技术企业，与广东数字研究院、广州城发投资基金管理公司、佛山新媒体乐园公司、伊之密精密机械股份有限公司等进行了座谈交流。在海南期间，记者团先后考察海南省博物馆、兴隆华侨农场展览馆，参观琼海北仍村、大园村等文化古村落、博鳌亚洲论坛成立会址和文昌华侨中学、龙楼航天小镇等地。此次侨乡采风活动，海外华文媒体累计发稿 200 多篇，稿件载体既有报纸、杂志、网站等传统媒体，也有微信公众号、APP 客户端等新媒体。

【召开中国侨联新闻发布会】7 月 4 日，中国侨联在中国华侨历史博物馆举行“李辙先生、许伯夷先生捐赠日本军国主义侵华罪证史料新闻发布会”。中国侨联主席林军，中国侨联副主席李卓彬、李昭玲等

“亲情中华”夏令营的学员们在包饺子

“亲情中华·汉语桥”夏令营杭州营闭幕仪式

出席新闻发布会，中国侨联副主席、新闻发言人乔卫主持新闻发布。李辙先生和许伯夷先生向中国华侨历史博物馆捐赠了反映日军占领台湾和全面侵华战争期间诸多罪行的珍贵史料文物。中国人民革命军事博物馆原副馆长、国家文物鉴定委员会近现代历史文物组委员阮家新先生在新闻发布会上从史料研究角度介绍了这批史料的历史价值和学术价值。中国侨联机关有关部门负责同志、山水文园投资集团相关部门人员，以及40多家在京主流媒体记者参加新闻发布会。7月14日，中国侨联召开新闻发布会，中国侨联副主席、新闻发言人、中国华侨公益基金会理事长乔卫主持发布会，宣布中国华侨公益基金会将与网络捐赠志愿者组织—“钢丝善行团”开展系列公益合作，共同推动互联网公益。中国慈善榜年度慈善家、“壹起捐”全民慈善纯公益倡导者钢子，中国华侨公益基金会副理事长兼秘书长何继宁，中国侨联海外联谊部副部长李涛等与“钢丝善行团”代表及30余家新闻媒体的记者出席发布会。9月10日，中国侨联文化交流部与浙江小百花越剧团战略合作签约仪式暨《寇流兰与杜丽娘》《春香传》新闻发布会在北京举行。中国侨联文化交流部部长刘奇，中国戏剧家协会副主席、浙江小百花越剧团团长茅威涛在文化部艺术司副司长伍皓、浙江省文化厅副厅长黄健全的见证下，签署了战略合作协议。中国侨联文化交流部副部长邢砚庄、《春香传》《寇流兰与杜丽娘》的主要演员，以及40余位新闻媒体记者出席新闻发布会。双方签署战略合作协议，旨在弘扬传播中华文化，精彩讲述中国故事，努力推动中国戏剧走向海外，不断提升中华文化在国际上的影响力和传播力。9月19日，中国侨联举行新闻发布会，中国侨联副主席兼新闻发言人乔卫表示，将举行系列活动纪念中国侨联成立60周年，目前相关活动已准备就绪。乔卫表示，纪念活动将本着隆重、务实、节俭原则展开，共包含17项活动内容，主要有：召开纪念大会；出版《中国侨联60年纵览》等书刊；发行中国侨联成立60周年熊猫加字金银纪念币；播出《赤子五洲》等纪录片；向从事侨联工作20年以上的工作

9月19日，乔卫副主席主持召开新闻发布会

9月10日，中国侨联文化交流部与浙江越剧小百花越剧团签署战略合作协议

者颁发荣誉证书；举办论坛、美术书法展等活动；发布和上线中国侨联新版官网；开通中国侨联微信公众号；实现《侨联工作》杂志的重新改版。

【认定中国华侨国际文化交流基地】2016年，中国侨联分两个批次在全国16个省市认定了52个中国华侨国际文化交流基地（以下简称“交流基地”）。交流基地是侨联组织对承载中华文化、富有侨的特色、广大侨胞向往、社会广泛好评，旨在弘扬中华优秀文化、促进中外文化交流的各类文化场所等予以确认的展示窗口，是侨联组织整合社会资源、推进优势互补、合力开展海内外文化交流活动的重要平台。2016年被授牌文化交流基地的单位有：天津市梁启超纪念馆、天津市华夏未来少儿艺术中心、天津市霍元甲文武学校、河北省平山县西柏坡纪念馆、河北省涿鹿县黄帝城遗址、上海市中国现代国之宝艺术馆、江西省宜春市宜春禅都文化博览园、河南省新郑市黄帝故里、河南省兰考县焦裕禄纪念园、河南省汝州市汝瓷博物馆、河南省安阳市中国文字博物馆、河南省卫辉市比干林园、河南省禹州市钧官窑址博物馆、河南省商丘市商丘古城、湖北省十堰市武当山国际武术学院、湖北省随县炎帝故里、广东省佛山市清晖园博物馆、广东省汕头市耀明书院、广东省江门市江门五邑华侨华人博物馆、广东省江门市五邑大学广东侨乡文化研究中心、广东省吴川市梅岭飘色艺术团、广东省梅州市松口镇、广东省普宁市庄世平博物馆、四川省成都市成都广播电视大学、四川省北川羌族自治县北川中学、辽宁省大连市神秘东方公园、辽宁省兴城市古城、辽宁省抚顺市赫图阿拉城、辽宁省沈阳市沈阳故宫、山西省临汾市洪洞县大槐树寻根祭祖园、山西省临汾市曲沃县晋国博物馆、山西省运城市万荣县李家大院、山西省晋城市泽州县大阳古镇、山西省永济市蒲州历史文化旅游区、贵州省兴义市晴隆县二十四道拐抗战公路、新疆生产建设兵团军垦博物馆、浙江省杭州市郁达夫故居、浙江省余姚市王阳明故居、浙江省温州市肯恩大学、浙江省丽水市遂昌县汤显祖纪念馆、江苏省南京市行知苑对外交流中心、江苏省江阴市天华艺术学校、江苏省昆山市杜克大学、江苏省扬州市非遗文化集聚区、江苏省淮安市周恩来纪念馆、安徽省芜湖市徽商博物馆、安徽省淮北市隋唐大运河博物馆、安徽省合肥市肥东县长临河镇、安徽省桐城市六尺巷、山东省枣庄市台儿庄古城、山东省临沂市兰陵县荀子庙景区、山东省临沂市沂蒙红色教育基地。

【举办纪念中国侨联成立60周年文促会海外理事回国参访活动】为纪念中国侨联成立60周年，中国侨联邀请部分中国华侨国际文化交流促进会（简称“文促会”）海外理事回国参访。9月22日，来自33个国家和地区的100多名文促会海外理事赴江苏昆山、江阴、扬州考察。活动中，文促会海外理事一行先后考察了千灯古

9月23日，文促会理事考察江阴天华艺术学校

镇、昆山杜克大学、昆山粉墨文创发展有限公司、江阴市天华艺术学校、华西村、阳光集团、江苏海澜集团、扬州鉴真佛教学院、参观大明寺等单位。此次参访活动让文促会海外理事对昆山改革开放所取得的经济发展成就有了进一步了解，对昆山的产业基础、创新特色产业、平台载体、交通区位、历史人文环境等有了更深认识。9 月 26 日下午，文促会海外理事在北京人民大会堂参加中国侨联成立 60 周年纪念大会。

【举办“讲好中国故事、传播好中国声音”论坛】9 月 27 日，中国侨联“讲好中国故事、传播好中国声音”论坛在北京举行。此次论坛由中国侨联、人民日报海外版、凤凰卫视共同主办，是纪念中国侨联成立 60 周年的系列活动之一。中国侨联副主席康晓萍、人民日报海外版副总编辑王咏赋、凤凰卫视常务副行政总裁崔强代表主办单位出席活动并作主旨演讲。中宣部国际联络局副局长丁小鸣，中国侨联文化交流部部长刘奇、副部长邢砚庄及来自海外的 100 余位中国华侨国际文化交流促进会理事、相关嘉宾出席论坛。论坛由中央电视台著名主持人张泽群主持。康晓萍副主席、王咏赋副总编辑、崔强副行政总裁代表三家主办单位发表论坛演讲，澳大利亚环球凯歌国际传媒集团董事长姜兆庆、博茨瓦纳环球广域传媒集团董事长南庚戌、葡萄牙环球伊比利亚传媒公司董事长詹亮、德国中国和平统一促进会常务会长叶增雅、美国媒体专业人士高娓娓、湖南李丽心灵教育中心创办人李丽分别作论坛发言。论坛开幕式上，还举行了《今夜无人入睡》图书发布仪式，该书作者，山西广播电视台副总编张敬民向与会代表讲述了“亲情中华”艺术团在意大利、匈牙利演出的精彩故事及自己写作该书的过程和目的。

【参与主办丙申年炎帝故里拜祖大典】6 月 1 日，由国务院台湾事务办公室、国家旅游局、中国文学艺术界联合会、中华全国归国华侨联合会、中华炎黄文化研究会和湖北省人民政府联合主办的丙申年世界华人炎帝故里寻根节开幕式暨拜祖大典在湖北随州炎帝故里举办。中国侨联副主席康晓萍率领中国华侨国际文化交流促进会 20 余位海外理事出席开幕式。此次活动主题为“四海一家亲，共圆中国梦”，海内外近万名炎黄子孙再聚烈山，满怀虔诚，拜谒炎帝神农，追忆始祖恩德，祈福中华民族伟大复兴。仪式分为 9 项议程，分别是“大典致辞、大典开幕、恭启圣门、点燃圣火、敬献花篮、敬献高香、恭读颂文、共拜始祖、唱诵始祖”。拜祖大典既严格遵循了国家级非物质文化遗产“随州神农祭典”的规制，又与时俱进增添了孙中山先生诞辰 150 周年暨辛亥革命 105 周年、五大发展理念、“大众创业、万众创新”等新元素，场面气势宏大，震撼人心。全国政协副主席卢展工宣布大典开幕，湖北省副省长甘荣坤主持仪式。中共湖北省委书记李鸿忠、湖北省人民政府省长王国生、国务院台湾事务办公室副主任龙明彪、中国文联副主席杨承志、中国侨联副主席康晓萍、台湾新党主席郁慕明、中国国民党荣誉副主席蒋孝严等分批敬献花篮。

6 月 22 日，康晓萍副主席在伏羲学院与文促会理事合影

【参与主办丙申年公祭中华人文始祖太昊伏羲大典】6 月 22 日，由国务院港澳事务办公室、国务院台湾事务办公室、中国侨联和甘肃省人民政府共同主办，天水市人民政府承办的 2016（丙申）年公祭中华人文始祖太昊伏羲大典在甘肃天水伏羲庙举行。此次活动以“同祖同脉、中华共祭”为主题，台湾台北市同步进行公祭活动，海峡两岸携手共祭伏羲，虔诚祈福中华

6 月 22 日，康晓萍副主席出席 2016（丙申）年公祭伏羲大典

繁荣昌盛。甘肃省省长林铎恭读祭文，甘肃省政协主席冯健身主持公祭大典。全国政协副主席齐续春、甘肃省委书记王三运、海峡两岸关系协会副会长孙亚夫、中国文联副主席丹增、中国侨联副主席康晓萍、中国国民党荣誉副主席詹春柏、台湾新党主席郁慕明等出席公祭大典并敬献花篮。来自港澳台及 20 多个国家和地区的华侨华人代表，国内外知名人士，兄弟省区市领导，世界著名华人社团组织、媒体代表，宗教界、企业界、文化界、旅游界知名人士，全国劳模先进代表、旅游团体等约 10 万人参加了天水公祭现场的活动，台湾各界代表近 3000 人在台北参加公祭活动。

【支持第二届世界华侨华人摄影展国内巡展】 2016 年 4 月—6 月，第二届世界华侨华人摄影展作品分别在山东淄博、江苏淮安、江苏无锡巡展。4 月 15 日由中国侨联主办，中国华侨摄影学会、中国华侨国际文化交流促进会、中国华侨公益基金会、中国侨联青年委员会、山东省侨联、傅山村委会共同承办，淄博市侨联协办的“亲情中华·走进傅山”第二届世界华侨华人摄影展，在全国文明村、山东省新农村建设典型淄博傅山村开幕。中国侨联顾问唐闻生、中国侨联文化交流部副巡视员郭敏燕、淄博市委常委许建国、山东省侨联副主席李兴钰等出席开幕式。4 月 28 日，第二届世界华侨华人摄影展在淮安国际摄影馆开幕。中国侨联副主席康晓萍，中国侨联文化交流部部长刘奇，江苏省侨联主席史宇、副主席宫琳，淮安市委书记姚晓东等出席开幕式。6 月 16 日，第二届世界华侨华人摄影展无锡巡展开幕式在无锡博物院举办，刘奇部长出席开幕式并讲话。“第二届世界华侨华人摄影展”于 2015 年 11 月在北京开幕，共收到来自 26 个国家和地区的华侨华人摄影家及爱好者作品 14000 余幅/组，评选出金奖 3 幅/组，银奖 6 幅/组，铜奖 9 幅，佳作奖 244 幅/组。这次在淄博、淮安、无锡的巡展是“第二届世界华侨华人摄影展”的延续。

【出席“海外侨胞荆楚行”活动】 5 月 31 日—6 月 3 日，中国侨联文化交流部副部长邢砚庄率团赴湖北随州、襄阳和十堰出席“海外侨胞荆楚行”活动。来自美国、澳大利亚、意大利、新加坡、巴西、秘鲁、肯尼亚等国的 30 余名海外侨胞，先后参与了随州世界华人炎帝故里祭祖寻根节开幕式活动；考察了襄阳市、十堰市的市情和重点发展项目，参加了由襄阳市委、市政府和十堰市委、市政府举办的招商项目推介会，襄阳市委副书记虞国旗、十堰市政协主席柯大成分别介绍了襄阳市和十堰市的经济、社会发展状况；见证了武当国际武术学院作为中国华侨国际文化交流基地的揭牌仪式全过程。

【支持举办第七届中俄文化大集】8月11日，由文化部、黑龙江省政府、俄罗斯联邦文化部、阿穆尔州政府共同主办的第七届中俄文化大集在黑龙江省黑河市开幕。应主办单位邀请，中国侨联文化交流部部长刘奇率中国华侨国际文化交流促进会20多位海外理事及侨商出席开幕式和相关活动。本次活动围绕“一带一路”建设和俄罗斯欧亚经济一体化构想，以文化交流为主要内容，以文化贸易为重点，突出高层交流和民众参与相结合。活动期间，召开了黑河市与海内外理事及侨领侨商交流合作恳谈会，中国侨联文化交流部部长刘奇出席会议并致词，黑河市市长张恩亮介绍了市情和投资环境。黑河市发改委、黑河市经济合作区管委会等部门分别推介黑河产业项目和产业园区项目。海内外侨领侨商与黑河市及黑河市瑷珲区、合作区等部门、企业进行了交流。文促会理事及侨领侨商还考察了黑河市合作区工业园区、黑河市口岸、大黑河岛国际商贸城、新生鄂伦春族乡，参观了旅俄华侨纪念馆、瑷珲历史陈列馆，赴五大连池市进行项目考察并进行交流座谈。

【支持举办成松作品公益展】6月5日，由中华全国总工会宣传教育部、中国侨联文化交流部、北京市总工会主办，北京市温暖基金会、中国华侨公益基金会护疆和平基金、太庙艺术馆承办的“奉献·光荣—于成松作品公益展”在北京市劳动人民文化宫太庙大殿举行开幕仪式。中国侨联文化交流部部长刘奇、中国华侨公益基金会副理事长兼秘书长何继宁、劳模代表及相关单位领导出席。开幕式上，劳模代表宣读了倡议书，于成松先生向北京市总工会捐赠了书画作品。此次活动共展出50余幅于成松先生艺术作品，其中《于成松香港卫视世界名人肖像千年榜》以水墨肖像的形式，收纳了为人类文明作出重大贡献的历史人物和当代人物，扩大了中国人对世界名人评定排行的话语权，用中国艺术、中国方式为评判世界人物打开了新视角。

【支持举办“俄罗斯的心灵”作品展】7月3日，由中国华侨国际文化交流促进会等单位支持举办的“俄罗斯的心灵作品展暨龙商国际联盟艺术中心揭牌仪式”在俄罗斯乌拉尔（北京）艺术展览馆开幕。文化部原副部长、国家图书馆名誉馆长周和平，全国工商联原副主席程路，中国侨联文化交流部部长刘奇，文化部原人事司司长张雅芳，文化部原非遗司司长马文辉，中国侨联文化交流部副部长邢砚庄等出席开幕式。俄罗斯斯维尔德洛夫斯克华侨华人联合总会主席、俄罗斯乌拉尔（北京）艺术展览馆馆长韩建民在开幕式上表示，能为中俄文化交流作出一些贡献，是一种荣幸，更是一种责任，希望中俄两国的民间文化交流能够不断深入下去。据悉，本次展览有近400件油画及雕塑艺术品参展，作者主要来自于俄罗斯（苏联）的人民艺术家和功勋艺术家，作品时间跨度近70年，观众从中可以近距离地感受俄罗斯的自然、人文、历史及社会面貌。此次展览将长期对民众免费开放。

权益保障部

【领导成员名单】

部　　长：张　岩（女）

副 部 长：黄　晖

【综述】 2016年，在中国侨联党组领导下，权益保障部全面贯彻党的十八大和十八届三中、四中、五中、六中全会精神，深入学习贯彻习近平总书记系列重要讲话精神，坚持“两个并重”，深化“两个拓展”，服务大局、认真履责，扎实工作、开拓创新，依法维护侨胞合法权益，促进社会和谐稳定，团结凝聚海内外侨胞为推进法治中国建设、实现中华民族伟大复兴中国梦作出了应有贡献。

【开展侨界群众法治学习活动】 7月—9月，权益保障部以“发挥侨界优势 为‘十三五’时期法治建设贡献力量”为主题，先后在北京、内蒙古、贵州、辽宁四地举办了“法治中国·你我同行”侨界群众法治学习活动。此次活动是中国侨联致力于发挥侨界优势推动“十三五”规划顺利实施的一项重要举措，着重将普法工作同服务“十三五”有机结合，将学习教育工作同密切联系服务侨界群众有机结合，进一步增强侨界群众和侨联干部的法治观念，在侨界推动形成崇尚宪法、厉行法治的良好氛围。活动邀请中国侨联副主席乔卫，香港中联办法律部部长王振民，国家信息中心研究员祝宝良，全国人大华侨委法案室原主任毛起雄，中国侨联法顾委委员郭珊、李晓斌、王建平等专家学者，为广大侨商和侨联干部代表分别讲授了《海外侨务工作的背景、现状和思考》《新国家安全法解读》《十三五规划和供给侧改革》《加强侨务法治建设广泛团结海内外侨胞 为全面实施“十三五”而努力奋斗》《知识产权法解读》《我国土地基本制度与土地法律实践》《经济改革新形势下的劳动法适用和发展趋势》等讲座，共计800余人参加了学习活动。

【参与修改法律文件】 2016年，权益保障部在中国侨联法顾委的协助下，对《民法总则》《能源法》《网络安全法》《红十字会法》《资产评估法》《电影产业促进法》《国防交通法》《海洋保护法》《中医药法》《野生动物保护法》《境外非政府组织管理法》《环境保护法》《电子商务法》《水污染防治法》等128个法律文件提出了修改意见和建议，部分建议得到采纳。

【答复政协委员提案】 2016年“两会”后，按照中国侨联办公厅要求，在广泛调查和详细了解的基础上，对全国政协十二届四次会议提案第2225号《关于尽快出台华侨国内权益保护法的提案》、第2227号《关于修改〈中华人民共和国归侨侨眷权益保护法〉的提案》，从中国侨联的角度起草了答复意见，提出了解决建议。

【举办中国侨联“七五”普法启动仪式】 为深入贯彻落实“四个全面”战略思想和战略布局，切实落实国家“七五”普法规划，协助推进法治中国建设，进一步做好新形势下全国侨联系统普法工作，根据中国侨联九届三次全委会精神和全会2016年工作部署，7月27日上午，中国侨联“七五”普法启动仪式在北京举办，中国侨联主席林军、中国侨联法顾委主任张耕、中国侨联副主席李卓彬出席启动仪式并讲话。中国侨联法顾委名誉主任邹瑜，常务副主任孙琬钟、林淑娘、王秀红，副主任高卢麟、梁钦汉、姜凤岩，司法部法制宣传司副司长刘汉

9月12日，“法治中国 你我同行”侨界群众法治学习活动在辽宁省大连市举办

7 月 27 日，中国侨联“七五”普法启动仪式在北京举办

7 月 27 日，主席台领导共同点亮中国侨联“七五”普法水晶球

银、中直工委宣传部副部长舒家鑫，全国各省、区、市侨联负责普法工作的会领导和普法工作主要负责人、中国侨联各部门主要负责人及侨联系统首批公职律师等 130 人参加了启动仪式。仪式最后，林军、邹瑜、张耕、李卓彬、孙琬钟、林淑娘、王秀红、高卢麟 8 位领导共同点亮了中国侨联“七五”普法水晶球，标志着侨联系统“七五”普法正式开启，侨联系统法治宣传教育工作踏上新的征程。目前，除了西藏、新疆，其他省级侨联均已制定并上报了普法规划。

【开展全国宪法日普法活动】按照中宣部、司法部、全国普法办《关于开展 2016 年“12・4”国家宪法日集中宣传活动的通知》要求，同时回应广大新侨创业者的普法需求，12 月 5 日下午，“法治中国・你我同行”——“12・4”国家宪法日走进望京留创园活动在北京（望京）留学人员创业园举办。此次活动由中国侨联、中国侨联法顾委主办，北京市侨联、北京市朝阳区侨联承办，北京（望京）留学人员创业园协办。中国侨联法顾委主任张耕，中国侨联副主席李卓彬，中直工委宣传部部长顾祥胜，中国侨联权益保障部部长张岩，北京市委统战部副部长、市侨联党组书记赵宏生，中国侨联权益保障部副部长黄晖，中国侨联直属机关党委副书记、纪委副书记林美龄，北京市侨联党组副书记、副主席马坚，北京市侨联秘书长李登新，北京市朝阳区委常委、副区长刘新宇，朝阳区侨联党组书记、主席曾旭出席了活动。会上，曾旭宣读了《北京市朝阳区侨联关于成立法律顾问委员会委员的决定》。主席台领导为朝阳区侨联法律顾问委员会 11 名新聘委员颁发了聘书。中国侨联法顾委委员、北京尚公律师事务所合伙人郭珊作了题为《企业知识产权法律保护相关问题》的法律讲座。中国侨联、北京市侨联向新侨企业家们赠送了《宪法》单行本、《归侨侨眷权益保护法》单行本、《涉侨政策法律问答》《华侨华人在京服务指南》《北京市涉侨政策法规宣传手册》等书籍。来自朝阳区律师协会的 6 名律

12 月 6 日，中国侨联、北京市侨联、朝阳区侨联合作举办“法治中国 你我同行”—“12・4”国家宪法日走进望京留创园活动

师为新侨企业家们提供了免费法律咨询，内容涉及婚姻家庭、交通事故、民事侵权、劳动争议、刑事诉讼等方面，受到侨界群众广泛欢迎。中国侨联、北京市侨联、朝阳区侨联有关负责同志，北京（望京）留学生创业园各驻在企业负责人，朝阳区侨联委员、朝阳区侨联法顾委委员、朝阳区律师协会律师共计110余人参加了活动。

2016年7月初，全国政协侨联界委员考察团在日喀则与当地有关部门领导、归国藏胞代表座谈

【获评“六五”普法先进集体】5月27日，第八次全国法治宣传教育工作会议对2011—2015年全国法治宣传教育先进集体和先进个人进行了表彰，中国侨联权益保障部获得“先进单位”称号，中国侨联机关党委办公室尹媛媛获得“先进工作者”称号，中国侨联权益保障部政策法规处蔺轩、河南省侨联权益保障部李丹丹获得“先进个人”称号。中国侨联普法办关于侨联系统“六五”普法工作的经验材料《深入开展侨界普法工作 积极参与法治中国建设》被选为会议书面交流材料。

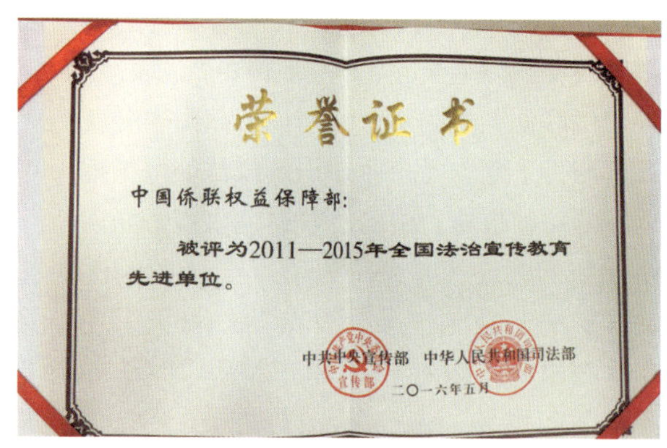

荣誉证书

中国侨联权益保障部：

被评为2011—2015年全国法治宣传教育先进单位。

中共中央宣传部 中华人民共和国司法部

二〇一六年五月

2016年5月，在第八次全国法治宣传工作会议上，中国侨联权益保障部被评为“六五”普法先进单位

2016年7月初，全国政协侨联界委员考察团在西藏期间走访喀瓦坚羊毛手工地毯公司

【组织全国政协侨联界委员考察】7月3日—10日，权益保障部联合全国政协港澳台侨委员会，组织全国政协侨联界委员、全国政协港澳台侨委员会委员等16人，在团长全国政协委员、中国侨联副主席乔卫，全国政协委员、全国政协港澳台侨委副主任赵阳的率领下，以“贯彻落实十八大和十八届三中、四中、五中全会精神和全国政协十二届四次会议精神，围绕中心、服务大局，凝聚归国藏胞和侨界力量，发挥优势，为促进西藏地区社会稳定和经济发展建言献策”为主题，赴西藏自治区开展考察工作，听取了西藏自治区、日喀则市、山南市有关部门领导关于当地侨务工作情况的汇报，与西藏自治区政协、区委统战部、区人大民宗侨外委、区政协法治外事委员会、区侨联和日喀则市、山南市有关部门领导及归国藏胞代表进行了座谈，走访了喀瓦坚羊毛手工地毯公司、西藏德勒藏香有限公司、西藏山南乃东功德农产品开发有限公司等侨资企业。西藏自治区政协党组副书记、副主席、机关党组书记高扬会见了考察团一行，西藏自治区政协副主席次旺多布杰，副秘书长贡嘎桑珠等当地领导全程陪同考察，日喀则市政协主席普布、秘书长贡布旺堆，山南市政协副主席普布，副秘书长索娜央金先后陪同考察。考察报告提交了全国政协办公厅。

【组织法顾委调研】根据中国侨联2016年工作部署及中国侨联法顾委工作安排，经主席办

7 月 18 日—22 日，中国侨联法顾委主任张耕（右三）、副主任高卢麟（右四）带队赴青海调研

公会议同意，以“依法治国大背景下侨联如何以法治思维和法治方式做好依法维护侨益工作”为主题，权益保障部协助中国侨联法顾委组织由主任、副主任分别带队的 4 个调研组，先后赴上海、山东、西藏、青海进行调研，以听取各级侨联和法顾委工作汇报、召开座谈会、走访侨资企业和地方司法部门、召开案例分析会等形式，详细了解了基层侨联维护侨益工作情况和广大侨胞的意见呼声，共形成 4 篇调研报告。

【组织法顾委海外委员回国访问】 9 月，权益保障部邀请了来自 14 个国家和地区的 20 余名中国侨联法顾委海外委员，以“依法治国大背景下侨联如何以法治思维和法治方式做好依法维护侨益工作”为主题，在广西、北京进行了为期 7 天的考察访问。9 月 19 日—23 日，王秀红带领海外委员一行在广西开展了为期五天的考察访问，与广西侨联及法顾委、广西侨界企业家进行了广泛交流。9 月 24 日上午，中国侨联法顾委海外委员研修班在北京举行开班式。中国侨联法顾委主任张耕出席并讲话，中国侨联副主席李卓彬主持开班式。张耕、李卓彬和法顾委副主任孙琬钟、林淑娘、高卢麟、姜凤岩等为海外委员一一颁发了聘书。开班式后，法顾委副主任、国家知识产权局原局长高卢麟和法顾委副主任、中国政法大学行政法学博士生导师应松年，先后围绕中国知识产权立法和执法、行政立法情况进行授课并与各位委员开展交流互动。9 月 25 日下午，海外委员与中国政法大学师生就海外律师执业经验与体会进行了交流互动。9 月 26 日上午，海外委员一行在炜衡律师事务所与国内同行就如何维护海外侨胞切身利益以及如何在“一带一路”建设实施过程中加强中外律师之间的交流联系进行了讨论，海外委员还分享了他们在助推“一带一路”建设实施的经验做法。在

9 月 24 日，中国侨联法顾委主任张耕（一排居中）、中国侨联副主席李卓彬（一排右三）与回国访问并参加研修班的法顾委海外律师委员合影留念

京期间，海外委员一行应邀出席了中国侨联成立六十周年纪念大会和庆祝中华人民共和国成立67周年招待会。期间，搜集、整理了海外委员提交的20余份书面建议。

【处理来信来访】依据国家有关法律法规和国务院《信访条例》认真处理来信来访，权益保障部2016年共受理归侨侨眷、海外侨胞及港澳台同胞信访事项221件次，答复电话咨询150余次，其中办理群众来信149封，接待来访52人次，转办函件24件，处理侨胞反映的涉法涉诉事项20件，收到信访回复函10件，收到涉法涉诉案件回复函5件。圆满完成元旦、春节期间的信访值班工作。将2件侨界信访积案提交国家信访局，依托其化解信访积案集中攻坚行动予以推动。启动网上信访工作，完成与国家信访局全国信访信息系统的对接。妥善处理了侨商魏某到中国侨联绝食请愿事件，及时联系河南省、驻马店市驻京办并协调河南省侨联，较好处理了魏某的涉诉纠纷，并将其反映的情况转报国家信访局，帮助其获得了362万元的赔偿款。妥善处理了海南省儋州市侨植农场8户职工因砖厂污染导致胶苗死亡的信访事项，帮助他们获得了21万元的赔偿款。认真开展近年信访积案排查工作，撰写了《2015年中国侨联信访情况综述》《近期信访工作典型案例摘编》《2012—2015年中国侨联信访事项追踪情况报告》及《排查情况报告》。

【处理涉侨涉诉案件】严格按照中央及中国侨联党组对侨联依法维护侨益工作提出的要求，权益保障部坚持以法治思维和法治方式办理涉侨涉诉纠纷，2016年共协调办理涉侨案件25件次，发函25件次，赴地方协调案件5次，召开涉侨案例探讨会20件次，联合五侨力量重点协调邱维廉劳务纠纷案件，为侨胞提供法律意见书10余件。

【参与华侨国内权益保护立法工作】针对国务院侨务办公室发来的关于征求对华侨权益保护立法的意见函，在组织两次侨务法学专家研讨会的基础上，权益保障部研究提出了修改意见和建议。先后三次派员参与中央五侨组织的华侨权益保护立法联合调研行动，赴云南、四川、广西、广东四省开展调研活动。

【开展“送温暖、献爱心”活动】为深入贯彻落实《中共中央办公厅、国务院办公厅关于做好2016年元旦、春节期间有关工作的通知》精神，根据2015年各地侨联上报的申请和贫困归侨侨眷分布情况，权益保障部与办公厅研究制定了2016年中国侨联“送温暖、献爱心”慰问活动方案，协调组织全会开展“送温暖、献爱心”慰问活动，对贫困侨较多的省区市作出慰问安排；联合中国农林水利气象工会对广西、云南、江西、广东等省区华侨农林场贫困侨职工开展联合慰问；向今年遭受自然灾害严重的安徽、江苏、湖北及时发放赈灾款。以上三项累计发放慰问金370万元。

【推进扶贫工作】在定点扶贫方面，权益保障部陪同中国侨联副主席李卓彬赴全会定点扶贫县江西上饶县开展慰问活动，并举办“中国侨联定点扶贫工作座谈会”；与中央国家机关侨联及国务院扶贫办领导赴上饶县就开展电商扶贫等项目进行探讨并入村调研、座谈；积极协调经费支持徐友佳在上饶县石峡村的挂职工作；向国务院扶贫办提交了《扶贫开发年鉴2016》侨联扶贫工作情况、中国侨联《关于进一步加强定点扶贫工作的指导意见（征求意见稿）》的复函、2016中国侨联定点扶贫工作总结。在侨界扶贫方面，一是完成了2015年度侨联系统精准扶贫工作各项目的财务票据收集及报销事宜，二是在收集、整理全国33个省、自治区、直辖市侨联报送数

2月2日，李卓彬副主席在中国侨联定点扶贫县—江西上饶县与县政府、扶贫办、侨联、工会等部门负责人举行了“中国侨联定点扶贫工作座谈会”

据的基础上，完成了《全国贫困归侨侨眷统计数据分析报告》及其《说明》，为今后一个阶段开展侨界精准扶贫工作提供数据支撑。11月初，协助中国侨联兼职副主席邵旭军率中央国家机关侨联中的农业部、水利部、林业局专家赴云南开展了精准扶贫工作调研。

【发挥侨联公职律师作用】2015年侨联系统获准开展了公职律师试点工作，有10名同志经司法部门批准成为公职律师。2016年7月27日，在中国侨联“七五”普法启动仪式上，中国侨联主席林军、副主席李卓彬等领导为10位侨联系统首批公职律师颁发了荣誉证书。2016年，权益保障部的公职律师在完成自身工作之余，积极参与法律草案修改、涉侨案例研讨、合同文本审定等工作，为侨联依法办事、防范法律风险发挥积极作用。侨联系统公职律师试点工作办公室还密切与司法部相关处室沟通协调，做好机关公职律师年终考核等工作，为今后进一步推进公职律师试点工作打下良好基础。

【开展跨部门合作】为进一步打开工作局面，2016年年初，权益保障部部长张岩带队赴中国法学会对外联络部、学术交流中心等进行了座谈交流，就建立合作机制达成初步意向。应中国法学会邀请，副部长黄晖带队赴印度参加了第三届金砖国家法律论坛，李德成委员在会上作了报告。与中国华侨公益基金会共同拟定了“惠侨济困”专项基金管理办法及《合作备忘录》，向主席办公会提交了专项基金理事会、管委会提名人选名单。张岩还多次带队赴司法部、全国普法办、中直工委汇报侨联系统普法工作情况及工作设想，使侨联普法工作获得了更多指导和支持。

【加强支部建设和结对支部建设】在以往工作基础上，权益保障部制定了《中国侨联权益保障部“三重一大”决策制度实施细则》《中国侨联权益保障部党支部“三会一课”制度》等，印制了《中国侨联权益保障部制度汇编》。根据机关党委要求，完成了支部全体党员2008年以来补交党费工作，共补交党费16009.1元；完成了支部党员关系排查及建档工作。积极开展“两学一做”学习教育，组织全体党员认真学习中央和机关党委“两学一做”学习教育方案及习总书记的著作，制定了支部实施方案。支部坚持专题自学和网络辅学相结合，每位党员结合学习体会、联系自身工作实际讲党课，其他同志结合听课体会展开讨论，确保“两学一做”学习教育规定标准一个不少、规定要求一个不少。在协助推进结对支部建设方面，6月底，黄晖副书记和刘景春同志陪同郑仁华等近10位港商和国内企业家赴共建支部开展农业项目考察，完成订单农业买卖双方的对接。

权益保障部党支部每周四下午进行理论学习

7月27日，在中国侨联“七五”普法启动仪式上，主席台领导为10位侨联系统首批公职律师颁发荣誉证书

组织人事部

【领导成员名单】

部　　长：李　杰

副 部 长：赵珊珊（女）

副巡视员：林美龄（女）

崔续更（2016 年 6 月任职）

【综述】 2016 年，组织人事部在中组部等主管部门和会党组的领导下，深入学习贯彻党的十八大、十八届三中、四中、五中、六中全会和习近平总书记系列重要讲话精神，按照全国组织部长会议和全国人事局长会议精神要求，紧紧围绕中国侨联党组工作部署，自觉服务大局，本着“注重党建，从严管理，求真务实，注重实效”原则，重点抓好从严治干、选好干部，机关企事业单位人事和工资改革，省级侨联组织换届和干部培训，机关工资档案管理，老干部服务等工作，着力践行“两学一做”学习教育要求，以党支部为基本单位，以“三会一课”等党的组织生活为基本形式，把全面从严治党切实贯彻到组织人事工作的始终，取得了可喜成绩，为开展全会各项工作提供了可靠的组织保证。

【中国侨联 2016 年度招录公务员面试工作结束】 按照中组部、人力资源和社会保障部的有关部署 2 月 29 日，中国侨联 2016 年度招录机关工作人员面试工作经过规范、严密、公开、平等的程序，1 位考生从 5 位面试者中脱颖而出，完成面试工作。

【中国侨联所属企业实行企业负责人薪酬制度】 根据中央印发的《关于深化中央管理企业负责人薪酬制度改革的意见的通知》（中发〔2014〕12 号）文件精神，中国侨联制定了《中国侨联关于深化直属企业负责人薪酬制度改革实施方案（试行）》，从 2015 年 1 月 1 日起，全会直属企业中国华侨出版社、中国企业经营咨询公司实行企业负责人薪酬制度。通过对企业负责人的综合考核评价，将企业负责人的薪酬和社会效益、经济效益挂钩，强化了企业负责人责任，在健全中央管理企业负责人薪酬分配的激励和约束机制的道路上迈进了一大步，对促进企业持续健康发展和形成合理有序的收入分配格局具有重要意义。

【服务中心带好队伍，扎实开展支部党建工作】 一是根据中央统一部署和直属机关党委关于开展“两学一做”学习教育工作的要求，研究制定了《“两学一做”学习教育具体实施方案》，明确提出组织人事部要在学习教育中走在前，做表率。二是坚持“三会一课”制度，组织全体党员共开展学习 20 次。三是坚持领导带头，创新方式讲党课。党组副书记、副主席、直属机关党委书记董中原为组织人事部党支部

5 月 27 日，中国侨联党组副书记、副主席，直属机关党委书记董中原为组织人事部党支部和中国华侨华人历史研究所党支部联合讲授“两学一做”专题教育党课

5 月 27 日，中国侨联党组副书记、副主席，直属机关党委书记董中原为组织人事部党支部和中国华侨华人历史研究所党支部联合讲授“两学一做”专题教育党课

和中国华侨华人历史研究所党支部联合讲授党课。党支部书记、组织人事部部长、直属机关党委常务副书记、纪委书记兼干部培训中心主任李杰以“牢记誓言，做一名合格的共产党员”为题率先为全体党员讲授党课。按照计划，支部已有包括董中原副主席在内的6位同志讲授了党课。四是及时总结有关活动，以简报形式及时向直属机关党委办公室上报开展的各项工作和活动，已报送支部简报14期。五是认真做好党组织关系集中排查、党员基本信息录入数据库，按时完成党费清查和追缴工作，发展一名预备党员转正，确定一名同志为入党积极分子。确保党支部思想和组织建设工作落到实处。通过开展“两学一做”学习教育，加强党支部建设，全体党员争做“四讲四有”合格党员的积极性和主动性与日俱增，贯彻党的路线方针政策的自觉性和坚定性进一步提高，党支部的创造力、凝聚力和战斗力进一步增强。

6月28日，中国侨联党组书记、主席林军出席中国侨联第二十一期干部培训班结业式

6月28日，中国侨联党组书记、主席林军（中），组织人事部部长、机关党委常务副书记、纪委书记兼干部培训中心主任李杰（右二），文化交流部部长刘奇（左二），组织人事部副部长赵珊珊（右一），机关党委副书记、纪委副书记林美龄（左一）出席中国侨联第二十一期干部培训班结业式

【举办中国侨联第二十一期干部培训班】6月19日—29日，中国侨联第二十一期干部培训班在北京举办，共培训来自全国28个省区市、中央直属机关，中国侨联机关及企事业单位的学员近70名。中国侨联党组书记、主席林军出席结业式并为学员颁发结业证书；党组副书记、副主席董中原出席开班式；中国侨联副主席乔卫，顾问林明江、李祖沛，以及来自国家发改委、中央党校、国防大学、外交学院等单位的专家教授分别为培训班学员授课，介绍了我国经济、政治、法律、文化、国防、外交、侨联工作等前沿信息和重要观点。培训班还组织学员前往中国华侨历史博物馆考察交流。

6月19日—29日，中国侨联第二十一期干部培训班在北京举办

【举办中国侨联第四期青年干部培训班】11月20日—30日，中国侨联第四期青年干部培训班在北京举办。本次培训班共培训全国29个省区市侨联和新疆生产建设兵团侨联、中国侨联机关及企事业单位青年干部190人。中国侨联党组书记、主席林军同志出席结业式并为学员颁发结业证书；党组副书记、副主席董中原同志出席开班式并作动员讲话，党组成员、副主席乔卫，顾问李祖沛，组织人事部部长、直属机关党委常务

11 月 20 日—30 日，中国侨联第四期青年干部培训班在北京举办

11 月 21 日，中国侨联党组副书记、副主席董中原（中），组织人事部部长、机关党委常务副书记、纪委书记兼干部培训中心主任李杰（右二），组织人事部副部长赵珊珊（左二），机关党委副书记、纪委副书记林美龄（右一），副巡视员崔续更（左一）出席中国侨联第四期青年干部培训班开班式

副书记、纪委书记兼干部培训中心主任李杰、中国华侨华人历史研究所所长张春旺以及国家发改委、中央党校、国防大学等单位的专家教授分别为培训班授课。

【调研全国侨联组织建设情况】为全面准确掌握近年来特别是中央《意见》下发后各级侨联组织建设发展状况，组织人事部对全国侨联组织建设情况进行了多次调查统计和分析整理，对九代会代表、委员、常委中基层一线人员数量及所占比例、各省区市侨联受同级统战部代管情况进行统计，掌握基层组织领导专兼职情况，按中组部有关要求对中国侨联九届委员、常委有关数据进行统计，为会领导决策提供重要参考依据。认真做好中国侨联委员会卸免增补和全国政协侨联界委员服务工作。此外，为配合侨研所《中国侨联工作》改版增发，组织人事部对全国县级以上侨联通讯录进行了采集汇总。

【做好老干部工作】一是加强思想政治建设，关心老干部政治生活。认真贯彻落实老干部工作方针政策和全国老干部“双先”表彰大会精神，以人为本、服务为先、以落实离退休人员两项待遇为重点，完成支部换届工作，坚持定期组织离退休干部学习，适时开展座谈讨论，通报侨联工作情况，引导老干部自觉在思想上、行动上与以习近平总书记为核心的党中央保持高度一致。二是真情关爱老干部，为老干部排忧解难。开展，走访、慰问离退休老干部等送温暖活动，给他们带去组织的温暖和领导的关心。对重大疾病或住院治疗的老同志及时探望，尽全力帮助解决他们生活当中的一些实际困难。全年累计发放慰问金及困难补助金 13 万余元。邀请老干部参加中国侨联成立 60 周年纪念大会，为符合条件的老同志们颁发侨联工作 20 年荣誉证书。三是开展丰富多彩的活动，激发老干部爱国爱侨的热情。组织到中国华侨历史博物馆参观孙中山诞辰 150 年图片展、第三届华侨华人书画展。在红军长征胜利 80 周年、中国侨联成立 60 周年、孙中山诞辰 150 周年等重大节日，采取研讨、知识竞赛、座谈会等形式开

5月11日，中国侨联老干部办公室举办离退休干部趣味运动会

展各种活动；组织开展老干部趣味运动会、书画系列培训班、书画作品展等活动；组织老干部参加中直系统、中国侨联以及中国侨联、国务院侨办、中国红十字会联合举办的庆祝中国共产党成立95周年书画作品展。

【举办老干部党支部“两学一做”学习教育座谈会】6月1日，中国侨联党组书记、主席林军，党组副书记、副主席、直属机关党委书记董中原出席中国侨联老干部党支部“两学一做”学习教育座谈会。中国侨联直属机关党委常务副书记、组织人事部部长李杰主持座谈会。

【举办离退休干部书画展】7月13日，中国侨联、国务院侨办、中国红十字会在中国华侨博物馆联合举办离退休干部纪念中国共产党成立95周年书画展。中国侨联党组副书记、副主席、直属机关党委书记董中原出席开幕式并致辞。中国侨联顾问庄炎林、陈兰通，中国侨联组织人事部副巡视员、老干部办公室主任崔续更及三个单位的60余名离退休干部参加了开幕式。此次书画展共展出书画作品83幅，中国侨联、国务院侨办、中国红十字会离退休老同志热情参与、认真创作，以书法和绘画的形式表达了对中国共产党建党95周年的祝

6月1日，中国侨联党组书记、主席林军出席中国侨联老干部“两学一做”学习教育座谈会

7月13日，中国侨联党组副书记、副主席董中原出席离退休干部纪念中国共产党成立95周年书画展开幕式

6月1日，中国侨联党组书记、主席林军，党组副书记、副主席董中原出席中国侨联老干部“两学一做”学习教育座谈会，中国侨联直属机关党委常务副书记、组织人事部部长李杰主持座谈会

7 月 13 日，中国侨联、国务院侨办、中国红十字会在中国华侨历史博物馆联合举办离退休干部纪念中国共产党成立 95 周年书画展

话》。会后离退休党支部进行了换届。

【做好省级侨联领导班子人选调整工作】2016 年，组织人事部制定出台了《关于对侨界党外人士政治安排的有关规定》和《关于省级侨联领导班子换届或班子成员调整征求意见的有关规定》。中国侨联先后接到云南、河南等 2 个省级侨联换届和湖北、福建、广西、贵州、甘肃、广东、湖南、江西等 8 个省级侨联调整领导班子人选的征求意见函。组织人事部认真做好调整人选的身份审核工作并形成建议报党组会，经研究通过后予以复函。

福，把离退休干部为党的事业增添正能量活动寓于生动的实践中，激发了离退休干部爱党爱国的热情，营造了老有所学、老有所为、老有所乐的良好氛围。

【举办离退休党员干部学习班】10 月 24 日—26 日，举办离退休党员干部学习班，结合“两学一做”学习教育，集中学习了习近平总书记在纪念长征胜利 80 周年大会上的讲话、《习近平总书记在庆祝中国共产党成立95周年的讲话》、《中国共产党第十八届中央委员会第六次全体会议公报》和李源潮同志《青妇科侨要认真贯彻习近平总书记在学习〈胡锦涛文选〉报告会上的重要讲

【开展向从事侨联工作 20 年（含）以上工作者颁发荣誉证书活动】在中国侨联成立 60 周年之际，根据全会统一部署，开展了向从事侨联工作 20 年（含）以上工作者颁发荣誉证书活动，由组织人事部具体承办。经过各方共同努力，共向全国发出荣誉证书 6009 本，荣誉册 7200 本。这项工作有力宣传了广大侨联工作者爱岗敬业、勤奋工作的奉献精神，增强了侨联工作大有可为、大有作为的意识，进一步激励广大侨联工作者立足本职、奋发有为，扩大了侨联组织的影响力。

10 月 24 日—26 日，中国侨联老干部办公室举办离退休党员干部学习班

向从事侨联工作 20 年（含以上）工作者颁发荣誉证书及荣誉册

直属机关党委（纪委）

【领导成员名单】

党委书记：董中原

直属机关党委常务副书记、纪委书记：李　杰

党委副书记、纪委副书记：林美龄

【综述】2016 年是深入贯彻落实党中央全面推进从严治党要求、加强机关党的建设的重要一年，也是全面落实“十三五”规划、深化中国侨联改革的开局之年。一年来，中国侨联直属机关党委在中直工委领导和中国侨联党组指导下，高举中国特色社会主义旗帜，以邓小平理论、“三个代表”重要思想、科学发展观为指导，全面贯彻党的十八大和十八届三中、四中、五中、六中全会精神，深入学习贯彻习近平总书记系列重要讲话精神和治国理政新理念新思想新战略，按照党要管党、从严治党的要求，围绕中心，服务大局，扎实推进“两学一做”学习教育工作，加强机关党的思想建设、组织建设、作风建设、反腐倡廉建设，积极配合中央第十一轮第四巡视组对中国侨联党组开展的专项政治巡视工作，不断提高侨联机关党的建设科学化水平，为党的侨联事业创新发展提供坚实的思想基础和组织保证。

【学习贯彻落实十八届六中全会精神】中国侨联党组高度重视，迅速部署，把党的十八届六中全会精神的学习贯彻工作作为一项重大政治任务抓好落实，坚决做到带头维护以习近平同志为核心的党中央权威，带头同以习近平同志为核心的党中央保持高度一致，带头贯彻落实党中央的各项决策部署。党组书记、主席林军，党组副书记、副主席、直属机关党委书记董中原等会领导多次在有关文件上作出批示，对学习贯彻工作提出明确要求。10 月 28 日下午，中国侨联分别召开副部级以上党员干部和机关、企事业单位全体党员大会，传达贯彻党的十八届六中全会精神大会。党组书记、主席林军传达了《关于新形势下党内政治生活的若干准则》《中国共产党党内监督条例》《关于召开党的第十九次全国代表大会的决议》主要精神和习近平总书记受中央政治局委托所作的工作报告。林军要求中国侨联各部门各单位和全体党员干部要把学习贯彻党的十八届六中全会精神作为重要的政治任务，特别要将学习贯彻《准则》和《条例》纳入中国侨联“两学一做”学习教育内容，采取多种形式，争做学习的表率，进一步增强“四个意识”特别是核心意识、看齐意识，更加紧密团结在以习近平同志为核心的党中央周围，更加坚定地维护以习近平同志为核心的党中央的权威，更加自觉地在思想上政治上行动上同以习近平同志为核心的党中央保持高度一致，更加扎实地把党中央的各项决策部署落到实处。11 月 1 日，林军同志主持召开党

10 月 28 日，召开中国侨联传达贯彻党的十八届六中全会精神大会

组中心组学习会议，认真学习习近平总书记在十八届六中全会第二次全体会议上的重要讲话等内容。直属机关党委迅速采取学习贯彻措施。11月7日，中国侨联直属机关党委印发《关于认真学习贯彻党的十八届六中全会精神的通知》，要求各级基层党组织确保全力配合完成中央巡视组到中国侨联开展巡视各项任务的同时，把学习贯彻党的十八届六中全会精神作为当前和今后一个时期的重要政治任务，融入“两学一做”学习教育，迅速组织学，按照要求做，聚焦问题改，确保全会精神落到基层，推动学习教育取得实效。同时，制作了《党的十八届六中全会公报》《一图读懂〈关于新形势下党内政治生活的若干准则〉》《一图读懂〈中国共产党党内监督条例〉》挂图和廉政宣传海报，悬挂在办公区醒目位置；在中国侨联官网“两学一做”学习教育专题转发六中全会精神解读评论文章；为全体党员购买了《准则》《条例》单行本、辅导读本和六中全会文件辅导百问等书籍；组织基层党组织负责人和党员干部参加了3场由中直工委安排的学习贯彻党的十八届六中全会精神中央宣讲团报告会；12月8日，直属机关党委邀请中央党校宋福范教授作解读六中全会精神、《准则》和《条例》学习辅导专题讲座。

【推进“两学一做”学习教育】做好学习教育筹备工作。中国侨联党组书记、主席林军，党组副书记、副主席、直属机关党委书记董中原分别作出指示，要求迅速传达贯彻中央办公厅《关于在全体党员中开展“学党章党规、学系列讲话，做合格党员”学习教育方案》文件精神，狠抓落实。中央在4月6日召开动员会后，中国侨联在4月8日上午召开全会动员会议，林军同志就开展“两学一做”学习教育作动员，并进行部署。直属机关党委按照中央通知和学习方案及会领导批示精神，结合侨联实际，迅速研究印发了《中国侨联开展“学党章党规、学系列讲话，做合格党员”学习教育实施方案》，制订学习计划，提出具体要求。领导带头，以上率下。会党组发挥带头作用，先后召开12次党组中心组学习会议进行集中学习研讨，会领导多次以普通党员身份

4月6日，召开中国侨联“两学一做”学习教育工作动员会

12月8日，召开中国侨联学习贯彻党的十八届六中全会精神辅导报告会

10 月 18 日，召开“两学一做”党课报告会，林军主席为全体党员上党课

参加所在支部专题学习讨论，并在不同范围内为党员讲授党课。林军同志以《深“学”实“做”，做合格党员》为题为全体党员讲党课。董中原同志以互动方式为所分管的组织人事部党支部、中国华侨华人历史研究所党支部全体党员讲党课，结合党课主题先后提出 32 个问题，并作出深入解答。党组成员、副主席乔卫，党组成员、副主席康晓萍分别为所分管单位的党员干部讲党课。党组成员以普通党员身份参加学习、讲授党课，受到党员干部的热烈欢迎和高度肯定。副主席李卓彬也自觉参加相关政治学习活动。多措并举，营造浓厚学习氛围。直属机关党委先后邀请中央党校专家学者沈传亮、陈述、宋福范，中纪委法规室副主任谭焕民，中央人民政府驻香港特别行政区联络办公室法律部部长、清华大学法学院原院长王振民，全国政协原副秘书长、邓颖超同志秘书赵炜等，围绕“两学一做”学习教育内容和党的十八届六中全会精神学习贯彻，举办了 6 场专题辅导报告，持续深化学习效果，受到党员干部的一致好评。继续开展知识答题活动，编发“党章党史知识答题”“习近平总书记系列重要讲话知识答题”“《中国共产党廉洁自律准则》和《中国共产党纪律处分条例》知识答题”。加强网络宣传，在侨联官网开设“两学一做”学习教育专题网页，及时更新学习动态，交流学习内容。组织党员干部到国家安全部、国家档案局、军事博物馆等地进行现场教学。参加中直机关“两优一先”评选推荐工作，办公厅党支部宁一被评为中直机关优秀共产党员，直属机关党委办公室尹媛媛被评为中直机关优秀党务工作者，经济科技部党支部被评为中直机关先进基层

5 月 27 日，董中原副主席讲授“两学一做”专题教育党课

1 5月16日，邀请中央党校党史部教研室主任沈传亮教授解读习近平总书记系列重要讲话精神
2 6月21日，邀请中纪委法规室副主任谭焕民解读《中国共产党廉洁自律准则》和《中国共产党纪律处分条例》
3 7月13日，邀请中央党校中共党史教研部社会主义新时期教研室主任陈述教授对《中国共产党章程》进行解读
4 7月28日，邀请中央人民政府驻香港特别行政区联络办公室法律部部长、清华大学法学院原院长王振民教授对《国家安全法》进行解读
5 11月28日，邀请全国政协原副秘书长，周恩来、邓颖超同志秘书赵炜作题为《学习周恩来，做合格共产党员》的党课报告
6 12月8日，邀请中央党校中共党史教研部社会主义建设新时期教研室主任宋福范教授解读党的十八届六中全会精神

党组织。加强理论探讨，林军同志在《中直党建》2016年第9期“高层论坛”栏目发表理论文章《牢记宗旨 从严治党 全面推进侨联工作改革创新》；直属机关党委常务副书记、纪委书记李杰在《中直党建》2016年第6期发表理论文章《牢记誓言 做一名合格的共产党员》。2015年上报的11篇党建课题研究报告中，5篇论文获得中直机关党建研究会表彰，参与重点课题研究的论文获得特别奖。直属机关党委对获得二等奖的组织人事部党支部赵若晨、获得三等奖的侨研所党支部

4月8日，参观国家安全部主题展览

6 月 30 日，参观国家档案局“两学一做”学习教育专题展览

张焕萍，获得优秀奖的权益保障部党支部雷霆、组织人事部党支部曹晓婧、侨研所党支部王祎进行奖励。2016 年，各支部共向中直党建研究会报送 4 篇党建课题研究报告。组织参加中直机关庆祝中国共产党成立九十五周年、长征胜利八十周年诗歌征文比赛，报送 10 篇作品，权益保障部党支部蔺轩、机关离退休干部党支部夏青的作品获二等奖，机关服务中心党支部徐巍的作品获三等奖。直属机关党委为党员干部购买了《习近平严明党的纪律和规矩论述摘编》《习近平总书记重要讲话文章选编》《习近平总书记系列重要讲话读本（2016 年版）》《中国共产党的 90 年》《胡锦涛文选》等共计 23 种、4500 多本学习书籍和资料。各基层党组织坚持主动作为，开展多种形式学习教育。通过召开座谈会、组织学习研讨、讲授党课、实地参观、主题党日等方式，充分调动党员干部积极性，扎实有序开展学习教育。截至 2016 年底，13 个基层党组织共组织集体学习习近平总书记系列重要讲话、文件 88 次，组织专题研讨 68 次，讲党课 44 次，编发简报 77 期，直属机关党委编发简报 38 期。注重督导，确保学习教育取得实效。直属机关党委制作了党员证、党费证，为每名党员发放了党徽和印有入党誓词和《准则》的桌面摆件，要求党员干部在单位佩戴党徽，亮明党员身份，要求支部在收取党费时认真填写党费证。高度重视党务干部队伍建设，8 月 15 日，举办了党务干部培训班。董中原同志出席开班式，作了“重温《党委会的工作方法》，做合格党务干部”的讲话，并针对培训内容进行现场提问。中国侨联各部门各单位党务干部围绕培训主题作了汇报和发言。运用网络、微信、QQ

8 月 15 日，举办党务干部培训班

等信息化工具，不断加强对各基层党组织的业务指导。派员列席基层党组织的学习研讨活动，及时汇总各基层党组织学习教育工作开展情况，适时编发情况通报；6 月 3 日、10 月 24 日、12 月 9 日分别召开党委会议，听取各基层党组织“两学一做”学习教育开展情况汇报，通报进展情况，对各基层党组织学习教育形成有力督促。在此期间，中直工委、中央第四巡视组派员到中国侨联进行“两学一做”学习教育工作督导，召开座谈会，对全会学习教育总体进展情况予以较高评价。切实开好民主生活会和专题组织生活会。各基层党组织严格按照有关要求，做好党员民主评议，开好民主生活会和组织生活会。为配合开好中国侨联领导班子民主生活会，直属机关党委通过会前广泛征求意见，组织谈心谈话，推动广大党员干部查找问题，提出意见建议；领导班子成员敞开心胸，畅所欲言，发扬民主，达到了团结—批评—团结的目的。直属机关党委多次派员列席督导支部的组织生活会。

【落实基层党建七项重点任务】中国侨联党组高度重视基层党建七项重点任务的落实工作，林军、董中原同志多次作出批示，要求直属机关党委和各基层党组织认真贯彻落实中组部和中直工委有关会议、文件精神，按照中组部和中直工委部署要求，结合“两学一做”学习教育，扎实推进七项重点任务的落实。一是各党支部运用年度党内统计系统采集党员基础信息，建立党员电子档案和名册，查找出失联党员。二是对未进行处理的违法党员按规定进行了中止党员权利处理。三是指导督促基层党组织完成换届任务，中国企业经营咨询公司党委由于侨联改革任务要求，暂缓换届。四是开展党费收缴专项检查，全会直属 13 个基层党组织，312 名党员中有 280 名党员补交党费 653720.89 元。对申请减免补交党费、暂缓补交党费等情况，按照中组部有关规定予以处理。五是集中推进非公有制企业和社会组织党的组织和工作覆盖。明确中国华侨历史学会、中国华侨国际文化交流促进会、中国华侨摄影学会、中国侨商联合会所隶属部门或单位党组织为该社会组织党组织，同步协调推进社会组织党建工作。六是抓党建促脱贫共建。持续关注权益保障部党支部与广东省湛江市奋勇高新产业技术开发区第二作业区党支部结对共建情况进展，及时调研和总结成功经验和有效做法。选派中国侨联权益保障部政策法规处处长徐友佳同志赴江西省上饶市上饶县任挂职副县长，并担任上饶县郑坊镇石峡村驻村第一书记。七是抓严抓实领导机关党员干部学习教育，落实好“三会一课”等党内生活制度。

【贯彻落实中央八项规定精神】中国侨联直属机关党委始终把贯彻落实中央八项规定精神和反对“四风”作为党风廉政建设和反腐败工作的重要内容，实践监督执纪“四种形态”。一是节日前夕向机关全体党员干部发送廉洁提醒短信，强调纪律要求。二是围绕持续整治“四风”问题，在全会开展了回头看和专项检查等工作。三是积极开展谈心谈话。认真履行监督职责，对新任职干部做到逢提必谈、党风廉政建设半年一谈、风险岗位及时提醒、对涉及举报事项的根据实际情况和有关规定认真处理。全年共开展谈话 30 人次，其中局级干部 9 人，处级干部 21 人，事由包括新任职谈话、廉政工作谈话、提醒谈话、党风廉政建设工作谈话等。四是重大事项、关键节点发挥监督作用。落实“四凡四必”要求，防止干部“带病提拔”。坚持节日前早提醒、招投标项目早介入、新录用人员招录全过程监督。

【配合中直纪工委、驻部纪检组有关调研工作】5 月 10 日，由驻部纪检组副组长李沛带队，驻部纪检组和统战部机关纪委联合调研组到中国侨联，就新形势下进一步贯彻落实中央八项规定精神，开展联谊交友工作等进行调研，林军同志会见了调研组一行，并就调研内容交换了看法和意见。董中原同志主持座谈会，各部门负责人结合各自领域的工作作了汇报发言，并就进一步落实中央八项规定提出了建议。6 月 20 日，由中直纪工委副书记赵萍带队，到中国侨联就加强中直机关纪委建设开展专题调研，林军同志会见了调研组一行，就机关纪委建设和纪检工作交换了意见。赵萍副书记传达了王岐山同志关于加强机关纪委建设的指示及黄树贤同志 4 月 28 日到中直纪工委调研时的讲话精神。林军就中国侨联机关各基层党组织履行主体责任的做法及如何加强机关纪委建设谈了自己的看法；董中原对进一步加强侨联机关纪委建设，提出今后将切实做

6 月 20 日，中直纪工委副书记赵萍带队，到中国侨联就加强中直机关纪委建设开展专题调研

到 5 个“常态化、制度化”即：切实做到学系列讲话、学党章党规常态化、制度化；切实做到廉政宣传教育工作常态化、制度化；切实做到执纪履职尽责常态化、制度化；切实做到日常监督检查常态化、制度化；切实做到纪检队伍保障常态化、制度化。7 月 18 日，驻部纪检组苏波组长带队，到中国侨联机关进行党风廉政建设调研访谈。访谈采取一对一谈话的形式，苏波组长分别与林军、董中原、乔卫进行了谈话；调研组何学文分别与陈迈、赵红英、陈权进行了谈话；调研组左仁贵与李杰进行了谈话。直属机关纪委认真做好组织和服务工作。

【发挥群团组织作用，构建和谐文明机关】中国侨联直属机关党委注重发挥群众组织桥梁纽带作用，重视加强机关精神文明建设，推进机关形成团结和谐的良好氛围和健康向上的文明风尚。加强机关群团组织建设，指导机关工会完成主席改选工作，完成直属机关工会主席和经审委主任改选工作；通过机关工、青、妇、侨等群众组织帮助干部职工解决实际困难，反映群众呼声，维护群众合法权益，开展丰富多彩的文体活动。成立机关书画协会，举办“旗帜·道路·家园”—纪念中国共产党成立 95 周年、中国工农红军长征胜利 80 周年、中国侨联

6 月 29 日，举办“旗帜·道路·家园”—纪念中国共产党成立 95 周年、中国工农红军长征胜利 80 周年、中国侨联成立 60 周年书画摄影展

成立60周年书画摄影展，展出110余幅作品，并选送20幅作品参加中直机关书画展。组队参加中央和国家机关“公仆杯”系列体育比赛；开展“两节”和“七一”慰问老党员、困难党员等活动，为48名党员送去慰问金61400元；为2名困难职工向中直工会联合会申请救助金；组织干部职工开展“健步走”活动；组织参加中直机关“五一劳动奖”评选，直属机关党委张明磊获“五一劳动奖章”，中国华侨出版社高福庆获优秀工会工作者，中国华侨华人历史研究所工会获模范职工之家称号，机关服务中心交通科工会小组获模范职工小家称号。组织参加“北京榜样”“首都精神文明建设奖”评选活动；配合中直文明办开展精神文明单位年度抽查工作。继续组织13名妇女参与中直妇工委组织的“恒爱行动—百万家庭亲情一线牵”公益活动，编织毛衣围巾47件赠送新疆地区的孩童。

10月27日，直属机关工会举办“健步走”活动

中国侨联年鉴

中国侨联直属企事业及社会团体工作

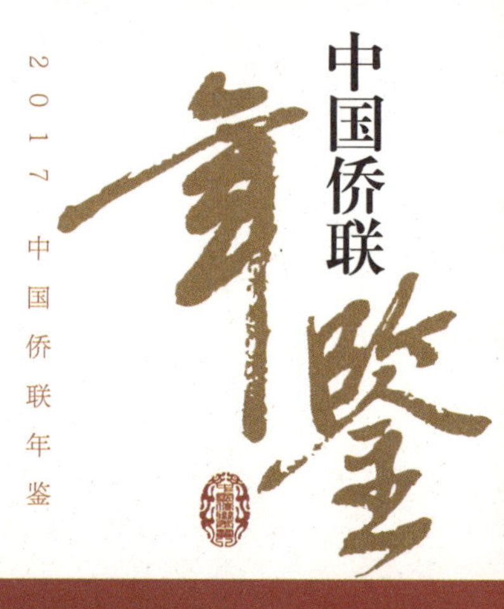
中国侨联
年鉴
2017 中国侨联年鉴

中国华侨华人历史研究所

【领导成员名单】

所　长：张春旺

副所长：张秀明（女）

【综述】2016年，中国华侨华人历史研究所（以下简称“侨研所”）全面贯彻党的十八大和十八届三中、四中、五中、六中全会精神，深入学习习近平总书记系列重要讲话精神，紧紧围绕侨联工作大局和自身职能职责，大力推进华侨华人研究工作不断拓展，在深化侨务理论研究、服务侨联大局、发挥学会作用、管理侨联课题、出版杂志书籍、创新管理机制、培养人才队伍、开展学术交流、加强自身建设等方面取得了显著成绩。

【开展“两学一做”学习教育】2016年，侨研所组织全所同志认真开展“两学一做”学习教育。在做“四讲四有”合格党员的要求下，侨研所以“讲政治、有信念；讲规矩、有纪律；讲道德、有品行；讲奉献、有作为”为主题开展了四次专题学习研讨会。此外，还举行了十八届六中全会公报专题学习会。在党课学习中，侨研所注重创新方式方法，采用播放教育短片、开展问答互动等新的学习形式，活跃了课堂，增强了学习效果。同时，参加相关展览，开展现场学习。通过参观国家安全展览、“纪念中国工农红军长征胜利80周年主题展览”等活动，使党员同志得到更加深刻的党性锻炼，增强了党员意识。此外，侨研所还将紧抓思想政治学习渗透在日常工作中，及时了解传达党和国家的大政方针，开辟学习园地，张贴“两学一做”、“十八届六中全会公报”等学习材料，干部职工互相督促，形成了良好的学习氛围。

【举办“2016习近平总书记侨务论述研讨会”并编印《习近平同志侨务工作论述摘编（2016年版）》】习近平总书记对侨务工作、侨联工作和华侨华人的相关论述，是习近平总书记系列重要讲话精神的重要组成部分，也是新形势下侨联工作的理论指南。侨研所不断加强侨务理论研究工作，认真学习习近平同志侨务工作重要论述，以研究成果为新时期侨务工作提供参考。2016年，侨研所成立了侨务理论研究中心。10月，该中心联合广东五邑大学举办了“2016习近平总书记侨务论述研讨会”，并编印了《习近平同志侨务工作论述摘编（2016年版）》。相较于前两届，本次会议参会人员更加广泛，既有高校、科研机构和新闻媒体等方面的代表，也有中国侨联机关及福建、浙江和上海等地方侨联负责同志参会。从学术及理论研究来看，本次会议视角多元、领域拓展，从原来的历史研究为主向国际关系、边疆研究、侨务政策等多个领域拓展。

【编纂纪念中国侨联成立60周年系列书籍】2016年是中国侨联成立60周年。按照中国侨联的部署，侨研所承担了《中国侨联60年画册》《中国侨联60年纵览》（上、下册）《一至九次全国归侨侨眷代表大会会刊》（上、中、下册）等书籍的资料搜集、整理、编辑和印制工作，总结了中国侨联历史特别是“八代会”以来的工作成

《习近平同志侨务工作论述摘编（2016年版）》

10月23日，举办“2016习近平总书记侨务论述研讨会”

《一至九次全国归侨侨眷代表大会会刊》

《中国侨联 60 年画册》

《中国侨联 60 年纵览》

绩和经验，并将其作为向侨联 60 周年华诞的献礼。同时，还派出工作人员为中国侨联 60 周年纪念活动服务。

【承办《中国侨联工作》杂志】《中国侨联工作》是中国侨联主管的侨联机关内部刊物，2016 年侨研所承接了《中国侨联工作》的改版、编辑、出版工作，并开通了《中国侨联工作》微信公众号。《中国侨联工作》编辑部重新设计版式内容，开辟多个栏目，每期以策划一个华侨华人领域主题的方式组织稿件，形式上采用正 16 开全彩印刷，努力将杂志办成一本各级侨联交流工作经验、了解天下大势和各种知识的精品刊物。

《中国侨联工作》封面

【做好《中国侨联年鉴》编纂工作】《2016 中国侨联年鉴》是中国侨联的第 6 部年鉴。全书共收集了来自 62 家单位和团体的素材，共 110 万字，收录照片 800 余幅，发送至国内市级以上侨联和 80 余家中央单位。《2016 中国侨联年鉴》优化了“侨情概览”部分，改收集信息报道为整合梳理海外侨情，加大了信息量，增强了专业性。

【做好中国侨联课题相关工作】根据“基础性研究与对策性研究并重、侨史研究与现实侨情研究并重”原则，侨研所继续做好中国侨联课题的选题、立项、评审及研究工作，努力把中国侨联课题打造成具有显著社会效益和学术价值的精品。2016 年，中国侨联 2015—2017 年度课题一年期结项的 12 项结题成果及 2013—2015 年度延期课题 8 项结题成果，进入专家评审阶段。2015—2017 年度二年期课题中期检查专家评审工作已结束。编辑印制《中国侨联课题研究成果文集（2014—2015 年度）》，并将部分成果作为《中国侨联课题专报》报送领导参考。

【做好《华侨华人历史研究》等刊物的编辑出版工作】2016 年，侨研所继续做好相关刊物的编辑出版工作，全年共计编辑出版《华侨华人历史研究》4 期、《侨情快讯》24 期。同时，《华侨华人历史研究》杂志成立了编委会，邀请学界著名专家学者担任编委会委员和顾问。10 月，《华侨华人历史研究》《侨情快讯》派员与来自《中国社会科学》《历史研究》等国际关系类期刊及《东南亚研究》《南洋问题研究》《八桂侨刊》等涉侨类期刊共 40 家期刊代表，以及高校相关领域专家学者，共商国际关系期刊发展大计，发起成立了中国国际关系期刊研究会。

【做好《中国华侨农场史》编撰出版工作】华侨农场是华侨历史中一个非常重要的领域，为编撰一部全面系统介绍中国华侨农场历史的著作，侨研所多次与国务院侨务办公室国内司、政策法规司等相关部门交流沟通，广泛吸取专家学者、侨务工作者的意见，并进行实地调研，翻拍、复印、拷贝相关文献资料，以补充完善《中国华侨农场史》相关内容。目前,《中国华侨农场史》撰稿任务已初步完成，进入审稿阶段，并已成功申报国家出版基金资助。

【以“中心制”推进学术管理机制建设创新】为更好发挥侨研所在学界的引导、带头作用，规范学术资助，支持华侨华人研究，侨研所借鉴参考国内学术研究机构的通行做法，根据侨研所的人员特点和研究方向，鼓励科研队伍主持若干不占编制的研究中心。8月17日，侨研所成立了“学术管理中心”。9月23日，成立“侨务理论研究中心”。

【举办“中国侨联华侨华人研究系列讲座”】2016年，侨研所共举办多场中国侨联华侨华人研究系列讲座。8月23日，加拿大卡尔加里大学教授郭世宝以“从‘三重玻璃效应’和‘双重离散’看加拿大华侨华人”为题主讲讲座。8月30日，韩国国立仁川大学中国学术院教授李正熙以“中日战争时期朝鲜华侨的抗日活动”为题主讲讲座。10月25日，英国杜伦大学博士、清华大学经济学研究所伟伦特聘访问教授张志楷以“中华文化与华商经营——以英国食品行业为例”为题主讲讲座。

【推进各地侨乡文化研究】侨研所与五邑大学广东侨乡文化研究中心共同成立了中国侨乡文化研究中心，作为开放型、综合型的侨乡研究平台，该中心不断加强与各地研究机构和单位的交流合作。在其推动下，云南侨乡文化研究中心、福建侨乡文化研究中心相继成立。11月4日，侨研所派员赴福建漳州参加“福建侨乡文化研究中心”揭牌仪式暨福建侨乡文化研究学术座谈会。11月11日—13日，侨研所与云南红河学院、广东五邑大学、云南省侨联和云南省侨办联合主办了“云南侨乡文化研究中心”揭牌仪式暨第三届“中国侨乡研究”学术研讨会。

11月11日—13日，侨研所与云南红河学院、广东五邑大学、云南省侨联和云南省侨办联合主办了“云南侨乡文化研究中心”揭牌仪式暨第三届“中国侨乡研究”学术研讨会

8月23日，举办中国侨联华侨华人研究系列讲座

【打造信息宣传平台】在侨研所侨情信息中心的努力下，侨研所微信公众号用户持续增长，截至2016年底，关注人数已达1080人,《中国侨联工作》微信公众号也有近350名用户，“华侨华人历史研究”QQ群和微信群也凝聚了一大批华侨华人研究领域的专家学者，用户数量近千

8月30日，韩国国立仁川大学中国学术院李正熙教授以“中日战争时期朝鲜华侨的抗日活动”为题主讲讲座

名，学术交流氛围非常活跃。同时，侨研所重视与媒体合作，在与人民日报海外版紧密合作的基础上，与中国新闻网、中国侨网建立了合作关系。此外，侨情信息中心主办的《侨情快讯》杂志在2016年以电子化出版为主，为侨务工作者和专家学者提供更及时、更便捷的信息服务，截至2016年底已出版33期。

3月28日，侨研所所长张春旺（中）一行参观福建省档案馆侨批展览

【派员参加“孔飞力与海外华人研究”学术研讨会暨《他者中的华人：中国近现代移民史》中文版首发式】3月12日，由暨南大学华侨华人研究院举办的“孔飞力与海外华人研究”学术研讨会暨《他者中的华人：中国近现代移民史》中文版首发式在暨南大学举行。新加坡国立大学特聘教授、香港大学原校长王赓武先生及夫人，20余位海内外知名华侨华人研究专家学者参加了学术研讨会。会议由暨南大学国际关系学院/华侨华人研究院院长、教授张振江主持。暨南大学书记林如鹏、中国华侨华人历史研究所所长张春旺分别作大会致辞。

【派员参加《福建华侨史》编撰提纲论证】3月29日，《福建华侨史》编撰提纲论证会在福州召开。来自中国社会科学院、中国华侨华人历史研究所、北京大学、厦门大学、华侨大学、暨南大学、中山大学、福建师范大学、闽南师范大学、泉州师范大学、闽江学院、莆田学院等高校和科研机构的专家学者，以及福建省委统战部、省档案局、省人大华侨（台胞）工作委、省政协港澳台侨和外事委、省文物局、省社科联、致公党福建省委、省侨联侨史中心的代表，部分《福建华侨史》编纂委员会的单位代表和相关编撰人员共70多人参加此次论证会。

【派员参加“一带一路”与海外华人国际学术研讨会】5月20日—22日，由中国社会科学院国际移民与海外华人研究中心、闽南师范大学主办的“一带一路”与海外华人国际学术研讨会在福建省漳州市举行。来自国家民委、国务院侨办侨务干部学校、中国华侨华人历史研究所、中国社会科学院、北京大学、厦门大学、暨南大学、华中师范大学、福建师范大学、华侨大学、福建省社会科学院、闽南师范大学及新加坡南洋理工大学、印尼国民大学等国内外20多家单位、高校和科研机构的60多名专家学者参加了会议。在开幕式上，中国社会科学院民族学与人类学研究所党委书记、中国社会科学院国际移民与海外华人研究中心理事长方勇，福建省闽南文化研究会会长、闽南师范大学校党委书记林晓峰，国家民委原副主任周明甫，国务院侨办侨务干部学校副校长赵健，中国华侨华人历史研究所副所长张秀明分别致辞。台湾“中研院”民族学研究所原副所长庄英章等9位专家学者作了主旨发言。

【联合举办2016年国际移民书信研究学术会议】6月18日—20日，由五邑大学广东侨乡文化研究中心、中国华侨华人历史研究所、美国明尼苏达大学移民史研究中心和江门五邑华侨华人博物馆联合主办的2016年国际移民书信研究学术会议在广东江门五邑大学召开。本次会议的主题是“家庭、社区、网络：邮政时代国际移民书信的比较研究”。在开幕式上，五邑大学广东侨乡文化研究中心教授刘进介绍了会议的筹备情况。会议主办方同时举行了赠书仪式，暨南大学出版社社长徐义雄向五邑大学广东侨乡文化研究中心主任张国雄教授赠送了该社最新出版的《古巴华侨银信—李云宏宗族家书》《海邦剩馥—侨批档案研究》等书籍。

【联合举办“华商与侨团：历史演变和地域比较”研讨会】11月15日，清华大学华商研究中心和中国华侨华人历史研究所联合主办的“华商与侨团：历史演变和地域比较”研讨会在清华大学苏世民学院举行。国侨办国外司原副司长林旭出席研讨会。中国华侨华人历史研究所所长张春旺致欢迎辞，来自中国侨联、国务院侨办、中国华侨出版社、中国与全球化智库、中国社会科学出版社和北京大学、武汉大学、暨南大学、华中师范大学、首都师范大学的学者出席了研讨会。

【联合举办“第一届国际移民与海外华人丽水论坛”】 11月18日—20日，“第一届国际移民与海外华人丽水论坛”在浙江丽水学院召开。这次论坛的主题是“共建与共享：浙江华侨华人与一带一路建设”。论坛由浙江省侨联、中国华侨华人历史研究所、丽水学院主办，丽水市侨联、青田县人民政府、欧洲浙江华人联谊会、马来西亚道理书院、哈兔中文网络学院协办，丽水学院华侨学院承办。来自中国、美国、加拿大、马来西亚等国家和地区的30多所高校和科研机构的70多位学者参加了研讨会。

【联合举办“国际移民与侨乡研究”国际学术会议】 12月10日—12日，由五邑大学广东侨乡文化研究中心、中国华侨华人历史研究所、加拿大英属哥伦比亚大学和江门五邑华侨华人博物馆联合主办的“国际移民与侨乡研究”国际学术会议在广东省江门市五邑大学召开。来自中国、美国、加拿大、英国、法国、瑞典、澳大利亚、新加坡和日本等国家和地区的50余位专家学者参加会议。本次会议的主题为“国际移民：社团与社区”，与会者重点围绕国际移民社团与社区研究的理论与方法、历史变迁、个案研究、比较研究，不同族裔国际移民社团与社区比较研究、互动关系研究，国际移民社团和社区与祖籍国（地）的互动关系研究等问题展开了热烈研讨。

12月10日—12日，侨研所与五邑大学广东侨乡文化研究中心、加拿大英属哥伦比亚大学和江门五邑华侨华人博物馆联合主办“国际移民与侨乡研究”国际学术会议

11月15日，清华大学华商研究中心主任龙登高在“华商与侨团：历史演变和地域比较”研讨会上演讲

中国华侨出版社

【领导成员名单】

社　　　　长：方　鸣

总编辑、副社长：刘凤珍（女，2016年8月任总编辑）

【综述】中国华侨出版社成立于1989年1月。经过多年发展，已形成了一定经营规模，年出版图书1000多种。在历史文化、文学艺术、家庭教育、生活实用、成功励志等领域形成了优质品牌。2016年，出版社加强华侨华人选题图书的出版，分别成立了中国华侨出版社闽南分社暨文物出版中心以及中国华侨出版社福建分社。《中国华侨国际文化交流基地故事》《缅甸华侨华人史》《华侨博物馆与华侨华人研究》等华侨华人研究书籍顺利出版。在做强做大心灵励志、社会科学等传统优势项目的同时，积极开发青春文学、传统文化、人物传记等新的出版方向，获得良好的市场反应。

【康晓萍副主席赴中国华侨出版社慰问干部职工并座谈】1月25日，中国侨联副主席康晓萍一行来到中国华侨出版社看望全体干部职工，并与部分职工进行了座谈。康晓萍副主席在听取了社领导所作的2015年工作汇报和2016年工作展望后，对中国华侨出版社2015年的各项工作给予了充分肯定，高度评价了中国华侨出版社为中国传统文化海内外传播作出的贡献，对图书援疆计划以及在图书订货会取得的成绩表示满意。针对中国华侨出版社人才流动性较大、改制后企业用人成本高等一系列问题，康晓萍表示，中国侨联将尽力提供支持和条件，争取把中国华侨出版社发展中的困难降到最小。她指出，2016年，中国华侨出版社要继续努力增加图书出版发行数

1月25日，康晓萍副主席（左三）与方鸣社长（右一）、刘凤珍副社长（左一）、文化交流部副部长邢砚庄（左二）针对“中侨彩图馆”系列图书进行交流

1月25日，康晓萍副主席与中国华侨出版社部分职工合影

量，努力拓宽渠道，开拓市场，勇于进取，做到经济效益和社会效益相统一，打好“侨”字牌，继续积极推动中国图书走出去，在中华文化走出去战略中发挥应有的作用，在文化市场的激烈竞争中站稳脚跟。中国华侨出版社社长方鸣、副社长刘凤珍、社委会成员和部分职工参加了座谈。

3 月 29 日上午，中国收藏家协会民间文物研究中心、中国华侨出版社闽南分社暨文物出版中心落户揭牌仪式在石狮举行

【中国华侨出版社闽南分社暨文物出版中心在石狮揭牌】 3 月 29 日上午，中国收藏家协会民间文物研究中心、中国华侨出版社闽南分社暨文物出版中心落户揭牌仪式在石狮举行。来自中国收藏家协会、中国华侨出版社、福建省考古所、中国文物报、福建省市县三级收藏家协会、泉州市侨联、全国古玩老货联盟，以及石狮市委市政府和当地有关部门领导，菲律宾、泰国、坦桑尼亚和中国澳门石狮同乡会的代表，收藏家、艺术家、学者、媒体代表等出席仪式。中国收藏家协会民间文物研究中心是中国收藏家协会直属机构，由中国收藏家协会副秘书长王健保担任主任，现拥有一批国内一流的专家学者团队，在全国文博收藏界有着广泛的学术资源和社会影响，也是首个将总部设立在北京之外的中国收藏家协会直属机构。目前，该研究中心还担纲着国家新闻出版广电总局“十二五”重点项目《中国民间收藏陶瓷大系》的编撰出版工作。中国华侨出版社作为直属中国侨联的中央级出版机构，在历史文化、文学艺术等领域形成了自己的优质品牌，在海内外华侨华人中享有很高的声誉。在中国华侨出版社社长方鸣、副总编辑高福庆的直接关心和支持下，闽南分社及文物出版中心获准设立，由石狮日报社负责运营，不仅填补了泉州地区出版业的空白，更有利于对地方传统文化的梳理和特色收藏文化的研究，为地方传统文化产业发展打下了坚实的基础。

【方鸣社长一行赴浙江调研】 5 月 9 日—13 日，中国华侨出版社社长方鸣和副总编辑高福庆一行赴浙江省调研，与纽约商务传媒集团董事长冰凌先生就成立世界华文出版联盟事宜举行了会谈。在杭州期间，方鸣一行还参访了臻奇堂博物馆等华侨文化机构。此外，与宁波市侨联主席李承成，秘书长牛洪波交流了宁波帮历史文化梳理出版的合作项目，还考察了新加坡华人设计家高国文先生创立的紫玉堂文化传媒机构，商讨了开展后续合作事项。

【刘凤珍副社长随中国侨联代表团出访南美三国】 2016 年 5 月上旬，中国华侨出版社副社长、副总编辑刘凤珍陪同中国侨联副主席康晓萍到委内瑞拉、苏里南、巴西等国访问，一同出访的还有中国侨联文化交流部部长刘奇等。中国侨联代表团在出访期间看望了当地华侨华人，与侨团侨领举行了会谈，参加了巴西中华妇女联合会十年庆等多项活动。代表团在访问期间得到了中国驻外使馆和华侨组织的热情接待。

4 月 10 日，驻苏里南使馆举行中国侨联代表团与侨团座谈会

【中国华侨出版社福建分社挂牌成立】6月14日，中国华侨出版社福建分社在福建省侨联侨胞之家揭牌成立，这是中国华侨出版社第一家省级分社。中国侨联副主席康晓萍，中国华侨出版社副社长刘凤珍及相关单位60余人出席了成立仪式。福建省侨联党组书记、副主席陈式海主持成立仪式。康晓萍副主席代表中国侨联向中国华侨出版社福建分社的成立表示祝贺。康晓萍指出，中国华侨出版社选择在著名侨乡福建成立分社，是实施走出去发展战略的重要一步，也是创新发展的生动实践。她希望中国华侨出版社能够坚持政治性，把握大方向；加强针对性，明确立足点；宣传创新性，传播多样化。以福建分社成立为契机，继续发扬勇于开拓、敢于担当、善于创新的精神，在新一轮改革中走在前列，带领福建分社在讲述好中国故事、传播好中国声音、塑造好中国形象方面发挥优势作用，作出积极贡献。福建分社社长由中国华侨出版社副社长刘凤珍兼任。她表示，福建分社作为中国华侨出版社的派出机构、传播与出版“侨文化”的专业出版机构，希望对福建丰富的侨文化资源进行深入挖掘，形成出版物。刘凤珍说，中国华侨出版社福建分社的出版范围主要为四大类：一是以侨类图书为主，包含闽侨历史、文化、艺术、人物等，为福建华侨华人的文化与历史提供系列完整权威的文本记录。二是为福建侨联的文化项目、闽籍华侨华人的学术成果及各类基金与自费出书提供出版服务。三是妈祖文化、陈靖姑文化、朱子文化、客家文化、茶文化等福建乡土文化的开发与出版，为海外华侨华人了解和发扬家乡文化提供窗口。四是为“海上丝绸之路”相关史料研究、文物搜集与保护提供出版服务。成立仪式上，康晓萍为福建分社聘请的台湾联合大学副校长刘凤锦、中国社科院台湾史研究中心秘书长王键等22名顾问颁发了聘书。

2016年6月18日，中国侨联副主席康晓萍（中）、时任福建省侨联副主席陈式海（左一）与中国华侨出版社副社长刘凤珍（右一）为中国华侨出版社福建分社揭牌

【方鸣社长一行赴台洽谈《于右任遗墨全集》出版事宜】2016年6月底，方鸣社长、高福庆副总编辑一行赴台湾任汉平美术馆进行考察，与任汉平先生、任汉平经纪人蔡振禄先生、任汉平美术馆执行长陈彩云小姐举行会谈，就任汉平先生拍摄的10000余幅于右任书法作品在大陆结集出版的相关事宜进行了磋商讨论，取得了任汉平先生的全权授权。方鸣社长一行还到城邦文化事业股份有限公司（城邦出版）、远见—天下文化、诚品书店等出版机构访问，与城邦何飞鹏首

方鸣社长（中）与城邦出版首席执行长何飞鹏（左一）合影

席执行长、涂玉云总经理，天下文化林天来副社长、吴佩颖副总编辑，诚品周钰庭协理交流了两岸出版运作经验和信息。华品文创出版股份有限公司王承惠总经理和陈秋玲总编辑举办晚餐会欢迎方鸣社长一行，时报出版董事长赵政岷、尖端出版发行人黄镇隆、印刻出版社社长初安民等台湾出版界人士出席，宾主就两岸文化交流与合作进行了亲切交谈。方鸣社长此行还拜访了知名教授、收藏家黄志文，著名雕塑家、香港电影金像奖奖座创作者梁铨等台湾文艺界人士。

【出版国内第一部缅甸华侨华人专著】2016年7月，中国华侨出版社协同中国华侨华人历史研究所出版厦门大学南洋研究院副院长范宏伟撰写的《缅甸华侨华人史》，作为国内第一部关于缅甸华侨华人的学术专著，该书具有很高的学术品位和学术价值，有着重要的创新意义。本书稿主要关注20世纪以来缅甸华侨华人的历史与发展状况，从纵向维度对缅甸华侨华人社会进行探讨，从横向角度对缅甸华印两个族群进行了比较，帮助读者了解缅甸华侨华人生存状态，是开展缅甸社会研究的重要参考文献。范宏伟的研究历时15年才完成，由于《缅甸华侨华人史》具有填补空白的特别意义，这项研究被纳入中国侨联课题重点项目和2015年“中国—东盟区域发展协同创新中心”重大项目。

【出版《中国华侨国际文化交流基地故事》】2016年底，中国华侨出版社与中国侨联文化交流部共同出版《中国华侨国际文化交流基地故事》，该书稿编辑整理了83家交流基地的基本情况介绍，着重介绍了交流基地的历史背景、文化内涵、特色亮点和精彩故事，并辅以大量图片。此书可以更好地向海外华侨华人和广大读者介绍中国华侨国际文化交流基地，充分发挥交流基地的文化平台和窗口作用。

【重点推出“中侨彩图馆”系列臻品图书】中国华侨出版社2016年重点推出了“中侨彩图馆”系列臻品图书。该系列集萃了50部古今中外历史、文化、人文、经济及科技阆苑的名著典籍，以唯美形式进行重新演绎。其中，既有中国传统文化之经典《史记彩图馆》《四书五经彩图馆》《老子·庄子彩图馆》《道德经彩图馆》《蒙学三书彩图馆》《闲情偶记彩图馆》《资治通鉴彩图馆》《古文观止彩图馆》《说文解字彩图馆》《诗经彩图馆》《唐诗三百首彩图馆》《宋词三百首彩图馆》《元曲三百首彩图馆》《山海经彩图馆》，也有西方大家之名作《国富论彩图馆》《经济学原理彩图馆》《物种起源彩图馆》《人类的故事彩图馆》《宽容彩图馆》《梦的解析彩图馆》《精神分析引论彩图馆》《泰戈尔诗文彩图馆》《瓦尔登湖彩图馆》《昆虫记彩图馆》《欧洲史彩图馆》等，清新隽永，字字珠玑。本书系独树一帜，将多种视觉元素有机结合，以彩图诠释文字，或人物或山水，有人文积淀，亦有自然精华；风格由古雅至时尚，令流彩华章之美融入我们的文化性格，滋养心灵，启迪心智，达至雅意境。透过文字的呼吸，陪伴读者将心灵寄放于书香之旅。

中侨彩图馆书影

海内与海外

【领导成员名单】

法定代表人：陈　权

【综述】《海内与海外》杂志社为中国侨联事业单位，负责编辑、出版《海内与海外》杂志。杂志为中国侨联主管的社会性、涉外性、文化性综合月刊，在国内外公开发行。2016年，《海内与海外》杂志社在中国侨联党组的领导和关怀下，认真贯彻落实党的十八大和三中、四中、五中、六中全会精神，立足侨界，坚持正确的舆论导向，努力弘扬中华优秀传统文化，强化精品意识。认真组织优秀图文稿件，精心编排，精心印制，推出一期期受到读者欢迎的精美刊物。同时，杂志社积极组织全社同志认真学习，深刻领会全面从严治党和五位一体总体布局的要求，将管党治党一抓到底，标本兼治，坚定了必胜信心，决心团结在以习近平同志为核心的党中央周围，为实现中华民族伟大复兴中国梦立足本职，贡献心力。2016年是传统媒体继续遭受新媒体冲击的一年，《海内与海外》继续在纵深、专业、原创性的报道上保持优势，在既定的技术道路上进一步彰显优势，弥补短板。在此基础上，不断开拓创新，广开门路组织重点稿件，兢兢业业锤炼编辑业务；秉承突出侨联特色，落实社会主义核心价值观，坚持正确的舆论导向和办刊宗旨，大力贯彻“为侨服务”的传播、宣传职责。讲好中国故事，加大对有影响力的名人和侨界人物的报道，如报道著名人物郎朗、吴元丰、林超伦、林宰平、费振东、梅葆玖、黎庶昌、启功、王金璐、金寄水、张中行、冯志孝、袁世海、韩善续、李毓芳、韩素音、阎肃、高莽、卡明斯基、鲁光、田冲、李滨声、高凤莲、黄宗洛、顾彬、载涛、焦菊隐、梅贻琦、毓嵣、柳萌等，广受好评；增加了相关中华传统文化的内容，使刊物更显特色和新意。此外，为贴合中国侨联主管、中国侨商会主办的刊物定位，秉持为海内外侨胞服务的方针，杂志社在资源有限、人手短缺的情况下，克服重重困难，以较低稿酬约请了顶级经济学家、资深媒体人撰写了近30篇宏观、微观经济类稿件，作为重头文章刊出，显示了杂志的分量与厚度、实力与品位。媒体的竞争力，集中体现在对热点事件的追踪报道上。2016年是中国侨联成立六十周年，《海内与海外》刊登了《中国侨联成立60周年纪念大会隆重举行　俞正声出席并发表重要讲话》《“戮力同心，振兴中华——孙中山与华侨”图片展开幕讲话》《中国侨联举办庆祝中华人民共和国成立67周年暨中国侨联成立60周年招待会》《全国侨联成立大会那些事儿》等重头文章。在当前实现中华民族伟大复兴中国梦的背景下，杂志社结合自身定位，侧重于讲好中国故事和海内外华侨华人的中国梦，在对华侨华人的人物、事件报道中，继续凸显华侨华人是实现中国梦的重要资源这一论断—海内外华侨华人在中国革命和新中国建设、改革开放中作出了巨大贡献，是实现中华民族伟大复兴中国梦弥足珍贵的资源。在发行上，杂志社在面临网络冲击和报刊业激烈竞争的严峻形势下，群策群力，不仅保住了原有的发行量，而且做到了稳中有升，全年发行量在困境下保持不变。在美编上，今年的刊物封面设计坚持由物到人、由理性到情感、由冷峻到热情的转变，着意选用事件中焦点人物的图片，展示其内心情感，以求在读者中产生共鸣，收到了既美观又动人的良好效果。

【中国侨联领导调研杂志社】2016年1月，中国侨联主席林军、副主席董中原与副主席康晓萍分别到《海内与海外》杂志社看望调研，就杂志社工作开展情况、遇到困难及改进方向做出指导。康晓萍副主席指出，《海内与海外》杂志社在2015年编辑业务中突出侨联特色，加大了对有影响力侨界人物的报道力度，希望杂志社加强与各部门的交流与合作，按照中国侨联九届三次全委会议及李源潮同志重要讲话精神，继续讲好中国故事和侨界故事。

【2016年1月号】2015年的中央经济工作会议提出了中国经济的五大任务，与海内外华侨华人的事业发展和切身利益紧密相关。为给中国侨商会全年工作预热，本期组织了《2016年中国经济五大任务》《颠覆抑或创造：互联网金融漫谈》两篇重头文章，对相关政策进行了深度解

2016 年 1 月，林军主席（右一）、董中原副主席（右三）看望杂志社工作人员

2016 年 1 月，康晓萍副主席（左三）到杂志社指导工作并与大家合影

读，有助于增进华侨华人对深化改革的理解，凸显了新闻的有用性和相关性，且兼具可读性，获得读者好评，进一步提高了本刊的地位和影响力。此外，第一期还刊发了《茂宜岛上的孙中山革命遗迹》《曾军：厦门穷家女的五味人生》《“既生瑜何生亮？”——刘步蟾与林泰曾》等历史钩沉，独家报道了为一般性历史记载所忽略的重要史实，从而丰富和翔实了一般性历史记载的纬度。还刊发了在大文化范畴的《载涛与京剧》《焦菊隐：一生最后要做的事》《启功先生一席谈》等文章，视域开阔，引人深思。

【2016 年 2 月号】为庆祝中国侨联九届五次常委会议、九届三次全委会议在北京召开，本期推出了特别报道《中国侨联九届五次常委会议　九届三次全委会议在京召开　李源潮出席并讲话》。中国侨商联合会荣获“全国先进社会组织”称号，又是一件轰动侨界的大事，本期及时刊登《中国侨商联合会荣获“全国先进社会组织”称号》。本期还刊发了《周恩来与王府井大街 22 号的故事》《文学的粉丝》《有眼不识金镶玉》《载涛与京剧》等大文化概念文章，刊发了《英雄，并没有走远——记抗战英雄朱志明》等文章，丰富了本刊历史记载报道的纬度。

2016 年 2 月号封面

【2016 年 3 月号】本期推出《加快农业现代化　实现全面小康》重头文章，解读中央一号文件，阐释农业现代化的路径，为国民经济中至关重要的农业发展问题出谋划策。本期刊登的《高价菜、天价鱼背后的价格规律》，聚焦经济热点问题，运用经济规律发掘乱象背后的深层次原因。在同类媒体此类报道中，文章理解到位，分析合理，数据翔实，结论可信，专业、全面、权威，广受好评。在历史方面，刊登了《登上长城之巅的外国元首》，选材角度新颖，读者面广，趣味性强，又与华侨华人关心的问题紧密相关，反响良好。大文化方面，刊登了《吉他传情》《鲁光画牛》《燕市人才金寄水》《民俗与唐卡中的猴文化》《泰姬陵：见证天长地久的爱情》《南北蓬莱忆东坡》，皆是文化长河中的珠玑文章，特色鲜明，对传统文化的回归和适应当代社

会新文化的建立，具有现实意义。

【2016 年 4 月号】本期主动配合中国侨商会工作，刊发《对接国家大战略　引领贸易大格局》《品牌建设推动园艺产业升级》等文，从具象角度描述中国经济持续增长思路、进程。在热点方面，推出《摆脱刻板印象　美国亚裔地位待提升》一文，对当前美国亚裔的处境和面临的问题进行了全面深入的透视和分析，并指出地位提升的要点和出路。在历史方面，则刊登了《孙中山南洋纪念馆揽胜》《张学良与顺承郡王府》《煤，煤，煤！》等文，无论在深度还是广度方面，均有可取之处。在大文化方面，刊登了《重读元日诗》《闽南语的口音》《兰亭序画缘》《晋江风物杂咏》等文章。

2016 年 4 月号封面

2016 年 5 月号封面

2016 年 5 月，《海内与海外》记者参加“重走长征路”采风活动

【2016 年 5 月号】本期主动配合中国侨商会工作，刊发《林军主席、李卓彬副主席出席全国侨商社会组织负责人高级研修班》文章。在大文化方面，刊登《大浪淘沙》《病死与吓死》《田冲：人生故事》《温如衣钵人如润》等文，对艺术发展、概念、观念以及文化名人的过往给予记载与评价。在历史方面，刊登《孙中山与苏曼殊》一文，挖掘了一段历史记载忽略的重要史实。内容翔实生动，十分感人。在热点方面，刊登《中华文化传播新名片》，对中国元素在世界上的流行趋势，进行了全方位的透视，对中国文化的传播之路饱含热情，是难得的好文章。

【2016 年 6 月号】经济类刊登《创新　创业　创客》对国务院推进万众创新的政策，进行了高水准解读，认为这是时代要求，是中华民族伟大复兴的战略举措，对我国的经济发展，具有深远的影响；《面对 TTIP 提升竞争力》则为我国如何面对美国自由贸易新战略出谋划策，认为只

要不断创造比较优势，就能抓住新机遇；《运用3D科技　助力素养教学》，则从微观的角度，透视了一个高科技企业如何通过为我国的教育事业贡献而取得自身发展的例子。人物报道刊登《孙中山与北京学界二三事》，于历史烟云中寻找那段尘封已久的史实；刊登的《怀念梅葆玖大哥》和《春归香如故》，在梅葆玖逝世引起社会关注的第一时间追忆梅葆玖，为同期媒体报道所绝无仅有，十分珍贵；大文化方面，《琼侨一枝笔　椰海夕照红》记录了韩启元的文墨人生，《巧手剪出大河魂》则是对剪纸艺术家高凤莲一家三代艺术成就的记录。《林超伦：英国外交部首席译员》对华人在世界舞台上的卓越表现进行了肯定。

【2016年7月号】经济类刊登《G20杭州峰会：制定创新增长新蓝图》，充分展示了中国在峰会上的作用以及峰会搭建经贸往来新桥梁、描绘世界新愿景的作用；《中美高铁合作新变局》对中美合作的一个具体案例的变局做了客观介绍，并分析了中国高铁的市场前景、中美合作应注意的要点；历史类推出了《孙中山访晤载沣及会见旗人代表》，对孙中山的革命生涯进行追忆；大文化类推出《重读黄鹤楼》《斯诺克盛宴》《手术室里的“串场”》等文，文笔优美，见识广博；

2016年7月号封面

人物类推出《酒中君子梅贻琦》《我所认识的袁世海》《老爷子韩善续》等文，对这些名人所取得的成就和人品给予宣扬赞美。侨界类推出《兴隆：21国归侨的故乡》，对国家对归国华侨的支持帮助及兴隆华侨农场的发展历程进行了回顾，其中有很多弥足珍贵的史料。本期还刊登了有关历史文化名人的《现代建筑的最后大师——访贝聿铭先生》，介绍了著名华人贝聿铭建筑设计的艺术构思和其对中国元素的借鉴。

【2016年8月号】经济类，《G20杭州峰会：释放全球经济治理新动能》从全球治理的角度，为G20的召开预热；《G20创新联动促增长》则从创新联动的角度，报道了2016年第三次20

2016年8月号封面

国集团财长和央行行长会议；大文化方面，刊登了《徐建华：我在故宫修书画》《杜高家的三幅字画》《重读陋室铭》《丹柿八德》《也说胆固醇》等文章，或资料珍贵，或笔力雄健。红史方面，刊登了《争夺张家口》，记述了一段重要的史实，可读性强；人物方面，则刊登了《黄宗洛：小角色，大人生》《最后的王爷毓嶦》《杨椒山与谏草堂》等文，分量重，文风严谨。

【2016年9月号】经济类继续报道杭州G20，刊登《中国理念为G20发展注入新内涵》，

对中国理念可能为世界经济作出的贡献给予充分肯定和恰当评价；刊登《中美 BIT：迈进关键收获期》对中美两个大国之间存在的合作空间，进行了详细可信的分析。历史方面，刊登了《孙中山在北京报界的两次演说》，对这位革命先驱的历程进行了客观的回顾；《周总理与北京儿艺》则缅怀了周总理对北京儿艺的悉心关怀和指导，以及在为人处事上的高风亮节。在杭州召开 G20 成为全球焦点之际，及时刊发了重头文章《能不忆江南：杭州，一座天城的前世今生》，对杭州的历史及其在世界历史上的地位作用进行了全方位回顾，对中国文化所能达到的高度充满热情，对中国人民的创造力，给予充分肯定。人物方面刊登《对话朗朗：我和纽约的音乐故事》，对这位炙手可热的名人内心深处和艺术追求，进行了可贵的挖掘和探讨；《阖门立雪仰大风》记录了张大千弟子胡立、雷良玉夫妇的求学、成名过程；《梅派弟子李毓芳》记录了梅派一位有坚守的弟子的一生。

2016 年 10 月号封面

【2016 年 10 月号】为庆祝中国侨联成立 60 周年，本期推出专栏，刊登《中国侨联成立 60 周年纪念大会隆重举行　俞正声出席并发表重要讲话》《"戮力同心，振兴中华——孙中山与华侨"图片展开幕讲话》《中国侨联举办庆祝中华人民共和国成立 67 周年暨中国侨联成立 60 周年招待会》《全国侨联成立大会那些事儿》等文，及时报道这一侨界盛大活动的方方面面。红史方面，推出《长征途中的红军名将杨成武、萧华》《红军走过的地方》，感情真挚，细节感人，均为不可多得的回顾革命历史的文章；言论《建立孙中山纪念馆恰逢其时》，则是站在侨的角度的重要建言；人物方面，刊登《他爱中国——马克・吕布》《离开中国，奔向中国——韩素音：东西方文化的相遇》两篇文章，对两位国际友人之于中国文化的感情，和对中外文化交流所作出的贡献，给予热情肯定；大文化方面，刊登《减肥的幽默》《"中国第一侨乡"江门偶感》《随风飘荡》《梦醒时分绚烂多》《李元华》等文章。

【2016 年 11 月号】经济类，刊登《以投融资改革点燃经济发展新引擎》，对我国投融资的政策进行解读；刊登《傲视全球的中国高铁》，对我国在高铁领域取得的不凡成就，以及在世界同业中所处地位，做了深入报道。人物方面，推出《贵州走向世界的第一人》，对历史上贵州第一个走出国门到西欧考察的黎庶昌的考察结论、建议进行了介绍，对其建议未获朝廷采用的历史原因进行了详细分析；刊登《吴元丰：与"大清官话"的不解情缘》，对大清官话的来龙去脉以及其对北京话的影响进行了详尽考察；《让中国文化的传播更有力量》则是对流行文化名人马未都的报道；《阎肃：我心中的那束玫瑰》，是作者作为一名大夫，对文化大家的追忆。

【2016 年 12 月号】经济类，刊登《农产品：发挥品牌引领作用》，为我国农业发展如何建立自己的品牌出谋划策，拓展了本刊农业报道的广度、深度。红史方面，刊登了《父亲万里与毛主席周总理的人民大会堂建设情缘》，作者从万里后人的角度，回顾了人民大会堂在建设过程中的往事，堪称珍贵史料。大文化方面，刊登《满学专家瀛生的师承与治学》，此方面的资料少而珍贵；《启功先生与雍和宫》，记载了启功先生作为学问家、书法家与雍和宫交往的鲜为人知的往事；《陈宝箴、陈三立与凤竹堂》追忆一家三代四口在变法图强过程中和文化史上的不凡事迹。另刊登了《清明上河图》《心灵中的宝贝》《耳朵惹的祸》等重点文章，均底蕴深厚，可读性强。

中国华侨历史博物馆

【领导成员名单】

馆　长：黄纪凯

副馆长：祁德贵

【综述】2016 年是中国华侨历史博物馆全面改革的关键之年。这一年，在中国侨联党组的正确领导下，博物馆全体人员锐意进取、兢兢业业，深入学习贯彻党的十八届三中、四中、五中、六中全会及习近平总书记系列重要讲话精神，全面实施聘用合同制度并试行绩效考核和绩效工资制度，完成博物馆备案工作，入选全国博物馆文化创意产品开发首批试点单位，在美国、马来西亚、北京、南京、香港等地，承办《戮力同心　振兴中华—孙中山与华侨》图片展，藏品数量增长率达到 36.21%。

【试行聘用合同制和绩效考核制度】推行聘用制度，实施绩效工资，是国家事业单位改革的重要举措。2016 年，博物馆为进行相关改革做了大量准备工作。一是认真研拟聘用合同，深入做好思想工作，为顺利实施聘用合同提供保障。二是按照规定程序，在内部多次召开讨论会，征求全体干部的意见建议，以岗位分析为基础确定各岗位考核指标，以工作标准及规范设计考核程序，以职责担当为依据确定考核对象及考核主体，反复修改《博物馆绩效工资及绩效考核方案》。4 月 28 日，上级主管部门印发《关于中国华侨历史博物馆试行绩效考核及绩效工资制度的批复》（中侨组〔2016〕27 号），经会党组研究，同意博物馆试行绩效考核及绩效工资制度，试行期限一年。6 月 28 日，博物馆举行全员签订聘用合同仪式。7 月 1 日起，博物馆试行绩效考核和绩效工资制度。这两项制度的实施对于博物馆和每位干部而言都具有里程碑意义。一是全面实施聘用合同制度，以合同规范双方的行为，为单位依法管理干部和个人依法维护自身权益提供了法律保障。二是在博物馆初步建立起奖优罚劣、优胜劣汰的管理机制与制度，打破了“干多干少一个样”的传统分配模式，进一步发挥绩效考核的激励导向作用，调动博物馆工作人员的积极性和主动性，推动博物馆事业发展。

6 月 28 日，博物馆举行全员签订聘用合同仪式

【承办《戮力同心　振兴中华—孙中山与华侨》图片展】2016 年是孙中山先生诞辰 150 周年，受中国侨联委托，由博物馆承办纪念孙中山先生图片展。博物馆组织成立展览筹备小组，负责拟写大纲、搜集图片、协调联系合作单位等事宜。经多次修改并报中国侨联同意，展览定名为《戮力同心　振兴中华—孙中山与华侨》图片展。展览首先于 9 月 7 日在美国纽约布鲁克林区市政厅开幕，纽约地区 200 多个华侨社团参与了展览的协办工作。中国侨联主席林军、中国驻纽约总领馆总领事章启月、布鲁克林区区长亚当斯等嘉宾出席开幕式并致辞。林军主席呼吁所有敬仰中山先生的中华儿女更加紧密地团结起来，抓住时代赋予的机遇，顺应浩浩荡荡的历史潮流，共同为实现祖国完全统一、实现中华民族伟大复兴不懈努力！展览在当地华人群体中引起了很大反响，亚当斯区长称展览是“中美文化交流的一件盛事”。9 月 23 日，展览在南京开幕，中国侨联

9 月 23 日，中国侨联主席林军（前排左二）、江苏省委常委、宣传部部长王燕文（前排右一）在南京出席《戮力同心　振兴中华—孙中山与华侨》图片展开幕式

11 月 9 日，中国侨联副主席董中原（左六）、李卓彬（左五）、乔卫（右四）在博物馆出席《戮力同心　振兴中华—孙中山与华侨》图片展开幕式

11 月 16 日，中国侨联主席林军（右二）在香港出席《戮力同心　振兴中华—孙中山与华侨》图片展启动仪式

主席林军，江苏省委常委、宣传部部长王燕文，江苏省政协副主席范燕青和来自美国、英国、法国、德国等 59 个国家和地区的 300 余名海外侨团负责人共同参加。10 月 15 日，展览在马来西亚开幕。11 月 9 日，展览在北京开幕，中国侨联副主席董中原、李卓彬、乔卫，中国侨联各部门各单位负责人等共 80 余人出席开幕式。11 月 16 日，展览在香港各界纪念孙中山先生诞辰 150 周年大会上举行启动仪式。至 2016 年底，该展览在香港部分中小学校巡展。另外，外交部向驻巴西使馆、驻俄罗斯使馆提供了展览电子版；赠送给驻纽约总领馆的展板，除在纽约领区内安排展出外，还推送到洛杉矶领区等地展览。至此，博物馆圆满完成中国侨联布置的工作任务，并在筹备举办展览的过程中提升了业务能力，扩大了博物馆的知名度与影响力。

【完成博物馆备案工作】根据《博物馆条例》相关规定，博物馆准备了共计 11 大类约 15 万字的备案材料，于 8 月 12 日将备案材料报送北京市文物局，8 月 18 日审核通过，8 月 25 日收到《博物馆备案通知书》，成为北京地区 170 余所博物馆中第八家完成备案登记的博物馆。由此，博物馆依法完成从业登记工作。

【入选全国博物馆文化创意产品开发首批试点单位】按照《国务院办公厅转发文化部等部门关于推动文化文物单位文化创意产品开发若干意见的通知》（国办发〔2016〕36 号）要求，国家文物局组织各省开展全国博物馆文化创意产品开发试点的申报工作。博物馆抢抓机遇，认真准备申报材料，及时将《中国华侨历史博物馆申请文博单位文创产品开发试点博物馆的规划方案》上报国家文物局，成功入选全国博物馆文化创意产品开发首批试点单位（全国共 92 家，北京地区 22 家），为博物馆更好地开展文化创意产业经营活动奠定了政策基础。

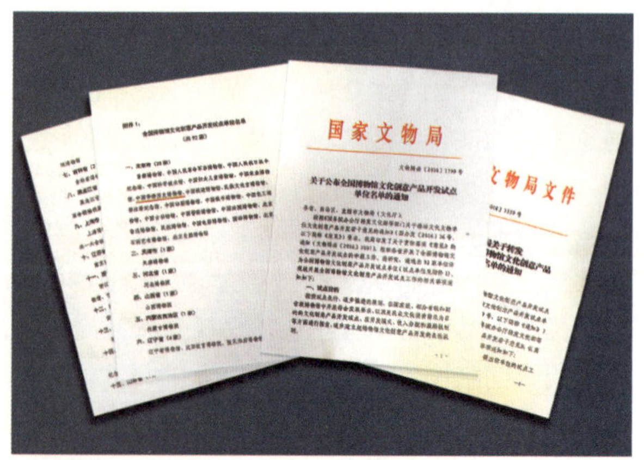
国家文物局

中国华侨历史博物馆入选全国博物馆文化创意产品开发首批试点单位批文

【提升接待服务水平】2016年，博物馆共接待社会各界观众14742人次，其中包括列席全国政协十二届四次会议的海外侨胞代表、海外藏胞归国代表人士、新西兰民族事务部部长山姆·罗托－伊阿、中国驻英国大使刘晓明等数十位驻外使节、俄罗斯联邦驻华大使吉尼索夫、新西兰驻华大使麦康年、澳大利亚驻华大使安思捷等嘉宾。同时，为中国侨联与清华大学联合成立"一带一路"战略研究院签约仪式、第三届世界华侨华人美术书法展、"一带一路"中俄文化艺术展、澳大利亚中国书画研究院师生书画展等活动提供场地服务。各界观众对博物馆给予充分肯定。

6月8日，中国侨联主席林军（中）在博物馆会见海外藏胞归国代表人士

【举办《亘古的回声—宁夏岩画艺术特展》】7月15日，博物馆举行《亘古的回声—宁夏岩画艺术特展》开幕式。时隔多年，宁夏岩画再次来到京城，带来神秘诡奇的岩画艺术。此次展览共展出50余件岩画拓片精品和三块岩画石，采取照片、岩画石实物、拓片三种展出形式，旨在多角度展现独具特色的岩画资源，展示灿烂古朴的民族历史文化。观众同时可以在现场体验岩画拓印，更加直观地感受到岩画的魅力。

7月15日，中国侨联顾问唐闻生（左二）出席《亘古的回声—宁夏岩画艺术特展》开幕式

【举办《方寸瑰丽　百态风情—民国烟画特展》】10月11日,《方寸瑰丽　百态风情—民国烟画特展》在博物馆拉开帷幕。著名华人收藏家、伦敦松柏会会员兼荣誉顾问金正琥先生于2014年11月立下遗嘱，决定将自己精心收藏的5188枚烟画无偿转赠给博物馆。博物馆从中精选出近3000枚，以行业百态、民俗风情、戏曲电影、文学故事、女性儿童、时事新闻六大类分别展示，内容涵盖社会生活的方方面面。观众所能想到的题材，大致都能在这些烟画中找到。

【举办《域外拾珍：1842—2016新西兰华侨华人历史影像展》】10月21日，在正式向公众开放一周年之际，博物馆举行《域外拾珍：

10月21日，中国侨联副主席康晓萍（右五）、新西兰驻华大使麦康年（左六）出席《域外拾珍：1842—2016新西兰华侨华人历史影像展》开幕式

1842—2016 新西兰华侨华人历史影像展》开幕式。中国侨联副主席康晓萍、新西兰驻华大使麦康年、中国社会科学院近代史研究所所长王建朗、中国华侨华人历史研究所所长张春旺、博物馆馆长黄纪凯出席开幕式，博物馆副馆长祁德贵主持开幕式。展览通过 100 余幅图片回顾了在新西兰的华侨华人发展历史，以多位华人移民在新西兰生活的故事，再现了 170 年来华侨华人在新西兰谋求发展，逐渐融入社会，最终落地生根、开枝散叶的发展历程。

【举办《纪念孙中山先生诞辰 150 周年—近代风云人物遗墨暨文献展》】 11 月 10 日，博物馆举行《纪念孙中山先生诞辰 150 周年—近代风云人物遗墨暨文献展》开幕式。展览展出的 120 余件藏品中有大量黄埔军校、中山大学著名师生的遗墨和相关实物，也不乏中山先生与宋庆龄、黄兴、胡汉民、邹容、章炳麟等重要历史人物的遗墨及文献。

11 月 10 日，黄纪凯馆长在《纪念孙中山先生诞辰 150 周年—近代风云人物遗墨暨文献展》开幕式上致辞

【有序推进藏品工作】 在完成第一次全国可移动文物普查工作的基础上，加强对博物馆现有藏品的科学化、规范化和信息化管理。推动广东、福建地区华侨农场调研项目。继续拓展征集渠道，挖掘文物信息资源，全年新增藏品数量 7752 件，已入馆藏品总量达到 29160 件（套），增长率达到 36.21%。完成磁盘阵列数据导入工作，导入的数据包括 180 位讲述人的口述历史音像资料、馆藏品图片 21869 幅、联合早报缩微胶片数字化图幅 228207 幅以及华工修建美国铁路资料、福建华侨农场影像资料等。赴云南、广东、四川、内蒙古等地对 16 位老归侨进行口述历史采访，时长共计 36 小时。

【举行九龙回归—中国古木雕捐赠仪式】 3 月 1 日，博物馆举行九龙木雕回归捐赠仪式，中国侨联副主席乔卫、海外联谊部部长孔涛、中国华侨公益基金会副理事长何继宁、博物馆馆长黄纪凯、副馆长祁德贵，以及海外侨领和侨联之友成员等近 100 人出席了仪式。澳大利亚友好人士克雷格·戴尔先生和夫人玛丽·戴尔女士将收藏的九龙木雕无偿捐赠给博物馆永久收藏。据捐赠人夫妇介绍，此木雕工艺品有 600 多年历史，是从中国流出，由其父代传下来，1966 年正式由他们家接手收藏，并一直保存在澳大利亚家中，上面刻有精美的具有中国独特文化含义的九龙雕饰。

【举行郑潮炯先生遗物捐赠仪式】 4 月 6 日，博物馆举行郑潮炯先生遗物捐赠仪式，中国侨联副主席李卓彬出席仪式，并向捐赠者颁发荣誉证书。捐赠物品主要有郑潮炯义卖瓜子为祖国抗战筹款所用挂袋、郑潮炯筹款所穿衣服、郑潮炯捐款收据、郑潮炯的华侨登记证等相关物品资料。

4 月 6 日，李卓彬副主席（中）出席郑潮炯先生遗物捐赠仪式并向捐赠者颁发荣誉证书

【举行单桂秋林女士、招思虹团队捐赠藏品仪式】 9 月 30 日，博物馆举行单桂秋林女士、招思虹团队捐赠藏品仪式。博物馆馆长黄纪凯、副馆长祁德贵、全英华人华侨中国统一促进会总会长单声、“六小龄童”章金莱、中国和平统一促进会海外联络部部长冯纪林，以及来自英国、法国、意大利、巴西等国的侨领以及招思虹捐赠团队成员等出席了仪式。单桂秋林女士向博物馆捐赠了 5188 枚民国时期的烟画和英国维迪亚·阿南德博士关于孙中山先生的英文著作。招

9 月 30 日，黄纪凯馆长（右四）、祁德贵副馆长（左二）出席单桂秋林女士、招思虹团队捐赠藏品仪式

思虹团队向博物馆捐赠了 1939 年和 1945 年美国发行的标注南海诸岛属于中国的地图册、清末民初的烟标以及见证中美关系正常化的冠军乒乓球拍等物品。

【基建收尾及设备维护工作】 2016 年，博物馆完成人防主管部门对博物馆人防工程的验收工作。督促总包及审计单位对总包方上报的工程结算报告进行审核，协调解决存在的问题，确保基建结算审核工作顺利推进。完成博物馆馆内设备日常维护维修的同时，对总包及各分包单位在前期工程施工中遗留下来的问题及隐患进行排查处理、督促整改。

【召开 2016 年华侨博物馆专业委员会年会】 9 月 15 日，中国博物馆协会华侨博物馆专业委员会 2016 年年会在成都世纪城新国际会议中心召开。中国华侨历史博物馆、广东华侨博物馆、华侨博物院、泉州华侨历史博物馆、江门五邑华侨华人博物馆等 16 个成员单位，共 40 余人参与了本次年会。会议由专委会主任委员、中国华侨历史博物馆馆长黄纪凯主持。会议首先进行了人事变动及新增成员单位入会议程，其后围绕多项议题展开了互动、交流与探讨。最后，黄纪凯馆长作了会议总结，回顾了专委会一年来的工作，并就拓宽、加深业务交流与合作的视野、领域、题材及形式，推动专委会工作制度化、规范化、常态化运作等方

9 月 15 日，中国博物馆协会华侨博物馆专业委员会 2016 年年会代表合影

面提出工作设想。

【严谨规范内部管理】博物馆扎实做好安全管理工作，严格执行安全值班制度，定期进行安全检查，确保博物馆馆舍安全、藏品安全、观众安全。完成博物馆筹建以来所有文件的整理、分类、立卷工作，进一步加强博物馆档案的规范化和数据化管理。在办公室设立人事科，完成新入职人员报到、培训及转正工作。建章立制，通过《钥匙（卡）管理办法（试行）》《馆区内活动人流和车流管理办法（试行）》《办公用品管理办法（试行）》《中国华侨历史博物馆安全责任书（试行）》，修改完善《博物馆作息与病事假制度（试行）》等制度。

【举行第二次博物馆消防安全知识竞赛暨消防演习活动】11月14日，博物馆举行第二次消防安全知识竞赛暨消防演习活动。消防演习中，在分别启动三级、二级、一级防火程序的同时，灭火抢险组、疏散引导组、后勤保障组、医疗救护组和综合协调组联动响应，迅速启动消防系统设备进行扑救，有效疏散观众，全力救治伤员。整个演习反应快速，处理到位，配合有序。消防安全知识竞赛共有来自博物馆及首华物业公司博物馆项目部的6支代表队参加，分为必答题、抢答题、互动题和风险题四个环节，题目涉及日常消防安全知识、初起火灾应急处置方法和发生火灾逃生自救等内容。

【做好党建工作】5月，博物馆召开全体党员大会，按照博物馆党支部“两学一做”学习教育活动计划，传达学习习近平总书记在中央政治局常委会会议审议“两学一做”学习教育方案时的讲话精神以及刘云山和赵乐际同志在“两学一做”学习教育工作座谈会上的讲话要点。此后，以集体学习讨论和普通党员讲党课的形式，开展学习教育活动。7月，学习党章党规和系列讲话。8月，学习习近平总书记在庆祝中国共产党成立95周年大会上的重要讲话。9月，学习《关于党内政治生活的若干准则》《中国共产党廉洁自律准则》《中国共产党纪律处分条例》《中国共产党党员权利保障条例》《中国共产党问责条例》。10月，根据直属机关党委《关于中共中国华侨历史博物馆支部委员会换届的批复》（中侨党委〔2016〕48号）及《中国华侨历史博物馆支部委员会换届选举工作方案》，召开全体党员大会，通过差额预选候选人和等额选举支委会成员，产生新一届支部委员会。11月，邀请全国政协原副秘书长，周恩来、邓颖超同志秘书赵炜来博物馆作了题为《学习周恩来，做合格共产党员》的党课报告。中国侨联主席林军，副主席董中原、李卓彬、康晓萍，中国侨联顾问林兆枢、王永乐、李祖沛、徐发淦、陈兰通、朱添华、郭麟恭、唐闻生、林淑娘、王宏以及机关、直属企事业单位党员、离退休老干部党员共计100余人出席专题报告会。

11月14日，博物馆消防安全知识竞赛合影

中国侨联公益事业管理服务中心

【领导成员名单】

主　任：何继宁

【综述】2016年是实施“十三五”规划的开局之年，中国侨联公益事业管理服务中心（以下简称“公益中心”）以中国侨联成立60周年为契机，以中央两个《意见》精神和《中国侨联改革方案》为指导，按照“两个服务”和“两个拓展”总要求，在中国侨联党组领导下，积极凝聚海内外侨界爱心力量和智慧，努力服务侨胞福祉、服务侨联工作、服务社会发展，拓展领域搭建平台，培植全国侨联系统公益力量，强化宣传管理监督，不断推进机构建设，积极规划、指导、协助、支持各地侨联和专项基金开展多项具有侨特色的公益活动，努力开创侨联公益事业发展新局面。

【实施“侨爱心工程”】2016年，公益中心继续实施“侨爱心工程”发挥公益平台作用，以兴学助教、健康医疗等领域为重点，巩固落实好已有项目，跟踪已签约项目，进一步发展新的捐赠人和拓展项目内容。第一，实施“侨爱心工程”助学助教，不断扩大“树人班”“珍珠班”资助规模，帮助品学兼优、家庭贫困的高中学生完成三年学业，打开迈进大学之门。全国侨联系统整合资源，2016年共资助“树人生”“珍珠生”20964名；在河南南阳举办侨爱心学校校长、班主任培训班和交流会，来自13个省16所合作学校的80余名“树人班”合作学校的校长和老师参加了系统培训；组织寒暑假大学生支教夏令营和城乡学生互学夏令营，数千名城乡学生参与其中，互相学习，互相帮助，共同进步。第二，拓展侨爱心项目的领域和范围，将医疗助困作为“侨爱心工程”的重要内容。在重庆举办全国侨联系统医疗助困公益项目培训研讨班，倡导通过实施医疗救助，医治一人，救助一家，努力服务精准扶贫；2016年，加大“侨爱心光明行”救助规模，为6300名贫困地区白内障患者实施免费复明手术；联合中国妇幼保健协会启动“全国婴幼儿血管瘤胎记公益筛查工程”，以成都市、绵阳市为试点城市，完成10万名新生儿的筛查，筛查出5000余名血管瘤胎记患儿，使血管瘤胎记患儿能实现早发现早治疗；通过联合开展和睦家爱心医疗、小水滴公益行动、蝴蝶之家、钢丝善行团救助行动等公益项目，为近千名残病孤儿、家庭贫困重病患者提供医疗救助、专业护理、术后寄养、临终关怀等全面帮助。第三，链家房地产公司太阳花资助贫困项目共资助学生132名，捐赠10.91万元；爱心图书馆项目捐赠28所，共捐赠87万元；在甘肃白银捐赠一所爱心小学，在青海捐赠两所“珍珠班”共计75万元。

【开展惠侨助侨行动】公益中心推进全国侨联系统公益事业开拓进取、创新发展。指导、推

7月19日，举办“树人班”项目负责人培训班

动中国华侨公益基金会代表处工作，加强与上海、江苏、湖南、重庆、浙江、广东等省市侨联基金会的项目合作，积极为各省市侨联筹集社会公益捐赠提供咨询、帮助和服务。推动和支持地方侨联设立基金会，进一步整合社会力量发展侨联公益事业，更好地凝聚和服务侨界群众。与中国侨联权益保障部合作，通过在全国侨联系统推动“365惠侨济困行动”、设立“中国侨联扶侨帮困”专项基金和“侨爱心健康光明行”走进侨乡活动，倡导全国侨联系统开展送温暖活动，以助困、助学、助业、助医、助乐、志愿服务等为内容，为特困归侨侨眷排忧解难，关心帮助侨界留守儿童、空巢老人。

2月25日，侨爱心光明行启动仪式在宁波举行

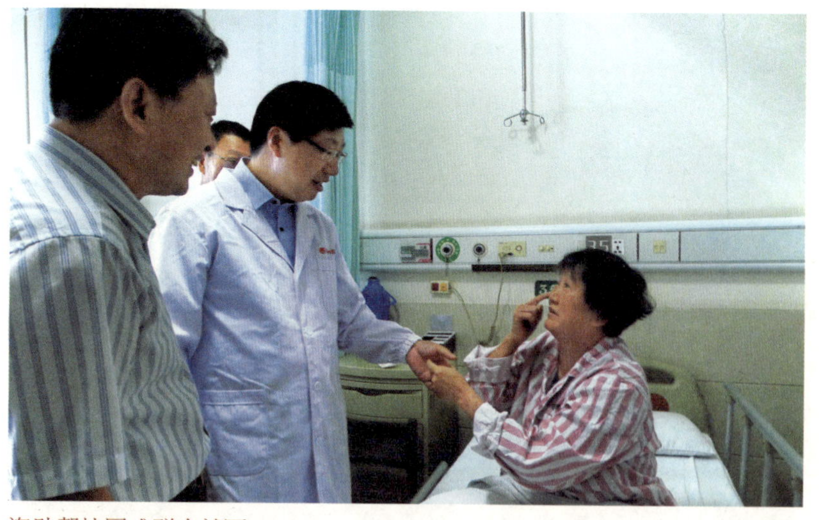
资助帮扶困难群众就医

【探望老归侨活动】公益中心和基金会连续19年探望老归侨。1月16日，公益中心工作人员驱车前往朝阳区大柳树康复中心探望归国华侨。工作人员送去了慰问金，还带去了老人喜爱的新鲜果篮。大家在一起聊时事、话家常，寒暄拜年，气氛温馨融洽。受访归侨表示，自己身体恢复得很好，精力也更充沛了，并感谢党、政府和侨联组织长期以来对他们的关爱。

【赴革命老区调研扶贫帮扶项目】4月19日—20日，公益中心主任何继宁、中兴守护宝基金秘书长李文辉等一行，赴江西省上饶县进行公益考察。考察组来到上饶县郑坊镇石峡村委会与镇、村干部进行座谈，并走访村小学。何继宁主任详细询问了村里老人医疗保险情况和留守儿童、孤寡老人情况，与大家一起分析村子贫困原因，表示将通过公益基金资助对村内老人和儿童做一些实际帮扶。考察组来到上饶县委宣传部与上饶县教育局、县一中校长就“树人班”项目进行座谈。校长首先介绍了学校生源分布情况和学校贫困学生比例，希望争取到“树人班”项目支持，目前正积极推进开班招生的前期工作。何继宁主任与学校共同探讨了资助贫困学生的实施办法，希望学校重视这些学生，落实好对他们的费用减免和资助款管理，为贫困优秀学子创造良好学习环境，让孩子们安心读书。何继宁还就“树人班”项目未来的发展规划与大家进行了讨论，表示要打造一个成熟的育人项目，向人才培养方面进行拓展和延伸。

【举行纪录片《闽南望族》看片会】6月4日，中国侨联主席林军，中国侨联副主席、福建省侨联主席王亚君，中国影视艺术协会执行主席贡吉玖与相关领导专家莅临佳信海坛控股集团北京公司，出席“21世纪海上丝绸之路”十集大型历史人文公益纪录片《闽南望族》看片会。中国侨联文化交流部部长刘奇、中国华侨公益基金会秘书长何继宁、中国侨联海外联谊部副部长李涛、福建省新闻出版广电局副局长庄志松、中央电视台纪录片制片人朱乐贤及纪录片出品单位相关负责人一同参会。2016 年是中国侨联成立 60 周年华诞，值此之际,《闽南望族》作为献礼纪录片倾情献映。纪录片通过展示闽南人的奋斗历史，把中国人的精神风貌展现给世界，让世界更了解中国，推动中华优秀文化的海外传播，凝聚全球华侨华人力量，共筑中国梦，创建全球华侨华人的文化品牌。同时，助推“一带一路”建设倡议，筑梦丝路，再造辉煌。在中国侨联、福建省侨联的指导支持下，《闽南望族》创作团队走访两岸三地及东南亚多个国家和地区，探寻海外侨胞这个移民群体的奋斗创业足迹，尤其展示了海内外闽南人的杰出风采和辉煌成就，探寻引领他们前行的家国精神，以及“海纳百川”的文化包容和“爱拼敢赢”的励志精神。在看片研讨过程中，与会领导和专家对这部纪录片给予高度评价，认为片子立意非常高，展现了“闽南望族”自强不息的拼搏精神和兼济天下的家国情怀。整体脉络清晰，结构严谨，同时视角广阔，既尊重历史，又立足当下，有专家视角，也有文化内涵，是一部制作精细的优秀纪录片。通过观看，基本了解了《闽南望族》制作团队和作品制作水平，认为主创人员思路清晰，脉络把握较准，资料翔实，制作水平值得称赞。《闽南望族》于 2015 年 1 月在北京开机，历经 18 个月拍摄制作。首播将于 2017 年在中央电视台纪录片频道（9 套）播出，后续也将在国内多家卫视频道和海外主流华语电视台播出。

【乔卫副主席出席 2016 中国（上海）国际青少年校园足球邀请赛】7 月 18 日晚，2016 中国（上海）国际青少年校园足球邀请赛决赛在上海金山体育中心进行。在现场观众的欢呼声中，喀麦隆暴风足球队以 2:0 战胜斯洛伐克日利纳队，夺得冠军。赛后举行了隆重而简朴的闭幕式和颁奖典礼。教育部副部长郝平，中国侨联副主席乔卫，上海市副市长翁铁慧，中国侨联副主席、上海市侨联主席沈敏等领导出席闭幕式。2016 中国（上海）国际青少年校园足球邀请赛由教育部、中国侨联、上海市人民政府联合主办，上海市教育委员会、上海市体育局、上海市侨联、中国中学生体育协会、上海市华侨基金会共同承办，以“活力青春，共筑梦想”为办赛理念，共有 16 支 U17 代表队参赛。闭幕式前，乔卫、沈敏等领导亲切看望慰问了侨领代表，对他们为本次足球赛作出的贡献表示衷心感谢。

7 月 18 日，乔卫副主席（后排右八）出席 2016 中国（上海）国际青少年校园足球邀请赛

【举办“树人班”项目负责人培训班】7月19日，中国侨联第七期“侨爱心学校”校长培训班暨第三期“树人班”项目负责人培训班在河南安阳开班，中国侨联公益事业管理服务中心主任何继宁、佳信海坛集团董事长林正佳、安阳市侨联党组书记、主席薛红出席了开班仪式。来自13个省16所合作学校的80余名“树人班”合作学校的校长和老师参加开班仪式，他们爱岗敬业，恪尽职守，都是奋战在“树人班”项目第一线的优秀教育工作者，将在这里进行为期5天的集中培训。参加开班仪式的还有安阳实验中学的100名“树人班”学生。仪式上，捐赠人代表林正佳先生说，华侨基金会搭建了这个助学项目平台，让他以及像他一样的人，有机会尽自己的一份爱心和力量，帮助那些需要帮助的优秀学子，完成他们的高中学业和大学梦想。作为这个项目的支持者，他希望可以在孩子们的人生关键时期扶上一把，让那些成绩优异、有梦想、有追求、有能力但家境贫寒的孩子，顺利完成三年高中学业，考上理想的大学。同时，也呼吁社会更多的人来关心祖国的教育事业，创造公平机会给到每一名学生，仁爱之心，点滴之恩，将化成一缕缕阳光，汇成一股股甘泉，温暖孩子们的心灵！何继宁指出，举办这样的培训班，是希望校长和老师们能够在培训中得到真正的收获。他谈到“四个提升”即提升理念即更新教育观念，拥有现代化和国际化的教育理念，增强对社会的贡献力，服务经济社会发展，办好人民满意的好学校，教育中比水平、比贡献，让社会评价教育、监督教育；提升管理即用科学的管理和高质量、高效益的管理，不断提高学校的办学水平和“树人班”育人的质量；提升素质即以高度的政治思想素质、良好的业务技能素质、深厚的人文文化素质、健康的身体心理素质，对学生科学引导，合理规划；提升知识即营造人文教学环境，积淀深厚的文化底蕴，提升办学品质，启迪学生心智，陶冶学生情操。本次培训既有优秀班主任分享带班经验、也有教育专家授课解惑，还有捐赠人的爱心寄语和安阳实验中学“树人生”的励志发言。来自不同地区的校长和老师们相互交流讨论，互鉴经验，不断提高“树人班”的教育质量，更好地推进项目开展。

【举行中国侨联公益慈善委员会筹备座谈会】9月27日，中国侨联公益慈善委员会筹备座谈会在北京举行。中国侨联副主席、中国华侨公益基金会理事长乔卫，中国侨联副主席、银帝集团董事局主席朱奕龙出席了筹备座谈会。参加会议的有王琳达、林正佳、郭泰诚、安全忠、程超辉、庞燕、钢子等海内外侨界慈善家，基金会专项基金代表，社会爱心人士等30多位长期致力于华侨公益慈善事业的人士。构想中的中国侨联公益慈善委员会是全球华侨华人慈善家、公益爱心人士、专家学者的联谊组织，是以团结凝聚五大洲侨界爱心人士、弘扬中华民族优秀文化、助力国内海外公益慈善事业、推动人类社会发展进步、展现华侨华人优良品质为宗旨的专业公益服务平台。中国侨联副主席朱奕龙就中国侨联公益慈善委员会的组建构想作了介绍。他谈到，中华民族是宽厚仁爱、乐善好施的民族，公益慈善事业在中国生生不息、源远流长。中国慈善文化随着华侨华人漂洋过海，在世界各地得以传承，与国际的公益文化相互交融。一方面，华侨华人情系故里、报效桑梓，为家乡的公益慈善事业慷慨解囊，为贫困地区和

7月19日，中国侨联第七期“侨爱心学校”校长培训班暨第三期“树人班”项目负责人培训班在河南安阳开班

贫困人群提供帮扶捐助；另一方面，通过与国际公益组织开展合作，推动中华慈善事业逐渐国际化、成熟化。“侨”这个群体，已成为推动中国公益慈善事业发展的一支重要力量，也是中国侨联公益事业不可或缺的资源宝库和独特优势。朱奕龙副主席还提到，作为一名归侨企业家，他深深体会到做公益、做慈善不只是捐款捐物这么简单，更不是施舍，而是人与人之间爱心的传递、心灵的沟通，让爱心不断传承和延续，是所有人共同的期盼。关于成立中国侨联公益慈善委员会的方案，王琳达、郭泰诚、安全忠、程朝晖、林少迈、沈伟娟、何宏兴、刘霞、刘蔚、陈小平等代表都踊跃发言，提出很多宝贵的建议，希望委员会能够组建一个专业化的团队，向年轻化和职业化发展，与国际接轨，产生更多的爱心捐款。发挥华侨华人优势，从形象、业绩、影响凸显全球性，倡导公益行动，进行慈善创新。认为成立公益慈善委员会将会进一步推动侨联公益慈善事业发展。大家希望，要有一个公益平台专门为包括广大海外侨胞、港澳台同胞及社会爱心人士参与公益慈善活动提供咨询和服务，助力国内海外公益慈善事业，为侨资企业履行社会责任提供支持和帮助，协力开展国内有关机构拓展海外公益慈善事业。会议由中国侨联公益事业管理服务中心主任何继宁主持。

【举办全国侨联系统“侨爱心光明行”暨医疗助困公益项目培训研讨班】 10月24日—28日，由中国侨联主办的“全国侨联系统‘侨爱心光明行’暨医疗助困公益项目培训研讨班”在重庆市召开。中国侨联副主席、中国华侨公益基金会理事长乔卫，重庆市政协副主席、致公党重庆市主委、重庆市侨联主席张玲，中国侨联公益事业管理服务中心主任、中国华侨公益基金会副理事长兼秘书长何继宁等出席培训研讨班。参加培训研讨班的有来自全国各省、自治区、直辖市侨联负责人和爱心企业等近130人。开班式上，中国侨联副主席乔卫在讲话中强调，医疗助困将成为中国侨联公益事业的主要内容。侨联做不了全部的事情，但我们做一件事就要把这一件事做实、做细、做成品牌。“侨爱心光明行”现在做成了侨联品牌，今后还要有更多的品牌项目拿出来，另外侨联公益慈善组织要进一步健全和完善各项工作制度和程序，全面贯彻落实各方面的规章制度。何继宁主任指出，侨联公益要紧紧围绕侨联工作去思考、去规划、去设计、去实施；要积极整合侨界和社会资源，使侨联公益成为侨联事业发展和创新发展的助推器；要把关注侨界困难群体、侨界民生、侨界发展作为出发点和落脚点，进一步深化“侨爱心工程”；要努力配合服务国家“一带一路”战略和外交大局，助力民间友好和中外人文交流。这次培训是为认真贯彻党的群团改革工作会议精神和中共中央办公厅《关于加强和改进新形势下侨联工作的意见》精神，进一步推进全国侨联公益事业发展，旨在通过经验分享、专项基金项目介绍和公益项目案例分析等方式方法，进一步帮助侨联系统的干部拓展思路、提升能力，鼓励和引导全国各级侨联在做好已有公益项目基础上，结合侨联工作特点和各地实际情况，努力探索侨联公益工作新思路、拓展创新侨联公益工作新模式，不断取得侨联公益工作新成效，更好地服务经济社会发展大局，更好地服务侨界群众，切实帮扶困难的侨界和社会群众。

10月24日—28日，由中国侨联主办的“全国侨联系统‘侨爱心光明行’暨医疗助困公益项目培训研讨班”在重庆市召开

【举行“远方的惦念—2017华侨华人春节联欢晚会”新闻发布会】11月10日，中国侨联在北京举行“远方的惦念—2017华侨华人春节联欢晚会”新闻发布会，中国侨联副主席、中国侨联新闻发言人乔卫介绍了晚会的总体思路、基本情况、主要特点和筹备进展。由中国侨联主办的这台晚会，以“远方的惦念”为主题，将围绕“祖国惦念你”和“海外游子情”的线索展开，远方亲人与故乡的相互惦念是整台晚会的主线。晚会将以纪实与文艺表演相结合的表现方式，以华侨华人独有的视角、全球各地异彩纷呈的地域元素、中华民族特有的文化气质和创新融合，呈现一台富有华侨特色的春节联欢晚会。晚会将于2017年1月18日在福建省福州市奥林匹克中心体育馆录制，并于2017年正月初一在东南卫视、海峡卫视和各大洲华人电视台同步播出，随后拟在中央电视台和其他媒体进行精编播出，给全国人民和全世界华侨华人带去新春的祝福和新年的愉悦。多年来，中国侨联一直以“祖国惦念你”为主题举办过多场华侨华人春晚，以此传达着祖国母亲对海外游子的思念，祖国对广大侨胞的惦念。今年的晚会以“远方的惦念”为主题，既是这一思路的延续，又增加了新的内涵；既表达祖国亿万人民对海外亲人的惦念关注，展现血浓于水的亲情牵挂，也凸显海外亲人对家乡故土的思念，表现中华文化的人文情愫；既表达故乡对远方亲人的惦念，又表达来自远方亲人对故乡的惦念。晚会将通过讲故事、诉真情、送祝福的方式，一方面呈现海外侨胞在异国他乡的精神面貌和故土情怀，另一方面展示祖国对海外侨胞隔山隔水隔不断的牵挂和惦念。这台晚会不是一台普通的综艺晚会，而是一台主题晚会。晚会展现远在他乡的海外侨胞对故土的惦念，也可以说是“来自远方的惦念”，展现中华儿女对家乡的深深眷念，表达华侨华人与故乡割舍不断的血脉亲情。晚会同时从另一个角度展现故乡对远在他乡的亲人的惦念，也可以说是“对远方的惦念”，祝愿他们在侨居国当地平安发展、融入当地，为中外人民友好作贡献。晚会将突出“侨”的特点，艺术展现华侨华人在异国他乡的点滴故事和丰富多彩的侨乡文化，真正把晚会做成一台“侨办、侨演、侨看”的特色晚会。为了完美体现中外文化互鉴共融，晚会导演组前期在全球华侨华人聚集地探访、寻找、发现、选拔凸显华侨华人文化的文艺节目。届时，优秀的节目或将邀请回国参演，或将在当地原汁原味进行录制，最后进

11月10日，乔卫副主席（右六）出席“远方的惦念—2017华侨华人春节联欢晚会”新闻发布会

行合成汇总。晚会由中国侨联主办，中国华侨公益基金会、福建省侨联、福建省广播影视集团、东南卫视、海峡卫视、侨联之友微信群、中侨佳信文化集团有限公司等单位共同承办，山水文园集团提供特别支持。

【整合资源发挥特色做好三个服务】一是规划和指导侨联公益事业发展，积极开展惠侨助侨行动。探索建立全国侨联系统分工协作的公益资源整合平台和公益项目培育实施体系。举办全国侨联系统医疗助困公益项目培训研讨班，倡导通过实施医疗救助，医治一人，救助一家，努力服务精准扶贫，更好地理解国家政策的导向，抓住政策的支持，做好项目设计，创新侨联公益模式，推进全国侨联系统公益事业开拓进取、创新发展。倡导全国侨联系统开展送温暖活动，为特困归侨侨眷排忧解难，关心帮助侨界留守儿童、空巢老人。积极为各省市侨联筹集社会公益捐赠提供咨询、帮助、合作和服务。二是推动和支持地方侨联设立基金会，进一步整合社会力量发展侨联公益事业，更好地凝聚和服务侨界群众。积极支持基金会各专项基金扎实有效工作，资助开展文教活动、医疗救助、学术研究、国际交流等。2016 年，指导基金会新设立 12 支专项基金。基金所涵盖的领域和范围不断拓展和延伸，扩宽了募集资金的力度和渠道，进一步提升了基金品牌的影响力和公信力。三是进一步整合资源发挥特色做好三个服务。侨联公益事业是侨联事业的重要组成部分，是侨联组织发挥职能、服务群众、整合资源、彰显作为的重要抓手。2016年，积极支持探索海外公益项目，引导华侨华人更好地融入和回馈当地社会。积极推动中外文化交流，资助举办第三届“世界华侨华人美术书法展”系列活动，增进海内外文化人士联谊，团结凝聚海内外艺术家共同弘扬中华文化。

【加强机构建设不断提高管理服务水平】公益事业发展，信誉是生命线，组织队伍建设和管理是基础，制度建设和有效监督是保障。2016 年，公益中心重视机构建设，不断强化管理监督，加强战略性、前瞻性问题研究，提高工作的针对性和科学性。加强党建工作和党风廉政建设工作，认真开展“两学一做”学习教育，通过“两学一做”学习，党员干部普遍受到一次深刻的党的宗旨和理想信念教育，在理想信念、精神面貌、工作作风、团结协作、法纪意识上得到了显著提升。加强干部的业务培训，努力构建一支政治好、视野宽、业务精、纪律严、作风正、能力强的工作者队伍。按照《民间非营利组织会计制度》的要求，做好日常财务工作。坚持财务审计和财务月报制度，主动接受侨联机关财务部门的监督。按照公开、透明、规范的原则要求，认真执行各项规章制度，加强创新能力建设，健全完善各项制度。在加强管理、严格自律的同时，不断强化社会监督，自觉接受主管单位和民政部的领导指导，主动接受社会、合作方、捐赠人、新闻媒体、政府的监督和独立第三方的评估，接受审计部门的审计。努力做到捐赠者满意、受助者高兴、主管部门放心、社会公众好评。

中国华侨历史学会

【领导成员名单】

会　长：林　军

副会长：（以姓氏笔画排序）

王辉耀　方雄普　龙登高　庄国土　李安山　李明欢（女）　李　崴　李祖沛　吴小安　张应龙　张春旺　林明江　赵红英（女）　谢小建　董中原

秘书长：张秀明（女）

8月2日—3日，中国华侨历史学会第七次会员代表大会在北京召开，选举产生了新一届领导班子。

会　长：林　军

副会长：（以姓氏笔画排序）

龙登高　庄国土　李安山　李明欢（女）　李鸿阶　吴小安　张应龙　张国雄　张春旺　张禹东　张振江　赵红英（女）　程学源　谢小建　董中原

秘书长：张秀明（女）

【综述】2016年，中国华侨历史学会紧紧围绕党和国家工作大局、侨务工作全局，认真学习贯彻党的十八大和十八届三中、四中、五中、六中全会精神，深入学习习近平总书记系列重要讲话精神，努力推进新时期华侨华人研究工作的开展，积极开展学术交流，大力推进自身建设，各项工作均取得良好成绩。

【召开中国华侨历史学会第七次会员代表大会】8月2日—3日，中国华侨历史学会第七次会员代表大会在北京召开。中国侨联主席、党组书记、学会会长林军出席会议并作工作报告。中国侨联副主席、党组副书记、中国华侨历史学会常务副会长董中原主持会议。会议总结了中国华侨历史学会过去五年的工作成果，提出了今后五年的工作设想。会议审议通过了林军同志代表中国华侨历史学会第六届理事会所作的工作报告，选举产生学会七届理事会理事146名。七届理事会第一次会议选举林军为中国华侨历史学会七届理事会会长，董中原为常务副会长，龙登高、庄国土、李安山、李明欢、李鸿阶、吴小安、张应龙、张国雄、张春旺、张禹东、张振江、赵红英、程学源、谢小建为副会长，张秀明为秘书长，以及常务理事75名。同时，还举行了“国际视野下的华侨华人”学术研讨会，由知名专家学者介绍了华侨华人研究领域的最新研究成果和理论思考，紧扣时事热点问题，研究视野开阔，论证贴切严密，分析鞭辟入里，使华侨华人研究学界对相关问题有了更为深刻的认识。

8月2日，中国华侨历史学会第七次会员代表大会在北京召开，林军主席（前排中）、董中原副主席（前排左四）等出席会议

【打造精品系列书籍】在众多专家学者的大力支持和参与下，2016年“侨史工程”“中国华侨历史学会文库”系列出版了多种书籍。“侨史工程”系列出版了2011—2013年度中国侨联课题重点项目成果，厦门大学范宏伟教授所著《缅甸华侨华人史》一书，该书填补了侨史学界尚无一本专门、全面研究缅甸华侨华人历史学术著作的空白。“中国华侨历史学会文库”系列出版了《陈嘉庚研究国际学术研讨会论文集》《铁军侨魂》《乡情绵绵不尽—华侨华人研究文集》等书籍。针对地方侨史研究较匮乏的情况，还开辟了“地方侨史文丛”系列，加强国内地方侨史研究，目前已出版《春城侨海情—昆明归侨口述录》。

《铁军侨魂》　《乡情绵绵不尽》

【资助出版华侨华人研究相关书籍】中国华侨历史学会专注出版华侨华人研究方面的书籍。2016年，资助出版了广东省南洋归侨联谊会会长杨国贤及夫人姚盈丽共同编著的《南侨机工英名录》，该书全书图文并茂、内容翔实，厘清了多年来困扰南侨机工研究的机工人数问题，刻画了南侨机工队伍的英雄群像。10月，资助福建省漳州市华侨历史学会编辑出版了展现华侨抗日女英雄李林一生的《华侨女英雄李林》画册。此外，侨研所资助出版的《越南华侨华人史》《国际移民政策与治理》《在侨史学会的岁月》《美国华侨华人寻梦今昔概说》等书籍正在编校中。

《南侨机工英名录》

【联合举办第七届“国际华商·清华论坛”】5月19日—21日，学会与清华大学华商研究中心共同主办第七届“国际华商·清华论坛”。该论坛由新加坡南洋理工大学南洋公共管理研究生院、加拿大怀亚迅大学加拿大—中国商务与发展中心、澳大利亚昆士兰大学亚太华商研究中心协

5月19日，学会与清华大学华商研究中心联合举办第七届“国际华商·清华论坛”

办，河北新区管委会承办。来自世界各地的30余位专家学者、海外华商、海内外媒体记者参加了本次论坛，共同探讨海外华商的历史、现状和发展。

【派员参加第九届世界海外华人研究学会学术会议】7月6日—8日，世界海外华人研究学会（ISSCO）在加拿大温哥华召开了第九届海外华人研究学术会议，此次会议的主题是“形塑中的认同：当代与历史之华人移民”。中国华侨历史学会派员参加了此次研讨会，李章鹏、张焕萍、路阳、王祎、胡修雷分别提交了会议论文《清末中荷两国关于华侨国籍的交涉对印尼华侨认同的影响初探》《冷战初期美国对东南亚华人的宣传战（1949—1964）》《抗战时期北京伪“华侨协会”之研究》《外国迁移人口对俄罗斯经济增长的影响研究——基于灰色系统理论分析》《从“印尼村”现象看华侨农场归难侨的文化再适应》并做宣讲。世界海外华人研究学会成立于1992年，致力于推广华人移民历史与当代议题研究，拥有来自100多个国家和地区的会员。该学会每三年定期举行一次全球性国际会议，期间召开两次地区性研讨会，是世界各国华人研究领域的学者进行学术交流、加强学术探讨的重要平台。2016年ISSCO国际研讨会是近25年来第一次在北美洲举行。此次研讨会由不列颠哥伦比亚大学（UBC）负责召集并主办。维多利亚大学、列治文图书馆以及加拿大移民博物馆等多家相关机构参与协办。来自亚洲、欧洲、大洋洲和美洲的200多名研究人员参与了本次大会，是一次真正的学术会议，加上媒体以及其他参会人士，与会人数达300人。

【联合举办“比较视野下的俄罗斯华侨华人”学术研讨会】7月19日—21日，学会与黑龙江省侨联联合举办“比较视野下的俄罗斯华侨华人”学术研讨会，来自《人民日报》、厦门大学、暨南大学、五邑大学等各高校及研究机构以及黑龙江省侨联、黑河市侨联的40余位专家学者出席会议。本次会议有三个特点：专、广、新。专，即以一个国家中的华侨华人研究为主题开展的全国性研讨会，是华侨华人研究领域的首例；广，即本次研讨会内容涉及面广，包括了社会科学领域的所有学科，是一次内容非常丰富的会议；新，即本次研讨会年轻学者多，基于实地调研的一手资料新、数据多。

7月19日—21日，学会与黑龙江省侨联联合举办“比较视野下的俄罗斯华侨华人”学术研讨会

7月6日—8日，派员参加第九届世界海外华人研究学会学术会议

【联合举办《仁川中华街照片展：老街巷，小故事》图片展】11月17日，由韩国国立仁川大学、清华大学华商研究中心、清华大学图书馆、中国华侨历史学会共同主办的《仁川中华街照片展：老街巷，小故事》图片展在清华大学图书馆李文正馆开幕。本次展览共展出关于韩国华侨历史和生活的照片200张，档案实物资料20余件。所有展品由仁川华侨协会及仁川大学中国学术院在大量历史资料中发掘、整理，耗时近四年筛选而来，对探究韩国华侨、中国城、东亚贸易史具有重要意义。

中国华侨公益基金会

【领导成员名单】

理 事 长：乔 卫

副理事长：何继宁　刘　奇　庄少卿
庄永兴　何宏兴　沈伟娟（女）
林少迈　林龙安　姚志胜
程超辉　颜宝铃（女）

秘 书 长：何继宁（兼）

【综述】2016年，中国华侨公益基金会（以下简称“基金会”）以中国侨联成立60周年为契机，以中央两个《意见》精神和《中国侨联改革方案》为指导，按照“两个服务”和“两个拓展”总要求，根据理事长制定的发展规划，积极凝聚海内外侨界爱心力量和智慧，努力服务侨胞福祉、服务侨联工作、服务社会发展，拓展领域搭建平台，培育项目发展品牌，整合资源创新渠道，扩大规模优化效益，强化宣传管理监督，不断推进机构建设，培植全国侨联系统公益力量，到账社会捐赠款物1.88亿元人民币。支持各地侨联和专项基金开展多项具有侨特色的公益活动。

【推动服务专项基金工作】2016年，基金会加强对已有专项基金的管理和服务工作，积极支持设立新的专项基金，使基金会工作不断向促进社会进步的公益领域拓展。基金会新设立归侨侨眷养安享专项基金、小水滴新生专项基金、德达心康公益基金、潮商学公益基金、中国美术国际交流公益基金、东南亚发展专项基金、钢丝善行团公益基金、国际艺术发展基金、千方公益基金、特殊教育公益基金、爱乐者文化艺术发展专项基金、晋中金桥爱心公益基金、双创帮扶事业公益基金、青少年梦想公益基金等14支专项基金。目前，基金会管理的专项基金已达55支，基金所涵盖的领域和范围不断拓展和延伸，扩宽了募集资金的力度和渠道。各专项基金资助开展扶贫帮困、学术研究、文化活动、论坛出版、国际交流、医疗救助、助残帮扶等活动。希望之翼专项基金关心帮扶麻风村项目、胜记仓爱心基金资助广东非遗文化活动、正心正举·中国医院院长人文素养高级研修班项目、和睦家爱心基金资助医疗项目、阳光爱心基金资助项目、中兴守护宝基金捐赠公益活动、南桥机工项目、蓝丝带助残基金公益活动、护疆和平基金公益展、陈金荣文教专项基金志愿培训活动、崇世爱心基金支教项目、华人当代艺术发展基金资助文化项目等都取得良好效果，进一步提升了基金品牌的影响力和公信力。

9月24日，崇世励学支教项目在云南开展支教帮扶活动

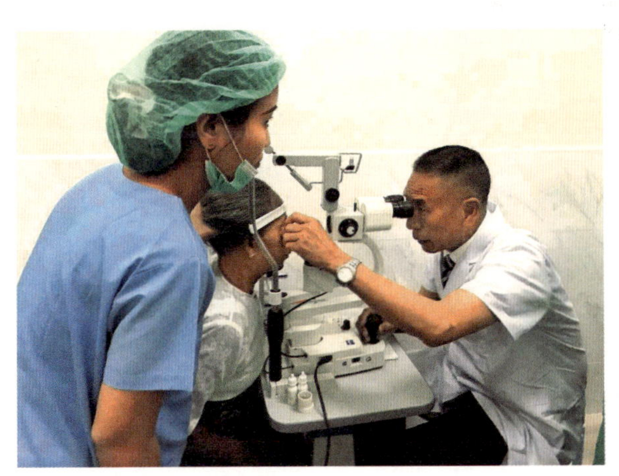

医疗队为白内障患者检查

【开展中外文化交流】基金会资助举办第三届“世界华侨华人美术书法展”系列活动，近百名华侨华人艺术家应邀回国参加展览开幕和交流笔会等活动。通过活动展示海内外华人书画家创作成果，增进海内外文化人士联系联谊，团结凝聚海内外艺术家共同弘扬中华文化。展览自2016年5月面向全球征稿，短短两个月时间，组委会共收到来自45个国家和地区1000余名华侨华人艺术家选送的作品4000余幅。7月中旬，经由中国美协、中国书协和中国侨联推荐的书画专家组成的评委会对所有作品进行了评选，共有164幅作品入选，其中美术作品105幅，书法作品59幅。同时，组委会特邀海内外美术、书法名家和社会知名人士书画作品106幅参展。资助举办“北美画院优秀作品展”和“中国美术海外发展研讨会”。北美艺术家代表团一行四十余人，专程由美国赴北京出席相关活动。与会的国内外艺术家就贯彻党和政府“文化强国”战略、发挥侨界艺术家的优势与西方艺术界交流对话、积极推动中国美术走出去、推进中华文化和弘扬社会主义核心价值观等议题展开了深入研讨。

10月9日，基金会推动开展海外公益，用教育在塞尔维亚搭起一座中塞友谊之桥

9月27日，举办第三届“世界华侨华人美术书法展”系列活动

【支持探索海外公益项目】以弘扬中华慈善文化、倡导华侨华人人文精神、展示华侨华人美好形象为宗旨，基金会积极支持探索海外公益项目，引导华侨华人更好融入和回馈当地社会。资助举办“缅甸光明行”活动，组织国际援助医疗队在一周的时间内，为当地200名贫困白内障患者免费实施复明手术。缅甸总统吴廷觉与夫人、缅甸卫生部部长敏吞等缅甸政要出席活动启动仪式。吴廷觉总统充分肯定了此次活动的意义，认为这是对已经十分密切的中缅友谊的进一步强化。当地华侨华人积极参与和配合此次活动，认为这是中国侨联服务“一带一路”建设、推动民心相通的务实举措，也将优化华侨华人生存发展的外部环境。2016年初，基金会联合侨资企业怡海集团向塞尔维亚捐赠33万欧元，用于支持当地Pora幼儿园的援建。该幼儿园是首个中国侨商在“一带一路”上捐建的幼儿园，可解决当地200名儿童入园。为传达中塞两国人民的友谊和教育文化的交流，园内还将进行中国元素的装饰，开设中文课程等项目。经中国侨联批准，华侨基金会设立国际钢丝善行团联络委员会，支持目前中国最大的网络志愿者捐赠组织“钢丝善行团”在海外华侨华人中发展网络会员，倡导每人每天捐1元钱，用最简单的方式行善劝善，用不会影响自己生活的1元钱去改变和温暖世界，依法依规参与当地公益慈善活动。

【开展侨爱心光明行走进侨乡系列活动】2016年，公益中心、基金会联合地方侨联，通过惠侨助侨行动，在湖北、云南、甘肃、重庆、宁波、韶关等省市为6300名贫困地区白内障患者实施复明手术。活动得到了爱心人士的积极参与，侨资企业名扬集团为侨爱心光明行公益活动捐资20万元，定向帮助重庆市綦江区贫困白内障患者实施复明手术。几年来，侨爱心光明行活动在实践中不断探索、总结经验，与合作医疗机构加强配合，发挥各自优势，实施项目化管理，实行社会化、事业化、品牌化运转，争取在全国侨联系统做出示范，扩大受助群体的覆盖面。

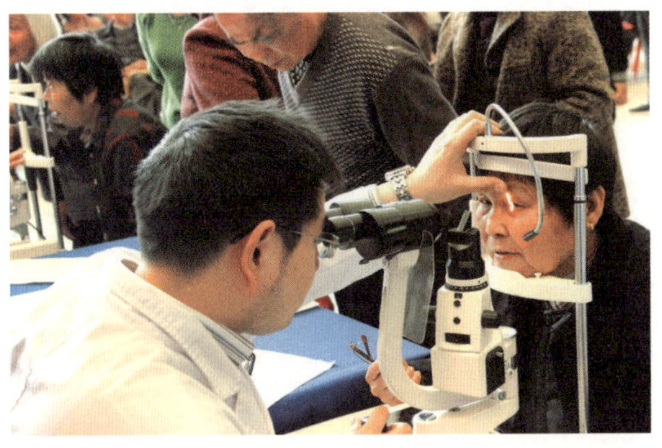

4月10日，开展光明行活动，为白内障患者实施术前筛查诊疗

【加强与国际慈善组织的联络合作】2月27日，何继宁秘书长会见了蝴蝶之家英国首席执行官Lynda女士一行，表达了侨基会将支持蝴蝶之家发展的意向，就今后双方合作及蝴蝶之家的运行提出建议。蝴蝶之家是由长沙市第一社会福利院和英国慈善基金会“中国孩子”共同建立的国内首个儿童临终关怀中心。7月18日，何继宁秘书长接待了比利时（TWE）辅助生殖非营利组织专家来访团，双方探讨了中国非营利组织发展情况，就公益项目国际合作进行了深度探讨，欢迎比方好的公益项目和先进的科技项目与基金会合作的意愿。

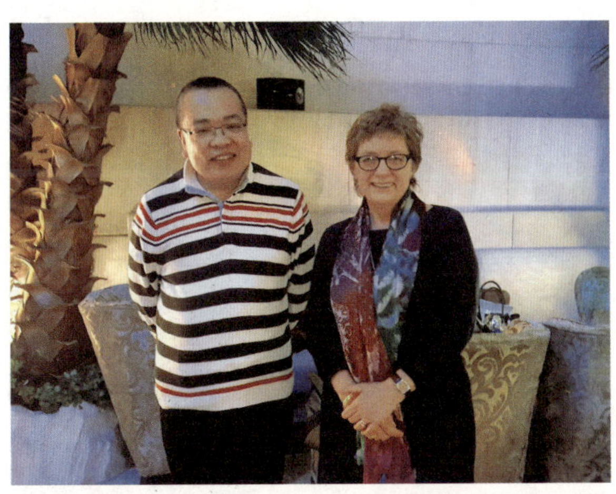

2月27日，何继宁秘书长（左）会见蝴蝶之家英国首席执行官Lynda女士一行

【参与支持公益类节目】3月7日，何继宁秘书长参加中央电视台《社会与法》频道大型纪实类公益节目《社区英雄》，支持全国各地为社区服务的公益项目。节目以志愿互助为主题，展现基层建设成绩和温暖互助的社会氛围，秉承“创新、协调、绿色、开放、共享”的发展理念，第四季《社区英雄》节目共拍摄了14个公益项目，重点关注生命观、资源循环等对未来社会生活有引领价值的内容，同时通过青年返乡创业、乡土教育、留守儿童关怀、留守妇女扶贫、山村老人医疗服务等项目扶持乡村重建。

【蓝丝带助残基金开展公益活动】3月20日—24日，蓝丝带一行赴贵州考察残障学校，与部分残障学校师生进行交流互动。蓝丝带队员说，在和加拿大、美国包容残疾儿童进普通学校的方式对比下，队员们被中国建立的为残疾儿童锻炼实用技能的全残疾学校所震惊。加拿大和美国注重治疗，而中国注重实用能力的培训。这个区别也让大家深深感受到了不同文化的差异。25日—26日，中国侨联副主席、中国华侨公益基金会理事长乔卫等出席了在北京举行的研讨会，会议由何继宁秘书长主持。会议上，队员们展开了别开生面的讨论，获得了丰富的知识。活动之前，队员们并没有真正了解到残疾儿童在中国的处境，只是片面认识到了西方社会与残疾儿童共处的方式。通过参观学习，大家亲眼看到了中国对于这些孩子的关心和有效照顾。通过这次活动，接触到了中国各界社会人士，为大家的爱心善举所感动，更加深刻理解了自己的根，加深了对祖国的热爱之情。来自加拿大、美国、韩国等国家的蓝丝带代表团的10余名华裔青少年与20余名国内队员及志愿者参加了活动。

【召开基金会五届十二次理事会】3月26日，基金会召开五届十二次理事会会议，会议审议了《中国华侨公益基金会2016年工作计划》的报告。大家认为报告内容翔实，反映了中国华侨公益基金会在实施“侨爱心工程”、开展中外文化交流、探索海外公益项目、发挥专项基金作用、扩大公益宣传、参与公益活动、为捐赠人服务、加强管理等方面所做的工作，体现了基金会的宗旨和开拓创新的精神。会议通过了这一计划报告。中国华侨公益基金会理事长乔卫，副理事长何继宁、刘奇、庄少卿、庄永兴、何宏兴、沈伟娟、林少迈、林龙安、姚志胜、程超辉，理事王乐茵、刘霞、邵诚、陈驰、姚国华、郝彬、徐大群、袁卓京、林正佳、林冠标，监事耿诚聪、高天仕参加会议。

【资助举办文化艺术推广公益活动】3 月 31 日，由中国华侨公益基金会华人当代艺术发展基金指导，国家艺术基金资助，幸福树艺栈投资管理（北京）有限公司主办、树美术馆承办的“繁星计划—当代青年艺术家推广活动”北京站首展“我们沿着星辰出发”在北京树美术馆开幕。“繁星计划—当代青年艺术家推广活动”是 2015 年度国家艺术基金传播交流推广资助项目，由中央美术学院教授、第 55 届威尼斯双年展中国国家馆策展人王春辰先生担任学术主持，树美术馆馆长张航先生为策展人,《艺术》杂志出品人刘霞女士为本次展览的出品人。“繁星计划”发起自 2012 年，坚持“艺术在生活中生长”的信念，至今已举办过三届系列活动。“繁星计划”主要以华人青年艺术家为主体，鼓励青年艺术家在生活中找寻艺术的根基，并将艺术融入生活。同时跨界联合多家机构为青年艺术家的创作及发展提供长期支持。三年累计吸引全国近 5000 人次的青年艺术家参与，国内外约 200 家媒体进行了宣传报道。

【乔卫副主席出席世界自闭症日点亮蓝灯活动】4 月 2 日是第 9 个“世界自闭症日”，当晚，水立方为自闭症儿童点亮外膜蓝灯，借此呼吁全社会对自闭症群体的关注和关爱。同时，水立方于当日正式宣告成立青少年成长中心，未来将致力于为包括自闭症儿童在内的广大青少年提供施展才华的广阔空间。中国侨联副主席乔卫、中国华侨公益基金会副理事长兼秘书长何继宁出席了活动。乔卫表示，再次来到“水立方”，感到非常熟悉和亲切。“水立方”作为唯一由华侨华人和港澳台同胞捐建的奥运场馆，除了凝聚着海外同胞浓浓的赤子心，还因为成功举办了近百场社会公益活动，成为名副其实的“公益之馆”。人们常说：“老吾老，以及人之老；幼吾幼，以及人之幼”，这句话用在今天，尤为合适。因为社会的进步、公益的发展、对弱势群体的帮扶，需要的不仅是同情，更多的是同心；不仅是感动，更多的是感受。自闭症孩子的生命和我们所爱的人毫无二致，具有同等价值。他们应该和同龄的青少年在一起成长。我们倡导通过社会爱心

4 月 2 日，乔卫副主席（左二）出席在水立方举办的世界自闭症日点亮蓝灯活动

人士、团体、非政府组织、公益慈善组织之间高效的信息交流与合作，将各种公益力量和资源更直观、更直接地服务于青少年尤其是特殊青少年群体，让青少年的健康成长得到更多人的关注，让拥有爱心的人找到合适的帮助对象，达到公益效率最大化和最优化，共同为特殊青少年筑就一个健康、快乐的成长平台。乔卫副主席在现场呼吁：今时今日，此时此刻，我们不关注国际政治、世界格局，不关注工作事业、货币金融，甚至不关注衣食住行、民生百态—我们只关注孩子们，每一个孩子都是特殊的，他们承载着今天的希望，也必然成为未来的主角。

4 月 15 日，中国侨联顾问唐闻生（中）出席“亲情中华・走进傅山”摄影展

【世界华侨华人摄影展在山东傅山展出】 4 月 15 日，由中国侨联主办，中国华侨摄影学会、中国华侨国际文化交流促进会、中国华侨公益基金会、中国侨联青年委员会、山东省侨联、傅山村委会共同承办，淄博市侨联协办的“亲情中华・走进傅山”第二届世界华侨华人摄影展在全国文明村、山东省新农村建设典型淄博傅山村开幕。中国侨联顾问唐闻生、中国侨联文化交流部副巡视员郭敏燕、淄博市委常委许建国、山东省侨联副主席李兴钰、淄博市政府外侨办党组书记、主任田建民等出席开幕式。《亲情中华—世界华侨华人摄影展》曾于 2014 年 4 月首次走入傅山村，受到广泛好评。这次中国侨联再次将这一代表全球华人摄影界高端水平的摄影艺术展带到我国农村最基层的村级单位展出，是响应党中央号召送文化下基层的具体行动，希望通过摄影这一最普及的艺术形式，更好地展示侨界摄影爱好者的风采，弘扬中华文化、促进中外交流，这不仅给全村的乡亲带来了摄影艺术的享受，对促进乡村文化产业的发展很有帮助，也丰富了农村业余文化生活。

【正心正举专项基金】 4 月 26 日，由国家卫生计生委人才交流服务中心主办，北京正心正举应用科学研究院、清华大学共同承办的第 8 期“正心正举・中国医院院长人文素养高级研修班”在清华大学开班，近 60 位三级医院院长、副院长等参加培训。开班仪式上，来自国家卫生计生委、中国华侨公益基金会、北京正心正举应用科学研究院等单位的领导，分别就当前医疗卫生领域所关心的最新政策导向、学术研究和公益事业发展等内容发表讲话。参加研修的各位院长纷纷表示，医务人员医学人文素养的提升和科学的认知体系的创建，对于缓解当前医患矛盾，营

4 月 26 日，“正心正举・中国医院院长人文素养高级研修班”在清华大学开班

造和谐医疗生态环境将起到重要促进作用。研修班系列课程对于医院管理者进行跨界思维、提升思维力、修正思维模式和行为模式、改进医院管理模式和运作方式、打造和谐医院都有巨大启发作用。据悉，研修项目由中国华侨公益基金会设立的“正心正举”专项公益基金提供支持，由北京卫生人才培训中心和清华大学心理学系共同负责，2016 年共将举办四期。

【基金会获评 2015 年度“中国公益基金会榜 TOP15”】 4 月 28 日，第十三届（2016）中国慈善榜在北京发布。本届揭晓了首善奖、终身成就奖、特别贡献奖、慈善领袖、十大慈善家、十大慈善企业、基金会榜单及明星慈善榜等奖项。同时，会上发布了《2015 中国慈善捐赠发展蓝皮书》。第十届全国人大常委会副委员长司马义·艾买提，中国社会工作联合会荣誉会长徐瑞新，中国社会工作联合会会长宫蒲光，中国侨联副主席、中国华侨公益基金会理事长乔卫出席活动，并为获奖嘉宾颁奖。中国华侨公益基金会进入公募基金会 TOP15 榜单。基金会秘书长何继宁在领奖台上表示：很高兴看到侨界这么多爱心企业和慈善家出现在这个慈善榜单中，他们为弘扬中华民族传统美德和繁荣中国慈善事业起到了积极作用，华侨基金会将携手侨界力量，互通发展，打造更好的公益服务平台。中国华侨公益基金会 2015 年度捐赠收入 7597.76 万元，捐赠支出 6179.26 万元，捐赠收入位居全国公募基金会第十五位。在颁奖典礼上，由中国华侨公益基金会推荐的澳门施美兰集团董事局主席、中国侨联常委罗掌权先生荣获十大慈善家称号。2015 年，罗掌权先生通过华侨基金会向延安新区高级中学分别捐赠 1000 万元和 200 万元。组织开展了港澳学生学习延安精神的交流学习等公益活动，年度累计捐赠 1731 万元。另外，世茂集团董事局主席、中国侨联副主席许荣茂，把公益当作终生事业，带领世茂集团累计捐款超过 10 亿元，获得终身成就奖。完美（中国）有限公司董事长古润金，带动企业、员工、伙伴共同参与慈善事业，以及世纪金源集团董事局主席、中国侨联常委黄如论，捐出大部分财产，共同获得最具影响力慈善领袖。中国慈善排行榜是由公益时报社自 2004 年开始每年编制发布的中国慈善榜，以寻找榜样的力量、弘扬现代公益精神为宗旨，已成为目前中国公益领域最具影响力的品牌活动，每年的颁奖盛典也成为了最受关注的公益年度盛事。

【陈金荣文教专项基金支持开展志愿者培训】 5 月 19 日—20 日，为提升三线城市志愿者协会的组织能力，提升志愿者组织服务的规范化水平，由中国华侨公益基金会陈金荣文教专项基金

4 月 28 日，乔卫副主席（左五）出席 2016 年度中国慈善榜发布活动

5 月 19 日，陈金荣文教专项基金为学子颁发助学金

资助，国内知名志愿服务专家、和众泽益志愿服务中心创始人王忠平博士亲赴山东省日照市和福建省莆田市，对当地的志愿者协会进行了系统和专业的培训。7 月 20 日，由陈金荣文教专项基金支持，亚太森博（广东）纸业有限公司与羊城晚报集团联合主办的城乡学生暑假互助体验活动在广东省江门市新会区梁华济学校举行了别开生面的闭营和助学金发放仪式。近百名师生、家长见证了这一激动人心的时刻，受助学生表示要珍惜机会努力学习，要懂得感恩，以优异成绩回报大家的关爱，将来为国家的建设和发展多作贡献。

【设立“潮商学”公益基金】 5 月 20 日，“潮商学”公益基金签约暨捐赠仪式在中国侨联新闻发布厅举行。中国侨联副主席、中国华侨公益基金会理事长乔卫，全国人大华侨委原副主任委员、致公党中央原副主席、中国侨联原副主席王宋大，国务院侨办原副主任、全国政协港澳台侨委员会原副主任张伟超，北京大学中文系教授、教育部长江学者特聘教授、中央文史研究馆馆员陈平原等出席了此次活动。本次活动由中国华侨公益基金会副理事长兼秘书长何继宁主持。乔卫副主席在仪式上发表致辞。他指出，自古以来，潮商就是中国商界不可忽视的一股力量，潮商感恩、诚信、互助精

5 月 20 日，乔卫副主席（前排右六）出席“潮商学”公益基金签约暨捐赠仪式

神造就了潮商的财富。“潮商学”公益基金的设立，在发扬潮商热心公益事业传统的同时，鼓励潮商继续在国家经济社会发展方面积极作为，特别是在配合“一带一路”倡议方面发挥独特作用。他希望“潮商学”公益基金严格按照基金会的宗旨开展活动，专款专用，接受社会监督。“潮商学”公益基金是由李闻海先生倡议发起的，设立在中国华侨公益基金会的公益项目，旨在发扬潮商热心公益事业传统，研究潮商在中国乃至世界经济文化发展中的历史作用，鼓励潮商继续在国家经济社会发展中发挥独特作用。基金将主要用于资助潮商课题的研究、表彰杰出的潮商课题专家，帮助贫困大学生完成学业，推动公益理念在海内外的拓展和传播等相关公益活动。

【笑玮儿童血管瘤胎记治疗基金】5月27日，基金会联合中国妇幼保健协会主办的“全国婴幼儿血管瘤胎记公益筛查工程（四川省）启动暨第一期婴幼儿脉管异常类疾病（血管瘤胎记）筛查技术培训会议”在四川省正式启动，四川省成都市、绵阳市为试点城市，率先开展此项工程。2016年，预计将完成两市70%即10.5万新生儿的筛查，按照5%发病率计算，大约能筛查出5250名血管瘤胎记患儿。据了解，开展此项工程对我国具有重要意义。据国外相关数据统计，新生儿血管瘤发病率为1.1—2.6%，出生后一年的发病率约为10%，而中国血管瘤胎记发病率等流行病学数据尚属空白，在国际相关领域缺乏话语权，实施公益筛查工程，将对提升我国在本领域的国际软实力具有重要意义。更为重要的是，此项工程能使我国血管瘤胎记患儿早发现早治疗，提高新出生人口素质。

【乔卫副主席出席毕加索走进中国艺术展启幕仪式】5月28日，由山水文园集团、中国华侨公益基金会、意大利Metamorfosi文化艺术协会、时尚集团、保利拍卖联合主办的“毕加索走进中国”艺术展启幕式在北京山水美术馆启幕。中国侨联副主席乔卫出席活动。据悉，这是北京历史上第一个展出数量空前、价值最高的毕加索精品原作展，大部分作品属首次在京公开展出。这是一次中西方艺术的典型传承与融合，也是一次有意义的中外文化交流活动。本次共展出了83幅毕加索原作，来自5个国家的8位著名收藏家，覆盖其早、中、晚全部创作周期，艺术形式横跨油画、版画、素描、手稿、雕刻、陶瓷六大艺术领域。中国侨联常委、中国华侨公益基金会爱心捐赠人、山水文园董事局主席李辙说，他将为民众带来更多高水准的世界艺术，把山水艺术大道打造成北京的新艺术高地和城市文化名片。

5月28日，乔卫副主席（前排右五）出席毕加索走进中国艺术展启幕仪式

5 月 31 日，乔卫副主席（前排右六）出席“国际艺术发展基金”签约暨捐赠仪式

现场，泉州校友会向“阳光爱心基金”捐赠人民币一万元，定向用于资助美术学院学生周志伟。华侨大学“阳光爱心基金”由基金会副理事长庄永兴先生发起设立，计划分 6 年捐资人民币 300 万元，用于资助因重大疾病、突发事件等原因而遇到阶段性困难的学生。华侨大学阳光爱心基金目前已经资助了 3 批学生，共计 23 人，资助总金额达 16.5 万元，并启动了紧急情况申请绿色通道。2015—2016 学年第二学期申请于 5 月 31 日完成评审，正在进行公示。该基金属于开放式的公益基金，其他企事业单位、社会组织、政府以及个人皆可为基金捐赠，并希望华侨大学学生特别是受过资助的学生能在力所能及的情况下爱心反哺，将慈心善举传递下去，帮助更多需要帮助的学生。

【设立国际艺术发展基金】5 月 31 日，“国际艺术发展基金”签约暨捐赠仪式在中国侨联新闻发布厅举行。中国侨联副主席、中国华侨公益基金会理事长乔卫，中国艺术研究院美术研究员、中国美术家协会会员、劳特斯辰国际文化艺术投资有限责任公司董事长、基金捐赠人陈亚莲女士出席活动。乔卫副主席代表中国侨联、中国华侨公益基金会在仪式上发表致辞。他谈到，艺术是对真善美的追求，是艺术家对客观世界的认识和反映，也是艺术家情感、理想和价值观的体现。这种精神是没有国界，不受语言阻碍的。“国际艺术发展基金”的设立让很多执着于艺术的侨界艺术家，通过中华文化艺术交流的形式，在国际舞台上搭建起友谊的桥梁。他希望“国际艺术发展基金”严格按照基金会的宗旨开展活动，专款专用，接受社会监督。“国际艺术发展基金”是由陈亚莲女士捐资 100 万元发起设立在中国华侨公益基金会的公益项目，希望通过设立公益基金的形式将中华文化艺术传播到海外，希望通过对相关艺术领域的资助，汇聚海内外侨胞力量，扶持、推动中国艺术走向世界，弘扬中华文化、促进国际艺术交流，服务全球华侨华人艺术家，提高中华文化国际影响力。仪式由中国华侨公益基金会副理事长兼秘书长何继宁主持。

【庄永兴副理事长捐资设立阳光爱心基金】5 月 31 日，“阳光爱心基金”在华侨大学陈嘉庚纪念堂举行第一学期颁发仪式。华侨大学美术学院 2012 级艺术设计专业学生刘福见等 13 人获该基金的资助，资助金额总计人民币 8.5 万元。仪式

【护疆和平基金举办公益展】6 月 5 日，由中华全国总工会宣传教育部、中国侨联文化交流部、北京市总工会主办，北京市温暖基金会、中国华侨公益基金会护疆和平基金、太庙艺术馆承办的“奉献 · 光荣于成松作品公益展”在北京市劳动人民文化宫太庙大殿举行开幕仪式。中国侨联文化交流部部长刘奇、中国华侨公益基金会副理事长兼秘书长何继宁、劳模代表及相关单位领导出席。举办“奉献 · 光荣—于成松作品公益展”，用这种艺术形式来呈现崇尚奉献、爱心互助的中华民族的时代精神，表达中华儿女热爱祖国，奉献祖国的博大情怀。观众能从这些作品中产生共鸣，也从这些作品中获得正能量，更加激发我们学习先进，赶超先进的正能量。开幕式上，劳模代表宣读了倡议书，于成松先生向北京市总工会捐赠了书画作品。

【举行中国美术国际交流公益基金设立暨捐赠仪式】6 月 13 日，“中国美术国际交流公益基金”设立暨捐赠仪式在中国侨联新闻发布厅举行。中国侨联主席、中国华侨公益基金会会长林军，中国文联副主席、中国美术家协会主席刘大为，中国侨联副主席、中国华侨公益基金会理事长乔卫，中国侨联秘书长陈迈，中国美

6 月 13 日，林军主席（前排右四）、乔卫副主席（前排右六）出席“中国美术国际交流公益基金”设立暨捐赠仪式

术家协会党组副书记、秘书长徐里，中国美术家协会党组成员、副秘书长陶勤，中国艺术研究院研究员王镛，中国侨联常委、佳信海坛控股集团董事长林正佳，中国侨联副秘书长、海外联谊部部长陈权等出席活动。林军、刘大为、乔卫、林正佳等为中国美术国际交流公益基金揭幕。中国美术国际交流公益基金是由中国美术家协会和佳信海坛控股集团共同发起设立，首笔捐赠由佳信海坛控股集团出资 1000 万元。该基金将结合新的时代条件，充分动员整合海内外社会资源，着眼国际视野，面向世界艺坛，在世界范围内弘扬中华美学精神，着力打造中国自己的享有世界声誉和影响力的国际展览品牌项目，对口支持各国具有代表性、开拓性和具有相当规模的高水准国际公益美术交流、展示、论坛及研究等各类项目，增进各国当代艺术家尤其是绘画和雕塑艺术家的国际间专业交流与合作，促进国际美术生态平衡、有序发展和世界艺坛新格局的确立。乔卫副主席代表中国侨联、中国华侨公益基金会讲话，他指出，欣赏好的中国美术艺术，能够启迪思想、温润心灵、陶冶情操，传递正能量。“中国美术国际交流公益基金”的设立，就是希望通过对美术艺术项目国际交流的支持，充分动员整合海内外社会资源，着眼国际视野，面向世界艺坛，在世界范围内弘扬中华美学精神，凝聚中国力量，着力打造中国自己的享有世界声誉和影响力的国际展览品牌项目。希望通过中华文化艺术的引导和带动，提升民族文化的影响力，激发人们对中华民族文化的热爱和肯定。他希望“中国美术国际交流公益基金”严格按照基金会的宗旨开展活动，专款专用，接受社会监督。仪式上，中国侨联主席林军向公益基金理事长刘大为和秘书长王镛颁发了聘书，中国侨联副主席、中国华侨公益基金会理事长乔卫和中国美术家协会秘书长徐里共同接受佳信海坛控股集团董事长林正佳先生捐赠并颁发了捐赠证书、纪念牌。出席活动的还有中国侨联组织人事部部长李杰、中国侨联文化交流部部长刘奇及海内外美术公益的支持者和参与者，活动由中国华侨公益基金会副理事长兼秘书长何继宁主持。

【举行丽兹行爱心小学落成典礼】6 月 24 日，由中国华侨公益基金会和白银市侨联牵线搭桥，北京丽兹行房地产投资顾问有限公司捐助的会宁县白草塬镇“丽兹行爱心小学”落成典礼在白草塬镇中心小学举行。北京丽兹行公司已为会宁县白草塬镇中心小学援助 30 万元建校款，并为该校捐赠价值 6.93 万元的课桌椅 420 套和价值 5.75 万元的电脑设备 25 台，累计捐资额达 42.68 万元。站在这焕然一新的校园里，白草塬镇中心小

6 月 24 日，丽兹行爱心小学在白草塬镇落成

学的校长刘进强表示作为学校负责人，既感到无比激动，又觉得责任重大，满满的爱浇筑成了这所爱心小学，如今学校的一草一木、一砖一瓦都是爱的结晶。他希望全体老师一定要不断学习，静心教书，潜心育人，做社会和学生满意的教师。全体学生一定要常怀感恩之心，自强不息、奋发学习，用优异的成绩，报答爱心人士和各级领导的关怀，不辜负社会各界的殷切期望。捐赠企业代表杨涛先生表示，最让他欣慰的是，通过捐助带动了县教育局的财政拨款，加快了学校改善办学条件的进度。“下一步看看孩子还需要什么，我们会鼓励员工自费来到白银，实地了解孩子的生活学习情况。”杨涛表示，接下来最重要的工作就是想方设法给孩子拓宽视野。

【钢丝善行团公益基金成立并举行新闻发布会】7 月 14 日，中国侨联副主席、新闻发言人、中国华侨公益基金会理事长乔卫主持召开新闻发布会，宣布中国华侨公益基金会将与网络捐赠志愿者组织—“钢丝善行团”开展系列公益合作，共同推动互联网公益。中国慈善榜年度慈善家、“壹起捐”全民慈善纯公益倡导者钢子，中国华侨公益基金会副理事长兼秘书长何继宁，中国侨联海外联谊部副部长李涛等与“钢丝善行团”代表 40 余人出席新闻发布会。“壹起捐”全民慈善纯公益理念中最鲜明的特点是：倡导每人每天捐 1 元钱，用最简单的方式行善劝善，用不会影响自己生活的 1 元钱去改变和温暖世界。近年来，钢子和“钢丝善行团”一起，为多个公益项目和公益组织捐款，帮助人群包括大病儿童、贫困地区儿童、孤寡老人、贫困家庭，帮助的人数超过了 5 万人。“钢丝善行团”也逐渐成长为目前中国最大的网络捐赠志愿者组织。基金的宗旨是：传播慈善纯公益理念，倡导全民慈善、人心向善，通过“壹起捐”等方式筹集善款，帮助社会弱势群体改善生活条件，促进社会和谐稳定，提高富国强民的发展力。基金遵循对生命尊重和平等的

7 月 14 日，乔卫副主席（前排右六）出席钢丝善行团公益基金成立发布会，并同捐赠人合影

原则，在海内外资助开展助医、助学、助残、敬老、扶幼、济困、救灾等社会救助活动。“钢丝善行团”在网络上发起的善行团APP平台目前已正式上线。同时，钢丝善行团公益基金还将在京东公益众筹项目上正式上线。“钢丝善行团”将向“慈善商城”合作商家开展公益劝募活动，号召和引导商家自愿承诺将其在该平台上交易额的1%—3%进行捐赠，探索通过“以商养善”，帮助解决慈善事业可持续地发展问题，推动商业与慈善共同走向高度理性与良性发展之路。

【举行2016“青春有约·相聚北京”澳门青少年美术作品研习活动】8月6日，由中国文联主办，澳门基金会选派，中国华侨公益基金会支持的2016“青春有约·相聚北京”澳门青少年美术作品研习活动在北京举行。中国华侨公益基金会副理事长兼秘书长何继宁、中国文联港澳台处处长朱孟宇、澳门基金会代表梁华全、澳门青少年美术代表团团长黄雅慧以及清华附中上地分校校长辛颖出席了此次活动。交流研习中，何继宁向参加本次活动的澳门青少年表示欢迎，希望同学们常来北京看看，更好地了解中华传统文化的博大精深，加强国粹传承、增加与内地青少年的情感互动，鼓励同学们去探寻祖国的历史传奇和文化魅力，协同合作，共同推动中华文化蓬勃发展、实现中华民族伟大复兴。本次活动共展出了两地青少年学生50多幅作品，作品内容涉及到生活、学习、环保、未来、梦想等多个主题，得到了澳门学联、清华附中上地分校的大力支持。

8月6日，举行“2016青春有约·相聚北京”澳门青少年美术作品研习活动

【蓝丝带助残基金爱心义诊贵州行】8月16日—17日，中国华侨公益基金会SDC蓝丝带助残基金在贵州都匀开展爱心义诊活动。中国侨联副主席、中国华侨公益基金会理事长乔卫，中国华侨公益基金会副理事长兼秘书长何继宁，中国侨联海外委员、蓝丝带助残基金主席庞燕，SDC蓝丝带国际助

8月16日，乔卫副主席（左八）出席蓝丝带助残基金爱心义诊贵州行

残基金会主席王钦，贵州省侨联主席吕虹等亲临现场看望接授义诊的盲童和老人们。本次活动在SDC蓝丝带志愿者的组织下，黔南州特殊教育学校的16名眼疾儿童和17名归侨侨眷和老人接受了义诊，义诊邀请到中国医学科学院眼科研究中心北京协和医院眼科副主任陈有信教授等4位光明使者专程参与义诊活动，陈有信教授在黔南州人民医院开展了“SDC蓝丝带爱心义诊（贵州）专家讲坛”，以《糖尿病性视网膜病变知多少》、《从循证到转化—浅谈学术影响力》为题作了学术交流报告。

【举办文化艺术论坛推动京津冀一体化文化事业发展】8月18日—20日，“艺术的力量：熔铸传统与现代再造生活新空间—北戴河艺术论坛”在北戴河举行。此次论坛是基于深入对接京津冀一体化发展，承接高端文化资源要素转移，充分依托北戴河独有的区位、环境、文化优势，以高端论坛为载体，吸引世界著名策展人、世界级艺术家、艺术机构和知名专家学者参与，从北戴河发起，并逐步形成国际影响力，打造独具文化胜地特质的北戴河艺术品牌。论坛邀请到30多位国内外重量级艺术家、学者和知名人士，他们在艺术介入社会构建中进行了多年的理论研究、实践探索，获得了宝贵的经验和成果，通过举办北戴河艺术论坛，多角度、多维度进行探讨、推介和展示中国乡村的真正价值和魅力，并深入研究文化、艺术、产业、价值观在乡村的融合与发展，形成一整套创新和相对成熟并可借鉴的新经验、新路径。

【乔卫副主席出席世界公益慈善论坛】9月5日，为纪念《中华人民共和国慈善法》的颁布和首个中华慈善日的产生，由中国人民对外友好协会、清华大学、中国宋庆龄基金会共同主办的“世界公益慈善论坛”在清华大学开幕。第十届及十一届全国政协副主席、中华全国工商业联合会名誉主席黄孟复，约翰霍普金斯大学教授莱斯特·萨拉蒙，比尔及梅琳达·盖茨基金会首席战略兼全球政策倡导总裁马克·苏斯曼分别进行了精彩讲演。中国侨联副主席、中国华侨公益基金会理事长乔卫参加了市场及企业家参与论坛，介绍了通过辛勤劳动取得成功的华侨华人企业家在公益慈善方面的做法。乔卫说，在公益慈善这个领域中讨论华侨华人这个特殊群体，是很有意义的，华侨华人不只参与中国公益慈善活动，不只给中国作贡献，他们更多的捐赠是在他们的住在国。华侨华人在当地积极参与公益慈善活动，助力当地社会的发展。他们在努力推进当地人民对中国人民的友好，营造中国人的良好形象。实际上，他们就是中国梦连接世界人民美好梦想的桥梁和使者。我们应该为他

9月5日，乔卫副主席（左二）出席世界公益慈善论坛与嘉宾合影

8月18日，举办文化艺术论坛推动京津冀一体化文化事业发展

们的贡献点赞！“世界公益慈善论坛”立足中国，面向世界，致力于全球范围内公益慈善的实践推动、学术交流、政策倡导和经验分享，发挥公益慈善在凝聚共识、化解冲突、消除贫困、保护环境等人类共同面对的重大公益问题上的突出作用。

【设立中国特殊教育公益基金】9月23日，中国特殊教育公益基金于第五届中国公益慈善项目交流展示会期间在深圳成立。该公益基金是在中国华侨公益基金会设立的专项基金，是中国第一支全方位有针对性地关注不同特殊儿童群体教育及康复事业的基金。在仪式上，何继宁秘书长表示，特殊教育公益基金以“公平教育，育才兴学”为创办宗旨，旨在通过专业化运作，引进海外优秀的特殊教育资源，精准化、专业化、系统化地帮助特殊儿童获得平等、博爱的教育，让特殊儿童得到社会更广泛的关注与呵护，积极推进中国特殊教育事业的进一步发展。中国特殊教育公益基金执行主任李建华表示，中国特殊教育公益基金的首个项目将主要针对特殊儿童进行专业、科学的教学及康复可持续性帮扶。基金将通过与哥伦比亚大学特殊教育系及香港教育大学特殊教育学系等多所国内外专业科研机构的合作，建立全面完善的特殊教育支持计划，稳步有序地开展多种教育、干预及康复项目的实施。该基金将在未来三年内，逐步有序地完成深圳市社会福利中心少年儿童的教育安置，并探索融合教育课程制定、特殊教育教师培训、特殊儿童家庭支持、国内外专业志愿者定点服务等多位一体的特殊儿童公益教育工作体系。

9月23日，中国特殊教育公益基金在深圳揭牌成立

【举办第三届世界华侨华人美术书法展】9月26日，第三届世界华侨华人美术书法展在中国华侨历史博物馆开幕，中国侨联主席林军，副主席乔卫、康晓萍、王亚君，中国文

9月26日，林军主席（右六）为第三届世界华侨华人美术书法展捐赠作品的艺术家颁发荣誉证书

9 月 26 日，乔卫副主席在第三届世界华侨华人美术书法展开幕式上致辞

联副主席李屹，中国文联副主席、中国美协主席刘大为，全国政协常委、(美国)北美画院荣誉院长丁绍光等出席。林军主席代表中国侨联，接受海外书画家为祝贺中国侨联成立 60 周年，精心创作的两幅中国画作品。开幕式由康晓萍副主席主持，海内外参展书画家代表、中国华侨国际文化交流促进会部分理事、特邀书画家和嘉宾、在京主要新闻媒体记者共 200 余人出席开幕式。中国侨联副主席乔卫代表主办方致辞。乔卫指出，展览是海内外侨界文化生活的一件盛事，是中国侨联成立 60 周年纪念活动的一项重要内容，目的是为了更好地弘扬中华文化，促进中外艺术交流，展示华侨华人书画艺术家风采，激发广大归侨侨眷和海外侨胞为实现中华民族伟大复兴中国梦而共同奋斗。中国文联副主席、中国美协主席刘大为在致辞中，充分肯定世界华侨华人美术书法展堪称一部缤纷多彩、不断延展的当代华人世界书画图卷，多元化的作品呈现了各美其美的艺术盛宴。著名华人艺术家、(美国)北美画院荣誉院长丁绍光，佳信海坛控股集团董事长林正佳也在开幕式上致辞。开幕式上，主办方领导还为将参展作品捐赠中国华侨公益基金会的艺术家颁发了荣誉证书。第三届世界华侨华人美术书法展由中国侨联联合中国文联、中国美协、中国书协共同主办，佳信海坛控股集团特别支持。展览自 2016 年 5 月面向全球征稿，短短两个月时间，组委会共收到来自 45 个国家和地区 1000 余名华侨华人艺术家选送的作品 4000 余幅。7 月中旬，经由中国美协、中国书协和中国侨联推荐的书画专家组成的评委会对所有作品进行了评选，共有 164 幅作品入选，其中美术作品 105 幅，书法作品 59 幅。同时，组委会特邀海内外美术、书法名家和社会知名人士书画作品 106 幅参展。

【举行第三届世界华侨华人美术书法展笔会交流活动】9 月 27 日，第三届世界华侨华人美术书法展笔会在北京举行。中国华侨公益基金会副理事长兼秘书长何继宁主持此次活动。来自世界各国的 30 多位华侨华人书画艺术家参加了这次笔会。本次活动由中国侨联指导，中国华侨公

9 月 27 日，第三届世界华侨华人美术书法展笔会交流活动在北京举行

益基金会主办，佳信海坛控股集团特别支持。书画艺术家们纷纷表示，很高兴在国庆前夕受邀回国，参加中国侨联60周年系列活动。一方面，这是对他们艺术上的肯定与鼓励，另一方面，他们在活动中结识了很多新的朋友。大家都觉得书画展和笔会交流很有意义，将海内外书画艺术家们凝聚在一起。笔会交流活动的举办，为华侨华人美术书法家们搭建了交流平台，增进了国内艺术家同海外华侨华人艺术家的友谊与合作。“笼天地于形内，挫万物于笔端”，书画艺术家们在笔会现场挥毫泼墨，用书画抒发情怀，表达心声，并相互交流、讨论艺术创作心得和收获，并将现场所创作品捐赠给中国华侨公益基金会。

【中国华侨公益基金会授权华侨宝助力公益募捐】9月27日，中国侨联副主席、中国华侨公益基金会理事长乔卫向“华侨宝”网络平台发放授权书，授权其助力中国华侨公益基金会项目开展公益慈善筹款活动。筹款将用于“侨爱心光明行”等侨界安老、帮残、助学、济困、治病、救灾等公益慈善项目。乔卫强调，希望通过本次授权合作，增进基金会与互联网时代匹配程度，能够进一步凝聚侨心、汇集侨力、推进基金会的组织建设、助推侨界民生事业发展。随着互联网以及移动互联网的快速发展，“互联网+公益慈善”这种运作模式也开始让公益组织从幕后走到了台前，更便捷、广泛地被公众所熟知。正是由于“互联网+”的嵌入，而让公益有了“大众参与”“联手创造”的新特征。“华侨宝”作为浙江君正盈云网络科技有限公司旗下APP，是一个有着丰富“互联网+”运作经验的网络平台。目前，“华侨宝”已经拥有注册用户超10万人，覆盖面广，影响力强，先后荣获胡润“财富新势力50强”“中国互联网金融研究院浙江分院院长单位”等诸多荣誉。

【“一带一路”上首座华人援建幼儿园在塞尔维亚落成】怡海集团通过在中国华侨公益基金会设立的侨心教育慈善基金向塞尔维亚捐赠33万欧元，用于支持当地的Pora幼儿园的援建。据悉，该幼儿园是首个中国侨商在“一带一路”上捐建的幼儿园，幼儿园的建成可解决当地200名儿童入园。为传达中塞两国人民的友谊和教育文化的融合，园内还将进行中国元素的装饰，未来开设中文课程等项目。10月8日晚，受塞尔维亚乌日策市市长邀请，中国侨联常委、中国华侨公益基金会副会长、怡海集团董事局主席王琳达，中国华侨公益基金会理事、怡海教育集团副理事长王乐茵在塞尔维亚国家剧院参加了塞尔维亚乌日策“城市日”市政晚会庆典活动。在晚会上，中国侨联常委、中国华侨公益基金会副会长、怡海集团董事局主席王琳达女士接受了当地政府颁发的终身成就奖，该奖项是乌日策城市的最高奖项，旨在奖励对国家和城市作出巨大贡献的人。

10月10日，中国华侨公益基金会副会长、怡海集团董事局主席王琳达接受当地政府颁发的终身成就奖

【捐助“缅甸光明行”】11月16日，“缅甸光明行”启动仪式在缅甸内比都眼耳鼻喉专科医院举行。缅甸总统吴廷觉与夫人、中国驻缅甸大使洪亮、缅甸卫生部部长敏吞、中国公共外交协会秘书长赵希源、中国慈善联合会副秘书长刘佑平、中国华侨公益基金会代表庞燕等出席启动仪式。吴廷觉总统充分肯定了此次活动的意义，认为这是对已经十分密切的中缅友谊的进一步强

11 月 16 日，“缅甸光明行”启动仪式在缅甸内比都眼耳鼻喉专科医院举行，缅甸总统吴廷觉（左五）及夫人（左四）、中国驻缅甸大使洪亮（左六）、缅甸卫生部部长敏吞（左三）等与医疗队合影

患者擦亮心灵的窗户，帮助他们重新修复与世界交流的桥梁，相信这将会进一步促进中缅友好合作，深化两国邦交友谊。缅甸卫生部部长敏吞介绍，目前缅甸共有白内障患者 300 多万，每年实施白内障手术仅 10 余万台，感谢中国医疗队赴缅甸为这里的白内障患者带来光明。中国华侨公益基金会代表、中国侨联青委会副会长庞燕表示，中国华侨公益基金会有机会与缅华侨胞一道，为缅甸“胞波”开展光明行活动，是有特殊意义的，既表达了中缅人民友好互助的真挚情谊，也抒发了缅华侨胞对缅甸“胞波”的诚挚谢忱，展现了缅华侨胞融入和回馈当地社会的美好愿景。

化。“缅甸光明行”是“湄公河光明行”项目的第三站，中国爱尔眼科医院集团组织的国际援助医疗队将在近一周的时间内为当地 200 名贫困白内障患者免费实施复明手术，手术全部费用由中国华侨公益基金会“佰圆顺众”爱心基金捐助。“湄公河光明行”项目是李克强总理在 2016 年 3 月澜沧江—湄公河合作首次领导人会议上宣布的重要合作倡议之一，该项目由中国慈善联合会和中国公共外交协会联合中国华侨公益基金会、中国残疾人福利基金会等慈善组织举办，计划在 2016 年委派医疗队分赴老挝、柬埔寨、缅甸、越南四国，为 800 名贫困白内障患者免费实施复明手术。中国驻缅甸大使馆大使洪亮在启动仪式上表示，光明行活动旨在为缅甸的白内障

【侨心教育慈善基金举办“慈善 +”教育创新国际论坛】 11 月 22 日，“慈善 +”教育创新国际论坛在北京举办。中国华侨公益基金会副理事长兼秘书长何继宁出席了活动并致辞，中国华侨公益基金会副会长、怡海集团董事局主席、北京怡海公益基金会会长王琳达，美中关系全国委员会会长 StephenA.Orlins，Arta，spol s.r.o.CEO 和董事局主席 Ivana Tykac，江西省上犹县委副书记、县政府副县长余有根，步长集团董事长赵涛，中国社会工作协会副秘书长

11 月 22 日，“慈善 +”教育创新国际论坛在北京举办

《公益时报》执行总编辑赵冠军，北川中学校长刘亚春等100多位爱心嘉宾出席活动。论坛主要针对慈善如何撬动教育、公益慈善与社区自治、企业如何参与慈善、精准扶贫教育先行等相关问题展开讨论，各位专家一致认为做慈善是最好的表达方式，慈善无国界，教育是互通的桥梁，慈善 + 教育就是爱的教育，做慈善需要内心高尚才能坚持。欧伦斯说，他见证了怡海对教育的一份承诺，并感受到了怡海对教育、对慈善的那份诚意。何继宁秘书长指出，怡海集团通过在中国华侨公益基金会设立“侨心慈善教育基金”，连续6年在甘肃省景泰一中、江苏省盐城明达中学、湖北省沙市中学、四川省西昌一中等高中资助家庭贫困成绩优秀的初中毕业生，帮助他们顺利完成高中学业，已有300名学生走进大学。大家共同讨论如何拓展慈善教育、公益慈善与社区自治、企业与慈善等相关话题，非常有创新性，希望论坛和年会能为进一步推动公益慈善创新拓展视野、提供思路。

【开展乳腺癌筛查大型公益活动】11月25日，“金质关爱　粉红行动”乳腺癌筛查公益活动北京站正式启动。活动由和睦家医疗、中国华侨公益基金会和睦家爱心基金和GE医疗联合举办。中国华侨公益基金会副理事长兼秘书长何继宁，和睦家医疗CEO、和睦家爱心基金发起人李碧菁女士，GE医疗大中华区蓝海医疗事业部总经理于婧女士共同启动了“金质关爱　粉红行动”。近年来，乳腺癌的发病率逐年提升。据国家癌症中心2015年发布的《中国癌症统计》数据显示，乳腺癌已成为女性的主要疾病之一，仅2015年我国新发乳腺癌病例超过26万例，位居中国女性所有肿瘤发病率之首。加强乳腺癌的筛查防治，亟待医疗机构、企业及社会通力协作。活动以公益形式，倡导健康生活，关注妇女健康，让成千上万的人意识到乳腺癌防治的重要性，加速推进高品质的乳腺癌筛查实践，进而将真正实现“金质关爱”的高品质筛查带到广大女性身边。

【启动晋中金桥爱心公益基金】11月25日，中国华侨公益基金会晋中金桥爱心公益基金在晋中市启动。仪式上，山西澳华加德投资有限责任公司、山西华纳机械加工有限公司、山西天星能源产业集团有限公司分别捐赠人民币30万元，齐朕先生捐赠人民币10万元，善款共计人民币100万元，全部用于支持晋中金桥爱心公益基金的公益活动。据了解，该专项基金将于2016年12月—2017年12月在晋中市11个县（区市）范围内开展救助活动，为约1000例贫困白内障患者进行手术康复治疗。此次救助活动仍由具有相关医疗资质的平遥康明眼科医院进行病例筛查、手术实施、康复治疗等。

【召开基金会五届十三次理事会】12月14日，基金会召开五届十三次理事会会议。会议审议通过了如下事项：《中国华侨公益基金会2016年工作报告》；《中国华侨公益基金会2016年财务报告》；关于设立“归侨侨眷养安享专项基金”、“小水滴新生专项基金”、“德达心康公益基金”、“潮商学公益基金”、“中国美术国际交流公益基金”、“东南亚发展专项基金”、“钢丝善行团公益基金”、“国际艺术发展基金”、“千方公益基金”、“特殊教育公益基金”、“爱乐者文化艺术发展专项基金”、“晋中金桥爱心公益基金”、“双创帮扶事业公益基金”、“青少年梦想公益基金”等十四支专项基金的报告；关于《“善行团”APP平台、爱寄卖公益项目投资和立项方案》；《关于接受

11月25日，关注妇女健康“金质关爱　粉红行动”乳腺癌筛查公益活动在北京举行

华侨基金管理有限公司委托，代持北京华侨财富投资管理有限公司股权的方案》;《中国华侨公益基金会新一届荣誉职务及理事会建议名单》;《中国华侨公益基金会申请认定为慈善组织、公开募捐资格的议案》。中国华侨公益基金会理事长乔卫，副理事长何继宁、刘奇、庄少卿、庄永兴、何宏兴、沈伟娟、林少迈、林龙安、姚志胜、程超辉，理事王乐茵、林冠标、刘霞、邵诚、陈驰、姚国华、郝彬、徐大群、袁卓京、林正佳、周月萍、徐大群，监事耿诚聪、高天仕参加会议。

【崇世爱心基金】2016 年，崇世爱心基金资助开展了多项公益活动，主要有纸路益行关爱山区孩子志愿者支教活动、崇世励学支教队第一次 QQ 远程会议、崇世励学支教项目在云南初到彝良开展支教帮扶活动等。

【小水滴新生专项基金】基金会为残病孤儿、家庭贫困重病患者提供医疗救助、专业护理、术后寄养、临终关怀等全面帮助。建立以复杂先天性心脏病为主的患儿养育中心，为他们提供专业医疗服务、长期稳定的术后护理和养育环境；为赴京看病的家庭和患儿提供一个临时安置之所及必要的医疗指导和特殊护理；为儿童福利机构及其他救助机构搭建资源和经验分享平台，共同提高复杂先天性心脏病患儿的治疗和预后效果。在腾讯 99 公益日募集善款 143 万元。救助孤残儿童 39 名，得到好丽友等 9 家企业的物资捐赠。

【和睦家爱心基金】启动“和睦家爱心移动医疗车项目”，与 GE 医疗联合举办“金质关爱粉红行动”乳腺癌筛查公益活动；基金救助 675 人次；发起“2016 为希望奔跑”北京马拉松公益跑活动，得到 2000 名跑步爱好者的支持，共筹款 7.9 万元；在“腾讯 99 公益日”筹集善款 24 万元。

【探索移动互联网公益】2016 年，基金会针对不同群体的要求，从满足捐赠者的需求出发，增设了网络平台捐赠功能，进一步优化现有的版块、栏目，既提高了信息公开力度，又增加了网站的多功能化应用。通过开展网络捐赠业务，开通“支付宝”和“微信支付”业务，在官方网站、微信公众号以及合作 APP 等平台上进行公益捐赠，极大地拓展了基金会网络捐赠用户群体，实现了“互联网 +”时代多位一体的网络捐赠管理。强化信息反馈功能，实现网络捐赠后信息及时反馈。同时，优化网站“爱心榜”滚动栏目，实现网络捐赠即时同步显示，与网络捐赠用户进行良好的反馈互动。基金会网站本年度通过民政部社会组织管理局联合百度进行的官网认证工作，根据基金会业务开展情况和当今网络环境，定制最适宜基金会工作需求的网络平台，满足基金会网络捐赠、信息集成、信息交互等多方面的功能需求。

【福建华侨公益基金会开展资助多项公益活动】2016 年，福建华侨公益基金会发挥地处侨乡的特点，开展资助多项公益活动。一是从黄朝阳、林定强、许清流三位成员的定向捐赠款中列支款 150 万元，用于支持华侨大学建设两岸侨界书画摄影活动创作、培训、交流和展示场所，协助打造福建侨界对台文化交流的窗口，助推闽台侨界书画摄影艺术创作领域的联谊合作。二是由香港信和集团“黄廷方慈善基金”出资，从 2013 年开始实施，分三期发放，用于帮扶全省 160 户特困归难侨户，每户每期 2000 元，第三期特困归难侨户帮扶款 32 万元，由福建省侨联事业发展基金会下发至 9 个地市，目前已全部发放完毕。三是由陈家泉先生定向捐赠 280 万元，支持泉州南安金淘镇公益项目，该捐赠款主要用于支持陈家泉先生家乡的卫生院医疗基础设施新建改造、村路建设、山林水土整治、扶贫助学等公益项目，对促进南安市社会民生事业的发展起到了积极的作用。四是全省侨联系统“侨胞之家”建设帮扶款 70 万元。“侨胞之家”的创建，将进一步推进全省侨联系统组织网络和工作阵地建设，协助基层侨联组织完善为侨服务平台，实现组织、工作和服务的“三覆盖”。五是松溪县大布村灾后重建工程款 16 万元。松溪县河东乡大布村是福建省侨联挂钩帮扶村，在 2016 年 5 月遭受水灾，该款主要用于大布村甲山机耕道水毁重建工程，帮助当地解决农田灌溉问题，恢复农业生产。

【重庆华侨公益基金会开展扶贫帮困资助活动】2016 年，重庆华侨公益基金会发挥直辖市的特点，着重在扶贫济困、帮扶侨界困难群众方面开展多项公益活动。一是汇集侨界力量、助力扶贫攻坚，争取中国侨联、中国华侨公益基金会支持，践行公益新模式，联合区县侨联和专业医院，在38个区县及万盛经开区开展了“侨爱心光明行”大型公益活动，为全市1400余名贫困白内障患者实施了复明手术，帮助他们重见光明，未出现一起医疗事故，受到了中国侨联的充分肯定和我市广大群众的高度好评。因成绩突出、社会反映好，10月24日—28日，中国侨联在重庆召开了“全国侨联系统‘侨爱心光明行’暨医疗助困公益项目培训研讨班”的现场交流会。二是积极促成了中国华侨公益基金会“树人班”落户黔江中学，资助50名“家庭特困、成绩特优”的贫困学生完成三年高中学习任务，累计三年资助学生金额37.5万元。三是积极促成了浙江新华教育爱心基金会“珍珠班”落户武隆中学，资助40名“家庭特困、成绩特优”的贫困学生完成三年高中学习任务，累计三年资助金额30万元。四是积极牵线搭桥，经中国华侨公益基金会推介，争取北京丽兹行房地产公司支持，其向巫山县两坪小学捐赠30万元资金，资助学校改善教学设施，促进当地教育事业发展。

【浙江华侨公益基金会发挥优势积极开展资助活动】作为新侨乡，2016年浙江华侨公益基金会发挥本省新侨多、分布广、层次高、侨资源优势独特的特点，开展了多项公益活动。创新精准扶贫工作方式，开展“十百千”帮扶活动，即帮助10所农村学校改善生活设施、100户困难家庭脱困、1000个农村劳动力转移就业，还为景宁畲族自治县捐赠了200万元帮扶资金。支持丽水市侨联开展“侨缘侨心·医侨联心”活动，配合中国侨联举行“侨爱心·光明行”走进宁波活动，为1000例困难归侨侨眷患者免费实施白内障复明手术，让侨界困难群众有了更多的获得感。据不完全统计，2016年浙江省侨商会会员单位向文化、教育、卫生等社会公益和慈善事业捐款（物）达2500多万元人民币，为推进“两富”“两美”浙江建设作出贡献。据了解，宁波太平洋慈善基金会创立8年多以来，始终坚持“扶贫济困”的宗旨，面向社会困难群众开展各类慈善救助活动，对高校困难学生的助学是该基金会的工作重点之一，八年来该基金会共发放慈善助学金500万元，受助学生755人次。宁波太平洋慈善基金会由姚籍浙江省爱乡楷模陆章铨先生于2007年底出资创立。2016年9月28日17时28分左右，浙江遂昌县北界镇苏村发生山体滑坡，造成重大人员和财产损失。灾情发生后，浙江省侨联行动起来，积极发动海内外浙籍侨胞向苏村灾区捐款捐物，奉献爱心。据统计，从灾情发生之日起至10月10日，浙江侨界已累计捐款捐物人民币304万元。省政协副主席、省侨联主席吴晶代表浙江省侨联向遂昌苏村灾区捐赠30万元，省侨联副主席、省侨联青年总会会长张维仁代表省侨联青年总会墨西哥分会向遂昌苏村灾区捐赠7.41万元。为宣传世界和平及奥林匹克休战精神，英国上议院议员、终身贵族、前英国保守党副主席、上议院副议长及副主席、内政部国务大臣麦克·贝茨勋爵连续5年在中国夫人李雪琳女士的陪同下为和平徒步，为慈善机构募集善款。5年来，麦克夫妇的足迹遍布世界各地20多个国家。截至2016年，他们已经累计行走了11820公里。他们的壮举引起了国家主席习近平的关注和肯定。2015年10月，习近平主席访英期间在国会作主题演讲时，列举了4个中英友好的故事，其中就包括麦克夫妇的徒步行壮举。

中国侨联法律顾问委员会

【领导成员名单】

荣 誉 主 任：邹 瑜

主 任：张 耕

常务副主任：林淑娘（女） 张鸣起

王秀红（女） 王培生

副 主 任：王振川 高卢麟 方忠炳

何少存 储亚平 胡毅峰

梁钦汉 姜凤岩 马怀德

秘 书 长：张 岩（女）

【综述】2016年，中国侨联法顾委在中国侨联党组的领导下，在全体委员的共同努力下，依据《中华人民共和国归侨侨眷权益保护法》《中国侨联法顾委章程》，在协助侨联开展维护侨益、调查研究、参政议政、法治宣传、海外联谊等方面做了许多工作，取得了一定成绩。

【赴上海调研】5月9日—13日，中国侨联法顾委副主任、最高人民检察院原副检察长王振川，中国侨联法顾委副主任姜凤岩，委员黄晖、张巍、游志雄、张华等，在上海就“依法治国大背景下侨联如何以法治思维和法治方式做好依法维护侨益工作”进行专题调研。在沪期间，调研组一行听取了上海市、崇明县、黄浦区、静安区、虹口区侨联的工作介绍，与当地司法界、律师界代表，归侨侨眷和海外侨胞，侨联干部，法顾委委员等进行了广泛座谈与交流。调研组还到国浩律师（上海）事务所、上海市人民检察院等进行了实地考察。中国侨联副主席、上海市侨联主席沈敏，上海市人民检察院检察长张本才等先后会见了调研组一行。上海市侨联副主席徐大振、权益保障部部长孙宁先等陪同调研。

【赴山东调研】5月23日—27日，中国侨联法顾委常务副主任王培生，副主任方忠炳，委员郭阳、黄晖、昌孝润等一行赴山东，就“依法治国大背景下侨联如何以法治思维和法治方式做好依法维护侨益工作”开展专题调研。调研组先后在日照市、临沂市召开了2场座谈会，听取了山东省侨联、日照市侨联、临沂市侨联关于依法维护侨益工作情况的汇报，与当地有关部门领导、基层侨联干部、法顾委委员、侨商代表围绕调研主题进行了座谈交流。会上，调研组解答了大家关于新形势下维护侨益工作的一些疑问。调研期间，王培生一行参观了日照市、临沂市城市规划馆和莒县博物馆，走访了日照市东港区望海侨务社区、日照市东港区归侨侨眷养老服务中心、莒县法律援助中心，考察了东升地毯集团有限公司、亚太森博（山东）浆纸有限公司、莒县海汇集团等侨资企业以及兰陵县国家千人计划专家创业园、众泰汽车有限公司、中印软件产业

5月9日—13日，中国侨联法顾委副主任王振川（左四）、姜凤岩（左五）带队赴上海调研

5月23日—27日，中国侨联法顾委常务副主任王培生（左二）、副主任方忠炳（左四）带队赴山东调研

园，参观了华东野战军诞生地纪念馆和沂蒙革命精神展。日照市委副书记、市长刘星泰，市人大常委会副主任梁云爱，市政协副主席毛晖明，临沂市委书记林峰海，市委常委、市委统战部部长张广敬等当地领导会见了调研组一行。山东省侨联副主席李兴钰、山东省侨联文化交流部副部长刘艳丽全程陪同调研，日照市侨联党组书记刘海诚、临沂市侨联党组书记孙涛等地方侨联领导先后陪同调研。

【赴西藏调研】7月17日—23日，中国侨联法顾委常务副主任王秀红，委员黄晖、谢炳光、管晓峰等赴西藏自治区，就“依法治国大背景下侨联如何以法治思维和法治方式做好维护侨益工作”开展专题调研。调研组途经成都，王秀红专程看望了四川省侨联干部，听取了工作汇报并走访侨资企业。王秀红高度肯定四川省侨联发挥侨的优势，紧紧围绕党的中心任务创新工作思路和办法，希望四川省侨联扎实做好各项工作，更好地为四川经济社会跨越式发展发挥作用。在藏期间，王秀红先后会见了林芝区委常委、统战部部长多布庆，西藏自治区统战部副部长才仁桑珠等，调研组一行同西藏涉侨部门就如何维护归国藏胞胞眷的合法权益、积极稳妥解决长期滞留藏胞问题、努力促进和谐西藏建设等进行了座谈交流。调研期间，四川省侨联主席刘以勤，西藏自治区高级人民法院党组成员、副院长边巴拉姆等先后会见了调研组一行，西藏自治区侨联副秘书长王春英等全程陪同调研。

7月17日—23日，中国侨联法顾委常务副主任王秀红（左三）带队赴西藏调研

【赴青海调研】7月18日—22日，中国侨联法顾委主任张耕、副主任高卢麟、秘书长张岩、委员姚惠娟赴青海省就“依法治国大背景下侨联如何以法治思维和法治方式做好维护侨益工作”为主题开展调研。调研组先后在西宁市、民和县召开座谈会，听取了省、县侨联与法顾委工作汇报，并同当地公检法机关领导、侨联干部、

7月18日—22日，中国侨联法顾委主任张耕（右二）、副主任高卢麟（右一）带队赴青海调研并看望当地少数民族侨胞

侨商代表就依法维护侨益进行了座谈讨论。调研组一行走访了侨商企业青海文商置业有限公司，察看了侨商参与的民和县下集场棚户区改造项目，看望慰问了蔡白泉、马守清两户归侨，为侨商叶建坤、蒋孔夫在青海投资中遇到的问题提供了法律意见。青海省委常委、统战部部长旦科，常务副部长廖文顺等接见了调研组一行，青海省侨联主席高永英、秘书长朱英霞全程陪同调研。

【参与侨联普法工作】7月27日，法顾委名誉主任邹瑜，主任张耕，常务副主任林淑娘、王秀红、孙琬钟及副主任高卢麟参加了中国侨联“七五”普法启动仪式，并为启动仪式点亮了水晶球。6月—9月，法顾委委员王建平、毛起雄、李晓斌、郭珊在中国侨联“法治中国·你我同行”——“十三五”侨界群众法治学习活动中，先后以《经济改革新形势下的劳动法适用和发展趋势》《加强侨务法治建设　广泛团结海内外侨胞　为全面实施“十三五”而努力奋斗》《我国土地基本制度与土地法律实践》《知识产权法解读》《消费者权益保护法解读》为题进行授课，得到学员们的称赞和肯定。

【协调解决涉侨案件】2016年中国侨联法顾委共转办、协调涉侨涉诉案件10余件（次），对一些疑难案件多次组织召开案例研讨会，集中分析研究，积极同相关部门协调，推进案件解决。比如，多次与中央其他四侨部门就推动邱维廉案件的解决进行沟通协调；在辽宁省侨联法顾委配合下，中国侨联法顾委副主任姜凤岩，委员黄晖、张华等专程赴辽宁省高级人民法院协调唐允案，有力推动了案件的解决进程，依法维护了侨胞的合法权益。

【拓展对外法学交流】中国侨联法顾委继续保持与中国法学会等单位合作，法顾委秘书长张岩带队，专程拜访了中国法学会，与中国法学会对外联络部、学术交流中心等进行了座谈交流，就建立合作沟通机制、定期开展工作交流达成初步意向。9月10日—14日，委员黄晖、李德成等人赴印度参加第三届金砖国家法律论坛。论坛上，李德成作了题为《中国技术秘密司法保护的现状与问题》的演讲。组织海外委员回国访问、研修，进一步加大对外交往力度。

9月11日，中国侨联法顾委委员李德成在印度新德里召开的第三届金砖国家法律论坛上发言

【组织海外委员回国访问研修】9月19日—26日，来自14个国家和地区的20余名中国侨联法顾委海外委员回国访问并参加在北京举办的海外委员研修班。法顾委主任张耕出席研修班开班式并讲话，中国侨联副主席李卓彬主持开班式。张耕指出，此次是法顾委第一次举办海外委员研修班，体现了中国侨联党组的高度重视，希望各位海外委员珍惜研修机会，认真听课、勤于思考，积极交流、热情参与，并提出四点要求：一要始终把握中国国情发展变化，二要紧紧围绕中央和侨联工作部署，三要切实履行依法维

9 月 25 日，法顾委海外律师委员拜访炜衡律师事务所

权职责，四要积极投身民族复兴、共圆中国梦。李卓彬代表中国侨联和林军主席对海外委员致以诚挚的问候和衷心的欢迎，并对海外华侨华人律师团成立以来在依法维护海外侨胞正当权益、构建中外法学文化交流的桥梁和纽带、助推“一带一路”倡议实施等方面发挥的积极作用给予充分肯定。开班式后，李卓彬，张耕，中国侨联法顾委常务副主任孙琬钟、林淑娘，副主任高卢麟、姜凤岩等为各位海外委员一一颁发了聘书。研修期间，法顾委副主任、国家知识产权局原局长高卢麟，法顾委副主任、中国政法大学行政法学博士生导师应松年先后围绕中国知识产权立法和执法、行政立法情况等进行授课并与海外委员交流互动。海外委员还与中国政法大学师生就海外律师执业经验与体会进行了交流互动，赴炜衡律师事务所与国内同行就如何维护海外侨胞切身利益、如何在“一带一路”战略实施过程中加强中外律师之间的联系进行了讨论。在京期间，访问团还应邀出席了中国侨联成立六十周年纪念大会和庆祝中华人民共和国成立 67 周年招待会。抵京之前，20 余名海外律师先期抵达南宁，在法顾委常务副主任王秀红带领下赴广西开展了为期五天的考察访问，与广西侨联及法顾委、广西侨界企业家进行了广泛交流。

【举办庆祝中国侨联 60 周年书画摄影作品展】 为庆祝中国侨联成立 60 周年，法顾委举办了书画摄影作品展。名誉主任邹瑜，主任张耕，常务副主任王培生，副主任王振川、储亚平、姜凤岩，委员赵仲芳等人提交了书法、绘画等作品，海外委员季奕鸿、罗章武等人提交了摄影作品，张玉人、黄笑生、施若龙等人提交了文学作品。委员们的作品在中国华侨历史博物馆进行了为期一周的展出。一张张精美绚丽的书画，一幅幅生动唯美的照片表达了委员们对人与人之间真善美的讴歌，对人与自然和谐相处的赞美，对侨联和法顾委的热爱以及对投身依法维护侨益工作的忠诚。

9 月 25 日，中国侨联法顾委主任张耕（右三）到中国华侨历史博物馆观看中国侨联法顾委庆祝中国侨联成立 60 周年书画摄影作品展

11 月 22 日—23 日，法顾委在北京召开依法维护侨益工作研讨会

【举办依法维护侨益工作研讨会】11 月 22 日—23 日，中国侨联法顾委在北京召开依法维护侨益工作研讨会，主任张耕，常务副主任林淑娘、王培生，副主任王振川、高卢麟、方忠炳、姜凤岩及部分在京委员共计 40 余人参加会议。法顾委秘书长、权益保障部部长张岩主持研讨会开幕式。中国侨联副主席李卓彬出席会议并讲话。他充分肯定了近几年法顾委工作所取得的成绩，并结合中国侨联维护侨益工作谈了四点意见：一是深入研讨在依法维护侨益中全面贯彻党的十八届六中全会精神；二是深刻认识新形势下依法维护侨益工作的重要意义；三是全面认清当前侨联依法维护侨益工作面临的形势；四是切实发挥法顾委在侨联依法维护侨益工作中的独特作用。会议期间，王培生、王振川、方忠炳结合近两年来的调研情况先后进行了主旨发言；姜凤岩介绍了上海调研情况；黄晖介绍了各省市区侨联与当地司法部门建立涉侨案件沟通协调机制的情况；与会委员们围绕着贯彻落实中央依法治国方略和中央出台的“两办规定”，就如何正确理解依法维护侨益与维护司法独立之间的关系，与司法部门建立健全涉侨案件沟通协调机制等问题进行了深入探讨。张耕对研讨会进行了总结，认为研讨会有以下收获：一是对法顾委面临的难得机遇有了明确认识，增强了做好维权工作的信心；二是对法顾委职责有了明确认识，增强了做好工作的自觉性；三是对依法维权与维护司法独立有了明确认识，增强了执行“两办规定”的自觉性。张耕指出，今后法顾委要主动参与立法和修法工作；推动法治宣传教育；积极提供法律服务和法律援助；逐步建立有力、全方位的维权机制；推动个案妥善解决；抓紧建立专项维权基金；充分利用好互联网平台；提高法顾委委员的政治素质、业务素质。

【召开法顾委主任会议】根据工作需要，中国侨联法顾委先后于 4 月 7 日和 11 月 24 日，在中国侨联机关召开两次主任会。名誉主任邹瑜、主任张耕以及常务副主任林淑娘、王秀红、王培生，副主任王振川、高卢麟、方忠炳、应松年、姜凤岩参加了会议。中国侨联主席林军、副主席李卓彬到会并讲话。法顾委秘书长、权益保障部部长张岩汇报了有关情况，权益保障部全体干部列席了会议。会上，林军传达了十八届六中全会精神，介绍了中国侨联改革方案情况，特别感谢法顾委为中国侨联法治建设和维护侨益工作作出的重要贡献，希望法顾委继续关注侨联全面建设，多提宝贵意见和建议，尤其在维护归侨侨眷和海外侨胞合法权益方面发挥更大作用。张耕介绍了法顾委依法维护侨益工作研讨会的情况，并主持审议了法顾委 2016 年年会暨专业委员会成立大会日程、年

11 月 24 日，中国侨联法顾委主任会议在北京召开

度工作报告、各专业委员会组成人员名单、拟调整委员人选以及成立法顾委专项基金等事项。会议决定2016年12月8日召开中国侨联法顾委2016年年会暨专业委员会成立大会、筹备建立法顾委专项基金并通过其他审议事项。

【召开2016法顾委年会暨专业委员会成立大会】12月8日，中国侨联法顾委2016年年会暨专业委员会成立大会在北京召开，中国侨联副主席李卓彬，中国侨联法顾委主任张耕，常务副主任林淑娘、张鸣起、王培生，副主任王振川、高卢麟、方忠炳、姜凤岩、梁钦汉出席年会，来自全国各地的80多名委员参加了会议。法顾委秘书长、中国侨联权益保障部部长张岩主持年会。会上，张耕主任代表法顾委作工作报告，全面回顾了一年来法顾委的各项工作。他表示，2017年法顾委要继续坚持服务党和国家工作大局，坚决贯彻中国侨联党组的各项部署，始终坚持“主动维权、依法维权、科学维权、合力维权、全面维权”，围绕着“法顾委如何在健全完善多元化纠纷解决机制中发挥作用”进行专题调研，推进侨联系统多元化纠纷解决机制的构建，有效化解涉侨纠纷。继续在依法依规维权、有效提升维护侨益实效、法治宣传、参政议政、对外法学交流等方面切实履行职责、充分发挥作用。李卓彬副主席在讲话中首先介绍了中国侨联一年来的主要工作，并对法顾委提出四点希望：一是希望委员们深入领会党的十八届六中全会精神，切实增强法顾委的政治性、先进性和群众性；二是希望法顾委的工作方向更加紧密地与侨联拓展工作领域、推进工作创新结合起来；三是希望法顾委的工作内容更加紧密地与侨联履行组织职能、服务侨界群众结合起来；四是希望法顾委的组织建设更加地与侨联夯实基层基础、增强组织活力结合起来。在年会上，法顾委成立了国际贸易与仲裁、知识产权、行政劳动、民事经济、刑事五个专业委员会，意在深入贯彻落实依法治国方略、充分发挥委员们的专业特长以提高中国侨联依法维护侨益工作的专业化水平。各专业委员会还就如何发挥专业委员会作用进行了专题讨论。

【加强组织建设】2016年，中国侨联法顾委制定了《中国侨联法顾委委员退出规定》，进一步调整法顾委委员队伍。2016年共解聘委员18名（其中，国内委员9名、海外委员9名），增补国内委员12名。2016年底中国侨联法顾委委员共160名（其中，国内委员129名、海外委员31名）。对海外委员执业情况和2008年以来履职情况进行了摸底汇总，并及时上报。

【助推“一带一路”倡议实施】海外委员充分发挥熟悉中西方法律的优势，积极为中国企业和经商者提供及时、全面、优质、高效的法律服务和法律风险防控，协助中国企业和经商者在“一带一路”倡议实施过程中合法合规经营、融入当地社会。如马来西亚罗章武律师邀请多名马来西亚资深法官、律师发起成立了马来西亚—中国法律联合会，推动马来西亚政府成立了中国境外第一个“一带一路”争端解决中心，促进了中马法律文化交流，推动了两国商业、贸易以及投资的互动、合作和发展。香港施若龙律师为多个总部位于内陆地区的企业处理了在香港地区开辟市场、开展业务等方面的法律服务，积极为企业“走出去”奉献力量。德国张志远律师和团队同事为多家中德大型企业的跨国事务提供法律咨询，全程辅导了中国企业在德国最大的投资或收购事件，历年总计金额在100亿欧元以上。俄罗斯的原毅律师担任了数项大型中俄企业并购以及中俄合资项目的咨询、尽职调查、谈判、起草审核法律文书等工作，项目标的额近10亿美元。

12月8日，中国侨联法律顾问委员会2016年年会暨专业委员会成立大会在北京召开

中国侨商联合会

【领导成员名单】

荣誉会长：（以姓氏笔画为序）

庄启程　张　茵（女）　张晓卿
李祖沛　陈有汉　陈有庆
陈江和　周泽荣　林　军
林文光　林文镜　林兆枢
林建岳　林淑娘（女）　郭孔丞
黄双安　黄如论　彭云鹏

创会会长：邱维廉

会　　长：许荣茂

【综述】2016年是“十三五”规划的开局之年，是中国侨联成立六十周年，也是中国侨联深化改革的启动之年。侨商会在中国侨联的领导下，在许荣茂会长和第四届理事会共同努力下，全面贯彻党的十八大和十八届三中、四中、五中、六中全会精神和中国侨联九届三次全委会及李源潮同志重要讲话精神，准确把握中国经济新常态和海内外侨情新变化，紧密围绕“一带一路”、京津冀协同发展、长江经济带三大战略及西部开发、东北振兴、中部崛起、东部率先的区域发展总体战略，按照中国侨联“两个拓展”战略部署，坚持以人为本、为侨服务，重点在服务国家三大战略、深化海外经贸交流、开展社团评估评优、强化依法管理商会、促进基层组织建设、加强侨资企业调研、参与社会公益事业等方面做了大量工作。2016年，中国侨商联合会共组织1500多名侨资企业家与15个省区市政府、侨联主办、协办和参与大型经贸活动21项。

【组团出席2016云上贵州·大数据招商引智（北京）推介会】3月2日上午，由贵州省人民政府主办的以“携手云上贵州 数据驱动未来”为主题的“2016云上贵州·大数据招商引智（北京）推介会”在北京国家会议中心举行。全国政协副主席、全国工商联主席王钦敏，贵州省委书记陈敏尔、省长孙志刚出席会议并致辞。

3月2日上午，由贵州省人民政府主办的以“携手云上贵州　数据驱动未来”为主题的“2016云上贵州·大数据招商引智（北京）推介会”在北京国家会议中心举行

【举办全国侨商社会组织负责人高级研修班】3月24日—28日，由中国侨联主办，中国侨商联合会、中国侨联干部培训中心联合承办的全国侨商社会组织负责人高级研修班在北京举行，来自全国140余个省市侨商组织近300名负责人参加培训。

3月24日—28日，由中国侨联主办，中国侨商联合会、中国侨联干部培训中心联合承办的全国侨商社会组织负责人高级研修班在北京举行

【组团出访日本】3月31日—4月4日，以常务副会长郭泰诚为团长的中国侨商联合会代表团访问日本。

3月31日—4月4日，以常务副会长郭泰诚为团长的中国侨商联合会代表团访问日本

4月9日上午，丙申年黄帝故里拜祖大典在郑州新郑举行

【联合主办创业中华·建设江苏—2016侨资侨智对接交流会】4月11日—14日，由中国侨联支持，中国侨商联合会、江苏省侨联、徐州市人民政府、沭阳县人民政府主办的“创业中华·建设江苏—2016侨资侨智对接交流会”在江苏徐州、宿迁沭阳举行。全国政协常委、中国侨联顾问、中国侨商联合会常务副会长王永乐出席。来自20多个国家（地区）和有关省市侨商会120多位侨商企业家、侨界专业人士参加了活动。

【组团出席丙申年黄帝故里拜祖大典暨河南国际投资贸易洽谈会】4月9日上午，丙申年黄帝故里拜祖大典在郑州新郑举行。来自美国、英国、澳大利亚、新加坡及港澳台等30多个国家和地区的华侨华人代表，以及社会各界近万人齐聚祖根圣地、共拜人文始祖。中国侨联主席林军出席大典并担任主司仪。中国侨商联合会组团出席此次活动。期间，河南省委副书记邓凯在郑州会见了中国侨商联合会常务副会长于集华、郭泰诚一行。

4月11日—14日，由中国侨联支持，中国侨商联合会、江苏省侨联、徐州市人民政府、沭阳县人民政府主办的“创业中华·建设江苏—2016侨资侨智对接交流会”在江苏徐州、宿迁沭阳举行

【组团出席2016中国·天津投资贸易洽谈会】4月15日，由国家商务部、天津市人民政府、中国侨联等共同主办的中国·天津投资贸易

中国·天津投资贸易洽谈会暨PECC国际贸易投资博览会在天津梅江会展中心开幕

洽谈会暨PECC国际贸易投资博览会在天津梅江会展中心开幕。由常务副会长李金松、于集华，副会长李镦、罗祖晓、黄大卫、王怡岷以及来自10个国家和地区近40位侨商组成的中国侨商联合会代表团出席此次盛会。会议期间，天津市委常委、统战部部长王宏江会见了中国侨商联合会代表团。

5月13日下午，2016丝绸之路国际博览会暨第20届中国东西部合作与投资贸易洽谈会在陕西西安开幕

【组团出访西班牙、斯洛伐克、匈牙利】4月24日—5月3日，中国侨商联合会代表团访问西班牙、斯洛伐克和匈牙利。与三国政府商务部门及所属商会、中国驻三国大使馆、华侨华人商会等进行了广泛交流和商务考察，圆满完成出访任务。

4月24日—5月3日，中国侨商联合会代表团访问西班牙、斯洛伐克和匈牙利

【联合主办陕西海内外侨商“丝路情·县区行”活动暨中国东西部合作投资贸易洽谈会】5月13日下午，2016丝绸之路国际博览会暨第20届中国东西部合作与投资贸易洽谈会在陕西西安开幕。国务委员王勇、全国政协副主席陈元，国务院副秘书长江泽林，国家发展改革委副主任、国家统计局局长宁吉喆，中国侨联主席林军，中国贸促会会长姜增伟等主办部委领导，以及来自90多个国家和地区的嘉宾出席了开幕式。中国侨商联合会组团参加。

【联合主办第十四届中国（漯河）华商食品项目投资峰会】5月16日上午，由河南省人民政府、中国食品工业协会、中国商业联合会、中国食品和包装机械工业协会联合主办的第十四届中国（漯河）食品博览会在漯河国际会展中心拉开序幕。由副会长唐丽英、尚途胜等组成的中国侨商联合会代表团50余人参加开幕式。

5月16日上午，由河南省人民政府、中国食品工业协会、中国商业联合会、中国食品和包装机械工业协会联合主办的第十四届中国（漯河）食品博览会在漯河国际会展中心拉开序幕

5月25日上午，以"文化引领、联通侨界、创新转型、共建丝路"为主题，由中国侨联指导，福建省侨联、中国侨商联合会主办的"2016中国华侨文化创意产业发展峰会"在福建莆田开幕

【联合主办2016中国华侨文化创意产业发展峰会】5月25日上午，以"文化引领、联通侨界、创新转型、共建丝路"为主题，由中国侨联指导，福建省侨联、中国侨商联合会主办的2016中国华侨文化创意产业发展峰会在福建莆田开幕。

【组团出席第八届安阳航空运动文化旅游节】5月27日上午，由河南省民航办、河南省侨联、安阳市人民政府等联合主办，中国侨商联合会支持的"安阳爱飞客飞行大会—第八届安阳航空运动文化旅游节"在国家体育总局安阳航校机场隆重开幕。中国侨联副主席康晓萍出席本次活动。

5月28日，由中国侨商联合会荣誉会长、香港嘉里集团董事长郭孔丞先生捐建的嘉里儿童村在中国侨联定点扶贫县上饶县落成

【继续支持中国侨联定点扶贫县江西上饶县扶贫工作】5月28日，由中国侨商联合会荣誉会长、香港嘉里集团董事长郭孔丞先生捐建的嘉里儿童村在中国侨联定点扶贫县上饶县落成。中国侨联主席林军为嘉里儿童村题词，全国政协常委、中国侨联副主席李卓彬出席落成仪式并讲话。香港嘉里集团董事长郭孔丞，嘉里建设有限公司执行董事钱少华等捐赠人和江西省侨联党组书记张知明，中国侨联常委、中国侨商联合会常务副会长于集华，嘉里集团董事长助理唐

5月27日上午，"安阳爱飞客飞行大会—第八届安阳航空运动文化旅游节"在国家体育总局安阳航校机场开幕，中国侨联副主席康晓萍（前排中）出席

鲁东及上饶市、上饶县有关领导出席落成仪式。

第 4 届中国—南亚博览会暨第 24 届中国昆明进出口商品交易会开幕

【组团出席第十四届东盟华商会暨第四届中国—南亚博览会】由国务院侨办、中国侨联、云南省政府联合主办，中国侨商联合会等支持的第十四届东盟华商会于 6 月 11 日在云南昆明拉开帷幕。来自海外 47 个国家和地区的 700 余名政要、侨领、华商、专家学者汇聚于此，以“侨”为桥，携手“一带一路”共谋发展。中国侨联副主席李卓彬出席并致辞。中国侨联副秘书长、经济科技部部长赵红英，云南省侨联党组书记和向红、主席李嵘，中国侨商联合会荣誉会长张晓卿，秘书长安晨等出席大会开幕式并在主席台就座。中国侨商联合会常务副会长于集华、颜芝，副会长严陆根、郭俊琴、罗祖晓、曹阳、吕安民等参加会议。6 月 12 日，来自 89 个国家和地区以及国内 29 个省区市的 3000 余名宾客齐聚昆明滇池国际会展中心开幕大厅，以“亲诚惠容、合作共赢”为主题的第四届中国—南亚博览会暨第 24 届中国昆明进出口商品交易会开幕。中共中央政治局委员、国务院副总理汪洋致辞，并在开幕式上发表主旨演讲。

6 月 11 日，由国务院侨办、中国侨联、云南省政府联合主办，中国侨商联合会等支持的第十四届东盟华商会在云南昆明拉开帷幕

【组团出席第 17 届中国·青海绿色发展投资贸易洽谈会】6 月 20 日，第十七届中国·青海绿色发展投资贸易洽谈会暨第三届环青海湖国际电动汽车挑战赛在青海国际会展中心拉开帷幕。全国政协副主席王钦敏和青海省委书记骆惠宁共同启动第十七届中国·青海绿色发展投资贸易洽谈会暨第三届环青海湖国际电动汽车挑战赛开幕。青海省委副书记、省长郝鹏致开幕词。中国侨联副主席李卓彬率中国侨商联合会代表团出席本届“青洽会”。

6 月 20 日，第十七届中国·青海绿色发展投资贸易洽谈会暨第三届环青海湖国际电动汽车挑战赛在青海国际会展中心拉开帷幕

【组团出席首届大连侨商海外联盟峰会】为深入贯彻国家“一带一路”战略，加快大连金普

长、省侨联党组书记张文学，省人大民族侨务工作委员会副主任火统元，省政协港澳台侨和外事委员会副主任梁俊琦，省侨联主席樊向勤出席会议，与中国侨商联合会常务副会长颜芝、畅瑞刚、郑兆国（林建立代表其出席），副会长罗祖晓、万志新等来自海内外120余名侨商企业家共话“一带一路”，探讨项目合作。

6月28日，首届大连侨商海外联盟峰会在大连金普新区拉开帷幕

新区发展步伐，搭建引资引智重要平台，首届大连侨商海外联盟峰会于6月28日在大连金普新区拉开帷幕。中国侨联副秘书长赵红英，大连市金普新区党工委书记、管委会主任张世坤出席会议并在开幕式上致辞。

7月7日上午，由中国侨商联合会、甘肃省侨联、甘肃省经济合作局共同主办，甘肃省侨商联合会承办的“丝绸之路经济带”甘肃黄金段侨企项目推介会在兰州举行

【组团出席“丝绸之路经济带”甘肃黄金段侨企项目推介会】 7月7日上午，由中国侨商联合会、甘肃省侨联、甘肃省经济合作局共同主办，甘肃省侨商联合会承办的“丝绸之路经济带”甘肃黄金段侨企项目推介会在兰州举行。甘肃省委统战部副部

【召开全国侨商社会组织工作会议】 7月24日，中国侨联在北京召开了首次全国侨商社会组

7月24日，首次全国侨商社会组织工作会议在北京召开

织工作会议。中国侨联主席林军、民政部副部长顾朝曦、中国侨联副主席李卓彬出席会议并讲话，中国侨联副主席董中原、康晓萍、许荣茂出席会议。会议由康晓萍副主席主持。全国各省区市侨联所属 152 个侨商社会组织负责人近 200 人参加会议。

8 月 23 日上午，由中国侨商联合会、黑龙江省侨联、香港金融发展协会共同主办的“东北振兴·海外华商龙江行”系列活动在哈尔滨开幕

【组团出席 2016 首届全球吉商大会】7 月 28 日上午，2016 首届全球吉商大会在长春开幕。全国政协副主席、全国工商联主席王钦敏出席开幕式并发表讲话。吉林省委书记巴音朝鲁致辞，省长蒋超良主持，省政协主席黄燕明、中国侨联副主席李卓彬，港澳台代表郑耀棠、黄国胜、郁慕明等出席会议。

7 月 28 日上午，2016 首届全球吉商大会在长春开幕

【联合主办“东北振兴·海外华商龙江行”活动】8 月 23 日上午，由中国侨商联合会、黑龙江省侨联、香港金融发展协会共同主办的“东北振兴·海外华商龙江行”系列活动在哈尔滨开幕。中国侨联副主席李卓彬出席开幕式并讲话。海外华商侨领、黑龙江省及其他部分省市侨资侨属企业家共 150 余人参加大会。开幕式由中国侨商联合会副会长兼秘书长安晨主持。

【支持吉林省少数民族边疆地区开展灾后重建工作】8 月，“狮子山”台风给吉林省少数民族边疆地区延边州造成巨大破坏和严重影响。吉林省侨联紧急致函我会，请求支援。为尽快帮助受灾侨界群众恢复生产生活，经报中国侨联和许荣茂会长批准，中国侨商联合会从会费中支付 20 万元用于延边州侨界群众灾后重建。中共延边自治州州委、州政府专门发函致谢。

中国侨商联合会从会费中支付 20 万元用于延边州侨界群众灾后重建

【组团出访加拿大、美国、墨西哥】9 月 8 日—17 日，中国侨商联合会组团出访加拿大、美国和墨西哥，访问多伦多、纽约、圣地亚哥和蒂华纳四个城市，举办五场投资交流活动，顺

9 月 8 日—17 日，中国侨商联合会组团出访加拿大、美国和墨西哥，林军主席出席活动

国家和地区的近百名知名侨商侨领汇聚一堂，为辽宁老工业基地新一轮振兴献计出力。

【组团出席 2016 中国商丘国际华商节并主办第八届中国侨商论坛】 10 月 9 日下午，由中国侨商联合会主办的第八届中国侨商论坛在河南商丘成功举行。来自海外 30 多个国家和地区的 300 余位海外华商、侨商领袖及工商界代表齐聚华商始祖王亥故里，聆听专家学者传经送道，共商合作，共谋发展。

利完成出访任务。

【参加辽宁、吉林海外侨胞故乡行活动】 为充分发挥海外侨胞独特优势和重要作用，凝聚侨心汇集侨力，为辽宁走向世界提供更广阔的舞台，由中国侨联主办、中国侨商联合会、辽宁省侨联及沈阳、大连市侨联共同承办的“海外侨胞故乡行·走进辽宁”暨 2016 第二届世界知名侨商辽宁行活动，于 9 月 22 日在沈阳拉开帷幕。中国侨联副主席李卓彬率中国侨商联合会代表团出席系列活动。来自美国、加拿大、新西兰、新加坡等多个

【接受国家民政部社会组织等级评估】 为强化侨商会内部治理、促进侨商会健康发展，中国

中国侨商联合会参与了民政部组织的 2015 年社会组织评估工作，获得全国性联合类社团 2015 年度最高评估等级 4A 级

9 月 22 日，由中国侨联主办、中国侨商联合会、辽宁省侨联及沈阳、大连市侨联共同承办的“海外侨胞故乡行·走进辽宁”暨 2016 第二届世界知名侨商辽宁行活动在沈阳拉开帷幕

侨商联合会申请参与了民政部组织的2015年社会组织评估工作。经第三方机构初评，全国性社会组织评估委员会终评、公示，民政部于2016年10月10日公布了2015年度全国性社会组织评估等级结果，中国侨商联合会获得全国性联合类社团2015年度最高评估等级4A级。

【联合主办全国侨商社会组织系统纪念中国侨联成立60周年文艺汇演活动】10月26日晚，由中国侨联指导，中国侨商联合会、江苏省侨联主办，江苏省侨商总会承办，南京侨商联合会协办的全国侨商社会组织系统庆祝中华人民共和国成立67周年暨中国侨联成立60周年文艺汇演在南京保利大剧院举行。全国政协常委、中国侨联副主席李卓彬等领导出席活动。

【组团出席第十六届中国西部国际博览会暨第八届中国西部国际合作论坛系列活动】11月3日上午，以“中国西部·世界机遇”为主题的第十六届中国西部国际博览会暨第八届中国西部国际合作论坛在四川省成都市开幕。国务委员王勇，四川省委书记王东明，国家发展和改革委员会副主任张勇，中国侨联副主席李卓彬、许荣茂等领导出席开幕式暨论坛。几内亚共和国总统阿尔法·孔戴，德国副总理兼联邦经济和能源部长西格玛尔·加布里尔，阿富汗第二副总统萨尔瓦尔·丹尼什，波黑塞族共和国总统米洛拉德·多迪克，俄罗斯商品生产者联盟主席、俄罗斯原第一副总理奥列格·索斯科维茨等外国政要嘉宾出席。

【联合主办第三届中国南京国际美术展】11月12日，由中国侨商联合会、中国公共外交协会、百家湖国际文化投资集团联合主办的第三届南京国际美术展在南京百家湖美术馆开幕。中国侨联顾问王永乐，江苏省政协副主席罗一民，中国公共外交协会副会长龚建忠，江苏省侨联主席史宇，副主席镇翔，中国侨商联合会副会长、南京利源集团董事长严陆根以及来自世界各地

第三届南京国际美术展在南京百家湖美术馆开幕，中国侨联顾问王永乐（左五）出席

11月3日上午，以“中国西部·世界机遇”为主题的第十六届中国西部国际博览会暨第八届中国西部国际合作论坛在四川成都开幕

的策展人、艺术家、评论家、收藏家等共同出席开幕式。

【中国侨商联合会捐赠孙中山先生铜像在多伦多落成揭幕】 11月12日，在孙中山先生诞辰150周年之际，由中国侨商联合会捐赠的孙中山先生铜像落成典礼在加拿大多伦多市举行。

11月12日，在孙中山先生诞辰150周年之际，孙中山先生铜像落成典礼在加拿大多伦多市举行

【联合主办第六届张培刚发展经济学优秀成果奖颁奖典礼暨2016年中国经济发展论坛】 11月19日，由华中科技大学、中国侨商联合会共同主办的第六届张培刚发展经济学优秀成果奖颁奖典礼暨2016年中国经济发展论坛在北京举行。全国政协常委、经济委员会副主任、中央农村工作领导小组原副组长兼办公室主任陈锡文，全国政协常委、中国侨联副主席李卓彬，华中科技大学校长、中国工程院院士丁烈云，张培刚发展经济学研究基金会理事长巴曙松出席颁奖典礼为获奖者颁奖。来自中国侨商联合会和国内研究机构、高校、企业、基金会负责人，历届获奖者代表及知名学者约200人出席此次颁奖典礼和论坛。

【支持举办第四届海外侨商沧州行活动】 11月28日，第四届海外侨商沧州行项目签约仪式暨沧州华商联合会一届五次会员代表会议在河北沧州举行。中国侨联经济科技部副部长、中国侨商联合会秘书长安晨，沧州市委副书记、代市长梅世彤出席会议并致辞。中国侨商联合会常务副会长畅瑞刚，副会长宋吉春、唐丽英、白晓飞、王怡民、李保华等出席会议。

11月19日，由华中科技大学、中国侨商联合会共同主办的第六届张培刚发展经济学优秀成果奖颁奖典礼暨2016年中国经济发展论坛在北京举行

11 月 28 日，第四届海外侨商沧州行项目签约仪式暨沧州华商联合会一届五次会员代表会议在河北沧州举行

【召开侨商会四届四次、五次常务理事会和四届六次、七次理事会】中国侨商联合会于 2016 年召开了四届四次、五次常务理事会议和四届六次、七次理事会议，及时向全体理事和会员通报了中国侨商联合会年度工作和财务报告，增补穆彦魁、王大为、张章笋、陈向辉、吴正平、林勇、史灵芝、孙曦、曹阳、柳文超、陈玉树、雷宁、苏明利、李大为、施锦珊、施祖能、赵先等一批有实力、有影响、热爱侨联事业的侨商新会员。

中国侨商联合会召开四届七次理事会议

中国侨联特聘专家委员会

【领导成员名单】

主 任 委 员：万立骏

副主任委员：王执礼　王辉耀　邓秀新
江　雷　麦康森　李乃胜
李稻葵　李曙光　张　涛
陈　桦（女）　赵红英（女）
钟南山　贺　林　顾行发
徐德龙　高益槐　高　福
黄　维　黄路生　董志勇
樊　纲

秘　书　长：李曙光（兼）

副秘书长：于　今　马　骏　闫长明
汤立群　牟红岩（女）
李　莹（女）　李筱荣　杨宝庆

8月17日，林军主席（左）为国际货币基金组织副总裁张涛先生（右）颁发金融委员会主任委员聘书

【综述】中国侨联特聘专家委员会自2010年成立以来，在为国家政治、经济、文化、社会、生态文明建设建言献策，服务地方经济社会发展等方面作出较大贡献。目前，委员会的智力优势和独特作用日益凸显，公信度和影响力与日俱增，已成长为侨联凝聚侨界高层次人才的重要载体和服务国家改革发展的重要力量。2016年，中国侨联特聘专家委员继续增聘侨界高层次人才，在原有五个专业委员会的基础上，新增设两个专业委员会。各专业委员会在中国侨联领导下，进一步发挥智库作用，积极建言献策，助力地方经济转型发展，取得了一定成绩。

【加强自身建设，新设两个专业委员会】在已有五个专业委员会的基础上，8月新增设金融专业委员会，林军主席、李卓彬副主席出席成立大会，聘请专家20人（其中新增聘专家18人），由国际货币基金组织副总裁张涛担任主任委员，李波、马骏担任副主任委员。9月，新增设海洋专业委员会，聘请专家29人（其中新增聘专家25人），由青岛国家海洋科学研究中心主任李乃胜研究员为主任委员，管华诗、黄锷、麦康森三位院士为名誉主任。这两个新委员会的组建进一步扩充了专家队伍，完善了学科领域，

8月17日，金融专业委员会在北京成立，林军主席、李卓彬副主席出席成立大会

9月19日，中国侨联特聘专家委员会海洋专业委员会成立，中国侨联副秘书长赵红英（右四）、特聘专家委员会副主任李曙光（左三）共同为受聘专家颁发聘书

更有针对性地组织专家学者和创新创业人才为我国改革建设和科技事业贡献力量。

3 月 30 日，特聘专家委员会举办“创新引领未来，创业成就梦想”主题论坛助力 2016 全国侨联经济科技工作会议

【扩大专家队伍】 除增设分委会外，在 2016 年 12 月中国侨联特聘专家年会上，增聘 18 位专家，研究领域涉及建筑建造、地震工程、控制科学、医学、投资、高分子材料、生物制药、信息安全、经济学、哲学 10 个学科领域，其中享受国务院政府特殊津贴专家 4 人，国家“千人计划”特聘专家 6 人，千人计划评委 1 人。至此，中国侨联特聘专家委员会的委员数量达到 257 位。

【主动建言献策，凸显智库优势】 专委会自成立以来，立足自身智力优势，积极建言献策。在经济发展、科技进步、国家安全、社会民生、文化产业、医疗卫生、环境保护、知识产权等诸多领域主动献计出力，积极撰写建议材料。据初步统计，委员们共提供了 600 多篇有价值的建议，其中有百余篇得到中央领导同志批示。2016 年专委会委员先后提交了 110 余篇高水平的建议书。中国侨联经济科技部从中精选出一部分，汇编为《中国侨联特聘专家建言集（第八辑）》，共 11 万余字。由于建言献策数量多、水平高、热心参与和支持侨联工作，专委会年会上特别评选出中国侨联建言献策特等奖、一等奖和优秀奖，多位专家获奖。

12 月 2 日，多名专家在年会上获建言献策奖

【配合举办多场高层次论坛】 3 月 29 日—30 日，“2016 全国侨联经济科技工作会议”期间，为增强会议实效，特聘专家委员会特策划举办了“创新引领未来，创业成就梦想”主题互动论坛。李曙光、顾行发、马骏、高益槐、方彤、陈尚义、万颖等 7 位中国侨联特聘专家，围绕五大发展理念和“十三五”规划纲要，就宏观经济走势与金融改革、科技创新、新侨创业、人才工作、人工智能、智慧城镇等问题发表观点，并与各地侨联领导干部展开互动。6 月 28 日，中国侨联与大连金普新区共同举办了首届大连侨商海外联盟峰会，期间特聘专家委员会组织了“发挥侨界优势、服务国家战略、助推金普发展”主题论坛。论坛由北京大学经济学院党委书记董志勇教授主持，海航实业集团首席投资官张克、梦宇三维技术有限公司创始人方彤、上海吉喆股权投资基金管理合伙企业合伙人万颖、青岛国家海洋科学研究中心主任李乃胜等 5 位专家围绕海外侨商如何寻找和把握发展机遇、大连如何推进实施“一带一路”发展战略等作主旨发言。9 月 20 日—21 日，在“创业中华·创新四川——侨智精英科博行”期间举办“侨智精

6 月 28 日，首届大连侨商海外联盟峰会召开期间，特聘专家委员会举办“发挥侨界优势、服务国家战略、助推金普发展”主题论坛

9 月 21 日，中国侨联特聘专家委员会支持举办“侨智精英科博行高峰对话”

4 月 12 日—14 日，中国侨联特聘专家委员会参与举办第五届海西厦门国际新能源产业博览会暨高峰论坛

英科博行高峰对话”，王献昌、万颖、李进等专家围绕创新驱动、转型升级等话题，从人才、资金、项目、环境等多个角度展开交流。专家们还与场上听众互动交流，共同探讨创业创新的新思想和新观点。

【参加“第五届海西国际新能源产业博览会暨高峰论坛”】 4 月 12 日—14 日，第五届海西国际新能源产业博览会暨高峰论坛在厦门举行。中国侨联特聘专家委员会作为协办单位，组织材料与工程专委会及资源与信息专委会的近 20 位特聘专家赴厦门出席活动。李曙光秘书长代表专委会在开幕式上致辞，李宁教授主持座谈。专家们分别参与了新能源人才战略、新能源汽车产业发展等系列活动和论坛，活动中为获奖企业颁奖，并作为嘉宾进行了专题交流讨论，部分专家受邀作为大学生新能源创新创业大赛评审专家，还给当地企业解惑答疑，为助力地方经济发展贡献了自身力量。

【参与协办“2016中关村数字文化节”等活动】9月29日，中国侨联特聘专家委员会邀请张建伟、闫长明、方彤、关鸿亮、朱慧珑、王文生等专家出席“2016中关村数字文化节”等活动，推动“数字中国”建设。德国汉堡大学计算机系多模式技术系统研究所所长、终身C4教授张建伟作了人工智能与自动化发展趋势的主旨演讲，赢得与会者好评。梦宇三维技术有限公司总经理、创始人、全国政协海外委员方彤参与了论坛对话。

【组织海内外特聘专家参加中国侨联成立60周年纪念活动】2016年正值中国侨联成立60周年，9月底，经科部组织邀请海内外中国侨联特聘专家出席60周年纪念大会及国庆招待会，推荐特聘专家委员会在京领导班子成员出席纪念大会。邀请王中林院士、张建伟院士、乐晓春院士等五位海外特聘专家，李曙光、王辉耀、周琪、高福、顾行发等特聘专家委员会领导班子成员出席相关活动。

【支持“第六届新侨创新创业成果交流会”】在中国侨联第六届“中国侨界贡献奖”评审工作中，中国侨联特聘专家委员会里的部分院士担任评委，李曙光院长担任法律顾问。一些专家还出席了第六届新侨创新创业成果交流会，赵炜、林东、高益槐等特聘专家分别代表各奖项获奖者发言。大会期间举办了以“创新发展·科技支撑”为主题的“中国侨联新侨创新创业论坛”，中国科学院大学副校长周琪院士作了题为“生命科学——干细胞研究和应用的现状与未来”的主旨演讲，获得大家的热烈欢迎和强烈反响。袁岳董事长以“双创全球互动机制的价值”为题，盛希泰先生以“最伟大的消费升级时代”为题作了精彩演讲。专家们还积极参与中国侨联在江苏南京举办的“中国侨联新侨创新创业成果展”。

9月1日，中国科学院大学副校长周琪院士在第六届新侨创新创业成果交流会期间参加论坛并作主旨演讲

【主办第七届“创业中华—2016侨界精英创新创业峰会”】10月11日，中国侨联特聘专家金融专委会以及来自世界各地的侨团负责人、创投基金高管、创业人士、企业家代表等300余人共聚杭州，出席第七届“创业中华—2016侨界精英创新创业峰会”，共谋创新创业发展。会上，中国侨联特聘专家委员会金融专业委员会被“EFC新侨金融中心”聘请为指导单位。同时举行了“侨联全球、服务G20”活动表彰仪式，发布了“海归社区”白皮书。在随后举办的“2016创新创业投资高峰论坛”上，Rocketspace创始人兼CEO邓肯·罗根、以色列科技VC基金公司Vertex Capital创始人之一尤沃夫·凯达以及中国侨联特聘专家委员会金融专业委员会副主任、中国人民银行研究局首席经济学家马骏等作了主旨发言。

10月11日，中国侨联特聘专家委员会金融专业委员会副主任、中国人民银行研究局首席经济学家马骏在杭州创业中华活动中参加“2016创新创业投资高峰论坛”并作主旨发言

【举办“创业中华·兴业湖南·梦启星城”海内外侨界特聘专家湖南（长沙）行活动】10月18日，“创业中华·兴业湖南·梦启星城”中国侨联特聘专家湖南（长沙）行活动启动。此次活动由中国侨联特聘专家委员会、湖南省侨联、长沙市人民政府主办，长沙市侨联承办。李卓彬副主席以及北京中医药大学药学院院长、法国国家药学科学院外籍院士林瑞超，北京市朝阳糖

10 月 18 日，中国侨联特聘专家献计湖南，在“创业中华·兴业湖南·梦起星城”活动中发表主旨演讲

尿病医院院长、英国皇家医学会院士王执礼等近 20 名侨界专家参与活动。活动期间，侨界专家们发表了主题演讲，考察了高科技工业园区，为湖南的经济发展献计献策。活动的举办对吸引更多侨界高层次人才、团队到湖南创新创业，促进高科技项目转化落地，推动湖南经济社会发展起到积极作用。

【召开 2016 年中国侨联特聘专家年会】 12 月 2 日—3 日，“2016 中国侨联特聘专家委员会年会”在四川成都举行，七个专业委员会的近百名专家与会。中国侨联副主席、特聘专家委员会主任万立骏院士作工作报告，七个专委会的代表作了主旨发言。会上新增聘特聘专家 18 名，并为建言献策成绩突出的 22 名专家颁发建言献策奖。与会专家围绕如何发挥专委会作用进行了研讨，期间还考察了成都、泸州两地，为地方经济发展献计献力，有的专家通过考察初步商定了合作意向。

12 月 2 日，2016 中国侨联特聘专家委员会年会在成都召开

中国侨联
年鉴

省级侨联工作

2017 中国侨联年鉴

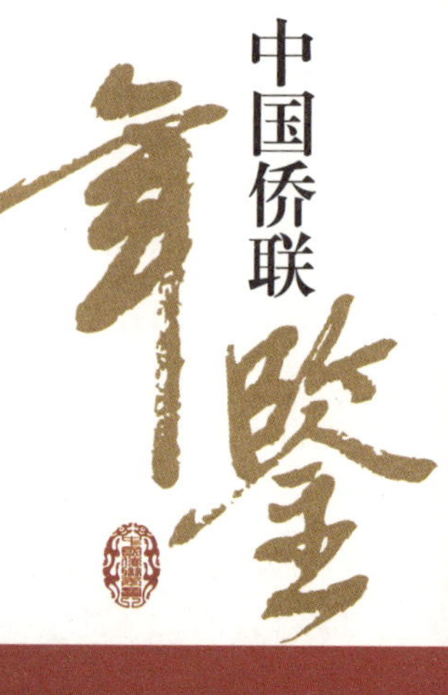

北京市归国华侨联合会

【领导成员名单】

党组书记：周开让（5月9日卸任）
　　　　　赵宏生（5月9日到任）
主　　席：荣　洋
专职副主席：马　坚（回族）　李冬娟（女）
　　　　　苏　泳
副巡视员：李红军
兼职副主席：李曙光　陈　杰　高　杰
　　　　　陶庆华　石　岳（女）　李　辙
　　　　　孙庚文　邢新会　魏英杰
秘书长：李登新

【综述】2016年，北京市侨联全面贯彻党的十八大和十八届三中、四中、五中、六中全会精神，深入学习贯彻习近平总书记系列讲话精神和治国理政新理念新思想新战略，贯彻落实中央群团工作会议精神和市委决策部署，牢固树立“四个意识”，紧紧围绕统筹推进“五位一体”总体布局和协调推进“四个全面”战略布局，围绕国家“一带一路”倡议和京津冀协同发展战略，围绕首都城市战略定位，扎实开展“两学一做”学习教育，切实践行“五大发展理念”，坚持“两个并重”，深化“两个拓展”，坚持改革创新，团结凝聚广大归侨侨眷和海外侨胞，为实现首都“十三五”规划良好开局和建设国际一流和谐宜居之都贡献侨界力量。

【林军主席到北京市调研】6月24日，中国侨联主席林军到北京市调研侨界创新创业情况，中国侨联副秘书长、经济科技部部长赵红英，北京市委统战部副部长、市侨联党组书记赵宏生，北京市侨联主席荣洋等陪同调研。林军考察了优客工场、国创产业园，与入驻企业代表进行了座谈。林军表示，侨界创新创业发展势头很好，入驻企业也非常有特色，在一些冷门、传统项目上取得了不错的创新创业成果，希望其继续努力，创出一片新天地。林军指出，侨联是广大归侨侨眷和海外侨胞的家，所有归侨、侨眷和海外侨胞都是我们服务的对象，调研的目的是深入了解大家在创新创业中有什么困难，侨联将全力以赴为大家服务。北京市侨联在积极推动侨界创新创业方面积累了丰富经验，取得了不错成绩。希望北京市侨联继续努力，积极发挥侨界力量，为首都经济社会建设提供新助力。

6月24日，中国侨联主席林军（右六）到北京市调研侨界创新创业情况，市委统战部副部长、市侨联党组书记赵宏生（右七）、市侨联主席荣洋（右四）陪同调研

【李卓彬副主席到北京市新侨企业调研】8月4日，中国侨联副主席李卓彬到北京市新

8月4日，中国侨联副主席李卓彬（右三）到北京市调研新侨创新创业情况

侨创新创业企业——优客工场（北京）创业投资有限公司考察调研。中国侨联副秘书长、经济科技部部长赵红英，北京市侨联副主席苏泳等陪同调研。李卓彬参观了优客工场阳光壹佰项目，对入驻创新创业企业情况进行了详细考察。李卓彬指出，优客工场响应国家“大众创业、万众创新”号召，搭建创新创业平台，为创业者提供了发展快车道，目前发展势头强劲，值得祝贺。李卓彬强调，实施创新驱动发展是国家战略，为凝聚广大新侨人才创新创业力量，激发其潜能和活力，中国侨联拟组建新侨创新创业联盟，更好地服务广大新侨的创新创业实践。新侨人才要积极发挥自身优势，为联盟发展出谋划策和贡献力量。

【戴均良部长出席北京市侨联党组书记交接会】5月9日，北京市侨联召开党组书记交接会。北京市委常委、市委统战部部长戴均良出席会议并讲话，他指出要抓好“两学一做”学习教育，强化“四个意识”；要坚决落实中央、市委关于进一步加强和改进侨联工作的意见，不断开创侨联工作新局面；要紧紧围绕中心任务，发挥侨界力量，服务首都建设大局；要加强班子自身建设，带好队伍。北京市委组织部副部长李世新在会上宣读了市委统战部副部长赵宏生兼任市侨联党组书记的任职通知。

5月9日，北京市委常委、市委统战部部长戴均良（左三），市委组织部副部长李世新（左四）出席北京市侨联党组书记交接会

【赵玉金副秘书长会见第十六届海外侨界高层次人才为国服务团】9月5日，北京市委副秘书长赵玉金会见并宴请了第十六届海外侨界高层次人才为国服务团一行。赵玉金听取了第十六届海外侨界高层次人才为国服务团情况，简要介绍了北京市情和经济社会发展情况。赵玉金指出，打造首都科技创新中心，把北京建设成为世界一流人才之都，需要大量的海内外高层次人才，希望大家积极参与到北京经济社会发展中来，也希望通过“为国服务”活动让更多的海外人才了解北京，了解北京渴望引进人才的需求，吸引更多的海外高层次人才到北京发展创业。市委统战部副部长严卫群、市侨联主席荣洋等参加会见。

9月5日，北京市委副秘书长赵玉金（一排左七）会见并宴请了第十六届海外侨界高层次人才为国服务团一行

【中国侨联经济科技部到北京市侨联调研】2月26日，中国侨联经济科技部部长赵红英带调研组到北京市侨联调研新侨创业情况。北京市侨联副主席苏泳、海淀区侨联主席石岳、朝阳区侨联主席曾旭陪同调研。调研组听取了侨界入驻企业的情况和优客工场为入驻企业提供的服务及搭建的平台，参观了创业大街车库咖啡和创客全球、北京华商会企业恒美瑞公司艺术长廊展示区。赵红英部长指出，北京市侨联在新侨工作方面有很多创新和亮点，希望在新形势下，结合关于“两个拓展”的指示精神，进一步凝聚优质人才，搭建各

2 月 26 日，中国侨联经济科技部部长赵红英（前排左二）到北京市侨联调研新侨创业情况

方平台，推进侨联工作。

【举办侨界迎新春游乐会】1 月 28 日—29 日，北京市侨联举办“迎新春、送春联”2016 侨界迎新春游乐会。首都侨界群众 600 余人先后来到北京市华侨服务中心，欢聚一堂，共庆佳节。游乐会吸引了不少年轻的侨界干部和群众，参与面覆盖街道社区，活动中还加入了涉及侨法知识普及的猜灯谜环节。

【召开北京市侨联工作务虚会】1 月 29 日，北京市侨联召开了 2016 年工作务虚会。会议传达学习了中共中央书记处对中国侨联工作的几点意见，认真总结了 2015 年的工作，针对面临的新形势、新任务和新要求，提出了 2016 年及今后的工作发展方向。市委统战部副部长、市侨联党组书记周开让在会上讲话，他对务虚会给予了充分肯定，并总结了 2015 年度市侨联的亮点工作和存在的不足，提出了 2016 年侨联工作的指导思想，针对侨联当前面临的新形势、新任务和新要求，对市侨联机关和侨联干部提出了五点希望。他强调，要建立工作目标台账，将会议精神吸纳、融入 2016 年侨联工作要点中，使 2016 年侨联工作部署更科学，措施更得力，效果更明显，进一步推动侨联工作迈上新台阶。

【开展出访联谊活动】2 月 5 日—17 日，北京市侨联文化交流部部长曹江河率“亲情中华·北京情思”艺术团赴美国、牙买加为当地侨胞进行慰问演出，受到我驻当地使领馆的高度赞扬，得到广大海外侨胞的热烈欢迎及当地政要和友人的赞誉，纽约市议员顾雅明、纽约州参议员史塔文斯基还为慰问演出团颁发了表扬状；5 月 5 日—15 日，北京市侨联经济科技部部长庞平凡率团访问巴西、阿根廷、智利；6 月 6 日—15 日，应希腊华侨华人总会、匈牙利华商联合会和旅德北京总会 & 北京商会邀请，市侨联主席助理、副巡视员李红军率团访问希腊、匈牙利、德国；6 月 6 日—15 日，应丹麦华人总会、芬兰芬中教育协会和瑞典华人总会的邀请，北京市侨联文化交流部副部长刘洋率团访问丹麦、芬兰、瑞典；11 月 14 日—21 日，市侨联副主席马坚率团访问香港、澳门；通过一系列的出访与交流，海外联谊工作得到进一步拓展。

【接待山西省侨联代表团访问交流】2 月 26 日，北京市委统战部副部长、市侨联党组书记周开让等接待了由山西省侨联副主席范安龙带队的代表团。座谈交流会上，双方互相介绍了工作情况、主要经验做法，围绕进一步加强和改进侨联工作进行了广泛交流。双方表示，面对新形势、新任务，要进一步加强合作，增进友谊，携手并进，充分发挥各自的特点和优势，同心共促侨联事业科学健康发展。

【召开北京市侨联十四届三次全委会】2 月 29 日—3 月 1 日，北京市侨联召开第十四届委员会三次全体会议。传达学习了中央书记处对侨联工作的几点意见精神，审议通过了北京市侨联第十四届常委会 2015 年工作报告，研究确定了北京市侨联 2016 年主要工作任务。市委统战部

2 月 29 日—3 月 1 日，北京市侨联召开第十四届委员会三次全体会议

副部长、市侨联党组书记周开让到会并讲话。会议期间，召开了各专门工作委员会议，对信息和理研调研工作进行了总结和部署安排，对全市侨联系统信息工作先进单位、被评选为理研调研优秀成果的单位和个人、维权工作先进单位和先进个人进行了通报表彰并颁发证书。

【开展“送温暖、献爱心”活动】2016年春节前夕，北京市侨联组织开展“送温暖、献爱心”活动。市侨联领导班子成员分别带队，对侨界代表人士和困难归侨侨眷进行了走访慰问，对97名困难侨胞进行了资助。全市各级侨联组织、侨界社团也分别采取团拜会、新春联谊会、走访看望等多种形式慰问侨界代表人士和困侨，筹集发放慰问金和慰问品，切实让侨界困难群众感受到党和政府的关爱和温暖。

【召开“两学一做”学习教育工作会议】4月28日，北京市侨联召开“两学一做”学习教育工作会议，对在侨联机关全体党员中开展“两学一做”学习教育工作进行部署。市委统战部常务副部长、市侨联党组书记周开让出席会议并讲话。他强调，全体党员一定要从政治和全局的高度提高认识，切实把思想和行动统一到中央和市委关于“两学一做”学习教育的部署要求上来，进一步强化使命感、责任感，高标准、严要求开展“两学一做”学习教育，确保取得实实在在的效果。

4月28日，北京市侨联召开“两学一做”学习教育工作会议

【举办“爱心守望侨界空巢老人”项目志愿者培训班】4月25日，北京市侨联举办“爱心守望侨界空巢老人”项目志愿者培训班。来自全市60多个街道、社区的近200名志愿者参加了培训。此次培训旨在进一步加强志愿者队伍建设，提升志愿者履职能力，切实把关爱侨界空巢老人工作落到实处。

【举办第一期新侨人才研修班】5月30日—6月1日，北京市侨联和清华大学联合举办了“第一期新侨人才研修班”。中国侨联副主席乔卫，市委统战部副部长、市侨联党组书记赵宏生，清华大学党委副书记李一兵，北京华商会会长郭俊琴等领导出席培训班相关活动。来自北京市侨联特聘专家、新侨精英代表、北京华商会常务理事以上的重要会员、各区留联会和侨联干部等60余人参加了培训。

【接待海外归国藏胞代表赴京参访团】6月7日，北京市侨联接待了由西藏自治区政协常委、中国侨联海外委员、西藏侨联副主席谢文·根多活佛任团长的海外归国藏胞代表人士赴京参访团一行40余人，西藏自治区党委统战部副部长洪涛陪同出席活动。这是北京市侨联首次接待归国藏胞团，对今后开展海外少数民族侨胞工作具有重要的开拓意义，同时也与西藏侨联建立了联系。

【赴河北省侨联交流学习】6月22日—23日，北京市侨联副主席苏泳带队赴河北省侨联、河北省国际华商会交流学习。河北省侨联主席包东主持召开了座谈会。会议围绕京津冀协同发展战略目标、深入贯彻落实京津冀三省市侨联主席会议精神、深化京冀两地侨联工作及华商联系等进行了交流探讨，进一步加深沟通联动、整合共享资源、寻求合作机会、实现共赢发展。会议还就如何推进侨联工作创新、探索发展规律、强化优势互补及联系机制等方面进行了深入讨论，就“创业中华，牵手京津冀”第十六届海外侨界高层次人才为国服务活动等工作细节进行了议定。

【召开北京市侨联工作座谈会】6月23日，北京市侨联组织召开侨联工作座谈会。7个城区侨联、3个高校侨联主席和2

6 月 23 日，北京市侨联组织召开侨联工作座谈会

个侨界社团会长参加座谈会，会议围绕“总结经验、把握规律，理清思路、凝聚共识，推动工作、创新发展”这一主题进行了认真的交流和探讨。市侨联主席荣洋主持会议并讲话。他指出，随着世情国情侨情的发展变化，侨联工作范围、工作对象、工作任务和要求都发生了深刻变化，呈现出显著的时代特征，侨联工作面临新形势、肩负新使命。他强调，首都侨联工作要积极适应国家和北京改革与发展的新形势和新任务要求，坚持解放思想，不断总结提升，创新侨联工作的思路和方法，开创侨联工作新局面，更好地服务党和国家工作大局。

【举办“新侨汇 · 全民健身微健大赛”公益跑步活动】6 月 25 日，北京市侨联在鸟巢国家体育场举办“2016 新侨汇 · 全民健身微健大赛”公益跑步活动，来自首都侨界 32 支代表队的 400 多名跑步爱好者参赛。在此次鸟巢现场赛之后，活动还将通过首都各高校侨联、街道侨联等组织联系，移师高校、街道、社区、楼宇继续进行，进一步在基层一线营造浓厚的全民健身氛围。

【举办“两学一做”暨庆祝建党 95 周年活动】6 月 30 日，北京市侨联 12 个社团党建工作小组联合举办“两学一做”暨庆祝建党 95 周年活动，国侨办原主任郭东坡、原副主任张伟超，中国侨联原副主席朱添华、林淑娘、李雪莹等侨界老领导，中国侨联副主席、市人大常委会副主任、致公党北京市委主委李昭玲，市侨联主席荣洋等出席活动。市侨联副主席马坚代表市侨联讲话，北京侨校校友会执行会长、校友会党建工作小组组长黄庆琳代表 12 个联合主办单位致辞。活动中，开展了向侨联社团老党员代表敬献鲜花活动，各社团演绎了独具特色的精彩文艺节目为党的 95 岁生日献礼。12 个侨联社团的部分老党员及侨界群众、市侨联机关及服务中心、西城区侨联机关党员领导干部等共 460 多人参加活动。

6 月 30 日，北京市侨联社团党建工作小组联合举办“两学一做”暨庆祝建党 95 周年活动

【举办“亲情中华”北京夏令营】7 月 4 日—16 日，“亲情中华”北京夏令营成功举办。中国侨联文化交流部部长刘奇，北京市侨联主席荣洋、副主席马坚、秘书长李登新，中国华侨历史博物馆馆长黄纪凯，北京市委统战部联络处处长、北京海外联谊会监事长江岚出席开营式。夏令营营员共 41 人，分别来自美国、加拿大、法国、意大利、葡萄牙、斐济和中国台湾，年龄在 14—18 岁之间；活动日程共分三个内容：汉语基础教学、中华传统文化课程和开展丰富多彩的文化体育访问体验活动。期间，还安排了与北京青少年的学习交流活动。

7 月 4 日—16 日，北京市侨联举办“亲情中华”北京夏令营

【召开北京市侨联第十四届四次常委会】8 月 30 日，北京市侨联召开第十四届四次常委会，会议传达学习了李源潮在中国侨联九届六次常委会上的讲话精神和中国侨联九届六次常委会议精神，总结了上半年工作并部署下半年任务。市委统战部副部长、市侨联党组书记赵宏生出席会议并讲话。他强调，要认真贯彻落实中国侨联九届六次常委会议精神，进一步认清形势，统一思想；要认真开展“两学一做”学习教育，进一步明确要求，抓好落实；要认真完成好下半年的任务、筹划好明年的工作，进一步把握重点，推动发展。

9 月 1 日—11 月 1 日，北京市委第十一巡视组对北京市侨联党组进行专项巡视

【接受专项巡视】9 月 1 日—11 月 1 日，北京市委第十一巡视组对北京市侨联党组进行了专项巡视。市侨联党组高度重视巡视工作，以高度的政治责任感自觉接受巡视，坚持实事求是，积极对接配合，严守巡视纪律，用实际行动支持市委巡视组工作，确保圆满完成各项巡视任务。2017 年 1 月 5 日，市委巡视组反馈巡视意见后，市侨联党组诚恳接受意见，照单全收问题，以高度自觉的政治态度严肃认真地对待巡视整改工作，以责无旁贷的使命担当从严从实狠抓巡视整改，经过 2 个月的集中整改，取得了阶段性进展。市侨联党组将以这次巡视整改为新的起点，进一步增强“四个意识”，以强烈的忧患意识和高度负责的使命感持续发力、常抓不懈、久久为功，不断巩固和深化巡视整改成果。

【共同举办第十六届海外侨界高层次人才为国服务团活动】9 月 4 日，由中国侨联主办，北京市侨联、天津市侨联、河北省侨联共同承办的“创业中华·牵手京津冀—第十六届海外侨界高层次人才为国服务活动”在北京正式启动。共有来自美国、德国、英国、法国、加拿大、日本、南非、西班牙、意大利、芬兰、澳大利亚等 16 个国家的 32 位海外侨界高层次人才携带 29 个高科技项目齐聚北京。中国侨联副主席李卓彬，中国侨联副主席、市人大副主任、致公党市委主委李昭玲，中国侨联副主席、天津市侨联党组书记、主席胡胜才，中国侨联副秘书长、经济科

9 月 4 日，“创业中华 · 牵手京津冀—第十六届海外侨界高层次人才为国服务活动”在北京正式启动，左四为中国侨联副主席李卓彬，左三为中国侨联副主席、市人大副主任、致公党市委主委李昭玲

技部部长赵红英，河北省侨联党组书记、主席包东，北京市侨联主席荣洋等出席启动仪式。在京期间，组织“为国服务团”团员走进通州、朝阳、海淀区进行参观考察、项目推介、政策宣示解读、座谈交流等活动，充分展示北京经济社会科技快速发展的良好环境，以及高层次人才、“高精尖”科技项目的需求和政策支持情况，积极推动侨界力量服务首都经济社会发展。

【举办第六届海外华文教育研讨会暨第六届“亲情中华 · 金水桥之恋—华裔青少年书画大赛”】 9 月 28 日，由北京市侨联主办的第六届海外华文教育研讨会暨第六届“亲情中华 · 金水桥之恋—华裔青少年书画大赛”正式启动，来自美国、加拿大、澳大利亚、瑞典、西班牙、印尼等 11 个国家和地区的 10 多位华文教育负责人相聚北京，交流海外华文教育的办学经验。与会嘉宾共同签署了第六届“亲情中华 · 金水桥之恋—华裔青少年书画大赛”启动工作的文件。

【举办“华诞中国 · 亲情北京”系列活动】 9 月 28 日—30 日，北京市侨联举办了“华诞中国 · 亲情北京”—庆祝中华人民共和国成立 67 周年系列活动，来自 31 个国家和地区的 130 多位港澳和海外侨胞参加了活动。活动期间，来宾们参观了优客工场、莱锦文化创业产业园、朝阳区规划艺术馆、奥运塔等展现北京现代发展面貌及华侨历史的场馆，参加市长报告会、北京市人民政府国庆招待会和北京市侨联庆祝建国 67 周年侨胞联谊会等丰富多彩的活动。本次活动旨在宣传北京建设国际一流和谐宜居之都的目标，增强港澳及海外侨胞对首都北京的认同感，凝聚侨心、汇集侨智、发挥侨力，巩固和发展港澳及海外代表人士队伍，为推动“一带一路”、京津冀协同发展等国家战略、实现中华民族伟大复兴的中国梦服务。

9 月 30 日，北京市侨联举办庆祝中华人民共和国成立 67 周年侨胞联谊会

9 月 28 日，北京市侨联举办第六届海外华文教育研讨会暨第六届“亲情中华 · 金水桥之恋—华裔青少年书画大赛”启动仪式

【联合举办“港澳及海外侨领研修班”】11月13日—19日，中国侨联和北京市侨联联合举办了“2016港澳及海外侨领国情研修班”。中国侨联党组副书记、副主席董中原出席开班仪式并作动员讲话。来自22个国家和地区共60名港澳及海外侨领参加了研修班。期间，还安排了嘉宾到莱锦文化创意产业园和故宫进行实地参观、考察。市侨联主席荣洋、北京大学党委副书记敖英芳、中国侨联组织人事部部长李杰等领导出席开班式。

【举办“法治中国·你我同行”活动】12月5日，由中国侨联、中国侨联法顾委主办，北京市侨联、北京市朝阳区侨联、北京（望京）留学人员创业园承办开展了“法治中国·你我同行”—“12·4”国家宪法日走进望京留创园活动。中国侨联副主席李卓彬，中国侨联法顾委主任张耕，中直工委宣传部部长顾祥胜，中国侨联权益保障部部长张岩，北京市委统战部副部长、市侨联党组书记赵宏生，北京市朝阳区委常委、副区长刘新宇等出席活动。李卓彬、张耕分别讲话，阐述了本次活动的目的意义，对侨联组织和侨联法顾委普法工作以及侨联群众学法用法提出了希望和要求，中国侨联法顾委委员作了题为“企业知识产权法律保护相关问题”的法律讲座，来自朝阳区律师协会的6名律师进行了免费法律咨询，这次活动是普法进基层、进社区、进创业园区的具体行动，收得了良好效果，得到了园区企业和侨界群众的好评和肯定。

【指导12个基层侨联组织完成换届工作】2016年，北京市侨联推动和指导城区（东城、西城、朝阳、海淀、丰台）、高等院校（北京林业大学、北京工业大学、北京航空航天大学、北京大学医学部、北京建筑大学、对外经济贸易大学等）、局总公司（燕山石化等）侨联进行了换届，新鲜血液为侨联发展注入了强大动力。

【西城区侨联】2016年，西城区侨联深入贯彻落实中央、市委党的群团工作会议和统战工作会议精神，特别是《中国侨联改革方案》，结合区委十一届十次全会精神，扎实开展“两学一做”学习教育，以及西城区大统战工作格局和《关于加强和改进群团工作的措施》要求，准确把握新常态下侨联工作方向格局，不断推进区侨联工作迈上新台阶。7月19日，召开西城区第二次归侨侨眷代表大会，审议通过了安亚荣同志代表西城区侨联第一届委员会所作的工作报告，选举产生了以安亚荣为主席的新一届领导班子。严格按照工作流程要求，完成侨界人大代表和政协委员的推荐和考察工作，2人当选区人大代表，15人当选政协委员。发挥侨界智力密集优势，积极建言献策，为政府决策提供有效参考，1月11日，在区政协十三届五次会议上的团体提案《关于缓解中心城区交通拥堵的建议》获优秀提案奖。依托西城侨界法律顾问团，召开专题研讨会，制作发放侨法宣传资料，引导广大侨胞树立法治思维、弘扬法治精神。深入基层走访慰问，全年拜访侨界党外代表人士、知名人士20余人，慰问不同领域归侨侨眷200余人。9月5日—12日，西城留联会启动为贵州省毕节市织金县鸡场乡干河小学捐书助学活动，共募图书近400册、文具80余套及衣物50余件。年内，接待澳大利亚、德国、日本等40余个国家侨团负责人100余人次，通过开展民间交流活动，为西城发展凝聚力量。3月14日，区侨联接待了马来西亚沙巴州亚庇中英小学参访团，组织他们参观访问了西城区康乐里小学，并签订了友好校协议。走访调

12月5日，北京市侨联举办“法治中国．你我同行”—“12·4”国家宪法日走进望京留创园活动

省级侨联工作

研侨资企业和归国留学人员企业，举办创新创业主题沙龙，组织部分新侨企业参加中国侨联在南京举办的新侨创新创业成果展。组织侨界群众参观孙中山图片展、孙中山与陶然文化讲座等纪念活动。指导为侨服务中心，开展“情暖侨心，侨力为国”为侨服务系列活动。组织教育界老归侨分别到北京市第三十五中学和北京外事学校进行参观。3月5日，举办“美丽人生温馨公益”—迎“三八”温情献花活动。7月8日，西城区“侨界文化交流基地”在西城区非遗保护中心正式挂牌。10月21日，举办“侨界非遗文化体验”专场活动。12月17日，区侨联举办北京西城归国留学人员联谊会成立一周年活动，展现西城归国留学人员风采。11月16日，区侨联举办新一届侨联委员培训班，提升新一届委员为侨服务能力。12月1日—2日，举办基层侨联工作培训班，区、街道侨联委员、西城法律顾问团及留联会负责人近100人参加培训。

【朝阳区侨联】2016年，朝阳区侨联紧紧围绕“首都全面深化改革、京津冀协同发展和我区建设‘三区’、建成小康”要求，以换届工作为主线，充分发挥侨联组织独特优势，最大限度地团结和凝聚侨界力量，积极为区“十三五”规划开好局、起好步贡献力量。1月16日，朝阳区归国留学人员联合会联合海外名校校友会举办“创业朝阳·2016北京CBD海归创业分享暨新年联谊活动”。1月25日，朝阳区侨联组织驻区部分侨资企业赴北京文化创意展示中心和文化创新工厂参观和座谈交流。3月7日，区侨联联合北京市华侨服务中心举办“新侨汇—庆‘三八’侨海女性主题联谊活动”。3月17日，接待湖南省衡阳市侨联主席李玲一行到朝阳区侨海创业社区调研。3月24日，区侨联党组书记、主席曾旭带队到中科院遥感地球所奥运园区就区域化侨建工作进行调研。3月27日，举办侨爱朝阳—朝阳区侨联2016年春季植树活动。4月13日—15日，区侨联与山西省晋城市侨联举办海归创客交流活动，签订海归创客创新创业互帮合作协议。5月6日，组织区属老归侨学习李源潮同志讲话，通报区侨联近期工作。6月8日，组织归侨侨眷参加“我们的节日·端午节系列文化活动”。7月6日，召开朝阳区第七次归侨侨眷代表大会，审议通过了曾旭同志代表朝阳区侨联第六届委员会所作的工作报告，选举产生了以曾旭为主席的新一届领导班子。7月19日，陪同接待了罗马尼亚锡比乌孔子大学孔子学院代表团一行，组织到区图书馆进行考察、交流，参观了区文化馆。7月21日—8月1日，举办“亲情中华·友好朝阳（北京）”夏令营，接待了来自美国、葡萄牙等国家的30多名华裔青少年。9月9日，举办“时令生活·美时美食”文化体验活动。9月11日，朝阳区侨联召开七届二次全委会并就侨资企业—北京华力集团助力首都新农村建设、投资蔡家洼新农村建设成果进行了考察和调研。9月19日，联合望京街道工委、区诗书画协会、摄影协会、望京街道侨联举办“朝阳区侨联2016书画、摄影学习班”学习培训班。9月25日，组织召开2016年港澳及海外联谊工作座谈会，来自国内、港澳和海外14个国家和地区的专家学者、海外侨领、侨商、港澳企业家共同献计出力首都和朝阳经济社会发展。10月12日，无锡市、扬州市侨联系统干部培训班到访朝阳区实地调研。10月30日—31日，区侨联党组书记、主席曾旭率相关侨资企业赴无锡市学习交流。11月4日，区侨联与欧盟中国城市发展委员会签订战略合作协议。11月4日，区侨联与中国手工艺联盟签订战略合作协议。12月17日，劳特斯辰国际举办二十周年庆典&劳特斯辰精英百人会成立启动仪式，朝阳侨联首批青年委员受聘。

【海淀区侨联】2016年，海淀区侨联紧紧抓住海淀区科研院所、大专院校密集，高层次人才集中的优势，整合区域资源，注重加强委员会和代表人士建设，努力做到服务大局和为侨服务相统一。9月28日，海淀区召开第七次归侨侨眷代表大会，审议通过了石岳同志代表第六届委员会所作的工作报告，选举产生了以石岳为主席的新一届领导班子。通过大会决议并聘请委员会国内、海外荣誉职务，对驻区单位进行调查摸底，积极筹划在第七届委员会中建立专家委员会和经济委员会，持续推进区域侨界人才智库建设。重视对外交流，邀请接待海外人士400余人次访问海淀。举办“香港青年学生走进海淀”“京港青年一家亲，同心共圆中国梦”等系列活动；启动“海归驿站”品牌活动，开展2次大型创业政策解读和创业分享活动；共走访区内侨企150余家，形成调研报告；承办中国侨联“创业中华”系列活动之一的“创新发展·爱国奉献—‘海归’创新创业分享”活动；举办“2016侨界创新发展联盟”活动；举办了“2016海外归国人员创新创业高级研修班”；定期开展“海归沙龙”品牌活动，并创新举办26期“书香侨界·一起悦读”读书会活动。举办“海淀区第五届新侨乡文化节”系列活动，邀请由旅美侨胞组成的北美枫香剧社在海淀剧院连演6场话剧《海外剩女》；开展了7次“健步走+”活动、2次侨界家庭亲子活动、1次书画笔会、1次卡丁车赛，组织街道侨联开展了2次摄影采风活动。在海淀区政协九届五次全会上，提交1份团体提案，2份界别提案，10份个人提案；向市侨联和海淀区委政策研究室上报1份调研报告；全年报送提案、信息、舆情等共计90余件，为发展社会主义民主政治贡献侨界力量。开展“心贴心，送温暖”活动，全年区、街道侨联入户走访慰问及通过开展活动集体慰问共计760人次，发放慰问品、慰问金共计14.9万元；组织老归侨、街道侨联百余人举办侨界新春观影活动，空巢老人代表“我们e起过大年”活动；开展“七五”普法宣传教育活动；加强法援中心建设，宣传侨法，向新侨人士和归国留学人员发放《侨务法律法规政策问题100答》等法律宣传资料500余份。借助侨联网站、期刊开辟法制宣传专栏。扎实开展“两学一做”学习教育，加强廉政建设，落实党委主体责任和纪委监督责任要求。重视宣传阵地建设，新版的区侨联官网于9月正式上线，与微博、微信等新媒介一同打造“网上侨胞之家”。坚持党建带侨建，开展“一单位一品牌”活动及党组织党员“双报到”工作；重视基层组织建设，目前全区22个街道已有19个街道建有侨联组织，1个街道侨联完成换届工作，有效延伸为侨服务手臂。

【丰台区侨联】2016年，丰台区侨联坚持以人为本、为侨服务的宗旨，围绕中心、服务大局，履行职能、发挥优势，广泛团结动员归侨侨眷和海外侨胞，为丰台首都中心城区建设，为经济社会创新发展作出了贡献。11月8日，召开丰台区第六次归侨侨眷代表大会，审议通过了丰台区侨联第五届委员会工作报告，选举产生了以洪鑫为主席的新一届领导班子。3月对基层换届选举进行了统一部署，6月底前，推动和指导丰台区11个基层侨联完成换届工作，基层侨联组织得到了进一步夯实。围绕归侨侨眷普遍关心的热点难点问题，向区委、区政府建言献策。团体提案《关于制定接纳海外华裔学生短期体验丰台教育相应政策的建议》获得区政协优秀团体提案。牵线侨界代表人士企业入驻丰台科技园区，到北京派克兰帝童装有限公司进行调研，并针对企业创新产品前期调研需求为企业牵线对接区教委等区属相关部门。调研北华源（北京）科技有限公司，就其申请区属科技创新基金有困难的问题，牵线区科委专门对其进行项目申报指导。联合区委统战部调研走访科技园区企业国信优易数据有限公司，主动上门宣讲统战及侨务政策，了解公司高层人才代表人士情况及服务需求。10月1日，接待中国侨联海外委员、匈牙利华商联合会会长郑乾有先生一行，围绕永定河母亲河两岸的建设、怎样发挥好海外侨胞的引领作用交流意见建议。年内，多次组织丰台区新侨企业及市侨联“新侨汇”企业代表赴张家口市进行交流座谈与项目对接，促进京津冀协同发展，助力北京张家口申奥成功。与区致公党联合，通过张家口市侨联促成了北京市致公党为参与冬奥会服务的志愿者及工作人员提供培训及短期实践活动。参与北京市侨联“亲情中华”北京夏令营及京港两地学生航天夏令营的组织保障工作。联合钱学森青少年航天科学院以及北京市玩具协会，组织接待两个夏令营的海外华裔学生及香港青少年，为更多青少年搭建了学习交流平台。春节期间，对辖区困侨、归侨、侨眷进行走访慰问，为他们送去了祝福和慰问品。坚持开展“侨界公益行系列活动”，组织方庄侨联老年模特队为丰台区两家敬老院进行了慰问演出。配合区属侨界知名企业怡海集团开展“大爱行天下”慈善教育活动。积极参与支持“同心·共铸中国心”活动，接待术后痊愈的患儿参观抗日战争纪念馆接受爱国主义教育。坚持开展丰台区侨联合唱团活动，组织参观航空博物馆，参加区统战系统羽毛球比赛，充分展示了侨界奋发向上的精神风貌，团结了更广泛的侨界群众，凝聚了人心。

天津市归国华侨联合会

【领导成员名单】

党组书记、主席：胡胜才

常务副主席：陈钟林（女）

兼职副主席：潘庆林 王执礼 胥家宏 刘书瀚 黄田 李兰兰（女） 黄骁卓 李璞琪（女） 周宁宇 王学利

秘书长：杨晖

【综述】2016年，天津市侨联在天津市委、市政府的坚强领导和中国侨联的有力指导下，在天津市委统战部的具体指导下，坚持党的领导，认真学习中央、市委系列重要会议和文件精神，保持和增强群团组织的政治性、先进性和群众性，以开展“两学一做”学习教育为契机，团结带领全市广大侨界群众和侨联干部，坚持为大局服务、为侨服务，发扬主动创新、敢于担当精神，深化“两个拓展”，建好侨胞之家。围绕天津市委巡视组专项政治巡视，不断加强自身建设。围绕国家“一带一路”倡议和京津冀协同发展战略，凝侨心，汇侨智，聚侨力，团结动员广大归侨侨眷和海外侨胞为实现“十三五”奋斗目标、开创天津建设新局面贡献侨界力量。

【加强思想政治建设】2016年，天津市侨联深入学习贯彻习近平总书记系列重要讲话精神特别是对天津工作提出的“三个着力”重要要求，学习贯彻落实中央群团工作会议精神和关于加强和改进新形势下群团工作、侨联工作的两个《意见》及市委《关于加强和改进新形势下侨联工作的实施意见》，坚决维护党中央权威和习近平总书记的核心地位。结合深入开展“两学一做”学习教育，自觉按照党章要求和习近平总书记讲话精神统一思想，提升党员干部的党性修养和思想境界，全面推动侨联工作上水平、增实效。通过召开中心组理论学习会、党组会、主席会、座谈会等方式，运用侨联网站、微信平台、侨联通、津侨荟多媒体载体，广泛组织广大归侨侨眷、海外侨胞和侨联干部，围绕市委确定的中心任务谋划和开展侨联工作，切实发挥侨联党组把方向、管大局、促落实的作用，推动党中央的重大方针政策和市委的决策部署落实到位。结合中国侨联成立60年和纪念孙中山先生诞辰150周年，开展丰富多彩的纪念活动，引导侨界群众凝聚共识。

【开展“两学一做”学习教育】按照市委和市委统战部的统一部署，天津市侨联从实际出发，围绕“四讲四有”开展了4次专题学习讨论，交流心得，领导干部带头结合实际讲党课。通过专题辅导报告、学习研讨、参观学访、党课教育、观看警示教育片等多种形式，不断增强机关党员干部践行“四个意识”和勇于担当、奋发有为的自觉性。积极营造创先争优、岗位建功的良好氛围，机关党员中1人被评为统战系统优秀党务工作者、2人被评为优秀党员，侨联党支部被市级机关工委评为优秀党支部。11月25日，市侨联召开“增强‘四个意识’，反对圈子文化和好人主义”专题民主生活会，党组书记胡胜才代表班子进行对照检查，对存在问题进行查摆和剖析，深刻认识了圈子文化、好人主义的严重危害性，铲除滋生土壤，严肃党内政治生活，努力营造良好政治生态。

【开展机关干部业务学习培训】2月29日—3月2日，天津市侨联举办了机关干部业务学习培训班。党组书记胡胜才在动员讲话中提出四点要求：一是进一步坚定理想信念，不断增强责任担当意识；二是进一步完善知识结构，不断增强为侨服务本领；三是进一步增强创新意识，不断推动侨联事业发展；四是进一步培养实干能力，不断提升侨联工作效能。李璞琪副主席作了题为“侨联的历史”的专题报告，组织大家学习了习近平总书记系列重要讲话精神、中央对侨联工作的指示和精神、五大发展理念、涉侨知识、侨联行为准则、办事程序和相关规章制度等内容。三个部门负责人结合本部门的工作职责和年度工作计划进行了重点发言，重温了侨联的行为准则、办事程序及相关制度。每位干部都结合个人工作和参加培训的收获作了发言。大家一致认识到侨

2月29日—3月2日，天津市侨联组织开展机关干部业务学习培训班

联干部要从推动侨联事业创新发展的高度，不断增强学习的紧迫感和责任感。通过主动学习，拓宽工作视野，增强工作能力，成为“知大局、懂本行、干实事”的侨联工作者，为开创侨联工作新局面作出贡献。

【召开天津市侨联八届九次全委会】 3月16日，天津市侨联召开八届九次全委会，市委常委、统战部部长王宏江出席会议并讲话，市侨联党组书记、主席胡胜才传达了中央书记处对中国侨联工作的指示和中国侨联九届三次全会精神并作了《汇聚侨界力量，为天津建成高质量小康社会而奋斗》的工作报告，市委统战部副部长王平出席会议，市侨联党组副书记、常务副主席陈钟林作总结讲话，市侨联副主席潘庆林、王执礼、胥家宏、刘书瀚、黄田、李兰兰、黄骁卓、李璞琪、周宁宇、王学利，秘书长杨晖和市侨联委员，区、高校统战部和侨联干部近100人出席会议。王宏江代表市委，对一年来市侨联在凝聚侨心、汇聚侨力，扩大天津影响等方面取得的成绩给予充分肯定。强调各级侨联组织要坚决贯彻中央要求和市委部署，紧紧围绕京津冀协同发展、“一带一路”建设重大国家战略和“十三五”规划实施，持续加大引资引智引才工作力度，不断提升工作水平，为实现中央对天津定位、加快建设美丽天津作出更大贡献。胡胜才主席全面回顾了2015年市侨联工作，强调2016年侨联工作要围绕抓住“一个根本”，发挥“六个作用”，加强“一个建设”，转变观念求创新，着重做好八个方面的工作。会议进行了分组讨论，对未来侨联工作提出了许多中肯的意见和建议。会议审议通过了《关于天津市侨联八届九次全委会工作报告的决议》，王宏江等领导还向天津市获得首批“中国华侨国际文化交流基地”称号的梁启超纪念馆、霍元甲文武学校、华夏未来少儿艺术中心三家单位进行了授牌。

【召开第二次京津冀侨联主席联席会议】 3月17日—19日，第二次京津冀侨联主席联席会议在天津滨海新区召开。中国侨联副主席李卓彬出席会议并讲话。天津市侨联党组书记、主席胡

3月16日，天津市侨联召开八届九次全委会

3 月 17 日—19 日，天津市侨联承办第二次京津冀侨联主席联席会议

邀请的来自美国、日本、英国、乌兹别克斯坦、意大利等 10 个国家和地区的 43 位华商、外商前往天津梅江国际会展中心巡展，出席了由天津商务委主办的“天津自贸实验区政策说明会”，并陪同中国侨商代表团一行到天津市滨海新区进行商务考察。在津期间，市委常委、市委统战部部长王宏江会见了中国侨商代表团一行。

胜才主持会议。中国侨联副秘书长、经济科技部部长赵红英，中国侨联经济科技部副部长、中国侨商联合会秘书长安晨，北京市侨联副主席苏泳，河北省侨联副主席季加宇，中国侨联侨商会、经科部和京津冀三省市侨联经科部负责同志出席了会议。会议期间，天津市委常委、市委统战部部长王宏江会见了李卓彬副主席和出席会议的全体同志。李卓彬副主席充分肯定了天津侨联工作取得的成绩，指出要切实发挥好侨联系统的独特作用，找准切入点，把工作落到实处。会上，三地侨联就“建立京津冀侨联经科部长会议例会制”、联合承办“海外高层次人才为国服务活动”、适时开展京津冀侨商三地行活动等议题进行了讨论，达成了一致共识。

4 月 15 日，天津市侨联主席胡胜才（左二）、常务副主席陈钟林（左一）陪同出席“第二十三届津洽会”的中国侨商代表团在梅江会展中心巡展

【承办“第二十三届津洽会”】 4 月 15 日，由中华人民共和国商务部、天津市人民政府、中国侨联、中国商业联合会主办，天津市商务委、市科委、市贸促会、市侨联等单位承办的 2016 中国 · 天津投资贸易洽谈会暨 PECC 国际贸易投资博览会（简称“津洽会”）开幕。市侨联主席胡胜才、常务副主席陈钟林陪同天津市侨联

【召开天津市侨联法顾委工作会议】 4 月 19 日，天津市侨联组织召开法顾委换届调整工作会议，党组书记、主席胡胜才出席并讲话，法顾委委员及各区、高校侨联主席、驻会干部 40

4 月 19 日，天津市侨联召开法顾委换届调整工作会议

余人参加了会议。调整后的法顾委秘书长由市侨联常务副主席陈钟林兼任，主任由贤达律师事务所主任张恩萍担任，童新政、侯建生、安竹三位律师担任副主任，马克伟等15位律师受聘新一届法顾委委员。会上，市侨联领导向新聘任法顾委主任及委员颁发了聘书。张恩萍主任代表新一届法顾委发言。

5月18日，天津市侨联与市社科联签署合作框架协议

【召开校友会、联谊会负责人座谈会】5月18日，天津市侨联召开了校友会、联谊会负责人座谈会，党组书记、主席胡胜才，党组副书记、常务副主席陈钟林同八位校友会、联谊会负责人一起交流信息、沟通工作。胡胜才结合中央和市委关于侨联工作会议精神和要求，介绍了市侨联今年主要工作开展情况，尤其是推动关爱老归侨工作方面的想法。希望校友会、联谊会负责人与市侨联一起探讨如何把老侨工作做实做细，把组织温暖送到基层，特别是调动“侨二代”的积极性，促进校友会、联谊会工作可持续发展。各位负责人先后从组织建设、活动开展和未来工作打算等方面进行了介绍，并就当前开展工作中存在的困难和问题提出了很多建设性意见和建议。

【天津市侨联与市社科联签署合作框架协议】5月18日，天津市侨联与市社科联举行合作框架协议签约仪式，市侨联党组书记、主席胡胜才和市社科联党组书记靳方华代表双方在合作框架协议书上签字。此次合作以服务全市经济社会发展和高质量小康社会建设为宗旨，以推动国际性智库聚集地建设，形成引才聚才制度新优势为重点，本着创新、联动、合作、共享原则，充分利用各自优势，创新合作模式，强化联动机制，努力在招才引智、建言献策、咨询服务等方面更好地发挥侨界的作用。双方确立了坚持机制共育、推动资源共用、开展课题共研、探索活动共推、实践成果共享五个方面的合作内容。双方代表在签约仪

5月18日，天津市侨联召开校友会、联谊会负责人座谈会

省级侨联工作

式上还就如何具体落实合作框架协议内容进行了座谈交流。

【举办天津侨海人员第二届“友谊杯”乒乓球比赛】5月21日，由天津市政协港澳台侨和外事委员会、天津市侨联、天津高新区工委主办，天津高新区留学人员联谊会、南开大学统战部承办的“天津侨海人员第二届友谊杯乒乓球比赛”在天津举办。市政协副主席刘长喜、老同志叶迪生为比赛开球。共有8支队伍39位选手参加了比赛。最终，高新区留联代表队获得冠军，滨海三联代表队获得亚军，市侨联代表队和市高新区机关代表队并列季军。本次比赛加深了“五侨”单位间的了解，促进了“五侨”单位的友谊。

5月21日，市侨联与天津市政协港澳台侨和外事委员会、天津高新区工委联合主办了天津侨海人员第二届“友谊杯”乒乓球比赛

【拓展海外工作和新侨工作】2016年，天津市侨联先后有三个团组赴韩国、新西兰、荷兰、意大利、英国出访。访问期间，与侨界代表进行了广泛接触和深入交流，与新西兰天津同乡会等签署友好合作协议。接待了加拿大华商会、意大利中国和平统一促进会、荷兰侨爱基金会、印尼东爪哇华文教育统筹机构、法中经济文化教育交流协会、台湾文学艺术界代表团等20多个侨团及组织来天津开展经贸和文化交流。充分运用微信群等互联网社交平台和新媒体加强与新华侨华人、华裔新生代和经济、科技及政界青年侨领的联系交往，加强与海内外侨团、侨领和侨胞的及时沟通，提高信息跟踪和服务效率。一年来，接待团组来访60余批次，侨胞来访近400人次，向海外侨社团各类庆典等活动发出贺信贺函30余件。与韩国庆尚南道政府、马来西亚马中丝绸之路协会在天津举办招商项目、投资环境推介会，进行信息发布和项目对接。组织本市侨资企业赴韩国庆尚南道进行商务考察。协调日本名古屋市旅游项目推介展访团与天津市旅游局对接洽谈，密切了老朋友、结识了新朋友，扩大了天津侨联在海内外的影响力。组织市高校及滨海新区新侨人才及项目参加第六届“中国侨联新侨创新人才、团队、成果评选”，共有5位创新人才、3个创新团队、3项创新成果和2个创新企业获得表彰。

【拓展外宣和文化交流活动】2016年，天津市侨联首次组织参加第十七届“世界华人学生作文大赛（天津区征文活动）”，有209篇参赛作品（其中海外48篇）获奖。随后启动的第十八届世界华人学生作文大赛，天津赛区有海内外3万多名师生参与，共推荐参赛作品1343篇。与“画中人”全球旗袍文化联盟合作的文化品牌项目《全球华人旗袍映象长卷》“海外行”，到访3个国家6个城市开展旗袍文化宣传及交流活动，并在新西兰、墨尔本举办了“旗袍文化月”活动，国庆期间邀请来自全球13个国家和地区的“画中人”来津参加《全球“画中人”旗袍文化颁奖盛典》，受到国内外众多媒体的关注和报道。与市政协文史委合作，编辑出版第二卷华侨“三亲”史料《海外天津人》（30万字），收录30位海外天津人的奋斗历程；与天津电台国际部合作，推出

4月13日，市侨联党组书记、主席胡胜才（左）为天津市首批“华侨国际文化交流基地”之一的梁启超纪念馆揭牌

“海外天津人”系列访谈栏目，已经完成部分录制，2017年作为纪念市侨联成立60周年专题节目在海内外播出。注重整合天津文化资源，积极推进全市华侨国际文化交流基地建设工作。目前，华夏未来少儿艺术中心、梁启超纪念馆、霍元甲文武学校等三个基地已正式挂牌。通过天津侨联网、侨联通、津侨荟微信平台，全年累计发布信息数千条，图片近万张，百余条信息被海外网络媒体刊发，累计向36个海内外涉侨微信群发布侨联信息总计近5000条次。积极推进“网上侨联”建设，充分运用手机新媒体信息传播平台，通过建立海内外侨团组织微信群，及时传递和发送海内外侨情信息，不断增强信息传播的及时性、多样性，扩大覆盖面和影响力。

【承办“第十六届海外高层次人才为国服务团”（天津站）活动】9月6日—8日，由中国侨联主办、京津冀三地侨联联合承办的“第十六届海外高层次人才为国服务团”（天津站）活动在天津滨海新区举行。来自美、英、法、德、日等16个国家的21位海外学者携29个项目参加活动。中国侨联副主席、天津市侨联主席胡胜才会见了服务团一行，市侨联常务副主席陈钟林出席会见。此次活动是落实京津冀侨联主席联席会议机制的一项具体举措，是三地侨联协同联动的首次联合行动，旨在整合资源、汇集优势、协同联动、服务发展。活动期间，代表团考察了国家超级计算（天津）中心、国际生物医药联合研究院、腾讯众创空间和于家堡金融区地下商业街等，听取了自贸区中心商务区整体规划、相关政策和投资环境介绍。

【主办天津市侨联系统羽毛球友谊赛】9月4日，天津市侨联主办了“激情绽放‘羽’您共享—天津市侨联系统羽毛球友谊赛”。来自各区、高校和市侨联机关的8支球队共48名选手参加了比赛。市侨联常务副主席陈钟林主持开幕式，市侨联党组书记、主席胡胜才致辞并颁奖，河北区侨联、河西区侨联、天津医科大学侨联三支代表队分别获得了冠军、亚军和季军。

12月9日，天津市侨联召开各区、高校侨联负责人会议，对侨联机构改革工作进行动员和部署

9月4日，天津市侨联举办侨联系统羽毛球友谊赛

【召开机构改革部署动员会】12月9日，天津市侨联召开侨联改革部署动员会暨工作交流座谈会。党组书记、主席胡胜才出席会议并讲话。各区、高校侨联负责人参加了会议。陈钟林副主席传达了《中国侨联改革方案》和《林军主席在中国侨联改革动员会上的讲话》。胡胜才主席要求大家要统一思想认识，吃透中央精神，增强使命感、责任感和紧迫感，拥护改革，支持改革，参与改革。各区侨联和高校侨联负责

省级侨联工作

人还就2016年的亮点工作和2017年的工作重点进行了汇报。

【加大参政议政工作力度】 11月14日—12月20日，天津市侨联以市政协开展界别集中履职活动为契机，分别由市侨联主席胡胜才、常务副主席陈钟林带队，先后组织侨联界别市政协委员和部分侨联系统市政协委员深入天津中科先进技术研究院、天津亿利科能源科技发展公司、中广新型媒体研究院（侨企）、天津市南开区养老服务中心、天津中投投资集团进行考察调研，召开侨联界别政协委员年度述职和社情民意征集座谈会，与侨界基层代表面对面交流，部署2017年市侨联参政议政工作，征集提案线索和参政议政工作意见建议，得到了应邀出席市侨联政协委员走访联系侨界基层座谈会的市政协副主席朱丽萍的充分肯定。为市侨联在新年度工作中发挥好参政议政界别作用，提升参政议政质量水平，当好社情民意的代言人，当好党和政府的顺风耳，奠定了良好的工作基础。2016年，12名全国和本市侨联界别政协委员共提交提案40余件，1份集体提案和2份个人提案被评为市政协优秀提案。

12月8日，天津市政协副主席朱丽萍（右二）出席侨联界别委员走基层活动，到侨资企业中广新型媒体研究院调研

【推进为侨服务和维护侨益】 一是夯实了侨联维权工作基础，完成了天津市侨联法顾委换届工作，将原由领导干部兼任的法顾委委员调整为专业职业律师，共聘请15位律师担任新一届法顾委委员，在市内六区和滨海新区建立了15个天津侨联涉侨法律服务站，为侨胞提供法律咨询和司法援助服务。组织市侨联法顾委和基层侨联干部赴贵州参加了“法治中国·你我同行”侨界群众法治学习活动，进一步夯实了基层为侨服务工作基础。二是牢固树立以侨为中心的工作理念。重视做好老归侨工作，确定了每年开展全市重阳节老归侨联谊活动制度；出台了鼓励支持各归侨联谊会、校友会开展活动的经费管理办

11月18日，天津市侨联完成党支部换届工作

法；规范了元旦春节期间广泛开展“暖侨心、听侨声”走访慰问制度。三是推动开展丰富多彩的侨界联谊和文化活动，如“三八节”女委员走基层活动、老归侨节庆联欢和祝寿活动、侨界“公益书画培训班”和各区侨联及校友会、联谊会等市区两级归侨侨眷特色联谊活动，丰富“侨胞之家”活动内容；全年举办了18期“侨界大讲堂”；举办了天津市第二届侨海人员“友谊杯”乒乓球比赛、“天津侨联系统羽毛球友谊赛”，丰富侨界体育健身活动。

【改进作风强化组织建设】天津市侨联坚持“严”字当头，以“两学一做”学习教育和市委巡视组对市侨联开展的政治巡视为契机，全面加强机关党的建设和党风廉政建设，继续推进侨联系统组织建设和自身建设。围绕“四讲四有”开展专题学习讨论，领导干部结合实际讲党课，组织观看《家风耀中华》和《永远的长征——纪念红军长征胜利80周年》教育展览，观看廉政建设警示教育片，不断增强机关党员干部践行“四个意识”和勇于担当、奋发有为的自觉性。开展“庆三八”女委员走进“世界500强”、侨界政协委员走基层等活动，扩大了侨联影响力，增强了组织凝聚力。通过开展机关干部全员业务培训和各部门推荐年轻干部进行工作演讲，起到了交流经验、互相学习、互相启发的良好效果。组织干部职工积极参加市级机关工会第六片华牌比赛，市侨联代表队勇夺冠军。开展“六项专项整治”工作，全面梳理、修订和完善了机关各项工作制度并汇编成册，完成了党支部换届工作，充实加强了支部工作力量，细化了党建工作的目标要求。为贯彻落实中央和市委关于加强新形势下侨联工作相关文件精神，切实加强侨联组织建设，9月8日，宝坻区侨联成立，成为除市内六区及滨海新区之外环城九区中第一个侨联组织，有效加强了基层侨联的组织建设和能力建设。

9月8日，召开宝坻区第一次归侨侨眷代表大会，成立宝坻区侨联

3月10日，天津市侨联组织市侨联女委员到世界500强企业太平洋保险公司调研

河北省归国华侨联合会

【领导成员名单】

党组书记、主席：包　东

主专职副主席：季加宇　封燕燕（女）

兼职副主席：巨永建　付辉东　杨宏伟　余良琪　张海林　屈　恩（女）

秘书长：封燕燕（女，兼）

【综述】 2016 年，河北省侨联深入学习贯彻习近平总书记系列重要讲话和中央、省委党群团工作会议精神，解放思想、转变作风、勇于担当，着眼侨联事业长远发展，着力破解重点难点问题，着力推动“两个拓展”“两个并重”，在服务经济发展、依法维护侨益、拓展海外联谊、积极参政议政、弘扬中华文化、参与社会建设各方面稳步推进。

【召开河北省侨联九届三次全委会】 1 月 5 日—6 日，河北省侨联召开九届三次全委会议，包东主席受九届常委会委托报告了 2015 年以来的主要工作，季加宇副主席传达省委党的群团工作会议精神。会议期间，省委政策研究室副主任赵金旗作了河北省“十三五”规划的辅导讲座，全会按照《中国侨联章程》规定，决定补选石家庄市侨联主席王强为省侨联九届委员会委员、常委，承德市侨联副主席徐毅为省侨联九届委员会常委。

【召开河北省侨联法顾委工作年会】 2 月 25 日，河北省侨联九届委员会法顾委工作年会召开，法顾委常务副主任李学斌主持会议，省侨联副主席季加宇出席年会并讲话。会议传达学习了中国侨联副主席李卓彬在中国侨联 2015 年侨联法顾委年会上的总结讲话和省两办《关于充分发挥律师职能作用服务法治河北建设的意见》的主要精神；讨论通过了《河北省侨联九届委员会法律顾问委员会章程》；为聘任的 14 位法顾委委员颁发了聘牌。

【河北省首批“中国华侨国际文化交流基地”在西柏坡纪念馆揭牌】 3 月 22 日，河北省侨联、石家庄市侨联在西柏坡纪念馆举行“中国华侨国际文化交流基地”揭牌仪式。省侨联党组成员、副主席兼秘书长封燕燕，西柏坡纪念馆党委书记陈宗良出席揭牌仪式并致辞，石家庄市侨联党组书记、主席王强主持揭牌仪式，省侨联副巡视员高琪、石家庄市委统战部副部长刘兰敏，石家庄市侨联副主席许立、胡为民，平山县委统战部常

1 月 5 日—6 日，河北省侨联九届三次全委会议在石家庄召开，省委常委、秘书长、统战部部长范照兵（左四）出席会议并讲话

3月22日，河北省侨联、石家庄市侨联在西柏坡纪念馆举行“中国华侨国际文化交流基地”揭牌仪式，封燕燕副主席（前排右四）、西柏坡纪念馆党委书记陈宗良出席揭牌仪式并致辞

务副部长仇进中出席揭牌仪式。

【召开老干部支部换届会暨退休老干部座谈会】4月1日，河北省侨联机关召开老干部支部换届会。按照《中国共产党章程》和《中国共产党基层组织选举工作条例》规定，根据老干部党支部的实际情况，会议采取推荐选举办法，由老干部党员集体讨论推选新一届党支部委员。经到会党员民主讨论，推选产生了新一届支部书记、委员。当天，办公室还组织召开了老干部座谈会，传达学习中办、国办下发的《关于进一步加强和改进离退休干部工作的意见》。

【召开河北省侨联系统联络工作座谈会】4月6日—7日，河北省侨联系统联络工作座谈会在石家庄召开，省侨联副主席兼秘书长封燕燕出席会议并讲话，省侨联副巡视员高琪出席会议。中国华侨公益基金会侨爱心工程部主任贾素颖、省外办出国和赴港澳管理处袁晋铭副处长应邀先后作“公益事业”“出访工作”辅导讲座。11个设区市侨联分管会领导和联络部室负责人，定州、辛集、华北油田侨联工作负责人及省侨联联络部工作人员共30余人出席会议。

【召开“两学一做”学习教育动员会】4月15日，河北省侨联召开“两学一做”学习教育动员大会，受包东主席（在中央党校学习）委托，省侨联党组成员、副主席季加宇主持会议，党组成员、副主席兼秘书长封燕燕、副巡视员高琪及机关全体党员干部参加会议。会议传达了全省开展“两学一做”学习教育动员会议精神，学习了省委书记赵克志在全省“两学一做”学习教育动员会议上的重要讲话和省长张庆伟对贯彻落实会议精神提出的意见。

【举办“海外华文教师河北研修班”】4月18日—26日，河北省侨联举办“2016海外华文教师河北研修班”，经泰国华文教师公会推荐，来自14所泰国学校的15名优秀华文教师参加了研修班。开班仪式在衡水第一中学举行，省侨联副主席兼秘书长封燕燕、副巡视员高琪、衡水第一中学校长张文茂等出席，衡水市侨联主席王丙树主持开班式。10天的研修，老师们在衡水第一中学观摩了学生课间操、语文课、历史课、心理健康课、音乐鉴赏课、团活课、艺体学生训练，并分别与各学科老师座谈交流，与学生们畅谈互动；参观了校史展室、图书馆、教学楼、学生宿舍、食堂等，观看了“2016河北省学校普及高

4月18日，海外华文教师河北研修班在衡水第一中学举办开班仪式

6 月 16 日，应河北省侨联和秦皇岛市政府邀请，匈牙利匈中社会关系发展促进（基金）会和澳大利亚河北商会代表团赴秦皇岛市进行考察洽谈

雅艺术活动”河北省交响乐团演出的音乐会。参观了习三内画博物馆、沧州市博物馆、吴桥杂技大世界、邯郸市博物馆、磁州窑遗址和博物馆、杨露禅故居、武氏太极学院、柏林禅寺、赵州桥，了解沧州、邯郸市的历史文化，现场学习内画艺术和太极文化，感受杂技、剪纸艺术、磁州窑文化的独特魅力。

【召开河北省侨联系统办公室主任会议】5 月 17 日—18 日，河北省侨联系统办公室主任会议在石家庄召开，省侨联副主席季加宇出席会议并讲话，各市侨联办公室负责人和省侨联机关有关人员参加会议。会议认真贯彻落实省委党的群团工作会议和全省党委政府秘书长（办公室主任）会议精神，邀请了省委办公厅公文办理处、中国侨联办公厅秘书处、中新社河北分社采编中心有关负责同志，分别围绕公文格式与办理、侨情信息编报、新闻宣传写作进行了专题辅导，并组织了工作经验交流。会议组织与会人员赴贵州省侨联进行了对标学习。

【包东主席出席相关产业对接洽谈会】6 月 16 日，应河北省侨联和秦皇岛市政府邀请，匈牙利匈中社会关系发展促进（基金）会和澳大利亚河北商会代表团赴秦皇岛市进行考察洽谈，河北省侨联主席包东出席了产业对接洽谈会并致辞。产业对接洽谈会在秦皇岛开发区管委会议室召开，秦皇岛市副市长张峰主持会议。秦皇岛市商务局、市侨联、市旅游委、市外办、市发改委、开发区管委等有关单位负责人参加会议。秦皇岛市发改委介绍了市情及产业发展导向，开发区管委介绍了有关项目情况，宾主双方进行对接交流。匈牙利匈中社会关系发展促进（基金）会和澳大利亚河北商会代表团还参观了秦皇岛市开发区展馆。

5 月 17 日—18 日，河北省侨联系统办公室主任会议在石家庄召开

【王晓东副省长到河北省侨联调研】7 月 18 日，河北省政府副省长王晓东到省侨联机关调研，看望全体干部职工。王晓东副省长实地察看了机关各处室办公、生活保障情况，与大家一一握手问候。他详细了

7 月 18 日，河北省副省长王晓东（左二）实地察看省侨联机关，了解各处室办公、生活保障和省侨联海外华侨华人数据库的建设情况

解了省侨联海外华侨华人数据库的建设情况，对数据库的录入、更新、运用提出了具体问题，在工作人员配合下逐一登录，查看运行情况，对进一步加强数据库建设提出了具体要求。

【举办“2016 河北省侨联冀港澳台学生交流营”活动】7 月 6 日—13 日，河北省侨联两岸四地大学生交流营在张家口、廊坊举办。来自台湾、香港、澳门及河北 22 所大学的 30 名大学生齐聚张家口，共同开启河北之旅。省侨联主席包东参加开营仪式并致辞，张家口市侨联主席吴一凡主持开营仪式。活动秉承“弘扬燕赵文化，展示河北形象，搭建交流平台，促进共同发展”的理念，让越来越多的台港澳在校大学生亲身感受大陆的传统历史文化，加深对民族、历史、文化的认同，让两岸四地大学生在文化交流中互相学习，增进友谊，使中华民族的博大精神得以不断传承、弘扬。

7 月 6 日—13 日，河北省侨联两岸四地大学生交流营在张家口、廊坊举办

【参加“唐山感恩·海外寻亲”—海外侨胞赴唐访亲纪念唐山抗震 40 周年活动】7 月 20 日，“唐山感恩·海外寻亲”—海外侨胞赴唐访亲纪念唐山抗震 40

7 月 20 日，“唐山感恩·海外寻亲”—海外侨胞赴唐访亲纪念唐山抗震 40 周年活动在唐山地震遗址公园举行，中国侨联办公厅副巡视员李舰舶（左七）、河北省侨联主席包东（左六）等出席活动

周年活动在唐山地震遗址公园举行。中国侨联办公厅副巡视员李舰舶，省侨联主席包东，唐山市委副书记曹征平，副市长李钦峰，唐山市政协副主席、市委统战部部长张艳春，唐山市政协副主席苏春生等出席活动。该活动是历时4年的“唐山感恩·海外寻亲”活动的收官之举，活动得到美国河北工商总会等海外侨团的大力支持，寻找到了15名条幅签名当事人，徐守腾、徐元元、戴永生等几名条幅签名人专程从美国赶来参加活动。

【河北省海内外华侨华人踊跃为灾区奉献爱心】进入7月以来，河北省发生特大洪涝灾害，给人民群众生命财产造成重大损失。省侨联机关举行捐款仪式，在外出差的同志也纷纷委托他人代为捐款，当日现场捐款3600元。省国际华商会创会会长、香港北方船务控股有限公司董事会主席高彦明捐款30万元；省国际华商会会长、香港胜记仓集团董事局主席郭泰诚捐款30万元；省国际华商会常务副会长、秦皇岛圣蓝皇家旅游发展有限公司董事长李辉捐款50万元；省侨联副主席、盈誉（香港）有限公司总经理屈恩捐款10万元；省侨联港澳委员、香港圣大控股有限公司董事局主席萧圣立捐款10万元；邢台市侨联组织当地侨企多次深入重灾区捐赠物资约8.3万余元，石家庄市侨商会部分代表捐款8.8万元及近万元的救灾物资，石家庄市侨联组织爱心企业河北优教科技有限公司向平山县捐赠价值25万元的教学仪器。肯尼亚华人华侨联合会捐款12.9万元，乌干达河北商会捐款8万元，美国加州河北商会捐赠价值10万元的急需物资（包括1000件夏凉被和500袋面粉）。英国河北同乡会捐款3.8万元，美国河北商会捐款2万元。据不完全统计，截至7月，全省海内外侨界共捐款200多万元。

【举办河北省侨联系统“主席读书班暨党建工作研修班”】8月1日—6日，省侨联系统“主席读书班暨党建工作研修班”在河北工业大学举办，来自省、市、县三级侨联的55名侨联负责同志参加了为期6天10个专题的学习。培训内容涉及党章党规、习近平总书记系列重要讲话精神、侨务工作理论研究、京津冀协同发展、领导艺术和中国传统文化、法治思维等多个方面，都是基层侨联干部学习中接触少、工作中用得上、改革中不能缺的基本方法和理论。同时，培训班还组织学员赴天津“侨梦苑”和滨海新区实地参观践学。

8月1日—7日，河北省侨联系统“主席读书班暨党建工作研修班”在河北工业大学举办

【召开河北省侨联九届五次常委会】9月6日，河北省侨联九届五次常委会议在石家庄召开，省侨联党组书记、主席包东对会议召开提出具体要求，受九届五次主席会议委托，副主席季加宇主持会议并讲话，副主席封燕燕报告2016年上半年工作，省侨联副主席杨宏伟、张海林以及省侨联常委、有关市侨联负责同志、省侨联机

9月6日，河北省侨联九届五次常委会议在石家庄召开

关干部共50余人出席会议。会议还传达学习了中国侨联九届六次常委会会议精神，并组织了侨联信息化工作专题讲座。

【举办“海外侨胞故乡行·走进河北”系列活动】9月25日—26日，由河北省侨联主办、以“海外侨胞故乡行·走进河北”为主题的2016河北省侨联海外华侨华人社团联谊大会和2016企业“走出去”国际产能合作交流会在石家庄举行。全国政协文史和学习委员会副主任、省政协原主席、省侨联名誉主席刘德旺出席会议，全国政协常委、中国侨联副主席李卓彬，省政府副省长王晓东，省委常委、秘书长、统战部部长范照兵出席大会并作重要讲话。大会由省侨联党组书记、主席包东主持，来自31个国家和地区61个海外侨社团的120余位海外华侨华人、侨商参加了系列活动。联谊大会充分肯定了广大海外侨胞在关注和助力中国的建设和发展、支持和参与河北的建设和发展中作出的杰出贡献，对广大海外侨胞加强团结、共建和谐侨社寄予殷切希望。交流会旨在为有实力、有意愿走出去的企业提供更多信息，充分借助两种资源，两个市场，推动全省企业“走出去”，参与国际竞争，加快全省经济发展方式转变和产业结构调整，促进国际产能合作搭建平台。

9月26日，河北省侨联、省商务厅、省工商联主办的“创业中华·2016企业‘走出去’国际产能合作交流大会”在石家庄举行

【召开河北省侨联改革动员大会】10月20日，河北省侨联在石家庄召开改革动员大会，省侨联主席包东、副主席季加宇、封燕燕、付辉东、杨宏伟、巨永建，各市（含定州市、辛集市）侨联主席、华北油田侨联负责人，省侨联全体干部出席大会，会议由季加宇副主席主持，包东主席就学习贯彻中国侨联改革方案，做好省、市侨联改革作动员讲话，季加宇副主席传达了林军主席在中国侨联改革动员大会上的讲话，与会人员对落实《中国侨联改革方案》、凝聚侨联系统力量、有序推进省市侨联改革，先后作了发言。

【学习贯彻十八届六中全会精神】11月2日，河北省侨联召开机关干部职工大会，学习贯彻党的十八届六中全会精神。省侨联党组书记、主席包东，党组成员、副主席兼秘书长、机关党委书记封燕燕出席会议。省侨联机关党委专职副书记么占龙主持会议。会议传达学习了《中国共产党第十八届中央委员会第六次全体会议公报》、河北省委办公厅《关于认真学习宣传党的十八届六中全会精神的通知》和省委常委、秘书长、统战部部长范照兵在省委办公厅、省委统战部干部大会的讲话精神。

【举办侨法宣传活动】12月4日，省侨联和石家庄市侨联在石家庄西清公园共同举办了侨法宣传活动。省侨联副主席季加宇、石家庄市侨联主席王强，石家庄市侨联法律咨询中心等参加了侨法宣传活动。活动中，共发放普法材料500多份，手提袋200多个，解答群众涉侨问题50多人次，取得了良好效果。

【召开河北省侨联侨界专家委员会成立大会】12月17日，省侨联在石家庄召开了“河北省侨联侨界专家委员会”成立大会。省委组织部、省委统战部、省人大常委会民侨外委、省政协港澳台侨和外事委、省人社厅、省侨办等单位有关业务负责同志出席了大会。省侨联主席包东出席会议并讲话，副主席季加宇主持会议，副主席兼秘书长封燕燕，副主席张海林出席会议。各高校、设区市侨联、华北油田侨联推荐的32位侨界专家委员会委员，10个设区市侨联、华北油田侨联负责人，10所高校统战部负责人共50多人参加了成立大会。第一届河北省侨联侨界专家委员会共聘请委员60名，主任委员由河北医科大学副校

12 月 17 日，河北省侨联在石家庄召开“河北省侨联侨界专家委员会”成立大会

长张海林担任，河北经贸大学经济研究所副所长马彦丽等 10 名专家被聘为副主任委员，河北地质大学经贸学院经济学教研室主任于振英等 49 位专家被聘为委员。

【开展“送温暖、献爱心”和贫困归侨侨眷调研活动】12 月 20 日—29 日，河北省侨联主席包东、副主席季加宇、副主席兼秘书长封燕燕率领省侨联各部室有关同志，分赴承德、唐山、秦皇岛、张家口开展“送温暖、献爱心”活动并对贫困归侨、侨眷情况进行调研。

【印发《河北省侨联改革方案》】12 月 28 日，河北省委办公厅印发《关于印发〈河北省侨联改革方案〉的通知》。《方案》共 6 个部分、20 项内容，明确了省侨联改革的指导思想、基本原则和主要目标，在领导机构、机关设置和运行机制等方面提出了 15 项具体改革措施。《方案》起草过程中，省委办公厅、省委编办、省改革办等部门多次审阅，提出指导意见和具体修改建议。在起草《河北省侨联改革方案》的同时，落实省级机关内设机构改革要求，机关行政人员编制核减 10%。

【拓展海外联谊】2016 年河北省侨联共组织 3 个侨联工作代表团，访问了智利、巴西、巴拿马、俄罗斯、捷克、匈牙利、德国、丹麦和英国。出席“新形势下两岸关系全球论坛”，与参会嘉宾共话发挥优势作用、深化两岸交流，弘扬中华文化、建设精神家园，引领广大青年、助力统一大业，并向新老朋友宣传推介河北，达成合作交流共识。代表团拜访当地侨团，促进侨团间相互团结，宣传河北优秀文化和发展变化，扩大河北影响，推动有关项目在河北落地投产，推介海外人才回国创业，服务河北经济社会发展，了解当地侨资企业发展情况，为推动河北企业“走出去”做好服务。同时，代表团还拜访驻当地使领馆，并与当地政要进行交流，增进了了解，建立了友谊。2016 年，省侨联还接待巴西冀鲁同乡会、澳大利亚河北社团联合会、英国河北会访问团、智利华路天宇集团董事长邵坤先生、加拿大河北总商会访问团、美国康州哈特福德大学教授李颖翠一行、西澳河北同乡会会长庄

10 月 22 日—31 日，包东主席率河北省侨联代表团一行 6 人访问德国、丹麦、英国，看望当地侨胞

6 月 10 日，封燕燕副主席（前排右九）一行在巴拿马出席由巴拿马华侨华人中国和平统一促进会举办的“新形势下两岸关系全球论坛暨巴拿马华侨华人中国和平统一促进会成立十五周年纪念大会”

8 月 20 日—29 日，以省侨联副主席季加宇为团长的河北省侨联代表团一行赴俄罗斯、捷克、匈牙利访问

健一行等侨团、侨企。

【成立秦皇岛欧美同学会·秦皇岛留学人员联谊会】3 月 18 日，秦皇岛欧美同学会·秦皇岛留学人员联谊会成立大会暨第一次会员代表大会在秦皇岛召开。市委常委、统战部部长李学民出席会议并讲话。河北欧美同学会·河北留学人员联谊会副会长刘宏民、市政府副市长冯志永、市政协副主席闻德生、市委统战部副部长王平出席会议，会议由市侨联主席杨宏伟主持。来自全市的留学人员代表及相关部门工作人员近 300 人参加会议。会议审议通过了秦皇岛欧美同学会·秦皇岛留学人员联谊会章程，选举产生了 98 名理事和首届联谊会领导机构，刘丽当选会长，华常春、朱文伯、李超、杨紫、苑丹、侯漫－柯尔博、彭湖、华阳、张亚明当选副会长，宋现允当选秘书长。

【高邑县侨联召开第三届换届大会暨 2016 年首届凤城经济高峰论坛】5 月 6 日，石家庄市高邑县统战部在东福瑞会议厅召开了高邑县归国华侨联合会第三届换届大会暨 2016 年首届凤城经济高峰论坛。县委常委、宣传统战部部长庞甲辰、县人大副主任葛锦国、县政府副县长魏书江出席会议，县政协副主席郑建出席并主持会议。石家庄市侨联党组书记、主席王强、副调研员杨全占、权益保障处处长田栋柱应邀参加会议。此外，县直有关部门负责人、企业高管、行业带头人、工商领军人物以及教育工作者共计 300 人参加会议。换届后，由县侨联主办的 2016 凤城经济高峰论坛也宣布开幕。讲师团论坛嘉宾谷群山博士等七名导师分别作了专题讲座。

【衡水市 11 个县市区侨联全部挂牌】9 月 8 日—12 日，衡水市侨联与市委统战部积极沟通协调，对全市 11 个市县区的统战力量整合工作进行了督查，市侨联按照省侨联对县级侨联建设的要求进行了重点检查，对个别没有按省侨联要求开展工作的县提出了具体整改意见。截至 9 月 20 日，衡水市 11 个县市区的侨联机构均通过编办批复并挂牌，解决了编制职数、办公经费、办公地点等问题，实现了全市 11 个县市区侨联组织的全覆盖。

【沧州市侨联举办“第四届海外侨商沧州行”活动】11 月 28 日，沧州市侨联举办“第四届海外侨商沧州行”活动，来自海内外 10 余个国家的 70 余位侨商参加洽谈。代市长梅世彤、中国侨联经济科技部副部长安晨、省侨联副主席季加宇参加会议并出席签约仪式。活动达成投资意向协议 21 个，意向总金额 41.53 亿元。“海外侨商沧州行”活动之前已举行三届，完成项目落地 25 个，引进总投资达 110 亿元。

山西省归国华侨联合会

【领导成员名单】

党组书记：王立业（2016 年 10 月不再担任）
　　　　　王维卿（女，2016 年 10 月任职）
主　　席：许并社
专职副主席：范安龙
兼职副主席：刘越泽（女）　王　帆（女）
　　　　　方敬爱（女）　李　慧（女）
　　　　　张三货　郭晋普　黄成胜
　　　　　庄金洲　刘新民
秘 书 长：陈　蕾（女）

11 月 10 日，王维卿（中）在调研侨资企业

【综述】 2016 年，在中共山西省委的坚强领导和中国侨联的具体指导下，山西省侨联认真学习贯彻党的十八大和十八届三中、四中、五中、六中全会及省第十一次党代会精神，深入学习习近平总书记系列重要讲话，贯彻落实中央和省委党的群团工作会议精神，紧密围绕省委“一个指引、两手硬”重大思路和要求，深入开展“两学一做”学习教育，着力加强班子和机关自身建设，充分发挥侨联组织独特优势，助力全省经济社会发展，圆满完成工作任务。

【主动服务支持涉侨企业发展】 2016 年，山西省侨联在全省范围内开展了关于涉侨企业基本经营情况的调研活动，较详实地了解了全省涉侨企业的生产经营情况和发展规划、当前存在的问题和难点、希望出台哪些具体政策以及需要侨联组织如何支持等情况。组织全省 20 余家涉侨企业参加“中国侨联新侨创新创业成果展”“中国·海拉尔第十二届中俄蒙经贸洽谈暨商品展销会”和“第二届中国（深圳）华人华侨产业交易会”等活动，部分技术和产品得到推广。组织参加全国侨商社会组织负责人高级研修班和全国侨商社会组织工作会议，太原市侨商联合会、晋中市归国留学人员商会被授予“全国优秀侨商社会组织”称号。

【拓宽招才引智方式和渠道】 山西省侨联支持举办“国际晋商会长参与‘一带一路’建设推进会”，10 余个国家和地区、20 余个省份的晋商会长，商协会会长及侨界、工商界人士近 300 人参加活动。举办“2016 年海外高层次人才山西行活动”，邀请相关专业领域内具有影响的海外高层次人才来晋开展技术指导、学术讲座和项目对接，活动达成合作意向 30 项。积极帮助渠志灿博士、银小龙博士、李灵宏博士等海外侨胞来晋投资创业。协助开展“重走万里茶路”活动。

10 月 16 日，王维卿（前排左四）会见参加“2016 海外高层次人才山西行”活动的海外专家学者

【拓展海外工作渠道】 2016 年，山西省侨联与 19 个海外侨（社）团签订友好合作协议，签约海外侨（社）团总数达 40 家，为开展招商引

12 月 5 日，王维卿（左）与斯洛伐克斯中经济文化交流协会李迅签订合作交流协议

12 月 6 日，王维卿（中）、范安龙（左二）、陈蕾（左一）会见匈牙利山西商会会长李军（右二）一行

3 月 14 日，山西省侨联与来访的新加坡文创晋商考察团座谈

资、招才引智建立了海外信息与工作服务平台。充实了省侨联重点联系海外侨团信息库和省侨联重点联系海外侨领信息库。接待新加坡文创晋商考察团、海外藏胞归国代表人士参访团、南非企业家协会、海外高层次人才山西行活动交流团等 4 个团组及 13 批海外侨（社）团、侨领 100 余人次来访。

【搭建平台服务新侨创新创业】山西省侨联继续开展“山西省新侨创新创业示范基地”创建活动，第二批 11 家“双创示范基地”在年内挂牌。依托“双创示范基地”举办“第二届海归创业论坛”“新侨创新创业示范基地交流活动暨新侨团体座谈会”等各类交流活动，为新侨创新创

6 月 10 日，王立业（前排中）等领导欢迎海外藏胞归国代表人士参访团

9 月 1 日，山西省新侨代表荣获中国侨界贡献奖

9 月 3 日，山西省新侨创新创业示范基地交流活动暨新侨团体座谈会在阳泉举办

11 月 11 日，王维卿（左二）在平遥调研

11 月 16 日，范安龙（右二）在临汾调研

11 月 11 日，陈蕾（左二）在长治调研

业提供示范和引领。组织全省创新团队参加中国侨联第六届新侨创新创业成果交流系列活动，山西省 14 个成果、团队、企业及个人获奖，省侨联获组织奖。推荐山西省 4 名新侨创业人士加入“中国侨联新侨创新创业联盟”。

【多措并举开展对外宣传工作】充分发挥“互联网 + 侨联宣传工作”的作用，加强对外宣传工作。2016 年，山西省侨联国际信息网登载侨界信息 500 余篇，微信公众号发布各类信息 1300 余条。“山西侨联之友”微信群已发展至 258 人，涉及 151 个海外侨（社）团、45 个国家和地区。定期收集整理山西侨界和山西经济社会动态，向 46 家海外华文媒体投送稿件 167 篇。组织参加“第三届世界华侨华人摄影展”，报送作品 104 幅。

【持续开展“走基层、访侨户、凝心聚力助发展”走访调研活动】一是赴全省各市侨联和部分县（市、区）侨联机关进行调研，了解基层侨联组织建设情况和近年来工作开展情况，征求基层侨联对省侨联工作的意见和建议。二是会同省外侨办在全省范围内开展侨情调研活动，全面了解山西省归侨的基本情况，重点掌握困难归侨的生活状况。三是全省各级侨联按照“三位一体”帮扶机制，全年入户看望慰问归侨侨眷和新侨代表 467 人，发放慰问金（品）20 余万元。

【“四种模式”助推精准帮扶】一是大病救助。对全省范围内共计22名白血病、尿毒症患者和一、二级残疾及瘫痪在床的特困归侨侨眷给予总计7.6万元的大病救助。二是“造血”帮扶。针对有就业创业愿望的城镇下岗失业或待业、农村困难归侨侨眷及其子女的脱贫愿望，在归侨侨眷集中的4个市举办了5期侨界群众职业技能培训班。三是政策兜底。促成正式下发《关于为困难老年归侨发放生活补助的通知》，为全省60岁以上困难归侨每月发放200元生活补助。四是健康扶贫。开展“山西省侨爱送温暖医疗队体检活动”，为省城归侨侨眷免费进行健康体检和医疗咨询。

8月30日，举办山西省归侨侨眷职业技能培训（晋中）班

【落实巡视整改工作】根据省委统一部署，省委专项巡视六组对山西省侨联进行了为期3个月的巡视工作。巡视期间，省侨联党组严肃认真对待巡视工作，积极主动配合巡视工作，自觉接受巡视组的巡视和监督。根据省委专项巡视六组向省侨联党组反馈的三个方面16个问题，省侨联按照要求，扎实做好巡视整改工作。成立巡视反馈问题整改工作领导小组，逐一研究解决问题，对每个节点、每项任务落实情况进行跟踪问效。制定了《关于落实省委专项巡视六组反馈意见的整改方案》和《关于落实省委专项巡视六组反馈意见的责任分解》，细化提出16项具体整改措施，逐项明确整改责任领导、责任部门、责任人和整改时限，做到事事有着落、件件有回音。按照整改工作时限完成《省侨联党组关于专项巡视整改情况的报告》和《省侨联党组书记组织落实专项巡视整改情况的报告》。

【推进山西省侨联改革工作】为贯彻落实党中央关于加强和改进侨联工作的决策部署及中央和省委党的群团工作会议精神，紧紧把握中国侨联改革动员大会精神，山西省侨联组织起草了《山西省侨联改革实施方案（建议稿）》。省侨联机关组成调研组赴全省9个市征求基层侨联、侨界群众和涉侨企业对《方案》的意见建议，同时征求省直13个部门和单位的意见建议。

【开展“两学一做”学习教育】山西省侨联制定了《关于在机关全体党员中开展“两学一做”学习教育实施方案 》。紧紧围绕“学党章党规、学系列讲话、做合格党员”目标任务，坚持把学习党章党规与学习习近平总书记系列重要讲话统一起来，分别以党组中心组学习会和机关党支部党员会议的形式，结合不同层次党员“两学”的具体内容和要求，围绕“四讲四有”开展了四次专题研讨。认真筹备召开省侨联领导班子专题民主生活会和支部组织生活会。

【传达学习习近平总书记在中央政治局“三严三实”专题民主生活会上的重要讲话精神】1月14日，山西省侨联召开党组中心组（扩大）会议，传达学习习近平总书记在中央政治局“三严三实”专题民主生活会上的重要讲话。省侨联党组书记王立业主持会议并就省侨联学习贯彻习近平总书记重要讲话精神提出三点要求：一是强化核心意识、看齐意识，不断引深“双学”。二是求真务实，真抓实干，开展好“冬季行动”，用严和实的作风推动中央和省委决策部署及省侨联各项工作任务落到实处。三是进一步清醒认识当前形势，紧紧盯住党风廉政建设的新情况新变化，及时跟进应对措施，坚决落实“八项规定”，防止“四风”问题反弹。

【召开2015年度目标责任考核大会】1月22日，山西省侨联召开2015年度目标责任考核大会。省第六考核组对省侨联2015年度目标责任完成情况、领导班子和领导干部履职情况进行全面考核。考核组组长王铁选讲话，省侨联党组书记王立业主持会议并作省侨联领导班子年度工作

1 月 22 日，山西省侨联召开 2016 年度领导班子民主生活会

总结和个人述职述廉报告。会上，省侨联机关全体人员通过填表投票的方式，参加了民主评议和非定向中层正职干部推荐。会后，考核组进行了个别谈话和查访核验。

【召开 2016 年侨界参政议政座谈会】 1 月 25 日，山西省侨联召开 2016 年侨界参政议政座谈会。部分侨界人大代表、政协委员参加座谈会，省海外人才服务中心代表、新侨代表、海归创业代表、侨法研究课题组代表作为特邀来宾出席座谈会。座谈会上，特邀来宾就明确山西省留学人员服务部门、建立海归创业“一站式”服务基地、建立省级留学人员创业孵化器或留学人员创业园、督促落实现有人才优惠政策、指导回国创业的华侨华人同相关部门联系沟通、加强省内法学界对于涉侨法律法规及侨联理论研究等问题提出了意见建议。与会人大代表及政协委员同发言的代表们就所提问题进行了深入细致的沟通和交流，并表示将尽快整理好意见建议提交省“两会”。

1 月 25 日，召开山西省侨界参政议政座谈会

【山西省侨联赴京津冀侨联学习考察】 为积极融入“一带一路”、京津冀协同发展、环渤海地区合作发展等重大国家战略，学习借鉴京津地区侨联在国家战略下服务经济、服务新侨的先进经验和做法，加强与环渤海地区省市侨联组织的合作交流，省侨联副主席范安龙带队的考察团一行，2 月 24 日—26 日，赴天津、北京两市侨联开展交流、考察、学习。11 月 28 日赴河北省侨联开展交流、考察、学习。天津市侨联主席胡胜才、副主席陈钟林，北京市侨联党组书记周开让、副主席马坚和河北省侨联主席包东等会见考察团一行并与考察团座谈，就侨联组织如何助推“一带一路”战略、京津冀协同发展、环渤海地区合作等国家重大战略和区域发展总体战略的实施进行深入探讨，并对山西与京津冀侨联加强协作交流、共同搭建侨界服务平台达成共识。

11 月 28 日，山西省侨联考察团一行与河北省侨联座谈（左二为山西省侨联副主席范安龙，右三为河北省侨联主席包东）

【召开山西省侨联法顾委工作会议】 4 月 18 日，省侨联召开山西省侨联法律顾问委员会工作会议。省侨联党组书记王立业主持会议，介绍了山西侨情、省侨联的工作任务及法顾委的工作职能并为新聘任委员颁发聘书，太原学院政法系教授郝爱军被聘为省侨联法顾委主任委员。山西省侨联法律顾问委员会成立于 2010 年 12 月，5 年来，为依法维护归侨侨眷合法权益发挥了积极作用，部分委员因年龄、身体等原因提出了调整要求。省侨联在充分调研的基础上，选聘了 8 位热心公益，业务熟练，热心侨联事业，年龄未超过 55 周岁的法律专家、学者、律师为法顾委主任委员、副主任委员、委员。王立业希望新聘任的这支精干而高效的法顾委队伍能够在推动省侨联依法维护侨益的工作中发挥积极作用。

4 月 18 日，召开山西省侨联法顾委工作会议

【山西省侨联举办新侨工作培训班】 5 月 4 日—11 日，山西省侨联与中国侨联干部培训中心、福建省侨联、广西壮族自治区侨联、海南省侨联及中央国家机关侨联联合举办的新侨工作培训班在浙江大学华家池校区举办，全省各级侨联机关干部、新侨团体负责人及新侨代表 30 余人参加培训。培训班通过“红船精神”教育，坚定了参训学员的理想信念；通过课堂教学和互动交流，提高了理论素养、开阔了视野，为进一步做好侨联工作奠定了坚实的基础。培训还促进了省际间新侨和新侨工作者的相互交流和对接，达到了预期目的。

【专题学习习近平总书记“七一”重要讲话】 7 月 6 日，山西省侨联党组书记王立业主持召开党组中心组（扩大）会议，学习讨论习近平总书记在庆祝中国共产党成立 95 周年大会上的重要讲话精神。王立业要求侨联机关全体党员干部要把学习贯彻习近平总书记“七一”重要讲话精神贯穿到“两学一做”学习教育中，不断加强和改进机关党的建设和作风建设，永葆共产党人拒腐蚀、永不沾的政治本色；贯穿到省侨联围绕中心、服务大局的实际工作中，发挥侨联独特优势，为推动“塑造山西良好形象，实现山西振兴崛起”努力奋斗。

【举办 2016 山西省侨联系统干部培训班】 7 月 19 日上午，2016 年山西省侨联系统干部培训班在省委党校举行开班仪式。省侨联党组书记王立业出席开班仪式并作动员，省委党校副校长王浩学致欢迎词。省侨联机关及各市、县（市、区）侨联干部共 60 人参加培训。王立业对办好培训提出三点要求。一要强化“四个意识”，牢牢把握正确政治方向。二要扩展培训内容，改进学习方法，不断提高能力素质。三要学以致用，切实让侨界群众感受到侨联干部受教育成果。提出要始终坚持把侨联工作放在当地党委和政府工作大局中去思考和谋划，放在当地经济社会发展的格局中去部署和推进，找准

7 月 9 日，山西省侨联系统干部培训班在省委党校举办

工作的切合点，主动融入当地经济社会发展的整体格局，在服务经济社会发展中彰显侨联组织独特优势。

【召开山西—南非经贸合作交流座谈会】 8月3日—4日，南部非洲中国企业家协会会长、南非中国商会副会长李国东先生一行到访山西，山西省侨联会同山西省外侨办共同举办了经贸合作交流座谈会，省商务厅、省旅游局、省贸促会，太原市外侨办、太原市商务局和太原市贸促会有关人员出席座谈。此次经贸合作交流座谈会是在更好地配合山西经济供给侧改革、引智引资、创新驱动和“请进来”战略背景下召开的。南部非洲中国企业家协会熟悉南部非洲各国社会、经济、资源、法律、文化环境与风土人情，政商人脉广，在很多产品领域具有专业性的优势，与山西的产能比较优势相结合，能更切实地为“一带一路”“中国梦”及山西经济建设作贡献。座谈会上，双方就可合作领域及项目进行探讨并初步达成共识。

【王维卿任山西省侨联党组书记】 10月10日，省侨联召开干部大会。省委常委、统战部部长孙绍骋出席会议并作重要讲话。省委组织部副部长陈跃钢宣布省委关于省侨联主要领导职务调整的决定：王维卿同志任省侨联党组书记，王立业同志不再担任省侨联党组书记职务。王维卿讲话，王立业主持干部大会并讲话，省委统战部副部长张云泽出席大会。孙绍骋在讲话中指出，省委关于省侨联主要领导调整变动的决定，是省委从全省工作大局出发，根据省侨联领导班子建设实际和工作需要，在广泛听取各方面意见的基础上，通盘考虑、充分酝酿、慎重研究作出的决定。孙绍骋对省侨联近年来的工作给予了充分肯定，对新班子进一步开展工作提出具体要求。

【传达学习十八届六中全会和山西省第十一次党代会精神】 11月1日，山西省侨联召开党政联席会议，传达学习十八届六中全会和山西省第十一次省党代会精神。党组书记王维卿对省侨联贯彻落实十八届六中全会和第十一次省党代会精神提出要求：一要深入学习习近平总书记系列重要讲话精神和十八届六中全会、第十一次省党代会精神，丰富学习形式，在全省侨联系统掀起学习热潮；二要全面加强和规范党的建设，把规矩和纪律挺在前面，把全面从严治党落实到侨联各项工作之中；三要在山西转型发展、对外开放、招揽海外人才技术、吸引来晋就业创业等方面找准切入点和落脚点，充分发挥侨联组织资源优势服务大局工作。

【王维卿带队赴中阳县帮扶村走访调研】 11月1日—3日，省侨联党组书记王维卿一行14人赴省侨联帮扶村——中阳县暖泉镇宣化庄村开展结对帮扶入户走访调研工作。抵达中阳后，省侨联连夜召开帮扶工作培训会，中阳县县长田安平为省侨联机关干部介绍县经济、产业情况，解读扶贫工作政策，并对《建档立卡贫困户帮扶手册》进行说明。11月2日，省侨联机关干部分6组深入53户帮扶对象家中走访调研，与帮扶对象拉家常、聊心事，了解他们的生产生活情况，听取他们对省侨联前期帮扶工作的意见和建议。根据实际情况填写《建档立卡贫困户帮扶手册》和《省侨联结对帮扶困难户走访日志》，量身定制帮扶计划和措施。走访结束后，省侨联召开走访调研总结会，分别听取6个调研小组的情况汇报，对每个帮扶对象的特殊困难进行分析汇总，并对下一阶段工作进行安排部署。王维卿指出，消除贫困、改善民生是推动“六大发展”、促进富民强省、确保全面建成小康社会的必然要求，

11月2日，王维卿（中）赴中阳县帮扶村走访调研并与村民亲切交谈

12 月 22 日，范安龙（左）走访慰问帮扶村贫困户

省侨联在帮扶工作中要找准对象、用对措施，统筹使用扶贫资金，把钱花在最需要的地方；要全面梳理政策，逐一对接落实，确保帮扶措施落实到位；要抓党建促帮扶，帮助帮扶村党组织建设，充分发挥“第一书记”和帮扶干部的作用，形成带领群众脱贫致富的战斗堡垒。调研期间，王维卿还实地察看了宣化庄村水利设施。

【召开山西省侨联工作座谈会】11 月 8 日，山西省侨联工作座谈会在太原召开。会议的主要内容是：传达学习党的十八届六中全会和省第十一次党代会精神；传达中国侨联改革动员大会精神；讨论《山西省侨联改革实施方案》；各市侨联汇报交流 2016 年度工作总结及 2017 年度工作计划。会议由省侨联党组书记王维卿主持。座谈会上，各市侨联领导围绕 2016 年度工作情况和 2017 年度工作思路进行了汇报交流。王维卿在讲话中对 2016 年全省侨联工作予以充分肯定，并就做好下一步工作提出几点意见。一是要围绕中心、服务大局，特别是在积极扩大与“一带一路”沿线国家和地区的经济合作和人文交流、实施晋商晋才“回乡”创业创新工程等方面找准侨联工作的切入点和着力点，在围绕全省产业转型升级、扩大对外开放等方面积极作为。二是要着力推进改革工作，全省各级侨联要认真学习中国侨联改革方案，吃透改革精神；要做改革的促进派和实干家，严守政治纪律和政治规矩，加强对改革工作的组织领导，确保改革正确方向；按照会议对《山西省侨联改革实施方案》提出的意见认真修改，力促《山西省侨联改革实施方案》尽早印发。三是要积极谋划 2017 年度工作，在积极参与中国侨联有关活动的基础上，策划好全省侨联品牌活动。

【王维卿出席《今夜无人入睡》作品研讨会】12 月 15 日，山西省高级记者、作家张敬民先生的日记体报告文学作品《今夜无人入睡》一书研讨会在太原召开，省侨联党组书记王维卿出席活动并讲话。《今夜无人入睡》一书是中国首部以中国侨联“亲情中华”活动为主线、以艺术团成员为“枝蔓”、以海外华侨华人的奋斗历程为“主干”、以全球华人一家亲为主题的真实记录，记述了中国侨联对华侨华人的亲切关怀和“亲情中华”品牌活动在海外的巨大影响力，展示了海外侨胞生活的酸甜苦辣，特别是海外侨领为团结华侨华人、实现海外华人中国梦所做出的艰辛努力和不懈探索，具有很强的时代性与现实意义，彰显了中华民族落地生根的强大生命力及吃苦耐劳的坚强意志。中国侨联对此书出版高度重视，中国侨联党组书记、主席林军为该

11 月 8 日，全省侨联工作座谈会在太原召开

12 月 15 日，王维卿（左二）出席《今夜无人入睡》作品研讨会

书题写了书名，并将该书首发式作为中国侨联成立 60 周年系列活动之一。王维卿首先代表省侨联对《今夜无人入睡》一书的出版表示祝贺，表示省侨联会一如既往发挥好“桥”的作用，充分利用“海外侨胞众多、分布十分广泛”的优势，运用多种媒体渠道，宣传好山西，讲好中国故事，传播好中国声音。

【山西省侨联支持举办国际晋商会长参与“一带一路”建设推进会】12 月 19 日，由山西省侨联支持举办的“国际晋商会长参与‘一带一路’建设推进会”在北京举行。省侨联党组书记王维卿、省商务厅厅长孙跃进出席活动并讲话。在京有关领导，省委、省政府相关部门负责人，中柬金边经济特区负责人，以及来自美国、英国、加拿大等 10 余个国家和地区及全国 20 余个省份的晋商会长、商协会会长，山西省各市侨联负责人和侨界、工商界人士近 300 人参加会议。王维卿希望海内外晋商能弘扬晋商精神、传承晋商文化、彰显晋商形象，不失时机地抓住当前发展机遇，把家乡作为发展的战略高地，积极

12 月 19 日，山西省侨联支持举办国际晋商会长参与“一带一路”建设推进会，党组书记王维卿讲话

扩大与“一带一路”沿线国家和地区的经济合作和人文交流，开拓新的领域，创造新的辉煌。晋商代表表示，海内外晋商组织将发挥好引领、纽带作用，利用晋商组织的资源和优势，主动融入“一带一路”建设，把山西产品推向世界，为山西引进人才、技术、项目，助力山西经济转型崛起。此次活动是省侨联全面贯彻党中央、国务院“一带一路”倡议构想，落实省委书记骆惠宁“晋商晋才‘回乡’创业创新”号召的一次重要举措，也是省侨联发挥自身独特优势，搭建海内外晋商参与“一带一路”建设平台，吸引晋商晋才“回乡”创业创新，服务全省经济发展的一次创新尝试。

【太原市侨联拓宽联谊渠道深化对外文化交流】2016 年，太原市侨联注重在侨的活动中注入文化色彩，弘扬中华文化。为纪念中国侨联成立 60 周年、太原市侨联成立 60 周年，组织侨界干部职工及侨界群众参加了中国侨联主办的第三届世界华侨华人美术书法展、第十七届世界华人学生作文大赛。以“侨连四海 · 文化太原”为品牌，举办了《今日太原》《百年晋祠》《美国南加州华人新侨暨山西华人华侨》图片展，增强中华文化的亲和力和影响力；组织了中日书法绘画篆刻太原书艺交流会，“中日八城八人”书画篆刻展由中日八位艺术家发起，分别在东京、名古屋、大连、太原、邯郸等八个城市举办。继续开展“侨之家”品牌活动，与山西省音乐家协会竹笛学会、太原侨心艺术团共同主办《晋音笛韵 · 春之约》音乐会两场，分别在长风大剧院和恒大山水城进行了演出，吸引本市爱好者 3000 余人；邀请山西省竹笛学会会长、太原侨心艺术团艺术指导任俊文对《人说山西好风光》进行全面解读；组织山西省青莲读书会和太原海归读书会共同举办了世界读书日主题活动，通过青年作家解读《白鹿原》，进一步提升海归青年人文修养，陶冶艺术情操。组织了“情系山区群众，唱响扶贫凯歌”精准扶贫专题道德讲堂，同时还争取到中国侨联公益基金会助残项目，将“困境儿

童寄养中心”落地到古交市中医院，分别为家庭贫困的患有先天性心脏病、严重烧伤、血管瘤的3例儿童进行了手术救助。

【阳泉市侨联】2016年，阳泉市侨联认真履行“六项职能”，被评为“阳泉市第十八批市级文明单位”。一是积极参与国家“一带一路”建设，为全市引进项目提供服务。借“北京科技博览会”“中俄蒙经贸洽谈暨商品展销会”和深圳“侨交会”等平台，助力阳泉对外开放；推荐山西冠霖农业科技有限公司等三家华商企业入选了第二批“山西省新侨创新创业示范基地”。围绕市委、市政府“冬季行动”任务结合侨联工作实际，在“打好信访纠纷矛盾排查化解”和“打好招商引资”攻坚战中开展“排忧解难关爱活动”和“引技术、引人才”活动。促成匈牙利华侨樊赛光和天元集团山西金镮环保有限公司“关于废旧电子线路板的无污染干式、低温处理分解、分类、提炼技术”合作项目正式签约。帮助华商企业山西天惠永昌商贸有限公司与陕西发展交通能源建设集团有限公司合作，承接蒙古政府“阿拉坦布拉格—乌兰巴托—扎门乌德高速公路”的修建项目。二是持续开展“暖心工程”。按照“三必访”原则，走访慰问侨界代表人士64户73人，发放慰问品、慰问金1.5万元；开展“侨界空巢老人家庭卫生清扫献爱心活动”。连续8年开展为老侨免费健康体检活动。热情接待来信来访20余次，电话、网络接受各类咨询30余次，直接接待涉侨事件5件，协调解决问题率达到了80%以上。积极开展“山西省归侨侨眷职业技能（阳泉）培训”工作，帮助侨界群众掌握实用技术，实现就业创业。对全市困难老年归侨进行了调查与统计核实，为36名困难老年归侨发放生活补助每人每月200元，共计金额8.64万元。

【晋中市侨联】晋中市侨联自成立以来，先后争取侨爱心捐赠资金2400余万元，在全市新建农村希望小学24所，新建并装备农村卫生所105所，累计资助贫困学生4000余名，受益范围已覆盖全市11个县（区、市）90多个乡（镇）的百余个农村，受益人数30万。经晋中市侨联争取侨爱心捐赠新建希望小学和农村医疗卫生所，以及资助贫困学生总数，居山西省侨联系统之首。2016年晋中市侨联共计争取侨爱心捐助款203.7万元。香港华革会资助191.7万元支持全市教育事业，新建农村希望小学2所，资助600名贫困生继续学业，装备往年捐建的侨爱心学校电教室2个、图书室2个；中国华侨公益基金会为市福利院、平遥特教学校捐赠1200桶营养米粉。7月，市侨联组团访问香港华人革新协会、澳门归侨总会、澳门山西商会、澳门科技及文化学会，就晋中、澳门两地的文化、招商引资、慈善公益项目等进行对接。11月，启动“晋中市金桥爱心白内障复明工程”第二期救助活动，成立“中国华侨公益基金会晋中市金桥爱心公益基金”，由晋中市归国留学人员商会组织会员企业捐助100万元人民币用于“白内障手术资助资金”经费，资助全市1000名白内障患者实施复明手术。另外，2016年对历年已完成的爱心工程项目进行调研、跟踪、督查，建立了受助学档案库，健全了捐建农村希望小学、卫生所的跟踪回访制度，将发现的“功能运行不顺畅”“管理不够严格”“建筑挪作他用”等问题及时反馈教育和卫生部门，并提出建议，协同解决。

【晋城市侨联成立海归创客空间】晋城市侨联积极与北京市朝阳区侨联对接交流，学习为归国留学人员创业服务的经验，创新工作方法。5月25日，晋城市海归创客空间正式在凤博创客中心挂牌成立。海归创客空间是一个聚合资源头脑风暴的平台，致力于为晋城海归创业人员打造一个绝佳的创业平台。硬件设施方面，拥有开放式的办公场所、百兆无线网络、基本茶水供应、大型路演场地等；软件方面，有实战型的创业导师和专业的职业顾问团队。每月都会举办创业论坛或职业讲座，通过头脑风暴的方式，刺激海归创客的思维构想。与此同时，海归创客空间也是一个开放式的交流空间和产品展示平台。它将山西各地区的特色产品聚集到一起，打造属于自己的品牌，通过线上线下等多种方式开展推广。2016年，举办10场专题分享会，邀请晋城市民营企业家们做客分享创业经历。举办两场创客路演会，50名创客将自己的创业项目进行现场宣讲，10名创客成功入驻。举办10场趣味讲堂，涉及美容、红酒、茶叶、旗袍、英语等多个内容。在侨界形成一个人人创业、人人创新的良好氛围。

内蒙古自治区归国华侨联合会

【领导成员名单】

主　　席：史　晴

专职副主席：高庆国

兼职副主席：（以姓氏笔画排序）

乌晓光（蒙古族）

卢世翔（蒙古族）　田来怀

白晓飞　闫　贺（女）

毕力夫（蒙古族）

刘广义（蒙古族）

胡日嘎（蒙古族）

秘 书 长：孙忠华（女）

【综述】 2016年，内蒙古侨联深入学习习近平总书记系列重要讲话精神，认真贯彻落实十八届三中、四中、五中、六中全会和中国侨联九届六次常委会精神，紧紧围绕党委、政府的中心工作履行职能，坚持"两个并重"，深化"两个拓展"，侨联工作取得新进展，为内蒙古经济社会建设作出了积极贡献。

【董中原副主席到内蒙古开展"送温暖"活动】 1月27日—28日，中国侨联党组副书记、副主席董中原一行在内蒙古呼和浩特市开展"送温暖"活动。内蒙古侨联主席史晴、内蒙古农业大学党委书记邬建刚、呼和浩特市侨联主席宛正及有关领导一同参加了慰问活动。1月27日晚，

1月27日—28日，中国侨联党组副书记、副主席董中原（左二）在内蒙古开展"送温暖"活动

董中原副主席赴内蒙古侨联机关看望侨联干部及归侨侨眷代表并座谈。内蒙古侨联主席史晴，副主席高庆国、闫贺、刘广义、白晓飞，秘书长孙忠华，副秘书长王瑞萍，出席内蒙古"两会"的部分侨界人大代表、政协委员，部分在呼归侨侨眷、归国留学人员代表，自治区和呼和浩特市侨联机关工作人员等近20人参加了座谈会。

【内蒙古侨联领导深入鄂尔多斯市达拉特旗华侨村调研并看望归侨侨眷】 3月1日，内蒙古侨联主席史晴一行三人深入到鄂尔多斯市达拉特旗华侨村就困难救助经费使用情况进行调研，并到文化活动中心看望了部分归侨侨眷。当地有关部门负责人一同参加了调研和看望活动。

【赴包头市调研侨联工作】 3月7日，内蒙古侨联主席史晴在包头市就新侨创业、侨商企业运行、侨商驿站建设等情况进行调研。调研期间，史晴主席同包头市委常委、统战部部长金满仓为包头市海外高层次人才联谊中心和侨商文化交流中心揭牌。当地有关部门负责人一同参加了调研。

1月27日晚，中国侨联党组副书记、副主席董中原看望内蒙古侨联干部及归侨侨眷代表并座谈

【开展"学雷锋—'珍珠生'志愿服务进社区"活动】 3月9日下午，按照统战部机关党委关于组织开展学雷锋志愿服务活动的部署，内蒙古侨联党支部组织全体党员和在呼高校部分"珍珠生"参加"学雷锋—'珍珠生'志愿服务进社区"活动，为对接的明园社区清理小广告。

【史晴主席会见海外侨领侨胞】 4月1日，内蒙古侨联主席

史晴在侨联机关会见了新西兰内蒙古同乡会会长张琦先生和澳大利亚内蒙古同乡会副会长傲蕾雪原女士一行；6月13日，史晴主席在内蒙古饭店分别会见了出席第八届海峡论坛活动后由中国侨联海外联谊部副部长李涛专程陪同前来内蒙古考察的台湾、越柬寮参访团；8月22日，史晴主席在内蒙古饭店会见了前来内蒙古参加全国政协海外列席侨胞考察活动的俄罗斯中国和平统一促进会秘书长吴昊先生一行；9月3日，史晴主席在内蒙古饭店会见了美国内蒙古总商会会长于忠霞女士一行；9月21日，史晴主席在侨联机关会见了阿联酋和平统一促进会秘书长闫挺先生一行。

【开展侨资企业基本经营情况专题调研】为进一步贯彻落实中国侨联《关于开展侨资企业基本经营情况调研的通知》精神，内蒙古侨联从4月中旬起，在全区范围内开展了侨资企业基本经营情况专题调研。在调研过程中，内蒙古侨联主席史晴与各侨资企业有关领导就如何为侨资企业的发展营造良好的环境氛围、提供积极有效的服务等问题进行了交流和沟通，进一步了解了侨资企业的发展状况和转型升级过程中面临的困难及问题，并及时向中国侨联报送了调研情况，帮助企业解决生产经营过程中的实际问题。

【举办“草原连着世界·包头首届国际当代艺术作品邀请展”】7月16日，由内蒙古侨联和包头市侨联共同主办的“草原连着世界·包头首届国际当代艺术作品邀请展”在包头市青山区工商联大厦书画创作展示中心举行。有关部门负责人、社会各界书画爱好者和当地侨胞共300多人参加了开展仪式。内蒙古侨联主席史晴出席仪式并讲话。

【包头市侨商会荣获全国优秀侨商社会组织称号】7月24日，在北京召开的全国侨商社会组织工作会上，包头市侨商会被授予全国优秀侨商社会组织称号。内蒙古侨联主席史晴，中国侨商会副会长、内蒙古侨联副主席、内蒙古侨商会会长白晓飞，内蒙古侨联副主席、包头市侨联主席田来怀，内蒙古侨联秘书长、侨商会秘书长孙忠华出席了会议。

7月24日，包头市侨商会被授予全国优秀侨商社会组织称号

【举办“法治中国·你我同行”2016侨界群众法治学习活动】8月3日上午，由中国侨联主办，内蒙古侨联和鄂尔多斯市侨联承办的“法治中国·你我同行”2016侨界群众法治学习活动在内蒙古鄂尔多斯市举行。中国侨联顾问、法顾委副主任林淑娘，内蒙古侨联主席史晴，鄂尔多斯市委常委、统战部部长王峰出席开班仪式，中国侨联权益保障部副部长黄晖主持开班式。来自广东、江苏、浙江等10个省市的150余名学员参加了此次学习。

8月3日上午，内蒙古侨联协办“法治中国·你我同行”2016侨界群众法治学习活动

【举办第四届内蒙古“草原英才”交流合作会暨呼和浩特全国留学人员高层次人才“草原行”活动】8月11日，第四届内蒙古“草原英

才”交流合作会暨呼和浩特“创新未来 圆梦青城”全国留学人员高层次人才“草原行”活动在呼和浩特留学人员创业园拉开帷幕。有关部门负责人出席了会议。本次活动中，内蒙古侨联邀请了来自美国、新加坡及各省市海归精英和呼市地区归国留学创业人员共100多人。会上，嘉宾们分别就国内高层次人才在中国创新创业的经验与体会、解读海归项目如何与国内资本对接、留学生回国创新创业机遇和梦想等问题进行了分享和互动。

【举办“送医送药送温暖”活动】8月11日，由内蒙古政协港澳台侨联络和外事委员会、内蒙古侨联联合举办的“送医送药送温暖”活动在赤峰市喀喇沁旗王爷府镇举行。内蒙古政协港澳台侨联络和外事委员会主任吴达来、内蒙古侨联主席史晴及有关领导和同志出席了活动。此次活动累计义诊300多人次，为当地困难百姓和困难归侨侨眷发放了药品及医疗卫生知识手册。义诊期间，吴达来主任和史晴主席还深入部分贫困百姓和贫困归侨侨眷家中进行了走访和慰问。

【史晴主席出席全国政协海外列席侨胞考察团座谈会】8月22日—29日，全国政协海外列席侨胞考察团来内蒙古考察。23日下午，自治区有关部门负责人与考察团一行在内蒙古饭店召开座谈会。自治区政协党组书记、主席任亚平，自治区党委常委、自治区政府常务副主席符太增出席了座谈会。内蒙古侨联主席史晴出席座谈会并讲话。本次考察团由来自五大洲20多个国家的31名海外侨领组成，旨在通过考察了解内蒙古的经济社会发展情况，增进海外侨胞与有关部门的联系，为内蒙古发展建言献策。

【鄂尔多斯市侨商联合会成立大会暨“一河一带”生态治理论坛召开】8月28日，鄂尔多斯市侨商联合会成立大会暨“一河一带”生态治理论坛在东胜召开。中国侨联经济科技部副部长、中国侨商会副会长兼秘书长安晨，内蒙古政协副主席、农工党内蒙古自治区委主委牛广明，原全国政协常委、民族宗教委员会副主任夏日，内蒙古侨联主席史晴，鄂尔多斯市委常委、统战部部长王峰等有关领导出席并讲话。大会选举产生了鄂尔多斯市侨商会第一届会长、副会长、理事、秘书长、副秘书长等。

【组织参加第六届新侨创新创业成果交流大会】9月1日，第六届中国新侨创新创业成果交流暨联盟成立大会在北京举行。中国侨联党组书记、主席林军作重要讲话，中国侨联党组副书记、副主席董中原宣读表彰决定及中国新侨创新创业联盟倡议书。内蒙古侨联推荐的三位新侨博士获创新人才奖，一个项目获创新成果奖，一个团队获创新团队奖，一个企业获创新企业奖。内蒙古侨联荣获中国侨联第六届新侨创新创业系列活动优秀组织工作奖。

【举行“海外侨胞故乡行·走进内蒙古”座谈会】为庆祝中国侨联成立60周年，9月23日下午，由中国侨联主办、内蒙古侨联承办的“海外侨胞故乡行·走进内蒙古”嘉宾座谈会在呼和浩特市举行。来自14个国家和港澳台地区18个侨（社）团的42位内蒙古籍海外侨胞参加座谈交流，为内蒙古扩大对外开放、经济社会等方面的发展建言献策。

9月23日下午，“海外侨胞故乡行·走进内蒙古”座谈会在呼和浩特举行

【举办“侨情心画·翰墨草原”等活动】10月11日上午，“侨情心画·翰墨草原”第二届内蒙古旅居海外、归国留学人员艺术作品双年展开展仪式在内蒙古美术馆举行。有关部门负责人、社会各界的书画爱好者和当地侨胞共300多人出席了开展仪式。内蒙古侨联主席史晴出席仪式并讲话。10月26日晚，“侨之旋律”庆祝中华人民共和国成立67周年暨中国侨联成立60

周年全国侨商社会组织系统文艺汇演在南京保利大剧院举行，内蒙古侨联选送节目《草原情》荣获唯一金奖。11 月 5 日，“青山情，草原魂”美籍华人艺术家莫尼先生当代艺术展在内蒙古美术馆开展，共展出作品 70 幅，史晴主席出席仪式并讲话。

10 月 26 日晚，内蒙古侨联选送节目《草原情》在全国侨商社会组织系统文艺汇演中喜获金奖

【举办内蒙古自治区侨商知识更新培训班】10 月 11 日—12 日，2016 年内蒙古自治区侨商知识更新培训班在上海举办。内蒙古侨商会全体会员及各盟市的侨联负责同志共 50 多人参加培训。内蒙古侨联主席史晴出席结业典礼，并为各位学员颁发了结业证书。

10 月 11 日上午，“侨情心画 · 翰墨草原”第二届内蒙古旅居海外、归国留学人员艺术作品双年展在内蒙古美术馆开展

【举行内蒙古侨商会第二届会员代表大会】10 月 13 日，内蒙古侨商会第二届会员代表大会在上海长泰健壹公馆举行。内蒙古侨联主席史晴出席会议并讲话。内蒙古侨商会全体会员和各盟市侨联负责人共 53 人

10 月 11 日—12 日，内蒙古自治区侨商知识更新培训班在沪举办

10 月 13 日，内蒙古侨商会第二届会员代表大会在沪举行

参加会议。大会选举产生了第二届内蒙古侨商会会长、副会长、秘书长、个人会员和单位会员。

【内蒙古侨联赴宁、青调研并在西宁市召开三省（区）侨联工作座谈会】11 月 14 日—16 日，内蒙古侨联赴宁夏回族自治区、青海省调研侨联工作，重点调研中共中央办公厅印发《中国侨联改革方案》后宁、青的侨联改革工作。调研期间，在西宁市召开了三省（区）侨联工作交流座谈会。内蒙古自治区侨联主席史晴、宁夏回族自治区侨联常务副主席姜小玲、青海省侨联主席高永英及三省（区）侨联有关同志出席会议。同时，就内蒙古侨联和宁、青侨联，内蒙古侨商会和宁、青侨商会建立了友好合作关系。

11 月 14 日—16 日，内蒙古侨联赴宁、青调研侨联工作并在西宁市召开三省（区）侨联工作座谈会

【史晴主席出席庆祝额济纳旗温图高勒侨胞回归 60 周年系列活动】12 月 4 日—5 日，内蒙古侨联主席史晴出席了庆祝额济纳旗温图高勒侨胞回归 60 周年系列活动（温图高勒侨乡博物馆揭牌仪式、冬季骆驼文化节、《回归之声》新书发行仪式）。活动期间，史晴主席及有关部门负责人还与 27 位温图高勒侨乡的老归侨进行了座谈交流。

【召开内蒙古侨联改革方案征求意见座谈会】12 月 16 日下午，《内蒙古侨联改革方案》（讨论稿）征求意见座谈会在侨联机关举行。内蒙古侨联主席史晴及在呼的第六届内蒙古侨联常委、委员和呼市基层侨联干部参加了座谈会。会后，及时整理汇总大家提出的意见建议，

12 月 4 日—5 日，内蒙古侨联主席史晴出席庆祝额济纳旗温图高勒侨胞回归 60 周年系列活动

12月16日下午，内蒙古侨联召开改革方案征求意见座谈会

力争把改革方案制定得更全面、更完善、更合理、更具可操作性，扎实推进内蒙古侨联改革工作稳步进行。

【开展“送温暖”活动】春节前夕，内蒙古侨联在全区积极组织开展了“送温暖”活动。其间，内蒙古侨联主席史晴一行深入呼和浩特市、呼伦贝尔市、兴安盟、通辽市、赤峰市、锡林郭勒盟和满洲里市，走村入户慰问了88户归侨侨眷及侨界代表。2017年1月10日—11日，蔡国定先生爱心捐赠活动在锡林郭勒盟举行。史晴主席及有关部门负责人出席了活动。蔡国定先生本次为内蒙古“珍珠生”共捐赠438件羽绒服。

【包头市侨联承办海外高层次人才创新创业成果展】8月7日—9日，海外高层次人才创新创业成果展在包头国际会展中心展出，通过展板、电子图片、视频和实物展示了包头市侨资企业的创新创业成果以及海外高层次人才的创新创业事迹。8月9

春节前夕，内蒙古侨联开展“送温暖”活动

2017年1月10日—11日，内蒙古侨联主席史晴（上排左五）在锡林郭勒盟出席蔡国定先生爱心捐赠活动

日，举办“高端人才、高新技术”发布会，150多人参加会议。包头市委常委、统战部部长、海联会会长金满仓代表市委统战部、市工商联、市侨联、市海外联谊会向内蒙古科技大学捐赠了10万元的“少数民族大学生科技创新基金”。在党和政府的关怀下，在优惠政策的吸引下，在经济发展的新常态下，包头市广大海外高层次人才在创业创新中正在成为一支生力军，用他们的聪明才智，书写出一篇篇可歌可泣的壮丽篇章。

【包头市侨联举办侨联委员人大代表政协委员培训班】5月16日—20日，包头市侨联在上海交大举办了“包头市侨联委员人大代表政协委员培训班”。包头市侨联主席田来怀等40余名三级人大代表、政协委员、侨联委员及各旗县区统战部干部参加了培训。通过培训学习，使大家在思想上有了新提高，在作风上有了新改进，在能力上有了新提升，助力包头市侨联事业更好发展。

【通辽市侨联多措并举加强基层侨联组织建设】2016年，按照中央、自治区党委和通辽市委统战工作会议要求，在内蒙古侨联的指导和推动下，全市8个旗县市区都已成立侨联组织，实现了通辽市侨联组织全覆盖。通辽市侨联将在以后继续加强组织建设，做好各旗县市区侨联负责人的培训工作，增强业务知识水平，提高为侨服务能力，使侨联工作迈向一个新台阶。

【乌海市侨联开通微信平台推动建设网上侨胞之家】乌海市侨联在侨界人士中建立了“乌海侨之家”微信群，主要涵盖工作动态、政策理论、侨界新闻、服务信息、公益事业等内容。微信群的建立，不仅为广大侨界人士提供了一个便利的交流平台，拓宽了侨界人士与侨务部门直接对话的渠道，同时也为乌海对外宣传打开了一扇通向海内外的友谊之窗。

【内蒙古大学归国留学人员联谊会成立】5月9日下午，内蒙古大学欧美同学会·归国留学人员联谊会正式成立。自治区有关部门领导、内蒙古大学有关领导及校内部分归国留学人员等出席了成立大会。这是自治区高校成立的首家归国留学人员联谊会。

【包头市侨界爱心公益协会赴固阳县进行爱心助学活动】6月26日，包头市侨联副主席贾建平带领包头市侨界爱心公益协会赴固阳县开展秋季爱心助学活动。协会负责人及全体爱心公益协会会员参加了活动。本次活动共帮助贫困生14名，捐助了14000元现金以及部分衣物、玩具。

【包头师范学院召开第一次归侨侨眷代表大会暨侨联成立大会】7月12日，包头师范学院召开了第一次归侨侨眷代表大会暨侨联成立大会。有关部门领导出席了会议。大会选举产生了第一届侨联主席、副主席和秘书长。

辽宁省归国华侨联合会

【领导成员名单】

党组书记、主席：王朝霞

专职副主席：胡　平（女）

巡　视　员：王之锋

兼职副主席：（以姓氏笔画排序）

王大鸣（女）　王文良

王庆伟　白　玮　吕安民

孙晓冰　张　伟　杨　凯

林枝春　荣伟东

赵继红（女）　柴学伟

黄庆祝　景　平　董喜刚

【综述】2016年，辽宁省各级侨联认真学习贯彻党的十八大和十八届三中、四中、五中、六中全会，以及省十二次党代会、中国侨联九届三次全会精神，紧密围绕全省工作大局，充分发挥自身优势和作用，求真务实，开拓进取，始终坚持将全省侨联工作统一到中国侨联决策部署上来。用中国梦凝聚侨心侨力，发挥好党联系侨界群众的桥梁纽带作用，切实把侨界群众组织起来、活跃起来，紧密结合辽宁省委、省政府改革发展实际，扎实推进省侨联各项工作顺利开展，积极建言献策、建功立业，各项工作取得显著成效，为推动辽宁老工业基地新一轮振兴发展作出了积极贡献。

【坚持政治学习保持侨联工作正确方向】辽宁省各级侨联组织认真学习贯彻习近平总书记系列重要讲话精神，按照“四个全面”战略布局总要求，深入落实中央两个《意见》和省委《实施意见》，牢牢把握侨联工作正确政治方向。各级侨联利用会议、调研、走访等多种时机，通过侨联会刊、网站、板报等多种手段，采取培训班、报告会、座谈会等多种形式，着重深入学习贯彻习近平总书记在省部级主要领导干部专题研讨班开班式、中央外事、统战、群团工作会议等系列重要讲话精神，不断保持和增强侨联组织的政治性、先进性和群众性，坚定不移走中国特色社会主义群团发展道路，努力把侨界群众紧密团结在党的周围，确保在思想上、行动上始终与以习近平同志为核心的党中央保持高度一致。

【谋划侨联改革工作】辽宁省侨联通过党组中心组学习，召开常委会、全委会，举办培训班等方式，深入领会中央关于侨联改革的决策部署，把准侨联改革方向，凝聚侨联改革共识。深入基层侨联了解侨联组织的工作状况和现实困难，先后到沈阳、大连等市召开侨联深化改革座谈会，广泛听取归侨侨眷、海外侨胞及侨联工作者的意见建议；组织侨联特聘专家、企业侨联干部座谈交流，听取对省侨联深化改革的建议；实地考察上海、重庆等地侨联的改革经验，结合全省侨联实际，坚持问题导向，切实做到“改革方案”有的放矢，不断推进侨联组织体制改革和工作方式方法创新，同时确保侨联工作始终坚持正确政治方向。目前，已形成《辽宁省侨联改革实施方案》（送审稿），报省委批准。

【持续开展“世界知名侨商辽宁行”系列活动】辽宁省侨联围绕省委、省政府加快新一轮振兴和经济社会发展战略部署，积极从辽宁实际和振兴大业需要出发，充分挖掘侨资侨智服务全省经济建设，9月22日—25日，省侨联在沈阳和大连举办“海外侨胞故乡行·走进辽宁暨第二届世界知名侨商辽宁行”系列活动。近百名知名侨

9月22日，省委副书记曾维（右八）在辽宁友谊宾馆会见中国侨联副主席李卓彬（中）及侨商代表，省领导邴志刚（右七）、孙远良（右六）会见时在座

9 月 23 日，“海外侨胞故乡行 · 走进辽宁暨第二届世界知名侨商辽宁行”活动走进沈阳，部分侨商代表合影

商侨领带来项目 160 余个，有 20 余个项目达成初步合作意向，合作项目涉及地产、跨境电商、大宗商品交易、生物医药、联合办学、共建传媒人才基地等 10 多个领域。辽宁省委、省政府对此次活动高度重视，将其视为继去年“世界知名侨商辽宁行”之后的又一重大招商活动。省委副书记曾维对活动给予大力支持，作出重要部署，细化活动方案，并在活动期间会见中国侨联副主席李卓彬及侨商代表一行。省侨联持续关注已签约项目的进展，推动“2015 年世界知名侨商辽宁行”总投资 46 亿元的绥中戴河湾度假小镇项目，尽快在葫芦岛落地；阜新市侨联促成香港豪德集团在彰武投资 5 亿元的“辽宁豪德农贸物流中心”项目已竣工。

3 月 22 日，辽宁省侨联在沈阳召开省侨联九届二次全委会议，省政协副主席、省委统战部部长孙远良（中）出席会议并讲话

【召开辽宁省侨联九届二次全委会】3 月 22 日，辽宁省侨联在沈阳召开九届二次全委会。会议传达了中国侨联九届三次会议精神，审议通过《省侨联工作报告（审议稿）》和《关于动员广大归侨侨眷和海外侨胞为完成辽宁省国民经济和社会发展第十三个五年规划目标任务贡献力量的决议（审议稿）》。研究部署 2016 年重点工作。辽宁省政协副主席、省委统战部部长孙远良出席会议并发表讲话。省侨联党组书记、主席王朝霞，副主席胡平，兼职副主席王庆伟、白玮、张伟、董喜刚、柴学伟、荣伟东、林枝春、赵继红、景平等出席会议，省侨联委员、顾问、海外委员等共计 150 余人参加了会议。省政协副主席、省委统战部部长孙远良致辞时要求，全省各级侨联组织要抓住历史机遇，充分发挥桥梁纽带作用，大力开展招商引资、招贤引智工作，为实现新一轮老工业基地全面振兴作出更大贡献。

【召开辽宁省侨商会三届二次理事会】3 月 22 日，辽宁省侨商会三届二次理事会在沈阳召开。省侨联党组书记、主席王朝霞，省侨联副主席胡平，以及省侨联兼职副主席、侨商会理事、会员等 150 余人出席侨商会三届二次理事会。审议通过了《省侨商会 2016 年度工作报告（审议

3 月 22 日，辽宁省侨商会三届二次理事会在沈阳召开，省侨联党组书记、主席王朝霞（前排中），省侨联副主席胡平（前排右三），以及省侨联兼职副主席、侨商会理事、会员等 150 余人出席会议

稿）》。参会理事就进一步完善侨商会结构、发挥侨商会功能、增强侨商会活动等多方面问题进行了热烈讨论。随后，召开了省侨商会项目推介会。省市县区政府、招商部门相关负责人和经济学家分别就当前经济优势、发展前景及招商优惠政策等与侨商企业进行互动推介展示。省经济合作局副局长顾兆文向省内侨商详细介绍当前全省的经济形势和发展环境，以及在“一带一路”建设、“十三五”规划战略布局中为在辽侨商提供发展机遇与政策优势。省侨联特聘专家、省社会科学院副院长梁启东以《经济新常态与新一轮东北振兴》为题作讲座，对辽宁的经济形势和在经济新常态下新一轮东北振兴带来的新机遇进行了全面分析。有 10 余个项目在会后达成意向对接。2016 年，在北京召开的中国侨联第六届新侨创新创业成果交流暨联盟成立大会上，辽宁省 6 家侨资企业和个人荣获“中国侨界贡献奖”。辽宁省侨商会、沈阳市侨商会、辽阳市侨商会同时荣获中国侨界贡献奖暨全国先进侨商社会组织称号，成为全国 21 个获奖单位中唯一有三个商会获此奖项的省份。

【辽宁省侨商会与美国商会开展项目对接】 4 月 8 日，辽宁省侨商会在沈阳接待美国洛杉矶沈阳总商会考察团并举办项目对接会。省侨联党组书记、主席王朝霞，省侨联副主席胡平和省侨商会代表等 40 余人参加了项目对接活动。王朝霞会见了美国洛杉矶沈阳总商会会长朱俊英和皮克里韦拉市市长戴维·阿尔蒙塔等一行 10 人。双方就医疗、中小酒店、洛杉矶仓储、中华文化艺术中心餐饮等项目初步达成合作意向。此次项目对接会作为“2016 知名侨商辽宁行”系列活动的一部分，促进了辽宁侨商与洛杉矶等地的交流与合作，服务侨资企业结构调整和产业升级，为辽宁项目年建设发挥了侨界独特作用。

【开展侨企经营环境调研】 围绕推动辽宁省“一带一路”建设和经济产业转型升级，结合国侨办《关于开展侨资企业基本经营情况调研的通知》要求，全力助推侨胞创新创业发展，辽宁省侨联在全省开展了侨资企业基本经营情况调研活动，先后走访了沈阳、大连、鞍山、营口的 8 家侨资企业，开展座谈会 5 次，发放调查问卷 500 份，对全省侨资企业基本经营情况进行了调查摸底，并撰写了《破心中贼—提升辽宁省环境生产力策略》调研报告，得到省委书记李希和省长陈求发的批示和肯定，该报告同时上报中国侨商联合会。

【拓展海外工作】 5 月 23 日—6 月 1 日，辽宁省侨联主席王朝霞随省政协常务副主席刘国强率领的团组出访德国、美国和加拿大，安排议会

5 月 23 日—6 月 1 日，省侨联主席王朝霞（前排左一）随省政协友好代表团出访德美加，与美东华人社团签署友好社团协议，省政协常务副主席刘国强（后排左四）等领导助签

政府会见 4 次，经济技术交流 3 次，华人华侨代表联谊活动 3 次，实地考察企业 3 家，并代表辽宁侨商会与美国 3H 协会等 21 个华人社团和机构签署建立友好合作关系协议。省侨联全年共接待海外华侨华人团组 62 个近 1000 人，增聘海外顾问和委员 40 余人。

【辽宁省侨青会开展大讲堂活动】5 月 19 日，辽宁省侨联组织全省侨界青年在沈阳举办“论剑辽宁振兴发展 劲展侨界青年风采”大讲堂活动，省委统战部副部长、省工商联书记王东秀，省侨联主席王朝霞，副主席胡平，省政府发展研究中心副主任朱军，以及各市侨联主管领导、省侨商会、侨青会负责人和各界侨界青年共 150 余人参加了活动。长期从事政府决策咨询研究工作的省政府发展研究中心副主任、研究员朱军以《抢抓新一轮东北振兴发展机遇》为题作了讲座。辽宁新媒体联盟创始人任义、中嘉博众集团董事长匡永双、约学车互联网驾校 CEO 王晶、手心网总经理高远、英鹏国际投资有限公司总经理李鹏等辽宁优秀青年创业者代表在创业分享会现场与参会侨界青年面对面对众筹、人才培养、互联网等领域围绕辽宁经济发展，结合各自的实践，从不同角度充分发表了各自的见解。

【举办首届归侨专场交友相亲活动】5 月 19 日，辽宁省侨联和团省委联合举办“浪漫爱之约”辽沈地区首届归侨专场交友相亲活动。海归美女佳人、海创青年才俊和省内机关公务员等共计 170 余位单身人士参加活动。辽宁电视台著名主持人吴庆久、曹瑞来主持活动。省侨联还建立了单身联谊微信群，举办了小型交友相亲活动，邀请省侨联摄影家协会做讲座，通过年轻人喜闻乐见的交往方式，解决新侨回国生活问题，帮助新侨尽快适应环境，落地扎根，安心在辽创业发展。

【成立辽宁省侨界名媛会】3 月 7 日，辽宁省侨联举办辽宁侨界杰出女性“十三五”建言献策座谈会暨辽宁省侨界名媛会成立大会。省侨联党组书记、主席王朝霞和省侨商会、省侨界杰出女性代表等 60 余人参加了活动。辽宁省侨联主席王朝霞、副主席胡平为“辽宁省侨界名媛会”揭牌。辽宁省侨界名媛会将充分凝聚侨界杰出女性的智慧和力量，定期开展特色活动，发挥女性自信、能干、张扬、美丽的独特影响力，展示辽宁形象、传播女性声音，为辽宁老工业基地新一轮振兴发展贡献侨界女性智慧力量。涉及环保节能、文化交流方面的 7 个项目在会上达成合作意向。

【成立辽宁省高校侨联协作委员会】12 月 16 日，辽宁省侨联在沈阳化工大学举行辽宁省高校侨联协作委员会成立大会暨全省高校侨联工作座谈会。省侨联主席王朝霞，省高校工委委员花蕾，省侨联副主席、沈阳化工大学党委书记白玮参会并发表讲话。来自省侨联、省教育厅及 20 余所高校的校领导共计 40 余人参加了会议。会议由省侨联副巡视员刘卫东主持。省侨联副主席胡平宣读《省侨联关于成立辽宁省高校侨联协作委员会的决定》和第一届委员名单。审议通过了《辽宁省高校侨联协作委员会工作规则》。省侨联主席王朝霞和省高校工委委员花蕾为省高校侨联协作委员会揭牌。辽宁大学、东北大学、辽宁中医药大学、辽宁科技大学等高校领导还在座谈会上交流了高校侨联工作的心得，并为高校侨联发展建言献策。

12 月 16 日，辽宁省侨联在沈阳化工大学举行辽宁省高校侨联协作委员会成立大会暨全省高校侨联工作座谈会。省侨联主席王朝霞（右五），省高校工委委员花蕾（左五），省侨联副主席胡平（左四），省侨联副主席、沈阳化工大学党委书记白玮（右四），省侨联副巡视员刘卫东（右三）与来自省侨联、省教育厅及 20 余所高校的校领导合影

【举办庆祝建党 95 周年书法美术摄影作品展】 7 月 4 日—8 日，辽宁省侨联在新民主党派大楼一楼大厅举办了“侨心献给党”庆祝建党 95 周年书法美术摄影作品展。7 月 7 日，辽宁省政协副主席薛恒在省侨联主席王朝霞的陪同下观看了展厅百余幅书法美术摄影作品，省政协港澳台侨外委主任金东翔等领导应邀一同参观了展览。省侨联书法家协会会长赵洪星、省侨联美术家协会会长马光、省侨联摄影家协会会长陈秀庆等分别介绍了作品的创作过程。随后，侨界书法绘画大师们在大道艺术馆举行了笔会，现场挥毫泼墨创作国画、书法作品。薛恒参观展览和笔会后肯定了侨联工作，连连称赞省侨联文化艺术氛围浓厚。省侨联艺术家在“唱响同心曲 永远跟党走”全省高校纪念建党 95 周年专场音乐会的演出节目获一致好评。营口市侨联举办侨界庆祝建党 95 周年文艺汇演。

【承办“亲情中华·汉语桥”辽宁夏令营】 9 月 23 日—10 月 19 日，辽宁省侨联首次组织“亲情中华·汉语桥”夏令营辽宁营活动。此次夏令营由辽宁省侨联承办，东北财经大学、辽宁大学、沈阳师范学院协办，共开设 3 个班，营员有来自泰国 70 人、新西兰 16 人、韩国 10 人共 96 名学生和教师，通过在沈阳、大连学汉语、体验中国文化、参观人文景观，深切感受了中华文化的博大精深。活动安排了汉语听说强化课程、书法讲座、茶艺讲座、中国武术等中国文化体验课程以及企业参观、城市游览、中国家庭访问、中外学生交流等活动，帮助营员提高了汉语水平，更让他们感受到了

7 月 4 日—8 日，“侨心献给党”辽宁省侨联庆祝建党 95 周年书法美术摄影作品展在新民主党派大楼举办，辽宁省政协副主席薛恒（左九）出席活动

10 月 9 日，“亲情中华·汉语桥”夏令营在辽宁大学国际教育学院举行开营仪式，辽宁大学副校长徐平（左四）、省侨联副主席胡平（右四）等领导与来自泰国、韩国的 40 名华裔青少年合影

中国传统文化的无穷魅力。

【做好“中国华侨国际文化交流基地”认证工作】2016 年，辽宁省首家“中国华侨国际文化交流基地”在大连市神秘东方公园挂牌；沈阳故宫、兴城古城、抚顺新宾遗址 3 家单位完成申报，并被批准认定为“中国华侨国际文化交流基地”。

【开展扶贫帮困工作】辽宁省侨联持续开展“送温暖、献爱心”活动，落实精准扶贫项目 19 个，救助贫困归侨侨眷 676 人，累计救助款物总额达 200 余万元。根据中国侨联和省委、省政府关于“精准扶贫”工作部署，省侨联坚持把带动侨界贫困户增收作为产业精准扶贫的出发点和落脚点，引导侨界扶贫资金作为侨界贫困户入股资金，采取“侨联带动 + 侨企引领 + 贫侨户参与”的管理模式，最大限度地带动侨界贫困户稳定增收。在丹东市北林农业研究所建立了省侨联第一个“侨爱心精准扶贫基地”，用基地的收益作为“侨界扶贫基金”，此举已作为丹东市政府“庭园经济”落实扶贫工作的精准项目加以推广。

【做好侨界维权工作】辽宁省侨联积极做好涉侨信访工作，仅省侨联机关全年就接待处理侨界群众来电来访 120 人次，全省侨联系统累计受理信访信件 320 件，来电来访 656 人次，接待处理侨胞及侨联遗留来信、来访 200 余件，其中侨界群众反映的问题 80% 得到及时解决，受到归侨侨眷好评。成功承办中国侨联“法治中国·你我同行”侨界群众法治学习大连班，结合“七五”普法宣传工作，制定《辽宁省侨联关于在归侨侨眷中开展法治宣传教育第七个五年规划的实施方案》，引导侨界群众自觉学法、守法、用法。省侨联与省高法积极开展涉侨诉调对接工作，聘请了 10 名特邀调解员，协调处理各类涉侨企业权益民商案件，有力维护了侨胞的合法权益。

【提高参政议政水平】辽宁省各级侨联主动加强与党委政府及有关部门的沟通联系，积极推动增加列席政协会议的辽宁籍或在辽投资的侨商人数和省市政协海外委员中的归侨侨眷代表人数。推动涉侨提案议案的落实和参政议政工作成果转化，不断增强侨界建言献策能力和水平。2016 年，全省各级侨联共提交建议和提案 97 件，议案和建议受到有关部门的重视和采纳。

【举办 2016 辽宁省侨联系统干部培训班】9 月 7 日—8 日，辽宁省侨联承办的中国侨联“法治中国·你我同行”侨界群众法治学习活动暨

9 月 7 日—8 日，中国侨联“法治中国·你我同行”侨界群众法治学习活动在大连市举行，中国侨联法顾委主任、最高人民检察院原常务副检察长张耕（中），中国侨联副主席乔卫（右三），中国侨联权益保障部部长、中国侨联法顾委秘书长张岩（左三），辽宁省侨联主席王朝霞（右二），大连市委常委吴继华（左二）等出席开班仪式

2016辽宁省侨联系统干部培训班在大连市举行。中国侨联法顾委主任、最高人民检察院原常务副检察长张耕，中国侨联副主席乔卫，中国侨联权益保障部部长、中国侨联法顾委秘书长张岩，全国人大华侨委法案室原主任毛起雄，辽宁省侨联主席王朝霞，大连市委常委吴继华，辽宁省侨联副主席胡平，大连市侨联主席王大鸣，大连市委统战部副部长黄刚出席了开班仪式。培训期间，毛起雄以《加强侨务法治建设广泛团结海内外侨胞，为全面实施“十三五”而努力奋斗》为题作了专题讲座。辽宁省办公厅副巡视员尚伟作了《党政机关公文处理工作条例》专题讲座。中国侨联法顾委委员、中国律协劳动与社会保障法专业委员会主任王建平作了《经济改革新形势下的劳动法适用和发展趋势》专题讲座。

5月12日，辽宁省侨联主席王朝霞（左一）代表港、澳、台、侨界在全省统一战线凝心聚力“十三五”同心同行促振兴工作会议上作表态发言

【开展“两学一做”学习教育】辽宁省各级侨联组织以“两学一做”学习教育为契机，不断推进侨联自身建设。省侨联多次召开党组中心组学习研讨会，结合省委第九巡视组对辽宁省归国华侨联合会2012年以来各项工作开展的巡视，研究制定了《关于落实省委巡视组反馈意见的整改方案》，建立完善了《辽宁省归国华侨联合会党组工作守则》等5项相关规章制度，进一步提升了为侨服务的工作水平；全省各级侨联通过举行专题学习讨论、创新方式讲党课、召开党支部专题组织生活会、开展民主评议党员等活动，进一步增强广大侨联干部的政治意识、大局意识、核心意识、看齐意识，增强了为侨服务能力。

【沈阳市侨联组织建设有新突破】2016年9月，中共中央办公厅印发《中国侨联改革方案》，为学习贯彻和推进侨联改革工作，市侨联召开贯彻落实《中国侨联改革方案》座谈会暨沈阳市基层侨联主席联席会议，邀请省侨联和抚顺、辽阳、铁岭市侨联及部分基层侨联主席参加会议，会议认真学习《中国侨联改革方案》精神，对侨联改革寄予期望，对基层侨联发展中存在的实际问题提出了意见建议。市侨联赴重庆等侨联改革试点城市进行调研，学习侨联改革先进经验和做法，为谋划和推进我市侨联改革方案奠定基础。召开沈阳市侨联青年委员会第二次委员大会，省侨联、团省委和市委、市政府及市“五侨”部门、团市委等领导出席大会，大会选举产生150人组成的市侨青会新一届委员会，市侨联副主席赵凯当选为会长，聘请共青团市委副书记、市青联副主席马宁为名誉会长，圆满完成市侨青会换届工作。在全国

6月24日，省侨联党组书记、主席王朝霞（前排左一）带领机关全体党员在丹东凤城市大梨树村高大的“干”字碑下重温入党誓词。

侨商社会组织工作会议上，沈阳市侨商会荣获“全国先进侨商社会组织”称号。市侨联深入基层调研指导，开展区县（市）、高校侨联组织建设情况调查统计，与市中省直企业工委组成联合调研组，开展沈阳市中省直企业侨情调研，进一步推进基层侨联组织建设。成立了沈阳医学院侨联、鲁美学院侨联、辽沈工业集团侨联、和平区北市场街道大庆路社区侨联，完成法库县侨联换届工作。按照沈阳市政府工作部署和要求，沈阳市侨联与市政府地方志办公室联合编纂《沈阳华侨志》，市侨联高度重视，周密安排，全力编纂，继赴广东省汕头、潮州、梅州、揭阳等侨乡进行学习考察的基础上，又赴中国华侨华人历史研究所、中国华侨博物馆和兰州、昆明等市侨联、侨乡进行学习调研，借鉴中国侨联及侨乡城市侨联的华侨史编纂经验，组织召开“五侨”工作会议、归侨侨眷座谈会、编纂工作研讨会和走访老归侨、老侨务干部，广泛征集沈阳市侨史、侨情资料，整理、编写华侨华人、归侨侨眷、侨务机构、侨务工作、侨联组织、重点人物、侨务政策、大事记等8个专题史料，完成了56万余字和480张照片的志书工作，填补了沈阳市志的“华侨志”空白。在沈阳市委市政府的支持下，沈阳市侨联提出的《关于实施“侨界爱心工程”的建议》落实，2016年“侨爱心工程”专项经费10万元列入财政预算。市侨联建立关爱老侨、精准扶贫工作机制，开展老侨、特困归侨侨眷调查统计工作，确定重点帮扶改革开放以前回来定居的老归侨98人，每人每年补助600元，“低保”特困归侨家庭12户，每户每年扶助2000元，落实“侨爱心工程”的专项经费，把关爱老侨、扶贫助困工作落到实处，把党和政府的温暖送到每个老归侨和贫困归侨家庭，让沈阳振兴成果更多惠及侨界群众。

【大连市侨联为侨服务活动丰富多彩】为配合大连市加快实施新一轮对外开放部署，6月28日，大连市侨联承办了“实施‘一带一路’战略、助推金普新区创新发展论坛”。来自27个国家的300余名特聘专家、知名侨商、“一带一路”沿线国家外商代表、大连籍海外侨领、侨商出席本次活动。为飞机制造、金融投资、生物医药等诸多领域50多个海内外项目寻找合作伙伴，达成了30多个合作意向。大连市委常委、金普新区党工委书记、管委会主任张世坤，市政协副主席曲维，以及中国侨联副秘书长赵红英、省侨联主席王朝霞、中国侨商会秘书长安晨等领导出席峰会开幕式。在“首届大连侨商海外联盟峰会”活动中，来自20个国家的60名大连籍海外侨商及本市70多位侨商参加了峰会。首个海外大连商会在日本东京成立。组织了赴日考察活动，先后考察了日本知名企业，拜访了全日本华侨华人联合会。正式启动了“圆梦小镇”工作，搭建了壮大企业、扩大交流合作、服务大连经济、转型发展的新平台。开展32家侨企进行互访活动。先后在3个企业、4所高校建立了侨联组织，在普兰店市和庄河市分别召开了“侨之家”工作现场推动会，以“五有”标准推动“侨之家”工作。5月30日—6月3日，举办新侨代表人士培训班，以“发挥优势、争当先锋”为主题，在大连市委党校举办了华人华侨与“一带一路”研修班暨2016年新侨代表人士培训。举办了“赤子心·青春行”2016年大连市留学人员纪念“五四”徒步活动，成立了“沪深连侨界青年才俊联盟”。启动了“侨帮侨”活

6月28日，大连市侨联承办“实施‘一带一路’战略、助推金普新区创新发展论坛”，中国侨联副秘书长赵红英（左五）、省侨联主席王朝霞（左四）、中国侨商会秘书长安晨（右五）等相关领导共同出席峰会开幕式

动工程，制定了扶贫帮困实施方案，开展了老侨侨情普查工作。举办庆祝大连侨界弘侨义工站成立两周年暨义工晋星表彰大会，成立“大连市侨界弘侨义工站”，组建了39个弘侨义工站分站，吸纳弘侨义工846人，结常年帮扶对子51户，建立了8个慈善义工万元基金，分别慰问老侨360多人，与200多户侨界空巢老人结成对子。在全省率先构建了“服务中心—服务站—服务事务所”的为侨界群众法律援助体系。2016年度元旦、春节期间，多方筹集资金10余万元，对全市范围内的111户困难侨家庭进行了救助，帮助8人解决了劳动保障等民生问题。被中国侨联评为“维护侨益先进集体”。举办“成就绿色梦想、栽种爱国侨林”、“中国梦·侨界情”系列活动，举办了“纪念徐悲鸿大师诞辰120周年国内外画马大赛作品展”，与“五侨”开展了“侨聚新春”活动，组织侨界徒步大会。大连“神秘东方公园”被确定为“中国华侨国际文化交流基地”，于6月30日举行了热烈的授匾活动。

【丹东市侨联招商引资工作结硕果】丹东市侨联积极推介丹东的区位、政策、环境优势，广泛邀请海内外侨商来本市考察、投资兴业。全年完成招商项目认证2个，完成招商引资任务指标1.15亿元，实际到位资金5000万元，跟踪储备项目3个，圆满完成了市委市政府下达的招商任务。丹东市侨联积极探索侨界精准扶贫新模式，经过多次考察论证，最终确立在丹东北林经贸公司农业研究所基地，建立侨界精准扶贫基地。采取“合作社＋基地＋市场”的运作模式，选定市场前景良好的野生猕猴桃作为精准扶贫实施项目，让侨界扶贫资金入股合作社，企业投入资金、技术，代为管理经营，用基地的收益作为“侨界扶贫基金”，对侨界贫困户进行输血式帮助，确保完成侨界精准扶贫任务。此项工作得到辽宁省侨联的高度认可。11月22日，全省首个“辽宁省侨爱心精准扶贫（丹东）基地”在丹东揭牌。丹东市侨联按照全市驻村帮扶工作要求，定点帮扶丹东市宽甸满族自治县红石镇上蒿村，精准扶贫工作得到了上蒿村委会及村民的认可。开展走访慰问，为20户困难群众送去价值4000余元的米面油生活用品；协助完成危房改造贫困户申请资金，翻建新房3户，争取到资金9万元；积极协调相关部门，协助上蒿村申请到位资金420余万元，搞好乡村建设，其中协助上蒿村10组解决铺桥、修路资金52万元；协调解决上蒿村3组、7组两个村民组出行难问题，

11月22日，“辽宁省侨爱心精准扶贫（丹东）基地”在丹东揭牌

省级侨联工作

积极向上级部门争取，将这两个村民组的修桥项目纳入到“一事一议”范围，为这两个村民组各修一座桥；协助村里积极争取到土地整理项目资金 260 万元，用于上蒿村第 2、4、6、7 村民组修路、土地整理、河套修建；争取财政奖补资金 100 万元用于修建上蒿村广场。在全市范围内开展了“海归创新创业人员登记”活动。积极与丹东市人才办沟通、研究、协商，共同制定下发了《关于评选和设立丹东市留学归国人员创新创业示范点的实施意见》，与市人才办联合对为我市经济社会各项事业作出贡献的 9 名海外留学归国创新创业人员所创办的企业授予丹东市“归国留学人员创新创业示范点”。丹东市侨联在全市开展了“侨胞之家”创建活动，得到辽宁省侨联的认可。11 月末，“辽宁省县区侨联工作协作会议”在丹东召开，来自全省各市、县、区的侨联主席 60 多人到丹东市振安区东泰社区“侨胞之家”进行了现场观摩，许多基层侨联主席纷纷表示要组织当地侨联干部来学习交流。

【辽阳市侨联工作开创新局面】辽阳市侨商会顺利通过民政部门 5A 级社会组织评估验收，被中国侨联授予“全国先进侨商社会组织”称号。辽阳市侨联注重加强与海内外华人社团的联系。先后与 30 多个海外华人社团建立了友好关系，与 100 余名海外侨领保持长期密切联系。2 月，邀请美国阳光控股集团 CEO 曹宇女士等一行 6 人就中美合作评选“中国好学生”大赛活动，有效进行教育投资项目考察对接。6 月，参加北京证券集团在港开业庆典和首届大连侨商海外联盟峰会，积极与“一带一路”沿线国家外商进行洽谈，寻求项目合作。11 月，参加马中总商会在中国成都举行的“第六届马中企业家大会”。2 月 1 日，市侨联组织侨界人大代表、政协委员参加首期《电视问政》活动。针对“供暖不达标、高峰期交通拥堵、停车场乱收费”等问题进行问政，并对四个直管部门领导的现场解答进行了满意度测评。在市“两会”期间，市代表姜丽提出的关于制定《辽阳市烟花爆竹销售燃放管理条例》的议案被市人大列入 2017 年立法计划。市侨联提出的《关于全面提升我市美丽乡村建设水平的提案》、《关于我市大力发展“互联网 +”的提案》等集体提案得到了承办单位的重视，并制定了系列措施进行推进。市侨联多次组织侨商到广东、深圳等沿海地区的中国重点高新技术企业、互联网企业参观考察。10 月 17 日，邀请沙特阿拉伯 SBK 矿业有限公司总裁齐亚山先生一行来辽阳进行项目投资考察。与辽阳双锦农林种植有限公司达成了共同开发旭嘉三和科技农业产业基地的合作意向，与辽阳绿源新能源有限公司签订了太阳能光伏发电项目意向合作协议，与辽阳大型阀门厂签订了阀门向泰国、沙特阿拉伯出口销售合作协议。10 月 28 日，辽阳唐程光伏科技有限公司在辽阳县寒岭镇唐家村的光伏发电项目正式开工建设，这个项目是辽阳市侨联招商引资的一项成果。辽阳市侨联注重转变扶贫理念，为使太子河区王家镇前河洪村特困户张素兰、吴印超两家彻底脱贫，市侨联出资为这两户购买了 8 头猪崽，并承诺按时回购毛猪，帮助他们自食其力脱贫致富。同时，辽阳市侨联还坚持重大节假日走访慰问贫困归侨侨眷、连续开展“一对一”捐资助学活动，走访慰问贫困归侨侨眷 70 余户，捐资助学 20 多人，捐款捐物折合人民币计 20 余万元。辽阳市侨联的扶贫工作经验，得到了省侨联的充分认可，在全省县区侨联协作工作会议上，辽阳县侨联副主席马英代表辽阳市基层侨联作了题为《海外招商引资助推精准扶贫》的经验介绍，得到了与会领导及同仁们的一致认可，为全省侨联系统推进侨联组织和工作改革创新提供了新思路和新经验。

10 月 28 日，辽阳唐程寒岭镇唐家光伏发电项目举行开工奠基仪式

吉林省归国华侨联合会

【领导成员名单】

党组书记、主席：陈香林（女）

专职副主席：关　波（满族）

兼职副主席：孔　维　牛　利　张越杰

　　　　　　李　静（女）　董江宏

秘　书　长：关　波（满族，兼）

【综述】 2016年，吉林省侨联在吉林省委的领导和中国侨联的指导下，全面贯彻落实党的十八大及十八届三中、四中、五中、六中全会精神、习近平总书记系列重要讲话精神和吉林省委十届七次、八次会议精神，按照中央和省委关于加强和改进新形势下侨联工作的两个《意见》和中国侨联九届三次全委会部署，牢固树立为侨服务宗旨，紧紧围绕省委、省政府中心工作，恪尽职守，开拓创新，各方面工作取得了新业绩，呈现出新亮点。

【开展"两学一做"学习教育】 2016年，吉林省侨联党组把"两学一做"学习教育和学习贯彻十八届六中全会精神当作重大政治任务来抓。一是加强组织领导，建立学习教育长效机制。党组率先垂范，在严格落实"三会一课"基础上，坚持每周三政治学习制度，注重以党建带侨建，把学习与做好新形势下侨联工作紧密结合起来，务求"两不误、两促进"；二是把学习教育与侨联改革结合起来。召开主席扩大会议，传达贯彻中国侨联改革精神，凝聚共识，促进全省侨联组织立足职能任务，不断增强政治性、先进性和群众性，服务党和国家工作大局；三是创新形式，把"两学一做"知识竞赛与工会活动结合起来，寓教于乐，有效提高党员干部的思想政治素质；四是以"两学一做"为契机，强化机关建设。修订完善了《吉林省侨联机关工作制度汇编》，优化调整处室工作职责，促进机关工作的制度化、规范化和科学化建设。五是组织全省侨联44名党员干部参加"长征精神"教育活动，使党员们接受了一次深刻的党性锻炼。

【拓展海外工作】 2016年，吉林省侨联共组织三次出访活动。6月30日—7月9日，陈香林主席率领吉林省侨联代表团一行5人赴韩国、香港和泰国进行访问，拜访了20多个重要侨团侨社。在韩国，代表团与中国驻济州总领馆总领事冯春台就国内外侨情和涉侨问题进行探讨。拜会中国在韩侨民协会总会·韩华中国和平统一促进联合总会等。出席海外侨胞座谈交流会暨延边州侨联"海外联络处"授牌仪式。在泰国，代表团出席全球华侨华人促进中国和平统一大会。拜访泰国中国和平统一促进总会王志民会长、泰国中华总商会陈振治主席等。在香港，代表团拜访香港华侨华人总会李碧葱会长和梁淦基主席，会见吉林省侨联青委会委员。9月10日—17日，陈

7月8日，泰国中华总商会主席陈振治（中右）会见吉林省侨联主席陈香林（中左）一行

9月15日，陈香林主席（左五）出访美国期间代表吉林省侨联向世界越柬寮华人团体联合会永远名誉秘书长余建强（右六）赠送纪念品

省级侨联工作

香林主席率吉林省侨联代表团一行 4 人随中国侨商联合会代表团赴美国和墨西哥进行访问。代表团参加了第二届中美经济文化交流峰会，在圣地亚哥与华人工商界举办交流活动，拜访美国、墨西哥重要侨团、侨社，宣传吉林，考察省侨联拟聘请的海外顾问、委员和侨商会理事人选。代表团与世界越柬寮华人团体联合会就 2017 年拟在吉林省长春市共同举办世界越柬寮华人团体联合会第八届文化商务交流暨会员代表大会事宜进行磋商。在墨西哥蒂华纳市，代表团拜访墨西哥中国洪门民治党。12 月 12 日—22 日，副主席兼秘书长关波随吉林省涉侨部门海外交流代表团赴坦桑尼亚、博茨瓦纳和南非进行访问。拜访了 20 多个重要侨团、侨社，实地考察 15 家侨商华商企业，拜访中国驻博茨瓦纳大使馆和驻开普敦、驻约翰内斯堡总领馆，拜会坦桑尼亚桑哥巴尔共和国国务大臣。代表团广泛宣传吉林，邀请三国政要、工商、企业、金融界人士出席第十一届中国—东北亚博览会和第二届吉商大会，扩大吉林省侨务工作在海外的影响力。春节前夕，吉林省侨联向关注吉林发展的世界各地华人社团及侨领、侨胞发送电子贺信并开展“我为家乡父老贺新春”活动，征集到俄罗斯、埃及、美国、芬兰等 8 个国家 11 个侨团及 100 余名侨胞发来的视频在吉林电视台播出，进一步增进了海外侨胞与家乡的深厚情谊。2016 年，吉林省侨联邀请、接待海外华侨华人团组 42 个、419 人次，收集整理 254 项海外侨团、侨领和知名人士资料。在全省侨联系统征集重点招商引资项目 96 个，在吉林省侨联网站发布，为促进吉林引资引智起到积极推介作用。

吉林省侨联副主席兼秘书长关波（左三）出访期间与南部非洲东北商会座谈

【拓展新侨工作】 9 月 1 日，在中国侨联第六届新侨创新创业成果交流暨中国侨联新侨创新创业联盟成立大会上，吉林省王作斌、陈育新、张心明、马芳武 4 人获得中国侨界（创新人才）贡献奖；吉林省福斯匹克科技有限责任公司的 CMOS 图像传感器芯片产品研发与产业化成果获得中国侨界（创新成果）贡献奖；吉林大学功能仿生智能材料与技术研发团队、柏旭创新团队 2 个团队获得中国侨界（创新团队）贡献奖；长春孔辉汽车科技股份有限公司 1 家企业获得中国侨界（创新企业）贡献奖；吉林省侨联获得组织工作奖。吉林大学超分子结构与材料国家重点实验室、长春吉大天元化学技术股份有限公司、吉林大学移动平台探测工程技术中心、长春金赛药业有限责任公司 4 家单位（企业）入选中国侨联新侨创新创业联盟理事单位。10 月 26 日，长春吉大天元化学技术股份有限公司参加了在南京举办的中国侨联新侨创新创业成果展。

9 月 1 日，吉林省侨联主席陈香林（中）在中国侨联第六届新侨创新创业成果交流暨中国侨联新侨创新创业联盟成立大会上与吉林省获奖代表合影

【参政议政，维护侨益】吉林省侨联积极组织侨界人大代表、政协委员开展调研，认真履行参政议政职能。全国政协委员、吉林市侨联主席朱世增在全国政协会上，针对全民健康保障工作的提案受到高度重视，并交由国家卫计委办理。吉林省政协侨联界别常委杜剑、侨联界别委员韩大伟在省政协会议上分别作主题发言。2016 年，全省各级侨联共组织侨界代表、委员提出议案、提案、调研报告等 70 余件。吉林省侨联还积极加强侨法宣传，做好“七五”普法工作。制定下发了《吉林省侨联关于在归侨侨眷中开展法治宣传教育的第七个五年规划》；基层现场会期间印发近万份《保护法》宣传手册，提高侨界群众的普法意识和侨联干部依法办事、依法维权的能力水平。全省各级侨联在侨法宣传方面也做了大量工作，在全省范围内营造知侨、爱侨、护侨的良好氛围。在信访工作方面，全省各级侨联秉承“群众利益无小事”的观念，认真接待侨界来信来访群众 330 余人次，有效维护了社会和谐稳定。

【扶贫助困和侨爱心工程】1 月 28 日—31 日，中国侨联办公厅巡视员兼机关服务中心主任李洋一行 3 人来到吉林省延边州、长春市、吉林市走访慰问归侨侨眷。元旦、春节期间，吉林省侨联工作组分别到全省 9 个市（州）和两个扩权强县（市），深入 37 个县区的 71 户贫困归侨侨眷家中走访慰问；针对归侨侨眷贫困老党员和困难归侨家庭子女升学开展了专项救助。一年来，省侨联累计发放帮扶款 20 余万元，救助困难归侨侨眷家庭 192 户，惠及侨界群众 500 多人。在吉林省延边州遭受“狮子山”台风灾害后，省侨联及

春节前夕，吉林省侨联主席陈香林（右一）和副主席兼秘书长关波（左一）走访慰问白山市朝鲜归侨刘桂芝

时与中国侨商会和省侨商会联系，为延边州协调 25 万元救灾捐款，并组成工作组赴延边州 4 市走访受灾侨界群众。吉林省侨联针对落户本省的侨爱心学校开展专题调研，走访 7 个市州的 10 所侨爱心小学和 4 个珍珠班调查了解情况并形成调研报告，为进一步做好侨爱心工程服务工作奠定基础。高考期间，吉林省侨联还联系组织省侨联青委会、凤凰吉林、长春市宽城区侨联共同开展“心系高考 · 共筑爱心‘侨’梁”志愿服务活动。

【脱贫攻坚工作】2016 年初，吉林省侨联领导多次带队深入对口帮扶对象—白山市长白县宝泉山镇老局所村摸底调研，研究谋划脱贫路径，最终明确光伏扶贫的工作思路。在吉林省侨联的号召下，省侨联青委会副会长、海归协会副会长、侨商会副会长、一明（上海）投资发展有限公司总裁刘洪铭决定为该村捐建一座光伏电站。该电站总投资 130 万元，可连续工作 25 年，每年收益 13 万元，全部用于老局所村的扶贫和基础设施改造建设。电站 7 月末竣工，10 月 28 日正式并

10 月 28 日，吉林省侨联在老局所村举行精准扶贫光伏电站捐赠仪式

网发电。在电站并网暨捐赠仪式上，吉林省侨联主席陈香林、白山市委书记张志军共同为光伏电站揭牌。刘洪铭先生代表一明公司向长白县政府捐赠20万元助学资金，且承诺连续捐赠10年，帮助老局所村和全县归侨侨眷因学致贫的家庭，改善孩子们的生活和学习条件。

【加强组织建设】3月，吉林省侨联成立的省侨联关心下一代工作委员会，被省关工委、省精神文明办联合授予“吉林省关心下一代工作先进集体”荣誉称号。吉林省侨联青委会组织机构不断健全，各项活动日益活跃。省侨联青委会海归协会已经吸纳青年海归人才近500人，分别成立了英国、北美、日韩等国别委员会和金融、摄影、教育等行业分会，省内成立了长春分会、延吉分会及赵泰隆篮球俱乐部。各分会经常组织开展文化交流活动，建立了海归产业生态圈，为吉林省归国留学人员搭建创新创业交流平台。吉林省侨商联合会也不断建立健全组织机构、管理制度，创建了微信公众号。11月中旬，吉林省侨商会“侨商之家”在长春成立。在吉林省侨联各项大型活动和工作中，省侨商会、省侨联青委会及海归协会均发挥重要作用，展现出组织活力。

【召开吉林省侨联聘请海外（港澳）顾问、委员暨吉林省侨商联合会第二届会员大会】9月23日，吉林省侨联聘请海外（港澳）顾问、委员暨吉林省侨商联合会第二届会员大会在长春召开。来自世界33个国家和地区的120余位海外（港澳）顾问、委员和海外嘉宾、新一届省侨商会会员等共计260余人出席会议。省委书记巴音朝鲁会见部分海外嘉宾代表。全国政协常委、中国侨联顾问、中国侨联第八届委员会副主席王永乐，省委常委、省委统战部部长姜治莹出席大会并致辞。会议聘请王寿松等41名吉林省侨联海外（港澳）顾问，聘请于明杰等62名吉林省侨联海外（港澳）委员；选举安发长白山生物科技有限公司董事长高炜为吉林省侨商联合会会长，吸纳了91名侨商会会员。会议聘请刘艺良、郭泰诚、王学利、熊德龙为吉林省侨商联合会荣誉会长。与会领导还为荣获中国侨界贡献奖的创新人才、创新成果、创新企业代表，中国新侨创新创业联盟理事单位及荣获全国优秀侨商

9月23日，吉林省侨联聘请海外顾问、委员暨吉林省侨商联合会第二届会员大会在长春召开

9月23日，吉林省委书记巴音朝鲁（中间右二）会见与会部分嘉宾

社会组织称号的代表颁发证书。会后，吉林省侨联举办“海外侨胞故乡行—走进吉林”活动，组织与会海外嘉宾参加延边州敦化市、珲春市项目推介会。

【召开吉林省侨联六届三次全委会暨青委会二届二次全委会】12 月 27 日，吉林省侨联六届三次全委会暨省侨联青年委员会二届二次全委会在长春召开。吉林省侨联委员、基层侨联专职干部、青委会委员、侨商会和青委会海归协会主要领导、海外嘉宾等 170 余人参加会议。吉林省委常委、省委统战部部长姜治莹出席会议并讲话。会议审议通过陈香林主席所作的《吉林省侨联 2016 年工作报告》，对全省侨联 2017 年工作进行部署。大会对 2016 年全省侨联系统先进集体和先进个人进行表彰，授予长春市侨联等 5 个单位全省侨联系统先进集体荣誉称号；授予吉林大学侨联等 5 个单位全省侨联工作组织贡献奖荣誉称号；授予辽源市侨联等 4 个单位全省侨联信息工作先进单位荣誉称号；授予通化市柳河县侨联等 14 个单位全省侨联系统基层工作先进集体荣誉称号。授予通化市侨联张岩等 8 名同志为 2016 年全省侨联系统优秀通讯员荣誉称号；授予王廷双等 3 名同志的作品为《吉林侨联》优秀作品奖。经过选举，会议增补丁建国等 4 人为吉林省侨联委员，增补李晓丹为吉林省侨联常委。经省侨联主席办公会研究决定，增补马镝、刘洪铭、李向明为省侨联青委会副会长。会后，吉林省侨联组织与会部分省侨联青委会海外委员、海外嘉宾和省侨商会会员赴长白县开展经贸考察活动。长白县委、县政府举行了经贸推介会和座谈交流会。吉林省侨联党组书记、主席陈香林，长白县委、县政府主要领导出席相关活动。

【助力首届全球吉商大会】7 月 27 日—29 日，2016 首届全球吉商大会在长春市成功举办。作为组委会成员单位，吉林省侨联邀请到香港胜记仓集团董事局主席、中国侨商联合会常务副会长郭泰诚先生，天津德利得集团董事长、中国侨资企业协会副会长王学利先生等 40 余位来自 13 个国家和地区的海外华商、侨商参会，并策划举办“海外华商吉林行”活动，搭建海外华商与吉林交流合作的平台。中国侨联副主席李卓彬、中国侨商联合会副会长兼秘书长安晨一行出席大会。李

7 月 28 日，中国侨联副主席李卓彬（左五）、中国侨商会副会长兼秘书长安晨（右五）、中国侨商会副会长、香港胜记仓集团董事局主席郭泰诚（左四）出席海外华商吉林行活动

12 月 27 日，吉林省侨联六届三次全委会议暨省侨联青委会二届二次全委会议在长春召开

省级侨联工作

卓彬副主席和海外嘉宾出席了吉商大会欢迎晚宴和开幕式，受到省委书记巴音朝鲁，省长蒋超良，省委常委、省委统战部部长姜治莹等领导的亲切会见。会议期间，李卓彬副主席考察吉林省新侨企业，为吉林省侨联青委会“海归之家”揭牌，并赴珲春市对基层侨联工作开展情况和侨企发展情况进行调研。经吉林省侨联推荐，4 位吉林籍华商被组委会聘为吉商联合会常务副主席，3 位被聘为吉商联合会副主席。吉林省侨联还协调 6 位（次）吉商和海外华商，通过现场采访和视频连线方式，分别接受《人民日报》(海外版)、《吉林日报》、吉林电视台、吉林广播电台和中国吉林网的专访。以此次吉商大会为契机，吉林省侨联协调相关市（州）侨联和当地政府，组织与会华商举办“海外华商吉林行”联谊交流会。会上，四平市、辽源市、公主岭市和长春市宽城区相关领导分别就各自的资源、产业和政策优势进行推介。与会代表还应邀出席长春市委、市政府举办的交流活动和赴白山市抚松县的考察活动，吉林省委常委、长春市委书记王君正和白山市委书记张志军分别会见代表团。

【开展“亲情中华·走进吉林”活动】正月十五、十六，中国侨联、吉林省侨联分别和延边州政府、珲春市政府在延边州阿里郎剧场、珲春华春饭店联合举办“亲情中华·欢聚延边”、“亲情中华·欢聚珲春”慰问演出。中国侨联顾问唐闻生、中国侨联文化交流部部长刘奇、吉林省侨联副主席兼秘书长关波出席两地活动。在“亲情中华·欢聚延边”活动中，延边州人大主任车光铁、延边州委常委、政法委书记康芳、延边州人大常委会副主任纪凯奇、延边州政府副州长谷金生与 1000 余名归侨侨眷观看演出。在“亲情中华·欢聚珲春”活动中，珲春市委、市人大、市政协领导与珲春市归侨侨眷、海外侨胞 700 余人观看了演出，提升了侨联组织的影响力和凝聚力，激发了海内外侨胞的爱国爱乡热情。

【召开基层工作现场会并举办健康大讲堂及义诊活动】6 月 25 日，吉林省侨联基层工作现场会在通化市东昌区江南社区召开。吉林省侨联常委及与会代表 80 余人参加了会议。会议期间，启动了“侨胞之家”创建活动，下发了《吉林省侨联关于开展“侨胞之家”创建活动的实施方案》，授予通化市二道江区鸭园镇侨联工作站为全省第一个“侨胞之家”标兵单位，同时授予通化市东昌区民强社区侨联工作站、柳河县河北社区侨联为“侨胞之家”红旗单位，授予通化市东昌区江

2 月 23 日，中国侨联、吉林省侨联、珲春市领导与全体演员合影

6 月 24 日，吉林省侨联主席陈香林（左）、柳河县代县长庄亚男为荣获侨胞之家红旗单位的柳河县河北社区侨联工作站揭牌

6 月 24 日，吉林省侨联在通化市柳河县河北社区侨胞之家开展送健康到侨乡健康知识大讲堂和义诊活动

南社区“侨胞之家”，使全省各级侨联看有学习榜样，学有身边典型，极大激发了各级侨联的创建工作热情。通化市侨联等 7 家单位在会上作典型发言。与会人员还先后考察了柳河县河北社区等 3 家社区侨联组织“侨胞之家”建设情况，组织开展了侨法宣传和健康知识大讲堂活动，吉林省侨联常委、吉大一院崔有斌教授为侨界群众讲授保健知识，并进行义诊。

【举办归侨侨眷青少年“亲情中华 · 文化之旅”夏令营】 8 月 4 日—9 日，吉林省侨联在长春市、吉林市等地举办 2016 归侨侨眷青少年“亲情中华 · 文化之旅”夏令营，55 名归侨侨眷青少年学生及各地领队等近 70 人参加了活动。陈香林主席、关波副主席出席开营仪式。夏令营期间，营员们参加了音乐课、舞蹈课、国学大讲堂，学习了中国书法、动画制作、剪纸和侨务知识。在吉林省委党校长白山分校—东北抗联干部学院，营员们参观东北抗联党性教育事迹馆，重走抗联路。营员们还参观了长影世纪城、东北师范大学净月校区、自然博物馆、吉林丰满水电站、吉林市劳工纪念馆、吉林龙潭山、长白山西景区等地，亲身感受吉林风光，学习历史文化，开阔视野，深受教益。

【培树典型和干部培训工作】 经吉林省侨联

8 月 5 日，2016 吉林省归侨侨眷青少年“亲情中华 · 文化之旅”夏令营开营仪式在长影世纪城门前举行

5 月 13 日，吉林省侨联归侨侨眷代表人士培训班结业合影

推荐，通化市二道江区鸭园镇侨联工作站义务工作者、归侨张明荣荣获 2016 吉林省吉林好人标兵称号；凤凰卫视驻东北首席记者、中国侨联青委会委员、吉林省侨联青委会副会长史一博被团省委、省青联评为“吉林省杰出青年”。以先进促工作，以典型促提高，全省侨界形成弘扬主旋律、传播正能量，积极学先进、赶先进，崇德向善的良好氛围。为不断提高侨联干部队伍建设，2016 年吉林省侨联共举办 4 次干部培训活动。5 月 9 日—13 日，吉林省侨联在省社会主义学院举办由 70 人参加的 2016 年吉林省侨联归侨侨眷青年代表人士培训班；8 月 16 日—19 日，组织全省 30 名侨联干部参加了中国侨联在贵州举办的“法治中国 · 你我同行”侨界群众法治学习活动；11 月 17 日—24 日，吉林省侨联在中国侨联干部培训基地—广东省江门市五邑大学举办由 30 名侨联干部参加的吉林省侨联系统干部培训班；11 月 20 日—30 日，省侨联派 3 名侨联干部参加中国侨联第 4 期青年干部培训班。

【长春市侨联开展多项活动推动侨联工作】 一是承办国务院侨办、长春市政府举办的第 26 期华侨华人专业人士回国创业研习班，邀请来自 12 个国家和地区的 60 余位海外华侨华人专业人士来长春参加活动，并举办创业分享会。中国工程院院士姜会林教授，国家纳米操纵与制造技术国际联合研究中心主任王作斌教授介绍回国创业体会，并和与会人员就人工智能、生物医药等领域的基础研究、团队建设、未来规划、交流合作等问题进行互动交流。研习班期间，长春市侨联还与延边州侨联共同举办第二届华侨华人专业人士 · 延边行活动，实现侨联系统资源共享，并组织参会人员向灾区捐款近 7 万元。二是以多种形式宣传侨联，扩大社会影响力。9 月，长春市侨联主办、朝阳区侨联承办第二届“亲情中华—侨联杯”乒乓球比赛，9 个基层侨联代表队的 30 余名选手参加比赛。11 月，长春市侨联主办，宽城区侨联、雪立方羽毛球中心承办“爱我中华—侨联杯”羽毛球赛，9 个基层侨联代表队近百名选手参加比赛。三是联合绿园区侨联在绿园区青年街道银融社区举办“话中秋 · 迎国庆”文艺联欢会，组织邀请归侨侨眷、侨务工作者及回乡探亲侨胞 60 余人欢聚一堂，共庆佳节。四是配合全市解放思想大讨论，推动基层侨联工作创新发展。5 月份开展《侨联工作课题调研》活动，结合工作实际提出 8 个调研题目，要求每个基层侨联组织完成 1 个调研题目，形成调研报告，并于 10 月份召开侨联工作课题调研工作研讨会。五是帮助南关区侨联开展侨情调查，对南关区各街道、乡镇统战员进行侨务工作基础知识培训，对调查进行具体指导。六是在 11 月份组织基层侨联主席、县区统战部门负责侨联工作的领导和侨联工作骨干近 40 人赴泉州华侨大学进行业务培训。七是长春市侨联 12 月份主办、一汽侨联承办侨法知识培训暨侨法知识竞赛活动。

【吉林市侨联在海内外联谊上求新求实】一是开阔眼界，借鉴提高。3月23日—28日，吉林市侨联副主席辛志成带领各县（市）区相关人员一行10人赴海南省海口市、文昌市、琼海市进行学习考察，学习先进经验和好的做法，回来后进行总结并形成考察报告下发，供基层侨联学习借鉴。12月5日—12日，吉林市侨联代表团出访日本、韩国，筹建吉林市日本同乡会和吉林市韩国同乡会并参加日本、韩国同乡会友好社团签约联谊活动。二是牵线搭桥，引资引智。2016年，吉林市侨联接待回乡探亲访友的侨胞侨眷50余人次，通过亲情式和人性化服务，引导他们参与吉林市经济建设和社会服务。吉林市侨联积极引导市侨商会为地方经济发展献计出力。市侨联和侨商会多次到高新区与相关主要领导就成立华侨创业园一事进行沟通协调，先期将动漫制作（《萨哈连船王记》120集）和电子废弃物循环利用两个项目投到高新区。项目在前期筹划运作中，预计总投资额近3亿元。市侨商会还与日本归侨周敏（眼科博士）积极筹划成立眼科医院，项目总投资额5000万元，前期筹划和选址工作已基本完毕。三是开展活动，增进情谊。2月2日，吉林市侨联组织归侨侨眷代表和旅居海外回家过年的侨胞200多人，举办“亲情中华·侨系江城”海外侨胞归侨侨眷迎新春大型联谊会，所有节目都由吉林市侨界群众提供免费公益演出。演出前，吉林市侨联组织艺术家委员会书画界委员40多人走进平安家园社区，为社区居民现场写春联、画年画。中秋节前夕，吉林市侨联举办海外侨胞“情系江城·圆梦中秋”联谊会，海外侨胞和留学生们纷纷表示，一定为吉林市的对外交流与合作发挥积极作用，为吉林市新一轮振兴发展作出贡献。

【延边州侨联为侨服务有新成效】2016年8月，延边州受台风“狮子山”影响，部分地区遭受严重洪灾。为使灾区群众尽快摆脱困境，渡过难关，延边州侨联立即行动，向侨界和海外侨胞发出《倡议书》，号召广大侨胞踊跃为灾区群众捐款捐物。同时，向中国侨商联合会发函，通报灾情，得到中国侨商联合会为灾区人民捐款20万元。同时，吉林省侨联主席陈香林到受灾最严重的灾区慰问侨胞，并送去慰问金。参加第二届海外华侨华人专业人士·延边行活动的全体海外来宾和州侨联第五届委员会委员们也纷纷解囊，献出爱心，州侨联共收到捐款223850元和10000美元。7月21日，延边州委、州政府组织开展的首届延边州“双创周”活动期间，州侨联主办首场“返乡汇·新思潮”主题论坛，组织350多名归侨侨眷和新侨参加论坛，六家侨属企业参展。邀请到三位中国侨联特聘专家组成员和海外创业成功人士作为论坛嘉宾，省侨联主席陈香林参加活动并致辞。作为第十一届“图洽会”成员单位，州侨联向国内外侨商100多人发出邀请。8月26日，邀请到在韩延边同乡联合会考察团和日本客商参加第十一届中国延吉·图们江地区国际投资贸易洽谈会，并组织来宾到珲春市、和龙市考察侨属企业。9月8日—11日，延边州侨联和长春市侨联、市外办共同主办第二届华侨华人专业人士·延边行活动，共邀请到来自16个国家和地区的50多位新华侨华人专业人士到延边州考察。9月24日—25日，延边州侨联承办省侨联海外顾问委员·延边行活动，敦化市和珲春市市委、市政府分别举办项目推介会，扩大对外合作交流，拓宽招商引资渠道。此外，围绕侨界助新侨返乡创业活动，延边州侨联及时为新侨回乡创业提供项目信息服务，已有多名新侨有意愿回乡发展。

【通化市侨联完成换届工作】6月24日，通化市第七次归侨侨眷代表大会在通化市召开。吉林省侨联党组书记、主席陈香林，通化市委副书记、组织部部长张宝宗出席会议并讲话。会议听取并审议通化市侨联第六届委员会的工作报告；表彰全市侨联工作先进集体、先进单位和先进个人；选举产生通化市侨联第七届委员会。于春燕当选为通化市侨联第七届委员会主席；于锡钢、唐宏、宁峰当选为通化市侨联第七届委员会副主席；张岩当选为通化市侨联第七届委员会秘书长；聘请邓济宽、王滋坤、刘凤祯、沈显顺为名誉主席。通化市侨联注重发挥侨界人大代表、政协委员的作用，深入调查研究，了解侨情民意。2016年，积极组织撰写提案、议案、社情民意27件，其中《关于推进公共文化服务均等化、标准化的建议》被评为优秀提案。6月，参加通化市政协组织的居家养老服务情况专题调研。调研组先后来到东昌区建和社区、新站社区卫生服务中心等地，与社区老人及工作人员面对面交流，了解老人的生活起居、娱乐保健等情况。8月，于春燕主席专程赴市公安局出入境管理局开展侨情调研。10月，到民主警银治安岗亭、东昌公安分局民主派出所“五室两中心”、“互联网＋公安”体验馆等单位进行实地调研。通化市侨联还就《关于打造通化市红色旅游精品项目的建议》进行跟踪调研，实地考察靖宇陵园，并就如何更好地开展通化市红色旅游提出建设性意见。侨联界别委员组被通化市政协评选为优秀委员活动组，于春燕主席被评为通化市政协优秀政协委员。

【白山市侨联重视干部队伍建设】白山市侨联进一步加强干部队伍建设，不断提升侨联干部的党性修养和综合素质。一是积极开展“两学一做”学习教育活动，组织党员参加党支部组织的集中学习并主动开展自学，利用“党员小书包”、“长白山先锋”等学习平台，读原文、学原著、悟原理，带着问题学，尽量补齐短板。二是进一步落实“素质提升工程”各项工作任务，不断转变干部职工的思想观念，克服不利因素，变要我学为我要学，通过素质提升推动各项工作的提高。从第二季度开始，每季度安排1名科级以上干部开展一次“大讲堂”活动，使领导干部通过科学选题、认真备课，提高自身综合素质，带动形成比学习的良好氛围。三是通过对6个县（市、区）侨联工作开展专题调研，进一步了解基层侨联工作状况和工作对象的意见建议，得到推动侨联工作和做好换届工作所需第一手资料，使侨联干部的群众观念得到强化，为基层做好服务的意识得到加强。四是组织侨联委员和机关干部学习中央和省委有关会议精神、《中国侨联章程》、中央《关于加强和改进新形势下侨联工作的意见》及吉林省《实施意见》，进一步了解中央和省委对侨联工作的定位和重点工作任务，明确今后工作的努力方向。五是修订完善各项工作制度，用制度管人管事，改进机关工作作风，提高办事效率，克服“慵懒散”现象，推动侨联工作有序开展。白山市归侨侨眷大部分散居在农村、林区和矿区，生活困难需要进行帮扶的任务很重，各级侨联组织一直把困难归侨侨眷扶贫救困工作作为重点工作来抓。春节前筹集3万元资金，走访近50户归侨侨眷；3月份到基层调研时对7位老侨联干部、老归侨进行走访慰问；各级侨联干部广泛联系归侨侨眷，通过帮助他们春耕、购买化肥、筹集医药费等开展多种形式的帮扶；“七一”前走访慰问20位归侨老党员、困难户，把党和政府的温暖送到归侨侨眷家中。

黑龙江省归国华侨联合会

【领导成员名单】

党组书记、主席：迟国强

专职副主席：曹明龙

兼职副主席：冯　燕（女）　蒋贤云　杨世民　孙柏涛　刘　英（女）　刘国超（2016年2月卸免）　陈佐东　孟宪奎　尚　宇

【综述】2016年，黑龙江省侨联在省委、省政府的坚强领导和中国侨联的关怀指导下，认真贯彻党的十八届六中全会精神和习近平总书记系列重要讲话精神，紧紧围绕黑龙江省“四个全面”战略布局和“龙江丝路带”建设，坚持党的领导，坚持服务宗旨，坚持面向基层，引导侨界群众深刻认识侨联事业发展的新变化、新机遇、新挑战，着力改革创新，发挥侨的优势，充分调动侨界群众的积极性，为推动黑龙江振兴发展作出了新贡献。

【开展“两学一做”学习教育】2016年4月以来，特别是党的十八届六中全会召开以后，黑龙江省侨联按照省委统一部署，通过认真学习党章党规、学习习近平总书记系列重要讲话、深入开展谈心活动、召开组织生活会等方式扎实开展“两学一做”学习教育，认真查摆突出问题，提出整改措施，制定长效机制，推动侨联工作深入开展。第一，认真“学”。省侨联党组多次组织中心组学习，参加省委专题学习会议和辅导讲座。党组成员带头讲党课，带头以普通党员身份参加党支部组织生活会。省侨联全体党员严格按照“三会一课”要求，遵守学习制度，完成了学习任务。通过组织党员参加“百万党员答题活动”、“两学一做”征文、收看重大活动直播等系列活动帮助党员干部提高党性修养，补足理想信念的精神之钙、夯实团结奋斗的目标之基。第二，踏实“做”。省侨联党支部引导党员干部争做“四讲四有”党员，争做在党言党、在党忧党、在党为党的党员，争做严格要求自己、严守政治纪律、严遵政治规矩的党员，把学习成果转化为工作成果；省侨联举办庆祝建党95周年诗歌会，省高校侨联宣统部长、高校侨联会理事、省侨青会部分委员及机关干部130余人以朗诵形式讴歌中国共产党95年的光辉业绩，抒发对党的无限热爱之情。

6月25日，黑龙江省侨联举办庆祝建党95周年诗歌会

【贯彻落实《中国侨联改革方案》】自《中国侨联改革方案》印发以来，黑龙江省侨联在省委的坚强领导和中国侨联的正确指导下，认真贯彻党的群团工作会议精神，研究谋划黑龙江省侨联改革。第一，省侨联组织侨联干部深入学习《中国侨联改革方案》，深刻领会中央和省委党的群团工作会议精神，把握群团改革核心要义，凝聚侨联深化改革共识。第二，省侨联坚持问题导向，通过调研、座谈等方式了解基层侨联组织的工作状况和现实困难，广泛听取归侨侨眷、

4月27日，黑龙江省侨联召开“两学一做”学习教育动员会

海外侨胞和基层侨联工作者的意见建议；认真查摆侨联工作存在的突出问题。第三，起草黑龙江省侨联改革方案。在省侨联党组领导下，成立改革领导小组，组织专门力量赴重庆、上海吸收借鉴试点经验，参考共青团、妇联、工会改革方案，经反复论证和修改完善，形成《黑龙江省侨联改革方案（送审稿）》。

【凝聚侨智 服务经济发展】第一，9月1日，在北京召开的中国侨联第六届新侨创新创业成果交流暨中国侨联新侨创新创业联盟成立大会上，由黑龙江省侨联推荐的中国工程院院士闻雪友、哈尔滨工业大学理学院院长高会军、中国地震局工程力学研究所研究员胡进军、哈尔滨医大一院教授刘连新4人获得“中国侨界创新人才奖”，哈尔滨医科大学董德利教授的“骨成型蛋白-4在病理性心肌肥厚中的作用”获得“中国侨界创新成果奖”，省侨联常委孙建斌的“创新梦想团队”及哈尔滨医大二院原慧萍教授的“常见眼病的基础研究和防治策略”获得“中国侨界创新团队奖”。省侨联获得“优秀组织工作奖”。第二，10月26日，中国侨联新侨创新创业成果展在南京举行，黑龙江省侨联组织黑龙江彩格工业设计有限公司、哈尔滨九洲电气股份有限公司等6家新侨企业参展，集中展现了黑龙江省新侨在创新创业中取得的丰硕成果和勇于开拓探索的创业精神。第三，黑龙江省侨联授予虎峰岭林场、黑龙江佳卓教育集团、黑龙江彩格工业设计有限公司、方正县华侨工业园等为“新侨创新创业基地”，为新侨发展搭建平台。省侨联组织省内知名企业参加在大连召开的“实施‘一带一路’战略，助推金普新区创新发展暨首届大连侨商海外联盟峰会”，帮助省内侨资企业寻找发展新机遇。第四，省侨联指导各市地侨联采取入企调研、座谈征求意见等方式，了解企业经营现状，为侨企发展献计献策。齐齐哈尔、绥化、七台河等市地侨联围绕国家和地方发展战略，通过深入企业调研，找出企业存在的投资融资难、创造力不足、劳动力短缺等问题，并提出有针对性的建议。

6月25日，黑龙江省侨联主席迟国强（左一）、副主席曹明龙（右二）为虎峰岭林场揭牌

9月1日，在中国侨联第六届新侨创新创业成果交流暨中国侨联新侨创新创业联盟成立大会上，黑龙江省侨联受表彰的代表合影留念

【传播优秀文化 加强海外联谊】第一，接待侨领侨社团来访。黑龙江省侨联加强与海外侨社团及新侨代表的联谊工作，先后接待美国旧金山硅谷东北商会、加拿大黑龙江龙商总会、澳大利亚东北联合会暨总商会等多个侨社团，以及美国东北海外联谊会会长曲晓清女士、南部非洲东北商会会长张延清等10余位海外侨领来访。第二，通过信函加强联系。省侨联通过信函、电子邮件等方式与海外侨胞及侨社团联络感情，深化友谊。在中秋、春节等传统节日向海外侨胞发送

4 月 28 日，黑龙江省侨联主席迟国强（左四）、副主席曹明龙（右四）会见加拿大黑龙江龙商总会会长黄屏（左五）

电子邮件 100 余封，向旅荷华侨总会、南部非洲中国企业家协会等侨社团发送贺信贺电近 20 件。

【以侨为本　为侨服务】第一，开展帮扶贫困归侨侨眷活动。2016 年，黑龙江省侨联累计发放慰问金 30 余万元，走访慰问贫困归侨侨眷 3000 余户。各市地侨联结合实际开展扶贫工作。哈尔滨市侨联开展“百企帮百村助力精准扶贫”行动。齐齐哈尔市侨联开展下乡义诊送医送药活动，为富路镇 200 多位居民进行义诊，并向富路镇中心卫生院赠送价值 3000 余元的各类药品。大兴安岭侨联深入开展“四季四送”“送温暖，献爱心”活动。安达市侨联开展“迎国庆・送温暖・送健康”—归侨免费体检活动，为 43 名归侨老人免费体检。第二，加强侨胞之家建设。哈尔滨、安达等市地侨联创建社区侨胞之家，义务为当地归侨侨眷提供法律维权、帮扶助困、活动健身、音乐娱乐、医疗保健、联谊交流、学习培训、读书上网、心理辅导等服务。第三，开展法律宣传和维权工作。黑河市侨联加强法律维权队伍建设，成立法律顾问委员会。齐齐哈尔市侨联通过设置宣传点印发《侨法宣传手册》《保护法》及《黑龙江省实施〈保护法〉办法》500 余份。七台河市侨联组织法顾委委员开展法律宣传进社区活动，利用“侨胞之家”平台宣传《中华人民共和国归侨侨眷权益保护法》，为居民进行相关法律咨询。

1 月 3 日，黑龙江省侨联主席迟国强（左二）、副主席曹明龙（右一）慰问归侨侨眷

【加强信息建设】黑龙江省侨联围绕“互联网 + 智慧侨联”，进一步加强侨联系统信息化建设。第一，加强网络信息平台应用。全省 13 个市地侨联均开通了官方网站，推广“侨联通”平台应用等。第二，加强期刊和信息建设，不断扩大侨联社会影响力。2016 年出版《黑龙江侨联》期刊 3 期，刊载 30 余万字。省侨联网站登载信息 400 余条。80 余篇信息在中国侨联网、《中国侨联工作》、新华网、人民网、东北网、龙江统一战线网等媒体刊载。省侨联获“全省统战信息工作先进集体”称号。

【组织参加第十七届世界华人学生作文大赛】2016 年，黑龙江省侨联向 13 个市地和省农垦总局、省森工总局和哈尔滨铁路局侨联征集作品 8 万余篇，上报稿件 2371 篇，有 331 篇作品分别获得国家一、二、三等奖。在第十七届世界华人学生作文大赛国家评选结果公布后，在未获奖作品中，组织开展黑龙江省第十届世界华人学生作文大赛评选活动。955 篇作品分别获黑龙江省第十届华人学生作文大赛一、二、三等奖。

9 月 26 日，黑龙江籍海外侨胞参加庆祝中国侨联成立 60 周年纪念大会

【开展庆祝中国侨联成立 60 周年系列活动】2016 年是中国侨联成立 60 周年，黑龙江省侨联按照统一部署开展系列庆祝活动。第一，邀请来自美国、加拿大、俄罗斯、乌克兰、澳大利亚、新西兰、英国、德国、日本等国家和地区的 50 名黑龙江籍海外侨胞进京参加中国侨联成立 60 周年庆祝活动。第二，参与《中国侨联 60 年纵览》、《中国侨联 60 年画册》的编撰工作。第三，支持基层侨联开展系列庆祝活动。哈尔滨市侨联举办以庆祝中国侨联成立 60 周年为主题的首届哈尔滨“侨”文化活动节。佳木斯市侨联举办“迎国庆·纪念中国侨联成立 60 周年—携手聚侨联 梦圆佳木斯”书画摄影作品展。大庆市侨联举办“幸福大庆—纪念孙中山先生诞辰 150 周年暨庆祝中国侨联成立 60 周年”书画艺术作品展。

【开展魏基成公益活动】黑龙江省侨联在哈尔滨、齐齐哈尔、牡丹江等 13 个市地相继开展魏基成公益活动，将侨界公益慈善家魏基成先生捐赠的 7000 余件冬衣、6300 余副老花镜发放给贫困归侨侨眷，给他们带去海外侨胞的关心，带去党和政府的关爱。

10 月 27 日，大兴安岭侨联举行魏基成“天籁列车”捐赠物品发放仪式

5 月 28 日，黑龙江省侨联主席迟国强（左五）参加“幸福大庆—纪念孙中山先生诞辰 150 周年暨庆祝中国侨联成立 60 周年”书画艺术作品展

【举办“亲情中华—黑龙江省侨联 2016 迎春联欢会”】1 月 14 日，由黑龙江省侨联主办，黑龙江省华侨经济文化基金会、哈尔滨国际会展体育中心、哈尔滨市民间文化艺术交流促进会承办的“亲情中华—黑龙江省侨联 2016 迎春联欢会”在哈尔滨举办。省侨联委员、侨青会委员、归侨侨眷近千人应邀观看演出。这台文艺节目是由哈尔

1 月 14 日，举办“亲情中华—黑龙江省侨联 2016 迎春联欢会”

滨市民间文化艺术交流促进会从数十个业余文艺团体的上百个节目中精选出来的。演出前，举行了书画艺术笔会和侨企宣传活动。书法家们为前来参加活动的群众现场书写对联，送上新春祝福，黑龙江外国语学院、佳音英语黑龙江事业机构、哈尔滨焦视眼科医院、亚布力虎峰岭风景区旅游公司等侨企作了宣传展示。

【举办黑龙江省侨联系统干部培训班】 4 月 4 日—11 日，黑龙江省侨联系统干部培训班在广东举行。省侨联主席迟国强、副主席曹明龙及省、市、县（区）侨联机关干部、侨联委员共 50 余人参加此次培训。中国侨联副主席乔卫、中国侨联组织人事部部长兼干部培训中心主任李杰、广东省侨联主席王荣宝，五邑大学副校长张国雄，广东省江门市委统战部部长、侨联主席张国富，广东省社科院经济研究所所长丁力，五邑大学广东侨乡文化研究中心副主任刘进，分别就“侨联工作的几点思考”“如何转变角色，进一步做好侨联机关工作”“台山与华侨历史”“从近代建筑看开平碉楼的文化意蕴”“五邑侨乡侨情与侨务扶贫”“广东改革面临的挑战与应对”等专题为学员授课。培训班先后到台山台城、台山一中、梅家大院、开平碉楼、赤坎古镇、五邑华侨华人博物馆等地进行现场教学，让学员们感受侨乡浓厚的文化底蕴和华侨华人为祖国和家乡建设所作出的巨大贡献。

【成立黑龙江省侨联特聘专家委员会】 5 月 27 日，黑龙江省侨联特聘专家委员会第一次全体会议在哈尔滨召开。会议聘请中国工程院院士、中国地震局工程力学研究所原所长谢礼立，中国工程院院士、中船重工七〇三研究所原所长闻雪友为名誉主任，聘任中国地震局工程力学研究所所长孙柏涛为主任，聘任省侨联常委、黑龙江彩格工业设计有限公司董事长孙建斌为秘书长，聘任哈医大二院眼科主任原慧萍等 12 名侨界专家为委员。特聘专家委员会为国家经济社会发展作出了积极贡献。谢礼立院士团队完成的“建筑结构基于性态的抗震设计理论、方法及应用”项目获得国家科技进步一等奖。

4 月 9 日，黑龙江省侨联系统干部培训班学员参观广东开平碉楼

省级侨联工作

6 月 1 日，黑龙江省侨联特聘专家委员会第一次全体会议在哈尔滨召开

孙柏涛教授、高会军教授获得“全国优秀科技工作者”荣誉称号。徐向英教授新担任多个国际及国家学术委员会的常委、委员，并再次担任相关领域的国家级规划教材主编。

【开展健康光明行—焦视眼科光明行义诊活动】5 月 30 日—6 月 2 日，健康光明行—黑龙江省侨联携手哈尔滨焦视眼科医院义诊活动在鹤岗市绥滨县启动。此次义诊活动，共为 110 余名眼病患者进行了检查，对符合手术条件的 13 名白内障患者给予了免费手术治疗。对情况较为复杂的患者，安排适当时机，到哈尔滨焦视眼科医院进一步治疗。

5 月 31 日，健康光明行—黑龙江省侨联携手哈尔滨焦视眼科医院义诊活动在鹤岗市绥滨县举行

【与对口支援地区侨联开展交流】6 月 21 日—25 日，黑龙江省侨联与黑龙江对口支援的新疆阿勒泰地区侨联考察团进行为期 5 天的工作交流。考察团分别赴哈尔滨、佳木斯、鸡西、牡丹江市等市地，与基层侨联组织、侨商会、侨界代表人士就基层组织建设、搭建海外平台、支持新侨发展、引资引智、维权等内容进行深入交流。考察团参观了哈尔滨透笼国际商品城、黑龙江大明宝贝面粉有限公司、黑龙江佳美农电子商务有限公司、鸡西市第二中学“珍珠班”等黑龙江省侨资侨属企业和侨界公益项目，亲身体会黑龙江在新一轮振兴东北老工业基地战略中取得的成绩。新疆阿勒泰地区侨联、青河县侨联、富蕴县侨联、吉木乃县侨联分别与哈尔滨市侨联、鸡西市侨联、佳木斯市侨联、牡丹江市侨联缔结友好侨联。

6 月 23 日，新疆青河县侨联与黑龙江省鸡西市侨联签订友好侨联协议

【举办第七届黑龙江省侨界乒乓球联谊赛】7 月 5 日—6 日，由黑龙江省侨联主办，哈尔滨市侨联承办，黑龙江省华侨经济文化基金会、亚布力虎峰林场和满天星国际健身欢乐云谷协办的第七届黑龙江省侨界乒乓球联谊赛在亚布力虎峰林场举行。全省 15 支侨联代表队、45 名运动员及归侨侨眷

7月5日—6日，第七届黑龙江省侨界乒乓球联谊赛在虎峰林场举行

代表、侨联机关干部逾百人参加比赛。比赛包括男单、女单和团体三个项目。经过角逐，绥化市侨联获得团体赛第一名，牡丹江市侨联获得团体赛第二名，鹤岗市侨联和七台河市侨联并列第三，哈尔滨市侨联、大庆市侨联、伊春市侨联、农垦总局侨联、黑河市侨联、佳木斯市侨联、齐齐哈尔市侨联、大兴安岭市侨联获得团体并列第五名。

【举办“比较视野下的俄罗斯华侨华人”学术研讨会】7月20日，由中国华侨历史学会、黑龙江省侨联共同主办，黑河市侨联、黑河旅俄华侨纪念馆承办的“比较视野下的俄罗斯华侨华人”学术研讨会在黑河市召开。来自全国各地的40多位华侨历史研究领域的专家学者，围绕俄罗斯华侨华人历史基本概述、移民政策、民族与人物、旅俄留学生等课题进行研讨。《在俄华人华侨的数量与华人华侨的心理认知》《浅析早期旅俄华侨在俄罗斯远东地区的社会融入》《当代在俄华商的迁移状态与特征》等立意深远、治学严谨的学术论文在会上展开交流。会议期间，与会专家学者参观了黑河旅俄华侨纪念馆、瑷珲历史陈列馆、黑河口岸、海关博物馆、利源达集团、国家级电子商务示范企业——中机电子商务有限公司、黑河学院等对俄交流基地。

【举办第二期黑龙江省英语教师培训班暨黑龙江外国语学院城乡英语教师培训班】8月2日—9日，由黑龙江省侨联主办，黑龙江省华侨经济文化基金会、黑龙江外国语学院承办的第二期黑龙江省英语教师培训班暨黑龙江外国语学院城乡英语教师培训班在黑龙江外国语学院举行。省侨联党组书记、主席迟国强出席开班式。130余名来自黑龙江省城乡高中的骨干教师在黑龙江外国语学院接受为期9天的封闭式英语培训。本期培训采取TIP（total immersion program）全封闭、沉浸式英语培训方式，授课教师均由美国、英国、加拿大等国经验丰富的外籍教师担任。培训班旨在提高城乡英语教师，特别是偏远地区英语教师的口语水平，分享英语教学方面的先进理念和成功经验。

【参加中俄文化大集活动】8月10日—13日，黑龙江省侨联组织侨爱心学校师生赴俄罗斯布拉戈维申斯克市参加中俄文化大集活动。来自黑龙江外国语学院、佳木斯桦南一中“树人班”、鸡西二中“珍珠班”、黑河一中“珍珠班”以及黑龙江华侨基金英语教师培训班的69名师生参加此次活动。活动期间，师生们参观阿穆尔州大学，了解异域校园文化；与俄罗斯师生在阿穆尔州图书馆举办诗歌朗诵会，双方互相使用对方的语言朗诵《诗经》和俄罗斯伟大诗人普希金的优秀作品；参观阿穆尔州博物馆，详细了解阿穆尔州的历史发展与风土人情；同哈尔滨市民间文化艺术交流促进会一道，在列宁广场进行广场舞表演，展示青春与运动的活力。

【举办“东北振兴—海外华商龙江行”系列活动】8月23日，由中国侨商联合会、香港金融发展协会、黑龙江省侨联共同主办的“东北振兴—海外华商龙江行”系列活动在哈尔滨举行。中国侨联副主席李卓彬，黑龙江省委常委、统战

8 月 23 日，黑龙江省委常委、统战部部长孙尧（前右一）会见出席“东北振兴—海外华商龙江行”活动的中国侨联副主席李卓彬（前左一）

部部长孙尧等出席开幕式，来自美国、加拿大、俄罗斯、新加坡、日本、韩国、泰国、尼日利亚以及香港、台湾等国家和地区的海外华商，黑龙江省及其他部分省市侨资企业家共 160 余人出席大会。活动期间，与会嘉宾出席哈尔滨市政府举行的招商引资推介会，参观哈尔滨科技创新展馆、万达产业城等科技园区，考察哈尔滨九洲电气股份有限公司、佳音英语黑龙江事业机构等侨资侨属企业。部分国内侨商团组赴黑龙江省安达市考察洽谈。

9 月 24 日，参加“海外侨胞故乡行·走进黑龙江”活动的嘉宾参观哈尔滨九洲电气股份有限公司

【承办“海外侨胞故乡行·走进黑龙江”活动】 9 月 23 日—26 日，由中国侨联主办，黑龙江省侨联承办的“海外侨胞故乡行·走进黑龙江”活动在哈尔滨举行。中国侨联副主席乔卫，黑龙江省委常委、统战部部长孙尧出席活动。活动邀请美国、加拿大、俄罗斯、乌克兰、澳大利亚等近 20 个国家和地区的 120 名海外侨胞参加。本次活动秉承“爱国、团结、联谊、合作、发展”宗旨，以乡情、亲情为纽带，展示改革开放以来黑龙江的新发展新变化。活动期间，与会嘉宾参观了侵华日军第 731 部队罪证陈列馆、九洲电气股份有限责任公司、安重根纪念馆、哈尔滨百年中央大街和索菲亚建筑艺术广场等地，让海外侨胞感受家乡的发展变化。通过活动加强侨联组织与海外侨胞的联系，激发海外侨胞热爱家乡、服务祖（籍）国的情怀。

9 月 24 日，“海外侨胞故乡行·走进黑龙江”活动在哈尔滨举行，中国侨联副主席乔卫（前左二），黑龙江省委常委、统战部部长孙尧（前右二）出席活动

【助力侨界公益事业发展】 黑龙江省华侨经济文化基金会是由黑龙江省侨联于 2005 年发起成立的，具有独立法人资格的侨界公益性组织。2016 年黑龙江省华侨经济文化基金会共接受社会爱心捐款 169 万余元，进行公益捐赠 179 万余元，为侨界公益事业发展作出了应有贡献。第一，开展公益项目。基金会以公益项目为载体开展“资助贫困白内障患者手术”、帮建南岗区敬老院、建设

安达市“侨爱心”运动场、援建西藏发展基金会拉萨总部等项目，共投入公益资金118万元。第二，支持侨界品牌活动。基金会按照《黑龙江省华侨经济文化基金会章程》，支持侨联开展“亲情中华—黑龙江省侨联2016迎春联欢会”、黑龙江省第七届侨界乒乓球联谊赛、庆祝中国共产党成立95周年诗歌会、中俄文化大集、第二期黑龙江省英语教师培训班暨黑龙江外国语学院城乡英语教师培训班等活动，共支持资金48万元。第三，支持社会公益项目。基金会出资10万元用于黑龙江省社会科学院进行侨界课题研究。

【哈尔滨市侨联打造方正县特色侨乡】哈尔滨市方正县“侨”的形成起源于抗日战争时期。1931年“九·一八”事变后，日本军国主义向中国东北地区派遣开拓团民占领土地，巩固其军事侵略。1945年8月15日，日本战败投降，被抛弃在黑龙江的5万多日本妇女、老人和儿童（男子被征兵）盲目寻求回国途径，其中3万多人向方正县撤退。由于寒冷、饥饿、疾病等原因，开拓团民大量死亡，至1946年1月末，仅有4500多名日本妇女和儿童滞留在方正县。方正人民将他们领回家，或抚育为子，或结发为妻，建立起一批特定历史背景下中日组合的特殊家庭。1974年，在方正县滞留的日本妇女和遗孤开始陆续携眷属或回日本，或侨居他国。截至2016年，侨居海外的方正籍华人华侨已遍布20多个国家，总人数超过6.7万人，其中侨居日本5.4万人，韩国1.1万人。方正县现有归侨2000人，侨眷8.9万人，归侨侨眷占全县总人数的34%。哈尔滨市侨联联合方正县政府打造黑龙江特色侨乡。第一，开展交往。方正县每年接待日本政府、中日民间友好团体及个人参观、交流、访问达270人次，总计1万多人。第二，服务经济发展。哈尔滨市侨联与方正县在工业园区创建“华侨创新创业园”，为侨商交流合作、汇智共赢搭建创业平台；组织“侨商冰城行暨方正县招商项目推介会”宣传方正县；举办侨界企业家座谈会，围绕侨企如何转型、创新进行专题研讨，为方正县侨资企业发展寻求新路。

【齐齐哈尔市侨联与SOS儿童村建立帮扶关系】齐齐哈尔SOS儿童村，是国家民政部和国际SOS儿童村组织友好合作的建设项目，专门收养黑龙江、吉林、辽宁和内蒙古地区的贫困失孤儿童。该村于1992年建成使用，村内现有失孤儿童和少年150名，收养数量全国排名第二。齐齐哈尔市侨联以开展“侨爱心365行动”为契机，通过义诊、联谊、捐赠等方式与齐齐哈尔SOS儿童村建立帮扶关系，扩大侨界公益项目社会影响力。仅2016年，齐齐哈尔市侨联就向SOS儿童村捐赠价值近万元的羽绒服和老花镜给该村的儿童、工作人员和保育员。

【黑河市侨联拓展文化交流】黑河市侨联以黑河旅俄华侨纪念馆为平台，发挥黑河对俄罗斯的区位优势，拓展文化交流，为国家“一带一路”倡议的文化互通作出了独特贡献。第一，开展侨史研究。黑河旅俄华侨纪念馆申报的“50、60年代留苏学生口述历史”项目被中国侨联纳入2015—2017年度中国侨联研究课题。课题确定后，开展了口述历史采访征集工作，截至2016年底已采访32人，包括省部级领导3人、两院院士19人、重点项目学科带头人10人。第二，加强黑河旅俄华侨纪念馆建设。黑河市侨联先后3次赴北京等地征集藏品、史料。共征集到文物实物322件，其中国家三级文物64件，抢救了一批珍贵文物。第三，进行文化交流宣传。7月26日，黑河旅俄华侨纪念馆与广东华侨博物馆、江门市博物馆在黑河市共同举办了“金山伯的荣耀—近代江门五邑侨汇展”，展览通过侨汇讲述华侨爱国爱乡的历史故事，培养了海外华侨华人对中华文化的认同感和对祖（籍）国的归属感。8月，黑河市侨联邀请11个国家和地区的27位海内外文化传媒界侨商侨领参加黑河第七届中俄文化大集。海内外侨领侨商在黑河活动期间受到了海内外媒体的广泛关注，20余家新闻媒体进行了宣传报道。

上海市归国华侨联合会

【领导成员名单】

党组书记、主席：沈　敏（女）

专职副主席：杜宇平（2016年2月不再担任） 徐大振

兼职副主席：陈　刚　屠　杰　顾佳丹　屠海鸣　程　东　徐学敏（女）　张国蕊（女）　左建平　王　勇

秘　书　长：陶　勇

【综述】2016年是上海市侨联贯彻中央和上海市委群团改革精神、加快推进侨联群团改革工作的重要一年。一年来，上海各级侨联认真学习贯彻党的十八大和十八届三中、四中、五中、六中全会和习近平总书记系列重要讲话精神，坚持“两个并重”，深化“两个拓展”，以改革创新精神加快推进侨联改革，为服务党和政府中心工作、服务侨界群众作出了积极贡献。

【推进侨联系统改革】根据中央和上海市委的决策部署，在上海市委的领导和中国侨联的指导下，上海市侨联坚持“一团一策、一组织一方案”，历经20多次修改，制定了《上海市侨联改革实施方案》；先后向国家副主席李源潮、中国侨联主席林军、上海市委副书记应勇、上海市委统战部部长沙海林等作14次专题汇报。各级领导对侨联改革工作予以充分肯定，提出改革要体现涉外性、创新性、统战性、群众性。这些要求都体现在了《改革实施方案》中；成立上海市侨联群团改革试点工作领导小组，召开侨联系统群团改革动员大会、全系统务虚会、侨联机关群团改革推进会等重要会议，提出群团改革总体思路和工作要求，对落实改革方案进行部署；开展点上和面上两轮调研，召开10场座谈会，广泛征求基层侨联、基层群众及在沪海外委员等各方面的意见和建议，凝聚改革共识。

【配合上海市委开展专项巡视】3月11日—5月11日，上海市委第八巡视组对上海市侨联党组进行专项巡视。上海市侨联先后召开了巡视工作动员会、党风廉政建设大会，围绕“六大纪律”和“四个着力”，坚持边巡边改、即知即改，认真诚恳地接受监督检查。5月30日，上海市委第八巡视组反馈了巡视意见。7月底，上海市侨联提交了《上海市归国华侨联合会党组关于巡视整改情况的报告》和《关于组织落实巡视整改工作情况的报告》。巡视整改阶段，上海市侨联坚持扎紧制度篱笆，加强制度管控，共新增4项制度，完善7项制度，并按照巡视反馈意见逐条

3月10日，举行中共上海市委第八巡视组专项巡视上海市侨联工作动员会

5月4日，中国侨联党组书记、主席林军等领导听取上海市侨联群团改革工作推进情况汇报

进行整改，强化监督执纪问责，从严管理干部队伍，杜绝问题再次发生。

2月1日，召开上海市侨联十一届二次全委会

【举行上海市侨联成立60周年纪念大会】9月23日上午，上海市侨联成立60周年纪念大会在上海展览中心友谊会堂召开。上海市委常委、统战部部长沙海林作重要讲话。大会回顾了上海市侨联60年来的历史沿革，全面总结了60年来的主要工作。大会指出，60年侨联工作最重要的原则是坚持党的领导，最大的精神财富是侨界的爱国奉献精神，最基本的主线是凝聚侨心、汇集侨智、发挥侨力、维护侨益，最有力的保障是全面加强自身建设。

9月23日，召开上海市侨联成立60周年纪念大会

【召开上海市侨联十一届二次全委会】2月1日，上海市侨联召开十一届二次全委会议。会议传达学习了中央书记处办公会议的指示精神，中共中央政治局委员、国家副主席李源潮在中国侨联九届三次全委会议上代表党中央作的重要讲话和李源潮同志到中国侨联看望干部时的讲话精神，会议还传达了中国侨联九届三次全委会议精神。上海市委统战部副部长赵卫星出席并讲话，中国侨联副主席、上海市侨联党组书记、主席沈敏作工作报告。

【推进新侨工作】一是上海临港新侨新兴产业园正式开工，形成“1+11”新格局。产业园于12月28日正式开工奠基，建成后总建筑面积约21万平方米，将成为华侨华人来沪创业和发展产业的综合性产业基地群，提供研发、孵化、中试、量产和规模化发展服务；6月24日，举行上海临港新侨新兴产业园“1+11”家（临港本部＋下属11家园区）园区授牌仪式，进一步畅通市区两级侨联与临港两级园区间的联系渠道，搭建更大范围的新侨产业园实体平台，为新侨跨区域、跨领域创新创业和扩大再生产提供实质性便利；赴美国、加拿大进行招商，拜访中国旅美科技协会硅谷分会等，推介上海临港新侨新兴产业园项目。二是园区新侨创新创业服务联盟进一步提

12月28日，举行上海临港新侨新兴产业园开工仪式

升能级，深化出入境服务、教育咨询、医疗服务和法律咨询4个工作组的功能，提供个性化、可选择的服务菜单；上海市侨联、上海市人才服务中心和服务联盟共同主办了新侨优质企业专场招聘会，59家在沪侨资企业共推出近280个岗位。三是上海新侨创业实践基地范围进一步扩大，19家新侨企业申报成为第三批新侨创业实践基地，总数增至25家。四是新侨驿站建设在全市推进。截至2016年底，12个区共建立了39家新侨驿站。

7月11日—20日，举办2016中国（上海）国际青少年校园足球邀请赛

【举办2016中国（上海）国际青少年校园足球邀请赛】 7月11日—20日，2016中国（上海）国际青少年校园足球邀请赛在上海举行。海外球队由8支扩大到12支，总参赛球队由12支增至16支，赛区由1个增加到4个（黄浦、杨浦、闵行、徐汇）。赛事得到了爱国侨团侨领、各区县侨联和社会各界的大力支持。海外侨团侨领热心负责海外球队的联系、联动和邀请，落实了12支境外青少年球队的国际旅费、保险费等，凸显了海外侨胞的独特资源优势，再次验证了“以球连侨”凝聚侨心、拓展海外工作的成功经验；市区两级侨联上下联动、密切合作，充分发挥区域资源优势，在比赛间隙穿插各具特色的中外青少年文化交流活动；社会力量也积极参与其中，著名港资企业上海申龙客车有限公司为赛事提供用车保障。

【举办“海外侨胞故乡行·走进上海”活动】 9月23日—27日，由中国侨联主办、上海市侨联承办的“海外侨胞故乡行·走进上海”活动成功举办。来自美、俄、法、加、澳等22个国家和地区的40余位侨领侨胞在沪参观考察，为上海经济社会发展建言献策。侨胞们参加了上海市侨联成立60周年纪念大会，聆听了《科创中心建设的上海方略》《创新思维与创新管理》等专题讲座，参观了张江“蚂蚁创客空间”。

9月23日，参加“海外侨胞故乡行·走进上海”的侨领侨胞出席上海市侨联成立60周年纪念大会

8 月 21 日—25 日，中国侨联副主席、上海市侨联主席沈敏一行赴香港访问

【开展出访联谊活动】1 月 3 日—10 日，上海市侨联秘书长陶勇率团出访日韩两国，走访调研多个侨社；1 月 7 日—12 日，徐大振副主席率团出访南美，建立了上海市侨联海外工作巴西、智利联络站；8 月 21 日—25 日，沈敏主席率团赴香港访问，拜访了香港侨界社团联会、香港上海浦东联会等多家侨界社团及部分上海市侨联海外及港澳顾问、名誉委员等，积极培育爱国爱港爱澳骨干力量；11 月 21 日—28 日，徐大振副主席率团以推进“一带一路”和促进文化交流为主题，对泰国和马来西亚进行访问；11 月 28 日—12 月 5 日，沈敏主席率团对俄罗斯、荷兰进行友好访问，海外联谊工作得到进一步拓展。

【增强侨爱心工程针对性】上海市侨联坚持开展为老侨服务的实事项目，形成包括健康保障项目、“三节”送温暖、大病重病补助等项目的常态化和制度化运作机制；建立上海市侨爱心休养中心颐和苑基地，有计划地组织侨界老人进行短期休养，全年达 1500 人次；继续开展“侨之春”、侨界人士一日行活动等，坚持把受侨界欢迎的各类实事项目办实办好办新；充分发挥 22 个早期归侨社团的作用，在生活上、精神上团结关心老侨成员。

【增强维护侨益有效性】上海市侨联召开全市“六五”普法维护侨益工作经验交流会；与中国侨联共同举办为期一周的“依法治国大背景下侨联如何以法治思维和法治方式做好依法维护侨益工作”调研座谈会；组织部分区侨联干部、法顾委（团）律师、街道侨联主席等参加“法治中国·你我同行”—2016 年侨界群众法治学习活动。

3 月 4 日，召开上海市侨联 2011—2015 年度“六五”普法维护侨益工作经验交流会

【增强汇集侨智实效性】上海市侨联健全委员（代表）工作室机制，完善与侨界人大代表、政协委员的联系、沟通和服务工作；探索建立调研和参政议政联动机制，建立“选题—开题—审题—结题—转换”全过程规范化流程体系，先后召开调研部署动员会、调研中期推进会和调研结题会，形成 3 个重点课题和 18 个自选课题，使

9 月 8 日，举行上海市侨爱心休养中心颐和苑基地启动仪式

10 月 21 日，上海市侨联举行 2016 年参政议政课题总结会

侨情民意和侨联提案更接地气。在上海市“两会”期间，共提交 3 件团体提案。《关于进一步降低海外华人在沪申请永久居留门槛的建议》获上海市政协 2016 年优秀提案奖。

【召开纪念侨联组织成立 60 周年专题座谈会】8 月 11 日，上海市侨联召开“同心同行六十载·爱国奉献代代传”—纪念侨联组织成立 60 周年座谈会暨上海侨青总会向早期归侨社团捐赠仪式。侨联的老领导、老同志齐聚一堂，畅叙情谊。会上，上海市侨联青年总会向早期归侨社团捐赠人民币 10 万元。

【举行上海市侨联成立 60 周年主题音乐会】10 月 15 日晚，上海市侨联成立 60 周年主题音乐会在上海大剧院举行。91 岁高龄的国家一级指挥曹鹏担任艺术指导并指挥，涉侨部门领导及侨界群众代表等近 600 人参加活动。

10 月 15 日晚，举行上海市侨联成立 60 周年主题音乐会

8 月 11 日，召开纪念侨联组织成立 60 周年专题座谈会

12 月 7 日，2016 上海高校（院所）侨智论坛代表合影

7 月 9 日，“亲情中华・汉语桥”夏令营（徐汇营）的营员在中华艺术宫合影

【开展“亲情中华”系列文化项目】上海市侨联承办中国侨联“亲情中华”台湾学生夏令营，设浦东、杨浦两处营地；在徐汇、青浦举办第二届“亲情中华・汉语桥”海外华裔青少年（上海）夏令营；参与举办第七届“亲情中华・魅力汉语”青少年语言文字应用能力比赛，激励青少年为深化民间交流学好用好祖国语言文字；支持举办第十届科技与人类“亲情中华・上海国际郎静山摄影艺术奖”慈善摄影大赛。100 幅金像作品的义卖所得全部用于帮助内地困难学生；举办“2016 上海国际书画大赛暨精品展”“第 13 届‘心连心、手拉手’上海国际青少年书画摄影大赛”。

【夯实基层基础】上海市侨联做好区县侨联群团改革的指导工作，重点推进基层侨联“1+2”（街镇侨联 + 侨之家、新侨驿站）模式；举行上海高校侨联创特色工作（项目）活动总结表彰会和上海高校（院所）侨智论坛，把高校侨联的智力优势充分发挥出来；加强社团的联系、服务工作，动员各侨联社团踊跃参加“同心侨爱・贵州遵义助学”活动，上海市侨联青年总会向 100 名贫困学生送上“侨爱小书包”，上海市华商会向 132 位高一学生捐赠助学款，上海市侨联女侨胞联谊会定向资助 100 名困难学生。

【召开上海市侨联青年委员会换届暨上海市侨联青年总会成立大会】5 月 25 日上午，上海市侨联青年委员会换届暨上海市侨联青年总会成立大会在上海召开。中国侨联副主席、中国侨联青年委员会会长乔卫，中国侨联副主席、上海市侨联主席沈敏出席大会并讲话。郑好当选上海市侨联青年总会第一届会长。

5 月 25 日，召开上海市侨联青年委员会换届暨上海市侨联青年总会成立大会

5 月 25 日，乔卫副主席出席 2016 中国侨联青年委员会上海讲坛

【主办 2016 中国侨联青年委员会上海讲坛】 5 月 25 日下午，由中国侨联青年委员会、上海市侨联主办的“新形势下侨界青年社团建设——2016 中国侨联青年委员会上海讲坛”在上海举行。中国侨联副主席、中国侨联青委会会长乔卫作主旨演讲。

【承办 2016 全国侨联联络工作会】 5 月 26 日上午，全国侨联联络工作会在上海召开。中国侨联党组书记、主席林军出席会议并发表重要讲话，中国侨联副主席乔卫主持会议并作总结讲话。

5 月 26 日，全国侨联联络工作会在上海召开

【举行 2016 年“侨之春”迎春联欢会】 1 月 12 日—14 日，由上海市侨联、市政府侨办联合举办的“侨之春”上海市归侨迎春联欢会分 5 场举行。近 1500 名早期归侨和近 500 名基层侨联分会（社区）干部参加了活动。

1 月 12 日—14 日，举办“侨之春”上海市归侨迎春联欢会

【开展“两学一做”学习教育】 上海市侨联机关各党支部开展“两学一做”专题警示教育活动。通过知识竞赛、集体收看、学习座谈等方式，组织党员集中学习党章、党规和习近平总书记系列重要讲话精神；制定机关党支部工作制度，规范支部党建工作，推行党支部工作目标化管理，提高新形势下党支部的战斗堡垒作用。

【徐汇区侨联】 一是开拓新侨工作新局面。召开街镇分管领导、新侨驿站理事长等相关人士座谈会，完成《新侨驿站的模式研究和作用发挥》调研报告；举办第二期新侨人士培训班，90 名新侨人士参加；与天平街道共同举办“平安上海、魅力徐汇”新侨驿站联盟活动。湖南社区新侨驿站向楼宇发展，成立梧桐 SPACE 新侨驿站。康健社区新侨驿站开展就业择业创业专题讲座。徐家汇社区新侨工作与楼宇新侨工作紧密结合，开展各类沙龙活动；以侨联青委会为平台，培养培育新侨人士。开展“侨沁公益行”“侨媛沙龙”“侨沁大讲堂”等系列品牌活动；举办 2016“亲情中华”夏令营活动，来自 10 个国家的 30 名海外华裔青少年参加。与徐汇区教育局、南洋中学等单位组织 2016 中国（上海）国际青少年校园足球邀请赛徐汇赛区活动。二是社区侨联工作上新台阶。举办侨联干部培训班，拓展视野，提升能力，增强侨联干部的综合素质；完成徐家汇、湖南、田林、凌云街道侨联的换届工作；加强“侨之家”建设，组织街镇侨联干部赴浦东陆家嘴街道、崇明县陈家镇五星级“侨之家”参观学习交流，进一步促进徐汇“侨之家”建设和发展。三是侨联工作有序推进。开展“同心侨爱·圆梦助学”活动，资助贵州省遵义湄潭县求是高级中学 50 名特困学生三年，累计金额 15 万元；与汕头市侨联、遵义市侨联签订《建立友好侨联交流合作协议书》，学习交流，共同提高；组织新侨人士出席北京“2016 侨界创新发展论坛”活动；接待江西省、武汉市、三门峡市等地侨联，交流座谈新侨驿站建设；完成 2016 市侨联重点课题《针对华裔新生代，通过文化交流加强中华文化认同的基本建设》调研报告。《深化新侨组织建设，实现“新侨驿站”工作全覆盖》特色工作荣获上海市侨联特色（项目）工作一等奖。

【静安区侨联】 一是坚持以党中央系列指示精神为指导，把握正确政治方向。组织“侨与中国梦”侨界人士看上海、看静安发展主题活动；组织召开侨联联络组会议 8 场次，学习考察活动 2 次，各类讲座报告会 6 场次；制定《上海市静安区归国华侨联合会改革实施方案》，召开静安区侨联群团改革动员会，将街镇侨联组织名称统一规范为“街镇侨联”，调整完善老归侨组和区侨联联络组。二是召开静安区第一次归侨侨眷代表大会。“撤二建一”后的静安区第一次归侨侨眷代表大会于 6 月 29 日召开。基层一线侨界群众在区侨联常委、委员、区侨代会代表中占比分别不低于 45%、60%、80%。三是围绕中心服务大局，不断彰显侨联组织影响力。协办新侨优质企业专场招聘会，成立静安区华商会。推荐沪港国际咨询集团有限公司为上海市新侨创业实践基地，与区侨办联合举办香港代表人士联谊座谈会。开展引资引智等工作，积极构筑侨界“人才库”。协同区侨办、静安海联会、沪港青年会举办“沪港明日领袖实习团走进静安活动”，组织座谈交流及参观活动。四是完善机制，畅通侨界利益诉求渠道。制定区侨联“七五”普法规划，成立区侨联法律顾问团。五是做深做细早期归侨和困难侨眷的关爱工作。做好“侨爱心工程”早期归侨大病重病救助及三节送温暖工作，组织老归侨、老同志体检 3 批共

100 名，做好困难及早期重病归侨医疗帮困卡发放工作；积极争取区财政支持，为 180 名早期归侨发放 400 元节日补助费用；开展“夏送清凉、冬送温暖”工作，慰问关心侨界人士；开展中国侨联城镇贫困归侨侨眷家庭及人口统计共 32 户。

【杨浦区侨联】一是认真落实为侨服务工作，利用传统节日看望慰问患病及困难侨界人士，共发放慰问金 9 万余元；坚持依法维护侨益机制，坚持每年开展侨法宣传月活动。3 月，在上海财经大学举办以“贯彻落实侨法，维权凝聚侨心”为主题的 2016 年杨浦区《侨法》宣传月主题活动；充分发挥侨联界别委员在人大、政协中参政议政的作用。二是不断丰富新侨工作内涵。以区侨联青委会为载体，拓展新侨工作内涵。吸收 7 名新侨人士加入青委会，推荐 6 人加入上海市侨联青年总会，担任副会长、常务理事、理事等职务，不断满足新侨人士自身发展的需要和参与地方经济社会发展的积极性与热情，扩大区侨联青委会的影响力。三是推动侨联工作有序发展。牵头区域内的复旦、同济、财大等单位侨联，召开区域侨联组织共建联席会议，共商区域侨联合作共建事宜；开展联谊交友，利用赴遵义学习培训时机，就深化两地交流合作进行深入探讨；利用承办 2016 中国（上海）国际青少年校园足球邀请赛机会，与上海布里斯班教育培训中心、俄罗斯上海商会两单位的海外侨领签订友好合作协议；组织侨界创新创业人才赴北京海淀参加“2016 侨界创新发展论坛”活动，区侨联常委马立新、区侨联青委会委员王军作主题发言。四是推进自身建设。11 月 1 日，召开杨浦区第七次归侨侨眷代表大会，中国侨联副主席、上海市侨联党组书记、主席沈敏及杨浦区四套班子主要领导到会祝贺并发表讲话。大会选举产生新一届侨联领导集体，成立以兼职副主席为组长的 9 个领导小组。五是加强“侨之家”建设。积极开展各项活动，不断丰富侨界群众文化活动主阵地。3 月 9 日，中国侨联文化交流部部长刘奇一行在视察殷行街道五星级“侨之家”后，对其开展丰富多彩的文化活动大加赞赏，称赞其为“超五星级侨之家”。

【青浦区侨联】一是启动侨联改革工作。坚持问计于侨，赴基层组织、园区、侨资企业开展调查研究，认真梳理当前工作存在的突出问题，制定了《青浦区归国华侨联合会改革实施办法》。二是完成区侨联换届工作。先后召开四届十八次主席会议、四届十一次常委（扩大）会议，就侨联改革和换届工作进行思想动员和工作部署，并成立换届工作领导小组，制定《关于召开青浦区第五次归侨侨眷代表大会的实施方案》，积极争取区委对侨联换届工作的支持。三是探索“互联网 + 侨”。充分发挥官方微博、微信公众号的组合作用，注重通过互联网联系、引导、服务基层组织和广大侨胞，建好网上“侨胞之家”。四是举办“亲情中华・相约青浦”2016 年海外华裔青少年夏令营。7 月 15 日—26 日，来自 8 个国家和地区的 26 名营员参与活动，成为青浦侨联海外侨务资源的蓄水池和民间交往的新纽带。五是完善维护侨益机制。依托法律顾问团专业力量，积极参与“侨法宣传月”主题活动；召开法律顾问团工作座谈会，交流维护侨益工作情况。积极协调有关部门妥善处理涉侨矛盾纠纷，维护侨界人士合法权益。六是提高参政议政能力。认真做好政协提案和社情民意工作。在区政协全会上，提交集体提案 3 件，侨联界别政协委员和港澳委员共提交个人提案 10 件。七是丰富联络联谊活动载体。走访慰问困难侨眷，召开侨联老联络员座谈会，举办“欢欢喜喜闹元宵”、“迎国庆・庆重阳”等侨界品牌活动。对 300 余户侨界高龄空巢独居老人开展上门走访慰问。继续深化与华盛顿银光社团友好合作关系，热情接待返乡海外侨胞。八是服务侨企侨商。举办侨资企业税务政策等辅导讲座，组织青浦侨资企业代表开展“八一”拥军慰问活动；走访侨资企业，实地了解企业生产经营情况及面临的困难和问题，为企业排忧解难。九是指导各街镇侨联开展工作。加大对街镇侨联工作的支持力度，规范分会专项活动经费的使用；加强“侨之家”建设，支持涉侨团体做强特色优势，支持街镇分会走出去、请进来，与兄弟县市基层侨联积极开展联谊交流。十是发挥优势服务发展大局。结合交通大整治，开展“文明交通・侨界先行”倡议活动；持续开展“看青浦・助发展”主题活动，帮助侨界人士学习了解“十三五”规划，投身青浦经济社会建设；支持侨界人士参与社会服务和公益事业。通过侨界人士议事协调会、“应急飞虎队”、“爱心黄丝带”等志愿者组织，努力发挥侨为社区服务的作用。

江苏省归国华侨联合会

【领导成员名单】

党组书记、主席：史　宇

专职副主席：镇　翔（蒙古族）

宫　琳（女）

兼职副主席：黄　维　李　琨　张辰宇　曾焕沙

秘书长：宫　琳（女，兼）

副巡视员、办公室（组织人事部）

主　任（部长）：李正新

党组成员、经济科技部（权益保障部）

部　长：李发勇

【综述】2016年，江苏省各级侨联坚持以党的十八大、十八届三中、四中、五中、六中全会精神和习近平总书记系列重要讲话精神为指导，深入贯彻落实中央、省委关于群团工作和侨联工作的文件和会议精神，按照江苏省委和中国侨联的部署要求，坚持国内海外工作并重、老侨新侨工作并重，积极拓展海外工作，积极拓展新侨工作，认真履职尽责，努力开拓创新，充分发挥侨联组织服务经济发展、依法维护侨益、拓展海外联谊、参政议政、弘扬中华文化、参与社会建设“六大作用”，各方面工作取得新成效。江苏各级侨联坚持上下联动、形成合力，持续扎实抓好“创业中华·建设江苏”“亲情中华·感知江苏”两项主题活动、“维权行动”“建言行动”“关爱行动”三项行动以及“侨爱心工程”“强基工程”两项工程，着力创新形式、增强实效，侨联组织的凝聚力、影响力进一步提升。

【加强政治引领和思想建设】江苏各级侨联借助多种形式向归侨侨眷和海外侨胞积极宣传我国“十三五”发展的总体要求、实现路径和新发展理念，统一侨界思想认识，凝聚广泛共识。党的十八届六中全会召开后，江苏省侨联通过召开党组会和中心组学习会、参加专题辅导、印发指导文件等举措，及时抓好全会精神的学习贯彻，引导党员干部不断增强“四个意识”特别是核心意识、看齐意识，把侨界力量凝聚到实现全会确定的各项任务上来。认真学习宣传贯彻省第十三次党代会精神，江苏省侨联在抓好机关自身学习的同时，对全省侨联组织学习宣传工作作出部署，要求各级侨联深刻领会和准确把握大会精神，围绕“聚力创新、聚焦富民，高水平全面建成小康社会”目标任务，着力凝聚侨心、发挥侨力。省侨联把“两学一做”学习教育作为重要政治任务，按照“基础在学、关键在做”的要求，认真组织实施，有力有序推进，高质量落实书记讲党课、学习讨论、领导干部立家规、专题组织生活会、民主评议党员、党费补缴等“规定动作”，精心安排赴烈士陵园重温入党誓词等“自选动作”，引导广大党员争做“四讲四有”合格党员。

6月30日，江苏省侨联组织机关全体党员赴雨花台烈士陵园举行重温入党誓词活动，进一步提高“两学一做”学习教育成效

【承办海外侨胞纪念孙中山先生诞辰150周年暨海外侨胞故乡行系列活动】9月23日—24日，由中国侨联和江苏省政协主办，江苏省侨联承办了海外侨胞纪念孙中山先生诞辰150周年系列活动。来自全球59个国家和地区的近300名中国侨联海外顾问、海外委员、海外青年委员，以及江苏籍海外侨团负责人等侨界代表人士参加

9 月 23 日，海外侨胞纪念孙中山先生诞辰 150 周年大会暨主题论坛在南京金陵饭店举行，中国侨联主席林军出席并讲话

9 月 23 日，“戮力同心　振兴中华—孙中山与华侨”图片展开幕式在江苏省美术馆举行，中国侨联主席林军（前排中），江苏省委常委、省委宣传部部长王燕文（前排右）等共同启动了开幕水晶球

了活动。活动主题突出、内容丰富、特色明显，彰显了侨界与孙中山、江苏南京与孙中山的深厚渊源，内容包括纪念大会暨主题论坛、拜谒中山陵、“孙中山与华侨”图片展、江苏侨界主题书画展、中山遗址寻访和考察历史文化项目等。主题论坛分别围绕“华侨乃革命之母”“以侨为桥实业报国”“汇聚侨智 科技强国”“中华文化 民族根魂”“融入回馈 博爱共处”、“接力前行 筑梦中华”等 6 个专题，运用访谈、电视短片、诗歌朗诵、书法展示等形式，充分体现“戮力同心振兴中华”的主题思想；突出代表性和群众性，让海外侨胞、归侨侨眷当主角讲故事，注重释放爱国主义正能量，深化对中山精神的理解，增强海外侨胞为实现中华民族伟大复兴中国梦努力奋斗的责任感。活动还借助海内外媒体扩大宣传，提升了侨联组织的影响力。中国侨联主席林军、江苏省政协主席张连珍和省委常委、省委宣传部部长王燕文，以及江苏省、南京市有关领导出席相关活动，并对主题论坛的内容和形式给予充分肯定。与会海外来宾和归侨侨眷纷纷表示深受教育和激励。

【承办中国侨联新侨创新创业成果展和全国侨商社会组织系统纪念建国 67 周年和中国侨联成立 60 周年文艺汇演】 10 月 26 日，在中国侨联指导下，江苏省侨联联合南京市侨联承办了中国侨联新侨创新创业成果展，共有 20 个省级侨联推荐了 276 家新侨企业参加展览。展览通过图片、实物、样品等形式，集中展示获得第六届“中国侨界贡献奖”的创新人才、创新成果、创新团队、创新企业，以及一批转化能力强、市场前景好、涉及战略性新兴产业的全国各地优秀新侨企业创新成果和创新项目。成果展服务创新驱动发展战略，为新侨企业和人才搭建了交流合作平台，在侨界营造了“大众创业、万众创新”的浓厚氛围。展览期间还举办了“新侨创新创业成果发布会”，9 家新侨企业进行了创新成果项目发布。在中国侨联、中国侨商联合会的指导下，江

10 月 26 日，中国侨联副主席李卓彬（右）、江苏省副省长张雷（左）出席中国侨联新侨创新创业成果展开幕式

10 月 26 日，全国侨商社会组织系统庆祝中华人民共和国成立 67 周年暨中国侨联成立 60 周年文艺汇演在南京保利大剧院举行

苏省侨联组织省侨商总会承办了全国侨商社会组织系统庆祝中华人民共和国成立 67 周年暨中国侨联成立 60 周年文艺汇演。演出节目精彩、演技精湛，充分展示了全国侨商社会组织系统蓬勃发展、积极向上的大好态势，抒发了侨界群众和侨商组织、侨资企业员工祝福祖国繁荣昌盛、凝心聚力共圆中国梦的美好愿景。中国侨联副主席李卓彬、江苏省副省长张雷、省政协副主席麻建国等领导分别出席相关活动。此次成果展和文艺汇演活动受到各级领导和全国各地侨联及侨商社会组织的一致好评。

【举办“创业中华·建设江苏”主题活动】 4 月 12 日—14 日，在徐州市侨联、宿迁市侨联的配合下，江苏省侨联联合中国侨商联合会、徐州市政府、沭阳县政府举办了“创业中华·建设江苏—2016 侨资侨智对接交流会”，邀请 20 多个国家（地区）和有关省市侨商会 120 多位侨商、侨界专业人士参加活动，促成投资 3000 万美元的农业发展项目和投资 1500 万元的医药科技项目落地，并在商业综合体、高科技等多个项目上达成合作意向。为支持苏北地区跨越发展，6 月 28 日—29 日，组织开展“创业中华—2016 江苏侨商洪泽行”活动，为侨企侨商和当地有关开发区、园区、景区搭建合作平台。江苏省侨联先后组织 100 多名侨商赴全国多个省市参加经贸交流、项目考察活动。主动服务“一带一路”发展倡议，为江苏侨商“走出去”牵线搭桥，组织侨商赴哈萨克斯坦、塔吉克斯坦、泰国、越南等“一带一路”沿线国家开展经贸交流活动，进行多个项目的实地考察和洽谈对接。做好服务新侨创新创业工作，组织创新人才、创新成果、创新团队、创新企业参加“中国侨界贡献奖”评选活动，江苏共荣获 38 个奖项，获奖数量再次位居全国各省（市、区）之首；加强新侨创新创业基地建设，新推荐 5 家单位申报“中国侨联新侨创新创业基地”，新命名 16 家“江苏省侨联新侨创新创业基地”，目前“江苏省侨联新侨创新创业基地”已达 45 家。举办侨青创业智慧分享会，通过创业辅导、项目交流、创客空间考察等活动，为侨青创新创业提供服务。组织侨青企业参加第九届中国长三角青商论坛，为侨青企业参与长三角经济转型发展创造商机。召开全省侨联经济科技工作会议，交流工作经验，研讨创新思路。淮安市侨联积极邀请海内外侨商到淮安考察和进行项目洽谈，全市侨联系统引资工作成效明显，其中投资超过 1 亿元的项目有 3 个。2016 年，江苏各级侨联共协助引进经济、科技等项目 100

4 月 12 日—13 日，“创业中华·建设江苏—2016 侨资侨智（徐州）对接交流会”在徐州市举行

6月28日—29日，江苏省侨联组织开展了"创业中华·2016年江苏侨商洪泽行"活动

多个，协议利用外资20多亿美元，实际到账4.4亿美元；协助推荐引进海外高层次人才400多人，邀请并接待海外人才回国参观考察3600多人次。

【开展"亲情中华·感知江苏"主题活动】 7月，江苏省侨联与无锡市侨联、南通市侨联举办了2016"亲情中华"江苏夏令营，组织来自10多个国家和地区的50多名华裔青少年学习、感受、体验中华文化，深化海外华裔新生代对中华文化、中国形象、中国精神的理解。夏令营参营人数创历年新高，品牌效应持续拓展，项目化、程序化办营模式初步形成。3月和12月，江苏省侨联组织省华侨公益基金会举办了两期"心手相连·青春有约"—苏港青少年交流活动，共邀请60多名香港中学生到南京、南通、苏州等地与中国学生家庭结对交流，进一步增进香港青少年对祖国大陆历史文化、发展成就的了解以及对国家、对中华民族的认同感。江苏省侨联印发了《关于开展亲情中华·精彩故事主题活动的通知》；与无锡市侨联、淮安市侨联配合中国侨联做好"亲情中华"第二届世界华侨华人摄影展有关工作。江苏省和各市侨联积极组织开展纪念中国侨联成立60周年各类活动，组织60余名海外侨界重点人士出席中国侨联成立60周年庆典；举办了"翰墨筑侨梦"—连云港市海内外侨界书画展和"亲情中华·魅力泰州"—庆祝中国侨联成立60周年暨地级泰州市建市20周年文艺演出。江苏省侨联联合苏州市侨联、无锡市侨联、扬州市侨联做好"中国华侨国际文化交流促进会海外理事江苏行"有关工作，组织来自33个国家和地区的近100名海外侨胞参观考察江苏经济社会发展成果。加强华侨文化基地建设，新确认5家"中国华侨国际文化交流基地"和15家"江苏省华侨文化交流基地"，目前全省"中国华侨国际文化交流基地"已达17家，省级华侨文化基地已达50家。组织召开全省侨联文化宣传和联络工作会议，交流工作，以会代训。坚持广交深交海外朋友，江苏省侨联接待了美南中国专家协会联合会、澳大利亚首都地区中国和平统一促进会等海外侨团

7月12日，2016"亲情中华"江苏南通夏令营开营仪式在江苏省商贸职业学校举行

9 月 24 日—26 日，参加“海外侨胞故乡行 · 走进江苏”活动的海外江苏籍侨团负责人一行 160 余人到苏州参观考察

4 月 28 日，中国侨联副主席康晓萍（左）在淮安市出席“亲情中华 · 走进淮安”第二届世界华侨华人摄影展开幕式

30 多批次，密切了与 30 多家海外侨社团的联系；组团赴香港访问并参加新马泰归侨联谊会庆典活动，派员参加澳门、上海、四川等地的侨界青年论坛、讲坛等活动。2016 年，江苏各级侨联共接待海外侨胞 7200 多人次，组团或参团出访 300 多人次。南京市侨联举办“亲情中华 · 走进伦敦”活动，被列为世界知名城市“南京周”组委会组成单位。无锡市侨联承办了中国侨联“亲情中华”芭蕾舞剧《丹顶鹤》赴美国、加拿大演出，受到高度赞扬。南通市侨联组织开展专场文艺演出、书画作品展、摄影品评会、武术切磋会、球类比赛、“侨文化进社区”等侨界群众喜闻乐见的活动。南京师范大学侨联组织归侨侨眷参加“爱祖国、爱江苏”主题参观活动。镇江市侨联与市有关单位联合开展“亲情中华 · 镇江侨界故事”活动，在市主要报刊开设专栏宣传侨界先进典型，编辑发行《亲情中华 · 镇江侨家记忆》。

【加大“维权行动”力度】 由江苏省侨联首先提出立法建议并经多年持续推动，5 月 1 日，江苏首部保护华侨投资的地方性法规《江苏省保护和促进华侨投资条例》（以下简称《条例》）正式施行。江苏省侨联发起并联合组织省市县三级侨联、侨办、致公党，在全省 50 多个市、县同步举行《条例》广场宣传活动，现场接待前来咨询学习的社会各界群众达 10 万人，发放《条例》单行本近 2 万册，推动侨界和社会各界知《条例》、用《条例》，积极营造促进华侨投资的良好氛围。印发《江苏省侨联“七五”普法规划》，对未来五年法治宣传教育工作作出部署，进一步明确目标要求、主要任务、具体步骤等。组织参加江苏省级机关“万人学法”知识竞赛，引导党员干部学法、懂法、用法，增强法治

5 月 1 日，江苏省、市、县三级侨联、侨办、致公党在全省各地同步举行《江苏省保护和促进华侨投资条例》广场宣传活动

意识和依法办事的观念。发挥江苏省侨界法律顾问委员会作用，组织省侨联法律咨询服务中心主动为侨界群众服务，努力协助解决涉侨纠纷。常州市侨联与市中级人民法院、市司法局等单位联合召开涉侨纠纷案件诉调对接工作推进会议，出台相关文件，推动成立涉侨纠纷诉调对接协调办公室和涉侨纠纷人民调解委员会，在全市侨界引起广泛关注。连云港市侨联成立“连心桥”涉侨矛盾人民调解中心，建立了多元融合化解涉侨矛盾工作新机制，成功化解多起涉侨纠纷。宿迁市侨联组织开展“送法律、促发展、建和谐”服务侨企主题活动，受到侨企侨商广泛好评。2016年，江苏各级侨联共处理来信200多件，接待来访1300多人次，协助解决涉侨纠纷和案件100多起，挽回经济损失1.1亿元。

11月24日，江苏省侨联与江苏省政协港澳台侨（外事）委联合举行省政协侨联界委员界别活动，围绕新侨创新创业开展专题调研

【提升“建言行动”质量】 江苏各级侨联通过多种途径汇集侨智，为全省经济社会发展和各项事业积极建言献策。2016年，江苏侨联系统共向各级“两会”提交提案569件、建议案199件、社情民意470条、调研报告及大会发言81篇。11月24日，江苏省侨联联合省政协港澳台侨（外事）委员会组织省政协侨联界委员开展专题调研，深入了解新侨回国创新创业过程中遇到的问题和困难，就完善新侨创新创业政策支持体系以及解决融资难、招聘难等问题进行探讨并提出建议；组织江苏省侨界专家委员会、省侨界法律顾问委员会在昆山召开“侨之声—服务新侨创新创业”座谈会，针对集聚高端人才、产业和民生发展、建设中外合作大学等问题进行深入交流，为新侨创新创业和地方经济社会发展献计献策。重视侨界人大代表、政协委员的意见建议，认真做好提案、议案办理工作，江苏省侨联主办了“关于在招商引智中注重发挥海外侨团作用”的省政协提案；参与了“关于引导和支持华侨投资者参与‘一带一路’、长江经济带建设和江苏沿海开发”省人大建议案的会办工作和重点督办活动。进一步拓宽侨情信息来源渠道，提高信息报送质量，上报信息被中国侨联采用95篇，再次居全国侨联系统首位。苏州市侨联围绕构建全方位开放新格局、建设创新创业活力城市等主题，组织开展侨界人士献良策活动。盐城市侨联组织撰写的《借鉴上海自贸区经验，推动盐城开放型经济更好更快发展》政协提案荣获2016年度盐城市第十一次哲学社会科学优秀成果奖，成为全市唯一获奖的群团。南京大学侨联主动加强与侨界人大代表和政协委员的联系，积极反映侨声，推动在法规政策层面解决有关问题。镇江市侨联与有关高校开展涉侨课题研究，其中《华人华侨与中国企业走出去》被镇江市社科联立项并已完成专题调研报告。

11月26日，江苏省侨联组织部分省侨界专家委员会、省侨界法律顾问委员会委员在昆山市召开“侨之声—服务新侨创新创业”座谈会

【拓展“关爱行动”形式】 江苏各级侨联牢记宗旨，情系侨界群众，推动走访慰问、结对帮扶、志愿服务、文化惠侨、精神抚慰等关爱工作深入开展，2016年共走访慰问困难归侨侨

10 月 31 日，江苏省侨联主席史宇赴宿迁市沭阳县开展访贫问苦调研活动

11 月 24 日，江苏省侨界青年总会、江苏省华侨书画院在南京举办侨界空巢老人"老有所乐"公益讲座

眷 6500 多人次，发放慰问金 400 余万元。江苏省侨联完成了第一批老归侨大病医疗保险的续保工作，组织省直单位、在宁高校归侨侨眷举办招待会、茶话会等联谊活动，组织省侨青总会、省华侨书画院联合举办"老有所乐"公益讲座。认真学习贯彻中央、省委有关扶贫工作指示精神，江苏省侨联印发了关于做好贫困归侨侨眷精准扶贫工作的文件，组织专门力量赴基层开展贫困归侨情况调研，摸清贫困归侨侨眷的准确人数、居住条件、就业状况、收入来源以及致贫原因，做到精准识贫；坚持选派思想作风好的侨联干部参加江苏省委帮扶工作队，进村入户、因户施策，并协调扶贫资金（含实物折价）741.8 万元，配合当地政府和有关部门帮助困难群众脱贫致富。开展机关党员进社区，志愿结对帮扶，慰问社区侨界困难群众。全国扶贫日前后，江苏省侨联领导班子成员分别赴苏北贫困村开展访贫问苦调研活动。扬州市侨联深化"侨联万家"活动，实施"寸草心"志愿服务，构筑以社区为依托，侨联骨干、志愿者为纽带的关爱侨界空巢老人服务体系，打造"海外游子放心工程"，并注册成立侨界老人服务中心，进一步完善为侨服务平台。泰州市侨联努力打造线上、线下"侨胞之家"，为广大侨胞参观访问、交流联系、文化鉴赏提供服务，进一步提升了侨联组织的凝聚力。江苏省级机关侨联主动服务省级机关困难侨眷，协调有关部门帮助解决困难补助。东南大学侨联举办"心系侨胞、健康养生"主题讲座；南京医科大学侨联坚持组织专家为省直单位、在宁高校归侨侨眷开展义诊活动；南京中医药大学侨联定期组织对空巢老人走访慰问，受到社会各界一致好评。

【扩大"侨爱心工程"影响】江苏各级侨联积极开展侨界公益事业，加大宣传力度，鼓励动员广大侨胞和侨企侨商参与支持"侨爱心工程"。"6・23"盐城龙卷风冰雹灾害发生后，江苏省侨联组织机关干部职工和省华侨公益基金会在第一时间捐款捐物，积极联系有关侨社团、海外华侨华人和侨资企业，发出支援灾区的倡议，募集了 30 多万元钱款和 1000 多万元物资。2016 年，江苏省侨联组织省侨商总会、省华侨公益基金会、省侨青总会在苏北部分贫困地区捐赠"侨商爱心图书室"和医疗器材，建立

12 月 5 日—6 日，江苏省侨商总会、江苏省华侨公益基金会在沭阳县组织开展"侨商爱心图书室"及助学帮困等捐助活动

"侨青爱心奖学金"，开展"侨青社会服务苏北行·帮扶点精准扶贫行动"，奉献侨界爱心。组织开展扶危济困、爱心助学等活动，在省侨联指导帮助下，江苏省华侨公益基金会全年募集捐赠资金近650万元，已实施项目支出610万元；募集捐赠物资价值1500多万元，已实施捐赠物资价值500万元；新增冠名专项基金7支。进一步规范基金会管理机制，推动通过网络等形式，公开捐款到账和公益性支出情况，接受社会监督。一年来，海内外侨胞通过江苏各级侨联捐赠款物共计6300多万元。

【推进"强基工程"创新】 江苏省侨联认真学习《中国侨联改革方案》，就侨联改革问题进行调研，广泛听取意见建议，研究起草《江苏省侨联改革方案》。围绕中国侨联提出的"建家交友"要求，江苏省侨联通过在设区市侨联中开展职能工作绩效考核、在县（市、区）侨联中开展双"五有"创建、在各级侨联干部中开展"侨胞挚友"评选等"三个抓手"建立激励机制，努力推进各级侨联组织和侨联干部的思想、组织和作风建设，不断提高能力水平。依托中国侨联干部培训中心举办了江苏省侨联第7期干部培训班等多个班次的人员培训，重点培训一批县（市、区）侨联干部和兼职侨联干部。江苏省侨联党组认真履行全面从严治党主体责任，定期召开会议专题研究机关党建工作和党风廉洁建设，督促领导干部履行"一岗双责"。坚决贯彻中央、省委关于巡视工作的指示要求，自觉接受"政治体检"和巡视监督，积极支持配合江苏省委巡视组做好巡视省侨联党组工作，坚持未查先改、边查边改、即知即改，以巡视为契机推动侨联组织党的建设再上新台阶。坚持用制度管人管事，江苏省侨联机关修订完善了党组工作条例、党风廉政建设责任制及公务接待和海外接待、因公临时出国（境）、会议经费管理等方面的制度规定，坚持严格依规办事，不断提高各项工作的规范化、程序化水平。加强侨联所属社团组织建设，江苏省侨联推动省侨商总会成立了科技新侨协会，组织开展全省侨资企业经营情况调研，开办省侨商总会北大纵横商学院EMBA班，组织参加全国侨商社会组织高级研修班。江苏省侨商总会在2016年度全省社会组织评估中被评为5A级，并被中国侨联表彰为"全国先进侨商社会组织"；南京侨商联合会、连云港侨商会也受到表彰。组织江苏省华侨书画院开展艺术创作和采风活动，增强侨界文化组织的凝聚力。无锡市侨联、徐州市侨联牢固树立问题意识，抓县级侨联组织建设

4月5日—11日，江苏省侨联第7期干部培训班在广东举办，中国侨联副主席乔卫（前排左五）等领导出席开班仪式

力度大、措施实，推动成立了8个县（市、区）侨联组织，无锡市、徐州市实现了县级侨联组织全覆盖。常州市侨联顺利换届，委员会队伍进一步优化，实现了市区侨联机关均配备有专职干部。

【徐州市侨联推动县级侨联组织全覆盖】为进一步夯实侨联工作基础，徐州市侨联积极推进县级侨联组织的建立健全工作。市侨联以中央、省委出台关于加强侨联工作的文件为契机，多次向市委主要领导汇报，得到了市委对侨联基层组织建设的关心和支持。徐州市侨联多次组织力量到县（市、区）专题调研，与相关领导沟通协调，针对各自特点列出成立侨联组织时间表，逐步实施、稳步推进。在徐州市编制办公室和有关县（市、区）党委政府的大力支持下，2015年9月—2016年12月，先后有鼓楼区、新沂市、铜山区、沛县、云龙区、邳州市、贾汪区等7个县（市、区）区召开了第一次归侨侨眷代表大会，成立了侨联组织。加上已成立的泉山区侨联、睢宁县侨联和丰县侨联，截至2016年底，徐州市实现了县（市、区）侨联组织全覆盖。

【苏州市侨联广辟渠道建言献策】苏州市侨联切实履行参政议政职能，深入开展“建言行动”，多渠道为经济社会发展建言献策。一是壮大主体力量。苏州市侨联认真酝酿新一届政协侨联界别委员和人大归侨代表的推荐提名人选，强化侨界参政议政主体力量。组织侨联界政协委员开展专题调研，深入侨资企业和侨界群众，体察侨情、收集民意。苏州“两会”期间，全市侨界人大代表和侨联界别政协委员积极履职建言，共提交提案议案、社情民意100余件。二是注重侨界参与。在全市侨界开展“我为‘十三五’献良策”活动，围绕构建全方位开放新格局、建设创新创业活力城市等主题，充分汇聚侨界智慧，在侨界引起持续关注，为党委政府科学决策提供了有效参考。三是扩大部门联动。苏州市侨联与致公党苏州市委连续四年合作开展参政议政调研和集体提案工作，通过部门联动，多角度关注侨界群众现实需求，所提集体提案连续多年被市政协评为优秀提案。

【南通市侨联大力开展侨界文化活动】南通市侨联充分发挥中华文化凝聚侨心的作用，大力传承中华优秀文化。一是举办形式多样的“亲情中华”中外文化交流活动。南通市侨联先后举办了“亲情中华”海外华裔青少年南通夏令营、“心手相连·青春有约”苏港青少年交流活动、“中瑞青少年文化交流晚会”、“澳中文化交流美术作品展”、“中马青少年象棋交流赛”、“中新青少年排球友谊赛”等活动，推动中华文化交流融通。二是开展“亲情中华”海外慰问演出。组织南通华侨艺术团赴南非、博茨瓦纳、坦桑尼亚三国举行“亲情中华”新春慰问演出，慰问当地华侨华人、中资机构，受到了当地华侨华人、海外友人的热烈欢迎，在海内外影响广泛。三是做好华侨史料收集工作。启动《南通新侨口述史》《南通老归侨口述史》编撰工作，通过著书立说，讲好侨界精彩故事，鼓励海外侨胞积极参与“一带一路”建设，激发侨胞爱国爱乡、建设美好南通的热情。四是开展侨界群众性文化活动。围绕中国侨联成立60周年、市侨联成立35周年纪念活动，开展“中国梦·侨之梦”濠滨夏夜专场文艺演出、“侨文化进社区”、侨界书画作品展、侨界摄影品评会、侨界乒乓球邀请赛、侨界武术切磋会等侨界群众喜闻乐见的活动，受到一致好评。

浙江省归国华侨联合会

【领导成员名单】

主　　席：吴　晶（女）

党组书记：岑国荣

专职副主席：张维仁

兼职副主席：章　燕（女）　李承戌　王丽峰（女）　项芳云（女）　郑　耀　林　东　汤春甫　陈乃科　冯定献　卓旭光　沈　浩　丁列明　杨宝庆　吴超英（女）　詹洪良　尹霄敏　刘光华　季志海　虞安林

秘　书　长：周松一

【综述】2016年是全面实施“十三五”规划的开局之年。在浙江省委、省政府的坚强领导下，在中国侨联和省委统战部的有力指导下，省侨联紧紧围绕中心、服务大局，强化政治引领，彰显侨界特色，注重固本强基，真情服务归侨侨眷和海外侨胞，各项工作取得了明显成效，得到了中国侨联主席林军、中国侨联副主席董中原以及中共浙江省委书记夏宝龙，中共浙江省委副书记、省长车俊，中共浙江省委副书记袁家军等领导的称赞。

【传达学习十八届六中全会和习近平总书记系列重要讲话精神】浙江省侨联深入学习贯彻习近平总书记系列重要讲话精神，及时传达学习党的十八届六中全会和省委十三届十次全会等重要会议精神，通过召开主席会、常委会、全委会和中心组学习会、报告会等方式，运用侨联网站、侨刊乡讯、微信公众号等载体，组织广大归侨侨眷、海外侨胞和侨联干部职工深入学习党的十八届六中全会关于牢固树立政治意识、大局意识、核心意识、看齐意识，坚定不移抓好各项重大改革举措的重要精神；贯彻落实省委十三届十次全会关于坚持以“八八战略”为总纲，奋力推进“五位一体”总体布局和“四个全面”战略布局在浙江的实践的重要指示；广泛开展“十三五”规划内容宣讲，创新运用“互联网+”等多种途径，切实回应好侨界群众对热点问题的关注关切。组织全体机关干部集中通读《关于新形势下党内政治生活的若干准则》《中国共产党党内监督条例》等中央重要文件精神，引导侨联干部和侨界群众在思想上政治上行动上同以习近平同志为核心的党中央保持高度一致。

【贯彻落实中央群团工作及侨联改革工作部署】浙江省侨联以增强政治性、先进性、群众性为目标，持续组织广大侨联干部、归侨侨眷、海外侨胞深入学习党的群团工作会议、中国侨联改革会议和省委群团改革动员部署会议精神，增强改革的责任意识、机遇意识。根据省委领导的指示精神，专门成立改革领导小组，在深入调研、广泛征求意见的基础上，全面谋划侨联改革思路和具体举措，形成了《省侨联改革实施方案》（送审稿），为下一步全面实施侨联改革打下了良好基础。

【开展“两学一做”学习教育】按照中央部署和省委要求，浙江省侨联制定出台省侨联机关党员开展“两学一做”学习教育实施方案，精心完成3个专题的学习研讨。主要领导带头开展专题学习和集中研讨，切实开展批评与自我批评，认真落实“三会一课”制度，严格执行民主生活会和组织生活会制度，省侨联机关党支部入选省直机关第一批服务型基层党组织，荣获“五星支部”称号。积极开展“解放思想找‘短板’、齐心协力补‘短板’”活动，全省侨联系统认真查摆10大短板问题50条，结合省委第四巡视组政治督查，采取有针对性措施，认真抓好整改落实。

【开展“万家海外中餐馆·同讲中国好故事”行动计划】浙江省侨联借助G20杭州峰会召开的重大契机，组织实施“万家海外中餐馆·同讲中国好故事”行动计划，完成近1万家海外中餐馆信息数据采集，启动安装23个国家37个重要城市海外中餐馆视屏，指导战略合作单位开发“吃遍全球”和“吃全管家”两个APP客户端。12月10日，省侨联牵手杭州G20峰会专用厨艺大师团队，首次赴美国举办“亲情中华·2016浙江美食走进纽约品鉴会”活动，《人民日报》等主流

6月28日，海外万家中餐馆"吃遍全球"APP正式上线，林军主席（中）出席仪式

媒体对其进行专题报道，新华社"我在现场"平台进行首次美食直播，海内外30多万人次网民及时观看现场实况并进行互动。该行动计划实施以来，获得李源潮、刘奇葆等中央领导充分肯定，中国侨联林军主席以及省委书记夏宝龙先后批示肯定，被中宣部列入重点项目。

【服务中心助推经济转型升级】省侨联组织开展浙江高层次海归人才迎新联欢会暨吴牧野钢琴独奏音乐会，举办"高校毕业生就业招聘会侨商企业专场"活动，105家侨资企业为高校毕业生抛出1000多个"科技橄榄枝"，助力解决侨商企业人才短缺和高校毕业生求职难问题。与中国侨联、杭州市政府联合举办第七届杭州"创业中华—2016侨界精英创新创业峰会"，组织"高层次留学回国人才暑期为国服务志愿团长兴行"活动。组团参加中国侨联第六届新侨创新创业成果交流活动，获得24个奖项，居全国前列。持续深化"侨商回归、侨胞回家"活动，组织"海外侨胞故乡行"，邀请来自42个国家的近80名侨胞重返故里。

12月29日，举行浙江高层次海归人才迎新联欢会暨吴牧野钢琴独奏音乐会

9月23日，开展"海外侨胞故乡行·走进浙江"活动

省级侨联工作

【全力服务保障G20杭州峰会】浙江省侨联组织开展服务保障杭州G20峰会系列活动，动员和引导广大侨界群众当好宣传员、联络员和服务员。发放各类宣传资料13000多份（册），制作主题宣传橱窗（展板）600多个，2880多名侨界群众参加志愿者服务活动。举办“侨界喜迎G20峰会，人人争当友好使者”系列活动，并在海外组织系列推介活动，全力为中国主场外交盛会鼓与呼。协助参与旅法钢琴家吴牧野G20杭州峰会文艺晚会钢琴独奏相关事宜；支持卢森堡侨领朱培华为G20原创歌曲《九月杭州桂花香》谱曲；浙江理工大学侨联主席李加林教授制作的丝绸织锦组画，被选作峰会国宾礼品；挪威侨领马列创作绘本《杭州故事马列说》，中央电视台国际频道“华人世界”栏目进行专题报道；支持省侨联兼职副主席、中国美院教授沈浩，省侨界文协常务副会长、中国美院副院长王赞，省侨界文协常务副会长、中国美院教授王冬龄等全力做好“夫人团”成员参观美院活动。

8月2日，浙江省侨联九届三次全委（扩大）会议在省社会主义学院召开，省委常委、省委统战部部长王永康出席

1月25日，举行“侨界喜迎G20峰会，人人争当友好使者”活动，浙江省委常委、省委秘书长、杭州市委书记赵一德出席并讲话

【召开浙江省侨联九届三次全委（扩大）会】8月2日，浙江省侨联九届三次全委（扩大）会议在省社会主义学院召开。会议传达学习中国侨联九届六次常委会精神，省政协副主席、省侨联主席吴晶作省侨联九届常委会工作报告。省委常委、统战部部长王永康出席会议并作重要讲话，充分肯定了省侨联在服务中心、为侨服务、自身建设等方面所做的工作，强调全省各级侨联要把握群团组织特点，努力提升侨联工作水平，为助推“两富”“两美”浙江建设贡献侨界力量。

【强化引领和服务网上侨界群体】按照习近平总书记对网上群团工作亮出旗帜、发出声音、网上有组织、网上有活动的重要指示精神，浙江省侨联着力加强侨联网络建设。一方面，借助各级侨联网站平台，在不同领域侨界群众中开展丰富多样的主流价值宣传，省侨联网站点击量突破1700万人次。另一方面，开发升级省侨联微信公众号，实现实时动态信息发布；先后建立了“海外华文媒体”“海外万家中餐馆”“侨联委员之家”等20多个微信群。组织开展“同讲浙江好故事·境外华文媒体杭州行”活动，邀请15

1月25日，举行“同讲浙江好故事·境外华文媒体恳谈会”活动

个国家和地区的网站总编参加，最大限度壮大网上正能量，扩大侨联工作在网上的影响力。

【举办中国共产党建党95周年、中国侨联成立60周年纪念系列活动】 浙江省侨联举办《不忘初心·丹青铭志》书画展，联合省新四军历史研究会合唱团赴重点侨乡、红色老区开展纪念“中国共产党建党95周年暨中国工农红军长征胜利80周年”文艺慰问演出活动，支持嘉兴市侨联参与举办纪念建党95周年《红船颂》音乐会。通过开展“从事侨联工作20年以上工作者”申报活动，召开纪念会、研讨会、书画展等多种方式，广泛动员全省侨界群众踊跃参与纪念中国侨联成立60周年系列活动。

【拓展海外联谊】 浙江省侨联以拓展侨界青年社团和侨界青年领军人物为重点，鼓励、支持海外侨胞积极融入住在国社会，2016年累计接待来自60个国家和地区的海外侨团来访80余个团组、1000多人次。举办2016年省侨联青年总会年会以及侨界青年创业创新成果分享会、侨界青年创业创新高峰论坛，邀请52个国家180余名浙籍侨界青年交流联谊。开展“2016相约春天—感知舌尖上的魅力”名媛会活动。与浙江大学统战部、杭州市侨联、嘉兴市侨联联合举办第二届“海燕集结行动计划”，来自15个国家和地区30所著名高校的30名海外留学生，通过系列活动全方位感知浙江发展。举办台湾大学原校长钱思亮学术成就展，展出图片均为首次

10月24日，浙江省侨联、浙江图书馆联合主办“不忘初心·丹青铭志”纪念长征胜利80周年暨建党95周年主题书画展在浙江图书馆开幕

6月30日，举办纪念建党95周年《红船颂》音乐会

11月6日，举行浙江侨界青年创业创新高峰论坛

5 月 9 日，举行“2016 相约春天—感知舌尖上的魅力”名媛会活动

7 月 22 日，第二届“海燕集结行动计划”结业典礼在浙江大学玉泉校区闭营

在大陆公开，在海峡两岸产生良好影响。

【有序参政议政】全国和省“两会”期间，浙江侨界人大代表、政协委员提交提（议）案共计 50 多件，其中《发掘海外侨务资源优势、助推万亿旅游产业发展》《坚持“水土气”共治、建设“绿富美”浙江》提案在省政协大会上发言，《发展远洋渔业，建设“海上粮仓”》被评为省政协优秀提案和重点

5 月 1 日，台湾大学原校长钱思亮学术成就展大陆首展在杭州钱王祠开展

提案。组织开展参政议政调研月活动，围绕“国际产业园建设、国际航线开辟、华侨民宿经济发展、国际化幼儿教育”等进行专题调研，《关于重视华侨需求，依法维护华侨权益，妥善解决华侨翻建祖屋审批问题的建议》和《关于简化国外医师来华短期行医审批流程的建议》被省人大列为建议案。围绕经济社会发展热点积极建言献策，省侨联连续 7 年荣获中国侨联信息专报特等奖。

【铺好侨路弘扬中华文化】浙江省侨联深化拓展“亲情中华”主题活动，在杭州、宁波鄞州、温州瓯海、文成和青田等地组织“亲情中华·汉语桥”夏令营活动。举办“亲情中华·走进侨乡”巡演活动，分赴余姚、文成两地巡演；参与浙江小百花越剧团赴欧洲巡演，积极传播中国声音。开展新一批“中国华侨国际文化交流基地”申报工作，杭州郁达夫故居等 4 家单位入选。与丽水学院共同主办“共建与共享：浙江华侨华人与‘一带一路’”学术研讨会，扩大了侨界研究成果影响力。

11 月 18 日—20 日，召开“共建与共享：浙江华侨华人与‘一带一路’”学术研讨会

【维护侨益化解涉侨难题】浙江省侨联领导多次带队赴侨乡调研，总结推广青田涉侨案件审判新机制，引起了最高人民法院院长周强的高度重视，专门作出批示要求推广青田经验。以法律顾问委员会为主要载体，积极开展“送法进侨乡”活动；完善侨界群众矛盾调处机制，有效解决了西班牙侨胞股权纠纷、滩坑水库移民等一批涉法涉诉件。结合“侨商回家”工程，积极配合协调有关部门帮助侨资企业解决 50 余个发展难题。

【奉献侨爱助力社会建设】浙江省侨联创新精准扶贫方式，协同省侨商会开展“十百千”帮扶活动，即帮助 10 所农村学校改善生活设施、100 户困难家庭脱困、1000 个农村劳动力转移就业，还为景宁畲族自治县捐赠了 200 万元帮扶资金。广泛开展“送温暖、献爱心”慰问活动，支持新华爱心教育基金“珍珠班”公益项目。指导省侨缘会赴青田开展“侨缘善行·助推侨胞养老基地建设”，配合中国侨联举行“侨爱心·光明行”走进宁波活动，为 1000 例困难归侨侨眷患者免费实施白内障复明手术。

【推进干部队伍建设】2016 年，先后成立浙江省侨缘公益互助促进会、浙江侨界中餐业交流合作促进会。指导台州、绍兴市侨联完成换届，支持金华市侨联开展“四大基地”建设。支持温州、丽水市侨联发起成立市直机关侨联。认真贯彻落实《全省侨联系统干部教育培训五年规划》，选派一批干部参加中国侨联组织的侨联干部培训班，跨部门交流 1 名处级干部，机关内部交流 2 名处级干部，破格提拔 1 名处级干部，下派 1 名处级干部到基层挂职锻炼。全面履行从严治党主体责任，认真贯彻中央八项规定和省委“28 条办法”“六个严禁”，组织开展领导干部出差交通工具（飞机、火车等次）检查、机关干部差旅费、公务用车检查，建立健全省侨联机关公文管理、财务管理、差旅费管理、涉外礼品管理等制度。

【地市级侨联亮点纷呈】杭州市侨联组织开展“侨连全球·服务 G20”系列活动，通过聘请“美丽杭州”侨界宣传大使，建立“美丽杭州”国际视窗，发出侨界文明公约倡议，开展“相聚杭州·侨说故事”等，讲好中国故事，宣传推介浙江，在服务保障 G20 杭州峰会中彰显了侨界作为。宁波市侨联组织开展“凤来燕归”服务新侨系列行动，倡导成立了“宁波市侨联青年创业联合会”，相继举办“海外青年华商创业创新合作论坛”“留学人员专场招聘会”

10 月 11 日，丽水市莲都区侨联、青田县侨联牵头举办“侨缘侨心 · 医侨连心”活动

等活动，汇聚 1450 多名海内外侨胞参与活动，促成 340 名留学人员与企业和高校签约，多个项目落地宁波。温州市侨联组织“云上温州 · 网联天下”发展论坛，借助互联网力量，邀请温籍知名商界人士围绕推进创业创新、引进高精专人才等主题对话，论坛微播有近 14 万人次观看，有效助推温州实体经济转型。丽水市莲都区侨联、青田县侨联牵头举办“侨缘侨心 · 医侨连心”活动，500 多名侨界人士与医院各科室主任签订健康服务协议，为侨界人士提供健康咨询、健康体检等高效优质医疗服务，建立华侨就医看病的“绿色通道”，得到了广大侨界人士的高度赞誉。

2016 年上半年，杭州市侨联组织开展“侨连全球 · 服务 G20”系列活动

安徽省归国华侨联合会

【领导成员名单】

党组书记、主席：吴向明（满族）

专职副主席兼秘书长：杨　冰

兼 职 副 主 席：吴晓勤　叶向东　沙奇志

夏　萍（女）

方　玲（女）

副　巡　视　员：叶丽雪（女，2016年5月任职）

【综述】2016年，安徽省侨联在各级党委、政府的正确领导下，深入学习贯彻党的十八大、十八届三中、四中、五中、六中全会和习近平总书记系列重要讲话精神，特别是“七一”重要讲话和视察安徽重要讲话精神，全面贯彻落实省委、省政府和中国侨联工作部署，拉高标杆、开拓创新、主动作为，各项工作扎实推进，取得了显著成绩。在引资引智方面，积极参与承办中国国际徽商大会等省内重大经贸文化活动，举办第二届“国际人才与安徽高新技术发展项目对接大会”，就生命科学技术产业园、大数据会展服务平台技术、环境治理研发中心、生物工程数据解析等多个项目达成合作意向，引进乐农环保科技、汽车整车进口口岸等项目。在文化宣传方面，联合中国侨联共同主办了“亲情中华·欢聚侨乡”和“亲情中华·美好安徽”艺术团赴澳大利亚、新西兰、斐济慰问演出，举办3期“亲情中华·徽风皖韵”夏令营活动，新增4家“中国华侨国际文化交流基地”落户安徽。在参政议政方面，邀请盛晓明、潘尚旭、丁长海、霍建强4位海外侨胞列席省“两会”，汇集侨界智慧提交了关于人才引进、文化交流、精准扶贫等方面的政协提案。在加强自身建设方面，积极配合省委第一专项巡视组开展巡视工作，认真抓好中央巡视反馈问题整改工作，开展“八个专项整治行动”，推动省委办公厅出台《安徽省侨联改革方案》，扎实开展“两学一做”学习教育和“讲看齐、见行动”学习讨论，实现侨联组织在基层园区、社区的突破性进展。

【召开安徽省委巡视省侨联工作动员会】2015年12月28日，省委第一专项巡视组巡视省侨联工作动员会召开。省委第一专项巡视组组长罗昌平就巡视工作作了动员讲话，全面阐述了巡视工作的重要意义、总体要求、主要任务和工作方法，要求认真贯彻中央和省委关于巡视工作的指示精神，突出重点发现问题，全面开展好巡视工作。省侨联党组书记、主席吴向明主持会议并作表态讲话。省委第一专项巡视组全体成员，省纪委驻省委统战部纪检组长王岚，省侨联机关全体干部职工、近三年退休的副厅级以上领导干部及各市侨联负责人参加会议。

2015年12月28日，安徽省委第一专项巡视组巡视省侨联工作动员会在合肥召开

【召开安徽省侨联六届三次全委会】1月28日，安徽省侨联六届三次全委会在合肥召开，省

1月28日，省委常委、统战部部长沈素琍（主席台居中）出席省侨联六届三次全委会议并讲话

省级侨联工作

委常委、统战部部长沈素琍出席会议并讲话，省侨联党组书记、主席吴向明作工作报告，省侨联党组成员、副主席兼秘书长杨冰主持会议，省侨联副主席吴晓勤、沙奇志、夏萍、方玲出席会议。会议传达了中央书记处关于侨联工作的指示精神、国家副主席李源潮在中国侨联九届三次全委会上的讲话精神和中国侨联九届三次全委会精神，通报了一批 2015 年度工作创新先进单位，增补卸免了部分委员、常委，增聘了省侨联顾问、海外（港澳）委员。与会委员在分组讨论时，纷纷建言献策，为做好 2016 年侨联工作提出了意见建议。

【康晓萍副主席来皖看望慰问困难归侨侨眷】 2 月 3 日—4 日，中国侨联党组成员、副主席康晓萍一行来皖，深入阜阳、淮南、马鞍山等地，看望慰问归侨侨眷，省侨联党组书记、主席吴向明，各市市委、市政府负责人及市侨联负责人陪同慰问。康晓萍一行来到蒙古归侨李明存、泰国归侨叶生昌、美国侨眷朱洪善、印尼侨眷李成英等家中，详细了解他们的居住环境和工作生活面临的困难和问题，与他们面对面拉家常、话发展，并叮嘱随行基层干部要把困难归侨侨眷，尤其是老归侨侨眷的冷暖放在心上，全心全意为他们服务，让他们老有所养、安享晚年。慰问期间，康晓萍、吴向明分别与阜阳市委书记于勇、市长李平、副市长方旭，淮南市委书记沈强、副市长董众兵，马鞍山市委书记张晓麟，市委常委、组织部部长、统战部部长王炜等就进一步贯彻落实中央、省委关于群团工作和侨联工作意见，重视和支持侨联组织建设等进行了沟通交流，并出席了马鞍山市和县涉侨巡回法庭、涉侨纠纷诉调对接服务站揭牌仪式。

2 月 3 日—4 日，中国侨联副主席康晓萍（左一）在省侨联党组书记、主席吴向明（右一）的陪同下走访慰问归侨侨眷

【举办“亲情中华·欢聚侨乡”慰问演出】 2 月 17 日—18 日，由中国侨联、安徽省侨联共同主办的“亲情中华·欢聚蚌埠”“亲情中华·欢聚宿州”两场慰问演出分别在蚌埠、宿州上演，安徽省侨联顾问、常委、委员、所属社团代表、部分省内归侨侨眷，特邀回皖过春节的海外侨胞等 2000 余人观看了演出。中国侨联副主席康晓萍，中国侨联文化交流部部长刘奇，宿州市委副书记张孝诚，宿州市委常委、常务副市长周勇，蚌埠市副市长杨宏星等现场观看了演出。这场由来自空政文工团、煤矿文工团、中央民族歌舞团、中国铁路文工团的知名艺术家带来的精彩演出，为现场观众呈现了一场高水准的文化盛宴，为安徽人民猴年春节增添了浓浓的节日气氛，精彩的演出赢得了现场观众的普遍好评。《人民日报》2 月 25 日 20 版刊发题为《情寄侨乡，心念故土，侨连四海》的文章进行了宣传报道。

2 月 17 日，中国侨联与安徽省侨联共同举办“亲情中华·欢聚宿州”慰问演出

【举办安徽省侨界青年代表交流座谈会】 5 月 4 日，为纪念“五四”运动 97 周年，进一步学习贯彻习近平总书记视察安徽期间在中国科技大学发表的在知识分子、劳动模范、青年

省级侨联工作

5 月 4 日，召开安徽省侨界青年代表交流座谈会

代表座谈会上的重要讲话精神，凝聚全省侨界青年为打造创新型“三个强省”、建设美好安徽贡献智慧和力量，安徽省侨联在合肥召开全省侨界青年代表交流座谈会。省侨联党组书记、主席吴向明，党组成员、专职副主席兼秘书长杨冰，副主席、合肥市侨联主席方玲，团省委联络部部长、安徽省青年联合会秘书长陈锋以及各市侨联负责人、全省侨界青年代表等 80 余人出席会议。党组成员、办公室主任叶丽雪主持座谈会。来自全省各行各业的侨界青年代表，围绕如何进一步传承和弘扬“五四”精神，如何贯彻学习习近平总书记系列重要讲话精神，侨界青年创新创业的经历、体会等，并对侨联组织如何团结和引导更多新侨、留学生回皖创业发展以及对省侨联青年委员会换届和开展活动等提出意见和建议。

6 月 28 日，由省侨联组织，中国科技大学、合肥工业大学、安徽大学、安徽医科大学、安徽中医药大学 5 所高校参加的“在肥高校侨联志愿者联盟”成立仪式在合肥工业大学举行

【成立安徽省“在肥高校侨联志愿者联盟”】6 月 28 日，由安徽省侨联组织，中国科技大学、合肥工业大学、安徽大学、安徽医科大学、安徽中医药大学 5 所高校参加的“在肥高校侨联志愿者联盟”成立仪式在合肥工业大学举行，省侨联党组书记、主席吴向明出席并讲话，省侨联党组成员、副主席兼秘书长杨冰主持成立仪式，省文明办有关负责同志，中国科技大学、合肥工业大学、安徽大学、安徽医科大学、安徽中医药大学分管领导和侨联负责人出席开幕式，各高校侨联志愿者 150 余人参加成立仪式。会上，吴向明代表省侨联向 5 所高校志愿服务分队分别授旗，合肥工业大学副书记周军代表 5 所高校发言，安徽医科大学朱宁君代表志愿者发言。

【组织开展“江淮情 · 侨乡行”媒体采风活动】6 月 22 日—24 日，安徽省侨联组织开展“江淮情 · 侨乡行”媒体采风活动，并召开省侨联工作新闻媒体通报会。旨在通过新闻媒体的不同视角反映侨乡新变化、侨乡群众新生活，向海

6 月 22 日—24 日，省侨联党组成员、专职副主席兼秘书长杨冰（上方右三）率领新闻媒体赴省内侨乡开展“江淮情 · 侨乡行”媒体采风活动

内外侨界展示安徽侨乡新气象，进一步传播好安徽声音、讲好安徽故事。新华网、中新社等部分中央驻皖媒体和《安徽日报》、省人民广播电台、《新安晚报》、安徽生活网等省内媒体记者参加活动。省侨联党组成员、副主席兼秘书长杨冰带领记者团先后深入合肥市肥东县长临河镇、黄山市歙县等侨乡进行实地采风，取得丰硕成果，在海内外侨界引起强烈反响。

8 月 17 日下午，“安徽省侨联吴国修端仁助学金”首批资金发放仪式在安庆市望江县举行

【开展“两学一做”学习教育】按照中央和安徽省委的决策部署要求，2016 年，省侨联扎实开展“两学一做”学习教育，制定和下发了“两学一做”学习教育实施方案，配发学习书籍，汇编制作学习手册、学习流程图等，积极为开展学习教育提供有效保障。多次召开中心组理论学习会，传达学习《中国共产党问责条例》《中国共产党党组工作条例（试行）》等，邀请省委党校专家教授作《中国共产党廉洁自律准则》《中国共产党纪律处分条例》专题讲座。结合侨界实际，积极组织开展“两学一做”进基层、进侨企、进社区等特色活动，会领导分赴合肥市蜀山区三里庵街道、芜湖市作专题党课报告，确保“两学一做”学习教育取得最大成效，中国侨联林军主席、董中原副主席对此予以肯定。

7 月 29 日，省侨联“两学一做进基层”主题党课活动走进合肥市蜀山区三里庵街道，省侨联党组书记、主席吴向明（主席台居中）作党课报告

【实施“侨爱心工程”】2016 年，安徽省侨联深入对口扶贫点宿州市埇桥区大韩村开展调研，实地了解帮扶需求，筹集资金 24 万元帮助打抗旱机井、修建平板桥等，并对 10 户特困户实行机关干部“一对一”结对帮扶。联合省文联在蚌埠举办“翰墨真情—安徽省书画名家走基层”慈善公益活动，将拍卖所得善款全部用于帮助困难群众。争取福建省侨联青年总会一行来皖开展交流，并向巢湖市特殊教育学校、宿州市特殊教育中心、宿州市埇桥区大泽乡大韩小学共计捐赠 15 万元。6 月 18 日以来的特大强降雨期间，省侨联收到欧洲华侨华人妇女联合总会等捐赠的 318 万元款物，第一时间送往重灾区，支持地方开展灾后重建工作。邀请中国华侨公益基金会副会长、香港金龙科技集团有限公司董事局主席胡国赞，香港长嘉集团有限公司董事长吴志斌，台湾财团法人爱心第二春文教基金会创建人王建煊等来安徽实地考察访问，积极争取他们在安徽开展更多公益捐赠活动，其中吴志斌捐赠 200 万元在皖开展捐资助学，首批 20 万元已在安庆市望江县、宿州市埇桥区发放。争取澳大利亚华侨魏基成的支持，为安徽困难群众发放 25000 件过冬棉衣和 5000 副老花眼镜。

【召开安徽省侨联经济科技联络工作会议】9 月 12 日，省侨联在合肥召开经济科技联络工作会议，省侨联党组书记、主席吴向明出席会议并讲话，党组成

9 月 12 日，安徽省侨联召开经济科技联络工作会议

员、副主席兼秘书长杨冰主持会议，全省省辖市侨联、成立侨联的县区侨联、有关高校侨联负责同志、侨商代表等 120 余人参加会议。会议传达学习了全国侨联经济科技工作会议和全国侨联联络工作会议精神，并着眼侨情变化和安徽实际，对下一步全省侨联系统经济、科技、联络工作进行部署。与会同志还围绕侨联组织如何与时俱进开展联络联谊、经济科技、人才工作等作了交流发言。吴向明指出，做好新时期侨联工作要处理好“六个方面”的关系：内因和外因的关系、内容和形式的关系、共性和个性的关系、量变和质变的关系、肯定和否定的关系、实践和认识的关系。他要求全省各级侨联要着眼侨联发展变化，紧紧围绕党委政府中心工作，不断增强对做好新形势侨联工作重要性的认识，深化“两个拓展”、着眼“六大任务”，以联络联谊为重要抓手，为经济、科技、人才等工作开展搭建平台、储备资源，把侨联组织的优势在服务大局中展现出来，要把握群团改革的机遇，锐意进取，探索创新，不断提升侨联组织的贡献力和影响力。

9 月 12 日，安徽省侨联与省高院、省检察院出台《意见》情况通报会在合肥举行

【举办安徽省侨联与省高院、省检察院出台《意见》情况通报会】 9 月 12 日，安徽省侨联与省高院、省检察院出台《意见》情况通报会在合肥举行。中国侨联权益保障部部长张岩，安徽省侨联党组书记、主席吴向明，安徽省高院党组副书记、副院长汪沪平，安徽省检察院党组成员、副检察长张棉，安徽省纪委驻省委统战部纪检组长王岚，省外事侨务办公室副主任黄英，省侨联党组成员、副巡视员叶丽雪出席会议，省侨联党组成员、副主席兼秘书长杨冰主持会议，全省法院、检察院、侨联系统有关负责同志，侨商代表，中央驻皖媒体和省有关媒体记者参加会议。会上，安徽省高院审委会委员、立案一庭庭长汪晖、省检察院民行处副处长张羽分别对《意见》进行了解读，并结合案例对如何结合安徽实际执行《意见》精神进行了辅导。

【代省长李国英会见海外侨胞故乡行参访团一行】 9 月 24 日，安徽省政府代省长李国英会见由中国侨联副主席康晓萍率领的“海外侨胞回国参访团”131 位嘉宾，安徽省副省长刘莉，省政府秘书长杨敬农，省政府副秘书长赵振华，省政府副秘书长、政研室主任叶晓明，省侨联党组书记、主席吴向明，省外事侨务办公室主任王信，省商务厅厅长张箭、合肥市委常委、副市长孔涛及 16 个省辖市政府有关负责同志参加会见。李国英代表省委、省政府对海外侨胞、皖籍侨领们来皖参观访问表示欢迎，对他们为安徽经济社会发展作出的贡献表示感谢。他指出，广大侨胞朋友身在海外，情系桑梓，是安徽十分看重的宝贵资源，希望一如既往地关心支持安徽发展，当好促进合作的“信息员”、宣传安徽

9月24日，省政府代省长李国英（上方居右）会见由中国侨联副主席康晓萍（上方居左）率领的“海外侨胞回国参访团”131位嘉宾

的“推介员”、建言献策的“参议员”，不断扩大安徽同海外的交流合作，为安徽改革开放和现代化建设事业贡献力量。康晓萍指出，2016年是中国侨联改革年，也是中国侨联成立60年来回顾过去、展望未来的重要年份，中国侨联在全国27个省市区同时举办纪念的分会场，开展“海外侨胞故乡行”活动和海外侨胞回国参访考察活动，也谋划了一系列纪念活动，希望以活动举办为契机，搭建平台，进一步凝聚侨心，团结带领广大归侨侨眷、引导海外侨胞同心共筑“中国梦”。

10月18日—20日，2016国际人才与安徽高新技术产业项目对接会在合肥举行，图为海外嘉宾在进行实地参观考察

【举办2016国际人才与安徽高新技术产业发展项目对接会】10月18日—20日，2016国际人才与安徽高新技术产业项目对接会在合肥举行，省委常委、六安市委书记孙云飞，省政府副省长张曙光分别会见部分海外嘉宾代表。会后，海内外高层次人才一行60余人分别赴合肥市、马鞍山、六安、蚌埠、池州等地开展考察对接，就项目建设、配套服务、合作方式等方面达成诸多合作意向。会后，部分参会嘉宾赴合肥市、芜湖市、马鞍山市等开展了项目投资考察，合肥市委常委、副市长孔涛，马鞍山市委常委、组织部部长、统战部部长王炜，六安市政府副市长孙军，蚌埠市委常委、组织部部长、统战部部长胡朝荣，池州市委副书记金庆丰分别陪同参观考察，并就生命科学技术产业园、大数据会展服务平台技术、环境治理研发中心、生物工程数据解析等多个项目达成合作意向。

【谋划推进安徽省侨联改革】2016年，安徽省侨联及时召开党组会、机关全体会议等，认真学习中央和省委有关会议、文件精神以及省委李

11月10日，省侨联深化改革方案征求意见座谈会在合肥召开，省侨联党组书记、主席吴向明主持会议并讲话

锦斌书记、信长星副书记关于群团改革的批示精神，深刻理解把握中央和省委对侨联改革创新的要求，集中集体智慧，把准安徽侨情，积极开展调查研究，认真查摆问题，找准省侨联改革的聚焦点着力点，做到对症下药、有的放矢。反复与省委、省政府有关部门沟通，争取他们对新形势下侨联工作的理解和支持。先后两次召开全省侨联系统座谈会，听取各方面意见建议。在综合各方面意见的基础上，省侨联党组召开会议专题审议方案修改完善工作，积极采纳各方面意见，反复修改完善形成改革方案送审稿。12 月 23 日，省委书记李锦斌主持召开省委全面深化改革领导小组会议，审议通过了《安徽省侨联改革方案》。12 月 30 日，省委办公厅印发改革方案，为全省侨联事业长远发展指明了前进方向。

【开展精准帮扶对接活动】 12 月 7 日，按照安徽省扶贫攻坚有关要求，省侨联党组书记、主席吴向明，党组成员、副主席兼秘书长杨冰率领处以上干部和机关各党支部赴宿州市埇桥区大韩村开展精准扶贫对接，在当地镇村干部的陪同下，进村入户与贫困户结亲。省侨联扶贫工作队分四个分队先后来到大韩村陈胡庄、韩寨、二韩庄、大韩庄、南王家等村庄，看望对接联系的 10 户生活困难的贫困家庭。每到一处，帮扶责任人详细询问他们的生产生活、身体、家庭收入、子女就业等情况，深入了解他们当前所面临的困难，并互留联系方式，为今后加强联系、开展精准帮扶工作奠定基础。在听取了大泽乡镇和大韩村基本情况和扶贫工作情况介绍后，吴向明指出，此次组织省侨联处以上干部和各党支部开展精准对口帮扶工作，就是要坚决落实中央和省委关于坚持精准扶贫的重要指示以及习近平总书记考察安徽重要讲话精神，做到精准识别、精准施策、精准帮扶、精准脱贫。

【张曙光副省长到安徽省侨联走访调研】 12 月 28 日安徽省政府副省长张曙光到省侨联走访调研，听取工作汇报，研究部署安徽下一步侨联工作。省侨联主席吴向明汇报了全省侨联工作情况。省政府副秘书长赵振华陪同调研。张曙光希望，省侨联要认真贯彻落实中央和省委省政府决策部署，在打造安徽开放型经济主战场上，勇于担当、主动作为，为安徽经济发展提质增效再立新功，重点抓好四个方面工作：一是要紧扣开放战略，更好地推动省委省政府战略部署落实到位；二是要善用开放平台，更好地推动安徽请进来、走出去；三是要涵养开放资源，更好地为安徽开展引资引智开拓渠

12 月 28 日，安徽省副省长张曙光（中）到省侨联走访调研

12 月 7 日，省侨联党组书记、主席吴向明（左二）率队赴宿州市埇桥区大韩村开展精准扶贫对接

道；四是要服务开放主题，更好地维护侨商侨企合法权益。

【拓展海外工作】2016 年，安徽省侨联先后组团出访俄罗斯、泰国、柬埔寨、澳大利亚、新西兰、斐济等国家和香港、澳门地区，与俄罗斯安徽华人华侨联合会、泰国华人青年商会、柬埔寨安徽商会、澳大利亚安徽同乡会、新西兰中国团体联合会、斐济华人文化体育协会、香港侨界社团联合总会、澳门归侨总会等侨团侨社以及中资机构代表 500 余人开展座谈交流，拜访了驻泰使领馆、澳门中联办等，并与 10 余个侨团侨社签订了友好合作协议，进一步深化了联络联谊、涵养了侨务资源。

10 月 23 日—11 月 1 日，省侨联党组书记、主席吴向明（右八）率团出访俄罗斯、泰国、柬埔寨，图为向泰国华人青年商会会长李桂雄（左十）赠送锦旗

【合肥市侨联加快基层组织建设成果丰硕】2016 年，合肥市侨联积极探索组织建设新思路，进一步完善了基层组织网络，在全市范围内实现了侨联组织全覆盖，为合肥市经济建设和社会发展作出了贡献。2016 年年初，经市委市政府同意，市政协将“加强基层侨联组织建设”确定为 2016 年度七个重点协商活动议题之一，先后赴合巢经开区、合肥学院、福建等地进行实地调研，并召开市委、市政府专题协商会、座谈会，有力推动了全市基层侨联组织建设。积极推进侨联组织向末端延伸，先后成立合肥市蜀山区电商园侨联、合肥市蜀山区笔架山街道侨联、蜀山区三里庵街道梅山路社区侨联，建立了区、街道、社区、园区四级侨联组织的示范点，在肥西县三河镇、巢湖市凤凰山街道向阳社区、包河区望湖街道沁心湖社区分别建立了侨联组织，肥东县组织建立旅美留学生亲属联谊会，实现了合肥市侨联组织建设工作的新突破。推进基层侨联组织的规范化、制度化建设，蜀山经济开发区和笔架山街道御龙湾小区，分别建立面积逾 1000 平方米的侨胞之家，建有图书馆、健身房、影音室、手工坊等多个活动室，为侨胞提供议事、娱乐、休闲场所。包河区借助社区服务大厅、舞蹈室、图书室、书画室、生活指导室、乒乓球室、科普馆、老年大学等社区阵地，积极开展为侨一站式服务和文体服务。

【芜湖市侨联多措并举开展为侨服务】芜湖市侨联紧紧围绕中心、服务大局、开拓创新，努力拓展侨联工作平台，广泛联谊联络侨界群众凝聚侨心，不断增强侨界群众活力。一是探索“网上侨联”工作新体制机制，建立“侨之家”信息平台。从年初提出设想，经过近一年的不断修改，于 12 月 28 日正式上线运行，“侨之家”微信公众号同时发布，为广大侨胞“网上联络交流与共享”提供了方便快捷信息平台。二是在市中级人民法院诉调对接中心设立“涉侨纠纷调解工作室”。市侨联会同市中级人民法院出台并下发《关于印发〈芜湖市中级人民法院 芜湖市归国华侨联合会关于推进涉侨涉诉纠纷诉调对接工作的实施方案〉的通知》文件，并在市中级人民法院诉调对接中心设立了“涉侨纠纷调解工作室”，为侨界群众合法维权搭建方便快捷的解纠平台，推动了涉侨纠纷多元化化解机制向纵深发展。三是举办首届海外留学回芜创业分享沙龙，参与“2016 年皖、粤、港三地企业地域性竞合关系之创新与分享会”、“海外侨胞故乡行・走进芜湖”、2016 侨界国庆茶话会等活动，发挥侨联群众工作优势，凝聚侨心侨力，为芜湖经济社会发展牵线搭桥。四是支持基层侨联参与统战理论政策课题研究，指导镜湖区侨联在参与市委统战部《2016 年度全市统一战线理论政策课题研究》课题，牵头撰写《发挥基层侨联平台优势，开创统战工作新局面》的调研报告，在全市调研报告评比中获得优良成绩。

【铜陵市侨联积极开展引才引智】近年来，铜陵市侨联一直将推动海外高层次人才工作作为服务铜陵创新发展、转型发展的一个重要抓手全力推进。一是大力开展人才政策的宣传推介工作，提升铜陵的影响力。市侨联第一时间在网站上对市委出台的《关于引进高层次创新创业人才和团队的实施意见》进行刊登宣传，并向3家“铜陵海外人才工作站”和200多位海外高层次人才及其所在团队进行宣传解读，引起广泛关注。除集中开展宣传外，市侨联与海外高层次人才及团队保持密切联系，及时向他们宣传铜陵市的相关政策和经济社会发展情况。同时，先后引荐多个海归创业人才及团队来铜实地考察，与相关部门进行交流，了解全市人才和招商引资政策、环境，增强感性认识，增加他们来铜创新创业的可能性。二是扎实开展人才需求的调查摸底工作，增强人才工作的精准度。历时两个月，对全市用人单位的人才、技术和项目需求情况进行了新一轮调查摸底，汇编形成需求目录，通过多种途径将需求信息对外发布，吸引海外高层次人才有针对性地选择相关用人单位进行洽谈对接。三是借力唱戏，创建侨联人才工作品牌。举办第二届“2016海外高层次人才铜陵行”活动，邀请了40多位有初步对接意向的海外高层次人才来铜参加交流对接，市四大班子主要领导和分管领导出席相关活动，签订了5项人才技术项目合作协议，部分企业与海外人才达成了10项合作意向。

【黄山市侨联大力加强文化宣传】2016年，黄山市侨联紧密团结和依靠全市广大归侨侨眷和海外侨胞，求真务实，开拓创新，文化宣传工作谱写新篇章。一是邀请新闻媒体开展采风活动。邀请新华网、中新社安徽分社、安徽日报社、省人民广播电台、《新安晚报》和安徽生活网6家驻皖和省内主要媒体记者来黄山开展“江淮情·侨乡行”媒体采风活动，走进侨乡歙县槐塘和黄山东意装饰材料、黄山茗江纸制品包装公司等多家侨资侨属企业采访，不断提升黄山在海外的知名度和美誉度。协助人民日报海外版、上海澎湃新闻记者采访侨乡，巴基斯坦国家电视台和黎明电视台等采访歙县美丽乡村建设、徽墨歙砚制作工艺等徽州人文历史。二是承办“亲情中华·徽风皖韵”夏令营活动。积极传播中华文化，分别联合歙县育鸿学校、黄山屯蒙学舍书院承办了两期每期为时两周的夏令营，57位来自意大利、美国、柬埔寨、刚果（金）、泰国等国的华裔青少年和领队参加了夏令营。活动期间，学习中国姓氏、风俗，中国象棋、围棋、书法、刺绣、茶道等中国传统文化、传统技艺，参观徽州古城、棠樾牌坊群、徽州历史博物馆、黄山等，体验中国农村生活，增强了海外华裔青少年对中国的认同感和归属感，提高了他们学习中国传统文化的浓厚兴趣；三是充分借助侨界自媒体。借助微信、QQ等信息平台，建立海外人士人才联系网。已建10多个微信、QQ群，每周通过微信向海外侨领、侨胞、侨眷发送黄山风光图片等，快速便捷地与20多个国家100多位华侨华人及海外社团等保持密切联系。

福建省归国华侨联合会

【领导成员名单】

党组书记、主席：王亚君（女，2016 年 8 月离职）
　　　　　　　　陈式海（2016 年 8 月任职）

专职副主席：谢小建　翁小杰

副巡视员：林俊德

兼职副主席：王德贤　许健康
　　　　　　李　敏（女）吴换炎
　　　　　　陈水波　陈明金　陈泽峰
　　　　　　陈晓玉（女）陈家泉
　　　　　　林泽春　林树哲　周永伟
　　　　　　郭加迪　黄朝阳
　　　　　　程　璇（女）蓝桂兰（女）
　　　　　　赖庆辉　潘邦炎

秘书长：吴武煌

【综述】2016 年，福建省侨联在福建省委的坚强领导和中国侨联的正确指导下，坚持围绕中心、服务大局，深入学习贯彻中央和省委系列决策部署，动员团结广大归侨侨眷和海外侨胞，努力把“侨”的独特优势转化为现实发展优势，推动各项工作取得新进展，助推福建经济社会健康发展。

【坚持政治引领，加强党的建设】一是开展“两学一做”学习教育。研究制定《实施方案》《学习计划》等文件，明确活动主题、指导思想、主要任务和相关要求，采取集中学习与个人自学、党课辅导与讨论交流相结合的方法，学党章党规、学系列讲话；灵活运用载体，如观看教育片，参观画展、警示教育基地，赴基层开展实践活动，召开座谈会等形式提高学习效果；构建党组、机关党委、支部工作体系，边学边议，边学边改，学习教育活动取得明显成效。二是全力配合省委巡视工作。对省委省直部门巡视五组为期一个月的巡视检查，省侨联高度重视，深刻解剖，认真制定整改方案，修订或新制定制度 17 项，狠抓整改落实。通过整改，压实了从严治党的主体责任和监督责任，健全了民主集中制，改进了工作作风。三是加强党的建设和党风廉政建设。召开 3 次专题会议和 3 次党组会，听取机关党建和党风廉政建设情况汇报，研究部署重要工作；同时建立责任传导机制，加强党风党纪教育，落实执纪监督，通过诫勉谈话、廉政谈话、内部通报等形式处理产生的问题。参加驻部纪检组党风廉政知识理论测试，在统战系统 11 家单位中获得总分第一名。

【加强调研推进侨联改革】根据《中国侨联改革总体方案》精神，福建省各级侨联统一思想，积极探讨全省侨联改革方案。着手推进省侨联改革，组织人员赴上海、重庆等地调研学习，广泛征求各地市侨联意见和建议，提出初步方案，内容涉及优化省侨联内设机构和下属事业单位优化改革、强化侨联领导班子和干部队伍建设、加强基层组织建设、加快“网上侨联”建设等方面。

7 月 7 日—8 日，福建省侨联机关党委组织党员到寿宁县下党乡开展党性教育活动，图为参观下党乡“党的群众路线教育实践活动基地”

【创建“侨胞之家”，夯实基层基础】一是加大力度创建“侨胞之家”。补助 65 个“侨胞之家”创建经费近 50 万元，鼓励基层侨联组织开展创建工作，命名 185 个省级“侨胞之家”。二是加强机关党组织建设。目前，省侨联成立机关党委，下设 5 个支部，设区市侨联中成立党组 5 个、支部 5 个，县（市、区）侨联中成立党组 1 个、支部 19 个。三是发展壮大团体会员。省侨联有 10 个团体会员，包括省侨联侨界青年联合会、中国华侨公益基金会福建代表处、省侨商会、新侨人才会、女杰会、法顾委、侨联事业发展基金会、华侨历史学会、华侨摄影协会、《八闽侨声》杂志等，这些团体单位主动开展工作，凝聚了一大批侨界人士。省侨商会等被中国侨联评为“全国先进（优秀）侨商社会组织”。

【发挥侨界力量，助力福建发展】一是牵线搭桥，做好项目对接。积极参与“5·18、6·18、9·8”等大型经贸活动，联合福建省引进高层次创业创新人才协会等单位，在厦门海沧共同举办生物医药专场对接会；联合省侨商会和省新侨人才联谊会共同举办2016年闽侨智企对接会，共对接意向项目总金额2.2亿元人民币；协助鑫桥联合融资租赁有限公司融资80亿元，支持南平基础设施建设；联合合肥市政府、马来西亚中华总商会在厦门举办对接洽谈会，推动中马互惠合作。二是多措并举，服务侨企发展。在莆田主办“2016中国华侨文化创意产业发展峰会”，推动侨商在参与福建自贸试验区和海丝核心区建设中的共赢发展；在武夷山召开省侨商会常务理事会暨旅游产业投资推介会，协助侨商参与福建省旅游产业发展和生态文明示范区建设。三是参政议政，反映侨界呼声。分别在莆田、漳州、龙岩举办3个不同主题的“省侨联委员活动日”，在三明开展“省侨联港澳台和海外委员活动日”，提高委员的履职能力，发挥参政议政作用；持续开展“我为建设美丽福建献一策”行动，收到征文152篇，编辑成册66篇；省侨联全年编辑信息专报126期，被中办采用4篇，中国侨联采用73篇，省委办、省政府办采用17篇次。省侨联连续6年被中国侨联评为信息工作先进集体，其中连续2年获特等奖。参与全省统战系统信息工作评比两年来，连续被评为先进集体。为完善、拓展信息员队伍，省侨联还举办片区侨情信息培训班，对南平、厦门、宁德的市、县两级侨联的50多名干部，进行5个专题业务培训。

【关注侨界民生，维护侨界和谐】一是做好“百侨帮百村”工作。召开“百侨帮百村”科技扶贫现场交流会，联合省农办举办“互联网+百村”侨力扶贫行动电子商务培训班。二是发挥全省华侨公益基金作用。全年引导和服务侨胞捐赠公益事业2.1亿元，其中，公益慈善项目215个，金额1.07亿元；侨心工程捐款1.03亿元，捐建侨心中小学29所，科教项目36个，资助学生6558名。厦门市侨联成立侨商会公益基金。三是深入推进“精准扶贫”工作。落实“1+5扶贫方式”，省市侨联筹集财政资金367万多元、社会资金763万多元，帮扶贫困侨、残疾侨等7000多人。发放“黄廷方慈善基金”第三期助贫款32万元；厦门市侨商会捐建6间“互联网+侨爱心教室”；宁德市侨联成立侨爱慈善志愿者协会。四是引导侨界参与抗灾救灾。共向福州的闽清、永泰等灾区捐款1026万元，向泉州的南安、安溪、永春等灾

6月19日，福建省侨联在福州海峡国际会展中心举行“2016闽侨智企对接沙龙”

5月25日，福建省侨联在莆田主办“2016中国华侨文化创意产业发展峰会”

区捐款1060多万元，支持灾后重建。

【巩固维权模式，提升服务实效】一是参与和促进侨务法治建设。积极助推出台《福建省华侨权益保护条例》，并通过举办专题辅导讲座、编印宣传手册等形式进行学习贯彻。省、福州市、鼓楼区侨联联合开展“12·4”侨法宣传，龙岩市侨联在市行政服务中心滚动播放“侨法”。省侨联被省委宣传部、司法厅和依法治省领导小组办公室授予“六五”普法先进单位。二是与省边防总队联合推广“一侨一号”服务模式。即一位侨胞、一个档案号，侨胞通过在线实名注册，对属于纯边防业务或者部分流程由边防派出所代理的，享受“一站式边防办结”“边防预约”通道。该模式由福清市江阴镇率先实行，莆田、龙海的相关服务也取得一定成效。三是完善与法院的涉侨维权互动机制。在基层法院设立涉侨案件审判组或合议庭52个、审判巡回法庭16个、法官协调工作室22个，受理各类涉侨案件8615件，审结7588件。聘任涉侨案件特邀调解员165名，侨界人士陪审员151名，经诉前调解并由法院依法确认效力的案件共563件。福州市法院在市侨联机关设立“涉侨诉调工作室”，为全国侨联第一家。四是做好侨界群众信访工作。省侨联全年接待侨界群众来访115人次，办理涉侨信访事项110件次。

【推进“两个拓展”，提升对台工作】一是以开展专题活动、创建新的联谊联系平台拓展海外工作。开展了纪念中国侨联成立60周年“海外侨胞故乡行·走进福建”活动，邀请170多名闽商参加第五届世界闽商大会等，增进与海内外侨胞的互动交流；向海外侨社团宣传推介“网上丝绸之路公共服务平台”，促成柬埔寨福建总商会等10个社团与福建省侨联签订合作协议；邀请34个国家和地区的65名福建海外杰出女性联谊会会员，在北京大学举办2016海外侨领中国国情研修班，并组织赴江西井冈山等地学习考察；邀请了33个国家（地区）的213名青年才俊，参加福建省侨界青年联合会，全省9个设区市中7个成立了侨青委，12个县、乡级成立侨青委。此外，还加强了与海外侨社团的联系和侨情资料的整理，更新完善了菲律宾、斯里兰卡、阿联酋、越南、缅甸、老挝、柬埔寨、印尼、法国、匈牙利、阿根廷等国家的侨情资料，接待海外侨社团来访78批次近千人，其中有30个社团为首次访问省侨联，实现了在交流中增进友谊、掌握侨情，提高为侨服务的针对性和有效性。二是积极拓展侨界人才和新侨工作。分别与省引进高层次创业创新人才协会等单位合作，举办5期沙龙，300多人次参与，深化“侨智沙龙”常态化服务平台建设；承办中国侨联特聘专家福建行活动；参加中国侨联第六届新侨创新创业系列活动，为一批侨界人才创新创业服务联系点授牌，探索服务侨界人才创新创业集中区发展的工作举措。三是积极开展对台工作交流。在厦门举办第八届海峡论坛·2016两岸侨联和平发展论坛、海峡两岸暨港澳侨界圆桌峰

6月11日—12日，第八届海峡论坛·2016两岸侨联和平发展论坛、海峡两岸暨港澳侨界圆桌峰会在厦门召开

9月8日，福建省侨联与部分海外侨团、企业签署“网上丝绸之路公共服务平台”合作协议

省级侨联工作

会，深化两岸侨界交流；与台湾旺旺中时集团联合举办“两岸侨界青年创意创业交流活动”，加强两岸青年文创产业交流；以“海丝文化”为主题，组织“两岸侨界交流周”入岛交流；支持南平市侨联组成分团赴台开展朱子文化交流；泉州市侨联赴马来西亚开展百个家族移民马来西亚族谱展。

【加强文化交流，弘扬华侨精神】一是加强中国华侨国际文化交流基地建设。组织举办了厦门陈嘉庚纪念馆、闽清黄乃裳纪念馆、安溪清水祖师庙、福建土楼博物馆、客家祖地文化园5个交流基地的揭牌仪式，协助做好中国侨联文化交流部交流基地调研工作。二是举办“亲情中华·汉语桥”夏令营，采取与福州、厦门、漳州、莆田、南平联合承办的方式，邀请来自新加坡等7个国家的157名海外华裔青少年参加。三是支持华文教育。发动侨胞侨商向柬埔寨暹粒省公立中山学校捐赠华文图书、电脑，向“南非闽侨书屋”捐赠儿童读物，向马来西亚马六甲培风中学、华文中学捐资约25万元。四是做好华侨文化展示工作。先后举办了《邮海丝路——邮票上的华侨史》等4场展览，全年对外开放近300天、接待游客6万多人次。组织开展小学生志愿讲解员培训，扩大影响面和受众面。五是开展纪念孙中山先生诞辰150周年系列活动。围绕“福建华侨与孙中山”主题，编印图册，举办图片展、组织学术研讨、开展书法交流笔会等，缅怀中山先生功绩，弘扬先贤革命精神；泉州市举办“孙中山与福建华侨”学术研讨会，进一步丰富了孙中山的研究内容。六是做好侨史研究和存史工作。参与《福建华侨史》编撰的章节和提纲的修改，组织省侨联华侨农场课题组与《福建华侨史》侨乡篇课题组联合开展调研，完成10万字重点课题《福建华侨农场发展变化》的撰写工作；编写2016年《中国侨联年鉴》（福建卷）；收集、整理侨史学会近年来的工作资料与图片，编辑、设计展板，参与福建省“十二五”时期学会建设成就展，并获优秀组织单位奖；泉州华侨历史博物馆新设“奉献史馆”；莆田荔城区后黄居委会建设“华侨记忆档案馆”；南安市侨联编纂《南安华侨志》，在全省率先成立泉州华侨历史学会南安分会，并作为全国唯一的县级侨联特邀代表，出席中国华侨历史学会第七次代表大会。

【召开福建省侨联九届六次全委（扩大）会】2月23日—24日，福建省侨联在福州召开九届五次常委会议和九届六次全委（扩大）会议。会议审议通过了2015年度工作报告，传达了中央书记处关于侨联工作的几点意见和中国侨联九届五次常委会议、三次全委会议及福建省委常委会专题听取侨联工作汇报的精神。会议通过了《关于动员广大闽籍归侨侨眷和海外侨胞为实现“十三五”规划目标任务贡献力量的决议》，卸免了一批省侨联常委、委员，增补李威为常委、丁思泉等12人为委员，增聘石忠胜等15人为海外委员、李世慰为港澳顾问、杜启春等5人为荣誉委员。会上命名了福州市鼓楼区侨联等147个单位为首批省级“侨胞之家”。会议期间，召开了“我为建设美丽福建献一策”大会。

【召开福建省侨联九届七次全委（扩大）会】8月8日—9日，福建省侨联九届七次全委（扩大）会议在福州召开。中国侨联主席林军，省委常委、统战部部长雷春美出席会议并讲话。省领导刘群英、张燮飞出席会议。大会选举陈式海为省侨联主席，通过了关于召开福

11月12日，福建省侨联在福州三坊七巷举办《肝胆相照——福建华侨与孙中山》图片展

8 月 8 日—9 日，福建省侨联九届七次全委（扩大）会议在福州召开

建省第十次归侨侨眷代表大会的决议，举行网上丝绸之路公共服务平台开通仪式。

【组团出访菲律宾、斯里兰卡、阿联酋】 4 月 9 日—18 日，应菲律宾菲华联谊会、斯里兰卡华侨华人联合会、阿联酋中国福建总商会的邀请，福建省侨联党组书记、副主席陈式海率团出访菲律宾、斯里兰卡和阿联酋三国。访问团共走访 10 个华侨华人社团，召开 8 场座谈会。在菲律宾期间，访问团参加了菲华联谊会成立 42 周年暨 2016—2018 年度理事会职员就职典礼，走访了菲华商联总会、菲华各界联合会、旅菲各校友会联合会、菲律宾中国和平统一促进会、菲律宾福建总商会、永春同乡总会、南安公会，与陈祖昌、张昭和、许中荣、柯维汉、戴宏达等侨领以及旅菲乡亲座谈，拜访了中国驻菲律宾大使馆，听取赵鉴华大使对菲律宾及旅菲乡亲情况的介绍。在斯里兰卡期间，访问团走访了斯里兰卡华侨华人联合会，与该会常务副会长张旭东等人座谈，了解在斯华侨华人情况及斯里兰卡经济社会建设情况；走访了闽籍侨商黄朝明先生，了解闽籍华侨在斯投资建业情况；听取了斯里兰卡投资局 Ananda K.Rajakaruna 先生对斯里兰卡投资机遇和投资政策的解读，现场观摩了斯里兰卡科伦坡港口城建设项目情况，走访斯中友好交流协会。在阿联酋期间，访问团走访了阿联酋中国福建总商会、阿联酋华侨华人联合会，分别与阿联酋福建总商会和华侨华人联合会陈志翔、徐小平等 20 余名乡亲座谈，鼓励在阿乡亲积极融入当地经济发展，在把个人事业做大做强的同时，发挥阿联酋地理位置优势，努力为“一带一路”战略部署和福建海丝核心区建设贡献力量；慰问了在阿联酋“龙城”（中国商品在阿联酋迪拜的主要市场）经营的闽籍企业，了解福建企业在阿联酋的经营状况和困难需求；拜会中国驻迪拜总领事馆总领事李凌冰，听取了总领事对旅阿闽籍乡亲的情况介绍和对福建省侨联工作的建议。访问期间，通过与乡亲座谈了解，听取大使馆、总领事馆、当地政府官员的情况介绍，走访当地闽籍企业等，进一步了解掌握菲律宾、斯里兰卡、阿联酋三个国家的经济社会发展和投资机遇等情况，为摸清侨情，推进省侨联与海外侨社团合作，发挥省侨联服务经济发展的桥梁纽带作用，更好服务海外侨胞和加强海外联谊工作打下了坚实基础。

4 月 10 日，在菲华联谊会成立 42 周年暨 2016—2018 年度理事会职员就职典礼大会上，福建省侨联副主席陈式海与主办方交换纪念品

【创办推广网上丝绸之路公共服务平台】 8 月 9 日，福建省侨联创办了“网上丝绸之路”公共服务平台（www.sronline.gov.cn），该平台由中国侨联直属企业管理总机构信息中心支持，旨在打造丝绸之路沿线国家和丝路省份多领域、多层次基于互联网的交流合作枢纽平台，发挥华侨华人中外融通优势，探讨“丝绸之路 + 互联网”模式，助力国家“一带一路”倡议和福建海丝核心区建设。网站内容丰富，共设新闻版块、

8月9日，福建省侨联在福州举行“网上丝绸之路”公共服务平台开通仪式

投融资版块、技术贸易版块、人文交流版块四个栏目，涵盖新闻、政策、投资、贸易、金融、法律、技术、人文等多方面资源，以文字、图片、视频的形式，讲述“一带一路”的历史、现在和未来。网站包容性强，具有开放性、公益性、协作性、互补性的特点，以及政策宣传推广、大数据服务、经济贸易促进、人文交流互动的功能。网站涵盖面广，国内重点省份全包含，沿线国家“一国一窗口”。中国侨联主席林军，省委常委、统战部部长雷春美，省直有关部门领导以及中国侨联部门领导、省侨联名誉主席、专兼职主席、副主席、秘书长、基层侨联负责人、海外侨领等200多人参加了开通仪式。9月8日，省侨联主席陈式海在厦门走访，会见了参加第十九届中国国际投资贸易洽谈会的侨胞侨商，并与阿联酋中国福建商会、俄罗斯中国闽南商会、菲律宾福建总商会、旅菲华侨工商联、越南福建商会、匈牙利产业中国发展中心等6家海外社团、企业签署了“网上丝绸之路公共服务平台”合作协议。9月13日，陈式海主席出席侨企英富来欧陆购020跨境体验店开业庆典活动，与英国福建华商总会签订网上丝绸之路公共服务平台合作协议书。2016年有28个海外合作伙伴入驻该平台。

【福建省28位新侨荣获中国侨界贡献奖】 9月1日，中国侨联第六届新侨创新创业成果交流暨联盟成立大会在北京举行。会上，福建省共有28位新侨人才和创新企业在大会上受到表彰，获奖总数在全国各省、区、市中排名第二。其中，福建农林大学副校长王宗华等9人获创新人才奖，中科院福建物构所副所长卢灿忠等5人获创新成果奖，中科院院士焦念志等6位高层次人才领衔的团队获创新团队奖，安发（福建）生物科技有限公司等8家企业获创新企业奖。会上，省侨联获得了“优秀组织工作奖”，新西兰皇家科学院首席科学家高益槐代表全国获奖创新企业发言。中国侨联新侨创新创业联盟在会上宣布成立。福建省有9家新侨企业负责人加入联盟，厦门艾德生物医药科技股份有限公司董事长郑立谋、慧翰微电子股份有限公司董事长施林和鑫桥联合控股（香港）有限公司董事局主席李然获聘为联盟副理事长。

【举办“海外侨胞故乡行·走进福建”系列活动】 为庆祝中国侨联成立60周年，9月24日，福建省侨联在福州举办了“海外侨胞故乡行·走进福建”系列活动，邀请来自25个国家和地区的40名闽籍海外侨胞回乡考察。组织参观了“百年跨国两地书—福建侨批档案展”、林则徐纪念馆、福建华侨文化展示中心等，并在福州举办“海外侨胞故乡行·走进福建”座谈会。座谈会上，闽籍海外侨胞各抒己见，结合自己所在国家和地区的实际情况，积极为侨联事业发展、新福建建设、服务“一带一路”建

9 月 24 日，福建省侨联在福州举办“海外侨胞故乡行·走进福建”系列活动，图为与会者参观福建华侨文化展示中心“海丝风情摄影展”

设和福建“海上丝绸之路核心区”“自贸区”建设建言献策。省委常委、秘书长梁建勇会见了全体嘉宾。25 日，嘉宾团一行赴北京参加中国侨联成立 60 周年活动。

【组团参加中国侨联新侨创新创业成果展】 10 月 26 日，中国侨联新侨创新创业成果展在江苏南京开幕，福建省侨联副主席翁小杰率团参加活动。此次成果展共吸引全国各省 270 余家新侨企业参加。围绕福建特色，福建省侨联精心打造了“福建馆”，组织发动 10 家新侨企业展示创新成果，涉及石墨烯、无线充电、水处理、电子商务、软件开发、生物医药等多种新兴技术，并对省侨商会、网上丝绸之路公共服务平台、省新侨人才联谊会三个为侨服务重要平台进行推介，以图片形式展示武夷山、土楼等“清新福建”元素。同时，精心选送节目参加庆祝中华人民共和国成立 67 周年暨中国侨联成立 60 周年文艺汇演，其中由省侨商会选送安发集团表演的渔鼓说唱《一带一路谱新章》和厦门市侨商会选送的男女声二重唱《龙文》获铜奖，福建省侨商会获优秀组织奖，厦门市侨商会选送的合作歌舞《民族风串烧》获优秀奖。

10 月 26 日，福建省侨联组团参加中国侨联新侨创新创业成果展，图为福建省侨联展区

【联合开展“为侨服务、爱侨固边”工作调研】 6 月 7 日—8 日，福建省侨联副主席翁小杰、省公安边防总队副参谋长林传灿率联合调研组，赴漳州、泉州、莆田、福州等地，开展以“为侨服务、爱侨固边”为主题的工作调研。调研组深入侨乡，先后走访龙海市港尾镇、南安市石井镇、莆田市涵江区江口镇、福清市江阴镇等“为侨服务、爱侨固边”前期工作成效较好的侨聚集地，实地考察沿海多处边防派出所及警务室、华侨留守儿童服务站、地

6月7日—8日，福建省侨联赴基层开展“为侨服务、爱侨固边”调研

方侨联组织为侨服务工作场所，查看“华侨留守家庭服务示范站”建站筹备情况，了解沿海侨乡归侨、侨眷生活现状。分别在港尾卓岐村、石井镇溪东边防所、江口镇边防所、江阴镇政府召开座谈会，与市、县（区）、镇三级侨联，边防支队、大队、边防所负责人座谈，听取各地侨联组织和边防所关于侨情、为侨服务工作介绍，联手为侨服务的经验做法介绍等。近年来，沿海侨乡涌现出许多为侨服务的好经验、好做法，如莆田江口边防派出所、侨联、法院三方联动共建维护侨益“三维圈”的先进做法，南安石井“侨乡达人”黄志军的先进事迹，卓岐边防警务室民警“凡荣”为侨服务先进事迹，福清边防所着手建立的“一侨一号”为侨服务网站。通过调研，对进一步贯彻落实《省侨联、省公安边防总队为侨服务互动工作机制》，维护归侨侨眷和海外侨胞合法权益、促进沿海侨乡和谐稳定起到了良好的推动作用。

7月28日—29日，福建省侨联在宁德古田县召开“‘百侨帮百村’科技扶贫现场交流会”

【召开“‘百侨帮百村’科技扶贫现场交流会”】7月28日—29日，福建省侨联在宁德古田县召开“‘百侨帮百村’科技扶贫现场交流会”，推广侨资企业产业扶贫新模式，摸索将企业的创新科技同农村的特色资源相结合，带动贫困农户提升自我发展能力的有效途径，提升“百侨帮百村”工作实效，并对今后工作作了部署。会后，大家参观了古田县华侨文化展示馆，实地考察了安发（古田）生态科技园，深入调研科技带动扶贫的“安发模式”以及安发公司所实施的“公司＋基地＋专业合作社＋农户”的现代农业产业布局。

【联合主办首届嘉庚论坛】4月8日，福建省侨联与国家文化软实力研究协同创新中心、中国华侨国际文化交流促进会，在厦门集美联合主办“弘扬嘉庚风、共筑中国梦”首届“嘉庚论坛”，论坛吸引了海内外200多位嘉宾参与，涵盖了“一带一路”沿线15个国家和地区。此外，主办

4月8日，福建省侨联与有关单位在集美联合举办“嘉庚论坛”

方还为陈嘉庚纪念馆颁发了“中国华侨国际文化交流基地”牌匾。中国侨联副主席、中国华侨国际文化交流促进会会长康晓萍在论坛上作《高举嘉庚精神旗帜、共促祖国和平统一》主题报告。中央文献研究室、中央党史研究室、中央党校、新华社、陈嘉庚的长孙陈立人先生，陈嘉庚基金会主席、陈嘉庚国际学会秘书长、新加坡世界科技出版公司主席兼总编潘国驹先生等作大会主题演讲。

6 月 30 日，“亲情中华 · 汉语桥” 海外华裔青少年夏令营在莆田举行开营仪式

【举办福建省侨联系统第 13 期干部培训班】 5 月 3 日—10 日，福建省侨联和中国侨联干部培训中心在浙江大学联合举办了福建省侨联系统第 13 期干部培训班，40 多名专职侨联干部参加了培训。同期参训的学员还有中央直属机关和山西、广西、海南省侨联系统专兼职干部，共有 5 个班次，是一次侨联工作大融汇、大交流。培训课程结合侨联实际，按需施教，既有《侨联章程和组织建设》等侨联业务知识，也有从哲学角度看创新思维与现代管理、“互联网 +” 等专业知识，还有五大发展理念、2016 十字路口的经济等社会经济学知识；既安排浙江大学哲学、社会学专家教授授课，又结合“两学一做”参观南湖革命纪念馆，实地考察杭州未来科技城等活动。为促进学员之间的交流，办学期间还组织了一场学员联欢晚会，活跃了氛围。这次培训是在 2013 年首次联合办班基础上，福建省侨联和中国侨联干部培训中心的再次合作。培训内容丰富，对于探索新时期侨联干部培训工作的新形式、提升培训工作质量具有重要意义。

【举办“亲情中华 · 汉语桥”夏令营】 6 月 6 日—10 月 11 日，由中国侨联、国家汉办主办，福建省侨联和地市侨联承办的“亲情中华 · 汉语桥”海外华裔青少年夏令营先后在漳州、莆田、福州、厦门、武夷山 5 个地市举办，最多为期半个月，营员来自新加坡、新西兰、印尼、意大利、西班牙、澳大利亚、泰国的华裔青少年。夏令营以中国历史和地方特色文化为主线，营员们通过学习汉语语言、民俗文化、书法、美术、手工、民族音乐、武术、戏剧等中国传统文化和艺术，体验当地民俗和传统工艺；参观走访交流联谊活动，了解中国文化、了解福建、了解嘉庚精神，近距离感受家乡风土人情和自然风光，领略闽都特色文化，感受中华优秀文化的博大精深和非凡魅力，加深对汉语、对祖国文化的自信和对家乡的热爱。

【协助中国华侨出版社在闽设立分支机构】 6 月 14 日，在福建省侨联的协助下，中国华侨出版社福建分社在福建省侨联“侨胞之家”举行揭牌仪式。中国华侨出版社是中国侨联直属的中央级出版机构，已成立 20 多年，是传播与出版“侨文化”的专业出版机构，福建分社是中国华侨出版社的派出机构，是首家省级分社。新成立的分社将重点在六个方面开展工作：开发出版侨类图书，内容包含闽侨历史、闽侨文化、闽侨艺术、闽侨人物等；为福建华侨华人的文化与历史提供系列完整权威的文本记录；为福建省侨联文化相关项目和闽籍华人华侨的学术成果提供出版服务；为“海上丝绸之路”相关史料研究和文物搜集与整理提供出版服务；为“闽侨文化”与“闽侨图书”在沿线国家和地区的推广作贡献；开发福建乡土文化，为海外华人华侨了解和宣传家乡文化提供窗口。分社聘请了一批专家学者为顾问，现场还向福建省贫困地区—松溪县河东乡大布村、长江村，分别捐赠了中国华侨出版社出版的部分图书。

【举办“2016 两岸侨界交流周活动”】 12 月 20 日—26 日，福建省侨联主席陈式海率团赴台

12 月 20 日—26 日，福建省侨联组团赴台举办第五届“两岸侨界交流周”活动

开展第五届“两岸侨界交流周”活动。访问团一行先后拜会了新北市福建同乡会、台北市福建同乡会、世界台商会联合总会、台湾晋江商会、台湾中华侨联总会、台湾华侨协会总会、南投县农会、国立中山大学、高雄闽南同乡会、金门县政府、金门县华侨协会，组织召开了两岸侨界海丝交流合作座谈会。在拜会中，陈式海与闽籍乡会社团及台湾有关方面就发挥侨界作用、推动两岸交流合作进行了探讨。一是推动台湾工商界参与“一带一路”建设，力促平潭和金门合作交流；二是在海外弘扬中华文化，促进海外侨社和谐；三是推动福建赴台举办陈嘉庚纪念展，赴金门举办两岸侨界交流周活动，协助金门举办“世界金门日”活动以及台湾社团来闽参与第六届闽南文化节等，加强闽台文化交流；四是推动华侨社团和闽籍乡会社团青少年来闽交流；五是推动精致农业、旅游观光、民宿运营管理等方面合作。在两岸侨界海丝交流合作座谈会上，陈式海作了题为“侨界携手合作，两岸融合发展”的主旨演讲，与会代表就经贸合作、文化交流、青年互动及在海外塑造和谐侨社发表了建议和意见。

【福建省华侨历史学会组团参加中国华侨历史学会第七次会员代表大会】8 月 2 日—3 日，中国华侨历史学会第七次会员代表大会在北京召开。福建省侨史学会组织近 40 位专家学者和侨联干部参加会议。福建省代表团亮点多，收获多，主要表现在五个方面。一是参会人数多。福建代表团是所有团组中人数最多的。二是地市级侨史学会多，全国 17 个地市级侨史学会，福建占有 9 个。三是工作成绩多，林军会长在工作报告中，多次肯定福建侨史学会的工作。如在学会组织建设、传承华侨文化、编修《福建华侨史》、启动《福建侨联史》编修工作等方面成绩突出。四是当选副会长、理事多。会员代表大会选举林军主席连任中国华侨历史学会会长。14 位副会长中福建籍的由上届的 3 人增至 5 人。当选学会理事人数 32 人，居各地之首。五是侨史工作与侨联工作结合度高。与会代表在分组讨论中对福建省侨联在侨史学会工作上的支持和重视都给予高度评价。目前，学会正努力从单纯的侨史研究转向历史研究与智库建设相结合的多元研究模式，力求研究历史与现实问题两不误。

8 月 2 日，在中国华侨历史学会第七次会员代表大会上，福建代表团与中国侨联领导合影

【福建省侨联青年总会、泉州市侨界青年联合会组团赴辽宁、吉林等地学习考察】为推动海内外泉州籍侨界青年与各地侨联、侨青委的交流与合作，10 月 16 日—21 日，福建省侨联青年总会、泉州市侨界青年联合会联合组团，前往辽宁、吉林学习考察，受到当地侨联、侨商会、侨青会的热情接待。双方进行了交流座谈，考察团参观了中德环保产业园、敦豪汽车配件产业园，沈阳深国际综合物流港、敦化水暖卫浴市场，吉林省侨青海归协会创业基地等外资、侨青企业，了解当地的投资环

境，寻找相互合作的切入点。每到一处，考察团都与当地泉籍商会座谈联谊，就如何做好国内异地乡贤接班人工作进行深入探讨，还参观了吉林延边朝鲜归侨民俗村、东北沦陷史陈列馆等。

【福建省侨商联合会在武夷山召开常务理事会暨旅游投资推介会】11 月 14 日，福建省侨商联合会在武夷山市召开常务理事会暨旅游产业投资推介会。会议贯彻“五大发展理念”，结合南平市“大武夷旅游圈”规划，融入投资项目考察和项目对接洽谈等内容，旨在动员会员更好地参与全省旅游产业发展和生态文明先行示范区建设。会前，南平和武夷山市领导会见了参会的重点侨商代表和省侨联领导。南平市副市长罗恩平在会上致辞，介绍了南平市的市情和侨情。会议审议通过了秘书处的工作报告和财务收支情况，研究部署了下一阶段的主要工作，增补 1 位荣誉会长、6 位常务理事和 1 个团体会员单位，并颁授证书。许健康会长、吴换炎监事长分别在会上发言。会上，省旅游发展集团投资规划部负责人介绍了集团将实施推进的重点旅游产业投资项目。南平市政府商务局、旅游局，武夷山市政府和泉州永春县政府相关负责人分别推介了当地旅游产业营商环境及主要招商项目；鑫桥联合融资租赁有限公司、厦门两岸商品交易中心和商虎网络科技有限公司与省侨联签订了“网上丝绸之路”公共服务平台签约仪式。会后，主办方组织侨商实地考察了武夷新区的投资环境和重点建设项目。福建省侨联主席陈式海在会上传达了全国侨商社会组织工作会议主要精神，肯定了省侨商会在参与推进国家战略、拓展对外联系交往、全面加强组织建设、构筑常态化工作平台、持续开展公益服务和不断完善内部治理等方面的工作成效，并表示将一如既往支持省侨商会的工作，积极为侨商会丰富载体、延伸手臂、增强活力创造有利条件。

【举行福建省侨界青年联合会换届大会】12 月 18 日—19 日，福建省侨界青年联合会换届大会在厦门举行。会议决定“福建省侨联青年总会”正式更名为“福建省侨界青年联合会”。大会选举产生省侨界青年联合会领导班子，曾志龙当选会长，吴华新、余桂州当选候任会长，薛斌当选执行会长，邱建益当选监事长，丁思泉等 32 人当选常务副会长，王琮钦等 68 人当选副会长，潘贤华当选秘书长。大会聘请许清流为名誉会长。本届省侨青会由 532 名个人会员和 17 个国内团体会员、8 个海外协作单位会员组成，其中海外委员 213 人，来自 33 个国家和地区。中国侨联、省直有关部门领导及闽籍侨界青年 400 多人出席大会。中国侨联副主席乔卫在讲话中充分肯定了福建省侨联青年总会成立三年来，广泛联系和团结闽籍侨界青年围绕中心、服务大局，作出了积极贡献。大会期间，举办了“侨青中国梦·建设新福建”—“一带一路”与侨青创新创业讲坛、“侨智沙龙”，组织与会代表赴厦门市海沧区和湖里区开展经贸考察对接等活动。

12 月 18 日—19 日，福建省侨界青年联合会换届大会在厦门举行

11 月 14 日，福建省侨商会组织侨商考察武夷新区投资环境和重点建设项目

【福州市侨联设立全国首个涉侨诉讼调解工作室】11 月 24 日，福州市中级人民法院在福

11 月 24 日，全国首个涉侨诉讼调解工作室在福州市侨联揭牌

州市侨联设立了“涉侨诉调工作室”，这是全国首个涉侨诉讼调解工作室。福州市委常委、统战部部长陈晔，市法院院长胡志伟共同为“涉侨诉调工作室”揭牌。当天的座谈会上，市中院在原有 6 名涉侨特邀调解员的基础上，增聘了 3 名特邀调解员。涉侨诉调工作室的设立，进一步完善了福州市法院与市侨联建立的涉侨纠纷调解衔接机制，把涉侨纠纷解决的无缝对接推向深入，为调处化解涉侨矛盾纠纷、缩短诉讼时间提供了良好的平台。涉侨诉调工作室的设立，是在不断总结涉侨诉讼调解联动工作的基础上，将涉侨司法服务平台进一步延伸的新举措。该工作室采取定期驻点办公、预约集中和热线电话服务相结合的工作方式，选派优秀法官和熟悉涉侨政策法律的人员以及涉侨特邀调解员，开展定期、不定期驻点服务，为侨胞、侨企提供法律咨询服务，进行诉讼引导与法律释明，努力将纠纷化解在诉前，保障侨胞合法权益。工作室还将充分借助信息化的技术优势，坚持精准化思维和信息化手段，积极探索并及时开通“互联网＋司法”模式，充分运用大数据、云计算分析等手段，开辟网上受理侨胞法律诉求途径，实现跨域立案、跨域法律咨询等“一站式服务”。

【泉州侨联与中国侨联联袂打造“南洋华裔族群寻根谒祖综合服务平台”】1 月 29 日，中国侨联直属企业管理总机构与泉州市人民政府签署战略合作协议，共同打造“南洋华裔族群寻根谒祖综合服务平台”。该项目下设办公室（挂靠市侨联），在泉州华侨历史博物馆设立了筹建办公室，并在泉州师院设立“谱牒文献数字化基地”，开展数字化试点工作。福建省侨联将全力支持项目建设。该项目将建立以谱牒方志为核心，包括姓氏宗祠、宗亲社团、海外华侨华人社团、侨商侨智和归侨侨眷等方面信息的海量数据库，建成集姓氏族谱查询、寻根谒祖服务、宗亲联谊互动、社团交流往来、商贸投资引导服务等功能于一体的综合服务平台。平台项目建成后，将由泉州向全省、全国拓展，由东南亚向世界各地拓展，最大程度地满足寻根谒祖及其他方面的需求。

【成立泉州市侨界青年联合会】2 月 20 日，泉州市侨联青委会第三次委员大会暨侨界青年联合会成立大会在泉州召开。大会听取了泉州市侨联青年委员会第二届工作报告，审议通过了泉州市侨界青年联合会章程，选举产生了首届班子成员，黄华春任会长、丁思泉任执行会长、苏志铭任监事长、曾国恒任秘书长。福建省侨联主席王亚君在会上致辞，泉州市委常委、秘书长、统战部部长翁祖根代表泉州市四套班子对大会的召开表示祝贺。泉州市侨界青年联合会属非营利性社会组织，是泉州市联系广大海内外侨界青年的桥梁和纽带。会员登记 350 多人，其中留学归国人员 89 人、博士 8 人、硕士 58 人。会员构成体现了成员年轻、学历层次高、行业分布领域宽、社会联系面广的特点。当天，泉州市侨界青年联合会向泉州华侨历史博物馆捐赠 20 万元，用于支持该馆“奉献史馆”建设。此外还举行了慈善公益拍卖、新华网等合作伙伴战略签约系列活动。

【召开泉州市重点乡镇侨情数据库建设现场会】11 月 16 日，泉州市重点乡镇侨情数据库建

11 月 16 日，泉州市重点乡镇侨情数据库建设现场会在南安市码头镇召开

设现场会在南安市码头镇召开。会上，福建省侨联主席陈式海充分肯定了泉州市、南安市基层侨联建设，认为码头镇试点开展侨情普查形成的“码头经验”值得推广。他提出三点意见，一是增强认识，统一步调。充分认识到开展侨情数据摸底、建设侨情数据库，是落实中央关于建设“网上侨胞之家”和“智慧侨联”要求的一个重要内容，是了解掌握海内外侨情信息的一个重要举措，是更好联系、服务侨界群众的一个重要基础。要进一步统一思想、统一模式、统一规格、统一步调，切实把侨情普查工作做起来做到位。二是注重质量，善用科技。认真做好入户调查、表格验收、自我检查、数据录入等环节的质量控制，高标准严要求确保质量关。利用互联网技术，进行并联并网，实现电子档案、文字档案的双向保存、修改、管理。三是重视推广，突出运用。通过侨情普查，及时发现高学历高科技人才等，更好地整合、运用侨界资源，服务引资引智和对外开放。建设好“智慧侨联”“南洋华裔族群寻根谒祖综合服务平台”，把广大海外侨胞和侨团侨社真正联系起来。2016 年 6 月—9 月，南安市码头镇开展侨情普查试点工作。在此基础上，2016 年 11 月—2017 年 10 月，泉州市在 40 个重点乡镇（街道）开展侨情普查，建设侨情数据库。普查对象包括华侨华人、归侨、港澳台同胞（留学人员）及其眷属，以及他们组成的各类团体。

【泉州籍华侨华人奉献史展览正式展出】 11 月 24 日，“故土情深—泉籍华侨华人奉献史”展览在泉州华侨历史博物馆展出，这是该馆建设史上又一座里程碑。“故土情深”是该馆第三个基本陈列，与“出国史馆”“泉州人在南洋”一起构成了泉州华侨历史叙事的三部曲，完善了博物馆常设展览的整体布局。该展览共分为四个部分，第一部分“革命志士、抗战英豪”主要展现泉籍华侨华人在辛亥革命和抗日战争中的突出贡献；第二部分“侨界翘楚、群星璀灿”主要展现政治、中外邦交、科技、文艺领域中杰出的泉籍华侨人物；第三部分“投资家乡、发展经济”主要展现泉籍华侨华人从清末民国到新中国改革开放各个时期在家乡投资兴业，促进家乡现代化发展的情况；第四部分“情系桑梓、热心公益”主要从教育、文化、体育、交通、卫生等几个方面，展现泉籍华侨华人在家乡兴办公益事业的情况，重点突出获得泉州市政府表彰的海外乡亲的感人事迹。展览共展出图片 400 余辐，实物 300 余件，同时辅之以声像媒介、场景复原、雕塑、绘画、沙盘、多媒体技术等大量先进展示手法，将泉籍华侨华人对祖籍国和家乡的情和爱生动、形象、饱满地展现出来。

【召开南平市侨联第八次归侨侨眷代表大会】 12 月 12 日，南平市第八次归侨侨眷代表大会在南平召开。省侨联副主席谢小建到会指导，南平市委书记袁毅出席会议并讲话。市领导许维泽、兰斯文、张建光、黄健平、庄莉、罗恩平，各人民团体、民主党派、工商联和市直有关单位负责人出席开幕式。兄弟地市侨联、30 多个海外侨社、侨领到会祝贺。会议听取和审议了黄伟代表南平市归国华侨联合会第七届委员会所作的《凝聚侨界力量，展现侨联作为，为推进闽北绿色发展建功立业》工作报告。会议选举产生南平市侨联第八届委员会及领导班子。黄伟当选主席，滕爱兰（女）、林安顺、李云孝、林毅、郑友忠、刘建忠、苏建华、叶谋足、孙玮（女）、潘健等当选副主席，滕爱兰兼任秘书长，聘任了南平市侨联第八届委员会名誉主席和海外委员荣誉职务。会议举行了“侨爱心”系列工程捐赠仪式，18 位海外侨团侨领、侨联名誉主席、副主席等捐赠、捐建“侨心工程”“侨心基金”善款共计 188 万元人民币。大会代表捐赠“侨爱心 365 行动”资金 5960 元。

11 月 24 日，“故土情深—泉籍华侨华人奉献史”展览举行开展仪式

江西省归国华侨联合会

【领导成员名单】

主　　席：马志武
党组书记：张知明（女）
专职副主席：周　浪　王　强
兼职副主席：郑兆国　辛洪波　于集华
李江山　梁安琪（女）
万志新
党组成员：许晓燕（女）
秘 书 长：罗丽都（女）

【综述】 2016年，江西省侨联在中共江西省委、省政府的领导和中国侨联的指导下，认真学习党的十八届三中、四中、五中、六中全会和习近平总书记系列重要讲话精神，贯彻落实江西省第十四次党代会确定的各项任务，着力强化政治意识、大局意识、核心意识、看齐意识，坚持"两个并重"、"两个拓展"，坚持凝聚侨心、汇集侨智、发挥侨力、维护侨益，突出改革创新主线，强化思想政治引领，全力服务党和国家工作大局，真情服务归侨侨眷和海外侨胞，切实加强自身建设，荣获江西省第十四届文明单位，奋力迈出建设富裕美丽幸福江西新步伐。

【推进侨联工作改革】 江西省侨联认真贯彻落实中央、省委党的群团工作会议精神，以强"三性"、去"四化"为目标，以建设广大归侨侨眷和海外侨胞可信赖的温暖之家、团结之家、奋斗之家为方向，认真谋划，扎实推进侨联改革。召开了深化改革工作座谈会，组织调研组赴浙江、上海等地调研，并与重庆、湖南、安徽、山西等省市侨联沟通交流，学习了解中国侨联和兄弟侨联及省内群团单位改革试点经验，根据江西省的侨情特点，强化问题导向，突出改革主线，起草了《江西省侨联改革方案（送审稿）》，征求了中国侨联同意，已经中共江西省委全面深化改革领导小组第十二次全体会议审议通过。

【举办2016海外侨领中国国情研修班】 7月12日—16日，由中国侨联副主席、福建省侨联主席王亚君率领的"2016海外侨领中国国情研修班"来赣考察访问，此次研修班成员由来自美国、秘鲁、澳大利亚、英国、意大利、坦桑尼

7月16日，江西省委常委、统战部部长蔡晓明（右）会见来赣的中国侨联副主席乔卫（左）

7月16日，2016年海外侨领中国国情研修班合影

亚、印尼等32个国家和地区的60余位侨领组成。研修班邀请了知名专家学者就中国经济发展形势、“一带一路”战略、新时期外交政策、海外侨务工作、当前社会热点难点问题、中国传统文化经典等问题举办讲座，并赴井冈山革命圣地进行现场教学。江西省委常委、南昌市委书记龚建华会见了中国侨联副主席、福建省侨联主席王亚君及研修班部分学员。江西省委常委、统战部部长蔡晓明会见了来赣出席学习考察活动的中国侨联副主席乔卫，以及研修班的侨领代表。王亚君及研修班成员在南昌期间还出席了由江西省侨联、江西省商务厅共同主办的江西绿色生态发展推介会，江西省侨联主席马志武向研修班的60余位海外侨领介绍了江西独有的区位优势、资源优势和生态优势，希望更多的海外侨领、侨胞认识江西，支持和关注江西发展，推动江西经济社会持续健康发展。

4月18日，公安机关支持服务侨企创新创业发展座谈会在南昌召开

【举办支持侨企创新创业发展座谈会】江西省侨联分别于4月18日、10月21日、12月14日，与江西省公安厅、江西省住房和城乡建设厅、江西省科技厅举办了三场“支持侨企创新创业发展”座谈会。此项活动得到省政府领导高度重视，省政府副省长、公安厅厅长郑为文参加了与省公安厅的座谈会，并与侨商进行互动交流。江西省侨商会、江西省侨联青年委员会、江西省侨联特聘专家委员会、江西省侨联文化艺术交流协会、江西省侨联法律顾问委员会的众多企业家代表参加了座谈会，他们与江西省公安厅、江西省住房和城乡建设厅、江西省科技厅等部门的负责人进行了互动交流。江西省公安厅、江西省住房和城乡建设厅、江西省科技厅等有关部门表示，将进一步加强与侨联的合作，不断优化政务环境、优化市场秩序和法治环境，共同努力做好为侨服务工作，营造亲商、爱商、安商、富商环境，为江西与全国同步建成小康社会作出应有贡献。

【举行“欢聚洪城、情暖侨心”困难归侨侨眷慰问活动】1月28日上午，由江西省政协港澳台侨和外事委、江西省侨联、南昌市侨联共同举办的“欢聚洪城、情暖侨心”困难归侨侨眷慰问金及慰问品发放仪式在南昌举行。江西省政协副主席胡幼桃，省政协副秘书长、港澳台侨和外事委主任冷芬俊，省侨联党组书记张知明以及侨界爱心人士、侨商代表、归侨侨眷代表等100余人参加此次活动。省园林协会、南昌市宝鹏实业有限公司、江西国展汽车广场、江西绿海油脂有限公司、澳大利亚侨领魏基成等侨界团体和个人向南昌市老年归侨联谊会及部分困难归侨侨眷捐赠总价值30万元的款物。

【李卓彬副主席来赣走访困难群众】2月1日，中国侨联副主席李卓彬率中国侨联、中国农林水利工会“送温暖”工作组，来到江西省抚州市和上饶市走访慰问侨界群众。李卓彬副主席在抚州市金溪县秀谷华侨农场走访慰问了陈永茂、

2月1日，中国侨联副主席李卓彬（左五）在秀谷华侨农场慰问困难归侨家庭

2月1日，中国侨联副主席李卓彬出席上饶县定点扶贫工作座谈会

2月1日，中国侨联副主席李卓彬（中）走访慰问缅甸归侨倪木和

赵文安、伍文乐、张氏全、武辉贵等越南归难侨家庭，在上饶市走访慰问了因病致贫的倪木和、林胜生等困难归侨侨眷，详细询问他们的生活及疾病救治情况，叮嘱随行的省市县侨联干部采取可行措施，努力提升困难归侨侨眷家庭的造血自救能力，帮助侨界群众长久彻底地摆脱贫困。工作组在上饶县召开了定点扶贫工作座谈会，听取了上饶县委县政府及县扶贫办、工会、侨联等单位扶贫工作情况汇报，李卓彬介绍了中国侨联自2003年以来在上饶县开展定点帮扶工作的进展情况，对进一步做好明后年的精准扶贫工作提出明确要求，强调要充分发挥各级侨联的资源优势、智力优势和联络优势，不断加大精准扶贫工作力度，切实改善基层群众生产生活环境，助推上饶县域经济快速健康发展，确保上饶县“与全省全国同步全面建成小康社会的奋斗目标”如期实现。中国侨联权益保障部部长张岩，中国农林水利工会农业工作部部长王秀生，江西省侨联党组书记张知明参加走访、慰问、座谈活动。

【参与第十五届赣港经贸合作主题活动】5月9日，江西省侨联党组书记张知明率工作组赴香港出席第十五届赣港经贸合作活动。此次活动主题为“金融、资本、绿色发展合作交流”，江西省委书记强卫出席会议并作主旨演讲，香港财政司司长曾俊华、香港贸发局副总裁叶泽恩、华润公司总经理罗熹、摩根大通亚太区主席兼首席执行官欧冠昇等作了发言，会上还举行了重大项目签约仪式。省侨联邀请全国政协委员郑旭等16位重要嘉宾出席会议。工作组还拜会了香港亚洲文化企业有限公司副董事长、总经理赵昆先生，全国政协委员郑旭先生，香港中小型企业联合会主席郑凯平先生，香港亚洲金融集团执行副总裁吴腾辉先生，香港兆丰证券股份有限公司董事会刘大贝先生，香港恒毅有限公司董事总经理潘杏元女士，香港文化交流基金会主席江素惠女士，江西省侨联新聘海外委员香港海洋公园内营总监梁启诚先生和苏黎世保险亚太区环保

5月9日，江西省侨联党组书记张知明出席第十五届赣港经贸合作活动

企业核保总监唐来兴先生等。

【举办学习贯彻党的十八届五中全会精神专题研讨班】3 月 21 日，江西省侨联举办各设区市侨联领导干部学习贯彻党的十八届五中全会精神专题研讨班，邀请著名学者、江西省政协常委、经济委员会副主任汪玉奇作学习贯彻党的十八届五中全会及习近平总书记重要讲话精神专题讲座。江西省侨联党组书记张知明、副主席王强、各设区市及直管县侨联负责人以及江西省侨联全体干部职工共 50 余人参加研讨班。汪玉奇用历史的思维和辩证的分析，结合国际国内形势和江西经济社会发展实际，深刻解读了十八届五中全会精神和习近平总书记视察江西的重要讲话精神。张知明对全省侨联系统广大干部深入学习贯彻党的十八届五中全会，凝聚侨心、汇集侨力服务全省“十三五”发展提出了三点要求：一是把握机遇，坚定信心，牢固树立大局意识；二是发挥优势，内引外联，不断创新服务理念；三是凝心聚力，善谋实干，努力增强工作成效。

6 月 20 日，江西省政协副主席胡幼桃给省侨联机关干部上党课

【配合省委巡视组完成巡视工作】根据江西省委统一部署，6 月 8 日—7 月 25 日，省委第六巡视组对省侨联开展了巡视。8 月 22 日，巡视组向省侨联党组通报了巡视工作情况，在肯定省侨联领导班子建设的同时，反馈了巡视中发现的主要问题，并对今后加强和改进工作提出了建议。党组成立了整改领导小组，制定了《关于落实省委第六巡视组反馈意见整改工作方案》，对照巡视组反馈的 3 方面 7 条具体问题，明确了每一项整改工作的重点内容、责任分工和完成时限，确保整改任务落实到人、到事。整改任务有 6 项按期完成，1 项取得阶段性成果。

【开展“两学一做”学习教育】一是突出责任落实，强化示范带动。制定了《实施方案》，召开动员大会，制订了学习计划表，明确了学习内容。二是突出形式多样，丰富学做内涵。领导带头上党课。江西省政协副主席胡幼桃以普通党员身份参加所联系的江西省侨联机关第一党支部“两学一做”学习教育专题学习，并以“坚定执着追理想”为主题，为全体党员上党课。江西省侨联党组书记张知明、副主席王强为机关党员上党课 4 次、为扶贫点讲党课 2 次、为南昌市侨联系统干部上专题党课 1 次。各支部组织开展以“坚定执着追理想、实事求是闯新路、艰苦奋斗攻难关和依靠群众求胜利”为主要内容学习讨论。三是突出抓常抓细，推进常态长效。坚持和落实“三会一课”。机关开展支部党员大会专题学习 27 次、支部讲党课 36 次。领导班子成员参加所在支部活动 18 次，到联系点指导和宣讲 9 次。四是突出问题导向，狠抓整改落实。找准当前党员在思想、作风、工作中存在的突出问题，建立台账和整改清单。组织基层党组织按期换届。组织党费收缴工作专项检查。清理了 2008 年以来的党费清理，共补交党费 30963 元。做好“党员活动日”和“今天是我的政治生日”主题活动。

【开展“美丽南昌·幸福家园”行动】12 月 24 日上午，为响应江西省直属机关工作委员会的号召，在江西省侨联党组书记张知明带领下，省侨联机关 20 余名党员干部来到南昌市青云谱区祥和社区开展“美丽南昌·幸福家园”行动，为社区居民清扫道路，清洗垃圾广告，清理楼道杂物和室外废弃物，全身心投入到劳动中，用实际行动践行“爱家园、爱南昌”理念，共建幸福家园。劳动结束后，张知明一行还在社区进行走访调研，了解社区侨情，并向社区侨胞和居民开展送侨法、献爱心等公益活动。此次活动不仅增强了侨联干部的凝聚力，同时也增强了侨联干部职工服务群众、奉献社区的宗旨意识。全体党员通过亮身份、树形象、作表率，在“美丽南昌·幸福家园”综合整治的实践中充分发挥党员先锋模范作用，进一步密切了党群干群关系。

【加强海外联谊】2016年10月，江西省侨联党组书记张知明陪同江西省副省长谢茹一行访问纳米比亚、南非和赞比亚三国，与南非江西总商会等当地侨团及侨商侨领开展联谊。组成江西省侨联"一带一路"经贸文化交流访问团，赴柬埔寨、泰国、缅甸等国访问。全年，江西省侨联接待了美国、法国、南非、阿联酋、日本等30余个侨团（企）来南昌访问，对外经贸合作交流纵深拓展，侨联海外资源日益壮大。

10月21日，江西省侨联"一带一路"经贸文化交流访问团拜会柬埔寨福建总商会

10月22日，江西省侨联"一带一路"经贸文化交流访问团拜会柬埔寨江西商会

10月24日，江西省侨联"一带一路"经贸文化交流访问团拜会泰国华人青年商会

【赴澳门推介江西】4月22日—25日，江西省侨联副主席、秘鲁万新集团董事长万志新率团赴澳门出席第21届澳门缅华泼水节系列活动。在省侨联牵线搭桥下，江西瑞金红色旅游及江西吉安绿色旅游开启了澳门之门，借"节"生机，搭建平台。通过此次活动，江西吉安及瑞金旅游宣传推介会在澳门举行，并签订了澳门与瑞金、吉安旅游合作协议。在澳门期间，万志新借助万新员工圈、中国侨商、中资企业协会等信息平台大力宣传江西、推介江西。

【举行"海外侨胞故乡行·走进江西"座谈会】10月3日，为庆祝中国侨联成立60周年，江西省侨联在英雄城南昌举行了"中国侨联成立60周年海外侨胞故乡行·走进江西座谈会"，欢迎法国美丽城联合商会会长姜金玉率团来赣考察联谊，并与海内外侨商畅谈侨联与侨企发展。此次姜金玉会长一行带着深厚情谊来到江西，分别在南昌、宜春等地对侨资企业、投资环境和农业项目进行考察，并表示，江西是他的第二故乡，对江西近年来的发展形势非常赞赏。江西省侨联党组书记张知明对海外客人的到访表达了热烈欢迎，她介绍了江西省侨联近年来的工作业绩，提出江西省侨联将贯彻落实中央对侨联工作改革的重要指示，承续中国侨联"海外侨胞故乡行"的热潮，积极邀请侨胞回故乡助发展。

【江西省侨联青委会举办创新创业交流论坛】5月4日，江西省侨联青委会举办创新创业交流论坛，江西省侨联党组书记张知明、副主席王强、秘书长罗丽都，江西省侨商会副会长程超辉，江西省侨联青委会会长周世鹏，常务副会长卜莉莉、王虎、副会长汪磊、邓莫、刘红英等参加活动。参会人员就适应经济新常态，助力创新创业、发展侨青风采进行座谈，并参观侨青企业江西汉昫孵化器有限公司和中国海力建设集团。张知明表示，青委会是人才的摇篮，是助推侨联事业发展的新兴力量。她对青委会工作提出六点希望：一是加强学习、创新理念；二是内练素质、外树形象；三是适应经济新常态，创新发展，展现侨界风采；四是弘扬正能量，传递江西好声音；五是宣传江西、推介江西；六是加强交流，拓展侨界新资源，吸引优秀青年加入青委会。与会人员纷纷表示，将充分发挥青委会人才荟萃、资源丰富的优势，围绕发展大局，创新发展理念，为江西社会经济发展作出应有贡献。

【举办“共话生物医药产业 促创新发展”座谈会】4月23日，江西省侨联特聘专家委员会“共话生物医药产业 促创新发展”座谈会在南昌召开。江西省侨联副主席王强主持会议，省侨联副主席、特聘专家委员会副主任委员、南昌大学副校长辛洪波，特聘专家委员会副主任委员、省农科院研究员陈光宇，省侨联特聘专家、美国尚华医药集团高级副总裁郭子红博士及20余位生物医药方面的专家参加了座谈会。座谈会上，生物医药专家考察团成员、唐润医药科技首席执行官张所明，美国耶鲁大学研究员程继军，汉娇生物医药首席科学官李伟，百奥财富投资总经理许卫新，杭州英创医药科技有限公司总裁、国家“千人计划”专家张汉承等专家学者与江西省侨联特聘专家委员会委员们，围绕新时期环境对生命科学的影响、新时期生物医药的创新发展、癌症治疗方法的变革发展等主题进行了热烈的发言讨论，同时，大家对江西省侨联特聘专家委员会的工作提出了有益建议。

【召开江西省侨联七届三次全委会】2月18日，江西省侨联召开七届三次全委会议，江西省人大常委会副主任、江西省侨联主席马志武代表江西省侨联七届常委会作工作报告，江西省侨联党组书记张知明、副主席王强、辛洪波、于集华、李江山，党组成员许晓燕、秘书长罗丽都，及江西省侨联委员60余人出席会议。会议传达学习了中国侨联九届三次全委会议精神，听取和审议了江西省侨联工作报告，通过了《关于动员全省归侨侨眷和海外侨胞为实现全省国民经济和社会发展第十三个五年规划目标任务贡献力量的决议》及相关人事事项，增补刘小坚为常委，增补刘小坚、许日强、汪敏、陆娟娟、陈爱红、温涛等6人为委员，增聘卢普行、张平等11人为海外委员。大会号召全体委员紧密团结在以习近平同志为总书记的党中央周围，团结联系广大侨界群众，发挥侨联独特优势，大力弘扬井冈山精神，围绕中心，服务大局，凝心聚力，改革创新，为实现江西“五年决战同步全面小康”奋斗目标汇聚力量，确保实现“十三五”良好开局，奋力夺取全面建成小康社会决胜阶段新胜利。

2月18日，江西省侨联召开七届三次全委会

【参加“全省大众创业万众创新”推进会】3月22日，“全省大众创业万众创新”现场推进会在南昌举行，江西省委书记强卫、省长鹿心社、省委副书记刘奇等参观了699文化创意产业园、江铜“大众创业，万众创新”成果展，并实地考察了江西省侨联侨青创新创业示范基地—小蓝创新创业基地和江西汉昀孵化器有限公司。省领导在小蓝创新创业基地详细了解侨商企业江西壹仁食品有限责任公司生产的芹莱茶，勉励企业提升产品创新能力，让更多的人享受健康生活。

3月2日，省侨联党组书记张知明出席侨青创新创业示范基地揭牌仪式

【举办侨商创新创业交流会】1月28日，江西省侨商会2016年创新创业交流会在南昌召开，100余名来自各国各地区的侨商、侨领齐聚一堂、共话发展。江西省委常委、统战部部长蔡晓明，江西省人大常委会副主任、省侨联主席马志武，江西省政协副秘书长、港澳台侨和外事委员会主任冷芬俊，江西省侨联党组书记张知明，副主席王强、郑兆国、于集华出席会议。蔡晓明在交流会上充分肯定了省侨联和省侨商会近年来的工作，他希望，在新的一年里，省侨商会全面贯彻党的十八大和十八届四中、五中全会精神，贯彻习近平总书记系列重要讲话精神，牢牢把握时代主题，在国家重要发展战略“一带一路”和江西绿色崛起进程中继续发挥独特作用，不断扩大影响力、增强凝聚力，在牵线搭桥、招商引资、建言献策、支持公益、促进企业转型升级等方面做出卓有成效的工作。

【省领导走访江西省侨联机关】11月23日下午，江西省委常委陈兴超，省人大常委会副主任、省侨联主席马志武到省侨联机关看望慰问全体干部职工和部分侨商。11月30日，江西省委副书记姚增科到省侨联视察指导工作。姚增科听取了省侨联党组书记张知明的工作汇报，看望慰问机关干部职工。姚增科就发挥好桥梁纽带作用，增进联谊交流，进一步做好侨联工作进行了指导。

11月23日，省委常委陈兴超（二排左六）到省侨联机关看望慰问全体干部职工和部分侨商

11 月 30 日，省委副书记姚增科看望省侨联机关干部职工和侨商

【举办江西省侨联工作培训班】 11 月 1 日—4 日，江西省侨联举办了为期 4 天的全省侨联工作培训班，聘请综治、法建、节能、绩效、宣传等方面理论功底扎实、操作经验丰富的专家学者现场授课，全省 150 多名侨联干部、侨商代表等参加培训和交流活动。组织省、市、县侨联机关干部参加培训学习活动，开展机关文化创建活动，有效提升了全省各级侨联工作者的理论水平和业务能力，形成了创先争优氛围。

【传递侨情民意】 江西省侨联密切联系侨界人大代表、政协委员履行参政议政职能，充分借助各种信息平台宣传侨联、反映侨界呼声。召开江西省政协部分港澳委员及海外特邀代表座谈会，参加全省政协港澳台侨和外事工作座谈会，通过各种途径传递赣侨心声。在全国和江西省“两会”期间，全国人大代表、江西省人大常委会副主任、江西省侨联主席马志武等侨界代表委员向全国人大十二届四次会议提交建议案 10 余件，向江西省人大十二届四次会议和江西省政协十一届四次会议提交提案 20 余件。全省各级侨联积极开展侨资企业经营发展状况调查调研活动，全年共报送侨情信息 48 篇，获全国侨联系统信息工作一等奖；编发侨联专报 12 期。

【南昌市侨联加强干部队伍建设】 9 月 8 日—10 日，南昌市侨联组织十一届委员会常委、侨商会理事、青委会骨干近 50 名侨界代表人士，赴井冈山开展“弘扬井冈山精神、坚定理想信念”革命传统教育。在为期 3 天的时间里，全体学员怀着对革命圣地的向往之心和对老一辈革命家的敬仰之情，瞻仰烈士陵园，参观革命旧址，了解革命历史，聆听先烈故事，领悟井冈精神。在井冈山干部教育学院，听取了《井冈山斗争与井冈山精神》的专题报告；在井冈山革命烈士陵园，全体学员对革命先烈默哀致敬，深切缅怀，敬献了花圈；在井冈山革命博物馆，大家细致观看展览图片、历史资料和影像，认真倾听讲解员讲述烽烟炮火中老一辈革命者的故事；在朱毛红军挑粮小道，大家挥汗如雨，奋勇前行，细细体味革命的艰辛。一幅幅生动的画面、一个个感人肺腑的革命故事，让全体学员的心灵得到了洗礼和升华。9 月 9 日下午，学员们开展专题讨论。全体学员围绕井冈山精神的当代意义、发挥侨界优势服务大局等主题进行发言，分享学习体会和收获。学员们纷纷表示，通过学习重温了井冈山斗争的历史，对以“坚定信念、艰苦奋斗，实事求是、敢闯新路，依靠群众、勇于胜利”为主要内涵的井冈山精神有了更深刻的认识，接受了一次思想上的洗礼。

【抚州市侨联深化“两个拓展”工作】2016年，抚州市侨联主动适应海内外侨情的新变化，创造各种条件开展“两个拓展”工作，加强与境外侨团的联系，深交老朋友，广交新朋友。9月，抚州市侨联做好汤显祖逝世四百周年系列纪念活动，热情邀请并接待了江西国际文化交流代表协会一行20余人的访问团，进一步加强了与美国南加州江西同乡会、美国江西联合总会的联络，并与赞比亚江西商会缔结了友好侨社团关系，同他们建立了经常性的联系。工作中，主动与海外抚州籍华侨华人拉近距离，聘请赞比亚华侨黄向高先生、美国华侨宁小琪先生为侨联海外顾问。6月中旬，抚州市侨联联合抚州市工商联在全市开展“民间投资增速下滑成因及对策”专题调研，通过采取网上问卷和实地调查走访的方式，全面掌握民间投资增速下滑情况，深入分析民间投资存在的普遍性问题和突出矛盾，提出促进民间投资的针对性、有效性对策建议，为抚州市委、市政府决策提供有见地、有分量的参考意见。同时还积极参与“双返双创”活动和2016全国知名商会原中央苏区（抚州）行活动，先后四次深入沿海发达地区开展招商引资活动。

【吉安市侨联开展扶贫攻坚工作】2016年，吉安市侨联围绕民生开展脱贫攻坚帮扶工作，完成了吉安县万福镇大杏村和井冈山市柏露乡水头村的脱贫攻坚帮扶，组派了帮扶工作组，选派一名机关干部任村第一书记进行驻村帮扶，争取有关部门支持，开展智力帮扶、基础设施帮扶、产业帮扶、结对帮扶等措施，为大杏村争取各类项目帮扶资金130多万元，确保该村全部37户、97名贫困群众脱贫。帮助水头村成功申报省外专局“一村一品示范村”项目，发展种植“井冈小南瓜”特色产业，合计争取各类帮扶项目资金25万多元，帮助该村23户、64名贫困群众脱贫。

【赣州市侨联助力地方经济社会发展】2016年，赣州市侨联围绕赣州市委、市政府提出的主攻工业发展战略，积极开展招商引资工作，引进3个项目落户。一是跟进投资5.8亿元人民币的龙南金富盛新能源科技有限公司风力发电项目，该项目进展顺利，前期实际进资1.3亿元人民币，目前土建、道路基本完成。二是引进的“长安行天下”物流配送项目已正式运营，龙行天下同城配送安远、于都等8个县（市、区）配送中心已正式启动。三是促成厦门侨企华沣供应链集团有限公司与赣州综合保税区签订正式协议，已落户保税区。同时，搭建公益事业平台，开展了一系列公益事业活动。一是配合赣州市委统战部“同心·扶贫认学、认医”活动，为会昌县珠兰乡提供帮扶资金；二是联合市民进，在宁都县对坊乡开展“送医疗、送教育、送农技、送法律、送温暖”活动，服务群众1000余名，自筹资金向对坊乡敬老院赠送价值1.7万元的空气能热水器。三是联系深圳卓越AP8爱心团队，赴龙南杨村中学开展爱心助学活动，捐款捐物总价值共计8万余元。四是联系香港“两地一心”爱心助学款5.6万元，为赣县、大余县、崇义县4所学校的68名贫困学生进行捐助。五是联系浙江新华爱心教育基金会在赣州中学开办六届“珍珠班”。六是引进秘鲁万新集团董事长赣州万新集团总部经济项目及108万元慈善资金。七是引进香港雁心会乐幼基金捐赠30万元用于赣县五云镇古路雁心希望小学改扩建，引进香港龙赛教育基金捐资60万元用于赣县吉埠镇大溪龙赛小学、安远县龙布镇圆光第二小学侨爱心学校改扩建，已分别竣工。

山东省归国华侨联合会

【领导成员名单】

主　　　　　席：梁　波
专 职 副 主 席：李兴钰
兼 职 副 主 席：吴玉明　胡　辛
副　巡　视　员：李运才
党组成员、秘书长：卢文朋

【综述】山东是全国重点侨乡省份之一，山东籍海外华侨华人、旅居港澳同胞约 120 万人，分布在世界 97 个国家和地区；全省归侨侨眷约 120 万人，主要分布在济南、青岛、烟台、潍坊、威海、日照、临沂等地市，改革开放以后出去的新华侨华人约 15 万人。2016 年，山东省各级侨联深入学习贯彻习近平总书记系列重要讲话精神，认真贯彻落实中央和省委决策部署，扎实开展“两学一做”学习教育，着力改革创新，积极服务大局和侨界群众，各项工作取得了新进展，在加快建设经济文化强省中发挥了积极作用。山东省侨联机关被授予“2016 年度山东省省级文明单位”称号。

【服务地方经济发展】2016 年，山东省各级侨联围绕中心，发挥联系广泛、人才荟萃的优势，引导和组织广大归侨侨眷和海外侨胞积极参与经济建设，坚持精准搭桥、精准服务，有针对性地做好招商引资和服务企业“走出去”工作，为山东省经济发展贡献力量。山东省侨联和威海市侨联牵线搭桥，促成了威海建设集团与阿联酋中正集团在阿联酋合作建设“中阿富吉拉商贸物流园项目”，该项目总投资 2.5 亿美元，建筑面积 20 万平方米。2016 年 2 月，威海市侨联根据山东省侨联提供的信息，及时寻找有合作意向的企业，并于 3 月组织企业赴阿联酋考察，5 月签订合作合同，9 月 25 日威海市委领导带队赴阿联酋出席开工仪式。该项目是山东省侨联服务“一带一路”倡议的重点项目，项目的顺利实施也是侨联系统服务企业走出去的成功探索。枣庄市侨联促成威智药业总投资 5 亿元的固体制剂和手性制剂建设项目落地。菏泽市侨联举办“侨星耀菏泽”活动，促进 10 余个项目达成合作意向。济南、烟台、潍坊、泰安、临沂、聊城等市侨联也积极开展招商引资工作。组织参加中国侨联第六届新侨创新创业成果交流大会，山东省有 3 家企业、1 个创新团队、5 人获得“中国侨界贡献奖”。莱芜市侨联借力山东第九届海洽会高端人才莱芜行活动，促进 37 家企事业单位与 37 名专家达成合作意向。威海、滨州两市侨联分别举办了“海外华商博士威海行”和“2016 山东海外华商博士投资创业合作周”活动，东营、临沂市侨联也都积极开展海外人才引进工作。

5 月 3 日，由旅居阿联酋的山东籍侨胞和威海市建设集团合作建设阿联酋中阿（富吉拉）商贸物流合作园项目签约仪式在山东省威海市举行，山东省侨联主席梁波、威海市委副书记赵熙殿出席仪式并致辞

【拓展海外联络联谊】2016 年，山东省各级侨联“以侨为桥”，积极拓展海外工作和新侨工作，共接待来访团组 200 多个，组团或随团出访 100 多人次，与 60 多个海外侨社团签订友好合作协议。山东省侨联组团出访了柬埔寨、越南、老挝、阿联酋、埃及、坦桑尼亚、南非、马达加斯加 8 个国家，通过座谈会、走访慰问、实地考察等形式，积极向海外推介山东，服务全省

企业“走出去”开拓国际市场。济南、青岛、烟台、潍坊、聊城等市侨联也积极组团赴海外开展经济文化交流活动。为庆祝中国侨联成立 60 周年，山东省侨联举办了“海外侨胞故乡行·走进山东”系列活动，组织 60 多位鲁籍海外侨胞赴济南、菏泽、济宁、枣庄参观访问，亲身体验齐鲁历史文化，感受家乡改革开放发展成果，四市侨联认真细致的活动安排有效地激发了广大海外侨胞爱国爱乡、回馈桑梓的热情。威海市侨联举办了旅韩华侨华人“省亲大会”，潍坊、莱芜、滨州、德州等市侨联也积极邀请海外侨团参观访问，拓展了海外联谊的新领域。

4 月 19 日—28 日，山东省侨联主席梁波率团访问柬埔寨、越南、老挝，梁波主席代表省侨联与柬埔寨浙江总商会会长施永平签署《合作备忘录》

7 月 5 日—15 日，山东省侨联副主席李兴钰率团访问坦桑尼亚、南非、马达加斯加

【弘扬齐鲁文化】2016 年，山东省各级侨联积极开展形式多样的文化宣传和交流活动。山东省侨联以“亲情、乡情、友情”为主题，举办了“亲情中华·镜动乡情”手机摄影大赛，收到参赛照片近 1000 张，讲述侨界故事，展示侨胞生活。组织各市侨界书画爱好者参加“第三届世界华人

8 月 2 日，2016 年“亲情中华·齐鲁行”—中国牡丹之都夏令营开营

书画作品展”。积极申报中国华侨国际文化交流基地第三批项目。山东省侨联与淄博市侨联共同承办了“亲情中华·走进傅山”第二届世界华侨华人摄影展。山东省侨联和菏泽市侨联共同承办了“亲情中华·齐鲁行—中国牡丹之都夏令营”。组织参加第十七届世界华人学生作文大赛，13 个市侨联及部分县级侨联获得组织奖。济南市侨联与《济南日报》合作开设“侨联讲侨”专栏，讲述侨界故事、弘扬侨界精神。《齐鲁乡情》编辑部获得第十一届“山东省对外传播奖先进集体”荣誉称号。东营、烟台、日照市侨联分别举办了“黄河入海流—加拿大白石·中国东营友好城市文化之旅”艺术作品展、“烟台市侨界书画艺术展暨交流笔会”、日照市环保绘画大赛。

【推进侨界公益事业】山东省各级侨联引导侨界爱心人士关注家乡发展，搭建爱心通道。山东省侨联联合聊城、临沂两市侨联在高唐、阳谷、临沭三县市开展了“关爱听障老人‘启喑’行动暨澳大利亚魏基成天籁列车捐赠活动”。济南市侨联协助爱心侨商捐资 20 万元建设“长清侨心和信幸福院”。淄博市侨联协助香港亚美集团向高

8月28—30日，山东省侨联联合聊城、临沂两市侨联开展的关爱听障老人"启喑"行动暨澳大利亚魏基成天籁列车捐赠活动在高唐、阳谷、临沭三县举行

青县高城镇中心小学捐赠55万元港币，用于改善学校的硬件设施。枣庄安侨集团捐资6000万元建设的中国华侨公益基金会安侨立新小学项目进展顺利。泰安市侨联设立"大观慈善基金"，用于救助60岁以上无经济来源的老人、低保家庭患者。山东省各级侨联积极开展侨界扶贫工作，借助侨资、侨力，通过医疗救助、教育救助、基础设施投资和产业扶持等形式实施精准扶贫，帮扶贫困归侨侨眷和困难群众脱贫致富。济宁市侨联印发了《关于在全市开展"侨帮侨"结对扶贫活动的通知》，力促富侨帮贫侨。日照、东营、聊城市侨联组织为贫困归侨、侨眷进行免费健康查体。淄博、枣庄、潍坊、济宁、德州、临沂、菏泽等市侨联积极开展结对扶贫工作。

1月12日，山东省侨联主席梁波到潍坊市走访慰问部分侨界困难群众

【提高为侨服务水平】山东省各级侨联坚持以人为本、为侨服务宗旨，多渠道筹措资金做好"送温暖、献爱心"活动。2016年春节期间，全省侨联系统共走访慰问侨胞1000多户。通过走访调研、召开侨资侨属企业座谈会、归侨侨眷座谈会，听取意见建议，帮助侨界群众解决实际困难。济宁市侨联以创建"侨之家"服务品牌为载体，建立了归侨侨眷联谊交流中心。淄博市侨联组织归侨侨眷参加了在山东蓝翔高级技工学校举办的技能培训。烟台市侨联协助侨资侨属企业安置下岗归侨侨眷再就业41人。做好侨法宣传工作，帮助侨界群众学法懂法守法。枣庄市侨联主办"凝聚人心·汇聚力量"电视知识竞赛，宣传普及侨法知识和侨务政策。日照市侨联在《日照日报》开设侨法宣传专栏。临沂市侨联成立了法律顾问委员会。山东省各级侨联积极开展"访侨企、送服务"活动，深入侨资企业进行调研，帮助企业解决问题。菏泽市侨联全力协助侨企—菏泽大森控股集团解决上市前的瓶颈问题，协助其在香港主板成功上市。青岛、东营、潍坊、泰安等市侨联也通过多种形式为侨资企业开展服务活动。

【加强侨联组织建设】2016年，山东省各级侨联组织扎实开展"两学一做"学习教育。各级侨联党组织认真履行主体责任，精心组织，扎实推进，广大党员和基层党组织通过教育引导、榜样示范，以学习教育的成效促进了侨联工作的发展。8月—9月，省委第一巡视组对山东省侨联党组进行了专项巡视，对巡视组反馈的问题和建议，山东省侨联党组高度重视，制定整改方案，细化整改措施，确保整改到位。稳步推进省侨联改革。山东省侨联认真学习《中国侨联改革方案》精神，组织专门力量，研究山东省侨联改

6月21日，山东省省侨联主席梁波一行3人到帮包村——阳谷县金斗营镇东金一村，开展走访慰问老党员活动

革方案。山东省各级侨联认真贯彻落实中央和山东省委党的群团工作会议要求，以“五有”为目标，推动基层组织建设的规范化。临沂市5个县区设立了侨联机构，为正科级群团机关。烟台市侨联推动山东工商学院和滨州医学院成立侨联。积极做好“第一书记”工作。山东省侨联领导多次到“第一书记”任职村现场办公，多方协调，筹措资金为帮包村发展扶贫产业，改善基础设施，对村容村貌进行整治，开展送温暖活动，抓党建、促脱贫、惠民生工作取得积极成效。

【省委副书记龚正到山东省侨联调研指导工作】4月1日，山东省委副书记龚正到山东省侨联调研指导工作。山东省纪委副书记、省委副秘书长明春德，山东省委政研室副主任孙守亮等陪同调研。龚正一行先后来到山东省侨联办公室（组织人事部）、文化交流部（《齐鲁乡情》编辑部）、经济联络部看望工作人员，与大家亲切交谈，并就发挥广大归侨侨眷和海外侨胞的作用，进一步做好新形势下的侨联工作，促进山东对外交流合作向大家提出明确要求。随后，龚正与山东省侨联领导班子成员进行了座谈。山东省侨联党组书记、主席梁波就省侨联基本情况、我省基本侨情和侨联工作等进行了汇报。龚正在听取汇报后，对山东省侨联工作给予了肯定。他指出，山东省侨联机关人员虽少，但工作有特色，侨联干部精神状态很好，工作合力强。他强调做好下一步工作，要突出三个方面。一要围绕中心、服务大局，全面落实中央和省委党的群团工作会议精神，克服“机关化、行政化、贵族化、娱乐化”现象，保持和增强政治性、先进性、群众性，把握好工作方向，创造性地开展工作。二要发挥独特优势，彰显特色，为经济文化强省建设作贡献。三要加强侨联领导班子和干部队伍建设。要推进侨联干部履职能力建设，建设一支敢担当、善担当、能担当的侨联干部队伍，为侨联事业发展提供可靠保障。

【山东省政协副主席赵家军调研侨资企业】2月19日，山东省政协副主席、致公党山东省委主委赵家军一行赴济阳县对侨资企业发展状况进行调研。调研组先后参观了济南优诺思喷印设备有限公司、山东安信种苗股份有限公司、旺旺集团山东总厂和济南统一企业有限公司。山东省侨联主席梁波、副主席李兴钰、秘书长卢文朋和致公党山东省委副主委马传凯、秘书长姜明等参加调研，济阳县县委书记祖爱民、县政协主席杜爱君等县领导陪同调研。调研组在济南优诺思喷印设备有限公司召开了座谈会，听取了济阳县侨资企业发展情况的汇报，并与参会的侨资企业代

4月1日，山东省委副书记龚正到山东省侨联调研指导工作，山东省纪委副书记、省委副秘书长明春德，山东省委政研室副主任孙守亮等陪同调研

2 月 19 日，山东省政协副主席、致公党山东省委主委赵家军一行赴济阳县对侨资企业发展状况进行调研，山东省侨联主席梁波、副主席李兴钰、秘书长卢文朋等参加调研

表进行了座谈交流。赵家军指出，各部门要主动关心侨资企业、积极服务侨资企业，把已经出台的鼓励和支持侨资企业发展的政策措施落到实处，为他们回国施展才华积极创造条件。致公党和侨联要进一步加强侨资企业的调研，深入了解侨资企业对投资环境方面的意见和要求，推动《山东省归侨侨眷权益保护条例》等一系列法律法规的贯彻落实，努力为侨资企业进一步发展创造更优良的投资环境。侨资企业要加大研发投入，吸引高层次人才，加强与本地大学和科研院所的合作，研究和用足用好政府对科技发展的扶持政策，把企业做大做强。

【中国侨联法顾委调研组来山东调研】5 月 23 日—27 日，中国侨联法顾委常务副主任、上海市人大常委会原副主任王培生，中国侨联法顾委副主任、福建省高级人民法院原院长方忠炳，中国侨联权益保障部副部长黄晖一行 8 人，在山东省侨联副主席李兴钰的陪同下，赴日照、临沂两市开展“依法治国背景下侨联如何以法治思维和法治方式做好依法维护侨益工作”专题调研。日照市委副书记、市长刘星泰，市委副书记孟庆斌，市人大常委会副主任梁云爱、市政协副主席毛晖明和临沂市委书记林峰海，市委常委、市委统战部部长张广敬，副市长李朝晖分别会见调研组或陪同有关活动。调研组分别在日照和临沂两市召开专题座谈会。黄晖副部长介绍专题调研的目的和意义，李兴钰副主席汇报了山东全省依法维护侨益的工作情况，两市侨联负责同志详细汇报了近年来日照和临沂两市开展维护侨益工作的基本情况和法顾委组织建设状况，并就基层侨联维权薄弱、侨联干部法律知识欠缺、侨法宣传和维权方式传统等方面存在的问题提出了有关建议。调研期间，调研组实地考察了日照市东港区望海侨务社区、中盛幸福苑归侨侨眷养老服务中心、东升地毯集团有限公司、亚太森博（山东）浆纸有限公司、莒县法律援助中心、莒县海汇集团、日照城建规划展览馆和日照奥林匹克水上运动公园和临沂市兰陵县国家“千人计划”专家创新创业服务中心、兰陵现代农业示范园、众泰汽车有限公司、中印软件产业园等留学回国创业人员创业服务机构以及部分侨资企业。调研组详细询问了帮助侨界维权和侨资企业生产经营中遇到的政策、法律方面的问题，并就有关问题给予了解答。调研组指出，山东省侨联近年来运用法治思维推动维护侨益工作发展，并充分发挥了侨联法律顾问的作用，在参谋咨询、化解矛盾纠纷、服务侨企经营等方面维护了广大归侨侨眷和海外侨胞的合法权益，为促进侨界和谐、维护社会稳定作出了积极贡献。

5 月 23 日—27 日，中国侨联法顾委调研组在山东开展“依法治国背景下侨联如何以法治思维和法治方式做好依法维护侨益工作”专题调研

【举办“海外侨胞故乡行·走进山东”活动】 9月22日—25日，山东省侨联举办了“海外侨胞故乡行·走进山东”活动。9月22日，“海外（港澳台）侨胞故乡行·走进山东活动暨海外山东同乡组织合作机制启动仪式”在济南举行，来自世界20多个国家和地区的60余位海外侨领和侨胞齐聚山东，了解山东经济社会发展情况，寻找回馈家乡、服务桑梓的结合点和有效途径，建立和深化海外山东同乡组织合作机制，22个国家32家侨团的积极响应，签订《海外山东同乡组织合作机制倡议书》，促进了鲁籍海外侨社团和华侨华人团结协作、资源共享、共同发展。23日—25日，参加活动的来自20多个国家的60余位海外侨领在济南、菏泽、济宁进行了考察。济南市委常委、统战部部长雷天太，菏泽市委常委、统战部部长王永华，济宁市委书记、市人大党委会主任马平昌，济宁市委副书记刘中会、副市长张继民等市领导会见了考察团或陪同考察。山东省侨联秘书长卢文朋，济南市侨联副主席米文芃、历下区委副书记曹辛，菏泽市政协副主席樊庆斌、市侨联党组书记孟庆霞，济宁市侨联党组书记王宗启等陪同在当地的活动。在济南，侨领们亲身体验泉城文化，对济南明府城片区的优美景致和古老建筑赞叹不已。在菏泽，各位侨领实地参观考察了山东烟郓金属彩印有限公司、山东一鸣纺织有限公司、郓翰云城电商产业园等企业和项目，认真察看了“智慧瓶盖”的生产过程和纺织工艺流程，对电商产业园琳琅满目、品种齐全商品赞不绝口。在济宁，各位侨领参加了市委市政府举办的“海外侨胞故乡行·走进济宁”经贸合作恳谈会，听取了马平昌书记对济宁经济社会发展情况的介绍，观看了济宁市宣传片。各县（市、区）分管领导、招商局长及部分企业负责人约60人与海外侨领进行了对接，为今后经贸、文化等交流合作打下了良好的基础。

9月22日，山东省侨联主席梁波向海外侨团负责人颁发《海外山东同乡组织合作机制倡议书》

9月22日，山东省侨联举办“海外侨胞故乡行·走进山东”活动暨海外山东同乡组织合作机制启动仪式，山东省侨联领导与参加合作机制的海外侨团负责人合影

【召开山东省侨联八届九次全委（扩大）会】12月20日—21日，山东省侨联八届九次全委（扩大）会议在济南召开。山东省侨联主席梁波，山东省侨联副主席李兴钰、山东省侨联副巡视员李运才、山东省侨联党组成员、秘书长卢文朋出席会议。省侨联委员、省侨联机关干部、市侨联不是省侨联委员的驻会负责同志共100余人参加会议。会议要求山东省各级侨联要全面贯彻落实党的十八大和十八届三中、四中、五中、六中全会精神，深入学习贯彻习近平总书记系列重要讲话精神，认真落实省委十届十五次全体会议的工作部署，坚持为大局服务和为侨服务相统一，坚持国内海外工作并重，老侨新侨工作并重，深化拓展海外工作，拓展新侨工作，积极推进侨联改革，着眼长远、立足基层，建好侨胞之家，凝心聚力，开拓创新，扎实工作，团结动员广大归侨侨眷和海外侨胞，为加快建设经济文化强省贡献力量。会议卸免委员9名，增补委员17名；卸免常委2名，增补常委3名。

12月20日—21日，山东省侨联八届九次全委（扩大）会议在济南召开

【济南市侨联】2016年，济南市侨联广泛开展“促进发展年”活动，为济南“打造四个中心，建设现代泉城”发挥了独特作用。济南市侨联荣获省级文明单位称号，被中国侨联表彰为全国侨联信息工作先进单位。济南市侨联商会被中国侨联表彰为全国优秀侨商社会组织。一是助推现代泉城建设。开展“啄木鸟、献良策、引项目、荐人才、抓宣传”活动，先后对全市重点场所的不规范英文标识语进行纠错，并形成书面报告呈报市委、市政府；积极向中国侨联报送建议类专报信息，5篇被采用；联合济南市投资促进局、广州市侨联、厦门市侨商会在广州、厦门举办投资说明会；随团赴柬埔寨、尼泊尔、泰国开展文化、经贸、科技交流活动；《天下泉城》宣传片在法国华人电视台播放，扩大济南的影响；通过新媒体面向海外发展新朋友，为海外华人华侨共圆济南梦作贡献；与《济南日报》合作开设“侨联讲侨”专栏，向社会讲述侨界故事。二是加强侨胞之家建设。为庆祝中国侨联成立60周年，承办“海外侨胞故乡行·走进山东济南”活动，考察济南明府城片区，把特色文化展示给海外侨胞；举办第三届“伟龙助学金”捐赠仪式；侨商郑和国先生捐资20万元，建设“长清侨心和信幸福院”；侨联商会多名会长、副会长捐赠善款23万元，作为帮扶村侨心蔬菜大棚基地启动资金；依托“侨爱心365基金”，累计救助特困归侨36人次；免费为100余名老归侨进行健康查体；编印出版《侨风艺韵》《侨影集萃》两本书；春节期间，共走访慰问困难归侨侨眷、老侨领110户。三是加强侨联自身建设。按照“两学一做”学习教育的部署要求，开展“支部委员讲党课”活动5次；传达学习党的十八届六中全会和市委十届十二次全会精神，进一步强化了“四个意识”，特别是核心意识和看齐意识；多次召开会议专题研究部署党建工作；参与“我推荐、我评议身边好人”“慈心一日捐”等精神文明创建活动。在“我爱泉城，文明出行”交通志愿服务活动中，市侨联在人手少、任务重的情况下圆满完成志愿执勤任务，受到相关部门肯定和好评。

【青岛市侨联】2016年，青岛市侨联牢牢把握共圆中国梦的时代主题，深入拓展海外工作和新侨工作，进一步发挥侨界人才荟萃、智力密集、联系广泛的独特优势，切实增强政治性、先进性和群众性，各项工作取得了积极成效。一是打造侨界高端智库，积极服务海洋战略。成功争取中国侨联在青岛成立特聘专家委员会海洋专业委员会，吸纳了10余家知名高校和涉海科研院所的领军人物，首批受聘的特聘专家中仅院士就有10人，占比超过三分之一。9月，青岛市侨联联合青岛国家海洋科学研究中心组织召开“中国侨联特聘专家委员会海洋专业委员会成立大会暨海洋战略研讨会”，来自海内外100余位海洋领域侨界专家参会，中国侨联副主席李卓彬、青岛市副市长孙立杰出席会议并分别致辞。二是搭建交流合作平台，广泛传播齐鲁声音。8月，青岛市侨联联合青岛市新闻办举办了“讲好中国故事，传播齐鲁声音——海外华文媒体暨侨领研讨会”，中国侨联副主席康晓萍、山东省侨联副主席李兴钰、青岛市委副书记王伟、青岛市副市长孙立杰等领导出席会议。来自21个国家和地区的60余位海外侨领以及15家海外华文媒体代表应邀参会。三是多措并举用心服务，助推侨界创业创新。召开青岛市侨联青年留学归国人员联谊会工作交流会。以“燃烧创业激情、发挥拼搏精神、实现创业梦想”为主题，联合五四创客城举办“创客”工作座谈会。组织新侨代表赴南方学习考察创业创新经验，进一步激发侨界青年创业热情。成功引进美国工程院院士、中国工程院外籍院士黄锷团队携重大科研成果落户青岛蓝谷。英联生物城项目举行奠基仪式，计划总投资5亿美元。四是拓展海外联络工作，助力对外开放。围绕推介“一带一路”建设，广泛开展“请进来”工作，邀请接待24个国家和地区的22批次海外客人来青岛考察洽谈，促成了一批合作意向，凝聚了一批海外侨胞。应邀组团赴澳大利亚、新西兰、马来西亚，宣传青岛“一带一路”建设战略规划。五是汇集侨界诤言良策，同心推动科学发展。向中国侨联报送侨情专报48篇，在全国副省级城市中名列第一，荣获全国侨联系统信息工作特等奖。向市委报送调研专报类信息40篇，8篇被市委上报信息采用。举办特聘专家委员会年会暨侨界专家建言“十三五”规划专题会。六是精心建设侨胞之家，促进和谐社会发展。举办“聚焦十三五规划开局年——归侨侨眷新春座谈暨茶话会”、“纪念侨法颁布26周年知识竞赛暨书画笔会”等4次侨之家活动。

9月19日，由中国侨联支持举办、中国侨联特聘专家委员会主办、青岛市侨联和青岛国家海洋科学研究中心联合承办的“中国侨联特聘专家委员会海洋专业委员会成立大会暨海洋战略研讨会”在青岛开幕

河南省归国华侨联合会

【领导成员名单】

党组书记：赵太安

主　　席：董锦燕（女）

专职副主席：王鹏杰　王　月（女）

副巡视员：刘合生

兼职副主席：董子明　朱任发　罗建中　康玛水　陈锦艳　陈长宝　邢玉华　刘东晓　沈钊昌　屈　晓

【综述】2016年是河南侨联事业发展进程中十分重要的一年。面对严峻复杂的国内外形势，面对深刻变化的世情、国情、侨情，在省委的坚强领导和中国侨联的大力支持下，全省各级侨联深入学习贯彻党的十八大和十八届三中、四中、五中、六中全会和习近平总书记系列重要讲话精神，紧紧围绕改革发展大局，紧紧围绕党委、政府的重大决策部署，注重在服务大局中发挥优势，在改革创新中体现作为，圆满完成了2016年既定工作目标任务。

【开展“两学一做”学习教育】根据省委要求部署，河南省侨联制定《省侨联开展“两学一做”学习教育实施方案》，组织专题党课教育，

7月3日—4日，河南省侨联组织机关党员干部赴红旗渠开展“庆七一”党性教育活动

着力解决侨联党员干部思想作风问题。在机关党员干部中开展“对标先进、争创一流、更加出彩”演讲比赛，组织到红旗渠红色教育基地培训等形式多样的学习教育活动，把“学、做、改、促”贯穿教育活动全过程。严格党内政治生活，严格执行中央八项规定，严守政治纪律和政治规矩，坚持以上率下，密切联系侨界群众，改进工作作风，推动从严治党在侨联组织的深化落实。

【配合河南省委巡视坚持从严治党】根据河南省委统一部署，省委第八巡视组对省侨联进行为期2个月的专项巡视。省侨联党组高度重视，按照省委巡视工作要求，认真制定方案，自觉接受政治体检，自觉接受组织监督。省侨联领导班子、机关全体同志政治态度鲜明，全省侨联积极配合，抱着对侨联事业高度负责的态度，实事求是客观反映问题，确保巡视工作

4月14日，河南省侨联召开“两学一做”学习教育动员会

2月25日，省委第八巡视组专项巡视省侨联工作动员会召开

书记赵太安为组长，主席董锦燕、副主席王鹏杰为副组长，班子成员及机关处室负责人为成员的换届工作领导小组，领导小组下设文秘组、组织组、宣传组和后勤组，统一在省侨联党组领导下开展工作。

【参与河南重大经贸文化活动】按照丙申年黄帝故里拜祖大典组委会和第十届中国河南国际投资贸易洽谈会统一部署，省侨联积极联络邀请中国侨联依例作为丙申年黄帝故里拜祖大典主办单位，林军主席出席丙申年黄帝故里拜祖大典，并担任大典主司仪。海内外知名侨领侨商嘉宾200余人应邀出席大典，参加第十届中国河南国际投资贸易洽谈会。林军

顺利进行。针对巡视反馈意见，采取有效措施，着力解决党的领导弱化、党建工作缺失、从严治党不力等方面存在的问题。针对巡视反馈问题立行立改，修改完善侨联工作制度17项，规范42项，出台文件2个，提升了侨联工作规范化、制度化、科学化水平。

【筹备河南省第十次归侨侨眷代表大会】河南省第十次归侨侨眷代表大会是全省侨界群众政治生活中的一件大事，省委对省侨联换届非常重视，专门听取省侨联换届工作汇报，研究换届工作重大事项。谢伏瞻书记、邓凯副书记就如何开好这次大会做好新形势下侨联工作提出了明确要求。自8月下旬开始，省侨联成立以党组

4月7日，省长陈润儿（左七）在郑州会见泰国正大集团副董事长李绍祝一行

主席及海外侨领嘉宾、知名侨商代表团，分别受到省委书记、省人大常委会主任谢伏瞻、省长陈润儿、省委副书记邓凯等领导会见。以中国侨联成立60周年系列活动为契机，积极开展“海外侨胞故乡行—走进河南”活动，邀请来自23个国家和地区的50名海外侨胞走进中原大地，深入郑州、洛阳、开封、兰考等地，了解河南厚重的历史文化，感受河南改革开放的巨大成就和中原大地发展蓬勃生机与活力。海外侨胞代

12月3日，河南省侨联九届七次全委（扩大）会议在郑州召开

4 月 8 日，省委副书记邓凯（左五）会见中国侨商联合会代表团

奕龙率中国侨商会代表团出席“第十四届中国（漯河）食品博览会”，与中国侨商会、漯河市人民政府共同主办“第三届华商食品项目投资峰会”，促成中国侨商会第一个食品行业分会落户漯河。参与承办“2016 第六届中国·商丘国际华商节”，中国侨联副主席李卓彬，中国侨联副主席、中国侨商联合会常务副会长朱奕龙出席活动，来自海内外 30 多个国家和地区的 1000 多位华商侨领及嘉宾欢聚华商之源，拜商祖祈商愿，话创新谋发展。活动期间，在商丘举办“第八届中国侨商论坛”和“华侨华人杰出成就图片展”等主题活动。2016 年，省侨联还参与主办了“开封首届客家国际龙舟邀请赛”、

表团受到省委副书记邓凯的亲切会见。

【打造平台助推地方开放发展】河南省侨联积极打造“圆梦中华—知名侨商中原行”活动品牌，组织和引导海内外侨商走进河南，促进地方经济与侨商共赢发展。与安阳市政府联合主办“第八届安阳航空运动文化旅游节”，中国侨联副主席康晓萍出席开幕式，邀请海内外知名侨商嘉宾出席盛会。促成中国侨商会、省侨联、省民航发展投资有限公司和安阳市人民政府共同签署了战略合作框架协议。与周口市政协、西华县政府联合举办“2016 海内外杰出女性走进西华”活动，中国侨联顾问唐闻生及来自美国、俄罗斯、韩国、印尼和香港、澳门等海内外知名侨界女性出席活动。邀请中国侨联副主席朱

5 月 7 日—9 日，中国侨联顾问、中国侨联原副主席唐闻生（右三）出席“2016 海内外杰出女性走进西华”系列文化活动

5 月 16 日，中国侨联副主席朱奕龙（前排左六）出席第十四届中国（漯河）食品博览会开幕式

8月28日，河南省侨联主席董锦燕（右二）出席在焦作召开的第十一届豫商大会海外河南商会会长座谈会

“鹿邑老子国际文化节”、第八届中原（固始）根亲文化节等活动，有效服务了地方经济社会发展，侨联组织的吸引力、凝聚力和影响力进一步提升，省侨联服务开放发展的成效，受到省委省政府的肯定和表彰。郑州市侨联在市委市政府“黄帝故里拜祖大典举办十年”总结表彰大会中，荣获集体三等功。商丘、漯河、信阳市侨联被当地政府评为开放招商先进单位。

【河南侨商组织优势有力发挥】河南省侨联积极推动构建侨商组织网络，先后成立省市县级侨商组织13家，会员2300人，引导组织侨商与海内外160多个侨商社团建立联系，侨商组织服务经济发展能力不断增强。支持有实力的侨商企业加强与“一带一路”沿线国家和地区华侨社团、侨领侨商的联系对接和洽谈合作，促成中国侨商联合会第一个食品行业分会落地河南漯河，商丘市侨商会与吉尔吉斯斯坦华商社团建立交流互访机制，鹤壁市政府与韩国首尔市瑞草区缔结为友好城市，河南文化艺术团体与俄罗斯圣彼得堡艺术团体进行交流合作，侨联组织融入“一带一路”成果不断延展。

【推进“两个拓展”】河南省侨联主动适应河南对外开放新形势和新侨大省新变化，积极拓展海外工作和新侨工作。应捷克华人青年联合会、俄罗斯圣彼得堡华人华侨联合会邀请，河南省委统战部副部长、省侨联党组书记赵太安率河南省侨联代表团一行访问捷克、俄罗斯，走访当地知名侨界社团，增进同捷克和俄罗斯当地侨团和侨界青年的感情和友谊，推介宣传河南。应加拿大全加华人联合会、美国美中国际商会、墨西哥中墨友好促进会邀请，河南省侨联主席董锦燕率团出访加拿大、美国、墨西哥，访问多伦多、纽约、圣地亚哥和蒂华纳4个城市，参加由中国侨商联合会和当地侨团举办的五场投资交流联谊活动，进一步密切了河南侨联与海外重要侨社团、侨领侨商交流联系，特别看望走访当地河南同乡会、河南商会，报告乡情、征求意见、增进友谊。全省各级侨联加强侨联与海外侨社团、侨商企业、知名侨领建立常态化联系，以联谊、恳亲、乡情为纽带，邀请一大批海外侨胞回国观光考察、进行学术交流和经贸洽谈。新侨工作载体不断丰富。针对新侨工作新特点，在深入企业、高校、院所、园区调查研究的基础上，研究制定加强新侨工作的具体措施，引导新侨创业创新发展。安阳、洛阳、开封、漯河、信阳、周口、三门峡等市侨联探索成立归国留学人员联谊会、新侨创业创新协会、侨联青年委员会等新侨组织，不断延伸侨联工作手臂，新侨工作活力逐步显现。深化“创业河南”主题活动。适应在豫新侨发展需要，着力培育孵化一批新侨创新创业基地。林军主席在洛阳调研考察期间，与省、市领导共同为河南省首家“新侨创新创业基地”—洛阳国家大学科技园揭牌，并对培育新侨创新创业基地的做法充分肯定，省委书记谢伏瞻、省长陈润儿等省市领导分别考察该基地，成为全省推动新侨创新创业的样板。目前，全省新侨创新科技园、新侨创新创业基地、新侨投资企业协会等新侨组织近百个，获得中国侨联创新个人奖8人，项目创新成果奖7个，研发创新团队奖5个，洛阳国家大学科技园被命名为“中国侨联新侨创新创业基地”，河南留学创投创业中心等5家新侨企业入选“中国侨联新侨创新创业联盟”理事单位。

【持续推进“侨爱心工程”】2016年，河南省侨联开展“健康光明行”，实施“亮晶工程”，捐建“珍珠班”、“树人班”侨（爱）心中小学和“侨爱心书屋”等公益项目20多个，近千名寒门学子受到侨界爱心资助。澳大利亚著名侨领魏基成先生继续向焦作、南阳捐赠助听器和语音教学机，价值4000多万元人民币。香港亮睛慈善基金会与平顶山市侨联合作，为7000名白内障患者带来光明。香港惩教社教育基金在南阳桐柏县和镇平县捐赠建设侨心小学2所，支持发展全省贫困地区教育事业。

5月27日，中国侨联副主席康晓萍（左六）出席在安阳中国文字博物馆举行的中国华侨国际文化交流基地挂牌仪式

【中原侨文化特色品牌逐步形成】河南省侨联发挥河南根亲文化优势，着力培育根亲文化品牌。以黄帝文化、河洛文化、姓氏文化、客家文化为主题，打造海外侨胞老家河南的精神家园和心灵故乡。持续与有关方面举办承办黄帝故里拜祖大典、中原（固始）根亲文化节等大型节会，指导支持全省各地侨联开展祭拜伏羲、女娲、老子等人文始祖活动，增进海外侨胞对中原祖地的根脉认同，周口、许昌、新乡、濮阳、南阳、平顶山等市侨联发挥姓氏文化资源优势，吸引数以万计的海内外侨胞回到老家河南寻根谒祖、观光考察、投资兴业。

【巩固提升侨文化宣传阵地】河南省侨联充分挖掘河南历史文化资源，积极争取中国侨联支持，培育命名了一批“中国侨联华侨国际文化交流基地”。组织“海外侨胞故乡行·走进河南”参访“基地”活动，推介河南改革发展成就，宣传中原特色文化。参与编撰出版根亲文化系列丛书《我从哪里来》和支持拍摄《中华百家姓起源故事》电视剧，扩大侨联社会影响力。组织参加中国侨联举办的“世界华人学生作文大赛”，推动与海外华裔青少年的华文交流。举办孙中山诞辰150周年纪念活动，与中国华侨出版社联合主办“世界华侨华人杰出成就图片巡展”、“河南省优秀中青年中国画学术展”，编印《把青春献给祖国—支援新中国建设在豫归侨口述》书籍和《〈中国侨商〉特刊—黄帝故里拜祖大典十年巡礼》《〈中国侨商〉特刊—中国·商丘国际华商节十年巡礼》，展示侨的形象，激发侨的情感，增进侨的自信。

【有序推进信访维权工作】河南省侨联落实信访工作制度，加强涉侨单位信访协作机制，注重与公检法司等部门的沟通协调，完善涉侨案件协调解决机制，发挥侨联法律顾问委员会和法律援助机构作用，稳妥解决了一大批侨界信访案件。2016年，全省侨联系统处理侨界群众来信来访616人次，涉及经济投资、社会保障、司法纠纷等各类问题，群众来信来访结案率90%以上，得到侨界群众的信任和肯定。

【参政议政积极有为】河南省侨联建立和规范侨联参政议政工作会议、提议案会商和工作调研等制度，组织侨界人大代表、政协委员围绕党委政府中心工作，围绕侨界群众关注问题，深入基层、深入群众，倾听呼声、反映诉求，建言献策、维护侨益。举办2016年全省侨联系统参政议政工作座谈会，会商交流提案议案。焦作市侨联《关于为我市困难老归侨解决廉租房的提案》

1月22日，省侨联参政议政座谈会在郑州召开

受到政府部门高度重视，20 户老归侨的住房困难得到解决。

【助力脱贫攻坚战】按照中央、中国侨联和省委脱贫攻坚任务部署，全省侨联坚持点、线、面同步推进，在信阳、焦作市召开全省侨联片区精准扶贫现场会，集思广益、群策群力，有针对性地开展对接帮扶。动员侨界企业家参与精准脱贫，履行社会责任担当，助力侨界脱贫攻坚。中国侨联副主席董中原在河南调研时，就进一步贯彻落实中央党的群团工作会议精神、推进侨联改革、努力做好侨联精准脱贫工作，召开侨联干部座谈会，听取意见建议，指导侨联系统做好精准脱贫工作。积极开展驻村共建活动，全省侨联系统 8 名干部担任驻村第一书记，实施脱贫项目 20 多个，争取资金 1000 多万元，为打赢脱贫攻坚战贡献力量。

10 月 17 日，河南省侨联副主席王鹏杰（前排中）出席在信阳召开的精准脱贫工作座谈会

2 月 22 日，河南省侨联主席董锦燕率领机关人员到扶贫点桥南村开展元宵节联欢暨义诊活动

【夯实侨联基层基础】2016 年，河南省侨联深入开展下基层、入侨企、进侨家大调研活动，以活动促活力，着力解决基层侨联组织不健全、工作条件不完善以及联系侨界群众不紧密等问题，省直管县侨联领导体制逐步理顺，基层侨联组织逐步完善。兰考、滑县、宁陵县增设侨联机构、编制，全省县（区）侨联组织增加至 108 个，部分基层侨联经费不断充实，办公条件有了改善和提高。基层组织活力不断增强。强化建家当友，不断完善基层组织建设，扩大组织覆盖面，提升组织活力，夯实组织基础。建立完善全省侨联系统信息网络，发挥新媒体优势，打造网上“侨胞之家”，拓展与世界各地侨胞的联系渠道。建立全省侨联系统目标考评机制，形成全省侨联上下联动、规范有序、拼抢赶超、创先争优的良好氛围。评比表彰郑州市管城区紫光社区等一批“侨胞之家”，省侨联机关成功复创省级文明单位，基层侨联组织的向心力和凝聚力不断增强。

【省委副书记邓凯会见海外杰出侨商代表团】4 月 7 日，省委副书记邓凯在郑州亲切会见了前来参加第十届中国（河南）国际贸易投资洽谈会的海外杰出华商代表团。代表团成员为来自美国、马来西亚、澳大利亚、摩洛哥等国的知名侨领。邓凯首先代表省委、省政府对嘉宾的到来表示欢迎。他说，河南区位优越，经济总量稳居全国第五。随着国家粮食生产核心区、中原经济区、郑州航空港经济综合实验区三大国家战略规划的深入实施和中原城市群等写入国家“十三五”规划，河南在全国发展大局中的地位明显提升。邓凯副书记特别强调，河南省经济社会的发展，离不开广大海外侨胞的积极参与和大力支持。近年来，河南籍的海外侨胞经常回来参访，帮助家乡的建设和发展。他希望海外侨界朋友发挥好桥梁纽带作用，动员更多的华侨华人来河南投资兴业。

【林军主席出席丙申年黄帝故里拜祖大典并担任主司仪】4月9日上午，丙申年黄帝故里拜祖大典在郑州新郑举行。来自美国、英国、法国、瑞典、意大利、加拿大、澳大利亚、新加坡、马来西亚及香港、澳门、台湾等30多个国家和地区的华侨华人代表，以及社会各界来宾近万人齐聚祖根圣地、共拜人文始祖。中国侨联主席林军出席大典，并担任主司仪。本次大典由河南省人民政府、政协河南省委员会、国务院台湾事务办公室、中华全国归国华侨联合会、中华全国台湾同胞联谊会、中华炎黄文化研究会等6家单位共同主办，主题为“同根同祖同源，和平和睦和谐”。上午9时45分，林军主席宣布丙申年黄帝故里拜祖大典正式开始。根据国务院确定的非物质文化遗产登记，大典共分为9项仪程，分别是“盛世礼炮、敬献花篮、净手上香、行施拜礼、恭读拜文、高唱颂歌、乐舞敬拜、祈福中华、天地人和”。随着21响盛世礼炮响起，大典各环节渐次展开。全国政协副主席陈晓光，河南省委书记、省人大常委会主任谢伏瞻，省委副书记、省长陈润儿等向轩辕黄帝塑像敬献花篮；台湾两岸共同市场基金会荣誉董事长萧万长、台湾海峡两岸民意交流基金会董事长饶颖奇，以及港澳台、海外侨胞的优秀代表等先后登台净手上香；十届全国人大常委会副委员长、中华炎黄文化研究会会长许嘉璐恭读拜祖文。全场肃立，共拜人文始祖，为未来祈福；来自香港、澳门、台湾、郑州两岸四地的四位小朋友在拜祖台前放飞和平鸽，全场鼓乐齐鸣、颂歌飞扬、绚丽的彩球腾空而起，拜祖大典现场一片沸腾。至此，拜祖大典九项仪程全部完成。大典主司仪林军宣布：丙申年黄帝故里拜祖大典典礼告成！

【林军主席在洛阳调研并为河南省首家新侨创新创业基地揭牌】4月9日，中国侨联主席林军一行到洛阳考察调研新侨工作，并与河南省副省长、洛阳市委书记李亚共同为全省首家新侨创新创业基地揭牌。林军主席在考察时表示，河南及洛阳服务新侨创新创业工作值得肯定。他指出，中国侨联对新侨工作非常重视，河南是全国的侨务资源大省，洛阳市是新侨大市，海外人才是一笔宝贵的财富。各级侨联要发挥海外联系广泛、侨界人才荟萃的优势，注重联系和服务新侨高层次专业人才，大力引进海外人才；团结服务好新侨人才，设计更多符合新侨特点的活动，发现、吸引和培养一批侨界新秀；建立沟通联系机制，搭建更多平台，提供更好服务，帮助引导侨界青年创新创业；更加关注人才的引进、人才的稳定和人才的培养等方面的工作，为回国创业的杰出人才营造更加优越稳定的创业环境。林军主席一行还考察了洛阳市为侨服务产业园—洛阳市炎黄科技园。考察期间，河南省政协主席叶冬松，副省长、洛阳市委书记李亚，洛阳市市长鲍常勇，省委统战部副部长、省侨联党组书记赵太安，省侨联主席董锦燕等陪同参加相关活动。

4月9日，中国侨联主席林军出席丙申年黄帝故里拜祖大典并担任主司仪

4月9日，中国侨联主席林军（右）和河南省副省长李亚共同为全省首家新侨创新创业基地揭牌

【林军主席出席第34届中国洛阳牡丹文化节开幕式】4月10日晚，第34届中国洛阳牡丹文化节在隋唐洛阳城定鼎门遗址广场开幕。中国侨联党组书记、主席林军，副秘书长、海外联谊部部长陈权，文化交流部副巡视员郭敏燕，办公厅信息处处长何长松出席开幕式。本届牡丹文化节以“国色天香、世界绽放”为主题，贯彻落实“创新、协调、绿色、开放、共享”五大发展理念，坚持“以会促建、以会促管、利民惠民、全面提升”原则，积极融入“一带一路”国家战略，结合现代公共文化服务体系建设，完善节会举办机制，拉长节会产业链条，统筹安排了11项主体活动和27项专项活动，为海内外宾朋奉献上一道道精美的文化、旅游、经贸大餐。

6月10日—12日，中国侨联副主席董中原（右列前二）来豫参加由全国人大河南代表团组织的中直及在京部分全国人大代表精准脱贫专题调研

【康晓萍副主席出席第八届安阳航空运动文化旅游节开幕式】5月27日上午，第八届安阳航空运动文化旅游节在河南省安阳市开幕，中国侨联副主席康晓萍，中国国际经济交流中心副理事长、秘书长、河南省总工会主席张大卫，副省长张广智，省政协副主席靳绥东，省侨联主席董锦燕出席开幕式。本届活动由河南省民航办、省体育局、省文化厅、省旅游局、省商务厅、省侨联、中航通用飞机有限责任公司和安阳市人民政府联合主办。旅游节共安排六大项19个活动，涵盖了通用航空、航空运动、文化旅游、经贸招商等多个领域，本届活动改变了以静态展示为主的模式，尝试引入美国飞来者大会的模式，为更多新型航空器提供试飞机会，续写航空飞行传奇，打造安阳爱飞客飞行乐园。

【董中原副主席与河南省侨联干部座谈精准脱贫工作】6月10日—12日，全国人大常委、全国人大华侨委副主任、中国侨联党组副书记、副主席董中原在河南参加由全国人大河南代表团组织的中直及在京部分全国人大代表精准脱贫专题调研。11日下午，董中原副主席抽出时间在滑县专门召开河南省侨联干部座谈会，就进一步贯彻落实中央党的群团工作会议精神、推进侨联改革、努力做好侨联精准脱贫工作听取意见建议。董中原强调，要把精准脱贫工作作为发挥侨联组织独特优势的重要平台。侨联组织开展精准扶贫工作，必须站在经济社会发展全局的高度来认识和思考。一要找准侨联组织自身定位，积极履行帮扶职责，及时了解困难归侨侨眷的情况，主动跟进帮扶措施的制定、推进与落实。二要进一步加强与各方合作，拓展工作视野，加强与其他群团组织的联系，借鉴他们的帮扶经验，借助他们的帮扶平台，开展帮扶合作。三要充分发挥海内外侨界的独特优势，引导海外侨胞发扬热心公益慈善事业精神和“侨帮侨”的光荣传统，在侨界形成扶贫人人皆愿为、人人皆可为、人人皆能为的良好局面。

【举办“海外侨胞故乡行·走进河南”】9月21日，在中国侨联成立60周年之际，来自23个国家和地区的50名海外侨胞齐聚郑州，受到了河南省委副书记邓凯的亲切会见。邓凯代表省委、省政府对来河南参加活动的海外侨胞表示欢迎。他说，近年来，在经济下行压力持续加大的形势下，河南经济社会仍保持了健康稳定发展，今年上半年全省生产总值增长8%，各项经济指标稳中向好。河南市场广阔、人力资源丰富、交通区位优势明显，未来发展空间巨大，发展前景广阔。未来河南的发展，“侨”的力量不可或缺。希望海外侨胞一如既往地关心河南、宣传河南、支持河南，动员更多的华侨华人来河南投资兴业，共创美好明天。

9 月 21 日，河南省委副书记邓凯（前排右八）会见出席“海外侨胞故乡行·走进河南”活动的代表团

丘，共同拜谒华商始祖，至今已成功举办五届，成为天下华商寻根祭祖、加强合作、实现共赢、促进发展的重要平台。中国侨联作为华商节的主办方之一，始终对国际华商节的举办高度重视，我们将同商丘市人民政府和各方共同努力，充分利用华商节这个载体和平台，涵养更多侨务资源，加强交流，增进互助，共谋发展，实现“齐聚华商源，共筑中国梦”的美好愿景。

【李卓彬、朱奕龙副主席出席 2016 中国·商丘国际华商节】10 月 9 日，农历丙申年九月初九，由河南省政协、中国侨联主办，商丘市人民政府、中国侨商联合会、河南省侨联、河南省工商联承办的 2016 中国·商丘国际华商节开幕式暨拜谒活动在河南商丘华商文化广场举行。来自海内外 30 多个国家和地区的华商侨领及各界嘉宾欢聚华商之源，拜商祖祈商愿，话创新谋发展。中共河南省委副书记、省长陈润儿，全国政协常委、中国侨联副主席李卓彬，中国侨联副主席、中国侨商联合会常务副会长朱奕龙，中共河南省委常委、统战部部长陶明伦，河南省人大副主任王保存，河南省政协副主席史济春、李英杰、梁静等出席拜谒活动。河南省侨联领导赵太安、董锦燕、王鹏杰出席活动。中国侨联副主席李卓彬在致辞中表示，河南是中华文明的发祥地，商丘是商部族的起源和聚居地、商朝最早的建都地、商人商品商业的发源地、商文明的诞生地，享有“商之源”的美誉。近年来，商丘“华商之源、通达商丘”的品牌知名度极大增强。从 2006 年起，商丘市每两年承办一次国际华商节，来自海内外的上千名华商云集商

10 月 9 日，中国侨联副主席李卓彬（左二）、河南省省长陈润儿（左三）、河南省委常委、统战部部长陶明伦（左四）、商丘市委书记王战营（左一）出席 2016 中国·商丘国际华商节

10 月 9 日，中国侨联副主席朱奕龙（左七）率中国侨商代表团出席 2016 中国·商丘国际华商节

【郑州市侨联落实“建家”活动】在郑州市委、河南省侨联的重视和支持下，郑州市侨联精心谋划，各县市区侨联逐步建立各具特色的“侨胞之家”。比如，管城区侨联创新推广侨联工作

“网格化管理、人性化关爱”的工作模式，每个社区成立了“侨胞之家”，基本实现了社区全覆盖。规章制度规范，硬件设施统一配备标准，让“侨之家”真正成为侨界群众的“学习之家”和“文化展示之家”，中国侨联副主席董中原、副主席李卓彬、中国侨联法顾委常务副主任林淑娘、省侨联领导多次到管城区侨胞之家看望侨胞侨属并调研指导工作。2016 年，省侨联奖励管城区侨联两套办公设备，用于加强“侨胞之家”的硬件设施。

【焦作市侨联维护侨益排忧解难】2016 年焦作市侨联结合精准扶贫工作，抓住侨界群众最关心最急迫解决的问题，逐项进行解决。一是在焦作市委、市政府的大力支持及市房产管理中心的帮助下，为焦作市困难归侨优先解决了部分公共租赁用房，这部分公共租赁用房，位置优越，设施齐全，住户非常满意，为此向市房产管理中心赠送了锦旗和感谢信。二是蒙古归侨侯俊梅归国后在焦作市家具总厂工作，由于企业改制下岗在家，已到退休年龄，但由于厂里档案室失火，造成部分档案遗失，无法及时办理退休手续，市侨联及时向市人社局协商，争取为她妥善办理退休手续。三是蒙古归侨张玉梅家属遭遇车祸，一家三死两伤，市侨联积极帮助她处理后事，先后到省外侨办和公安机关协调此事，省侨联安排人员专程慰问归侨张玉梅，市侨联还为她后期的司法诉讼提供司法援助，全力保障她的合法权益。

【驻马店市侨联持续深入实施“零距离聚侨心”工程】驻马店市侨联坚持把“零距离贴近侨情，零距离温暖侨心，零距离维护侨益，零距离服务创业”引向深入，践行为侨服务宗旨，拓展为侨服务空间，有效解决联系服务侨界群众“最后一公里”的问题，进一步凝聚侨心侨力。2016 年 4 月，市侨联启动了“零距离服务月”活动，机关干部分成 5 个小组深入全市 9 个县区，扎实走访调研，倾情为侨服务，真心实意帮助侨界群众解决实际困难和问题。向侨界群众发放 1000 多份侨法宣传册、650 张“为侨服务联系卡”，把为侨服务和维护侨益的工作做到侨界群众的身边，做到侨界群众的心坎上。服务月期间，市侨联 5 名机关干部坚持吃住在基层，白天走村入户调研，晚上记录走访日记，活动结束后，加班加点撰写调研报告。市侨联领导班子成员不定期深入县区对“零距离服务月”活动进行具体指导和督导。“零距离服务月”活动的开展受到了广大侨界群众的热烈欢迎，在全市侨联系统形成侨联干部往基层走、惠侨政策在基层落实的良好导向，先后接到海外侨胞向市县侨联致电表示感谢 20 余次，收到海外侨胞感谢书信、邮件 7 封，收到侨属和侨资企业赠送锦旗 2 面。2016 年 12 月，河南省侨联召开了“零距离聚侨心”活动驻马店现场交流会，把“零距离聚侨心”活动作为为侨服务的品牌活动在全省侨联系统推广。

12 月 2 日，河南省侨联“零距离聚侨心”活动现场交流会在驻马店召开

【鹿邑县侨联以社会公益活动为抓手助力教育事业】鹿邑县侨联积极配合鹿邑县委、县政府精准扶贫工作，积极引导海内外侨胞开展“送温暖、献爱心”等情暖侨心活动，取得实效。在县侨联的大力宣传发动下，县民营企业家金日食用油有限公司董事长朱杰先生积极参与“送温暖、献爱心”活动，从 2003 年起，每年拿出 5 万元用来奖励和资助 10 名学业和品德优秀的贫困大学生，用于李耳纪念奖学金颁奖活动。鹿邑县李耳纪念奖学金是鹿邑籍爱国华侨秦维聪先生于 1985 年设立，由县侨联主办，已举办 31 届，先后有 310 余名优秀学生和 310 余名优秀教师获此殊荣，这些获奖师生如今学业、事业有成，在不同岗位为祖国作贡献。

湖北省归国华侨联合会

【领导成员名单】

主　　席：谭作刚

专职副主席：刘文华（女）　舒正荣

兼职副主席：梁亮胜　刘雅煌　余鹏春　陈义红　舒　心　谢俊明　谢思训　闫大鹏　代　飚

副巡视员：王家桥

秘书长：舒正荣（兼）

【综述】2016年，湖北省各级侨联认真学习和深入贯彻落实中央党的群团工作会议精神，特别是习近平总书记系列重要讲话精神，按照强“三性”、去“四化”的要求，积极探索推进侨联系统改革，围绕中心，服务大局，服务侨众，积极作为，开拓进取，各项工作均取得了长足进步。省侨联认真做好巡视整改工作，扎实开展“两学一做”学习教育、“三抓一促”主题活动，工作作风得到进一步提升。“魏基成天籁列车”慈善捐赠活动共捐赠助听器1.57万套，价值2亿多元，受益人数超过1.5万人；“侨（爱）心工程”共接受捐款500余万元，落实侨爱心学校3所。“健康光明行”活动完成了700例白内障免费复明手术，累计为困难群众免除手术费用300余万元；全省各级侨联走访慰问归侨侨眷2000多户，发放慰问金200余万元；组织3个访问团访问了6个国家和香港、澳门地区，进一步拓展了侨务资源，增加了与海外华侨华人及社团组织的联系。

【召开湖北省侨联十届二次全委会】3月30日，湖北省侨联十届二次全委会在武汉举行，省委常委、统战部部长梁惠玲出席会议并讲话。梁惠玲强调，做好新形势下侨联工作，要用党中央治国理政新理念新思想新战略，用中华民族优秀传统文化，用持续深化拓展海外联络、拓展服务新侨，用侨联组织的示范引领凝聚侨界群众。各级侨联要围绕“五大发展理念”和“十三五”目标发挥侨界独特优势，为供给侧结构性改革引资引智，为打赢精准扶贫攻坚战添砖加瓦，为围绕中心、服务大局献计出力。湖北省侨联副主席刘文华主持会议并传达了中国侨联九届三次全委会议精神。湖北省侨联主席谭作刚作了工作报告，他表示，省侨联新一届领导班子积极转变作风，从严从实谋划全省侨联工作，各项工作有了新气象、新变化。全省各级侨联围绕中心，服务大局，锐意改革，开拓创新，各项工作都取得了新的进展。

3月30日，湖北省侨联召开十届二次全委会，省委常委梁惠玲出席并讲话

【湖北侨联组织建设取得新进展】2016年湖北省侨联增补了委员4人、常委3人、副主席1人，增聘海外顾问4人、海外委员10人，基层委员的比例进一步提高。湖北省侨联机关成立了党的总支委员会，下设5个党支部。大多数机关干部进行了轮岗交流，四个部室的职责分工做了进一步优化调整。在推进基层侨联组织建设方面，武汉市侨联成立了法律顾问委员会，首次举办全市侨联委员、侨联干部培训班；武汉、宜昌、鄂州、武汉理工大学侨联完成换届，中南民族大学侨联小组升格为侨联。黄冈、鄂州、襄阳、十堰、荆州、恩施等地新增基层侨联组织10余个，部分基层侨联的工作条件有了改善，工作逐步激活；在“两个拓展”方面，新侨会、青委会完成换届后，“活跃起来”成效显著，归属感、使命感和向心力日益增强，海外联谊工作明显增强。2016全年，全省侨联系统共接待侨胞112批次共1000余人次来访。

【成立湖北省侨商联合会】3月30日，湖北省侨商联合会在武汉正式成立，由湖北潮人海外联谊会会长陈少荣先生担任首任会长，29名省内知名侨商担任副会长。省侨商会的成立，为广大侨商搭建了一个联谊互动的新平台，对于进一步鼓励、支持、引导侨资企业健康发展有着重要意义。

3月30日，湖北省侨商会成立

【召开企事业单位侨联联席会】6月7日，湖北省第十二次在汉大型企事业单位侨联联席会在武钢（集团）公司召开。在汉高校、科研院所、大型企业统战部部长和侨联主席（负责人）50余人参会。会议围绕“新形势下侨联工作如何加快推进‘两个拓展’，不断开创侨联事业创新发展新局面”开展了交流。湖北省侨联副主席舒正荣、武钢集团副总经理刘翔出席会议并讲话，武钢集团、中南民族大学和武汉科技大学侨联负责人分别介绍了各自的做法和经验。

【出台湖北省侨联全面深化改革方案】湖北省委高度重视群团改革，2016年先后3次召开群团改革联席会议进行部署安排和组织推动，省委分管领导多次就侨联改革作出专门批示，提出具体要求。为谋划推动改革工作，湖北省侨联3月份成立了深化改革工作专班，着手准备《湖北省侨联改革实施方案》起草的前期工作。自9月《中国侨联改革方案》正式出台之后，湖北省侨联进一步加快了《方案》的起草进程，主动对接中国侨联的改革举措，认真学习借鉴上海、重庆侨联群团改革试点经验以及我省总工会、共青团、妇联、科协改革的做法，深入基层侨联和侨界群众，听取意见建议。组织起草专班，于10月完成了《方案》初稿的起草，经反复修改定稿后，于11月底将《方案（送审稿）》正式报湖北省深改办。2017年2月20日，湖北省深改领导小组第12次会议审议通过了《方案（送审稿）》并已发布。方案的发布对于湖北全省侨联系统改革发展有着重要意义。

【配合湖北省委开展巡视工作】按照湖北省委统一部署，从5月5日开始，湖北省委第十一巡视组对省侨联开展了政治巡视。省侨联党组高度重视巡视工作，积极支持、主动配合巡视组开展工作，要求全体干部把巡视工作作为推进各项工作的重要契机，不断提高党风廉政工作水平，加强和改进侨联自身作风，建立健全各项规章制度。针对巡视组反馈的问题，省侨联党组逐条细化分解，确立5个方面51条具体措施，逐项明确责任领导、责任部室、整改时限和具体要求，列出时间表、路线图、责任书，解决一个、销号一个、巩固一个，做到条条有整改、件件有落实。

5月5日，湖北省委第十一巡视组进驻省侨联

【柬埔寨侨商来鄂考察】1月18日—27日，柬埔寨亲王顾问、著名侨商刘忠金先生一行来到湖北考察走访。考察团先后赴湖北粮油集团、湖北正和米业公司、中粮集团等农业企业，了解湖

北大米市场现状，并拜会湖北省发改委外经处，考察团就柬埔寨优质大米资源与国内市场对接进行了交流，考察团对于引进国内先进加工技术，推动柬埔寨大米出口与有关公司达成了意向合作。

【举办“侨商荆楚行”活动】5月31日—6月3日，湖北省侨联组织海内外侨商考察团28人赴湖北随州、襄阳、十堰等地开展“侨商荆楚行”系列活动。参加此次考察团的侨商来自美国、澳大利亚、巴西、新加坡、英国、秘鲁、南非及香港等国家和地区，主要涉及金融、机械制造、生物医药、文化传媒、现代农业等领域。在鄂期间，考察团参加了在随州举办的世界华人炎帝故里寻根节活动；与襄阳市政府举办了“侨商荆楚行”招商投资推介会，在十堰市武当山见证了“中国华侨国际文化交流基地”揭牌，参观考察了武当山国际武术学院。通过海外侨商荆楚行活动，湖北良好的投资环境及产业优势给侨商们留下深刻印象，为下一步合作交流打下良好基础。

6月1日，“侨商荆楚行”一行参观襄阳古隆中

【协办第十六届“华创会”】6月22日—24日，由国务院侨务办公室、湖北省人民政府暨武汉市人民政府主办的第十六届“华侨华人回国创业发展洽谈会”在武汉举行。作为本届“华创会”的协办单位之一，省侨联按照目标任务分工，积极协助做好邀商和接待工作，协助完成了邀商和海外侨商接待工作，邀请海外客商50多人参加大会，积极联系参与德国科技项目推介会，较好地完成了目标任务。

【发挥政治引领作用服务湖北发展】湖北省侨联积极支持青委会开展“华农行”活动，吸引青委会成员与华中农业大学青年专家学者及学子开展联谊交流，分享创新创业历程和体会；组织法律、金融、商业等青年创业者，在浙商大厦开展“侨界青年创业论坛”，分享创业经验，开展政策宣讲；邀请创业成功的青年委员，参加“创新创业分享及路演”活动；与华中科大青年学子交流，分享创业经验并进行路演。积极支持湖北省新侨会举办东湖书院创业分享座谈会及健步行活动，使新侨人士在健身、座谈中交流信息、增进友谊和分享成功经验；组织新侨会赴武汉市黄陂区月亮湖开展“精准扶贫现场会”活动，通过现场实地考察月亮湖“湖北精准扶贫示范基地”，推进创新创业与精准扶贫相结合；在汉口学院组织新侨创业人士、部分“千人计划”、“黄鹤英才计划”专家及其他侨界专业人士参与开展“2016湖北省新侨创新创业论坛”活动，国家科技部创业导师白玉、“千人计划”专家范犇、刘靖峰在论坛上作精彩分享。通过开展活动，省侨联及新侨会、青委会等几个团体组织充分发挥联谊、交流、互动平台的作用，为推动湖北“建成支点，走在前列”，推进“大众创业，万众创新”发挥了积极作用，进一步激发侨界人士创新创业的热情。在第六届中国侨联创新创业奖项评选中，湖北省共获得19个奖项，其中获得创新人才奖8人，获得创新成果奖3项，获得创新团队奖4项，创新企业奖4项，获奖数量位居全国前列，湖北省侨联荣获“组织工作奖”。

【魏基成天籁列车驶入湖北】天籁列车项目是由中国侨联顾问、澳大利亚ABC纸业集团董事长魏基成先生夫妇创办的。该项目主要为听力障碍老人和儿童免费提供助听器，帮助他们提高生活质量，弘扬了中华民族扶贫济困、助人为乐的传统美德，也极大地激发了社会正能量，引领更多人士参与到公益慈善活动中来。从3月开始，活动先后分两期进行，第一期6700套助听器，第二期9000套助听器，两期活动捐赠总值2亿

4 月 5 日，湖北省委常委梁惠玲会见魏基成先生一行

4 月 7 日，魏基成天籁列车湖北行武汉站活动在武汉园博园启动

多元，受益人数超过 1.5 万人。

【开展“献爱心、送温暖”活动】2016 年“两节”期间，湖北省侨联领导分批带队赴全省有关市州，慰问困难归侨侨眷，做好侨界民生的改善工作。全省各级侨联走访慰问归侨侨眷 2000 多户，发放慰问金 200 余万元。省侨联领导班子成员还利用在基层调研期间，多次看望困难归侨侨眷，送去党和政府的关怀。

【开展“侨爱心工程”】湖北省侨联积极与中国华侨公益基金会、浙江新华爱心教育基金会等机构联系，进一步拓展湖北侨界公益事业。2016 年共完成各种助学项目 13 个，争取资金 500 万元，为恩施捐赠 3 所爱心小学，项目进展顺利。襄阳、荆州、十堰等地“珍珠班”、“树人班”在 2016 年高考中均取得优异成绩。

【开展“健康光明行”活动】2016 年“健康光明行”活动先后走进宜昌市、荆州市等地，中国侨联、湖北省侨联与地方政府、有关医院、爱心企业、地方侨联通力配合，完成免费复明手术 700 例，全程零费用，累计为困难群众免除手术费用 350 余万元。

【开展精准扶贫工作】湖北省侨联党组高度重视精准扶贫工作，派出由 1 名副主席带队、3 名机关干部组成的“三万”及扶贫工作队进驻英山县方咀乡四棵枫村。会领导班子多次带队赴四棵枫村调研、指导、督促工作，在精准识别、设计规划、对口帮扶、产业扶贫、抗洪救灾、基层组织建设等方面做了大量工作，同时积极发动社会力量参与精准扶贫工作，动员侨界爱心人士捐资捐物。2016 年底，该村实现了整村出列，88 户 234 名贫困人口实现了整体脱贫，在市县两级验收中给予了满分评价。与此同时，湖北省侨联积极支持综治联系点黄州区开展扶贫工作，在项目、资金上予以倾斜。

【侨联送医下乡服务新农村活动】5 月 17 日，湖北省侨联组织武汉亚心医院专家一行 6 人组成义诊服务队，带着心电图仪、血压仪和各类药品等来到英山县方家咀乡，开展“精准扶贫、送医

7 月 27 日，省侨联与武汉大学侨联联合开展医疗义诊下乡活动

下乡”活动。此次活动共服务村民 300 余人次，赠送药品价值 5000 多元。7 月 27 日，湖北省侨联联合武汉大学侨联组织武汉大学附属中南医院、人民医院 8 位医护专家，冒着高温酷暑，赴英山县方家咀乡四棵枫村，开展灾后医疗义诊活动，现场为村民诊疗、发放药品并免费体检。活动当天服务村民 180 余人次，免费赠送各类药品价值约 1.2 万元。

6 月 1 日，参加丙申年炎帝故里寻根节的部分海外侨胞合影留念

【开展抗洪救灾行动】7 月特大暴雨洪灾发生后，海内外侨胞奉献爱心，湖北省侨联兼职副主席梁亮胜、舒心先生各捐资 100 万元，侨企钰龙集团捐资 50 万元，亚洲实业谢俊明先生捐资 25 万元，澳大利亚华人魏基成先生捐赠衣物 1.2 万套，折合金额 100 余万元，省侨联也拿出 20 余万元资金用于扶贫点和受灾侨众紧急救助。省侨联领导班子分别带队，赴有关市州支持灾后重建工作。

7 月 12 日，湖北省侨联主席谭作刚来英山调研指导灾后重建工作，与英山县、乡党委领导座谈

【世界华人炎帝故里寻根节】6 月 1 日，丙申年世界华人炎帝故里寻根节在湖北随州举行，中国侨联副主席康晓萍出席活动。此次寻根节是由国务院台办、国家旅游局、中国文联、中国侨联、湖北省政府等共同主办。大会主题为“四海一家亲、共圆中国梦”。湖北省侨联共邀请来自海内外的 30 余名侨胞参加活动。自 2009 年举办世界华人炎帝故里寻根节以来，此项活动已成为海峡两岸同胞乃至全球华侨华人交流互动的重要平台，成为增强民族向心力和认同感、凝聚中华民族情感、激发正能量、共筑中国梦的有力举措。

【共创亲情路活动】7 月 28 日—31 日，由香港徳教社教育基金主办，湖北省侨联、贵州省侨联协办的“共创亲情路”活动在深圳开展，来自湖北和贵州的 20 多名小学生和近 30 位家长参加了此次活动。活动主要分三类：一是家长讲座，邀请专家学者作专题讲解；二是亲子集体游戏，通过彼此合作，增进良好互动，建立更紧密亲子关系；三是进行小组讨论，父母与儿童组队，辅导人员带领父母子女一起讨论，让组员有机会说出自己的需要及感受，明白易位思考，减少误解引致怨恨，促进了相互间信任关系的建立。期间还安排参观了博物馆和野生动物园，开拓了家长和孩子们的视野。

【举行澳门夏令营活动】8 月 27 日—30 日，湖北省“亲情中华”侨心夏令营在澳门举行，来自省内百名小学生受邀参加。本次夏令营由湖北省侨联、澳鄂大专人士协会举办，澳门商人陈国成先生全程支持。在澳门期间，小学生们体验了澳门科学馆的 4D 电影，参观了澳门博物馆、熊猫馆，还游览了大三巴牌坊、金莲广场，体验了黑沙滩烧烤，度过了一次愉快的奇幻之旅。

10 月 9 日—23 日，“亲情中华 · 荆楚行”夏令营活动在湖北举行，来自泰国的 34 名华裔青少年参加此次活动

【举行“亲情中华”夏令营活动】9 月 10 日—15 日，“亲情中华 · 荆楚行”夏令营活动在十堰市武当山中学举行，来自马来西亚的 15 名华裔青少年参加了此次活动，体验中国传统文化。10 月 9 日—23 日，来自泰国的 34 名华裔青少年来到湖北，参加中国传统文化体验之旅。营员们在活动期间，先后在武当山学习太极拳、品鉴道乐、品道茶、聆听武当文化讲座，领略博大精深中华传统文化，参观武汉首义景区、武当山风景区、十堰市博物馆、汽车制造厂等，感受祖国壮丽美景、历史人文与经济面貌。

【承办“海外侨胞故乡行 · 走进湖北”活动】9 月 28 日—9 月 30 日，由中国侨联主办、湖北省侨联承办的“海外侨胞故乡行—走进湖北”活动在武汉、荆州、随州等地举行。来自美国、加拿大、澳大利亚、瑞典、荷兰等 15 个国家和地区的 35 名海外侨胞回到家乡，展开为期 3 天的参访活动，切身感受荆楚大地日新月异的发展变化，助力湖北经济社会创新发展。省政协副主席王振有 28 日在武汉亲切会见海外侨胞参访团一行，并代表省委、省政府发表了热情洋溢的讲话。此次故乡行活动，让广大侨胞看到了祖国和家乡的快速发展和巨大成就，进一步密切了侨联与海外侨胞的联系，加深了侨胞对故乡的深厚感情。

【湖北各级侨联开展文化交流活动】2016 年，湖北各级侨联创新活动方式，推进文化交流。襄阳市侨联成立“侨心少年乐团”，加大对外文化交流力度；宜昌市侨联编印了《侨界风采》画册，在三峡日报上开设侨联工作专版，有力扩大了侨联组织影响力；荆州市侨联积极策划《侨界风采》之《天之骄子》和《商海翘楚》出版方案；黄石市侨联组织开展了“侨与黄石梦”征文、“相约槐花节，体验登山步道”全市侨界羽毛球赛等活动；十堰市侨联积极推进“俊豪足球俱乐部”项目实施，推动足球文化交流。

【武汉市侨联创新工作方式方法】一是加大“走出去”力度。4 月 22 日—5 月 1 日，以代飚主席为团长的武汉市侨联文化交流访问团一行 5 人赴法国、奥地利、意大利进行了为期 10 天的考察交流。成功在巴黎组建了湖北武汉籍侨团—“旅法湖北专业人士协会”，这是由武汉市侨联倡导在欧洲成立的第一个湖北武汉籍侨团；在维也纳华信报社设立了市侨联欧洲第一个“海外工作

12月9日，第四届海外高层次人才武汉行专题研讨会在武汉会议中心举行

联络站”，并举行了挂牌仪式。二是组织举办侨联委员培训班。6月1日—3日，在江汉大学举办了全市侨联委员暨侨联系统干部培训班，这是武汉市侨联首次组织以侨联委员为主要对象的培训班。通过课堂授课、组织参观、联欢联谊、文体活动、分组研讨等多种形式有机结合，很好地调动了大家的积极性，提升了教学效果。通过学习培训，参训人员增强了全局意识和战略思维，夯实了理论基础，提升了工作能力，开阔了国际视野，对做好新时期侨联工作大有益处。三是举办全市侨界首届乒乓球联谊赛。11月19日—20日，武汉市侨界首届乒乓球联谊赛在江汉大学体育馆举行。32支参赛队伍涵盖了武汉市侨界的各个层面，既有省市区侨联机关代表队，也有市“五侨”机关代表队；既有高校侨联代表队，也有国有企业侨联代表队；既有侨资企业代表队，也有侨联社团组织代表队。四是积极参与“城市合伙人”计划。12月8日—9日，举办“城市合伙人侨界行动计划·海外高层次人才武汉行”活动，在武汉会议中心召开了以“创新创业·科技与金融碰撞”为主题的研讨会和项目洽谈会。以加拿大麦吉尔大学附属皇家维多利亚医院癌症研究中心邱启裕先生为团长的16位海外高层次人才和市委组织部、市发改委、市经信委等10余个单位参加了活动。引荐美籍华人、斯坦福大学硕士朱磊等3名海外高端人才来武汉创新发展。

【襄阳市侨联参政议政工作取得新突破】为加强侨联参政议政建设，襄阳市侨联紧扣“侨”的特点，加强能力席位建设。在2016年市、县人大政协换届工作中，认真落实中央、省市关于进一步加强和改进侨联工作的意见精神，全面用好用足侨联组织的话语权和参与权，积极争取市委政策支持，参与侨界代表和委员的协商推荐工作，从提名、考核到上报确定人选，全部由侨联党组组织实施。新一届人大政协中，侨届人大代表16人，市政协委员7人，参政议政队伍建设创下历史最高。

【召开宜昌市第五次归侨侨眷代表大会】3月1日—2日，宜昌市委召开第五次归侨侨眷代表大会，回顾总结了6年来全市侨联工作，进一步明确了今后五年侨联工作发展思路，并选举产生了新一届市侨联领导集体。大会开幕式层级高。3月2日上午，宜昌市第五次归侨侨眷代表大会开幕，湖北省委常委、市委书记黄楚平和省侨联主席谭作刚出席会议并讲话，市委常委、统战部部长刘学甫主持开幕式，市领导吴海涛、尚葵、周正英、望蓉等出席开幕式。省、市领导出席开幕式，使广大侨胞和全市侨联工作者切身感到党和政府对侨联工作的高度重视。会议期间，表彰了侨界先进，聘请了37名海内外顾问、委员，开展公益捐赠募集善款67万元，向全市侨界发出了创建“平安侨家”的倡议，印发了《侨界风采》画册，在《三峡日报》上开设了侨联工作专版，开办了一期侨界书画展，使侨界群众通过文字、书画、照片全方位了解侨联工作。来自

3月2日，宜昌市第五次归侨侨眷代表大会开幕

8 月 12 日，荆州市归侨侨眷健康管理服务中心在荆州华中福康医院成立

全市各条战线的归侨侨眷代表、特邀代表、顾问400 多人参加大会。北美宜昌同乡会、欧洲华人华侨书法协会、香港华侨华人总会及各省市侨联发来贺信贺电 50 余封。会议还邀请了 60 名老归侨列席会议，长江医院为 400 名参会群众进行了免费体检，侨联干部还与参会代表自编自演了一台文艺演出，拉近了侨干距离，加深了侨干感情。

【荆州市侨联扎实做好为侨服务工作】2016年，荆州市侨联在全省创造性地建立荆州市归侨侨眷健康管理服务中心，筹资 100 万元建立“巡回义诊医疗扶贫活动专项资金”，开展义诊服务102 场，惠及贫困患者 5975 人，为全市归侨侨眷健康生活提供医疗保障；上报有效工业经济招商引资信息 4 条（过亿两条），引进中央“千人计划”特聘专家 1 人落户长江大学；参与编纂《荆州籍在外知名人士名册》，收录海外博士200 名；深化银企合作，举办“银企合作，共赏明月”中秋联谊活动，全年为侨企融资 7000 万元。帮助“国际华侨城”解决市政工程拆迁及建设问题；深化侨情资源网格化管理，新增侨情 400 条，写入中国侨联九届三次全委会《工作报告》；筹措资金 280 万元，为 200 名贫困白内障患者免费实施复明手术，捐建 1 个树人班、1 个珍珠班，资助 100 名贫困学子完成学业，慰问走访侨界群众 260 余人，争取澳大利亚魏基成“天籁列车”慈善活动来荆，免费为全市 1400 位听障患者安装助听器，向困难群众发放过冬爱心棉衣 1100 件，老花镜 200 副，传递侨界大爱；参与第十八届世界华人学生作文大赛，选送作品 392 件；成功申报关羽祠为“中国侨联国际文化交流基地”；与荆州广播电台联合开播《聚焦侨界精英》栏目，计划收录 40 名侨界英才，为荆州振兴提供智力支持。

湖南省归国华侨联合会

【领导成员名单】

党 组 书 记：朱建山
主　　　席：朱道弘（兼）
专职副主席：朱建山　孙民生
党 组 成 员：章伯岗
副 巡 视 员：兰杨杰
兼职副主席：吴金水　唐亚武　张　欣
　　　　　　翁少兰（女）　庄启宁
　　　　　　张季宝　向长江　胡野碧
秘　书　长：孙民生（兼）

【综述】2016 年，湖南省侨联在中共湖南省委的正确领导和中国侨联的精心指导下，发扬“同心、务实、创新、奉献”的湖南侨联精神，全面推进经济科技、文化交流、海外联谊、维护侨益、公益事业、自身建设等各项工作，取得了可喜成绩。省侨联继续保持省直文明标兵单位称号，2014 年和 2015 年是省直机关 154 个领导班子年度绩效考核满意度测评中连续两年排名并列第一的唯一单位，扶贫驻村工作点连续两年获评优秀，2016 年信息工作荣获中国侨联系统特等奖。

【开展“两学一做”学习教育】湖南省各级侨联提高政治思想认识，牢牢把握侨联工作正确政治方向，坚持走中国特色社会主义群团发展道路。坚持“严”字当头，深入开展“两学一做”学习教育，省侨联机关全年集中学习 26 次，党委、党支部书记上专题党课 12 次，组织专题学习讨论 4 次，达到了真学真悟、学以致用的目的。机关全体党员结合庆祝建党 95 周年到韶山开展封闭学习和重温入党誓词等活动，深化了“两学一做”学习成果。认真配合省委巡视第四组，对省侨联党组领导班子进行了专项政治巡视。会党组对照巡视反馈意见，端正态度，高度重视，立行立改，切实按时整改，加强和改进了省侨联机关队伍作风建设。长沙、湘潭、衡阳、湘西州、永州等市州侨联通过开展党内法规知识竞赛、纪念建党 95 周年、纪念红军长征胜利 80 周年等系列活动，进一步提升了全省各级侨联组织和侨联工作者的政治意识、大局意识、核心意识和看齐意识。

【学习贯彻中央、省委关于侨联工作指示精神】湖南省侨联系统认真及时学习中央、省委各项重要文件精神，全面贯彻落实中央、省委各项重大决策部署，努力推进侨联事业不断向前发展。一是争取领导重视。9 月 13 日，省委书记杜家毫一行走访省侨联机关，调研全省海外侨情与特点等情况，强调全省各级侨联组织要发挥好侨界自身优势，为湖南经济社会事业发展贡献独特力量。省委常委、常务副省长陈向群，省委常委、省委统战部部长黄兰香，省人大常委会副主任王柯敏，多次听取省侨联党组主要负责同志的专题工作汇报，并深入侨资侨企和省侨联机关调研，希望省侨联创新工作思路，扩大侨联组织覆盖面，建好“侨胞之家”。省领导蔡振红、刘晓、袁新华、王晓琴、武吉海等分别出席了侨联有关重大活动。二是加强队伍建设。省侨联坚持以党建带侨建，率先在全国侨联系统建立了省级海归协会党支部和省侨商会党支部，归口省侨联机关党委管理，得到中国侨联的肯定和推介。加强省侨联机关干部队伍建设，全年新提拔处长 1 名，选调处长 1 名，交流 1 名副处长到基层县委任职，接收军转干部 1 名。

4 月 29 日，湖南省侨联机关召开“两学一做”学习教育动员部署会议，党组书记朱建山作专题党课

9月13日，湖南省委书记杜家毫，省委常委、省委秘书长许又声、省委常委、省委统战部部长黄兰香一行走访省侨联机关，调研全省海外侨情等情况

长沙召开了第十次侨代会，选举产生了市侨联新一届领导班子；株洲市配强了市侨联领导班子。三是加强基层基础工作。全省各级侨联认真组织学习省委《关于加强群团工作的实施意见》、《中国侨联改革方案》等文件精神，积极拥护、参与、支持群团和侨联工作改革。岳阳、郴州两市侨联组织被省编办正式批准单列，全省市州侨联组织实现全部独立设置并明确为正处级。

12月12日—21日，湖南省委常委、省委统战部部长、省海外联谊会会长黄兰香率团出访老挝、泰国、缅甸，开展以“一带一路·共创共赢”为主题的经贸合作、文化交流、旅游推介及侨情调研活动

【服务经济发展彰显侨力】湖南省各级侨联发挥优势，着力打造“创业中华·兴业湖南”经济科技工作品牌，助推湖南经济发展新动力。一是大力招商引资，助推经济发展。与省商务厅、省旅游局共同举办“一带一路．共创共赢”经贸旅游推介、侨情调研及文化交流系列活动，加强同老挝、泰国、缅甸、柬埔寨等“一带一路”沿线国家的交流合作。组建商贸考察团赴东欧开展调研考察，协办商务厅“湘品出湘—走进欧洲”湖南商品展销会，助力“湘品出境”。开展“请进来”活动，组织港澳企业家代表团到怀化、湘西进行实地投资考察与项目对接，取得良好效果。积极为侨商搭建融资平台，长沙银行等4家银行与省侨商会签订了总计180亿元人民币的授信协议。邵阳、衡阳、益阳等市州侨联开展了形式多样的招商引资活动；常德、郴州等市州侨联协助政府举办了大型对外招商引资活动。省侨商会荣获全国先进侨商社会组织，衡阳市侨商会荣获全国优秀侨商社会组织。岳阳、长沙、张家界、湘潭等市为凝聚侨商力量，分别成立了侨商会，全省已有10个市州成立了侨商会。全省侨联系统全年共牵线引进侨港澳资金130亿元。二是积极开展科技活动，助力科技创新。联合中国侨联特专委，举办了“中国侨联特聘专家湖南（长沙）行”活动，40名海内外侨界专家学者齐聚长沙，发挥智力优势，有针对性地为湖南经济发展献计献策。指导湖南省海归协会举办首届华中地

10月18日，中国侨联特聘专家湖南（长沙）行活动在长沙启动

8 月 30 日，湖南省委常委、省委统战部部长黄兰香在长沙市调研部分侨资企业

区海归创业论坛，来自世界各地的近千名海归出席论坛，共商创业大计。组织参加“中国侨界贡献奖”的评选活动，全省共有 16 个企业（或项目、个人、团队）获奖；组织湖南星索尔公司等 7 家创新企业参加了中国侨联新侨创新创业成果展。三是认真开展侨企调研，解决侨商发展难题。全省侨联系统按照中国侨联《关于开展侨资企业基本经营情况调研的通知》，深入企业一线，了解当前全省侨资企业发展需求和存在困难，省侨联将问题集中后形成了专题调研报告上报中国侨联。争取省领导重视，黄兰香常委亲自到侨企进行调研并召开座谈会，帮助侨企、海归解决发展难题。

7 月 29 日，湖南省侨联系统“千侨帮千户”精准扶贫工程启动仪式在长沙举行

【依法维护侨益当好侨友】湖南省各级侨联积极转理念，重信访，贯彻落实中央“科学、主动、依法维权”要求，全面、全程、热心为侨服务。一是大力实施“千侨帮千户”精准扶贫工程。为贯彻落实中央与省委关于实施精准扶贫，加快推进扶贫开发工作的统一部署和中国侨联关于扶侨帮困的有关精神，省侨联党组决定动员、引导和组织广大海内外侨界人士和全省各级侨联组织与侨联工作者，在全省侨联系统大力实施“千侨帮千户”精准扶贫工程，助力全省扶贫攻坚主战场。全省侨联系统全年发动捐款捐物总数达 2800 多万元，其中常德市侨联已率先启动，首期捐款物达 600 余万元。省侨联在“两节”组织开展了“察侨情，送温暖”大走访慰问活动，慰问归侨侨眷 200 余人、走访侨界人士 60 余人，发放慰问金和物资 16 万余元。二是大力加强侨联维权基础建设。省侨联修订编印了《维权工作手册》（第五版），编印了《政策汇编》。长沙、湘潭、衡阳、常德、郴州、永州、湘西等市州侨联或编印涉侨法律法规汇编，或开展涉侨法律法规宣传活动，提升了社会知晓侨法、依法护侨意识。益阳、娄底等不少市、县区侨联已将侨法知识纳入了党校主体班教学内容。三是大力协调涉侨侵权案件。充分发挥法顾委等平台作用，协调公、检、法、司等相关职能部门依法协调解决侵害侨益案件。全年共接待来电、来信和来访 106 件 200 余人次，依法妥善处理涉侨信访案件 20 余件，挽回侨企和侨界群众直接经济损失 2 亿多元。

【拓展海外联谊广结侨缘】湖南省各级侨联围绕打造“亲情中华·魅力湖南”文化交流品牌，积极拓展对外文化交流和联络联谊工作。一是扩大品牌效应，弘扬中华优秀文化。省侨联全面深化“亲情中华”主题活动，与株洲市政府联合组织侨心艺术团赴韩国、加拿大开展“亲情中华·魅力湖南·动力株洲”慰问演出和文化交流等联络联谊活动；与常德市人民政府联合组织侨心艺术团赴德国、英国进行“亲情中

5 月 23 日，“亲情中华·魅力湖南·动力株洲”海外慰问演出走进韩国

参加英国爱丁堡艺术节，昆曲版《罗密欧与朱丽叶》受到国外友人追捧。二是借助重大活动，紧密贴近海外侨胞。为纪念中国侨联成立 60 周年，在中国侨联的统一部署下，省侨联举办了“海外侨胞故乡行·走进湖南”活动，来自美国、加拿大、泰国等 20 多个国家和地区的 90 余名海外侨领侨胞齐聚湖南，参加了辅导报告会和湖

华·魅力湖南·美丽常德”对外文化交流及海外侨情调研活动；与老挝湘锋国际公司组织小分队赴老挝演出，均取得圆满成功。联合长沙、益阳、湘西、张家界、湘潭等市州侨联举办了 2016“亲情中华”湖南夏令营活动，来自 12 个国家的 85 名华裔青少年齐聚湖南开启了亲情之旅。李丽开展了 7 场“亲情中华·李丽主题演讲湖南行”公益巡讲活动，并成为中国侨联成立 60 周年讲坛 8 位演讲者之一。省侨商联合会推荐的湘西州侨心艺术团参加全国侨商社会组织纪念新中国成立 67 周年暨中国侨联成立 60 周年文艺汇演获得铜奖。郴州市侨联协助郴州湖南省昆剧团

7 月 11 日，由中国侨联主办、湖南省侨联承办的 2016“亲情中华”湖南夏令营在长沙开营

南省海外侨社团联谊总会 2016 年年会，并赴相关市州进行了实地考察。长沙市侨联举办“海外侨胞故乡行·走进长沙暨市侨联成立 60 周年纪念活动”，邀请近百名海外侨商侨领实地感受长沙发展，见证长沙巨变。三是加大互动交流，推

9 月 22 日，“海外侨胞故乡行·走进湖南”活动启动仪式在湖南长沙举行

3 月 16 日—23 日，台湾华侨协会总会理事长陈三井率领参访团一行 36 人来湖南参访抗战史迹，图为 3 月 17 日在长沙与省侨联座谈

动海外联谊拓展。积极“请进来”，2016 年全省侨联系统共接待海外侨胞来湘参访 120 批 900 余人次。联合长沙、常德、湘西、衡阳、怀化、张家界等市州侨联接待台湾华侨协会总会陈三井会长一行 36 人来湘参访抗战史迹，开展纪念辛亥革命 105 周年活动。省侨联邀请湘籍海外侨领侨胞参加“畅叙家乡情·共筑湖湘梦”海外侨领迎新春座谈会，共话侨界新事喜事，畅叙深情厚谊。郴州市侨联开展海外华裔（港澳）青少年系列交流活动，现场体验湘南民风民俗。主动“走出去”。省侨联组团赴香港出席香港新马泰归侨华人联合会成立二十周年纪念大会及香港侨友社第十六届理监事就职典礼暨香港侨爱基金敬老晚会，并开展港澳侨情调研活动；长沙、衡阳、湘潭等市侨联分别组团出访调研侨情，扩大了海外联谊面。

【积极参政议政扩大侨声】湖南省侨联特聘专家委员会着力打造侨界“智库”，新增聘了 47 名侨界专家委员，进一步汇聚了侨界智力。继续开展省侨联侨务理论研究课题申报工作，确定了 8 个重要课题给予立项。发动全省侨界人士积极献言献策，起草了省“两会”侨界人大代表集体建议、省政协侨联界委员集体提案 3 个。省侨联全年提交《侨情专报》素材 41 期，一系列关于侨界发展的问题引起中央和省领导的重视。省侨联荣获中国侨联 2016 年度信息工作特等奖。全省各市州、县市区侨联组织严格按照人大代表、政协委员的推荐、提名、考察工作要求，完成侨界人大代表的推荐和侨联界政协委员的提名工作，侨界参政总人数有所增加。永州市侨联举办了“侨资企业参与供给侧改革问题”研讨会，组织的“海外人才智力援乡工程”荣获“全省统战工作实践创新成果奖”。湖南农业大学侨联就如何保护东沙、老龙井两口千年古井的有关意见得到政府采纳。

【参与社会建设广播侨爱】湖南省各级侨联组织积极打造“慈善中华·爱心湖南”公益事业工作品牌，取得可喜成效。2016 年全省侨联系统接收各类捐赠约 3000 万元。一是发挥省华侨公益基金会的引领作用。基金会牵手球知（北京）教育科技有限公司在娄底开办了“球知班”，支持湖南华兴实业发展有限公司捐资 100 万元设立华兴文化专项基金，携手省侨商会向扶贫村捐款数十万元。承办中国侨联的“侨爱心工程”，在新宁、娄底新援建侨爱心学校。美国休斯敦湖南同乡会通过基金会为湖南水灾捐款等。二是引导海外慈善组织个人支持湖南省公益事业。香港吴星可慈善基金会连续 10 多年在湖南做慈善事业，2016 年在衡阳、郴州、湘西等市州捐赠 200 余万元用于改善当地农村医疗条件。澳大利亚华侨魏基成夫妇捐资近 100 万元，用于全省残疾事业的发展。美籍华人谭吴保仁捐资 10 万美元设立“谭德森、吴保仁扶贫助学金”资助湘西籍贫困学生，捐资 30 万元人民币推动建成凤凰县肝病治疗中心。香港睿智金融集团、中国星火基金会、美籍华人李晓清

4 月 25 日，香港吴星可慈善基金会会长吴碧一行专程来到衡阳市祁东县，向当地残障人士开展捐赠活动

等也纷纷慷慨解囊湖南。三是鼓励省内侨企和侨界群众回馈社会。湖南金龙电缆有限公司、马来西亚归国华侨李体坚捐资扶助贫困学子和农村小学。常德人和建设有限公司捐资兴建澧县澧东乡双林村老年活动中心。湖南鹏润农业科技股份有限公司捐资安装岳麓区村级公路路灯 200 盏。长沙学院侨联遴选项目作为该校驻村扶贫点产业帮扶的重点项目，助推全省侨界扶贫攻坚。

【召开湖南省侨联七届三次全委会】2 月 24 日—25 日，湖南省侨联七届三次全委会在长沙召开。省委常委、统战部部长黄兰香出席会议并讲话。她说，2015 年侨联工作成果丰硕，为推动湖南省经济社会发展作出了独特贡献。黄兰香指出，进一步做好侨联工作，应凝聚侨心，汇集侨智，发挥侨力；拓展海外联络工作，拓展服务新侨工作；着眼提升新形势下侨联工作的科学化水平，着力加强各级侨联组织自身建设。省侨联党组书记朱建山传达了中央书记处关于侨联工作的意见，省侨联主席朱道弘作了全委会工作报告，省侨联党组成员、副主席、秘书长孙民生传达了中国侨联九届五次常委会议暨九届三次全委会议精神。省侨联领导章伯岗、唐亚武、张欣、翁少兰、庄启宁、张季宝、胡野碧及省“五侨”部门领导出席会议。省侨联委员，在长沙省侨联顾问及部分海外委员，省侨联处室负责人，省侨联工作平台负责人等 150 余人参加会议。

2 月 24 日—25 日，湖南省侨联七届三次全委会在长沙召开

【台湾华侨协会总会参访团来湘参访抗战史迹】3 月 16 日—23 日，台湾华侨协会总会理事长陈三井率领参访团一行 36 人，来湖南参访抗战史迹。目前，湖南现存有常德会战纪念馆、岳麓山抗日战争纪念碑、衡山忠烈祠、怀化芷江受降园等历史遗迹。在湘期间，参访团逐一参访。

【“亲情中华·魅力湖南·动力株洲”海外慰问演出走进加拿大、韩国】5 月 19 日—26 日，湖南省侨联和株洲市人民政府联合组建的侨心艺术团在朱建山、毛朝晖的率领下，赴加拿大、韩国进行为期一周的慰问演出对外文化交流活动。深沉的二胡独奏《二泉映月》、实力功夫杂技表演、富有穿透力的传统苗歌等精心编排的特色节目把全场观众带入醇厚的湘音湘韵湘情中。

【“亲情中华·魅力湖南·美丽常德”海外慰问演出走进德国、英国】8 月 26 日—9 月 2 日，湖南省侨联和常德市人民政府联合组建的侨心艺术团在孙民生、傅绍平的率领下，赴德国、英国开展慰问演出。演出现场，由艺术团各位艺术家演唱及表演的《生在潇湘多自豪》、《浏阳河》、《刘海砍樵》等节目精彩纷呈，将中国传统文化表现得淋漓尽致。

8 月 29 日，“亲情中华·魅力湖南·美丽常德”走进德国汉诺威慰问演出

【2016“亲情中华”湖南夏令营开营】7 月 11 日，由中国侨联主办、湖南省侨联承办的

2016“亲情中华”湖南夏令营在长沙开营，来自美国、阿根廷、丹麦等国的85名华裔青少年齐聚长沙开启了寻根之旅。中国侨联副主席康晓萍、湖南省副省长蔡振红、省政协副主席刘晓、中国侨联文化交流部部长刘奇出席开幕式并作重要讲话。

7月21日，召开湖南省委巡视第四组专项巡视省侨联党组工作动员会

【举行“海外侨胞故乡行·走进湖南”活动】9月22日，为纪念中国侨联成立60周年，由中国侨联主办、湖南省侨联承办的“海外侨胞故乡行·走进湖南”活动启动仪式在湖南长沙举行。活动期间，与会的80多名海外嘉宾参加有关专家就侨情交流和海外侨团建设、侨领培养、湖南经济社会发展状况等内容的辅导报告以及湖南省海外侨社团联谊总会2016年年会，并赴市州进行了实地考察。

【启动中国侨联特聘专家湖南（长沙）行活动】10月18日，中国侨联特聘专家湖南（长沙）行活动在长沙启动。中国侨联副主席李卓彬，省委常委、常务副省长陈向群出席开幕式并讲话。活动期间，北京中医药大学药学院院长、法国国家药学科学院外籍院士林瑞超，北京市朝阳糖尿病医院院长、英国皇家医学会院士王执礼等20多名海内外侨界专家学者，以及数十名省侨联特聘专家齐聚长沙，考察高科技工业园区，发表主题演讲，有针对性地为湖南的经济发展献计献策。

【湖南省委巡视第四组专项巡视省侨联党组工作】根据湖南省委关于巡视工作的统一部署，7月21日—8月21日，省委巡视第四组专项巡视省侨联党组工作。专项巡视重点围绕紧扣“六项纪律”，紧盯党的领导弱化、党的建设缺失、全面从严治党不力“三大问题”，紧扣重点人、重点事、重点问题，运用多种方式开展巡视检查，发现问题、形成震慑，倒逼改革、促进发展。

【启动湖南“千侨帮千户”扶贫工程】7月29日，湖南省侨联系统“千侨帮千户”精准扶贫工程启动仪式在长沙举行。湖南省委常委、省委统战部部长黄兰香，中国侨联秘书长陈迈，中国侨联权益保障部部长张岩等领导出席并作了重要讲话。会上宣读了《“千侨帮千户”精准扶贫工程实施方案》、《湖南省侨联关于开展“千侨帮千户”精准扶贫工程的决定》和《湖南省侨联系统实施“千侨帮千户”精准扶贫工程倡议书》。经过半年准备，共发动侨界捐款（物）2400多万元。

【湖南省侨联机关开展红色教育】6月29日—7月1日，湖南省侨联党组书记朱建山带队，组织机关全体干部职工党员来到韶山封闭式学习，

6月29日—7月1日，湖南省侨联机关再一次重温入党誓词，缅怀伟人思想和人格魅力

缅怀伟人思想和人格魅力，组织专题党课，表彰先进党支部和优秀党务工作者、优秀共产党员，给党员送上红色“教育大餐”，以特殊的方式庆祝建党 95 周年。

【举行首届华中地区海创论坛】11 月 21 日，首届华中地区海归创业论坛在长沙举行，来自世界各地的近千名海归出席论坛，共商创业大计。中国侨联副主席乔卫，省委常委、省委统战部部长黄兰香等出席活动并作讲话。本届论坛以“海归湘军·接力湖南”为主题，邀请了海归企业家、海归创业代表讲述创业经验、分析创业形势。

11 月 21 日，首届华中地区海归创业论坛在长沙举行

【启动常德市“千侨帮困·大爱常德”活动】6 月 14 日，由常德市侨联主办的“千侨帮困·大爱常德”活动启动仪式在常德市举行，省侨联副巡视员兰杨杰出席活动并讲话。兰杨杰希望各级侨联按照省侨联开展的“千侨帮千户”工程实施方案的部署和要求，将帮扶工作落实到位，助力全省扶贫攻坚主战场。

【成立长沙市侨商联合会和张家界市侨商联合会】6 月 24 日，长沙市侨商联合会成立大会暨第一届会员大会召开。湖南省侨联党组书记朱建山，市委副书记徐宏源，市委常委、市委统战部部长文树勋等到会祝贺。当日大会通过了《长沙市侨商会章程》等规章制度，选举产生了第一届理事会和监事会，湖南湘绣城集团总经理曾应明当选为第一届会长。6 月 30 日，张家界市侨商联合会成立大会暨第一次会员代表大会召开。中国侨联经济科技部副部长（正局级）、中国侨商联合会副会长、秘书长安晨，省侨联党组书记朱建山，张家界市领导刘革安、刘群等出席会议。会议选举产生了第一届理事会和会长、副会长、秘书长、常务理事，省侨商会常务理事、途牛网张家界站总经理陈明义当选为第一届会长。

省级侨联工作

广东省归国华侨联合会

【领导成员名单】

党组书记、主席：王荣宝（女，2016 年 12 月卸任）
程学源（2016 年 12 月当选）

专职副主席：程学源（2016 年 12 月卸任） 李　丰　戴文威
颜　珂（女，2016 年 12 月当选）

兼职副主席：李　瑜　马勇智　麦庆泉
纪少雄　黄少良　曾智明
余志勇　谢惠蓉（女）
罗掌权　郭泽伟　庄创业

秘书长：曹堪宏

【综述】 2016 年，广东省各级侨联在省委坚强领导和中国侨联的正确指导下，深入学习贯彻党的十八大、十八届三中、四中、五中、六中全会精神和习近平总书记系列重要讲话精神，深入学习贯彻省委十一届六次、七次、八次全会精神，认真贯彻落实中央和省委关于群团工作和侨联工作的决策部署，紧紧围绕全省中心工作，充分发挥侨联组织的独特作用，动员团结广大归侨侨眷和海外侨胞，为广东实现“三个定位、两个率先”目标，为实现中华民族伟大复兴中国梦贡献力量。

【召开广东省侨联十届二次全委会】 12 月 12 日，广东省侨联十届二次全委会议在广州召开。中国侨联副主席李卓彬，省委常委、统战部部长林雄出席会议并讲话。会议选举程学源为省侨联主席，增补颜珂为省侨联副主席，审议并通过了程学源代表广东省侨联十届三次常委会所作的工作报告。李卓彬希望广东省各级侨联组织全面贯彻中央精神和省委决策部署，主动适应群团组织改革的新要求，积极探索符合广东实际的改革形式，推动侨联工作创新发展再上新台阶，继续在全国侨联系统发挥排头兵作用，为全国侨联工作改革创新大胆探路作出积极贡献。林雄强调，全省各级侨联组织要深入学习贯彻党的十八届六中全会精神，切实增强“四个意识”特别是核心意识、看齐意识，积极推进侨联工作改革创新，团结凝聚广大侨胞为加快全省率先全面建成小康社会作出侨界新贡献。会后，省侨联党组书记、主席、改革领导小组组长程学源主持召开了全省侨联主席工作会议，专题研究全省侨联改革，审议了《广东省侨联改革实施方案》（讨论稿）。

12 月 12 日，广东省侨联十届二次全委会议在广州召开，程学源当选主席

12 月 12 日，广东省侨联党组书记、主席、改革领导小组组长程学源主持召开全省侨联主席工作会议，专题研究全省侨联改革

【“党建带侨建，侨建为党建”试点工作】 2016年，广东省侨联持续推进“党建带侨建，侨建为党建”试点工作，省侨联党组副书记、副主席程学源率调研组到河源市开展“党建带侨建、侨建为党建”专题调研活动。清远市继续深化试点工作，在清远市“党建带侨建，侨建为党建”试点工作现场推进会后，各县（市、区）也分别召开了“党建带侨建，侨建为党建”工作推进会，清远市副市长何国森到清城区飞来峡镇清远华侨农场实地调研指导“党建带侨建，侨建为党建”试点工作，清远市侨联也分批到各县（市、区）开展督查指导试点工作。清城区飞来峡镇作为第一个市级试点镇，全镇87个基层侨联工作站、工作组、工作小组都已正式挂牌成立，并配备相关人员、场所及明确有关制度职责等，在全市率先实现全镇基层侨联组织组建率100%全覆盖的目标。各地市侨联也纷纷开展学习研讨试点工作，茂名市侨联组织市、县两级侨联主席组成学习考察团到清远市学习“党建带侨建”工作经验，与清远市侨联进行了深入座谈，并参观了3个“党建带侨建”试点。中山市华侨历史学会、江门市华侨历史学举办了“党建带侨建”研讨会。

1月12日，清远市“党建带侨建，侨建为党建”试点工作现场推进会暨清远市侨联四届三次全委（扩大）会议在清城区飞来峡镇召开，王荣宝主席、程学源副主席等为新成立的侨联组织集体揭牌

【创建“广东侨界人文社区（示范点）”】 2016年，广东省侨联全面铺开侨界人文社区创建工作，制定了进一步开展创建侨界人文社区的工作方案，印发了《关于进一步做好创建侨界人文社区工作的通知》，省侨联党组副书记、副主席程学源率调研组到河源市开展专题调研活动，还派出调研组到四会调研指导创建侨界人文社区工作。全省成功创建并挂牌的“广东侨界人文社区（示范点）”共有23个，其中中山12个，肇庆5个，江门2个，广州、深圳、清远、惠州各1个。各地侨联积极参与创建工作，茂名市侨联组织各市、区侨联主席先后到中山、江门调研学习侨界人文社区创建工作经验。中山市侨联组织三级侨联负责人到肇庆就加强“广东侨界人文社区”建设工作进行交流，组织全体党员及老干部到南区北台杨仙逸祖居和曹边村开展人文社区调研活动，联合致公党中山市委在石岐区民生社区举办“广东侨界人文社区义诊暨侨法宣传活动”。佛山市侨联成立创建侨界人文社区工作小组，先后到中山、肇庆参观学习，向省侨联申报6个广东侨界人文社区（示范点），全部通过验收。7月28日，惠州首个广东侨界人文社区（示范点）在博罗县杨侨镇朝田办事处举行，中国侨

7月28日，惠州首个广东侨界人文社区（示范点）在博罗县杨侨镇朝田办事处揭牌，中国侨联副主席乔卫（右三）、广东省侨联主席王荣宝（左三）等参加揭牌仪式

11 月 24 日，中山市民生社区举办 2016 年“守望邻里 关爱侨眷”邻里互助会年终表彰暨广东侨界人文社区文艺表演活动

港·澳门巡展，华人华侨（中山）征文系列比赛等。广东省侨联组织了 30 多位海内外华人书法家到孙中山故居拜谒，书法家们在孙中山故居纪念馆内即席挥毫，并向纪念馆赠送书法作品。海内外华人书法界齐书“天下为公”挥毫活动在黄花岗公园举行，省侨联党组书记、主席王荣宝，省侨联党组副书记、副主席程学源和 30 多位华人书法家共同书写“天下为公”，以学习、继承和发扬孙中山先生的爱国思想、革命意志和进取精神。纪念活动突出孙中山文化元素，将弘扬孙中山精神与弘扬中华文化有机结合，精心设计了多项活动

联副主席乔卫、广东省侨联主席王荣宝等参加揭牌仪式。乔卫副主席指出，侨界人文社区建设是侨联工作的一大创新举措，不仅能充分发挥基层侨联组织的凝聚力，还能极大丰富基层侨界群众的物质生活和精神生活。

【举行纪念孙中山先生诞辰150周年系列活动】2016 年，广东省侨联联合中山市侨联和中国文化艺术研究中心等海外侨团举办了系列活动隆重纪念孙中山先生诞辰 150 周年，大力弘扬孙中山先生爱国主义精神，推动和促进海内外中华儿女大团结。9 月 12 日，“2016 中山侨界群众文化节暨广东侨界纪念孙中山诞辰 150 周年华人书法展”开幕仪式在中山美术馆举行，纪念活动正式启动。省侨联党组副书记、副主席程学源，中山市委常委、统战部部长梁丽娴和来自比利时、新加坡、巴西、马来西亚、美国、菲律宾、澳大利亚、印尼、香港及澳门、台湾等 12 个国家和地区的 30 多位侨领和书法家出席开幕活动。文化节精心策划了 11 项活动，包括：“活力侨青·文化欢乐之旅”，中山水彩、剪纸作品中山·香

6 月 15 日，2016 中山侨界群众文化节系列活动之华人华侨（中山）征文系列比赛启动

9 月 12 日，“2016 中山侨界群众文化节暨广东侨界纪念孙中山诞辰 150 周年华人书法展”开幕仪式在中山美术馆举行

9月14日，纪念孙中山先生诞辰150周年海内外华人书法界齐书“天下为公”挥毫活动在黄花岗公园举行，广东省侨联党组书记、主席王荣宝（右三），省侨联党组副书记、副主席程学源（左三）等出席活动

内容，既内涵丰富又形式多样，既弘扬时代精神、又充分挖掘本土侨务资源，为继承孙中山先生精神、弘扬中山侨乡文化做了有益尝试，赢得了归侨侨眷、港澳乡亲和海外侨胞的广泛赞许。

【纪念广东国际华商会成立十周年】12月17日，广东国际华商会庆祝成立十周年系列活动在广州举行。广东省侨联党组书记、主席程学源，副主席李丰、戴文威，副主席、广东国际华商会会长郭泽伟出席活动。广东省有关社团和省侨联直属社团负责人，广东国际华商会会员企业家，海外和港澳台地区知名华侨社团组织负责人，全国部分侨商组织负责人等近500人欢聚一堂。中国侨联主席林军为商会成立十周年题写“不忘初心·携手前行”，全国143家侨商组织为商会发来贺电贺函，共同庆祝广东国际华商会十年志庆。程学源主席在庆典活动上发表讲话，充分肯定了华商会成立十年来所取得的成就。全国人大代表、香港中华总商会名誉会长王敏刚，广东省创投协会名誉会长李春洪，广东国际华商会常务副会长向阳等先后围绕经济发展新常态“一带一路”发展战略、供给侧结构性改革、金融创新等议题发表了精彩的主旨演讲。庆典活动上，广东国际华商会与泰中经济协会、荷兰广东总商会、阿根廷广东商会、匈牙利华侨华人社团联合总会、欧美工商会等海外华商组织签署了友好协议；与广东省创投协会、广东省农村电子商务协会等省内有关协会签署了友好合作协议；与中国农业银行广东省分行营业部签订了战略合作协议。广东省侨联领导为荣获“十年贡献奖”的优秀会员企业家代表颁奖。

【举行广东省侨界海外留学归国人员协会第一届理事会】1月8日，广东省侨界海外留学归国人员协会第一次会员大会在广州举行，大会审议通过了广东省侨界海外留学归国人员协会《章程》，举行了协会服务中心六个专委会颁牌仪式，选举产生了广东省侨界海外留学归国人员协会第一届理事会成员，香港芭迪有限公司、广州市芭迪皮革制品有限公司董事长梁日辉当选会长，举行了第一届理事会就职典礼，来自海内外侨界精英以及广东省侨界留学归国青年代表共逾600人出席见证典礼。中国侨联副主席乔卫，广东省侨联主席王荣宝等领导和嘉宾出席。乔卫副主席在致辞时充分肯定了广东省侨联在新侨工作中做出的成绩，指出适时成立广东省侨界海外留学归国人员协会是顺应时代潮流，切实贯彻中国侨联工作要求，为党和国家大局作出了贡献，希望广东省侨界海外留学归国人员协会在以后的工作要脚踏实地围绕党和政府中心工作，为广大海外留学归国

1月8日，广东省侨界海外留学归国人员协会第一届理事会就职典礼在广州举行，中国侨联副主席乔卫、王荣宝等领导为侨界海归协会揭幕

人员做好工作和生活上的服务。12月20日，广东省侨界海外留学归国人员协会一届二次理事会及主题为“汇聚全球 创赢未来”一周年年会在中国大酒店举行。省侨联党组书记、主席程学源，省侨联副主席戴文威、颜珂，省知识产权局副局长谢红出席活动。年会活动上，举行了协会海外创新工作站颁牌仪式，海外学生学者联谊会驻中国（江门）联络办事处签约仪式，广东省海归技术转移中心及国际文化交流中心颁牌仪式，加中科技联盟广州联络处颁牌仪式，广东省侨界海归协会年度创新领袖、创新人物、创新企业、最佳专委会、最佳慈善、最佳贡献奖，表彰一年中的优秀会员及会员企业，发动广大海归、海外华人华侨为“希望之旅”慈善活动捐款，共同帮扶留守儿童的文化艺术教育和心灵健康成长。

7月26日，广东侨界青年联合会第三次委员大会在广州白云国际会议中心举行

【举行广东侨界青年联合会第三次委员大会】 7月26日，广东侨界青年联合会第三次委员大会在广州白云国际会议中心举行，中国侨联副主席、中国侨联青委会会长乔卫，省委常委、统战部部长林雄，省侨联党组书记、主席王荣宝出席大会并讲话。乔卫希望广东侨青联认真学习习近平总书记系列重要讲话精神，结合中央统战工作会议、中央群团工作会议精神的贯彻实施，进一步创新工作方式，不断探索发展新路子，创造出更多新鲜经验和做法，为全国侨青工作发挥更大示范作用，努力当好全国侨青工作排头兵。林雄强调，实现推进全省“十三五”经济社会发展目标任务的落实，加快实现“三个定位、两个率先”这一宏伟目标，需要广大侨胞特别是侨界青年一如既往地高举爱国主义旗帜，发扬爱国爱乡光荣传统，为推进广东改革开放的伟大事业贡献智慧和力量，希望广大侨界青年在广东深入实施创新驱动发展战略和促进粤东西北地区振兴发展战略中发挥积极作用；希望广大侨界青年在传承弘扬中华优秀传统文化、促进中国和广东与世界交流合作中发挥积极作用；希望广大侨界青年在维护港澳繁荣稳定、促进祖国和平统一中发挥积极作用。大会选举产生了新一届广东侨青联领导班子集体，省侨联副主席戴文威再次当选主任。大会通过了《广东侨界青年联合会章程》修正案，举行了广东侨青联与“一带一路”沿线海外侨团缔结友好社团仪式，启动了广东侨青联网站改版暨微信公众号开通以及广东侨联青年志愿者服务队授旗仪式，举办了第一期广东侨青及海外青年侨领研习班，来自世界20个国家和地区的侨界青年侨领共50多人参加了研习班。

【“亲情中华·海外华文媒体侨乡行”广东采风活动】 8月29日—9月1日，由中国侨联组织的“亲情中华．海外华文媒体侨乡行”到广东

8月29日—9月1日，“亲情中华．海外华文媒体侨乡行”到广东进行采风活动，广东省侨联党组副书记、副主席程学源带采风团参观考察广州市城发基金公司

省级侨联工作

进行采风活动，来自德国、意大利、美国、澳大利亚、埃及、日本、香港等15个国家和地区的20多家华文媒体高层从世界各地汇聚广东。省侨联党组副书记、副主席程学源代表省侨联为海外华文媒体采风团接风，并发表热情洋溢的讲话。采风团在中国侨联文化交流部副部长邢砚庄的带领下，先后到广州科学城、广东省数字广东研究院参观“智慧广东”体验中心、广州华侨新村、珠江新城西塔广州CBD展区、广州市城发基金公司、佛山禅城新媒体产业园及科之康医药科技有限公司、禅城智慧新城行政服务大厅、佛山岭南新天地、顺德高新技术企业（伊之密）和中国华侨国际文化交流基地—清晖园博物馆考察采风。海内外华文媒体记者强烈感受到了中国最大侨乡广东的巨大发展变化、特别是改革开放取得的重大成就，以及广大归侨侨眷、海外侨胞作出的重大贡献。采风途中，媒体记者以其独特的眼光和严谨的思维，分别撰写发表了多篇文章，客观报道所见、所闻、所感，进一步加深广大侨胞对中国道路、中国价值、中国形象的认识和理解。

【开展“海外侨胞故乡行·走进广东”活动】 9月22日—27日，在中国侨联和广东省侨联的组织下，来自31个国家和地区的105名海外侨胞欢聚广东，围绕“走进广东侨乡，了解广东，展现广东经济社会发展新面貌，密切联系增进感情，加强交流促进合作”主题，在广州、佛山、阳江、肇庆4市进行寻根问祖、文化交流、参观考察、座谈联谊等活动。9月22日，“海外侨胞故乡行—走进广东”活动在广州启动，广东省委常委、统战部部长林雄代表省委、省政府在珠岛宾馆会见并设宴招待了参访团一行。林雄对参

9月22日，“海外侨胞故乡行·走进广东”活动在广州启动，广东省委常委、统战部部长林雄代表省委、省政府在珠岛宾馆会见并设宴招待参访团一行

9月22日—27日，中国侨联和广东省侨联组织“海外侨胞故乡行·走进广东”活动，广东省侨联副主席李丰带领参访团参观顺德清晖园

省级侨联工作

访团一行来到广东表示热烈欢迎，向参访团介绍了广东经济社会发展情况，并对海外侨胞在海外传承弘扬中华文化，发挥中国与其住在国之间沟通交流的桥梁作用表示肯定和赞许。海外侨胞受到当地党委政府的热情接待，目睹了广东的巨大变化，感受了家乡经济文化发展成果，他们深感震撼，备受鼓舞，无不为祖国强盛而自豪。他们希望与广东加强多方面合作，积极宣传广东，为广东发展作出贡献。活动结束后，部分侨领应邀赴北京参加庆祝中国侨联成立 60 周年等活动。海外侨胞们通过各种途径表达对祖（籍）国无比热爱之情，衷心祝愿中国越来越强盛。

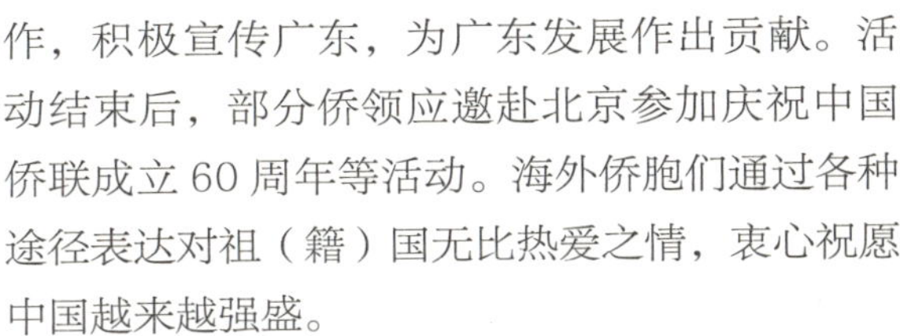

9 月 5 日，第二期全省侨联系统干部培训班在省社会主义学院开班

【广东 7 家单位入选“中国华侨国际文化交流基地”】2016 年，汕头耀明书院、佛山清晖园博物馆、梅州梅县松口镇、江门五邑华侨华人博物馆、江门五邑大学广东侨乡文化研究中心、湛江吴川梅岭飘色艺术团、揭阳普宁庄世平博物馆 7 家单位和机构被中国侨联批准为“中国华侨国际文化交流基地”。4 月 26 日，庄世平博物馆举行“中国华侨国际文化交流基地”揭牌仪式，广东省侨联党组副书记、副主席程学源和揭阳市委常委、统战部部长、普宁市委书记黄耿城为基地揭牌。博物馆展现了庄世平先生探求真理、情系家国、毕生奉献的光辉一生，是弘扬“敢为人先、致诚守信、崇文重教、爱我家国、大爱无疆”的华侨精神的重要平台。程学源副主席高度评价庄世平先生是“侨界的一面重要旗帜，是潮汕人民的骄傲”，博物馆要发扬光大以庄世平先生为代表的侨界先贤的伟大精神，发挥好基地窗口、平台和纽带作用，创新方式不断丰富基地活动内容。

【举办广东省侨联系统干部培训班】2016 年，广东省侨联在省社会主义学院举办了两期全省侨联系统干部培训班。4 月 11 日，第一期全省侨联系统干部培训班开班，各地（市）侨联领导班子成员、县（区）侨联主要负责人和各级侨联工作业务骨干共 120 人参加。省侨联党组书记、主席王荣宝作动员讲话，省侨联党组副书记、副主席程学源围绕侨联组织及《章程》的历史发展进程、广东省侨联组织的历史发展进程、新时期侨联工作的光荣使命等三个方面作了题为《新时期侨联的历史使命》的专题讲座。9 月 5 日，第二期全省侨联系统干部培训班开班，各地（市）侨联领导班子成员、县（区）侨联主要负责人、各级侨联工作业务骨干及省侨联机关处级干部共 60 人参加。省侨联副主席李丰作动员讲话，省侨联党组副书记、副主席程学源为培训班上了题为《落实党的群团工作会议精神，推进侨联工作改革创新》的第一堂课。

【举行第二届华人华侨产业交易会】8 月 13 日，由深圳市侨办、侨联支持指导，深圳市侨商智库研究院联合海内外 200 多家社团、商协会共同主办的第二届华人华侨产业交易会（简称“侨交会”）在深圳开幕。中国侨联主席林军，广东省委副书记、深圳市委书记马兴瑞，全国政协经济委员会副主任、全国工商联副主席、第二届侨交会组委会主席陈经纬等出席开幕式。林军主席在开幕式上致辞并启动开幕球，林军希望广大侨商在新常态下，坚定信心，以敏锐的洞察力和聪明才智，在深化改革和推进转型升级的过程中获取商机、施展作为、实现抱负。本届侨交会以“万侨创新”为主题，通过举办展览展示专业论坛等活动，为创新创业者提供交流合作的平台。参展项目设房地产、金融、高新科技等主要板块，高新科技产品展示比例明显高于去年。跨境电商展区是本届侨交会新亮点之一，“侨交会国际产业交易服务平台”、“侨交会外贸产品交易服务平台”都已完成测试，在展会期间正式运行。来自全球31个国家和地区的侨领和627家展商共同在深圳搭建起全球化经贸合作与资源整合的大平台。

【主办广州市第三届侨文化活动日】 11月16日，广州市侨联主办的“侨桥相联·共筑中国梦”第三届侨文化活动日在广联礼堂开幕。中国侨联副主席康晓萍、中国侨联文化交流部部长刘奇、广东省侨联副主席李丰和广州市归侨侨眷、海外侨胞约1300人参加了此次活动。第三届侨文化活动日评选出13个广州市侨界人文社区（示范点）和23个积极参与侨文化建设工作的先进单位，康晓萍副主席、刘奇部长、李丰副主席分别为获奖单位颁发了奖牌。开幕式后，由广州市各区侨联精心排练的20个文艺节目接连上演，异国风情的歌舞精彩纷呈。侨居国美食展示摊位上可口的异国美食琳琅满目，观众们凭免费美食券一饱口福；书画展位上除了归侨侨眷书法爱好者们交流，更吸引了专业书画家们前来挥毫作画，弘扬中华优秀传统文化。图片展上的近百幅作品是近年广州市侨联系统文化建设的缩影，展出内容不仅记录了文化建设情况，还呈现了新时期归侨侨眷的新面貌。整个活动高雅、庄重、通俗、欢快，丰富了侨界群众的文化生活，密切了广大归侨侨眷和海外侨胞的联系，让侨界群众切实感受到侨胞之家的温暖，也体现了侨联组织对广大归侨侨眷的关心和爱护，使侨联组织更加接地气。

【成立汕头市侨界海外留学归国人员协会】 4月24日，汕头市侨界海外留学归国人员协会成立大会暨首届理事会就职典礼在汕头市举行，省侨联党组书记、主席王荣宝，汕头市委常委、统战部部长马逸丽，汕头市政协副主席徐宗玲及近100名海归人员出席了活动。大会选举产生了汕头市侨界海外留学归国人员协会第一届理事会，汕头市华盛铭兔环保科技有限公司总经理魏珏琪当选为会长，聘请了荣誉会长、名誉会长和顾问，并与汕头市侨界青年联合会等8个兄弟协会签订了友好合作协议。

11月16日，广州市侨联主办的“侨桥相联·共筑中国梦”第三届侨文化活动日在广联礼堂开幕

广西壮族自治区归国华侨联合会

【领导成员名单】

党组书记、主席：谭　斌
专职副主席：廖志刚　林振龙
兼职副主席：冯祖华　陈保善　肖开宁
　　　　　　李　东　王钦贤　温深文
秘书长：廖志刚（兼）

【综述】2016年，广西壮族自治区各级侨联组织及广大侨联工作者在自治区党委、政府的坚强领导和中国侨联的指导下，贯彻落实中央和自治区党委《关于加强和改进新形势下群团工作的意见》《关于加强和改进新形势下侨联工作的意见》，服务“一带一路”建设、推动经济发展、传播中华文化、拓展海外联谊、开展民间外交、扶贫帮困、公益慈善各项工作取得较好成绩。2016年侨联领导班子有如下变动：2月23日，自治区侨联九届五次全委会议上卸免钟志英副主席职务；6月15日，谭斌同志接替韦干同志任自治区侨联党组书记，韦干同志不再担任自治区侨联党组书记，仍继续担任自治区侨联主席；11月18日，自治区侨联九届五次全委会议上，韦干同志、刘汉祥同志分别辞去主席、副主席职务，谭斌同志当选主席，廖志刚同志当选副主席兼秘书长。

【侨联组织】2016年广西有各级侨联组织约420个，其中自治区级侨联1个，地市级侨联15个（含自治区农垦局侨联），县（市、区）级侨联50多个，大中专院校侨联9个，归侨安置单位侨联46个，其他侨联小组、联谊会近300个。自治区侨联现任领导机构是第九届委员会，设主席1人；副主席8人，其中兼职6人；常委32人，其中港澳常委6人；委员151人，其中港澳委员18人；顾问80人。内设机构3个，分别是办公室、经济联络部、海外联谊部。工作载体11个，分别是广西华侨历史学会、广西越柬老归侨侨眷联谊会、广西壮族自治区侨联青年委员会、广西高校归侨侨眷联谊会、广西华商会、广西华侨爱心基金会、广西壮族自治区侨联法律顾问委员会、广西侨联“侨声”艺术团、《八桂侨刊》、广西侨联网站、广西印尼归侨侨眷联谊会。

【开展“两学一做”和巡视整改工作】广西侨联结合工作实际学习贯彻习近平总书记系列重要讲话和党的十八届六中全会及自治区第十一

11月18日，广西侨联九届五次全委会议选举现场

4 月 18 日，广西侨联召开“两学一做”学习教育动员会，党组书记、主席韦干作动员讲话

次党代会精神。按照自治区党委部署，在侨联全体党员中开展了“两学一做”学习教育，会党组书记多次召集党组成员、处室负责人，研究学习教育具体方案，部署相关任务。制定《自治区侨联党组开展“两学一做”学习教育计划一览表》，对学习教育的内容安排、目标任务、组织方式、责任落实等方面提出明确要求。会党组书记、党组成员围绕“讲政治、有信念”“讲规矩、有纪律”“讲道德、有品行”“讲奉献、有作为”四个主题分别进行了 7 次集中学习、5 次讲党课、4 次专题讨论。结合开展纪念建党 95 周年活动，组织机关全体党员到都安县高级中学开展学习先进人物莫振高事迹教育党课活动。5 月上旬至 6 月底，自治区党委第五巡视组对自治区侨联开展了专项巡视，在肯定自治区侨联各项成绩的同时，指出存在的主要问题，提出整改要求和意见建议。会党组多次召开会议专题研究，制定整改方案，组织整改工作，经整改，巡视组所反映的 3 个方面 9 个问题整改工作取得了阶段性成效。

【召开“创业中华·建设南宁（钦州）—2016 海外人才项目对接洽谈会”】“创业中华·建设南宁（钦州）—2016 海外人才项目对接洽谈会”由广西壮族自治区侨联主办，南宁市侨联、钦州市侨联承办，美南中国专家

4 月 19 日—21 日，创业中华·建设南宁—2016 海外人才项目对接洽谈会现场

6 月 24 日，广西侨联主席韦干（左五）率机关党员干部到都安高中开展“两学一做”学先进典型主题实践活动暨捐资助学签约仪式，副主席刘汉祥（左一）、林振龙（右一）及有关部门领导参加活动

协会联合会组织了欧美等国家（地区）有一定影响的华人华侨科技专家共27人参加。与会专家考察两市相关开发区、产业园，并与有关企业进行了对接洽谈，达成多个合作意向项目。其间，自治区侨联还增聘了12位广西侨联特聘专家委员会海外委员。

12月23日—24日，广西侨联主席谭斌（前排右二）出席广西华商会企业交流座谈会暨三届五次理事会

【助推华商经济发展】 广西壮族自治区侨联举办了“2016华商八桂行—走进柳州”活动。邀请印尼、马、泰等7个国家及区内重要华商50余人组团参加，助力全区工业产品拓展东盟海外市场。柳州市在推介会上重点推介了一批项目，其中汽车及零部件制造产业、茶叶、螺蛳粉等项目受到华商团关注。指导防城港市侨联和钦州市侨联联合举办全国口岸城市侨联“一带一路”门户建设工作协作会。会上，两市有关部门介绍投资环境；与会侨商进行项目推介，考察两市开发区、产业园。组织发动新侨企业参加“新侨创新创业成果展”，申报“中国侨界贡献奖”。全区有6个市侨联和5个单位共申报创新人才7名、创新成果4项、创新团队3个、创新企业7个。广西侨联再次被中国侨联授予“优秀组织奖”。

12月1日—2日，广西侨联副主席廖志刚（左三）到钦州调研华商企业

【开展华商服务月活动】 广西壮族自治区侨联在全区组织开展华商服务月活动，会领导带队分组走访华商企业，听取华商的意见和建议，了解华商企业在生产和经营中面临的困境和压力。如自治区侨联、贵港市侨联积极服务广西华商会常务副会长的侨资企业贵港华奥汽车项目，从开工建设到第一台汽车下线仅用了8个月，创造了贵港速度。自治区侨联举办侨联干部法治培训班，并开展维权行动。如上半年发函给贵港市政府，协调广西华商会副会长企业反映的案件，取得较好效果。

【开展“亲情中华”文化交流活动】 春节期间，由中国侨联和自治区侨联，柳州、桂林两市市委和市政府联合主办“亲情中华·欢聚桂林”“亲情中华·欢聚柳州”慰问演出，两市2000多名归侨侨眷、回乡团聚的海外侨胞观看了演出。在2016年海外华侨华人玉林恳亲大会上，再次与中国侨联合作，来自38个国家和地区的海外嘉宾及容县乡亲近1000人共同观看“亲情中华·欢聚玉林”文艺演出。组织广西文艺演出团走出去，举办“亲情中华·走

2月18日，“亲情中华·欢聚桂林”慰问演出在桂林 漓江剧院举行，图为中国侨联副主席乔卫（二排左十二）、自治区侨联主席韦干（二排左九）、副主席林振龙（二排左五）等领导与演员合影

进加拿大”文艺表演，架起了两地文化交流的桥梁。

【开展文化寻根交流活动】2016年，广西壮族自治区侨联共举办四期寻根活动，其中针对华侨新生代三期，包括自治区侨联主办，南宁、北海、崇左三市承办的“亲情中华—八桂故乡行”新生代三营活动，华裔青少年对崇左“三月三”民俗、三江侗寨、柳铁职院的高铁实训项目等交流内容留下深刻印象；另由自治区侨联主办中国侨联成立六十周年系列活动之——“侨领故乡行”，侨领们参观了柳州工业企业、三江侗寨、程阳风雨桥，对如何提升广西民族文化提出了许多意见和建议。

【主办2016年海外华侨华人玉林恳亲大会】与自治区侨办、玉林市政府联合主办恳亲大会，中国侨联副主席乔卫莅会并致辞。来自37个国家和地区共117个代表团565位海外侨胞参会。容县籍爱国华侨、泰国隆发盛企业有限公司董事长封家正投资的广西华侨创意文化产业园成功举办了奠基仪式，项目占地面积320亩，计划总投资15亿元。

11月11日，广西侨联主席韦干（左二）率团出席澳大利亚广西同乡联谊会五周年庆典活动

【策划多项重大联谊考察活动】2016年，广西区侨联策划了两项跨年度重大联谊活动，包括2017年3月在南宁举行的第十八届世界广西同乡联谊大会（以下简称“世桂联大会”）和指导筹备2017年10月在防城港举办的第五届世界钦廉同乡恳亲大会。接待了海外有关重点团组在广西的活动。如由聂泽英团长率领的北美华人商会访问团，考察区内南宁、崇左、北海等地投资环

境。马来西亚十大富豪之一、重要侨领、常青集团执行主席张晓卿考察团一行，重点考察桂林南宁的旅游市场，钦州中马产业园区，得到自治区党委书记彭清华以及李康、范晓莉、张晓钦等自治区领导的亲切接见。借第十三届中国—东盟博览会、自治区政协十一届四次会议、及2016广西归侨侨眷迎春联欢会、“花山国际文化艺术节”等重大活动，积极开展联谊工作。据统计，全年自治区侨联共接待来桂探亲访友、投资贸易、考察交流的海外侨胞40多批次，近千人次，公务出访组团6批，拜会侨社团近百个，参加了侨社团会庆、联谊、招商旅游推介等重大活动。

12月17日，广西侨联在珠海市召开港澳委员顾问恳谈会，广西侨联主席谭斌（前排左二）出席并讲话，副主席廖志刚（前排右二）主持会议，兼职副主席王钦贤（前排左一）、温深文（前排右一）和广西侨联香港、澳门地区委员顾问及广西设区市侨联负责人30多人参加恳谈会

10月9日，广西侨联副主席林振龙（左五）出席“亲情中华·梦牵绿城夏令营南宁营”开营仪式

【维护港澳繁荣稳定】广西壮族自治区侨联重视和发挥广西侨联港澳委员顾问的作用，2016年多次赴港澳参加当地侨社团的系列庆祝活动。年底在珠海召开港澳委员顾问恳谈会，委员顾问们提出多条涉及港澳繁荣稳定、有关广西“十三五”建设发展、与全区侨联加强联系的建议，经整理形成侨情专报上报中国侨联。港澳委员顾问、青年委员们还反独促统、支持广西的重大活动，多次组团到区内多地市如桂林、贵港、百色等市考察、捐赠、开展爱心助学活动。

【有序参政议政】广西壮族自治区侨联发挥侨界人大代表、侨联界政协委员参政议政作用，抓住当前社会普遍关心的热点问题、归侨贫困问题等撰写提案，在自治区政协会议上提交提案6件，多项提案受到有关部门重视。如侨联界农宝军委员撰写的《关于把我区华侨农场人口纳入国家“精准扶贫”的提案》、蒋晓筠委员的《关于完善南宁市区城市交通设施的建议》列入自治区政协重点提案。针对中央和自治区党委、中国侨联领导对解决好北海侨港镇困难归侨生产生活问题，自治区侨联协同北海市委、市政府共同努力，多次会同中国侨联、中国侨商会领导研究、交流、实地调研，促使北海侨港镇困难归侨帮扶项目取得进展，归侨搬迁安置工作取得突破。

【促进侨联公益慈善事业】广西壮族自治区侨联通过广西华侨爱心基金会、港澳委员、浙江新华爱心教育基金会、希腊华侨华人总商会等机构和个人，大力开展扶贫助困助学等慈善公益活动。据统计，广西侨联系统全年获得捐赠款近千万元。其中广西华侨爱心基金会共收到善款自治区深改小组的统一部署，广西壮族自治区侨联召开了改革座谈会，代自治区党委草拟《广西壮族自治区侨联改革实施方案》，共征求了14个市侨联意见和11个区直部门意见，还分别向自治区深改小组和区党委分管领导三次专门汇报。经多次修改，12月，中央深改办备案审查通过此方案，随后自治区党委常委会批准，自治区党委办公厅12月底以桂办名义印发该文件。

4月24日，广西壮族自治区侨联副主席刘汉祥（主席台右三）出席“澳大利亚魏基成天籁列车”助听器捐赠启动仪式

294.24万元，主要用于医疗卫生公益项目和贫困患者救助费用。中国侨联海外顾问、澳大利亚知名华人慈善家、澳大利亚ABC纸业集团董事长魏基成先生“澳大利亚魏基成天籁列车”公益项目，为玉林和贺州两市听障人士捐赠助听器2780台，爱心棉衣200件、老花镜300副、语言教学机8台，总价值570多万元人民币。浙江省新华爱心教育基金会与自治区侨联合作，在崇左市高级中学、河池市都安高中、百色市民族高中和田东县高中开设“珍珠班”4个共计200人。元旦春节期间，全区侨联系统共慰问困难归侨侨眷2000多户，慰问经费近100万元，慰问对象为困难归侨侨眷、留守儿童、长期重病患者、孤寡老人、劳动模范、华商代表。

【推进出台广西侨联改革实施方案】 广西侨联改革实施方案的起草工作从9月下旬开始，在学习《中国侨联改革方案》的基础上，自治区侨联派出人员到改革试点省取经，与兄弟省市侨联进行交流探讨。按照

10月18日，广西侨联改革座谈会在南宁召开，来自广西各地市的侨联负责人齐聚一堂，共论侨联改革难点，探索改革创新路径

11月3日，自治区党委常委、统战部部长李康（右三）到自治区侨联机关视察时，与自治区侨联主席韦干（左三）、党组书记谭斌（右二）、副主席廖志刚（右一）、副主席林振龙（左一）、巡视员刘汉祥（左二）合影

12 月 8 日，自治区党委常委、统战部部长赵德明（右四）走访自治区侨联机关时，与自治区侨联主席谭斌（右三）、副主席廖志刚（左一）、巡视员刘汉祥（左三）等合影

【崇左市侨联加强自身建设】借广西《关于加强和改进新形势下侨联工作的实施意见》出台东风，崇左市侨联积极与地方党委沟通联系，督促未成立县级侨联组织的县份抓紧筹备成立。经一年努力，未成立县级侨联组织的 4 县份取得了重要进展：宁明县，11 月宁明县侨联成立；扶绥县，批准了上报的县侨联班子人选，侨代会的准备工作基本就绪；天等县，已确定专门的办公人员、固定的办公地点负责筹备侨联成立相关工作；大新县，县委已将成立侨联组织纳入议事日程。

【南宁市侨联开展“创业中华”活动】南宁市侨联作为南宁市委人才工作领导小组成员单位之一，向市委人才工作领导小组递交了人才工作承诺书并认真执行。4 月 20 日，举办“创业中华·建设南宁（钦州）—2016 年海外人才项目对接洽谈会”。来自美国、加拿大、澳大利亚、德国、瑞典等国家和地区的 27 位科技专家，带着 30 多项高新技术项目同南宁市高科技企业开展了交流和项目对接。“基于大数据平台的智能家用服务机器人”“智能健康一体机”“有机物厌氧消化器”“ 抗衰老食品开发”等项目吸引了企业关注。其中，加拿大霍尼韦尔公司项目经理陈琰的“智能健康一体机”项目现场决定落户南宁。会后，组织海外专家和侨商考察南宁高新技术产业开发区、南宁经济技术开发区、广西—东盟经济技术开发区等。

【玉林市侨联助力 2016 年海外华侨华人玉林恳亲大会】9 月 12 日—13 日，由广西壮族自治区侨办、自治区侨联、玉林市政府共同主办，容县政府承办的 2016 年海外华侨华人玉林恳亲大会在容县举办。大会以“弘扬侨乡文化·展示五彩玉林”为主题，共有开幕式、侨商广西行、侨乡文化论坛、龙舟赛、文艺晚会、百寿宴、旅游文化体验、玉林美食品鉴、华侨投资项目奠基、种植华侨友谊林等多个活动板块。来自 37 个国家和地区 117 个代表团的 565 位嘉宾参会，其中海外嘉宾 443 人。出席恳亲大会开幕式的共有 820 人，其中侨胞 459 人；30 支队伍参加中国侨乡（广西容县）国际龙舟邀请赛。此次大会，玉林市侨联利用海外资源优势向 89 个国家和地区 821 人发出了邀请，实际邀请到 35 个国家和地区的近 300 名侨领侨商参会，为大会成功举办和玉林市全面拓展海外联谊工作搭建了平台。大会期间，市侨联及各县（市、区）侨联利用时机拜会侨领侨商，取得了良好成效。

【贺州市侨联重视引进人才】5 月 4 日—7 日，贺州市侨联主席屈春秀率市招商局有关领导组成的考察组专程赴萍乡市开展专项考察活动。在萍乡市拜访了萍乡市侨联并缔结友好协议，还重点拜会美籍华人、美国科学家、环保博士、中国“千人计划”特聘专家奉向东先生，实地考察奉博士在中国创办的首家万亩环保产业园一格丰科技材料有限公司。为促成奉博士的环保项目早日落户贺州，考察组与其进行了环保新材料产业项目对接，并开展项目引进贺州的相关跟踪工作。

海南省归国华侨联合会

【领导成员名单】

党 组 书 记：符宣国

专职副主席：王小玉（女）

兼职副主席：彭隆荣　王　胜　黄和伍

李桂英（女）　吴青展

副 巡 视 员：陈　勇

秘　书　长：潘建雄

【综述】 2016年，海南各级侨联组织深入学习贯彻习近平总书记系列重要讲话精神，认真贯彻落实党中央和中国侨联、省委省政府的决策部署，突出改革创新主线，强化思想政治引领，围绕中心、服务大局，发挥优势，主动作为，支持侨胞创业发展，强力推进扶贫攻坚；真情服务归侨侨眷，依法维护侨益，组织开展"送温暖、献爱心"、"四下乡"、"微笑工程"等惠侨助侨活动，推动涉侨热点难点问题得到妥善解决；做好"亲情中华"、"南洋文化口述历史"等活动，不断扩展海外联谊，密切海内外文化交流；推进"两学一做"学习教育，加强干部队伍建设，团结凝聚广大归侨侨眷和海外侨胞助力建设国际旅游岛，取得明显成效。

【召开海南省侨联五届三次全委会】 3月18日，海南省侨联五届三次全委会议在海口召开，海南省政协副主席、省委统战部部长王勇受省委副书记李军委托出席会议并讲话。会议传达学习了中央、省委党的群团工作会议，中央、省委统战工作会议，中国侨联九届四次常委会议和九届三次全委会议精神，总结了海南省侨联系统2014、2015年工作情况，并对2016年工作进行了部署安排。 海南省侨联委员、列席人员等90多人参加会议。王勇代表海南省委对海南省侨联五届三次全委会议的召开表示祝贺，对各位委员和侨界的同志表示感谢。王勇认为，近两年来，全省侨联系统认真履行职能，做了大量工作，得到了省委、省政府的肯定和广大归侨侨眷以及海外侨胞的广泛赞誉。王勇强调，侨联工作是党和国家事业的重要组成部分。海南是全国重点侨乡，省委、省政府历来高度重视、支持和关心侨联工作，并就进一步做好新形势下侨联工作谈了四点意见：一是凝聚侨心侨力，为谱写美丽中国海南篇章作出贡献；二是做好群众工作，巩固党在侨界的群众基础；三是推进"两个扩展"，涵养壮大侨务资源；四是坚持改革创新，加强侨联自身建设。海南省侨联党组书记符宣国代表省侨联五届常委会作了工作报告。符宣国表示，近两年，全省各级侨联坚持围绕中心、服务大局，在服务经济发展、依法维护侨益、拓展海外联谊、积极参政议政、弘扬中华文化、参与社会建设等方面发

3月18日，海南省侨联五届三次全委会在海口召开

3月18日，海南省委统战部副部长、省侨联党组书记符宣国代表五届常委会作工作报告

省级侨联工作

挥积极作用，为海南科学发展、绿色崛起作出了应有贡献。符宣国指出，2016 年是决胜全面建成小康社会的开局之年，也是加快提升国际旅游岛建设水平的攻坚之年。全省侨联各级组织和委员要紧密团结在以习近平同志为总书记的党中央周围，在省委的坚强领导下，以一天也不耽误的精神，真抓实干，开拓进取，进一步凝聚广大归侨侨眷和海外侨胞的智慧和力量，为奋力推进“四个全面”，加快提升国际旅游岛建设水平，谱写美丽中国海南篇章作出侨界新的更大贡献。会议通过了《海南省侨联五届三次全委会议增补委员候选人建议名单》等相关决议；增选 6 名委员、4 名常委；增聘 4 名海外顾问。

【开展“侨爱心 365 行动”】 3 月 18 日，海南省侨联举行了“侨爱心 365 行动”募捐活动启动仪式。海南省侨联委员、机关干部和下属社团负责人纷纷响应，踊跃捐款。海南省侨联党组书记符宣国、副主席王小玉、彭隆荣和副巡视员陈勇等人为捐款数额较大的爱心人士举行了捐赠仪式以及颁发证书。据统计，全场捐款总额超过 20 万元。募捐所得资金将用于海南侨界助困、助学、“四下乡”等活动。

3 月 18 日，海南省侨联在五届三次全委会议上启动“侨爱心 365 行动”募捐活动

【中国侨联、全国总工会农林水利工会联合慰问海南侨界群众】 1 月 27 日—30 日，中国侨联、全国总工会农林水利工会赴琼联合慰问组一行，前往海口、文昌、万宁、三亚等地对南侨机工、侨界杰出人物和困难归侨侨眷进行慰问。中国侨联权益保障部副部长黄晖、信访处处长刘景春在海南省侨联党组书记符宣国，秘书长潘建雄等人陪同下，看望林明证、植玉香等多名困难归侨侨眷，黄晖副部长详细询问他们的家庭生活状况，转达中国侨联主席林军的问候和新春祝福，并送上慰问金、慰问品，鼓励他们增强信心、自立自强，祝愿他们过上一个欢乐祥和的节日。在看望海南唯一健在现已 98 岁高龄的南侨机工张修隆老先生时，黄晖副部长向老先生转达了林军主席的问候，祝他健康长寿、幸福快乐。黄晖部长等人还看望慰问了获评“全国侨界杰出人物”的郑文泰先生，感谢他为侨联事业作出的突出贡献，并参观了他建造的兴隆热带花园，这是海南省唯一获评“中国华侨国际文化交流基地”的单位。

1 月 27 日，中国侨联权益保障部副部长黄晖（右四）、海南省侨联党组书记符宣国（左五）到海口慰问困难侨界群众

【开展“送温暖、献爱心”活动】1月11日—2月1日，海南省侨联集中开展“送温暖、献爱心”慰问活动，对全省困难归侨侨眷、南侨机工、省侨联机关离退休老干部、琼中吊罗山乡扶贫点等进行慰问。加大慰问力度，2016年慰问金提高到35万元，比2015年增额超过50%。海南省侨联党组书记符宣国、副主席王小玉、秘书长潘建雄、副巡视员陈勇等分别带队深入各市县有关基层侨场侨队慰问。据统计，此次集中走访慰问活动，省侨联领导共慰问困难归侨侨眷32户，南侨机工2人，南侨机工遗孀7人，扶贫点困难户5户，离退休老干部15人，委托市县侨联慰问492户。

【深化对台工作】2月13日—19日，以海南省侨联秘书长潘建雄为团长的海南省侨联参访团一行11人赴台湾开展两地侨界文化经济考察交流活动。2月14日，近400名来自全台各地的琼籍乡亲代表欢聚一堂，共贺高雄市海南同乡会成立。海南省侨联秘书长潘建雄受省侨联党组书记符宣国的委托，向高雄海南同乡会的成立表示热烈祝贺，向在台父老乡亲致以节日祝福，希望进一步加强与高雄海南同乡会的交流。在台期间，参访团还先后拜访了台北海南同乡会、台湾中华两岸文化经贸交流协会，开展了琼台宗教文化交流、两岸文化经贸交流等活动。7月19日—23日，海南省侨联与省台办、省妇联、省台联联合举办了“海南心、两岸情”在台乡亲回琼省亲交流活动，接待在台海南乡亲140多人，进一步巩固了琼台侨团组织交流联谊基础，为促进琼台两岸合作作出积极贡献。

【开展“两学一做”学习教育】根据中央和省委统一部署，4月26日，海南省侨联召开“两学一做”学习教育动员会，传达学习贯彻习近平总书记关于“两学一做”学习教育重要指示精神、省委“两学一做”学习教育工作会议及罗保铭书记的重要讲话精神；对省侨联“两学一做”学习教育进行动员部署，制订了学习计划。机关党委对党支部相关工作进行督导，做到学习有计划、有材料、有笔记、有体会文章和有学习宣传栏。党组成员参加各自所在党支部的学习，并带头上党课。海南省侨联机关党委积极开展“两学一做”学习教育活动，组织党员参观海口市云龙镇革命纪念园并重温入党誓词、参观“纪念中国共产党成立95周年暨中共琼崖地方组织成立90周年图片展”、观看《天涯浴血》电视剧、参加“颂祖国、赞海南、学榜样、跟党走”先进模范事迹宣讲会，不断强化党员干部的政治意识，强化为侨服务意识。

6月22日，海南省侨联开展2016年“七一”党日活动

2月18日，海南省侨联党组成员、秘书长潘建雄（前排右四）一行拜访台北海南同乡会

4 月 28 日，海南省侨联法顾委年会在文昌召开

【召开海南省侨联法顾委 2016 年年会】4 月 28 日，海南省侨联法顾委在文昌市召开 2016 年年会。海南省侨联法顾委员及其律师团成员、省侨联和市县侨联分管维权工作的负责人等 40 多人参加会议。海南省侨联法顾委副主任廖向琦律师作工作报告，总结省侨联法顾委 2015 年的工作，部署 2016 年工作。与会人员就如何推动海南省高级人民法院《关于建立涉外、涉港澳台和涉侨司法事宜协调解决机制的若干意见》的贯彻落实进行了研讨，提出了建设性意见。会议对省侨联法顾委班子人选进行审议。通过选举，廖向琦律师当选省侨联法顾委主任，符琼芬律师当选法顾委副主任兼秘书长，程晓东、吴镇律师当选法顾委副主任，新增刘宁刚、吴冬梅、邢小娟律师为法顾委委员。会议期间，海南省侨联法顾委律师团还与文昌农商银行联合为文昌市侨属企业协会的企业家开展了“法律惠侨·金融惠侨”活动，提供“一对一”、“面对面”的法律咨询和金融服务咨询，受到欢迎。

【新加坡海南会馆义诊团获评“感动海南”2016 年十大年度人物】海南省侨联、澄迈县人民政府和新加坡海南会馆分别于 4 月和 10 月，共同开展了第 15、16 次面向唇腭裂患者的“微笑工程”义诊活动，为来自全省贫困家庭的唇腭裂患者义诊 200 多人次，为 32 名患者实施了免费唇腭裂手术治疗。另外，在新加坡海南会馆、新加坡中央医院、海南省侨联、澄迈县政府的多方支持和帮助下，两名重度唇腭裂患者和一名面部严重烧伤患者多次飞赴新加坡接受手术治疗，取得良好效果。8 年来，新加坡海南会馆义诊团共为海南省唇腭裂患者免费义诊 1000 余人次，实施唇腭裂整形手术 229 例。12 月，新加坡海南会馆义诊团因其大爱义举被称为海南侨界白求恩团队，获评海南省委宣传部、海南日报社主办

11 月 1 日，新加坡海南会馆义诊活动全体人员合影

的“感动海南”2016年十大年度人物。

【成功调解涉侨生态环境保护信访案件】 2014年6月，海南省侨联接到中国侨联转来的侨植农场职工的信访件，反映有一砖厂排放物污染致使农场职工的胶苗死亡。这一事件已引发了侨场职工的群体上访，并进入了诉讼程序。海南省侨联就该案专门组织召开了律师团案情分析会，委派律师团邢小娟律师代理该案。海南省侨联积极与中国热科院橡胶研究所进行协调，该所同意无偿对侨植农场橡胶苗死亡原因进行鉴定，并出具了《侨植农场砖厂附近橡胶树受害原因调查报告》。为妥善处理好该案，海南省侨联还敦请儋州市政府，从依法维护侨益的角度出发，重视该案的处理。经多方长时间艰苦努力，2016年5月26日，侨植农场职工与砖厂污染纠纷案以调解方式结案，儋州市侨植农场8户职工拿到了因砖厂污染导致胶苗死亡的21万元人民币赔偿款。

【参加首届世界海南万宁联谊大会活动】 应马来西亚万宁同乡会总会邀请，6月10日—14日，海南省侨联副主席王小玉率队赴马来西亚吉隆坡参加主题为“根在万宁、放眼世界”的首届世界海南万宁联谊大会。此次大会共有来自海南、香港、台湾、马来西亚各属会的近千名万宁乡亲和受邀嘉宾参加。马来西亚首相署部长马袖强先生、马来西亚交通部部长廖中莱代表何国忠先生、马来西亚政府旅游和经贸部秘书长黄宏炳先生、中国驻马来西亚大使馆领事参赞龚春森先生分别出席了迎宾晚会、开幕式、工商论坛和“万宁之夜”文艺晚会等活动。王小玉副主席在开幕式上致辞。大会期间，省侨联与马来西亚雪隆、柔佛、槟城和马六甲的海南会馆和万宁同乡属会的侨领进行了深入交流。会后，省侨联还顺访了马六甲万宁同乡会。

【开展“四下乡”活动】 海南省侨联连续第八年组织开展“送科技、送文化、送法律、送医药”的“四下乡”活动。7月5日—8日，海南省侨联副主席王小玉、秘书长潘建雄、副巡视员陈勇分别带领省干部疗养院、海南大学的医疗、农技专家、省侨联法顾委律师团律师，深入海口市三江农场新城管理区、儋州市峨蔓镇、琼海市大路镇、省侨联扶贫点琼中县吊罗山乡等地开展下乡服务活动，同时为归侨侨眷送去一批农林科普、法律、励志和少儿读物等书籍。各市县侨联也按照省侨联的统一部署开展了形式多样的“四下乡”服务月活动。

2016年7月，海南省侨联开展“四下乡”活动

6月12日，海南省侨联副主席王小玉（右五）带队参加首届世界海南万宁联谊大会

【参加旅港海南同乡会第二十三届会董就职典礼】 7月7日，旅港海南同乡会庆祝国庆六十七周年、香港回归十九周年暨第二十三届会董就职典礼在香港举行，海南省侨联副主席王小玉应邀参加典礼。中联

7月7日，海南省侨联副主席王小玉（左）向旅港海南同乡会会长林青（右）赠送纪念品

办秘书长许东，中联办九龙工作部部长何靖，海南省政协副主席、省委统战部部长王勇，省政协港澳台外事委员会主任潘建，省外事侨务办副巡视员符存等出席典礼，旅港海南乡亲近千人参加了活动。旅港海南同乡会会长林青，常务副会长李桂英以及韩烙光、唐国莲、陈明泽、吴亚瑛、王宝华等19名副会长分别在就职典礼上接受了选任证书。

【赴泰国开展“亲情中华”文化交流活动】7月27日—31日，海南省侨联副巡视员陈勇率领“亲情中华”文化交流访问团一行23人，赴泰国曼谷、大城开展文化交流活动。海南省民族歌舞团、海南省琼剧院的名家和演员为泰国的海南乡亲们献演了《打柴舞》、《织筒裙》、《盅盘舞》、《海瑞》、《百花公主》、《直上金殿击鼓自首》等黎苗族传统舞蹈和琼剧名段，赢得现场观众的阵阵掌声。泰国现有琼籍侨胞150多万人，其中约有60万人生活在曼谷，大多从事政商、旅游、酒店餐饮等行业。此次文化交流演出活动，为进一步弘扬中华文化和独具特色的海南文化，加强海南省侨联与海外侨社和侨胞的联系，传递乡音，凝聚亲情，加深泰国侨胞对海南的了解，服务“一带一路”发展战略，起到了积极推动作用。

【召开海南省侨联五届六次常委会】8月23日，海南省侨联五届六次常委会议在海口召开。海南省侨联常委、列席人员共40多人参加会议。省侨联党组书记符宣国传达了中国侨联九届六次常委会议精神。省侨联副主席王小玉对全省侨联上半年工作情况和下半年工作计划进行了通报。会上，与会人员对进一步做好侨联工作提出了许多建设性意见和建议。省侨联党组书记符宣国表示将认真研究各方意见，并落实到具体工作中。

2016年7月，海南省侨联“亲情中华”文化交流访问团赴泰国演出

8 月 23 日，海南省侨联党组书记符宣国主持召开省侨联五届六次常委会

【开展“金秋助学”活动】 8 月，海南省侨联继续在全省范围内开展“金秋助学”活动，帮助侨界困难的优秀学子圆梦大学。此次获资助的 34 名特困归侨侨眷子女，来自海口、文昌、万宁等 17 个市县及农垦和华侨农场，是由所在地侨联调查了解，通过申报、筛选，并经过省侨联审核确定的。根据困难程度的不同，每人受助 3000 元或 5000 元人民币不等，资助总金额 11 万元。海南省侨联已连续 14 年开展资助特困归侨侨眷子女上大学活动，产生了良好的社会效果。

【海南侨界一批个人、侨企荣获中国侨联创新创业奖】 9 月 1 日，海南省侨联副主席王小玉带队赴京参加中国侨联“第六届新侨创新创业成果交流暨中国侨联新侨创新创业联盟成立大会”。海南省侨联推荐的海南华益泰康药业总经理诸弘刚、海南大学国际文化交流学院副院长李小北 2 人荣获“创新人才”奖；海南大学园艺林学院系主任林尤奋研究的热带地区特色果树产期调节高效栽培技术研究与示范项目荣获“创新成果”奖；海南枫华动漫文化发展有限公司左蒙团队荣获“创新团队”奖；海口南陆医药科技有限公司获得“创新企业”奖，海南省侨联荣获“组织工作奖”。侨资企业华师傅（网络）科技有限公司和成都优孚世纪信息技术有限海南分公司成为中国侨联新侨创新创业联盟理事单位。

【推进“南洋文化口述历史”计划】 9 月 18 日，海南省侨联在海口举办“海南侨界南洋口述历史暨九一八纪念座谈会”，纪念为抗战作出卓越贡献的爱国侨胞，探讨侨胞口述历史挖掘工作。中国侨联原副主席林明江，海南省委办公厅原巡视员邢福孝，海南省侨联副巡视员陈勇、秘书长潘建雄等出席座谈会，来自全省侨界的专家学者和华侨历史研究爱好者 80 多人参加会议。海南省侨联从 2016 年开展“南洋文化口述历史”计划，以人物口述、文书档案、照片档案、电子档案等为载体，挑选具有南洋背景、良好家世传承的名人家族，重现华人在南洋的发展历程、生存状态及其奋斗过程中逐步凝结建立的家风家训，通过具体故事、事例来讲述其家风传承给后人成长带来的影响，以开放的全球视野和现代表述梳理历史、观照当下，力求打造展现南洋家族风采、弘扬中国优良传统文化的历史画卷。

9 月 18 日，海南省侨联副巡视员陈勇在“海南侨界南洋口述历史暨九一八纪念座谈会”上讲话

【召开纪念“中国侨联成立 60 周年”座谈会】 9 月 19 日，海南省侨联在海口召开纪念“中国侨联成立 60 周年”座谈会。海南省侨联机关退休老领导、从事侨联工作 20 年以上的市县侨联工作者代表、重点侨乡侨联负责人、省侨联下属单位负责人代表等 30 多人参加座谈会。会上，省侨联副主席王小玉介绍了中国侨联的发展历史。与会人员纷纷就从事侨联工作的体会作了发言，并提出意见和建议。王小玉副主席表示，各级侨联将进一步认真学习好经验、好做法，始终本着以侨为本、为侨服务的宗旨，认真履职，服务大局，不断增强做好侨联工作的使命感和责任感，

9 月 19 日，海南省侨联召开纪念“中国侨联成立 60 周年”座谈会

以奋发有为的精神状态，求真务实的工作作风，敢于创新的责任担当，开拓侨联工作新局面。

【参加香港海南社团总会第三届会董会就职典礼】 9 月 28 日，海南省侨联副主席王小玉应邀赴港参加香港海南社团总会“庆祝国庆 67 周年、香港回归 19 周年、第三届会董会就职典礼”联欢晚会。中央政府驻香港特别行政区联络办公室副主任林武，海南省政协副主席、省委统战部部长王勇，香港民政事务局局长刘江华，香港海南社团总会张泰超会长，省有关部门负责人及旅港海南乡亲等 2000 多人参加了就职庆典晚会。香港海南社团总会会长张泰超、常务副会长莫海涛等 30 名副会长分别在就职典礼上接受了选任证书。王小玉副主席代表省侨联向香港海南社团总会赠送了纪念品。香港海南社团总会于 2012 年 9 月由香港 14 个海南社团联合成立，至今已经发展为 18 个社团成员。香港海南社团总会以“爱国、爱港、爱乡，联谊与服务乡亲”为宗旨，广泛团结 30 万香港琼籍乡亲，支持香港特区政府依法施政，全力推进“一国两制”，在促进琼港交流中发挥了重要作用。

【主动维护侨益】 强化维权机制，推动维权工作有效开展。海南省侨联在推动省高级人民法院等单位联合出台了《关于建立涉外、涉港澳台和涉侨司法事宜协调解决机制的若干意见》的基础上，积极协调省高院推进《关于建立涉外、涉港澳台和涉侨司法事宜协调解决机制的若干意见》落地。目前，三亚市中级人民法院与三亚市侨联等单位已建立了涉侨司法事宜协调解决机制。海南省侨联深入儋州、琼海、万宁等地举办法治讲座、法律咨询、发放宣传册等活动，各市县侨联也通过举办讲座、开辟宣传栏等多种渠道宣传侨法，坚持在服务侨界群众中教育群众，帮助广大侨界群众解决身边的法律问题，努力满足侨界群众的法治需求。同时，进一步完善和落实信访制度，确保侨界群众来信来访有接待、有处理、有回复，促进社会稳定。据不完全统计，2016 年全省侨联系统通过多种渠道处理信访件 970 人（件）次，代理诉讼 1 宗，有效化解了社会矛盾。

【推进海外联谊工作】 热情做好海外侨团和侨胞来访接待工作，2016 年海南省侨联接待来自新加坡、泰国、马来西亚、日本、台湾等海外

9 月 1 日，海南省侨联接待“亲情中华·海外华文媒体海南侨乡行”一行

（境外）社团侨领和乡亲来访近300人次。积极组团走出去开展联谊活动，海南省侨联先后组团7批60人次出访马来西亚、泰国、新加坡和中国香港、台湾等国家和地区，参加境外社团庆典活动，拓展海外联谊，访问任务均圆满完成。利用春节、中秋等传统节日的契机，向海外、境外侨社（团）、侨领、乡亲及省内外联系单位及个人发送问候信息近千条、贺卡400多张，密切与海外侨团和侨胞的情感交流。

【探索侨联宣传“互联网+”工作模式】海南省侨联积极探索“互联网+”工作模式，不断拓展网络阵地，提出海南“智慧侨联”建设项目，优化省侨联门户网站板块设计，加强信息发布管理，做到信息来源多样化、题材选择务实化、内容注重保密性、信息准确一致化，2016年发布信息70多篇，充分利用中国侨联网站、省委统战部网站等网络平台发布信息；推广使用侨联通，专门举办使用技能培训班；推进海南侨联“微信公众号”建设工作，进一步拓宽信息发布渠道，增强与侨界群众联系互动。

【推进扶贫攻坚工作】海南省侨联将扶贫工作纳入重要议事日程，强力推进扶贫攻坚工作，选派年轻干部担任扶贫点吊罗山乡长田村驻村第一书记，制定脱贫攻坚工作方案。7月，拨付扶贫培训经费5万元，组织有关技术专家对贫困户进行养蜂、养牛羊、养家禽、槟榔种植、益智种植等方面的实用技术培训。10月，海南省侨联党组书记符宣国带队深入扶贫点调研，找准落实扶贫项目，投入20万元扶持养殖黑山羊合作社项目，推动贫困户早日实现脱贫。

【海口市侨联注重华侨文化宣传工作】10月14日，海口市侨联和海口广播电视台联合举办的华侨故事节目《海南华侨》开播。中国侨联原副主席林明江，海南省政协港澳台侨外事委员会主任潘建，海南省侨联副巡视员陈勇，海口市政协主席王云霞，海口市侨联党组书记、主席潘朝辉，海口广播电视台台长、总编辑陈积流等领导和泰国侨领陈文秋、云天鸿、林明焕先生以及社会各界共90多位嘉宾参加了开播仪式。《海南华侨》是一档以海南华侨的异国创业经历和返乡报国为主题的大型电视人文纪录片栏目，以独特的人文手法和传奇故事为海内外侨胞打造话语平台，展示侨界代表人物的风采，展现海南华侨在政治、经济、文化各方面的现状和走向，宣传侨界为建设海南所作出的贡献。11月4日，海口市侨联召开纪念孙中山先生诞辰150周年座谈会。座谈会组织学习了中国侨联主席林军在海外侨胞纪念孙中山先生诞辰150周年大会上的讲话精神。参会人员共同追忆缅怀了孙中山先生为民族独立、社会进步、人民幸福所建立的历史功勋，大家表示，将学习继承和发扬孙中山先生的爱国思想、革命意志和进取精神，巩固和发展海内外中华儿女的大团结，巩固和发展最广泛的爱国统一战线，维护两岸关系和发展，共同推动祖国和平统一大业。

10月4日，海南省侨联党组书记符宣国（左三）在吊罗山乡扶贫点调研

【文昌市侨联开展海外联谊工作有成效】文昌市侨联坚持发挥侨乡的优势，开展以“地缘、血缘、业缘”为纽带的联谊活动，通过“联侨帮侨”，主动上门拜访，密切联系老华侨，广泛结识新生代。一是借节日送情谊。每逢传统节日及海外社团庆典活动，文昌市侨联都会通过电话、邮件、短信、贺卡等形式向海外乡亲传

递乡情，共向海外乡亲寄发贺年卡500多份。二是认真做好海外侨团和侨胞的来访接待工作。3月，邀请19个国家和地区的200多名海内外乡亲回文昌参加“第五届南洋文化节”，同时协助举办海内外乡亲座谈会、旅游推介会、招商洽谈会等活动，共接待香港文昌社团联会、新加坡海南会馆、马来西亚古晋海南公会、美国北加州海南会馆等17个国家和地区的海外社团侨领及乡亲近千人。12月11日，接待泰国海南商会组织的436人回乡寻根问祖团。文昌市侨联通过各种与港澳和海外侨胞的交流访问活动，增进彼此友谊，涵养侨务资源，扩大对外交流，进一步加强海内外乡亲的交流与合作。

【万宁市侨联加快整理华侨历史文化】6月，由中国侨联主席林军题写书名的《侨乡万宁》丛书第一卷《故乡梦》编纂完成，交付中国华侨出版社出版发行。《故乡梦》一书以人物传略为主，分为四篇共33.4万字，“侨界俊彦”篇收录祖籍万宁（少部分客籍）华侨华人、归侨、港澳台有一定影响的知名人物传略，“烽火侨魂”篇记述在抗战期间万宁海外乡亲回国参加“南洋华侨机工回国服务团”、“琼崖华侨回乡服务团”的英勇事迹，“异域梓缘”篇展现万宁海外乡亲执着的故乡梦，“侨乡拾穗”篇记叙兴隆华侨农场和龙滚侨乡的变迁概况。《侨乡万宁》丛书第二卷《桑梓情》正在紧锣密鼓编写中。

【琼海市侨联继续深化海外联谊工作】琼海市侨联多年坚持传递乡情乡音，每周向海外社团和侨领邮寄《琼海通讯》，既加强了与海外侨社和侨领的联系，又把家乡社会经济文化等方面的情况传播到海外，加深海外侨胞特别是后裔对琼海的了解。积极参与组织海外乡亲联谊活动，4月5日，琼海市侨联配合市委、市政府在会山镇特色苗寨加脑村举办2016年海外乡亲联谊活动，以特色黎苗族风情、美食和文化，盛情欢迎海外乡亲回家，互相畅叙乡情，共商家乡发展大计。此次活动共吸引200多位海外侨胞参与。12月8日—12日，由美国、澳大利亚、新加坡、马来西亚、香港等国家和地区组成的海外青年学生40人回琼海开展寻根联谊活动，琼海市侨联密切与有关部门的联系，做好各项联谊活动的组织策划准备工作，安排海外青年学生观看琼海市宣传片，参观特色小镇和博鳌亚洲论坛永久会址，畅游万泉河，体验农家生活，与琼海青年交流、探亲访友等活动，不断增强海外青年学生对家乡的认同感和归属感。

重庆市归国华侨联合会

【领导成员名单】

主　　席：张　玲（女）

党组书记：李联军（2016 年 3 月调离）

　　　　　史全波（2016 年 3 月任职）

专职副主席：刘松勇

党组成员：王　巍

兼职副主席：彭应吉　钟　燕（女）　蒋绍华

　　　　　代焕江（满）　邓明鉴　李百战

　　　　　宋晓平　鲁　进　董瑞葆

　　　　　张自力　蔡耀平

秘书长：刘松勇（兼）

【综述】2016 年是建党 95 周年和中国侨联成立 60 周年，是重庆市侨联落实中央、市委深化群团改革精神的第一年。一年来，重庆市侨联在市委的坚强领导和中国侨联的正确指导下，深入学习贯彻党的十八届六中全会和重庆市委四届十次全会精神，教育全市侨联系统党员干部，引导侨界群众更加紧密地团结在以习近平同志为核心的党中央周围，全面贯彻落实中央、市委对深化群团改革工作的部署要求，始终坚持以人为本、为侨服务宗旨，严格遵循“两个并重、两个拓展”工作方针，大胆创新工作方式方法，努力提升为侨服务水平，更加紧密地团结凝聚全市广大归侨侨眷和海外侨胞，为助推重庆市经济社会发展贡献力量。勇担侨联改革先行先试任务，先后接待全国多个省市侨联来渝交流学习改革经验。积极开展对外联络联谊，举办“海外侨胞故乡行・走进重庆”大型活动，组织“亲情中华・印象重庆”艺术团前往美国和墨西哥开展慰问演出。大力推动侨联公益事业，创新开展“侨爱心光明行”，持续办好“珍珠班”、“树人班”等侨界助学项目，成功争取澳大利亚魏基成先生在渝开展“慈善列车”冬衣捐赠活动，认真开展侨界“送温暖”活动。扎实开展扶贫攻坚工作，邀请中国侨联特聘专家服务团来渝开展科技支农活动，圆满完成重庆市政府下达的扶贫任务。助推经济发展，先后邀请南非重庆商会、广西南宁华商会、加拿大温哥华重庆同乡会、匈牙利重庆商会来渝考察投资，组织华商参加“第十四届东盟华商会”和“第十六届西部博览会”，坚持开展“知名华商区县行”活动。服务新侨更加积极，广泛邀请海外优秀人才参加“2016 重庆国际人才创新创业洽谈会”，进一步扩大侨青会组织在区县一级的覆盖面。全心全意贡献侨界智慧，全市各级侨联充分发挥界别作用，积极向同级党委、政府提出建设性意见。2016 年，重庆市侨联荣获“第六届新侨创新成果组织工作奖”、“第十七届世界华人学生作文大赛优秀组织奖”，重庆华商会被中国侨联授予“全国先进侨商社会组织”称号。

【担当改革先行先试任务】重庆市侨联以中央、市委关于群团改革的会议、文件精神，以及习近平总书记关于群团改革工作的重要讲话精神为理论指导，牢牢把握群团改革的目标意义、方向要求，重点从工作内容、方式方法、平台载体、运行机制等方面实施改革。2016 年 7 月，正式印发了《重庆市侨联全面深化改革实施方案》。为推动改革方案有效落实，重庆市侨联结合工作实践，制定了 8 个配套落实方案。在抓好自身改革的同时，重点围绕机构编制、人员经费、领导机制等内容，指导全市侨联系统推进改革，许多区县侨联的改革措施都具有首创性。2016 年，重庆市侨联先后接待辽宁、四川、海南、云南、湖北、陕西、福建、贵阳、沈阳等省市侨联来渝交流学习改革经验。

【坚持“请进来、走出去”相结合】重庆市侨联坚持把海外侨胞“请进来”，为庆祝中国侨联成立 60 周年，在中国侨联统一安排下，2016 年 9 月市侨联举办“海外侨胞故乡行・走进重庆”大型活动，邀请来自五大洲 13 个国家和地区的 66 名重庆籍海外侨胞回渝参加活动，通过他们与其所在的 30 个海外同乡会、商会等各类协会，与上万名海外侨胞建立起联系渠道，对接了一大批涵盖文化、医疗、金融、环保、物流、教育等领域的人才和项目，为海外侨胞深度了解和参与重庆发展创造了机遇。让中华文化“走出去”，9 月 10 日，重庆市侨联副主席彭应吉率“亲情中华・印象重庆”艺术团前往美国，在圣

省级侨联工作

9 月 23 日，“海外侨胞故乡行·走进重庆”活动合影

9 月 20 日，“亲情中华·印象重庆”艺术团在我驻墨西哥蒂华纳总领馆举办的国庆招待会上精彩献艺

地亚哥州立大学孔子学院举办“圣地亚哥·中国日”中秋文艺汇演，圣地亚哥郡郡长代表当地政府宣布 9 月 10 日为“圣地亚哥·中国日”。9 月 17 日，参演圣地亚哥中国人协会、圣地亚哥福建同乡会和南加州重庆同乡会联合主办的“圣地亚哥华人中秋迎国庆晚会”。9 月 20 日，“亲情中华·印象重庆”艺术团在我驻墨西哥蒂华纳总领馆举办的国庆招待会上精彩献艺，庆祝中华人民共和国成立 67 周年。

【助推经济发展】2016 年，重庆市侨联先后邀请南非重庆商会、广西南宁华商会、加拿大温哥华重庆同乡会、匈牙利重庆商会来渝考察投资，达成多项意向性投资项目，许多项目已进入实质落地阶段。邀请 10 余个国家和地区的 130 余名海外优秀人才参加“2016 重庆国际人才创新创业洽谈会”，赢得了主办单位的高度认可。依托重庆华商会这一平台，组织华商参加“第十四届东盟华商会”和“第十六届西部博览会”，为重庆华商寻找商机、扩大事业提供了良好的平台机遇。组织部分区县侨联、重庆华商会成员，赴新疆、青海、甘肃等地开展“一带一路”侨资侨智对接交流活动。组织重庆华商开展“知名华商潼南行”，为重庆华商与潼南区开展深度合作搭建了平台。

【开展公益事业】2016 年在渝实施“侨爱心光明行”免费实施白内障手术 1600 例（其中有 200 例在 2015 年四季度实施），赢得中国侨联充分肯定，选择在渝举办“全国侨联系统‘侨爱心光明行’暨医疗助困公益项目培训研讨班”，重庆市侨联副主席、秘书长刘松勇代表重庆市侨联在会上作了题为《践行新模式，大力推进“侨爱心光明行”活动》的交流发言。积极争取浙江新华爱心基金、中国华侨公益基金支持，在重庆市北碚、梁平、武隆、黔江等区继续开设“珍珠班”“树人班”，帮助“双特”（特别困难、特别优秀）学子完成学业。在重庆市侨联的积极争取下，澳大利亚魏基成先生又在重庆实施了“慈善列车”冬衣捐赠项目，向全市困难群众捐赠成人冬衣 8000 件、儿童冬衣 3000 件，另捐赠老光眼镜 5000 副，已全部发放完毕。2016 年，重庆市侨联向侨界困难群众发放慰问

10月24日，举办“全国侨联系统‘侨爱心光明行’暨医疗助困公益项目培训研讨班”

1月10日，澳大利亚魏基成“慈善列车”在重庆市酉阳县花田乡茶香村派发冬衣现场

【文化宣传】重庆市侨联组织参加“第十七届世界华人学生作文大赛”再续佳绩，全市共报送8000余篇作文参加大赛，其中649篇征文获奖，连续6年成为西南片区选送作品最多、获奖人数最多的省份。组织参加“第三届世界华侨华人美术书法展”有所收获，分别征集美术作品32件、书法作品42件，共6幅作品入选展览。推荐参加“第六届新侨创新创业成果交流会”取得成果，重庆市侨联推荐的5名人士获得“中国侨界（创新人才）贡献奖”，3项成果获得“中国侨界（创新成果）贡献奖”，3个团队获得“中国侨界（创新团队）贡献奖”，3家企业获得“中国侨界（创新企业）贡献奖”，重庆市侨联获得“组织工作奖”。2016年刊发《新华侨》6期，及时更新市侨联门户网站信息，面向社会公众全方位展现了侨

金（品）累计近20万元。

【参政议政】在2016年初召开的全市“两会”上，重庆市侨联提交集体提案7件，撰写《挖掘海外人才优势、促进我市科技创新》调研报告，在市政协四届四次全会上作大会交流发言。围绕重庆市政协“委员传递正能量”、“重庆国际性物流建设”、“协商民主”等主题活动，撰写了多篇调研报告，荣获重庆市政协理论文章三等奖，充分发挥侨联界别作用。重庆市侨联分管参政议政工作的兼职副主席邓明鉴先后向重庆市人大四届五次代表大会提出16份建议，通过市政府参事室、市领导内部刊物等渠道多次建言献策，多份建议获得市政府相关领导批示。

联各项工作。

【举办“百名老归侨回娘家”活动】1月28日，重庆市侨联举办“2016年新春团拜会暨‘百名老归侨回娘家’”活动。市政协副主席、致

1月28日，举行重庆市侨联2016年新春团拜会暨“百名老归侨回娘家”活动

公党重庆市委主委、市侨联主席张玲出席并讲话，市委统战部副部长、市侨联党组书记李联军出席并致辞，市侨联专职副主席、秘书长刘松勇主持活动。市委统战部、市人大民宗侨外委、市黄埔同学会、市政府外事侨务办、致公党重庆市委等相关单位派人出席活动，全市老归侨和部分侨界人士代表参加活动。活动现场，向特困归侨侨眷发放“侨爱心基金”2.4 万元。

【召开重庆市侨联三届八次全委会】4 月 8 日，重庆市侨联召开三届八次全委会。重庆市政协副主席、致公党重庆市委主委、市侨联主席张玲作了《发挥侨界优势、助推重庆发展—重庆市侨联三届八次全委会工作报告》，认真总结了 2015 年各项工作，全面部署了 2016 年重点工作。重庆市委统战部副部长、市侨联党组书记史全波在会上讲话，重庆市侨联专职副主席、秘书长刘松勇主持会议，会议传达了《中央书记处关于侨联工作的几点意见》精神、李源潮同志到中国侨联看望干部职工时的讲话精神、中国侨联九届三次全委会精神。会议通报了《关于 2015 年度信息工作先进集体的表彰通报》、《第十六届世界华人学生作文大赛重庆市获奖组织和个人的表彰通报》。

【开展“两学一做”学习教育】根据中央、重庆市委统一安排和要求，重庆市侨联及时启动“两学一做”学习教育。制定印发《重庆市侨联“两学一做”学习教育工作实施方案》《重庆市侨联“两学一做”学习教育 2016 年学习计划表》《重庆市侨联“两学一做”学习教育 2016 年工作任务清单》，确保学习教育有载体、有深度、有效果。党组书记讲专题党课，深刻阐述“两学一做”的重大意义，结合实际工作进行安排部署，重点抓好清理组织关系、清理党费和支部换届 3 件实事。根据重庆市委统一部署，10 月 17 日—12 月 23 日，重庆市委第七巡视组对市侨联党组进行了巡视。

10 月 17 日，召开中共重庆市委第七巡视组专项巡视市侨联党组工作动员会

4 月 8 日，重庆市侨联召开三届八次全委会

【举办重庆市侨联系统干部专题培训班】2016年11月，重庆市侨联委托中国侨联干部培训中心在中国侨联培训基地广东省五邑大学举办为期一周的“重庆市侨联系统干部专题培训班”，组织全市各级侨联业务骨干及部分侨界社团职工共49名学员参加培训，进一步提高了重庆市侨联干部的侨务理论知识水平。

11月17日，举办重庆市侨联系统干部专题培训班

【学习贯彻十八届六中全会精神】11月3日，重庆市侨联组织机关全体干部职工，传达学习党的十八届六中全会和习近平总书记重要讲话精神，就贯彻落实全会精神作出部署。会议强调，学习贯彻落实党的十八届六中全会精神是当前全市侨联最重要的政治任务。市侨联全体党员干部要统一思想认识，认真抓紧抓好抓实，制订学习计划和研讨议题，深入学习领会党的十八届六中全会精神实质，充分结合部门职能和自身职责，贯彻落实好全会精神。要带头学习宣传全会精神，带动广大归侨侨眷自觉学习党的十八届六中全会精神，更加紧密地团结在以习近平同志为核心的党中央周围，更加坚定地维护以习近平同志为核心的党中央的权威，更加自觉地在思想上政治上行动上同以习近平同志为核心的党中央保持高度一致。要进一步增强政治意识、大局意识、核心意识、看齐意识，侨联党员干部要自觉做海外侨胞、归侨侨眷、留学归国人员等广大服务对象的标杆和表率，引领全市侨界人士迅速掀起学习党的十八届六中全会精神的热潮。

【召开片区会议传达中国侨联九届六次常委会精神】2016年8月，重庆市侨联分别在永川区、巫山县、酉阳县召开片区会议，专题传达中国侨联九届六次常委会精神。会上，市侨联专职副主席、秘书长刘松勇向与会人员传达了中央领导同志、中国侨联领导在中国侨联九届六次常委会议上的讲话，并对各区县侨联组织学习贯彻提出了三点要求：一是区县侨联干部要带头学；二是要组织区县侨联兼职同志集中学；三是各区县侨联要结合“两学一做”有针对性地学。

【组织侨界青年开展红色教育活动】2016年7月，为纪念中国共产党成立95周年和红军长征胜利80周年，重庆市侨联专职副主席、秘书长刘松勇带队，组织部分侨界青年前往江西瑞金和福建古田开展了红色教育活动，为侨界青年上了一堂生动深刻的党课。

【举办“创业中华·赴渝博士团与在渝大学生才智交流会”】7月16日，“创业中华·赴渝博士服务团与在渝大学生才智交流会”在巫溪县

7月22日，举办“创业中华·赴渝博士团与在渝大学生才智交流会”

7 月 20 日，重庆侨界青年赴江西瑞金开展红色教育

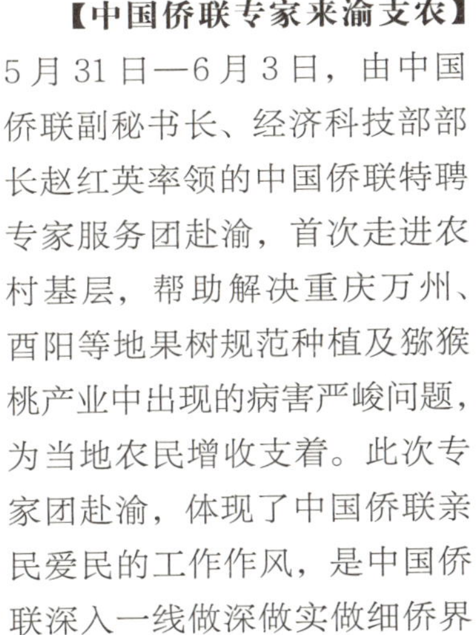

【中国侨联专家来渝支农】 5 月 31 日—6 月 3 日，由中国侨联副秘书长、经济科技部部长赵红英率领的中国侨联特聘专家服务团赴渝，首次走进农村基层，帮助解决重庆万州、酉阳等地果树规范种植及猕猴桃产业中出现的病害严峻问题，为当地农民增收支着。此次专家团赴渝，体现了中国侨联亲民爱民的工作作风，是中国侨联深入一线做深做实做细侨界

举办。中组部、团中央第 16 批赴渝“博士服务团”成员，重庆工商大学、四川大学等高校师生代表参加此次活动。据悉，此类交流会在全国尚属首次。

【史全波会见匈牙利重庆商会会长罗政】 6 月 24 日，重庆市侨联党组书记、市委统战部副部长史全波会见了匈牙利重庆商会会长罗政一行。市侨联专职副主席、秘书长刘松勇，匈牙利重庆商会副会长周鹏等出席会见活动。

6 月 1 日，中国农科院郑州果树研究所副研究员、中国农药发展与应用协会理事周增强现场为果农分析果树病因

6 月 24 日，重庆市侨联党组书记史全波会见匈牙利重庆商会会长罗政

民生工程的具体体现，受到各级侨联及侨界群众的热情欢迎，并探索出了一条侨联牵线、政府支持、企业担责、果农实施、科研落地、群众得实惠的以侨助农、以侨惠农、以侨支农的新路。中国农科院郑州果树研究所副所长、农业部果品及苗本质检中心主任、中国园艺学会猕猴桃分会副理事长方金豹博士，中国农科院郑州果树研究所副研究员、中国园艺学会猕猴桃分会理事、中国农科院硕士生导师齐秀娟博士，中国农科院郑州果树研究所副研究员、中国农药发展与应用协会理事周增强等专家参加此次服务团活动。重庆市政协副主席、市侨联主席张玲会见了专家服务团一行，重庆市侨联专职副主席刘松勇，重庆市万州区委常委、统战部部长罗莹，万州区政府副区长张国建等陪同专家服务团到有关区县乡镇实地调研。

【侨资企业捐助“侨爱心光明行”公益项目】1月16日，重庆市侨资企业名扬集团捐助“侨爱心光明行”公益项目活动仪式在重庆市綦江区举行。重庆市委统战部副部长、市侨联党组书记李联军、重庆市侨联专职副主席兼秘书长刘松勇、重庆市綦江区政协副主席叶雨、重庆市政协委员、重庆华商会副会长、名扬集团董事长张阳出席活动。重庆市侨联、綦江区、在渝华商侨企代表、爱尔眼科医院等相关人员和社会群众近200人参加活动。活动仪式上，重庆市政协委员、重庆华商会副会长、名扬集团董事长张阳代表企业向“侨爱心光明行”项目捐赠20万元，定向帮助重庆市綦江区贫困白内障患者实施复明手术。

【中国侨联慰问团来渝慰问归侨侨眷】1月13日—15日，由中国侨联经济科技部部长赵红英带队的中国侨联“送温暖”慰问团一行，来重庆开展慰问侨界群众活动，为南侨机工遗孀、困难归侨侨眷送去慰问金。重庆市政协副主席、致公党重庆市委主委、重庆市侨联主席张玲，重庆市委统战部副部长、市侨联党组书记李联军，重庆市侨联专职副主席兼秘书长刘松勇分别陪同看望走访。

1月14日，中国侨联领导在渝慰问困难归侨侨眷

1月28日，重庆侨资企业名扬集团捐助“侨爱心光明行”项目20万元

【巴南区侨联改革取得四项成效】重庆市巴南区侨联以深化改革为契机，以“四强化”即目标统领、作用发挥、基层基础、党的领导为基本准则，结合自身实际实施改革，取得四项成效。一是健全侨联基层组织网络，在归侨侨眷相对较多的镇街建立了4个基层侨联组织。二是加强侨联工作基层基础，在有侨联组织的镇街，明确1名兼职侨联工作人员，确保侨联基层工作力量；依托镇街公共服务中心“党群服务窗口”和村（社区）

便民服务中心“群团服务站”，开展为侨服务、侨法宣传、政策咨询等服务。三是积极开展网上侨务工作，充分运用互联网QQ群、微信微博等新媒体平台开展在区归侨侨眷、留学归国人员以及巴南籍华人华侨间的联谊交流，为其提供免费政策咨询、就业信息、引资引智等服务。四是着力强化服务意识，区侨联班子成员每人联系1个基层侨联组织，联系2—3户困难归侨侨眷家庭；每名机关干部联系1个侨联社团组织、1—2名困难归侨侨眷。

【渝北区侨联举办2016中美高中校长圆桌会议】5月24日—25日，重庆市渝北区侨联承办“2016中美高中校长圆桌会议”，邀请来自美国的教育专家学者，5所美国常春藤高中学校校长，中美教育交流机构，国内教育专家，重庆各国际学校教师代表，渝北区内高中校长、教师代表共230余人参会。会议共签署7份合作备忘录。渝北区侨联分别与加州中心、（美国）美中文化教育基金会签署友好合作备忘录；重庆暨华中学与威力塔斯基督学校签署“国际项目建设合作”备忘录；渝北中学等4所中学分别与美国弗雷德斯堡基督中学等4所美方学校签署友好交流合作备忘录。

【成立美国组约—重庆九龙坡人才交流合作联络站】重庆市九龙坡区侨联积极牵线搭桥，促成重庆市九龙坡区人才办与美国一带一路总商会签订引智引才合作框架协议，双方于10月24日在重庆市九龙坡区设立“美国纽约—重庆九龙坡人才交流合作联络站”，并聘请美国一带一路总商会理事长兼秘书长、美高美国际控股集团总裁高娓娓女士为重庆市九龙坡区驻纽约引智引才联络专员。

【垫江县侨联以侨为桥招商引资工作成效明显】一是融入全局搭桥招商。会同垫江县工业园区、工商联等建立招商引资项目库，利用重庆市侨联组织的经贸活动和与沿海发达侨乡建立的资源共享平台等渠道向区外和海外宣传推介，积极引导推荐归侨侨眷和海外侨胞到垫江投资兴业，目前已建成重庆市侨东美实业有限公司、重庆东信诺通实业发展有限公司2家企业。二是深入一线参与招商。深入东部沿海、重庆主城等经济发达地区开展一线招商，与深圳当地10余家企业洽谈投资项目。2016年，垫江县侨联引进深圳盛洋电子科技公司落户垫江县工业园区，建成年产270万台液晶显示类产品工厂，预计2017年4月投产。三是借助外部资源招商。在中国侨联和重庆市侨联的支持下，邀请土耳其OSAL集团、中国企业咨询公司、北京国际生物研究所有限公司、广东国际华商会、广东省佛山市侨联到垫江考察投资环境。四是强化服务情感稳商。垫江县侨联积极深入侨属企业开展调研和回访送服务活动，召开企业发展座谈会，协调解决生产经营中的困难和问题，为侨属企业的发展壮大做好服务工作，组织侨界企业家参加了中国华商会的学习培训。

四川省归国华侨联合会

【领导成员名单】

党组书记、主席：刘以勤（女）
专职副主席：赵建中
兼职副主席：成 甦 张家 姚志胜
薛水和 黄焕明
蒋蓓（女）
秘书长：邱广华（女）

【综述】 2016年是中国侨联成立60周年，也是中央批准《中国侨联改革方案》、推进侨联组织和工作改革创新的重要一年。四川省各级侨联深入落实中央和省委党的群团工作会议部署，以中央《群团意见》、《侨联意见》、《中国侨联改革方案》为遵循，以省委两个《实施意见》为指南，按照增强群团组织"政治性、先进性、群众性"要求，体现侨联"群众性、民间性、涉外性、统战性"特点，在侨联六大职能任务上履职尽责，四川侨联事业得到长足发展。

【召开四川省侨联七届五次全委会】 2月1日—3日，四川省侨联召开七届五次全委会。会议传达了中央书记处关于侨联工作的指示精神，中共中央政治局委员、国家副主席李源潮到中国侨联看望干部职工时的重要讲话精神，中国侨联九届三次全委会议精神，四川省委常委李登菊关于侨联工作的讲话精神。会议审议通过了《四川省侨联工作报告（审议稿）》和《关于动员全省广大归侨侨眷和海外侨胞为实现四川省国民经济和社会发展第十三个五年规划目标任务贡献力量的决议》。四川省侨联常委、委员，以及部分市州侨联不是委员的主要负责同志、四川省侨联特聘专家委员会代表、成都市部分（市、县）侨联、在蓉高校侨联负责同志和全省侨联系统青年干部培训班的学员等共计180余人参会。

【开展"侨爱暖心包"活动】 2月2日—6日，中国侨联、四川省侨联先后深入定点帮扶的古蔺县永乐镇西华村看望慰问部分困难群众，在成都看望慰问老归侨、离退休侨联工作者和部分归侨侨眷，向在川侨资企业送去党和政府的新春问候。其间，中国侨联组织人事部部长李杰、四川省侨联副主席赵建中等领导和四川省华侨公益基金会工作人员，专程赴泸州市古蔺县为永乐镇中学和西华村龙井小学贫困学生送去海内外华侨华人捐赠的"侨爱暖心包"61套、侨爱压岁钱18300元。在与师生和家长们的交流互动中，李杰部长传达了习近平总书记关于扶贫攻坚的精神并带来了中国侨联领导和同志们的温情问候及鼓励，四川省侨联副主席赵建中也表达了侨界人士

2月2日—6日，侨爱暖心包发放仪式现场

对困难群众的爱心和热心公益的情怀，现场气氛温馨、感人。

3 月 15 日—17 日，知名美籍华人靳羽西女士来川访问

【举办“川侨话乡情谋发展”】2 月 22 日，四川省侨联在元宵夜举办“川侨话乡情谋发展”活动。四川省人大常委会副主任彭渝出席并致辞，四川省人大外侨委主任秦琳、四川省政协港澳台侨外事委主任周敏谦、四川海外联谊会秘书长张媛等与近 100 名返乡川籍侨商共度佳节。

【参与承办首届川商返乡发展大会】2 月 23 日—25 日，由四川省政府主办，四川省投资促进局、四川省工商联、四川省侨联共同承办的首届川商返乡发展大会在成都举行。四川省委书记王东明致辞，省长尹力主持会议，省政协主席柯尊平出席，副省长甘霖作大会投资推介。四川省侨联共邀请来自 17 个国家和地区的 70 余名川籍侨商来川参会。会议期间，尹力会见主要侨商代表，侨商代表团还出席了乐山项目推介会，参观了成都规划馆、华商金融中心。24 日，30 余名海外川籍侨商代表应邀参加“首届川商返乡发展大会代表自贡行”活动，来自自贡市侨联、发改、投促、商务、四区两县相关部门等近 200 人参加会议，与川籍侨商相互交流、寻找商机、共话合作。活动期间，川籍侨商代表参观考察了自贡国家高新技术开发区、华西能源公司、灯会、恐龙博物馆及盐史博物馆。

【知名美籍华人靳羽西女士来川交流考察】3 月 15 日—17 日，四川省侨联邀请美国华裔精英组织“百人会”成员、“羽西化妆品王国缔造者”、“艾美奖获奖电视制片人”、“畅销书作家”、“慈善家”、“公共外交家”知名美籍华人靳羽西女士来川访问。期间，靳羽西参观了熊猫研究中心，考察了四川美容、女装等行业，与四川妇女精英恳谈，就增进四川同美国友好往来、推介四川文化、打造多元四川海外形象进行了深入交流。

【举办 2016 中阿经贸文化交流峰会】4 月 1 日，四川省侨联、成都·迪拜国际杯赛事组委会在成都联合举办“2016 中阿经贸文化交流峰会”，此次峰会是省市配合国家“一带一路”倡议，以马为媒，促进中国和阿联酋经贸文化交往，深化四川对外开放合作，推动成都迈向国际化大都市的成功实践。阿联酋经济部副部长默罕默德·谢希等阿方政要嘉宾，第十届、十一届全国政协副主席、中外友协顾问阿不来提·阿不都热西提、四川省政协副主席陈文华、成都市政府副市长傅勇林出席会议，阿联酋经贸代表团、海外华侨和阿联酋侨联代表、全国性商协会代表、中方企业代表共 200 余人参会。峰会期间，成都市建筑工程集团与迪拜耀德投资签署《境外工程合作备忘录》，成都文化旅游发展集团与迪拜迈丹集团签署《成都境外宣传合作备忘录》，成都市温江区人民政府、迪拜迈丹集团及迪拜耀德投资签署《关于发展马产业及大健康产业的合作框架协议》。

4 月 1 日，“2016 中阿经贸文化交流峰会”在成都举行

【举办"侨智精英·天府讲堂"系列活动】4月6日，由四川省侨联特聘专家委员会与四川省千人计划专家联谊会和部分在川高校合作，共同举办了"侨智精英·天府讲堂"系列活动。天府讲堂是一系列侨界精英指导创新创业的讲座，一个紧跟国家发展战略，围绕"大众创业、万众创新"主题、结合侨界特点、发挥侨界优势、以高校学生为主要受众的创新活动。活动旨在为四川学子提供一个与侨智精英近距离交流的平台，通过国际视野的拓展、前沿思想的碰撞，从生动的讲堂中激发出创新创业的动力与火花，推动一批青年人走入经济建设主战场，为四川经济社会加快发展提供人才支撑。

4月12日，中国侨联副主席乔卫在"2016侨界青年西部论剑"活动上致辞

省侨联特聘专家姜和与成都中医药大学师生共话创新创业

【举办2016侨界青年西部论剑】4月11日—15日，由中国侨联青委会和四川省侨联主办的"2016侨界青年西部论剑"在成都举行，活动以"创业中华 创新四川 汇聚侨智 助推跨越"为主题。中国侨联副主席、中国侨联青年委员会会长乔卫，四川省委常委、省政协副主席李登菊和来自40多个国家和地区的近200名侨界青年代表参加活动。主要内容有：一是举行四川省侨联青年委员会第二次委员大会；二是举行"菁蓉小镇新侨创客园"揭牌仪式；三是"对话：侨青·西部·双创"；四是发布《侨界青年创新创业成都宣言》等；五是70名海外侨界青年看藏区活动，在甘孜考察了藏族民居、寄宿制小学、旅游宣传推介会，自发为寄宿制小学捐款近7万元人民币。

【参与承办2016中外知名企业四川行之侨商四川行】4月11日—13日，由四川省政府主办、四川省侨联参与承办的侨商四川行活动在成都举办。中国侨联副主席乔卫出席，50名侨商和侨界杰出青年代表参加了大会投资推介会暨合作项目签约仪式，参加乐山和达州的投资推介会。会议期间省委常委李登菊会见与会侨界代表。

【国家副主席李源潮来川调研群团工作】4月14日—17日，国家副主席李源潮来川调研群团工作。调研期间，在省委安排下，四川省侨联

4月16日，国家副主席李源潮来四川调研群团工作

汇报了侨联工作情况，陪同视察黉门社区，并应中办要求完成《四川省侨联联系侨胞的主要做法》汇报材料送审稿。

【美国三院院士一行与四川省侨联深入交流】 4月30日，参加“中国西部生物医药大会”的美国三院院士、前斯克利普斯（Scripps）研究所所长Richard A. Lerner，2001年诺贝尔化学奖得主、美国斯克利普斯研究所教授K.Barry Sharpless及华裔高层次人才代表与四川省侨联、四川省外专局就推动四川创新发展深入交流，并达成与四川海归高层次人才的合作意向。

4月30日，四川省侨联与美国三院院士Richard A. Lerner一行共话成都生物医药发展

【四川省侨联代表团参访香港】 5月12日—15日，应香港侨友社团邀请，四川省侨联副主席赵建中率“亲情中华·美丽四川”艺术团，出席了香港侨友社第十六届理监事就职典礼暨香港侨爱基金敬老联欢晚会。参访期间，代表团拜访了香港重点侨团侨领和基金会商协会负责人，推介了四川省华侨公益基金会公益项目，特别就四川省扶贫攻坚、助学帮扶等公益项目进行了深入交流。诚挚邀请重点侨商出席10月在四川省成都市举办的“第十六届中国西部国际博览会”。四川省侨联“亲情中华·美丽四川”艺术团为出席庆典的嘉宾侨友社会员逾千人献上了精彩纷呈的文艺表演。

【赴印度尼西亚、菲律宾和马来西亚访问】 5月27日—6月5日，四川省侨联主席刘以勤率团赴印尼、菲律宾、马来西亚三国深入侨社访问。在印尼，一是在泗水参加波士顿大学以华商黄世伟先生名字命名的“全球经济道德学院”年会和侨资企业实嘉集团50周年庆典，二是拜访印尼中华总商会、印尼华裔总会，调研华商企业印尼金光集团和部分台商企业。在菲律宾，拜会了华商联总会、菲华工商总会、菲律宾中国华东联谊总会、菲律宾中国和平统一促进会，调研菲律宾中正学院华文教育机构。在马来西亚，拜会

6月3日，四川省侨联主席刘以勤与马来西亚河婆同乡会交流

了马来西亚中华大会堂总会、马来西亚丝绸之路企业家协会等当地华商组织和部分重要侨领，调研了吉隆坡德威伸路州立华文小学海外华文教育机构，与马来西亚乡青总联、马中总商会青年团和马来西亚宗乡青联合总会等海外华裔青年组织，与马来西亚河婆同乡会等乡缘组织进行了交流。出访期间，访问团还就"侨联通"、"四川省侨务信息平台"、"成都华文学校"推广和共同打造好"侨联的网上之家"进行了深入探讨。

【2016"学汉语·看四川"亲情中华夏令营】 6月13日—21日和6月21日—7月3日，由中国侨联主办，四川省侨联、成都社区大学承办的2016"学汉语·看四川"亲情中华夏令营在成都举办，来自美国、新加坡、澳大利亚、新西兰、马来西亚、澳门的100余名学生分两期参加。夏令营期间，营员们学习了经典国学《朱子家训》，体验了剪纸、书法、篆刻、太极、茶艺、川剧等传统文化，游览了熊猫基地、金沙遗址、蒲江茶园、乐山大佛等。在形式多样的活动中，营员们对灿烂的中华文明有了深入了解、对汉语学习产生了浓厚兴趣。

【台湾中华侨联总会来川参访】 6月13日—18日，受中国侨联、四川省侨联邀请，台湾中华侨联总会理事长郑致毅率来自美国、日本、澳大利亚、越南、柬埔寨等17个国家和地区的72名嘉宾来川参访。四川省政协副主席、省工商联主席陈放会见了台湾中华侨联总会代表团一行。在川期间，代表团前往乐山市、成都大熊猫繁育研究基地、都江堰水利工程、建川博物馆参访，通过交流联谊，进一步增进了携手奋进实现中华民族伟大复兴的共同情感。

【在西华村开展精准扶贫工作】 一是建立健全工作机制。确定定点帮扶责任制，落实班子成员和机关干部结对帮扶措施。古蔺县2016年有22个拟退出贫困村、4752户19460名预脱贫人口，通过省、市级评估检查组多次核查评估和县级3轮全覆盖评估检查，均达到脱贫退出标准。实施易地扶贫搬迁3537户13805人，建设集中安置点72个、安置1681户6350人，分散安置1856户7455人。二是发挥省华侨公

6月22日，四川省侨联副主席赵建中与农业专家在扶贫点查看生猪养殖情况

6月13日，四川省政协副主席、省工商联主席陈放等同台湾中华侨联总会代表团合影

省级侨联工作

6 月 28 日，四川省侨联向西华村龙井小学赠送侨捐教学设施

益基金会作用。募集 150 万元以上基金用于道路硬化、沟堰治理、安全饮水工程等基础设施建设，前期已到位资金 60 万元。在“走基层、送温暖”活动中筹资 4.08 万元为西华村 117 户贫困户和特殊困难群众购置并送去过冬的 263 件棉衣和 123 床棉被。三是开展产业帮扶。多次组织农业专家到古蔺县开展调研、指导和技术培训。先后自筹、协调 3 笔共计 90 万元资金用于产业发展扶持，省侨联投入 50 万元帮助西华村集体经济发展羊肚菌规模化种植项目。省侨联被评为 2016 年度定点扶贫工作先进单位。四是文化下乡。组织“亲情中华”艺术团在古蔺县开展“侨爱暖千家·情系众乡亲”新春文化惠民慰问演出，丰富村民精神文化生活。

【召开四川省侨联七届七次常委（扩大）会】8 月 10 日，四川省侨联七届七次常委（扩大）会议在成都召开。会议传达学习了中央政治局委员、国家副主席李源潮同志在中国侨联九届六次常委会上的讲话精神，中国侨联九届六次常委会议精神，省委十届八次全会精神，省委书记王东明有关脱贫攻坚指示精神；总结了全省侨联系统 2016 年上半年主要工作情况，部署了下半年主要任务；介绍了全国侨商社会组织工作开展情况，四川省侨联特聘专家委员会工作情况以及四川省侨联青年委员会工作情况。四川省侨联常委，市州侨联主要负责同志、四川省侨联特聘专家委员会代表、四川省侨联青年委员会代表、成都市部分区（市、县）侨联、在蓉高校侨联负责同志和侨资企业党支部党员代表以及四川省侨联系统干部培训班的学员等共计 80 余人参加会议。

【纪念红军长征胜利 80 周年暨庆祝中国侨联成立 60 周年座谈会】9 月 8 日，四川省侨联邀请部分在蓉老红军、老归侨、四川省侨联离退休老干部代表和机关干部 70 余人进行了座谈，大家畅所欲言，回顾历史，缅怀先烈，弘扬传统，共叙友情。四川省侨联副主席赵建中出席并讲话，副巡视员、秘书长邱广华主持座谈会。

9 月 8 日，四川省侨联举行纪念红军长征胜利 80 周年暨庆祝中国侨联成立 60 周年座谈会

【“亲情中华　美丽四川”巡演】5 月和 9 月，四川省侨联组织“亲情中华”艺术团先后赴法国、德国、西班牙和美国开展文化交流活动，在海外巡演 12 场，观众逾 16000 人，向欧洲、北美侨胞、国际友人送上极富四川特色的视听盛宴，通过弘扬优秀中华和巴蜀文化，拓宽了向世界宣传四川的渠道，促进了中华文化传承和海外

9 月 17 日，举行“亲情中华 美丽四川”巡演暨庆祝中华人民共和国成立 67 周年和纪念孙中山先生诞辰 150 周年晚会

9 月 20 日，举行侨智精英科博行高峰对话

华文教育的开展。

【举办 2016 侨智精英科博行】 9 月 20 日—21 日，第四届中国（绵阳）科技城国际科技博览会在绵阳举行。由四川省侨联、四川省科技厅、四川省科协、绵阳市人民政府主办，四川省侨联特聘专家委员会、四川省高端人才服务中心、四川省千人计划联谊会、绵阳市侨联、绵阳市科协承办，中国侨联特聘专家委员会、中国核工业集团公司、四川省人才办支持，成功举办了 2016 侨智精英科博行。期间召开了四川省侨联特聘专家委员会年会，举办了“侨智精英科博行高峰对话”，参观了侨爱丰碑——新北川中学。来自 20 余个国家和地区的 200 余位四川省侨联特聘专家和新侨创客代表齐聚绵阳，共商合作发展。

【海外侨胞故乡行·走进四川】 9 月 23 日—25 日，由中国侨联主办、四川省侨联承办“海外侨胞故乡行·走进四川”活动，来自 17 个国家和地区的 30 名海外川籍侨胞代表及 50 名在川发展的侨商齐聚成都、雅安，共庆中国侨联成立 60 周年，助力全省经济社会发展。省政协副主席翟占一、雅安市常务副市长黄剑东、省人大外侨委主任委员秦琳，省侨联副主席赵建中、薛水和等出席活动。

【2016 知名侨商西博行】 11 月 2 日—6 日，中国侨联和四川省政府联合主办了“2016 知名侨商西博行”，作为第十六届西博会期间的涉侨专项活动，来自 40 多个国家和地区的近 500 名侨商参会。活动期间举行了四川省侨商联合会成立大会，中国侨商联合会四届七次理事会，2016 知名侨商西博行主题峰会——一带一路·四川机遇·侨商使命，并赴成都、乐山、巴中、达州、凉山等地考察。

11 月 2 日，举行“2016 知名侨商西博行主题峰会”

【成立四川省侨商会】 11 月 2 日西博会期间，四川省侨商联合会成立大会在成都召开，中国侨联副主席李卓彬、许荣茂，四川省政协副主席罗布江村等出席会议，印尼中华总商会、马来西亚

第十六届西博会期间，中国侨联副主席李卓彬（左二）、中国侨联副主席许荣茂（左一）、四川省政协副主席罗布江村（右一）及四川省侨联主席刘以勤为四川侨商会揭牌

中华总商会、新加坡中华总商会、菲华商联总会等华商协会，以及来自五大洲40多个国家和地区的共150余个侨商协会发来了贺信、贺电。

【承办中国侨联特聘专家四川行活动】12月1日—4日，由中国侨联主办，四川省侨联承办的中国侨联特聘专家四川行活动在成都举办。中国侨联副主席李卓彬，四川省委副书记刘国中，中央候补委员、中国侨联特聘专家委员会主任委员万立骏，成都市委常委吴凯等领导出席相关活动。来自人文社科、生物医药、材料工程、资源信息、创新创业等领域的中国侨联特聘专家、四川省侨联特聘专家代表、在蓉高校侨联负责人等120余人参加活动，共谋创新发展。活动期间，举办了2016中国侨联特聘专家年会，部分专家前往成都、泸州进行实地考察。

12月1日，四川省委副书记刘国中（右五）会见中国侨联副主席李卓彬（左五）、中科大校长万力骏（右四）及其他特聘专家代表

【成都市侨联创业天府·海归蓉漂首届“双创”国际峰会（海创会）】2016年，成都市侨联在全市上下大力推进“创业天府”行动计划过程中，积极筹搭“海归蓉漂”创业平台。10月24日—26日，在中国侨联和省侨联的支持下，牵头联合市委组织部、市科技局等部门，以“共享发展机遇、共谋创新发展，汇聚侨智侨力、助推蓉漂创业”为主题，邀请海归创新创业人士、国家千人计划专家、海外华人华侨及创投机构、创新创业载体等300余人参加，举办创业天府·海归蓉漂首届“双创”国际峰会（海创会）。峰会通过举办开幕式、特邀嘉宾主旨演讲和主题论坛、海归优质项目路演、人才对接会、成都众创空间考察、郫县菁蓉镇专场、青年科学家创新创业沙龙等特色活动，深度宣传成都“双创”良好环境，凝聚了侨智侨力。得到国内20多家媒体高度关注和多角度报道宣传。中国侨联副主席康晓萍出席峰会开幕式并致辞。此外，3月25日，成都新侨联谊会召开第一次会员代表大会暨成立大会，选举产生第一届理事会，成都大学党委副书记、校长王清远当选为第一届理事会会长，游劲松、丁克毅、李强当选副会长，胡昂当选秘书长。新侨联谊会入会会员400余人。4月27日，新侨联谊会召开第一次会长办公会，就服务成都“双创”工作、精准扶贫、参政议政和加强自身建设等方面进行了研讨。成都新侨联谊会成功推动成都理工大学、成都大学、郫县菁蓉镇成立新侨组织。

【绵阳市侨联组织开展涉侨活动有亮点】借助“2016中外知名企业四川行”，绵阳市侨联举办了“欧洲侨商回国考察团走进绵阳”活动，通过祭拜嫘祖，文化搭台，加强了友好联系。借“四川省海外交流协会第三届理事大会暨第四届四川省华侨华人社团联谊大会”，组织来自美国、加拿大、德国、中国香港等30余个国家和地区的80多位侨领、侨商、专家学者和专业人士社团负责人来绵开展“2016海协理事走进中国（绵阳）科技城”活动。陪同侨企泰国正大集团农牧食品企业中国区资深副董事长谢毅一行赴绵阳梓潼县进行生猪考察项目。正大集团在梓潼县开展50万头生猪产业链项目，整个项目分5年实施，总投资20亿元以上。争取中国侨联作为第四届中国（绵阳）国际科技博览会支持单位，省侨联为大会承办单位，在科博会期间邀请来自20多个国家和地区的110名特聘专家举办“创业中华·创新四川——侨智精英科博行活动”，并举行“弘扬两弹精神 侨智双创兴国”高峰对话，活动取得了圆满成功。活动期间，在成都举办“2016中国（绵阳）科技城专场活动”，邀请来自美国、英国、法国等20多个国家和地区的海外高端人才、海外华人华侨专业协会会长等近百名嘉宾参加了绵阳专场活动，正式签约项目30个，签约金额35亿元人民币，与6家海外华人华侨专业协会签订了人才合作项目协议。

【达州市侨联积极搭建平台服务改善民生】在“2016中外知名企业四川行”期间，达州市侨联组织开展知名侨商达州行等活动，邀请来自12个国家和地区的20多位侨商参加。侨商们参观考察了大竹县工业园区、达州经济技术开发区、通川区农产品集中加工区，召开了投资推介暨项目恳谈会，此次活动得到市委书记包惠的肯定性批示。邀请国家千人计划专家陈元伟、周国富等侨界精英参加了首届川商返乡发展大会。此外，还邀请20余位欧洲侨商参加了全市投资推介会暨项目签约仪式。意中贸促会主席朱玉华在会上代表中外客商作了大会发言。邀请国家千人计划专家、中国普天信息技术有限公司产品总监邓建华博士出席了达州市电子信息产业洽谈会。市委副书记、市长郭亨孝会见了邓建华博士。新争取浙江新华爱心教育基金会“珍珠班”名额50个，截止到2016年底全市共有160名中学生获得该项目资助，年资助金额达40万元。香港福慧慈善基金会副会长一行10人来达州对达川区万家镇11名贫困孤儿学生进行了实地探访和慰问，共计为28名学生捐款2.8万元。美国树华基金会新增资助6名学生，资助金额1.2万余元。“侨爱心助学圆梦项目”在达州首次实施，来自香港、澳门和海外的华侨华人结对帮扶宣汉县10名贫困优秀大学新生，每人大学期间将获得1.8万元资助。市侨联委员、省侨商会副会长张曦月热心捐资助学、扶危济困，向万源市铁矿乡泥溪沟村特困户张仕民捐款4000元，结对资助万源铁矿乡泥溪沟村贫困学生共计2.55万元，在“爱心助学公益慈善晚会”上捐款2万元。服务脱贫攻坚，开展对口帮扶。积极组织机关职工赴万源市铁矿乡泥溪沟村开展结对帮扶慰问活动。筹集资金6万多元用于村卫生室改建，送鸡苗和米、油、棉被等过冬物资。协调组织通川区红十字医院医护人员赴该村开展义诊活动并对村医进行了业务培训。渠县侨联组织侨界人士在渠县万寿乡天马村举行了“扶贫攻坚”爱心捐助仪式，共计捐款2.6万元。达川区侨联争取香港应善良基金会捐资25.63万元，用于扶贫村道路建设。

【巴中市侨联凝聚侨力惠民生】2016年，巴中市侨联紧紧围绕市委、市政府工作大局，抓帮扶促发展取得积极成效。一是争取项目资金2000万元，完成4.7公里村道硬化、打造10000米景观大道建设、4口山坪塘整治工作，启动增减挂钩、土地整理项目，46户“巴山新居”投入使用；引进农业科技公司流转土地386亩建现代农业观光园，积极创建“AAA”景区；为全村31户贫困户“送项目、送科技、送医疗”，折合人民币7万余元，16户76人实现脱贫摘帽。二是侨情普查有成果。为准确掌握全市侨情资源，策划开展了“寻找天下巴中人”侨情普查活动。普查到3000余户侨胞、为30000多名侨眷逐一建立了侨情档案，形成实用价值高的普查报告。三是侨爱惠民有亮点。挤出经费近40万元，开展了“访侨情·暖侨心”、“关爱侨界空巢老人”、“暖冬行动”、“四季送”等系列活动，受益群众超10000人次；争取浙江新华爱心基金捐资37.5万元，举办第六期“珍珠班”，资助特优特困学生150余名；积极做好“第十八届世界华人学生作文大赛”征稿工作，通过生动的“小故事”宣传巴中，扩大交流，拓展了学生的国际视野。

贵州省归国华侨联合会

【领导成员名单】

主　　席：吕　虹（女）

专职副主席：郑茂学（布依族，6月17日不再担任）　陈新伦

兼职副主席：王保生　潘志建　程剑平　尹晓勤（女）　程　燕（女）　黄世兴

秘 书 长：郑茂学（布依族，兼，6月17日不再担任）

【综述】2016年，贵州省侨联紧紧围绕省委、省政府发展大局，在中国侨联的大力支持下，倾力打造"亲情中华·多彩贵州"文化宣传品牌，先后举办"亲情中华·多彩贵州"北美书画展、"亲情中华·多彩贵州"洛杉矶文化演出、"亲情中华·海外华文媒体贵州采风活动"、"亲情中华·多彩贵州"华裔中学生夏令营、"侨缘之旅·贵州学子加拿大行"等活动，弘扬中华文化，向外宣传推介贵州。"亲情中华·多彩贵州"正逐步成为海内外熟知的贵州宣传品牌。加强海外贵州商会建设，新成立柬埔寨贵州商会、韩国贵州商会、西班牙贵州商会、俄罗斯贵州商会、法国贵州商会；指导海外贵州商会开展工作，将海外贵州商会打造成联结贵州与海外的重要桥梁，助推贵州建设内陆开放型经济试验区。组团陪同省委常委、省委统战部部长刘晓凯出访意大利、葡萄牙、西班牙；陪同省政协副主席陈海峰出访澳大利亚、新西兰。全年邀请和接待海内外侨商侨领、港澳同胞、侨界团体和友好人士1000余人次。积极推荐海内外侨商出席中国贵州酒类博览会、中国贵州国际民博会、生态文明贵阳国际论坛等大型活动，参与主办2016首届书法文化艺术节（中国·印江）和中国商帮·荔波论坛暨2016浙商（冬季）论坛，承办中国侨联"海外侨胞故乡行·走进贵州"活动，在宣传推介贵州，促进扩大开放，引资引智，推动经贸、科教文卫等方面合作取得良好效果。全省各级侨联重视做好参政议政工作，积极服务侨商企业转型升级；加强网上"侨之家"建设，推动社区和侨商企业"侨之家"建设，累计发放慰问金和补助金60余万元。全省各级侨联累计接受捐赠款物折合人民币1140余万元，开展了各具特色的助教、助医、助残、助贫等公益活动，5000余名贫困学生、近千名残疾人士和因病贫困群众受益。承办"法治中国·你我同行"2016年侨界群众法治学习活动黔西南班，举办2016年全省侨联基层干部培训班。全省各级侨联扎实开展"两学一做"学习教育，认真贯彻落实《中国侨联深化改革总体方案》，与各兄弟省市区侨联加强学习交流。司徒桂美、廖中才等60名侨联工作者被中国侨联授予"从事侨联工作20年"荣誉称号。

【海外侨胞故乡行·走进贵州】9月22日—24日，为纪念中国侨联成立60周年，由中国侨联主办，贵州省侨联、铜仁市侨联承办的"海外侨胞故乡行·走进贵州"活动在铜仁市举行。贵州省侨联主席吕虹陪同来自美国、加拿大、德国等10多个国家和地区的30多位侨商侨领组成的考察团，先后参观考察了万山九丰农业园区、朱砂小镇、梵净山等地，并与铜仁市领导和有关部门负责人座谈。期间，铜仁市委书记陈昌旭等会见了考察团一行。在铜仁期间，考察团亲身体验了铜仁生态农业发展的良好势头、万山老矿区转型升级的华丽转身和梵净山等美丽的自然风光

9月22日—24日，"海外侨胞故乡行·走进贵州"活动在铜仁市举行

9月25日—28日，贵州省侨联主席吕虹（左五）率10名侨胞代表赴北京出席中国侨联成立60周年活动

和侗、苗、土家族等和谐共生、多姿多彩的民族文化，听取了铜仁市有关部门负责人对铜仁市经济社会发展、生态文明建设、改革开放以来取得的巨大成就和发展潜力、发展机遇的介绍。座谈会上侨胞们还就未来可能到铜仁投资的意向等与相关部门负责人深入交换了意见。9月25日—28日，吕虹主席率10名侨胞代表赴北京出席中国侨联成立60周年活动。

【“亲情中华·多彩贵州”北美书画展】7月19日—26日，应美国蒙特利公园市政府、加拿大本拿比市政府邀请，由中国侨联、贵州省侨联、贵州省文联联合举办的“亲情中华·多彩贵州”北美书画展在美国洛杉矶、加拿大温哥华举行。在洛杉矶举办了“亲情中华·多彩贵州”北美书画展笔会，在温哥华举办了以“亲情中华·多彩贵州”为主题的“贵山五峰—中国书画北美贵人行书画展”。画展通过100幅贵州书画家作品展览、笔会交流等形式，让洛杉矶和温哥华民众生动形象地了解到贵州书画艺术探索创新的成果和贵州改革开放的新形象，得到当地艺术家的认可和

7月23日下午，“亲情中华·多彩贵州”北美书画展在列治文市温哥华中国文化中心开幕

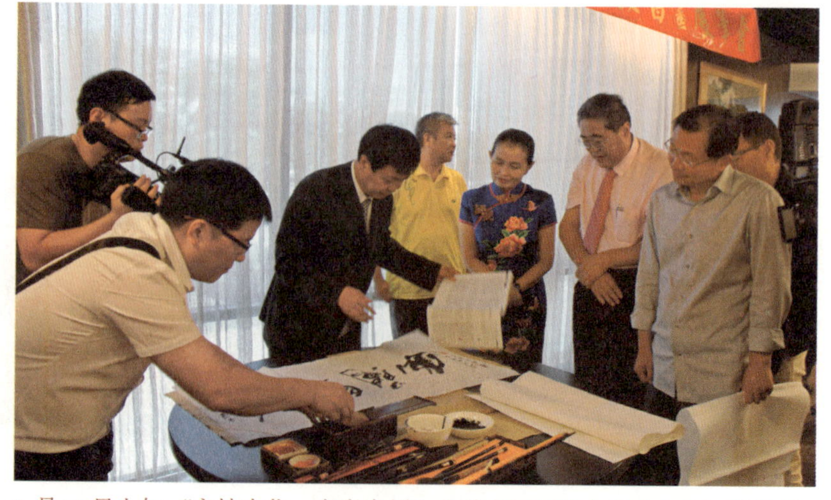

7月20日上午，“亲情中华·多彩贵州”北美书画展笔会活动在洛杉矶举行

省级侨联工作

主流媒体的高度评价。代表团与美国中国书画艺术研究院、加拿大联邦艺术家协会、加拿大华人艺术家协会等交流彼此艺术创作的技法、经验。中国驻洛杉矶总领事馆文化领事王瑾、驻温哥华总领事馆文化领事胡晓，列治文代市长区泽光、本拿比市议员王白进、美国中国书画艺术研究院院长杨建立等洛杉矶、温哥华政界、文艺界和侨界人士出席了书画展和笔会交流活动。

【"亲情中华·多彩贵州"洛杉矶文艺演出】5月13日—17日，应美国蒙特利公园市政府邀请，由中国侨联、贵州省侨联、铜仁市侨联共同组派的"亲情中华·多彩贵州"洛杉矶文艺演出团参加蒙特利公园市百年市庆活动。5月16日晚，蒙特利公园市建市100周年庆典在东洛杉矶学院影剧院举行，"亲情中华·多彩贵州"洛杉矶文化演出团压轴登场，为观众献上了东方迪斯科《苗族踢踏舞》、土家族歌曲《大田栽秧行对行》、《思南姑娘大脚板》、苗族双人舞《恋歌》、竹笛独奏《望乡》等极富铜仁市民族文化特色的节目。美国国会议员赵美心为演出团颁发贺状，洛杉矶当地主流媒体和侨报等多家华文媒体对演出予以高度评价，认为演出增进了美国民众对贵州民族民间文化艺术的了解。铜仁市政协主席陈康率领的政府代表团同期抵达美国洛杉矶，与蒙特利公园市政府、美国兰姆斯集团座谈。在美期间，演出团访问美国蒙特利公园市政府，参加蒙特利公园市市庆游行活动，参观美国西莱大学。

【"亲情中华·多彩贵州"华裔中学生夏令营】7月15日—28日，由贵州省侨联主办，贵阳市侨联、遵义市侨联、贵阳市清华中学承办的2016"亲情中华·多彩贵州"华裔中学生夏令营在贵阳、遵义等地举行。来自美国、加拿大、意大利、英国的31名海外华裔青少年学习了汉语、书法、绘画、围棋、茶艺、古诗词鉴赏、民族音乐鉴赏及教唱、剪纸艺术、少数民族文化、中国传统文化讲座等独具中国特色的课程，参观考察了贵阳、遵义、湄潭、习水、仁怀、赤水等地。7月16日，夏令营开营仪式在贵阳市清华中学举行，省政协副主席、致公党贵州省委主委谢晓尧出席开营仪式讲话并授营旗；省侨联聘请参加夏令营同学为"贵州省侨联海外友好交流使者"，向贵阳市清华中学等8所中学授予贵州省首批"亲情中华·多彩贵州"海外华裔中学生夏令营基地牌。7月27日，夏令营闭营仪式在遵义市

7月16日，2016"亲情中华·多彩贵州"海外华裔中学生夏令营在贵阳市清华中学开营，贵州省政协副主席谢晓尧（前排左七）出席讲话并授营旗

5月16日晚，"亲情中华·多彩贵州"洛杉矶文化演出团参加美国蒙特利公园市建市100周年市庆游行和文化交流演出

省级侨联工作

第四初级中学举行。

【亲情中华·海外华文媒体贵州采风活动】 8月29日—9月1日，由中国侨联主办、贵州省侨联承办的“亲情中华·海外华文媒体贵州采风活动”在贵州举行。韩国《新华报》、日本《中日新报》新闻社、泰国《东盟经济时报》、香港《中外要闻》通讯社、美国《华府邮报》、《拉斯维加斯时报》、加拿大红枫林传媒集团、加拿大七天传媒集团、加拿大《世界华人周刊》、委内瑞拉《委华报》、《欧洲侨报》、西班牙《侨声报》、德国《华商报》、《法国侨报》、瑞典《北欧时报》、波兰《欧洲青年报》等来自14个国家和地区的20家海外华文媒体负责人、记者参加活动，在贵阳、遵义开展为期四天的参观考察采访。他们以海外华文媒体独特的眼光和严谨的思维客观报道所见、所闻、所感，积极宣扬贵州的红色文化、国酒文化、少数民族特色文化和贵州对外开放、充满活力的后发赶超新形象。采风团一行先后参观考察了贵阳市城乡规划展览馆、北京·贵阳大数据应用展示中心、贵阳呼叫中心基地、五彩黔艺博物馆、遵义会议会址、娄山关、茅台酒厂等地。

【侨缘之旅·贵州学子加拿大行】 7月21日—8月10日，在贵州省侨联和加拿大多伦多国际教育交流中心的牵线下，由贵阳市侨联、遵义市侨联、黔西南州侨联组织的“2016侨缘之旅·贵州学子加拿大行”学习考察团70余名师生赴加拿大开展了为期21天的学习考察、交流访问活动。在加期间，学习考察团的团员们在加拿大堪纳多学院进行了15天的学习培训活动；探访了当地社区、政府、医院、大学、企业、市场等，并与加拿大安东尼议员和北湾市艾尔·麦克唐纳市长进行了亲切友好的交流；师生们还参观考察了加拿大首都渥太华、金斯顿、多伦多、加拿大法语区—蒙特利尔市；体验了加拿大学生的生活，领略了当地的风土人情。

9月1日，“亲情中华·海外华文媒体贵州采风团”与茅台酒厂领导座谈

【建设海外贵州商会】 7月10日—18日，贵州省侨联组团陪同省委常委、省委统战部部长刘晓凯出访意大利、葡萄牙、西班牙，出席意大利贵州商会理事会就职庆典；为葡萄

7月18日，中共贵州省委常委、省委统战部部长刘晓凯（前排左六）率团出席西班牙贵州商会成立大会

牙贵州商会揭牌；出席西班牙贵州商会成立大会；拜访当地政要和使领馆负责人、知名侨商侨领，寻求他们支持海外贵州商会的建设。12月1日—8日，组团陪同省政协副主席陈海峰出访澳大利亚、新西兰，与澳大利亚贵州总商会、新西兰贵州商会交流座谈。新成立柬埔寨贵州商会、韩国贵州商会、西班牙贵州商会、俄罗斯贵州商会、法国贵州商会。努力将海外贵州商会打造成联结贵州与海外的重要桥梁，助推贵州建设内陆开放型经济试验区。引导海外贵州商会做好贵州形象代言人，在外宣传推介贵州，参与承办“亲情中华·多彩贵州”文化海外行、“亲情中华·多彩贵州”华裔中学生夏令营等活动。积极引导海外贵州商会努力充当贵州对外交往的民间桥梁，在贵阳召开了德国—贵州企业家工业4.0发展座谈会、贵州—意大利经贸友好合作座谈会；意大利贵州商会牵线贵州德坤集团全资（2800万欧元）收购意大利著名空气净化设计制造公司—创奇技公司(Innovation & Technologies)；南非贵州商会引荐贵州省有色金属核工业地质勘探局率团访问南非，与南非国电、通豪控股等公司就合作调查勘探通豪公司的煤田事宜达成初步意向；俄罗斯贵州商会参与举办“中俄媒体交流年”，并受俄罗斯国立师范大学等几所高校和普斯科夫市等市州政府的委托牵线促成与贵州相关单位构建友好合作关系。引导海外贵州商会推动贵州特色产品不断走向海外市场，意大利贵州商会积极在欧洲推广贵州酒文化、美食文化，邀请意大利著名酒庄梅内戈立酒庄参加贵州省酒博会；邀请意大利厨师学校—Scuola Professionale “Panzini” 共23人，参加国庆期间在贵安新区举办的民博会意大利美食节；韩国贵州商会积极推动贵州白酒文化和白酒产品走进韩国；新西兰贵州商会、澳大利亚贵州总商会积极在当地推荐贵州旅游产品、中医药、民族文化等；美国贵州商会引荐美国ICN电视台与贵州日报社合作，联合开展“体验长征·中国母亲路之旅”系列活动，积极在美国加州等地推荐贵州红色文化、民族文化；北美贵州商会牵线贵州XY公司民族服饰亮相温哥华时装周。

7月14日，贵州德坤集团全资收购意大利创奇技公司(Innovation & Technologies)签约仪式在意大利首都罗马总理府举行，意大利总理府商务秘书长、主管金融与中小企业的负责人Carlo Capria（后排右四），中共贵州省委常委、省委统战部部长刘晓凯（后排左四）出席仪式

1月6日，“德国—贵州企业家工业4.0发展座谈会”在贵阳举行

【承办2016年侨界群众法治学习活动黔西南班】 8月17日—19日，由中国侨联主办、贵州省侨联协办、黔西南州侨联承办的“法治中国·你我同行”侨界群众法治学习活动黔西南班在兴义举行。中国侨联权益保障部部长、中国侨联法顾委秘书长张岩主持开班仪式。全国人大华侨委法案室原主任毛起雄讲授《加强侨务法治建设广泛团结海内外侨胞，为全面实施“十三五”而努力奋斗》；国家信息中心经济预测部主任祝

8 月 17 日—19 日，“法治中国 · 你我同行” 侨界群众法治学习活动黔西南班在兴义举办

宝良讲授了《十三五规划和供给侧结构性改革》；中国侨联法顾委委员、北京李晓斌律师事务所主任李晓斌讲授《我国土地基本制度与土地法律实践》。来自北京、天津、河北、山西、吉林、黑龙江、江西、山东、河南、陕西、内蒙古和贵州 12 个省、直辖市侨联的学员们参加了学习。活动期间，学员们还参观了抗日战争时期南侨机工运输国际援华物资的通道—晴隆二十四道拐，接受了爱国主义和侨史教育。

【搭建服务地方经济发展新平台】贵州省侨联积极推荐海外有实力的侨商出席中国贵州酒类博览会、中国贵州国际民博会、生态文明贵阳国际论坛、三都县第三届中国资本论坛暨三都招商引资推介会等大型经贸活动，参与主办 2016 首届书法文化艺术节（中国 · 印江）和中国商帮 · 荔波论坛暨 2016 浙商（冬季）论坛；引荐马来西亚常青集团执行主席丹斯里拿督张晓卿爵士一行来黔考察，《星洲日报》以大篇幅报道贵州 FAST（贵州平塘 500 米口径球面射电望远镜）。贵阳、遵义、铜仁、黔南、安顺等市州侨联也积极引荐侨商出席当地经贸活动，并取得了一些实质效果。遵义市侨联邀请海外贵州侨商来遵参加“遵商联盟”大会；贵阳市侨联邀请海外侨商参加贵阳市第七届旅游产业发展大会，牵线由美南科学家工程师专业人士协会编写《海绵城市贵阳标准研究报告》；安顺市侨联举办沈万三与黔中旅游商贸文化研究座谈会；六盘水市侨联引荐英籍教师开展“外教进钟山，侨胞心连心”活动；毕节市侨联以广州对口帮扶毕节为契机，邀请广州市侨联到毕节开展对口帮扶引资引智调研；铜仁市侨联陪同铜仁市市长陈晏出访澳大利亚和新西兰，宣传推广“桃源铜仁”，邀请杭州市侨商会到铜仁考察基础建设、旅游开发、健康养生等方面的项目；黔南州侨联邀请侨胞出席都匀毛尖（国际）茶人会、三都水族古稳端节系列活动；黔东南州侨联邀请侨胞共庆苗年，邀请侨胞参加建州 60 周年庆典活动等。

10 月 25 日，马来西亚常青集团执行主席丹斯里拿督张晓卿爵士（前排左七）一行在贵州平塘参观 500 米口径球面射电望远镜（FAST）

【做好参政议政工作】各级侨联与人大、政协共同组织侨界人大代表、政协委员深入基层，倾听侨声，了解侨情，汇集侨意。7月18日—19日，贵州省政协副主席谢晓尧率领侨联界政协委员到毕节市视察侨资企业发展情况。10月20日—21日，贵州侨商会召集10余位侨资企业家随省人大外事侨务委员会组织的考察团赴六盘水市就全域旅游和经济发展情况开展考察调研，并参加了《贵州省外来投资服务和保障条例（草案）》座谈会。贵阳市侨联《关于将“国立第一华侨中学”纪念碑及其文物遗迹列为观山湖区爱国主义教育基地的建议》的提案被列为市政协主席督办提案；9月12日，观山湖区百花湖中学正式更名为“贵阳华侨中学”（百花湖中心小学更名为“贵阳华侨中学附属小学”）。黔东南州侨界政协委员郑茂刚荣获黔东南州政协第十一届“优秀政协委员”荣誉称号。遵义市侨联《关于加强侨界群众活动阵地建设 整合资源共建“侨之家”的建议》提案被列为市委领导领衔督办的重点提案。

10月20日，省侨商会部分侨资企业家参加省人大外事侨务委员会组织的考察团赴六盘水市就全域旅游和经济发展情况开展考察调研

【服务侨商企业转型升级】贵州省各级侨联积极服务侨商企业转型升级，完成上百家侨商企业基本经营情况摸底调研，梳理侨商企业诉求，及时向有关部门反映、帮助协调解决。贵州侨商会荣获“全国先进侨商社会组织”称号。搭建服务大众创业、万众创新平台，贵州海外青创会参与发起成立中国海归创业服务联盟，省侨商会副会长、贵州德坤置业有限公司董事长罗坤当选中国侨联新侨创新创业联盟副理事长。贵州海外青创会与贵阳综合保税区签署友好合作协议，青创会会长、以晴集团董事长周以晴荣获“2015年度云上贵州大数据十大风云人物”。组织侨商企业家出访欧洲，与当地侨商洽谈合作；开展中国侨联第六届新侨创新创业成果推荐工作，贵州以晴光电集团有限公司、贵州正大农牧食品有限公司荣获中国侨界（创新企业）贡献奖；以晴集团旗下的贵州万臻时代通讯终端研究创新团队荣获“中国侨界（创新团队）贡献奖”，新型加密智能政务手机项目荣获“中国侨界（创新成果）贡献奖”；贵州师大计算机网络与数据通信教授谢晓尧和省医肾脏风湿病专家查艳荣获“中国侨界（创新人才）贡献奖”。安顺市侨联发起成立安顺市侨商会（贵州侨商会安顺分会），结合全市侨商企业从事农产品经营较多的特点，帮助对外推广农产品销售。贵阳市侨联多措并举帮助侨商企业转型升级，为海外侨商来筑投资、开展贸易畅通渠道，帮助优质企业与海外侨商合作。毕节市侨联与各县区政府共同引进和服务侨商企业入驻。黔西南州侨联为贵州心意药业协调贷款资金200万元，帮助侨企解决资金紧缺问题。

【为侨服务凝侨心】贵州省各级侨联利用“互联网+”平台，加强网上“侨之家”建设，把归侨侨眷侨属、归国留学人员、华人华侨等侨界朋友紧密团结到“侨之家”来。因地制宜，开展具有侨特色的“新春联欢会”“迎中秋·聚侨心”“凝聚侨心共建美好家园”“免费健康体检”“爱心义诊”“5271爱侨助侨日”等活动，加强对孤寡、空巢、生病归侨侨眷的关怀，搭建侨界群众信赖的温暖之家，增强了侨联组织的向心力和凝聚力。2016年，全省各级侨联累计发放慰问金和补助金60余万元，其中全省151位困难归侨补助金27.3万元。各市州侨联推动社区和侨商企业“侨之家”建设，遵义市侨联在汇川区洗马路洗马社区和贵州盛世辉煌酒业有限公司、铜仁市侨联在碧江区西门社区

6 月 23 日，贵州省侨联、贵阳市侨联组织开展贵阳地区老归侨联谊活动

开展“侨之家”示范建设工作。全省各级侨联开展形式多样的侨法宣传活动，努力营造主动维权、依法维权、科学维权的良好氛围；启动“七五”普法工作，制定贵州省侨联“七五”普法规划；成立贵州省侨联公职律师办公室，建立健全侨联系统公职律师相关制度，贵州省侨联维权部门干部获取全国侨联系统首批公职律师资格。全省侨联系统实现全年零上访，有效维护了侨界的和谐稳定。

【开展“蓝丝带爱心义诊”】 3 月 20 日—24 日，蓝丝带青少年助残（国际）基金会主席王钦等一行 18 人赴贵州考察访问，先后走访慰问贵阳市、黔南州、遵义市的 7 所特殊教育学校，并向特校学生发放衣服、各类绘画资料、工具及互动教具。3 月 20 日，副省长陈鸣明在贵阳会见王钦一行。8 月 16 日—17 日，中国侨联副主席、中国华侨公益基金会理事长乔卫率北京协和医院眼科教授、博士生导师、中国医师协会眼科分会副会长陈有信博士等专家赴贵州开展“蓝丝带爱心义诊”活动，为黔南地区特殊教育学校的盲童、归侨侨眷和老年眼疾患者共计 30 多人义诊，同时在黔南州人民医院作了《糖尿病性视网膜病变知多少》、《从循证到转化—浅谈学术影响力》专题学术交流报告。8 月 17 日，省委常委、省委统战部部长刘晓凯在贵阳会见了乔卫一行。

3 月 20 日，贵州省人民政府副省长陈鸣明（二排左七）在贵阳会见 SDC 蓝丝带基金会主席王钦一行

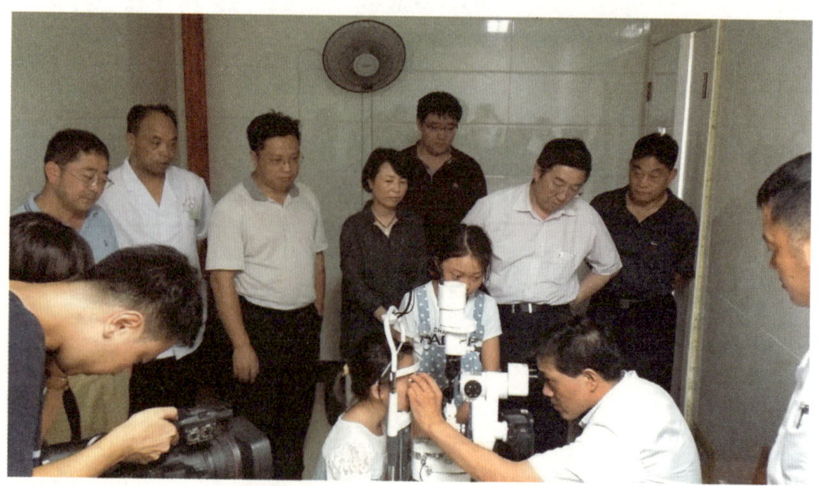

8 月 16 日—17 日，中国侨联副主席、中国华侨公益基金会理事长乔卫（后排右二）率专家组赴贵州都匀开展“蓝丝带爱心义诊”活动

【巩固"侨心工程"助力贵州精准扶贫】2016年，贵州省各级侨联累计接受捐赠款物折合人民币1140余万元，开展了各具特色的助教、助医、助残、助贫等公益活动，5000余名贫困学生，近千名残疾人士和因病贫困群众受益。在省侨联引荐的长期捐赠项目浙江新华爱心教育基金会"珍珠班"、马来西亚祝福文化基金会、香港吴星可慈善基金会、澳大利亚魏基成夫妇"天籁列车"、"温暖列车"等基础上（合计450余万元），各市州侨联通过自己的努力引荐上海市华商会、上海杉树公益事业基金会（彤程集团）、广东骏马慈善基金会、香港慈恩基金会、美国天使儿童基金会等近30个侨社团和基金会捐赠款物折合人民币680多万元。全省各级侨联扎实开展同步小康驻村工作，积极引荐海外资源和争取相关部门在扶贫助困、教育、医疗、基础设施建设等方面给予帮助和支持，全年为挂帮点协调各类帮扶资金上千万元。

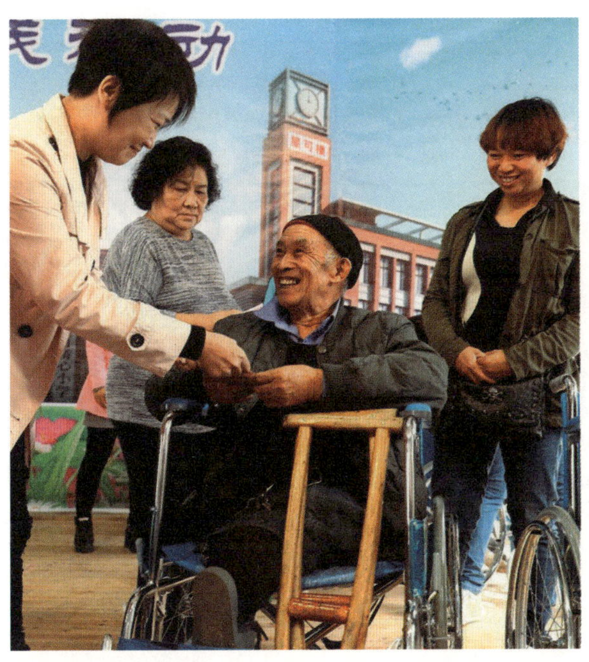
吴星可慈善基金会理事吴婉仪向黔南州残疾人士赠送轮椅并送上慰问金

【开展"两学一做"学习教育推动组织建设】贵州省侨联将"两学一做"学习教育作为2016年重要政治任务，组织10余次专题学习会议和辅导讲座，省侨联机关支部和以晴新蒲科技园党支部签署了《机关企业互帮互促结对共建四型党组织协议书》、与余庆县乌江镇红渡村党支部签订了《互帮互促结对共建四型党组织协议书》。组织全省各级侨联贯彻落实《中国侨联深化改革总体方案》，开展贵州省第八次归侨侨眷代表大会各项筹备工作。11月22日，在贵阳召开贵州省侨联七届六次全委会议。举办2016年全省侨联基层干部培训班，30名侨联干部参加培训；安排省侨联机关干部20余人次参加中国侨联、省委组织部、统战部、省委党校等部门组织的学习培训。12月1日，中国侨联副主席、浙江省政协副主席、浙江省侨联主席吴晶到贵州省侨联机关开展调研并指导侨联组织建设。9月1日，盘县归侨侨眷联合会成立。全省各级侨联接待天津市侨联、河北省侨联、陕西省侨联、内蒙古兴安盟侨联、安徽芜湖市侨联、湖北三门峡市侨联、广西百色市侨联等到贵州考察交流。六盘水市侨联赴大连市侨联、浙江省丽水市侨联开展学习交流；遵义市侨联赴重庆交流考察侨务工作；铜仁市侨联组织侨联干部先后赴贵阳、苏州、成都等地学习考察。

【创新宣传手段提升侨联影响力】贵州省各级侨联均建立各自的"侨联之友"微信群，贵州省侨联和部分市州侨联建立了公众号，加大微信宣传信息推送力度，微信宣传已成为各级侨联向归侨侨眷和海外侨胞的主要宣传方式之一。贵州省侨联引荐贵阳晚报记者赴美采访飞虎队老兵陈科志，采写《飞虎队老兵陈科志"二十四道拐"的抗战记忆》。召开纪念孙中山先生诞辰150周年暨中国侨联成立60周年报告会，邀请省人大外事侨务委员会原主任委员王礼全作专题报告。贵州省侨联荣获2016年度全省统一战线信息工作二等奖。贵阳市侨联开展纪念中国侨联成立60周年活动并编印侨联工作画册。

12月1日，中国侨联副主席、浙江省政协副主席、浙江省侨联主席吴晶（右六）到贵州省侨联机关调研并座谈

云南省归国华侨联合会

【领导成员名单】

党组书记：和向红（女，纳西族）

主　　席：李　嵘（纳西族）

专职副主席：段　林（傣族，2016 年 3 月卸任）　聂河云

　　　　　　高　峰（2016 年 3 月到任）

兼职副主席：石　云（女）　叶建州

　　　　　　朱　燕（女）　伍达天

　　　　　　江巴争追（藏族）　狄　文

　　　　　　何庆国（景颇族）　赵　先

秘 书 长：陈英姿（女）

【综述】2016 年，云南省侨联在中共云南省委的正确领导下，在中国侨联的指导下，深入学习贯彻党的十八大和十八届三中、四中、五中、六中全会精神，贯彻落实习近平总书记系列重要讲话和考察云南重要讲话精神，认真贯彻落实中央、省委群团工作会议精神，充分发挥侨联组织统战性、民间性、群众性、涉外性的特点和优势，认真履行“服务经济发展、依法维护侨益、拓展海外联谊、有序参政议政、弘扬中华文化、参与社会建设”六项职能，为云南经济社会发展发挥了积极作用。

【召开云南省第十次归侨侨眷代表大会】2 月 29 日—3 月 1 日，云南省第十次归侨侨眷代表大会在昆明召开。中国侨联副主席乔卫，云南省委常委、省委统战部部长黄毅，省人大副主任刀林荫，省政协副主席杨嘉武及云南省各有关部门、人民团体领导出席了大会开幕式，全省各界归侨侨眷代表和特邀代表及部分国家侨领近 500 人参加了大会。此次大会聘请了 70 个国家和地区的 150 名海外侨胞担任云南省侨联荣誉职务；表彰了侨联系统的先进基层组织和先进个人；选举产生了 150 名委员、45 名常委以及新一届领导班子。大会充分肯定省侨联九届领导班子在“一个中心，两个突破，三个平台”工作思路指引下所取得的成绩，并为今后五年云南省侨联事业发展作出了全面安排部署。

2 月 29 日—3 月 1 日，召开云南省第十次归侨侨眷代表大会

【开展“两学一做”学习教育】按照云南省委的安排部署，省侨联开展了“两学一做”学习教育，认真学习党的十八大和十八届三中、四中、五中、六中全会精神，重点学习了习近平总书记系列重要讲话精神，特别是习近平总书记考察云南时的重要讲话精神，学习了《中国共产党章程》、《中国共产党党组工作条例》，毛泽东、周恩来、邓小平、陈云等党和国家领导人关于共产党员加强党性修养锻炼和自我改造的文章，领导带头上党课，全体党员撰写学习体会，抄写党章，增强党员和干部党性意识，推动“两学一做”学习教育深入开展。

2 月 29 日，中国侨联副主席乔卫在云南省第十次归侨侨眷代表大会开幕式上致辞

【加强党风廉政建设】2016 年，云南省侨联

党组高度重视党风廉政建设和反腐败工作，按照中央、省委的要求，严格落实党风廉政建设责任制，切实履行党组党风廉政建设的主体责任，抓好党风廉政建设和反腐败工作。先后5次专题研究分析党风廉政建设工作；4次进行党风廉政建设情况专题调研；认真组织学习贯彻落实中纪委十八届七次全会、《中国共产党廉洁自律准则》、《中国共产党纪律处分条例》、《中国共产党问责条例》，将党风廉政建设工作任务细化分解，班子成员分别与分管处室负责人签订了责任书。组织了《党章》知识测试，动员全会干部职工积极参与驻部纪检组组织的党纪党规网络知识竞赛，组织观看警示教育片《永远在路上》，制作清正廉洁、履职尽责宣传展板，在微信平台上推送警示教育和廉洁纪律20余次。

【重视巡视整改工作】 5月—7月，云南省委第九巡视组对省侨联党组开展政治巡视，省侨联党组对巡视工作高度重视，严格按照巡视工作要求和巡视组反馈意见，明确了21条整改措施、责任领导、责任单位和进度，认真进行整改。拟定了《省侨联党组贯彻落实党风廉政建设主体责任和监督责任的实施意见（试行）》。修订完善《云南省侨联党组议事决策制度》等8项制度，进一步健全完善领导班子决策及管理等各项制度；制定了《云南省侨联开展“庸懒散”问题专项整治工作方案》，开展“不作为、懒作为、乱作为”整治；对党员党费交纳情况进行了认真清理，督促党员按规定和标准补交党费。完成机关党支部换届，成立了机关党总支，下设3个党支部，并将基金会、贸促会中的党员纳入党组织管理；加强机关干部职工管理，认真落实领导干部报备制度和请假规定。

【推进云南省侨联全面深化改革】 为贯彻落实中央、省委关于加强和改进党的群团工作的决策部署，云南省侨联逐项落实中国侨联提出的改革措施，赴上海、重庆等省市开展调研，学习借鉴试点地区在群团改革中好的经验和做法；分别走访了省财政厅、省商务厅、省旅发委、省招商局、省侨办等政府部门，深入州（市）、县（区）广泛听取基层侨联和侨界群众对侨联改革的意见建议，多次组织人员进行研究讨论，认真梳理云南侨联在机构设置、工作队伍、基层建设方面存在的问题，形成了《改革实施方案》（征求意见稿），征求意见稿形成后，广泛征求了侨界意见，书面征求了21家省级单位意见，经党组反复研究后，提出了5个方面25条具体的改革措施，形成了《云南省侨联改革实施方案（送审稿）》。12月31日，省委办公厅下发了《关于印发〈云南省侨联改革实施方案〉的通知》（云厅字〔2016〕43号）。

8月24日，云南省侨联主席李嵘（左二）就省侨联深化改革事宜到重庆调研

5月22日，中共云南省委第九巡视组到省侨联开展巡视工作

【推进精准扶贫工作】 2016年，云南省侨联完成了贫困归侨侨眷的调查摸底工作，对贫困归侨侨眷的人数、居住条件、

1 月 7 日，全国总工会、中国侨联、云南省侨联到元江甘庄华侨农场慰问

收入等情况进行了摸底调查，确定归侨侨眷贫困户 10060 户，贫困人数 36582 人。筹集慰问资金 50 万元，组成五个慰问组赴全省各地、各农场慰问南侨机工、南侨机工遗孀、侨界代表人士、困难归侨侨眷等共 799 户。

【开展“挂包帮”“转走访”工作】云南省侨联认真贯彻落实省委省政府的扶贫开发工作要求，多次召开专题会议研究挂钩扶贫点西邑镇奇峰村工作，分别与州、县、镇三级政府建立了对接机制，与奇峰村党总支签订了《共建结对协议》，主要领导多次深入奇峰村走访慰问，协调省商务厅、旅发委等部门帮助奇峰村完善发展规划，支持奇峰村举办了首届梨花文化旅游节，通过组织贫困户参观学习科学养牛技术，成立西邑镇奇峰秸秆养殖专业合作社，举办“绿色蔬菜种植”技术培训等形式引导贫困户扩大种植、养殖规模，提高种植、养殖技术，先后为奇峰村下拨扶贫资金 30 万元，协调马来西亚《星洲日报》为 200 名贫困学生提供学费资助。

【纪念中国侨联、云南省侨联成立 60 周年系列活动】2016 年，云南省侨联承办了由中国侨联主办的“亲情中华”海外华文媒体云南行活动和“海外侨胞故乡行・走进云南”活动。“亲情中华”海外华文媒体云南行活动共邀请了 16 个国家和地区 21 家华文媒体的 22 名记者赴昆明、大理、丽江采风，在海外华文媒体发表 60 多篇文章宣传介绍云南。“海外侨胞故乡行・走进云南”活动邀请了以缅甸、泰国为主的东南亚国家 80 位云南籍侨领赴昆明、文山、红河参观考察。

9 月 23 日—26 日，举办海外侨胞故乡行・走进红河活动

【承办第十四届东盟华商会】6 月 10 日—13 日，省侨联与云南省侨办共同承办了第十四届东盟华商会，邀请来自世界各地近 50 个国家的 700 位海内外嘉宾参加活动。国务院侨办副主任王晓萍、中国侨联副主席李卓彬、云南省长陈豪、副省长刘慧晏参加了活动开幕式。活动以“携手‘一带一路’，共享发展机遇”为主题，围绕“面向南亚东南亚辐射中心”战略和东盟自贸区建设为内容，邀请了均瑶集团副董事长兼总裁王均豪先生和美国硅谷科技华商协会会长李博谟

2 月 1 日，云南省侨联主席李嵘（左二）走访慰问奇峰村挂钩联系户赵玉荣

6 月 11 日，第十四届东盟华商会开幕

6 月 11 日，中国侨联副主席李卓彬在第十四届东盟华商会开幕式上致辞

先生发表主旨演讲。举办了华商论坛、投资合作项目签约、新侨创新创业展示、泰缅投资合作专场、瑞丽开发开放试验区投资专场推介、楚雄州推介会、华商专访、州市考察等系列活动。省侨联被省政府评为第 4 届中国南亚博览会暨第 24 届中国昆明进出口商品交易会筹备组织工作先进单位。

【开展“亲情中华”文化交流活动】云南省侨联和保山市侨联、曲靖市侨联、普洱市侨联共同承办了 2016 年“亲情中华”夏令营活动（8 个班）。分别邀请了来自缅甸和老挝的 320 名华裔青少年参加夏令营。与西双版纳州侨联共同承办“亲情中华”老挝慰问演出活动，在老挝万象、琅不拉邦演出 4 场。积极开展海外华文教育，支持驻缅使领馆和缅甸侨团侨社开展华文教育，弘扬中华文化。

【联络联谊工作】云南省侨联围绕“一带一路”国家倡议，以血缘、地缘、业缘为基础，以亲情、乡情、友情为纽带，涵养侨务资源，深耕海外联谊。2016 年，共组团出访 8 次，参团出访 3 次，分别访问了美国、墨西哥、新加坡、马来西亚等 14 个国家，拜访了 30 多个侨团侨社。接待了 45 个国家和地区的侨团、侨领共计 470 多人次，接待了简汉生、李桂雄、贾思义、马剑波、曹新等人，首次和台湾华侨协会总会、缅北中华商会、美国中华海外总商会等侨团交往。

11 月 23 日，云南省侨联党组书记和向红（左八）拜访老挝中华理事会

11 月 9 日，云南省侨联主席李嵘（右三）向尼赫鲁科技大学志愿者服务中心赠送孔子画像

元的资助。

【服务侨资侨属企业】云南省侨联完成全省侨资侨属企业基本经营情况调研工作。先后多次赴州市侨资侨属企业调研，通过实地走访、问卷调查、召开座谈会等形式，发出调查表 400 余份，收回有效调查表 109 份，召开座谈会 20 余次，走访企业 50 余户，调查了 400 余户企业，深入了解全省侨资企业在经济结构调整、发展方式转型中遇到的困难和问题，听取企业的意见和建议，形成了近 10000 字的调研报告上报中国侨商联合会。配合中国侨联开展第六届新侨创新创业系列活动，3 人获创新人才奖，1 项成果获创新成果奖，省侨联获“组织工作奖”。为侨资企业排忧解难，帮助老挝中国福建商会的侨商物资在西双版纳磨憨口岸通关，避免了大批生鲜物资（香蕉）延迟通关带来的重大损失；协调帮助侨资企业丽江市伟华实业有限公司推进房地产项目建设；积极协调帮助侨资企业云南德穰投资管理有限公司与湖南华嘉文化传媒有限公司进行《中国婚俗》大型探秘类人文纪录片的采编、摄制；协调帮助昆明市皇廷饭店解决困扰企业经营的相关困难。

【开展公益项目】以云南华商公益基金会为平台，云南省侨联积极开展公益项目，累计接收捐赠资金 800 余万元，实施开展了助学、卫生、扶贫及“忠魂归国”公益项目等 38 项，帮助贫困学生 3114 名。在缅甸原中国远征军与日本侵略者作战主要战场新建中国远征军纪念设施，完成了缅甸南坎、西保、八莫的远征军纪念设施的设计和建设工作，缅甸芒友（105 码）远征军纪念设施正在建设当中。与浙江新华爱心教育基金会合作，在全省 16 州市 16 所学校建立了 20 个珍珠班，给予成绩优秀但家庭困难的 1000 名学生每人每年 2500

8 月 29 日，云南省侨联党组书记和向红（左三）到宾川县华侨庄园农业科技开发有限公司调研

8 月 30 日，云南省侨联党组书记和向红向奇峰村小学的孩子们赠送学习用品

7月5日，云南省侨联主席李嵘（左一）调研台资企业

【开展信息宣传报道工作】云南省侨联结合省级机关作风评议、省第十次归侨侨眷代表大会、全国“两会”和省“两会”、第四届中国南亚博览会之东盟华商会、中国侨联及云南省侨联成立60周年、省第十次党代会等做好宣传报道工作。2016年省侨联上报中国侨联侨情信息11期，省领导作出批示5次3期。并根据省领导的批示，积极协调相关部门，落实要求，推动工作。同时云南省侨联微信平台，共发布150期900篇文章。2016年《云南侨联》（内刊）编辑出版6期3000份。省侨联荣获2016年度全国侨联系统信息工作一等奖。

【维护侨益和参政议政】云南省侨联利用节庆日、纪念日，通过开辟侨法宣传专栏、发放宣传图册及资料、网络等形式广泛开展侨法宣传。组织开展了全省侨联系统“七五”普法启动仪式暨专题普法讲座，制定下发《云南省侨联关于在归侨侨眷中开展法治宣传教育的第七个五年规划》；邀请省司法厅领导作了《把握方向 落实规划 扎实做好法治宣传教育工作》为题的普法讲座；筹建云南省侨联法律顾问委员会服务中心；2名侨联工作者经司法部门批准，成为全国侨联系统首批公职律师（全国共10人获批）。组织侨界代表、委员深入实际调查研究，掌握第一手资料，围绕社会热点、难点问题展开讨论，研究对策，撰写议案、提案。积极参加提案工作交流大会，提案《关于解决我省特色农产品中小企业转型升级面临问题》被云南省政协评为优秀提案。

【举办云南省南侨机工暨眷属联谊会成立30周年纪念活动】9月3日，省侨联组织举办了云南省侨联南侨机工暨眷属联谊会成立30周年纪念活动，活动以“高举爱国主义旗帜，弘扬南侨机工精神，继承父辈光荣传统，开创光辉美好未来”为宗旨，在南洋华侨机工抗日纪念碑前举行了瞻仰仪式，重走了滇缅公路（从昆明出发，途经大理、保山、德宏，到畹町结束）。中国侨联党组书记、主席林军为活动题字“南侨机工联谊会成立30周年”，大会邀请了来自马来西亚、新加坡等国的南侨机工后人代表、海内外嘉宾、侨界代表人士共400余人参加，电视、网络、报纸等媒体报道了纪念活动。

9月3日，举办庆祝云南省南侨机工暨眷属联谊会成立30周年活动

西藏自治区归国华侨联合会

【领导成员名单】

副秘书长：普布扎西　王春英　平　措

【开展“送温暖、献爱心”活动】在春节、藏历年期间，西藏侨联开展了节假日“送温暖、献爱心”活动。年初，组织召开回国定居及境外藏胞境内亲属代表新年茶话会，公保扎西常委出席会议，并代表自治区党委、政府作重要讲话，在定居藏胞及境外藏胞境内亲属代表中引起了强烈反响。他强调，新的一年将继续贯彻落实“爱国一家，爱国不分先后”政策，一如既往地做好藏胞工作。与此同时，主要领导亲自带队走访困难定居藏胞，了解其生活情况及所思、所需、所急，发放慰问金24万余元，积极为定居藏胞及境外藏胞境内亲属办实事办好事。作为服务部门，坚持为侨服务、为经济建设服务、为祖国统一大业服务，把党和政府的关怀送到贫困归侨侨眷家中。

【组织归国定居藏胞开展国情教育】西藏侨联始终保持与境外重点友好藏胞的密切联系，坚持不懈做好团结争取工作，与他们积极沟通、联络友情、涵养侨务资源。始终坚持“请进来，走出去”的对外联谊工作方针。2016年6月，以中国侨联为依托，组织拉萨、日喀则、山南、昌都四个地市归国定居藏胞、在藏工作的藏胞代表及部分境外重点藏胞的境内亲属代表等共39人赴北京、山西、四川等地，以参观考察和专题讲座等形式开展国情教育活动，通过亲眼所见、亲耳所闻，切身体会改革开放以来祖国内地的巨大变化，进一步坚定信念，增强对祖国的认同感和归属感。通过切身体会、现身说法，发挥“藏人说藏”优势，增强正面宣传的感染力、说服力。

【开展侨法执法大检查】为推进西藏侨务工作，更好维护归侨侨眷和海外侨胞的合法权益，根据2010年中央第五次西藏工作座谈会提出“境外藏胞是海外华人华侨的一部分”及中央统战部、外交部、公安部〔2011〕108号联合下发的文件精神，由自治区人大民宗外侨委、自治区侨联、自治区外办组成联合检查组，先后赴拉萨市、山南市、日喀则市、昌都市重点对归国藏胞和境外藏胞在国内眷属的合法权益保护情况以及海外华人华侨在西藏公益性捐赠情况进行了检查，召开座谈会8次，听取了4地（市）及部分（区）人民政府的汇报，与当地有关部门负责人进行了座谈，实地察看了地（市）涉侨机构，委托那曲、阿里和林芝3地（市）按照执法检查方案进行了自查。此次检查按照把检查侨务法律法规实施情况和侨务政策落实情况紧密结合起来，把法律监督和专题调研紧密结合起来的精神，尽可能深入细致地调查研究，摸清情况，在肯定成绩、总结经验的同时，对关系归侨侨眷和海外侨胞切身利益的实际困难提出解决建议。

7月9日，乔卫副主席出席中国侨联海外委员赴西藏参访团与西藏自治区侨联座谈会

【中国侨联海外委员赴藏参访团向西藏侨联捐赠电脑】为切实改善西藏各级侨联组织的办公条件，2016年7月，中国侨联海外委员赴藏参访团向西藏侨联捐赠了价值141500元的便携式笔记本电脑21台。中国侨联党组成员、副主席乔卫，中国侨联副秘书长、海外联谊部部长陈权，及参访团20余名海外委员出席捐赠仪式，西藏自治区党委统战部副部长洪涛代表西藏侨联接受捐赠。7月5日—14日，该参访团赴西藏林芝、拉萨、日喀则等地进行参观访问。在拉萨期间，西藏自治区党委常务副书记吴英杰、区人大常委会副主任尼玛次仁、自治区副主席汪海洲和区政协副主席次旺多布杰会见了参访团。在访问过程中，参访团走进藏民家中，听取地方党政有关单位做情况介绍，参观了布达拉宫、西藏博物馆、爱国主义教育基地帕拉庄园、江孜宗山抗英遗址和扎什伦布寺等地，直观了解藏族人民的日常生活，考察西藏历史宗教文物保护、基础设施建设和环境保护发展等情况，感受西藏翻天覆地的社会变迁。

陕西省归国华侨联合会

【领导成员名单】

党 组 书 记：刘选民（2016 年 7 月不再担任）
　　　　　　程勉贵（2016 年 7 月任命）

党组副书记：程勉贵（2015 年 12 月至 2016 年 7 月）

党 组 成 员：王建彬　高俊峰　尚小红（女）　鲍　剑

主　　　席：徐德龙

专职副主席：高俊峰

兼职副主席：俞文彬　马忠科　徐鸣喆（女）　刘润生　姜　波　尚小红（女）

秘　书　长：尚小红（女）

【综述】2016 年，陕西省侨联深入贯彻中央和省委党的群团工作会议精神，认真落实中央书记处关于侨联工作的指示要求，坚持用中华民族伟大复兴的中国梦凝聚侨界群众，充分调动广大归侨侨眷和海外侨胞参与陕西建设的积极性，为决胜全面小康社会作出了贡献。

【开展“两学一做”学习教育】2016 年，陕西省侨联组织在各级党委领导下，结合实际，深入开展“学党章党规、学系列讲话，做合格党员”学习教育。广大侨联工作者聚焦党章党规和习近平总书记系列讲话，通过专题研讨交流、邀请专家辅导、实地考察等形式，原汁原味学、结合实际学、带着问题学，针对问题改，突出学习针对性和实效性。省侨联机关坚持每两个月一个专题，开展学习讨论交流，党组成员分别以普通党员身份参加了所在支部的活动。召开题为“喜迎建党九十五周年，立足本职，争做合格党员”的主题党日活动，组织党支部书记专题授课、基层党务骨干培训和表彰先进。邀请有关专家作“五大发展理念”“不忘初心、继续前进”等辅导报告，力求将党章党规和习近平总书记系列重要讲话的精神实质内化于心、外化于行，通过努力学习，争做合格党员。

【召开陕西省侨联七届三次全委会】2 月 29 日，陕西省侨联七届三次全委（扩大）会议在西安召开，中共陕西省委副书记胡和平出席会议并讲话。胡和平指出，在新形势下各级侨联组织要始终坚持侨联工作正确方向，把思想和行动统一到中央和省委的决策部署上来，用中国特色社会主义理论体系引导广大归侨侨眷，用巩固和发展最广泛的爱国统一战线团结侨界

6 月 29 日，举行建党 95 周年主题党日活动

2 月 29 日，省委副书记胡和平（主席台左六）出席陕西省侨联七届三次全委会

群众，不断凝聚实现中华民族伟大复兴中国梦的强大力量。与会代表听取和审议了高俊峰副主席代表常委会所作的《工作报告》。《报告》系统总结了 2015 年全省侨联工作，部署安排 2016 年工作，报告指出，在新的一年里，各级侨联要结合中国侨联的工作部署，落实省委对群团工作的要求，加强自身建设，牢牢把握群团工作“三性”特点，克服“四化”倾向，遏制“四风问题”，在工作中抓重点，抓亮点，不断创新工作思维，进一步提高工作水平。

【成立陕西省侨联志愿者服务队】 4 月 1 日，陕西省侨联志愿者服务队举行授旗仪式。省侨联党组书记刘选民，党组副书记程勉贵，党组成员、副主席、秘书长尚小红出席授旗仪式。党组成员、副主席高俊峰主持仪式。志愿者服务队由创业咨询志愿者服务队、献爱心志愿者服务队、救助志愿者服务队和维权志愿者服务队组成，主要为归侨、侨眷开办、经营企业提供市场、管理方面的咨询服务和培训；献爱心志愿者服务队主要是发挥侨帮侨的光荣传统，及时了解困难归侨侨眷面临的实际问题，力所能及地提供帮助；积极参与社会治理，开展平安创建，在急难险重时以多种形式为社会服务；为归侨侨眷提供法律咨询服务，引导广大归侨侨眷依法维权、理性维权。

【华侨华人清明节赴陕祭祖】 4 月 4 日，应陕西省侨联邀请，来自德国、瑞典、巴西、日本、澳大利亚以及中国香港、澳门、台湾等 12 个国家和地区的 140 余名侨界人士参加了丙申年清明公祭黄帝陵典礼。当日，参与祭陵的海内外华侨华人在黄陵国家森林公园举行栽植“侨心纪念树”活动。中国侨联副主席李卓彬莅临指导。

4 月 4 日，侨界代表清明节谒祖

【成立陕西省新侨科技创新联盟】 4 月 8 日，陕西省新侨科技创新联盟成立大会在西安召开，党组书记刘选民，副书记程勉贵，副主席、秘书长尚小红等出席成立大会。新侨科技创新联盟是全省新侨科技创新工作者自愿组成的群众组织，成员全部为归侨和留学回国人员中的各领域专家，都有博士学位及正高以上职称。大会选举西安交通大学医学院教授王治伦为理事长，日本陕西文化交流协会常务副会长王波、西安航天华讯科技有限公司董事长周文益为副理事长，三人均为中国侨联创新成果奖获得者。王治伦介绍，今后联盟将在组织国内外学术交流、促进学科发展以及技术服务与咨询等方面提供服务。高俊峰副主席希望新侨科技创新联盟的各位专家能够展

4 月 8 日，陕西省新侨科技创新联盟成立

现侨界风采，在各自工作领域内取得更大成就；能够深入开展调查研究，为科学发展发挥决策咨询作用；能够扩大影响，牵线搭桥，吸引更多海外人才回国创新创业。他表示，新侨科技创新联盟的成立，将为侨界人士施展才华提供更好的平台。

【接待荷兰华人总会访问团】 4 月 9 日，陕西省侨联党组副书记程勉贵，党组成员、副主席高俊峰在西安会见了以荷兰华人总会会长、荷兰玫瑰园集团董事长、荷兰费尔森中文学校校长邵建武为团长的荷兰访问团一行 9 人。荷兰华人总会成立于 2006 年 6 月，会员中聚集了一批有热情、有实力的侨界人士。程勉贵向访问团介绍了陕西近年来的社会经济发展情况及陕西在旅游、饮食方面的资源优势、发展潜力和合作前景。邵建武会长表示今后两会要保持长期的合作交流，希望能在文化交流方面有所突破。

【成立老归侨侨眷联谊会】 4 月 15 日，陕西省侨联老归侨侨眷联谊会成立大会在西安召开。党组书记刘选民，副主席高俊峰，副主席、秘书长尚小红及老归侨侨眷代表等出席大会。大会选举印尼侨眷程晓中为首任会长，选举印尼归侨杨天株、日本侨眷尚建丽、印尼归侨夏守杰为副会长，通过了《陕西省侨联老归侨侨眷联谊会章程》。尚小红表示，省老归侨侨眷联谊会的成立，将搭建一个省侨联引导、联谊会主导、归侨侨眷自助服务的活动模式，填补了省侨联联系、联络、联谊、服务老归侨侨眷平台的空白。

【31 家非公企业侨联组织集中授牌】 4 月 22 日，陕西省非公企业建立侨联组织授牌仪式在西安举行，党组书记刘选民，副主席高俊峰为 31 家非公有制企业侨联组织集中授牌。省侨联党组成员、副主席、秘书长尚小红希望非公有制企业

4 月 9 日，荷兰华人总会来访陕西省侨联

5 月 12 日，侨商在渭南市举行项目洽谈会

侨联要以此次授牌仪式为契机，进一步发挥好非公有制企业科技创新的引领作用和科技人员的骨干中坚作用，最大限度地激发广大侨界群众的无穷智慧和力量，以更加昂扬奋进的精神，更加积极进取的态度，形成大众创业、万众创新的新局面，为"三个陕西"和全省侨联事业发展作出新的更大贡献。

【侨商"丝路情·县区行"活动走进渭南】5 月 11 日—12 日，由中国侨联、陕西省人民政府主办，陕西省侨联、渭南市人民政府承办的海内外侨商"丝路情·县区行"活动在渭南市经济开发区和大荔县举行，近 200 名侨商走进陕西"东大门"渭南市寻觅商机。中国侨联经济科技部副部长、中国侨商联合会副会长兼秘书长安晨说，海内外侨商"丝路情·县区行"活动旨在积极发挥侨联组织独特优势，引导、支持海内外侨商参与渭南战略型新兴产业发展；鼓励海内外侨商在渭南产业发展方式转变和产业结构调整中寻找自身事业发展商机，为实现渭南市跨越式发展作出新贡献。中共渭南市委常委、市纪委书记张建军在会上对来渭的海内外侨商表示热烈欢迎，诚邀广大侨商以此次活动为契机，认识渭南、了解渭南、关注渭南、推介渭南，在渭南寻求商机。省侨联党组书记刘选民、副书记程勉贵、副主席高俊峰及渭南市有关领导出席活动。

【林军主席赴陕西调研】5 月 12 日—13 日，中国侨联主席林军率中国侨商代表团参加 2016 丝绸之路国际博览会暨第二十届中国东西部合作与投资贸易洽谈会。12 日晚，林军主席应邀参加在古城西安南门举行的仿古迎宾仪式；13 日，出席主宾国开馆仪式并在党组书记刘选民、副书记程勉贵陪同下参观部分展馆。林军一行来到位于西安高新区的陕西华夏汽车（集团）有限公司进行了调研。他表示，侨联就是侨资企业的"娘家"，有什么困难要及时向侨联反映，侨联会尽全力给予帮助。他还鼓励该企业，在当前经济疲软的大环境下坚守阵地，在创新上多下功夫，带

5 月 13 日，林军主席参观展厅

动企业走出一片新天地。

【组团出访欧洲两国】6月13日—6月20日，应爱尔兰中华北方商会、英国伦敦华埠商会邀请，陕西省侨联考察团前往爱尔兰、英国进行考察访问，实地了解当地经济社会发展和华侨华人在海外的生活工作及分布情况，拜访侨领和侨界知名人士。考察团与爱尔兰中华北方商会侨商田野先生、华埠商会副会长郑德钦先生等华侨华人进行了亲切友好的座谈交流，详细介绍陕西的省情及特点，国家“一带一路”建设规划，推介陕西的“丝博会暨西洽会和公祭黄帝陵活动”。各侨领表示愿意来陕投资兴业，支持陕西经济建设发展以及公益爱心事业。6月18日，考察团一行应邀参加英国陕西同乡会、商会成立大会，考察团团长刘选民代表陕西乡党、代表陕西省侨联向大会致辞。据悉，陕西同乡会目前注册会员已近300人，会员遍及英国的高校、工业、商业、投资和文化等各个领域。此次访问，省侨联与两国侨团侨领建立了畅通的联络渠道，增进了解与互信。省侨联副主席刘润生、尚小红等随团出访。

6月18日，刘选民向英国陕西同乡会商会赠送锦旗

【开展七一表彰】为弘扬社会主义核心价值观，弘扬正能量，在建党95周年之际，经逐级推荐和审定，陕西省侨联对近年涌现出的24名“归侨侨眷模范人物”、26名“优秀侨务工作者”、10位侨界“公益大使”进行公开表彰。8月，在中国侨联召开的全国侨商社会组织工作会议上，陕西省侨商联合会、西安市侨商联合会荣获全国先进侨商社会组织称号，商洛市侨商联合会荣获全国优秀侨商社会组织称号。

【配合陕西省委巡视组开展专项巡视】8月12日—9月12日，中共陕西省委第五巡视组对省侨联进行专项巡视。10月巡视组反馈意见。之后，省侨联党组对反馈的四大方面八个问题进行梳理、研究，明确整改步骤，提出四个方面15条整改措施，并明确责任和整改时限。各党组成员按照责任分工，及时召集相关人员对整改工作进行再安排、再分工、再落实，并要求各部室和党员干部及时行动，落实全面从严治党要求，坚持严字当头、管处用力，以抓铁有痕、踏石留印的劲头延伸整改、彻底整改，切实加强机关党的建设，紧紧围绕省委省政府中心工作，突出侨联工作主题，凝心聚力，不辜负省委对省侨联党组的期望，以实际行动为陕西追赶超越作出新贡献。

【部分新侨创业创新成果获奖】9月，中国侨联第六届新侨创新创业成果交流暨中国侨联新侨创新创业联盟成立大会在北京举行，经陕西省各级侨联推荐和中国侨联评审，西安宝

9月1日，陕西省侨联推荐的新侨获创业创新奖

莱特光电科技有限公司董事长兼首席执行官、陕西省平板显示技术工程研究中心主任赵炜，陕西新光源科技有限责任公司总经理、西安交通大学教授云峰，西安立芯光电科技有限公司总经理杨国文，西安建筑科技大学教授、西安建筑科技大学环境与市政工程学院副院长王磊，西安中科茵康莱医学检验有限公司总经理江山，陕西师范大学刘生忠获得创新人才奖。西安邦威电子科技有限公司总经理李斌的汽车安全驾驶疲劳驾驶预警系统，西北农林科技大学教授赵善廷的神经生物学的基础研究及在畜禽健康养殖中的应用，西安力邦医疗电子有限公司陆渭明的无创连续血压监护仪获得创新成果奖。中国侨联委员、西北工业大学副校长张卫红的航空宇航先进结构设计与制造研究团队，西安交通大学徐峰的即时诊断技术及个性化疾病模型研发创新团队获得创新团队奖。西安洁姆环保科技有限责任公司，西安红叶通讯科技有限公司，西安慕格网络科技有限公司获得创新企业奖。刘兴胜、张卫红、宋琦、王波当选中国侨联新侨创新创业联盟副理事长或理事。10 月，西安金波检测仪器有限责任公司、陕西艾比科网络科技有限公司、西安沸腾医疗软件科技有限公司、加拿大生态创新机构和陕西华夏纪元园区有限公司等 5 家侨资企业赴南京参加由中国侨联主办的“中国侨联新侨创新创业成果展”。

【承接海外华裔青少年夏令营活动】7 月 25 日—8 月 7 日，2016“亲情中华・陕西夏令营”在陕西开启，由来自美国、英国、德国、加拿大、新西兰、巴西、日本和中国大陆、香港等地的 40 名学生、老师组成的营员参加。此次活动内容丰富，一是安排了汉语教学和形式多样的文化体验课，二是安排了富有特色的游览和文化访问，三是牵线搭桥，在活动拓展中突出“影响”，体现“可持续”。期间，省侨联通过《陕西日报》、《华商报》对活动进行了系列报道，利用华商报微博、微信平台对每日活动及时进行图文并茂的报道。

【开展侨胞故乡行活动】为配合中国侨联成立 60 周年纪念活动，9 月下旬，陕西省侨联邀请来自 18 个国家和地区的陕西籍华侨华人和来自哈萨克斯坦的陕西人后裔近 50 人参加“海外侨胞故乡行・走进陕西”活动。华侨华人代表们先后参观西安、延安等地，拜谒了黄帝陵，考察了相关高新技术企业和特色果业产业园，参观了王家坪中国侨联旧址和延安革命纪念馆。

【举行红军长征胜利 80 周年纪念活动】为引导侨界群众重温红色记忆，追寻红色足迹，传承红色精神，珍惜当下，以实际行动服务“三个陕西”建设，10 月 21 日、22 日晚，纪念红军长征胜利 80 周年“信仰的力量大型声乐交响音乐会”在西安音乐学院交响音乐厅举行，省侨联组织老归侨侨眷、海外侨胞、西安留学人员创业园、侨界科技人员、侨资企业和基层侨联、省侨联机关代表 200 余人，与会场近千人一起聆听“红色史诗”。音乐会由陕西省侨联与“中国根”系列活动组委会联合组织，西安音乐学院等单位具体承办，中国文化电视台、澳门卫视并机通过亚洲五号卫星向全球直播。

【举行陕西省侨联工作研讨会】10 月 17 日—18 日，陕西省侨联工作研讨会在西安举行。会议就学习贯彻习近平总书记在党的群团工作会议上的重要讲话精神，落实中央关于加强和改进侨联工作的决策部署，深化改革、创新发展开展研讨交流。党组书记程勉贵，党组成员、纪检组长王建彬，党组成员、副主席

8 月 1 日，举办海外华裔青少年夏令营

10 月 17 日，召开陕西省侨联工作研讨会

高俊峰出席会议，党组成员、副主席、秘书长尚小红主持会议，各市、杨凌示范区侨联负责同志和机关部室负责人参加会议。为开好会议，省侨联利用“两学一做”学习教育契机，用两个月时间，率先在机关全体干部中开展“我是谁、为了谁、怎么干”为主题的征集合理化建议交流活动，党组对大家的意见建议进行充分分析吸纳，明确工作思路，为会议顺利召开奠定了思想基础。11 月 17 日—23 日，来自陕西省侨联系统近 60 名干部参加了中国侨联与陕西省侨联在广东江门市五邑大学、广州市联合举办的侨联干部培训班。

【开展引才引智调研】陕西省侨联组织有关人员，实地走访数十家高校、科研院所及企业，就如何充分借助海外华侨资源，更好地服务全省引进高层次人才工作进行专项调研，先后为省引才主管部门提供综合报告 2 份。

11 月 7 日，陕西省侨联举办专题调研活动

11 月 18 日，举办 2016 陕西省侨联系统干部培训班

【编制陕西省侨联改革方案（草案）】9 月—12 月，根据省委要求，陕西省侨联启动改革方案编制工作。为此，省侨联机关通过问卷调查、召开省市（区）侨联工作研讨会等形式，全面征求基层组织和侨联干部及广大归侨侨眷的意见建议，会同省编办，赴重庆调研该市侨联改革情况，形成综合调研报告

8份、专项报告4份。草案形成后，又与中国侨联、省委组织部、省财政及涉侨单位反复沟通，征求意见建议，进行修改完善，确保年底被陕西省深改领导小组审核通过。

【服务地方经济发展】陕西省各级侨联积极开展招商引资活动。西安市侨联宣传推介“一带一路”倡议中蕴含的巨大商机，邀请加拿大、日本、美国、中亚地区等来自海内外的50多名侨商参会。咸阳市侨联开展侨商进咸阳活动，宝鸡市侨联组织邀请“海外人才为国服务博士团”15名博士到宝鸡开展交流，渭南市侨联依托秦晋豫黄金三角经济协作区吸引侨商，安康市侨联举办“国际（安康）富硒魔芋经贸洽谈会”，铜川市侨联吸引国内侨资企业组团考察当地工业园区。据不完全统计，通过各级侨联牵线搭桥，2016年引进涉及商贸、新农业开发、环保工业等投资项目资金近60亿元。

【助推精准扶贫】陕西省侨联系统开展农村和城镇贫困归侨侨眷家庭情况摸底统计工作，摸清了182户农村贫困归侨侨眷和141户城镇归侨侨眷的家庭情况，为精准扶贫、精准脱贫提供准确的数据支撑。经摸底筛选，省侨联确定补助西安、宝鸡、渭南、延安、安康、商洛市6户特困户每户2万—3万元。在全省侨联系统开展“结对帮扶”活动，在就业指导、困难扶持、爱心捐赠、心理疏导、矛盾化解等方面开展帮扶，累计发放筹措的扶贫资金25万元。

【召开陕西侨联青年委员会换届会】11月15日，陕西省侨联青年委员会第二届委员大会在西安召开，来自全省和33个国家及地区的省侨联青年委员共120余人参加大会。党组书记程勉贵出席会议并讲话。会议审议并通过了省侨联青

11月15日，陕西省侨联领导慰问困难侨胞

委会长马宝明所作的《增进共同理想信念、凝聚青春智慧力量、团结带领侨界青年为加快“三个陕西”建设，实现“中国梦”而努力奋斗》的报告，选举产生了新一届领导班子。

【召开陕西侨商会第三届会员大会】12月29日，陕西省侨商联合会第三届会员大会在西安召开。大会审议并通过了《陕西省侨商联合会第二届工作报告》《陕西省侨商联合会第二届财务报告》《陕西省侨商联合会章程（修正案）》《陕西省侨商联合会经费管理办法（修正案）》《陕西省侨商联合会第三届监事会监事长、监事建议名单》《关于陕西省侨商联合会聘请知名人士担任顾问的决议》和《关于陕西省侨商联合会成立专业委员会的决议》。何建梁当选陕西省侨商联合会第三届理事会会长。全国政协常委、中国侨联顾问王永乐，省侨联党组书记程勉贵，省侨商会会长何建梁等出席会议。

【发展侨界公益事业】陕西省各级侨联努力打造侨界公益平台，积极引导侨界公益团体和爱心人士参与省民生工程。积极争取、促成澳大利亚魏基成慈善列车项目向西安市第二聋哑学校、安康市阳光学校和延安市聋哑学校捐赠价值180万元人民币助听器90副；争取魏依玲夫妇与魏兆祺夫妇向西安、渭南、汉中、安康、商洛5市的16所特教学校学生捐赠价值38万元共1900件棉衣；组织陕西省侨商会会员为贫困地区学校及群众捐赠文体用品和助听器，累计折合人民币约40万元；争取中国侨联海外华侨基金160万余元，为延安市、榆林市果农捐赠884吨有机肥；完成2016年度西安、汉中、渭南3所“珍珠班”的协议签订和招生工作，积极与浙江省新华爱心教育基金会联系，为榆林市绥德县争取了1个“珍珠班”项目（已招生50名）。经各级侨联与海内外华侨华人社团及侨领联系，全年共计争取到2100余万元捐赠资金。

【西安市侨联调研侨资企业经营情况】4月—5月，西安市侨联调研全市1000余家涉侨企业，召开18家侨资企业负责人座谈会，走访20多家侨商会、青委会会员单位，形成《西安市侨资企业基本情况调研报告》，归纳整理侨资企业发展面临的主要困难和对扶持政策的需求，从优化营商环境、打造服务平台、促进转型发展

几方面提出建议，供市委市政府参阅，并被《西安智库报告》2016 卷收录。

【商洛市侨联惠及民生】商洛市侨联把“百侨助百村”活动和侨爱惠民工程作为践行“两学一做”的具体行动，充分发挥侨联联系广泛的优势，组织全市侨联干部、广大侨眷、海外侨胞和社会各界爱心人士，为群众办实事、办好事，累计争取侨界爱心人士捐资捐物 90 多万元。其中：争取香港松峰慈善基金会捐资 50 万元援建商南县试马镇中心卫生院、捐资 5 万元援建丹凤县武关镇梅庄村卫生室；香港众善堂基金会捐资 12 万元援建丹凤县寺坪镇赵塬村白杨树沟爱心路 1 条、丹凤县寺坪镇龙咀村仓沟口便民桥 1 座和山阳县天竺山镇碥头溪村卫生室 1 个；骏马基金会捐资 12.75 万元资助 85 名贫困高中学生上学；陕西航天教育产业集团捐资 2 万元资助两名贫困大学生上学；组织市侨商会，捐资 1.28 万元帮助抗战老兵遗孀 103 岁的李强老人改善住房条件；澳大利亚魏基成基金会为特教学校学生捐赠棉衣 140 套、陕西省客家联谊会为贫困群众及学生捐赠棉衣 440 多件、学习用品 50 多套。

12 月 6 日，商洛市侨联引进公益项目

【铜川市侨联】铜川市侨联坚持“以侨为本”工作理念，把关心和维护广大归侨侨眷的合法权益作为工作的重中之重。一是开展侨界精准扶贫工作。聚焦扶贫攻坚，把精准扶贫工作放在各项工作的首位，印发了《关于贯彻落实精准扶贫工作的通知》，制定了《铜川市侨联 2016—2020 年精准扶贫工作规划》，摸清了全市困难归侨侨眷的情况。二是实施“归侨侨眷关爱工程”。关心解决归侨侨眷的困难和问题，日常工作中每月采取电话问候方式了解老归侨的生活情况，同时与社区建立联系制度，关注全市广大归侨侨眷在生产生活中存在的困难和问题。积极向上级单位争取到各类扶贫和补助资金 7.4 万元，同级配套 1 万元，对全市范围内 5 户归侨和 55 户困难侨眷进行了集中走访慰问。三是争取海外爱心人士捐赠项目。争取到澳大利亚华人慈善家魏基成夫妇助听器捐赠项目 1 个，涉及资金 100 万元，1000 套助听器已全部由四个区县侨联组织联合残联组织共同发放给生活困难的听障人士，帮助他们重回有声世界，取得了良好的社会效果。四是积极开展侨法宣传活动。利用“12・4”国家宪法日暨法治宣传日活动，市侨联联合耀州区侨联以主题座谈和集中宣传的形式开展侨法宣传活动，共发放宣传资料 500 余份、现场接受相关政策法规咨询 20 余人次。

【西北农林科技大学侨联】西北农林科技大学侨联注重发挥科教人才资源优势开展工作。开展侨情普查，摸清资源。经统计，学校有、归侨、侨眷和留学归国人员等 400 多人，包括国家“千人计划”6 人、“青年千人计划”4 人、“长江学者”4 人、“教育部优秀人才支持计划”20 人、陕西省“百人计划”11 人。服务学校人才建设工作和国际化战略，两次召开侨联委员会议，借助拥有的海外资源积极推荐人才，并就“一带一路”项目等工作展开探讨，就开展引智工作中的信息共享、归国人才服务政策等方面提出意见和建议。侨联主席余劲经过长期调研，就我国粮食问题撰写报告，并通过孙其信校长在省政协提出提案，引起相关部门重视。吉红副主席赴丹麦参加全欧华人专业协会联合会欧洲论坛，并赴哥本哈根大学进行了人才招聘。

甘肃省归国华侨联合会

【领导成员名单】

党组书记：张文学

主　　席：樊向勤

副 主 席：芦小燕（女，满，8月21日任职）

闫鹏勋（兼）

马文丕（回，兼）

何元庆（兼）　陈立观（兼）

董化琪（女，回，兼）

秘 书 长：芦小燕（兼）

7月8日，中国侨联主席林军（前排左三）出席第22届兰洽会

【综述】2016年，在省委坚强领导和中国侨联正确指导下，甘肃省侨联以党的十八大和十八届三中、四中、五中、六中全会精神为指引，认真学习习总书记系列重要讲话精神，学习中央推进群团改革和中国侨联改革精神及省委十二届十九次全会精神，紧紧围绕“丝绸之路经济带”甘肃黄金段建设战略部署，着力拓展海外工作和新侨工作，坚持为大局服务和为侨服务相统一，努力推动全省侨联工作创新发展、为经济社会发展作贡献。

【康晓萍副主席出席公祭伏羲大典】6月22日，中国侨联副主席康晓萍率团，组织来自美国、墨西哥、奥地利、新西兰、巴基斯坦、香港等21个国家和地区的60余名侨领及华侨华人来甘出席公祭伏羲大典。省委书记、省人大常委会主任王三运与康晓萍副主席进行亲切交谈。

【林军主席出席第22届中国兰州投资贸易洽谈会】7月8日，中国侨联主席林军一行应邀出席第22届中国兰州投资贸易洽谈会暨丝绸之路合作发展高端论坛。期间，实地考察（香港）华腾富世生态体育公园项目。中国侨联副秘书长、经济科技部部长赵红英陪同。

【举办“丝绸之路经济带”甘肃黄金段侨企项目推介会】7月7日，由中国侨商联合会、甘肃省侨联、甘肃省经济合作局主办，甘肃省侨商联合会承办的“丝绸之路经济带”甘肃黄金段侨企项目推介会在兰州举行。来自意大利、玻利维亚、秘鲁、荷兰、香港等国家和地区的120余名侨商企业家欢聚一堂，畅叙友谊，共话“一带一路”，增进合作交流。

7月7日，“丝绸之路经济带”甘肃黄金段侨企项目推介会在兰州举行

【参与新侨创新创业成果交流】2016年，甘肃省侨联推荐的2名侨界人士获创新人才奖、1个项目获创新成果奖，兰州百源基因技术有限公司被评为新侨创新企业，并成为“中国侨联新侨创新创业联盟”理事单位。省侨联荣获“中国侨联第六届新侨创新创业系列活动组织工作奖”。

【开展国内工作和老侨工作】甘肃省侨联依托离退休归侨侨眷联谊会，举办侨界“迎新春、叙友情、促和谐”慰问茶话会和庆祝中华人民共和国成立67周年暨中国侨联成立60周年等活动。退休在兰州的省侨联历届领导、大专院校、

2 月 3 日，侨界“迎新春、叙友情、促和谐”慰问茶话会在兰州举行

科研院所的侨界专家、侨资企业家代表以及离退休归侨侨眷代表欢聚一堂，畅叙友情，共谋发展大计，展望美好未来。

【拓展海外工作和新侨工作】 4 月下旬，甘肃省侨联组团赴港澳拜访有关侨界社团、慈善组织和政府机构，着重加强与港澳地区侨团的联系，推介张掖肃南县民族歌舞团赴港参加“外交部驻香港公署开放日”主题活动演出，邀请香港心连大地摄影会 20 多名皇家摄影家赴张掖采风，促成甘肃题材摄影展“香港人眼中的张掖”在香港会展中心举办，为陇原文化走出去搭建载体和平台。10 月，省委常委、省委统战部部长王玺玉率甘肃侨务工作代表团出访美国、加拿大，专门开展海外重点侨胞和侨社（团）工作，省侨联主席樊向勤陪同出访。此次出访，省侨联确立了要“联”起来、“合”起来、“讲”起来、“做”起来的工作思路，即利用活动联系、情感联系、节日联系和网络联系，探索建立与海外侨胞和新生代侨胞常态化的沟通协作机制，确保联到位；自觉服从服务于国家外交工作大局，

7 月 17 日，香港心连大地摄影会 20 多名摄影家赴张掖采风

7 月 10 日，张掖肃南县民族歌舞团赴港参加“外交部驻香港特别行政区特派员公署开放日”主题活动演出

联合省内各涉侨部门形成工作合力，创造品牌，扩大影响；引导广大海外侨胞向住在国讲甘肃“好故事”、传播甘肃“好声音”，积极营造良好的国际环境，确保讲得好；把握阶段、准确定位，细化任务、讲究方式，落实力量、靠实责任，加强同中国侨联联系，争取关心支持，确保工作见实效。

【召开甘肃省侨联六届六次全委会】 3 月 10 日，甘肃省侨联召开六届六次全委会议，传达学习中央书记处关于侨联工作的意见、省委书记王三运在省委党的群团工作会议上的讲话，以及中国侨联九届三次全委会议审议通过的《关于动员广大归侨侨眷和海外侨胞为实现国民经济和社会发展第十三个五年规划目标任务贡献力量的决议》，会议选举樊向勤为省侨联六届委员会主席。

【开展侨联换届筹备及改革工作】 7 月起，甘肃省侨联着手部署换届筹备工作，拟定《甘肃省第七次归侨侨眷代表大会组织方案》，并上报省委。其间，就换届事宜多次向省委分管领导汇报，专程赶赴中国侨联汇报换届工作进展情况、请示有关问题，并向省委书记王三运书面报告省侨联“七代会”筹备工作进展情况。目前，正在按王书记批示要求，与有关部门积极协调相关事宜。为深入研究《中国侨联改革方案》和中央、省委有关改革政策，尽快制定甘肃省侨联改革方案，省侨联成立深改政研组，先后深入白银、兰州、武威、省科学院、省农科院、兰州大学、兰州交通大学、西北师范大学、西北民族大学等单位开展调研，重点传达学习《中国侨联改革方案》和中国侨联改革动员大会精神，了解各单位推选“七代会”代表、委员的进展情况，掌握留学归国人员及海外人员现状，为省侨联改革和“七代会”筹备召开做好充分准备。目前，《甘肃省侨联改革方案》（讨论稿）已基本成型。

【参与社会建设】 2016 年元旦春节期间，甘肃省侨联继续开展“送温暖、献爱心”活动，筹集慰问金 10 余万元，赴武威、张掖、酒泉、金昌、临夏走访慰问困难归侨侨眷和双联户。在日常工作中，省侨联坚持把精准扶贫精准脱贫作为“一号工程”来抓，选派得力干部到临夏县马集镇多木寺村任党支部第一书记，与村民同吃、同住、同劳动，在贫困户精准识别、精准管理的基础上，筹措资金近 70 万元，为当地百姓办实事。为“双联”扶贫点多木寺村小学捐赠电脑 40 台、捐建图书室、完善幼儿园设施、开设卫生室，协调省幼师、临夏州师范对幼儿园 6 名教师分期分批进行中长期培训，进一步提高幼儿园师资水平、改善办学

3 月 10 日，甘肃省侨联召开六届六次全委会

春节前夕，省侨联党组书记张文学（右一）赴临夏慰问贫困户

春节前夕，省侨联主席樊向勤（左一）慰问武威蒙古归侨

条件。试种大蒜试验田4亩，硬化巷道2万平方米。集中对多木寺村民进行大蒜、当归、黄芪等种植技术培训，扶持当地特色农牧业发展，探索规模化、集约化种植养殖路子。协调资金5万元，为南侨机工遗孀沈淑雯改善住房条件。

【拓展侨爱心公益事业】 甘肃省侨联加强与浙江新华爱心教育基金会的合作。2007年至今，该基金会已在全省19所学校合作成立“珍珠班”146个，惠及“珍珠生”7775名；建设爱心小学30所、爱心图书室50间，捐资额近7000万元。截至目前，甘肃已成为全国接受“珍珠班”捐赠最多的省份，“珍珠生”每年高考本科上线率均达到100%，为甘肃贫困地区教育事业发展作出了突出贡献。

【开展“两学一做”学习教育】 “两学一做”学习教育是2016年甘肃省侨联党建工作的首要任务。围绕实现集中教育与常态教育互融共进，着力夯实“学”这个基础，紧紧抓好“做”这个关键。强化示范带动，聚焦严守党章党规、学习系列讲话和争做“四讲四有”合格党员等主题，组织开展4次专题学习研讨，每个党员撰写书面交流材料，把自己摆进去，谈认识、谈体会。领导干部带头讲党课、作辅导，发挥以上率下、带头促学的良好作用。强化问题整改，根据有关要求，全面开展党员组织关系集中排查和党费收缴工作，截至2016年12月，收缴党费8620元，清理补交党费659元。强化实际效果，坚持把做合格党员作为学习教育的着眼点和落脚点，联系实际学深悟透、把握精髓指导实践，教育引导各级侨联组织和广大侨联干部进一步增强政治意识、大局意识、核心意识、看齐意识，深刻理解改革的重大意义，把思想和行动统一到中央推进侨联改革的重要部署上来，把推进侨联改革作为与以习近平同志为核心的党中央保持高度一致的具体行动，把落实改革任务作为对思想认识、素质能力、工作水平、作风意志的一次全面考验，不忘初心，真抓实干，不断把侨联事业推向前进。

青海省归国华侨联合会

【领导成员名单】

党组书记、主席：高永英（女）

党组副书记：罗士周

兼职副主席：熊　英（女）　曲　平　谈长燕　蒋孔夫　李大为

秘　书　长：熊　英（女，兼）

【综述】2016年，青海省侨联认真学习贯彻落实十八届五中、六中全会、省委十二届十一次、十二次全委会、中国侨联九届三次全委会、九届六次常委会和省第七次归侨侨眷代表大会精神，围绕全省中心工作，发挥独特优势，参与全省经济建设，努力拓展海外工作和新侨工作，积极开展公益捐资助学和精准扶贫工作，维护侨胞利益，各项工作取得显著成绩，为建设富裕文明和谐美丽新青海作出了贡献。

【用侨代会精神部署推进重点工作】青海省第七次归侨侨眷大会于2015年年底召开。新年伊始，省侨联狠抓会议精神的贯彻落实，组织机关干部和侨联委员，反复认真学习，提高思想认识。大家一致认为，这次侨代会是新形势下召开的一次重要会议，是全省侨界的一次盛会，是贯彻落实好省委办公厅《关于加强和改进新形势下侨联工作的实施意见》的具体措施，大会明确了今后五年侨联工作的目标和方向，进一步提振了做好侨联工作的信心和决心，对于进一步团结动员广大归侨侨眷和海外侨胞投身青海经济社会建设、融入全面深化改革的时代洪流、助推中华民族伟大复兴中国梦青海篇具有重要引领作用。8月12日，省侨联召开七届二次全委会，会议传达学习中央政治局委员、国家副主席李源潮在中国侨联九届六次常委会上的重要讲话和中国侨联主席林军的讲话、副主席董中原会议结束时的讲话，通报了省侨联上半年的主要工作，安排部署下半年的工作任务。会后，组织参加会议的委员赴青海国粮香多餐饮有限公司进行了参观。

【依法维护侨益】7月18日—22日，中国侨联法律顾问委员会主任张耕一行6人来青海进行调研，调研组围绕“依法治国大背景下侨联如何以法治思维和法治方式做好依法维护侨益工作”，分别在省侨联、民和县侨联、青海文商置业有限公司召开座谈会，走访欧璐国际物流有限公司、西建中英文学校，广泛听取侨界群众的意见建议，慰问归侨侨眷。在侨商企业现场为侨胞就法律纠纷问题提供法律服务。鉴于省侨联法律顾问委员会2名人员退休的情况，在省侨联七届二次全委会上，增补青海省树人律师事务所律

2016年7月，中国侨联法顾委领导看望慰问老归侨

8月12日，召开青海侨联七届二次全委会

师陈岩为副主任委员，西宁市纪委（监察局）第三纪检监察室主任朱海洋为委员。9月，组织8名侨联委员、侨商、法律顾问委员会委员、侨联干部赴大连市，参加中国侨联组织的“法治中国·你我同行”相关省份侨界群众法治学习活动。

【慰问困难归侨和侨界代表】春节前夕，青海省侨联配合中国侨联青海慰问组开展了“献爱心、送温暖”慰问活动，慰问侨界代表104人，其中归侨代表15人，归侨侨眷代表75人、侨商代表14人，慰问金额11.4万元。慰问组一行赴西宁市、湟中县、民和县、化隆和循化县，走访侨界代表单位，召开座谈会，宣传省七次侨代会精神，了解他们的生活和工作情况，送上了慰问金和慰问品，并致以新春祝福和节日问候。在交谈中，慰问组对侨胞长期关心和支持侨联事业的发展表示感谢，希望通过他们把党和政府的关心转达给海外的亲属。各位归侨侨眷表达了对党和政府的感激之情，感谢侨联组织的关怀，表示将尽己所能，为国家和地方经济社会发展多作贡献。

【引资引智创新成果】2016年，青海省侨联精心准备，主动向中国侨联和侨商联合会汇报工作，争取上级部门的大力支持；邀请江苏、广东两地的侨商参加投资项目前期考察活动，使侨商们对投资项目有了较深了解；组织有关人员赴北京、上海、浙江等地开展招商推介活动；通过中国侨商网和青海侨联网，将重点招商项目向各省侨联、侨商会和有关海外侨团进行推介，为青洽会的顺利邀商奠定了良好基础。在“青洽会”召开期间，侨商们积极参加组委会组织的各项活动，在6月20日“青洽会”召开的民营企业、港澳台商、侨商项目对接集中签约会上，青海欧璐国际物流有限公司与红星美凯龙家居集团股份有限公司达成合作协议，签约资金1.3亿元，中国侨联副主席李卓彬、中国侨联经济科技部副部长、中国侨商会副会长兼秘书长安晨参加了“青洽会”及签约仪式。会议期间，召开了侨商企业发展座谈会，有11家企业的侨商代表参加了座谈会。在中国侨联第六届新侨创新创业成果交流暨中国侨联新侨创新创业联盟成立大会上，青海省推荐的4名创新人才分别获得“第六届中国侨界创新成果奖”和“第六届中国侨界贡献奖”称号，省侨联获中国侨联“第六届新侨创新创业系列活动组织工作奖”；省侨联在中国侨联经济科技工作会议上作了题为《多效并举，助力全省经济社会发展》的大会交流发言。

春节期间慰问困难归侨侨眷

养老院送温暖

青海新侨获创新创业成果奖

青洽会侨企签约项目实地考察

2016年接待国内外侨胞、侨商、中国侨联、省外侨联人员118人。

【开展助力公益活动】青海省侨联充分借助社会资源，积极开展捐资助学活动。2016年，协调浙江平湖爱心基金会，新增加格尔木市第二中学“珍珠班”一个。全省共有6个“珍珠班”、1个“树人班”，招收新生309人，争取资金231.75万元。7月—8月，配合浙江平湖爱心基金会、中国华侨公益基金会，深入7所学校所属地认真开展新招收学生的家访工作，经公示，顺利完成了秋季新生的招收工作。同时，加大督查工作力度，对各班在教学管理和招生工作中发现的问题，及时纠正，保证“珍珠班”“树人班”正常运行。争取澳大利亚知名旅澳华人、慈善家魏基成夫妇再次为青海省捐赠冬衣2200件，助听器3832套（其中儿童专用数码助听器1832套），成人专用助听器2000套，语言教学机60台。从年初开始，在省教育厅、省残联的积极配合和大力支持下，在全省范围内开展了拉网式聋哑人的调查摸底登记工作。6月，魏基成夫妇“天籁列车”助听器捐赠项目第二次进入青海，小分队15天内深入到二市四州16个县，所到之处，受到广大聋哑人的热烈欢迎，3800多名聋哑人中有99%的人重新听到了声音，演绎了人间大爱，体现了中华民族一家亲的高尚情怀。争取侨胞捐资30万元，修建互助县丹麻镇泽林小学教室，改善学生的学习环境。4月14日，组织机关全体干部、部分常委、侨商会副会长参加在乐都区峰堆乡上一村开展“侨联界助力上一村精准扶贫活动”，对中国侨联下达青海省的精准扶贫项目—全膜马铃薯栽培技术推广进行布置，同时侨商捐助20床棉被，分送给贫困户，深入到4户贫困

6月15日，在湟中县举行助听器、棉衣、教学仪器捐赠仪式

6 月 14 日，义工黄兆邦给特校老师做培训

在扶贫点开展捐赠活动

户家中进行慰问。为纪念红军长征胜利 80 周年，5 月 20 日，组织侨联委员、侨商赴循化红军小学开展红色教育活动，并筹资 2.5 万元，向红军小学捐赠一批体育器材、学习用品、服装和洗衣机等。

【拓展海外新侨工作】9 月 22 日—24 日，青海省侨联开展“海外侨胞故乡行·走进青海”活动，来自美国、加拿大、意大利、德国、荷兰、塔吉克斯坦等国家和地区的 21 名青海籍海外新侨齐聚西宁，围绕“走进青海、了解青海、展现青海经济社会发展新面貌、密切联系感情、加强交流促进合作”为主题，通过寻根问祖、参观考察、座谈联谊、学术交流等活动，深入了解家乡经济社会发展情况，寻找回馈家乡、服务桑梓的结合点和有效途径。10 月 8 日—15 日，组织 6 人出访法国、意大利侨团（社），拜访了法国华侨华人会、法国文成联谊会、意大利米兰华侨华人联谊会、摩德纳华商会、普拉托华商会、罗马华侨华人联合总会、南部文成同乡会 7 个华侨华人社团，同当地著名侨领、华人工商企业家、法律、金融界华人杰出代表举行

5 月 20 日，举行青海省侨联侨商会向红军小学爱心捐赠仪式

开展“海外侨胞故乡行·走进青海”活动

海外侨胞故乡行青海代表团赴北京参加中国侨联成立 60 周年活动

10 月 11 日，参访团在法国考察侨企

座谈会 7 次，实地考察华商企业卡尔比、翡冷翠服装加工厂，走访慰问 2 户老华侨家庭。总计接触访问慰问华商华侨 150 余人次。此次出访，是青海省侨联成立以来的首次海外之行，为进一步拓展海外工作和新侨工作开辟了新领域。

【调研侨联工作】针对侨联工作面临的新形势，青海省侨联组织力量深入市、县及有关单位，对贯彻落实中央和省委《关于加强和改进新形势下侨联工作的意见》以及《实施意见》情况进行调研，查找工作中存在的突出问题，一是深入基层调查研究不够，对侨情把握不准；二是组织建设缓慢，没有充分调动侨胞的积极性。总结出三方面的经验：一是把握需求是重点。把握侨胞需求和社会热点，增强侨联工作的有效性和针对性，是侨联为大局服务和为侨服务相统一的重要体现，是衡量侨联工作成效的重要标准。二是注重交流是手段。注重亲情、乡情、友情是侨联工作的一大特色，贯穿于促进感情交流、深化事业合作、增进文化认同的始终，应保持和发扬。三是创新方法是基础。努力探索把握侨界群众工作的特点和规律，创新工作方法，履行好组织侨界群众、引导侨界群众、服务侨界群众和维护侨界群众合法权益的职责。

【西宁市侨联开展帮扶贫困和联谊工作】一是慰问归侨侨眷。春节期间走访慰问了 10 户归侨侨眷，发放慰问金 1 万元。二是调研贫困归侨侨眷情况。对全市农村城镇贫困归侨侨眷家庭进行了梳理统计，填报农村贫困归侨侨眷家庭统计表和城镇贫困归侨侨眷家庭统计表，全面掌握情况。三是开展招商引资。邀请浙江省金华贸促会金正锋会长、金华市贸促会展览部部长张胜、厦门豪裕会展公司金华分公司总经理楼俊参加青海绿色发展投资贸易洽谈会，了解掌握青海经济发展理念和方向，为进一步争取他们来西宁投资打好基础。四是缔结友好关系。与重庆市渝北、潼南、永川三区侨联签署了缔结友好侨联协议书，并就青海招商引资、加强交流合作、贫困归侨慰问帮扶、归侨侨眷及留学人员调研、珍珠班捐助活动等情况进行了交流宣传。五是做好博士团调研服务工作。协调市文化局、旅游局、农牧局、卫计委和城投公司相关负责人与上海博士团来宁调研相关人员进行座谈，详细介绍西宁市在文化、旅游、卫生、农牧五方面的发展情况，组织博士团成员赴青海清华博众生物技术有限公司、青藏高原农副产品集散中心等单位进行实地考察。

【青海师范大学侨联开展学术活动】一是组织举办学术讲座、与广大师生分享归国人员学术研究成果。生地学院教师、毕业于美国亚利桑那州立大学的巴丁求英博士作题为“高原鼠兔在耦合的社会生态系统里的角色”的报告，美国加州大学访问学者王慧春博士作题为“Datisca glomerata 与 Cluster Ⅱ Frankia 的交互作用及其信号传导研究”的报告，加拿大访问学者马吉祥德副教授作题为“人性化的服务，人性化的设计”的报告，受到广大师生好评。二是参加国侨办侨务干部培训。校侨联秘书长黄芸玛参加了国务院侨务办公室及青海省人民政府外事办在暨南大学举办的侨务工作培训班，获结业证书。三是举办侨联联谊会，促进侨联成员之间的交流。组织举办师范大学侨联联谊会，活跃了侨联成员的业余生活，增进了侨联成员之间的交流。四是积极申请青海师范大学统战部项目，争取项目经费3000元，课题进展顺利。五是加强与西北民族大学来访人员的交流，校侨联两位成员全程参与接待服务和交流座谈，深化了交流合作。

【民和县侨联以活动拓展侨联社会影响】一是加强基础工作。开展侨胞情况调查统计，对漏登的2名县直机关在岗侨眷及时补充完善了相关信息，对2名退休侨眷进行了调查登记。召开3次座谈会、2次培训学习会，组织归侨侨眷认真学习习近平总书记系列讲话精神，中国侨联和省侨联关于侨联工作的有关文件和会议精神，学习侨联工作方针政策，进一步提高思想认识，增强侨联组织的凝聚力。经积极争取县财政每年为县侨联安排工作经费1万元，并纳入县财政预算。进一步完善侨联各项规章制度，努力建设侨胞之家。二是深入开展走访慰问活动，对10名归侨侨眷和侨联干部进行了慰问，把党和侨联组织的关怀和温暖传送到每一个归侨侨眷家中，温暖侨心，凝聚人心。三是积极主动牵线搭桥，加强了与内地及沿海城市侨联组织和侨界人士的沟通联系，通过搭建招商引资平台，积极吸引侨资参与民和城市建设。以归侨侨眷为主要成员的文商置业有限公司等企业参与老城区棚户区改造、川垣新区开发建设，中央城项目、万和国际广场、中意国际项目建设顺利推进，为提升县城形象，服务市民、便利群众生活发挥积极作用。四是积极开展联谊服务活动。接待中国侨联法顾委主任张耕一行6人来民和调研，组织召开座谈会，走访慰问老归侨和留学埃及归来的伊斯兰教教职人员。组织侨联干部参加中国侨联在大连举办的“一带一路”法治培训班学习，组织藏胞眷属参加省藏胞办举办的学习考察活动，进一步激发了藏胞及其眷属的爱国热情。欧洲文成华侨华人（社团）联合会换届前，县侨联向该会换届发出了贺信，密切与该会的联系，积极促进两地交流合作发展。

宁夏回族自治区归国华侨联合会

【领导成员名单】

主　　　席：朱奕龙

常务副主席：姜小玲（女，2016年9月调离）

兼职副主席：田　桦（女）　柯允君　郑俊武　林文斌　藏志勇　黄瑞贵　于志毅

秘　书　长：姜小玲（女，兼，2016年9月调离）

【综述】2016年，宁夏侨联全面贯彻党的十八大、十八届三中、四中、五中、六中全会精神和中央群团工作和侨务工作重要精神，高举中国特色社会主义伟大旗帜，以邓小平理论、“三个代表”重要思想、科学发展观为指导，深入贯彻习近平总书记系列重要讲话精神，坚持以人为本、为侨服务宗旨，坚持为大局服务、为侨服务统一，坚持国内海外工作并重、老侨新侨工作并重，建好侨胞之家，凝聚侨界力量，以改革创新的勇气、开放包容的胸襟、负重自强的精神、求真务实的作风，为建设开放宁夏、富裕宁夏、和谐宁夏、美丽宁夏，为实现与全国同步进入全面小康社会的目标和实现中华民族伟大复兴的中国梦而努力奋斗。

【加强政治理论学习】2016年，宁夏侨联始终坚持加强学习型党组织建设，抓好政治理论学习与业务知识学习，采用集中学与自学相结合、读书与心得交流互动等形式，组织机关党员干部系统学习中国特色社会主义理论和新党章，努力增强学习的实效性。一是采取多种形式深入学习各种会议和文件精神，召开专题座谈讨论会，撰写心得体会和读书笔记，确保思想认识始终与党中央和宁夏回族自治区党委的要求相一致。二是不断加强党建带侨建工作。积极学习、查找问题、召开专题民主生活会，细化解决方案，深化专项管理，严格纪律约束，按照“为民、务实、清廉”总要求，认真整改，重点突破，力求实效。三是加强侨务政策和统一战线理论政策的学习，向基层侨联及时下发学习中国侨联会议和文件精神的通知，明确学习重点，提出具体要求，努力增强做好工作的自觉性和坚定性。

【召开宁夏侨联七届二次全委会】1月25日，宁夏侨联七届二次全委会议在银川召开。全国政协委员、中国侨联副主席、宁夏侨联主席朱奕龙、宁夏侨联副主席姜小玲、田桦、郑俊武、藏志勇、黄瑞贵、于志毅及侨联委员等60余人出席会议。会议传达了中央书记处关于侨联工作的几点意见、李源潮同志到中国侨联看望干部职工时的讲话精神及中国侨联九届三次全委会精神，朱奕龙代表宁夏侨联七届委员会向会议作工作报告，全面回顾总结了2015年宁夏侨联工作总体情况，规划部署2016年的侨联工作，为宁夏侨联工作明确了目标。

1月25日，宁夏侨联召开七届二次全委会

【开展“送温暖、献爱心”活动】在新春佳节来临之际，为了贯彻落实中国侨联关于“送温暖、献爱心”活动的总体部署，1月4日起，宁夏侨联先后走访慰问全区所辖银川、石嘴山、吴忠、中卫、固原、西吉等地市上百户老归侨、困难侨眷和侨界知名人士，加大对困难归侨侨眷的慰问力度，为他们送去了慰问金及米面油等生活必需品，深入了解他们的生活及国

1 月 27 日，宁夏回族自治区党委常委、统战部部长马廷礼（右一），中国侨联副主席、宁夏侨联主席朱奕龙（左一）慰问银川市老归侨外亲属的情况，认真倾听他们对侨联工作的意见和建议。为进一步做好“侨胞之家”建设工作，2016 年宁夏侨联多次深入银川市、石嘴山市、吴忠市、固原市、中卫市的街道社区、院校和侨资企业调研，指导基层组织开展侨联工作，为街道社区捐赠了图书和文化活动类物资，新建了 6 个“侨胞之家”。目前全区已有 10 个街道社区、学院学校和侨资企业建立了“侨胞之家”。

【参政议政工作】参政议政是侨联组织的一项基本职能。宁夏侨联建立了与政协侨联界别委员、归侨、侨眷、侨联干部、侨商企业家等保持经常性沟通交流的机制，努力构筑新时期侨联参政议政工作新格局。2016 年初，宁夏侨联联系归侨侨眷，特别是政协侨联界别委员和有代表性的侨界知名人士积极建言献策，征求他们的意见和建议，经整理归纳后，以提案形式提交宁夏“两会”。2016 年全区各级侨联和政协侨联界别委员共提交提案素材 100 多件，其中有多条提案素材被采纳。

【开展侨爱心工作】经宁夏侨联牵线搭桥，浙江新华基金会捐助的“珍珠班”自 2007 年起，每年面向贫困山区择优录取品学兼优的贫困生，这项计划被称为“捡回珍珠计划”。2016 年“珍珠班”在宁夏育才中学捐助了 5 个班 200 名学生，固原一中 1 个班 40 名学生。多年来，宁夏育才中学的“珍珠班”学生在全国高考中名列前茅，高质量的办学理念和要求已得到捐助人的赞扬，并将宁夏模式向全国推广。对此，基金会理事长王建煊先生专程到宁夏侨联表示感谢。2016 年宁夏侨联还为宁夏大学附属中学争取捐助了 1 个“树人班”50 名学生。

【推进网上侨联建设】借助“互联网 +”优势，重视网络平台建设。宁夏侨联建成并开通了宁夏侨联官方网站、实现了与宁夏回族自治区党务、政务网、侨联通资讯、企信通资讯、侨商网及中国侨联网等的对接与共享。2016 年宁夏侨联充分借助微信等新媒体平台，新建多个联系广大海外侨胞、宁夏区内归侨侨眷、宁夏侨联七届委员会委员的微信群，扩大了“朋友圈”，密切了与海外侨胞的联络。宁夏侨联已和加拿大、美国、西班牙等国的侨社团建立了联系互动机制。2016 年，宁夏侨联向中国侨联、宁夏回族自治区党委、自治区党委统战部报送信息专稿 26 篇，被中国侨联评为“全国侨联信息工作先进单位”。

【加强基层侨联组织建设】侨联工作的重点在基层、活力在基层，为全面把握“只能加强、不能削弱，只能改进提高、不能停滞不前”的总基调，2016 年，宁夏侨联多次赴吴忠市、固原市就进一步建立健全基层侨联组织建设开展调研，并与两市市委领导举行座谈交流。两市领导均表示尽快拿出意见办法，成立地级市侨联组织。目前这项工作正在推进当中。

【开展纪念红军长征胜利 80 周年系列活动】宁夏侨联党支部、工会小组联合石嘴山市侨联党支部、工会小组全体人员分别于 6 月 21 日赴革命圣地延安红色教育基地、11 月 11 日赴宁夏西吉县将台堡红军会师纪念碑，缅怀革命先烈，重温入党誓词，开展“不忘初心、重走长征路”主题教育活动。参观学习活动，不仅提升了组织活动力度，活跃了干部组织生活，而且使侨联系统全体党员干部更加清楚地认识到，一定要继承党的光荣传统，充分发挥共产党员先锋模范带头作用，不断推进“党建带侨建”，为“四个宁夏”建设贡献力量。“七·一”“八·一”节前后，银川市侨联、石嘴山市侨联、中卫市侨联、宁夏大

11 月 11 日，宁夏侨联党支部赴西吉县将台堡红军会师纪念碑开展“不忘初心、重走长征路”主题教育活动

学侨联、固原市外侨办（侨联）分别走访看望部分老归侨，感谢他们将青春和一生都奉献给了宁夏，为宁夏的发展与建设作出特殊贡献。石嘴山市侨联与固原市外侨办（侨联）共同赴六盘山红军长征纪念馆重温老一辈革命家的光辉事迹和长征精神。

【联合澳大利亚“魏基成天籁列车”慈善机构宁夏献爱心】澳大利亚魏基成慈善机构继 2015 年在宁夏实施捐助御寒冬衣和助听器善举活动后，2016 年 5 月 18 日再次将“魏基成天籁列车”驶入宁夏，启动了历时 22 天的捐赠活动，为全区各市、县特教学校、助残中心、残联、听障青少年及儿童、部分听障成人现场验配，几乎所有不同程度的失聪儿童和群众都重新回到了有声世界，受助者激动得热泪盈眶，整个活动呈现出许多非常感人的画面。本次捐助活动时间跨度长，覆盖面广，社会反响大，共捐赠了价值 6460 万元的助听器和价值 1460 万元的语言教学机。在凛冽冬季到来之前，魏基成慈善机构再次伸出援助之手，捐赠价值 600 万元的御寒冬衣，全部发放到全区各地农村贫困群众手中。为更好地落实捐赠活动、进一步了解宁夏贫困人口生活现状，掌握第一手资料，宁夏侨联与银川市侨联、石嘴山市侨联、吴忠市外侨办（侨联）、固原市外侨办（侨联）和中卫市侨联协同配合，分赴银川市兴庆区掌政乡宁红残疾人救助中心、宁夏儿童福利院、石嘴山市惠农区残疾人救助中心、平罗县特殊教育学校、吴忠市特殊教育学校、同心县河东镇同德村、盐池县高沙窝镇长流墩村、中卫市特殊教育学校、中宁县残疾人救助中心、固原市原州区炭山乡、西吉县平丰镇王庆村等地，与当地的贫困学生和群众交流，帮助他们解决学习、生活中的实际困难。魏基成先生是澳大利亚 ABC Tissue 纸业集团总裁，被誉为澳洲纸业大王。“天籁列车”是由魏基成夫妇发起的私人慈善项目，该项目主要捐赠对象为 0 到 20 岁听障青少年人群，同时也适当照顾到部分听障老人。

5 月 23 日，澳大利亚魏基成慈善机构在宁夏开展助听器捐赠活动

【开展联络联谊工作】3 月 24 日，应宁夏侨联邀请，宁港青年交流促进会选派香港优秀青年来宁夏进行为期一周的学习考察活动。考察团实地走访了宁夏儿童福利院、参观了中华回乡文化

园、银川市、石嘴山市等地的工业园区和多个社区的“侨胞之家”等，通过参加园区和社区体验活动，增强了对宁夏经济、文化、社会等情况的直观认识。7 月 9 日，宁夏侨联与宁港青年交流促进会共同组织宁夏优秀大中学生赴香港夏令营，营员们参观了香港的市政建设，并与香港青年大学生开展丰富多彩的互动交流。2016 年 9 月，宁夏侨联组团出访加拿大、美国。与美中友好协会、北美宁夏同乡会及大华府西北同乡会举行座谈并达成了合作协议。

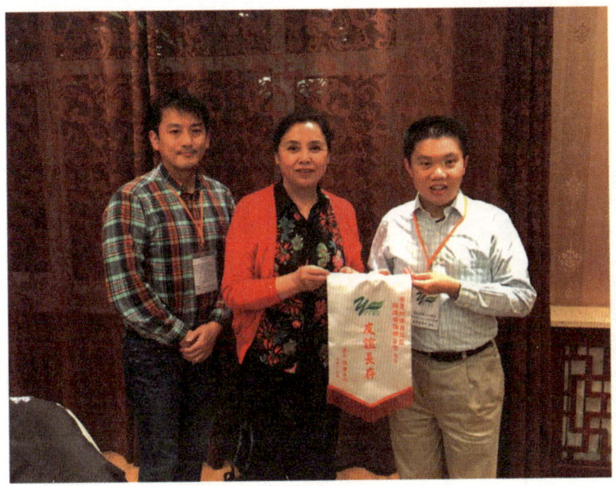

3 月 24 日，宁夏侨联邀请宁港青年交流促进会选派香港优秀青年来宁夏进行学习考察活动

【参加新侨创新创业成果交流会系列活动】9 月 1 日，中国侨联第六届新侨创新创业成果交流暨联盟成立大会在北京举行并表彰侨界有突出贡献的单位和个人，宁夏共有 3 人获得“中国侨界（创新人才）贡献奖”；1 人获得“中国侨界（创新成果）贡献奖”；2 家侨资企业获得“中国侨界（创新企业）贡献奖”，其中 1 家侨资企业还获得中国侨联新侨创新创业联盟副理事长单位资格。宁夏侨联因组织有力、成绩突出获得“组织工作奖”。10 月 26 日，“中国侨联新侨创新创业成果展”在南京国际博览中心开幕。展会为期 3 天，共吸引来自全国各地的 270 多家新侨企业参加。宁夏 2 家侨资企业参展，宁夏同帮新能源科技有限公司在“新侨创新创业成果项目发布会”上作主题发言。

7 月 9 日，宁夏侨联与宁港青年交流促进会共同组织宁夏优秀大中学生赴香港夏令营

9 月 13 日，宁夏侨联代表团与美中友好协会交流

9月1日，宁夏侨联组团参加中国侨联第六届新侨创新创业成果交流暨联盟成立大会

10月26日，宁夏侨联组织参加“中国侨联新侨创新创业成果展”

【举办“海外侨胞故乡行·走进宁夏”活动】 为配合中国侨联成立60周年系列庆祝活动，2016年9月宁夏侨联共邀请20余位宁夏籍海外侨界精英赴北京参加庆典活动，同时邀请他们来宁参加“海外侨胞故乡行·走进宁夏”活动。活动期间，侨胞们参观考察银川市张裕摩塞尔十五世酒庄和葡萄酒文化博物馆、中卫市沙坡头水镇建设、中卫市中关村科技产业园“互联网+”云中心、西部云基地亚马逊AWS数据中心等。当了解到中卫市云中心已有49家企业申请入驻，已选定亚马逊AWS数据中心等6家知识技术密集型企业和21家成长型中小企业入驻云中心后，大家对中卫市发展云计算产业，推动全市科技创新、产业转型升级和为中小企业创新发展提供发展平台的做法给予充分肯定。宁夏侨联、中卫市政府等分别召开座谈会，“促进交流，聚力发展”成为热议话题，多位海外侨胞结合专业特长和工作实际，围绕推进宁夏经济社会发展，促进传统产业转型发展提出了许多意见建议。其中加强传统农业创新、加快文化产业发展、加大特色旅游业宣传力度、提高宁夏知名度、促进宁夏与海内外交流成为亮点意见和建议。大家还表示，要通过各种方式积极参与宁夏建设，向外界宣传宁夏，让外界关注宁夏。

9月29日，宁夏侨联邀请海外侨胞赴宁参加“海外侨胞故乡行·走进宁夏”活动

【维护侨益和基层侨联组织建设】 2016年9月，中共中央政治局委员、国家副主席李源潮来宁夏开展调研工作，听取各有关群团组织的工作汇报。宁夏侨联深入基层、广泛调研、认真研究分析，结合宁夏侨联工作发展现状和侨情变

9月21日，中共中央政治局委员、国家副主席李源潮（右一）来宁夏调研

化实际，精心准备，提出切合实际的意见和建议，并在调研会上作了汇报。李源潮副主席对宁夏侨联的工作给予充分肯定，同时对侨联改革如何把握正确方向、侨联改革如何有的放矢地开展提出了具体要求。宁夏回族自治区党委高度重视群团工作，始终摆在十分重要位置，常抓不懈，推动发展，积极配合党中央出台各种精神的实施办法，召开“宁夏回族自治区党的群团组织工作改革会议”，提出宁夏群团改革的具体方针和总体思路。先后下发《关于加强和改进新形势下侨联工作的意见》《宁夏回族自治区实施〈中共中央关于加强和改进党的群团工作的意见〉的办法》,《意见》和《办法》是全区侨联事业发展的纲领和指导。侨联工作的重点在基层、活力在基层，只有把基层侨联组织建立起来、发展起来，才能成为侨联事业不断创新发展的重要保障。为准确反映侨情民意、做好宁夏侨联改革工作，宁夏侨联在认真学习中央和宁夏群团改革有关文件，吃透精神、把握方向的基础上，赴青海、内蒙古等省（区）及全区各地开展广泛深入的调研，通过召开座谈会、走访、微信问询等形式，了解侨情，找出问题，横向对比，掌握第一手资料，在征求各地市侨联组织、部分归侨侨眷及侨界知名人士的意见和建议后，经反复讨论、论证、修改，最终形成“宁夏侨联改革方案（送审稿）”。

【宁夏回族自治区党委常委调研侨联工作】12月28日，宁夏回族自治区党委常委、统战部部长马廷礼来到宁夏侨联机关开展调研工作。马廷礼首先看望了机关全体干部职工，与大家一一握手问候，了解大家的工作、学习和生活情况，并预祝大家新年快乐！随后召开调研座谈会，听取宁夏侨联近期工作汇报，并就今后宁夏侨联工作重点、宁夏侨联改革工作和宁夏侨联组织和干部队伍建设提出具体要求。宁夏回族自治区党委统战部常务副部长沈凡等有关部门领导参加调研活动。

12月28日，宁夏回族自治区党委常委、统战部部长马廷礼调研宁夏侨联工作

【银川市侨联开展关爱归侨侨眷活动】2016年，银川市侨联在全市6个侨法宣传角社区开展了居民健步行、健康知识讲座、送温暖义诊等6项“爱侨护侨”系列主题活动。支持活动经费6000元，按照中央精准扶贫总体要求，对无固定收入、生活困难和患大病的归侨侨眷进行摸底调查，筛选出103名困难归侨侨眷进

1月9日，银川市侨联开展关爱归侨侨眷活动

行帮扶和救助，帮助解决贫困归侨侨眷生活上的燃眉之急，体现了党和政府对归侨侨眷的关心。

【石嘴山市侨联开展法律宣讲及联络联谊活动】2016年8月，石嘴山市侨联组织侨界律师志愿者，在石嘴山市大武口区裕园等5个归侨侨眷较多的社区，共同举办了“金色健康加油站—老人与法”涉侨法律宣讲活动，为老归侨侨眷讲解防诈骗、防盗的常识以及《物权法》、《继承法》实用知识，教育引导老归侨侨眷学法、用法维护自身合法权益。7月18日，广西壮族自治区侨联主席韦干、书记谭斌带领广西壮族自治区12个地市侨联主席，一行19人到宁夏石嘴山市参观考察，就如何做好为侨服务和少数民族地区的侨务工作，如何为“一带一路”建设服务进行座谈交流和相互学习借鉴，期间举行石嘴山市侨联与广西崇左市侨联缔结“友好侨联”签约仪式。

8月25日，石嘴山市侨联在大武口区裕园等5个社区共同举办“金色健康加油站—老人与法”涉侨法律宣讲活动

7月18日，广西侨联在宁夏石嘴山市参观考察，期间石嘴山市侨联与广西崇左市侨联缔结“友好侨联”签约仪式

10 月 29 日，固原市侨联联合固原市医院在固原原州区古雁街道东海园社区举行“送温暖医疗队”义诊活动

【固原市侨联组织医疗队为贫困地区送温暖】10 月 29 日，固原市侨联联合固原市医院在固原原州区古雁街道东海园社区举行“送温暖医疗队”义诊活动。该活动是关心和改善归侨侨眷生活和健康的一项重要工作，活动包括专家讲座、医疗义诊、健康咨询等内容，旨在发挥侨务工作优势，服务人民群众，切实为归侨侨眷和社区居民解决看病就医实际问题，提高广大居民的健康意识。医疗队专家热情为社区群众开展专题讲座，并在讲座结束后结合群众的不同病情进行诊治，耐心询问情况，认真讲解指导，为他们现场测量血压、血脂。专家们高尚的医德和对患者高度负责的精神得到了归侨侨眷和群众的一致称赞和真诚感谢。

新疆维吾尔自治区归国华侨联合会

【领导成员名单】

党组书记、主席：王永刚

专职副主席：阿不都外力·马木提（维吾尔族）

赛克肉汗·曙亚（哈萨克族）

韩　博

兼职副主席：轩江波　吉　祥　翁国亮

塔来提·吐尔地（柯尔克孜族）　齐凤霞（女）

潘世烈

秘　书　长：韩　博（兼）

【综述】新疆是我国西北的重要侨乡，百万归侨侨眷和海外侨胞是全区的宝贵资源。新疆境外华侨华人有100多万人，其中少数民族占90%以上，主要有维吾尔族、哈萨克族、回族、乌孜别克族、柯尔克孜族、塔吉克族等少数民族，绝大多数居住在中亚、西亚，以周边国家居多。2016年，新疆侨联在自治区党委的坚强领导和中国侨联的业务指导下，认真学习传达、贯彻落实党的十八大和十八届三中、四中、五中、六中全会精神，贯彻落实习近平总书记系列重要讲话精神和以习近平同志为核心的党中央治疆方略，贯彻落实第二次中央新疆工作座谈会精神和中央群团改革决策部署，贯彻落实自治区第九次党代会各项决策部署，紧紧围绕社会稳定和长治久安总目标，围绕中心、服务大局，以人为本，为侨服务，按照自治区党委第九次党代会和中国侨联九届三次全委会的部署和要求，根据年初自治区侨联七届四次全委（扩大）会提出的工作目标，全区侨联系统在人员少、任务重、全力投入“访惠聚”驻村工作、“两学一做”学习教育和“民族团结一家亲”活动的情况下，积极参加社会建设、服务经济发展，取得了一定成绩。

【召开新疆侨联七届四次全委（扩大）会】2月22日，新疆侨联七届四次全委（扩大）会议在乌鲁木齐召开，来自全疆各地的侨联七届委员会委员，自治区有关厅局、各地、州、市侨联和乌鲁木齐市、区两级侨联的负责同志共计80余人，出席、列席了会议。新疆维吾尔自治区党委常委、统战部部长肖开提·依明出席会议并代表自治区党委、政府作了讲话，对新疆侨联2016年工作提出四点要求，新疆侨联主席王永刚代表新疆侨联七届委员会向大会作工作报告。会议还传达了中央书记处对侨联工作的意见、李源潮同志在中国侨联九届三次全委会上的讲话和中国侨联九届三次全委会议精神并进行分组讨论，各地州市侨联委员结合工作实际讨论了侨联工作创新发展。

2月22日，新疆侨联召开七届四次全委（扩大）会

11 月 25 日，新疆侨联召开《新疆侨联改革方案》（征求意见稿）讨论座谈会

党纪，学习习近平总书记系列重要讲话精神，深入学习贯彻落实中央、自治区党委有关文件和会议精神。及时制定下发《自治区侨联“两学一做”学习教育实施方案》，成立自治区侨联“两学一做”学习教育领导小组，学习上做到“五定”，即固定每周学习时间、确定学习内容范围、制定学习教育方式、规定个人自学篇目、评定学习活动效果。同时在党员中定期开展“三个一”活动，即学习篇目每人一讲、学习心得每人一篇、学习体会每人一谈。班子成员以普通党员身份参加支部学习教育活动，带头讲党课，交流学习心得。开展基层党建九项重点任务专项整治工作，主要对党员组织关系、基层党组织按期换届、党费收缴、抓党建促脱贫攻坚、领导机关党员干部学习教育、落实“三会一课”制度、发展党员和规范党员档案管理工作等方面认真开展自查，及时整改发现问题，确保“两学一做”学习教育取得实效。

【学习贯彻落实《中国侨联改革方案》】新疆维吾尔自治区党委高度重视群团改革和侨联改革工作，多次召开深化改革领导小组会议，研究改革方案，广泛征求意见。在自治区党委正确领导和中国侨联指导下，新疆侨联把贯彻自治区党的群团工作会议精神与加强和改进党的群团工作的意见、研究谋划侨联改革作为重大任务来抓。一是加强学习宣传。深刻领会中央和自治区党的群团工作会议精神实质，把握群团改革核心要义，凝聚侨联深化改革共识。二是深入调查研究。坚持问计于侨，广泛听取侨联工作者、归侨侨眷、海外侨胞的意见建议；结合自治区党委专项巡视工作，坚持问题导向，新疆侨联认真查摆问题，找准侨联自身存在的突出问题。三是起草改革方案。新疆侨联党组牵头主抓起草改革方案，参考兄弟省市侨联改革经验，召开专门座谈会，征求有关地州市侨联负责人的意见建议，经反复论证和修改完善，起草形成了《新疆侨联改革方案（征求意见稿）》。

7 月 22 日，新疆侨联主席王永刚为机关干部讲授“勿忘初心，追梦前行”专题党课

【开展“两学一做”学习教育】新疆维吾尔自治区侨联机关以开展“两学一做”学习教育为主线，紧密结合民族团结进步年、纪律教育年、三项治理等工作，狠抓党员干部思想政治学习，坚持每周学习雷打不动，重点学习党章、党规、

【配合自治区党委开展专项巡视】5 月 26 日—6 月 6 日，根据自治区党委统一部署，自治区党委第二巡视组对自治区侨联党组进行了专项巡视。8 月 18 日，第二巡视组从党的领导弱化、党的建设缺失，全面从严治党；六项纪律；落实中央八项规定精神和自治区党委十条规定，加强作风建设三大部分共九个方面存在的具体问题及群

5月26日，自治区党委第二巡视组对新疆侨联党组进行专项巡视

众反映领导干部的问题线索向自治区侨联党组进行了详细反馈，并从五个方面提出了整改意见、建议和要求。新疆侨联按照整改意见和要求，认真梳理，经反复讨论、修改形成了侨联整改方案和整改报告。及时研究制定整改方案，细化整改措施，建立整改台账，明确责任领导、责任部门和完成时限，同时把巡视整改与“两学一做”学习教育、民族团结进步年、纪律教育年、三项治理等活动有机结合起来，紧扣要求学、带着责任做、结合问题改，进一步深化对政治巡视要求的认识，强化落实整改工作的政治责任，不断推进新疆侨联工作制度化、规范化、程序化建设。

【开展“访民情、惠民生、聚民心”活动】2月25日，在人员少、工作任务重、压力大，困难多的情况下，新疆侨联派出8名骨干组成第三批“访惠聚”驻村工作队开展“访惠聚”驻村工作，把开展“访惠聚”工作作为服务基层、服务群众、服务新疆社会稳定和长治久安总目标的重要任务，作为侨联履行服务经济发展、参与社会建设职能的重要内容。侨联主席两次蹲点调研，撰写调研报告，思考调研问题，提出意见建议，推动驻村工作和服务“三农”工作。工作队员切实增强“四个意识”特别是核心意识、看齐意识，切实把思想和行动统一到以习近平同志为核心的党中央治疆方略上来，统一到自治区第九次党代会精神上来，统一到自治区党委决策部署上来，聚焦总目标，坚定不移把“访惠聚”驻村工作抓紧抓实抓到位、落细落小落具体，工作取得了实效。以维护社会稳定为重点，完善维稳机制，积极配合镇党委、村党支部开展“揭盖子、挖幕后”专项行动，做好违法犯罪人员悔过自首、检举揭发工作。协助村“两委”健全三级组织架构，建强基层组织，选优配强村“两委”班子，指导和配合加依村“两委”换届工作，协助村“两委”全面开展创新工作。积极发挥“传帮带”作用，工作队与村干部、村小队长开展“一

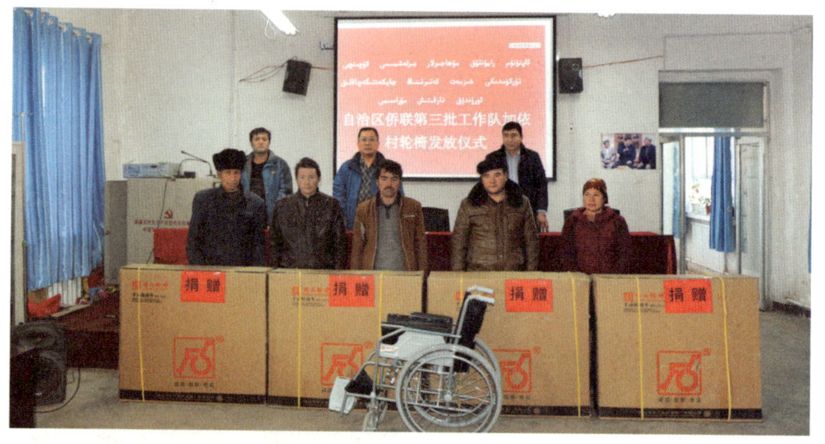

12月24日，新疆侨联副主席兼秘书长韩博（中）代表第三批“访惠聚”驻村工作队向加依村捐赠轮椅

新疆侨联第三批“访惠聚”工作队与加依村村民共同欢度新春佳节

新疆侨联第三批“访惠聚”工作队邀请辽宁舰退役女兵到加依村作报告

大会的精神，坚决贯彻落实自治区党委关于加强民族团结进步的安排部署，向全疆下发《关于在全区侨联系统和侨界群众中深入开展“民族团结进步年”活动的通知》，成立“侨联‘民族团结进步年’活动领导小组”。制定出台《自治区侨联机关关于开展“民族团结一家亲”活动实施意见》，成立“自治区侨联‘民族团结一家亲’活动领导小组”，做好组织动员，新疆侨联驻村工作队第一时间行动起来，为机关全体干部职工确定了结对认亲对象。机关干部职工分批赴阿克苏地区温宿县佳木镇加依村（侨联“访惠聚”驻村点）开展“民族团结一家亲”结对认亲活动，取得了初步成效。

帮一、多帮一、一帮多”帮带工作。广泛开展思想教育，强化感恩教育，增强群众“五个认同”。重视做好村里宗教人士的教育，引导群众开展合法宗教活动，进一步推进加依村宗教和睦和顺。关心群众疾苦，急群众所急，想群众所想，为群众办好实事好事，为村民免费赠送化肥、农药等生产物资，为村教学点捐赠价值数万元的书包、文具、床、被褥等物品，看望慰问贫困户、四老人员等，让他们切实感受到党和政府的关怀。着力拓宽致富门路，加强实用技术和劳动培训，帮助村民销售农产品。驻村工作队的工作事迹先后被新疆卫视、最后一公里、昆仑网、《阿克苏日报》等多家媒体采访报道。

【开展“民族团结一家亲”活动】新疆侨联始终重视深入学习党的民族宗教政策，加强民族团结进步宣传教育，认真学习习近平总书记关于民族团结系列重要讲话精神，坚决贯彻落实中央民族工作会议精神，学习传达自治区“民族团结进步年”动员大会和“民族团结一家亲”活动动员

新疆侨联副主席赛克肉汗·曙亚（右）向“民族团结一家亲”结亲对象赠送哈萨克族传统服装

【海外侨胞故乡行·走进新疆】9月22日—28日，新疆侨联组织邀请来自世界各地10余个

9月22日，新疆侨联举办“海外侨胞故乡行·走进新疆”座谈会

9 月 23 日，新疆侨联举办“海外侨胞故乡行—走进新疆”活动

国家的 20 余名新疆籍海外侨胞代表，前来乌鲁木齐市开展“海外侨胞故乡行 · 走进新疆”活动，各国侨胞代表出席了第五届中国—亚欧博览会和中外文化展示周活动，参观考察了侨资侨属企业和乌鲁木齐市高铁新区新客站等。通过座谈交流活动，更多更深更细地了解到海外侨胞的心声，侨胞目前在海外的状况、心愿、期盼和要求，倾听他们对祖国家乡发展变化的深刻感受和好的想法建议，其中 15 名侨领应邀赴北京参加中国侨联成立 60 周年庆典活动和国庆招待会。

【联谊交流工作】 为积极配合国家总体外交、“丝绸之路经济带”核心区建设和中华文化走出去战略，树立新疆在国际上的良好形象，更好地发挥新疆侨联地域、民族和民间外交优势，坚决贯彻新疆维吾尔自治区党委确定的“立足周边，面向亚洲，走向世界”的对外交往方针，弘扬和传播中华文化，坚持“两个拓展”要求，加强与海外侨胞和侨社团的联谊，丰富海外华侨华人文化生活，加深与周边国家的人文交流、增进友谊。新疆侨联紧紧依托中国侨联“亲情中华”活动，继续推动基层侨联走出去，安排、组织和支持克拉玛依市、博尔塔拉蒙古自治州、伊犁哈萨克自治州和塔城地区侨联，先后赴哈萨克斯坦、俄罗斯、蒙古等周边国家开展“亲情中华”海外出访慰问侨胞活动。并支持巴音郭楞蒙古族自治州在当地面向社会开展“亲情中华”活动，通过文艺搭台、侨联唱戏，大力宣传新疆各民族优秀传统文化，宣传党的民族宗教政策、民族团结政策、讲好新疆故事、展现新疆新面貌、传播新疆正能量，得到当地侨社团、海外侨胞、归侨侨眷的热烈欢迎和一致好评。

10 月 11 日，博尔塔拉蒙古自治州侨联“亲情中华”艺术团赴俄罗斯联邦进行慰问演出

6 月 10 日，克拉玛依市侨联“亲情中华”艺术团在哈萨克斯坦共和国进行慰问演出

8 月 24 日，巴音郭楞蒙古族自治州侨联举办纪念中国侨联成立 60 周年“亲情中华”文化演出活动

开展了侨商侨企调研活动，走访了乌鲁木齐市和昌吉回族自治州 10 家侨商企业，完成了侨商会年检工作，协调办理了税务等相关手续。筹备召开了新疆侨商会第三次理事会，提出了工作中存在的问题和今后的工作思路。积极组织侨界优秀人才参与自治区“天山英才”培训计划，为侨企发展和人才培养争取经费，努力做好服务、提供支持。

【普法维权工作】根据中国侨联工作要求，新疆侨联制定了普法依法治理工作实施方案和开展法治宣传教育的第七个五年规划及贯彻落实方案，为实施“七五”普法做好准备工作。11 月 25 日，新疆侨联机关积极参与自治区“与法同行 万人宣讲”活动，王永刚主席为机关干部职工作了“依法治区”专题讲座，全体机关干部职工参加网络学法用法考试。同时，为切实履行职能作用，维护侨界群众权益，新疆侨联成立了以党组书记、主席王永刚任组长，各副主席任副组长的信访工作领导小组，随时接待群众来信来访，及时了解协调处理信访维权工作情况。全疆侨联系统已成立法律服务所（站）10 个，聘请法律工作者 82 人。各级侨联法顾委和法律服务所（站）充分发挥作用，为维护侨界群众的合法权益提供法律咨询服务，为他们依法维权提供支持与帮助。

【文化宣传工作】新疆侨联认真落实自治区党委关于“加强海外新疆籍少数民族华侨华人和留学生工作”有关任务，加强同周边国家和新疆籍海外侨胞较为集中国家的侨团侨领联系联谊，2016 年接待了来自澳大利亚、德国、土耳其、巴基斯坦、乌兹别克斯坦、吉尔吉斯斯坦等十几个国家的数十名海外侨领、华侨华人赴疆考察交流，开展座谈，沟通侨情，加深了解，增进感情。8 月 16 日，新疆侨联协办旅澳华人著名画家姚迪雄先生“一带一路，扬鬃奋蹄”画展，侨联主席王永刚致辞并为画展揭幕。此外，新疆侨联围绕重点工作和重大活动积极做好宣传报道，全疆一半以上地、州、市侨联组织开通了“微信公众号”，利用新媒体手段，开展宣传报道工作，不断扩大侨联社会影响力。全年编印《新疆侨联》期刊 3 期、《新疆侨联信息》20 期；编辑印发《自治区侨联住阿克苏地区温宿县佳木镇加依村工作掠影》；撰写上报各类信息 30 多篇，编发侨联微信群动态 47 条。新疆侨联荣获 2016 年度全国侨联系统信息工作表彰奖励。

【服务经济建设】7 月 24 日，在北京召开的全国侨商社会组织工作会议上，新疆（国际）侨商联合会被授予“全国先进侨商社会组织”荣誉称号。9 月 1 日，在中国侨联第六届新侨创新创业成果交流活动暨中国侨联新侨创新创业联盟成立大会上，新疆侨联推荐的 2 名创新人才、1 个创新成果、1 个创新团队、1 个创新企业分别获得“中国侨界贡献奖”。同时，新疆侨联在全疆

【开展“侨爱心、送温暖”活动】新疆侨联积极开展“送温暖、献爱心”活动，安排全区侨联代表中国侨联和新疆侨联面向侨界部分老领导、老党员、老干部、贫困归侨侨眷开展慰问工作。组织开展贫困归侨侨眷家庭调查摸底工作，向各地、州、市侨联发出通知，安排要求做好侨界贫困群众统计工作，为侨界精准识贫、精准扶贫做好准备。侨联“访惠聚”驻村工作组紧扣帮扶村的教育、医疗、就业等热点问题开展调研，就农村经济发展、乡村教师队伍建设、经济作物农产品销售等献计献策，捐款捐物。此外，全疆各级侨联组织积极配合中国侨联开展“送温暖、献爱心”活动，共计向侨界群众送去慰问品、慰

2月2日，新疆侨联主席王永刚（左）慰问在乌老归侨

问金价值10余万元。这些公益慈善和慰问活动的开展，向侨界群众送去党和政府、侨联组织的关怀和温暖，取得良好的社会效益和较好的政治影响。

【调研考察座谈工作】 3月9日—16日，为认真贯彻落实自治区党委安排部署，加强新疆籍少数民族海外侨胞和留学生工作，新疆侨联派阿不都外力·马木提副主席带领调研组赴土耳其和哈萨克斯坦两国调研，了解新疆籍少数民族华侨华人在居住国的生活和工作情况，形成了翔实的调研报告，上报中国侨联领导并得到重视和肯定。2016年，根据自治区党委、政府统一安排部署，新疆各级侨联组织围绕“访民情、惠民生、聚民心”活动和“侨联改革”等专题项目开展有关调研工作。

3月9日，新疆侨联副主席阿不都外力·马木提在土耳其调研

新疆生产建设兵团归国华侨联合会

【领导成员名单】

党组书记、主席：王宇科

专职副主席：轩江波

兼职副主席：闫新梅

【综述】兵团侨联六届委员会现有委员 25 名，其中常委 13 名。2016 年，在中国侨联的关怀指导和兵团党委的正确领导下，兵团侨联认真贯彻落实党的十八届五中、六中全会精神和兵团党委六届十五、十六次（扩大）会议精神，围绕中心、发挥优势，促进和谐，服务大局，努力做好各族归侨侨眷和海外侨胞的宣传引导、组织动员和凝心聚力工作，不断推进侨联事业健康发展，为促进兵团侨界和谐稳定发挥了应有作用。

【召开兵团侨联六届二次全委会】3 月 4 日，兵团外事侨务旅游工作会议暨兵团侨联六届二次全委会议在乌鲁木齐召开。兵团党委常委、副政委徐伟华出席会议并作重要讲话，充分肯定了“十二五”和 2015 年兵团外事、侨务、旅游工作取得的成绩，指出 2016 年是“十三五”的开局之年，外事工作要不断强化服务对外开放的职能作用，统筹用好两个市场、两种资源，在更高水平上全面参与国内外经济合作与竞争；发挥地方外事工作具体务实的特点，提高合作的精准性和实效性，切实履行好“党管外事”的工作职责，加强因公出国（境）和涉外安全管理；要完善为侨服务体系，推进“两个拓展”，着力做好海外新疆籍少数民族侨胞工作，积极传播中华优秀传统文化，宣传新疆，讲好兵团故事；旅游工作要坚持创新、协调、绿色、开放、共享的发展理念，科学编制旅游产业“十三五”发展规划，按照全域旅游发展战略，推动构建“一心一圈两带多点”的旅游业发展新格局。要注重打造“中国屯垦旅游”主体品牌，拓宽旅游扶贫路径，强化“大旅游”理念，推动“吃住行游购娱”要素全面发力，与一二三产业深度融合，培育新的旅游消费热点。兵团外事局（侨办、旅游、侨联）党组书记、局长王宇科作了题为《树立新理念、适应新常态、展现新作为，奋力开创兵团外事、侨务、旅游工作新局面》的工作报告，总结“十二五”和 2015 年兵团外事、侨务、旅游工作，明确“十三五”总体思路，安排部署 2016 年重点工作。

3 月 4 日，召开兵团外侨旅工作会议暨兵团侨联六届二次全委会，兵团党委常委、副政委徐伟华出席会议

【加强学习领会侨联改革精神】兵团侨联深入学习《关于加强和改进党的群团工作的意见》。《意见》对加强和改进党对群团组织的政治领导、思想领导、组织领导，发挥群团组织作用、推动群团组织改革创新提出了明确要求。兵团侨联党组及时做出安排部署，组织侨联系统认真学习深刻领会中央《意见》精神和《中国侨联改革方案》，要求各级侨联机关牢牢把握工作的政治方向，始终把侨联组织置于党的领导之下，采取多种形式深入学习贯彻习近平总书记在中央外事工作、中央统战工作、中央党的群团工作会议和“两学一做”专题教育的系列讲话精神。一是强化法治意识，使侨联各项工作做到依法履职、依法行事、依法决策；二是强化外交大局意识，发挥侨联组织民间外交作用，使侨联工作始终服从、服务于我国外交战略；三是进一步探索兵团侨联改革，发挥更大作用，不断凝聚侨心；四是进一步找

准做好侨界群众工作的切入点和着力点，关注侨界群众的利益诉求，在服务侨界群众中不断推进工作。

【围绕中心加强交流】2016年，兵团侨联围绕中心，服务丝绸之路经济带核心区建设和兵团经济社会发展。一是推动高层互访促进"一带一路"倡议实施。兵团侨联积极推动兵团"走出去、请进来"倡议实施，促成兵团与"一带一路"沿线国家特别是周边国家的高层交往。刘新齐司令员、宋建业副司令员、孔星隆副司令员、徐志新常委、郭永辉常委等兵团领导分别率兵团经贸或文化代表团赴中亚、南亚及澳大利亚、新西兰等国开展经贸考察和文化交流活动。兵团侨联党组书记、主席王宇科，侨联党组成员王承军分别陪同出访，拜访当地华侨华人社团，宣传丝绸之路经济带战略构想和兵团优势。同时，许多沿线国家围绕"一带一路"倡议发展，纷纷派出政要、驻华使节及农业、科技、文化代表团来访兵团，王宇科主席等兵团侨联领导多次出席高层会晤，通过考察和座谈，进一步加强了兵团与相关国家的交流与合作，加快了兵团参与丝绸之路经济带建设的步伐。二是邀请江苏侨商代表团一行12人来疆开展侨资企业兵团行活动，到第四、五、十二师就投资环境进行为期7天的考察，并同相关师发改委、招商、经贸等部门进行座谈。江苏侨商进一步了解兵团的基本情况和重点投资领域及相关政策，为侨商到兵团投资兴业，实现双赢创造了有利条件。接待海外侨界（领）来兵团参访考察、商洽合作，为兵团招商引资和招贤引智牵线搭桥。先后接待国侨办组织的"海外华侨华人社团负责人参访团"、"海外华人精英高访团"、"海外侨领考察团"等三批次海外侨界高层人士来兵团参观考察，扩大了兵团在海外的影响力。

【开展送温暖活动】兵团侨联坚持以"送温暖、献爱心"和"关爱工程"为载体，组织各级侨联开展走访慰侨和扶贫帮困活动，为侨界群众排忧解难，维护侨界一方平安。一是在元旦春节期间，兵团侨联组成送温暖慰问组，王宇科主席、轩江波副主席分别带队赴六师、八师、十一师、十二师、石河子大学、农科院等单位对23户归侨侨眷进行慰问，每到一处，与困难归侨侨眷亲切交谈、嘘寒问暖，详细询问他们的生活、健康和家庭情况，叮嘱他们保重身体，有困难及时向侨联反映，并祝愿他们身体健康，新年愉快。同时送去了慰问品和慰问金。春节前夕，兵团侨联对所属14个师市（院校）拨付10.8万元慰问金，对特困归侨侨眷、长期患病的困难归侨侨眷进行了救济。二是在"七一"前夕，兵团侨联下拨8万元慰问资金，专项开展走访慰问侨界老党员和困难家庭活动。三是积极争取中国侨

王宇科主席与归侨齐亮夫亲切交谈

2月2日，轩江波副主席与十二师104团侨属苗新生亲切交谈

省级侨联工作

联支持，为八师石河子市老街筹建“爱心侨园”项目争取到5万元资金支持。四是王宇科主席、轩江波副主席分别带队赴三师伽师总场、46团，四师88团及八师石河子市、十二师多次调研扶贫帮困工作，推动精准开展侨务扶贫工作。

11月16日，兵团侨联在三师伽师总场召开“民族团结一家亲”活动启动仪式

【开展“访惠聚”活动】 2016年，兵团侨联深入推进“访民情、惠民生、聚民心”工作，促进新疆科学发展、民族团结、宗教和谐。一是兵团侨联派出第三批“访惠聚”驻村（驻连）工作组，由侨联党组成员带队在南疆岳普湖县阿洪鲁库木乡四村、三师伽师总场十连、十一连开展“访民情、惠民生、聚民心”活动，同时安排50万元专项资金用于开展扶贫帮困，受到村连职工群众特别是涉侨家庭的普遍赞誉。二是积极响应自治区党委和兵团党委开展“民族团结一家亲”活动，促进各族干部民众在共同生产生活和工作学习中加深友谊、增进感情。兵团侨联全体党员干部与三师伽师总场十连维吾尔族家庭结亲，真情帮扶，帮助解决结对户最希望办、最迫切办、眼下能够办好的实际问题，帮助解决上学难、看病难、就业难等燃眉之急，做到一次结亲、终生结缘。

5月6日，轩江波副主席一行赴十二师西山农场调研

【开展涉侨公益事业】 2016年5月，经兵团侨联进一步争取，兵团侨联申请香港应善良福利基金会捐助石河子大学第七批30名贫困大学生受助项目获得批准。5月26日，香港应善良福利基金会、兵团侨联、石河子大学三方就无偿设立2014级（第五批）“应善良助学金”受助项目签订《捐资（大学生）助学意向书》。至此，该项目共有七批210名贫困大学生得到资助。

香港应善良福利基金会捐助石河子大学第七批30名贫困大学生

【举办兵团侨界“迎中秋·庆国庆”联谊会】9月10日，在国庆、中秋佳节和穆斯林群众的传统节日古尔邦节到来前夕，兵团侨联举办了庆祝中国侨联成立60周年暨2016兵团侨界“迎中秋庆国庆”联谊会。师（市）、团场、院校的60多名归侨侨眷代表参加了联谊会。其间，兵团歌舞团表演了精彩节目。通过开展品牌活动，活跃了侨界气氛，增强了侨联组织的凝聚力和向心力。为纪念中国侨联成立60周年，兵团侨联承办了由中国侨联主办的“海外侨胞故乡行·走进兵团”活动。来自美国、日本、加拿大等国家的海外侨胞分赴六师五家渠市、八师石河子市进行考察、参观、讲座，这是兵团侨联近年来着力拓展海外联络工作、拓展服务新侨工作的重大突破。此次故乡行活动是兵团首次组织海外侨胞来访。

【开展文化交流活动】9月20日，兵团侨联邀请新西兰中华文化艺术学院区本先生在石河子大学举办“亲情中华”书画展。开幕式当天有600多人次参观。兵团侨联还积极组织参加第十七届世界华人学生作文大赛，兵团有多名中小学生分获一、二、三等奖项，有5个侨联组织获大赛组织奖。通过参加国内赛区的比赛，有力推动了中华优秀文化在海内外青少年中的传播。兵团军垦博物馆被中国侨联授予中国华侨国际文化交流基地。

9月10日，兵团侨联举办“迎中秋庆国庆”暨中国侨联成立60周年联谊会

9月29日，兵团侨联举办“海外侨胞故乡行·走进兵团”活动，参观兵团六师将军纪念馆

2016年10月，兵团侨联邀请新西兰中华文化艺术学院区本先生在石河子大学举办“亲情中华”书画展

中央直属机关归国华侨联合会

【领导成员名单】

主　　　席：李君如
常务副主席：张海鸽（女）
副　主　席：廖　东　邢砚庄（女）
　　　　　　谢东梅（女）　李敬祥
　　　　　　赖幼学（女）　李光夏
秘　书　长：谢东梅（兼）
副秘书长：吕　涛　高晶民（女）
　　　　　　钱建忠

【综述】2016年，在中直工委和中国侨联的领导下，中直机关各级侨联组织全面贯彻党的十八大和十八届三中、四中、五中、六中全会精神，深入学习贯彻习近平总书记系列重要讲话精神和治国理政新理念新思想新战略，始终坚持"党建带侨建，侨心连党心"，围绕中心、服务大局，以人为本、为侨服务，充分发挥桥梁纽带作用，各项工作取得了新进步。

【召开中直机关侨联工作会议】2月23日—24日，中直机关侨联召开工作会议，传达学习中直机关党的工作会议和中国侨联九届三次全委会议精神，总结2015年工作，部署2016年任务。中直工委副书记李勇出席会议并讲话。他充分肯定中直机关侨联过去一年取得的成绩，对做好2016年侨联工作提出要求。他强调，要自觉用习近平总书记系列重要讲话精神武装头脑指导实践推动工作，牢固树立政治意识、大局意识、核心意识、看齐意识，把对党绝对忠诚作为根本政治要求，严守政治纪律和政治规矩，切实保持和增强群团组织的政治性、先进性、群众性。要自觉把服务大局和服务群众有机统一起来，努力体现"顶天立地"的要求，既着眼党和国家工作大局和本单位中心工作搞好"公转"、做好"结合"，又立足职责定位、聚焦服务群众搞好"自转"，切实把服务大局服务群众各项工作抓紧抓好抓出成效。他要求，要努力改进工作作风，积极推动改革创新，夯实基层基础，扩大组织覆盖

3月23日，中直工委副书记李勇出席中直机关侨联工作会议并讲话

3月23日，中直机关在北京召开2016年侨联工作会议

省级侨联工作

和工作覆盖，探索运用互联网服务和联系群众的新方式、新途径。

【召开中直机关侨联三届二次常委扩大会】 1月29日，中直机关侨联召开三届二次常委扩大会议，传达学习中直机关党的工作会议和中国侨联九届三次全委会议精神，总结2015年工作情况，研究2016年工作思路。中直机关侨联主席李君如出席会议并讲话。他强调，中

1月29日，中直机关侨联在北京召开三届二次常委扩大会议，中直机关侨联主席李君如出席会议并讲话

直机关各级侨联组织和广大归侨侨眷要深入学习贯彻习近平总书记系列重要讲话精神特别是关于群团工作和侨联工作的重要论述，深刻领会党中央治国理政新理念新思想新战略，把侨联工作纳入“四个全面”战略布局之中；要深化中国特色社会主义宣传教育，以爱国主义为核心，引领动员广大归侨侨眷进一步弘扬华侨优良传统，自觉培育和践行社会主义核心价值观；要以庆祝建党95周年为契机，深化“侨心连党心·共筑中国梦”主题活动，发挥侨联组织和归侨侨眷的独特作用，引导广大归侨侨眷岗位建功，主动配合做好经贸合作、科技交流、民间往来等工作，为加快转变发展方式、推进供给侧结构性改革、推动经济社会持续健康发展献策献力；要发挥侨联组织工作在国内、影响在海外的优势，引导归侨侨眷讲好中国故事、传播中国声音，做中外友好的使者；要认真做好侨界扶贫工作，开展归侨侨眷困难情况调查摸底，着力推动参照北京市做法为老归侨发放临时生活补贴全覆盖工作，深化“情缘工商、为侨服务”活动，探索依托地方资源拓展为侨服务工作的新路子；要进一步加强侨联组织自身建设，推动吸收新侨工作，扩大“朋友圈”，举办侨联干部培训班，进一步提高侨联干部业务能力。

【学习贯彻党的十八届六中全会精神和习近平总书记系列重要讲话精神】 结合“学党章党规、学系列讲话，做合格党员”学习教育，中直机关侨联认真学习贯彻党的十八届六中全会精神，引导广大归侨侨眷牢固树立“四个意识”，争当“三个表率”，毫不动摇地坚持党的领导，毫不动摇地维护以习近平同志为核心的党中央的权威。深入学习贯彻习近平总书记系列重要讲话精神和治国理政新理念新思想新战略，树立创新、协调、绿色、开放、共享的发展理念，准确把握侨联工作在党的工作全局中的重要定位，进一步增强走中国特色社会主义群团发展道路的思想自觉和行动自觉。配合党组织开展对党绝对忠诚教育，坚决查找和克服“机关化、行政化、贵族化、娱乐化”问题。坚持围绕中心、服务大局，充分发挥侨联组织和归侨侨眷、海外华侨在服务“一带一路”建设中的独特优势，密切海内外沟通联系，为我国和平发展营造良好国际环境。积极探索侨联工作和侨联组织改革创新，以高度的使命感责任感和满腔热情做好服务归侨侨眷工作，凝聚侨心侨力，团结带领广大归侨侨眷为实现中华民族伟大复兴的中国梦共同奋斗。

【开展中国侨联成立60周年纪念活动】 中直机关侨联开展华侨优良传统教育，宣传侨联工作成就，团结引领广大归侨侨眷立足本职、干事创业，相互关心、携手前进，努力开创侨联事业新局面。认真做好从事侨联工作20年以上人员调查统计工作，中直机关41名侨联工作者获得中国侨联颁发的纪念证书。总结梳理中直机关侨联发展历程和重要活动，为编纂《中国侨联60年》提供素材。组织归侨侨眷代表参加在人民大会堂召开的中国侨联成立60周年纪念大会，现场聆听学习中央政治局常委、全国政协主席俞正声重要讲话和中国侨联主席林军致辞。

【组织参观“纪念先行者　共圆中国梦”——孙中山先生诞辰150周年珍贵影像展】 2016年是中国民主革命的伟大先驱孙中山先生诞辰150周年。11月15日，中直机关侨联组织归侨侨眷参观在中国政协文史馆举办的“纪念先行者 共

11 月 15 日，中直机关侨联主席李君如和归侨侨眷参观在中国政协文史馆举办的“纪念先行者 共圆中国梦”—孙中山先生诞辰 150 周年珍贵影像展

他（她）们的意见建议。中直各单位侨联（小组）争取多方支持，与机关党委、工会等共同开展走访慰问活动，为归侨侨眷送去节日的祝福和组织的温暖。7 月上旬，李君如主席看望慰问 90 岁高龄的中国出版集团侨眷，人民文学出版社编审、作家、翻译家文洁若（著名文学家和翻译家萧乾的夫人），对她在翻译出版领域取得的巨大成就和勤奋耕耘、无私奉献的崇高精神表示敬意，并向其赠书法作品“美意延年”祝贺寿辰。文洁若和李君如开怀畅谈，也将自己亲笔签名的著作赠送给李君如。

圆中国梦”—孙中山先生诞辰 150 周年珍贵影像展，开展爱国主义和革命精神教育。李君如主席和大家一起认真观看展出资料，并介绍相关历史和背景知识，使大家进一步了解了孙中山先生一生以革命为己任、立志救国救民，为中华民族作出的彪炳史册的贡献，深化了对孙中山先生热爱祖国、献身祖国的崇高风范，天下为公、心系民众的博大情怀，追求真理、与时俱进的优秀品质，坚韧不拔、百折不挠的奋斗精神的理解和认识，增强了为实现中华民族伟大复兴的中国梦而努力奋斗的使命感责任感。

1 月 21 日，中直机关侨联主席李君如（左）看望慰问中直机关侨联顾问、中国侨联原副主席唐闻生（中）

【开展送温暖送祝福活动】 春节前夕，中直机关侨联筹措 3.2 万元专项经费，用于看望慰问年老生病及生活困难的归侨侨眷。李君如主席亲自看望慰问唐闻生、王伟等侨界老同志，向他（她）们表示节日的祝福，了解他（她）们及海外亲友的工作、生活状况，通报过去一年中直机关侨联工作情况和新年度工作安排，探讨侨联事业建设发展有关问题，认真听取

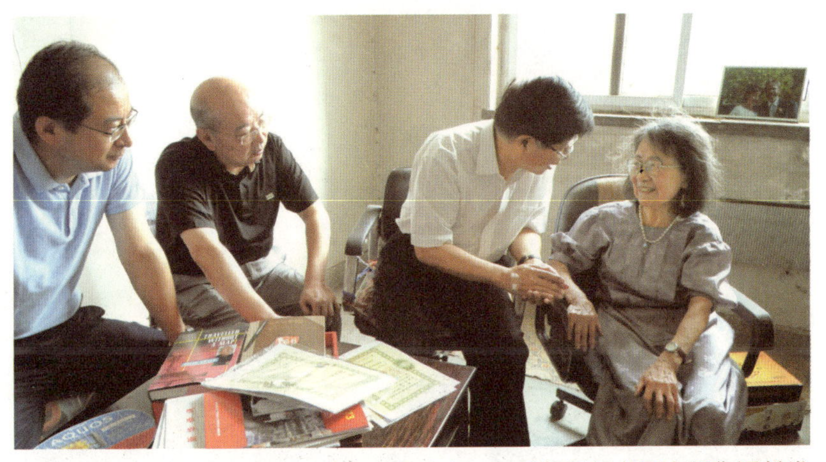
7 月 11 日，中直机关侨联主席李君如（右二）看望慰问中国出版集团侨眷文洁若（右一）

【开展困难归侨侨眷摸底调研】为进一步做好为侨服务基础性工作，切实做到精准助困，中直机关侨联对各单位归侨侨眷困难情况及其愿望和需求进行调查摸底。经统计核实，筛选出57名困难归侨侨眷，其中44人年龄在80岁以上，30人属于“空巢”状态，33人生病或身体状况不佳，8人家庭存在经济困难。中直机关侨联根据归侨侨眷困难情况，积极探索建立有效的帮扶机制，坚持不懈为归侨侨眷办实事做好事解难事。

【举办“情缘工商 为侨服务”志愿服务双向交流活动】中直机关侨联和北京工商大学经济学院共同开展“情缘工商 为侨服务”志愿服务活动，组织青年大学生为中直机关高龄、空巢、行动不便的归侨侨眷无偿提供帮助，取得良好成效。5月中旬，中直机关侨联和北京工商大学开展双向交流活动。李君如主席以“习近平治国理政新理念新思想新战略”为题，为北京工商大学党委中心组全体成员及处级以上领导干部进行“两学一做”学习教育专题辅导，并出席“情缘工商 为侨服务”志愿活动总结表彰会，向优秀志愿者颁发证书。北京工商大学经济学院党委负责同志汇报志愿服务工作取得的可喜成绩，并对系统化、长效化推进志愿服务提出了工作思路；学院团委负责人介绍开展“情缘工商 为侨服务”主题党日活动情况，参加志愿服务活动的青年大学生畅谈自己的体会与感想。李君如主席对北京工商大学党委、团委以及经济学院的领导、老师、大学生志愿者表示感谢，为“情缘工商 为侨服务”团队在过去一年取得新的工作进展、新的成绩点赞。他与大家分享青年时期在农村插队的经历，勉励大学生将志愿服务精神发扬光大、薪火相传，并提出三点希望：一是继续拓展服务形式、深化服务内容；二是从华侨身上感受他们的爱国情怀和中华民族的苦难史、奋斗史，把党性锻炼与爱国主义教育有机结合起来；三是在开展志愿服务过程中坚定理想信念，增强对中国特色社会主义的道路自信、理论自信、制度自信、文化自信。

5月18日，中直机关侨联主席李君如在北京工商大学作“两学一做”学习教育专题报告

【开展具有侨特色的群众文化活动】中直各单位机关侨联（小组）加强“阵地”建设，拓展工作思路、创新活动形式，组织开展丰富多彩

5月18日，中直机关侨联主席李君如为北京工商大学经济学院大学生志愿者颁发证书并合影

6月15日，全国政协机关部分归侨侨眷参观孙中山纪念展览

（加拿大籍华人创办）牵线搭桥，双方签署战略合作伙伴关系框架协议，在稿件共享、活动共享、广告推广方面达成合作意向，搭建起传播中国声音的新平台。新华社侨联举办迎新春座谈会，组织春游秋游活动，放映新华社微电影《红色气质》，并召开座谈会为十三五期间新华社事业发展规划献言献策。中国出版集团侨联举办“月是故乡明”中秋茶话会，回顾成立3年来的建设发展历程，侨联组织真情为侨服务、真心维护权益的“侨胞之家”作用的侨文化活动。全国政协机关侨联组组织归侨侨眷参观孙中山纪念堂和“爱·怀念”—纪念孙中山先生诞辰150周年主题展览。中央对外联络部机关侨联举办国际形势报告会，邀请国际问题专家俞邃介绍2016年影响国际格局的重大事件及中国与世界关系的变化。中国外文局侨联与北京市侨联合作，为《中国报道》和《财富世界》

9月13日，中国出版集团侨联举办“月是故乡明”中秋茶话会

1月10日，中直机关侨联主席李君如出席新华社侨联迎春座谈会，与寿星合影

5 月 24 日，中国侨联副主席乔卫为中直机关侨联干部培训班授课

受到归侨侨眷的一致赞许，用“贴心”服务换来了归侨侨眷对党的忠诚。

【举办首期中直机关侨联干部培训班】为了贯彻落实中央党的群团工作会议和两个《意见》精神，加强侨联干部队伍能力建设，5 月下旬，中直机关侨联举办首期侨联干部培训班，这是中直机关侨联成立 12 年来举办的第一个培训班。李君如主席在开班式作动员讲话，并作“开展‘两学一做’学习教育、增强看齐意识”主题报告。中国侨联副主席乔卫、中国华侨华人历史研究所所长张春旺分别围绕“拓展海外工作、拓展新侨工作”和“学习贯彻中央党的群团工作会议精神和《中共中央关于加强和改进党的群团工作的意见》”进行专题授课，北京市侨联有关部门负责同志介绍维护侨益、为侨服务的经验做法并围绕深化合作进行了交流研讨。

【建立“中直侨”微信群】为适应互联网时代特点，充分发挥多媒体和自媒体优势，增强侨联工作的参与度、时效性和吸引力，中直机关侨联积极推动网上侨联建设，在年初建立“中直侨”微信群，群成员涵盖中直机关侨联委员和各单位侨联干部。群成员在群内互动热络，信息发布包括侨务政策、工作信息、时事新闻、深度剖析、文化活动、百科知识等内容，文字、图片、视频、表情等多媒体表现形式生动形象，极富吸引力。年龄较大的侨联干部克服技术“恐慌”，主动学习请教，熟练掌握微信使用技巧，为进一步密切与归侨侨眷联系、更加高效开展侨联工作开辟了新的途径。

5 月 26 日，举办首期中直机关侨联干部培训班

中央国家机关归国华侨联合会

【领导成员名单】

主　　　席：邵旭军（女）

副　主　席：许小峰　顾行发

吕彩霞（女）　毛起雄

孙柏瑜　王沙沙　林　松

秘　书　长：孙柏瑜（兼）

常务副秘书长：王瑞芹（女，兼办公室主任）

副 秘 书 长：叶惠明（女）　黄　清

叶荣华

【综述】2016年，中央国家机关侨联在中央国家机关工委的领导和中国侨联的指导下，深入学习贯彻党的十八届五中、六中全会精神和习近平总书记系列重要讲话精神，以中央关于侨联工作、群众工作系列重要文件为指导，以“两学一做”学习教育为抓手，紧紧围绕中央国家机关党建工作大局，团结引领归侨侨眷为完成“十三五”规划各项任务、决胜全面小康作出积极贡献，各项工作取得新进展。

【开展精准帮扶和走访慰问活动】2016年元旦春节前夕，除了按惯例由中央国家机关侨联班子成员分头走访慰问归侨侨眷外，还重点为空巢老归侨送去温暖。为做好这项工作，中央国家机关侨联提前开展了空巢老侨统计，委托各部门机关党委把慰问金送到老侨家中，把组织的关怀送到他们的心坎里。“两节”期间共走访慰问年老、有病、有特殊贡献的归侨侨眷60余人，发放补助金7万余元，是历年来慰问人数最多、慰问金额最多的一次。

【召开中央国家机关侨联三届四次主席办公会】1月8日，中央国家机关侨联在中国科学院北京基因组研究所召开三届四次主席办公会，中央国家机关侨联主席邵旭军主持会议。会议讨论了中央国家机关侨联2016年工作要点和成立特聘专家委员会金融专委会的有关事宜，并实地调研考察了中国科学院北京基因组研究所。

【召开中央国家机关侨联三届四次全委会】3月17日，中央国家机关侨联召开三届四次全委会。邵旭军主席出席并作工作报告，中央国家机关侨联三届委员会32名委员参加会议，部分部门侨联组织负责同志列席会议。会议传达学习了《中央书记处关于侨联工作的几点意见》以及中国侨联九届三次全委会议精神，邵旭军主席对2015年工作进行了总结，并对2016年工作进行部署。会议邀请委员中的全国人大代表吕彩霞、全国政协委员顾行发传达了全国“两会”精神，邀请中国人民银行货币政策司司长李波委员就当前金融领域深化改革情况作了报告，孙柏瑜就开展中央国家机关党外人士、归侨侨眷“智库论坛”活动方案作了说明。会议增选工信部侨联主席张卫、交通部侨联主席申瑞君、水利部侨联主席汤立群、国务院扶贫办侨联组织负责人曲天

3月17日，中央国家机关侨联召开三届四次全委会

3月17日，邵旭军主席在三届四次全委会上作报告

3 月 17 日，中央国家机关侨联召开三届四次全委会

4 月 20 日，举办中央国家机关侨联第三期新侨沙龙活动，中央国家机关侨联主席邵旭军出席

军为中央国家机关侨联三届委员会常务委员。会议还安排了小组讨论和大会交流。

【举办中央国家机关侨联第三期新侨沙龙活动】 4 月 20 日，中央国家机关侨联举办第三期新侨沙龙活动，活动以“创新引领交通发展新征程——由智能交通前沿看未来交通”为主题，交通运输部公路科学研究院总工程师王笑京研究员作了主题报告。中国侨联副主席、中央国家机关侨联主席邵旭军出席并讲话。交通运输部直属机关党委常务副书记柯林春，科学研究院党委书记、副院长周晓航出席并致辞。中央国家机关侨联副主席兼秘书长孙柏瑜、副主席林松出席。交通运输部直属机关侨联主席申瑞君主持。

4 月 20 日，中央国家机关侨联第三期新侨沙龙活动现场

4 月 20 日，举办中央国家机关侨联第三期新侨沙龙活动

【联合举办侨联干部培训班】5月3日—12日，来自中央国家机关18个部门的20多名侨联干部在浙江大学接受了专题培训，这是中央国家机关侨联首次举办侨联干部培训班。培训班由中央国家机关侨联与中国侨联干部培训中心联合举办，培训内容既有宏观层面的形势分析，也有中观层面的政策解读，还有微观层面的方法交流，受到大家好评。

【推评第六届“中国侨界贡献奖”】5月，中央国家机关侨联按照要求，及时向中央国家机关各部门侨联组织转发了中国侨联办公厅《关于举办中国侨联第六届新侨创新创业成果交流系列活动的通知》，并与工信部、国土资源部、农业部、中科院、社科院、林业局、铁路总公司等部门侨联组织进行了深入沟通和重点部署，共推荐14名创新人才、3个创新团队、3项创新成果荣获“中国侨界贡献奖”。

【推评从事侨联工作20周年侨联干部】6月，按照中国侨联统一部署，及时向中央国家机关各部门侨联组织转发《关于开展向从事侨联工作20年以上的工作者颁发荣誉证书活动的通知》，并对各部门上报材料认真审核。通过认真细致的工作，向中国侨联推荐的12个部门共45名同志全部获得殊荣。

【协助组建中国侨联特聘专家委员会金融专委会】7月，依托中央金融单位机关侨联，中央国家机关侨联按照专业性强、热心侨联事业的要求，从中央国家机关归侨侨眷中遴选出张涛等9名金融领域的专家学者，为组建中国侨联特聘专家委员会金融专委会提供骨干力量。

【举办中央国家机关党外干部和归侨侨眷首届“智库论坛”】论坛筹备期间，来自国务院办公厅、外交部等28个部门的210多名党外干部和归侨侨眷提交建言献策文章180篇，内容涉及“一带一路”、供给侧结构性改革、互联网金融等经济社会发展中的重点难点热点问题。10月19日，中央国家机关侨联举办了“智库论坛”总论坛和优秀建言献策表彰及演讲活动，中央国家机关工委常务副书记李智勇出席并讲话，副书记陈存根主持。中央统战部副部长戴均良，中国侨联副主席乔卫，中央组织部人才工作局局长孙学玉，北京市委统战部副部长、市侨联党组书记赵宏生等出席活动并为获奖代表颁奖。

10月19日，中央国家机关党外干部和归侨侨眷首届“智库论坛”总论坛和优秀建言献策表彰及演讲活动在北京举行

10月19日，中央国家机关工委常务副书记李智勇出席“智库论坛”总论坛并讲话

10月19日，中央国家机关工委副书记陈存根（正部长级）主持“智库论坛”总论坛活动

【召开中央国家机关侨联三届三次常委（扩大）会】10月28日，中央国家机关侨联召开三届三次常委（扩大）会议，学习传达《中国侨联改革方案》和中国侨联九届六次常委会议精神。

中央国家机关侨联主席邵旭军出席并讲话。中央国家机关侨联副主席兼秘书长孙柏瑜主持会议。中央国家机关侨联常委、部分委员、部分部门侨联组织负责同志参加会议。会上，与会人员围绕如何贯彻落实中央关于侨联改革的意见精神，尤其是如何结合实际，深化中央国家机关侨联改革进行了讨论并达成了共识。

【召开中央国家机关侨联三届五次主席（扩大）办公会】11月29日，中央国家机关侨联在中国气象局召开三届五次主席（扩大）办公会，中央国家机关侨联主席邵旭军主持会议，中央国家机关侨联班子成员、副秘书长、特聘专家委员会委员参会。会议重点对《中央国家机关侨联改革方案（讨论稿）》进行了研究讨论，提出了修改意见。

【举办中央国家机关侨联第四期新侨沙龙活动】12月6日，中央国家机关侨联举办第四期新侨沙龙活动，中央国家机关侨联主席邵旭军出席。本期新侨沙龙活动的主题是“信息化与互联网+——实践与探索”，业内多名专家学者围绕主题作了主旨演讲，并与现场归侨侨眷作了互动交流，活动还安排大家走进中国信息通信研究院展览和试验室，现场感受信息化研究前沿成果。活动由中央国家机关侨联主办，工业和信息化部、交通运输部、商务部、中国铁路总公司四部门侨联组织联合承办，这是首次采用多个部门联合承办的方式，加强了跨部门、跨专业之间的交流，既拓展了新侨工作，又为新侨之间相互学习搭建

12月6日，中央国家机关侨联第四期新侨沙龙活动现场

12月6日，中央国家机关侨联举办第四期新侨沙龙活动

了平台。

【出台中央国家机关侨联改革方案】为贯彻落实中央深化群团组织改革的意见精神及中央加强和改进侨联工作的决策部署，结合中央国家机关实际，起草了《中央国家机关侨联改革方案》。《改革方案》共六个部分，第一部分是总体要求，主要对指导思想、基本原则、主要目标作出规定。第二至第五部分是主体内容，分别是加强党的领导，强化思想引领；强化宗旨意识，改进工作作风；创新方式方法，提高能力水平；加强分类指导，增强基层活力。第六部分是组织实施，对侨联改革的组织保障、经费保障作出规定。《改革方案》针对中央国家机关侨联本级以及各部门侨联组织工作中存在的问题提出了改进措施，对中央国家机关各级侨联组织近年来探索的新经验新方法从制度层面进行了肯定和推广。经中央国家机关工委班子会议审议批准,《改革方案》作为工委文件印发中央国家机关各部门机关党委，抄送各部门侨联组织。

【制定《中央国家机关侨联工作推优评优办法》】为进一步完善中央国家机关侨联工作推优评优程序，保证各项工作更加公开、公平、公正，制定了《中央国家机关侨联工作推优评优办法》。《办法》经中央国家机关工委班子会议审议通过，以中央国家机关工委办公室文件形式印发各部门机关党委、抄送各部门侨联组织。

【开展调查研究，当好参谋助手】受中国侨联委托，中央国家机关侨联主席邵旭军 3 次率队赴山东、浙江、云南等地，开展地方侨联“两个拓展”落实情况、深化侨联组织改革情况、归侨侨眷精准扶贫情况调研，并根据调研了解到的情况及时形成报告报中国侨联，为中央有关决策提供参考。

【发挥人才优势，为地方经济社会发展服务】中央国家机关侨联组织中央国家机关侨界人才与青岛市政府对接，探索如何将中央国家机关人才优势与地方发展紧密结合。与烟台市政府对接，对产业发展及人才需求进行调研考察，探讨若干合作交流事项，并组织了“精准医学与健康普惠”专题讲座。组织中央国家机关归侨侨眷中的金融精英赴杭州市，与当地有关部门负责同志深入交流，探索金融如何进一步服务实体经济。此次探讨话题既有广度又有深度，针对性强，形成共识多，促进了地方经济社会发展，增进了中央国家机关侨联专家学者相互之间的了解。此外，委派农业专家为重庆綦江猕猴桃病虫防治提供技术指导。

中央企业归国华侨联合会

【领导成员名单】

主　　　席：张玉卓

第一副主席：芮晓武

副　主　席：李学东　刘大山　张文亮

于毅波（2016年9月已离职）

许金华　张　诚

秘　书　长：张文亮（兼）

【综述】中央企业侨联成立于2003年10月，目前中央企业中设立侨联组织78家，建立台联2家，港澳台籍人士（眷属）2.4万余人，归国留学人员1.2万余人，归侨侨眷1.8万余人。2016年，中央企业侨联以深入学习党的十八大和十八届三中、四中、五中、六中全会精神为主线，进一步加强中央企业侨界群众的思想政治引导和理论学习教育活动；坚持党建带侨建，着力加强基层侨联组织建设，成立了中央企业侨联青年委员会和中央企业留学人员联谊会；主动适应新形势、新任务的要求，结合企业实际，探索符合侨联特点的组织体制、工作机制和方式方法，不断增强侨联组织的凝聚力和影响力；开展中央企业新侨工作调研，积极探索新侨工作，不断拓展侨联工作的新外延；坚持以侨为本、为侨服务，开展对中央企业侨界人士联谊慰问送温暖活动；深入开展中央企业侨联首届归侨侨眷及留学人员创新奖评选表彰，并组织开展中央企业侨联创新创业成果展活动，引导动员广大侨界群众为中央企业改革发展作出新贡献。

【响应中国侨联“侨与中国梦”主题活动】回应中央企业侨界人士和留学人员的思想关切和关注，中央企业侨联加强对“两个一百年”奋斗目标、“四个全面”战略布局、五大发展理念、国企国资改革等方面的宣传教育，补足理想信念的精神之钙，夯实团结奋斗的目标之基。把学习贯彻习近平总书记系列重要讲话精神作为首要政治任务，及时传达学习党的十八届五中、六中全会、全国“两会”、纪念建党95周年大会、纪念红军长征胜利80周年大会、纪念孙中山先生诞辰150周年大会和全国国有企业党的建设工作会议等党和国家重要会议精神，引导中央企业侨界群众更加深刻领会中央治国理政新理念新思想新战略，深刻领会“不忘初心、继续前进”的现实意义，深刻领会“弘扬伟大长征精神，走好今天的长征路”的时代要求，深刻领会全面从严治党的战略部署，更加扎实地把党中央的各项决策部署落到实处。2016年，各级侨联组织通过走访慰问老侨和深入基层工作调研的方式，主动向广大归侨侨眷宣传全国国有企业党的建设工作会议精神，宣传习近平总书记关于“加强和完善党对国有企业的领导、加强和改进国有企业党的建设，使国有企业成为党和国家最可信赖的依靠力量，成为坚决贯彻执行党中央决策部署的重要力量，成为贯彻新发展理念、全面深化改革的重要力量，成为实施‘走出去’战略、‘一带一路’建设等重大战略的重要力量，成为壮大综合国力、促进经济社会发展、保障和改善民生的重要力量，成为我们党赢得具有许多新的历史特点的伟大斗争胜利的重要力量”的重要论述，主动宣传通报中央企业改革发展取得的新成就，不断激发广大归侨侨眷、归国留学人员和海外侨胞的民族自豪感和爱国热情，坚定广大归侨侨眷和归国留学人员对投身中央企业改革发展的信心，增强广大归侨侨眷和归国留学人员跟党走中国特色社会主义的道路自信、理论自信、制度自信、文化自信。

【召开中央企业侨联三届三次全委扩大会】1月27日，中央企业侨联三届三次全委扩大会议在北京召开，欧美同学会·中国留学人员联谊会副秘书长张明杰、中国侨联副主席李卓彬、国务院国资委副主任、党委委员徐福顺出席会议并讲话。会议深入学习贯彻中央统战工作会议、中央党的群团工作会议精神，总结过去一年的工作，研究部署2016年工作任务，中国侨联副主席、中央企业侨联主席、神华集团有限公司董事长、党组书记张玉卓作了工作报告。国资委党委统战部部长谢俊出席会议并在大会闭幕式上作了讲话。张玉卓在报告中全面回顾了中央企业侨联过去一年的工作，对2016年工作作出了部署，并对新成立的中央企业侨联青年委员会和中央企业留学人员联谊会工作提出了要求。一是继承优良传统，弘扬爱国主义精神，努力成为推进中华民族伟大复兴的“凝合剂”；二是找准定位，积极实践，努力成为推动中央企业做强做优做大的“助力器”；三是加强学习锻炼，增强履职能力，努力成为团结凝聚中央企业侨界青年和留学人员的“领头雁”；四是增强服务意识，改进工作水平，努力成为服务中央企业侨界青年和留学人员的“娘家人”。李卓彬在讲话中对大会的召开表示祝贺。他指出，国资委党委和中央企业党组（党委）高度重视侨联工作，各级侨联组织深入贯彻落实中央精神和国资委党委的决策部署，坚持改革开放的主旋律，遵循企业发展规律，履行组织根本职责，创造性地做好中央企业侨联工作，为中央企业改革发展稳定作出了新的贡献。李卓彬强调，做好新形势下的中央企业侨联工作，一要坚持党的领导，密切联系广大侨界青年和留学人员，保持央企侨联的正确方向；二要围绕企业中心，服务工作大局，为中央企业改革发展献计出力；三要弘扬中华文化，维系精神纽带，促进中外文化交流；四要坚持“两个并重”，做到以人为本，切实为央企侨界青年和留学人员办实事做好事；五要夯实基层基础，加强自身建设，不断激发侨联组织工作活力和凝聚力。

【召开中央企业侨联青年委员会、中央企业留学人员联谊会成立大会】中央企业侨联青年委员会、中央企业留学人员联谊会成立大会1月27日在北京召开，欧美同学会·中国留学人员联谊会副秘书长张明杰、中国侨联副主席李卓彬、国务院国资委副主任、党委委员徐福顺出席会议并讲话。大会选举产生了中央企业侨联第一届青年委员会和中央企业留学人员联谊会领导机构。中央企业侨联第一届青年委员会共有30名委员组成，选举中国通用技术（集团）有限责任公司党组副书记、副总经理、中国侨联委员、中央企业侨联副主席刘大山为第一届中央企业侨联青年委员会会长，选举王琦（女）、史才伟（满）、朱立伟（女）、刘长坤、李睿、肖炜、张力峰、胡金岷、姜朔（女）、黄春强等10位同志为副会长，选举胡金岷为秘书长（兼）。中央企业第一届留学人员联谊会委员会共有69名委员组成，选举中国电子科技集团公司第四十九研究所所长刘学林为中央企业第一届留学人员联谊会会长，选举王军生、闫立兵、许超、孙海林、钟伟（女）、郭晓东、黄瀚、梁兼栋、惠澎、谢兵、谢峰等为副会长，选举孙海林为秘书长（兼）。徐福顺代表国资委党委、代表国资委主任、党委书记张毅向大会的召开表示祝贺。他强调，成立中央企业侨联青年委员会、中央企业

1月27日，召开中央企业侨联三届三次全委扩大会

1月27日，召开中央企业侨联青年委员会、中央企业留学人员联谊会成立大会

1月27日，中央企业侨联青年委员会、中央企业留学人员联谊会成立大会现场

留学人员联谊会是国资委党委贯彻落实中央统战工作会议和中央党的群团工作会议精神的重要举措，充分体现了国资委党委对中央企业侨联工作的高度重视。两个委员会的成立，顺应了国企国资改革和中央企业改革发展形势任务的新要求，对于进一步团结凝聚中央企业广大侨界青年才俊、留学人员等各界统战人士，充分发挥自身特点和优势，围绕中心、服务大局，不断推动中央企业各项事业新发展具有重要现实意义。张明杰在讲话中对国资委成立中央企业留学人员联谊会给予了高度评价。她指出，中央企业留学人员联谊会的成立，是贯彻落实习近平总书记在欧美同学会成立100周年庆祝大会上重要讲话精神和中央统战工作会议、中央党的群团工作会议精神的重要举措，也是国资委和中央企业统一战线、群团工作和留学报国事业的一件大事，充分体现了国资委党委对留学人员工作的高度重视，也反映了中央企业广大留学人员的迫切愿望和现实需要，为深入开展我国留学人员工作增添了新的力量。她强调，中央企业是留学人员集中的人才宝库，具有悠久的留学报国传统，凝聚着推动创新的重要力量。新的历史条件下，欧美同学会·中国留学人员联谊会将进一步和中央企业留学人员联谊会携手共进，精诚合作，充分发挥留学人员组织的优势作用，密切留学人员之间的联系，进一步团结和凝聚留学人员的智慧和力量，为推动我国经济社会发展、谱写中华民族伟大复兴中国梦作出新的更大贡献。

【开展对中央企业侨界人士联谊慰问送温暖活动】2016年1月，中央企业侨联主席张玉卓、中央企业侨联副主席兼秘书长张文亮、国资委群工局副局长张相红等一行亲切看望慰问了中央企业老归侨代表，并到中国航天科技集团开展侨联工作座谈。张玉卓关切地询问了他们的身体和生活情况，感谢他们为中央企业改革发展各项事业作出的贡献，希望他们保重身体，继续为中央企业改革发展贡献智

1月29日，开展对中央企业侨界人士联谊慰问送温暖活动

1 月 29 日，开展对中央企业侨界人士联谊慰问送温暖活动

1 月 29 日，开展对中央企业侨界人士联谊慰问送温暖活动

慧和力量。

【继续深入开展“爱企业、献良策、作贡献”“我为企业献一言”等主题活动】中央企业侨联依靠归侨侨眷人才荟萃、智力密集的优势，积极推进中央企业统战人士建言献策平台建设，继续深入开展“爱企业、献良策、作贡献”“我为企业献一言”等主题活动，鼓励侨界群众参与企业民主管理、民主决策，主动建言献策，为中央企业改革发展提供更多的智力支持。广大侨界人士聚焦国资国企改革热点，聚焦社会广泛关注的科技创新、企业发展、扶贫、环保等问题，全年献计献策 1.1 万余条。首个侨界人士建言献策平台试点中国钢研集团“李卫工作室”，在过去一年中建言成果有 3 项成为全国政协提案。中国海洋石油总公司侨联开展了“树信心、度寒冬、助改革、献良策”活动，宝钢集团侨联开展了“降本增效自主管理”活动。中铝集团侨联围绕企业扭亏脱困、结构调整、转型升级、内部改革和安全环保，组织归侨侨眷共提出可行性合理化建议数十条，共节约或创造直接经济效益数百万元。中国建材集团组织归侨侨眷参观国家住宅产业化基地、新农村示范基地，动员侨届人士为集团“三新”战略出谋划策。

【组织开展首届中央企业归侨侨眷及留学人员创新创业成果征集和成果展】2016 年 8 月，中央企业侨联秘书处下发《关于开展中央企业归侨侨眷及留学人员创新创业成果征集和成果展的通知》（央企侨〔2016〕5 号），开展中央企业归侨侨眷及留学人员创新创业成果征集和评选活动，评选范围为近三年来各中央企业及其下属企业机构等在科研开发、科技成果转化等方面取得的重要自主创新成果，以及在“大众创业、万众创新”中作出突出贡献的侨界科技人员和创新团队。中央企业侨联首届归侨侨眷及留学人员创新奖评选活动得到了各中央企业侨联组织和统战部门的高度重视和广大中央企业归侨侨眷及留学人员的积极参与。各中央企业侨联组织和统战部门通过对本单位近三年来归侨侨眷及留学人员创新人才、创新团队和创新成果进行遴选，共有26家单位上报115个创新项目，其中创新人才69个、创新团队26个、创新成果20项。

【助力中央企业参与“一带一路”建设开展联谊交流活动】中央企业侨联积极向中国华侨国际文化交流促进会推荐理事，广泛开展联谊交流活动，增进中央企业侨联与海外侨界的相互了解，潜移默化地传播中华民族优秀文化，彰显中央企业侨联在国际文化交流中的作为。积极协助内蒙古侨联承办“海外侨胞故乡行·走进内蒙古”活动，组织广大侨胞深入驻蒙央企，切身感受到中央企业在国民经济中的地位与作用，感受到中央企业近年来的快速发展，激发了广大侨胞的爱国热情。积极动员和引导广大归侨侨眷、归国留学人员主动当好宣传员、信息员，通过赴海外访友和接待海外亲友、校友等多种形式，宣传国家“一带一路”的意义，宣传中央企业优秀成果，扩大中央企业在海外的影响。

【推进侨务信息化建设】结合国资委党委和中央企业党委（党组）建立的统战代表人士数据库工作，中央企业侨联建立了侨界代表人士数据库，运用信息技术对侨界代表人士队伍进行科学管理，探索建立侨界人才分析评价体系和人才梯次管理机制。组织人员参加中国侨联“智慧侨联”网络管理员培训，推动“互联网+智慧侨联”建设。进一步强化统战侨务信息工作，南航集团建立了侨界人士台账和信息库，中盐集团把统战侨务信息管理纳入公司信息化管理系统工程。

中国侨联年鉴

侨情概览

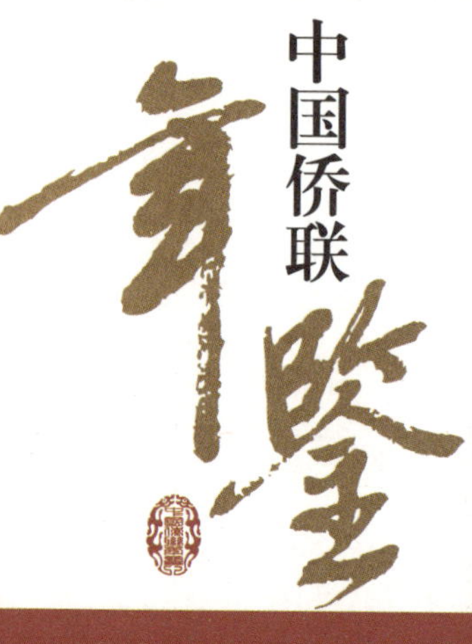
中国侨联
年鉴
2017 中国侨联年鉴

2016 年全球华侨华人十大新闻

中国侨网联合中国新闻网结合专家意见和网友投票评出了“2016 全球华侨华人十大新闻”，展现出 2016 年华侨华人的贡献和荣耀。

一、习近平多次会见华侨华人代表，高度评价侨胞致力于推进中外友好

2016 年，习近平主席历次外访，都专门抽出时间会见华侨华人代表，介绍中国经济社会发展情况，并赞扬侨胞们为中外友好所作的贡献。

二、李克强参访老挝华文学校，勉励师生做两国友好使者

2016 年 9 月 9 日，李克强总理赴老挝万象寮都公学，与学校师生亲切交流。李克强说，“希望你们做中国形象的代言人、中华文化的传播者、中老人文交流的使者”。

三、全球华侨华人发声，坚决支持中国南海主权

2016 年，“南海仲裁案”成为国际舆论焦点，超过 2000 个海外华侨华人社团发表声明、召开座谈会；海外华文媒体多角度报道中国立场，揭露非法仲裁图谋；另有美籍华人捐出珍藏老地图、荷兰华侨华人举行和平抗议集会等。

四、华侨华人纪念孙中山诞辰 150 周年

2016 年是孙中山先生诞辰 150 周年，11 月 11 日，习近平在纪念孙中山诞辰 150 周年纪念活动上发表重要讲话。中国侨联、国务院侨办都举办了系列活动，重温孙中山先生的革命生涯，展现海外侨胞对中华民族复兴的历史贡献。

五、第八届世界华侨华人社团联谊大会召开

2016 年 6 月 2 日，第八届世界华侨华人社团联谊大会在北京开幕，来自 136 个国家和地区的华侨华人社团及华人社区服务机构负责人 650 余人与会。李克强总理会见代表，鼓励华侨华人成为中外友好合作的“金丝带”、中国创新发展的“参与者”、祖国和平统一的“连心桥”。

六、“华助中心”在全球铺开，惠侨政策逐步深化

2016 年 9 月，第三批共 13 家华助中心揭牌，全球华助中心增至 45 家，覆盖五大洲。从移民指南、救助热线、语言辅导、法律援助、捐款捐物，到关爱孤老、推动参政、团结抗暴，华助中心的担当从未停息，且分量渐长。

七、多国华人维权意识觉醒，举行反歧视、反暴力活动

旅法华人张朝林遭抢重伤不治，上万华人游行引起法国政府重视；美国费城华人首次持枪游行要求撤下“抢劫华人”视频；全非洲华裔枪械总会成立。屡遭暴力伤害和不公正待遇，华人不再做“沉默羔羊”。

八、里约奥运会带火中医，中医作用引发广泛关注

里约奥运会上，美国运动员“飞鱼”菲尔普斯后背现火罐印记，中医在海外发展得越来越好。中国发布的《中国的中医药》白皮书显示，中医药已传播到 183 个国家和地区，86 个国家和地区与中国签订了中医药方面合作的协议。

九、中国护照免签国家日增，护照“含金量”增加

2016 年中国护照的免签范围继续扩大，截至年底，中国已与 127 个国家缔结各类互免签证协定，包括 8 个全面免签协议；与 39 个国家达成 63 份简化签证手续协定或安排。

十、中国降低“绿卡”门槛，鼓励华侨华人在华创新创业

2016 年 2 月，中国国务院下发文件，称将扩大“绿卡”申请资格的涵盖范围；9 月，中央通过决议，“中国绿卡”将进一步扩大签发对象，调整各类永久居留申请情形，放宽人才永久居留条件。海外华侨华人大加赞赏，切身感受新政便利。

东南亚侨情（上）

东南亚是指亚洲东南部地区，旧称南洋。该地区共有 11 个国家：越南、老挝、柬埔寨、泰国、缅甸、马来西亚、新加坡、印度尼西亚、文莱、菲律宾、东帝汶，面积约 457 万平方公里，人口约 5.6 亿。东南亚连接亚洲和大洋洲，沟通太平洋与印度洋，地理位置极其重要。东南亚各国都有自己悠久的历史，且都是新兴国家。历史上，东南亚各国一直跟中国友好往来，在政治，经济，文化上关系密切。东南亚各国都是多民族国家，是世界上华侨华人最多的地区。据庄国土教授统计，2007 年，东南亚地区约有华侨华人 3348.6 万，约占东南亚总人口的 6%，约占全球华侨华人总数的 73.5%。印尼、泰国和马来西亚是东南亚、也是全球华侨华人最多的国家，其华侨华人数量共达 2345 万人，超过世界华侨华人人口总数的一半。华侨华人移居东南亚历史悠久，绝大多数已加入当地国籍成为居住国公民。历史与现实的境遇存在差别，东南亚各国华侨华人面临的问题也不尽相同，在弘扬中华文化、发展华文教育、融入当地社会、积极参政议政、促进中外交流及维护地区稳定等方面，各国华侨华人显示出不同的特征。本部分重点概述新加坡、马来西亚、泰国、印尼、菲律宾五国 2016 年的侨情。

新加坡推出中医药标准，中药名称标识仅用华文和拼音。6 月，新加坡正式推出两大传统中医药服务标准，这是新加坡当地首次推出此类中医药标准。根据新标准，今后中医师应为常用药材和标准药方提供只印有简体中文和汉语拼音的药方名称。新加坡常用的中药材在不同语言中有不同名称或写法，新标准为超过 320 种本地常用中药材以及 190 种标准药方，制定了可相互对照应用的华文和汉语拼音名称。另一新标准则鼓励中医师改良处方标签，清楚注明在早餐或晚餐后服药，而非目前普遍使用的“每次服用两片，每日两次，餐后服用”的含糊说法。新标准也注明应采用浅色或白色标签，药方所含药物名称也应清楚地以华文或汉语拼音写明在标签上。

新加坡推行五年“全国阅读运动”，注重华语推广。新加坡国家图书管理局 6 月宣布在接下来五年内推行“全国阅读运动”，通过多个管道带动各阶层民众的阅读风气，鼓励国人“常阅读”和“广泛阅读”，并和家人朋友“齐阅读”。配合常年“阅读节”，新加坡图管局举办约 175 项阅读活动，着重推广母语。新加坡图管局希望通过全国运动，把阅读的乐趣推广给更多华人民众。为培养孩童对母语的兴趣，当局已在兀兰、裕廊、淡滨尼和碧山图书馆设立了“小小书迷读书会”。一位华人孩童母亲受访时说：“孩子在幼儿园常接触英语，因此习惯性地以英语和其他孩子沟通，我觉得有必要让他多接触华文，阅读是其中一个方法。”

新加坡中华总商会庆祝成立 110 周年，李显龙致辞。9 月 23 日，新加坡中华总商会 110 周年庆典在新加坡举行，新加坡总理李显龙出席庆典，向总商会颁发牌匾“聚商惠民 ”，肯定总商会在推动国家发展、社会和谐与经济繁荣等方面作出的贡献。新加坡中华总商会成立于 1906 年，是新加坡历史悠久的商业团体，也是新加坡华商华社的最高领导机构，在国际商业舞台上享有良好信誉，在维护新加坡商家利益、推动新加坡国内外贸易、教育、文化与社区发展等方面扮演着积极和重要的角色。目前，总商会拥有超过 150 个商业团体会员和超过 4000 名商号会员，网络涵盖超过 4 万间来自各行各业的跨国公司、政联机构、大型金融与商业组织和中小型企业。总商会为会员提供多种交流平台，以便分享丰富的资源和商机，并共同建设极具影响力的世界华商网络。李显龙在致辞中表示，总商会已成为政府在经济转型中的重要伙伴，并将在未来的经济发展中扮演必不可少的角色。

新加坡人口增1.3%达近561万人，2万余新移民入籍。9月27日，隶属总理公署战略政策单位的国家人口及人才署发布《2016年人口简报》。截至2016年6月，新加坡的总人口达560.73万人，比去年同期的553.5万人多出1.3%。新加坡总人口增长率在连续下滑三年后首次微升。报告指出，2016年总人口增长的主要因素，是去年有更多公民诞下金禧宝宝，以及外籍女佣和长期探访证（Long-Term Visit Pass）持有人增加。根据2013年公布的人口白皮书，2010年—2020年间的总人口年增长率将介于1.3%—1.6%。李光耀公共政策学院政策研究所高级研究员梁振雄博士指出，人口增长大致保持平稳，对大多数国人来说应该是好消息，因为这意味着公共交通等基础建设所承受的压力就不会太大。梁振雄指出，当局在统计总人口时并未纳入旅居海外的新加坡侨民，侨民人数逐年壮大，如果他们能回国，预料能影响新加坡的人口情况。新加坡国立大学社会学系副教授陈恩赐则指出，外籍女佣人数预料将继续增长，但如果新加坡能继续鼓励年长者保持强健体魄，并借助科技照顾老人家，这或可舒缓新加坡对女佣的依赖。

新加坡举办武昌起义特展，展出逾150件文物。为纪念孙中山150周年诞辰及1911年中国发生的武昌起义，新加坡晚晴园——孙中山南洋纪念馆于11月间举行特展，让新加坡国内外公众通过来自中国及新加坡本地的珍贵文物，回顾当年武昌起义的事迹。名为《天涯共此时：武昌首义与南洋回响》的文物与史料特展，5日晚连同晚晴园举办的“文化飨宴艺晚晴”举行开幕礼。特展展出超过150件文物及史料。特展除有部分为晚晴园及私人收藏者的珍藏，其余逾80件展品是从中国武汉的辛亥革命武昌起义纪念馆借来本地展出。副总理兼国家安全统筹部长张志贤在开幕礼致辞时强调，新加坡本地华族可通过各种方式，加深对中华文化的认识。本地华族社群可通过与中国进行文化交流，强化晚晴园这类文化机构的角色，以及鼓励本地社群支持文化活动，进而加深对中华文化的了解，并与其他族群分享。

大马人口总生育率略低，华裔仍保持低生育率。根据马来西亚统计局1月1日发布的国民生命统计，大马人口的总生育率略低于生育更替水平，其中华、印裔又远低于土著。根据分析，标准的生育更替水平为2.1，大马从2013年到2014年的总生育率维持在2.0；而华裔和印裔却都只有1.4，其他族群则是0.9，远逊于土著的2.6。这意味着，每一个正值生殖期年龄（15—49岁）的土著女性，平均生育了2.6个婴儿；华、印裔则只生1.4个。马来西亚华总总会长方天兴发文告指出，华裔人口的比率自1957年独立以来不断降低，从当时华裔占半岛总人口的38%，降到2010年的24.57%，而最新的2016年统计则显示华裔总人口数仅有6645600人，即23.4%。方天兴指出，一个华裔家庭至少要生3个孩子，才能达到现有人口的替代率，否则在未来的30—40年内，华裔人口每隔10年将会下降2%—2.5%。华裔人口比率下降的主要原因，包括年轻一代迟婚、迟生育、移民外国及大马面临外来移民增加等因素。

大马千禧年发展目标报告出炉，华族贫富悬殊较高。由马来西亚首相署经济策略单位和联合国2月公布的《2015马来西亚千禧年发展目标报告》指出，华裔族群的贫富悬殊，较巫裔和印裔来得严重。报告指出，华裔在2014年的基尼指数为0.405，高于土著（0.389）和印裔（0.396）。其他种族在2014年的基尼指数则是0.433，比华裔更高。以州属来看，首都吉隆坡的基尼指数为0.407，是贫富悬殊最严重地方，比砂拉越（0.391）、沙巴和纳闽（0.387）以及布城（0.374）都高。

大马董总宣布3年拟定出华文独中十年教育蓝图。马来西亚华文独中教育面临大改革，董总5月15日宣布以3年时间来拟定《马来西亚华文独中教育蓝图》，以确保马来西亚华文独中教育能持续发展。《马来西亚华文独中教育蓝图》为期10年，即从2018年到2027年。董总在2005年曾公布《华文独中教改纲领》，但没有实际行动去执行。董总在2015年举办的全国华文独中校长交流会上，独中校长纷纷指出独中教育需要与时并进进行独中教育改革。董总为此特别设立“华文独中教育蓝图”专案小组，以集结专家学者和华教办学者，全面检讨2005年发表的《华文独中教育改革纲领》，针对全国华文独中的现况进行普查，搜集华文独中董事、校长、教师、学生、家长、校友及关心华文教育人士的宝贵意见。董总主席刘利民表示，专案小组将草拟一份能引领华文独中教育事业开创新境界的指导文件。董总预计会在2018年推介这份蓝图。《马来西亚华文独中教育蓝图》召集人孔婉莹表示，董总将会以“乐教爱学 成就孩子”为该蓝图的整体目标，以实现学生爱学习，老师乐意帮助学生学习的远景。

马来西亚2016年年度汉字揭晓，“贪”字当选。马来西亚2016年年度汉字12月4日在吉隆坡揭晓，“贪”字当选。汉字评选活动由马来西亚中华大会堂、马来西亚汉文化中心主办。马来西亚中华大会堂总会长方天兴指出，年度当选汉字，非常贴切地反映了人民一年来，对生活环境与社会氛围的关心、不安和不满等情绪。马来西亚自从2011年首次主办年度汉字评选以来，“贪”字一直在十大入围字当中。2011年排名第2；2012年排名第8；2013年排第6；前年排第8，去年又重新排名第2。方天兴指出，年度汉字评选活动今年进入第6年，获得社会热烈响应，它已经成为马来西亚华社重要的“年度活动”。过去5年来出炉的年度汉字，都非常符合当年的国情，具有极大的代表性。2011年年度汉字为“转”；2012年为“改”；2013年为“涨”；2014年为“航”以及2015年的“苦”字。

马华社签署《马来西亚华社一带一路宣言》。马来西亚最大的华基政党——马华公会与马来西亚46个社团组织12月12日在吉隆坡共同签署《马来西亚华社一带一路宣言》。马华公会总会长廖中莱在出席“马来西亚华社一带一路宣言暨马华一带一路中心推介礼”时指出，马中合作是建立在坦诚、平等、互利、合作共赢的基础上，符合马中两国长远发展利益，汇集了全民的基本利益。廖中莱指出，自中国在2013年提出“一带一路”倡议以来，《马来西亚华社一带一路宣言》是第一个由海外民间团体集体发动的支持“一带一路”宣言。他希望《马来西亚华社一带一路宣言》可以鼓励更多华社各阶层人士积极参与到“一带一路”建设中来，成为支持与推动“一带一路”的正能量。中国驻马大使黄惠康表示，马华公会联合华社共同签署的这一宣言，是“一带一路”沿线国家的首创。马来西亚参与“一带一路”建设，具有地理位置邻近、合作基础好、认同度高的优势，可以发挥更大的积极作用。

泰国“中医热”持续升温，合法中医师近800名。自2000年泰国政府正式批准中医合法化以来，泰国的“中医热”持续升温。截止到2016年，泰国的合法中医师已近800名，而且每年以100余名的速度增加，中医日益获得泰国民众的认可。2015年4月2日，《泰国中医开办诊所（医院）法令》正式生效实施。该法令允许泰国合法的中医师申办诊所，有条件的还可以建立自己的医院，这成为泰国中医界的大喜事，泰国中医院和中医诊所的力量随之发展壮大，许多有经验的中医师借此机会圆了开诊所的梦想。法令实施不到一年，泰国注册成立的中医诊所已有200多个。据了解，泰国政府要求所有西医院都必须设立中医科。刚毕业的学生没条件开诊所，一般先到中医院或西医院的中医科工作，积累工作经验和患者口碑。中医在泰国有非常好的发展土壤和势头。

华侨华人社团联谊大会选出“华社之光”十家社团，泰国中华总商会入选。第八届世界华侨华人社团联谊大会6月3日在北京举办“华社之光”巡礼活动，评选出十家“华社之光”代表社团，泰国中华总商会入选。十家“华社之光”代表社团分别是：泰国中华总商会、法国华侨华人会、悉尼华人服务社、菲律宾菲华各界联合会、安哥拉中国总商会、休斯敦中国人活动中心、缅甸曼德勒金多堰慈善总会、秘鲁中华通惠总局、伦敦华埠商会、马来西亚中华大会堂总会。两年前，首届“华社之光”巡礼成功举办，包括菲律宾菲华商联总会在内的十家海外华侨华人社团获奖。两年来，“华社之光”精神感染和引领更多海外华侨华人社团“铁肩担道义、携手共前行”。泰国中华总商会成立于1910年，是泰华社会最具实力和影响力的社团之一。这家历经风雨的百年老侨社，是扶助侨胞事业发展的典范，在抗日救亡、推动中泰友好、凝聚泰华各界力量维护权益等方面成就卓著。泰中建交以来，泰国中华总商会与泰国政府经济部门建立有效沟通渠道，组团赴中国参加各类经贸活动，定期组织泰国的34个行业公会举行联谊和商务研讨。作为世界华商大会三个发起单位和召集组织之一，泰国中华总商会1995年承办第三届世界华商大会，自2011年起，中总就承担着为期六年的世界华商大会秘书处的工作。除此之外，泰国中华总商会还十分注重青年一代的培养。为了让青年一代了解中华文化，商会创办了专门教授华文的“中中学院”，此外，还搭建了青年华商研习班等平台供青年人学习交流。

全球侨界大会在泰国曼谷举行，就南海仲裁发声坚决支持中国立场。7月8日，全球华侨华人促进中国和平统一大会正在泰国曼谷举行。大会聚集了来自世界各地和泰华社会上千位侨界代表。根据参会代表建议，此次全球侨界大会就当前备受关注的南海仲裁案表示：坚决支持中国政府对仲裁案不接受、不参与、不承认、不执行的立场。韩国济州华侨华人中国和平统一促进会会长李长作在发言中建议，全球侨界代表应“亮明”态度，南海仲裁案是非法的政治手段，决不允许一些国家及团体搅浑水、破坏地区和平与和谐。这一建议得到与会侨领响应，大会以鼓掌通过的方式集体发声：南海诸岛自古以来就是中国固有领土，海内外中华儿女坚决支持中国政府对南海仲裁案不接受、不参与、不承认、不执行的立场。呼吁菲律宾政府以中菲关系发展和地区和平稳定大局为重，与中国政府一道通过谈判和平解决争端。

中国人成第二大居泰外籍人群，拉查达变“唐人街”。泰国曼谷外籍人口的变化，正在改变市中心的住宅租赁市场格局。以前的外籍人口主要来自欧洲、北美和日本，但现在，中国人的增长不容小觑。过去5年来，中国雇员成倍增长，使中国人成为第二大居泰外籍人士群体。许多在城区工作的中国人都居住在曼谷拉查达披色，甚至有人称这一带为“曼谷新唐人街”。随着中国人口不断增长，这一带将越来越为中国人所熟知。日本人历来在泰国外籍人口中占比最高，以前有超过25%的都是日本人，但今年该比例已降至22.8%。

印尼华商：借力“一带一路”发挥经济潜力。10月21日，“一带一路”与企业转型升级研讨会在昆明召开，印尼华商张锦雄认为印尼可以借力“一带一路”加快建设。张锦雄认为，印尼是东盟最大的成员国，是东盟唯一的G20成员国，拥有近2.5亿人口，占东盟人口总量40%，市场份额占东盟总量的38%。目前印尼经济还未真正发挥出其巨大潜力，其中的两个关键制约点就是基础设施建设和企业的转型升级。“一带一路”为印尼经济突破两个瓶颈提供了强大助力：一方面，“一带一路”促进基础设施的升级，为印尼摆脱“群岛格局”限制，突破传统“资源输出”经济发展模式提供了硬件支持。另一方面，中国技术和中国经验也对东盟国家和印尼的中小企业转型升级具有借鉴意义。带领和帮扶这些中小企业，实现企业的转型升级，就是带动整个印尼、整个东盟国家未来经济快速发展的关键。

印尼排华历史追究，当地政府态度转变华社沉默。4月18日，印尼政府在雅加达召开了为期两天的题为“剖析1965悲剧”的研讨会。这是1965年“9·30事件”后，印尼政府首次举办关于1965年大屠杀的研讨会。研讨会由印尼总统顾问委员会、国家人权委员会以及国民团结论坛主办，政治、法律与安全统筹部部长、印尼检察总长、警察首长、司法部长等政府高级官员参加了会议。长期以来，1965年事件以及相关暴行都是印尼政治与社会文化生活的禁忌，印尼政府禁止公开讨论这场大清洗，官方宣称“为防止印尼被共产主义赤化而制造流血事件是正当的”，同时猛烈打压社会各界对这种官方说法的质疑，对涉及与1965年事件相关暴行的活动、出版物都进行取缔与打压。近年来，随着印尼国内政治的民主化发展，对这场暴行的质疑与清算、要求国家彻底调查严重侵犯人权的声音开始出现。2012年，印尼国内的人权组织“印尼国家人权委员会”就曾经发表过长达850页的调查报告，披露了大屠杀完全是严重侵犯人权的暴行，并要求政府展开犯罪调查，设立专门的人权法庭来审判1965年参与屠杀的人员。但政府以多数参与者已经过世、证人难以寻找、犯罪已过法定追溯时效期限等理由拒绝了该组织的要求。此后，印尼政府对1965年大屠杀仍然讳莫如深，拒绝讨论与质疑。2015年10月，国际作家大会在印尼巴厘岛举行，其中关于1965年大屠杀的讨论环节，以及由美国著名导演约书亚·奥本海默导演的关于1965大屠杀的纪录片《杀戮演绎》与《沉默之像》也被印尼政府审查叫停。然而，不到一年的时间，印尼政府就允许公开讨论1965年—1966年的屠杀事件，并邀请各界代表参加，被认为是“史无前例”的举措。印尼政府组织召开这次研讨会的根本原因在于后苏哈托时期印尼政治与社会发生剧变，逐渐步入民主、稳定、自由与开放的新时期。此次关于1965年大屠杀的研讨会，本着“真相、对话、和解”的宗旨，参会人员除政府官员、政党代表、人权积极分子、学者外，还包括当年参与大屠杀的军事或宗教组织成员。这可以说是印尼历史上首次加害方与受害者（家属）面对面的对话，发出自己的解释或者诉求。作为1965年大屠杀的最大受害者，印尼华人社会却对政府召开的这次研讨会保持集体沉默。印尼主要的华文报纸如《国际日报》、《印华日报》等，除了转载研讨会信息外，并没有刊载华社关于研讨会以及华社组织讨论1965年暴行的相关报道。这种刻意的沉寂令人沉思与不安，它折射出华人遭受的深刻创伤以及华人社会对这段历史有意或无意的淡忘，但更多的恐怕还是印尼华人今天仍然无法磨灭的恐惧、不安与无助。1998年苏哈托政权瓦解后，印尼进入民主改革时期。伴随着印尼政治民主化进程的加快，歧视华人的政策与法律也逐渐被废除，尤其是在印尼总统瓦希德执政期间，废除了部分歧视华人的法律条例，华人地位得到极大提高。2006年7月，印尼国会一致通过了新国籍法，从法律层面对印尼公民进行了重新定义，华人因此获得与其他印尼公民的平等权利。后苏哈托时期，印尼华人社会逐渐进入一个复兴与快速发展时期。目前印尼华人人口不到1000万，约占印尼总人口的3.7%，但华人在经济领域表现卓越，在文化、教育与政治领域也越来越活跃。然而，印尼华人的成功并没有彻底消除印尼排华历史带来的创伤与恐惧，表现为许多华人在参加政治竞选时刻意回避他们的华裔身份。个中原因，除了为争取更多的选票外，华人族群身份长期被污名化，也是印尼华人政治家共同的顾虑。正如印尼NABIL基金会的研究员迪迪博士所言，印尼社会根深蒂固的排华情绪与排华历史遗留的精神创伤，是华人参政回避自己族群身份的深层原因。由此可见，在印尼社会“原住民”排外情绪仍然弥漫的今天，华人对1965年排华屠杀的集体沉默无疑是一种无奈的自我保护。

印尼总统下令全国各地寻找1965年排华遇难者万人冢。对于半世纪前发生的排华屠杀事件，印尼国内呼吁打开禁忌话题、直面真相的呼声不断。4月25日，印尼总统佐科下令在全国各地寻找遇难者的万人冢。据报道，佐科召见政治、法律和安全统筹部部长鲁胡特，指示“要是真有大屠杀惨案的万人冢，政府部门就要找出来”。鲁胡特称，过去几十年来，印尼人常听说有几十万人在1965年的大屠杀中遇难，但迄今为止，尚未发现“一个相关的万人冢”。如果非政府组织或者谁有当年大屠杀及万人冢的数据，就请帮助政府揭开真相。很多人或组织声称有相关数据，但拿不出证据。目前对遇难者人数尚无定论。有人估计，超过50万人死于那场屠杀。印尼国内很多人希望，佐科上台后，能够打开这个禁忌话题。对于政府搜寻万人冢的决定，印尼国家人权委员会成员西蒂表示支持。西蒂称，寻找万人冢的目的是探寻大屠杀真相，政府也应寻找其他信息、事实和目击者的口述，“政府必须赶紧行动，不要为死亡数字争论不休”。《经济学人》评论说，50年后，印尼终于开启对“最黑暗一年”的公开辩论。

陈永栽带队最大规模夏令营返乡泉州。4月1日，2016“中国寻根之旅—菲律宾华裔学生学中文夏令营”在福建泉州师范学院开营，1149名菲华学生在泉州、厦门两地开启“寻根之旅”，这是开营以来人数最多的一届。从2001年至今，陈永栽先生已连续16年总计资助逾12000名菲华学生回到故乡福建参加为期50天的中文夏令营。这也是祖籍福建晋江的陈永栽16年来首次带队返回故乡泉州。春暖花开之际，陈永栽和夫人邱秀敏一起，亲自带领菲华裔青少年来到福建。陈永栽说，不少华裔青少年不会讲中文，也不懂传统文化，如今远道而来的营员们来祖籍地学习中文，体验中华传统文化，还有不少营员连续多次回乡体验学习。他寄语“希望营员们满载而归”。在夏令营生活中，这些菲律宾华裔学生将分散到华侨大学、集美大学、泉州师范学院、厦门外国语学校和泉州南少林武术学校5所学校。营员们不仅学中文、交朋友，还将体验中国国画、武术、歌曲及舞蹈等多种文化。泉州曾是海上丝绸之路的重要港口城市，不少青少年的祖辈正是踏着这条“海上丝绸之路”去往菲律宾等地谋生扎根。如今，青少年返乡体验民俗风情，他们也将充当中华文化传播的“使者”、中菲友谊的“使者”。

菲律宾侨领：菲中关系和则利、斗则伤、信则达。菲律宾侨领、亚太经济与文化交流协会主席施乃康接受新华社记者专访时指出，菲中关系和则利、斗则伤、信则达。施乃康说，菲中两国自古就有许多交流与合作的美好回忆，也存在一些争议，但两国间存在这样或那样的争议很正常，关键是如何有效管控分歧，珍惜已有的对话机制并共同寻找有建设性的方案。2012年阿基诺挑起黄岩岛事件后，损害的是菲律宾渔民的利益。在菲律宾的一些渔村，多达半数的渔民失去生计，很多人不得不依靠政府救济粮过活。2012年后菲中关系骤冷，菲律宾重要的出口水果香蕉对中国出口受到影响，中国赴菲游客也在减少，最终损失的是菲律宾的经济利益，受到最切实伤害的是菲律宾人。施乃康说，阿基诺当局的错误决策直接影响菲中关系，菲律宾华侨华人也成为受害者。谈到南海仲裁案，施乃康认为，阿基诺当局执意推动仲裁案，这一“政治算盘”的背后，既有阿基诺的野心，也有美国人的伎俩，获益的是美国“亚太再平衡”战略，美国试图以这一战略为外衣，让东南亚国家服务于美国的利益。菲中之间并未穷尽对话渠道。中国和东盟2002年签署了《南海各方行为宣言》，已将制定“南海行为准则”作为工作目标，双方已就此进行多轮磋商，为最终和平解决南海主权争议创造了条件。“菲律宾对中国发起南海仲裁，实际上等于片面撕毁了菲律宾曾经参与签署的《宣言》，既不尊重中国，也不尊重自己，更不尊重东盟，给人一种破坏地区秩序与规则的印象，最终伤及菲律宾的国家形象与信誉”。施乃康说，菲律宾选择仲裁这种既不具约束力也不具强制力的方式，“就是为了造势和搅局，给中国施压，其真实目的并不是为了解决问题”。施乃康说，菲华各界始终认为，仲裁不能解决南海问题和菲中争议，相反，只会使问题越变越复杂，让菲中关系中的那个结越扣越紧。杜特尔特上台后多次释放出与中国互动的兴趣，菲中双边关系正出现一些积极信号。

菲律宾总统促菲商研究“华人”方式 以扩大其商业。10月，菲律宾总统杜特尔特在纳卯市论坛告诉商人遵循他们的华人同仁之榜样，以增长他们的商业。杜特尔特说，菲商人可向他们的华人同仁学习，他们白手积累的财富，坚持基本原则和研究市场。杜特尔特说，菲人应学习华人的销售之基本原则，作一点牺牲。他告诉一个“MARUYA”小贩，“注意听我教你的。大概五年后，你将是一个百万富翁。”MARUYA是一种他喜爱的香蕉馅煎饼。杜特尔特说，他将要求菲土地银行加紧其对小商人的微型贷款，以扩大他们的商业。

东南亚侨情（下）

一、侨情概述

2016年是缅甸历史变革之年，缅甸全国民主联盟（以下简称“民盟”）4月正式上台执政，走上政治舞台，有序实施“百日施政计划”，21世纪彬龙会议召开。应国务院总理李克强邀请，缅甸联邦共和国国务资政昂山素季于8月17日—21日对中国进行正式访问，这是缅甸新一届政府成立以来缅甸领导人首次访华，此次也是昂山素季领导的民盟上台执政后，首次出访非东盟国家，对推进新时期中缅全面战略合作伙伴关系具有重要意义。

民盟执政以来，缅甸政治、军事、经济等领域实施了一系列改革措施，并不断放宽外国投资法对海外投资者的约束。近年来外国企业在缅甸的投资额已由原先的90亿美元上升到600多亿美元，投资领域广泛，包括天然气、石油、挖矿、酒店、房地产、机场、工厂、超市、公路、桥梁、制造业、加工业及发电站等。中国是缅甸最大的投资国和外资来源国，在缅中资企业和缅甸华人华侨的企业在双边经贸交流合作中起到了桥梁的作用。第14届世界华商大会即将在缅甸举行，这也将是缅甸华商们的百年盛事之一。

缅甸华侨华人不仅积极促进缅甸华商的事业发展，也为中缅两国人民源远流长的胞波情谊、为两国的文化交流作出力所能及的贡献。每当缅甸发生洪灾、地震等自然灾害时，当地华侨华人和中国企业都曾多次组织成员捐款捐物，并赴灾区现场展开救援，积极履行社会责任。缅甸华文教育蓬勃发展，缅北教育协会会员、掸邦、克钦邦、实皆省、仰光市等300多所华文学校的校长、校董和学校代表云集曼德勒云华师范学院，共同商议缅甸华文教育大业，可谓是缅甸华文教育界的一大盛事。

2016年10月13日，习近平主席对柬埔寨王国进行国事访问，将中柬全面战略合作伙伴关系提升到了新的高度。这一年，中柬双边贸易和双向投资保持强劲增长势头，中国已经连续3年成为柬埔寨第一大贸易伙伴、第一大投资来源国。中国自2011—2015年连续五年是柬埔寨投资最多的投资来源国，投资总额约49亿美元。中柬2015年的贸易规模达到了43.31亿美元。中资企业在柬埔寨众多领域开展投资，包括基础设施、能源、信息技术、通信，以及扩大贸易合作、农业及旅游业等。西哈努克港经济特区成为中柬务实合作的样板，截至2016年6月，累计进驻西哈努克港经济特区的中资企业达100家，投资额2.8亿美元，解决了超过1.3万柬埔寨民众就业问题。

柬埔寨三大华侨华人社团继续加强对外商务交流活动、拓展商机，维护在柬企业的合法权益，丰富会员的生活、增加凝聚力，积极回报社会、提高在当地的知名度和正面形象的基础上，各自都有新的发展。柬华理事总会初步完成会长更替工作，这是该会二十年来的重大人事变革；中国港澳侨商会成立香港商会，进一步融入全球港商联盟，为香港企业提供有关柬埔寨第一手信息，共享商机和发展潜力；中国商会鼓励和支持同地域的企业组建成立地方性商协会，福建、广东、贵州等省份相继成立各自的商会组织，此外，建材协会、农业行业协会等一批以行业为导向和纽带的专业协会也相继成立。

中柬两国人文交流日益密切。2009年，柬埔寨成立孔子学院，目前已经由1个教学点发展到14个教学点，在校生超过1万名，通过中国政府奖学金来华留学的柬埔寨学生突破1000人。柬埔寨各大宗亲会也纷纷走出国门，发挥民间外交的优势，团结海内外乡亲、敦睦宗谊，积极弘扬中华优秀传统文化。

二、经济合作

缅甸湖南商会成立。9月11日，缅甸湖南商会正式成立，它是在湖南省工商联直接支持和指导下，由湘籍在缅创业发展的企业家组成的年青商会。商会现有会长1名，监事长1名，副会长9名，理事单位40家，企业会员48家，个人会员351人，首任会长是益阳籍的胡名嵩先生。会员企业涉及水产、房地产、木材、建筑装饰以及纺织等行业。据湖南商会筹备负责人李海盛介绍，目前在缅甸的湖南籍企业数量越来越多，来缅就业的个人也是一个非常庞大的群体。商会成立的初衷是整合资源，把事业发展壮大。另一方面，让在外的父老乡亲有所依靠，遇到问题有一个倾诉的平台。

柬埔寨福建总商会成立。3月26日，柬埔寨福建总商会成立暨理监事就职庆典在金边举行。柬埔寨国防部国务稳春速杰上将、中国驻柬大使馆领事部杨庆连主任、柬华理事总会代表、中国商会及各中资友会代表应邀出席。应邀出席的嘉宾还有来自中国福建省泉州市人大常委陈万里主任、厦门市人民政府代表、世界泉州青年联谊会代表等约500人参加此次盛会。许少波会长在致辞中表示，柬福建总商会的成立是在柬埔寨福建人的一件大事，也标志着在柬福建人终于有了属于自己的心灵家园，有了联谊乡情和共同交流发展的平台，也鼓舞在柬企业家的士气，再创闽商事业的新辉煌。

柬埔寨福建工商联合会成立。6月15日，柬埔寨福建工商联合会成立暨首届理事会就职庆典在金边市举行。柬埔寨外交与国际合作部国务秘书屋波烈在致辞中表示，柬埔寨福建工商联合会的成立，将积极参与吸引更多中国投资商到柬埔寨投资，进一步扩大柬中两国的投资总额。中国福建省莆田市人大主任阮军在成立仪式上表示，福建是“海上丝绸之路”的核心区，莆田是“海上和平女神”妈祖的故乡，是“海上丝绸之路”的文化起点；柬埔寨王国是“海上丝绸之路”沿线的重要国家，柬埔寨福建工商联合会的成立，寓示着旅居柬埔寨的福建工商界人士从这里起航，开启“海丝”商贸联通之旅，为莆田与柬埔寨之间，联结一条合作共赢的纽带。刘清勇当选为柬埔寨福建工商联合会首任会长。

柬贵州商务促进会成立。6月25日，柬埔寨贵州商务促进会在金边市举行成立仪式。随着“一带一路”倡议的实施，中国大部分省市企业、商家正陆续跨出国门寻找商机，地域性商会的成立正是为了凝聚力量、高效推进，抱团发展。首任会长陈源光在庆典活动上表示，该会是在贵州省委、省政府领导的关心和支持下，在省委统战部、省工商联的指导下，在各位会员的共同努力下组建的，旨在更好地整合柬埔寨投资的企业资源，协助政府改善投资环境，提高投资的质量。

柬埔寨香港商会成立。6月27日，柬埔寨香港商会在香港贸易发展局的支持下，在金边正式成立，任瑞生勋爵任首届柬埔寨香港商会会长。应邀出席此次成立典礼的中国驻柬埔寨布建国大使在致辞中指出，去年，中柬双边贸易总额为44.35亿美元，香港与柬埔寨贸易总额则达12.6亿美元。越来越多的香港投资者来到柬埔寨这个充满潜在商机的新兴市场，投资涵盖制衣、制药、建筑、房地产、旅游以及金融等多个领域，取得了喜人成绩。作为“一带一路”的重要节点，香港紧紧抓住这一良好契机，深入发掘自身独特作用，以“一带一路”为平台，充分展示在地理区位、专业服务、历史文化和人文沟通等方面的诸多优势。香港贸发局总裁方舜文在讲话时表示，柬埔寨及东盟商机处处，尤其是去年东盟共同体成立后，香港作为亚洲物流枢纽，将扮演踏板角色，有机会帮助柬埔寨企业拓展商机。首任会长任瑞生勋爵介绍，柬埔寨香港商会已注册报名的会员单位已达80多人。商会将加入环球香港商业协会联盟，成为其第41个会员单位。

柬埔寨中国商会农业行业协会成立。7月26日，柬埔寨中国商会农业行业协会在中国大使馆召开成立大会。柬埔寨中国商会农业行业协会是在中国驻柬埔寨大使馆指导下，隶属于柬埔寨中国商会，由在柬中资农业企业、农业加工企业、农业投资公司等涉农企业及相关机构自愿发起成立的自律性、非营利性社会组织，旨在推动中柬农业企业合法经营、公平竞争、团结协作、互利共赢，促进企业对内对外协作与交流，加强与柬主管部门和相关机构的联系与沟通，主动为会员企业提供政策法律等咨询服务，大力开发国内国际市场，强化行业自律管理，积极履行社会责任，加大舆论宣传力度，开展农业技术人才培训，推进中柬农业企业规范、健康、可持续发展。与会会员表决通过了《柬埔寨中国商会农业行业协会章程》，推选和胜投资有限公司董事长潘东风担任协会首届会长。

柬埔寨江门五邑同乡会成立。8月7日，柬埔寨江门五邑同乡会在金边举行揭牌庆典。执行会长杨硕代表会长杨树坪致辞，柬埔寨江门五邑同乡会将以"聚乡情、凝人心、图发展"来展示五邑同乡商人的实力和创造力。江门五邑海外联谊会会长马跃敏代表江门政府向柬埔寨江门五邑同乡会的成立表示祝贺，他指出，五邑人精于商道，在中国许多省份及城市及至世界各地，都不断有江门五邑人努力进取的事迹，许多五邑人聚集的城市或国家都自发组建起江门五邑同乡会，为彼此、为家乡守望互助。柬埔寨广肇会馆副会长兼秘书长梁振辉代表蔡迪华会长及全体理事以及本地粤企向江门五邑同乡会的成立表示祝贺，柬埔寨广东商会蔡坚毅会长也代表广东商会向江门五邑同乡会成立表示祝贺。

柬埔寨（中国）建材协会成立。11月28日，柬埔寨（中国）建材协会在金边隆重举行揭牌及首届理事会理事就职仪式。首届会长陆卫东在就职仪式上指出，建材协会是自发成立的社会团体，协会以"团结协作、开放共赢"的精神，凝聚在柬建材同仁的商业力量，发挥自身纽带作用，整合人脉、文脉、商脉，创造出凝聚力、向心力和创造力，促进当地建材市场公平公正、团结协作、健康有序地发展，将柬埔寨视为第二故乡，抱团取暖，让每个协会成员享受到无尽的资源和实惠。柬埔寨建材协会目前已有近300名企业成员，它们来自中国各省份，成员是从事建材销售及加工或者相关联企业的投资者。

三、社团联谊

仰光黄氏江夏堂举行第18届新职员就职典礼。3月22日，仰光黄氏江夏堂于本堂会所隆重举行第18届新职员就职典礼。仰光黄氏江夏堂于公元1892年创立，距今已有120周年的悠久历史，当初因人少资短，仅能购置位于仰光碰支坦30号的二层砖墙大楼为堂所，并定名紫燕堂。后来宗族人数不断增长，扩大组织，将紫燕堂改名为江夏堂，每年都会分发春节福利金给贫困宗亲，冬至也会举行包含敬老会暨奖励本族子弟优秀生等项目的盛大祭祖联欢宴会。

缅甸中华总商会欢迎澳门缅甸友好协会访缅代表团。3月31日，澳门缅甸友好协会访缅代表团一行37人到访缅甸中华总商会。缅甸中华总商会高景川副会长介绍了具有悠久历史的缅甸中华总商会，以及在缅甸投资的方案，还有有关2017年第14届世界华商大会在缅甸举行的情况，邀请澳门缅甸友好协会企业家们踊跃参加大会。澳门缅甸友好协会黄琼成会长在致辞时表示，20世纪60年代来到澳门定居的缅甸华侨开启了澳门与缅甸的来往，目前，缅甸在转型阶段，希望透过结合澳门与缅甸两地经济、商贸、社会、文化等各方面协力合作，建立两地交流互通的桥梁，进而开启澳门、缅甸在经贸上的双赢局面。

缅甸浙江商会举行周年庆典。9月20日，缅甸浙江商会周年庆在仰光举行。中国驻缅大使馆、浙江省海外联谊会、缅甸中华总商会、中缅友协仰光办事处、柬埔寨浙江商会、马来西亚马六甲浙江商会、越南浙江商会、泰国江浙沪商会、云南浙江商会、曼德勒中国企业商会、缅甸内港澳企业联益会、仰光云南会馆、缅甸台湾商会等领导暨缅华各界嘉宾出席了庆典。缅甸浙江商会成立于2015年9月20日，在刚成立的一年里，商会理事会和广大会员积极响应中国大使馆号召，参与了南伞火灾救助捐款、中国远征军墓地祭扫以及甬港澳"一带一路"浙商大会以及柬埔寨浙江商会活动与在缅同乡的法律、经济援助等活动。在庆典上，商会理事会决定成立缅甸慈善基金，首先筹集2000万缅元用于缅甸慈善公益事业。

缅甸中国企业商会举办2016年年会。9月23日，缅甸中国企业商会2016年年会暨中秋国庆晚会在仰光举行。中国驻缅甸大使洪亮、中国驻缅大使馆经济商务参赞谢国祥、缅甸中国企业商会会长吕德兴、缅甸中华总商会常务副会长陈修桐、缅甸中国企业商会副会长董凡、缅甸湖南商会会长胡名嵩、缅甸浙江商会会长屠国定以及驻缅中企代表、缅华各界侨团代表莅临。商会除了积极配合中国驻缅使馆做好各项工作，打造中国企业在缅甸良好的生存环境外，积极投身慈善公益活动，今年通过商会已募集善款共计15万美元，回馈缅甸当地社会。

缅甸广东工商总会举行庆祝成立16周年暨第7届新职员就职典礼。10月9日，缅甸广东工商总会隆重举行成立16周年暨第7届新职员就职典礼仪式。广东人到缅甸发展已有200多年，缅甸广东工商总会成立至今已有16年，历经6届理监事。今年该会还特意成立了青年组，期望和培养青少年一代为侨社和为缅甸社会发挥年轻人的作用。中国驻缅甸大使馆杨守征参赞在致辞中指出，洪亮大使在中华人民共和国成立67周年的国庆招待会上讲，中缅友谊关系有三缘：第一是地缘、第二是人缘、第三是佛缘。地缘是我们两国山水相连；人缘是我们强大的华人华侨，胞波兄弟，两国民族同根；佛缘是我们两国对佛教有深厚的感情。

缅甸太原王氏家族会举行　庆祝“子乔公”千秋圣诞暨成立106周年大会。10月15日，缅甸太原王氏家族会于高解福山寺隆重举行庆祝始祖太子晋“子乔公”千秋圣诞暨成立106周年大会。缅甸太原王氏家族会理事长王清锦与全体理监事、仰光王氏宗亲、马来西亚沙巴州王氏宗亲会代表、勃生太原堂代表、仰光庆福宫信托部代表、沈尤吴兴堂代表、叶氏南阳堂代表、舜帝庙陈氏大宗祠代表、颍川总堂代表以及德星别墅代表等应邀出席。大会还举行了第36届（2016—2018）全体理监事就职宣誓典礼。

柬埔寨林氏宗亲赴新加坡出席林氏公会成立138周年庆典。应新加坡林氏大宗祠九龙堂家族自治会的邀请，柬埔寨西河林氏宗亲总会组成三十人的代表团，赴新加坡出席林氏公会成立138周年庆典。柬埔寨林氏宗亲会和新加坡的林氏宗亲情谊由来已久，宗情发展根深蒂固，这些年来柬新两地林氏在各项合作中不断巩固和发展，从2010年开始，柬埔寨林氏宗亲会就同新加坡林氏宗情会携手合作，在柬成功举办很多场慈善济贫活动。

柬李氏总会代表团赴新加坡出席“三禧”庆典。世界李氏宗亲总会第15届第3次会员代表大会暨2016年全球李氏恳亲大会、新加坡李氏总会成立110周年纪念及新加坡李氏总会会所大厦翻新工程竣工典礼“三禧庆典大会”于11月4日—6日在新加坡举行。应新加坡李氏宗亲总会的邀请，柬埔寨陇西李氏宗亲总会代表团赴会。5日—6日在新加坡举行了盛大祭祖大典及召开“世界李氏宗亲会会员代表大会”等相关活动。

柬埔寨江夏黄氏宗亲会赴深圳参加世界黄氏宗亲总会第十二届第三次恳亲大会。世界黄氏宗亲总会第十二届第三次恳亲大会于11月13、14日在深圳福田下沙文化广场隆重举行。来自全世界28个国家和地区、中国各省的黄氏宗亲32000人出席此次盛会，柬埔寨江夏黄氏宗亲总会会长黄焕明率团参加。在14日的闭幕式上，柬埔寨江夏黄氏宗亲总会永远名誉会长、工业和手工艺部长黄裕德虎（占比塞）代表柬埔寨代表团致辞。

柬华理事总会会长杨启秋勋爵宣布退位让贤。11月29日，柬华理事总会召开全体理事会议，杨启秋会长在会议上表示，由于本人的身体关系，考虑到柬华事业的长远发展，宣布让出会长职位，让有才能的人担任。与会理事对杨会长的决定表示理解，并高度肯定了杨会长几十年来对柬埔寨华社所作出的贡献。杨启秋会长表示，新会长的选举等工作将依照柬华理事总会章程办理，与此同时，他还向会议通报了加华银行总裁方侨生资助3000平方米地块作为建总会新大楼用地的相关情况。

柬香港商会代表出席第十七届香港论坛。11月29日，由香港贸易发展局（香港贸发局）及环球香港商业协会联盟主办的“香港论坛”于香港会议展览中心揭幕，吸引近400名来自28个国家及地区的商界领袖来港交流汇聚香江，共同探索亚洲新商机。柬埔寨香港商会会长任瑞生勋爵及黄瑞华、苏文杰、任嘉义、卢雨明、毛信勤、黄瀚平、梁振辉等代表应邀出席此次盛会。今年的论坛就企业如何利用香港专业服务平台把握“一带一路”机遇，以及香港企业如何能在环球经济新形势下与地区伙伴建立更紧密合作关系，抓紧新的发展机遇展开讨论。据悉，为期两日的“香港论坛”是环球香港商业协会联盟的年度盛事，联盟于2000年成立，现有超过12000名商界领袖会员，分布全球41个商会组织。2016年新增商会来自柬埔寨、青岛、天津、武汉、成都、杭州、沈阳及哈尔滨。

柬埔寨福建总商会举行第二届就职典礼。12

月3日，柬埔寨福建总商会在金边举行第二届理事会就职典礼。柬埔寨国务部长兼工业、手工艺部长占比塞，中国侨联副主席乔卫，福建省人大常委会华侨（台胞）工委主任路平、柬中友好协会主席艾森沃，中国大使馆领事部主任杨庆连，福建省侨联主席陈式海和来自国内外福建侨团代表、柬华理事总会、中国商会等柬埔寨华社、中资机构代表约1000人参加。中国侨联副主席乔卫致辞说，华商是中国快速发展的重要力量，柬埔寨福建总商会成立时间尽管不长，但一年多来，总商会发扬海纳百川和敢拼会赢的精神，开展扶贫济困活动，帮助旅柬侨胞融入当地社会，为中柬经贸文化交流发挥了积极作用。中国大使馆领事部主任杨庆连致辞说，越来越多的福建公民和企业来到柬埔寨发展创业，并在众多福建侨胞的共同努力下成立柬埔寨福建总商会。福建总商会第二届理事会就职后是一个新的起点，第二届理事会在邱国兴会长及商会各位领导的带领下，秉承建会宗旨，继续团结、引领广大旅柬福建侨胞，为柬埔寨经济社会和中柬友谊的发展作出新的贡献。

中国·文山2016世界越南（普榜）华侨华人首届联谊会在文举行。4月15日，中国·文山2016世界越南（普榜）华侨华人首届联谊会在文山开幕。文山籍现居住在美国、英国、加拿大、越南等国的华侨华人代表400余人参加了联谊会。

四、文化交流

缅北华校负责人云集曼德勒 共议华文教育大业。8月2日，缅北教育协会会员，掸邦、克钦邦、实皆省、仰光市等地的300多所华文学校的校长、校董和学校代表，同中国云南省侨办经科代表团在云华师范学院举办座谈会，共同商议缅甸华文教育大业。缅北教育协会一共有426所会员学校，缅北华文教育协会的成立是缅甸华文教育的一个里程碑，参加此次座谈会的华校负责人占了总数的75%。座谈会上，各地华校老师就教材延误、教师培训、外派教师、老师本土化、图书馆图书等问题进行了充分的讨论和商议。

缅甸华人华侨胞波友谊会成立。9月8日，缅甸华人华侨胞波友谊会在仰光举行隆重仪式，邀请数百名缅甸、缅华社会各界友好人士，共同庆祝该会的成立。缅甸华人华侨胞波友谊会是在中国驻缅甸大使馆和缅中友好协会的支持下组建，该会宗旨是传承缅中两国深厚的“胞波情谊”，大力开展公益慈善事业，包括为缅甸偏远地区援建学校、援建医疗设施等。在致辞时，张文钦会长尤其强调最重要的是培养下一代的年轻人，让他们为缅甸、为缅华社会作出贡献。

胞波患难见真情 缅甸华人企业积极向缅甸灾区捐款。9月14日，在中国驻曼德勒总领事馆王宗颖总领事、靳副总领事的带领下，中资企业商会、曼德勒各华人领袖向不久前缅甸中部发生的水灾以及地震灾区献上爱心，总捐款额达1.1亿缅元。曼德勒省省长佐敏貌与省政府部长出席了捐款仪式，佐敏貌说，缅中两国有着传统的胞波友谊，不仅表现在政府与政府之间，更体现在人民与人民之间，他代表灾区人民以及省政府，表示最诚挚的感谢。他说，缅甸目前急需外资投入，希望在这些方面能够引进外资：能够保护环境而不是破坏环境的项目；能够为当地民众获取就业率最多的项目；能够提高人民生活水平的项目；不仅是资金的投入，更希望引进新的技术。

柬孔院教学点拓展到9省市。8月1日，柬埔寨王家研究院孔子学院柏威夏省汉语中心正式启动。孔子学院逐步在全柬各省市建设教学点，目前已在金边市、暹粒省、西哈努克省、实居省、马德望省、干拉省、卜迭棉芷省、茶胶省等8省市开设了教学点，柏威夏省是第9个省，2016年下半年特本克蒙省、磅湛省、拉达那基里省教学点将陆续启动。2014年，中国和印度出任柏威夏寺项目协调委员会联合主席国，为修复柏威夏寺共同出力，需要一批会中文的工人；中资企业瑞峰（柬埔寨）国际有限公司将建亚洲最大糖厂，需7000名工人，懂中文将更有优势，因此，柏威夏省建汉语中心的市场前景较好。

五、国内来访

中国临沧友好考察团到访曼德勒云南同乡会。8月8日，以中国临沧边境经济合作区工作委员会书记、国家级临沧边境合作区管理委员会主任段春旭为团长的临沧友好考察团一行到访曼德勒云南会馆。缅甸云南会馆成立于1859年，是当时缅甸皇帝赐给云南籍乡亲的，一直以来，云南会馆享受着免地税、电费免一半等优惠待遇，目前共有40000多名云南籍会员。同乡会致力于福利工作，传播中华文化，并开办有云华师范学院。段春旭表示，随着铁路和高速路的修通，缅甸的外贸、加工、进出口等领域一定会飞跃式发展，带来很多的投资机会。

缅甸广东工商总会接待广东侨商考察团。10月15日，缅甸广东工商总会在仰光接待了由广东省侨商投资企业协会与高州市侨商会共同组成的广东侨商考察团。座谈会上，代表们分享了自己的经商及创业经验，在缅甸投资与贸易过程中所面临的问题等。缅甸广东工商总会徐丛苍会长与广东省侨商会鲁展雨副会长签订了为期两年的合作协议，根据协议，缅甸广东工商总会与广东省侨商会将为双方会员前往缅甸与广东两地投资、贸易和开展投资、贸易、旅游相关的考察、参观等活动提供力所能及的帮助。

云南省侨联代表团到访腊戌果文中学。10月20日，云南省侨联副主席高峰一行到访腊戌果文中学。座谈会上，腊戌果文中学董事长李国崇先生表示，果文木姐校友会已于近日成立，今后将继续为加强缅中文化交流添砖加瓦。赵宗伟校长感谢云南省侨联、德宏州侨办一直以来对该校的支持与帮助，希望能提供一些有关图书馆电脑软件配备上的培训，让学生们更好地与网络时代接轨。云南省侨联副主席高峰和德宏州侨办主任何庆国也分别发言，表示将加大与缅甸华校的联系，在华文教育和教材方面提供力所能及的帮助。

江苏侨务代表团拜访港澳侨商总会。7月18日，江苏省侨务代表团拜访了柬埔寨中国港澳侨商总会。徐金亮团长介绍说，江苏省将于9月举办国际农产会，柬埔寨作为农业国家，在农业方面有不少的优质资源和产品，非常希望这些资源和产品出现在农产会上。在交流会上，双方代表就柬埔寨投资环境、华资企业在柬的发展状况等进行了广泛交流。

安徽人大代表团访问柬埔寨安徽商会。8月4日，安徽省人大代表团专程到访柬埔寨安徽商会，了解和关注柬埔寨安徽商会的发展情况。刘忍会长向安徽省人大代表团一行介绍了安徽商会成立的过程、发展的经历及未来的方向。安徽商会执行会长司圣朋介绍说，柬埔寨安徽商人经过一段时间的磨合，成立了商会，在商会成立的一年时间内，整合了相互的资源，成立了徽邦国际投资集团，从房地产入手、涉及建筑、贸易、汽车等多个行业领域。

海南省企业家考察团到访柬埔寨海南同乡会。8月5日，由中国侨商联合会副会长、海南省科技企业联合会会长、海南省政协社会和法治委员会副主任钟保家率领的“海南省酒店与餐饮行业协会、海南省科技企业联合会考察团”一行到访柬埔寨海南同乡会。邢诒宝会长介绍了海南乡亲在柬埔寨发展的基本情况，集成学校王汉校长介绍了海南同乡会集成学校的发展历程。海南省酒店与餐饮行业协会执行会长陈恒向大家介绍此次到访的目的，主要是了解柬埔寨投资环境，寻找商业对接与合作关系，同时也为加强同柬埔寨海南乡亲企业的交流，促进友好往来关系。

柬埔寨湖南商会接待湖南省侨联侨商考察团。12月12日，柬埔寨湖南商会在金边举行晚宴会，欢迎湖南省侨联、侨商代表团，代表团一行32人，包括湖南省侨联代表团和老挝、越南侨商代表团。代表团此次访问主要是响应国家“一带一路”倡议，省侨联特组织代表团，并同老挝、越南的湖南侨商对柬埔寨进行考察活动，希望能密切联系各地湖南商会，加强文化教育、经贸等方面的合作。

中国侨联副主席乔卫率团访问柬埔寨、缅甸。12月2日—9日，中国侨联副主席乔卫率团访问柬埔寨金边、缅甸仰光和曼德勒，拜会我驻当地使领馆，走访华社，慰问侨胞，聆听侨声。访问团先后与我驻柬埔寨大使熊波、驻缅甸大使洪亮、驻曼德勒总领事王宗颖等使领馆同志充分交流，了解侨情，并就侨联海外工作征询当地驻外机构意见和建议。访问团在金边、仰光、曼德勒分别召开中国侨联海外顾问、海外委员、青年委员和主要侨领座谈会，走访柬华理事总会、柬埔寨福建总商会、缅甸广东工商总会、缅甸中华总商会、缅甸仰光云南会馆、曼德勒福建同乡会、曼德勒福庆学校、曼德勒云南会馆、缅北中华商会等当地主要侨团，并分别与之座谈，乔卫在各场座谈会上都发表了讲话，送去祖（籍）国亲人的问候和温暖。访问团通过集体座谈和小范围会见等方式进行专题调研，还专程考察了中国慈善机构及华侨华人在缅甸开展的公益慈善项目。

东亚侨情

东亚包括中国、日本、韩国、朝鲜和蒙古共五个国家。东亚华侨华人主要集中于日本、韩国，且新老华侨华人从事的职业差别很大。以前华侨华人就业多集中在理发、餐饮、缝纫等行业，几十年过去了，老华侨及其后人仍从事餐饮、贸易行业，长期的资本积累增强了一些人的经济实力，目前从事不动产租赁业者占据相当比重。新华侨中，除了一部分人从事贸易和餐饮业外，绝大多数在公司就职或集中于教学与科研领域，也有人独立创办公司。新华侨依靠顽强拼搏和聪明才智，事业稳步发展，涌现出一批业绩好的企业和个人，华侨华人正成为当地一支不可忽视的力量。

在日华人逾70万创新高。据日本法务省最新统计，在日外国人总数超过230万人，创历史新高。国籍排名前三的国家分别是：中国、韩国、菲律宾，近年人数增幅最大的国家是越南和尼泊尔。统计显示，截至2016年6月底，持有中长期在留资格的在日外国人总数为2307388人，同比增长3.4%。外国人遍布全日本47个都道府县，中国人最多，达到728479人，创历史最高，约占全日本外国人口总数的31.6%，构成在日华人社会持续发展的基石。

2016中国节炫丽东瀛。2016年1月29日傍晚5时，中国节在东京六本木盛大开幕。中国驻日大使程永华、日本前首相福田康夫等为中国节剪彩并致辞。为期三天的中国节活动，通过大规模的文艺演出、文化展示、美食物产、旅游推介、企业宣传等方式，搭建了日本民众了解和认识中国的平台，展示了热情中国、开心中国、潮流中国。“2016中国节”取得成功，在日华人以非凡气魄和团结力量，为社群发展掀开了精彩的新篇章。多年来，以春节为载体的中华文化走向世界、走进日本成为潮流。横滨、神户、长崎各地中华街长年举办春节庆贺活动，已成为当地新民俗，也成为日本地方国际化的象征。21世纪以来，名古屋春节祭、大阪中秋明月祭、新潟春节祭等新兴社群活动风起云涌，东京首都圈的华侨华人也在2011年举办过“中国文化节”。在此基础上，“2016中国文化节”应运而生，为华人社会开启了新里程，树立了新示范。

中国海关新政叠加日元大幅升值，在日华人代购受冲击。中国财政部、海关总署、国家税务总局三部门3月24日联合发布《关于跨境电子商务零售进口税收政策的通知》，规定自2016年4月8日起，中国实施跨境电商零售进口税收政策，同步调整行邮税，取消了税费50元以内免税等政策，跨境电商告别“免税时代”，使用“跨境电商综合税”代替行邮税。海关总署公告则称，凡是未按照规定办理报关手续的跨境电商交易和代购行为，都会涉嫌走私——这让“代购”进入了一个“灰色地带”。代购商品面对高税率，价格优势不复存在，海外代购生意受到很大影响。在2016年的大部分时间，日元汇率都处于高位运行，最高时兑美元比率突破100:1，涨幅超过20%，极大提高了在日代购成本，也让人人参与代购的火红时代结束。同时，国内外各路电商纷纷入局海购，日本电商如乐天、亚马逊等试水中国市场，日本百货业、免税业、消费品牌等纷纷赴中国上线开设网店，大电商资本的投入拉低了商品价格，也压缩了普通代购业者的利润空间。可以说，2016年是中国人“爆买日本”走向沉静的一年，也是在日华人代购业受伤的一年。

大地震后华人驰援送爱心，显示守望相助社群精神。2016年4月14日，日本九州熊本发生连环强震，成为311东日本大地震以来遭遇的最大灾害。熊本灾情，引发了全日本的关注和救助，在日华人紧急救援。从中国驻日使领馆，到各地华侨社团、留学生学友会，再到在日华侨华人个体，纷纷动员起来赶赴灾区，或慰问鼓劲提振信心，或交付捐款提供物资，大家都以力所能及的方式援助灾区，希望为灾民分担痛苦，期待日本人民战胜灾难，重建家园。4 月 23 日，中国驻日大使程永华来到余震未消的熊本地震灾区，看望了当地华侨华人和留学人员。程永华会晤了熊本县知事蒲岛郁夫，转交了在日中资机构和华侨华人募集的 1800 万日元赈灾捐款。中国驻福冈总领事李天然也转交了熊本的友好省县广西壮族自治区人民政府捐赠的 200 万元人民币。熊本政府感谢来自中方“温暖人心的高额支援金”，再次感受到两国深厚的连带关系。20 年来，日本经历了 1995 年阪神大地震、2011 年东日本大地震、2016 年熊本大地震等不同的灾害，在日华人的现实参与感越来越强烈，救援行动的速度和规模都在不断进化，显示了华人社群与日本社会的结合日益紧密。

女留学生江歌无辜被杀，在日中国人犯罪震惊华人社会。最近两年，中国人在日杀害同胞的罪案有所增加，尤以 2016 年女留学生江歌被杀案触目惊心，给华人社会和日本社会带来冲击。2016 年 11 月 3 日凌晨，来日女留学生江歌在东京中野家门口被刀砍致死。11 月 7 日，日本警方以涉嫌恐吓他人的罪名逮捕了大东文化大学大学院硕士一年级在读生陈世峰。日本警视厅 9 月公布 2016 年前半期来日外国人犯罪统计，中国大陆出身者拘留件数为 2126 件（占比 31.4%），拘留人员 1553 人（占比 32.2%），从件数和人数上看仍然居首位。其中刑事案件 1211 件（同比 138 件，12.9% 增加），拘留人员 852 人（同比 43 件，4.8% 减少）。

Laox 大手笔冠名国际乒联日本公开赛，在日华企回馈社会第一家。“2016 年国际乒联世界巡回赛 Laox（乐购仕）日本公开赛（荻村杯）”6 月 15 日—19 日在东京开赛。作为里约奥运会前最重要的热身，各国都派出了强大的出战阵容。中国知名零售企业苏宁云商集团旗下的 Laox（乐购仕），取得本次赛事的正式冠名权，成为在日华人企业冠名国际 A 级体育赛事第一家。国际 A 级赛事对赞助商有着十分严苛的标准和要求，企业的品牌公信力、社会贡献度、大众美誉度等都是必须考量的标准。Laox 冠名日本公开赛，提高了企业声誉，也回馈了日本社会。2016 年，Laox 在日本多次赞助体育活动，如全权冠名首届日本华侨华人马拉松接力赛，组织华人球迷迎接并助阵苏宁足球队来日参加亚冠赛等，促进在日华侨华人团体之间的相互交流，助推了在日侨胞的健康意识及文体活动，也促进了中日体育交流，获得了华人社会的称赞。

“汉字三千年”巡回大展惊艳日本，华侨华人成文化交流生力军。2016 年 10 月 18 日，汇集中国 6 省市 17 座博物馆 110 多件（组）文物精品的《汉字三千年》日本巡回展，在东京富士美术馆拉开首展大幕。由在日华人企业黄山美术社参与策划运作的这一专题文物大展，旨在全面展示“汉字的历史与美”，在为期一年的展期内，将在日本的东京、京都，以及新潟县、宫城县、群马县等地作巡回展出。中国驻日本大使程永华等出席了开幕式。策展人黄山美术社社长陈建中表示，文字是人类文明最直接的传递符号，中国文明因汉字而得以传承延续。《汉字三千年》展现了汉字艺术和中华文明的生成与发展脉络，也揭示出同为汉字使用国的日本与中国在文化上的紧密联系。从《汉字三千年》大展，到持续十年以上的“东京中国电影周”；从走过八年的中日友好杯高尔夫球大赛，到冯学敏运用摄影镜头展现中日黄檗文化交流，越来越多的中日文化交流背后都出现了在日华人的身影，华侨华人成文化交流生力军。

张本智和夺世青赛最年少冠军，华二代提前绽放露峥嵘。2016 年 12 月 8 日，一位日本乒乓球神童刷爆了中国人朋友圈。在南非开普敦乒乓球世青赛上，年仅 13 岁的华裔少年张本智和成为史上最年轻的男单冠军（13 岁 165 天）。张本智和一战成名，被视为日本乒坛在 2020 年东京奥运会的新希望。当前的日本面临着老龄少子化困境，而引进外国专业人才和国际顶尖人才，不失为各行各业保持竞争力并提升实力的一条捷径。张本智和出身华人家庭，父母都是来自中国的专业选手，作为乒乓球界备受瞩目的明日之星，他是典型的在日华人二代，成为专业领域的生力军。目前，以张本智和为代表的在日华人二代们小荷已露尖尖角，野村周平、龙崎东寅、浜本由惟、马渊优佳、森田遥等华人二代纷纷在演艺和体育领域出人头地，业绩喜人。他们虽然生活和学习在日本，却背负着中国的家庭和文化背景，他们是日本的环境体制与中国式的教育训练共同培养出来的实力出众的新一代。

赴日中国游客已从“爆买”转向体验。中国游客此前在日本大量购买家电等商品，“爆买”一词2015年被选为日本的年度热词，甚至成为了日本的一个社会现象。然而，这种热度已经退烧了。现在形容中国游客消费状态的“爆买”词语已成“明日黄花”。赴日中国游客消费逐渐回归理性，关注度也从“爆买”转向温泉、美容、和服试穿等日本特有的体验项目。赴日游客人均消费出现下滑，畅销商品从奢侈品以及昂贵家电转变成了约合300元人民币一瓶的化妆水等商品。相较于几年前到日本的中国游客那种“买买买”的气势，现在的中国游客的确理智很多，很少有中国游客在日本抢购马桶盖、电饭锅。尽管赴日外国游客数量惊人，但从2016年第三季度开始，外国游客消费总额已经开始出现下滑。原因是畅销商品从相对昂贵的家电变成化妆品等单价较低的商品，访日游客的人均消费额减少。2016年第四季度，中国赴日游客人均消费更是大跌21.6%。这反映出中国游客到日本“爆买”的热潮已经急速降温。日本对中国游客不再“爆买”的忧虑无可厚非。形势发生变化的背景是日元不断升值，在日本购物的吸引力不再。此外，已多次访日的回头客所占比例提高，以国外高档品牌等奢侈品为主的畅销商品发生了变化。

在韩居住外国人中五成为中国人。韩国法务部出入境和外国人政策本部最新一项调查显示，居住在韩国境内的外国人中，越南人占比连续两个月排第二，中国人仍最多，约占五成。截至2016年11月底，居住在韩国境内的外国人数为1999195人，较上月的2025485人减少1.3%。在韩外国人中，中国人仍最多，总数达1004312人，占50.2%。从赴韩结婚移民者（152564人）的国籍来看，来自中国的最多，为57056人，占37.4%。其后依次为越南占27.5%，达41922人。以就业目的居住在韩国的外国人（602573人）中，中国人为258577人，占43%。其后依次为48392人的越南人，占8%。

“萨德”入韩致中国赴韩游客锐减。韩国旅游发展局12月22日公布的数据显示，上月访问韩国的中国游客同比增幅锐减，仅增1.8%。韩联社援引发展局数据介绍称，由于中国境外游整体较为低迷，加之“萨德”入韩问题造成韩中两国关系趋紧，来韩中国游客人数增幅大减。来韩中国游客增幅8月高达70.2%，9月降至22.8%，10月进一步跌至4.7%。与此形成对比的是，来自日本、东南亚和其他大中华地区的游客大幅增加。11月，日本游客数得益于首尔新航班的增设等同比大增29.5%，来自台湾地区的游客增长35.3%，来自非洲和中东地区的游客则猛增30.3%。整体来韩外国游客人数同比增长13.8%，为1309055人。

韩国“医疗旅游”生意火爆，中国游客人数最多。近年来，赴韩外国游客逐年增加。其中，以“医疗旅游”为目的到韩国的外国人不在少数。数据显示，在赴韩“医疗旅游”的外国游客中，中国人占比逾三成。2016年12月14日，据韩国保健产业振兴院发布的《吸引外国患者业绩报告书》，2016年赴韩“医疗旅游”外国人规模共计296889人次，较2009年的60201人次大幅上涨。其中，中国人数最多。数据显示，赴韩“医疗旅游”的中国人共计99059人次，占比高达33.4%。随后为美国（40986人次）和俄罗斯（20856人次）。在众多“医疗旅游”项目中，整形外科最受中国人青睐。仅2016年，就有26537人次的中国人赴韩进行相关治疗。虽然韩国“医疗旅游”满意度较高，但仍面临着外国人语言不通、缺少关联旅游项目等问题。对此，旅游发展局负责人表示：“面对这些问题，我们应该效仿泰国，在向游客提供医疗设施的基础上，还应同步解决住宿、娱乐等问题。从目前来看，韩国医疗旅游发展前景广阔，医疗旅游形态应由单纯的治疗型向疗养型转变。”

中国成在韩留学生最多国家。韩国教育部发布的“2016韩国国际学生统计”数据资料显示，韩国国际学生人数达223908人，比2015年增加了9212人，同比增长4.3%。韩国国际学生生源国分布状况方面，中国在韩留学生人数比2015年增加了3749人，总数达到66672人，占韩国国际学生总数（223908 人）的 29.8%。中国首次超越美国，成为在韩留学生人数最多的国家。关于韩国国际学生的学习类别，2016 年有 59.5% 的韩国国际学生进行了不同层次的学位学习。其中，中国在韩留学生有 35% 就读本科或研究生，其他为交换生或短期语言进修生，美国在韩留学生有 52256 人，就读本科或研究生，占美国全部在韩留学生人数的 82%。

外国人持韩土地减少，中国人买地热情下降。截至 2016 年上半年，外国人持有的韩国土地面积为 2.3223 亿平方米，较去年底增加 396 万平方米，占整体国土面积的 0.2%。在韩国各地区中，京畿道土地最受外国人青睐，占比为 16.5%，全罗南道（16.4%）、庆尚北道（15.0%）、江源道（10.1%）和济州（8.8%）分别排在其后。外国人在济州道持有的土地面积自 2002 年以来首次出现减少，这主要是因为中国人纷纷抛售济州道土地。统计显示，自 2015 年底以来，中国人抛售济州道约 35 万平方米土地。据分析，济州道政府日前出台新规，限制外国人在济州设立旅游配套设施，这可能是让中国人狂买济州土地热潮降温的一个原因。

韩国半年来抓捕外籍涉毒嫌犯 336 人，中国人超一半。2016 年 5 月—10 月在韩国落网的涉毒犯罪分子共有 4480 人，其中 1054 人被捕。落网的外籍涉毒犯罪分子为 336 人，同比增加 63.9%。从国籍来看，中国人占 53.9%，其后依次为泰国（33.9%）、美国（4.2%）。警方指出，随着在韩国国内居留的外国人增加，外籍涉毒犯罪分子人数也不断增加，警方将积极开展打击整治行动。

西亚侨情

西亚又称西南亚，包括伊朗、伊拉克、阿塞拜疆、格鲁吉亚、亚美尼亚、土耳其、叙利亚、约旦、以色列、阿富汗、巴勒斯坦、沙特阿拉伯、巴林、卡塔尔、也门、阿曼、阿拉伯联合酋长国、科威特、黎巴嫩、塞浦路斯共20国。由于西亚拥有“五海三洲之地”的地理位置，区位、能源、资源优势突出，是全球经济增长最快、最活跃的地区之一，也是中国企业和中国人“走出去”的重要目的地之一。2016年，西亚地区的侨胞已突破50万人，但分布极不平衡，主要集中于沙特阿拉伯、土耳其、阿联酋三个国家。

中国侨联副主席乔卫访问阿联酋并与侨界代表座谈。2016年6月21日，正在阿联酋迪拜访问的中国侨联副主席乔卫一行在迪拜与旅阿侨胞座谈。中国驻迪拜总领事李凌冰、副总领事马旭亮、旅阿中国侨联海外委员、青年委员、各华侨商协会及华文媒体负责人约40人出席。乔卫向与会委员和侨胞代表致以亲切问候和良好祝愿。他表示，海外侨胞是连接中国梦与世界梦的桥梁和使者，也是住在国发展的重要力量和独特机遇，同时向侨胞们提出三点希望。与会人员感谢乔卫一行对旅阿侨胞的亲切关怀，并结合自身事业和个人经历踊跃发言，谈发展、谈体会、谈困难、谈问题、谈希望，知无不言，言无不尽。乔卫访问迪拜期间还深入侨埠调研，走访了阿联酋浙江侨团联合会、福建商会等侨团组织。

沙特中资企业协会华商分会成立。2016年7月，沙特中资企业协会华商分会成立庆典大会在利雅得丽兹·卡尔顿酒店召开。中国侨联副主席、福建省侨联主席王亚君，中国驻沙特大使李华新，参赞季刚、林波，沙特中资企业协会秘书长单树林、沙特中资企业协会华商分会会长林大旺等嘉宾共计300多人出席庆典大会。

驻阿联酋使馆举行中资企业安全风险防范座谈会。2016年11月21日，中国驻阿联酋使馆举行中资企业安全风险防范座谈会，倪坚大使、林亚多政务参赞、贺松经商参赞及在阿中资企业代表近30人与会。会上指出，当前国际安全形势仍然十分复杂严峻，境外中国公民和机构面临的安全风险不容忽视。尽管阿联酋安全形势总体较好，但在阿中资企业仍要牢固树立“安全高于一切”的观念，坚决杜绝侥幸心理和麻痹大意思想，切实落实好安保主体责任。与会中资机构代表就各自企业安保措施及有关经验教训进行了热烈交流，纷纷表示将继续高度重视安全风险防范工作，有针对性地开展风险排查整改，确保员工安全和企业正常生产。

迪拜华侨华人妇女联合会成立。2016年11月12日，阿联酋华侨华人妇女联合会成立，中国驻迪拜总领事李凌冰应邀出席，马旭亮副总领事及女性馆员陪同。联合会的成立，不仅为在阿侨社增添了新成员，注入了新活力，也是妇女侨胞积极落实共同倡议的具体体现，为侨界妇女搭建了凝聚智慧、共同发展、互帮互助、共同进步的沟通平台。阿联酋华侨华人妇女联合会首任会长潘秀平感谢总领馆对联合会筹备、成立的大力支持和帮助，表示将以李凌冰总领事提出的四面旗帜为指针，秉承办会宗旨，建立一个积极向上、朝气蓬勃的妇女联合会，不辜负总领馆和广大会员的殷切期望和期待。

阿联酋11月起给予中国公民免签入境待遇。中国驻阿拉伯联合酋长国大使馆证实，阿联酋政府同意自2016年11月1日起给予中国公民免签入境待遇。阿联酋外交与国际合作部告知如下：自2016年11月1日起，中华人民共和国公民持普通护照入境阿联酋无须预先申请签证，入境不收取费用，停留期 30 天。持照人可按阿联酋相关规定缴费延期一次，再停留 30 天。近年来，中阿两国政府达成一系列便利双方人员往来的措施。2016 年年初，两国互免签证范围由外交护照扩大至公务护照和公务普通护照。持普通护照的阿联酋公民亦可在中国江浙沪地区享受 144 小时过境免签待遇。

迪拜举行“宰牲节、中秋节联谊晚会”。2016 年 9 月 12 日，在一年一度的穆斯林宰牲节和中华民族传统佳节中秋节来临之际，中国驻阿联酋大使馆、驻迪拜总领事馆、阿联酋中国商会、阿联酋华侨华人联合会在迪拜亚特兰蒂斯酒店联合举行了“2016 年宰牲节、中秋节联谊晚会”。晚会期间，旅阿艺术家、演员等，为侨胞们献上了一场精彩纷呈的文化大餐。

伊朗孔子学院首开汉语书法课，中国书法家现场示范。2016 年 4 月 24 日，伊朗德黑兰大学校内的孔子学院首次开办汉语书法课，中国著名书法家李启元先生被特别邀请到孔院，向正在这里学习汉语的 30 多名伊朗大学生传授中国书法知识。李启元先生曾师从于中国著名书法家费宪章、启功等人，行书、草书、隶书、楷书等样样精通。中伊文化交流源远流长，学习中国书法不仅对今后两国在“一带一路”基础上的文化交流有帮助，而且使得掌握书法艺术的伊朗同学到中国备受欢迎，更容易成为中伊两国文化交流的使者，更容易用书法的语言传递友谊和情感。

中国女留学生主演伊朗电视剧。2016 年，一名中国女留学生成功地颠覆了伊朗人对中国人的印象，成为在伊朗家喻户晓的中国“明星”。中国留学生张梦晗在引发收视狂潮的伊朗电视剧《首都》中扮演“春常”一角，由于本色出演有中国口音的波斯语为全剧增添笑点，从而引起轰动和观众热议，成为伊朗人眼中的大明星。受益于《首都》这部电视剧，张梦晗拓宽了自己在伊朗的人脉。伊朗“国宝级”导演阿巴斯近期前往中国洽谈拍摄《杭州之恋》，邀请她担任陪同翻译。

第五届土耳其汉语教师发展论坛召开。2016 年 12 月，由孔子学院总部 / 国家汉办主办，中东技术大学孔子学院承办的土耳其汉语教师发展论坛，在中东技术大学顺利召开，来自安卡拉及周边地区的近 70 余名汉语教师参加了本次论坛。中国驻土耳其大使夫人赵玫玫、安卡拉大学汉学系欧凯教授、中东技术大学外方院长娜芝丽、土耳其中资企业商会会长周延泉，在开幕式上发表了主题讲话。

中国姑娘在土耳其未遂政变中向同胞伸出援手。2016 年 7 月 15 日晚，土耳其突发政变。大批惊慌的旅客滞留在伊斯坦布尔阿塔图尔克机场，其中包括很多中国人。在土工作的“80 后”中国姑娘毛丽丹虽然接到了中国驻土耳其大使馆要求不可外出的安全警示电话，但她还是按捺不住。她先到超市抢购了足够 200 人用的饮用水和食品，再火速送到机场分发给滞留的中国旅客，之后她就留在了机场。毛丽丹在机场待了整整两天。她能讲流利的土耳其语，帮中国旅客咨询服务台、改签机票、查询航班信息。她通过中资企业微信群留下自己的手机号码，报告自己在机场的具体位置，随时准备为亟待救助的同胞伸出援手。毛丹丽在伊斯坦布尔创建了土耳其欧亚旅游与贸易有限责任公司，还担任土中文化交流与合作协会副会长。这已不是毛丽丹第一次在危难中挺身而出了。2016 年 6 月 28 日，阿塔图尔克机场连遭 3 起自杀式爆炸袭击，事件发生后，毛丽丹也带着食物和饮用水赶到机场，尽己所能帮助同胞订酒店、改签机票……患难见真情。毛丽丹的义举在华人圈中广受称赞。土耳其中资企业商会在政变过后向她赠送一块台匾，感谢她“总是在我会员企业最需要帮助的时候出现”。匾上写着：“助同胞危难时刻，显中资企业襟怀”。

2016 年前 8 个月访伊斯坦布尔中国游客数量同比减少一半。与 2015 年同期相比，2016 年前 8 个月土耳其伊斯坦布尔的中国游客数量减少一半。7 月当地旅游业工作者表示，伊斯坦布尔出现灾难性状况，这是由外国游客的流失引起的。

约旦举行首届汉语教师研讨会。2016 年 6 月，约旦首届汉语教师研讨会在约旦费城大学孔子学院举行。来自约旦 TAG 孔子学院、约旦大学等高校的 20 余名汉语教师齐聚一堂，就汉语教学的历程、成绩、方法及展望等议题进行了研讨。

以色列突发特大火灾，中国安全撤离留学生再显实力。2016年11月，以色列发生特大火灾，第三大城市海法受灾严重，山火蔓延、火势失控。11月24日，海法市紧急疏散了6万余名居民，宣布进入紧急状态。面对火情，中国驻以色列大使馆第一时间出动，24日当晚即组织大巴将重灾区的海法大学中国留学生全部安全撤出，效率之高再次受到网民热议。不仅中国大使馆反应迅速，安排周到，这次火灾撤离中，海外华人的团结合作也让留学生们倍感温暖。当天，中国在以色列留学生和当地华人华侨自动组织起来，通过脸书、微信和微博，传递灾情和中国驻以色列使馆的保护信息。

中国公民可申办以色列10年签，每次停留不超90天。2016年11月15日，“以中十年多次往返签证启动仪式”在北京召开，以色列驻华大使马腾现场为十余位中国公民颁发第一批十年期签证。以色列成为继美国和加拿大后再与中国实施此类协议的国家。自2016年11月11日起，中以双方10年多次往返签证协议将正式生效。这意味着两国人民可以获得对方颁布的有效期为十年的签证，基本实现“说走就走”的旅行。该协议是在2016年3月举行的中以创新合作联委会第二次会议上签订的。启动仪式上，10余位经常往返两国的中国企业家、专家和演员接受了由以色列驻华使馆颁发的第一批10年有效期签证。

非洲侨情

2016年，中非合作的规模和领域进一步扩大，中华文化在非洲的影响不断拓展。非洲华人积极从事公益社会事业，部分国家华人参与当地政治的兴趣正在兴起，华人获得自身发展的同时，也为当地的发展作出了重要贡献。2016年，华社在非洲还面临着诸多挑战和困境，如多国治安环境不佳，个别地区、国家甚至存在种族歧视和排外现象；个别华人从事不法行为，侨社内部存在不团结、甚至互相残害的现象，都严重损害了在非华人的整体形象；相对于欧美发达国家的华人，在非华人落地生根的主观意愿不强。这些都在一定程度上构成了华社进一步发展的障碍。

中国因素成为推动非洲社会经济发展变化的重要力量。非洲著名民调机构"非洲晴雨表"近日发布报告指出，与其他国家相比，中国在非洲的影响力日益提高。这份题为《中国在非洲影响力持续加强并赢得广泛积极评价》的报告显示，在此次调查的36个国家中，津巴布韦（55%）、莫桑比克（52%）、苏丹（47%）、赞比亚（47%）、南非（40%）和坦桑尼亚（40%）的受访者认为中国最具影响力。多数受访者表示，中国在非洲进行的经济活动和援助计划有利于各自国家的发展。有35%的坦桑尼亚受访者认为中国模式是坦桑尼亚发展的最佳之选，而美国模式则受到30%的欢迎度。中国模式在喀麦隆的受欢迎度为48%，其次是莫桑比克、马里和苏丹，均为36%的欢迎度。总体来看，中国的发展模式受欢迎程度为24%，仅次于美国模式。报告指出，非洲人民对中国的高认可度表明中国在非洲大陆的经济与政治活动具有重要贡献意义，而中国在非洲的基础设施建设、发展项目与商业投资是中国获得积极评价的主要原因。

中资企业在非洲投资增长迅猛。中国和坦桑尼亚的高层形成了互动，而中小企业和投资者则在具体的领域进行合作。相较于扩张到非洲的西方商业贷款，中国提供的贷款利率要低得多。目前约有20000名中国商人在坦桑尼亚全国、包括农村和城市地区的不同行业经营生意。中国和坦桑尼亚已经签署了价值数十亿美元的19个项目，一些项目由中国进出口银行提供财政支持。其中就包括了投资数十亿美元在达市西北45公里兴建的巴加莫约港。此外，中国企业招商国际也承接了由巴加莫约到姆兰迪济34公里的公路建设项目。这条公路将巴加莫约港和坦内部的铁路网联结了起来。数据显示，中国对坦桑尼亚的直接投资从2011年的7亿美元猛增到2015年的21亿美元，中国已成为东非地区最大的外国投资方。南非中国经贸协会12月8日在比勒陀利亚发布了《中国企业发展报告》。报告显示，截至2015年底，中国对南非累计投资约130亿美元，南非中资企业有300多家（含代表处），其中大中型中资企业约有140家，涉及金融、矿业、家电、通讯、汽车、工程机械、房地产、纺织服装、物流等领域。在双边贸易方面，据中国海关统计，2015年中南双边贸易额为460.49亿美元，其中中国对南非出口158.67亿美元，从南非进口301.82亿美元。埃塞俄比亚投资委员会发布的数据显示，目前中国已成为埃塞俄比亚最大投资来源国。在8月—11月共有124家全球投资方有意向对埃塞俄比亚进行投资，预计总投资额可达35亿美元，其中很多来自中国。中国投资者在埃塞俄比亚投资踊跃，已成为推动埃塞俄比亚发展的重要外资力量。

中国金融企业加快在非洲的合作步伐。1月16日，丝路国际银行（Silk Road International Bank，"SRIB"）在吉布提宣布成立。丝路国际银行由招商局集团、亿赞普集团、丝路亿商信息技术有限公司等中资企业与吉布提财政部共同发起成立，是经吉布提央行批准成立的当地第13家商业银行。年初，农业银行与刚果共和国合资的中刚非洲银行正式开业。中刚非洲银行面向刚果（布）本地企业和居民，在刚中资企业及在非经商务工的广大华人华侨，提供对公、零售、国际贸易融资和金融市场等全方位的产品和服务。11月16日晚，赞比亚银联卡（Union Pay Card）的首发仪式在卢萨卡市举行。巴克莱赞比亚银行宣布，银联卡可在境内巴克莱的ATM机和POS机上使用。11月，刚果中央银行（BCC）同意中国泰合（刚果金）银行收购刚果非洲国际银行（BIAC）的优良资产。借助刚果非洲国际银行在当地的渠道网点，中国泰合（刚果金）银行计划明年在刚果全面落地，随后还将陆续进入非洲银行市场，在更多国家开设更多网点。

首届南非中国商品展举行。11月9日，"南非中国商品展"开幕式在中南展贸中心（原星河商城）举行 。在广东省人民政府、广东省商务厅、中山市商务局、南头镇经信局的支持下，100余家中国厂家前来参展。本次展会的一大亮点是发展和挖掘能够对接出口中国的南非产品，130多家涉及南非有机食品、生活用品、畜牧产品和各类旅游服务等领域的南非企业也参加展会。这是南非第一次把中国采购商带到本地，直接与南非本地生产企业进行交流。在为期四天的中国商品展举行期间，中南展贸中心将会举办多次论坛、讲解及对接会。在积极帮助中国企业寻找南非合作伙伴的同时，也将和南非企业一起探讨如何将南非产品出口至中国。

中材赞比亚建材工业园贷款签约仪式举行。11月7日，中材赞比亚建材工业园贷款签约仪式在卢萨卡市举行。该贷款项目由中国国家开发银行与中材水泥公司签订，贷款总额达1.6亿美元。项目累计投资总额5亿多美元，直接或间接创造3000多个工作岗位，将为赞比亚的经济发展作出卓越贡献。国家开发银行的贷款为工业园的建设提供了充足的资金保障，2016年1月—7月，中国对赞比亚非金融类直接投资在原有30多亿基础上新增1.86亿美元，在非洲排名第一；中企在赞比亚新签承包工程合同额达26.36亿美元，同比增长95%。

同仁堂分公司在约翰内斯堡开业。11月16日，北京同仁堂非洲分公司在约翰内斯堡举行开业仪式。11月15日，北京的中医专家团队专程来到约堡非贸同仁堂旗舰店进行为期3天的义诊。专家们还将在约堡其他地区以及比勒陀利亚地区设点，为更多的当地民众和侨胞进行义诊。

温州商人之子让·平角逐加蓬总统选举。让·平在加蓬出生，其父是来自中国温州的商人程志平。程志平1929年漂洋过海去了法国，又在1933年移居当时是法国殖民地的加蓬，后来娶了当地一名部族酋长的女儿为妻。让·平曾赴法国深造，获巴黎第一大学经济学博士学位。让·平于2004年当选为联合国大会第五十九届会议主席，并于2008年举行的非盟第十届首脑会议上当选非盟委员会主席。在竞选中，三位主要反对派候选人团结到了让·平的旗下。8月31日加蓬全国选举委员会公布总统选举结果，加蓬民主党候选人、现任总统阿里·邦戈以微弱优势赢得选举，实现连任。邦戈的得票率为49.80%，让·平的得票率为48.23%。

南非华人积极参与南非地方政府大选。2016年南非地方政府大选中，豪登省侨界一共有5位华人候选人参选，其中包括来自约堡市的4位华人候选人——中国台湾籍侨民孙耀亨作为大约堡市民主联盟（DA）党候选人，来自中国大陆的姒海、张晓梅作为大约堡市非国大不分区议员候选人，赵建玲作为大约堡市118区非国大议员候选人。此次是来自中国大陆的华人新移民第一次参选，他们能得到执政党的正式提名，具有划时代的历史意义，标志着来自大陆的新移民也开始融入南非主流社会。赵建玲在118区的地方选举历史上，创造了惊人的奇迹，对民主联盟造成了极大的威胁，改变了该区域内长期以来民主联盟一党独大的局面。

孙耀亨议员出任南非约堡公安局长。8月26日，南非约翰内斯堡新上任的市长马沙巴正式宣布了市政领导班子名单，华人议员孙耀亨被任命为公共安全局局长。孙耀亨上任之后，在市政警察、消防等部门投入了空前的关注，市政警察的工作积极性有了明显的改观。

南非曼市市长赞华人贡献卓越。5 月 20 日，南非纳尔逊·曼德拉湾市华人警民合作中心成立仪式举行。曼市市长 Danny Jordaan 先生在讲话中说，华人对于南非的发展有着卓越的贡献，从 1600 年开始就有华人来到南非，从事矿业工作。到今天，华人在南非的经济上扮演重要角色。

中国南非有关免签协议生效。《中华人民共和国政府和南非共和国政府关于互免持外交、公务（官员）护照人员签证的协定》于 2016 年 3 月 1 日生效，根据该协议，持有效外交、公务（不包括公务普通护照）的中国公民在南非入境、出境、过境或停留，自入境之日起不超过 30 日者，在此期间免办签证。7 月，南非内政部长吉加巴表示："在推出生物学信息搜集系统的同时，我们还免除了针对中国人的签证申请需求，只要在落地的时候搜集生物学信息就可以。"然而，生活在南非的许多中国侨民却觉得免签的覆盖面实在太窄。

乌干达关注大量中国男子涌入与当地女子结婚现象。过去十年，大量中国商人及投资者涌入非洲东部国家乌干达，为该国经济发展注入活力，但由此造成的一个"弊端"正引起乌干达移民部门的关注：越来越多的中国男性与当地女子结婚，借此"获得当地居住权以及商业利益"。据统计，在乌干达的中国人大概在 1 万到 5 万人之间。

"互联网 +"影响南非华人经商方式。互联网的发展，生活方式的改变，使一些精明的南非华商看到了发展的商机，他们将报纸、网站、微信等社交工具和媒体有机地结合在一起，开启了线上和线下同步经营的商务方式。跨境电商和微商已如火如荼地遍布每个角落。李晓燕是一位来自福建的 90 后女性，经过半年多的筹划和多方面的考察，利用南非兰特汇率下跌的价格优势，进口南非红酒和芦荟胶等特色商品回国，通过线上销售和线下体验的方式开启了创业之路。

南非中医行业亟待规范发展。南非中医一直处在一种边缘医学的状态，这种状态一直持续到 2002 年，经过各方努力，南非政府开始着手规范中医医疗行业，尤其是针灸。在 2002 年，针灸立法被提上日程，南非医学会要求在南非从事针灸的医师必须注册，从而有了专门的中医立法机构。2011 年之后，中医正式被纳入南非医疗系统。目前，南非卫生部专门有中医管理部门，管理在南非执业的中医师。南非政府对中医的支持还体现在在西开普大学的公共卫生学院设立中医系，培养当地的中医人才，让中医后继有人。然而，南非中医行业还面临一些困扰。比如语言问题，许多旅南中医师语言尚存在障碍。其次，某些中药材的使用，尤其是一些动物药的使用还存在合法性的问题。再次，在这专业而复杂的行业中，还存在部分鱼目混珠的"医生"。

旅纳侨胞游行抗议非法盗猎，提升中国形象。由于贩卖稀有动物制品的利润可观，个别华人也参与其中。他们的不法行为抹黑了中国人的形象，引起了部分纳国人民对华人的反感和排斥，某些民众甚至发出"让中国人滚出纳米比亚"等激烈言辞，严重影响了旅纳侨胞的正常生活。12 月 21 日，旅纳侨胞在纳米比亚东北部城市伦都和卡提马自发组织了"反对非法盗猎 保护野生动物"的游行，表达了华人珍惜当地自然环境，爱护野生动物的心声。这一行动得到了当地环境动物保护协会、警署和省长办公室的大力支持。该活动提升了旅纳华人的正面形象，受到了当地人民的欢迎和支持，同时吸引了大批本地民众参与。

中国动物保护志愿者"扎根"非洲大草原。星巴是一名生活在非洲大草原的动物保护志愿者，但他不是当地人，而是一名来自四川资阳的中国人，本名叫卓强。2004 年，卓强第一次踏上非洲，来到肯尼亚的马赛马拉，从此涉足野生动物保护。2010 年，37 岁的卓强毅然辞去公务员的工作，只身来到非洲，全身心地投身无收入的野生动物保护事业。当时，他的女儿才 6 岁。2011 年，卓强创立马拉野生动物保护基金会。这是第一个由中国人在非洲发起成立的民间公益组织。目前，该基金会与肯尼亚野生动物管理局、东非野保协会、拯救大象组织等机构已成为合作伙伴，并为马赛马拉保护区捐赠了越野车、摩托车、帐篷等大量野保物资。谈到他漫长的野保之路，卓强感慨道："野保如同我的生命，我会为之付出所有。"

多国治安环境不佳，华人屡屡成为案件受害者。据南非华人警民合作中心消息，2016年前两个月发生涉侨案件50余起，其中抢劫案13件，造成3人死亡。1月24日，新堡一家华人店铺遭七八名歹徒武装抢劫，在这里打工的年仅22岁的山东籍男子中弹身亡，成为2016年第一位在抢劫案中遇害的华人。1月17日，在安哥拉罗安达经商的4名中国人应当地人之约驾车外出谈生意后失联。3月18日，4名遇害者遗体在罗安达本菲卡区一座荒废民宅的水窖内被发现。警方调查以及嫌犯供词显示，这是一起因土地交易引发的雇凶杀人案，4名中国人在土地交易未成试图收回预付款时遭到杀害。据警方透露，凶手中包括3名安哥拉现役军人和1名特警。8月2日，在肯尼亚西南部纳罗克县（Narok County）的一项中资铁路工程中，约200名当地青年对不能分享就业机会表示不满，将14名中国工人打伤。9月，非洲国家刚果（金）首都金沙萨发生骚乱，示威者在市内大肆抢掠，数十间华人商铺沦为目标，多名店主在华侨团体协助下虽成功脱险，但店铺未能幸免于难。据非正式统计，当时有逾200名华人被困金沙萨市内。11月28日晚，一名中国公民在纳萨拉瓦州一矿场回驻地的途中，遭遇袭击当场身亡，同车的另外3名尼日利亚公民也遇袭身亡，其中一人为护送警察。另有一名中国公民受伤并被送往当地医院抢救。

在非华人积极应对不良治安环境。2月18日，纳米比亚北部城市奥西刚果一店铺门口，三名当地海关人员被警察逮捕。据目击者称，这三名海关人员因多次欺压、勒索纳米比亚华商，贪污索贿，遭到告发而被警方逮捕。4月6日早晨，南非西北省勒斯滕堡一家华人店铺险些遭到抢劫。当时，五名歹徒试图冲入华人店中，遭到店主林先生奋起反抗，抢劫团伙被击退，一人当场毙命。8月，开普敦华人警民中心提升了工作机制，在西开普省一些地区建立开通了华人“区域警务联络微信群”，推动当地侨胞互通信息，守望相助，提高安全防范意识，融入当地社会。10月7日，尼日利亚中国商贸企业协会会长倪孟晓与常务副会长黄育真，秘书长李强，副会长郑毅代表理事会拜会尼日利亚2大区警察局长阿里和副局长苏莱曼，提交中商协正式信函要求警方加强关注对华侨华人居住小区及企业的安全状况，提供侨胞相对较多的拉各斯州和奥贡州RRS、SARS（巡逻警察）紧急救援联系方式，便于协会会员和华侨华人在紧急情况下更准确迅速地联络最近的警察。中国驻约翰内斯堡总领馆官员12月29日透露：最近三年来，在南非约翰内斯堡的中国侨胞遭劫遇害数字逐年减少。在南非治安总体形势严峻的情况下，约堡周围侨胞遇害案件却大幅减少，预防是其中的重中之重。总领馆还建立了领事保护安全联防机制、试行领保联络员工作机制，共同应对和防范南非治安状况，提高对试图侵害华人的犯罪分子的威慑能力。

南非华人购物遭遇黑人和白人歧视。据报道，现今的南非仍然有很多人会成为种族主义行为的受害者，包括生活在南非的华人。一位华人女性在BIGBLUE店面购物过程中先后两次遭到歧视性对待。2月22日，该女士在BIGBLUE店面购物过程中，试衣时，一名白人女子悄悄向黑人营业员说了几句话，随后，营业员非常不礼貌地让她离开。她隐隐约约听到，这名白人女士似乎是说，中国人会偷偷“复制”衣服的款式。9月17日，该女士又一次前往BIGBLUE消费。她和家人刚刚走进店铺，就有一名黑人女性服务员，用一种异样的眼光看着她，随后向一名白人管理人员嘀咕。之后，这名白人女性走出来说“你们最好离开”。当今，华人在南非有时会同时遭到黑人和白人“不待见”，是一种令人难以接受的事实。

非洲华侨华人热心慈善公益事业。6月1日，博茨瓦纳华人慈善基金会、博茨瓦纳教育部及博茨瓦纳教会协会共同签署合作协议，成立“华人慈善关爱中心”（Chinese Charity Care Centre，简称CCCC）并举行揭牌仪式。中国驻博茨瓦纳大使郑竹强、博茨瓦纳国会议长Gladys Kokorwe、博教育部副常秘Simon Coles、Naledi区酋长Arnold Somolekae及博茨瓦纳西南区主任Gadibolae等百余人出席了签字仪式。

8月12日，在津巴布韦首都哈拉雷城郊哈

特克利夫地区的贫民区，由津巴布韦华人慈善组织“爱心妈妈”捐建的孤儿院落成。“爱心妈妈”组织创始人彭艳表示，孤儿院建成后，“爱心妈妈”组织会和当地儿童之家机构共同管理孤儿院，监督孤儿院物资和资金的使用，并持续对孤儿们的生活与学习提供帮助。

10 月 8 日，坦桑尼亚中华福建同乡会在达累斯萨拉姆“Child in the Sun”孤儿院举行了慈善义捐活动，捐赠了包括搅拌机、制砖机、大米、衣物等价值 2000 万坦先令的生产和生活物资。

10 月 24 日，由肯尼亚教育部与中国航空技术国际控股有限公司（中航国际）联合举办的第三届非洲职业技能挑战赛在内罗毕闭幕，这次中企助力非洲职业技能培训的活动受到相关方面的关注和欢迎。非洲职业技能挑战赛项目以“授人以渔”为出发点，着眼于非洲各国政府关注的青年人普遍缺乏职业技能、失业率居高不下的问题，希望通过举办职业技能培训及比赛，提升当地青年人就业技能，促进教学与产业链结合，同时打造中国企业在海外履行社会责任的新模式。

10 月 29 日晚，南非第一夫人托贝卡・祖马作为东道主，在约堡蒙蒂赌场多功能厅为其癌症慈善基金会举办年度募款晚宴。与会的华人纷纷慷慨解囊。托贝卡・祖马在致辞中特别感谢华人社团对癌症基金会的支持，她说包括华人女企业家总会在内的旅南华侨社团一直以来都热心参与公益事业，她要向华人侨社致以诚挚的谢意。

12 月 20 日，南非华文教育基金会、中国南非健康关爱基金会、神盾保安公司等，联合举行了向约堡著名贫困社区亚历山大遭遇水灾家庭的捐赠活动。中国—南非健康关爱基金会主席李英介绍，此次捐赠活动为受灾家庭带来了 2000 件衣物、100 袋玉米面、100 瓶食用油、100 桶饼干和 60 条毛毯以及鞋子、白糖、蛋糕、面粉等生活物资。未来还会加大力度举办各类慈善捐赠活动，让当地贫困民众受益。

在非华人融入当地社会面临的几个困境。近年来，随着中非关系的深入发展，尤其是经贸关系的持续攀升，非洲已成为中国新移民的重要流向地之一。中国新移民为当地社会经济发展作出了一定贡献，但有观点认为，他们并未很好地融入当地社会。由于华人社区日渐完备的社会功能为新移民提供了一个内向型的社会环境，成了他们的保护壳，从而在一定程度上加强了他们对自己作为中国人的身份认同并消减了他们个人融入当地社会的动力和能力。华人社区阻碍新移民的社会融入主要体现在语言、社会交往和婚姻等层面。不愿落地生根的观点，是阻止华人融入当地的又一重要因素。据华侨华人蓝皮书的有关研究，非洲中国新移民近年来数量快速增长，知识分子与专业技术人员群体逐步涌现，多数希望落叶归根或前往发达国家享受优质生活。随着中国经济社会的持续发展和民生福利的不断改善，可以预见越来越多的非洲中国新移民会选择继续保留华侨身份，并在合适时机归国生活。在孩子的教育方面，南非华人家长也面临着是在南非接受优越的英语教育，还是回到中国接受母语教育和地道的中国文化熏陶这一艰难的选择。

个别华人在非洲从事不法行为。1 月 25 日，辽宁大连海关通过旅检截获一批走私象牙制品，包括象牙手镯、手链、项链等共计 81 件，总重量达 4.1 公斤，犯罪嫌疑人已被刑事拘留。8 月，五名 Chatsworth 的居民承认，他们帮助一名中国商人非法结汇超过 1000 万美金汇回国内。这名中国商人从事进出口贸易，正常情况下，他每年最多只能转回 100 万兰特。他们所有的这些外汇交易都是在 Sherwood 的 Westwood Mall 的一座外汇交易所完成的。11 月 23 日，一名携带有 18 根犀牛角的中国旅客在南非约堡机场过境时遭到警方拘捕。警方从其随身携带的行李中搜出 18 根犀牛角，净重 43 公斤，总价值约 47 万美元。11 月 23 日，警方在约堡皇冠矿区（Crown Mines）中国商城的密集区的一座仓库，捣毁了一个生产假冒伪劣纯净水的作坊，警方在这里发现了 45 万瓶已经被装满了的“假水”，以及 50 万个空瓶子，另外 20 万个瓶子正在被贴上 Valpre 的标签。

非洲华社中存在一些不和谐现象。个别华人中介违背良心和职业道德，疯狂制造假工作签证蒙骗华人，已有大量无辜华人上当受骗。有的在南非经商的华人，花费数万兰特获得这种假签证后，在出入境时被当场遣返，损失相当惨重。6

月初，一些骗子在网上利用南非西北省侨胞遭抢劫受伤的机会，发起“募捐”行为，表面上是在行善，实际上却是利用人们的善良和慷慨，以及他人的痛苦中饱私囊。7 月 25 日，南非法院批准了国家检察机关对于缉拿在逃华人犯罪嫌疑人何某的逮捕令申请，这意味着在 7 月 14 日约翰内斯堡华人遇害案中具有重大杀人嫌疑的何某，将在南非全国遭到各地警方的通缉。10 月 23 日，犯罪嫌疑人何某在开普敦被捕。11 月 21 日，在距南非东开普省伊丽莎白港 200 公里左右的一个小镇的酒类专卖店内，由于账目上的纠纷，两名合伙的福清籍华人发生冲突。其中一人掏出手枪向另一人连开数枪，导致对方腿部中枪。开枪华人的头部也被打伤。华人自相残杀，不仅使同胞生命安全受到威胁，在当地也造成了很坏的影响。每次华人犯罪，南非媒体总是大篇幅报道，这几乎已成当地媒体上的“一景”。

中国首次从非洲大规模押回电信诈骗犯罪嫌疑人。4 月，肯尼亚警方成功打掉一个冒充中国大陆公检法机关、向大陆群众大肆实施电信诈骗的犯罪团伙。肯尼亚执法部门经审查，决定将上述人员中的 32 名中国大陆犯罪嫌疑人和 45 名台湾犯罪嫌疑人遣返中国大陆。第一批 10 名犯罪嫌疑人、第二批 67 名犯罪嫌疑人先后押解回国。

中华文化在非洲。随着中国和埃及之间的贸易额创新高，埃及人民学习中文的兴趣在不断增长。由于更多的学生选择学习中文，更多的大学计划设立中文系，埃及开始紧缺中文教师。开罗大学在 2004 年设立了中文系，当时只有 20 名学生，现在每年都招 60 名学生。在 2007 年创办的开罗大学孔子学院里，学生人数从最初的 30 名扩展到了现在每年 1200 名。9 月 17 日下午，由博茨瓦纳华人妇女协会组织举办的儿童中文培训班在哈博罗内市利文斯通学院正式开班，华人儿童及家长等 50 余人参加了开班仪式。9 月 18 日，由中国驻坦桑尼亚大使馆、多多马大学孔院、坦桑尼亚武术协会、坦桑尼亚新闻文化艺术体育部、坦桑尼亚国家委员会联合举办的第三届坦桑尼亚中华武术大赛在坦国家体育场落幕。来自坦全国十六个省区 31 个俱乐部的 155 名选手进行了激烈的角逐，参赛选手年龄从 7 岁到 30 岁不等。3000 多名观众观看了比赛，现场气氛异常热烈。10 月 29 日，南非外交部在行政首都比勒陀利亚的总统府前草坪广场举办一年一度的“使团节”。中国驻南非大使馆和南非华星艺术团、南非华语教习工作者以及环球广域传媒集团的成员，为此次活动做了充分准备，以中国书法、中国结、红灯笼等装饰展台，组织展示了毛笔书法、古筝演奏、民歌、武术、太极拳、中国小吃品尝等极具代表性的中国文化元素，吸引了众多观众的目光。11 月 12 日，“跨越时空的对话——纪念文学巨匠汤显祖和莎士比亚逝世 400 周年”大型展览开幕式在坦桑尼亚国家博物馆举行。中国驻坦桑尼亚大使吕友清、坦新闻文化艺术与体育部副常秘米拉奥女士、坦国家博物馆局局长马布拉及坦桑尼亚文化、教育界 200 余名代表出席活动。

美国侨情

2016年对全美华侨华人来说是不平凡的一年，也是收获的一年。美国华人参政议政的热情空前高涨，这在美国总统大选过程中充分体现出来。除了积极为总统大选拉票、投票，更有华裔政客参加地方选举，挑战关键职位，并创下多项纪录，可谓全面开花。这一年，从“挺梁”大游行，到费城持枪游行，美国华人用示威游行等方式发出了对渴望社会公正和政治权利的呐喊，展现出全美华人维权意识的全面觉醒。过去的一年，全美各地频频发生以华人为目标的暴力犯罪事件，在美华人安全形势令人担忧，华人仍需提高安全防范意识。此外，在美华人还积极举办孙中山诞辰150周年纪念活动，并在“南海仲裁案”结果公布后，通过发表声明、召开座谈会等形式谴责仲裁结果，支持中国对南海主权的立场。

一、华人参政开创历史新篇章

2016年是大选年，美国华人表现出空前的热情和参与度。华裔民众不仅积极为总统大选拉票、投票，还亲自上阵参加地方选举。根据华盛顿亚太美国研究所国会研究中心（APAICS）10月初发布的数据，2016年全美有245位亚太裔参选联邦、州及地方民选官员。多名华裔挑战关键职位，成绩亮眼，打破纪录。如州一级的牛玉琳、周本立、陈立德、罗达伦等，国会一级有孟昭文、赵美心、刘云平、谭美·达克沃斯等，可谓遍地开花。此外，在美国大选中，华裔参政呈现出两个突出特点：一是年轻华裔参政意识更为强烈；二是不同华裔群体在大选中的倾向出现分化。参政是让主流社会接受华人的重要方式。华人参政要想走得长远，须转变参政意识，培养政治氛围，为华人民选官提供群众基础；支持更多为华人代言的人成为民选官员，扩大华人的声音；争取其他族裔的支持，壮大力量，都是十分必要的。

积极参与美国大选，华人参政热情空前高涨。作为美国亚裔中最大族群的华人，在2016年美国大选中所表现出的热忱与积极可谓空前。随着华人经济地位和社会地位的提升，越来越多的华人融入了主流社会。受中国传统政治观念影响，很多华人，尤其是老一代华人，奉行的是“参政，不议政，不干政”。不过，事实证明，华人对政治的冷漠处置，换来的是权益的损失，被政治边缘化，华人不但难以获得与白人平等的权益，甚至在其他少数族裔面前也常被矮化。值得庆幸的是，华裔选民并未缺席本次大选。全美有400多万华人，华人积极踊跃投票展现出的票仓力量，就可能促使新一届政治精英对其投以关注。沉默的华人只要能发声，就能彻底刷新华人在政治上的存在感。特朗普这次得到不少华裔，尤其是新移民的大力支持。华裔们自发组织的团体，一直为特朗普摇旗呐喊，扫街拜票，组织多种活动。特朗普的支持者认为，他在移民、反恐、福利、税收以及大法官的任命方面，均与华裔及美国人的利益相符。同样，希拉里的支持者也不乏其人，她的移民改革、可负担教育到反校园欺凌、反歧视，以及发展中小企业等政策，获得许多华人认可。

不同华裔群体在大选中的倾向出现分化。曾任特拉华州副州长，著名华人政治家吴仙标所创建第一个亚裔选举促组织80—20促进会进行的民调显示，不同华裔群体在此次美国大选投票中出现分化的现象。吴仙标表示，80—20促进会对华裔、亚裔的投票意向进行了非常细致的民意调查，发出去的民调邮件常常一天内就会收到10万份以上的回复。调查结果显示，华裔群体的投票意向根据“身份背景”不同出现分化现象。具体说来，20世纪90年代初以后从中国大陆到美国的华裔有75%支持共和党候选人特朗普；来自港澳台乃至东南亚的华裔选民，也包括早期中国大陆的华裔选民中，65%以上支持民主党候选人希拉里。在美华人参政热情越来越高涨，与新一代移民以及生于、长于美国的华二代、华三代关系密切。有研究人员指出，新一代来自大陆的移民父母都比较富有，经济上有保障。同时，越来越多的华裔父母也懂得参与政治的重要性。

200余亚太裔角逐美国地方选举，华裔多有斩获。除了在美国大选中积极投票外，更有多名华裔政客挑战关键职位，成绩亮眼。其中，美国伊利诺伊州华裔民主党联邦众议员谭美·达克沃斯的成绩最为耀眼，她夺得该州参议员席位，成为该州近40年来首位华裔国会参议员。加州检察总长贺锦丽亦在选举中击败同党竞争对手，成为加州选区联邦参议员。芝加哥华埠所在的伊利诺伊州议会第2选区众议员华裔候选人马静仪成为伊州议会首位华裔众议员。而纽约州众议员第65选区牛毓琳以绝对优势击败对手，成为首位出自曼哈顿的亚裔州众议员。美国国会华裔众议员孟昭文、赵美心、刘云平，皆毫无悬念地击败对手取得连任。另有加州众议员周本立、邱信福、丁右立，阿罕布拉市议员卓建发，圣盖博市民选官廖钦和卜君毅等人争取连任。除了这些熟悉的面孔，亦有后起之秀。旧金山民权律师，时任旧金山警察委员会委员的黄正凯，将出任美国高等法院第七区法官。原加州55区众议员张龄玲当选加州第29区参议员，第二代移民陈立德接手了她此前的职位。

赵小兰再次入阁，开创华人参政史新篇章。美国总统特朗普提名首位进入美国政府内阁的亚裔女性、前劳工部长赵小兰为交通部长。现年63岁的赵小兰曾在小布什政府时期担任劳工部长，是美国历史上第一位进入内阁的华裔，同时也是内阁中的第一位亚裔妇女。她从2001年起担任劳工部长直至2009年，是美国自“二战”以来担任此职位最长的部长，亦是小布什政府中唯一任满8年的内阁成员。美国媒体称，进入交通部后，赵小兰将在帮助特朗普的基础设施支出账单获得国会通过并开始政府支持的工程项目方面扮演关键角色。祖籍中国上海的赵小兰，出生于台湾，1961年随父母移居美国，曾在哈佛大学和麻省理工学院学习。1986年里根总统时期，赵小兰进入美国联邦政府，担任联邦航运署副署长，1988年升任联邦航运委员会主席，当时已经是联邦政府中职位最高的亚裔美国人。1989年，她获老布什总统任命为交通部副部长。2001年，美国总统小布什任命赵小兰出任劳工部长，成为美国历史上第一位进入内阁的华裔，是美国移民成功的典范。

首届美国华人大会召开，华裔参政影响力仍有待扩大。9月8日—10日，“首届美国华人大会”在首都华盛顿特区举行。会议邀请到诸多华人名流、政府官员和机构学者，以及许多热心公共事务的华人共200多名相聚一堂，就华人平权、代际沟通、形象转型、领袖培养等诸多话题进行探讨。大会的发起人和组织者是华人社会活动家薛海培。曾被美国司法部以间谍罪指控的华裔学者郗小星和陈霞芬在会上就有关华人维权的议题发言。由于大会邀请的嘉宾基本是民主党议员，尤其是开幕演讲嘉宾赵美心、刘云平、孟昭文等都是民主党籍议员，因而有人质疑该大会算不上是“华人大会”。这一插曲也从一定程度上反映了在美华人的现状：据不完全统计，在美华人组织大大小小超过6000个，这些组织背景多样、立场复杂、难以达成一致。在团结华人的过程中，政党立场算是一个比较大的路障。大会结束前没有按计划签署《华盛顿华人宣言》。会议结束后，大会带来的效应仍在继续，关于大会本身、华人如何团结、如何参政议政等话题，在社交媒体上引发热烈讨论。

二、“模范少数族裔”难逃歧视　华裔维权意识觉醒

除了挑战竞选、积极投票，美国华人还越来越多地参与公共事务讨论，积极维护华裔权利。在关系到教育、医疗、安居、移民等方面的提案上，华人更是采取行动，积极向主流发声。“挺梁运动”和“10·15”维权大游行都表明华裔维权意识的觉醒，这两次维权运动规模大，影响深远。如果说梁彼得案件、YG事件、福克斯电台辱华案件只是个案，那么“亚裔细分法案”对美国华人的影响则更为广泛。尽管这个法案是在加州被提出的，但对该法案的抗议所取得的成

效，以及上述几次全美华裔游行，终于让美国社会意识到华裔族群正在一点一滴地争取自己的利益，新一代移民正在学习如何对美国社会里的“隐形”歧视说 No。

梁彼得案件引发全美华人大游行。过去两年美国有多起警察误杀非裔案件，其中大部分涉案警员均未遭到起诉。但华裔警员梁彼得没有这么幸运，他成为唯一一位遭到大陪审团起诉的警员。这一结果引起了美国华人的强烈反弹。美国华人社会认为，梁彼得案没有得到公正审判，作为一名亚裔，梁成了美国警察与非裔美国人冲突的替罪羊。2016 年 2 月 20 日，全美华人在 40 个城市和地区举行了各种声援华裔警员梁彼得的抗议活动，支持梁警官上诉，引发美国各界广泛关注。在华裔维权压力下，梁彼得一案出现转机。4 月 19 日，梁彼得案在纽约宣判：梁警官被判免于坐牢，获五年缓刑以及 800 小时社区服务。其最高指控也由过失杀人罪降为刑事疏忽杀人罪。对梁彼得案的审判结果公布后再起轰动。华人社区认为，这是全美华人团结起来进行抗争的结果，华裔抗议活动起到了非常正面的作用。《纽约时报》认为，梁彼得被判罪名成立“触动了在纽约亚裔群体中长期存在的一种不满情绪，他们将此次发生的事件看作一个无力反抗的边缘社群被恶劣对待的又一个例子”。这场华裔空前政治大动员让越来越多华裔领会到，要用美国的方式表达利益诉求，表达自己的族群呼吁。梁彼得案是一起华人勇敢发声，积极参与社会公共事务的讨论，争取权益并取得了一定成果的成功范例。挺梁大游行的诉求指向，已经溢出个案，更多成为一种政治发声。

美国华人首次携枪大游行，抗议煽动抢劫华人歌曲。非裔美国歌手 YG 在 YouTube 上发布的一首教恶徒如何闯入华裔美国人家中行窃的歌曲 Meet The Flockers，又一次激怒了全美华人。10 月 15 日，来自美东地区的约 2000 名华人在美国第五大城市费城举行了“反暴力，要安全”的维权大游行，呼吁民众团结起来，以合法方式争取自身利益与安全不受侵害。参加游行的民众有费城当地华人，还有从纽约、新泽西州、特拉华州等地赶来声援的华裔民众。游行活动由亚裔维权大联盟、大费城福建同乡会、大费城华人联合会、大费城华人餐馆协会等华裔社团组成的“10・15 组织小组”组织。同日的游行队伍中，还有一支大约由 150 人组成的公开携枪游行队伍，其中约 50 人携枪，这支游行队伍由大费城华人枪友会组织。枪友会携枪队员均挂出拥枪许可，并在枪上插有黄色“空膛旗”，每人手举反对暴力犯罪的标语牌。一时间，要求 YG 道歉、呼吁要安全、反暴力的群众遍布全美，美国华人在白宫请愿网站发起连署，获破 5 万人力挺。直到该节目禁播，歌曲正式下架，这一事件才得以平息。

全美华人声讨美国福克斯电台播出辱华节目。就在华裔群体还在计划就非裔歌手 YG 煽动抢劫华人住宅的音乐进行抗议的时候，美国又出了一件令华人社区愤慨的事情：福克斯（Fox）新闻台在一档政论节目“奥莱利实情”中，主持人以调查中国人对美国大选的意见为由，借着采访纽约华埠民众的机会，疑似刻意寻找不会英文或不擅长英文的华裔中老年人提出带有种族歧视意味的问题，公然用各种嘲笑和偏见无知的手段奚落华人。该事件引起各层级民选官员、各行业亚裔组织及广大华人的不满。华裔博主方时英在民选官员及亚裔社区代表聚集在福克斯新闻曼哈顿总部抗议后，在网站发起联署，要求福克斯新闻公开道歉、撤下节目，并与亚裔社区就新闻中的真实与成见进行会谈。四日后，联署达到 2 万多人。有华人表示，奥莱利的节目在采访华裔中充斥着种族偏见、戏弄和对移民毫不掩饰的蔑视。最后，该电视节目的记者沃特斯（Jesse Watters）不得不在社交媒体上公开道歉。

华人抗议“亚裔细分法案”终使法案大幅修改。2016 年初，由菲裔民主党议员彭达（Rob Bonta）为主的提案人推出的“AB-1726 提案”又称“亚裔细分法案”，要求自 2017 年 7 月 1 日起，加州公共高等教育系统、医疗系统针对中国人、印尼人等亚裔和原籍亚太平洋岛国的居民，收集资料并将这些信息记入数据库中。该法案一提出，立刻引起轩然大波。为什么不划分非裔、西裔，不划分白人，偏偏要划分亚裔？有人认为，AB-1726 将为今后学校以种族作为录取依据做铺垫，掠夺华裔学生的入学机会。反对加州亚裔细分法案的运动得到了全美华裔的支持，这些分布在美国各州的华裔同样担心是否类似的法案有可能在自己所在的州被提出。从2016年3月15日AB 1726“亚裔细分”法案在众议院高等教育委员会审议开始，该法案所经过的每一关，都能够见到华裔团体抗议的身影。在强大压力下，法案提出者彭达最终选择了大幅度修改法案，完全摈弃了华裔集中抗议的教育方面的内容，实施日期也从原定的2017年延后至2022年。

三、在美华人安全惹人忧

2016年以来，全美各地频频发生以华人为目标的暴力犯罪事件，据统计，费城有60家中餐馆被抢，80名华人被抢；亚特兰大有歹徒持枪半夜到华人家里进行抢劫；纽约有华人老人在街头遭暴力打死；休斯敦的中国城等地区也相继发生了50多起公开抢劫事件，斯普林市的华人餐馆老板被抢劫犯枪杀。歌手YG创作的《遇见劫匪》在视频网络YouTube上面公开发表，也从一个侧面反映了华裔在美国人心目中的形象。

美国南加州社区治安堪忧，华人拿起武器拥枪自保。2016年10月中下旬，美国南加州、内华达州及德州，3天3地爆出了3起华人命案：先是钻石吧市华裔夫妇被割喉；而后洛杉矶的导游季富力在赌城拉斯维加斯遭一名非裔开枪射杀；当地时间10月22日凌晨，德州休斯敦西南区一处加油站的张姓华裔经理遇抢劫遭杀害。在如此短暂的时间内频繁发生如此凶残的凶杀案令人愕然，也再次激发了华人购枪自卫的热情。由于美国南加州华裔社区抢劫案件时有发生，而且多为武装抢劫，这些案件在社区激起的反应是，华人买枪、打靶的人数明显增加，社区内举办武装家防讲座也已成为常态。在华人社区举办武装家防讲座是很受欢迎的，与此同时，持有美国步枪协会教官执照的华人也逐渐增多，他们时常利用社交媒体做广告，教人用枪，甚至带中国游客到靶场打靶。当然，也有些美国步枪协会的教官义务为民众传授拥枪家防知识。由于以前在中国没有民间拥枪的条件，有不少听众还是首次接触枪支。一位刚把枪买回家的新移民女听众说：“家中没枪时我自己一人在家也没觉得紧张，可现在家中有了枪反而担心起来，晚上独自在家就会很紧张。”

芝加哥华埠再传劫案，华裔青年晚间出入屡成目标。2016年，穿戴名牌、出入豪车、新款手机不离手的年轻华人及学生，似乎已成为抢匪最新作案目标。芝城华埠曾连续发生四起华裔青年、学生遭持枪抢劫案件，其中两名住在华埠普林斯顿街的年轻华裔男女，于当地时间10月31日午夜被抢。当晚，华裔青年开车进入车库，还未来得及关上车门，突遭埋伏在外的非裔持枪闯入，以枪指头，抢走两人身上现金、LV名牌包等总值超过6000美元的财物。抢匪被怀疑早有预谋，在实施抢劫后，还威胁受害人不准下车，并强迫交出车库遥控器。随后歹徒走出车库，并立即关上车库门逃逸。芝加哥第九警分局报案记录显示，这已经是近一个月来第四起华裔、学生被抢的报案。另外三起案件也均发生在晚间。

四、纪念孙中山诞辰150周年活动

2016年正值孙中山诞辰150周年，在这位改变历史的伟人的一生中，与华侨有着千丝万缕的联系。从音乐会、纪录片到图片展，全美华人举办了各种以纪念孙中山为主题的活动，盛况空前。

全美侨界共同发起举行纪念孙中山诞辰150周年活动。10月28日，由美国方氏基金会主席方李邦琴、孙中山后人和夏威夷孙中山基金会等共同发起的“全美华人华侨纪念孙中山诞辰150周年”活动在旧金山湾区举行，150多个华侨华人社团参与支持。中国驻旧金山总领馆代总领事查立友致辞指出，由方李邦琴等发起的纪念活动，得到全美侨界150多个社团的参与支持，充分反映了100多年来孙中山先生在全世界华侨华人心中享有的崇高威望及受到的由衷敬仰。查立友表示，孙中山先生毕生致力于国家统一，当前台海局势复杂严峻，希望华侨华人继承和弘扬孙中山先生致力于国家统一的精神，一如既往关心和支持祖国和平统一大业，继续推进祖国的和平统一进程。

美南部华侨华人纪念孙中山诞辰150周年。11月14日，中国驻休斯敦总领馆举办了美国南部华侨华人纪念孙中山先生诞辰150周年座谈会，李强民总领事以及美南地区来自海峡两岸的侨学界、商界和媒体界代表近百人参加。李强民表示，要学习孙中山先生的爱国思想、革命情怀和进取精神。与会代表回顾了孙中山先生的历史功绩，结合自身经历和见闻，从两岸关系、中美关系、民族和国家振兴等角度谈了纪念孙中山先生诞辰150周年的体会。大家表示，祖国的强大、统一是海外华侨华人的强大后盾，两岸都是血脉相连的炎黄子孙，只要海内外中华儿女团结一心，祖国统一和中华民族伟大复兴的目标就一定能够早日实现。

华盛顿侨学界举行纪念孙中山诞辰150周年座谈会。10月30日，华盛顿侨学界在美国马里兰州洛克维尔市举行座谈会，纪念孙中山诞辰150周年。座谈会由华盛顿中国和平统一促进会主办，中国驻美使馆参赞兼副总领事杨东出席座谈会并致辞。来自同乡会联合会、大专院校联合会、华人专业团体联合会、两岸时事论坛社等华人华侨社团的数十名代表与会。杨东在座谈会上表示，举行纪念活动一方面是为了传承孙中山先生的爱国心和民族情，另一方面是为了继承他追求国家统一的坚定信念。希望旅美侨胞继续致力于中美友好关系的发展，更加积极地参与到反独促统的事业中，共同维护中华民族的根本利益，为中华民族的伟大复兴贡献智慧和力量。

六、坚决支持中国南海主权

2016年，“南海仲裁案”成为国际舆论焦点，仲裁结果一经公布，全球华侨华人强烈愤慨，同声谴责。美国华侨华人社团纷纷在第一时间通过发表声明、召开座谈会等形式支持中国；美国华文媒体多角度报道中国立场，揭露非法仲裁图谋；另有美籍华人捐出珍藏老地图；等等。

美东地区侨界对南海仲裁案闹剧表示强烈不满与严正抗议。7月12日，南海仲裁案裁决出炉后，包括美国福建公所、美国纽约布碌仑亚裔社团联合总会、纽约崇正会、美国纽约华人侨团联合会、大华府侨学界、波士顿、芝加哥侨社等在内的美东地区数十个侨团，在第一时间举办了座谈会，对海牙国际仲裁法庭针对南海问题作出的所谓裁决，表示强烈不满与严正抗议。早在仲裁结果公布之前，纽约布碌仑亚裔社团联合总会及属下团体就发表四项声明，表示此仲裁案是非法的、无效的。同时，包括纽约中国和平统一促进会、美国三江慈善公所、美国缅甸华侨联谊会、纽约山东同乡会、纽约云南同乡会、美东河南总商会、纽约北京同乡会、亚太闽侨发展联盟、美国孔子基金会、纽约泰安同乡会、纽约社区人力资源协会、美国大鹏同乡会、美国大鹏育英总社、北美藏族同乡会等在内的社团组织也发表声明，表示不接受、不承认的观点。

美国华侨华人呼吁美国政府放弃干预南海问题。南海仲裁案仲裁庭作出裁决后，美国华盛顿、纽约、休斯敦、旧金山等地华侨华人团体纷纷表态，对所谓仲裁结果表示强烈不满及严正抗议，并呼吁美国政府放弃干预南海问题。全美中国和平统一促进会联合会及美洲中国统一促进会联合总会所属28个分会在旧金山等地召开新闻发布会，发表联合声明对所谓南海仲裁表示愤慨，并坚决支持中国政府的严正立场，呼吁海峡两岸同胞，维护中华民族共同利益，坚决捍卫中国在南海的领土主权和海洋权益。休斯敦侨领乔凤祥说：“美国近来通过一系列外交和军事动作直接干预南海问题，其根本目的是挑起并扩大中国与周边国家的争端，削弱中国的整体实力，形成对中国的大包围圈，进而遏制中国的和平崛起，保住其霸权地位。菲律宾等国只是这个战略中的一枚棋子。”旧金山湾区中国统一促进会理事长池洪湖表示，海外华侨华人呼吁美国政府尊重中国人民对领土完整的诉求，中国领土一寸也不能丢失。

美侨团倡议海外反仲裁声明发布当地语种版本。2016年7月15日，全美中华青年联合会、美国华人公共外交促进会等美国9个华人社团，向全球华社倡议，称海外华人社团发表的反对南海仲裁声明，要同时发布当地语种的版本，并争取在当地主流媒体发布，让当地社会知道中国对南海主权的立场。倡议呼吁，全球华人社团不仅要发表中文声明，还要努力实现以当地语种发布声明，并在当地主流媒体上发表，让当地社会和民众知道中国对南海主权的立场，同时在国际社会中为历史留下重要的记录。

加拿大、中美洲侨情

2016 年，中加两国高层交往密切、各领域交流与合作开展频繁。8 月，加拿大总理特鲁多首次正式访华，达成 17 项成果，两国签署了一系列重要合作协议，包括设定 2018 年为中加旅游年，同意就促进双向游客往来扩大合作，以及中方同意加方在华增设 7 个签证申请中心。特鲁多总理访华后不到一个月，中国国务院总理李克强也访问加拿大，创下了外交史上的罕见范例，迅速提升了两国关系。约翰·麦家廉（John McCallum）担任新一任驻华大使，其太太是马来西亚华裔林秀英（Nancy Lim）。作为华人女婿，麦家廉与华人社区的关系较为紧密。到 2016 年 12 月底，中加两国一共开通了 13 条直通航线。中国已成为加拿大的第二大农产品输出国。中加关系已迈入新的“黄金十年”。中加关系的良好发展势必提高华侨华人在加拿大的境遇，华侨华人在倍受鼓舞的同时，也将迎来新的机遇与挑战。

中国移民数量排名有下降趋势，总体比例仍会升高。2016 年，加拿大计划接收移民总数为 28 万—30.5 万，创近几十年新高，2016 年上半年，加拿大总共接受 17.23 万名左右的新移民，其中经济类移民 9.47 万、家庭团聚类移民 3.85 万、难民类移民 3.73 万。中国移民为 1.5 万，降至第四位，排在菲律宾、印度、叙利亚之后。2005 年是中国人移民加拿大的高峰，当年共有 42500 人到来，成为加拿大最大移民来源国。随后，中国在“加拿大最大移民来源国排行榜”上的位置一直呈下跌趋势，但都能保持前三的位置，并在 2008 年和 2009 年再度占据首位。另据加拿大官方公布的最新统计报告预测，20 年后，移民在加拿大总人口中所占比例将是联邦成立之初时的大约两倍；而亚裔将占移民的“半壁江山”。按目前趋势，到 2036 年，加拿大人口中移民所占比例将达到 24.5%—30%。2011 年，这一数字是 20.7%。同样，若按现有趋势，20 年后加拿大移民中将有超过一半是亚裔，达到 55.7%—57.9% 之间。2011 年这一数字为 44.8%。相比之下，欧洲裔移民所占比重将下降至 15.4%—17.8%。

加拿大将在中国设立更多签证中心。加拿大政府 2016 年公布并实施多项新政策，联邦配额、魁省配额、团聚类别的配额均有所增加，而技术移民则增加额外加分项，放宽技术移民条件，并有望在 2017 年实施新的规定。加拿大人口趋于老年化，这意味着需要更多年轻移民以推动经济，尤其在大城市以外地区。中国已同意加拿大在中国更多地方开设签证申请中心，以满足中国留学生、劳务工人和游客的需要。加政府提出方案，试图吸引更多中国移民前往加拿大人口老龄化最为严重的大西洋沿岸地区。加拿大目前在中国大陆设立了 4 个签证中心，分别位于北京、广州、上海、重庆。目前新的签证中心将考虑设在成都、济南、沈阳、南京和武汉。未来或将扩大到更多中国城市。随着中加两国关系不断升温，2015 年 3 月，中加达成协议，双方互发有效期最长 10 年的多次往返签证，中国公民赴加学习、旅游及申请移民的人数也逐渐增多。

来自中国的中小学留学生大幅增加。加拿大政府积极吸引留学生。据统计，2014 年底在加拿大就读的留学生以中国人最多，高达 11 万人，占全国留学生人数的三分之一，是第二位印度留学生人数的 3 倍。中国留学生人数在过去 10 年间几乎每年增加，2005 年有 40018 人，2011 年 68459 人，2013 年 95710 人，2014 年达到 119180 人；在年龄方面，15 岁—29 岁的留学生人数高达 29778 人，为最多。而 14 岁以下的较小留学生人数亦达到 16373 人，人数愈来愈多。加拿大来自中国的中小学留学生近年大幅增加，过去6年来自中国的中小学留学生增加逾300%，加国驻北京大使馆去年批出中小学生的留学签证逾10000个。在2009年，此类签证占留学签证总数的18%，而去年该比例升至37%。就安省而言，2009年中国中小学留学生有1612人，2014年增至6278人。中学留学生主要就读于本地的公立学校，或是就读私校12年级，后一种情况通常是接受语言强化培训并准备继续升读大学。就读小学的中国留学生占总人数约3%。来加短期游学的学生也有快速增长，2015年这类签证申请高达14112宗，比起2014年的10925宗激增37%。这类签证主要是发给利用暑期前来加国参加短期学习交流计划兼旅游的学生。2016年，加拿大移民局（CIC）又颁布了一项针对中国中学生的签证利好政策——中学实验项目（Secondary Pilot Program）。这一政策将为在华就读加拿大课程并计划去加拿大读10、11、12年级的中学生，提供更为简便的学生签证申请程序，同时简化了对资金的要求。留学低龄化的趋势使得教育界人士呼吁各方应关注这些小留学生是否能得到妥善照顾，除学业外，他们在校外的生活及可能存在的问题也应被留意。

中国超越法国成为加拿大第三大旅游客源市场。中国来加拿大访问的游客数近年呈“爆炸式增长”。中国超越法国成为加拿大第三大旅游客源市场，仅次于美国和英国。联邦移民部发布的《移民信息汇编》显示，中国自2009年以来中产阶级人口增长，令旅加游客也跟着飞速增长，从2011年到2015年出现一个访加中国人呈“爆炸式增长”的时期。2016年夏天起，中国大陆有更多的城市推出飞往加拿大的空中航线，2015年经由加拿大驻北京签证处申请访问签证（temporary residents）的人数高达342168人，北京、上海和广州三地相加的总人数达448988人。在2016年，中国大陆新开通由11个门户城市飞往加拿大的4550个班次，全年将增加38.8万个座位，加中航线的运载力在2016年大增38%。加拿大旅游局表示，新增游客有望为加国经济注入15亿加元资金，在全加范围内新增10700个就业机会。来自大陆的观光客、商务旅行者和学生给加拿大带来的经济帮助，以及加中两地人民交流带来的社会效益，将会相当巨大。加拿大旅游局表示，2015年全年访加中国旅客达50万人，为加国经济注入约10亿加元资金。此外，加国约有14.1万名中国留学生在本地长住，带来每年约30亿加元的经济帮助。

加拿大为“人头税”和排华法案道歉十周年。2016年是加拿大联邦政府就100多年前曾向华人征收“人头税”和排华法案等问题发表道歉十周年。6月22日，加拿大华人通过在联邦参议院发表声明、在多伦多市举行纪念活动等方式，铭记历史，呼吁当局关注更多依旧存在的对华歧视。众多华裔移民及后代出席。现场展示了当年华工建筑加拿大太平洋铁路留下的最后的道钉。多伦多市长庄德利（John Tory）带领多位市议员出席纪念活动并致辞，肯定华裔社区对多伦多、对加拿大的突出贡献，呼吁人们铭记“那一段黑色的历史，这也是加拿大历史的一部分”。华人在加拿大曾经备受歧视，对于华人的歧视并不只有联邦层面的人头税和排华法案，加拿大省市政府都曾出台过歧视华人的政策，比如1902年多伦多市专门针对华人洗衣店征收的洗衣店税等。人头税和排华法案虽已成为历史，但加拿大社会对华人在种族、社会等方面的歧视依旧存在。

华人被指炒热温哥华房产市场，孰是孰非争议多。近年来，加拿大房地产持续繁荣火爆，而火热的楼市背后是长期的低利率以及有中国人参与的海外炒房客的支撑。2016年，加拿大媒体评选出年度“新闻人物”是“海外买家”。“海外买家”在多伦多和温哥华炒高了房价，造成全球数一数二的泡沫，逼迫政府不得不连出重拳打击楼市，因而得以登顶。有报告称，中国买家去年共花费96亿美元在温哥华购置房产，占当地房产销售总额的33%，较上年大幅攀升。研究发现，西温哥华三个社区卖出的豪华住宅中，约三分之二的买家是中国人的名字。5月，一名中国留学生花1.5亿元人民币购下在温哥华一座豪宅的新闻被广泛传播，更是在海内外都引起了巨大争议。2016前5个月，加拿大本地居民与华侨华人之间，就已几度上演购房“纷争”，当地居民认为是华人的“爆买”炒高了房价，导致当地人买不起房。在传统观念的驱使下，华侨华人对房子的看重程度，要比一些西方人更深，而在一些国家，豪宅和独立屋价格的上涨，与华人购房者不无关系。但是，豪宅原本就是小众市场，并不会对普通居民的购房选择带来影响。此外，受经验及专业知识所限，一些外国普通民众很难了解房价上涨背后的市场因素，于是便将矛头指向了目光可及的，正在高端房产市场投资置业的华人买家。实际上，在专业人士，包括地产开发商、房产经纪等群体的眼中，政府才应该为房价飙升承担最大责任，例如过高的建设标准、昂贵的房屋检测费、过高的房地产税、建筑材料成本大幅上涨、有限的土地供应量、加币大幅贬值、房贷利率下降等。不过，由于华人买家在豪宅市场的表现实在太过抢眼，华人购房者被指为“众矢之的”的现象，恐怕还将持续很长一段时间。加拿大一些地方政府已开始出台新政，限制房地产“影子转售”，并要求外国人购买房产必须申报国籍。加拿大卑诗省更宣布向在温哥华本地购买楼房的外国人，征收相当于楼价15%的税项。

加拿大政府正式命名“春节”。加拿大华人国会议员谭耕的个人动议正式获国会通过，加拿大政府今后将把每年农历正月初一至十五命名为“春节”(Spring Festival)。春节有超过4000年历史，也称为中国新年，标志一年之始，是亚洲最重要的节日，加拿大和全球不少家庭都会庆祝春节，而加拿大是多元文化的社会，春节已成为加国文化一部分，把农历正月初一至十五命名为“春节”，是确认在全国不同小区举行的春节庆祝活动和聚会，和表彰亚裔民众对加拿大社会作出的巨大贡献。谭耕在2016年2月16日提交38号动议，申请将每年农历正月初一至十五命名为“春节”，该动议在3月3日进入初读程序，到当地时间6月1日进入国会辩论后正式通过。对于华人来说，加拿大官方认可中国节日，具有重要历史意义。虽然春节在加拿大还不是公共节日，却越来越受主流社会的重视。华人的春节已走出唐人街步入“主流”。过年时，一些城镇市政广场挂起富有中国特色的彩旗、灯饰和中文书写的拜年横幅，农历小年当晚，加拿大国家电视塔再次点亮中国红，喜迎中国农历猴年春节，两段年味儿十足的“欢乐春节”短片喜庆首次亮相在加拿大多伦多市商业中心繁华的登达仕广场的户外大屏幕和公交枢纽联合站。为迎接中国丙申猴年，加拿大邮政公司在全国范围内发行猴年生肖邮票。加拿大邮政从1997年开始，每年按中国农历生肖推出一套纪念邮票。

加拿大华人国际电视台（CCITV）在多伦多开播，华媒“红枫林传媒”发展迅速。6月，加拿大华人国际电视台（CCITV）在多伦多举行开播仪式，宣告成立，并定于下半年播出包括新闻资讯在内的五类电视栏目。新开播的这家电视台的电视节目将通过视频流量高速宽带广播网络及加拿大ZAZEEN传输平台、XINFLIXMEDIAINC机顶盒等播出，并以新媒体的形式走入人们视野，通过三网合一（电视、电话、因特网）的技术手段融入人们的生活。CCITV的高清电视节目通过有线电视网、高速有线互联网以及高速无线互联网传送。目前，除了新开播的加拿大华人国际电视台以外，加拿大还有新时代电视台、加拿大国家电视台、加拿大环球华语电视台、加拿大国际电视等多家中文电视台。生活在加拿大安大略省伦敦、滑铁卢地区、密西沙加等西南安省的华人，很少有人不知道“红枫林传媒”。近年来，“红枫林传媒”以报纸、互联网、网络电视、甚至手机微信平台全方位进入这些地区民众的生活，其发展速度之快、影响之大，不仅引起本地政府、社区及媒体同行的广泛关注，也引起中国国内媒体的注意，并经常接受加拿大和中国相关机构的邀请，参与交流和报道活动。

多名华裔受到加拿大表彰嘉奖。4月23日，加拿大安大略省颁发的林黄彩珍纪念牌匾在多伦多市政府后的花园揭幕，以表彰和纪念这位华人对加拿大的贡献。牌匾所在地为中区华埠，恰是其生前率众抗争保存下的华埠血脉所在。林黄彩珍1919年出生于加拿大不列颠哥伦比亚省，幼年求学时即遭遇种族歧视，被送往只有异族儿童的学校上课。1935年移居多伦多后，她与丈夫结婚。由于丈夫是中国籍，她因此失去加拿大国籍，被归为“外籍”。上述经历激发她冲破藩篱，立志打进加拿大人的社会，改变传统陋习，为华人争取地位和权益。林黄彩珍初到多伦多时，华人在当地还不被接受，华人的地位也与今天不可同日而语。她积极投身各项社会活动，为华人发声，为那些因为加拿大的移民政策而被迫家庭分离的华人鼓与呼，也带领“保存中区华埠运动”。在争取废除及修改歧视华人的移民政策时，林黄彩珍组织了一个全国委员会，游说各界人士，并于1957年面见当时的加拿大总理，最终获得成功。上世纪60年代，多伦多市政府征用当时华埠三分之二土地兴建市政大楼和广场。后又意图征用更多华埠土地。林黄彩珍领导“保存中区华埠运动”予以反对，最终成功保留今日多伦多中区华埠。加拿大勋章颁发仪式9月23日在渥太华的加拿大总督官邸举行，其中包括加拿大著名华裔社会学家李胜生（Peter S. Li）。李胜生是萨斯喀彻温大学社会学系教授，著述甚丰，他对加拿大华人的研究被视为里程碑，为“人头税”赔偿在知识方面奠定了基础，并且在移民融入和移民政策的制定上为政府提供建议。他还是埃布尔达大学的移民研究中心（Prairie Metropolis Centre）的创建者之一。李胜生教授同时也是中国华侨历史学会的海外荣誉理事。加拿大亚省政府前华裔省督林佐民（Norman Lim Kwong）于当地时间9月3日去世。亚省政府于当地时间9月13日为他举行丧礼，随后开放予公众悼念。林佐民祖籍广东省台山市四九镇复隆村，于1948年加入加拿大美式足球联赛（CFL）卡尔加里史丹必队，是联盟首位华裔球员。林佐民告别球场后转投金融界。1998年，林佐民获颁加拿大员佐勋章。2005年1月20日，他获委任亚省省督，成为亚省首位华裔省督，也是继卑诗省的林思齐后加拿大第二位华人省督。

华人在加拿大办银行开创历史。9月，华人在加拿大设立的第一家联邦一级特许银行——加拿大第一财富银行（Wealth One Bank of Canada）在多伦多举行开业仪式。该银行的设立被认为是华人在加拿大百年奋斗史的一个新的里程碑。加拿大第一财富银行筹备过程历时5年，经过加拿大金融监管委员会OSFL严格的受理和审批。2015年7月22日由加拿大联邦财政部长签发许可令正式成立。2016年7月7日，加拿大金融监管委员会签发了最后的许可令，准予该银行正式对外营业。该银行创始人、银行董事会副主席咸生林计划在半年之内，分别在多伦多和温哥华开设3个和2个，总共5个营业网点。这两地都是华人在加拿大最集中的地方。未来逐渐扩散到全国。营业网点之外，该银行还提供网上银行服务。

全加华人联会第二十四届年会暨全国会议举行。9月，全加华人联会（National Congress of Chinese Canadians）第二十四届年会暨全国会议在加拿大阿尔伯塔省卡尔加里市举行。会议决定，全加华联将进一步关注和参与加拿大各级政府的政策制定；成立专责小组推动各级议会保护各地富有历史文化特色的唐人街；并运用先进的资讯科技手段，进一步加强各地区间的沟通、联系和宣传。来自全加各地的全加华联代表及卡尔加里侨团代表等近百人出席了会议。本届年会的主题为“团队精神、与时并进、承先启后、展望将来”。会议就促进加中友好关系、深化两国经贸发展、增进新老侨社友谊交流互动、向主流社会推广中国优秀传统文化及如何保护唐人街发展及如何更好地维护华人合法权益等议题，进行一系列深入交流和热烈讨论。全加华联在过去20多年来，在积极推动中加友好关系、增进双边经贸往来、弘扬中华文化、维护华侨华人合法权益、促进华人社团团结合作、构建侨社和谐等方面所作出的巨大贡献。此外，会议还同意：一，加强全加华联网站及新媒体的建设，运用资讯新科技，加强各地分会之间的沟通及方便会员积极参与；二，进一步关注和参与各级政府的政策制定（包括移民政策、经贸政策等）；三，成立专责小组推动各级议会保护各地富有历史文化特色的唐人街。

蒙特利尔侨界纪念孙中山诞辰150周年。11月11日，中国驻蒙特利尔总领馆、魁北克中山同乡会、蒙特利尔中山公园基金会联合主办，当地近70家华人华侨社团共同参与的“振兴中华—蒙特利尔华人华侨纪念孙中山诞辰150周年纪念晚会”举行。彭惊涛总领事、李意钢副总领事、Brossard市长Paul Leduc、旅居当地台胞及各侨社代表等近500人出席。彭惊涛在致辞中回顾了孙中山先生的革命历程和为民族独立、社会进步、人民幸福所建立的伟大历史功勋，高度赞扬蒙特利尔地区老一辈华人华侨为中国革命作出的巨大贡献，呼吁大家团结起来，继承孙中山先生遗志，为实现祖国的完全统一、中华民族的伟大复兴贡献自己的一份力量。

洪都拉斯侨情。近年来，我国与洪都拉斯在经济贸易、文化交流、科技研创等方面交往活跃，整体趋势呈现稳中向好局面。两国之间虽未建立外交关系，但民间往来，特别是侨界往来较为频繁。9月3日，中国海外交流协会常务副会长在北京与海外华裔精英人士访问团举行座谈，洪都拉斯华裔精英人士作为海外华裔精英人士访问团成员之一出席这次活动。目前，洪都拉斯华侨华人主要经营餐饮、超市、杂货供应等行业，为洪都拉斯民众享受生活提供诸多便利。华侨华人凭借自身的吃苦耐劳的精神和精益求精的行业品格，逐步成为洪都拉斯社会地位较高的群体，对于推动当地经济社会发展、改善民众生活质量等方面贡献巨大，同时加强了中国与洪都拉斯两国之间的民间往来，弘扬了中华文化，增进了洪都拉斯民众对中国的认识和认同。

哥斯达黎加侨情。目前，华侨华人在哥斯达黎加有5万人，华侨华人在哥斯达黎加的社会地位在逐步提高。哥斯达黎加华侨华人高度重视与祖（籍）国的交往互动。由哥斯达黎加对外贸易促进协会组织的5所院校以及由15所大学组成的葡萄牙大学联盟首次来华参展。有预测称中国留学生比例也将在未来几年上升。在侨领侨商方面，“第十届中国——拉美企业家高峰会”在河北唐山举行。河北省侨联组织邀请了包括哥斯达黎加在内的7个国家20个侨团的84位海外侨领侨商参加了此次高峰会系列活动。在哥斯达黎加一些华人聚居的城市，华人商业占有很大的优势，如在柠檬省，60%的商铺产权由华人拥有：在洋打连省，80%的商铺产权由华人拥有，当地较有规模的6家海洋捕捞企业中有3家是华人企业。华人经济从以传统的小餐馆、洗衣店为主，发展到有一定规模的酒楼、超市、汽车零配件销售行、进出口贸易、房地产、现代化农场，在哥斯达黎加，甚至出现中美洲第一家华人控股银行——哥斯达黎加国泰银行，反映出华商在产业结构上的优化与产业水平的提升。在文化交流方面，以2016“中拉文化交流年”活动为契机，两国之间加深文化交流、增强文化往来，由中国文化部与哥斯达黎加等拉美等国的驻华使馆、驻华机构联合主办，中国对外文化集团公司策划实施的系列展览，包括“魔幻与现实——拉美及加勒比当代艺术展”“传承与发展——拉美及加勒比风情纪实展”“美美与共——拉美艺术季回顾展”三部分。此外，还有系列展览活动，内容丰富、形式多样。在捐资助学方面。3月14日，68岁的旅居哥斯达黎加侨领黄耀佳、蔡月珠夫妇作为代表，以华侨伉俪黄家驎、吴秀兰夫妇的名义，将70万港元支票递交给安徽省外侨办主任王信。这笔捐款将用于帮助安徽灵璧县下楼镇陈潭村早日脱贫，资助当地家庭经济困难的学生完成学业。

巴拿马侨情。在巴拿马300多万人口中，约有15万华人，而具有华人血统的至少有30万人。旅居巴拿马的华侨华人总数约有30万人，大多数来自广东，其中主要以广州花都人为主。当地华侨华人主要从事餐饮业和贸易，在巴拿马处处能感受到华人的存在和中华文化的影响力，很多商铺和银行同时使用西班牙语和中文两种文字进行标识。2004年，巴拿马政府宣布每年3月30日为“全国华人日”，肯定华人对巴拿马经济和社会发展的贡献。在华文教育方面。中国在巴拿马首次举办华文教育培训活动。11月，巴拿马首迎华文教育名师巡讲团，巴拿马华文教师参与积极，华文教育不仅仅是一个语言教育问题，也是华侨华人开展中国与住在国文化和教育交流的重要手段，甚至与促进两岸之间的交流、促进和谐侨社的建设都密切关联。巴拿马当地华侨华人自办了3份中文报刊：《拉美侨声》、《新报》、《拉美快报》，每周出版发行六日，还有一个中文网站巴华网。当地华侨华人每天可以收听中国国际广播电台的10个小时中文电台节目，并收看2小时的中文电视节目。“色彩共生”中国当代艺术交流展27日在巴拿马当代艺术博物馆拉开帷幕。为期一个月的展览将为巴拿马民众展示来自中巴两国20余位艺术家的近60幅作品。数位巴拿马华裔青年的优秀作品参展，给已在巴拿马举办多次的中国当代艺术展增添了新的风尚与特色。这次展览传播了中华文化，促进了中拉及中巴人民间的文化交流。

华人与巴拿马运河的百年故事。6月26日，巴拿马运河扩建工程全部竣工，走过百年沧桑的巴拿马运河重获新生，而中国货轮有幸成为竣工后通过巴拿马运河的第一艘货轮。百年前，近万名华工背井离乡，参与了巴拿马运河的开凿，其中数百名华工魂断异乡；百年后，中国成为巴拿马运河的第二大客户，中国货轮在运河上频繁通行。巴拿马运河和中国的百年故事折射出一个世纪来中国国运的变迁。1881年，巴拿马运河在法国人的主持下动工，但因方案设计不周失败。此后，运河工程落入美国人手中。前后30年间，近万名华工先后被运河公司通过各种手段从中国招来开凿运河，其间有数百人丧生。1914年，巴拿马运河终于竣工，成为现代工程史上的一座里程碑。为纪念华工在开凿运河中所作出的贡献，巴拿马人特意在当初运河工程最艰难的地方、运河中段的库莱布拉山山顶上修建了一座“契约华工亭”，向广大华工付出的贡献与功绩致以敬意。巴拿马民众专门造了一个新词组“运河华人”，借指那些参与运河修建、扩建和管理的华人。与先辈们筚路蓝缕异国谋生不同，当年华人多为挖土方的工人。今天的华人凭借专业知识，成为管理运河的中流砥柱，如今已有华人出任运河管理局执行副总裁，还有更多的华人成为运河扩建项目的工程师。

南美侨情

2016年是中国—拉丁美洲文化友好交流年、中秘两国建交45周年。2016年11月17日—23日，中国国家主席习近平对厄瓜多尔、秘鲁、智利进行国事访问，期间还于19日—20日出席了在秘鲁利马举行的亚太经合组织（APEC）第二十四次领导人非正式会议。这是习近平就任国家元首后第三次开启“拉美时间”。习近平主席的拉美之行，为当地华侨华人带去了信心和勇气，也为华侨华人发展带去了机遇。

中拉文化交流年拉美华人搭起交流桥梁。2016年被称为“中拉年”，“中拉文化交流年”全年在中国与拉丁美洲和加勒比地区举办，这是中国同拉美地区共同举办的最大规模的年度文化盛事。在中国和拉丁美洲国家“请进来”和“走出去”的文化交流中，华侨华人占有重要地位。随着中拉经贸和文化交流日益密切，拉美人民生活中的中国元素越来越多，中国文化在拉美国家也逐渐成为时尚。秘鲁驻华大使胡安·卡洛斯·卡普纳伊介绍说：“秘鲁有着庞大的华人社群，我们所说的语言中相当多的词汇源自中文。”可见，华人已将汉语带到了拉丁美洲，在遥远的拉美留下了华夏文化的印记。在拉美地区，一座又一座的“中国城”，不仅是华侨华人聚居的地方，也日益成为拉美当地人了解中国的窗口，这些“中国城”的存在让中国与拉丁美洲的距离不再遥远。如今，在拉美一些国家，不少学校开设了汉语课，汉语水平考试已成为一种潮流。此外，拉美华人也将传统的中医针灸引入了拉美国家的医疗体系中。巴西前任总统卢拉的“中国哥们”顾杭沪在巴西可谓家喻户晓，顾杭沪曾用他的中国针灸治疗术缓解了卢拉几十年来的肩周炎病情，这件事情让桑巴大地上掀起了一股中医热。

中国漆艺、茶文化亮相墨西哥艺术节。11月23日，“漆彩中国·茶韵古都”福建漆艺、茶文化艺术联合展演亮相墨西哥第10届“阿卡普尔科中国船艺术节”。展演由中国驻墨西哥大使馆文化处和福建省相关机构举办。这是2016年中国作为艺术节主宾国的主打活动之一。在墨西哥著名海滨旅游城市阿卡普尔科的圣迭戈历史博物馆展馆内，茶空间设计师王书平先生和国家一级评茶师黄劲榕女士进行了茶艺表演。与茶文化一同展示的还有中国福建的古老传统技艺——漆艺。此次“漆彩中国”展以大漆艺术为主题，共展出14位福建漆艺家的50件作品。中国漆艺蕴含着东方文化的基因，传递的是静谧、温润的意境，折射出静观内省、温柔淳厚的气质，以表现中国人的情操与人格追求。

华人侨界与圣保罗议会达成设立“中国日”议案。应圣保罗市议会国际关系委员会之邀请，3月24日下午侨领张伟、刘浩、李小凌、方激、林炳银、李青霞、黄福安、郑小云及台湾侨领曾令驭、靳女士应邀出席了主题为《华人侨界与市议会如何加强交流与沟通》的座谈会。会议由市议会国际关系委员会主席列安修·宾可主持。他说，近几年华人来巴西投资和经商的越来越多，据不完全统计，目前全巴西华侨华人达27万人，90%居住在圣保罗。中国的文化逐渐深入巴西民间生活，比如中华料理、中医针灸、汉语文字、中华艺术等。但还有不少民众把中国、日本、韩国的文化习俗混同，说明相互间对彼此的文化认知还有限。圣保罗总领馆副总领事傅长华认为，华人移民巴西有200年历史，华人侨界为中巴经贸、文化发展和交流作出了贡献，尤其是近年为巴西公益事业作出的成效，深受广大民众的称赞。巴西温州同乡联谊会会长张伟就会议主题进行了关键性提议，建议市议会为华人设定“中国日”，市区设立“中国街”，让生活在巴西的华人一年一度在中国街集会，展示中华民族悠久文化特色，如中国餐饮、气功、武术、书画、歌舞等，与巴西民众同享同乐，让更多巴西民众了解中国文化，让华人更融入巴西社会。此提议得到了与会全体人员的赞同，当天下午就“中国日”达成了共识，宾可表示将推动市议会早日通过相关立法。

《理解中国》丛书西班牙文版在智利发布。11 月 23 日，在智利首都圣地亚哥举行的“中国—智利经济社会发展高端研讨会”上，中国社会科学出版社发布了《理解中国》丛书西班牙文版并为新成立的智利分社揭牌。《理解中国》丛书是中国社会科学出版社策划、中国社会科学院统筹实施的重点项目，目前已出版中文和多个英文及其他语种版本。丛书选取国内外读者关注的重大理论和实践问题，由各学科的权威专家撰稿，旨在从学术角度系统阐释中国道路、中国理论、中国制度的基本内涵，研究和回答中国改革开放和中国特色社会主义的重大问题。智利与会代表对该套丛书表现出了浓厚的兴趣。智利驻亚太地区全权大使、前总统爱德华多·弗雷·鲁伊斯·塔格莱（Eduardo Frei Ruiz-Tagle），智利驻华大使贺·乔治（Jorge Heine）等对《理解中国》西文版新书在智利发布表示欢迎。由于拉美地区还没有完整介绍中国情况的著作，该套丛书的发布有助于增加当地人们对中国的了解。

巴西华商在坚守中等待复苏。在拉美，经商是华侨华人的主要谋生之道。自 2015 年底以来出现的巴西经济下滑，让大部分华商遭遇了罕见的冲击。面对危机，部分华商凭借灵活的商业头脑和敢为人先的魄力，自我调适，转变思路，从而找到新的突破口，转危为机。还有一些更为年轻的华商，则以更为开阔的思路跳脱出传统的进出口贸易领域，凭借自身的语言优势，成立咨询服务公司。这些华商之所以能够从容应对危机，是因为他们能够理性地看待巴西经济形势，相信“经济发展是有循环性的。在经历一段时间的增长之后，肯定会出现一段时间的低谷”，“可能到明年，汇率就会相对稳定，所以只要能够在这段时间坚持住，就还是可以做下去”。

委内瑞拉经济现颓势，在委华人受影响。委内瑞拉约有华人 25 万，90% 的华人来自广东省恩平市，他们大多经营超市、日用百货、餐馆、五金等行业。2016 年初以来，受国际油价下跌等影响，高度依赖石油出口的委内瑞拉经济持续恶化，国内通胀率居高不下，经济不振、物资缺乏、物价飞涨、货币贬值，华人经济也不可避免地受到了一定冲击，生意越来越难以维持。对饮食业来说，找食材变得相对困难，超市里的货架大部分都是空的。而杂货铺和日用品店的供货数量和种类也在明显减少。面对困境，部分华人为规避生活风险而离开了委内瑞拉，但更多华人还是留守在此。委内瑞拉华侨华人多数在此生活多年，甚至几代人，对委内瑞拉的生活环境相对适应，他们对于渡过经济难关大多持乐观态度。

哥伦比亚反华商事件趋稳，“中式生意经”需改进。5 月 18 日，哥伦比亚波哥大市中心发生针对华侨商铺的抗议活动，当地商贩呼吁“购买国货”，指责华商“抢占其生意”“威胁其生存”。23 日，哥执法部门根据举报，以涉嫌走私、偷税漏税查抄了部分华侨商铺，以涉嫌非法居留为由抓扣了 13 名华侨。25 日，约 50 名当地商贩再次举行抗议活动，并出现推搡华侨商铺店员等行为。经使馆交涉，被抓扣的华侨在事发当天均获释，其中部分人员“因居留身份有问题”被要求限期离境。这是哥伦比亚首次发生较大规模反华商抗议活动。华商群体的规模并不大，之前多年相安无事，为何突然爆发抗议事件呢？事件起因是，近年来部分中国侨民陆续从其他国家来到哥伦比亚，主要从事服装和百货批发零售生意，因经营方式、商品价格差异等原因，部分当地商贩对华商心存不满。哥伦比亚在 2015 年放宽了针对中国商人、游客的签证限制，当地华商数量大幅增长。很多新近涌入的华商不懂西班牙语，和当地人缺乏交流，无法融入当地人的生活，再加上经营方式不同，导致当地人对华人有很大的误解，甚至发生针对华商的抗议行动。

阿根廷小连锁超市蚕食传统大卖场，华人超市遇挑战。高通货膨胀让阿根廷人将目光投向了快捷型社区超市以及便利店。大型超市的客户忠诚度较低，每月前往超市购物会对比 5 家超市提供的商品价格后再购买。阿根廷华人的发展领域已从传统的超市零售和餐饮业发展到渔业、制造业等领域，呈现出多元化发展的蓬勃生机。但阿根廷国内经济形势不振也对华人传统超市造成了一定冲击。消费习惯的改变使遍地开花的华人超市也受到了影响。当地华人媒体认为，除去其他问题不谈，主要是因为华人超市没有政府出台的“限价商品”的价格优势，以及消费者认为，现在华人超市的商品已经不像几年前那样物美价廉了。

华人社团不断发展壮大，新社团相继成立。1月24日，中国巴西交流协会在巴西首都巴西利亚宣告成立并举行理、监事会就职典礼，协会发起人巴西利亚华人王璟扬当选首届会长。中巴交流协会旨在拓展中国、巴西两国民间领域交流，加深两国人民间的友情，了解两国彼此间的文化、宗教、经济、风俗、历史的差异，求同存异，实现中巴人民的世代友好往来。5月1日，里约广东同乡会在里约州正式成立，会长陈锡钦表示，成立里约广东同乡会目的是进一步增进广东同胞的沟通和交流，团结与互助，合作与发展，同时借助同乡会聚集更多侨胞资源和力量，为祖国，为家乡多办实事，多作贡献。5月10日，阿根廷华人企业家协会在阿根廷首都布宜诺斯艾利斯举行成立庆典。协会主席严祥兴表示，协会将秉承为旅阿华人企业家服务的宗旨，加强与侨商联系，发挥好桥梁和纽带的作用，促进侨商之间的交流和合作，实现资源共享、互惠互赢，使阿根廷华人企业家协会真正成为“华商之家”。7月18日，智利福建同乡联合会在圣地亚哥市成立，首任会长林斯辉在致辞中说，将与智利的华侨华人社团一道，为促进智利华侨华人社团的和谐团结，加强与智利主流社会的沟通和交流，引导广大闽籍乡亲尽快融入智利社会，共同努力奋斗。中国驻智利大使李宝荣对智利福建同乡联合会成立表示祝贺。9月10日，巴西北京文化交流协会成立大会暨首届理监事就职典礼在圣保罗举行。创始会长赵永平表示，将秉承协会宗旨，以爱国、创新、包容、厚德的精神为指导，团结一切热爱北京、热爱祖国、热爱中华文化的广大侨胞与各界人士，为弘扬中华文化、促进中巴文化交流、增强中巴两国人民的友谊作出新贡献。11月26日，巴西华人学生联合会成立。

南美侨界纪念孙中山诞辰150周年。2016年11月12日是孙中山先生诞辰150周年纪念日。南美侨界纷纷以举办座谈会、研讨会、图片展等形式开展纪念活动。11月10日，由驻阿根廷使馆主办、阿根廷中国和平统一促进会协办的旅阿侨界纪念孙中山先生诞辰150周年座谈会在首都布宜诺斯艾利斯举行。驻阿根廷大使杨万明、阿根廷中国和平统一促进会会长罗超西及旅阿主要侨团负责人、台胞代表、中资机构和留学生代表、华文学校和媒体代表50余人参加。11月12日，里约侨界在里约华人联谊会会馆举行孙中山诞辰150周年纪念会。由里约华人联谊会、巴西华人文化交流协会、里约中国和平统一促进会、巴西中国和平统一促进会、巴西中国浙江商会、里约广东同乡会联合主办，中国驻里约总领事李杨及领事馆代表、侨团、台胞等近百人出席纪念会。会上，各侨团侨领相继发言，回顾历史，缅怀伟人。

服务里约奥运会，巴西侨胞爱国热情高涨。8月5日，奥运圣火在里约点燃，这桩世界体坛盛事同样牵动着巴西华侨华人的心。在里约奥运会期间，巴西华侨华人充分发挥自身熟悉当地的优势，积极服务中国奥运代表团，从机场接送到现场助威，从媒体报道到提供中餐，从物质保障到文化“补课”。赛场内外，他们把对祖（籍）国的浓浓的爱毫无保留地挥洒在中国健儿身上。圣保罗是巴西最大城市，有近30万华侨华人，以及上百家中资企业工作人员。在当地领馆注册的侨团有近50家。虽然奥运举办地在400多公里外的里约，但这里的华侨华人们还是积极行动起来，为来自远方的亲人们提供力所能及的帮助。在中国奥运代表团抵达里约后，当地的华人华侨就自发组织起来，通过各种途径欢迎抵达的中国代表团。在驻圣保罗总领馆的领导下，各个侨团鼎力相助，通过方方面面的渠道并配合当地警方，在训练营、代表团出行、安保等领域，作出不少贡献。圣保罗侨界还组织了志愿者力量，为中国代表团和国内工作人员、游客提供方便。不仅是为奥运健儿们服务，只要是来自中国的亲人，巴西华侨华人都热心相助。为了帮助中国记者第一时间将赛事结果传回国内，巴西华侨华人青年联合会招募了数十名记者助理，奔赴各大体育场馆，协助记者进行奥运采访报道。侨胞们还设身处地从语言文化角度为中国队“补课”。其中最重要的是教授日常用语和复杂的肢体语言，如与巴西人谈足球最易找到共同语言，称赞别人最通行的做法是晃右手大拇指而绝不是在其他地方通行的OK手势等。巴西侨胞对祖（籍）国的爱，源自真情，跨越时空，不仅助力“中国军团”夺金揽银，也为中巴两国友好输入了正能量。

巴西华人夫妇编写中国人移民巴西史记载先侨足迹。中国人移民巴西历史悠久，中巴人民的交往源远流长。6 月 23 日，经过中国驻圣保罗总领馆前领事陈太荣、刘正勤夫妇 16 年的努力，由他们编写的《19 世纪中国人移民巴西史》一书最终完稿。全书约 18.5 万字，内有图片资料 30 幅。多年来，陈太荣、刘正勤夫妇追寻中国先侨移民巴西的足迹，调研 19 世纪中国人在巴西种茶及修铁路的史实。他们深深地感到，中国先侨为巴西的开发和发展作出了不可磨灭的贡献，许多华人后代成为巴西社会各行各业的中坚骨干，从有名望的将军到著名的谐星、运动员、普通的公务员、手艺人等，在巴西人民中流传着许多动人的故事。当然，中国先侨在这儿也蒙受过不少屈辱和苦难。陈太荣、刘正勤夫妇坚持不懈地进行研究与写作，就是为了给后人留下一份翔实的巴西华人史料，充分肯定中国先侨对巴西经济文化发展作出的贡献，以缅怀先侨、激励后人。

秘鲁华裔学者出书介绍利马唐人街。4 月 14 日晚，秘鲁华裔历史学者理查德·丘韦的新书《加邦：利马唐人街》的推介会在利马中秘友谊馆举行。丘韦现年 38 岁，其曾祖父来自中国广东。毕业于秘鲁国立圣马科斯大学的丘韦，主攻利马历史研究，目前是该大学历史系教授，曾撰写《中国移民在秘鲁》一书。在由秘鲁首都利马市政府主办的推介会上，丘韦首先讲述了利马唐人街形成的历史。他说，自 1849 年第一次移民浪潮开始，早期抵秘的中国移民选择利马加邦街附近街区作为生存和发展的天地。19 世纪末至 20 世纪初，加邦街附近街区成为旅秘华侨华人进行贸易活动和文化交流的中心。如今，加邦代表着旅秘华侨华人的历史、商业、贸易、传统、艺术、烹饪及与秘鲁当地人的融合。《加邦：利马唐人街》不仅介绍了利马唐人街的历史，还阐述了秘鲁和中国的历史与文化以及今日唐人街对利马经济发展的影响与作用。亲自为该书作序的利马市市长卡斯塔涅达说，选择《加邦：利马唐人街》作为“利马丛书”系列的第二本书，是因为中国移民对秘鲁，“尤其是对我们这座首都城市”产生了巨大的影响。利马唐人街是拉美最大的唐人街之一，位于市中心繁华地段。在加邦街入口处，有个标志性的“中华坊”牌楼，上面镌刻着孙中山先生手书的“天下为公”四个大字。在方圆约 1 平方公里的唐人街上，有各种各样的店铺和中餐馆，许多商家都用中文字体书写招牌，人们甚至可以在这里吃到地道的广东早茶。

阿根廷首家华人枪店开张，助侨胞合法使用枪支。7 月 5 日，由旅阿华人投资经营的枪店正式开张。该枪店拥有合法的经营手续，有着丰富培训经验的店主还能够对枪支使用者进行专业技术培训。华人进行枪店经营，不仅可以减轻华人办理合法购枪手续的烦琐，更重要的是能够减少非法枪支的使用。合法使用枪支是保护自身的工具，“黑枪”就是犯罪的祸源。在阿根廷，只要年龄超过 21 岁、无犯罪记录就可以合法拥有枪支，这是阿根廷法律赋予公民拥有武器的权利。旅阿华人如果有永久居住权，并符合上述两条，同样可以购买枪支。在阿根廷，拿“黑枪”进行自卫也将被判为非法持有、非法使用致命武器的罪名，进而被定性为蓄意谋杀等不可辩护的重罪。华人合法购枪，因语言和烦琐的手续办理，让许多华人望而却步。华人自己的枪店就可以减轻华人同胞的这些烦恼，帮助同胞合法购枪，合法用枪，合法保护自己。

巴西华人平安三宝：依靠祖籍国、沟通警局、侨界互助。近年来，由于经济下滑，巴西商贸最发达的圣保罗和里约热内卢等大城市成为持枪抢劫、入室盗窃等恶性犯罪案件高发地。这两个城市也是巴西华侨华人主要生活的地方，华侨华人普遍吃苦耐劳，通过辛勤的付出发家致富，但却成为受害率偏高的移民群体。为何近年来屡屡发生华侨华人家中遭窃案件？中巴交流协会执行会长吴昭孝表示，一方面华侨华人生意做得比较成功，家里往往存有大量现金，容易被歹徒“惦记”；另一方面，由于华侨华人不熟悉当地法律法规，甚至有时抱着息事宁人的态度，没有及时报案，也助长了歹徒气焰。为了维护自身人身和财产安全，近年来，很多华侨甚至花重金，将普通商务车改造成防弹车，以预防暴力犯罪。一些大型投资企业还专门设立安全预案，编发应对治安案件手册。中国驻当地领事馆也积极采取措施，通过发布安全提醒、研究制定防范措施等方式保护当地华侨华人的生命财产安全。一些侨胞表示，在发生危及安全事件时，使领馆外交人员及时出面交涉，为他们增强了安全感，同时也有助于案件早日侦破。同时，侨胞们也在积极寻求自助方式，通过集体力量加强自身安全。2015年年底，巴西华人协会召集圣保罗全侨会议，会长朱苏忠提出了包括建立警民联动、设立华人安全联络员机制、建立侨界安全社会网络等计划，获得了与会侨领的一致赞同。2016年4月，华人代表正式加入圣保罗“警民治安联防委员会”（CONSEG），积极参与治安联防工作，共同维护华人华侨的安全。2016年6月，由圣保罗华助中心生活指南编写组翻译的圣保罗州军警总司令部编印的《市民自我保护手册》中葡文对照本正式发布。这本专为华侨华人和中国游客编译的《市民自我保护手册》包含各个生活场景中的安全提醒事项，归纳了生活中需注意的各种安全事项。不仅具有很强的可读性和指导性，更引导读者培养良好的安全习惯，在面对犯罪行为时能够减少对自己的伤害，具有借鉴和参考意义。

阿根廷警方联手中国特警捣毁当地最大华人黑帮。2016年6月，阿根廷联邦警察与中国特派警员合力捣毁阿根廷最大的华人黑帮组织“貔貅”（Pixiu），并逮捕40人。这次行动对于保护在阿根廷的华人安全方面非常重要。在行动中，中阿警员在阿根廷22处地点开展了打击黑帮行动，缴获了14支手枪、14.9万比索、3700美元和4辆轿车以及毒品。其中一次行动中，警方与黑帮发生了交火，2名警察受伤。华人黑帮组织“貔貅”以非常凶暴的方式骚扰、恐吓在阿根廷的华商，如果华商不同意每月向他们交出3万到5万美元不等的保护费，打手便会持枪恐吓商家，向商家的脚开枪，已有17名受伤者。阿根廷警方对于黑帮组织“貔貅”的调查始于2015年12月，当时警局收到一名市民的报警电话称，他收到“貔貅”的恐吓，如果不交出15万比索（约7万元人民币），他和家人将受到伤害。虽然“貔貅”的头领是华人，但是这一犯罪团伙中也有很多玻利维亚人、哥伦比亚人和秘鲁人。该犯罪团伙在阿根廷非法作案时间至少有10年之久。

阿根廷布市华人积极捐赠回馈社会。华侨华人在住在国生存发展，得益于当地社会。因此，用行动回馈社会是融入当地、赢得尊重、提升华侨华人良好形象的有效途径。阿根廷国家政府规定，每年8月的第三个星期天是阿根廷的儿童节，今年的儿童节是8月21日。为了表达阿国华人回馈当地社会的积极精神，提升旅阿华人的良好形象，中国城管委会倡议举行捐赠活动。8月8日，阿根廷布市中国城部分华人响应管委会的号召，将购买的和店中销售的新玩具、学习用具、糖果、儿童食品和儿童服装等，送到管委会指定捐赠地点，表达了旅阿华人对阿根廷贫困家庭儿童的关爱，做出了积极回馈当地社会的善举。“一级棒”商场为贫困儿童家庭捐赠了20袋，每袋30公斤的大米。“白天鹅”餐厅陈大姐也捐献了5袋，每袋30公斤的大米。“中国屋”商场特别精选了阿根廷儿童喜爱的中国食品，这些从中国进口的食品价格不菲，平时阿根廷一般家庭很少购买，为了让贫困家庭儿童度过一个快乐的节日，“中国屋”商场捐出了大批中国食品赠送给阿根廷儿童。“大中华”食品购物中心也捐出了成箱的儿童食品，表达了对阿根廷儿童的关爱之情。“兴华”精品店捐出了阿根廷儿童喜爱的中国文具。同时还捐出1000阿币，用于购买儿童所需物品，体现出旅阿华人的奉献精神。“东亚”商场把新购进的食品捐献出来，将华人的爱心传递到阿根廷的贫困家庭，让他们感受到中国人的无私和博爱。“Tina & Co”精品商场经营的商品都是从国外进口的高档货物，他们也捐出了许多棉花糖、夹心饼干和糖果。“泰山”礼品店捐赠了儿童玩具和儿童服装，这些物品都是阿根廷贫困家庭和儿童所必需的。8月17日，阿根廷布市中国城管委会将旅阿华人华侨捐赠的食品和衣物，送到了布市最贫困和最危险的VILLA SOLDATI地区，使居住在那里的贫困人群，得到了中国侨民回馈阿国社会的帮助。该地区是阿根廷治安环境很差的区域，居住在这里的人群也是最贫困的。旅阿华人把捐赠物资送到这里为贫困人群提供食物的LOS PILETONES食堂，得到了该食堂创办人Margarita BARRIENTOS女士的热情接待，她表示这是第一次收到华人社团的大量捐赠。该食堂是免费向贫困人群提供食物的公益性组织，每天三次，每次需要提供2700余份饭菜，供居民打包后回家食用。

欧洲侨情（上）

2016年伊始，英法纷纷拓宽签证福利，英国对中国开始实行全新的两年访客签证政策，法国对中国团体游客赴法旅游签证的出签时间缩至24小时，加上稍早的德国简化签证受理程序、承诺48小时内向商务人士签发签证，意大利承诺36小时内发放个人旅游和商务签证……在欧罗巴“开门迎客”的热情下，旅欧华侨华人迎来了起伏跌宕的一年。

中东局势紧张导致大量难民涌入欧盟国家，难民危机给欧盟社会安全、经济带来巨大压力。加上大量东欧公民涌入英国，抢占了英国的社会福利、就业机会，引起不满，爆发了英国全民公投。6月，英国“脱欧”公投成功，预示其移民政策收缩，对旅欧华侨华人的影响将逐步显现；英镑贬值，中国旅客大量涌入英国扫货，从2015年平均每人购买5件商品，升至2016年的平均每人10件，访英游客人均消费约2.5万元人民币。与此同时，法国恐袭抢劫频发，法国“敏感街区”增至80个，共涉及全法64个城市近200万人口，但对在法华人和中国游客来说，面临的主要忧虑是越来越严重的以华人为目标的抢劫暴力犯罪，2016年几乎每个月都发生多起针对华人的严重暴力犯罪，法国张朝林事件引发的“反暴力，要安全”大游行是这种矛盾的一次集中爆发。旅欧华侨华人因欧洲安全环境遽变而洒下血泪，华侨华人在这一年经历了环境的动荡、族群的歧视、权益的伤害、命运的抗争。这一年，也见证了华人政治觉醒的能量以及争取公正待遇和合法权益的呐喊。

事实再次证明，中华儿女无论身在何方，这种血脉文明的联结，在“一带一路”红利、万侨创新行动、侨务和领保服务升级的强化下，映衬得旅欧华侨华人的前路愈加广大光明。中欧交往热络，欧洲华侨华人在展现社会责任和拓展文化传播方面作出了积极贡献，让华侨华人在欧洲政治版图中的地位进一步提升，成为欧洲多国政客竞选的重要票仓，伴随着华二代加速融入主流社会，华裔族群已成为一支当地不可忽视的社会群体。

欧洲华侨华人纪念孙中山诞辰150周年。孙中山是海内外中华儿女的“最大公约数”，其民主思想的形成，是因他在欧洲多年的生活研究了解当地社会而逐步形成的。2016年，以纪念孙中山为主题的各类图片展、书画展、文艺晚会等在法国、英国、德国等多个欧洲国家巡回举行，吸引了旅欧华侨华人、留学生及外国友人出席。10月29日，德国法兰克福举行了“孙中山与华侨”图片展开幕式；11月3日，法国华人华侨会、法国华侨华人妇女联合会、法国中国和平统一促进会等近30家协会组织与媒体代表举行纪念孙中山先生诞辰150周年法国侨界座谈会；11月5日，瑞士和列支敦士登侨界学界在苏黎世联合举办系列活动，纪念孙中山诞辰150周年；11月12日，中国驻英使馆举办了纪念孙中山先生诞辰150周年纪念会；11月14日，中国驻米兰总领事馆、意大利中国和平统一促进会和米兰侨界联合主办了“纪念孙中山先生诞辰150周年座谈会”；等等。此外，旅欧侨界也纷纷举办了相关主题的座谈会。参加系列纪念活动的旅欧华侨华人，在表达对孙中山先生缅怀之情的同时，也认为在当下纪念孙中山先生具有重要现实意义，有助于增强海外侨胞的凝聚力。祖（籍）国的发展是海外侨胞的坚实后盾，广大侨胞愿继承和发扬中山精神，坚决拥护国家统一大业，共同维护中华民族的利益，以实际行动为实现中华民族伟大复兴贡献力量。

英国“脱欧”逐步影响旅欧华侨华人。6月24日英国“脱欧”公投结果公布，脱欧派胜出，英国将成为首个脱离欧盟的国家。虽然脱欧近期不会对生活在英国和欧盟国家的华侨华人造成影响，但未来几年将会慢慢显现。一方面，欧洲华侨华人的日常生活近期不会受影响，但汇率市场上英镑短期内贬值的影响却是立竿见影的，对于前往英国留学、旅游、投资、购房者以及海淘一族，无疑是一个有利的消息。另一方面，脱离欧盟后的英国或将设立更多的贸易门槛，华商想要通过英国进入欧盟市场较为困难，因此从长远来看，脱离欧盟对经济活动的影响将越发明显。由于在英国的华人90%以上都在餐饮业工作，现在很多中餐馆都缺人手，“脱欧”后人力资源会更紧缺。而且英国是农产品进口大国，“脱欧”会使得所有的蔬果价格大大提高，对于餐饮业没有一点好处，英国还会失去欧盟国家的游客。英国脱离欧盟释放了一个负面信号，脱离欧盟后的英国不再是欧洲经济领头羊的身份，这使很多总部设在英国、将英国当成通向欧盟门户的海外公司们不得不重新考虑。这次公投实际上也是一次移民公投，英国脱离欧盟反映了英国在反恐、移民等政策方面的收缩，英国相对开放的移民环境将会成为过去式，也将导致移民问题较为突出的欧盟紧缩其移民政策，从而导致华人专业人士的工作流动自由度降低。“脱欧”让英国需要承担原来由欧盟承担的部分教学科研经费，这或将促使英国大学学费持续上涨的趋势加速，留学生的出国预算会无形中增加不少。加上支持脱离欧盟的选民多是反对移民的人士，英国“脱欧”影响下的移民政策，将使得中国留学生们留在当地找工作变得更加困难。

华侨华人频受伤，旅欧安全问题敲响警钟。5月11日，25岁中国留德女学生李洋洁夜跑惨遭强暴并死亡。6月29日，意大利佛罗伦萨发生华人与警方激烈冲突事件，导致多名华人和2名意大利警察受伤。8月7日，旅法华人张朝林在巴黎遭抢劫殴打，后不治身亡。12月9日，意大利女生张瑶被抢后失联，最终证实身亡。下半年在德国波鸿市，还有2名中国女留学生被同一名来自伊拉克的难民强奸。旅欧华侨华人安全问题频发，在追问真相的同时，也给人们敲响了警钟。调查显示，大部分中国人对在海外如何避免侵害，以及遇到安全威胁时该如何应对并不清楚。对于这些架起中欧沟通桥梁的华侨华人来说，如何在保障自身安全的前提下迅速融入当地社会，应该成为人们关注的重点。

法国华人“反暴力，要安全”维权行动震动主流社会。在法国和法属非洲省份，华人遭抢劫的问题比较严重。抢劫主要发生在华人工作结束后回家的途中，在家中也可能遭遇歹徒入室抢劫，特别是大巴黎93省华侨华人集中的地区。据法国内政部消息，大巴黎地区每1000人会遇到4.21起暴力抢劫案件、20.58起非暴力抢劫偷窃案件、4.33起入室盗窃案件。而华人作为暴力抢劫的主要对象，其比例可能远远大于这些数字。2016年法国接待游客人数比2015年减少6%—7%，其中中国游客降幅达20%。对在法华人和中国游客来说，面临的主要忧虑并不是来自于那些恐怖袭击，而是越来越严重的以华人为目标的抢劫暴力犯罪。8月7日，旅法华人张朝林光天化日之下在巴黎北郊遭3名歹徒抢劫殴打，导致重伤不治于8月12日不幸去世。这起暴力事件引起旅法华人强烈反响。8月14日，近3000名华人自发聚集在事发城市悼念不幸遇难的同胞并抗议法国政府的不作为。8月21日，近万名华人在事发城市再次举行游行，打出“反暴力，要安全”的口号；9月4日，近3万名法国华人在巴黎继续举行“反暴力，要安全”大游行，要求法国政府加强社会治安。华社的不断抗争开始引起法国主流社会的震动。9月8日，法国前总理于贝与拉法兰走访了巴黎北郊欧拜赫维利埃市的华人商圈，看望了被抢遇害华人张朝林的家属。9月12日，法国内政部长卡泽纳夫就改善治安问题会见了华人代表，承诺增派警力，改善治安问题。9月16日，法国总统奥朗德在巴黎一间中餐馆内“夜会华二代”，围绕华人族群议题展开了讨论。法国其他政界人士以及明年总统大选竞选人也纷纷慰问在治安事件中罹难的张朝林家人，谴责针对华人的猖獗犯罪；称赞华人族群是融入与发展的典范。这些极大地改变了历来政界不愿承认的法国社会存在“针对华人犯罪”这一事实，促使政客加入谴责行列，使主流媒体大面积报道，从而最终影响主流民意的走向，让很多欧洲人对中国人的刻板印象崩塌了，中国人勇敢、团结、敢于发声的形象正在慢慢建立起来。

欧盟国家中国留学人数不断攀升。中国学子赴欧洲留学的历史悠久，欧洲也曾经是学生的留学首选，而随着美国、加拿大、日本、澳大利亚等国留学行业的发展，赴欧留学的势头渐渐衰弱。然而，近几年欧洲又有重回学生视野的趋势。据最新统计，欧盟成员国是中国学生学者出国留学主要目的地之一，2015 年底，中国在欧盟国家留学人员总数为 303451 人，占出国留学人员总数的 24%。2015 年当年前往欧盟国家留学人员总数为 123018 人，占当年出国留学人员总数的 23%，比 2014 年增长了 29%。这一数据的不断上涨，既缘于人们对于欧洲关注度的升高，也因为中国与欧洲在不断建立内容丰富的合作平台。另一方面，如何达到与美、日、澳相近的国际教育合作机制，成为中国与欧盟各国机构正在探索的问题。目前，中国已与欧盟机构以及欧盟 28 个成员国建立了稳定的教育交流与合作关系，与法、德、意、荷、葡等 19 个欧盟成员国签署了高等教育学历学位互认协议。2002 年，中国和法国签署了高等教育学位和文凭互认行政协议。在过去的 15 年中，留学法国的中国学生人数翻了一番，在法攻读本科及以上学历的中国学生达到 3.6 万人，已经成为法国第一大留学生群体，攻读硕士和博士课程的学生达 60%。中国赴英学生签证在 2016 年依然保持十年以来持续增长的趋势，截至 2016 年 9 月，近 73000 名中国内地学生成功获得英国学生签证，相比去年同期增长 9%。据统计，目前在英国学习的中国学生已经超过 15 万人。事实上，很多欧盟国家都迎来了不断增多的中国留学生。在爱尔兰，目前中国学生成为仅次于美国的第二大留学生群体，今年爱尔兰中国留学生较去年就已经增长 10%。据了解，费用低、政策好、专业佳等因素促成欧盟留学优势明显，非英语的生活学习环境是限制中国留学生的首要壁垒。

旅欧“华二代”加速融入争取主流社会话语权。近些年华人形象整体发生改变，中法友谊互助会、法华工商联合会等协会，成立“青年委员会”，专注于“华二代”的发展和融入，以及如何更好地参与法国的政治；法国华侨华人会一直支持年轻人的“冲劲”，多次主办“华二代”座谈会，商议华人参政议政问题。华人之所以能够积极地参与大选，一是华人的经济地位有所提高。例如，在巴黎北郊的华人商圈有近 2000 家华人商家，他们为当地经济发展作出了重要贡献。二是“华二代”参政意识的增强。“华二代”的崛起为华人发声注入新的活力。华人必须要真正融入到法国的选举之中，并让更多的“华二代”参与进来，进而提升其政治地位。除了“华二代”比以往更加积极主动之外，也有华人社会逐渐多元化的因素。如今，华裔族群已经广泛地参与到欧洲各国政治、经济、文化的方方面面生活之中，成为一个不可忽视的社会群体。华人今后在当地社会中的影响会越来越大，因为当地社会还是非常肯定华人为经济发展作出的贡献。并且华裔新生代熟悉当地社会与文化环境，参政议政意识浓厚，正成长为当地华人社会的主流。

法国华商关注政策走向。英国公投脱欧、奥地利右翼崛起和特朗普的获胜，都表明国家权力正在从“精英”手中滑落。民粹主义为法国等欧洲国家带来一种新的文化格局，是一直以来极右势力的多种力量形成的结果。包括现在的法国以及欧洲社会，一直以来都是排外的，其实这是民粹力量的体现，对华人新移民会或多或少有一些影响。华商从自身利益出发，主张多元文化的共存和融合，强调经济全球化和经贸合作，这也是在选举之前右派的候选人集中地与华人代表进行沟通的问题：一是社会治安，华人深受其害，而且也是比较关注的；二是法国的经济问题。另外，华人还比较关注企业和个人减税方面的问题。大多数的法国华人还是希望右派共和党上台，因为大家已经了解右派候选人基本的施政纲领和方案，可能会在政治、经济方面的改革、创新更大胆一些。另外，由于法国的右派比较关注华商的发展，所以华人比较倾向于右派。对于华裔群体来说，能够解决华人诉求的才是最佳的人选。

旅法华人的三次移民潮。由于法国禁止按照种族归类统计人口，因此很难估计法国有多少华人或华裔。《十字架报》认为数据大概在 60—70 万间，其中大半在大巴黎。另外还有 5 万左右来自中国大陆、没有身份的非法移民。第一次移民潮是1916年—1918年的第一次世界大战期间，英法两国在中国共招募华工14万人左右，他们中的幸存者基本都回国了，留下的3000多人中有部分温州人。与此差不多同时，希望躲避战乱、到异乡讨生活的温州人携带著名的青田石雕和手工皮件，从中国东北满洲里出境，沿陆路贩卖、打工来到法兰西。第二次移民潮是1975—1985年，这十年间法国接纳了15万名来自柬埔寨和越南的难民，他们中很多是祖籍潮州的华裔。与此同时，温州人也在中国大陆改革开放之际踏出国门，并与20世纪初留在法国的温州人联络上。第三次移民潮是1990—2010年，中国与国外的交流更加频繁，在这个阶段来到法国的大陆人很多来自东北三省。

英国七成华裔支持留欧。民调显示，有大约70%参与公投的英国华人，当时是投了留欧的票（高于总人口中48%投留欧的比例）。他们可算是英国最支持留欧的群体之一。脱欧公投之后，其中一个立即显现的影响就是针对少数族裔和移民的歧视性侮辱案件增加，目标就包括了英国各地的华人。如在科尔切斯特这个不足20万人口的小镇，6月20日到7月13日就出现20起种族歧视犯罪，相较2015年同期的10例翻了一倍。脱欧公投让深植于英国各界的反移民偏见得以释放。公投第二天，英国一些地方就发生了因仇恨而起的针对少数族裔的犯罪行为。虽然英国警方和政府高度重视，采取了一系列严厉打击措施，但脱欧对英国华人的影响非常大。比如说脱离欧盟之后外汇受到影响、股市受到影响，这些金融市场受到的影响就会对每一个在英国居住的华人有直接的影响，而这个影响正面、负面完全要看每个人的现状，因人而异。如金融业，脱欧之后可能考虑会把一些工作转移到欧盟内，在这个时候更多的工作会在欧盟而不是在英国，那么在找工作、换工作、职业发展方面会受到影响。英国脱欧之后，英镑立刻贬值，立刻有了更多华人到英国来进行房产投资。由于汇率因素及英国食品行业对欧洲大陆原材料和劳动力的依赖，华人从事较多的餐饮行业成本将会增加。英国经济和政治前景的不确定性可能阻碍中国和国际投资者到英国投资。

英国“脱欧”后中国游客呈现爆炸式增长。英国“脱欧”给中国旅游企业去英国“抄底”提供了一个时机。数据显示，英国是国人赴欧洲旅游的重要目的地之一，特别是暑假期间，常年位居前三。从英国公投“脱欧”、英镑大幅下挫的情况来看，特别是英国地接成本下降了9%左右，短期内对国人赴英旅游的提振作用非常明显，随着当地旅游成本、购物成本下降，性价比将大幅提升，夏季英国旅游出现了爆发式的增长。加上2016年1月赴英两年多次签证实施后，英国人气一直在稳步上升。1月—6月，赴英团队游、自由行等超过万人，同比去年增长40%。英国在最受中国游客欢迎的海外目的地中排名第24位，在欧洲位列第二。据统计，国内游客到英国旅行的平均花费为15025元，其中团队游、自由行比例为52 ∶ 48。近五成中国游客在英国停留10天以上，四成游客在英国停留7天—10天。另外，在中国人最想去的英国目的地中，大英博物馆毫无意外地排名首位，其后分别是白金汉宫、伦敦眼、泰晤士河、伦敦塔桥、爱丁堡、剑桥大学、曼彻斯特、牛津大学、巴斯、伯明翰等。

华人代购由“单打独斗”变为“集团出战”，代购产业化引人关注。英国公投脱欧后，英镑汇价大跌至31年来新低，英镑下跌也让英国产品变得相对便宜，吸引扫货一族，海外网上代购业务瞬间炽热。在法国，各种奢侈品和高档用品成为中国年轻高消费群体哄抢的对象。在德国，大量华人投入到购买婴儿奶粉然后转销中国的生意当中。善于捕捉商机的华人，替代了传统的超市与药房，纷纷开起了自己的商店，借此成为代购者们的供货渠道。数百家为代购提供商品的仓库及礼品店遍布各地。除了提供比本地超市与药房价格更实惠的货源外，这些店铺还提供打包服务。随着代购产业化，代购的衍生产业也生意兴隆，一些以移民为中心的快递公司正如雨后春笋般涌现，此外，在周边的亚裔社区内还散布着几十家此类公司。这些快递公司中最大的一家两年内就扩展到70个营运点和6家仓库，而一个仓库每天能发送3000多件包裹。这种由中国人首创的商业模式不仅拉动了西方的零售业销售额，也给许多生活在海外的华人带来了实实在在的好处。但“代购有风险”。随着海外商家的限制、假货和运输的问题、中国海关政策的调整，给海外代购带来“淘汰”和“转型”阵痛。根据中国关税调整方案，进口服装、鞋靴、厨房用品、护肤品、医疗用品、坚果、婴幼儿奶粉等日用品关税下调，这让代购“散户”受到冲击。此外，凡是未按照规定办理报关手续的跨境电商交易和代购行为，都会涉嫌走私。这种规定，直接让代购进入了一个灰色地带。加上当地一些大生产商、销售商看到商机纷纷建立直销中国的网络平台，华人代购的生意每况愈下。因此，华人准备大规模投入代购产业需要三思。

英国伦敦保护华埠遗产，华人青年更多参与主流政治。2月，萨迪克汗在竞选市长期间曾承诺，当选后他将继续支持华人在伦敦的新年节庆活动以发扬中华文化，与华商及当地政府合作保障伦敦唐人街发展，与伦敦商界合作促进与中国和东亚地区的经济联系，支持华人社区在伦敦筹建一座纪念碑以纪念一战期间支援协约国的华工等。5月当选伦敦市长后，他是伦敦首个穆斯林市长。当前伦敦唐人街面临来自地产开发商、物业所有人的压力，有些业主把租金提得过高，对（唐人街）商户来说难以承受，也有些业主想把唐人街的一些建筑改造成豪华公寓，而不是由华人经营的商铺。这些对英国华人社区是一种挑战。因此，伦敦市正致力于一项保护包括唐人街在内城市遗产的计划，以此认可这些遗产对于伦敦市的独特贡献。7月25日，伦敦华埠新牌楼举行揭幕仪式，这座具有中华传统文化特色的牌楼成为伦敦唐人街的新地标。

旅英华人创业者渐趋年轻化。随着英国经济不断回暖，由华侨华人创办的各类企业如雨后春笋般涌现。许多华人移民将创业纳入职业考虑之中，华侨华人组织也积极牵线搭桥，为华人创业提供助力。据英国发布的华人移民报告显示，在2014—2015年间，选择创业并申请企业家移民的人中，“80后”占67%，“70后”占18%，“90后”占15%。这些申请人55%以上为留英毕业生，自主创业比例达到63%。这些数据显示，移民创业已经成为一个较为普遍的现象，创业者在年龄上也渐趋年轻化。在英华人创业大潮得以兴起有以下原因：2016年是中英两国关系“黄金时代”的开局之年，许多中资企业入驻英国，而且资金庞大，动辄数以亿计；近年来英留学人数持续上升，很多留学生在了解了英国之后，有更强烈愿望在英国创业，而且年轻化趋势越来越明显；很多英国人愿意和中国人合作创业，加上英国基础设施完好、法律体系完备和资讯公开透明，为华人创业提供了较为宽松平等的环境。

中国人移居英国的净移民数量达4.4万人，华裔成学历最高族群。英国公布的最新移民数字显示，目前的净移民水平为历史第二高，来自欧盟的移民以及净移民数量均创下历史最高纪录。据12月初公布的官方统计显示，去年7月至今年6月英国净移民数量为33.5万人，为历史第二高。进入英国的欧盟人创下历史纪录，多达28.4万。数字显示，去年7月至今年6月进入英国的移民人数达到65万，创历史纪录，来自欧盟的净移民数量为18.9万，也是历史最高水平。净移民指进入的移民与离开的移民之间人数的差异。罗马尼亚人目前已经跃居成为进入英国的移民冠军，2015年全年有5.4万名罗马尼亚人搬到英国。中国人目前居第二位，有4.4万，波兰人和印度人排在第三和第四位。另据英国研究机构的报告，由英国华裔和印度裔牵头的一些少数族裔，由于重视教育和富于创业精神，已经取得很大成功，由于华裔、印度裔、东欧裔等少数族裔家庭对教育的重视，少数族裔学生考入英国一流大学的比例逐年增加。数据显示，1995—1996年，考入英国一流大学的非白人学生比例为9%，2014—2015年，这一比例已经增加到18%。

德国华人以喜闻乐见的方式推广中国文化。2016年，几起华人受侵害案件引发社会广泛关注，华人普遍呼吁改善治安环境。在此背景下，法兰克福多名华人组成的外国人参事会中国小组，通过参事会向市政府提出相应的意见与建议。据了解，本届参事会中国小组有两大目标，一是推广中文教育。希望通过孔子学院等机构的共同努力，推动法兰克福及黑森州的中小学设立中文课程。目前，已有两所学校被选为试点，先办中文兴趣班，再谋发展，进一步将中文课程纳入毕业考试。参事会的中国小组同各地学校的教师、校长保持联系，与州、市政府主管教育的部门密切沟通。也有不少热心的华人父母，自发地组织签名活动，向有关部门发请愿书，呼吁设立中文课程。第二是推广中国传统文化。京剧苑2012年成立至今，已在德国各地演出40多场，在给德国观众送来了高雅艺术的同时，也展示了华人精彩的文化生活。因此，向德国朋友展示中华文化时，要选他们能够接受的方式。京剧苑一直努力探索教会德国观众如何欣赏京剧，根据当地人喜好，量身打造了剧本、节目，如自创的德语道白京剧小品，使得越来越多的德国朋友开始明白中华国粹京剧到底是怎么一回事。另外，民以食为天，中餐作为中国文化的一个窗口，不少华人从业者也在中餐推广方面下功夫。比如与有关部门商谈，拟将中餐引入德国高速公路服务区。在今年的法兰克福市政府外国市民评选晚会上，市政府就选取中餐，向所有晚会嘉宾供应。

德国中医学会成立助推中国传统医学。德国已有超过4万人持有针灸许可证书。不过，德国还未对中医针灸单独立法，而且很多来自国内的中医从业人员在德国只能以自然疗法师的身份工作，地位远低于医生。德国中医学会成立大会9月10日在德国东部城市德累斯顿举行，这个由在德中医从业人员组建的协会有助于进一步在德国推广中国传统医学。中医在德国的重要性正不断增强，1980年中德两国卫生部门签署合作协定后，中医在德国的发展开始驶入快车道。中医在德国影响力持续扩大的同时，也面临着民众认可度较低、取得行医资格难度大、中药进口受限等困境。

逾四千汉堡华侨华人续写中德“丝路缘”。德中两国关系悠久，丝绸之路把两个国家连接起来。汉堡和中国经由海路的贸易可以追溯到18世纪。1731年，第一艘来自中国广州的商船，满载茶叶、丝绸与瓷器，缓缓地驶入汉堡港。如今，约有4200多名华侨华人在汉堡大都市区域生活和工作，约有550家中资企业在汉堡设有分部，其中一些企业还将自己在欧洲的总部设在这里。在当地很多华侨华人看来，汉堡这座德国最大的港口城市已经成为了“汉人之堡”。20世纪80年代以来，随着集装箱船运繁荣以及中国经济的腾飞，中国逐渐成为汉堡港最重要的贸易伙伴。今天，在德国对华贸易中，50%的进出口货物需要经由汉堡港转运，汉堡港集装箱总吞吐量的约三分之一是往来中国的货物。随着“一带一路”倡议逐步落实，汉堡正在成为欧中陆路联络的枢纽。2013年起发往汉堡的郑欧国际货运班列、2015年6月运行的哈尔滨至汉堡的哈欧班列，新开通的合肥开往汉堡的汉新欧班列，都表明汉堡与中国的联系越来越紧密。2016年是汉堡对华关系发展的“大年”——汉堡和上海建立友好城市关系30周年、“中国时代”系列活动、两年一度的汉堡峰会……这些活动旨在将汉堡打造成欧洲主要的中国中心。

德国诞生首家“中德文双语教学公立幼儿园”。10月3日，由德国杜塞尔多夫市政府青少年局出资、杜塞尔多夫职工福利协会运营、杜塞汉园中文学校协办的杜塞尔多夫首家中德文双语教学公立幼儿园在该市汉园中文学校举行签约仪式。杜塞尔多夫市市长盖泽尔、中国驻杜塞尔多夫总领事冯海阳等有关方面代表出席。据了解，这是杜塞尔多夫第一所、也是目前全德唯一的一所中德文双语教学公立幼儿园。这所由当地政府全额投资的幼儿园计划从明年暑假后迎来首批30名儿童，其中华人和德国人各一半。近年来，学习中文的需求在杜塞尔多夫显著增强，这既来自华侨华人、中资企业员工群体，来自中德联姻的“中德家庭”，也来自不少希望子女学习中文的德国家庭。杜塞尔多夫所在的北威州是中国在德华侨华人、留学生和中资企业最集中地区，约4万名华侨华人在该州居住生活，占全德华侨华人四分之一。

欧洲土地投资成为移民投资新热点。2016年，欧洲庄园及庄园地产、土地成为中国移民投资关注的投资品种。随着欧洲国家投资移民政策的放宽，投资人从单纯的房产投资，转而关注具有土地投资概念的投资移民项目，如葡萄牙可建庄园的农业地产，塞浦路斯可开发的建筑用地项目等。中国“洋农民”海外购买农地的目的，其实各不相同。有些的确是想当“洋农民”去种地的，如有人在买来的土地上办起了农场、养鸡场、养鱼场，还种植亚麻籽、西洋参等中国适销对路产品返销中国；有些是想“逢低吸纳”、套利保值，他们实际上是在赌所购农地本身价格大涨，至于种不种地则无关紧要；有些是看中了所在国（州／省）的特殊移民政策，希望借买地当“洋农民”实现移民梦；有些则青睐外国“所有权和使用权都归你”的土地政策，想在异国他乡过一把“地主”瘾。但不管抱哪种目的，机会也只属于那些会调研、善算计、懂经营的买主。比如需要具备相应的农业专业知识并且是适合当地情况的农业专业知识和相关政策，还要对全球和当地农地属性、价格曲线、当地农地分级、价格趋势，以及近期农地成交量情况作全面综合了解，一些发达国家土地管理严格规范，农地变更为住宅、商业等“非农”用地绝非易事，且事先必须有大量公示和各种信息。至于为移民投资农地，通常会有一些限制措施，如强制性住满3年、必须是农业相关专业、所购农地必须保证始终在种植状态……一旦限制措施达不到，移民资格就可能随之得而复失。

北欧华人充满文化自信扩大华社影响力。随着中华文化热的影响，华侨华人开始积极争取北欧社会的认同，努力融入主流社会。欧洲老一代的华侨华人为了生存，大多从事餐饮等服务类行业。现在侨胞的经济实力和社会地位已经有了较大提升，他们从事的工作领域涵盖教育、贸易、金融、尖端高科技等方方面面。华人新移民从事餐饮行业的规模也非常大，北欧最大的中餐馆面积达到3000多平米，还有不少华人餐馆发展成连锁餐馆，中餐在当地受到广泛欢迎和认可。近年来瑞典的华商在当地的广场举办大型中国年等活动，扩大了华侨华人的社会影响力。现在瑞典也已经把汉语作为中学考试的第二外语，纳入学分统计。瑞典机场的行李提取处是用中文标识的，这在过去是不可想象的。当地侨团也非常注重华文教育，华侨华人自费筹集资金开办中文学校，让华裔子女学习中文，希望以中华文化为纽带，让华裔后代记住自己的根。荷兰的汉语教学起步较晚，但近些年飞速发展，目前已有40多所高中把汉语作为毕业考试科目。作为“一带一路”的终点，荷兰人民感受到了越来越多的中国元素，服装、百货、家用电器、玩具等，现在每个角落都有中国的影子。

欧洲侨情（下）

华人成西班牙外来人口第三大劳动力。自从西班牙遭遇经济危机之后，来到西班牙务工的移民大批量回国。西班牙海外移民“回国潮”已经开始影响到整个西班牙的劳务市场。然而就是在这样的非常时期，来到西班牙务工的华人却有增无减。据报道，华人已成为西班牙外来务工人员第三大群体。西班牙社会保障部提供的数据显示，在2016年上半年，来到西班牙务工的海外移民数量显著增加。单在6月，在西班牙务工的海外移民人数已达1747801人，净增了16783人，相比于上个月增长了0.97%，比去年同期增长了4.78%。西班牙一直都很欢迎一些在家乡不能有较高收入而来到西班牙寻找更丰厚的收入和体面生活的外来移民。在这方面希望能够给外来移民提供更好的社会条件和经济条件。在西班牙外来移民务工人员中排在第一位的是罗马尼亚人，排在第二位的是摩洛哥人，排在第三的是华人，在西班牙务工的华人数量为95653人，然而这还不包括在西班牙华人移民中至少有一半人都是自主创业的老板。

旅意华侨华人伸出援手，参与意大利地震灾区救援。8月24日发生在意大利中部的大地震不仅牵动了所有意大利人的心，同时也牵动了全体旅意华人的心。8月26日下午16时许，罗马多个侨团及企业代表来到意大利总工会（CGIL）办公地点，委托其将大量救灾物资送到灾区民众手上。此次捐赠物品是根据政府此前所公布的灾民所需物资清单来采购的，包括卫生纸、纸巾、塑料杯、餐盘、彩笔、儿童玩具、矿泉水、手电筒和电池、开罐器、急救包及常用药物等。CGIL相关负责人收下救灾物资后，向前来捐赠的华人代表表示由衷感谢。他说，近日已有许多华人专程来到总工会捐赠物资，对此他们深受感动。地震发生后，普拉多侨社也在第一时间向地震灾区运送了大量水和其他基本生活必需品。随后，当地侨社又进行了相关资金募集行动。2009年的拉奎拉地震和2012年的艾米利亚地震发生后，当地侨社也同样为灾区人民进行了募捐活动。

希腊华侨华人总会召开座谈会：捍卫海疆有责，保护侨民担当。希腊华侨华人总会7月15日下午召集旅希侨团侨领在雅典召开以“捍卫海疆责无旁贷 保护侨民勇敢担当”为主题的座谈会。中国驻希腊使馆领事部主任刘敬东，领事部工作人员葛刚及希腊华侨华人总会、希腊华侨华人联合会、中希文化交流协会、希腊中国和平统一促进会、希腊华人旅游业联合会、希腊华侨华人妇女会、希腊青田同乡会、希腊萨洛尼卡华人华侨联谊会、希腊中希友好华侨华人协会、希腊华侨华人福建联合总会等侨团侨领20余人出席，希腊华侨华人总会代理会长邹勇主持会议。希腊中国和平统一促进会会长兰孝程率先发言，他阐述了南海自古以来就属于中国的历史事实，严厉谴责以菲律宾、美国、日本等国家为主导的所谓南海问题仲裁庭的非法裁决。其他与会侨领代表也踊跃发言，纷纷表示：完全拥护、坚决支持中国政府对南海仲裁案不接受、不参与、不承认、不执行的立场，旅希侨社将与全球华人社团紧密团结在一起，在祖国需要的时候，将倾其所能，为捍卫国家主权、领土完整，做坚持不懈的斗争。经与会者讨论，一致通过了《旅希侨界关于坚决维护南海主权的联合声明》。旅希侨界一致认为，中国政府所采取的维护南海主权的行动完全合理、合法。中方不接受、不参与菲律宾单方面提起的南海仲裁案有充分的法理依据，同时也遵循了《联合国海洋法公约》赋予的权利。中国政府坚持通过当事方谈判协商和平解决有关争端，既是中国政府一贯奉行的外交政策，亦是维护世界和平，解决南海争端的根本途径。就此，广大旅居希腊的华侨华人发出严正声明：1. 坚决支持中国政府对南海仲裁案不接受、不参与、不承认、不执行的立场。2. 坚决拥护和支持中国政府有关维护南海主权的一切政策、方针和行动。3. 坚决反对所谓的南海仲裁庭作出的有损于中国南海主权的非法裁决，视局势发展，必要时将组织广大旅希侨民举行维护南海合法权益的行动。4. 坚决与各种不利于维护中国南海主权的言论和行为做斗争，与中国政府保持高度一致。5. 通过各种媒体及信息平台，主动向海内外人士及国际友人宣传中国拥有南海主权的历史事实，结成广泛的统一战线。6. 旅希华侨华人呼吁全球华人社团紧密地团结在一起，用我们的血肉筑起新的长城。在祖国需要的时候，将倾其所能，为捍卫国家主权，领土完整，做坚持不懈的斗争，向世界发出我们的声音："中国 一点都不能少！"

中意商联第二届理事会新会长宋胜仲走马上任。中意商联第二届理事会换届庆典大会 12 月在米兰举行，400 多人应邀出席。第二届会长宋胜仲表示，一定会继续践行中意商联的价值观，不断努力推进各方面工作，为中意双边交流作出应有的贡献。中国驻米兰总领事馆王冬总领事、黄永跃副总领事、米兰市副市长 tajiani、意大利国家议员 fiano、意大利工商联合会秘书长 barbieri、米兰各大侨团侨领代表以及留学生和媒体代表 400 多人应邀出席了换届庆典大会。

西班牙社会对华人关注度日益提高。随着华人在西班牙多年的发展，华裔二代的成长和新华人的到来，当地社会对这一群体的关注程度日益提高。近期以来，在西班牙相关的社会调查和新闻报道中，旅西华人成为主要的研究和谈论对象之一。不仅如此，现在西班牙社会对华人群体的认识和调查也日益细化，涉及到旅西华人日常生活的方方面面，从人口迁徙，到发展模式；再从华二代崭露头角，到华人在西班牙安居与乐业，等等。从中不仅可以看出 20 多万华人在西班牙当地的影响力日益提高，其融入程度也是今非昔比。（一）各地华人不断增多。自从 2008 年经济危机发生以来，西班牙的移民数量一直在不断减少。在大批移民因经济萧条而不得不返乡的同时，华人的数量却在逆势增长，不断提高。据相关统计资料，现在不仅是马德里、巴塞罗那这样的中国人聚居的城市，华人的增加体现得较为明显，就是在其他偏远的中小市镇，华人的数量也在不断上升。根据移民观察和研究机构不久前公布的数据，马德里从 2010 年开始，当地的移民数量就出现了净减少，并一直呈递减趋势。到 2013 年，移民离开的趋势达到了顶峰。当年有接近 7 万移民离开了马德里。然而，就在移民离开西班牙的大潮中，华人的数量却意外地反其道而行之，连年增加。仅在过去的一年中，就增加了 3000 多人。现在，华人在马德里已经成为第三大移民群体，其数量甚至超过了曾经是西班牙最大的几个移民人群，如厄瓜多尔人、哥伦比亚人和秘鲁人等。让调查人员多少有些吃惊的是，旅西华人的人数不仅在马德里、巴塞罗那和瓦伦西亚等几个华人集中的地区出现了增加，就是在其他华人较少的中小城市，同样也是"水涨船高"。例如，在西班牙南部安达卢西亚大区的小城乌艾尔瓦（HUERVA），根据当地市政府经济与社会署的统计，在近十年内，当地华人的数量增加了 350%，达到了 850 人。这种增长速度，在整个西班牙都是数一数二的。同时，华人人数也已经超过了过去当地所接纳的移民"大户"哥伦比亚人和厄瓜多尔人。同样，在另一座南部小城卡斯迪翁（CASTELLON），当地华人的数量在近十年内增加了两倍多，达到了近 1500 人。更让当地西班牙人感叹的是，华人的大幅增加，恰恰是在最近几年的经济危机中出现的。通过亲戚关系，他们相继来到充满机会的当地，开起了自己的生意。对于华人近年来不断增加的状况，有研究移民问题的专家介绍说，主要是由于经济危机对华人群体的影响较小，他们所经营的商业在萧条的市场中，不仅得到维持，而且还变"危机"为"机遇"，实现了进一步的发展。在这种境况下，许多华人移民的家人通过家庭团聚的方式，陆续来到西班牙，并在立足之后，开始进一步扩张。此外，近些年来，由于西班牙"黄金居留"政策的实施，以及大量中国留学生的到来，也促进了旅西华人人口的不断增加。过去，旅西华人大多集中在马德里、巴塞罗那、瓦伦西亚等城市。不过，随着华人多年来的发展，他们所从事的相关行业在这些大城市中已经达到了饱和。于是，很多华人开始向西班牙其他中小城市移居求发展。如华人的食品店行业和发廊业等，如今已经扩张到很多地区。在北部城市拉科鲁尼亚，继当地三年前出现第一家华人发廊后，到今天，已经发展到三家了。在南部城市马拉加，华人发廊业从无到有，如今还在不断增多，已经让当地从业者感到了压力。（二）华人的生活目标：攒钱与创业。西班牙IE商学院在速汇金公司的配合下，进行了一项有关“移民创业与国际汇款业发展”的调查。在相关调查报告中，不仅分析了主要由移民所从事的西班牙汇款业的发展，而且还专门列出章节，对旅西华人的从业情况，以及国际汇款现状进行了阐述。据调查，西班牙的国际汇款业现在基本为外来移民所垄断，并且许多移民业主在经营汇款的同时，还从事着其他“主业”。如来自拉美的移民会在他们的电话亭中，附设汇款服务。同样，尼日利亚和巴基斯坦的移民也会在他们擅长经营的发廊和菜店内，提供汇款业务。这一行业的移民创业者中，人数最多的是巴基斯坦人，其次分别是摩洛哥人和哥伦比亚人。让调查者感到惊奇的是，西班牙移民创业的龙头老大中国人却几乎无人染指国际汇款业。不仅华人从业者少，而且通过这种汇款方式把钱汇到中国的中国人也不是很多。对于这一现象，负责调查的博士生导师胡里奥表示，华人在西班牙的发展非常好，他们来到西班牙后，最主要的任务就是要在两三年内进行创业。所以，中国人几乎不往中国国内汇钱。他们把在西班牙赚到的钱攒起来，然后再投资，以便能够求得更大的发展。这样，他们的家人今后也能来到西班牙，并加入到生意的经营中。由此，华人在西班牙的生活目标基本可以概括为“攒钱”与“创业”。虽然通过对西班牙汇款业的调查，得出了华人几乎不汇钱回国的结论，但调查人员同时也指出，根据世界银行所公布的最新资料，中国人竟出人意料地是西班牙向国外汇款的第三大移民群体。在2014年，他们汇出了10.65亿欧元，仅次于法国人和摩洛哥人。由此，西班牙IE商学院的调查人员认为，旅西华人应该有其他不经过汇款业的汇钱方法。其实，近来西班牙有关华人创业与发展模式的研究还有很多，得出的结论也基本是华人通过亲缘以及“面子”来借钱融资，然后通过魄力十足的投资和辛勤的劳动，来获得自己生活目标的实现。尽管如此，在有关移民的各种调查中，华人的发展模式也总是被不厌其烦地提起。（三）华二代成为新焦点。近些年来，随着华二代日益成长，已经成为西班牙社会有关方面关注和研究的新焦点。这在西班牙媒体上体现得尤为突出。西班牙主流媒体《国家报》曾两次利用图片和专访的方式，向社会公众介绍了华二代的成长和生活状况。通过对不同人物的采访，西班牙媒体发现，虽然华二代有着中国人的面孔，并且生活在华人家庭中，但由于接受的是西班牙教育和文化熏陶，所以，他们在思想观念和为人处世中，又很西班牙化。他们自己也觉得既不是纯粹的西班牙人，也不是完全的中国人。造成这种状况的原因，也有西班牙社会的接受度问题。虽然华二代中的许多人更倾向自己是西班牙人，但他们周围的同伴，以及生活中所接触到的西班牙人却不这样认为。因此，即使能说纯正的西班牙语，而且所有的行为方式都已西化，但他们所接触到的社会仍然在不停地提醒着：“你是一个外国人。”对于许多华二代来说，中西两种文化在自己身上的体现，似乎是说不清道不明。由此，对于中西两种文化，他们都没有足够的认同感。实际上，西班牙华二代的成长随着时间的流逝和华人群体的发展，也在发生着变化。那些早年来西、如今已经长大成人的华二代，在教育和融入方面，就没有新成长起来的孩子们那样顺利和富有成果。究其原因，主要是第一代华人的教育水平从总体上来看，普遍很低，这样就造成了他们对孩子学习的不重视。此外，第一代为了立足与发展，往往会把所有的精力和时间都投入到了谋生和生意中去，因此孩子的成长和教育被疏忽。在很多华人家庭中，子女稍微长大，就会被叫到店里去帮忙。由此，华人子女在西班牙学校的辍学现象曾经非常严重。这在融入方面也引起了较大的问题。不过，现在这种情况已经发生了极大改变。根据西班牙lacaixa银行基金会不久前针对移民子女所进行的一项社会调查，现在华人子女在“教育普及率”、“初中升学率”以及“大学入学率”这三项指标中，几乎都位于西班牙所有移民群体的最前列。据介绍，这项调查历时多年，专家们先挑取了5000名13到15岁、来自各国的移民子女进行一次受教育情况的统计，然后，在他们长到17到19岁时，再统计一次他们的教育状况，如此就可以看出他们受教育的演化结果。对于华人子女受教育状况的演变，负责调查的西班牙专家表示，随着旅西华人的发展，以及后来的新华人孩子的成长，中国人对子女教育已经越来越重视，在加大各方面投入的同时，华二代们也的确取得了不俗的成绩。

普拉托纺织服装业发展迅猛　催生华人快递业发展。普拉托作为欧洲时尚纺织品集散地和意大利华人经济最发达地区，每天有数千个集装箱疏散到欧洲各地，原材料、生产辅料也将源源不断运抵普拉托。当地运输和快递公司远远不能满足华商货物运输需求。为加快商品货物流动速度，近年来一些华人创业者开始瞄准货运市场，借以满足普拉托华商的货物运输需求。2016年3月30日，由华人创办的欧顺国际快递普拉托公司在普拉托正式开始营业，该公司首批覆盖运输区域包括米兰、罗马、佛罗伦萨、普拉托、帕多瓦、维罗纳、都灵、热那亚、博洛尼亚、那波里等数十个意大利城市。同时该公司还与欧洲多家快递公司签约，实现了全球快递服务，公司不仅承接大宗货物运输，而且还以O2O的方式直接上门取货，并将货物送到客户指定的地点。报道称，华人快递公司的涌现，不仅方便了意大利华人用户，很多意大利商家也开始纷纷转向华人快递公司。原因在于华人快递公司不仅服务热情、投递速度快、货物具有安全保障，而且价格只是国际大牌UPS和敦豪快递等国际递送服务费的一小部分。欧顺国际快递普拉托公司负责人表示，将秉承为用户供应优质服务，向广大客户提供多种服务项目，最大限度满足客户的要求。还将通过专业化的仓储、配送管理服务，并采用先进的WMS及BOS等信息体系，将运输管理、仓库管理以及订单管理进行一体化整合，其中包括卸货、质检、理货、拣货、包装、配送、跟单、信息推送等一条龙服务，用专业化团队为客户量体订制出个性化服务方案。

旅意华商忧脱欧连锁反应：严冬中的经济或雪上加霜。英国脱欧公投结果出台后，迅速引起了欧洲各国的关注。在意大利从事出口贸易的华商纷纷表示，英国脱欧后，欧元应声而跌，这将会使中国对欧盟出口的产品从成本上受到直接影响，压缩贸易公司的利润空间。从另一个角度看，欧元的下跌变相加强了欧元区产品在国际市场上的竞争力，因为欧元的下跌，产品也就更便宜了。在谈及导致英国最终脱欧的原因时，华商们表示，原因有很多，其中一项就是欧盟发展得太快了。成员多，门槛低，最终导致内部意见无法统一，管理混乱。比如“一个亲密的小圈子如果想要维持长久的话，第一，圈子一定要小；第二,一定要门当户对。”罗马华商则表示，英国脱离欧盟严重打击了本来就不乐观的欧洲经济市场。欧元在短短3小时内就已经下跌了三个百分点，欧元兑人民币的牌价未来或许还将更低，这为本来就在“严冬”中艰苦奋斗的旅欧华商带来了新的难题。他们认为，英国这次脱欧是不理智的，很有可能会引起连锁反应，其他欧盟国家也可能会有类似行动。如果真是那样的话，欧盟将面临解散的危险。意大利华商期望英国脱欧能给欧盟以警醒，从各个方面加强各国的沟通与合作，让态势尽快稳定下来，渡过难关。

首届米兰中华美食文化节开幕　谈中国美食在欧发展创新。7月18日下午3时许，“首届米兰中华美食文化节”在米兰新希尔美食城宴会大厅开幕。专程从中国赶赴米兰参加首届米兰中华美食文化节的“中国美食走进联合国”厨师团的名厨们纷纷亮出了自己的拿手绝活。在首届米兰中华美食文化节上，“中国美食走进联合国”厨师团的名厨们精心烹制的美味佳肴仿佛是一件件精美的艺术品，令人叹为观止，不仅为中华美食文化节增添光彩，也让现场的中意宾客大饱眼福，惊叹中华美食的博大精深，连连惊呼大师们的高超绝技。在随后举行的首届米兰中华美食文化节新闻发布会上，米兰华侨华人工商会秘书长周建煌、高炳义大师，意大利名厨Eros Picco，意大利第一位华人侍酒师叶刘洁先后就中华美食今后在欧洲的发展创新，中华美食的源远流长以及意大利餐与中餐的相互借鉴，意大利红酒文化与中餐的巧妙互融发表了各自的建言，并现场回答了意大利朋友提出的问题。首届米兰中华美食文化节由中国烹饪协会、米兰华侨华人工商会、米兰文成同乡会、旅意北部瑞安同乡会、米兰温州华侨华人商会、米兰华侨华人浙江联谊会、米兰华侨华人企业家联谊会、意大利北部华侨华人经贸联合会、中意商贸交流促进会、中意商联、都灵华人工商联合会、威尼托华侨华人工商联合会、摩得那华商会、维罗纳华侨华人总商会主办，米兰手工业协会（CNA Milano）协办，意大利米兰聚宾餐饮集团承办，得到了中国驻米兰领事馆的大力支持。

投资移民热度持续，向“移民不移居”转型。据报道，“目前，投资移民仍处于热潮，而中国人移民海外逐渐向‘移民不移居’方式转型。”2016北京春季房地产展示交易会暨海外投资移民展于4月在北京举行，有140余家海外房地产公司、移民公司参展，展会特别设置了投资移民展区。随着中国社会与经济发展，移民热度不减，社会高收入阶层移民需求扩大。近年来，随着经济发展放缓，欧洲部分国家推出了相应移民优惠政策与措施。出于家庭资产配置和生活质量等方面考虑，欧美澳移民仍有很高关注度。就目前数据来看，中国人移民首要意图仍为子女教育、留学相关考虑，且倾向“移民不移居”方式。据有关人士介绍，“中国经济发展迅猛，由于国内发展机会多、获利较快、生活习惯等因素，许多移民主申请人选择长期居住在国内，将度假及子女教育安排在海外进行。”目前，葡萄牙、西班牙、塞浦路斯和希腊等国对中国移民申请人每年在其境内居住时间要求较短，颇受移民客户关注。许多中国人考虑到获得移民身份后的便利，但更愿意居住在中国国内。近年来，葡萄牙移民备受中国人瞩目，其原因就是葡萄牙移民的灵活性。中国人移民葡萄牙可获“三代移民”，即主申请人及其父母和子女同时获得移民身份，而且申请人移民后在葡萄牙所需居住时间非常短。此外，在申请人无须长期居住在葡萄牙的条件下，一家三代人可享受免费医疗，子女免费教育。英国企业家移民政策逐渐放宽，吸引了许多中国移民客户。而且申请人每年仅需在英国居住半年。英国的新移民主体主要考虑子女未来发展，虽然主申请人或许仍选择在中国国内居住。这些移民类别中一大部分处于精英阶层，他们的子女处于小学教育阶段。部分想移民的人士则关注美国EB5投资移民项目，认为的移民目的主要是子女教育。考虑到融入当地社会等问题，以及生活习惯和语言文化等方面的因素，这些移民并不打算长期在国外生活，因此首先考虑教育水平较高的、政策优惠的欧美国家。他们更倾向“移民不移居”的移民方式。各国移民政策和条件相比较而言，对希望移民的人士来说，葡萄牙、西班牙、塞浦路斯和希腊等国的移民项目“门槛低”，灵活度高，成为优先考虑申请的移民项目。

以购房换签证，西班牙为卖房研究中国投资者喜好。中国居民的海外房地产投资早已成为众所周知的“移民”或“旅居”途径，在海外购买房地产已经成为一部分中国人开始海外生活的桥梁，借由在各国购买住宅而最终获得该国的居住权。而在近几年开始慢慢升温的“西班牙”房地产业却使得不少中国投资者从中受益。从2013年起，在西班牙维戈就已经有185名非西班牙国籍居民通过进行房地产投资，而使自己和其家人获得了在西班牙境内居住生活的许可，并能够随意在所有申根国出入，而这些“外来居民”在西班牙境内的房产投资从50万欧元往上，金额不等。值得注意的是，从数据上看，基本每10个由购买高级住宅而获得的居住签证中，有6个是来自于俄罗斯居民和中国居民，而这两国的住宅投资者在维戈获得居住许可的185名外国公民中，分别占了71席和63席，如此看来，俄罗斯和中国已经成为该地区的“移民大国”。除了维戈之外，西班牙境内还有许多其他“投资热门地点”，仅就2013年9月到2016年7月31日之间的时段而言，50万欧元以上类型的房地产投资，就共达1亿1324万欧元，其中7560万欧元的投资金额都在阿里坎特省境内，而3470万欧元的资金则流向瓦伦西亚，进入加斯迪翁的投资金额为280万欧元。在所有房地产投资中，俄罗斯和中国共占总金额的75%，其中来自俄罗斯的房地产投资达到5017万欧元，而中国则以3449万欧元位列房地产投资第二位，似乎已经没有人能够阻止中国人在欧洲、具体到西班牙境内的购房热情。但在以居民为单位的单个投资金额上，中国居民则没有世人想的那样“土豪”、“任性”，在房地产投资带来的“黄金签证”这一政策中，俄罗斯的“土豪”手笔最大，曾有一名俄罗斯投资者以 257 万欧元在阿利坎特省内购置房产，紧随其后的是另一名“沙俄巨富”，购房资金达到 207 万欧元，而位列第三位的还是一名将 150 万欧元投入房产购置的俄罗斯居民，但中国同样有少数土豪愿意在阿里坎特境内花销巨额去购买一处房产，据悉，某中国市民曾在该地界内以 125 万欧元进行房产投资。显然，中国投资者已经渐渐成为西班牙房产的重要客户，而西班牙方面也对中国投资者十分重视，有机构甚至对中国投资者的购房喜好做出分析，经过统计，中国投资者在购房时，更加喜爱在城市或居民区中的新建高品质房屋，并对房屋周围的生活服务系统要求较高，除此之外，中国居民似乎“更需要陪伴”，并且，与驾车出行相比，更乐于步行。

俄罗斯侨情

20世纪末，伴随着中俄改革大潮，大批中国人涌向了俄罗斯，形成了一个不小的华侨华人群体，他们为中俄两国的文化交流、贸易往来和经济发展作出了贡献。在俄罗斯，中国人从事的职业相对集中在贸易、建筑、农业和餐饮等行业。少量华商在俄开办小型工厂或公司，但有实力的不多。目前，个体商贩占了在俄中国人的大部分。在俄华企无论是经营规模、经济实力、驾驭市场的能力还是国际贸易水平、经验和人员素质都有了较大提升。除个体商贩及劳务人员外，近年来到俄罗斯求学的中国留学生数量也在增加，在远东地区的留学生有上千人，全俄国范围内的数量更多一些。

莫斯科中国文化中心举行成立四周年纪念活动。2016年12月8日，莫斯科中国文化中心举行成立四周年纪念活动。许多重要人士及高层领导前往祝贺，包括中国驻俄大使李辉，中俄和平友谊及发展委员会主席鲍里斯·寄托夫，俄罗斯文化部前部长米哈伊尔·施维德科伊，远东研究所所长谢尔盖·卢佳宁，以及其他经常到访文化中心的人士。中国文化中心成立四年间已举办了超过500次生动丰富的文化活动，其中包括艺术展览、时尚类展览、公开课和节日音乐会。该中心成员同样积极参与了中国共产党六大博物馆的创办和成立工作。这些活动为中国文化在莫斯科的推广和中俄关系的发展作出了贡献。在庆祝仪式上同时进行了第二届“品读中国”文学翻译奖颁奖仪式，此活动每年举办一次。柳德米拉·波梅兰采娃翻译的哲学作品《淮南子》获得最佳中国古典文学译作奖，伊戈里·叶戈罗夫翻译的莫言著作《生死疲劳》与尤利娅·德列依济斯翻译的余华小说《兄弟》获得最佳现当代中国文学译作奖，弗拉基米尔·奥布拉缅科翻译的《诗经》获得最佳诗歌翻译奖。

莫斯科举行孙中山诞辰150周年纪念活动。2016年10月30日，俄罗斯侨界纪念孙中山先生诞辰150周年座谈会在莫斯科举行。中国驻俄罗斯大使李辉出席并讲话，旅俄华侨华人、中资机构、留学生和新闻媒体代表近百人参加。与会者纷纷表达对孙中山先生的追思，一致表示将继承先生遗志，为祖国繁荣昌盛和中俄世代友好贡献力量。会后，李辉大使和与会人员共同参观了由中国侨联提供的《孙中山先生与华侨》图片展。本次座谈会由中国驻俄罗斯大使馆与俄罗斯中国和平统一促进会暨俄罗斯华侨华人联合总会共同主办，得到了在俄各大华人社团、中资机构及留学生的积极响应和参与。12月5日晚，纪念中华民国首位总统孙中山诞辰150周年的活动在莫斯科俄中友好协会举行。孙中山先生为了捍卫中国人民有好生活的权利，呼吁从其他国家汲取先进的东西，与此同时要保留民族传统，支持与在1917年十月革命后执政俄罗斯的布尔什维克党人合作。生活已经见证了在中国被称为“国父”的孙中山的智慧和远见。苏联强有力的支持帮助中国的爱国力量击败了日本军国主义者。在俄罗斯，仍和原苏联时一样，珍藏着对孙中山先生的纪念。他的著作已被用俄语出版，还拍了与他生平及政治活动有关的电影。在乌法、鄂木斯克、弗拉基米尔、阿尔汉格尔斯克、阿斯特拉罕等俄罗斯大城市都有以他名字—“孙逸仙”命名的街道。

首届中俄冬季青少年运动会开幕。2016年12月7日，首届中俄冬季青少年运动会在哈尔滨开幕，运动会将持续到11日，期间将进行花样滑冰、速度滑冰、冰球、短道速滑、高山滑雪五个项目的比赛，双方各有117名运动员参赛，大多为2000年前后出生的青少年运动员。据悉，赛会期间中俄两国将举行冬季项目训练观摩和座谈会，相互交流冬季项目的训练模式、后备人才培养等内容。这次赛会不仅是运动员之间的比赛，更是文化间的彼此了解。此前俄罗斯也已邀请了中国工作人员来到索契进行交流。本次赛会是《中俄总理第二十一次定期会晤联合公报》中的重要内容，作为毗邻俄罗斯的省份，黑龙江省一直与俄罗斯有着十分频繁的民间交往，并举办过“中俄橡皮艇拉力赛”、中俄区域间体育交流合作会议等数十项体育活动。

俄罗斯刮起“汉语风”，中文人才成社会“香饽饽”。伴随着“一带一路”倡议提出后中俄之间更为紧密的经贸和人文往来，汉语在俄罗斯正变得越来越受欢迎，而与汉语相关专业的大学毕业生早已成为整个社会的“香饽饽”。中文人才在俄罗斯受到包括企业、高校和政府机关在内很多单位的青睐。“我们学校中国相关专业的毕业生特别好就业，毫不夸张地说学了这些专业就等于有了‘铁饭碗’”，俄罗斯圣彼得堡国立大学东方系副主任罗季奥诺夫操着一口流利的中文说到。对于相关专业的本科毕业生，他们多半会被在俄的中资公司或者俄罗斯企业在中国的办事处雇佣。“而硕士人才的就业面更为广阔。他们可以选择进入诸如俄罗斯外交部的政府部门，抑或选择继续深造读博当教师和做研究”，罗季奥诺夫表示。俄罗斯人蒋孝文，2013 年俄罗斯地区的汉语桥总决赛冠军，来自圣彼得堡国立大学，现已成为俄罗斯驻华大使助理。圣彼得堡国立大学的汉学是俄罗斯建立最早的汉学学派。作为曾经的俄罗斯皇家大学，它早在 100 年前就成为了俄罗斯汉学研究的发祥地。如今这所学校继承和发扬了这一传统，继续在相关研究教育方面走在全国前列。

俄罗斯阿大孔子学院 2016 年“中俄文化节”落幕。2016 年 12 月 2 日，由俄罗斯阿穆尔国立人文师范大学孔子学院与阿穆尔共青城市图书馆联合举办的为期两个月的“中俄文化节”举行闭幕式，活动吸引了 800 余名市民参加。闭幕式上，孔院师生献上了精彩纷呈的中国传统文化节目。茶艺表演让俄罗斯观众耳目一新，秧歌舞和《卷珠帘》等中国传统舞蹈让观众感受到了中国文化的独特魅力。阿穆尔共青城市文艺团体和各中小学师生表演的《瓦连卡》等俄罗斯民间经典曲目，与中国歌舞交相辉映。此次“中俄文化节”活动推广了中国文化，促进了中俄文化的交流，增进了中俄两国人民的友谊，同时也扩大了孔子学院在当地的影响力，有助于汉语教学的发展。

中俄大学生用摄影打开异国文化之门。2016 年 11 月 24 日，“中国学生眼中的俄罗斯 · 俄罗斯学生眼中的中国”摄影比赛颁奖仪式，在俄罗斯圣彼得堡国立大学举行。此次比赛由圣彼得堡国立大学孔子学院与俄罗斯重点高校联合会共同主办，面向全俄重点高校联合会成员及所有重点高校在读的中俄两国学生。比赛自 2016 年 8 月筹备以来，共收到 200 余件参赛作品。经中俄相关专家、大学代表、媒体代表组成的评委会成员筛选评定，以及网上大众评选，最终有 30 件最佳摄影作品获奖。值得一提的是，圣彼得堡国立大学东方系中国历史专业学生伊丽莎白 · 马琳蔡娃与其同班同学玛丽亚 · 巴娜娅，分别以《上海威尼斯》和《少林书香》双双获奖。她们说，在一起赴华留学和旅行的几年里，用相机捕捉身边的精彩瞬间，是她们感受和理解中国文化的一种特殊方式。

中国赴俄游客数量居首，俄媒探讨访客群体构成。据预测，2016 年中国访俄游客量接近 150 万人。2016 年前 9 个月，通过免签进入俄罗斯的中国游客量同比增加了 41%。此外，有新消息传出，俄罗斯政府目前正在研究将在俄中国游客的逗留时间从 15 天增加到 21 天，组团人数也从最少 5 人减少到 3 人。根据研究，来俄的主要游客是妇女，占 58%。其中 2/3 年龄在 50—70 岁之间。对他们来说，俄罗斯让他们想起的是苏联时期和自己的青春年华。也正因如此。游客访问量最多的城市是莫斯科和圣彼得堡，第三位是海参崴，第四位是布拉戈维申斯克。在海参崴，中国人关注更多的是一年前才设立的俄罗斯最大的赌场。而中国游客选择名胜古迹并不太多的布拉戈维申斯克市作为旅目的地，更多原因是地理上与中国相邻，可以节约交通费用。通常，来自北京的游客中，有一半多肯定要访问莫斯科或圣彼得堡、甚至两个城市同时兼顾。1/4 的上海人及来自广州、乌鲁木齐、成都和西安的游客也会这样做。而黑龙江和吉林这些边境省份，则是东西伯利亚和远东地区的主要客源地。7、8月是中国游客来俄旺季。另一个旺季是10月“金秋”。此时每周游价为14730元人民币。有意思的是，中国春节期间来俄旅行的价格仅为9500元。如此差距的原因是，中国人认为，11月到3月，俄罗斯的冬季太冷了。传统上，中国人对俄罗斯的文化，尤其是文学、芭蕾舞、建筑设计和油画感兴趣。此外，中国游客非常乐意在俄罗斯“扫货”。原因在于，两年前卢布贬值，让外国游客感觉这里的物价很便宜。在俄罗斯的商店中，中国人要花掉行程预算中的60%，这比来自任何其他国家游客的支出量都要多。

中国投资者在远东落实5项目价值1260亿卢布。2016年10月20日，俄罗斯远东发展部表示，中国投资者在远东落实5个项目，投资额超过1260亿卢布（约合20亿美元），还有12个价值1520亿卢布（约合24亿美元）的项目正在审议中。俄罗斯远东发展部长亚历山大·加卢施卡会见黑龙江省商业界代表时讨论了俄远东各地区和中国东北三省经济关系发展问题。“普里阿穆尔斯卡亚”超前发展区的水泥厂已经开始运作，炼油厂建设已开始。中国参与投资在“哈巴罗夫斯克”超前发展区落实道路施工设备组装车间的建设项目。4家拥有中国资本的公司获得符拉迪沃斯托克自由港常驻公司地位，它们落实的项目总投资额超过10亿卢布（约合1597万美元），目前正在审议另外7个总投资额超过38亿卢布（约合6072万美元）的申请。目前俄中农工产业发展基金正在审议10个大型项目，投资额超过800亿卢布（约合13亿美元）。

俄罗斯中国和平统一促进会换届大会在莫斯科举行。2016年10月10日，俄罗斯中国和平统一促进会暨俄罗斯华侨华人联合总会在莫斯科奥斯坦金诺电视塔音乐大厅举行换届大会。中国驻俄大使馆外交官、俄统促会常务理事、友好社团及中资机构代表等共约400人出席。换届大会由俄统促会暨俄华联总会秘书长吴昊主持。大会经过表决，通过虞安林连任会长。换届大会上还宣读了全国政协、中国和平统一促进会、中华海外联谊会、国务院侨办、中国侨联、中国致公党中央委员会等有关部门与其他中央和地方涉侨部门及兄弟社团的贺函，并为到会的50多位常务副会长和副会长颁发了证书。大会结束后还举行了“亲情中华”文艺演出。俄国家杜马、外交部代表、俄各界友好人士、俄统促会常务理事、中资机构、留学生及中俄媒体代表近1000人观看了演出。

俄中友协庆祝中华人民共和国成立67周年座谈会在莫斯科召开。2016年10月26日，俄中友协举行庆祝中华人民共和国成立67周年座谈会，中国驻俄大使李辉出席并致辞。座谈会由俄中友协主席梅津采夫主持，俄中友协名誉主席齐赫文斯基院士、第一副主席库里科娃、俄外交部一亚局副局长什马涅夫斯基，俄科学院远东研究所、中国驻俄使馆外交官代表，中俄两国学者、媒体、友好人士及学生代表约120人出席。李辉大使在致辞中首先介绍了中国一年来的政治、经济、外交形势，指出中国顺应时代潮流，贡献中国智慧，提出中国方案，积极参与全球治理体系建设，推动世界经济实现强劲、可持续、平衡、包容增长。座谈会场面热烈、气氛融洽，李辉大使与两国友好人士就中俄关系、务实合作等领域进行了深入互动和交流。

俄罗斯举行“中国文化节”。第十九届俄罗斯中国文化节大型音乐会7月4日在俄罗斯军队中央模范剧院举行。俄罗斯副总理奥尔加·戈洛杰茨和中国国务院副总理刘延东出席并致辞。戈洛杰茨指出：“两国文化合作有助于相互理解和相互尊重，有助于两国人民相亲相爱。”她还表示：“4200公里的边界将俄罗斯与中国相连。两国领导人教导我们要睦邻友好、相互理解。”中国国务院副总理刘延东指出，两国在教育、文化、卫生、体育、旅游、媒体、档案等领域的合作为增进两国人民友谊作出了贡献。音乐会上中国代表共表演了14个节目，包括杂技、武术、京剧表演等。2016年的中国文化节在俄罗斯10个城市举行。

俄罗斯华人华侨召开座谈会，支持中国在南海问题立场。2016年7月14日，俄罗斯中国和平统一促进会组织召开了旅俄侨界关于南海仲裁案座谈会，声援中国政府在南海问题上的立场。俄罗斯主要华人社团负责人、法律界人士、中国留学生近40人出席了当天的座谈会。与会者一致认为中国对南海诸岛及其附近海域拥有无可争议的主权，坚决拥护和支持中国政府“不接受、不参与、不承认、不执行”的立场，捍卫中国领土主权和海洋权益，也希望国际社会能够正视中国政府和人民的合理诉求，尊重历史事实，遵循《联合国宪章》确认的国际法和国际关系基本准则，促进通过和平协商的方式解决争议，维护南海和平稳定。座谈会最后，旅俄侨界通过了“捍卫南海主权维护国家尊严”的联合声明。

近六成俄罗斯网购者选择中国网店。据“Yandex 市场”和捷孚凯联合开展的调查结果显示，2016 年选择在中国网店购物的俄罗斯消费者比例增加到 57%。根据这份 2016 年 9 月对俄网购者开展的调查，2016 年中国网店在俄罗斯消费者中的受欢迎程度比去年增加 6%。而 2013 年只有 25% 的俄罗斯人偏向于在中国网店购物。分析人员指出，俄罗斯各地对在中国网店购物的兴趣都有增长，但在人口 10 万到 50 万的城市此现象尤为明显。分析称:“看来那里的商品选择较少，无论如何都需要邮购，在中国还是在俄罗斯购买就没有区别了。”与以往几年一样，俄罗斯消费者今年在中国网店购买最多的还是服装鞋类、儿童商品、化妆品、家居用品和园艺用品。总体上俄罗斯的网购人群数量还在继续增加，2016 年 16 岁—55 岁年龄段的俄罗斯人有 25% 进行过网购，2015 年该数字还是 20%，而 2014 年时只有 17%。

俄罗斯大学中国留学生数量日益增多。近期越来越多的中国留学生考入俄罗斯大学，他们被不高的学费和比中国入学竞争力低所吸引。据俄教育部信息，近期越来越多的外国留学生考入俄罗斯大学。2 年内外国留学生人数从 22 万名增至 27 万名，占全部大学生总数的 5%。对俄罗斯高等学府兴趣最大的是中国留学生，2014—2015 年在俄大学的中国留学生数量从 16385 名增至 18269 名，多于从印度和其他独联体以外国家来俄留学的人数。首先吸引中国留学生的是俄罗斯的教育费用。目前俄罗斯的学费比中国低，且比欧美国家大学的学费平均水平低出更多。还有一个原因是不大的入学竞争力。俄罗斯大学提高了外国留学生的份额以弥补 1990—2000 年形成人口问题导致的国内学生招收不足。中国留学生一般考入技术专业及人文专业。例如，圣彼得堡国立理工大学最热门的专业是建筑、机械制造、纳米电子学和 IT 专业。在俄罗斯人民友谊大学，中国留学生一般选择语文系、语言系和经济系。新西伯利亚国立大学、阿尔泰和伊尔库斯克大学的精密科学系最受欢迎。中国留学生的学费同俄罗斯学生一样。在圣彼得堡的大学，本科学费每年 2600—4000 美金，硕士学费为 2800—3800 美金。在莫斯科的大学，学费贵一些，人文系每年学费为 3200—5000 美金，工程技术系是 2000—3100 美金。物理系和数学系的大学学费每年是 2500—7800 美金，农业工艺 为 1750—3000 美金。早前莫斯科国立大学亚非学院副院长安德列 · 卡尔涅耶夫表示，2020 年以前俄罗斯大学的中国留学生数量可能达到 10 万名。

大洋洲侨情

华侨华人在大洋洲的主要居住地和移民目的地为澳大利亚和新西兰两国，其他国家虽有华侨华人散居，但规模和人数较小。在全球化及国际移民潮的影响下，越来越多的中国公民出国经商、旅游及留学，移居澳大利亚、新西兰等国的华人数量稳步上升。2016 年，澳新两国政要多次出席活动，对华侨华人为当地社会发展所作贡献予以肯定。澳大利亚、新西兰两国华裔候选人积极参加各级选举，标志着华人维权意识和政治参与意识的提升。华人社团日益发展壮大，不少新的华侨华人社团成立，社团活动日益活跃，获得各界肯定支持。中文教育在大洋洲取得一定发展，孔子学院和孔子课堂活动和影响力日增。总体来看，澳大利亚、新西兰等大洋洲华侨华人正积极融入主流社会，政治、经济和社会地位提升，生存发展环境改善。同时，2016 年也发生了有政客攻击亚裔、部分侨胞和留学生生命财产遭受损失等事件，如何更好地维护侨胞权益应引起重视。

新西兰移民人数创新高，亚裔净移民人数过半数。新西兰统计局数据显示，新西兰净移民人数不断突破历史新高。截至 2016 年 7 月的过去一年内，长期永久净移民有 70400 人，亚洲人占比超过一半，其中中国移民 10280 人，较上半年增长了 17%。新西兰亚洲基金会公布的《新西兰人亚裔感知力报告 2015》显示，虽然亚裔族群对新西兰的经济、文化等都作出了突出贡献，但新西兰在了解亚洲、了解亚裔的问题上仍然有很长的路要走。调查发现，从个人层面来看新西兰人感觉与亚裔群体的联系日益紧密。另外，63% 的受访对象表示对亚洲及亚裔族群知之甚少。

中国成为澳大利亚重要游客来源国，游客数量持续增加。澳大利亚中国工商业委员会 5 月发布的报告显示，2015 年赴澳中国游客突破 100 万人次，中国游客在澳直接消费超过 77 亿澳元，对澳经济贡献巨大，中国已成为澳大利亚最重要的海外游客来源国。报告认为，中国游客赴澳旅游，以及包括教育和投资等在内的再次消费，都将为澳大利亚经济增长带来好处。澳大利亚旅游研究所 7 月发布的报告显示，中国游客占澳大利亚国际游客的比例将逐年增加，中国将在 2017—2018 财年超越新西兰成为澳大利亚最大国际游客来源地。预计将从 2014—2015 财年的 13% 增加到 2024—2025 财年的 26%，中国游客消费在 2024—2025 财年将占澳大利亚全部国际游客消费的 60%。11 月 23 日，澳大利亚总理特恩布尔表示，中国游客对澳大利亚旅游业至关重要，不仅带动了澳大利亚旅游业的发展，还推动了双边贸易和投资。

中国已成为新西兰增长最快的海外游客来源国。2016 年，新西兰游客数量上涨 17%，绝大部分游客来自澳大利亚、中国或美国。抵达新西兰的中国游客数同比增加 8.79 万人次，达 40.32 万人次。5 月 15 日，新西兰总理 John Key 参加国家党南岛会议时表示，尽管澳大利亚是新西兰最大的旅游市场，但中国却是增长最快的，一位中国游客对新西兰旅游业的贡献至少能抵三名澳大利亚人，中国人在新西兰的总花费将产生约 10 亿的 GST 收入。

中国留学生数量日益增长，受到澳大利亚官方欢迎。澳大利亚教育国际发展署 2 月公布的数据显示，在澳就读中学的中国学生自 2010 年以来首次破万，达到 10308 人。据《澳洲金融评论报》报道，2016 年有将近 5 万名中国留学生进入澳大利亚各大学及中学学习，达到一个新的纪录。截止到 2016 年 8 月，在澳教育机构注册的中国留学生达到 17.6 万人。澳大利亚联邦政府官方数据显示，2016 年第一季度有 46400

名中国学生在该国入学，这一人数比去年高出23%。2016年在澳大利亚入学的国际留学生人数整体增长率为13%，中国留学生所占比例最大。10月，维多利亚州发布了新的帮助计划，旨在帮助国际学生更好地享受维多利亚州所独有的文化与职业优势。这一计划将向学生提供参加大型维州活动的机会，以此来帮助他们提高自己的工作能力与当地的社交关系。

澳新两国政要参加中国春节活动，肯定华人贡献。1月29日，澳大利亚总理麦尔肯·特恩布尔和联邦议员瑞格·朗迪与500多名华人华侨在悉尼共进晚宴，庆祝中国猴年春节。特恩布尔在致辞中强调了澳中双边关系的重要性，并肯定华人华侨为澳洲的多元文化作出了巨大贡献。同日，澳大利亚首都地区前首席部长、联邦参议员Katy Gallagher、首都地区文化部长Yvette Berry等出席堪培拉华人社区举办的春节团拜会。2月5日，澳大利亚新南威尔士州州长迈克·贝尔德在悉尼唐人街参加由和统会组织的新年联谊会，并向近300名华人侨领致以新春问候。2月7日，由澳洲中国和平统一促进会主办的澳大利亚猴年新春庆典在悉尼歌剧院西侧举行，新南威尔士州州长迈克·贝尔德参加盛典并致辞。2月12日，由澳洲中华经贸文化交流促进会主办、澳大利亚南海文化传媒有限公司承办的第二届中国新年灯会在悉尼举行开幕仪式。澳大利亚总理特恩布尔、反对党领袖肖顿出席开幕式。新春之际，新西兰总理约翰·基特别录制贺年视频向华侨华人送出春节祝福。1月18日，新西兰民族事务部长佩塞塔·萨姆·洛图伊加发表声明，表示热切期待与当地民众共同庆祝中国农历猴年春节。2月10日傍晚，新西兰总理约翰·基来参加了新西兰国会一年一度专门为中国春节举办的庆祝活动，用中文向当地华人恭贺新年。

澳大利亚、新西兰华侨华人与社团抗议南海非法仲裁，呼吁和平解决争端。6月30日，澳大利亚维护和平与正义行动委员会在悉尼举办以南海问题为议题的媒体见面会，表示坚决维护中华民族在南海的主权权益、维护和平发展的良好局面。7月23日，墨尔本169个华人社团、约3000名华人华侨汇集墨尔本市区，游行抗议临时仲裁庭的非法裁决。这是澳大利亚华人华侨近年来参与人数最多、声势最为浩大的一次游行。澳洲中国和平统一促进会、澳大利亚悉尼中国和平统一促进会、澳大利亚西澳州中国和平统一促进会、澳大利亚首都地区中国和平统一促进会、新西兰中国和平统一促进会等以多种形式声明支持中国政府为维护国家主权和领土完整所采取的原则立场，呼吁相关国家通过对话解决南海问题。

举办系列活动纪念孙中山先生诞辰150周年。10月，由澳洲中国和平统一促进会主办的新州华侨华人纪念孙中山诞辰150周年大会在悉尼举行。中国驻悉尼总领事馆、新州各大华人社团代表、各行各业精英逾500人及来自中澳两国的专家学者一起出席了大会。11月6日，由澳大利亚首都地区中国和平统一促进会主办、堪培拉华人华侨社团联合协办的纪念孙中山先生诞辰150周年座谈会在堪培拉举行。同月，由澳大利亚维多利亚州华人社团联合会和世界孙氏宗亲会联合主办的纪念孙中山诞辰150周年纪念活动在墨尔本市政厅礼堂举行，来自墨尔本的50多个社团组织的重要嘉宾参加此次活动。11月11日，新西兰华侨华人在奥克兰以一台综艺晚会纪念孙中山诞辰150周年，表达对这位中国民主革命先行者的敬意。晚会由中国侨联、安徽省侨联主办，新西兰中国和平统一促进总会与新西兰中国团体联合会作为本地主办方共同组织了活动。此外，首都惠灵顿等其他城市也以座谈会、展览等多种形式缅怀纪念孙中山先生。

澳大利亚华裔议员候选人辱华引争议，数十家华人社团发声明谴责。澳大利亚极右翼党派"一族党"昆士兰州华裔议员候选人林珊如频出出格言论引发巨大争议，她不仅对"一族党"党首汉森排斥亚裔的言论"表示理解"，还渲染"中国政府在澳影响力太大""亚洲人有好坏之分"。12月22日，澳大利亚数十家华人团体发表联合声明予以谴责，指其言论不仅是对自身族裔背景的背叛，是对政治人物应有操守的背叛，也是对澳大利亚民主制度的无知、藐视与玷污。声明呼吁华裔、亚裔、各少数族裔及全体澳大利亚同胞团结起来，谴责一切制造分裂、煽动仇恨的言论。

大洋洲中国和平统一促进联盟在悉尼成立。12月6日，大洋洲中国和平统一促进联盟在悉尼宣告成立并召开了第一届第一次理事大会。第一届统促联盟理事会由澳大利亚、新西兰、斐济、巴布亚新几内亚、瓦努阿图、汤加、所罗门9个国家及法属波利尼西亚，新喀里多尼亚地区代表组成。联盟第一届理事大会在代表们热烈讨论后全票通过了联盟的章程，一致选举黄向墨为联盟第一届主席，副主席为黄玮璋（新西兰）、袁炳堂（斐济）、田飞（澳大利亚）、俞珠华（汤加）、薛辉雄（巴新）、郑玉鹏（瓦努阿图）、萧桂芳（大溪地）、刘继有（新喀里多尼亚）。田飞同时还兼任联盟秘书长。

华人社团日益发展，新华人社团在澳新成立。7月，澳大利亚云南总商会成立仪式在悉尼举行，中国驻悉尼总领事馆商务参赞王洪波、国会上议员王国忠、议员Mark Coure、悉尼市副市长郭耀文及云南企业代表共同出席仪式。11月，澳洲河南商会揭牌仪式在悉尼举行。中国驻悉尼领事馆副总领事童学军、侨务领事孙彦涛、新南威尔士州上议院议员王国忠、新南威尔士州工党副党首迈克、新南威尔士州多元文化影子厅长索菲等到会。5月1日，墨尔本杭州同乡会成立大会举行，150余位活跃在墨尔本各界的浙江杭州同乡及在墨尔本的侨界人士出席。9月6日，由澳大利亚深圳籍企业家与社团联合成立的澳大利亚深圳社团总会在悉尼市中心的新州议会大厦举行揭牌仪式。澳大利亚著名侨领、深圳籍企业家黄向墨教授出任首任会长。中国驻悉尼总领事顾小杰、澳大利亚联邦议员、工业创新与科技部副部长朗迪、新南威尔士州政府代表马克库里、新南威尔士州反对党主席陆富利等出席活动。11月，澳大利亚镇江联谊会在澳大利亚正式成立。该联谊会作为旅居澳大利亚全体镇江老乡以及和镇江有渊源的华人自发成立的民间团体，隶属于澳大利亚江苏总会。6月，新西兰楚商联合会在奥克兰正式揭牌成立。新西兰前国会议员、行动党副党魁王小选、中国驻新西兰大使馆商务参赞张帆分别致辞。12月4日，新西兰南通同乡会成立仪式在奥克兰举行，新西兰原国会议员霍建强及来自华社多位侨团代表和部分南通籍侨胞等60多位嘉宾出席活动。

华裔参政意识提升，积极投身各级选举。7月，澳大利亚联邦大选举行，华裔以空前热情投身其中。具有代表性的华裔候选人包括：新南威尔士州的工党联邦参议院候选人韩以文、周硕，自由党联邦众议院候选人华钰靓，维多利亚州的工党联邦参议院候选人杨千慧与西澳洲的帕尔默党联邦参议院候选人王振亚。澳大利亚华人从政多集中在当地各市议会，特别是聚居的大都市周边地区，部分州议会层面也有华人身影。11月2日，新当选的Whau地区议员在新西兰奥克兰西区的New Lynn社区中心宣誓就职。2016年的奥克兰地区议会选举只有四个华裔候选人参选，朱旭东被一致投票通过当选地区议会副主席。华人参政程度的提升，不仅仅有利于维护华社的切身利益，更大的影响还在于推动主流社会多元文化的发展。

澳大利亚、新西兰华人获多项教育、设计类奖项。2月9日，新西兰学历评估委员会正式发布2015年新西兰奖学金（New Zealand Scholarship）获奖情况。该奖学金是新西兰含金量最高的中学奖项，在9名获得杰出奖得主中出现两名华裔面孔，分别是西湖男校的Zhengzhe Han以及Macleans高中的Zhong Qian Huang。11月，澳大利亚新州教育厅长奖颁奖典礼在新南威尔士州大学举行。华人天主教会中文学校的余颂谊获得了中文语种的最高奖项，另一位学生杜玮琪获得了初级组的Highly Commended。新州教育厅长奖是为民族社区语言学校而设的最高奖项，每年举行一次，旨在鼓励新州各民族社区语言学校的学生努力学习本民族的语言。这也是澳大利亚推广多元文化政策的一项重要活动。6月，华裔设计师陈冲（Tony Chenchow，音译）所设计的悉尼达令港的一所木制住宅公寓获得了“澳洲最佳室内设计奖”（Australia Interior Design Awards），这一设计奖对11种不同类型158所公寓进行评审，并从中选出澳洲最具创造性的设计。

澳大利亚华人艺术成就展在悉尼开幕。4月，首届澳大利亚华人艺术成就展《回顾与展望》在位于悉尼的澳大利亚新南威尔士州议会大厦开幕，展览将向澳大利亚社会展示25位旅澳优秀华裔画家的艺术成就。画展由澳大利亚文化商贸总会主办，福建日报社东南网协办，旨在支持旅澳华裔的艺术创作，让更多的澳大利亚人了解澳大利亚华人艺术家的艺术成就，促进文化艺术的交流与融合。中国驻悉尼总领事馆参赞张英保、澳大利亚联邦议员马特·西斯尔思韦特、托尼·伯克、新南威尔士州议员梅拉妮·吉本斯、乔迪·麦凯等嘉宾出席了画展开幕仪式。

多场文艺演出精彩纷呈，深受澳新两国侨胞喜爱。9月30日，“思乡月·中华情”留澳学子欢庆中秋国庆大型公益音乐会在澳大利亚首都堪培拉剧场举行。中国驻澳大利亚大使成竞业、澳大利亚首都地区文化部长博克、澳大利亚国立大学副校长贝克等嘉宾致辞。晚会由澳大利亚首都地区中国学生学者联谊会主办，澳星国际传媒集团提供媒体与技术支持。在澳华侨华人、留学生及各界代表约1200人参加了晚会。11月，由新西兰太平洋文化艺术交流中心主办的“第九届新西兰华裔青少年优秀钢琴、小提琴音乐会”在奥克兰市政大厅音乐厅举行。经过选拔出的10名小提琴手和16名钢琴选手为观众朋友们呈现了一场精美、震撼的中外名曲音乐会，孩子们精彩的表演获得了现场观众的热烈掌声。

多项华语、文艺大赛在澳大利亚举办。6月，“汉语桥”2016年全球外国人汉语大会大洋洲现场赛在新南威尔士州议会厅落幕。本次大赛由澳大利亚澳谊文化传媒、澳中文化友好协会、悉尼汉语水平考试中心和中国中央电视台驻悉尼记者站联合主办。7月31日，由澳大利亚国立大学学生会和澳大利亚国立大学中文辩论社联合主办的华信杯·2016国际华语“精英辩论”公开赛在澳大利亚国家美术馆举行，来自中国大陆、中国香港及马来西亚、澳大利亚的19所知名院校参加。10月19日，由新南威尔士大学孔子学院、新南威尔士州中文教师协会共同举办的“2016年汉语之光”第三届新南威尔士州学生汉语才艺汇演在澳大利亚悉尼市政厅举行。汇演以“和谐·梦想”为主题，上千名来自新州的中小学生献上了精彩的汉语节目表演，展示了他们心中的中华文化。新南威尔士州教育部官员、各中小学校长代表及各界嘉宾、观众近2000人观看了演出。6月，由澳大利亚北京总会主办的2016水立方杯海外华裔青少年中文歌曲大赛暨才艺展示澳洲悉尼地区选拔赛在悉尼举办。7月30日，2016中华小姐澳洲赛区总决赛在悉尼举行，大赛致力于对纯美的追求与展示，更承载了越来越多的文化使命，并向全世界展现了智慧与爱心。9月23日，由澳大利亚中华经贸文化交流促进会与澳大利亚TVB共同主办的“华贸会女性领袖论坛”在悉尼举行。

澳大利亚华裔青少年参加“中国寻根之旅春令营”和“冬令营”。3月25日，由中国国务院侨务办公室与安徽省侨务办公室共同主办的2016年海外华裔青少年“中国寻根之旅”春令营安徽营开营。来自澳大利亚的56名华裔青少年学生和老师参加开营仪式。12月，墨尔本新金山中文学校的35名华裔青少年，在河北张家口开展为期12天的“中国寻根之旅”冬令营活动。活动旨在让营员们感受和体验到灿烂的东方文明，博大精深的中国文化，增进海外华裔青少年对祖籍国国情的认知、文化的认同。

澳大利亚华人高考屡获佳绩。1月20日晚，新州4.4万名高考生陆续收到录取通知书，其中华人学生表现亮眼，徐维多利亚凭借优异的成绩同时获得此前申请的新州大学两大王牌专业提供的奖学金。该市有20名左右来自中国或具有华人背景的学生成为各科状元，甚至于双料状元，夺冠比例近20%，数量超过前年。除了量上的增长，此次华人状元获奖科目范围也有明显变化，从数学、物理、化学等传统强势科目延伸至语言、音乐等更为广泛的领域。

澳大利亚人学习汉语热情高涨，仍面临师资缺乏等问题。墨尔本大学汉语教育专家简·奥顿撰写的报告《培养澳大利亚人汉语技能》显示，澳大利亚学习汉语人数最多的是维多利亚州，占全澳学习汉语总人数的一半。2008年全澳有319所中小学开设中文课程，90740名中小学生学习中文。到2015年，全澳开中文课的中小学增加到1030所，学习中文的中小学生达到172878人。虽然汉语学习得到长足发展，但仍面临诸如中小学生学习汉语缺乏延续性、师资力量不足及汉语发展基础薄弱等问题。

新西兰南岛2016年度中文颁奖典礼举行。11月，中文颁奖典礼在克赖斯特彻奇市圣玛格丽特高中举行，共颁发了“2016年度汉语学习优秀奖”、“2016年度汉语水平考试优秀奖”及“第七届新西兰中文书法大赛奖”三大类奖项。

克赖斯特彻奇市市政议员陈金龙、坎特伯雷大学副校长乔纳森·勒·库克、中国驻克莱斯特彻奇总领馆教育领事翟建军及当地师生和家长600余人参加了本次活动。获奖学生表示，这次获奖激励他们继续努力学习汉语，争取有机会可以到中国学习交流。

澳大利亚大华绿园中文学校庆祝建校一周年。7月2日，中国驻珀斯总领事雷克中夫妇应邀出席大华绿园中文学校建校一周年庆典。西澳州君达莱普市市长代表、澳洲中国大陆华人暨朋友联合会理事会成员、学校师生、家长等近百人参加。大华绿园中文学校由澳洲大华联合会于2015年创办，设有少儿班和成人班共5个班级，现有学生50多人。

澳大利亚、新西兰两国孔子学院举办系列活动。3月，澳大利亚新南威尔士州政府总督戴维·赫尔利及总督夫人一行前往悉尼国王学校观摩体验孔子课堂。7月10日，由孔子学院总部/国家汉办主办、澳大利亚昆士兰大学孔子学院承办的“2016年大洋洲孔子学院联席会议”在澳大利亚昆士兰州布里斯班市召开。大洋洲各孔子学院（课堂）中外方院长（负责人）及特邀中外方大学校长等50多人出席会议。7月2日，澳大利亚悉尼大学孔子学院与澳大利亚新南威尔士州州立艺术博物馆联合举办了《吴蛮光之无限——丝路古韵》音乐会。7月29日，由澳大利亚查尔斯达尔文大学孔子学院主办的“中国梦属于中国也属于世界”主题讲座成功举办。9月，“新西兰2016年中文周”启动仪式暨坎特伯雷地区中国语言文化日，在南岛基督城埃文海德小学举行。此次活动由坎特伯雷地区中文教师协会和坎特伯雷大学孔子学院联合主办，共有300余名当地中小学生和家长参加。10月，由奥克兰大学孔子学院、新西兰教育部国际语言交流发展项目和新西兰中文教师协会联合举办的新西兰首届大洋洲中文教师大会在奥克兰大学召开。来自新西兰、澳大利亚及大溪地的90多位汉语教育专家、学者及中文教师参加了此次活动。11月23日，澳大利亚新南威尔士大学孔子学院举办了主题为“东方遇见西方—从古文明到现代数字化”丝绸之路论坛。同月，澳大利亚格里菲斯大学旅游孔子学院，召开黄金海岸汉语教师职业发展研讨会，来自黄金海岸中小学和社会办学机构的40余名汉语教师到场参加。

广西师范大学与东帝汶商学院共建“汉语文化中心”。12月13日，在东帝汶首都帝力，广西师范大学副校长覃卫国和东帝汶教育部副部长阿贝尔共同为“汉语文化中心”揭牌。此次建立的“汉语文化中心”，是广西师范大学与东帝汶高校建立的首家汉语言文化中心，旨在加强中国—东帝汶双方高校在高教领域的合作，进一步推进汉语言教学与文化交流，为两国人才交流与合作提供一个崭新的平台。

澳大利亚侨领林辉源自传出版。5月13日，澳大利亚著名侨领、澳洲中华经贸文化交流促进会创会主席、永远荣誉主席林辉源博士的自传《饮水思源》在福州发布。《饮水思源》记录了林辉源半个多世纪以来“为家拼搏”、“为国行善”的人生情怀，呈现了他“饮水思源，感恩社稷”的赤子之心。该套文集分精装图文典册和精编“贤文”简辑两册，以大量珍贵图片、诗联为文，展示了一位德高望重长者的“家国情怀”。

《澳新军团华裔军人》出版。3月8日，澳大利亚作家Alastair Kennedy所著《澳新军团华裔军人》新书发布会在新西兰惠灵顿国家战争纪念馆举行。该书记载了1885年—1919年间澳新军团中的华裔澳大利亚士兵历史，以及1914年—1919年新西兰远征军中的华裔士兵历史，书中讲述了逾30名新西兰华裔士兵的故事。发布会由新西兰华侨联合总会举办，新西兰总督杰里·迈特帕里、惠灵顿市市长Meng Foon、新西兰少数民族事务部部长Hon Peseta Sam Lotu-liga，中国驻新西兰大使馆政务参赞屈光洲等嘉宾与各界人士到会。

《澳大利亚华人年鉴2015》出版。12月2日下午，澳大利亚华人年鉴新闻发布会在塔斯马尼亚议会大厦举行，塔斯马尼亚州国会议长、霍巴特市政府官员及部分华侨华人领袖与会。澳大利亚华人年鉴已于2013年和2014年出版两部，深受旅澳华侨华人喜爱，也引起了政界和学术界的重视。2015年鉴在保持年鉴记史属性的前提下，以汇聚全年、内容全新的记载，为众多有了解澳大利亚、了解澳大利亚华侨华人和了解中澳关系需要的读者提供服务。

澳大利亚两大中医药学会合并，成规模最大华人中医药团体。7月，澳洲中医药学会（CMASA）在悉尼科技大学举行新闻发布会，宣布澳洲中医学会和澳洲全国中医药协会合并。该学会作为澳洲华人团体最大的中医药学会，目前会员超过1600人。会长郑建华致辞时表示，CMASA将会本着将澳洲中医药行业进一步专业化、规范化的主旨，发扬光大中医务实求真的精神，为在澳广大华人社区谋求更大的福祉。作为最早对中医立法的海外国家，澳大利亚从2000年的维多利亚州立法，到2012年7月1日的全国立法，中医在法律上取得了和西医同等的地位。

第十三届世界中医药大会在新西兰开幕。11月12日，第十三届世界中医药大会在奥克兰开幕，来自全球的700多名中医药专家、学术带头人、院校和协会的代表与会。本届大会由世界中医药学会联合会主办，新西兰中医学院承办，主题为"继往开来，新世纪中医药更美好"。与会代表集中讨论了中医基础理论与临床研究新进展、中药研究开发与新进展、中医手法流派的传承与发展、中医药国际标准化、信息化研究、中医药立法、教育、医疗、科研在世界各国的发展态势与前景等。

中国侨联等涉侨部门赴澳新等国开展慰侨义诊。10月8日，由澳星国际传媒集团、澳大利亚医学保健中心联合承办的中国侨联"亲情中华"中医药代表团中医保健讲座，在位于墨尔本的维多利亚州多元文化中心举行。除了许多来自墨尔本各地的华人华侨之外，此次讲座还汇集了来自于澳大利亚医学保健中心及国内各大医院的专家教授。讲座期间，代表团的专家教授们为现场的侨胞们进行了保健指导和咨询。11月，广东省侨办组织的中医专家义诊交流团前往新西兰基督城及法属新喀里多尼亚慰侨义诊交流。中医专家精湛的医术受到了侨胞们和当地民众的赞扬和欢迎。

澳大利亚悉尼海外中餐繁荣交流会在悉尼举办。7月14日，由澳大利亚华人金融专家协会主办的澳大利亚悉尼海外中餐繁荣交流会在悉尼举行。中国扬州大学国侨办海外中餐繁荣基地、澳大利亚水井坊餐饮集团和澳大利亚华人金融专家协会三方宣布将合作成立国侨办中餐繁荣基地海外（澳大利亚）基地，此次交流与合作有助于推动中餐业在澳大利亚的发展。

悉尼华人服务社首家高龄颐养院开幕。6月，澳大利亚悉尼华人服务社首间位于垦思（Campsie）第五街的高龄颐养院举行了开幕典礼。联邦健康、高龄及体育部长苏珊雷（Sussan Ley）与华人服务社副主席彭广明一起为颐养院揭牌。中国驻悉尼副总领事童学军、联邦国会议员、新州议员等嘉宾先后致辞，称赞华人服务社长期对社区的贡献，随后参观了颐养院设施并慰问长者。2月21日，中国国务院侨务办公室党组成员、中国海外交流协会副会长江岩为代表的国侨办一行走访了澳洲华人服务社高龄颐养院。

中国驻澳大使馆发布《中国公民旅居澳大利亚手册》。12月1日，中国驻澳大利亚大使馆举办2016版《中国公民旅居澳大利亚手册》发布会。这是自2013年以来中国驻澳使馆编写并发布的第四版手册。中国驻澳大使成竞业表示，中国驻澳大使馆和各总领事馆十分重视在澳中国公民的安全，积极妥善处置领事保护案件，努力维护中国公民的合法权益。相信新版手册将为更多的中国公民旅居海外提供帮助。

澳大利亚联邦多元文化助理部长鼓励华裔青年创业。4月27日，澳大利亚联邦多元文化助理部长克瑞格·朗迪在悉尼举办里德区青年企业家座谈会，邀请政治、经济、文化界的中澳嘉宾介绍在澳发展的经验和心得，鼓励华裔青年企业家在澳创业。朗迪表示，今后将促进更多华裔青年企业家与成功的中澳企业建立联系，帮助青年企业家吸引投资、克服困难、成就事业。

奥克兰安居服务联络峰会在华社召开。11月18日，奥克兰安居服务联络峰会在华社服总部Panmure落幕。本次峰会由新西兰移民局和新西兰华人社区服务中心联合举办，共有来自30多个机构（包括政府、商家或非政府机构）的49位代表出席会议。峰会的主题为"移民企业在新西兰的发展"，有11位在解决移民问题方面的专业人士受邀出席会议，分别为大家分析和介绍移民所面临的困难，新西兰中央及地方政府对移民企业的支持，以及关于太平洋岛、亚裔等移民企业的特色、需求和困难的相关调研。

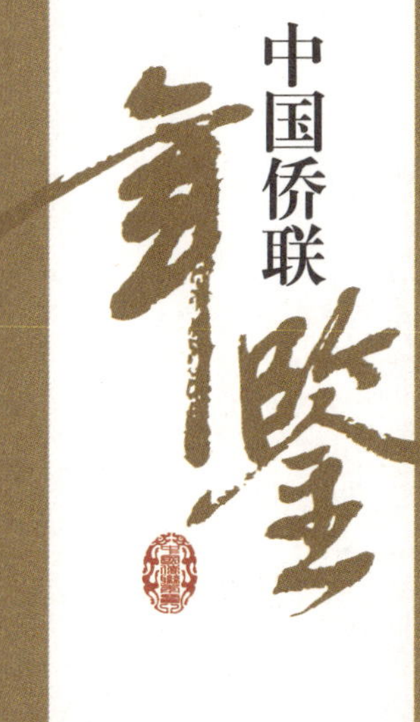

附　录

中国侨联
年鉴
2017
中国侨联年鉴

附录一　中国侨联第九届委员会名单

中国侨联第九届委员会主席、副主席、秘书长、副秘书长、顾问、常务委员、委员、海外委员、名誉委员名单*

（2013 年 12 月第九次全国归侨侨眷代表大会及中国侨联九届一次全委会议产生，经 2016 年 1 月中国侨联九届三次全委会议卸免、增补）

主　　席：林　军

副 主 席：董中原　李卓彬　乔　卫　康晓萍（女）　陈有庆　汪毅夫　李昭玲（女）　邵旭军（女）　万立骏　张玉卓　吴　晶（女）　王荣宝（女）　许荣茂　刘艺良　朱奕龙　王亚君（女）　胡胜才　沈　敏（女）

秘 书 长：王　宏（2016 年 1 月 20 日中国侨联九届三次全委会议卸免。）
陈　迈（2016 年 1 月 20 日中国侨联九届三次全委会议增补。）

副秘书长：（2016 年 1 月中国侨联九届二十二次主席办公会议决定聘任。）
赵红英　陈　权

顾　　问：（按姓氏笔画排序）

内地顾问

王永乐　王成云　王宋大　王善荣　文海英（女）　古华民　叶迪生　朱添华　庄炎林　李本钧　李君如　李星浩　李祖沛　李雪莹（女）　李欲晞　杨玉环（女）　杨国庆　肖　岗　吴幼英（女）　吴承业　吴孟超　何小平　何添发　张小建　张元龙　张伟超　陈兰通　林水龙　林兆枢　林丽韫（女）　林其珍　林明江　林淑娘（女）　俞云波　徐发淦　郭麟恭　唐闻生（女）　黄甘英（女）　黄军军（女）　黄涤岩　黄翠玉（女）　雪克来提·扎克尔（维吾尔族）　梁国扬　谢文霖①

2016 年 1 月 20 日中国侨联九届三次全委会议聘请内地顾问 1 人：王　宏

---

* 本名单调整变动信息截至 2016 年 12 月 31 日。

① 2014 年 8 月 31 日在广东广州逝世，享年 74 岁。

港澳顾问

马介璋　王钦贤　古宣辉　卢文端　叶树林
丘　添　包陪庆（女）　吕振万[1]　伍淑清（女）　庄启程
许健康　李群华　吴立胜　余国春　张华峰
陈永棋　陈守仁　陈明金　陈金烈　陈清泉
林广兆　林慧卿（女）　罗少荣[2]　黄宜弘　梁仲虬

海外顾问

卜南竹（女，澳大利亚）　王必光（奥地利）　王志民（泰国）　方天兴（马来西亚）
方李邦琴（女，美国）　邓柱廷（英国）　邓家昌（加拿大）　古富雄[3]（巴西）
叶伟才（美国）　丘夏莉（女，泰国）　丘超濂（美国）　吕振膑（缅甸）
朱正敏（比利时）　朱庆龙（美国）　朱灼枢（美国）　朱展伦（加拿大）
朱耀棕（尼日利亚）　伍卓生（加拿大）　伍璇灿（美国）　任政光（日本）
刘华安（美国）　刘南辉[4]（马来西亚）　刘锦庭（泰国）　刘暹有[5]（泰国）
关乃平（日本）　关洛章（美国）　池洪湖（美国）　许　榕（澳大利亚）
许贞木（柬埔寨）　纪辉琦（印尼）　苏均亮（巴西）　苏震西（澳大利亚）
李　扬（美国）　李文正（印尼）　李文忠（阿根廷）　李玉玲（女，美国）
李吉才（塞内加尔）　李光隆（泰国）　李荣郇（菲律宾）　李宪章（日本）
李竞芬（女，美国）　李铿发（南非）　杨天培（马来西亚）　杨华根（荷兰）
杨启秋（柬埔寨）　杨忠勇[6]（澳大利亚）　吴大为（美国）　吴世华（美国）
吴仲振（菲律宾）　吴宏丰（泰国）　吴国宝（美国）　吴昌茂（澳大利亚）
吴德辉（印尼）　何　行（巴西）　余文蔚（加拿大）　张　茵（女，美国）
张作波（美国）　张素久（女，美国）　张晓卿（马来西亚）　张祥盛（泰国）
张曼新（斯洛伐克）　张锦雄（印尼）　陈　福（加拿大）　陈本显（菲律宾）
陈立人（新加坡）　陈永栽（菲律宾）　陈有汉（泰国）　陈江和（新加坡）
陈克威（法国）　陈和水（澳大利亚）　陈钧铭（美国）　陈俊义（美国）
陈美兰（女，加拿大）　陈祖昌（菲律宾）　陈振治（泰国）　陈清泉（美国）
陈维国（美国）　邵礼平（加拿大）　林文光（印尼）　林文镜（印尼）
林玉唐（马来西亚）　林玉燕（女，菲律宾）　林加者（法国）　林克旭（印尼）
金　翚（日本）　周光明（澳大利亚）　郑　辉（法国）　郑正胜（日本）
郑源来（柬埔寨）　单　声（英国）　胡　顺[7]（美国）　胡允革（荷兰）
胡志光（荷兰）　钟廷森（马来西亚）　俞雨龄（印尼）　施至成（菲律宾）
夏廷元（比利时）　夏康民（德国）　徐松华（西班牙）　郭祖德（巴西）
唐　裕（新加坡）　黄双安（印尼）　黄玉书（新西兰）　黄如论（菲律宾）

---

① 2015 年 4 月 5 日在香港逝世，享年 91 岁。
② 2015 年 12 月 2 日在澳门逝世，享年 91 岁。
③ 2015 年 9 月逝世。
④ 2015 年 2 月 10 日在新加坡逝世，享年 97 岁。
⑤ 2016 年 9 月 6 日在泰国曼谷逝世。
⑥ 2014 年 3 月 27 日在澳大利亚布里斯班逝世，享年 78 岁。
⑦ 2015 年 12 月 1 日在美国洛杉矶逝世，享年 95 岁。

黄志明（荷兰）　黄志源（印尼）　黄玮璋（新西兰）　黄锡海（美国）
萧孝权（秘鲁）　梁权暖（墨西哥）　梁冠军（美国）　梁职臣（南非）
彭云鹏（印尼）　董尚真（菲律宾）　董瑞萼（尼日利亚）　蒋菊英（女，巴拉圭）
韩晟昊（韩国）　傅松望（西班牙）　曾福应（菲律宾）　曾德深（日本）
谢国民（泰国）　靳泽田（韩国）　赖松生（缅甸）　雷　滨（巴西）
雷汉辉（美国）　雷谦光（澳大利亚）　詹文义（加拿大）　鲍悦初（日本）
蔡友铁（菲律宾）　蔡文显（葡萄牙）　蔡汉强（泰国）　谭国材（美国）
戴　锜（美国）　魏宏利（美国）　魏基成（澳大利亚）

常务委员：（按姓氏笔画排序）

万立骏　马　坚（回族）　马志武（回族）　马勇智（俄罗斯族）　王　宏
王广基　王之锋　王文良　王永刚　王亚君（女）
王宇科　王金狮　王荣宝（女）　王保生　王晓玉
王彬成　王淑娟（女）　王琳达（女）　王锦彪　王鹏杰
王德贤　韦　干（壮族）　毛起雄　史　宇　包　东
冯　燕（女）　冯祖华　司徒荻林　吕　虹（女）　吕耀东
朱世增　朱建山　朱奕龙　朱道弘　乔　卫
庄绍绥　刘艺良　刘以勤（女）　刘志强　刘松勇
刘爱丽（女）　刘润生　安全忠　许并社　许荣茂
许清流　孙柏瑜　纪少雄　麦庆泉　芮晓武
李　嵘（纳西族）　李　崴　李　瑜（满族）　李　辙　李文俊
李卓彬　李昌富　李金松　李昭玲（女）　李碧葱（女）
李曙光　吴　晶（女）　吴化民（蒙古族）　吴向明（满族）　吴换炎
邱天祝　邱维廉①　何云霞（女）　汪毅夫　沈　敏（女）
沈家燊　迟国强　张　玲（女）　张玉卓　张光平
张海鸽（女）　张维仁　陈　迈　陈　桦（女）　陈乃科
陈水波　陈世春　陈幼南　陈有庆　陈成秀
陈红天　陈进强　陈励君（女）　陈泽峰　陈钟林（女）
陈晓玉（女）　陈健英　陈家泉　陈智思　邵旭军（女）
范安龙　林　东　林　军　林　惠（女）　林正佳
林龙安　林佑辉　林定强　林树哲　林晓昌
林铭森　罗掌权　周永伟　周伟建　赵建中
胡　翎（女）　胡胜才　胡振木　姜小玲（女）　费亚夫
姚志胜　格　桑（藏族）　顾行发　徐德龙　高　杰
高永英（女）　郭泽伟　浦　江　黄　涛　黄少良
黄和伍　黄焕明　黄琼成　黄朝阳　康玛水
康晓萍（女）　梁　波　梁树森　梁亮胜　梁淦基
屠　杰　彭隆荣　董中原　董锦燕（女）　韩国龙
舒　心　曾焕沙　谢小建　谢余卡　蓝桂兰（女，畲族）
赖庆辉②　蔡建国　黎振强　颜延龄　颜宝铃（女）

① 2015年5月26日在北京逝世，享年68岁。

② 2014年9月27日在香港逝世，享年70岁。

潘庆林　　薛水和

2016年1月20日中国侨联九届三次全委会议卸免常委3名：

王　宏　　王之锋　　吴化民（蒙古族）

2016年1月20日中国侨联九届三次全委会议增补常委9名：

于集华	王朝霞（女）	史　晴	吴玉明	陈香林（女）
荣　洋	高俊峰	程学源	谭作刚	

委　　员：（按姓氏笔画排序）

丁　竑	丁列明	于志毅（回族）	于毅波	万　钧
万立骏	马　坚（回族）	马志武（回族）	马金标	马勇智（俄罗斯族）
马鸿铭	王　宏	王　胜	王　强	王大鸣（女，蒙古族）
王小玉（女）	王广基	王之锋	王文良	王立和
王永刚	王执礼	王亚君（女）	王曲娜[①]（女）	王廷双
王庆伟	王宇科	王沙沙	王金狮	王绍东
王荣宝（女）	王保生	王晓玉	王海银	王彬成
王淑娟（女）	王琳达（女）	王瑜玲（女）	王锦彪	王锦辉
王鹏杰	王滨沙（女）	王德贤	韦　干（壮族）	区德强
毛起雄	乌兰哈达（蒙古族）	方　玲（女）	方徽琴（女）	孔子为
孔春琼（女）	邓绍平	邓振龙	邓雄汉	石　岳（女）
卢文朋	卢思高	叶水应	叶建州	叶建敏
叶振都	叶谋足	叶谋锋	叶森尧	申永娜（女）
田　桦（女）	田来怀	田炳信	田桂芳（女）	史　宇
代焕江（满族）	白计平	包　东	冯　雷	冯　磊
冯　燕（女）	冯宝华	冯革新	冯祖华	司徒荻林
邢新会	吉　祥	毕志健	曲　平	吕　虹（女）
吕　涛（满族）	吕凤显	吕玉茹（女）	吕彩霞（女）	吕耀东
朱　华（女）	朱　燕（女）	朱世增	朱兴动	朱利民
朱建山	朱奕龙	朱道弘	朱筠筠（女）	乔　卫
华清文	向长江	向国蓉（女）	庄永兴	庄创业
庄学山	庄绍绥	庄哲猛	刘　云（女）	刘　洁（女）
刘　勇	刘大山	刘艺良	刘文华（女）	刘以勤（女）
刘汉祥	刘伟良	刘志强	刘松勇	刘爱丽（女）
刘润生	刘淑英（女）	刘雅煌	齐凤霞（女）	关文良
关文活	池峰龙	汤春甫	安全忠	许　丽（女）
许华芳	许并社	许金华	许荣茂	许清流
孙民生	孙启烈	孙学光	孙柏瑜	牟红岩（女）
纪少雄	麦可君（女）	麦庆泉	芮晓武	苏庆辉
杜　逸（女）	杜宇平	杜秀珍	杜怀泰（女）	李　忠
李　亮（女）	李　琨	李　嵘（纳西族）	李　崴	李　斌
李　瑜（满族）	李　静（女，北京）	李　静（女，吉林）	李　慧（女）	李　毅（女）

① 2015年4月5日在辽宁沈阳逝世，享年59岁。

李　辙　李天赏　李文俊　李冬娟（女）　李百战
李达生　李仲民　李兴钰　李丽曼（女）　李卓彬
李昌富　李金松　李学东　李昭玲（女）　李贵辉
李桂英（女）　李晓华　李敬祥　李登新　李碧葱（女）
李德增　李鋈麟　李曙光　杨　晖　杨世民
杨宏伟　杨宝庆　杨荣湘　杨锡铭　杨新能
吾尔开西·库开西（哈萨克族）　连小敏　轩江波　肖　军（女）
肖开宁　肖逸生　吴　晶（女）　吴小濛（女）　吴飞飞（女）
吴化民（蒙古族）　吴玉明　吴永平　吴华新　吴向明（满族）
吴武煌　吴青展　吴厚信　吴换炎　吴联盟
吴蓓琪（女）　邱天祝　邱维廉　何元庆　何云霞（女）
何建梁　何晓雄　佘德聪　余志勇　余志强
余梅生　狄　文　应凤娟（女）　汪瓦水　汪毅夫
沈　敏（女）　沈家燊　宋政奎　宋晓平　迟国强
张　诚　张　玲（女）　张　俊　张　癸　张　蓓（女）
张卫红　张文亮　张玉卓　张光平　张守业
张志坚　张志猛　张林海　张国蕊（女）　张振灿
张海鸽（女）　张悦英（女）　张维仁　张德兴
阿不都外力·马木提（维吾尔族）　阿依肯·木和塔尔汉（女，哈萨克族）
阿曼太·哈力克（哈萨克族）　陈　权　陈　迈　陈　刚
陈　红（女）　陈　坚　陈　杰　陈　桦（女）　陈　琎（女）
陈　雄　陈乃科　陈水波　陈长宝　陈世春
陈幼南　陈式海　陈有庆　陈成秀　陈红天
陈进强　陈志炜　陈励君（女）　陈泽峰　陈宗荣
陈钟林（女）　陈振豪　陈晓玉（女）　陈晓东　陈健英
陈家泉　陈喜东　陈智思　陈新伦　陈碧兰（女）
陈慧华（女，满族）　陈潮南　邵旭军（女）　邵国成　邵金如
武　菁（女）　范安龙　林　东　林　军　林　松
林　惠（女）　林文云　林文斌　林书育　林正佳
林龙安　林传锋　林华生（女）　林佑辉　林明海
林泽春　林定强　林春晖（女）　林树人　林树哲
林威爵（京族）　林贵安　林振龙　林晓昌　林祥华
林铭森　林智勇　林德兴　林懋达　罗丽都（女）
罗掌权　季加宇　岳鸿声　周少华　周永伟
周伟建　周松一　周厚立　周祥薇（女）　周敬民
郑　好　郑　耀　郑小蕊（女）　郑连发　郑茂学（布依族）
郑卓标　郑俊武　宝日胡日嘎（蒙古族）　项芳云（女）　赵建中
赵思群　胡　平（女，满族）　胡　翎（女）　胡胜才　胡振木
柯君恒　柳松波　钟　雄　钟达欢　钟保加
段　林（傣族）　俞文彬　施　红（女）　施若龙　施养谊
施能响　姜小玲（女）　洪　华（女）　洪明基　洪春凤（女）
宫　琳（女）　费亚夫　胥家宏　姚向红（女）　姚志胜

姚新文（女） 贺　林 贺　敏（女） 秦　锋 聂河云
莫华福 格　桑（藏族） 顾行发 顾佳丹 徐　葭（女）
徐盛兴 徐新英（女） 徐德龙 殷　强 翁少兰（女）
高　杰 高永英（女） 郭国耀 郭泽伟 郭雪梅（女）
席　真 唐国强 浦　江 谈长燕 陶庆华
黄　涛 黄　维 黄士心 黄少良 黄纪凯
黄志坚 黄宏雁 黄其敏（女） 黄英来 黄和伍
黄洪声 黄海鸿（满族） 黄焕明 黄琼成 黄朝阳
黄楚基 曹文宗 曹明龙 曹堪宏 康　洁（女，满族）
康玛水 康晓萍（女） 康健一 章明伟 梁　波
梁　麒 梁日辉 梁树森 梁亮胜 梁淦基
屠　杰 屠宁之 屠海鸣 彭　霈 彭炜林
彭隆荣 董　泽 董中原 董喜刚 董锦燕（女）
蒋绍华 蒋闽江 蒋晓筠（女，壮族） 韩大伟 韩国龙
韩荣华（女） 喻小平 程　东 程　璇（女） 程　燕（女）
舒　心 童道驰 曾　旭（女） 曾民盛 曾焕沙
温深文 谢小建 谢东梅（女） 谢余卡 谢是海
谢思训 谢俊明 谢硕文 谢惠蓉（女） 登德旺志（藏族）
鄞荣源 蓝桂兰（女，畲族） 赖幼学（女） 赖庆辉 赖英群（女）
蔡　铭 蔡红专（女） 蔡建国 蔡雪嫦（女） 廖凤英（女）
廖怡辉 廖清江 谭　菲（女） 镇　翔（蒙古族） 黎振强
颜延龄 颜宝铃（女） 潘庆林 潘建雄 薛水和
戴一红（女） 戴文威 魏冬梅（女）

2016 年 1 月 20 日中国侨联九届三次全委会议卸免委员 16 名：

王　宏 王之锋 王滨沙（女） 朱筠筠（女） 刘淑英（女）
吴化民 余志强 余梅生 应凤娟（女） 张　癸
张振灿 林文云 林贵安 秦　锋 黄其敏（女）
章明伟

2016 年 1 月 20 日中国侨联九届三次全委会议罢免委员 2 名：

陈　雄 周敬民

2016 年 1 月 20 日中国侨联九届三次全委会议增补委员 45 名：

于集华 王　炜 王玉如（女） 王红军（女） 王丽峰（女）
王朝霞（女） 尹　波 邓国忠（壮族） 叶　涛（女，土家族） 史　晴
代　飚 关　波（满族） 安亚荣（女） 许小峰 孙　涛
杜新权 李　丰 李　波 李　威 李承戍
杨　冰 吴艺珍（女） 汪　涛 沙崇民 沈更生
张利红（女） 陈　勇 陈香林（女） 陈德堃 尚小红（女）
荣　洋 胡立帅 钟　萍（女） 耿　伟 徐大振
高俊峰 黄　伟 黄　菊（女） 黄瑞贵 章　燕（女）
章伯专 蒋孔夫 程学源 谭作刚 藏志勇

海外委员：

一、亚洲（分国家按姓氏笔画排序）

阿联酋：万长青　张俊毅　陈志远　常　琪

巴基斯坦：阿卜杜尔·克尤木·马吉德　陈宗东

东帝汶：符孝勤

菲律宾：王　勇　杨思育　张昭和　陈锜桓　郑远明　胡国赞　施恭旗　黄祯潭　蔡其仁　戴宏达

哈萨克斯坦：安胡赛　杜肯·玛斯木汗

韩　国：李忠宪　谭绍荣

柬埔寨：杨宗德　施永平　高　华　黄瑞华（女）

老　挝：姚　宾

马来西亚：刘国城　刘瑞发　邱维斌　陈凯希　林伟才　林福山　郑添利　黄汉良　黄国忠　戴良业

蒙　古：白双占　李丽

缅　甸：李松枝　李祖清　杨钏玉　林文猛　谢世祥　虞有海

尼泊尔：吉　噶　次丹晋美

日　本：于柏林　杜　进　杨克俭　林唯史　金启功　周玮生　曹德弼　符易亨　谢成发　廖雅彦

泰　国：王睦良　邝锦荣　刘汉城　刘纯鹰　李桂雄　吴亮泰　陈汉民　陈绍扬　陈智淦　欧先慈　赵春森　胡宝锋　蔡荣庄

土耳其：叶德龙　江小斌　郑　壮

文　莱：陈嘉兴　林伯明　韩勉元

乌兹别克斯坦：季求海

新加坡：李秉萱

伊　朗：边柏功

以色列：丁履娟（女）　吴咏（女）

印　度：丘开勇　关文松

印　尼：许世经　李川羽　吴孝忠　何文金　林宏修　施柏松　姚忠从　黄一君　黄德新

二、非洲（分国家按姓氏笔画排序）

埃　及：付金丽（女）　陈建南

博茨瓦纳：刘　冰　南庚戌

加　纳：苏跃华　沈汉明　萧　波

加　蓬：张原惠　徐恭德

津巴布韦：丛玉玲（女）　郭法新

科特迪瓦：欧阳日坪　金　浩

肯尼亚：郭文昌　韩　军

莱索托：陈邦旺　陈克辉

马达加斯加：李耀民　陈健江　商良

马拉维：蒋清溪

毛里求斯：田莉英（女） 林努宏 林孟超 熊仕中
莫桑比克：江永生 黄类思
纳米比亚：林金淡 黄松根 傅新利
南　　非：王龙水 王建旭 叶北洋 苏祥金 李新铸 杨天峙
吴少康 张正弟 陈　清（女） 陈玉玲（女） 陈宝进 姒　海
胡建华 徐长斌 曹行知
南 苏 丹：姚　辉
尼日利亚：李晓峰 钱国林 董凤池 薛晓明
坦桑尼亚：丁　贤
乌 干 达：方　忞（女）
赞 比 亚：张　军

三、欧洲（分国家按姓氏笔画排序）

爱 尔 兰：郑齐亮 戴国良
奥 地 利：张维庆 陈安申 林云龙 金剑平 胡焕荣 詹伟平
保加利亚：孙雄标 章志光
比 利 时：朱海安 何少芳（女） 何晓耀 高伟民 傅旭海
冰　　岛：王华胜 贾长文
波　　兰：丁建志 叶圣武 林建清
丹　　麦：陈德娟（女） 曹燕灵（女）
德　　国：叶海杰 叶增雅 冯定献 李福全 杨伟忠 郑光民
萧　英 龚礼明 傅春平 谭笑佰
俄 罗 斯：王广源 关百新 孙　雷 虞安林
法　　国：王加清 刘光敏 池万升 孙爱平 苏荣武 吴武华
邱爱华（女） 张承才 陈文雄 陈胜武 林光武 卓旭光
罗佳君 胡奇业 钱美蓉（女） 徐乐平 郭胜华 郭智敏
萧桂芳 程超辉 温晓光 楼大明 蔡足焕
芬　　兰：罗伟仁
荷　　兰：王剑光 朱伟勋 张巧忠 陈光平 林太松 周山川
周守局 胡志言 胡振款 黄麒麟 傅旭敏 潘世锦
捷　　克：孙悦新 林国光
克罗地亚：尹利敏
罗马尼亚：李国胜 金晓忠
马 耳 他：秦正贤
挪　　威：张林虎 袁亚明
葡 萄 牙：王小伟 朱长龙 麻福标
瑞　　典：王建荣 叶克清 叶意平 张少华 柳少惠
瑞　　士：邓予立 卡纳·加央 谢文根多 德塞·慈诚
斯洛伐克：叶竹民 罗云标
乌 克 兰：李学刚
西 班 牙：毛　峰 叶玉兰（女） 刘光新 刘继东 许飞敏 许建南
李月萍（女） 周志文 倪晔敏 蔡永廉 潘　勇
希　　腊：李　昂 李大乐 陈　灵 徐伟春

匈牙利：方良瑞　余美明　陈震　林胜琴（女）　季绍云　郑杰敏
郑乾有　胡鹏飞

意大利：王志敏　王家厚　王增理　刚坚·洛桑土登·赤来央培
刘光华　杨正昭　吴锦泽　张力　林伟雄　林忠光
林建华（女）　周小斌　周致敏　赵昌琴　胡光利　姜际春
詹杨毅　蔡玉弟　廖宗林

英国：邓珩　许一倩（女）　李雪琳（女）　阿托旦增

四、美洲（分国家按姓氏笔画排序）

阿根廷：马更生　严盛龙　何文强　陈瑞平

巴西：王俊晓　尹相丛　尹楚平　尹霄敏　叶周永　孙特英（女）
吴耀宙　张伟　张江欧　陈小贤　陈荣正　陈雄斌
林周恩　孟雯华（女）

巴拿马：黄伟文

玻利维亚：杜武仁

秘鲁：区仲贤　黄小丹　梁顺　魏云

多米尼加：吴国祥

厄瓜多尔：徐涛　潘坤平

哥伦比亚：王静潮　徐铭添

哥斯达黎加：薛雪（女）

古巴：周卓明

圭亚那：周绍良　黄浦源

加拿大：马君强　王文婉（女）　王家明　文伟建　邝健民　庄少卿
许健伦　李云祥　杨静（女）　杨贤彪　余绍然　张仕根
张明达　陈德光　林大松　林和平　欧阳元森　庞燕（女）
段律文　郭泰诚　曹纯华　雷煜植　滕达　薛金生

美国：马森柱　王珏　王俭美　方伟侠　邓龙　叶超
吕坚强　吕诗澄　朱一民　朱国明　乔立华　伍柱钧
庄佩源　刘红（女）　刘平中　刘杨林　刘健民　刘锦彰[1]
苏焕光　李纲　李斧　李大西　李天骥　李汉强
李社潮（女）　杨文田　吴沁（女）　何孔华（女）　何如意　何晓慧（女）
余建强　张莉莉（女）　陈军　陈国庆（旧金山）　陈国庆（纽约）
陈国忠　陈亲义　陈隆魁　邵闻　林光　林学文
林建中　林昇恒　周大操　郑棋　胡苹（女）　施白榆
贺小强　顾衍时　倪涛　徐艇　徐德清　高鹏
郭颂（女）　黄荣达　曹国强　鹿强　屠新时　董李
程远　焦志侠　谢刚　雷振泽　蔡成华　薛维诚[2]

墨西哥：刘可伟　郑持好

苏里南：池玉基　郑国庆

特立尼达和多巴哥：萧容庆

---

① 2015年3月在美国逝世。

② 2014年2月2日在美国达拉斯逝世，享年63岁。

委内瑞拉：冯永贤　聂均常　梁志海

智　利：成建新　郁　飞　胡金维

五、大洋洲（分国家按姓氏笔画排序）

澳大利亚：马连泽　任芳森　刘　尧　李　辉　李桂平　杨东东
杨志唯　沈　铁　张　莉（女）　陈少伟　陈超群　金凯平
姜兆庆　钱启国　高立勤　黄树樑　黄翼强　逯高清
蒋天麟　潘邦炤

巴布亚新几内亚：潘　郁

斐　济：冯捷尤　施　杰

马绍尔群岛：汪福根

所罗门群岛：黄千伟

新西兰：何保健　陈金明　曾皑文

2016年1月17日中国侨联九届五次主席会议决定增聘海外委员15人：

马树荣（美国）　王立良（阿联酋）　王丽莎（美国）
王海军（韩国）　王耀辉（美国）　巫锦辉（美国）
吴　昊（俄罗斯）　余时立（阿联酋）　陈建春（加拿大）
陈庸光（西班牙）　林全南（日本）　洪来喜（马来西亚）
黄向墨（澳大利亚）　梁康之（美国）　谢　达（苏里南）

名誉委员：（按姓氏笔画排序）

马法严　王长安　文伙泰　卢国富[1]　冯文广
毕　明　朱　正　朱南生　庄文才　刘西疆
刘意成　许国璇　李　宁　李　磐　李玉良
李润基　杨东辉　邱汉荣　张佑仲　陈联合
林华英（女）　林富强　郁美兰（女）　周　锦（女）　郑昭明
胡文善　钟乔光　施学概　黄守正　曹　亚（女）
梁思谋　曾文仲　源大同　谭德安

① 2015年6月14日在上海逝世，享年76岁。

附录二　各地侨联通讯录

北京市

单位名称	地　址	电话号码	传真号码	邮政编码
北京市侨联	北京市西城区后英房胡同 9 号	（010）82218225	（010）82218224	100035
东城区侨联	东城区幸福大街 32 号	（010）64023999	（010）64023999	100061
西城区侨联	西城区广内大街 165 号翔达大厦 2 号楼 601 室	（010）66515072	（010）66515072	100053
朝阳区侨联	朝阳区团结湖北五条 8 号党派楼	（010）65094371	（010）65094093	100026
海淀区侨联	海淀区长春桥路 17 号	（010）82510628	（010）82579108	100089
丰台区侨联	丰台区北大街乙 14 号院 105 室	（010）83656758	（010）63812113	100071
石景山区侨联	石景山八角北路民主党派人民团体办公楼 3 层	（010）68878921	（010）68811454	100043
大兴区侨联	大兴区兴政街 15 号区委统战部转侨联	（010）69237709		102600
通州区侨联	通州区新华西街 1 号区委统战部转侨联	（010）69543461		101100
平谷区侨联	平谷区府前大街 9 号统战部	（010）69962338		101299

天津市

单位名称	地址	电话号码	传真号码	邮政编码
天津市侨联	天津市和平区南京路 235 号河川大厦 A 座 13 层	（022）23311008	（022）27222315	300051
和平区侨联	天津市和平区陕西路 75 号 301 室	（022）27219379		300020
河北区侨联	天津市河北区建国道 14 号	（022）84493011		300010
河西区侨联	天津市河西区福建路 15 号甲楼 106	（022）88378585.		300210
河东区侨联	天津市河东区津塘路 40 号增 15 号	（022）24317320		300170
南开区侨联	天津市南开区烈士路华安北里 2-1-303	（022）27586082		300110
红桥区侨联	天津市红桥区区委八楼 821 室	（022）86516580	（022）86516580	300130
滨海新区侨联	天津市塘沽新华路 1068 号	（022）65309126		300450
宝坻区侨联	天津市宝坻区南关大街 24 号	（022）29241725		301899
南开大学侨联	天津市津南区海河教育园同砚路 38 号南开大学津南校区综合业务东楼 326	（022）23501319		300350
天津大学侨联	天津市津南区海河教育园雅观路 135 号天津大学北洋园校区 1895 楼 B-304	（022）27404534		300350
天津医科大学侨联	天津市和平区气象台路 22 号	（022）23542558		300070
天津师范大学侨联	天津市西青区宾水西道 393 号天津师范大学统战部	（022）23766352		300387

河北省

单位名称	地　址	电话号码	传真号码	邮政编码
河北省侨联	石家庄市裕华西路 40 号燕山大酒店写字楼 25 层	（0311）87869681	（0311）87869681	050000
石家庄市侨联	河北省石家庄市兴凯路 219 号市政府西院	（0311）87827554	（0311）87056295	050055
承德市侨联	河北省承德市行政中心西楼 228 室	（0314）2023043	（0314）2023043	067000
张家口市侨联	河北省张家口市经开区长城西大街 10 号市委北楼 0348 室	（0313）2016562	（0313）2010642	075000
秦皇岛市侨联	河北省秦皇岛市河北大街西段市民中心 4518 室	（0335）3637340	（0335）3637343	066000
唐山市侨联	河北省唐山市学院北路财会培训中心 9 楼	（0315）3793156	（0315）3793156	063006
廊坊市侨联	河北省廊坊市广阳道 300 号第一实验中学院内教学楼 A 座北侧三楼 308 室	（0316）2339398	（0316）2339380	065000
保定市侨联	河北省保定市东风西路 5 号市委主楼 1201 室	（0312）3089760	（0312）3089944	071051
沧州市侨联	河北省沧州市御河路 1 号	（0317）2160338	（0317）2160297	061001
衡水市侨联	河北省衡水市新华东路 351 号 311 室	（0318）2695151	（0318）2695196	053000
邢台市侨联	河北省邢台市红星西街 139 号	（0319）3288121	（0319）3288135	054051
邯郸市侨联	河北省邯郸市光明北大街 149 号	（0310）3113320	（0310）3113320	056012
华北油田侨联	河北省任丘市华北油田公司华佳服务处	（0317）2726368		062552
辛集市侨联	辛集市住房保障和房产管理局东院 314 室	（0311）83389623		052360

山西省

单位名称	地　址	电话号码	传真号码	邮政编码
山西省侨联	太原市迎泽大街388号山西国际大厦10层	(0351)6192907	6192970	030001
太原市侨联	太原市新建路69号	(0351)4220222	(0351)4227325	030082
太原市迎泽区侨联	太原市迎泽区云路街15号	(0351)4033640		030002
太原市尖草坪区侨联	太原市尖草坪区委区政府大院西2楼	(0351)5651806		030023
太原市万柏林区侨联	太原市西矿街35号	(0351)3248882		030024
太原市晋源区侨联	太原市晋源新城区委统战部509室	13835191291(杨娟)		030052
太原市小店区侨联	太原市小店区昌盛西街19号区委统战部转	(0351)7176173		030032
太原市杏花岭区侨联	太原市杏花岭区委统战部	13934600444(王彩萍)		030003
古交市侨联	太原市古交市青年路1号市政府大院古交统战部转	13603551278(王忠保)		030200
清徐县侨联	太原市清徐县政府大院清徐统战部转	(0351)5722615		030400
娄烦县侨联	太原市娄烦县城南大街政府大院6层统战部办公室转	(0351)5324547		030300
阳曲县侨联	太原市阳曲县新阳大街县委办转	13903419081(田志宏)		030100
大同市侨联	大同市魏都大道5号		(0352)2082731	037004
天镇县侨联	大同市天镇县政府大楼5层	159346033820(闫锦秀)		038200
阳高县侨联	大同市阳高县委大院人大政协1楼	13403608097(李坚)		038100
大同县侨联小组	大同市大同县西街葆华里5排2号	13653625350(高喜斌)		037300
左云县侨联小组	大同市左云县委统战部	15035260449(陈英)		037100
同煤集团侨联小组	大同市同煤集团办公大楼党委统战部1613房间	(0352)7868273		037003
朔州市侨联	朔州市委统战部转		(0349)2163188	036001
忻州市侨联	忻州市长征中路26号市委北院409室		(0350)3309105	034000
吕梁市侨联	吕梁市离石区永宁中路9号		(0358)8238064	033000
孝义市侨联	吕梁孝义市党政大楼922房间	(0358)7828033		032300
晋中市侨联	晋中市汇通路民营经济大厦七层712室		(0354)3968536	030600
晋中市榆次区侨联	晋中市榆次区迎宾西路区政府713房间	(0354)3368596		030600
太谷县侨联	晋中市太谷县新建路202号政府大院2号楼508房间	(0354)6223012		030800
祁县侨联	晋中市祁县东风路101号政府大院1号楼312房间	(0354)5222802		030900
平遥县侨联	晋中市平遥县曙光路13号党政大楼430房间	(0354)5624173		031100
介休市侨联	晋中市介休市西大街市委219房间	(0354)7222439		032000
灵石县侨联	晋中市灵石县新建路政府办公大楼612房间	(0354)7623563		031300
寿阳县侨联	晋中市寿阳县朝阳街行政大楼222房间	(0354)4623838		045400
榆社县侨联	榆社县东大街19号县委统战部	(0354)6622377		031899
昔阳县侨联	昔阳县行政服务大楼6楼601	(0354)4123562		045300
和顺县侨联	和顺县城新华街3号政府大楼1039	(0354)8122484		032700
左权县侨联	左权县城北大街22号政府大院后楼504	(0354)8631556		032600
阳泉市侨联	阳泉市南大东街534号农业大厦9层		(0353)2163918	045000
阳泉市城区侨联	阳泉市城区财政局转	13643538989(王为华)		045000
阳泉市郊区统战部	阳泉市郊区区委统战部转	18703530806(梁世钟)		045000
阳泉市矿区侨联	阳泉市矿区区委统战部转	13835334676(赵璟)		045000
平定县侨联	阳泉市平定县委统战部转	13096503307(贾光升)		045200
盂县侨联	阳泉市盂县县委统战部转	(0353)8083329		045100
长治市侨联	长治市政协楼党派楼1层		(0355)2049195	046000
长治市城区侨联	长治市太行东街66号长治市城区政府	(0355)2239231 (0355)2239233		046000
长治市郊区侨联	长治市延安中路61号郊区侨联	(0355)2188582		046011
长治县侨联	长治市长治县委统战部转	(0355)8089368		047100
屯留县侨联	长治市屯留县委统战部侨联办公室	18635529519		046100
襄垣县侨联	长治市襄垣县府东街1号统战部	13015363729		046200
平顺县侨联	长治市平顺县委统战部侨联办公室	15534569582		047400
壶关县侨联	长治市壶关县委统战部侨联办公室	13096568815		047300
沁源县侨联	长治市沁源县委统战部侨联办公室	13935577237		046500
长子县侨联	长治市长子县委统战部侨联办公室	15364958222		046600
黎城县侨联	长治市黎城县委统战部侨联办公室	13935596330		047600

山西省

单位名称	地　　址	电话号码	传真号码	邮政编码
沁县侨联办公室	长治市沁县县委统战部侨联办公室	（0355）7837587		046400
武乡县侨联	长治市武乡县委统战部侨联办公室	（03565）6385319		046300
潞城市侨联	长治市潞城市委统战部侨联办公室	13935510389		047500
潞安矿业集团侨联小组	山西襄垣县侯堡潞安矿业集团人才交流中心	13995559165（林虹）		046204
首钢（长钢）有限公司侨联小组	首钢长治钢铁有限公司宣传部	（0355）5086660		046031
晋城市侨联	晋城市市委大楼 930 室	（0356）2198798	（0356）2025757	048000
晋城市城区侨联	晋城市城区新市西街 75 号城区政府西 2 楼	（0356）2039420		048000
泽州县侨联	晋城市西安街 101 号泽州县政府 528 房间	（0356）3033077		048000
阳城县侨联	晋城市阳城县五中政府办公区 C 区 507 室	（0356）4229290		048100
高平市侨联	晋城市高平市长平西街 44 号 3 楼	（0356）5225601		048400
沁水县侨联	沁水县城新建西路县委新楼 124 号	（0356）7023445		048200
陵川县侨联	晋城市陵川县梅园东街 1 号	（0356）6203488		048300
晋煤集团侨联	山西晋城煤业集团侨联	（0356）3664218		048000
临汾市侨联	临汾市尧都区财神楼北街 17 号统战大楼 1 层		（0357）3985856	041000
曲沃县侨联	临汾市曲沃县府东街县委大院中共曲沃统战部转	（0357）4522054		043400
尧都区侨联	尧都区华州路一号尧都区侨联	（0357）2228383		041000
洪洞县侨联	洪洞县文庙街统战部 123 号 001 室	（0357）6223224		041600
运城市侨联	运城市盐湖区河东东街 268 号市气象局 2 楼		（0359）2022070	044000
运城市盐湖区侨联	运城市盐湖区解放北路 46 号中共盐湖区委大楼 5 楼	13327480288（范安师）		044000
永济市侨联	运城市永济市博物馆	13015415248（党圣召）		044500
闻喜县侨联	运城市闻喜县太风路领秀花苑东 1 排 3 号	13935943013（陈颖）		043800
河津市侨联	运城市河津市新耿北大街 115 号河津市总工会	13835887988（史玉玲）		043300

内蒙古自治区

单位名称	地　　址	电话号码	邮政编码
内蒙古自治区侨联	呼和浩特市敕勒川大街 1 号 718 室	（0471）4813674	010096
呼和浩特市侨联	呼和浩特市新华东街 1 号党政办公大楼 834B	（0471）4606209	010025
包头市侨联	包头市昆都仑区钢铁大街万號国际写字楼 515 室	（0472）5363631	014010
呼伦贝尔市侨联	呼伦贝尔市海拉尔新区行政中心 D 座 1234 室	（0470）8216590	021000
兴安盟侨联	乌兰浩特市兴安盟党政综合办公大楼 1428 室	（0482）8267428	137400
通辽市侨联	通辽市新城区行政中心大楼 0206 室	（0475）8836952	028000
赤峰市侨联	赤峰市新城区党政综合楼 A220 室	（0476）8822596	024000
锡林郭勒盟侨联	锡林浩特市经济技术开发区盟党政大楼 521 室	（0479）8110422	026000
乌兰察布市侨联	乌兰察布市集宁新区党政大楼 938 室	（0474）8810587	012000
鄂尔多斯市侨联	鄂尔多斯市康巴什新区党政大楼 C424 室	（0477）8589078	017010
巴彦淖尔市侨联	巴彦淖尔市临河区新华西街市党政办公大楼 7041 室	（0478）8655741	015000
乌海市侨联	乌海市海勃湾区市滨河行政中心 A 座 1336 室	（0473）3998852	016000
阿拉善盟侨联	阿拉善盟行政大楼一号楼 1008 室	（0483）8332081	750306
满洲里市侨联	满洲里市新区党政办公大楼 3101 室	（0470）6262159	021400
二连浩特市侨联	二连浩特市党政大楼一号楼 313 室	（0479）7525654	011100
内蒙古大学侨联	呼和浩特市大学西路 235 号	（0471）4992252	010021
内蒙古师范大学侨联	呼和浩特市昭乌达路 81 号	（0471）4392510	010022
内蒙古工业大学侨联	呼和浩特市爱民街 49 号	（0471）6575134	010051
内蒙古农业大学侨联	呼和浩特市昭乌达路 306 号	（0471）4309272	010018
内蒙古财经大学侨联	呼和浩特市回民区北二环路 185 号	（0471）3661120	010071
内蒙古医科大学侨联	呼和浩特市金山经济技术开发区	（0471）6653071 （0471）6653055	010059
内蒙古侨商会	呼和浩特市敕勒川大街 1 号 718 室	（0471）4813674	010096

辽宁省

单位名称	地 址	电话号码	传真号码	邮政编码
辽宁省侨联	沈阳市皇姑区崇山东路 37 号	(024) 31620077	(024) 24846711	110032
沈阳市侨联	沈阳市总站路 115 号 A 1303	(024) 22517732	(024) 22517732	110002
大连市侨联	大连市中山区鲁迅路 278 号	(0411) 82750062	(0411) 82750062	116001
鞍山市侨联	鞍山市铁东区中华南路 240 甲 710 室	(0412) 5539130	(0421) 5539130	114002
抚顺市侨联	抚顺市顺城区新华大街 5 号(中辽大厦 6 楼)	(024) 53885033	(024) 53885033	113006
本溪市侨联	本溪市平山区人民路 31 号	(024) 42822956	(024) 42822956	117000
丹东市侨联	丹东市振兴区银河大街 100 号	(0415) 2127161	(0415) 2127161	118000
锦州市侨联	锦州市太和区市府路 68 号	(0416) 3880666	(0416) 3880666	121013
营口市侨联	营口市站前区东双桥里 29 号	(0417) 2631814	(0417) 2631814	115000
阜新市侨联	阜新市海州区爱国街 6 号	(0418) 3319630	(0418) 3319630	123099
辽阳市侨联	辽阳市白塔区陈家胡同 18 号	(0419) 2125085	(0419) 2125085	111000
铁岭市侨联	铁岭市凡河新区行政中心 1437 房间(金沙江路 28 号)	(024) 72681103	(024) 72681103	112608
朝阳市侨联	朝阳市朝阳大街三段 7 号	(0421) 2858041	(0421) 2622353	122000
盘锦市侨联	盘锦市兴隆台石油大街劳动大厦 8 楼	(0427) 2824344	(0427) 2824344	124010
葫芦岛市侨联	葫芦岛市龙湾区龙湾大街 15 号	(0429) 3114239	(0429) 3114239	125001

吉林省

单位名称	地 址	电话号码	邮政编码
吉林省侨联	长春市工农大路 825 号	(0431) 85087566 (0431) 85089191	130021
长春市侨联	长春市南关区自由大路 3708 号	(0431) 85286491	130022
长春市朝阳区侨联	长春市前进大街 1855 号朝阳区政府	(0431) 85109397	130012
长春市宽城区侨联	长春市北人民大街 3366 号	(0431) 89990420	130000
长春市南关区侨联	长春市前进大街 6888 号	(0431) 89995066	130000
长春市二道区侨联	长春市二道区自由大路 5379 号	(0431) 84642334	130000
长春市绿园区侨联	长春市绿园区和平大街 2288 号	(0431) 87605259	130000
长春市农安县侨联	长春市农安县农安镇兴华路 325 号县政府办公楼西楼 539 室	(0431) 83226464	130200
吉林市侨联	吉林市北京路 82 号	(0432) 62071195	132011
吉林市昌邑区侨联	吉林市昌邑区中兴街 105 号,昌邑区委统战部	(0432) 62755075	132000
吉林市丰满区侨联	吉林市吉林大街 76 号丰满区政府 1 号楼丰满区委统战部	(0432) 64654293	132013
吉林市龙潭区侨联	吉林市龙潭区遵义东路 65 号龙潭区政府区委统战部	(0432) 63041854	132021
吉林市船营区侨联	吉林市船营区松江中路 87 号,船营区委统战部	(0432) 64831060	132011
吉林市蛟河市侨联	蛟河市民主路 13-1 号	(0432) 67250879	132500
吉林市磐石市侨联	磐石市人民路 1633 号政府综合楼 0603,磐石市委统战部	(0432) 65222622	132300
吉林市桦甸市侨联	桦甸市人民主路 201 号桦甸市委统战部	(0432) 66222974	132400
吉林市永吉县侨联	永吉县口前镇滨北路 499 号永吉县委统战部	(0432) 64239122	132100
舒兰市侨联	舒兰市滨河大街 2006 号舒兰市委统战部	(0432) 68260127	123600
延边州侨联	延吉市公园路 2799 号州政务中心	(0433) 2514924	133002
延吉市侨联	延吉市河南街 759 号	(0433) 2515470	133000
敦化市侨联	敦化市新华路 1 号敦化市委	(0433) 6218166	133700
图们市侨联	图们市图们大路 398 号图们市委	(0433) 3661034	133100
龙井市侨联	龙井市六道河路 869—7 号龙井市委	(0433) 3252058	133400
和龙市侨联	和龙市文化街 22 号和龙市委	(0433) 4222500	133500
安图县侨联	安图县顺山北路 15—4 号	(0433) 5822543	133600
汪清县侨联	汪清县汪清西路 9 号汪清县委	(0433) 8815718	133200
珲春市侨联	珲春市珲春西街 755 号市委统战部	(0433) 7565533	133300
四平市侨联	四平市政新街 1 号市政府 8 楼	(0434) 3266386	136099
梨树县侨联	梨树县梨树镇向阳街 1 号统战部	(0434) 5224829	136500
双辽市侨联	双辽市辽河路 1980 号	(0434) 7246550	136400

吉林省

单位名称	地　址	电话号码	邮政编码
通化市侨联	吉林省通化市东昌区秀泉路 702 号	（0435）3214297	134001
集安市侨联	吉林省集安市鸭江路 3001 号侨联	（0435）6223304	134200
通化市辉南县侨联	辉南县朝阳镇兴工街 53 号县政府	（0435）8239925	135100
通化市柳河县侨联	柳河县政府办公楼	（0435）7670345	135300
通化市通化县侨联	通化县团结路 557 号县委统战部	（0435）5220766	134100
通化市东昌区侨联	通化市东昌区江南新区江畅路 269 号	（0435）6106127	134001
通化市二道江区侨联	通化市二道江区钢城路 68 号	（0435）3737710	134003
白城市侨联	白城市文化东路 1 号	（0436）3237387	137000
白城市镇赉县侨联	镇赉县永安西路 677 号	13943622070	137300
大安市侨联	大安市人民路 21 号	（0436）5245206	131300
洮南市侨联	洮南市北部新城新司法局 3 楼	（0436）6223153	137100
白城市洮北区侨联	白城市洮安东路 67 号	（0436）3246113	137000
白城市通榆县侨联	通榆县开通镇民主东路 229 号	（0436）4292228	137200
辽源市侨联	辽源市辽河大路 4227 号市委院内	（0437）3316635	136200
辽源市东丰县侨联	东丰县委院内东丰县委统战部	（0437）6317080	136300
松原市侨联	吉林省松原市宁江区沿江东路 189 号	（0438）2130742	138000
松原市宁江区侨联	松原市宁江区宾馆南三楼 213 室	（0438）3115438	138000
松原市前郭县侨联	松原市前郭县委统战部	（0438）2120553	131100
扶余市侨联	扶余市春华路 899 号	（0438）5876019	131200
松原市乾安县侨联	松原市乾安县统战部	（0438）8252610	131400
松原市长岭县侨联	松原市长岭县政府综合楼	13943307882	131500
白山市侨联	白山市浑江区铁南街 1718 号	（0439）3233009	134300
白山市长白县侨联	长白县长白大街 52 号	（0439）8232206	134400
公主岭市侨联	吉林省公主岭市西公主大街 2199 号	（0434）6235083	136100
梅河口市侨联	吉林省梅河口市人民大街 2008 号	（0435）4222865	135000

黑龙江省

单位名称	地　址	电话号码	邮政编码
黑龙江省侨联	哈尔滨市香坊区中山路 99 号	（0451）82300868	150036
哈尔滨市侨联	哈尔滨市道里区兆麟街 125 号市委 8 号楼	（0451）84619510	150010
齐齐哈尔市侨联	齐齐哈尔市建华区新明大街 27 号党政办公中心	（0452）2791719	161006
牡丹江市侨联	牡丹江市江南党政中心三号楼 409	（0453）6171089	157000
佳木斯市侨联	佳木斯市长安路 2666 号行政中心 1103 室	（0454）8222224	154004
大庆市侨联	大庆市政府大楼 3219 室	（0459）6363074	163311
双鸭山市侨联	双鸭山市新兴大街市委楼	（0469）4231260	155100
七台河市侨联	七台河市桃山区大同路 47 号市政府 1 号楼	（0464）8261332	154600
伊春市侨联	伊春市河西新区市委楼 A 座 201	（0458）3879768	153000
鸡西市侨联	鸡西市鸡冠区红旗路 18 号	（0467）2355200	158100
鹤岗市侨联	鹤岗市委大楼	（0468）3350053	154101
黑河市侨联	黑河市通江路 1 号市委市政府南楼	（0456）8222713	164300
大兴安岭地区侨联	加格达奇大兴安岭地委办公楼	（0457）2730303	165000
绥化市侨联，	绥化市黄河北路党政办公中心	（0455）8386390	152054
农场总局侨联	哈尔滨市香坊区红旗大街 175 号	（0451）55198219	150036
森工总局侨联	哈尔滨市南岗区文昌街 66 号	（0451）82627404	150008
哈尔滨铁路局侨联	哈市南岗区西大直街 51 号	（0451）86423149	150006
绥芬河市侨联	绥芬河市委统战部	（0453）3987266	157300
抚远县侨联	抚远县委统战部	（0454）2154345	156500

上海市

单位名称	地 址	电话号码	邮政编码
上海市侨联	延安西路 129 号	（021）62497515	200040
徐汇区侨联	乌鲁木齐南路 218 号	（021）64453044	200031
长宁区侨联	安西路 37 号 402 室	（021）62522757	200050
普陀区侨联	大渡河路 1718 号	（021）52564588	200333
虹口区侨联	唐山路 902 号 1 号楼	（021）65853997	200082
杨浦区侨联	控江路 1535 号	（021）65155251	200093
黄浦区侨联	茂名南路 151 号 6 楼	（021）64662970	200020
静安区侨联	康定路 950 弄 50 号	（021）62188083	200042
浦东新区侨联	民生路 1286 号 6 楼	（021）68543935	200135
宝山区侨联	密山路 5 号 A 区 2 楼	（021）56691373	201900
闵行区侨联	沪闵路 6258 号	（021）54172386	201100
嘉定区侨联	嘉定镇博乐南路 111 号	（021）69989809	201800
金山区侨联	卫零路 809 号	（021）57962248	200540
松江区侨联	谷阳北路 3 号	（021）57723031	201600
奉贤区侨联	南奉公路 9503 号	（021）57187523	201400
青浦区侨联	青浦镇公园路 100 号	（021）59733721	201700
崇明县侨联	城桥镇人民路 35 号	（021）59621826	202150

江苏省

单位名称	地 址	电话号码	传真号码	邮政编码
江苏省侨联	南京市中山北路 283 号 10 号楼	（025）83329483	（025）83425335	210003
江苏省侨商总会	南京市中山北路 283 号 10 号楼	（025）83580514	（025）83531265	210003
江苏省华侨公益基金会	南京市中山北路 283 号 10 号楼	（025）83580532	（025）83531265	210003
江苏省侨联特聘专家委员会	南京市中山北路 283 号 10 号楼	（025）83580536	（025）83531265	210003
江苏省侨联法律顾问委员会	南京市中山北路 283 号 10 号楼	（025）83580537	（025）83531265	210003
江苏省侨联青年委员会	南京市中山北路 283 号 10 号楼	（025）83580515	（025）83706180	210003
江苏省侨联华侨书画院	南京市中山北路 283 号 10 号楼	（025）83580526	（025）83425335	210003
南京市侨联	南京市成贤街 43 号 3 号楼	（025）83196235	（025）83190462	210018
南京市建邺区侨联	南京市江东中路 269 号	（025）87778231	（025）87778987	210019
南京市秦淮区侨联	南京市太平南路 69 号	（025）84556518	（025）84556529	210002
南京市鼓楼区侨联	南京市山西路 124 号	（025）83230169	（025）83230140	210009
南京市浦口区侨联	南京市浦口区江浦街道文德路 18 号	（025）58887757	（025）58882101	211800
南京市雨花台区侨联	南京市雨花南路区机关大楼	（025）52873627	（025）52883237	210012
南京市栖霞区侨联	南京市尧化门街 189 号	（025）85566945	（025）85570387	210046
南京市玄武区侨联	南京市珠江路 455 号	（025）83678267	（025）83682235	210018
南京市六合区侨联	南京市六合区雄州街道雄州南路 268 号六合大厦 26 楼	（025）57121052	（025）57759550	211500
南京市江宁区侨联	南京市江宁区上元大街 369 号	（025）87180020	（025）52281054	211100
南京市溧水区侨联	南京市溧水区永阳镇大东门 68 号	（025）57212823	（025）57212823	211200
南京市高淳区侨联	南京市高淳区镇兴路 228 号	（025）57338177	（025）57338311	211300
无锡市侨联	无锡市新金匮路 1 号市民中心 7 号楼	（0510）81827210	（0510）81827223	214131
江阴市侨联	江阴市澄江中路 9 号	（0510）86860343	（0510）86860343	214400
宜兴市侨联	宜兴市陶都路 8 号	（0510）87986573	（0510）87986573	214206
无锡市梁溪区侨联	无锡市解放南路 688 号	（0510）82732687	（0510）83158838	214015
无锡市锡山区侨联	无锡市锡山区锡州中路 1 号	（0510）88205091	（0510）88209763	214101
无锡市惠山区侨联	无锡市惠山区文惠路 8 号	（0510）83588906	（0510）83588906	214174
无锡市滨湖区侨联	无锡市滨湖区金城西路 500 号	（0510）81178158	（0510）81178157	214071
无锡市新吴区侨联	无锡市新吴区和风路 28 号	（0510）81890505	（0510）81891620	214135
徐州市侨联	徐州市新城区元和路 1 号 B 区 316 室	（0516）83850220	（0516）83850220	221018
睢宁县侨联	睢宁县行政中心 8 楼 812 室	（0516）88387595	（0516）88387595	221200

江苏省

单位名称	地　址	电话号码	传真号码	邮政编码
丰县侨联	丰县人民东路 8 号	（0516）89210432	（0516）89210432	221700
沛县侨联	沛县新城区沛公路 2 号行政服务中心统战部	（0516）68868828	（0516）89887189	221600
徐州市铜山区侨联	铜山新区政协楼 1 楼区委统战部	（0516）83405152		221100
徐州市泉山区侨联	徐州市解放南路延长段 26 号泉山区政府 932 室	（0516）85936260		221006
徐州市鼓楼区侨联	徐州市中山北路 253 号	（0516）87636222	（0516）87636222	221005
新沂市侨联	新沂市市府路 37 号综合楼 5 楼市侨联	（0516）88920693		221400
徐州市云龙区侨联	云龙区和平大道 66 号侨联	（0516）80803259		221009
徐州市贾汪区侨联	贾汪区行政中心侨联	（0516）66889931		221011
邳州市侨联	邳州市委统战部转侨联	（0516）86299069		221300
常州市侨联	常州市龙城大道 1280 号行政中心 3 号楼 B 座 3 楼	（0519）85683830	（0519）85683830	213022
溧阳市侨联	溧阳市南环路 18 号	（0519）87269175	（0519）87269175	213300
常州市金坛区侨联	常州市金坛区金山路 168 号	（0519）82815550	（0519）82815550	213200
常州市武进区侨联	常州市武进区行政中心 1 号楼 7 楼	（0519）86313660	（0519）86310875	213159
常州市新北区侨联	常州市新北区衡山路 8 号 2006 室	（0519）85177978	（0519）85115905	213022
常州市钟楼区侨联	常州市钟楼区政府星港大道 88 号	（0519）88890619	（0519）88890619	
常州市天宁区侨联	常州市竹林北路 256 号	（0519）69660352	（0519）69660357	
苏州市侨联	苏州市五卅路 148 号	（0512）65221000	（0512）65221000	215006
张家港市侨联	张家港市华昌路 3 号港城大厦 22 楼	（0512）58682926	（0512）58682926	215600
常熟市侨联	常熟市金沙江路 8 号政府内	（0512）52871305	（0512）52871305	215500
太仓市侨联	太仓市县府东街 99 号 2 号楼 2 楼	（0512）53952256	（0512）53952256	215400
昆山市侨联	昆山市前进中路 167 号国际大厦 5 楼	（0512）57553540	（0512）55238651	215300
苏州市吴江区侨联	吴江区吴江大厦 B15 楼	（0512）63981589	（0512）63981581	215200
苏州市吴中区侨联	苏州吴中区太湖东路 288 号	（0512）65251767	（0512）65251767	215128
苏州市相城区侨联	苏州相城区阳澄湖东路 8 号相城区行政中心	（0512）85181610	（0512）85181601	215131
苏州市姑苏区侨联	苏州市平川路 510 号 1 楼	（0512）68728516		215000
苏州市工业园区侨联	苏州工业园区现代大道 999 号现代大厦统战部（侨联）			215028
苏州市高新区侨联	苏州高新区科普路 58 号 高新区统战部转侨联			215163
南通市侨联	南通市工农南路 88 号海联大厦 3 楼	（0513）51015782	（0513）51015783	226018
海安县侨联	海安县海安镇长江中路 106 号县政府大楼 1417	（0513）88852585	（0513）88852585	226600
如皋市侨联	如皋市福寿路 398 号市行政中心中 B 楼 15 楼	（0513）87658825	（0513）87199868	226500
如东县侨联	如东县掘港镇富春江中路 1 号	（0513）84513050	（0513）84113431	226400
海门市侨联	海门市北京中路 600 号	（0513）81261693	（0513）82222994	226100
启东市侨联	启东市世纪大道 1288 号市政府 5 号门室	（0513）83310041	（0513）83310041	226200
南通市通州区侨联	通州区行政中心内	（0513）86513625	（0513）86028620	226300
南通市崇川区侨联	崇川区桃坞路 44 号	（0513）85062062	（0513）85062091	226000
南通市港闸区侨联	南通市城港路 58 号	（0513）85609665	（0513）85609657	226005
连云港市侨联	连云港市新浦区苍梧路 36 号振兴学生公寓（院内）4 号楼 5 楼	（0518）85501782	（0518）85501782	222000
连云港市海州区侨联	连云港市海州区秦东门大街 28 号海州区政府 243 室	（0518）85456151	（0518）85456151	222000
连云港市赣榆区侨联	连云港市赣榆区政府大楼 1425 室	（0518）86223335	（0518）86223335	222100
灌南县侨联	连云港市灌南县行政中心 828 室	（0518）83222563	（0518）83222094	223500
东海县侨联	连云港市东海县行政中心 B 楼 905	（0518）87672266	（0518）87672266	222300
连云港市连云区侨联	连云港市连云区西墅路 1 号连云区政府 A117 室	（0518）82308895	（0518）82309473	222000
灌云县侨联	连云港市灌云县西苑南路 1 号灌云县行政中心 405 室	（0518）88997233	（0518）88997233	222200
淮安市侨联	淮安市翔宇南道 1 号南楼 1216	（0517）83606212	（0517）83606212	223001
淮安市淮阴区侨联	淮安市淮阴区行政中心 428 室	（0517）84997649		223300

江苏省

单位名称	地　　址	电话号码	传真号码	邮政编码
淮安市淮安区侨联	淮安市淮安区兴文街区委大院1楼侨联	（0517）85882223		223200
涟水县侨联	涟水县涟城镇红日大道1号县政府办公楼632室	（0517）82380871	（0517）82380871	223400
淮安市洪泽区侨联	洪泽区人民路26号区侨联	（0517）87230587	（0517）87230587	223100
盐城市侨联	盐城市世纪大道21号市行政中心	（0515）86662432	（0515）86662432	224005
东台市侨联	东台市北海路8号新市政府大楼	（0515）85213938	（0515）60600621	224200
盐城市大丰区侨联	大丰区政府大院	（0515）83818549	（0515）83818549	224100
建湖县侨联	建湖卫生局南二楼206室	（0515）86215389		224700
射阳县侨联	射阳县政府大楼射阳县侨联	（0515）89290929	（0515）89290929	224300
阜宁县侨联	阜宁县城南C座国土局1802室	（0515）87238630	（0515）87238630	224400
滨海县侨联	滨海县行政办公中心1123室	（0515）84108356	（0515）68982178	224500
盐城市盐都区侨联	盐都新区行政中心盐都区侨联	（0515）88426085	（0515）88426085	224005
扬州市侨联	扬州市汶河北路29号4楼	（0514）87341695	（0514）87312513	225002
高邮市侨联	高邮市海潮东路28号	（0514）85080190	（0514）84688213	225600
仪征市侨联	仪征市真州西路1号交通大厦六楼	（0514）83441118	（0514）83416982	211400
扬州市广陵区侨联	扬州市广陵区文昌中路548号广陵区政府大院内	（0514）87342215	（0514）87342215	225001
扬州市江都区侨联	扬州市江都区江淮路388号行政中心15楼	（0514）86299353	（0514）86299353	225200
扬州市邗江区侨联	扬州市邗江区邗江中路338号	（0514）87862114	（0514）87636136	225009
宝应县侨联	宝应县宝应大道88号行政中心	（0514）88282650	（0514）88290321	225800
镇江市侨联	镇江市南徐大道68号新行政中心6号楼	（0511）84420188	（0511）84420188	212004
丹阳市侨联	丹阳市开发区兰陵路8号市行政中心	（0511）86922123		212300
扬中市侨联	扬中市中电大道8号市行政中心1号楼	（0511）88326627	（0511）88326627	212200
句容市侨联	句容市华阳南路党校教学楼2楼句容新闻报道中心	（0511）87225849		212400
镇江市丹徒区侨联	镇江市丹徒区谷阳大道1号	（0511）88977123	（0511）88977124	212028
镇江市京口区侨联	镇江市学府路39号区政府大院内	（0511）80850602		212002
镇江市润州区侨联	镇江市润州路5号（区政府大院内）	（0511）85636198		212005
泰州市侨联	泰州市凤凰东路58号政府大院B楼203	（0523）86839430	（0523）86839430	225309
靖江市侨联	靖江市阳光大道1号靖江市政府主楼1308室	（0523）89181308	（0523）89181386	214500
泰兴市侨联	泰兴市中兴大道218号（泰兴市政府大院内）	（0523）87623070	（0523）87766030	225400
兴化市侨联	兴化市新区行政中心7号楼（兴化市政府大院内）	（0523）83326750	（0523）83326759	225700
泰州市海陵区侨联	泰州市海陵区东进西路109号（单声珍藏文物馆内）	（0523）86235614	（0523）86235614	225300
泰州市高港区侨联	泰州市高港区港城路8号（高港区政府大院内）	（0523）86966100	（0523）86966037	225321
泰州市姜堰区侨联	泰州市姜堰区上海路1号姜堰区行政大楼704室	（0523）88869665	（0523）88869665	225500
宿迁市侨联	宿迁市南湖路1号市党政大楼812房间	（0527）84368580	（0527）84368532	223800

浙江省

单位名称	地　　址	电话号码	邮政编码
浙江省侨联	杭州市保俶路24号	（0571）85119617 （0571）85119059	310007
杭州市侨联	杭州市延安路484号3号楼6楼	（0571）87214209	310006
上城区侨联	上城区惠民路3号	（0571）87823571	310002
下城区侨联	杭州市下城区文晖路1号1315室	（0571）28910819	310004
江干区侨联	庆春东路1号	（0571）86974741	310020
拱墅区侨联	台州路1号拱墅区侨联	（0571）88259627	310015
西湖区侨联	杭州市浙大路1号西湖区委统战部	（0571）87935022	310013
高新区（滨江）区侨联	滨江区江南大道100号	（0571）87702338	310052
萧山区侨联	萧山区行政中心4号楼1楼	（0571）82898355	311202

浙江省

单位名称	地　址	电话号码	邮政编码
余杭区侨联	余杭区临平西大街 33 号	（0571）89162079	311100
建德市侨联	建德市新安江街道江滨路 58 号	（0571）58312529	311600
富阳区侨联	富阳区富春街道桂花路 25 号富阳市委统战部	（0571）63379282	311400
临安市侨联	临安市府大院 5 号楼 317	（0571）63722954	311300
桐庐县侨联	桐庐县迎春南路 298 号	（0571）58569361	311500
淳安县侨联	淳安县千岛湖新安北路 18 号	（0571）24818853	311700
宁波市侨联	宁波市和济街 95 号 18 楼	（0574）89184349	315042
海曙区侨联	宁波市海曙区县前街 61 号 1 号楼 8 楼	（0574）55889265	315010
江东区侨联	彩虹北路 58 号 4006	（0574）87339641	315040
北仑区侨联	北仑区新碶长江路 1166 号行政中心 A 座	（0574）86780425	315800
江北区侨联	江北区新马路 61 弄	（0574）87650791	315020
镇海区侨联	镇海大道中段 670 号商务大楼 A2-8 楼	（0574）86252416	315202
鄞州区侨联	鄞州区惠风东路 568 号	（0574）87523529	315192
余姚市侨联	余姚市北兰江路 1 号	（0574）62703276	315400
慈溪市侨联	慈溪市白沙路街道三北大街 655 号	（0574）63980522、63980521	315300
奉化市侨联	奉化市锦屏南路 1 号	（0574）88588831	315500
象山县侨联	象山丹城后堂街 21 号	（0574）65739908	315700
宁海县侨联	宁海县跃龙街道县前街 18 号	（0574）65562573	315600
东钱湖旅游度假区侨联	宁波茗湖山庄	（0574）88366303	315121
温州市侨联	温州市行政管理中心（市府路 500 号）主楼 12 楼	（0577）88968632	325000
鹿城区侨联	广场路 188 号 11 号 202 室	（0577）88030632	325000
龙湾区侨联	龙湾区行政管理中心大楼 1320 室	（0577）86966908	325058
洞头区侨联	洞头区北岙街道县前路 12 号	（0577）63489487	325700
瓯海区侨联	瓯海区娄桥街道云飞路（瓯海行政中心 5 号楼 3 楼）	（0577）88503035	325005
瑞安市侨联	瑞安市安阳街道安盛路 196 号侨联大厦 3 楼	（0577）65915163	325200
乐清市侨联	乐清市市府路 1 号 B603 室	（0577）61880669	325600
永嘉县侨联	温州市永嘉县上塘县前路 94 号县行政中心 14 楼	（0577）67222089、57669010	325100
平阳县侨联	平阳县政府西坑大楼 137 室	（0577）58198230	325400
苍南侨联	苍南县行政中心 818 室	（0577）68881156	325800
文成县侨联	文成县大峃镇县前街 151 号县侨联大楼华侨之家	（0577）67834791	325300
泰顺县侨联	泰顺县罗阳镇东大街 6 号	（0577）67582745	325500
湖州市侨联	湖州市仁皇山新区行政中心 2 号楼	（0572）2398609	313000
吴兴区侨联	吴兴区吴兴大道 1 号吴兴行政中心 1 号楼 10928 室	（0572）2289195	313000
南浔区侨联	南浔区行政中心区侨办（南浔镇向阳路 601 号）	（0572）3069659	313009
德清县侨联	德清县武康镇千秋东街 1 号县行政中心 A 楼 10 楼	（0572）8289169	313200
长兴县侨联	长兴县龙山街道行政中心 B 幢 508 室	（0572）6256220	313100
安吉县侨联	安吉县行政大楼 822 号（安吉县委统战部）	（0572）5123882	313300
嘉兴市侨联	嘉兴市南湖区广场路 1 号行政中心 5 号楼	（0573）82521392	314050
南湖区侨联	嘉兴市凌公塘路 1260 号南湖区行政中心	（0573）82838024	314051
秀洲区侨联	嘉兴市洪兴路 1765 号秀洲区行政中心	（0573）82720249	314031
嘉善县侨联	嘉善县嘉善大道 126 号	（0573）84228051	314100
平湖市侨联	平湖市当湖街道胜利路 380 号（市政府 1 号楼 8 楼）	（0573）85060843	314200
海盐县侨联	海盐县武原街道枣园中路 118 号	（0573）86110228	314300
海宁市侨联	海宁市海洲西路 226 号市行政中心 1 号楼 10-819 室	（0573）87288232	314400
桐乡市侨联	桐乡市振兴东路行政中心市政府 520 室	（0573）89391290	314500
嘉兴港区侨联	嘉兴港区乍浦镇东方大道 1 号嘉兴港区管委会	（0573）85581723	314201
嘉兴科技城侨联	嘉兴市凌公塘路 3339 号 JRC-402	（0573）83915189	314022
绍兴市侨联	绍兴市府山西路 360 号	（0575）85172769	312000
越城区侨联	绍兴市越城区延安路 18 号	（0575）88316952	312000

浙江省

单位名称	地　　址	电话号码	邮政编码
柯桥区侨联	绍兴市柯桥区华齐路 1066 号 15 楼	（0575）84138861	312030
上虞区侨联	绍兴上虞区市民大道 987 号	（0575）82213129	312300
诸暨市侨联	诸暨市浣纱支路 58 号临江大厦 3 楼	（0575）87011720	311800
嵊州市侨联	嵊州市领带园区五路 3 号	（0575）83032286	312400
新昌县侨联	新昌县人民中路 190 号 2 号楼	（0575）86026577	312500
金华市侨联	金华市双龙南街 811 号市工人大厦 12 楼	（0579）82436190	321017
婺城区侨联	金华市宾虹西路 2666 号区行政中心南楼	（0579）82339182	321025
金东区侨联	金华市金东区光南路 863 号（区委区政府内）	（0579）82176706	321015
兰溪市侨联	兰溪市府前路 81 号党政中心	（0579）88899638	321100
义乌市侨联	义乌市县前街 21 号（市委统战部 301 办公室）	（0579）85523559	322000
东阳市侨联	东阳市江北行政中心	（0579）86655556	322100
永康市侨联	永康市金城路 25 号（市委市府大院）	（0579）87101426	321300
武义县侨联	武阳东路 2 号明招大厦 6 楼	（0579）87663960	321200
浦江县侨联	浦江县人民东路 38 号（县委县府大院）	（0579）84111015	321200
磐安县侨联	磐安县龙山路 1 号（县委县府大院）	（0579）84666828	322300
衢州市侨联	衢州市白云中大道 37 号 11-12 楼	（0570）3080122	324003
衢江区侨联	衢州市衢江区行政大楼 0946 室	（0570）3838147	324022
江山市侨联	江山市中山路 118 号	（0570）4022836	324100
常山县侨联	常山县天马街道人民路 3 号	（0570）5026819	324200
开化县侨联	开化县芹阳办事处解放街 54 号	（0570）6510398	324300
龙游县侨联	龙游县太平西路 28 号县府大院内	（0570）7022466	324400
柯城区侨联	衢州市柯城区双港路 416 号柯城环保局大楼二楼	（0570）3030278	324000
衢州学院"三胞"眷属联谊会	浙江省衢州市九华北大道 78 号	（0570）8026602	324000
舟山市侨联	舟山市新城海天大道 681 号东 1 号楼 10 楼	（0580）2280863	316021
定海区侨联	舟山市定海区昌国路 61 号	（0580）2022512	316000
普陀区侨联	舟山市普陀区东港昌正街 169 号东港商务中心	（0580）3010112	316100
岱山县侨联	岱山县高亭镇竹屿新区鱼山大道 681 号	（0580）4472934	316200
嵊泗县侨联	嵊泗县菜园镇县侨联	（0580）5580500	202450
台州市侨联	台州市行政大楼 6 楼	（0576）8851072	318000
椒江区侨联	台州市椒江区建设路 16 号	（0576）88800022	318000
黄岩区侨联	台州市黄岩区行政大楼 1204 室	（0576）84121668	318020
路桥区侨联	台州市路桥区行政大楼	（0576）82449969	318050
温岭市侨联	温岭市人民东路 258 号市行政大楼 14 楼	（0576）86223098	317500
临海市侨联	临海市东方大道 99 号市府大院 2 楼	（0576）85226840	317000
玉环县侨联	玉环县政府大院	（0576）87278172	317600
三门县侨联	三门县行政中心 0929 室	（0576）83332295	317100
天台县侨联	天台县行政中心 15 楼 1509 室	（0576）83930272	317200
仙居县侨联	仙居县环城西路 50 号供电大楼 14 楼	（0576）87792908	317300
丽水市侨联	丽水市莲都区花园路 1 号	（0578）2091948	323000
莲都区侨联	丽水解放街 51 号	（0578）2116172	323000
龙泉市侨联	龙泉市行政中心 10 楼 G13 室	（0578）7262901	323700
青田县侨联	青田县鹤城街道圣旨街 61 号 3 楼	（0578）6821419	323900
缙云县侨联	缙云县五云镇复兴街 154 号	（0578）3144185	321400
遂昌县侨联	遂昌县妙高镇前街 1 号	（0578）8123115	323300
松阳县侨联	松阳县府前街 1 号	（0578）8062561	323400
庆元县侨联	庆元县石龙街 32 号	（0578）6114248	323800
云和县侨联	云和县云和镇城北路 6 号	（0578）5122688	323600
景宁县侨联	景宁畲族自治县府前西路 19 号	（0578）5626897	323500

安徽省

单位名称	地　址	电话号码	传真号码	邮政编码
安徽省侨联	合肥市马鞍山路 509 号省政务服务中心 B 座 16 楼	（0551）62999181	（0551）62999182	230002
合肥市侨联	合肥市东流路 100 号政务中心 1 区 B 座 8 层	（0551）63538902	（0551）63538901	230071
淮北市侨联	淮北市人民路 208 号 1 楼	（0561）3119263	（0561）3119263	235000
亳州市侨联	芍花路 588 号行政中心 5065 室	（0558）5555957	（0558）5555372	236800
宿州市侨联	宿州市银河一路政务中心 B 座 2 楼 204 室	（0557）3038691	（0557）3038691	234000
蚌埠市侨联	蚌埠市东海大道行政办公中心	（0552）3119928	（0552）3122007	233000
阜阳市侨联	阜阳市清河东路 580 号明珠建设 3 楼	（0558）2195278	（0558）2195276	236000
淮南市侨联	淮南市山南新区和风大街 88 号 A 座 738 室	（0554）6644872	（0554）6678283	232001
滁州市侨联	滁州市育新路 174 号	（0550）3037317	（0550）3041041	239000
六安市侨联	六安市佛子岭路行政中心	（0564）3379612	（0564）3379612	237001
马鞍山市侨联	马鞍山市雨山区印山西路 299 号教育局大楼 12 层	（0555）2474491	（0555）2474491	243000
芜湖市侨联	芜湖市政务文化中心 B 区 117 室	（0553）3885586	（0553）3815780	241011
宣城市侨联	宣城市鳌峰中路 45 号	（0563）3021263	（0563）3022279	242000
铜陵市侨联	铜陵市行政中心南 15 楼	（0562）5880801	（0562）5880801	244000
池州市侨联	池州市翠柏路百翠综合楼 3 楼	（0566）2811419	（0566）2811482	247000
安庆市侨联	安庆市菱湖北路 30 号	（0556）5346557	（0556）5346557	246002
黄山市侨联	黄山市委市政府大楼	（0559）2355268	（0559）2355262	245000
中国科学技术大学侨联	合肥市金寨路 96 号中国科技大学	（0551）63602586		230026
合肥工业大学侨联	合肥市屯溪路 193 号	（0551）63161989		230001
安徽大学侨联	合肥市肥西路 3 号安徽大学历史系	（0551）65106117		230039
安徽医科大学侨联	合肥市梅山路 81 号安徽医科大学第一附属医院心血管内科 10 楼	（0551）65161048 （0551）62922261		230022
安徽工业大学侨联	马鞍山市安工大工商学院	（0555）2311975		243000
（区）侨联组织：				
桐城市侨联	桐城市政府大楼 204 室	（0556）6123677		231400
怀宁县侨联	怀宁县高河镇政和路 128 号	（0556）4611195		246121
潜山县侨联	潜山县外事侨务办公室（侨联）	（0556）8921830		246300
岳西县侨联	岳西县天堂镇天堂路县外侨办 102 室	（0556）2173047		246600
太湖县侨联	太湖县熙湖路 4 号	（0556）4186107		246400
望江县侨联	望江县政府大楼	（0556）7171480		246200
宿松县侨联	宿松县人民中路 104 号	（0556）7822233		246500
宿州市埇桥区侨联	宿州市埇桥区胜利东路 636 号	（0557）3024103		234000
黄山市歙县侨联	歙县政府大楼	（0559）6510046		
淮南市寿县侨联	淮南市寿县国投大厦县侨联 1023 室	（0564）4039565		232200
马鞍山市含山县侨联	马鞍山市含山县褒禅山路县政务中心 238100	（0555）4958038 （0555）4313588		
马鞍山市和县侨联	马鞍山市和县和州路县政府办公室 315 室	（0555）5312537		
马鞍山市当涂县侨联	马鞍山市当涂县太白中路 6 号县行政中心大楼 135 办公室	（0555）6737484		243100
马鞍山市花山区侨联	马鞍山市竹园路 2 号	（0555）2489015		
马鞍山市雨山区侨联	马鞍山市雨山区青莲路雨山区行政中心	（0555）2357156		243000
马鞍山市博望区侨联	马鞍山市博望区政府	（0555）6776099		243131
马鞍山市经济技术开发区侨联	马鞍山市红旗南路经济开发区管委会	（0555）8323731		243041
马鞍山市慈湖高新区侨联	马鞍山市天门大道北段 1688 号慈湖高新技术产业开发区	（0555）3508707		
马鞍山市郑蒲港新区侨联	马鞍山市郑蒲港新区中飞大道 277 号	（0555）5364678		238261
马鞍山市示范园区侨联	马鞍山市承接产业示范园区（205 国道）	18655596609		243111
蚌埠市怀远县侨联	蚌埠市怀远县政府办公室 410 文电室	（0552）8212627		233400
蚌埠市五河县侨联	蚌埠市五河县惠民路 8 号县政府办公室	（0552）505635		233300

安徽省

单位名称	地　址	电话号码	传真号码	邮政编码
蚌埠市固镇县侨联	蚌埠市固镇县委大院统战部办公室	（0552）6012003		233700
蚌埠市龙子湖区侨联	蚌埠市治淮路 706 号龙子湖区统战部	（0552）3040242		233040
蚌埠市蚌山区侨联	蚌埠市东海大道 3858 号蚌山区统战部	（0552）2067525		233000
蚌埠市禹会区侨联	蚌埠市涂山路 429 号禹会区统战部	（0552）4950958		233000
蚌埠市淮上区侨联	蚌埠市淮上大道淮上区行政办公中心统战部	（0552）2829401		233000
蚌埠市经济开发区侨联	蚌埠市大学科技园城市之门西楼经开区党政办	（0552）3183518		233000
蚌埠市高新区侨联	蚌埠市燕山路 1599 号高新区招商二局	（0552）4072588		233010
合肥市包河区侨联	合肥市包河大道 118 号包河区政府北楼 503 室，	（0551）63357061		230025
合肥市庐阳区侨联	合肥市濉溪路 295 号庐阳区政府七楼 710 室	（0551）65699488		230041
合肥市蜀山区侨联	合肥市蜀山区梅山路 107 号 504 室	（0551）65121153		
合肥市瑶海区侨联	合肥市瑶海区明光路 1 号	（0551）64499960		
合肥市肥东县侨联	肥东县店埠镇人民路 15 号	（0551）7728340		
合肥市肥西县侨联	合肥市肥西县上派镇巢湖路总工会大厦 6 楼	13805606379		231200
合肥市庐江县侨联	庐江县塔山路 266 号县政府综合楼一楼	（0551）87339158		
合肥市巢湖市侨联	巢湖市姥山路 1 号市政府综合楼 712 室	（0551）82319831		
铜陵市枞阳县侨联	枞阳县浮山路 8 号	（0562）3211970		246700
铜陵市义安区侨联	铜陵县建设路 1 号	（0562）8810077		244100
芜湖市无为县侨联	无为县人民政府办公大楼 D208 县外事侨务办公室（县侨联）	（0553）6611257		238301
芜湖市镜湖区侨联	芜湖市镜湖区张家山领秀城 18-1-2001	13195311006		241000
芜湖市经济技术开发区侨联	芜湖市银湖北路 38 号芜湖市科创中心	（0553）5940061		241009

福建省

单位名称	地　址	电话号码	传真号码	邮政编码
福建省侨联	福州市鼓屏路 192 号山海大厦 10 楼	（0591）87804224	（0591）87818370	350001
以下为各地市县级侨联：（96 个）				
福州市侨联	福州市五一北路 106 号新侨联广场 A 座 6 层	（0591）87537290	（0591）87506180	350001
福州市鼓楼区侨联	福州市鼓楼区津泰路 98 号档案楼 7 楼	（0591）87554621	（0591）87554621	350001
福州市台江区侨联	福州市台江区台江路 88 号安平大厦 13 楼	（0591）83272144	（0591）83272144	350009
福州市仓山区侨联	福州市仓山区对湖路 21 号	（0591）83478613	（0591）83478613	350007
福州市晋安区侨联	福州市晋安区福马路 241 号 4 层	（0591）83640979	（0591）83640979	350011
福州市马尾区侨联	福州市马尾区君竹路 30 号	（0591）83683557	（0591）83987897	350015
长乐市侨联	长乐市爱心路 232 号	（0591）28922307	（0591）28831623	350200
福清市侨联	福清市融城一拂路 116 号	（0591）85222577	（0591）85222577	350300
平潭县侨联	平潭县城关东大路 130 号	（0591）38716389	（0591）24325036	350400
连江县侨联	连江县凤城镇丹凤路	（0591）87537290	（0591）87501578	350500
罗源县侨联	罗源县凤山镇北大路 15 号政府大楼	（0591）26831381	（0591）26831381	350600
永泰县侨联	永泰县樟城镇较场路 3 号	（0591）24833068	（0591）24833068	350700
闽清县侨联	闽清县梅城镇解放大街 55 号华侨大厦 3 层	（0591）22332197	（0591）22375030	350800
闽侯县侨联	闽侯县甘蔗镇八一八西路 136 号海联大厦 3 楼县侨联	（0591）22068268	（0591）22069269	350100
厦门市侨联	厦门市白鹭洲路 16 号 8 楼	（0592）2699090	（0592）2699083	361004
厦门市思明区侨联	厦门市禾祥东路 168 号	（0592）5818358	（0592）5880950	361004
厦门市湖里区侨联	厦门市湖里区枋湖南路 161 号 8 楼	（0592）5722317	（0592）5722260	361006
厦门市集美区侨联	厦门市集美区集源路 82 号	（0592）6067114	（0592）6102079	361021
厦门市同安区侨联	厦门市同安区南门路 87 号	（0592）7022730	（0592）7311831	361100
厦门市翔安区侨联	厦门市翔安区行政中心	（0592）7889787	（0592）7889727	361102
厦门市海沧区侨联	厦门市海沧区滨湖北路 9 号	（0592）6589322	（0592）6588306	361026
宁德市侨联	宁德市署前路 14 号	（0593）2869025	（0593）2869025	352100

福建省

单位名称	地　址	电话号码	传真号码	邮政编码
宁德市蕉城区侨联	宁德市莲峰路 4 号	(0593)2825966	(0593)2825575	352100
古田县侨联	宁德古田县解放路 192 号	(0593)3882970	(0593)3882142	352200
屏南县侨联	宁德屏南县县府路 1 号	(0593)3322096	(0593)3322096	352300
福安市侨联	宁德福安市上杭路 10 号	(0593)6382589	(0593)6382589	355000
霞浦县侨联	宁德霞浦县政协大院内	(0593)8893249	(0593)8636396	355100
福鼎市侨联	宁德福鼎市委大院内	(0593)7810546	(0593)7810546	355200
柘荣县侨联	宁德柘荣县委大院内	(0593)8352848	(0593)8352848	355300
周宁县侨联	宁德周宁县委大院内	(0593)5627910	(0593)5627910	355400
寿宁县侨联	宁德寿宁县政府大院内	(0593)5522783	(0593)5522181	355500
宁德市东湖塘华侨农场侨联	宁德市东湖塘华侨农场	(0593)2871231	(0593)2871231	352101
莆田市侨联	莆田市荔城区六城门城门街 551 号 3 号楼	(0594)2333766	(0594)2333766	351100
莆田市城厢区侨联	莆田市城厢区政府 3 楼 330 室	(0594)2681872	(0594)2681872	351100
莆田市秀屿区侨联	莆田市秀屿区侨联大厦	(0594)5869808	(0594)5871808	351146
莆田市荔城区侨联	莆田市东大路 135 号	(0594)2292665	(0594)2291579	351100
莆田市涵江区侨联	莆田市涵江区华侨路 119 号涵江侨联大厦	(0594)3597088	(0594)3396704	351111
仙游县侨联	仙游县鲤城街道八二五大街 919 号	(0594)8599510	(0594)8599510	351200
泉州市侨联	泉州市东湖街 732 号华侨历史博物馆内	(0595)22282352	(0595)22190737	362000
泉州市鲤城区侨联	泉州市区打锡街 157 号旧区政府 4 号楼 2 楼	(0595)22285808	(0595)22178220	362000
泉州市丰泽区侨联	泉州市津淮街迎津新村 8 幢 13 楼梯 2 楼	(0595)22567501	(0595)22508385	362000
泉州市洛江区侨联	泉州市洛江区政府办公室 5 楼	(0595)22633866	(0595)22633866	362000
泉州市泉港区侨联	泉州市泉港区联检大楼 6 楼	(0595)87971357	(0595)87971356	362800
泉州台商投资区侨联	泉州台商投资区政府 9 楼	(0595)27398893	(0595)27396690	362100
石狮市侨联	石狮市群英北路侨联大厦 7 楼	(0595)88781041	(0595)88792929	362700
晋江市侨联	晋江市青阳新大街南路 41 号	(0595)85661318	(0595)85668158	362200
南安市侨联	南安市溪美镇新华路 4 号	(0595)86382252	(0595)86372252	362300
惠安县侨联	惠安县螺城科山路 2 号	(0595)87382115	(0595)87393561	362100
安溪县侨联	安溪县凤城北街联谊大厦	(0595)23232435	(0595)23281658	362400
永春县侨联	永春县桃城环城路 1—3 号	(0595)23882653	(0595)23875808	362600
德化县侨联	德化县龙津路北段 28 号	(0595)23522321	(0595)23522321	362500
漳州市侨联	漳州市芗城区南昌路小商品城 C 幢 305 室	(0596)2031137	(0596)2024960	363000
漳州市芗城区侨联	漳州市芗城区华侨新村 1 号	(0596)2033101	(0596)2033101	363000
漳州市龙文区侨联	漳州市龙文区政府大楼 202 号	(0596)2128787	(0596)2128787	363000
漳州市常山华侨经济开发区侨联	漳州常山华侨经济开发区	(0596)8626112	(0596)8628220	363300
诏安县侨联	诏安县南诏镇中心路 487 号	(0596)3322323	(0596)3323889	363500
东山县侨联	东山县西埔镇白石街府后路 92 号	(0596)5835485	(0596)5839767	363400
云霄县侨联	云霄县云东路 84 号政协大楼	(0596)8533171	(0596)8530766	363300
龙海市侨联	龙海市侨联	(0596)6522209	(0596)6559865	363100
漳浦县侨联	漳州市漳浦县绥安镇民主路联谊大厦	(0595)3220930	(0595)3220930	363200
南靖县侨联	南靖县山城镇沿江路 16 号	(0596)7832467	(0596)7837806	363600
长泰县侨联	长泰县委大院 B 幢	(0596)8322321	(0596)8322321	363900
平和县侨联	平和县小溪镇东大路侨联大厦	(0596)5232239	(0596)5232239	363700
华安县侨联	华安县城关大同路 40 号	(0596)7362465	(0596)7362465	363800
龙岩市侨联	龙岩市龙岩大道 1 号行政办公中心东附楼北 4 层	(0597)3213322	(0597)2324871	364000
龙岩市新罗区侨联	龙岩市西宫巷 14 号	(0597)2108559	(0597)2290922	364000
武平县侨联	武平县政协巷 11 号	(0597)4836833	(0597)4836833	364300
长汀县侨联	长汀县汀州镇兆征路 19 号	(0597)6808898	(0597)6834252	366300
连城县侨联	连城县政府 1 楼	(0597)8922439	(0597)8922634	366200
上杭县侨联	上杭县北大路 12 号	(0597)3843907	(0597)3843907	364200

福建省

单位名称	地　址	电话号码	传真号码	邮政编码
永定县侨联	永定县凤城镇金凤路 49 号 3 楼	（0597）5832128	（0597）3159368	364100
漳平市侨联	漳平市八一路 41 号	（0597）7532375	（0597）7532375	364400
三明市侨联	三明市梅列区丁香新村 61 幢 1 楼	（0598）8242531	（0598）8296011	365000
三明市三元区侨联	三明市三元区棠宁路 10 号	（0598）8337483	（0598）8325850	365001
三明市梅列区侨联	梅列区政府大院内	（0598）8246853	（0598）8246853	365000
明溪县侨联	明溪县雪峰镇民族路 9 号	（0598）2813663	（0598）2813663	365200
永安市侨联	永安市南山路 1 号市委大院	（0598）3833321	（0598）3833321	366000
大田县侨联	大田县政府大院	（0598）7222549	（0598）7222549	366100
大田县侨联	大田县政府大院	（0598）7222549	（0598）7222549	366100
沙县侨联	沙县金鼎城机关大楼 5 楼	（0598）5826672	（0598）5826672	365500
宁化县侨联	宁化县城关中山路 1 号	（0598）6822586	（0598）6822586	365500
建宁县侨联	建宁县城关中山南路 21 号	（0598）3960049	（0598）3960049	354500
尤溪县侨联	尤溪县城关建设东街 66 号	（0598）6307956	（0598）6307953	365100
泰宁县侨联	泰宁县政务大楼北 4 楼	（0598）7833454	（0598）7833454	354400
清流县侨联	清流县龙城街 22 幢	（0598）5390399	（0598）5322212	365300
将乐县侨联	将乐县古镛镇建新路 11 号	（0598）2324226	（0598）2324226	353300
南平市侨联	南平市延平区人民路 196 号	（0599）8854856	（0599）8854856	353000
南平市延平区侨联	南平市人民路 93 号区政协大楼	（0599）8832930	（0599）8832930	353000
武夷山市侨联	武夷山市文公路度假区大楼 10 楼	（0599）5301596	（0599）5314630	354300
松溪县侨联	松溪县大街 80 号	（0599）2328637	（0599）2321093	353500
政和县侨联	政和县解放街 2 号县委 1 楼	（0599）3327298	（0599）3327298	353600
邵武市侨联	邵武市新建路 8 号	（0599）6322849	（0599）6322849	353400
建阳市侨联	建阳市潭城镇西桥北路 5 号（市委大楼 1 楼）	（0599）6156600	（0599）6153200	354200
光泽县侨联	光泽县文昌路 45 号 102 信箱	（0599）7923295	（0599）7923295	354100
顺昌县侨联	顺昌县城中路 50 号	（0599）7820880	（0599）7821326	353200
浦城县侨联	浦城县武夷山路县招待所	（0599）6175736	（0599）6175736	353400
建瓯市侨联	建瓯市行政中心大楼	（0599）3834458	（0599）3733536	353100

江西省

单位名称	地　址	电话号码	传真号码	邮政编码
江西省侨联	江西省南昌市卧龙路 999 号省行政中心	（0791）88918919	（0791）88918966	3300036
南昌市侨联	江西省南昌市红谷滩新区雄州路 169 号	（0791）83885545	（0791）83885545	330038
东湖区侨联	江西省南昌市东湖区三经路 699 号	（0791）86210568	（0791）87838527	330006
西湖区侨联	江西省南昌市抚生路 369 号 1 号楼 1 楼	（0791）86564632	（0791）86565235	330025
青云谱区侨联	江西省南昌市青云谱区广州路 268 号	（0791）88463110	（0791）88463110	330001
湾里区侨联	江西省南昌市湾里区工农路 63 号	（0791）83766128	（0791）83760989	330004
青山湖区侨联	江西省南昌市南京东路 699 号青山湖区政府大楼 1 楼	（0791）88100993	（0791）88100993	330029
新建区侨联	江西省南昌市新建区区委大楼	（0791）83703719	（0791）83702871	330111
南昌县侨联	江西省南昌市南昌县县委统战部	（0791）85712978	（0791）85712479	330200
进贤县侨联	江西省南昌市进贤县行政新区县委大楼 315 室	（0791）85622356		331700
安义县侨联	江西省南昌市安义县县委统战部	（0791）83413469		330500
九江市侨联	江西省九江市湓浦路 14 号	（0792）8227479	（0792）8227479	332000
浔阳区侨联	江西省九江市浔阳区庾亮北路 2 号	（0792）8217486	（0792）8217486	332000
武宁县侨联	九江市武宁县市民服务中心南楼	（0792）2761384	（0792）2761550	332300
修水县侨联	江西省九江市修水县玉宁大道 199 号	（0792）7808757		332400
都昌县侨联	江西省九江市都昌县政府	（0792）5232983		332600
景德镇市侨联	江西省景德镇市莲花塘 8 号	（0798）8221875	（0798）8229293	333000
乐平市侨联	江西省景德镇市乐平市为民服务中心 7 楼	（0798）6568336		333300

江西省

单位名称	地　址	电话号码	传真号码	邮政编码
萍乡市侨联	江西省萍乡市迎宾路 18 号政府院内	（0799）6821596	（0799）6821596	337000
安源区侨联	江西省萍乡市安源区人民政府办公室	（0799）6661736		337000
湘东区侨联	江西省萍乡市湘东区政府大院区委统战部	（0799）3375057		337016
上栗县侨联	江西省萍乡市上栗县公共政务局三楼县工商联	（0799）3662683		337009
芦溪县侨联	江西省萍乡市芦溪县政府大院县委统战部	（0799）7551120		337200
莲花县侨联	江西省萍乡市莲花县政府大院县委统战部	（0799）7221247		337100
新余市侨联	江西省新余市毓秀东大道 623 号人保局附属楼 10 楼	（0790）6343887	（0790）6343887	338000
鹰潭市侨联	江西省鹰潭市梅园大道 3-3 号	（0701）6445381	（0701）6445380	335001
月湖区侨联	鹰潭市月湖新城经济大厦 213	（0701）6257696	（0701）6257696	335001
余江县侨联	江西省鹰潭市余江县龙岗政府大楼	（0701）5881198	（0701）5881198	335200
贵溪市侨联	江西省鹰潭市贵溪市市政府大楼 7 楼 709	（0701）3316616	（0701）3316616	335400
赣州市侨联	江西省赣州市市政中心 1 号 1756 房	（0797）8391696	（0797）8391698	341000
章贡区侨联	江西省赣州市章贡区区政中心东楼 16 楼	（0797）8199187	（0797）8199187	341000
南康区侨联	江西省南康市政府院内	（0797）6605310	（0797）6632393	341400
瑞金市侨联	江西省瑞金市公务大楼 604 室	（0797）2525118		342500
赣县侨联	江西省赣县兴农路 2 号县委统战部	（0797）4441632	（0797）4441632	341100
信丰县侨联	江西省信丰县政府院内	（0797）3336706	（0797）3336706	341600
大余县侨联	江西省大余县委统战部	（0797）8722762	（0797）8723939	341500
上犹县侨联	江西省上犹县政府院内	13803585778		341200
崇义县侨联	江西省崇义县委统战部	（0797）7612612		341300
安远县侨联	江西省安远县委院内	（0797）3732161	（0797）3732161	342100
龙南县侨联	江西省龙南县委统战部	（0797）3512228		341700
定南县侨联	江西省定南县委统战部	（0797）4289116	（0797）4289116	341900
全南县侨联	江西省全南县委统战部	（0797）2632916	（0797）2632916	341800
兴国县侨联	江西省兴国县委统战部	（0797）5322215	（0797）5326368	342400
宁都县侨联	江西省宁都县委统战部	（0797）6832180	（0797）6832180	342800
于都县侨联	江西省于都县贡江镇红军大道 108 号县委大院	（0797）6233280	（0797）6233280	342300
会昌县侨联	江西省会昌县委统战部	（0797）5622428	（0797）5622428	342600
寻乌县侨联	江西省寻乌县委统战部	13807073590		342200
石城县侨联	江西省石城县政中心 A 区 306 室	（0797）5712025	（0797）5792308	342700
宜春市侨联	江西省宜春市土主庙路 26 号 012 中转站	（0795）3222279		336000
袁州区侨联	江西省宜春市袁州区政府办	（0795）3223676	（0795）3222518	336000
樟树市侨联	江西省宜春市樟树市吉佛路 59 号市文化馆	（0795）7362767	（0795）7362767	331200
丰城市侨联	江西省宜春市丰城市政府大院	（0795）6608429	（0795）6608429	331100
高安市侨联	江西省宜春市高安市政府大院	（0795）5212617	（0795）5212617	330800
靖安县侨联	江西省宜春市靖安县统战部	（0795）4662545	（0795）4662545	330600
奉新县侨联	江西省宜春市奉新县政府办	（0795）4539151	（0795）4539151	330700
上高县侨联	江西省宜春市上高县政府办	（0795）2513275	（0795）2517517	336400
宜丰县侨联	江西省宜春市宜丰县政府办	（0795）2765503	（0795）2765486	336300
铜鼓县侨联	江西省宜春市铜鼓县政府办	（0795）8722090	（0795）8722090	336200
万载县侨联	江西省宜春市万载县政府大院	（0795）8822660	（0795）8822660	336100
上饶市侨联	江西省上饶市信州区金龙港 15 号	（0793）8223370		334000
信州区侨联	江西省上饶市信州区区政府大楼	（0793）8309733	（0793）8309733	334000
德兴市侨联	江西省上饶市德兴市朝阳路 4 号	（0793）7522292		334200
上饶县侨联	江西省上饶市上饶县吉阳西路 1 号	（0793）8466079	（0793）8466079	334100
广丰县侨联	江西省上饶市广丰县府前街 1 号	（0793）2650312	（0793）2650312	334600
玉山县侨联	江西省上饶市玉山县行政中心 13 楼	（0793）2552429		334700
婺源县侨联	江西省上饶市婺源县蚺城路 26 号	（0793）7355418	（0793）7351440	333200

江西省

单位名称	地 址	电话号码	传真号码	邮政编码
鄱阳县侨联	江西省上饶市鄱阳县县委大院	（0793）6267728		333100
余干县侨联	江西省上饶市余干县县委大院四楼	（0793）3398425		335100
万年县侨联	江西省上饶市万年县政府大楼 1237 室			
弋阳县侨联	江西省上饶市弋阳县行政中心	（0793）5821269		
横峰县侨联	江西省上饶市横峰县行政中心大楼	（0793）5782471		
铅山县侨联	江西省上饶市铅山县西海岸大酒店			334500
吉安市侨联	江西省吉安市城南行政中心 B 座 7 楼	（0796）8935218	（0796）8935218	343000
吉州区侨联	江西省吉安市吉州区长征路 25 号	（0796）8280933		
青原区侨联	青原区行政中心区委统战部	（0796）8106996		
井冈山市侨联	江西省井冈山市新城区市政府大楼 3 楼	（0796）6890881	（0796）6890881	343600
吉安县侨联	江西省吉安县庐陵大道 27 号县政府大院	（0796）8442439	（0796）8442439	343100
新干县侨联	江西省新干县行政服务中心大楼	（0796）2160097	（0796）2160096	331300
永丰县侨联	江西省永丰县跃进路 27 号县委大院	（0796）2511795	（0796）2526792	331500
峡江县侨联	江西省峡江县百花路 6 号县委、县政府大楼	（0796）3672892	（0796）3672892	331409
吉水县侨联	江西省吉水县万里大道县委大楼	（0796）8689545	（0796）8689545	331600
泰和县侨联	江西省泰和县工农兵大道 003 号县委大院	（0796）8638206	（0796）8638206	343700
遂川县侨联	江西省遂川县行政办公中心	（0796）3628136	（0796）6328136	343900
安福县侨联	江西省安福县县委、县政府大楼	（0796）7622067	（0796）7622067	343200
永新县侨联	江西省永新县委统战部	（0796）7722975		
抚州市侨联	江西省抚州市行政中心 A-305	（0794）8259980	（0794）8282448	344000
临川区侨联	江西省抚州市临川区行政中心 A-813	（0794）8441245		
金溪县侨联	江西省抚州市金溪县行政中心 421	（0794）5397550	（0794）5397550	344800
崇仁县侨联	江西省抚州市崇仁县行政中心 A-616	（0794）8441245		

山东省

单位名称	地 址	电话号码	邮政编码
山东省侨联	济南市经十路 18262 号	（0531）86093950	250061
济南市侨联	济南市龙鼎大道 1 号龙奥大厦 E1316 室	（0531）66601651	250099
济南市历下区侨联	济南市解放东路 99 号	（0531）88151011	250014
济南市市中区侨联	济南市经八路济南大厦 509 室	（0531）82078182	250001
济南市天桥区侨联	济南市堤口路 53 号	（0531）81601068	250031
济南市槐荫区侨联	济南市经十路 29851 号槐荫区政务中心 5 层 528 室	（0531）87589528	250117
济南市历城区侨联	济南市洪楼南路 2 号	（0531）66899784	250100
济南市长清区侨联	济南市经十西路 17166 号长清区政务中心 3 层贸促会	（0531）87228086	250300
济南市平阴县侨联	济南平阴县府前街 35 号外侨办	（0531）87893351	250400
章丘市侨联	济南章丘市龙泉大厦 12010 室	（0531）83278956	250200
商河县侨联	济南商河县行政服务中心 5 层	（0531）84876399	251600
济阳县侨联	济阳县政务中心一层投资服务中心	（0531）81178117	251400
青岛市侨联	青岛市香港中路 17 号 12 楼 1208 室	（0532）85912375	266071
青岛市市南区侨联	青岛市宁夏路 286 号	（0532）88729625	266071
青岛市市北区侨联	青岛市延吉路 80 号	（0532）85801290	266033
青岛市李沧区侨联	青岛市黑龙江中路 615 号	（0532）87610771 （0532）87610771	
青岛市崂山区委统战部侨联	青岛市仙霞岭路 18 号	（0532）88997027	266061
青岛市城阳区侨联	城阳区山城路 195 号行政服务中心南五楼	（0532）87968063	266109
青岛市黄岛区侨联	胶南市北京路 10 号阳光大厦 815 房间	（0532）85166828	266400
胶州市侨联	胶州市北京路 2 号行政服务西楼 931 室	（0532）82206105	266300
即墨市侨联	即墨市振中街 16 号	（0532）88551361	266200
平度市侨联	平度市红旗路 16-1 号	（0532）87362051	266700

山东省

单位名称	地　址	电话号码	邮政编码
莱西市侨联	莱西市行政办公中心 0855 房间	（0532）88405333	266600
淄博市侨联	淄博市张店区联通路 306 号 1104 室	（0533）3887502	255000
淄博市张店区侨联	张店区中心路 140 号侨兴书店	13906436241	255020
淄博市淄川区侨联	淄川区人口和计划生育局（般阳路 41 号）	（0533）5182836	255100
淄博市博山区侨联	博山区县前街 10 号院 3 号楼 1 单元 302	（0533）4180314	255200
淄博市周村区侨联	周村区恒丰盛世豪庭 11 号楼 2 单元 302	13805336142	255300
淄博市临淄区侨联	临淄区桓公路 268 号临淄区河道管理处	（0533）7180086	255400
淄博市桓台县侨联	淄博柳泉路 107 号国贸大厦 1210 室	（0533）3190617	255000
淄博市高青县侨联	高青县田镇二中宿舍楼中间楼西单元 2 楼东户	13325221386	256300
淄博市沂源县侨联	沂源县招商局转	13589590929	256100
枣庄市侨联	枣庄市新城光明大道 629 号综合楼 513 室	（0632）8687882	277800
滕州市侨联	枣庄市滕州市政府	（0632）5512748	277500
枣庄市薛城区侨联	枣庄市薛城区政府	（0632）4412417	277800
枣矿集团侨联	枣庄市枣矿集团	（0632）4081336	277800
枣庄市高新区侨联	枣庄市高新区	（0632）6611502	277800
枣庄市台儿庄侨联	枣庄市台儿庄区政府	（0632）6638998	277400
枣庄市山亭区侨联	枣庄市山亭区政府	（0632）8812329	277200
枣庄市市中区侨联	枣庄市市中区政府	（0632）3083023	277100
枣庄市峄城区侨联	枣庄市峄城区政府	（0632）7715196	277300
东营市侨联	东营市南一路 1226 号	（0546）8331817	257091
东营市广饶县侨联	广饶县乐安大街 501 号	（0546）6441429	257300
烟台市侨联	烟台市芝罘区环山路 30 号	（0535）6225321	264001
芝罘区侨联	烟台市芝罘区市府街 76 号	（0535）6214216	264001
福山区侨联	烟台市福山区河滨路 109 号	（0535）6363680	265500
牟平区侨联	烟台市牟平区文兴路 510 号	（0535）4219075	264100
龙口市侨联	龙口市行政中心 1535 室	（0535）8516939	265701
莱州市侨联	莱州市府东街南首	（0535）3070515	261400
蓬莱市侨联	蓬莱市钟楼东路 1 号	（0535）5642609	265600
招远市侨联	招远市泉山路 27 号	（0535）8211071	265400
海阳市侨联	海阳国际会议中心海滨中路 196 号	（0535）3223745	265100
栖霞市侨联	栖霞市腾飞路 199 号	（0535）5212395	265395
莱阳市侨联	莱阳市金水路 1 号	（0535）7215815	265200
长岛县侨联	长岛县委统战部	（0535）3212148	265800
潍坊市侨联	潍坊市高新区胜利东街 99 号市级机关综合办公大楼 2006 室	（0536）8789981	261061
昌邑市侨联	昌邑市会议中心	（0536）7112236	261300
济宁市侨联	济宁市红星中路 15 号	（0537）2967844	272045
泰安市侨联	泰安市擂鼓石大街市政大楼 A8050 室	（0538）6991076	271000
山东农业大学侨联	泰安市岱宗大街 86 号山东农业大学统战部转	13805489518	271018
泰山医学院侨联	泰安市长城路 619 号泰山医学院统战部转	13668686899	271000
威海市侨联	威海市市政府 6 号楼	（0631）5220008	264200
荣成市侨联	荣成市外侨办	（0631）7562200	264300
文登市侨联	文登市外侨办	（0631）8452620	264400
乳山市侨联	乳山市侨联	（0631）6651932	264500
环翠区侨联	威海市环翠区外侨办	（0631）5227422	264200
日照市侨联	日照市北京路 189 号市政府大楼 346 室	（0633）8779938	276826
东港区侨联	日照市烟台路 29 号	（0633）8253498	276800
岚山区侨联	日照市岚山区岚山中路 1 号区级办公楼 505 室	（0633）2618799	276808
莱芜市侨联	莱芜市文化北路 1 号	（0634）6216081	271100
临沂市侨联	临沂市北城新区行政中心 1636 室	（0539）8727635	276000

山东省

单位名称	地　址	电话号码	邮政编码
兰山区侨联	临沂市金雀山路 57 号	（0539）8198530	276000
德州市侨联	德州市东风东路 1566 号新城综合楼主楼	（0534）2687416	253076
德城区侨联	德州市德城区地安街 97 号	（0534）2666051	253001
聊城市侨联	聊城市东昌西路 24 号市政府南楼 3020 室	（0635）8288690	252000
东昌府区侨联	聊城市聊堂路 2 号	（0635）8413752	252000
滨州市侨联	滨州市滨城区黄河五路 385 号市政大楼	（0543）3162167	256603
邹平县侨联	邹平县政务中心	（0543）4261953	256200
菏泽市侨联	菏泽市中华路 1009 号	（0530）5310919	274020

河南省

单位名称	地　址	电话号码	传真号码	邮政编码
河南省侨联	郑州市纬二路 10 号	（0371）65919601	（0371）65919620	450003
市级侨联				
郑州市侨联	郑州市互助路 73 号市委北院 3 号楼 207 室	（0371）67183139	（0371）67183139	450000
开封市侨联	开封市金明大道 196 号政协大楼 430 室	（0371）23381211	（0371）23381211	475004
洛阳市侨联	洛阳市新区政和路市委院东楼 108 室	（0379）63317355	（0379）63317355	471023
平顶山市侨联	平顶山市新城区市政大厦 9 楼	（0375）2666686	（0375）2666686	467000
安阳市侨联	安阳市党政综合大楼	（0372）2550342	（0372）2550342	455000
鹤壁市侨联	鹤壁市淇滨区九州路市委第一综合楼	（0392）3327196	（0392）3327196	458030
新乡市侨联	新乡市人民东路甲 1 号 1356 室	（0373）3696865	（0373）3696865	453000
焦作市侨联	焦作市人民路市政大厦东配楼 303 室	（0391）3568311	（0391）3568311	454000
濮阳市侨联	濮阳市委统战部转市侨联	（0393）6669899	（0393）6669994	457000
许昌市侨联	许昌市健安大道市委 6 号楼 6341 室	（0374）2965758	（0374）2965269	461000
漯河市侨联	漯河市淮河路 10 号	（0395）3101680	（0395）3101680	462000
三门峡市侨联	三门峡市崤山路中段 14 号	（0398）2935007	（0398）2935007	472000
南阳市侨联	南阳市七一路 706 号（市委第二办公区）	（0377）63133120	（0377）63133120	473067
商丘市侨联	商丘市府前路 1 号市委 1 号楼 11014 室	（0370）3288561	（0370）3288561	476000
信阳市侨联	信阳市羊山新区行政中心 7 层	（0376）6366381	（0376）6366381	464000
周口市侨联	周口市莲花路市政府综合办公大楼 4 层	（0394）8262060	（0394）8262601	466000
驻马店市侨联	驻马店市开源大道 56 号 2521 室	（0396）2601728	（0396）2601728	463000
济源市侨联	济源市第一行政区 4 号楼 210 室	（0391）6835293	（0391）6835293	454650
省直管县侨联				
巩义市侨联	巩义市东区行政中心 B 区市委统战部	（0371）64577768	（0371）64353529	451200
兰考县侨联	兰考县裕禄大道 12 号	（0371）26985471	（0371）26985108	475300
汝州市侨联	汝州市广成东路 22 号市委 210 室	（0375）3332136	（0375）3321310	467599
滑县侨联	滑县侨联	（0372）8113717	（0372）8113717	455000
长垣县侨联	长垣县人民路县委综合大楼 7034 室	（0373）8889345	（0373）8889522	453400
邓州市侨联	邓州市侨联	（0377）62289376	（0377）62289376	473000
永城市侨联	永城市侨联	（0370）2718691	（0370）5113567	476000
固始县侨联	固始县侨联	（0376）4667146	（0376）4667146	465200
鹿邑县侨联	鹿邑县侨联	（0394）7223178		466000
新蔡县侨联	新蔡县侨联	（0396）5922052	（0396）5922052	463000

湖北省

单位名称	地　址	电话号码	传真号码	邮政编码
湖北省侨联	武汉市武昌区水果湖路 272 号	（027）87821332 （027）87123269	（027）87123269	430071
武汉市侨联	武汉市汉口发展大道 176 号兴城大厦 A 座 11 楼	（027）85312951	（027）85602297	430022
江汉区侨联	江汉区新华下路特 15 号（区政府院内）	（027）85481663	（027）85481663	430022

湖北省

单位名称	地　址	电话号码	传真号码	邮政编码
江岸区侨联	江岸区六合路 1 号（区政府院内）	（027）82738792	（027）82738792	430010
硚口区侨联	硚口区沿河大道 518 号（区党委院内）	（027）83426340	（027）83426340	430034
汉阳区侨联	汉阳区芳草路特 1 号（区政府院内）	（027）84468590	（027）84468590	430050
洪山区侨联	洪山区珞狮路 318 号（区政府院内）	（027）87678215	（027）87678215	430077
武昌区侨联	武昌区中山路 307 号（区政府院内）	（027）88936342	（027）88936342	430060
青山区侨联	武汉市和平大道 971 号（区政府院内）	（027）68865065	（027）68865065	430080
江汉大学侨联	武汉市汉阳区（沌口）经济技术开发区（校综合楼）	（027）84225811	（027）84225811	430051
黄冈市侨联	黄冈市黄州区阮家凉亭 5 号	（0713）8615097 （0713）8353819	（0713）8364742	438000
浠水县侨联	浠水县政府办公楼 4 楼	（0713）4228489	（0713）4228489	438200
麻城市侨联	麻城县金桥大道路 1 号 6 楼	（0713）2950428	（0713）2950428	438300
襄阳市侨联	襄阳市荆州街 73 号政府大院	（0710）3610498	（0710）3610498	441021
谷城县侨联	襄阳市谷城县侨联	（0710）7233505	（0710）7232388	441700
宜城市侨联	宜城市侨联	（0710）4250159	（0710）4250159	441400
老河口市侨联	老河口市侨联	（0710）8222069	（0710）8222069	441800
襄城区侨联	襄城区广电中心编辑部	（0710）3566203 （0710）3570263	（0710）3566203 （0710）3570263	441000
樊城区侨联	樊城区委统战部侨联	（0710）3705325 （0710）3705326	（0710）3705325 （0710）3705326	441100
襄州区侨联	襄州区侨联（襄州区政府内）	（0710）2826826 （0710）2815424	（0710）2826826 （0710）2815424	441100
枣阳市侨联	枣阳市侨联（枣阳市政府内）	（0710）6990988 （0710）6228648	（0710）6990988 （0710）6228648	441200
南漳县侨联	南漳县委统战部侨联	（0710）5231418	（0710）5231418	441500
襄阳市中心医院侨联	襄阳市中心医院	（0710）3512850	（0710）3512850	441021
襄北监狱侨联	湖北省襄北监狱	（0710）2649618 （0710）2641999	（0710）2649618 （0710）2641999	441123
荆州市侨联	荆州沙市区碧波路 6 号	（0716）8246941 （0716）8115056	（0716）8115056	434000
沙市区侨联	沙市区文官路 8 号（区党委院内）	（0716）4310086 （0716）4316303	（0716）4310086 （0716）4316303	434000
公安县侨联	公安县斗湖堤镇青路 2 号	（0716）5225619	（0716）5225619	434000
江陵县侨联	江陵县（郝穴镇）江陵县财政局	18908617909 13508617815		434139
监利县侨联	监利县容城镇民主路 48 号	（0716）3387318	（0716）3387318	433300
松滋市侨联	松滋市新江口镇民主路 166 号	（0716）6225777	（0716）6225777	434200
石首市侨联	石首市政府大院内	（0716）7814834 （0716）7813103	（0716）7814834 （0716）7813103	434400
洪湖市侨联	洪湖市赤卫西路市委大院内	（0716）2212159	（0716）2212159	433200
长江大学侨联	荆州市荆州区南环路 1 号长江大学统战部	13677229122		434023
宜昌市侨联	宜昌市云集路 21 号 2 号楼 4 楼	（0717）6252978	（0717）6252977	443000
当阳市侨联	当阳市子龙路 9 号 10063 信箱	（0717）3253361 （0717）3250768	（0717）3253361 （0717）3250768	444000
宜都市侨联	宜都市委、市政府综合办公大楼 6 楼	（0717）4843813 （0717）4843827	（0717）4843813	443300
远安县侨联	远安县委统战部	（0717）3812254 （0717）3812256	（0717）3812254 （0717）3812256	444200
兴山县侨联	兴山县委统战部	（0717）2583042	（0717）2583042	443711
秭归县侨联	秭归县委统战部	（0717）2886020	（0717）2886020	443600
五峰县侨联	五峰土家族自治县五峰西北路 3 号	（0717）5821301	（0717）5821301	443400
长阳县侨联	长阳土家族自治县县委统战部	（0717）5326430	（0717）5326430	443500
夷陵区侨联	宜昌市夷陵区委统战部	（0717）7825407 （0717）7821309	（0717）7825407 （0717）7821309	443100

湖北省

单位名称	地　址	电话号码	传真号码	邮政编码
西陵区侨联	宜昌市西陵区委统战部	（0717）6768128	（0717）6768128	443000
点军区侨联	宜昌市点军区委统战部	（0717）6080079	（0717）6080079	443000
三峡大学侨联	宜昌市大学路 8 号三峡大学统战部	（0717）6392625	（0717）6392625	443000
葛洲坝集团侨联	宜昌市葛洲坝六公司工会	（0717）6722523	（0717）6722523	443000
七一〇所侨联	宜昌市 710 所	（0717）6436084	（0717）6436084	443000
孝感市侨联	孝感市城站路 71 号	（0712）2856885	（0712）2861498	432100
孝南区侨联	孝感市孝南区书院街 6 号	（0712）2859453 （0712）2059611	（0712）2859453 （0712）2059611	432100
汉川市侨联	汉川市侨联	（0712）8392910	（0712）8392910	431600
应城市侨联	应城市政府侨务办公室	（0712）3268213	（0712）3268213	432400
安陆市侨联	安陆市外事侨务旅游局	（0712）5226989	（0712）5226989	432600
大悟县侨联	大悟县外事侨务旅游局	（0712）7228318	（0712）7228318	432800
孝昌县侨联	孝昌县政府侨务办公室	（0712）4776079	（0712）4776079	432900
云梦县侨联	云梦县政府侨务办公室	（0712）4322805	（0712）4322805	432505
十堰市侨联	十堰市北京中路信访楼 6 楼	（0719）8109889 （0719）8666673	（0719）8666673	442000
丹江口市侨联		（0719）5223372	（0719）5223372	442700
房县侨联		（0719）3249318 （0719）3224385	（0719）3249318 （0719）3224385	442100
竹山县侨联		（0719）4231406 （0719）4220168	（0719）4231406 （0719）4220168	442200
竹溪县侨联		（0719）2722211	（0719）2722211	442300
郧县侨联		（0719）7227876 （0719）7229136	（0719）7227876 （0719）7229136	442500
郧西县侨联		（0719）6227601 （0719）6227833	（0719）6227601 （0719）6227833	442600
张湾区侨联	张湾区公园路 82 号	（0719）8676960 （0719）8662316	（0719）8676960 （0719）8662316	442000
茅箭区侨联	茅箭区侨联	（0719）8782733 （0719）8795662	（0719）8782733 （0719）8795662	442012
黄石市侨联	黄石市杭州东路 1 号人大政协楼 321 室	（0714）6350100	（0714）6350100	435003
铁山区侨联	铁山区人民政府 9 楼	（0714）5421977	（0714）5421977	435000
黄石港区侨联	黄石港区人民政府 2 楼	（0714）6588108	（0714）6588108	435000
西塞山区侨联	西塞山区人民政府 10 楼	（0714）6481267	（0714）6481267	435000
下陆区侨联	下陆区人民政府 7 楼	（0714）5316026	（0714）5316026	435000
鄂州市侨联	鄂州市政府大楼 905 室	（0711）3830210 （0711）3830211	（0711）3830210	436000
随州市侨联	随州市城南新区市政府 6 楼	（0722）3596126 （0722）3596127	（0722）3596126 （0722）3596127	431300
荆门市侨联	荆门市象山大道 53 号市政府大院	（0724）2378056	（0724）2378056	448000
京山县侨联	京山县京开市镇中路 47 号	（0724）7331920 （0724）7328004	（0724）7331920 （0724）7328004	431900
钟祥市侨联	钟祥市呈祥镇石城中路 12 号	（0724）4222624 （0724）4225305	（0724）4222624 （0724）4225305	431900
沙洋县侨联	沙洋县平湖路 16 号	（0724）8558695 （0724）8551947	（0724）8558695 （0724）8551947	448200
咸宁市侨联	咸宁市行政服务中心 538 号	（0715）8126343	（0715）8126241	437100
咸安区侨联	咸宁市咸安区政府办公大楼	（0715）8368058 （0715）8322688	（0715）8368058 （0715）8322688	437000
嘉鱼县侨联	嘉鱼县委统战部	（0715）6355996	（0715）6355996	437200
崇阳县侨联	崇阳县委统战部	（0715）3395413 （0715）3398702	（0715）3395413 （0715）3398702	437500

湖北省

单位名称	地　址	电话号码	传真号码	邮政编码
赤壁市侨联	赤壁市赤马港行政新区赤壁市侨联	（0715）5336261 （0715）5336355	（0715）5336261 （0715）5336355	437300
天门市侨联	天门市陆羽大道市政府办公大楼 2 楼	（0728）5222335 （0728）5225505	（0728）5225505	431700
潜江市侨联	潜江市章华南路 18 号	（0728）6242671 （0728）6293462	（0728）6293462	433100
仙桃市侨联	仙桃市外事侨务旅游局办公室	（0715）3491176	（0715）3491176	433000
恩施州侨联	恩施市施州大道 29 号	（0718）8306546	（0718）8306542	445000
高校、大型企事业单位、科研院所侨联				
武汉大学侨联	武汉市武昌武珞路武汉大学统战部转	（027）68765162	（027）68762975	430072
华中科技大学侨联	武汉市珞喻路 1073 号华中科技大学统战部转	（027）87542801	（027）87544483	430074
武汉理工大学侨联	武汉市珞狮路 122 号武汉理工大学统战部转	（027）87651415	（027）87651415	430070
中南财经政法大学侨联	武汉市南湖南路 1 号中南财经政法大学统战部转	（027）88386935	（027）88386935	430073
中国地质大学（武汉）侨联	武汉市喻家山中国地质大学（武汉）统战部转	（027）67884338	（027）67884891	430074
华中师范大学侨联	武汉市武昌珞喻路 152 号华中师范大学统战部转	（027）67868029	（027）67867501	430079
华中农业大学侨联	武汉市狮子山街 1 号华中农业大学统战部转	（027）87282051	（027）87282056	430070
武汉体育学院侨联	武汉市武昌珞喻路武汉体育学院统战部转	（027）87190831	（027）87191698	430079
武汉音乐学院侨联	武汉市解放路 255 号武汉音乐学院党办转	（027）88066354	（027）88069436	430060
湖北第二师范学院侨联	武汉东湖高新技术开发区湖北第二师范学院统战部转	（027）87943623	（027）87943840	430205
湖北工业大学侨联	武汉市武昌南湖湖北工业大学统战部转	（027）59750040	（027）59750041	430068
武汉工程大学侨联	武汉市雄楚大街 693 号武汉工程大学统战部转	（027）87194621	（027）87195310	430074
湖北经济学院侨联	武汉江夏臧龙岛科技开发园区洋湖大道特 1 号湖北经济学院组织部转	（027）81973709	（027）81973781	430205
中南民族大学侨联	武汉市洪山区民院路 708 号中南民族大学统战部转	（027）67842674	（027）67842674	430074
武汉纺织大学侨联	武汉市鲁巷纺织路 1 号武汉纺织大学组织部转	（027）87181452 转 9426（组办） （027）62358788	（027）59367597	430073
武汉科技大学侨联	武汉市青山建设一路武汉科技大学统战部转	（027）68862793	（027）68862793	430081
湖北中医药大学侨联	湖北省武汉市洪山区黄家湖西路 1 号	（027）68890011	（027）68890031	430061
中科院武汉分院侨联	武汉市小洪山 1 号楼中科院武汉分院党办转	（027）87199982 （027）87199480	（027）87199315	430071
湖北大学侨联	武汉市武昌宝积庵湖北大学统战部转	（027）88663912	（027）88663912	430062
湖北省农科院侨联	武汉市武昌南湖瑶苑特一号湖北省农科院党办转	（027）87389577	（027）87389499	430064
铁道部第四勘察设计院侨联	武汉市武昌杨园和平大道 745 号铁四院宣传部转	（027）51155786 转 878	（027）51155389 （027）86814198	430063
湖北大学侨联	武汉市武昌宝积庵湖北大学统战部转	（027）88663912	（027）88663912	430062
中国长江航运总公司侨联	武汉市沿江大道 69 号长航大厦 32 楼	（027）82766527	（027）82766550	430021
中铁大桥局侨联	武汉市经济技术开发区（沌口）博学路 8 号中铁大桥局组织统战部转	（027）84957158	（027）84846738	430050
交通部长江航务管理局侨联	武汉市汉口沿江大道 134 号长江航务管理局统战部转	（027）82767322	（027）82766274	430014
长江水利委员会侨联	武汉市解放大道 1863 号长江水利委员会党委直属统战处转	（027）8282303	（027）8282307	430010
武汉铁路局侨联	武汉市武昌八一路 2 号武汉铁路局统战部转	（027）51126159	（027）51126159	430071
中南建筑设计院侨联	武汉市武昌中南路 17 号中南建筑设计院组织处	（027）87336632	（027）87317735	430071
湖北电力公司侨联	武汉市武昌徐东路 341 号湖北电力公司组干处	（027）88566522	（027）88565641	430077
武汉钢铁公司侨联	武汉市友谊大道 999 号武钢集团组织人事部（党委统战部）转	（027）86893613	（027）86899867	430080
武汉油料研究所侨联	武汉市武昌徐东二路 2 号武汉油料研究所党办转	（027）86812770	（027）86816451	430062
东风汽车公司侨联	武汉市东风大道特 1 号东风公司党委工作部统战部转	（027）84285179 （027）84285149	（027）84285155	430056
华中电网公司侨联	武汉市武昌东湖梨园华中电网公司人事处转	（027）86762222	（027）86765100	430077

湖南省

单位名称	地　址	电话号码	传真号码	邮政编码
湖南省侨联	长沙市迎宾路 185 号	（0731）84420029	（0731）84432327	410011
长沙市侨联	长沙市白沙路 255 号	（0731）85112576	（0731）85111802	410002
衡阳市侨联	衡阳市高新区延安路 22 号	（0734）8866810	（0734）8866820	421001
株洲市侨联	株洲市沿江中路 86 号	（0731）28687597	（0731）28687597	412000
湘潭市侨联	湘潭市双拥路市委大院三楼	（0731）58583235	（0731）58583235	411104
邵阳市侨联	邵阳市城北路 6 号市政府大院	（0739）5685356	（0739）5363389	422000
岳阳市侨联	岳阳市金鹗路 235 号市外侨办	（0730）8880421	（0730）8880425	414000
常德市侨联	常德市洞庭大道中段 760 号市政府第 3 办公楼 6 楼	（0736）7133915	（0736）7133915	415000
张家界市侨联	张家界市委办公楼 4 楼西	（0744）8288889	（0744）8288889	427000
益阳市侨联	益阳市人民政府办公楼	（0737）6206301	（0737）6206585	413000
郴州市侨联	郴州市五岭大道 9 号	（0735）2368215	（0735）2368213	423000
永州市侨联	永州市湘永路 48 号	（0746）8358222	（0746）8358222	425000
怀化市侨联	怀化市迎风中路 665 号	（0745）2719343	（0745）2719343	418000
娄底市侨联	娄底市湘中大道 290 号	（0738）8314652	（0738）8312118	417000
湘西自治州侨联	吉首市人民中路 5 号	（0743）8238486	（0743）8238486	416000
中南大学侨联	中南大学党委统战部	（0731）88879601		410083
湖南大学侨联	湖南大学党委统战部	（0731）88823893		410082
湖南师范大学侨联	湖南师范大学党委统战部	（0731）88872407		410081
湖南农业大学侨联	湖南农业大学党委统战部	（0731）84618011		410128
湖南工业大学侨联	湖南工业大学党委统战部（株洲市）	（0731）22622733		412008
南华大学侨联	南华大学党委统战部（衡阳市）	（0734）8281280		421001
湖南文理学院侨联	湖南文理学院党委统战部（常德市）	（0736）7186030		415000
长沙学院侨联	长沙学院党委统战部	（0731）84261433		410003
湖南人文科技学院侨联	湖南人文科技学院党委统战部（娄底市）	（0735）8325415		417000
华商杂志社	长沙市迎宾路 185 号	（0731）84439275	（0731）84439275	410011
省侨商联合会	长沙市迎宾路 185 号	（0731）84443372	（0731）84443372	410011
省华侨公益基金会	长沙市迎宾路 185 号	（0731）84420399	（0731）84432327	410011
省侨联法顾委	长沙市迎宾路 185 号	（0731）84154612	（0731）84154612	410011
省侨联参政议政委员会	长沙市迎宾路 185 号	（0731）84442009	（0731）84432327	410011
省海外侨社团联谊总会	长沙市迎宾路 185 号	（0731）84448721	（0731）84448721	410011
省侨联特聘专家委员会	长沙市迎宾路 185 号	（0731）84443372	（0731）84443372	410011
湖南·福建侨商会	株洲市天元区庐山路铭逸酒店 18 楼	（0731）22220591		412007

广东省

单位名称	地　址	电话号码	传真号码	邮政编码
广东省侨联	广州市天河区体育东路 140-148 号 23 楼	（020）38879251	（020）38879252	510620
广州市侨联	广州市东风东路 555 号粤海集团大厦 24 楼	（020）83876508	（020）83802278	510050
深圳市侨联	深圳市福田区上步中路 1023 号市府二办 6 楼西	（0755）82106483	（0755）82099277	518028
珠海市侨联	珠海市香洲区人民东路 101 号 4 楼	（0756）2252084	（0756）2115687	519000
汕头市侨联	汕头市金平区汕樟路 39 号侨联大厦 3 楼	（0754）88626580	（0754）88910149	515031
佛山市侨联	佛山市禅城区季华五路 18 号 10 楼	（0757）83358346	（0757）83358346	528000
韶关市侨联	韶关市风度北路 75 号市政府大楼 14 楼 1405 室	（0751）8882463	（0751）8882463	512000
河源市侨联	河源市富民街 2 号金视办公楼 2 楼	（0762）3335561	（0762）3821366	517000
梅州市侨联	梅州市嘉应东路侨联大厦	（0753）2259118	（0753）2259839	514011
惠州市侨联	惠州市惠城区江北市行政中心 5 号楼 1 楼	（0752）2808735	（0752）2808335	516003
汕尾市侨联	汕尾市区文德路市委党校综合楼 1 楼	（0660）3367524	（0660）3367524	516600
东莞市侨联	东莞市莞城区向阳路 18 号侨务楼 12 楼	（0769）22233372	（0769）22224823	523007

广东省

单位名称	地　址	电话号码	传真号码	邮政编码
中山市侨联	中山市民权路 3 号	（0760）88824520	（0760）88855313	528400
江门市侨联	江门市建设路 26 号	（0750）3309627	（0750）3335022	529000
阳江市侨联	阳江市东风二路 60 号市府大院诚投集团综合楼 8 楼	（0662）3386193	（0662）3361292	529500
湛江市侨联	湛江市人民大道南 43 号 115 室	（0759）2274360	（0759）2218320	524001
茂名市侨联	茂名市油城六路市政府大院 2 号楼 1 楼	（0668）2911216	（0668）2274128	525000
肇庆市侨联	肇庆市城中路 49 号市府大院 1 幢 105	（0758）2202052	（0758）2231311	526040
清远市侨联	清远市新城鹿鸣路广源街清远大厦 12 楼	（0763）3365545	（0763）3365594	511515
潮州市侨联	潮州市新桥西路 414 号侨联大厦	（0768）2268275	（0768）2267293	521000
揭阳市侨联	揭阳市榕城区马牙路揭阳市侨联大厦 6 楼	（0663）8768460	（0663）8768463	522000
云浮市侨联	云浮市天马行政中心	（0766）8988234	（0766）8988234	527300

广西壮族自治区

单位名称	地　址	电话号码	传真号码	邮政编码
广西壮族自治区侨联	南宁市桃源路 4-2 号	（0771）2625323	（0771）2806452	530021
南宁市侨联	嘉宾路 2 号市委七号院 14 楼	（0771）5852861	（0771）5857859	530028
柳州市侨联	柳州市瑞康路 9 号北 2 楼	（0772）2826950	（0772）2826950	545001
桂林市侨联	桂林市临桂区西城中路创业大厦西辅楼 6 楼 636 室	（0773）2848941	（0773）2829472	541100
梧州市侨联	梧州市新兴一路 121 号 6 楼办公室	（0774）2822280	（0774）2822280	543003
北海市侨联	北海市中山东路 213 号 9 号楼 5 楼	（0779）2068421	（0779）2068421	536000
防城港市侨联	防城港市港口区迎宾路红树林大厦东塔 10 楼 1001 室	（0770）2830686	（0770）2836920	538100
钦州市侨联	钦州市永福东大街 11 号市行政中心 A0428	（0777）3688218	（0777）3688218	535000
贵港市侨联	贵港市中山路 483 号审计局综合楼 4 楼市侨联	（0775）4563106	（0775）4563106	537100
玉林市侨联	玉林市城东办公大楼 3 楼	（0775）2823391	（0775）2822338	537000
百色市侨联	百色市右江区爱新街文体巷 16 号	（0776）2825093	（0776）2826599	533000
贺州市侨联	贺州市平安东路北侧广兴景园小区大门办公楼 3 楼	（0774）5120616	（0774）5120616	542000
河池市侨联	河池市百旺路 17 号市行政办公中心 8 楼	（0778）2284801	（0778）2112728	547000
来宾市侨联	来宾市人民路 1 号	（0772）4228286	（0772）4228286	546100
崇左市侨联	崇左市新城路 1 号市行政中心	（0771）7969026	（0771）7991616	532200
广西壮族自治区农垦局侨联	南宁市民族大道 32 号	（0771）2828330	（0771）2828330	530022
广西华商会	南宁市桃源路 4-2 号	（0771）2823196	（0771）2823196	530021
广西华侨爱心基金会	南宁市桃源路 4-2 号	（0771）2840825	（0771）2840825	530021

海南省

单位名称	地　址	电话号码	传真号码	邮政编码
海南省侨联	海南省海口市海府路 49 号原省委大院 2 号楼 2 楼	（0898）65355926	（0898）65331609	570204
海口市侨联	海南省海口市海甸岛一西路 2 号（原市财政大楼）8 楼	（0898）68532306	（0898）68546025	570208
三亚市侨联	海南省三亚市河西区市政府第 2 办公楼	（0898）88260739	（0898）88260739	572000
文昌市侨联	海南省文昌市文清大道市委办公楼东楼 406 房	（0898）63330840	（0898）63330249	571339
琼海市侨联	海南省琼海市新民街 202 号侨联大厦 5 楼	（0898）62822406	（0898）62825229	571400
万宁市侨联	海南省万宁市党政办公楼 507 室	（0898）62224201	（0898）62229098	571500
儋州市侨联	海南省儋州市东风路 189 号原市委第 1 办公楼 4 楼	（0898）23326672	（0898）23326672	571700
五指山市侨联	海南省五指山市政府办公楼	（0898）86633023	（0898）86639939	572200
东方市侨联	海南省东方市政府大院综合办公楼	（0898）25522186	（0898）25522186	572600
乐东县侨联	海南省乐东县政府办公楼 1 楼	（0898）85532511	（0898）85532511	572500
琼中县侨联	海南省琼中县政府办公楼	（0898）86229739	（0898）86222810	572900
保亭县侨联	海南省保亭县保城镇县政府大楼 2 楼	（0898）83668491	（0898）83668491	572300
定安县侨联	海南省定安县政府办公楼	（0898）63822482	（0898）63830531	571200

海南省

单位名称	地　址	电话号码	传真号码	邮政编码
澄迈县侨联	海南省澄迈县政府办公楼 1 楼	（0898）67631028	（0898）67631028	571900
白沙县侨联	海南省白沙县新政府办公大楼 1 楼	（0898）27715696	（0898）27715696	572800
昌江县侨联	海南省昌江县政府机关办公楼 4424 房	（0898）26699068	（0898）26699068	572700
临高县侨联	海南省临高县委大院 2 号办公楼 3084 房	（0898）28284569	（0898）26699068	571800

重庆市

名称	地　址	电话号码	传真号码	邮政编码
重庆市侨联	重庆市江北区北滨一路 359 号 4 楼	（023）63865696	（023）63610849	400020
重庆市万州区侨联	重庆市万州区天城大道 756 号	（023）58103321	（023）85795103	404000
重庆市黔江区侨联	重庆市黔江区西山二环路综合楼	（023）79248521	（023）79243038	409700
重庆市涪陵区侨联	重庆市涪陵区太极大道 71 号侨联办公室	（023）72813197	（023）72813197	408000
重庆市渝中区侨联	重庆市渝中区和平路 192 号新民花园 5 楼	（023）63507411	（023）63507411	400013
重庆市大渡口区侨联	重庆市大渡口区文体路 126 号	（023）68173813	（023）68833423	400084
重庆市江北区侨联	重庆市江北区金港新区 16 号 1831 室	（023）67712828	（023）67712828	400025
重庆市沙坪坝区侨联	重庆市沙坪坝区凤天大道 8 号	（023）65368697	（023）65368692	400038
重庆市九龙坡区侨联	重庆市九龙坡区杨家坪西郊路 27 号	（023）68782424	（023）68780345	400050
重庆市南岸区侨联	重庆市南岸区南城大道 199 号	（023）62988769	（023）62988769	400060
重庆市北碚区侨联	重庆市北碚城南海宇大厦 7 楼	（023）60300009	（023）68862795	400711
重庆市渝北区侨联	重庆市渝北区义学路 64 号	（023）67821706	（023）67821706	401120
重庆市巴南区侨联	重庆市巴南区龙洲大道 6 号行政中心 1 号楼	（023）66221279	（023）66221157	401320
重庆市长寿区侨联	重庆市长寿区桃花行政中心南楼 220 室	（023）40661225	（023）40661225	401220
重庆市江津区侨联	江津区几江街道圣泉社区圣泉路 99 号	（023）47550381	（023）47550371	402260
重庆市合川区侨联	重庆市合川区希尔安大道中段档案局内	（023）85181849	（023）85181849	401520
重庆市永川区侨联	重庆市永川区人民大道 191 号	（023）49818959	（023）49818989	402160
重庆市南川区侨联	重庆市南川区委统战部	（023）71410689	（023）71422365	408400
重庆市綦江区侨联	重庆市綦江区古南街道北街 88 号	（023）48662881	（023）48662801	401420
重庆市大足区侨联	重庆市大足区侨联（党政办公中心）	（023）43763149	（023）43763150	402360
重庆市璧山区侨联	璧山区璧城街道双星大道 369 号新行政中心 1 号楼 6 楼	（023）41423420	（023）41423420	402760
重庆市铜梁区侨联	重庆市铜梁区巴川镇白龙大道 118 号	（023）45695550	（023）45695099	402560
重庆市潼南区侨联	重庆市潼南区江北行政中心 1 楼	（023）44551967	（023）44551967	402660
重庆市荣昌区侨联	重庆市荣昌区昌元街道海棠社区迎宾大道 26 号	（023）61471289	（023）61471289	402460
重庆市梁平区侨联	重庆市梁平区双桂街道新区行政综合大楼 126 室	（023）53220331	（023）53220331	405200
重庆市武隆区侨联	重庆市武隆区委统战部	（023）77729600	（023）77722145	408500
重庆市城口县侨联	重庆市城口县葛城镇土城路北门口 2 号（县委统战部）	（023）59222331	（023）59222331	405900
重庆市丰都县侨联	重庆市丰都县三合镇平都大道西段 5 号党政办公大楼 5 楼 521 室	（023）70605589	（023）70605521	408200
重庆市垫江县侨联	重庆市垫江县桂溪镇桂西大道行政办公中心垫江县侨联	（023）74512519	（023）74512519	408300
重庆市忠县侨联	重庆市忠县忠州镇中博大道行政中心 3 楼	（023）54238533	（023）54238535	404300
重庆市开县侨联	重庆市开县新城永兴街 1 号	（023）52661553	（023）52218248	405400
重庆市云阳县侨联	重庆市云阳县新县城杏花路 60 号	（023）55128107	（023）55128025	404500
重庆市奉节县侨联	重庆市奉节县委办公楼 420 室	（023）56557086	（023）56557836	404600
重庆市巫山县侨联	重庆市巫山县广东中路行政大楼 2 楼	（023）57699187	（023）57682731	404700
重庆市巫溪县侨联	重庆市巫溪县行政综合大楼 4 楼	（023）51523497	（023）51522571	405800
重庆市石柱县侨联	重庆市石柱县委统战部	（023）73332037	（023）73332037	409100
重庆市秀山县侨联	重庆市秀山县行政中心办公大楼	（023）73333393	（023）73332037	409900
重庆市酉阳县侨联	重庆市酉阳县桃花源镇西山路 10 号	（023）75552407	（023）75552046	409800
重庆市彭水县侨联	重庆市彭水县委办公大楼 1 楼	（023）78442756	（023）78442756	409600
重庆市万盛经开区侨联	重庆市万盛经开区勤俭路 36 号	（023）64183014	（023）48271358	400800

重庆市

单位名称	地　址	电话号码	传真号码	邮政编码
重庆大学侨联	重庆大学党委统战部	（023）65105240	（023）65105240	400030
西南大学侨联	重庆市北碚区西南大学党委统战部	（023）68251202	（023）68252558	400715
重庆医科大学侨联	重庆市渝中区医学院路 1 号	（023）68485045	（023）68485005	400016
重庆工商大学侨联	重庆市南岸区五公里重庆工商大学	（023）62768147	（023）62768147	400067
重庆师范大学侨联	重庆市沙坪坝大学城中路 37 号重庆师范大学综合办公楼 415 室	（023）65362481	（023）65362481	401331
重庆三峡学院侨联	重庆市万州区沙龙路二段 780 号	（023）58101157	（023）58101157	404100
重庆第二师范学院侨联	重庆市南岸区学府大道 9 号	（023）62658909	（023）61638004	400067
西南铝业集团公司侨联	重庆市九龙坡区西彭	（023）65809514	（023）65809743	401326
中石油重庆公管中心侨联	江北区大石坝石油大庆村 C 区新闻中心	（023）67321378	（023）67321378	401147
重庆钢铁集团公司侨联	大渡口区大堰三村重钢集团党委统战部	（023）68877172	（023）68877172	400080
重庆华商会	重庆市渝中区华盛路 10 号企业天地 2 号楼 2 楼重庆涉外项目服务中心	（023）81219261		400043
重庆侨界青年联谊会	重庆市渝中区华盛路 10 号企业天地 2 号楼 2 楼重庆涉外项目服务中心	（023）81219271		400043
重庆市侨联法律顾问委员会	重庆市江北区北滨一路 359 号 4 楼	（023）63865696	（023）63610849	400020
中国华侨公益基金会重庆分会	重庆市江北区北滨一路 359 号 4 楼	（023）63865696	（023）63610849	400020
《新华侨》编辑部	重庆市渝中区长江二路 183 号 17—2	（023）68739953	（023）68739953	400016

四川省

单位名称	地　址	电话号码	传真号码	邮政编码
四川省侨联	成都市一环路南三段 15 号 13 层	（028）85592363	（028）85535286	610041
成都市侨联	成都市高新区蜀锦路 68 号 4 号楼三楼 304 房间	（028）61886828	（028）61886828	610012
自贡市侨联	自贡市自流井区塘坎上路 29 号	（0813）2204694	（0813）5508617	643000
攀枝花市侨联	攀枝花市人民街 48 号市人大办公楼 5 楼	（0812）3337068	（0812）3337068	617000
泸州市侨联	泸州市大山坪市政府院内	（0830）3114886	（0830）3114886	646000
德阳市侨联	德阳市长江西路 1 段 37 号市政府大楼	（0838）2307957	（0838）2203393	618000
绵阳市侨联	绵阳市绵兴东路 100 号	（0816）2240463	（0816）2240463	621000
广元市侨联	广元市东坝新区市政府大楼 4 楼	（0839）3263981	（0839）3267689	628017
遂宁市侨联	遂宁市嘉禾路市府大楼 9 楼 17 号	（0825）5899019	（0825）5808256	629000
内江市侨联	内江市中区新华路政府大院 8 楼	（0832）2025181	（0832）2036767	641000
乐山市侨联	乐山市市中区滨河路 98 号	（0833）21149450	（0833）2132380	614000
南充市侨联	南充市涪江路 19 号	（0817）2226664	（0817）2223092	637000
眉山市侨联	眉山市投资促进大厦 407 室	（028）38169310	（028）38165352	620020
宜宾市侨联	宜宾市都长街 82 号	（0831）8224665	（0831）8224665	644000
广安市侨联	广安市思源大道 2 号市政府办公楼 13 层	（0826）2338916	（0826）2398163	638000
达州市侨联	达州市西外市政综合楼 17-17	（0818）2131063	（0818）2131063	635000
雅安市侨联	雅安市西城区新兴街 1 号行政中心 B 区 705 室	（0835）2225189	（0835）2225189	625000
巴中市侨联	巴中市市政新楼 19 楼 23 号	（0827）5281159	（0827）5281159	636000
资阳市侨联	资阳市雁江区广厦路 39 号市政府综合楼 2 号楼 10 楼 109 室	（028）6110060	（028）26110060	641300
阿坝州侨联	阿坝州马尔康县马尔康镇达尔玛街 63 号	（0837）2877085	（0837）2826855	624000
甘孜州侨联	康定县炉城镇西大街 102 号	（0836）2832321	（0836）2832321	626000
凉山州侨联	西昌市三岔口南路 309 号金财大厦 2 楼	（0834）3203335	（0834）2162861	615000

贵州省

单位名称	地　址	电话号码	传真号码	邮政编码
贵州省侨联	贵州省贵阳市北京路 141 号省政协大楼 16 楼	（0851）86822627	（0851）86822627	550004
贵州侨商企业联合会	贵州省贵阳市北京路 141 号省政协大楼 15 楼	（0851）86821308	（0851）86821308	550004

贵州省

单位名称	地　址	电话号码	传真号码	邮政编码
贵州海外青年创新创业协会	贵阳国家高新区国际人才城 3 楼	（0851）87990030		550007
贵州归侨联谊会	贵州省贵阳市北京路 141 号省政协大楼 15 楼	（0851）86821308	（0851）86821308	550004
贵州省侨联青年委员会	贵州省贵阳市北京路 141 号省政协大楼 16 楼	（0851）86827219	（0851）86827219	550004
贵阳市侨联	贵州省贵阳市金阳行政中心市委大楼 4 楼	（0851）87988515	（0851）87988515	550023
南明区侨联	贵阳市南明区箭道街 52 号南明区人民政府 2 楼	（0851）85812053	（0851）85812053	550002
云岩区侨联	贵阳市云岩区新添大道 299 号云岩区人民政府 8 楼	（0851）86679057	（0851）86679057	550001
乌当区侨联	贵阳市乌当区航天大道 7 号乌当区行政中心	（0851）86402162	（0851）86402162	550018
白云区侨联	贵阳市白云区云峰大道 99 号白云区行政中心	（0851）84616918	（0851）84616918	550014
花溪区侨联	贵阳市花溪区明珠大道 192 号花溪区行政办公楼 B 区 5 楼	（0851）83851904	（0851）83851904	550025
遵义市侨联	贵州省遵义市汇川区厦门路遵银大厦 6 楼	（0851）28266548	（0852）28222100	563000
红花岗区侨联	贵州省遵义市红花岗区中华南路 40 号政协大楼	（0851）28838028	（0851）28838028	563000
汇川区侨联	贵州省遵义市汇川区政府办公中心 A 区 217 室	（0851）28682912	（0851）28682912	563000
仁怀市侨联	贵州省遵义仁怀市行政中心四楼	（0851）22235719	（0851）22235672	564500
赤水市侨联	贵州省遵义赤水市人民街 25 号	（0851）22861170	（0851）22861170	564799
播州区侨联	贵州省遵义播州区政府大院政协大楼 1 楼	（0851）27222162	（0851）27222486	563100
湄潭县侨联	贵州省遵义湄潭县行政中心 B 区 2 楼	（0851）24255968	（0851）24251728	564100
务川自治县侨联	贵州省遵义务川自治县行政办公区	（0851）25621149	（0851）25621149	564300
安顺市侨联	贵州省安顺市委大院	（0851）33282299	（0851）33282355	61000
西秀区侨联	贵州省安顺市西秀区驼宝山广场 1 栋 3 楼 1353 室	（0851）33834990	（0851）33223291	561300
安顺市侨商会	安顺市开发区黄果树大街黔中商贸城 9 楼	（0851）38103365		561000
六盘水市侨联	贵州省六盘水市开发区开投大厦 10 楼	（0858）8325497	（0858）8325497	553001
水城县侨联	贵州省六盘水市水城县人民政府大楼左面办公楼 4 楼	（0858）6803778	（0858）6803778	553600
盘县侨联	贵州省六盘水市盘县党政大楼 8 楼	（0858）3632824	（0858）3632824	553537
钟山区侨联	贵州省六盘水市钟山区政府大楼 513 办公室	（0858）8785193	（0858）8785193	553000
铜仁市侨联	贵州省铜仁市花果山中路 8 号市政府 2 楼	（0856）5223508	（0856）5223508	554300
碧江区侨联	铜仁市碧江区为民服务中心 6 号楼 A 区 1 层	（0856）5218236	（0856）5218236	554300
毕节市侨联	贵州省毕节市七星关区滨湖西路腾龙桥旁同心大厦 3 楼	（0857）8257726	（0857）8257726	551700
黔东南州侨联	贵州省凯里市营盘东路 40 号	（0855）8223118	（0855）82223823	556000
凯里市侨联	贵州省凯里市行政中心 C 座 310 室	（0855）8061724	（0855）8061647	556000
黄平县侨联	贵州省黄平县行政中心 155 室	（0855）2469526	（0855）2469627	556100
黔南州侨联	贵州省黔南州都匀经济开发区鸿申写字楼 2 楼	（0854）8190196	（0854）8190197	558000
都匀市侨联地址	贵州省黔南州都匀市文化路 63 号	（0854）8222527	（0854）8222527	558000
黔西南州侨联	贵州省兴义市遵义路 3 号	（0859）3222819	（0859）3222819	562400

云南省

单位名称	地　址	电话号码	传真号码	邮政编码
云南省侨联	昆明市翠湖南路 94 号	（0871）65152778	（0871）65152947	650031
昆明市侨联	昆明市呈贡新区锦绣大街 1 号市级行政中心 7 号楼 281 室	（0871）68241798	（0871）68241798	650500
昆明市五华区侨联	昆明市五华区华山西路 1 号五华区政府大楼 913 办公室	（0871）63629639	（0871）63629639	650031
昆明市盘龙区侨联	昆明市盘龙区北京路 2198 号盘龙区行政中心 2 栋 205 室	（0871）63169160（盘龙区委统战部）	（0871）63163562	650000
昆明市官渡区侨联	昆明市官渡区云秀路国投大厦 1229 室	（0871）67180778	（0871）67180778	650206
昆明市西山区侨联	昆明市西山区西苑路 188 号 12 楼 2 号西山区委统战部转西山区侨联	（0871）68227972（西山区委统战部）	（0871）68227972（西山区委统战部）	650118
昆明市东川区侨联	昆明市东川区市府街 1 号区政府办公大楼 1 楼东川区委统战部转区侨联	（0871）62130547（东川区委统战部）	（0871）62130547（东川区委统战部）	654100
昆明市禄劝县侨联	昆明市禄劝县政府办公大楼 5 楼禄劝县为统战部转禄劝县侨联	（0871）68999058（禄劝县委统战部）	（0871）68999058（禄劝县委统战部）	651500

云南省

单位名称	地 址	电话号码	传真号码	邮政编码
昆明市嵩明县侨联	昆明市嵩明县嵩阳镇北街 102 号嵩明县委统战部转嵩明县侨联	(0871) 67911122 (嵩明县委统战部)	(0871) 67911122 (嵩明县委统战部)	651700
昆明学院侨联	昆明市昆师路 2 号昆明学院 昆明学院侨联	(0871) 65324523 (转郭卫舵主席)	(0871) 65324523 (转郭卫舵主席)	650031
曲靖市侨联	曲靖市文昌街 172 号政府 2 号院曲靖市侨联	(0874) 8994282	(0874) 8994282	655000
曲靖市麒麟区侨联	曲靖市南宁西路 28 号区政府内麒麟区侨联	(0874) 3130016	(0874) 3130016	655000
曲靖市陆良县侨联	曲靖市陆良县人民政府东门街 23 号陆良县侨联	(0874) 6222766	(0874) 6222766	655000
玉溪市侨联	玉溪市红塔区抚仙路 86 号高新区创业大厦 15 楼	(0877) 2024577	(0877) 2024577	653100
玉溪市红塔区侨联	玉溪市红塔区玉兴路 39 号	(0877) 2024628	(0877) 2024628	653100
玉溪市峨山县侨联	峨山县委办公大院 5 楼	(0877) 4011762	(0877) 4011161	653200
玉溪市元江县侨联	元江县文化路 1 号	(0877) 6515161	(0877) 6515161	653300
保山市侨联	保山市隆阳区同仁街 26 号	(0875) 2122786	(0875) 2122786	678000
保山市隆阳区侨联	保山市隆阳区永昌文化园 1 号	(0875) 2229079	(0875) 2229079	678000
保山市施甸县侨联	保山市施甸县甸阳中路 31 号	(0875) 8123053	(0875) 8123053	678200
保山市腾冲县侨联	保山市腾冲县腾越镇山源社区范家坡小区 5 号	(0875) 5133709	(0875) 5133709	679100
保山市龙陵县侨联	保山市龙陵县龙山路 133 号	(0875) 6121030	(0875) 6121030	678300
保山市昌宁县侨联	保山市昌宁县田园镇龙井社区南门街 8 号	(0875) 7130191	(0875) 7130191	678100
昭通市侨联	昭通市昭阳区公园路 45 号市委大院内	(0870) 2125666	(0870) 2122489	657000
丽江市侨联	丽江市行政中心四号楼 2 楼	(0888) 5102909	(0888) 5102909	674100
普洱市侨联	普洱市思茅区月光路 1 号	(0879) 2148196	(0879) 2148196	665000
普洱市景谷县侨联	景谷县政府大院	(0879) 5222272	(0879) 5222272	666400
普洱市思茅区侨联	思茅区委统战部	(0879) 2122067	(0879) 2122067	666500
普洱市澜沧县侨联	澜沧县政府	(0879) 7222441	(0879) 7222441	665600
临沧市侨联	临沧市临翔区世纪路 350 号(市政府大楼)	(0883) 2127321 (0883) 2122774	(0883) 2127321 (0883) 2122774	677000
临沧市凤庆县侨联	凤庆育贤街 35 号	(0883) 4211155	(0883) 4211155	675900
临沧市耿马县侨联	耿马县委大院	(0883) 6121305	(0883) 6121305	677500
临沧市双江县侨联	双江县委大院	(0883) 7621393	(0883) 7621393	677300
临沧市镇康县侨联	耿康县南伞镇政府办公区	(0883) 6633715	(0883) 6633715	677700
楚雄州侨联	楚雄州楚雄市经济开发区丰胜路 667 号楚雄州公务中心楚雄州侨联	(0878) 3389554	(0878) 3389554	675000
红河州侨联	红河州行政中心州委办公楼 B508	(0873) 3730519	(0873) 3730519	661100
红河州蒙自市侨联	蒙自市行政中心 c 区 214	(0873) 3812180	(0873) 3812180	661100
红河州个旧市侨联	个旧市中山路市委大院 1122 号	(0873) 2123036	(0873) 2123036	661400
红河州开远市侨联	开远市行政中心 406 号	(0873) 7133207	(0873) 7133207	661600
红河州建水县侨联	建水县新县委大楼 3-6	(0873) 7662225	(0873) 7662225	654399
红河州石屏县侨联小组	石屏县委办公楼	(0873) 4857349	(0873) 4857349	662200
红河州红河县侨联	红河县迤萨镇三棵树街 3 号	(0873) 4621234	(0873) 4621234	654400
红河州元阳县侨联	元阳县南沙镇元桂路 3 号	(0873) 5642293	(0873) 5642293	662400
红河州屏边县侨联	屏边县昆河公路地震局 1 楼	(0873) 3223258	(0873) 3223258	661200
红河州金平县侨联	金平县文化路 5 号	(0873) 5225508	(0873) 5225508	661500
红河州河口县侨联	河口县北山行政中心 422 室	(0873) 3451110	(0873) 3451110	661399
云锡集团(控股)公司侨联	个旧市金湖东路 121 号	(0873) 3116242	(0873) 3116438 统战部转	661400
文山州侨联	云南省文山市华龙西路 1 号文山州州委州政府信访综合楼 3 楼	(0876) 2122366	(0876) 2122366	663100
文山州麻栗坡县侨联	麻栗坡县公务楼 18 楼	(0876) 6622523	(0876) 6622523	663600
文山州富宁县侨联	文山州富宁县新华镇普厅南路 5 号金土地办公楼 4 楼	(0876) 6122629	(0876) 6122629	663400
文山州砚山县侨联	文山州砚山县江那镇龙头街 24 号	(0876) 3130863	(0876) 3130863	663100
西双版纳州侨联	景洪市宣慰大道 69 号	(0691) 2124337	(0691) 2124337	666100
西双版纳州景洪市侨联	嘎兰中路 55 号	(0691) 2144523	(0691) 2122596	666100

云南省

单位名称	地 址	电话号码	传真号码	邮政编码
西双版纳州勐海县侨联	勐海县景广路 12 号	（0691）5128926	（0691）5122547	666200
西双版纳州勐腊县侨联	勐腊县新城行政中心	（0691）8161121	（0691）8161121	666300
大理州侨联	大理市龙山州级行政办公区	（0872）2319542	（0872）2319539	671000
大理州大理市侨联	大理市政府大院	（0872）2126675	（0872）2126675	671000
大理州宾川县侨联	宾川县政府大院	（0872）7142010	（0872）7142010	671600
大理州祥云县侨联	祥云县委统战部	（0872）3121400	（0872）3121400	672100
大理州漾濞县侨联	漾濞县委统战部	（0872）7520895	（0872）7520895	672500
大理州巍山县侨联	巍山县委统战部	（0872）6120077	（0872）6120077	672400
大理州弥渡县侨联	弥渡县政府大院	（0872）8163296	（0872）8163296	675600
大理州鹤庆县侨联	鹤庆县委统战部	（0872）4121129	（0872）4121129	671500
德宏州侨联	芒市德瑞路 6 号	（0692）2122201	（0692）8886708	678400
德宏州芒市侨联	芒市胞波路 115 号	（0692）2121206	（0692）2121206	678400
德宏州畹町区侨联	瑞丽市畹町开发区建设路 23 号	（0692）5151268	（0692）5151268	678500
德宏州瑞丽市侨联	瑞丽市边城街 57 号	（0692）8890837	（0692）8890837	678600
德宏州陇川县侨联	陇川县人民政府东楼	（0692）7173053	（0692）8891600	678700
德宏州盈江县侨联	盈江县平原镇永盛花园巷 4 号	（0692）8180528	（0692）8180528	679300
德宏州梁河县侨联	梁河县遮岛镇振兴路 13 号	（0692）6161347	（0692）6161347	679200
怒江州侨联	怒江州六库镇州级行政中心 2 楼	（0886）3888902	（0886）3888902	673100
迪庆州侨联	迪庆州香格里拉县建塘镇康珠大道 8 号州委统战部	（0887）8222432	（0887）8232386	674400

西藏自治区

单位名称	地 址	电话号码	邮政编码
西藏自治区侨联	西藏拉萨城关区北京东路 62 号	（0891）6332116	850000

陕西省

单位名称	地 址	电话号码	传真号码	邮政编码
陕西省侨联	西安市新城广场省政府大院	（029）87291597	（029）87291597	710006
西安市侨联	西安市凤城八路 109 号 7 号楼 1 楼	（029）86788180	（029）86788180	710007
咸阳市侨联	咸阳市渭阳中路 6 号市政府大院	（029）33210751		712000
宝鸡市侨联	宝鸡市宝虢路 125 号行政中心 2 号楼 313 室	（0917）3260892 （0917）3260893		721004
安康市侨联	陕西省安康市育才路 113 号市政府大楼 14 楼	（0915）3209755		725000
铜川市侨联	陕西省铜川市新区朝阳路 9 号	（0919）3283217	（0919）3283217	727031
宜君县侨联	宜君县宜阳中街	（0919）5281401	（0919）5281401	727200
铜川市印台区侨联	铜川市印台区同官路 80 号	（0919）4185115	（0919）4185115	727000
铜川市王益区侨联	铜川市王益区红旗街 9 号	（0919）2188026	（0919）2188026	727000
铜川市耀州区侨联	铜川市耀州区学古路 3 号	（0919）6182479	（0919）6182479	727100
延安市归国华侨侨眷联合会	延安市南关街市委大院 124 号	（0911）2136342	（0911）2136342	716000
宝塔区归侨侨眷联合会	宝塔区区委 1 楼	（0911）2113234		716000
延川县归侨侨眷联合会	延川县南大街政府办公楼	（0911）8117140		717200
子长县归侨侨眷联合会	子长县人大办公楼 117 室	（0911）7114138		717300
延长县归侨侨眷联合会	延长县委办公楼五楼 517 室	（0911）8612872		717100
黄陵县侨属侨眷联合会	黄陵县县委 4 楼	（0911）5212081		717300
洛川县归侨侨眷联合会	洛川县纪委 3 楼 306 室	（0911）3622135		717300
汉中市侨联	陕西省汉中市汉台区民主街 43 号	（0916）2626910 （0916）2626565	（0916）2626992	723000
汉台区侨联	陕西省汉中市汉台区区委大院内	（0916）2211219	（0916）2211219	

陕西省

单位名称	地址	电话号码	传真号码	邮政编码
渭南市侨联	渭南市三贤路北段渭南市民综合服务心东配楼 412	（0913）2933539	（0913）2933539	714000
商洛市侨联	商洛市行政中心 517 室	（0914）2383687		726000
安康市侨联	安康市汉滨区育才路 113 号市政府行政中心 1412 室	（0915）3218781	（0915）3209755	725099
榆林市侨联	榆林市榆阳区青山路 8 号市政府大楼 205 号	（0912）3890262	（0912）3893662	719000
杨凌农业高新技术产业示范区侨联	杨凌农业高新技术产业示范区新桥北路 6 号			712100

甘肃省

单位名称	地址	电话号码	邮政编码
甘肃省侨联	兰州市广场南路 51 号	（0931）7821504	730030
兰州市侨联	兰州市城关区金昌南路 280 号红星大厦 717	（0931）8826376 （0931）8879545	730030
嘉峪关市侨联	嘉峪关市政府办公楼	（0937）6328309 （0937）6328927	735100
金昌市侨联	金昌市金川区建设路 68 号	（0935）8319362 （0935）8332606	737100
酒泉市侨联	酒泉市肃州区富康路市政大厦西 2 楼	（0937）2614380	735000
张掖市侨联	张掖市甘州区南环路 679 号	（0936）8224121 （0936）8214834	734000
武威市侨联	武威市东大街 118 号	（0935）2213613	733000
白银市侨联	白银市白银区诚信大道工商大厦 2 楼	（0943）8221790 （0943）8230838	730900
天水市侨联	天水市秦州区民主西路 34 号	（0938）8275515	741000
平凉市侨联	平凉市红旗街 113 号	（0933）8231859	744000
庆阳市侨联	庆阳市西峰区庆州西路 1 号市委市政府统办楼 907 室	（0934）8215741 （0934）8356555	745000
定西市侨联	定西市安定区安定路 1 号	（0932）8212959	743000
陇南市侨联	陇南市东江新区统办大楼	（0939）8211517	746000
临夏州侨联	临夏市西关路 4 号州教育局办公楼	（0930）6225701	731100

青海省

单位名称	地址	电话号码
青海省侨联	青海省西宁市城中区七一路 346 号	（0971）8457060
西宁市侨联	青海省西宁市城中区南关街 43 号	（0971）8230640
青海师范大学侨联	青海省西宁市城西区五四西路 38 号	（0971）6331129
民和县侨联	青海省海东市民和县党政大楼 42	（0972）8522007

宁夏回族自治区

单位名称	地址	电话号码	传真号码	邮政编码
宁夏回族自治区侨联	宁夏银川市兴庆区凤凰北街 106 号	（0951）5057809	（0951）5045260	750001
银川市侨联	宁夏银川市金凤区北京中路 166 号 1 号楼	（0951）6889206	（0951）6889204	750001
石嘴山市侨联	宁夏石嘴山市大武口区行政新区 A3 区	（0952）2218192	（0952）2218192	753000
中卫市侨联	宁夏中卫市人民政府——外事侨务办公室	（0955）7068812	（0955）7068823	755000

新疆维吾尔自治区

单位名称	地址	电话号码	传真号码	邮政编码
新疆维吾尔自治区侨联	乌鲁木齐市天山区文化路 38 号	（0991）2812108	2810003	830002
伊犁哈萨克自治州侨联	伊宁市解放路 63 号	（0999）8031557	8034967	835000
塔城地区侨联	塔城市光明路 986 号	（0901）6238716	6223328	834700
阿勒泰地区侨联	阿勒泰市解放路 340 号	（0906）2135257	2135257	836500
克拉玛依市侨联	克拉玛依市友谊路 98 号	（0990）6233078	6235578	834000
博尔塔拉蒙古自治州侨联	博乐市青得里大街 201 号	（0909）2318222	2318222	833400
昌吉回族自治州侨联	昌吉市延安北路 54 号	（0994）2342916	2345634	831100

新疆维吾尔自治区

单位名称	地　址	电话号码	传真号码	邮政编码
乌鲁木齐市侨联	乌鲁木齐市新兴街 5 号	(0991) 4628116	4621593	830063
哈密地区侨联	哈密市建国南路 210 号	(0902) 2230576	2230576	839000
吐鲁番地区侨联	吐鲁番市帕孜克里克路 58 号	(0995) 8521268	8528038	838000
巴音郭楞蒙古族自治州侨联	库尔勒市州党委大院统战部	(0996) 2024385	2024385	841000
阿克苏地区侨联	阿克苏市西大街 19 号	(0997) 2139393	2139393	843000
克孜勒苏柯尔克孜自治州侨联	阿图什市帕米尔路西 3 院	(0908) 4229725	4229725	845350
喀什地区侨联	喀什市解放北路 46 号	(0998) 2846355	2846355	844000
和田地区侨联	和田市木巴格路 23 号	(0903) 2512937	2512937	848000
石河子市侨联	石河子市北二路 10 号	(0993) 2012414	2012414	832001

新疆生产建设兵团

侨联名称	地　址	电话号码	传真号码	邮政编码
新疆兵团第一师侨联	阿克苏市东大街	(0997) 6352022	(0997) 4610336	843000
新疆兵团第二师侨联	库尔勒市人民西路	(0996) 2024849	(0996) 2028424	841000
新疆兵团第三师侨联	喀什市克孜都维路	(0998) 2526067	(0998) 2523729	844000
新疆兵团第四师侨联	伊宁市解放路	(0999) 8182286	(0999) 8182545	835000
新疆兵团第五师侨联	博乐市红星路	(0909) 2296630	(0909) 2296810	833400
新疆兵团第六师侨联	五家渠市长征东街	(0994) 5800272	(0994) 5800497	831300
新疆兵团第七师侨联	奎屯市军垦广场	(0992) 6867333	(0992) 6867210	833200
新疆兵团第八师侨联	石河子市北三东路	(0993) 2600777	(0993) 2012414	832000
新疆兵团第九师侨联	塔城市额敏县	(0901) 3384281	(0901) 3341104	834600
新疆兵团第十师侨联	北屯市团结路	(0906) 3374419	(0906) 3374247	836000
新疆兵团建工师侨联	乌鲁木齐市八家户	(0991) 6686675	(0991) 6686676	830054
新疆兵团第十二师侨联	乌鲁木齐市常州街	(0991) 3781255	(0991) 3676831	830013
新疆兵团第十三师侨联	哈密市大营房	(0902) 2566403	(0902) 2565603	839000
新疆兵团第十四师侨联	和田市屯垦路	(0903) 2566211	(0903) 2566000	848000
新疆兵团石河子大学侨联	石河子市北四路	(0993) 2057613	(0993) 2057352	832003
新疆兵团农垦科学院侨联	石河子市乌伊公路	(0993) 6683660	(0993) 2553691	832000

中央直属机关

单位名称	地　址	传真号码	邮政编码
中央直属机关侨联	北京西城区丰盛胡同 21 号	(010) 83083172	100032
中央对外联络部机关侨联	北京海淀区复兴路 4 号		100860
中央党校侨联	北京海淀区大有庄 100 号		100091
中国侨联直属机关侨联	北京东城区工人体育场西路 1 号		100027
中国国际广播电台侨联	北京石景山区石景山路甲 16 号		100040
中央电视台侨联	北京复兴路 11 号		100859
新华社侨联	北京宣武区宣武门西大街 57 号		100803
中国外文局侨联	北京西城区百万庄 24 号		100037
中国出版集团公司侨联	北京东城区朝内大街甲 55 号		100010
全国政协机关侨联小组	北京西城区太平桥大街 23 号		100811
中央直属机关工委机关侨联小组	北京西城区丰盛胡同 21 号		100032
中央文献研究室机关侨联小组	北京西城区前毛家湾甲 1 号		100017
中央党史研究室机关侨联小组	北京海淀区北四环西路 69 号		100080
全国总工会机关侨联小组	北京西城区复兴门外大街 10 号		100865

中央企业

单位名称	地　址	传真号码	邮政编码
中央国家机关侨联	北京市西城区平安里西大街 33 号	（010）68850815	100035
中央金融单位机关侨联	北京市西城区成方街 32 号	（010）66194999	100800
外交部侨联	北京市朝阳区朝阳门南大街 2 号	（010）65966311	100701
教育部侨联	北京市西城区西单大木仓胡同 35 号	（010）66096481	100816
工业和信息化部侨联	北京市西城区西长安街 13 号	（010）62302448	100804
财政部侨联	北京市西城区三里河南三巷 3 号	（010）68231862	100820
人力资源和社会保障部侨联	北京市东城区和平里东街 3 号	（010）84207105	100716
国土资源部侨联	北京市西城区阜成门内大街 64 号	（010）66558230	100812
住房和城乡建设部侨联	北京市海淀区三里河路 9 号	（010）88082068	100835
交通运输部侨联	北京市建国门内大街 11 号	（010）67982584	100736
中国铁路总公司侨联	北京市海淀区复兴路 10 号	（010）51848722	100844
水利部侨联	北京市西城区白广路二条 2 号	（010）63203599	100053
农业部侨联	北京市朝阳区农展南里 11 号	（010）59195072	100125
商务部侨联	北京市东城区东长安街 2 号	（010）65197429	100731
文化部侨联	北京市朝阳门北大街 10 号	（010）59882035	100002
卫生计生委侨联	北京市西城区西直门外南路 1 号	（010）68792777	100044
国务院国有资产监督管理委员会侨联	北京市西城区宣武门西大街 26 号	（010）64519661	100053
国家质量监督检验检疫总局侨联	北京市海淀区马甸东路 9 号	（010）82262093	100088
国家体育总局侨联	北京市东城区体育馆路 2 号	（010）87180566	100763
国家安全生产监督管理总局侨联	北京市东城区和平里北街 21 号	（010）84261294	100713
国家林业局侨联	北京市东城区和平里东街 18 号	（010）64326983	100714
国家知识产权局侨联	北京市海淀区西土城路 6 号	（010）62083913	100088
国务院侨务办公室侨联	北京市西城区阜成门外大街 35 号	（010）64680101	100037
中国科学院侨联	北京市海淀区中关村南四街 18 号	（010）62661363	100190
中国社会科学院侨联	北京市东城区建国门内大街 5 号	（010）67765336	100732
中国气象局侨联	北京市海淀区中关村南大街 46 号	（010）68409901	100081
国务院扶贫办侨联	朝阳区太阳宫北街 1 号	（010）84419692	100028
中国民用航空局侨联	北京市东城区东四西大街 155 号	（010）64091153	100710
国家食品药品监督管理总局侨联	北京市西城区宣武门西大街 26 号院 2 号楼	（010）62219478	100053
国家中医药管理局侨联	北京市东城区工体西路 1 号	（010）59957731	100027